U0940720

2018

GANZHOU NIANJIAN

赣州年鉴

《赣州年鉴》编辑委员会
赣州市地方志办公室 编

顾　　问　李炳军
主　　编　曾文明
副 主 编　郭素芳
　　　　　杨雍谨
　　　　　黄　法
　　　　　郭　澜
执行副主编　陈昌保

国家图书馆出版社

图书在版编目（CIP）数据

赣州年鉴.2018/《赣州年鉴》编辑委员会，赣州市地方志办公室编.--北京:国家图书馆出版社，2018.11
ISBN 978-7-5013-6637-8

Ⅰ.①赣… Ⅱ.①赣… ②赣… Ⅲ.①赣州—2018—年鉴
Ⅳ.①Z525.63

中国版本图书馆CIP数据核字(2018)第265911号

国家图书馆出版社官方微信

书　　名	赣州年鉴（2018）
著　　者	《赣州年鉴》编辑委员会 赣州市地方志办公室 编
责任编辑	于春媚
特邀编审	夏红兵
出　　版	国家图书馆出版社（100034 北京市西城区文津街7号） （原书目文献出版社 北京图书馆出版社）
发　　行	010-66114536 66126153 66151313 66175620 66121706（传真） 66126156（门市部）
E-mail	nlcpress@nlc.cn（邮购）
Website	www.nlcpress.com →投稿中心
经　　销	新华书店
印　　装	赣州华印印刷有限公司
版　　次	2018年11月第1版 2018年11月第1次印刷
开　　本	889×1194（毫米） 1/16
印　　张	30
字　　数	1284千字
书　　号	ISBN 978-7-5013-6637-8
定　　价	360.00元

《赣州年鉴》编辑委员会

顾　　问　李炳军

主任委员　曾文明

第一副主任委员　郭素芳

副主任委员　杨雍谨　黄　法　郭　澜　陈昌保

委　　员　黄明哲　朱　敏　肖志东　邓　明　卢永基　黄丽红
陈　沐　苏传辉　邓海鹰　廖光斌　张龙彪　朱洪波
吴至海　钟永浩　薛有长　钟定岩　赖俊贤　刘春文
谢京华　袁　建　卢述银　李诒芸　宁　群　龚建明
谢定强　高志坚　刘群英　温建荣　王业有　李晓春
吴汉江　刘　葵　刘文彦　郭知明　钟　鸣　徐忠堂
连天浪　何善锦　张景霖　黄　蕙　钟旭辉　余业伟
邱　凌　肖斐杰　邱建军　温扬汉　吴建平　陈　黎
刘定辉　陈阳山　赖联春　余学明　杨永飞　尹　忠

主　　编　曾文明

副 主 编　郭素芳　杨雍谨　黄　法　郭　澜

执行副主编　陈昌保

《赣州年鉴》总编室

总 编 辑　陈昌保

副总编辑　廖伟东　朱　俊　徐井生

编辑部主任　徐文菁

编　　辑　赖建明　徐文菁　王　宇　赖　芳
曹　虹　王志辉　周　俊

彩页编辑　徐文菁

编辑说明

一、《赣州年鉴》是由中共赣州市委领导、赣州市人民政府主办、赣州市地方志办公室承办，国内外公开发行，按年度连续出版的资料性文献。

二、《赣州年鉴》以马克思列宁主义、毛泽东思想、邓小平理论、“三个代表”重要思想、科学发展观、习近平新时代中国特色社会主义思想为指导，坚持辩证唯物主义和历史唯物主义的立场、观点和方法，客观记述赣州市在“突出打好六大攻坚战，纵深推进赣南苏区振兴发展”的新进展、新变化、新成效。充分发挥年鉴存史、资政、育人功能，为国内外各界人士了解、研究、投资赣州提供服务，同时为续修地方志储备资料。

三、《赣州年鉴（2018）》采用分类编辑法，按类目、分目、条目三个层次设置。全书设特载、专记、大事记、地情、中共赣州市委员会、纪检 监察、赣州市人大常委会、赣州市人民政府、政协赣州市委员会、民主党派 工商联、群众团体、法治、军事、经济综合管理、农林 水利、工业、国有投资控股企业、园区经济、供电 供气 供水、城乡规划建设、环境保护、交通运输、邮政 通信业、商贸、进出口管理、旅游业、财政 税务、银行业、保险业 证券业、教育、科学技术、自然观测、文化传媒、档案 地方志、卫生 计生 体育、民政 扶贫 移民、县（市、区）概况、人物 荣誉录、附录、索引40个类目，284个分目，1764个条目，128万字。除内文外，设置彩页栏目，以增加直观感，力求做到图文并茂。

四、《赣州年鉴（2018）》收录范围，以赣州市现有行政区划为界，以2017年1月1日至12月31日为限。同时，为完整反映某件事物的全貌，在彩页和个别条目中略有突破。

五、《赣州年鉴（2018）》初稿由市直各部门（单位）、各县（市、区），赣州、龙南、瑞金经济技术开发区和有关中央、省属驻市单位提供，并经各自单位领导审核。撰稿人、审稿人和编辑署名于条目、分目或类目之后“（ ）”内。未提供稿件单位缺载。

六、书中正高级专业技术职称资格人员名单由赣州市人力资源和社会保障局职称科提供；荣誉录由各供稿单位提供，未提供资料或依据者缺载。

七、书中所记《若干意见》均为《国务院关于支持赣南等原中央苏区振兴发展的若干意见》的简称；对“比上年增长”或“比上年同期增长”的表述简化为“增长”或“同比增长”。

八、书中所列数据，除统计部门正式公布的外，均由各有关部门和行业提供，并经供稿单位审核。由于来源、统计方法或使用角度不同，不同部门提供的同项数据可能不尽一致，采用时请予以注意。

赣州市政区图

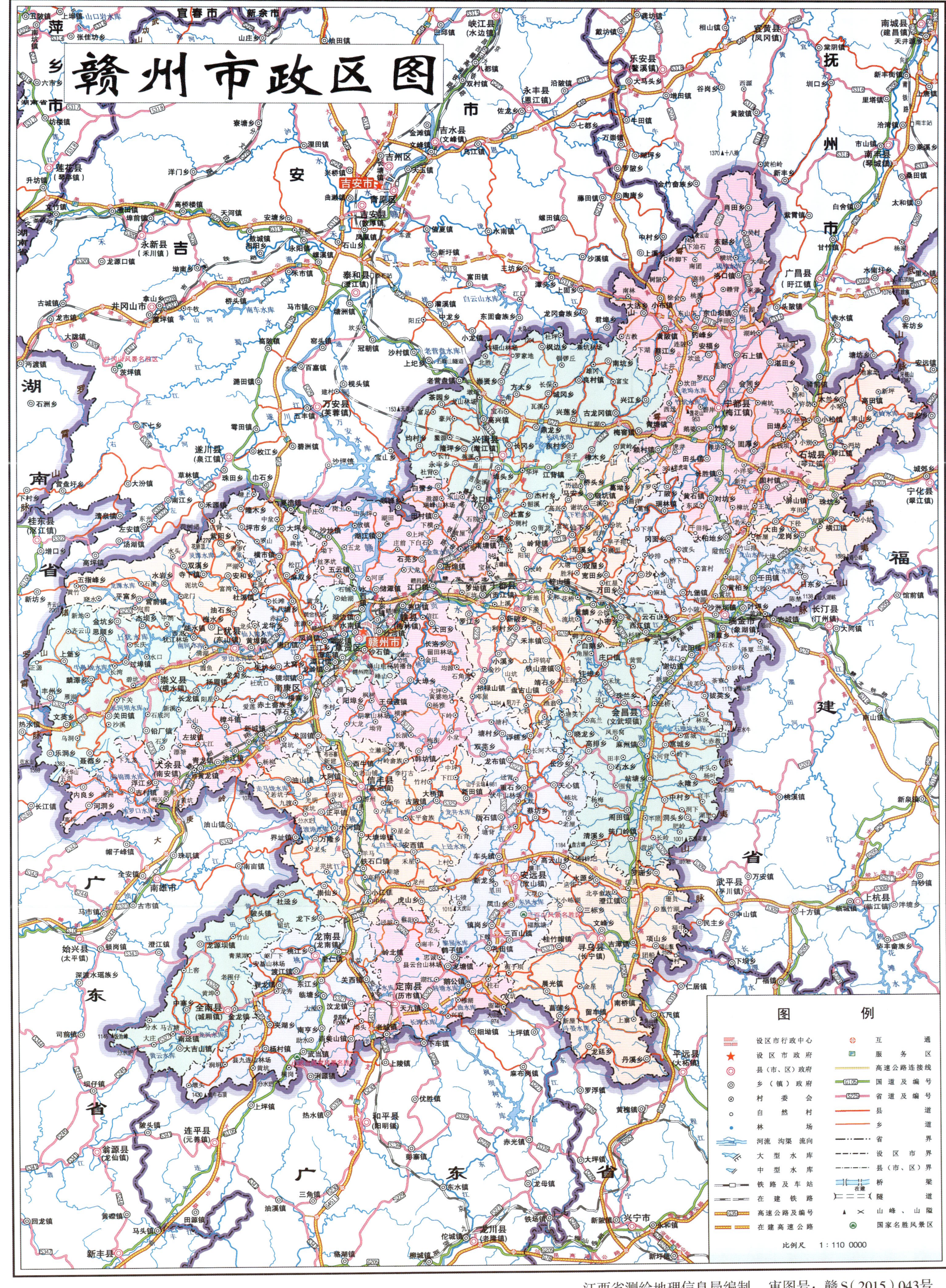

江西省测绘地理信息局编制 审图号：赣S（2015）043号

2017 年度

赣州荣誉

- 赣州市勇夺全国文明城市桂冠
- 赣州市荣获全国社会治安综合治理优秀市、综治“长安杯”称号
- 赣州市成功创建国家森林城市
- 赣南采茶歌舞剧《永远的歌谣》获“五个一工程奖”
- 赣州市荣获 2016 年度全省科学发展综合考评第一名
- 《赣州市志（1986—2000）》获“中国志书精品工程”奖
- 《赣州年鉴（2017）》评为“第五届全国地方志优秀成果（年鉴类）”特等奖

2017年2月18日，省委常委、市委书记李炳军（中）在于都天键电声有限公司了解企业生产经营等情况

（刘凯 摄）

2017年3月5日，省委常委、市委书记李炳军（中）在上犹县南塘至南河湖公路项目现场了解进展情况

（刘凯 摄）

2017年10月30日，省委常委、市委书记李炳军深入赣州市中心城区，带头宣讲中共十九大精神，并和基层党员干部群众座谈，听取大家的意见建议，现场研究解决实际问题。图为李炳军（左二）在章贡区西津路社区宣讲中共十九大精神

（刘凯 摄）

2017年4月14日，市委副书记、市长曾文明（中）在赣州市中心城区调研环境整治工作

（郭芷汇 摄）

2017年5月24日，市委副书记、市长曾文明（右二）在赣州复兴之路文化科技主题园征拆现场调研

（郭芷汇 摄）

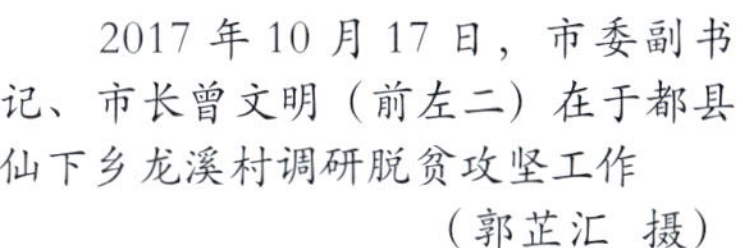

2017年10月17日，市委副书记、市长曾文明（前左二）在于都县仙下乡龙溪村调研脱贫攻坚工作

（郭芷汇 摄）

■ 5月3日，赣州市创建全国文明城市“百日会战”誓师动员大会在赣州市召开

■ 8月22日，省委常委、市委书记、市创建全国文明城市指挥部总指挥李炳军在红旗大道调研督导文明城市创建工作 （刘凯 摄）

■ 8月5日，市委副书记、市长、市创建全国文明城市指挥部第一副总指挥曾文明在文明大道调研督导文明城市创建工作 （郭芷汇 摄）

漫步在美丽的赣州城，你总能与文明不期而遇，绿树掩映的公园、和谐干净的小区、礼貌让行的车辆、整洁有序的大街小巷、丰富多彩的文化活动、文明热情的服务窗口，还有随处可见的志愿者身影……文明浸润着城市的每一个角落。

追逐文明城市的梦想，赣州上下孜孜以求，凝心聚力，书写文明篇章：从领导干部到基层群众，从机关单位到乡镇街道，从白发老人到青年孩童，人人都成为创建的参与者、监督者，共建共享成为赣州市民的共识共为。

在全国文明城市创建中，赣州坚持用先进典型引领社会风尚，深入挖掘凡人善举，在全社会大力倡导崇德向善的文明新风，一批可亲可敬、可信可学的先进典型竞相涌现，为培育和践行社会主义核心价值观树立鲜活典型，为创建全国文明城市提供强大的道德支撑和精神动力。

2017年11月，赣州市获评全国文明城市。

为进一步助推赣州市创建全国文明城市，提升全体市民的文明交通意识，共同营造和谐文明的社会风尚，5月16日，赣州市文明办、市交警支队等联合开展“礼让斑马线 文明我争先”文明创建活动。图为中心城区机动车驾驶员主动礼让行人

9月6日，赣州市滨江二小九曲河校区举行以“薪火相传希望，携手共创文明”为主题的“文明出行，从我做起”交通教育活动，培养学生文明出行意识，为赣州市创建全国文明城市助力。图为该校学生在展示手抄报

9月6日，赣州市检察院和章贡区解放街道建国路社区志愿者在郁孤台历史文化街区，向经营者发放文明经营倡议书 （吴悦 摄）

9月11日，章贡区“青年助力·共建文明”大学生志愿者在钨都大道维持交通秩序 （吴悦 摄）

文明，从小做起，从点滴做起。图为9月13日，赣州市西津路，一名孩子自觉将垃圾扔进垃圾箱

2017年第3期"江西好人"在赣州发布

市民在赣州市好人馆内参观、学习

赣州市中心城区创建文明城市和社会主义核心价值观宣传氛围浓厚。图为9月7日，市民从翠微路一处社会主义核心价值观公益广告牌前经过

（吴悦　摄）

11月14日，中央文明网发布第五届全国文明城市名单和复查确认继续保留荣誉称号的往届全国文明城市名单。赣州市2017年获得95分的高分，在全国排第5位，荣登第五届全国文明城市榜单。图为赣州市中心城区　（王雪梅、陈地长摄）

2017年，全市上下深入学习贯彻中共十九大精神特别是习近平总书记对赣南苏区振兴发展的重要指示批示精神，全面贯彻省委“创新引领、绿色崛起、担当实干、兴赣富民”工作方针，坚持解放思想、内外兼修、北上南下，突出打好“主攻工业、精准脱贫、新型城镇化、现代农业、现代服务业、基础设施建设”六大攻坚战，经济社会各项事业取得积极成效，赣南苏区振兴发展迈出坚实步伐。

4月，赣州市获批创建全省首个“中国制造2025”试点示范城市。图为赣州五环机器有限责任公司工人在新能源电动车驱动桥总成生产线上操作。该公司投资1.38亿元引进全自动化设备，建设新能源汽车变速箱生产线（吴悦 摄）

5月11日，国机智骏汽车赣州新能源汽车项目开工建设。图为项目现场

■ 赣州港获批国家“一带一路”多式联运示范工程，成功开行中欧、中亚班列。图为6月1日，江西省首趟中欧双向班列（俄罗斯—赣州港—吉尔吉斯斯坦）在赣州港开通。该班列的开通，是赣州市打造联接“一带一路”重要节点城市又一重大突破，使南康、赣州乃至全省对外开放竞争优势得到重大提升，为“木材全球买、家具卖全球”提供更为便利的通道　　（郭芷汇　摄）

■ 2017年，南康家具市场入选全国十强“国家电子商务示范基地”。图为南康家具智能化生产车间

■ 截至2017年10月，全市共有各类汽车及相关零部件企业近70家，已形成年产汽车变速器100万台（套）、同步器200万套、电机及驱动控制系统1万套的生产能力。图为在赣州经济技术开发区的江西宝良新能源电动汽车有限公司生产车间内，技术人员在组装试验型新能源动力轿车　　（郭芷汇　摄）

■ 2月10日，国家离子型稀土资源高效开发利用工程技术研究中心的技术人员在进行实验。该中心是国内离子型稀土领域唯一的国家级研究平台，具备承担国家重大项目的能力、离子型稀土成果推广能力和稀土技术人才培养能力（郭芷汇 摄）

■ 2月中旬，工人在龙南宏泰科技有限公司车间内查看液晶屏配件。该公司主要生产经营 LCD 液晶屏，于 2016 年 8 月落户龙南经济技术开发区大罗工业园，一期项目当年底就开始试生产并于 2017 年初正式投产，有效缩短项目建设时间，实现早投产早收益

■ 图为科研人员在江西青峰药业有限公司创新天然药物与中药注射剂国家重点实验室做实验

■ 青峰药谷龙头企业青峰医药集团领跑赣州市生物医药产业

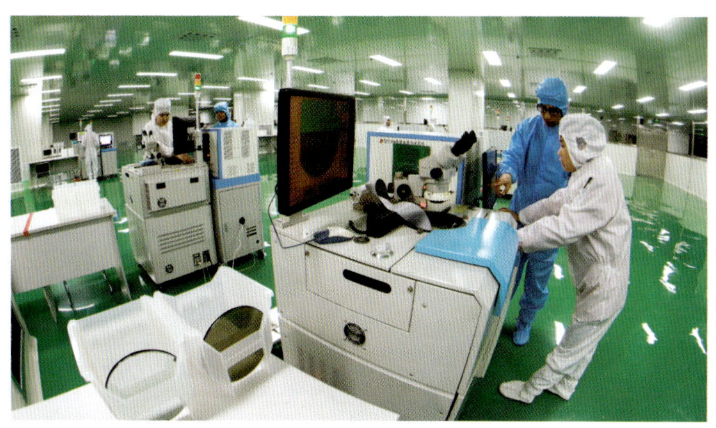

■4月18日，工人在江西金润鸿达工贸有限公司生产车间操作。该公司主要从事半导体芯片加工，产品出口日本、韩国及东南亚等地，于2017年3月份在赣州综合保税区正式投产。该公司落户赣州综合保税区后，可根据自身需求，自主选择申报口岸、通关模式和查验地点，赣州综合保税区的通关一体化政策使企业有效缩短货物通关时间，通关成本下降30%　（吴悦 摄）

■5月16日，2017赣州"中国稀金谷"（深圳）产业合作推介会在深圳五洲宾馆举行。会上，智能设备制造产业园项目、中钪新材料生产项目等12个项目进行现场签约，总投资达42.3亿元　（吴悦 摄）

■电子信息产业已成为赣州经济技术开发区工业主导产业之一，截至2017年8月，规模以上企业达29家，实现主营业务收入143.51亿元。图为工人在赣州经济技术开发区的赣州柏瑞凯电子科技有限公司生产高分子固态电容。该公司生产的高端电容产品广泛应用于智能手机、汽车电子控制系统等领域，占据全球5%的市场份额　（郭芷汇 摄）

安远县把整村推进作为改变农村面貌、建设美丽乡村、助力乡村振兴的重要举措，对农村环境、基础设施、产业项目等进行全面提升，打造虎岗、龙头、下庄等一批秀美村庄，吸引游客纷至沓来。图为3月16日，游客在安远县欣山镇下庄村文化广场拍照留念 （潘庆坤 摄）

全南县大力发展花卉产业，采用企业和贫困户合作共创"企业＋基地合作社＋农户＋市场"的经营模式，通过资金孵化和技术帮扶以及创新产业扶贫模式，使500余户贫困户转变为懂技术会管理的新型农民，走上脱贫致富路。图为3月19日，全南县南迳镇香韵兰花基地，工人在观察花卉生长情况

石城县采取"企业＋扶贫车间＋贫困户"的模式，鼓励纺织、电子、食品加工等企业在乡村建立"扶贫车间"，同时就近设立"儿童乐园"，让贫困群众在家门口安心就业。图为7月3日，石城县琴江镇长乐村"扶贫车间"的村民们在进行鞋面加工

■ 上犹县大力发展农业旅游，让山水旅游与农业旅游相互融合，使游客在纵情山水的同时乐游农家。图为7月6日，游客在上犹县洋田葡萄种植示范园采摘葡萄

■ 2017年，国土资源部在赣南定点扶贫30年，实施近千个扶贫项目，在矿产勘察开发、建设用地保障、地质灾害防治、矿山地质环境治理、土地开发整理、遥感技术应用、农村基础设施建设、农业综合开发、科教培训等领域取得显著成效，促进赣南老区经济社会加快发展、转型发展。图为国土资源部实施的农村土地整治工程，极大改善于都县罗江乡前村庙子岗的面貌

■ 7月12日，大余县纪委干部在帮助扶贫挂点村的贫困户采收黄秋葵。该县引进产业扶贫项目，推广“龙头企业＋贫困户”的生产经营模式，通过返租倒包、就业务工、订单生产等方式，助贫困户增收致富

■ 9月10日，在安远县版石镇红光村“农家书屋＋电商”服务站点，有的村民在网上销售土特产，有的村民在看书。该站点有各类图书1000多册，为村民提供一个学习充电的场所；电商的进驻则为该村的百香果、蜂蜜等农产品提供快捷的展示销售平台，全村有10余户贫困户通过电商实现脱贫致富

■ 定南县鹅公镇中草药农产品种植专业合作社由当地三个村党支部牵头成立，通过发展花卉种植、药材加工、旅游观光等项目，共同打造“中草药种植特色小镇”，为农民开辟出一条脱贫增收新路径。图为11月，航拍的合作社有机菊花基地

（陈地长 摄）

11月9日，全国就业扶贫经验交流现场会在赣州市召开　（刘凯 摄）

11月24日，全省现代农业发展暨产业扶贫现场推进大会在赣州市召开。其间，与会人员到赣县区江口镇铭宸蔬菜产业扶贫基地、瑞金市黄柏乡坳背岗万亩脐橙基地等地考察（刘凯 摄）

■ 龙南县虔心小镇依托良好生态环境打造集自然风景、客家民俗、虔茶文化为一体的家庭休闲度假体验式基地，推进茶产业向休闲产业升级，既保护生态，又带动旅游和扶贫工作，成为农民致富的“绿色银行”。图为4月，游客在龙南县虔心小镇游玩休闲

■ 赣县区湖江镇依托赣江丰富的山水资源，大力推进乡村休闲旅游，打造江西省首家帆船基地，发展内河帆船运动等水上运动项目，为该镇增加一张亮丽的旅游名片。图为7月26日，帆船在赣县区湖江镇赣江江面上迎风而行

■ 8月，上犹县陡水镇、南康区家居小镇、信丰县赣南脐橙小镇、章贡区赣南金融小镇、大余县丫山运动小镇等入选江西省第一批特色小镇。图为上犹县陡水镇

■ 2017 年，赣州市大余县丫山运动休闲特色小镇入选全国首批运动休闲特色小镇。图为 7 月 22 日，游客从大余县丫山景区玻璃桥上通过

■ 2017 年，赣州市全南县南迳镇、宁都县小布镇列入第二批国家级特色小镇。图为全南县南迳镇

■ 4月10日，瑞金市叶坪乡田坞现代高效农业园区内，工作人员在打理蔬菜种植区

■ 8月11日，定南县天九镇的江西万佳诚生物科技有限公司工人在采摘双孢菇。该公司是定南县围绕“赣商回归”工程引进的现代农业项目，是江西省规模最大的工厂化双孢菇生产基地，可年产双孢菇1.8万吨，年产值3亿元。

■ 11月1日，江西省对接“丝绸之路”首列中欧蔬菜班列——赣州港至莫斯科蔬菜班列开通

■ 11月5日，游客穿着客家服装在信丰县大塘埠镇长岗村的康丰果园内体验采摘赣南脐橙乐趣。当天，赣南脐橙正式开采上市，苏宁易购与信丰县有关贸易企业现场签订500万千克赣南脐橙直采协议，收购的赣南脐橙将通过苏宁易购乐平购预售平台销往全国各地

■ “赣南茶油”发展势头良好，完成油茶新（改）造1.8万公顷，赣州成为全国油茶主产区。图为兴国县杰村乡含田万亩油茶基地

■ 于都县加快推进农业供给侧结构性改革，重点围绕提高农业供给体系质量和效率，大力引进技术含量高、发展潜力大的现代农业企业，以提高当地农产品的质量、效益和竞争力。图为于都县梓山万亩富硒绿色蔬菜产业园（陈地长 摄）

3月15日，全国首单票链业务在赣州银行上线，票链全国监控运营管理中心正式落户赣州。图为工作人员在票链全国监控运营管理中心操作票链监控平台

（郭芷汇　摄）

3月27日，赣州市举行重点物流项目签约暨赣州智慧物流信息平台“吉集号”上线启动仪式。此次6个重点物流项目集中签约，以及赣州智慧物流信息平台“吉集号”成功上线，将把赣州物流业推向高速发展的快车道

章贡区云计算中心是赣州市首个云计算中心，该中心落户章贡经济开发区沙河产业园，总投资2亿元，将为章贡区实现数字化智慧城市提供技术基础。图为5月，技术人员正在调试设备

章贡区市民中心推行“一窗式”改革，变“群众跑腿”为“数据跑腿”，为广大市民提供周到便捷的服务

2017年，方特主题公园、时光赣州、极地海洋世界等重大项目扎实推进。图为建设中的赣州极地海洋世界　（郭芷汇　摄）

12月12日，一架快递无人机在南康区无人机物流配送试点运营中心起飞。该项目是顺丰速运集团子公司顺丰科技在南康试点的国内首个无人机物流项目，也是经民航局批复的全国首个无人机物流配送试点项目，共投入各类无人机50架，试点空域面积480平方千米，服务南康区北部5个乡镇、20万人口　（郭芷汇　摄）

■ 2017 年，昌赣客专赣州段隧道群全部贯通，赣深客专、兴泉铁路全线开工。图为 4 月 22 日，一台三臂凿岩台车在对龙南隧道掌子面进行自动定位钻孔。当日，龙南隧道正式开工，这是国家“十三五”重点建设项目——赣深客专全线 100 多座隧道中的最长隧道

■ 7 月 5 日，昌赣客专 12 标（赣州段）16 座隧道全部实现安全贯通

■ 2017 年，赣州市航空事业快速发展。新增常州、南宁、济南、西安、珠海航线。赣州与全国吞吐量前十名机场都实现通航，实现赣州与国内直辖市及热点城市等主要城市的无缝对接

■ 12 月 20 日，赣州市文明大道快速路工程全线首片钢结构箱梁顺利架设。文明大道快速路是赣州市“四横六纵一环”快速路网的重要组成部分。该项目起于杨梅渡大桥西岸，沿杨公路、文明大道、慈云塔路，至赣南大道西侧，全长 5.52 千米

■ 2017 年，安远县被评为全国首批“四好农村路”（“建好、管好、护好、运营好”农村公路）示范县。图为安远县龙头村乡村公路

■ 12 月 28 日，瑞兴于快速交通走廊项目暨瑞金机场项目正式开工建设

2017年，上犹县入选江西省生态文明建设十大领跑县。图为上犹县城一角

2017年，崇义县获批全国首批县级国家森林城市建设试点。图为崇义县上堡梯田 （陈地长 摄）

通过多年的开发建设，赣州章江新区初步形成“一轴、一环、四心、五带、七片”的结构体系，是集行政办公、商务金融、文化博览、休闲娱乐、居住生活等多功能为一体的综合生态文明新区。图为航拍的章江新区

目 录

特 载

专 记

大事记

地 情

中共赣州市委员会

纪检　监察

赣州市人大常委会

赣州市人民政府

政协赣州市委员会

民主党派　工商联

群众团体

法　治

军　事

经济综合管理

农林 水利

工　业

国有投资控股企业

园区经济

供电　供气　供水

城乡规划建设

环境保护

交通运输

商　贸

进出口管理

旅游业

财政　税务

银行业

保险业　证券业

教　育

科学技术

自然观测

文化　传媒

档案　地方志

卫生　计生　体育

民政　扶贫　移民

县（市、区）概况

人物 荣誉录

附 录

索 引

特 载

中共赣州市委常委会2017年度工作报告

省委常委、市委书记 李炳军

2017年是党的十九大胜利召开之年，是赣南苏区振兴发展史上极不平凡的一年。《若干意见》实施5周年成效显著，习近平总书记、李克强总理等中央领导同志作出重要批示。脱贫攻坚工作在全国深度贫困地区脱贫攻坚座谈会上得到习近平总书记充分肯定。中央宣传部寻乌扶贫调研报告得到习近平总书记重要批示。全市上下苦干实干，喜获第五届全国文明城市称号，连续六届获得全国社会治安综合治理优秀市、连续四届荣获全国综治最高奖“长安杯”，获评国家森林城市，经济总量迈入全国城市100强，荣获2016年度全省科学发展综合考评第一名，在赣州召开并作经验介绍的全国工作会议12个、全省工作会议19个，参加全国全省其他会议作经验介绍26次，创造了一批“赣州经验”。

一年来，市委常委会在中央和省委的坚强领导下，团结带领全市广大党员和干部群众，深入学习贯彻党的十九大精神特别是习近平总书记对赣南苏区振兴发展的重要指示批示精神，全面贯彻省委“创新引领、绿色崛起、担当实干、兴赣富民”工作方针，坚持解放思想、内外兼修、北上南下，突出打好六大攻坚战，经济社会各项事业取得积极成效，赣南苏区振兴发展迈出坚实步伐。

一、深入学习宣传贯彻党的十九大精神

市委常委会坚持把迎接党的十九大、学习宣传贯彻党的十九大精神作为一条主线和重大政治任务贯穿全年各项工作，着力在学懂、弄通、做实上下功夫，着力突出“五个聚焦”，扎实推进党的十九大精神进企业、进农村、进机关、进校园、进社区、进网络。党的十九大召开后，市委第一时间召开市委常委会、中心组学习会、全市三级干部大会传达学习，及时印发《关于认真学习宣传贯彻党的十九大精神的通知》《关于进一步学习宣传贯彻党的十九大精神的实施方案》，迅速进行学习部署。高规格成立由市四套班子领导组成的党的十九大精神市委宣讲团，分赴各县（市、区）和市直有关单位开展集中宣讲。组建“红军后代宣讲团”“脱

贫典型宣讲团”“赣南文艺宣讲团”，打造接地气的基层宣讲品牌。举办全市领导干部学习贯彻党的十九大精神专题研讨班，发挥市“一校三院”培训主阵地作用，开展全方位研讨交流和教育培训。广泛刊播宣传标语，组织编印苏区红色故事等系列简明读本和党的十九大精神口袋书，策划推出“学习贯彻十九大精神”“新时代、新征程”“新时代苏区干部好作风”等专题专栏，推出“总书记的苏区情怀”“微宣讲”“微理论”等系列融媒体产品，通过形式多样、各具特色的宣传宣讲，持续掀起学习贯彻热潮。通过深入的学习宣传贯彻，全市党员干部群众更加自觉以党的十九大精神和习近平新时代中国特色社会主义思想武装头脑、指导实践、推动工作，更加深刻感铭习近平总书记对赣南老区的特殊关心厚爱，维护习近平同志核心地位的信念更加牢固，维护党中央权威和集中统一领导的行动更加坚决，昂扬奋发投身打造新时代中国特色社会主义红色样板的新征程。

二、振兴发展取得阶段性重大成效

《若干意见》出台实施的五年，是党和国家领导人前来调研指导最多、国家给予帮扶支持最多的五年，也是赣州经济社会发展最快、城乡面貌变化最大、老百姓受益最多的五年。5年来，市委常委会持续推进《若干意见》政策落地生根，主要经济指标增速持续高于全国全省平均水平，人均水平与全国、全省差距缩小，多项指标增速在全省排位前移，财政总收入、一般公共预算收入、固定资产投资5年翻番，农民人均可支配收入接近翻番，赣南苏区振兴发展取得阶段性重大成效。

2017年是《若干意见》深入实施的一年。全市经济运行保持稳中有进、稳中向好态势，预计生产总值增长9.5%左右、固定资产投资增长13.8%、工业固投增长27%、服务业增加值增长12%、农村居民人均可支配收入增长11%，这5项指标增速有望保持全省第一。其他大部分指标增速保持全省前列。开展“贯彻中央领导同志重要批示精神深入推进赣南苏区振兴发展”主题大调研，出台《关于纵深推进赣南苏区振兴发展实现与全国同步全面小康的实施意见》等重大政策文件，推动召开省赣南等原中央苏区振兴发展工作领导小组第六次会议、全省深入推进赣南等原中央苏区振兴发展工作会议、支持赣南等原中央苏区振兴发展工作座谈会和支持赣南苏区振兴发展工作推进会，进一步凝聚了振兴发展合力，协调解决了一大批重大事项。对口支援工作深入推进，“援县促市”工作机制进一步完善，争取14个部委新出台支持文件，部委累计出台支持文件93个。瑞兴于经济振兴试验区建设实质性破题，“三南”一体化发展有力推进，平台支撑力明显提升。省政府专门出台21项政策措施，支持赣州建设省域副中心城市。试点示范事项建设成效明显，新增获批国家、省级试点示范事项13个，累计达118个（其中国家级83个，省级35个）。集中开展“北上争资争项”百日会战，预计争取上级各类补助资金530亿元以上，增长11%。

三、六大攻坚战实现新作为

以项目建设为主抓手，大力实施主攻工业、精准扶贫、新型城镇化、现代农业、现代服务业、基础设施建设六大攻坚战，发展后劲明显增强。

工业发展势头强劲。紧扣“主攻工业，三年翻番”目标，突出重大项目带动，工业发展氛围越来越浓、势头越来越好。预计规上工业增加值增长9.2%。新增规上工业企业435户、总数达1721户，均列全省第一。146个亿元以上“两城两谷一带”项目全部开工，新能源汽车科技城成功落户7个整车及配套项目，南方新能源汽车工程研究中心等配套平台建设加快推进；现代家居城建成全省首个家具设计中心，新增规上家具企业144家，产值突破1300亿元；中国稀金谷入驻“国字号”创新平台4个，引进23个稀土和钨新材料及应用项目，中国稀金（赣州）新材料研究院挂牌成立；青峰药谷签约落地重大项目16个，创新天然药物与中药注射剂企业国家重点实验室正式启用；赣粤电子信息产业带新引进重大项目68个，总投资达586.34亿元。首位产业聚力发展，全市形成19个首位产业集群，拥有上犹玻纤、于都服装服饰等省级重点工业产业集群10个。园区投入力度加大，新开工标准厂房815万平方米，建成658万平方米，园区承载能力进一步增强。

脱贫攻坚成效明显。坚持以脱贫攻坚统揽经济社会发展全局，扎实推进脱贫攻坚问题整改和脱贫攻坚“百日行动”。预计实现19.4万贫困人口脱贫、258个贫困村达标退出，瑞金脱贫摘帽扎实推进，全市贫困发生率由6.6%下降到4.08%。统筹政策、项目、资金、帮扶力量向贫困村、贫困群众倾斜，市、县两级财政预算安排脱贫攻坚专项资金41.24亿元，增长147%。围绕“两不愁、三保障”，推进各专项扶贫。完善落实产业扶贫

“五个一”机制，大力实施农业产业扶贫、电商扶贫、旅游扶贫、光伏扶贫等扶贫工程，覆盖带动99.8%建档立卡贫困户增收致富，做法在全省推广。就业扶贫车间基本实现乡镇全覆盖。纳入国家首批实施范围的光伏扶贫项目圆满完成，总装机占全省的45.7%。赣南脐橙产业助力脱贫攻坚做法获习近平总书记批示肯定，成为全国范例。统筹实施搬迁扶贫、兜底保障扶贫、教育扶贫等。完成易地扶贫搬迁5.4万人，改造农村危房2.76万户，其中农村保障房8710户，农村四类重点对象住房安全问题基本解决。健康扶贫“四道医疗保障线”实现“先诊疗、后付费”和“一卡通”即时结算，惠及贫困群众41.77万人次，做法在全省推广。贫困户子女助学补助基本实现全覆盖，惠及49.6万人次。全面实施整村推进，贫困村旧貌换新颜。在全省率先推行脱贫攻坚工程项目“绿色通道”。成功承办全国产业扶贫、就业扶贫等多个现场会并做经验介绍。

城乡面貌焕然一新。扎实推进新型城镇化综合试点和国家级产城融合示范区建设，获批国家城市设计试点城市。推行征拆新政，加速推进五大功能区布局，中心城区建成区面积达165平方千米，城市人口达166万人，全市常住人口城镇化率达48.6%左右。五洲大道、站东大道改扩建等工程竣工通车，27条城区支路顺利打通，和谐大道基本贯通，文明大道、迎宾大道等快速路加快建设，高铁片区、蓉江新区建设进展顺利。扎实推进绿化美化亮化工程、立面改造和老旧居民小区整治，全面启动1632条背街小巷提升改造，城市品质进一步提升。全南南迳、宁都小布入选国家级特色小镇，大余丫山入围全国运动休闲特色小镇，8个特色小镇入选省级特色小镇创建名单。扎实开展“城乡环境整治年”活动，大力实施交通沿线村点建筑立面整治提升、“三沿六区”乱埋乱葬整治、农村生活垃圾治理和污水处理试点，农村“空心房”整治基本完成。开展农村超高超大建房整治专项行动，累计拆除“两违”建筑500多万平方米。5797个新农村建设点整治全面完成，乡村更加整洁美丽、和谐宜居。

现代农业提质增效。持续培育壮大脐橙、蔬菜、油茶等优势产业，大力发展茶叶、烟叶、白莲、家禽、水产等特色产业。赣南脐橙列入中欧“100+100”地理标志产品互认保护公示名单，稳居全国初级农产品类地理标志产品区域品牌价值榜榜首，与宁都黄鸡同获全国百强农产品区域公用品牌。划定全域永久基本农田33.41万公顷，粮食生产实现“十四连丰”。蔬菜产业发展领跑全省，已建成规模蔬菜基地622个、0.86万公顷，开行中欧蔬菜班列。“赣南茶油”发展势头良好，完成油茶新（改）造1.8万公顷，于都梾木油获批国家地理标志保护产品。信丰、寻乌获批国家级出口食品农产品质量安全示范区，信丰县入选全省唯一、全国首批国家现代农业产业园创建县，瑞金被列为国家有机产品认证示范创建区。积极培育农业产业化龙头企业，规模以上农业龙头企业达590个，农业综合效益明显提高。

现代服务业持续壮大。服务业增加值占GDP比重达44%左右。设立各类产业投资基金51支，全年发放“财政惠农信贷通”等5个信贷通220亿元，预计金融业增加值140多亿元、同比增长16%以上，金融服务水平不断提升。高规格召开全市旅游产业发展大会，启动实施全域旅游三年行动计划。获批第二批国家级旅游业改革创新先行区。积极推进陡水湖景区、中心城区景区管理体制改革，方特主题公园、时光赣州、龙川极地海洋世界等重大文旅项目扎实推进，旅游接待人数、总收入分别增长22%、30.5%。引进重大物流项目15个，赣州综合物流园、赣州港多式联运物流园、赣州冷链物流中心等重大物流项目顺利推进。智慧物流平台“吉集号”上线运行，综合物流成本降低15%以上。电子商务蓬勃发展，电商交易总额突破500亿元，增长60%以上，我市成为全国首个电商进农村全覆盖的设区市，南康家具市场入选全国十强“国家电子商务示范基地”。健康养老产业加快培育，2家单位入选全国第二批森林康养基地建设试点。

基础设施加速改善。大力实施交通、能源、水利等重大基础设施建设，加速补齐振兴发展“短板”。昌赣客专赣州段隧道群全部贯通，赣深客专、兴泉铁路全线开工。广吉高速宁都段顺利推进，兴赣高速北延破土动工。瑞兴于快速交通走廊、“三南”快线开工建设。黄金机场改扩建、航空口岸和通用机坪建设加速推进。华能瑞金电厂二期复工建设，省天然气管网赣州段6条支线建设进展顺利。上犹江引水工程暨龙华水厂加快推进。实施农村饮水安全巩固提升工程137处，受益群众62.37万人。升级改造国省道1144公里，建成农村公路2687公里，25户以上人口自然村全部通水泥（油）路，安远被评为全国首批“四好农村路”示范县。

四、改革开放活力加速释放

坚定不移深化改革开放，以改革激发新活力，以创新增强新动力，以开放拓展新空间。

重点领域改革取得突破。“三去一降一补”任务全面落实，提前完成省下达的“十三五”钢铁去产能任务，超额完成煤炭去产能年度任务。精准深入推进降成本、优环境专项行动，为企业减负104.18亿元。投融资体制改革扎实推进，实行投资项目审批核准“前期辅导”“容缺后补”“联合评审”机制，积极推广PPP模式，民间资本得到有效激活。积极开展统筹整合财政涉农扶贫资金试点，推进扶贫资金绩效评价。扎实推进国地税电子税务局建设。金融改革成效明显，全面落实帮扶企业融资“四项制度”，发放倒贷周转金181.39亿元。区域性金融中心建设快速推进，全市银行、证券、期货、保险等各类金融机构达170家。“放、管、服”改革取得突破，创新实施“互联网＋政务服务”“‘一窗式’改革”“中介服务超市”等政务服务新模式，第一批186项事项实现“最多一次办结”。商事制度改革深入推进，“多证合一、一照一码”登记制度改革实现24证合一，“双随机一公开”监管水平明显提升。相对集中行政许可权改革试点获省政府批复实施，市行政审批局挂牌运行。国资国企改革稳步推进，经营性国有资产脱钩移交和统一监管工作基本完成。完成农村土地承包经营权、集体土地所有权确权登记颁证，全面推进房地一体的农村宅基地和集体建设用地使用权确权登记发证工作。会昌农民住房财产权抵押贷款和赣县、信丰农村承包土地经营权贷款累计发放4.7亿元，农村集体资产股份权能改革增点扩面，石城被列为全国农村集体产权制度改革试点县。扎实推进集体林业综合改革示范实验区建设。城乡户口“一元化”改登工作圆满完成。供销社综合改革走在全省前列。

开放合作不断深化。赣州港获批全省首个国家“一带一路”多式联运示范工程，成为盐田港、厦门港、广州港的内陆腹地港，开通16条内贸和铁海联运班列线路、14条中欧（亚）线路，直通中亚五国和欧洲经济腹地，实现家具、木材、煤炭和电子信息产品的多品种运营，成为全省对接“一带一路”的示范和样板。赣州港、航空口岸、综合保税区“港区联动、一体发展”加速推进。赣州国际贸易“单一窗口”国家标准版试运行进展顺利，实现“一次申报、一次查验、一次放行”，口岸通关自由化便利化程度提高，“一核两翼”口岸格局初步形成。龙南保税物流中心建成验收。瑞金国检监管区获批实施。招商引资力度持续加大，与深圳、广州等地签署战略合作协议，举办招商推介活动223场次，签约项目770个，引进绿地、TCL、招商局集团等一批大企业、大集团。“赣商回归”工程进展顺利。预计全市实际利用外资增长10%，出口总额增长12.1%，贸易往来扩大至192个国家和地区。

新动能加速培育。获批“中国制造2025”试点示范城市。创新驱动“1122”工程成效明显，全市高新技术企业达276家。国家离子型稀土资源高效开发利用工程技术研究中心、国家脐橙工程技术研究中心顺利通过验收评审，中科院海西研究院赣州稀金产业技术研究中心、工信部电子五所龙南办事处、国家家具产品质检中心、国家油茶产品质检中心等一批国家级平台落户我市，成功组建全省首个检验检测创新联盟。赣州工业设计中心、天翼·华为云计算数据中心建成运行。国内首个“互联网＋家具”综合服务平台成功入围工信部服务型制造示范企业平台。“瑞京金融”成为全省仅有的两家地方资产管理公司之一，成立区块链票链全国监控运营管理中心，区块链金融产业沙盒园启动建设。利用贫困县IPO上市绿色通道引进拟上市企业34家，新增境外上市企业2家，在省股权交易中心新增挂牌企业495家。大众创业、万众创新深入推进，新增国家级科技企业孵化器2家，建成创业孵化基地28个，新增国家中小企业公共服务示范平台1个。获评全国质量强市示范城市、国家知识产权试点城市，获批创建国家级网络市场监管与服务示范区。

五、生态文明试验区建设全面展开

积极践行“绿水青山就是金山银山”发展理念，着力构建绿色发展方式和生活方式，打造南方地区重要的生态屏障，荣膺中国绿色发展优秀城市。

生态保护有力推进。“河长制”深入实施，重要水功能区水质达标率为96.5%，城市集中式饮用水源地水质达标率保持100%。森林资源保护全面加强，大力实施低质低效林改造、国土绿化、退耕还林、防护林建设，完成低质低效林改造4.55万公顷，人工造林2.6万公顷，森林覆盖率稳定在76.4%以上。加快推进东江流域上下游横向生态补偿试点项目，出境断面水质达标率100%。完成生态保护红线划定，生态保护更加有力。成功创建章江国家湿地公园，崇义获批全国首批县级国家森林城市建设试点，上犹入选省生态文明建设十大领跑县。

生态治理扎实有效。中央环保督察反馈问题整改基本完成省下达年度整改任务。筹资183亿元推进山水林田湖草生态保护和修复试点，首批28个项目全部开工。水土流失综合治理开创新局面，打造全国水保“赣南模式”。深入实施“净空、净水、净土”工程，大力整治“四尘三烟三气”，空气质量保持优良。建立生态综合执法新模式，安远在全省率先组建生态综合执法局。市人民检察院在全省率先成立生态环境保护检察处，并出具全省首份生态检察报告。完成废弃矿山治理19.1平方千米。农业面源污染治理力度加大，关停禁养区内畜禽养殖场3211家。深入实施节能减排示范工程，单位GDP能耗下降3%。

生态文明制度不断完善。制定贯彻落实《国家生态文明试验区建设（江西）实施方案》的实施意见。坚持用最严格制度保护生态环境，在全省率先实施生态文明建设领导干部约谈制度。开展领导干部自然资源资产离任审计，崇义县完成试点工作。兴国、于都列入省自然资源资产负债表编制试点。设立市山水林田湖生态保护中心，改变了以往自然资源单一管理模式。

六、保障和改善民生水平不断提升

始终坚持以人民为中心的发展思想，围绕“幼有所育、学有所教、劳有所得、病有所医、老有所养、住有所居、弱有所扶”，把更多财力向民生领域倾斜，全力办好90件省、市民生实事，人民群众的获得感、幸福感、安全感不断增强。

社会事业扎实推进。成功争取全面执行西部地区教育政策。新（改、扩）建公办幼儿园164所、义务教育学校439所、职业学校4所。12个县（市、区）通过义务教育均衡发展国家评估。全市认定普惠性民办幼儿园760所，“入园贵”问题得到缓解。推动全市185所优质学校与254所农村薄弱学校结对帮扶，优化教师资源均衡配置。全面实施划片免试就近入学，实行“零择校”政策，有效化解“大班额”问题。医药卫生体制改革全面展开，公立医院综合改革全面启动，医改“四梁八柱”全面搭建。我市被列为国家分级诊疗试点城市、国家结核病分级诊疗和结核防治服务模式试点市、全省建立现代医院管理试点市，于都县被列为公立医院综合改革第二批国家级示范县，定南县建设了全省首家互联网医共体。市人民医院新院全面投入使用，市妇保院新院建设进展顺利。全民健身运动和群众性体育事业蓬勃发展。审计、统计、人防、地震、民宗、外侨、对台、党史、档案、地方志、妇女儿童、老龄、残疾人事业等各方面工作取得新进步。

社会保障更加健全。实施精准调控措施，培育和发展租赁市场，房地产市场持续健康发展。棚户区改造新开工2.47万套，基本建成2.4万套。农村低保与扶贫开发“两项制度”衔接工作扎实有效，在全省作典型交流发言。机关事业单位养老保险改革稳步推进，参保人数不断增加。新（改、扩）建敬老院、光荣院、福利院60所。启动259个农村社区建设试点。成功获批全国居家和社区养老服务改革试点城市，全省医养结合工作会在我市召开。实现全市城乡居民基本医疗保险和大病保险“一卡通”即时结算。全市就业形势保持总体稳定，城镇新增就业7.3万人，新增转移农村劳动力13.5万人。

七、宣传思想文化工作富有成效

坚持以习近平新时代中国特色社会主义思想武装头脑，唱响主旋律，弘扬正能量，为纵深推进赣南苏区振兴发展提供强有力的思想保证。

意识形态工作责任制有效落实。严格落实党管意识形态原则，在全省率先探索意识形态工作“五个纳入”做法，得到中宣部肯定。出台贯彻落实党委（党组）网络意识形态工作责任制实施细则，网上阵地建设成效明显，新媒体建设走在全省前列。围绕学习宣传贯彻党的十九大精神、习近平总书记重要批示精神、《若干意见》出台实施五周年等重大主题，在中央主流新闻媒体刊发稿件669篇（条）。“赣南师范大学习近平新时代中国特色社会主义思想研究中心”挂牌成立。

精神文明建设卓有成效。举全市之力创建全国文明城市，推进文明城市规范化、常态化管理。创新实施“路长制”，为中心城区100多条主干道配备了“管家”。理顺城市管理综合执法体制，抓好城市市容环境专项治理。大力倡导好人文化，全年有2人入选第六届全国道德模范（提名奖），16人当选“中国好人”，24人当选“江西好人”，上榜人数和规格实现历史性突破。乡风文明行动扎实有效，全省农村精神文明建设经验交流暨移风易俗工作推进会在我市召开，“文化+移风易俗”助力脱贫攻坚得到各级肯定。

文化事业繁荣发展。举办2017赣州第二届文化惠民周活动。大型赣南采茶歌舞剧《永远的歌谣》获“五个一工程”奖，大型赣南民俗音画《客家儿郎》成功上演，红色文化启蒙教育电视动画系列片《红游记》被国家广电总局评为2017年国产优秀动画片。市综合文化艺术中心开工建设。赣南围屋三年抢修计划启动实施。“最后的红军”口述史抢救性记录工程全面启动。大力推进“农家书屋+电商”示范点建设，全省“农家书屋+电商”经验交流会在我市召开。文化产业稳步发展，签订重大文化产业项目7个，总投资达51.8亿元。

八、民主法治建设深入推进

坚持党的领导、人民当家做主、依法治国有机统一，着力营造良好的民主法治环境。

民主政治建设持续加强。坚持和完善人民代表大会制度，立法规划项目库编制完成，人大法律监督和工作监督扎实有效，初步搭建市人大代表履职网络平台，出台乡镇人大一年召开两次会议的实施意见，县乡人大工作和建设扎实推进。出台《关于加强和改进人民政协民主监督工作的实施意见》，支持政协组织依法履行职能、积极议政建言，人民政协民主监督更加有力，社会各界人士的智慧与力量广泛汇集。扎实推进工、青、妇、科、侨等群团组织改革，群团组织政治性、先进性、群众性得到加强。强化党管武装责任，做好驻赣部队服务保障，军民融合和双拥共建成效明显。

法治建设有力推进。加强党对法治赣州建设的领导，出台党政主要负责人履行推进法治建设第一责任人实施细则。深入推进“七五”普法，持续推进“法治教育基地全民学法计划”，获评全国法治宣传教育先进城市。着力推进依法治市，出台第一部实体地方性法规——《赣州市城市管理条例》，第一部实体政府规章——《赣州市农村村民住房建设管理办法》。行政执法三项制度国家试点顺利完成。法官检察官员额制和司法人员分类管理、定岗定责改革圆满完成，综合治理“执行难”问题取得阶段性成效。大力推进执法司法公开，人民陪审员、人民监督员制度进一步完善。探索“党建+律所”新模式，律师行业党的建设得到加强。公证机构体制改革步伐进一步加快。落实国家司法救助制度，进一步降低了法律援助门槛。

社会治理创新发展。强化预测预警预防，加强社会风险管控，实现了“六个不发生”目标，圆满完成了党的十九大期间信访维稳安保各项任务，得到了中央、省委督导组充分肯定。着力推进综治“三项建设”和“雪亮工程”建设，出台综治中心规范化建设标准和管理规范，全面加强重点特殊人群服务管理，深入推进基层平安创建，构建人防物防技防心防“四位一体”立体化治安防控网，打造中心城区社会治理共享云平台。着力构建“大调解”格局，推进矛盾纠纷多元化解，全市调解各类纠纷案件调解成功率达95.8%。承办全国社会心理服务疏导和危机干预工作座谈会并作典型发言。安全生产、信访维稳、食品药品安全状况稳中向好，公众安全感指数保持全省前列。

爱国统一战线巩固发展。出台《关于加强新时期统一战线工作实施意见》《关于加强社会主义协商民主的实施办法》，进一步完善统战工作政策机制，促进大团结大联合。成立赣州商会联合总会，举办首届全国赣州商会联合大会。组织引导非公有制经济人士参与“百企帮百村”扶贫行动。组建同心圆智库，支持民主党派、工商联、无党派人士开展大调研。完成市、县无党派知识分子联谊会换届，成立赣州市新的社会阶层人士联谊会和赣州归国留学人士服务联盟。高度重视党外代表人士队伍建设。加强民族宗教工作，全市6个民族村被授予全国少数民族特色村。召开第六次归侨侨眷代表大会，开展“庆回归、思源泉”保护东江源——庆祝香港回归二十周年纪念活动。

九、全面从严治党纵深推进

市委常委会牢固树立“抓好党建是最大政绩”理念，强化政治担当，认真履行管党治党责任，及时研究制定了《市委常委会工作规则》《关于做好党内法规工作的实施意见》《关于加强新形势下党的督促检查工作的实施意见》等规章制度，切实加强和规范党内政治生活，自觉带头执行民主集中制、按照规则办事，推动全市形成风清气正的政治生态。

思想政治建设进一步加强。深刻领会习近平新时代中国特色社会主义思想，更加牢固树立“四个意识”，大力弘扬苏区精神和新时代苏区干部好作风，始终在政治立场、政治方向、政治原则、政治道路上同以习近平同志为核心的党中央保持高度一致。扎实推进“两学一做”学习教育常态化制度化，市委常委同志坚持以普通党员身份参加所在党支部的组织生活。出台《市委中心组贯彻〈中国共产党党委（党组）理论学习中心组学习规则〉实施办法》，全年组织市委中心组集体学习研讨24次，推动党委中心组理论学习更加制度化、规范化。

干部队伍建设进一步加强。着眼锻造适应新时代振兴发展需要的高素质专业化干部队伍，先后选派97名干部到国家机关部委、深圳、广州、省级金融部门等挂职锻炼，推动干部解放思想、开阔视野、提升能力。积极争取中组部、水利部等7家国家部委培训机构为我市培训县处级干部400余人次。牢固树立正确选人用人导向，进一步选优配强各级领导班子，加强换届后领导班子和干部队伍建设，开展换届后县（市、区）班子建设大调研和市管干部谈心谈话，干部队伍整体功能不断增强。落实领导干部能上能下实施细则，开展“跑官要官”“带病提拔”等问题专项整治，严把干部选拔任用政治关廉洁关，进一步拧紧从严管理干部的“螺丝”。全面完成超职数配备干部的整改消化。招才引智力度空前，出台“人才新政30条”和人才住房政策，设立“苏区人才伯乐奖”，成立市招才引智局、赣南苏区人才发展合作研究院，党管人才工作格局更加开放有力，人才聚集效应开始显现。

基层党组织建设进一步加强。建立健全了防止党员失联、基层党组织按期换届提醒督促、“三会一课”在线考核等机制，探索推行“3+X”学习模式，不断创新党员教育载体和形式。精准发力抓党建促脱贫攻坚，提出19条加强基层党建“硬措施”。制定出台第一书记管理办法，对驻村第一书记和驻村工作队在岗履职情况开展常态化督查。大力发展壮大村级集体经济，全市村级集体经济收入平均达到12.28万元，同比增长186.92%，消除“空壳村”1675个。优化村（社区）干部报酬结构，适度提高基本报酬待遇，推动基层干部履职动力能力绩效“三提升”。全面推行“实习村（社区）干部”制度，扎实做好村（社区）“两委”换届选举工作。统筹推进城市、机关、国企、学校、非公经济组织和社会组织党建，出台加强党的建设12条具体措施和“三个责任清单”。会昌县被列为全国首批党建标准化试点单位。

作风纪律建设进一步加强。管党治党责任全面落实，市委常委会先后18次专题研究党风廉政建设和反腐败工作。开展“点对点”向市领导发送党风廉政建设履责提示事项，做法得到中纪委、省纪委肯定。全力落实“一个意见、两个办法”，持续深入推进改作风、提效率、敢担当。严肃监督问责，查处落实“两个责任”不力问题428起399人。深入开展“为官不为”专项整治，查处干部“为官不为”问题737起1133人。持之以恒纠正“四风”，查处违反中央八项规定精神问题302件389人，纪律处分219人，点名道姓通报曝光232起309人。强力整治扶贫领域“微腐败”，查处腐败和作风问题1043起1442人。反腐败压倒性态势巩固发展，全市纪检监察机关立案1612件、处分1853人。追逃追赃工作在全省率先取得突破。派驻机构改革扎实推进。规范设置市县党委巡察机构，对全市674个地方和单位党组织开展政治巡察。稳步推进国家监察体制改革试点，将实现对所有行使公权力的公职人员监察全覆盖。

2017年我市各项工作取得了长足进步，这是党中央、国务院和省委、省政府坚强领导、关心关怀的结果，是全市干部群众勠力同心、担当实干的结果。但也要清醒看到，工作中还存在不少问题和不足：宏观经济环境复杂性加剧，实体经济面临质量不高和经营困难双重压力，发展不平衡、不充分问题仍然突出；经济结构不优，产业层次仍然较低；创新能力不足、科技成果转化率低；民生领域还有不少短板，与人民群众日益增长的美好生活需要还有较大差距；贫困人口基数较大，脱贫攻坚任务依然艰巨；干部作风和素质能力有待进一步提升，等等。下一步，我们将更加紧密团结在以习近平同志为核心的党中央周围，全面贯彻党的十九大精神，以习近平新时代中国特色社会主义思想为指导，认真落实中央经济工作会议和省委十四届五次全会精神，深入实施《若干意见》，按照高质量发展要求，坚持稳中求进工作总基调，坚持新发展理念，坚持以供给侧结构性改革为主线，深入贯彻省委“创新引领、绿色崛起、担当实干、兴赣富民”工作方针，坚持解放思想、内外兼修、北上南下，纵深推进六大攻坚战，统筹推进稳增长、促改革、调结构、惠民生、优生态、防风险各项工作，全面加强党的建设，加快赣南苏区振兴发展，为决胜同步全面小康打下坚实基础，努力把赣州打造成为新时代中国特色社会主义的红色样板。

政府工作报告

——2018年1月6日在赣州市第五届人民代表大会第三次会议上

赣州市人民政府市长　曾文明

各位代表：

现在，我代表市人民政府向大会报告工作，请予审议，并请各位政协委员和列席的同志提出意见。

一、2017年工作回顾

2017年是党的十九大胜利召开之年，是赣南苏区振兴发展史上极不平凡的一年。习近平总书记在全国深度贫困地区脱贫攻坚座谈会、《若干意见》[①]出台实施五周年和中宣部寻乌扶贫调研报告上，先后三次对赣州工作作出重要指示或批示，给予我们巨大鼓舞和鞭策。在党中央、国务院的深切关怀下，在省委、省政府和市委的坚强领导下，全市上下坚持解放思想、内外兼修、北上南下，突出打好六大攻坚战，纵深推进赣南苏区振兴发展，较好地完成了市五届人大二次会议确定的目标任务，取得了丰硕成果。

——获得了一系列来之不易的荣誉。全市人民众志成城，勇夺全国文明城市桂冠。荣获全国社会治安综合治理优秀市、综治“长安杯”。成功创建国家森林城市。赣南采茶歌舞剧《永远的歌谣》获“五个一工程”奖[②]。荣获2016年度全省科学发展综合考评第一名。全国就业扶贫、产业扶贫和全省工业、现代农业等31个现场经验交流会在赣州召开，在“中国制造2025”和全省脱贫攻坚、开放型经济、开发区创新发展等26个会议上作经验介绍，创赣州历史之最。

——推进和解决了一些重点难点事情。全市人民特别关注的昌赣客专赣州段隧道群全部贯通，赣深客专、兴泉铁路全线开工，广吉高速宁都段顺利推进，兴赣高速北延项目开工建设，黄金机场改扩建、航空口岸和通用机坪建设加速推进，华能瑞金电厂二期复工，省天然气管网赣州段6条支线开工建设，瑞金机场进场道路启动建设。市民期盼多年的和谐大道基本贯通，赣州火车站内部改造基本完工，文明大道等快速路加快建设，上犹江引水工程加快推进，市综合文化艺术中心开工建设，中心城区启动建设学校19所，新建数量超前五年总和。推行征拆新政，统一中心城区征拆补偿政策。妥善解决赣州经开区、蓉江新区征拆主体法律地位问题。拆除“两违”建筑500多万平方米，“两违”现象得到有效遏制。坚决依法推进农村“空心房”整治，累计拆除腾地2500万平方米。成功化解中祥·玖龙湾、义乌小商品城等信访难题。公立医院综合改革全面启动，持续半个多世纪的“以药补医”彻底终结。

——争取和落实了一些重大支持。充分发挥对口支援优势，争取上级各类补助资金530亿元以上，增长11%。获批国家山水林田湖草生态保护和修复试点，20亿元中央基础奖补资金全部到位。争取多年的东江流域生态补偿机制得到落实。获批全省唯一“中国制造2025”试点示范城市。信丰县入选国家首批现代农业产业园创建县。赣州港获批国家“一带一路”多式联运示范工程，成功开行中欧、中亚班列。省委、省政府出台纵深推进赣南等原中央苏区振兴发展、支持赣州建设省域副中心城市、打造“一带一路”重要节点城市等高含金量的政策，进一步提升了赣州的战略地位。

——出台和实施了一系列重大政策。推出促进经济平稳健康发展、培育经济发展新动能、支持大数据发展等一揽子政策措施，有效应对经济下行压力。推行“人才新政”[3]，启动5年建设10万套人才住房计划。颁布实施城市管理条例、农村住房建设管理办法。及时采取限购限贷限价等房地产调控措施。出台支持瑞兴于经济振兴试验区建设、“三南”园区一体化发展、蓉江新区加快发展、赣州港口岸物流发展等系列文件，区域发展活力进一步迸发。

一年来所做的主要工作及成效体现在：

一是六大攻坚战成效明显。实施六大攻坚战项目2056个，完成投资2504亿元，占年度计划的119%。270个市属重点工程全部开工，完成投资1415亿元，占年度计划的124.9%。预计全市GDP2500亿元，增长9.5%左右；固定资产投资2510亿元，增长13.8%；工业固投1043亿元，增长29%左右；服务业增加值1100亿元，增长12%；农村居民人均可支配收入9689元，增长11.0%，这5项指标增速有望保持全省第一。其他大部分指标增速保持全省前列。财政总收入408.32亿元，增长11.5%。一般公共预算收入245.36亿元，同口径增长8.6%。预计规上工业增加值增长9.2%；社会消费品零售总额890亿元，增长12.6%左右；实际利用外资16.67亿美元，增长10%；出口总额260亿元，增长16.3%；城镇居民人均可支配收入29470元，增长8.8%左右。

二是产业经济壮大升级。工业量质齐升。新增规上工业企业435户、总数达1721户，均列全省第一。高新技术企业达276家，占规上工业增加值比重33%。新开工标准厂房815万平方米，建成658万平方米。146个亿元以上“两城两谷一带”项目全部开工。“新能源汽车科技城”拉开框架、势头良好，国机智骏、山东凯马等7个整车及配套项目落户开工。“现代家居城”加速转型、提档升级，建成国内首个家具制造云——康居网[4]、全省首个家具设计中心，新增入规家具企业144家。“中国稀金谷”快速起步、创新发展，已入驻“国字号”创新平台4个，引进稀土和钨新材料及应用项目23个。“青峰药谷”建设加快、后劲增强，签约落地修正药业等16个重大项目，青峰药业获第二届井冈质量奖提名奖。“赣粤电子信息产业带”蓬勃发展、形势喜人，落户10亿元以上项目25个，引进合力泰等上市公司5家。各地首位产业聚力发展，上犹玻纤、于都服装服饰等10个省级重点工业产业集群加速壮大。农业结构加快调整。粮食生产“十四连丰”。蔬菜产业成为全省标杆、全国有影响，新建成规模蔬菜基地0.41万公顷，开行中欧蔬菜班列。赣南脐橙名扬世界，列入中欧“100+100”互认保护[5]公示名单，稳居全国同类农产品区域品牌价值榜首。赣州成为全国油茶主产区。于都梾木油获批国家地理标志保护产品。服务业提速增效。金融机构存贷款余额分别增长17.9%、21.2%。利用贫困县IPO上市绿色通道引进拟上市企业34家，新增境外上市和新三板挂牌企业4家，趣店集团在美国上市。旅游接待人数、总收入分别增长22%、30.5%。方特主题公园、时光赣州、极地海洋世界等重大旅游项目加快推进。赣州综合物流园、赣州冷链物流中心等项目建设进展顺利，智慧物流“吉集号”上线运行。电商交易总额突破500亿元，增长60%以上。特色小镇建设全面展开、成效初显，全南南迳、宁都小布入选国家级特色小镇，大余丫山入围全国运动休闲特色小镇。

三是改革开放全面深化。“三去一降一补”[6]任务有效落实，提前完成省下达“十三五”钢铁去产能任务，超额完成煤炭去产能年度任务，降成本优环境行动为企业减负超100亿元。重点领域改革深入推进。“多证合一、一照一码”[7]登记制度改革实现二十四证合一。农村集体资产股份权能改革增点扩面，城乡户口“一元化”改登工作圆满完成。成立区块链票链全国监控运营管理中心，区块链金融产业沙盒园[8]启动建设，“瑞京金融”成为全省仅有的两家地方资产管理公司之一。经营性国有资产脱钩移交和统一监管工作基本完成，混合所有制改革和企业社区移交工作有序推进。创新平台加速壮大，国家离子型稀土资源高效开发利用工程技术研究中心、国家脐橙工程技术研究中心通过科技部验收，工信部电子五所（龙南）办事处、中科院海西研究院赣州稀金产业技术研发中心、中国稀金（赣州）新材料研究院挂牌运行，全省首个检验检测创新联盟组建完成，赣州工业设计中心、天翼·华为云计算数据中心建成运行。招才引智力度空前，成立赣南苏区人才发展合作研究院、市招才引智局，设立“苏区人才伯乐奖”[⑨]，组建同心圆智库，支持驻市高校融入地方发展。开放合作深入拓展。举办招商推介活动223场次，签约项目770个。引进绿地、TCL、招商局集团、杉杉集团等一批大企业、大集团，与深圳、广州、河源签署战略合作协议，与上海、广州、宁波、昆山等地开展国家级经开区结对共建。成立赣州商会联合总会，举办首届全国赣州商会联合大会。国际贸易“单一窗口”国家标准版试运行进展顺利。

四是城乡面貌大为改观。全市常住人口城镇化率达48.6%左右。中心城区五区融合发展，环境更加整洁有序。五洲大道、站东大道改扩建等工程竣工通车，东坡路等27条支路顺利打通，高铁新区、蓉江新区建设进展顺利。完成健康路、青年路、厚德路立面改造。115个老旧小区整治有序推进，1632条背街小巷提升改造全面启动。城乡环境整治强力推进。大力实施拆违治违、主次干道改造、公共服务设施完善等工程，大部分县城面貌焕然一新。农村生活垃圾基本得到有效治理。完成5797个新农村建设村点整治。实施国省道升级改造1144公里，建成农村公路2687千米，25户以上人口自然村全部通水泥（油）路，安远获评全国“四好农村路”[⑩]示范县。乡风文明行动扎实有效，农村面貌发生可喜变化。

五是生态屏障得到巩固。推进生态文明建设决心之大、力度之大前所未有。筹集183亿元实施国家山水林田湖草生态保护和修复试点，首批28个项目全部开工。完成废弃矿山治理19.1平方千米、低质低效林改造4.55万公顷。东江流域出境断面水质达标率100%。完成中央环保督察反馈问题年度整改任务。“三净”[⑪]行动成效明显。空气质量保持优良。“河长制”[⑫]深入实施，8个省重点支持县（区）生活污水管网建设全面完成，重要水功能区水质达标率达到省级控制要求[⑬]，集中式饮用水源地水质达标率100%。在全省率先实施生态文明建设领导干部约谈制度，出台党政领导干部生态环境损害责任追究实施细则，安远、会昌、大余成立生态综合执法局，生态文明制度加快完善。

六是民生福祉持续增进。民生支出631.4亿元，增长14.3%，占一般公共预算支出的83.7%。脱贫攻坚成效显著。预计全年脱贫19.4万人、258个贫困村退出，瑞金脱贫摘帽扎实推进。赣南脐橙产业扶贫成为全国范例。就业扶贫车间基本实现乡镇全覆盖。完成易地搬迁5.4万人。健康扶贫“四道医疗保障线”[⑭]实现“先诊疗、后付费”和“一卡通”即时结算。贫困户子女助学补助基本实现全覆盖。省、市90件民生实事年度计划基本完成。新（改、扩）建公办幼儿园164所、义务教育学校439所、职业学校4所，已有12个县（市、区）通过义务教育均衡发展国家评估。棚户区改造基本建成2.4万套。完成农村危房改造2.76万户，其中农村保障房8710户。新（改、扩）建敬老院、光荣院、福利院60所。市人民医院新院全面投入使用，市妇保院新院开工建设。中心城区二级以上医院和县级医院实现跨省异地就医即时结算。城乡居民医保“一卡通”实现同步结算。机关事业单位养老保险制度改革稳步推进。安全生产、信访形势、食品药品安全状况稳中向好，公众安全感指数保持全省前列。国防、双拥、优抚、公安、消防、国土、审计、统计、人防、地震、民宗、外侨、对台、档案、地方志、妇女、儿童、老龄、残疾人事业等各方面工作取得新进步。

七是自身建设不断加强。深入学习宣传贯彻党的十九大精神，扎实推进“两学一做”学习教育常态化制度化，严格落实中央八项规定精神，深入推进政府系统改作风、提效率，行政效能明显提升。认真落实党风廉政建设主体责任，政府系统廉政建设不断加强。“放管服”改革持续深化。市本级行政审批事项精简至78项，为全省设区市最少。在全省率先推行“一窗式”[⑮]改革，正式运行市行政审批局。市、县两级行政审批中介服务超市全面建成。法治政府建设不断加强，行政执法三项制度[⑯]国家试点顺利完成。自觉接受人大监督和政协民主监督，建议和提案办结率、满意和基本满意率均达100%。

各位代表，过去的一年，全市上下聚精会神谋发展、同心同德干事业、众志成城攻难关，取得了超乎预期的好成绩，在赣南苏区振兴发展的伟大征程中，书写了浓墨重彩的一笔！成绩来之不易，这是党中央、国务院亲切关怀和国家部委大力支持的结果，是省委、省政府和市委坚强领导的结果，是全市人民勠力同心、团结奋斗的结果。在此，我代表市人民政府，向辛勤奋战在全市各条战线的广大干部群众，向各位人大代表、政协委员，向各民主党派、工商联和无党派人士，向驻市人民解放军、武警官兵，向中央、省属驻市单位，向所有关心支持赣州发展的海内外朋友，表示崇高的敬意和衷心的感谢！

需向代表们说明的是，受全国投资增速放缓、去产能等因素影响，全市规上工业增加值、固定资产投资增速与预期目标还有少许差距。同时，我们还清醒地认识到，我市发展不平衡不充分的问题比较突出，经济总量不大，新经济发展较慢，创新能力不足；实体经济仍有不少困难，民营经济发展环境有待改善；脱贫攻坚任务艰巨，民生和公共服务领域还有不少短板；生态环保治理压力大；部分公务人员专业能力不强、作风不实、不敢担当。对此，我们将冲着问题改、迎着困难上，以昂扬向上的精神状态和一往无前的奋斗姿态，努力开创政府工作新局面！

二、2018年工作安排

2018年是贯彻党的十九大精神的开局之年，是决胜全面建成小康社会、实施“十三五”规划承上启下的关键一年，做好今年的工作意义重大。今年政府工作的总体要求是：全面贯彻党的十九大精神，以习近平新时代中国特色社会主义思想为指导，认真落实中央经济工作会议、省委十四届五次全会和市委五届四次全会精神，深入实施《若干意见》，按照高质量发展要求，坚持稳中求进工作总基调，坚持新发展理念，坚持以供给侧结构性改革为主线，深入贯彻省委“创新引领、绿色崛起、担当实干、兴赣富民”工作方针，坚持解放思想、内外兼修、北上南下，纵深推进六大攻坚战，统筹推进稳增长、促改革、调结构、惠民生、优生态、防风险各项工作，加快赣南苏区振兴发展，为决胜同步全面小康打下坚实基础，奋力打造新时代中国特色社会主义的红色样板。

2018年，全市经济社会发展的主要预期目标是：GDP增长9%以上，规上工业增加值增长9.2%左右，财政总收入增长9%，一般公共预算收入增长6.5%以上，固定资产投资增长13%左右，社会消费品零售总额增长12.5%左右，实际利用省外资金增长15%以上，实际利用外资增长10%左右，出口总额增长4%左右，城镇、农村居民人均可支配收入分别增长8.8%左右和11%，居民消费价格总水平涨幅控制在3%左右，城镇登记失业率控制在4.5%以内，节能减排全面完成省下达计划任务。这些目标，既科学务实，又积极进取，体现了高质量发展要求，体现了“跳起来摘桃子”。我们要咬住目标不动摇，精心谋划，精准施策，精细落实，推动经济社会发展实现新跨越。重点抓好九个方面：

（一）坚决打好脱贫攻坚硬仗。在确保瑞金脱贫摘帽的基础上，力争全市脱贫21.5万人以上、贫困发生率降至2%以下、362个贫困村退出，南康、寻乌、安远、会昌、石城、上犹脱贫摘帽。

攻克深度贫困堡垒。倾斜支持167个深度贫困村和贫困群体，优先实施农村饮水安全、农村电网改造升级、宽带网络全覆盖等工程，倾斜安排危房改造指标，优先安排土地整治、增减挂钩等项目。落实深度贫困群体低保或五保全覆盖，民政救助、资金收益分红、公益性岗位向深度贫困群体倾斜。成立关爱深度贫困专项扶贫基金，深化“百企帮百村”，实现每个深度贫困村有1个企业结对帮扶。统筹推进城镇困难群众脱贫解困工作，确保全面小康路上一个都不能少。

提升扶贫工作实效。聚焦“收入达标、两不愁、三保障”，拓宽贫困户增收渠道，提高兜底保障水平。推进产业扶贫全覆盖，力争每个贫困村至少有1个扶贫产业基地或龙头企业。推进就业扶贫再扩面，增加公益性岗位，力争每个贫困村有扶贫车间。推进健康扶贫再提升，完善“四道医疗保障线”，探索重大疾病、慢性病、精神病、失能病人护理保险制度，实施贫困家庭医生签约服务全覆盖。推进搬迁扶贫再精准，完成易地搬迁3.5万人。推进教育扶贫再对接，确保适龄学生义务教育无因贫辍学。实施贫困村村庄整治再推进。坚持扶贫、扶志、扶勤、扶德、扶智并举，激发脱贫发展内生动力。

强化扶贫保障措施。完善脱贫攻坚责任体系，强化执纪监督问责，压实市、县、乡、村和各行业部门脱贫攻坚责任。开展脱贫攻坚领域作风建设年活动，加强对驻村第一书记、工作队长和帮扶单位管理。深入推进财政涉农资金整合，完善扶贫项目资金拨付绿色通道，加强扶贫资金管理。建立返贫预警机制，有效防止系统性返贫。广泛动员社会力量扶贫济困，进一步构建社会扶贫大格局。

（二）决战主攻工业三年翻番。力争引进55个10亿元以上重大工业项目，实施亿元以上工业项目300个以上，工业固定资产投资突破1300亿元，坚决挺起工业脊梁。

加速形成产业集群效应。“新能源汽车科技城”要初具雏形，实现整车下线并投产，规划筹建汽车配套产业园，启动建设新能源汽车检测中心，积极创建智能网联汽车示范区。“现代家居城”要致力打造研发设计城、智能制造城、线上线下营销城和港口物流城，完成“南康家具”区域品牌申报注册，引进和培育一批国际国内品牌家具企业，力争主营业务收入突破1400亿元。“中国稀金谷”要围绕打造全国稀土和钨新材料研发生产基地，引进和培育1—2家稀有金属核心企业，做大做强中国南方稀土集团，力争全市稀土和钨产业集群主营业务收入突破1200亿元。“青峰药谷”要围绕打造大健康产业集群，推进产业链前延后伸，启动青峰药业二期、山香药业异地技改扩能等项目建设，引进5个亿元以上医药项目，新上市一批药品及医疗器械产品。“赣粤电子信息产业带”要围绕建设成为在全国具有较强竞争力的新兴电子产业基地，加快建链、延链、强链，引进电子行业巨头，力争主营业务收入突破500亿元。用好重大工业项目投资引导资金，引导各地聚焦发展首位产业，形成优势互补、错位发展新格局。

掀起新一轮园区创新发展热潮。创新营运模式，提升园区发展水平，实现工业园区在全国、全省排位前移。力争赣州经开区主营业务收入突破1000亿元，赣州高新区突破500亿元，龙南、瑞金经开区“一区多园”⑰分别突破600亿元、800亿元。实施“腾笼换鸟”工程，逐步腾退低效用地，清理“僵尸企业”⑱，促进节约集约发展。狠抓标准厂房建设，新开工建设500万平方米，累计建成1450万平方米。

做大做强骨干企业。壮大一批企业排头兵，力争培育40家以上主营业务收入过10亿元、2—3家50亿元以上的龙头企业，以及超百亿元企业。争取省级产业发展升级引导基金，整合市、县两级工业发展资金，重点支持重大产业项目。大力推动“个转企、小升规、规改股、股上市”，新增规上工业企业300家以上，加快推进腾远钴业、金力永磁等企业上市。大力扶持“专精特新”企业⑲发展，培育一批细分市场占有率高的科技“小巨人”和“隐形冠军”企业。

（三）统筹推进区域协调发展。力争中心城区常住人口达180万人左右，全市常住人口城镇化率达50%以上，加快建设省域副中心城市。

推进中心城区强心提质。加快中心城区五区一体化发展。建成文明大道、迎宾大道快速路，加快建设东江源大道等4条快速路，新开工赣南大道等3条快速路。推进城市主干路建设，今明两年完成73条主次干道和支路“白改黑或白加黑”⑳，建成红旗大道东延、东江源大道北延项目，实施和谐大道东西延伸、105国道中心城区段改线工程，打通营前路等7条支路。完善过江交通体系，拓宽改造南河大桥，新建蟠龙大桥等7座大桥，新建凤岗大道—蓉江四路过江隧道。高标准建设蓉江新区，推进赣州西站及周边市政基础设施建设，打造高铁商务区，加快建设市综合文化艺术中心，启动建设奥体中心、国际会展中心。实施城市修补和生态修复，启动古宋城核心区征地拆迁和“三江六岸”污染企业搬迁工作。加强城市立体综合开发，加大海绵城市、地下综合管廊建设力度。实施拆墙透绿增绿，推进立体绿化、屋顶绿化。大力发展装配式建筑。推进文明城市常态化精细化管理，推动县城创建文明城市，促进全市人居环境整体大提升。

壮大区域经济板块。加快瑞金、龙南次中心城市建设，争取完成龙南撤县设市。做大做强瑞兴于经济振兴试验区首位产业，推进瑞兴于快速交通走廊等项目建设，大胆开展先行先试，打造“老区中的特区”。深入推进“三南”园区一体化发展，加快“三南”快线等基础设施建设，推动共建“三南”承接加工贸易转移示范地产业园。探索会寻安生态经济区建设。谋划建设高铁经济带。高起点规划建设临港经济区。积极创建国家级、省级特色小镇，加快赣南脐橙、南康家居、上犹油画小镇等建设。

强化基础设施支撑。续建昌赣、赣深客专和兴泉铁路，抓紧瑞梅、长赣、赣郴永兴铁路和南丰至瑞金城际铁路、赣韶铁路扩能改造、赣广高铁等项目前期工作。加快广吉高速宁都段、兴赣高速北延项目建设，开工建设大广高速南康至龙南段扩容工程，做好信丰至广东南雄、寻乌南桥至广东龙川高速公路前期工作，争取井冈山至大余、寻全高速西延、赣州南至安远版石等项目纳入省高速公路网规划。完成黄金机场改扩建和通用机坪建设，加快建设航空口岸，全面推进瑞金机场建设。新开工国省道升级改造项目422千米，新改建农村公路2500千米。加速华能瑞金电厂二期扩建，开工建设神华信丰电厂，续建赣州西500千伏等输变电工程，启动新一轮农村电网改造升级。快速推进省天然气管网赣州段工程建设，所有支线年内全部开工，6条在建支线建成通气。加快推进城镇防洪工程建设，新建67个中小河流治理和8个五河治理工程。续建上犹江引水工程，新建定南洋前坝、兴国洋池口水库，利用3年时间实现县县有应急备用水源。

（四）大力实施乡村振兴战略。科学制定乡村振兴战略规划，建设产业兴旺、生态宜居、乡风文明、治理有效、生活富裕的美丽乡村。

做强做优特色产业。推进蔬菜产业迅速壮大，力争新（扩）建经济适用的生产性大棚0.67万公顷左右，每个乡镇新建大棚13.13公顷以上。推进脐橙产业发展升级，稳定种植面积10万公顷左右，柑橘黄龙病平均病株率控制在5%以下。推进油茶产业改造提升，改造低产油茶林和新造高产油茶林各0.67万公顷。巩固赣南脐橙品牌，打响赣南蔬菜、赣南茶油、赣南茶叶区域品牌。加快黄鸡、灰鹅、麻鸭、白莲、刺葡萄等县域特色产业发展。因地制宜发展林菌、林药、林养等林下经济，打造绿色兴农新亮点。

提升现代农业水平。严守耕地红线，完成2.2万公顷以上高标准农田建设。强化龙头带动，把信丰国家级现代农业产业园、赣县国家现代农业示范区建成一流园区。引导农村土地经营权规范有序流转，推动解决耕地撂荒问题，发展多种形式适度规模经营，培育新型农业经营主体。大力发展农产品精深加工，力争新增规上农产品加工企业25家以上、亿元以上龙头企业5家以上。深入实施绿色农业十大行动，推进休闲农业和乡村旅游示范创建，加快发展智慧农业，培育农业农村发展新动能。

推进美丽乡村建设。扎实开展“整洁美丽、和谐宜居”新农村建设，抓好5000个左右村点整治。积极开展田园综合体建设试点，打造一批赣南特色田园乡村。实施农村人居环境整治三年行动计划，大力整治圩镇环境，加强农村污水、生活垃圾治理。完成农村“空心房”整治扫尾工作，对危旧“空心房”做到应拆尽拆、全面整理利用。加强农民住房建设管理，保护和修复传统村落和历史文化名村。提升乡风文明行动实效，深入推进移风易俗。做好第十届村（居）民委员会选举工作，加强乡村治理体系建设，提高村民自治水平。

（五）着力引爆现代服务业。促进服务业总量扩大、提档升级，建立与区域性中心城市相适应的现代服务业体系。

大力发展全域旅游。深入实施全域旅游三年行动计划，力争全年旅游接待人次突破1亿、旅游总收入突破1000亿元。按照“一核三区”[21]布局，推进江南宋城全域旅游景区、红色文化创意产业园等116个重点旅游项目建设。加快完善要素配套，加大旅行社扶持力度，每个县（市）新建1家四星级以上酒店，中心城区建设3家以上五星级酒店。实施景区提升工程，积极创建石城、龙南、瑞金国家全域旅游示范区，推动安远三百山、石城通天寨、大余丫山创AAAAA级景区。深入推进“旅游+”，促进旅游与健康养老、文化创意、城乡建设、信息技术等领域深度融合。大力发展智慧旅游，实现旅游服务智能化全覆盖。

繁荣活跃金融商贸。加大实体经济信贷投放力度，力争新增银行贷款660亿元以上。推进赣州银行引进战略投资者，完成瑞京金融资产管理公司、金盛源担保集团组建运行。启动建设蓉江新区金融商务区与总部经济区。大力发展绿色金融[22]，推动发行绿色债券，重组赣州环境能源交易所。强化金融监管，坚决守住不发生区域性金融风险的底线。建设杉杉奥特莱斯、高铁站前商务中心等城市综合体。建成运营赣州综合物流园、赣州冷链物流中心一期工程，抓好赣州物流大数据产业园落地启动，力争打造国家物流交易结算中心。加快发展电子商务，实现电商交易额增长20%以上。

培育壮大特色康养产业。实施健康养老产业发展三年行动计划，推进寻乌青龙岩养生旅游等十大引领项目、玉虹文化苑养老服务基地等154个重点项目建设，引进一批高端医疗、健康管理和中医养生项目。深入开展医养结合试点，启动实施全国居家和社区养老服务改革试点，支持符合条件的医养结合型养老机构纳入医保定点范围，打响“善孝苏区·康养赣南”医养结合品牌。

（六）加快建设创新赣州。积极创建国家创新型城市、“中国制造2025”国家级示范区，打造江西科技创新次中心城市。

推动业态创新。大力发展智能制造，成立智能制造联盟，引进一批智能装备研发生产和集成服务企业。加快发展绿色制造，培育1个国家级绿色园区、2个国家级绿色工厂。积极发展服务型制造，建设赣州经开区新能源汽车、于都纺织服装等特色工业设计中心。启动建设蓉江新区大数据产业园、新一代信息技术产业研究院、章贡区软件和物联网产业园，引进一批大数据开发运用企业。组建产业与科技创新研究院，促进科技成果转化和产业转型升级。

夯实创新平台。深入实施创新驱动“1122”工程[23]，力争新建省级以上创新平台8个、新增国家级高新技术企业50家、R&D[24]经费支出占GDP比重不低于1.2%。加强产学研合作，创建钨资源高效开发与利用国家重点实验室。支持江西理工大学新校区及新能源汽车研发中心建设、组建新能源汽车学院，支持赣南医学院更名赣南医科大学、申报国家级油茶工程中心。争取青峰药业获批国家企业技术中心、金信诺等企业获批省级工程研究中心。积极争创国家军民融合创新示范区，建设省级军民融合有色金属新材料产业基地。深入开展质量提升行动，加快建设全国质量强市示范城市。

优化“双创”环境。加大招才引智力度，全面落实“人才新政”，开工建设人才住房2万套。推进国家知识产权试点城市建设，实现专利申请量增长25%以上。实施大学生创业引领计划，探索建立环大学创新创业带[25]。实施民营经济腾飞计划，建立民营经济投资环境测评体系，积极营造有利于企业家健康成长的良好环境。

（七）坚定不移深化改革开放。以纪念改革开放40周年为契机，迈出改革开放新步伐，构建更具活力、更加开放的发展环境。

深化重点领域改革。纵深推进“放管服”改革，精准实施相对集中行政许可权改革试点，推进“互联网+政务服务”和“网上办公”，提升“最多一次办结”改革事项比重，建设“多规合一”[26]信息管理平台。深化农业农村改革，全面完成房地一体的农村宅基地和集体建设用地使用权确权登记发证工作，有序推进农村集体经营性资产股份合作制改革，推动“三权分置”[27]政策落实。深化国资国企改革，推动混合所有制经济发展，完成市属国有企业改革重组，做大做强若干市属国有企业集团。深化投融资体制改革，大力促进社会投资，强化政府债务管理，加快存量债务化解，严格控制新增债务，推进融资平台市场化转型。深化医药卫生体制改革，实施公立医院人事薪酬制度改革，加快建立现代医院管理制度，推进市级医联体[28]建设，每个县（市）建立1个医联（共）体，建立分级诊疗[29]新模式。深化财税金融体制改革，全面实施绩效管理，开展县域金融工程试点，争创普惠金融改革试验区。稳妥推进从事生产经营活动事业单位改革。完成陡水湖、通天岩、赣江源等景区管理机制改革。研究完善市区两级财税、城建等管理体制，推进城管、文化等领域综合执法体制改革。推进社会信用体系建设，建成运营市级公共信用信息平台。加快建立多主体供应、多渠道保障、租购并举的住房制度，增加住房有效供应，稳定住房价格，促进房地产市场持续平稳健康发展。

精准高效招商引资。围绕首位产业补链强链，紧盯重点区域，锁定目标企业，重点对接行业前30强企业，着力招大引强。充分发挥赣州商会联合总会作用，扎实推进赣商赣才回归。实施招商引资项目落地行动，力争全年实际利用省外资金856亿元以上、实际利用外资18.3亿美元以上。

打造内陆双向开放高地。积极对接粤港澳大湾区、海西经济区，推动赣粤、赣闽产业合作区建设取得实质性突破。加快赣州港建设，建成运营赣州国际港站二期项目，申报进境肉类、汽车整车进口等指定口岸，常态化开行铁海联运快速货运班列和中欧、中亚班列。力争建成瑞金、龙南陆路口岸作业区。加快推动全市口岸一体化，逐步形成以赣州港为龙头的“1+N”大型内陆国际港，把赣州打造成为“一带一路”重要节点城市和国际货物集散地。

（八）持续加强生态文明建设。坚决打好污染防治攻坚战，筑牢南方地区重要生态屏障，争当生态文明试验区建设排头兵。

强力推进生态保护修复。统筹推进山水林田湖草生态保护和修复试点。深入推进东江流域生态补偿试点，确保出境断面水质稳定达标。强化森林资源保护，加强水土保持，推进森林质量精准提升示范市建设，完成低质低效林改造7.33万公顷。坚决完成中央环保督察反馈问题年度整改任务，力争年内基本完成历史遗留废弃稀土矿山治理。加快绿色矿业发展示范区建设，深入开展园区循环化改造试点。纵深推进城乡环境整治，大力开展“厕所革命”，积极探索实行垃圾分类，推动城乡环卫一体化。

坚决向污染宣战。严格落实“大气十条”[30]，加大“四尘三烟三气”[31]巡查整治力度，在全市开展城市道路和建筑工地扬尘污染治理，全面禁止露天焚烧，打赢蓝天保卫战。全面落实“水十条”[32]，推进城市建成区水体质量提升工程，完成200千米城区生活污水管网建设改造，全面完成工业园区污水处理设施建设，全面关停拆除禁养区内规模化养殖场，坚决消灭劣Ⅴ类水[33]。深入实施“土十条”[34]，推进土壤污染管控修复计划，建成运行市生活垃圾焚烧发电厂、污泥无害化处置等项目，加快推进工业固体废物处置中心、重金属污染重点防控区项目建设。加强农业面源污染治理，提升土壤环境承载力。

实行最严生态保护制度。深入开展生态文明体制改革综合试验，推进自然资源资产管理体制改革。改革生态环境监管体制，完成环保机构监测监察执法垂直管理改革，推动组建县级生态综合执法机构。完善生态文明考核评价制度，严格执行生态文明建设领导干部约谈制度，深化领导干部自然资源资产离任审计试点，坚决用最严的制度守护绿水青山，实现永续发展。

（九）提高保障和改善民生水平。把群众的难事当作政府的大事，着力解决出行难、上学难、就医难等民生痛点，不断增强人民群众的获得感、幸福感、安全感。

扎实办好民生实事。在完成省下达民生实事任务基础上，筹资400亿元办好市40件民生实事。实施中心城区公共服务设施提升三年行动计划，打造10分钟便民生活圈。完成中心城区背街小巷提升改造。实施74条主次干道夜景亮化工程。新建停车场12个，年内建成6个。全面完成省“公交城市”创建目标。新建一批市民休闲公园、社区蔬菜便利店、农贸市场。实施城乡学校建设三年行动计划。新（改、扩）建幼儿园100所、小学42所、初中23所，完成297所薄弱学校改造。中心城区每个区新（扩）建1所普通高中，全市新（扩）建普通高中12所。建成赣南职业技术学院，新（扩）建中职学校5所。启动全国卫生城市创建。实施提升卫生计生服务能力三年行动计划。全面启用赣南医学院一附院黄金院区，加快市妇保院新院、市儿童医院、市儿童福利院、市精神卫生社会福利院建设，改造市人民医院老院区，建设市中医院新院。推进社区、乡镇、村医疗卫生服务机构标准化建设，实现每个行政村至少有1所标准化村卫生计生服务室。

大力发展社会事业。深入推进县（市、区）公共文化服务标准化、均等化三年建设计划，加快实施赣南围屋三年抢修计划，深入挖掘赣州红色文化、客家文化、阳明文化、禅宗文化，提升文化软实力。培育体育品牌赛事，创建全国运动休闲城市，申办2020年全国阳光体育大会。稳妥推进机关事业单位养老保险制度改革，全面实施全民参保计划，完善城乡居民基本医疗保险和大病保险制度。实施新一轮棚改三年行动计划，力争三年任务两年完成。加大社会救助力度，大力发展慈善事业，实施残疾人关爱工程，让每一位身处困境者都能沐浴社会关爱的阳光！

全力维护社会稳定。加强和创新社会治理，构建共建共治共享新格局。深入推进法治赣州建设，深化司法体制综合配套改革。提高平安赣州建设水平，推进社会心理服务体系和“雪亮工程”[35]建设，健全社会治安立体化防控体系。开展重点项目建设环境专项整治，严厉打击围标串标、阻工堵路、强揽工程等违法犯罪行为。深化信访制度改革，构建矛盾纠纷多元化解体系。严格落实安全生产责任制，坚决遏制重特大安全事故发生。深入创建国家食品安全示范城市，保障人民群众饮食用药安全。认真做好民族、宗教工作，促进民族团结进步、宗教领域和谐稳定。

各位代表，民之所望，政之所向。我们将切实加强政府自身建设，努力建设人民满意政府。我们将旗帜鲜明讲政治，牢固树立“四个意识”，坚决维护党中央权威和集中统一领导，坚决贯彻省委、省政府和市委各项决策部署，认真开展“不忘初心、牢记使命”主题教育。我们将依法行政重法治，加快转变政府职能，加强法治政府建设，推进重点领域政府立法，坚持依法科学民主决策，严格规范公正文明执法，自觉接受人大、政协、监察、司法、社会、舆论等各方面监督，让权力在阳光下运行。我们将驰而不息改作风，严格执行中央八项规定实施细则，坚定不移反对“四风”，大兴调查研究之风。深入落实市委、市政府“一个意见、两个办法”[36]，组织开展“大众评公务”活动，以敢担当、提水平为主题，纵深推进改作风、提效率。我们将弘扬专业精神抓落实，大力建设学习型政府，提升专业素养，增强工作本领，建设高素质专业化队伍，提高理解力、操作力、执行力，争创新时代“第一等工作”。我们将廉洁从政守底线，坚决落实全面从严治党要求，切实履行党风廉政建设主体责任，坚决查处损害群众利益的“害群之马”，坚持做到干部清正、政府清廉、政治清明。每一位政府工作人员都要以钉钉子的韧劲、言出必行的干劲，办好每件事，干好每一天，走好每一步，决不辜负党和人民的信任与重托！

各位代表，新征程赋予新使命，新时代呼唤新作为。让我们更加紧密地团结在以习近平同志为核心的党中央周围，坚持以习近平新时代中国特色社会主义思想为指导，在省委、省政府和市委的坚强领导下，不忘初心，牢记使命，为决胜全面建成小康社会、奋力打造新时代中国特色社会主义的红色样板而努力奋斗！

注释：

《政府工作报告》名词解释

①《若干意见》：《国务院关于支持赣南等原中央苏区振兴发展的若干意见》（国发〔2012〕21号）。

②“五个一工程”奖：指由中共中央宣传部组织评选的精神文明建设五个方面的精品佳作。这五个方面是：一部好的戏剧作品，一部好的电视剧（电影）作品，一部好的图书（限文学艺术方面），一部好的理论文章（限社会科学方面），一首好歌。

③人才新政：市委、市政府出台的《关于创新人才政策、推动人才发展体制机制改革的若干意见》（赣市发〔2017〕21号）、《关于推进人才住房建设的若干意见》（赣市字〔2017〕32号）

④康居网：将社会化资源（设计、研发、物流、营销、服务）与能力集中整合，实现产业上下游多用户、多任务并行协同工作，服务南康家具产业的“互联网+”家具智造云平台。

⑤中欧“100+100”互认保护：中欧双方各自提交100个地理标志产品，根据产品知名度、出口情况、经济效益、质量技术要求等原则，对拟纳入协议的地理标志产品进行协商，互认互保。

⑥三去一降一补：去产能、去库存、去杠杆、降成本、补短板五大任务。

⑦多证合一、一照一码：将信息采集、记载公示、管理备查类的一般经营项目涉企证照事项，以及企业登记信息能够满足政府部门管理需要的涉企证照事项，进一步整合到营业执照上，使企业在办理营业执照后即能达到预定可生产经营状态。

⑧区块链金融产业沙盒园：将区块链技术及其相关产业、金融产业融合在同一个载体内，用来吸附用例样本的区块链项目，用于交易、支付等可以用上区块链技术的地方新型互联网金融企业，用区块链来登记股权的风投、创投等股权基金，轻资产、科技型、创新型企业，这四种类型的企业、项目市场化生成依存，构成一个社区。

⑨苏区人才伯乐奖：凡向赣州市单位、企业推荐高层次人才并最终全职引进的组织或个人（本市公职人员除外），视引进人才级别高低和项目重要程度，人才签订最低3年服务年限合同并全职到岗一年后，分别给予一定金额的引才奖励。

⑩四好农村路：“建好、管好、护好、运营好”农村公路。

⑪三净：净空、净水、净土。

⑫河长制：由各级党政主要负责人担任“河长”，负责辖区河流的污染治理。

⑬省级控制要求：省级水资源开发利用控制红线、用水效率控制红线、水功能区限制纳污红线等“三条红线”要求。

⑭四道医疗保障线：新农合、新农合大病保险、疾病医疗商业补充保险、医疗救助。

⑮一窗式：将以前一个部门一个前台的“摆摊设窗”受理模式改革为“一个窗口”对外的服务模式。

⑯行政执法三项制度：行政执法公示制度、执法全过程记录制度、重大执法决定法制审核制度。

⑰一区多园：一个经济技术开发区整合多个工业园区。

⑱僵尸企业：已停产、半停产、连年亏损、资不抵债，主要靠政府补贴和银行续贷维持经营

的企业。

⑲“专精特新”企业：“专业化、精细化、特色化、新颖化”的中小企业。

⑳白改黑或白加黑：水泥路面改为或加铺沥青路面。

㉑一核三区：一核：以章贡区、南康区、赣县区为主体的宋城文化旅游核心区；三区：指以瑞金、兴国、于都、宁都、会昌、石城、寻乌为主体的红色旅游区，以龙南、安远、定南、全南为主体的客家文化旅游区，以上犹、崇义、大余、信丰为主体的生态休闲度假区。

㉒绿色金融：为支持环境改善、应对气候变化和资源节约高效利用的经济活动，即对环保、节能、清洁能源、绿色交通、绿色建筑等领域的项目投融资、项目运营、风险管理等所提供的金融服务。

㉓“1122”工程：到2020年新建10个国家级创新平台和载体、新增10个省级以上创新人才和团队、实施20项省级重大科技专项、新增200家高新技术企业。

㉔R&D：全社会研发。

㉕环大学创新创业带：将大学中孕育发展的现代科技与人文元素导入城市生活的试验和示范区，以满足年轻一代知识青年创新、创业、生活需求，是城市传统风貌、现代科技和人文思想的结合带。

㉖多规合一：推动经济社会发展规划、城乡规划、土地利用规划、生态环境保护规划高度衔接统一，落实到一个共同的空间规划平台上。

㉗三权分置：将土地承包经营权分为承包权和经营权，实行农村土地所有权、承包权、经营权分置并行。

㉘医联体：将同一个区域内的医疗资源整合在一起，通常由一个区域内的三级医院与二级医院、乡镇卫生院、社区卫生服务机构、村卫生室等组成的一个联合体。

㉙分级诊疗：依据疾病轻重缓急及治疗难易程度，由不同级别和服务能力的医疗机构按疾病种类及病情变化情况进行诊疗和转诊。

㉚大气十条：2013年9月国务院发布的《大气污染防治行动计划》，共十条，简称“大气十条”。

㉛四尘三烟三气：“四尘”指建筑工地扬尘、道路扬尘、运输扬尘、堆场扬尘，“三烟”指餐饮油烟、烧烤油烟、垃圾焚烧浓烟，“三气”指机动车尾气、工业废气、燃煤锅炉烟气。

㉜水十条：2015年4月国务院印发的《水污染防治行动计划》，共十条，简称“水十条”。

㉝劣Ⅴ类水：污染程度已经超过Ⅴ类的水，Ⅴ类主要适用于农业用水区及一般景观要求水域，不能作为饮用水源。

㉞土十条：2016年5月国务院印发的《土壤污染防治行动计划》，共十条，简称“土十条”。

㉟雪亮工程：公共安全视频监控联网应用项目。

㊱一个意见、两个办法：《关于改进工作作风提高工作效率的意见》《赣州市领导干部“为官不为”问责办法》和《赣州市推进干事创业实行容错减责的办法》。

赣州市人大常委会工作报告

——2018年1月7日在赣州市第五届人民代表大会第三次会议上

赣州市人大常委会副主任　廖成铭

各位代表：

我受市人大常委会委托，向大会报告工作，请予审议，并请列席会议的同志提出意见。

一、2017年工作回顾

2017年，习近平总书记对赣州工作先后三次作出重要指示或批示，充分体现了以习近平同志为核心的党中央对赣南老区的关心关怀，让我们深受鼓舞。一年来，市人大常委会在市委的坚强领导下，认真学习贯彻习近平新时代中国特色社会主义思想，落实习近平总书记对赣州工作重要指示批示精神，坚持解放思想、内外兼修、北上南下，突出打好六大攻坚战，认真行使宪法法律赋予的职权，为推动我市社会主义民主法治建设，纵深推进赣南苏区振兴发展作出了积极贡献。全年共开展2部法规制定工作，检查2部法律法规实施情况，听取审议“一府两院”5个工作报告，开展9项专题调研，组织4次代表视察，做出2项重大事项决定，任免84人次国家机关工作人员。

（一）地方立法工作扎实推进。常委会积极稳妥行使地方立法权，有力有序开展地方立法工作，立法成果逐渐显现，立法能力逐步提升。

立法规划项目库完成编制。广泛征集、梳理筛选立法项目建议，组织专家学者、有关部门充分调研论证，按照急需先立、成熟先立原则，从市情和实际出发，拟定立法规划项目库草案，经市委审议后报省人大，确定城市管理、城市道路车辆通行、餐厨垃圾管理、革命遗址保护、客家围屋保护、历史文化街区和历史建筑保护、饮用水水源地保护、物业管理、建筑扬尘治理、城镇燃气管理、水土保持等11个立法项目为本届市人大常委会立法规划项目。

法规制定有序开展。及时将《赣州市立法条例》报省人大批准，于2017年4月6日予以公布施行。制定《赣州市城市管理条例》，经省人大批准，将于2018年3月1日起施行；完成《赣州市城市道路车辆通行若干规定》二审。坚持提前介入法规起草，加强与起草部门沟通协调。精心安排法规制定时间表，建立每月协调推进调度会制度。组织相关专工委和专家对法规制定的必要性、可行性充分论证，对法规草案深入审查和反复修改。召开立法座谈会50余次、专家论证会7次，发放征求意见函1200余份，积极采纳各方意见建议，广泛凝聚立法共识，确保法规立得住、行得通、真管用。

立法能力建设不断加强。学习借鉴外地先进立法经验，派员参加立法培训，邀请省人大专家授课讲座，提升立法队伍能力素质。推进赣州地方立法研究基地建设，发挥基地服务立法的人才优势。建立立法专家库，聘任法学研究、城乡建设与管理、环境保护、历史文化保护、司法等领域专家19人。设立县乡基层立法联系点9个，推动基层群众、社会各界参与立法。配合做好省人大在我市开展设区市立法能力建设督查工作。

（二）监督工作取得新进展。常委会围绕推动市委重大决策部署贯彻落实，抓住群众关心的难点热点问题，坚持问题导向，加强法律监督和工作监督，监督成效明显。

促进经济平稳健康发展。听取审议计划、预算2017年上半年执行情况报告和2016年市级决算报告、审计工作报告，审查批准2016年市级决算、2017年预算调整方案。对审计查出问题整改情况，首次联合审计部门跟踪督查，开展满意度测评，有力促进了整改落实。重点审查市城管局、市民政局2018年部门预算草案，供本次会议审查批准预算参考。建立财政预算审查监督咨询专家库，发挥专家学者预算审查咨询作用。制定预算审查前听取人大代表和社会各界意见建议的实施意见，健全预算审查监督联系代表制度。围绕“主攻工业，三年翻番”发展战略，开展工业发展情况专题调研，指出首位产业集聚不够、引进大项目不多等问题，提出引进大项目、培育大企业、培植大产业等方面具体建议。为推动加快金融业创新发展，对金融业发展情况进行专题调研，提出培育承贷主体、提高直接融资比重等建议。开展文化旅游产业融合发展情况专题调研，就体制机制、景区管理、文旅企业兼并重组、文旅品牌营销建设等提出建议。专题调研特色小镇建设情况，针对产业特色不够鲜明、市场竞争力有待加强、项目及社会资金引进存在一定困难等问题，提出对策建议。

推动民生改善和生态保护。开展农村生活垃圾治理情况专题调研，指出治理工作不平衡、以填埋为主的处理方式较单一且与无害化要求有差距，提出巩固垃圾治理成果、落实常态化长效机制等建议。开展“违法占地、违法建设”集中整治情况专题调研，助推“两违”整治工作深入推进。联合县（市、区）人大，开展中央环保督察反馈意见及交办信访件整改落实工作监督，支持政府及有关部门抓好整改。受上级人大委托，检查固体废物污染环境防治法实施情况，提出加大固体废物利用力度、加快固体废物处置设施建设等建议。为加快构筑南方地区重要生态屏障，落实市委“十年改造1000万亩低质低效林”决策部署，对第一年度低质低效林改造情况进行专题调研，提出坚持规划引领、进一步突出因林分类施策、把握一定投入标准、突出年度改造重点、强化低改质量监督等建议。开展安全生产工作专题调研，督促有关部门全面排查安全生产隐患，抓好安全生产监管，切实维护群众生命财产安全。在连续3年对上犹江引水工程进行监督基础上，再次跟踪问效，持续助推中心城区饮水安全保障。

促进依法行政、公正司法。听取审议全市法院执行工作情况专项工作报告，督促完善执行机制，提升执行质效，切实破解执行难。听取审议依法管理宗教事务情况专项工作报告，要求政府及有关部门加大宗教工作力度，坚持依法管理。检查防洪法及省实施办法实施情况，强化防洪执法，提高防洪减灾能力和水平。开展促进科技成果转化法实施情况专题调研，推动政府出台促进科技成果转化的实施意见，促进科技成果尽快转化为生产力。加强备案审查能力建设，规范备案审查工作，向省人大报备规范性文件14件，审查规范性文件180件。落实宪法宣誓制度，常态化举行新任命的国家机关工作人员向宪法宣誓仪式。

配合上级人大视察调研。做好上级人大来我市调研视察等服务保障，主动反映困难和问题，努力争取更多政策支持。配合全国人大开展种子法执法检查和调研经济运行、中华苏维埃历史文献出版、英雄烈士保护条例立法、国旗法修改等情况。配合省人大检查防震减灾法及省防震减灾条例实施情况、文物保护法执法检查整改落实工作、通天岩和关西客家围屋违章建筑问题整改情况等，调研脱贫攻坚工作、财政涉农扶贫资金管理使用、公共卫生服务项目资金管理使用、工业园区发展、供销社综合改革、法院执行工作、电子文件归档管理、省林木种子条例（修订草案）立法等情况，开展中央环保督察反馈意见整改情况调研和环保赣江行检查采访活动。

（三）代表工作得到加强。常委会把充分发挥代表作用作为增强人大工作活力的重要抓手，尊重代表主体地位，增强代表履职意识和能力，提高代表服务保障水平。

拓展代表活动内容。扩大代表对常委会活动的参与，组织代表参加执法检查、视察调研，邀请基层市人大代表列席常委会会议。按照省人大统一部署，开展“脱贫攻坚人大代表在行动”专项活动，组织代表围绕脱贫攻坚视察调研、提出建议意见，引导代表结合自身条件和职业特点开展脱贫攻坚活动。组织部分省、市人大代表深入县（市、区）集中视察经济社会发展情况，为代表知情知政、依法履职创造条件。组织部分市人大代表集中视察创建全国文明城市工作，实地察看中心城区部分农贸市场整治情况，为创建工作建言献策。

加强代表建议办理。对代表建议意见，进行录入、编号和登记；召开交办会，明确办理要求，督促各承办单位依法认真办理。各承办单位高度重视代表建议意见，在工作中认真研究和采纳。对代表反映较强烈的意见建议，由各专工委、办公厅对口督办，常委会领导带队重点督办。171件代表建议、批评和意见已全部办理完毕，建议所提问题得到解决或者计划逐步解决的占

94.15%。

做好履职服务保障。举办新任市人大代表培训班3期，参训380人次，基本实现新任市人大代表培训全覆盖。授予瑞金干部学院为“人大代表依法履职教育培训基地”，依托其开展“传承红色基因，当好人大代表”的专题培训做法得到《中国人大》杂志刊登报道。健全“双联”制度，出台常委会组成人员联系基层市人大代表的办法和加强市人大代表与人民群众联系的意见。拓展联系代表新途径，初步建立代表履职网络平台。为代表赠阅《时代主人》《赣州人大》等刊物，及时通报常委会重要工作。配合市委做好我市新一届全国、省人大代表推荐、提名、考察等工作。

（四）强化对县乡人大联系指导。常委会落实中央、省委、市委加强县乡人大工作和建设要求，加强联系、深入指导，促进县乡人大工作，形成全市人大工作整体合力。

密切联系县（市、区）人大。坚持邀请县（市、区）人大负责人列席常委会会议，认真听取意见建议。召开全市人大工作座谈会，总结交流经验做法，相互促进工作。各专工委通过座谈会、培训班等形式，加强与县（市、区）人大相关机构联系交流。各县（市、区）人大主动支持配合常委会工作，协助开展执法检查、视察调研、代表服务保障等，共同提升人大工作水平。

推动县乡人大建设。根据市委安排，针对县乡人大工作困难和问题，牵头协调组织、编制等部门，督促各地落实中央和省委有关文件要求，增加县级人大机关编制，配齐配强乡镇人大专职主席、副主席。贯彻中央和省委关于乡镇一年召开两次人民代表大会的要求，选择兴国县、南康区的6个乡镇先行先试，为全面铺开积累经验；在总结试点经验和学习借鉴外地好做法基础上，协助市委出台关于全市乡镇一年召开两次人民代表大会的意见。根据省人大部署，按照有场所、有制度、有经费、有活动、有实效的标准，督导各县（市、区）人大加快人大代表联络工作站建设步伐。

（五）统筹做好其他工作。常委会围绕中心、服务大局，统筹做好参与中心工作、推进自身建设、加强新闻宣传等工作。

积极参与市委中心工作。按照市委统一安排，常委会领导分别担任市委打好六大攻坚战的6个领导小组的副组长，负责协助推进六大攻坚战；每人挂点联系1个扶贫乡（镇）和1个扶贫村，结对帮扶5户贫困户，经常深入扶贫村和贫困户走访调研，协同当地研究扶贫措施，帮助解决实际困难和问题；积极参与“降成本、优环境”专项行动，赴挂点园区、企业宣讲政策，回应诉求，为企业分忧解难。深入参与我市创建全国文明城市活动，落实“路长制”，常委会领导分别担任中心城区主干道“路长”，督导调度责任路段创建工作；机关挂点街道社区，组建志愿者队伍，常态化开展文明城市创建志愿服务活动。落实“河长制”，由联系农口、环保的常委会领导担任3条河流市级“河长”，推动流域环境综合治理。由联系招商的常委会领导担任市招商引资小分队队长，协助开展招商引资。常委会领导分别挂点联系低质低效林改造示范基地，督促责任单位推进低质低效林改造。落实精准扶贫责任，做好挂点联系的赣县区五云镇上丹村和下丹村精准扶贫工作，机关20名县处级干部被市委选派到部分扶贫村挂点联系。配合市委做好监察体制改革相关工作，助力监察体制改革依法有序进行。

自身建设不断加强。深入学习宣传贯彻党的十九大精神，牢固树立“四个意识”，坚定“四个自信”，思想上政治上行动上同以习近平同志为核心的党中央保持高度一致。常委会领导深入县（市、区）、市属院（校）、扶贫村（社区）等，带头宣讲党的十九大精神。推进“两学一做”学习教育常态化制度化，开展中心组、党支部等多层次集中研讨和个人自学，组织参观红色旧址旧居、重温入党誓词等党日活动，把“两学一做”学习教育纳入“三会一课”等组织生活制度。按照全面从严治党要求，坚持不懈贯彻中央八项规定精神，落实市委改作风提效率“一个意见、两个办法”，进一步纠正“四风”。强化学习培训，坚持常委会会议法制讲座制度，参加上级人大举办的业务知识培训班，定期参加省人大“人大讲堂”视频讲座。做好人民群众来信来访工作，及时督促各地各部门妥善处理。

人大宣传力度加大。坚持办好“赣州人大”网站和刊物，宣传全市人大工作好典型好事例，展现人大代表、人大工作者的履职风采。开展国家宪法日宣传活动，弘扬宪法精神。密切配合省“人大立法在进行”活动，开展市“人大立法在进行”

栏目宣传报道。加强人大制度理论研究，开展重大事项决定权落实情况调研，高质量完成省人大布置的乡镇人大工作课题研究。

各位代表！市人大常委会工作取得的成绩，是在市委的正确领导下，广大市人大代表、常委会组成人员和市人大机关工作人员兢兢业业、履职尽责、扎实工作的结果，是市政府、市政协、市中级人民法院、市检察院和各县（市、区）人大常委会密切配合、团结协作的结果，是全市人民充分信任、大力支持的结果。在此，我代表市人大常委会表示崇高的敬意和衷心的感谢！

回顾过去一年的工作，我们清醒地认识到，常委会工作中还存在一些差距和不足。立法科学性和可操作性需要进一步增强；监督跟踪问效力度不够；常委会联系人大代表、代表联系人民群众不够紧密；自身建设还有薄弱环节等。我们将高度重视这些问题，虚心听取代表和各方面的意见建议，自觉接受监督，不断加强和改进各项工作。

二、2018 年工作安排

2018 年是贯彻党的十九大精神开局之年，是改革开放 40 周年，是决胜全面建成小康社会、实施“十三五”规划承上启下的关键之年。今年市人大常委会工作的总体要求是：全面贯彻党的十九大精神，以习近平新时代中国特色社会主义思想为指导，在市委的坚强领导下，坚持解放思想、内外兼修、北上南下，突出打好六大攻坚战，依法行使立法、监督、决定和任免等职权，支持和保障代表依法履职，与时俱进创新发展人大工作，充分发挥地方国家权力机关作用，努力开创新时代全市人大工作新局面，为加快推进赣南苏区振兴发展，奋力打造新时代中国特色社会主义的红色样板作出新的贡献。

（一）深入学习贯彻党的十九大精神。坚持把学习贯彻落实党的十九大精神作为当前和今后一个时期首要政治任务，深刻领会习近平新时代中国特色社会主义思想，落实党的十九大“加强人民当家做主制度保障”要求，使常委会成为全面担负起宪法法律赋予的各项职责的工作机关，成为同人民群众保持密切联系的代表机关。坚持党的领导，始终把党的领导贯穿于人大依法履职全过程，坚持重大事项、重大议题及时向市委请示报告制度。贯彻中央、省委“健全人大讨论决定重大事项制度”等部署要求，加强与政府、监察委、法院、检察院沟通协调，切实把人大讨论决定重大事项制度落到实处。坚持党管干部和人大依法任免有机统一，依法行使人事任免权。配合监察体制改革，依法做好有关选举、任命工作。落实中央和省委加强县乡人大工作和建设要求，帮助县乡解决难点节点问题。协助市委做好打好六大攻坚战、“降成本、优环境”专项行动、招

市五届人大三次会议现场

商引资、低质低效林改造、“河长制”、文明城市常态化管理“路长制”、挂点联系县（市、区）和扶贫乡村脱贫攻坚等工作。

（二）推进科学民主依法立法。推动《赣州市城市管理条例》学习、宣传和实施。做好《赣州市城市道路车辆通行若干规定》审议、报批及实施有关工作。制定《赣州市客家围屋保护条例》《赣州市革命遗址保护条例》。加强立法工作组织协调和督促指导，发挥人大在立法工作中主导作用。健全法规起草、立法公开、立法协商、立法评估等工作机制，提升立法质量和效率。抓好立法学习培训，增强立法能力。推进人大立法智库建设，更好发挥赣州地方立法研究基地和立法专家库作用。加强对基层立法联系点指导，发挥立法联系点示范、联系和参与作用。探索地方立法工作改革创新，适时开展立法有关课题研究。

（三）突出重点依法监督。围绕全市改革发展稳定大局，关注社会民生热点难点，助力打好六大攻坚战，科学选择监督议题，灵活运用监督形式，增强监督实效。强化计划、预决算、审计等监督，对市政府1—2个工作部门预算开展重点监督。听取审议脱贫攻坚工作情况、“主攻工业，三年翻番”工作情况、民事行政检察工作情况等专项工作报告。检查预算法、律师法、人民防空法贯彻实施情况。选择口岸建设、全域旅游发展、耕地资源利用保护和高标准农田建设、中心城区扬尘污染防治工作、人才引进、古桥建筑保护等议题开展专题调研。以改作风、提效率、敢担当为主要内容，对市政府8个工作部门工作开展满意度测评。做好规范性文件备案审查工作，健全规范性文件备案审查制度。

（四）完善代表工作。加强代表依法履职的培训，举办代表培训班。组织代表围绕打好六大攻坚战视察调研，引导代表积极建言献策。按照省人大“脱贫攻坚人大代表在行动”专项活动要求，继续发挥全市各级人大代表在脱贫攻坚中重要作用。坚持邀请代表列席常委会会议、参与常委会执法检查、视察调研等活动。加快推进县乡人大代表联络工作站建设，密切代表与群众联系。做好代表建议、批评和意见办理工作，强化跟踪问效，提高办理质量。探索建立代表履职激励机制。推进代表履职网络平台建设，努力实现代表履职情况、建议办理工作的全程信息化管理。

（五）抓好自身建设。始终坚持正确的政治方向，牢固树立“四个意识”，坚定“四个自信”，坚决维护以习近平同志为核心的党中央权威和集中统一领导。持之以恒加强作风建设，落实全面从严治党新要求，履行党风廉政建设责任，贯彻中央八项规定实施细则精神，坚持不懈纠正“四风”，开展“不忘初心、牢记使命”主题教育活动，持续推进“两学一做”常态化制度化，深入落实市委改作风提效率“一个意见、两个办法”。加强人大宣传和信息化建设，加快市、县人大视频系统建设，提高“赣州人大”办刊质量和网站建设水平，督促指导县乡人大门户网站、网页建设。落实精准扶贫责任，做好机关联系点扶贫攻坚、基层党建等工作。扎实抓好机关党建，推进机关效能建设。完善人大信访工作，维护群众合法权益。强化对县乡人大工作联系指导，全面推进全市乡镇一年召开两次人民代表大会。

各位代表！新时代赋予新使命，新思想指引新征程。让我们更加紧密地团结在以习近平同志为核心的党中央周围，在中共赣州市委的领导下，不忘初心、牢记使命，开拓创新、奋发有为，为打好攻坚战、同步奔小康，奋力打造新时代中国特色社会主义的红色样板而努力奋斗！

政协赣州市第五届委员会常务委员会工作报告

——2018 年 1 月 4 日在政协赣州市第五届委员会第三次会议上

赣州市政协主席　刘建平

各位委员、同志们：

受政协赣州市第五届委员会常务委员会委托，我向大会报告工作，请委员审议。请列席会议的同志提出意见。

一、2017 年工作回顾

2017 年，在中共赣州市委的坚强领导下，市政协常委会全面贯彻中共十八大和十八届三中、四中、五中、六中全会，以及十九大精神，深入学习贯彻习近平新时代中国特色社会主义思想，坚持服从服务市委工作大局，坚持团结和民主两大主题，围绕“打好攻坚战、同步奔小康”，集思广益助发展，凝心聚力促和谐，彰显了独特优势，发挥了积极作用。

中共赣州市委高度重视政协工作，专门听取了市政协党组工作汇报，审议批准了市政协常委会工作报告和协商计划，制定了《关于加强和改进人民政协民主监督工作的实施意见》（赣市发〔2017〕28 号），组织开展了《关于进一步加强政协工作充分发挥政协协商民主重要作用的若干意见》（赣市发〔2016〕16 号）贯彻落实情况专项督查。市委主要领导亲自给政协出题目、交任务、作批示。市委办公厅、市政府办公厅、市政协办公厅首次联合印发市政协年度协商计划。这些为市政协履职指明了方向，坚定了信心，创优了环境。

一年来，市政协常委会主要开展了五方面的工作。

（一）加强理论学习，共同思想政治基础更加牢固

始终把加强思想理论建设、增强政治定力、提高政治站位摆在首位。

认真学习中共十九大精神。制定学习贯彻中共十九大精神实施方案，采取集中观看、研读原文、讲座辅导、讨论交流等形式，全面深入学习贯彻中共十九大提出的新思想、新观点、新战略、新举措，引导各党派团体和各界人士，始终做到与以习近平同志为核心的中共中央思想上同心同德、目标上同心同向、行动上同心同行。认真学习贯彻落实中共十九大关于人民政协工作的新思想新论断，不断深化对人民政协性质、地位、作用的认识，进一步明确政协工作前进方向，增强做好新时代政协工作的责任感、使命感。

建立健全学习长效机制。完善中心组带头学、常委会专题学、专委会和机关集中学的学习制度，开展主题鲜明、形式多样的学习活动，形成了经常性学习的氛围和多元化学习的方式。2017 年，召开中心组学习 12 次、常委会专题学习 4 次、主席会议集体学习 16 次、专委会学习交流座谈会 7 次，2130 余人次参加了学习。

（二）聚焦市委中心工作，服务大局实效更加显著

紧紧围绕打好六大攻坚战、助推苏区振兴发展主题，深入调查研究，积极议政建言。

紧扣改革振兴发展协商议政。五届二次会议期间，组织委员通过大会发言、联组会议、民主协商会等形式，提交大会发言 34 篇，提出 20 个方面 390 余条建议，有关意见建议已转化为市委、市政府的决策部署。如，“关于加快赣州港建设的建议”提出了构建平台、资源整合、运营管理、基础设施建设等 4 个方面 17 条建议。市委、市政府主要领导分别作出批示，南康区政府、市口岸办认真研究落实，促成了赣州临港经济区规划、赣州港火车站站名、基础设施建设等有关问题的

解决。

紧扣创新驱动发展咨政建言。围绕培育经济发展新动力，开展“加快推进‘大众创业、万众创新’工作”专题协商，从5个方面提出了24条意见建议，市委、市政府主要领导分别作出批示，有关建议已吸纳到《关于进一步推进大众创业万众创新深入发展的实施意见》中。围绕新能源产业、高铁经济、科技创新、民间投资等课题，组织委员深入调研视察，形成了一批较高质量的调研成果。如，“加快赣州高铁经济发展”的建议，得到了市政府主要领导的高度肯定和有关部门的采纳落实。市高铁新区建设领导小组办公室和江西赣州高铁新区建设投资有限责任公司均已成立，赣州高铁新区建设稳步推进。

紧扣脱贫攻坚主动发力。把打赢脱贫攻坚战作为政协重大的政治责任和履职的工作重点，积极参与、倾心尽力。开展“产业扶贫、教育扶贫”专题调研，提出了16条建议，得到市委主要领导重视和有关部门的采纳。围绕脱贫攻坚提交提案20件，建议均被采纳落实。联合有关部门和委员企业共同推出了“精准扶智，慧满赣南——教育精准扶贫行动计划”，三年投入1200万元，对2000名贫困地区乡村小学教师进行多媒体教学培训。协助全国政协和省政协开展精准扶贫考察活动。主席会议成员深入定点扶贫联系点80多次，解决饮水难、行路差、产业少、资金缺、发展慢等问题300多个。组织机关干部对口帮扶104户贫困户，机关县处级干部挂点帮扶12个贫困村，机关直接投入帮扶资金55万元。市政协委员扶贫救助会引导委员捐赠131.6万元，救助275名困难学生、110户贫困户，捐建1所小学。

紧扣民生改善和文化发展建言献策。围绕中心城区义务教育均衡发展、非物质文化遗产传统工艺项目的保护与利用、重视和改进律师队伍在法治赣州建设中的作用等课题，开展对口协商，有关建议得到市委、市政府领导的肯定。开展红色和客家文化遗址保护专题调研，就重视顶层规划、注重遗产普查、强化活动策划、突出名人效应等方面提出建议，助推文化保护工作。

积极投身中心工作。根据市委的统一安排，主席会议成员为挂点联系的工业园区和重点工业骨干企业排忧解难。积极参与重点工程项目建设、文明城市创建、低质低效林改造、招商引资、特色小镇建设等工作，取得明显实效。如，主动搭桥牵线，引进了深圳立德通讯器材有限公司等15个项目，签约资金11.2亿元，实际进资4.58亿元。

一年来，市政协常委会开展协商活动90余次、调研视察60余次，市党政领导批示42人次，高质量的履职成果有力助推赣州振兴发展。

（三）助推党政决策部署落实，政协民主监督更加有力

积极探索民主监督的方法途径，不断强化民主监督职能，推动市委、市政府重大决策部署落到实处。

强化专题民主监督。围绕民生实事、重点工程、农村环境综合整治、安全生产等9个课题开展专题民主监督，得到了市委、市政府高度重视与肯定，推动了有关工作的落实。如，开展“行政审批服务改作风提效率工作”专题民主监督，从7方面提出了15条建议。市委办公厅根据市委主要领导意见，以参阅件形式予以全文印发，市政府办公厅对反映的21个问题进行梳理和责任分工，正逐一进行落实。

强化提案督办工作。征集提案375件，立案316件。筛选确定工业发展、特色小镇、电商产业、高铁经济、农村饮用水安全等22件重点提案，由市政协领导领衔督办。选编16期《重要提案专报》、组织相关单位及提案人调研视察和召开督办座谈会，推进了一些重点热点问题的有效解决。如，“关于给予大病患者更多政策扶持的建议”，市政府高度重视，完善相关政策，争取城乡居民基本医疗保险补助资金35亿元，筹集大病保险资金3.59亿元，给大病患者更多的关爱。

强化社情民意工作。围绕党政关注、群众关心的问题，多渠道收集社情民意，及时反映社会各界的愿望和诉求。如，解决中心城区交通拥堵、整治规范章江新区沿街店面招牌、落实基层妇女组织人员经费和待遇、黄金广场音乐喷泉不应“停摆”等信息引起市领导和有关部门高度重视，有关问题得到和正在解决。

（四）发扬民主加强团结，政协两大主题更加突出

坚持把团结和民主两大主题贯穿于政协工作的始终，汇集社会各界的智慧与力量，凝聚和传递改革发展的正能量。

发挥各党派团体和各界别重要作用。加强与各民主党派、工商联、人民团体和无党派人士的联系，充分发挥其在政协履职活动中的骨干作用。加强专委会联系界别工作，为界别开展活动提供有力支撑。支持各民主党派、工商联界别独立开展调研视察活动16次，采纳全会大会发言20篇。

加强港澳台侨联谊工作。注重与香港地区委员、港澳台侨人士的联络沟通，引导和支持他们发挥积极作用。做好省政协港澳委员、特邀代表到我市开展"进一步弘扬客家文化"专题视察活动，推介赣州良好的产业发展前景和发展环境，引导他们来赣州进行投资考察。

做好文史资料征编和宣传报道工作。编辑出版《赣州文化大观》（南康、寻乌、大余、崇义卷）和《记忆赣南古村落》。完成了省政协《江西省政协志》《赣南苏区振兴五周年》有关赣州方面资料征集工作。在《人民政协报》《中国政协》等报刊发表稿件160多篇，广泛宣传政协组织的履职成效和政协委员的履职风采。

密切各级政协间交流协作。主动对接、配合全国政协、省政协开展国家生态文明试验区建设、县域经济、医疗卫生资源下沉等11项调研视察活动。全年与全国政协、省政协和外省市政协学习交流68批次，赣州的影响力和美誉度进一步扩大。

（五）提升能力素质，政协履职基础更加扎实

主动适应新形势新任务的要求，全面推进自身建设，不断夯实政协履职基础。

抓好政协委员队伍建设。强化委员履职考核工作，修订《赣州市政协委员履行职能情况考核细则》，增强委员责任感。坚持联系走访委员制度，主席会议成员和各专委会共走访委员600多人次，加强了与委员的联络。采取开办"政协讲堂"、邀请专家学者专题辅导等形式开展培训，帮助委员开阔视野、把握大局。召开主攻工业、医药卫生体制改革等4个政情通报会，帮助委员知情明政。开展委员履职综合评价和优秀政协委员、优秀提案评选，激发委员履职积极性。

抓好政协制度建设。把制度建设摆在突出位置，结合深化改革政协工作，制定《赣州市政协全会大会发言工作规则》《赣州市反映社情民意信息工作实施办法（试行）》《市政协委员优秀履职成果评选办法》《赣州市政协各专门委员会对口联系部门（单位）制度》等系列文件，注重抓好各项制度的有效实施，为政协履职提供了强有力的制度保障。

抓好政协机关建设。强化党组的政治核心作用，制订《中共赣州市政协党组工作规则》《中共赣州市政协机关党组工作规则》。推进"两学一做"学习教育常态化制度化，巩固拓展党的群众路线教育实践活动和"三严三实"专题教育成果。严格执行中央八项规定和省委、市委有关规定，严守政治纪律和政治规矩，持之以恒纠正"四风"，着力改作风、提效率、敢担当，工作效能明显增强。

各位委员、同志们！一年来，市政协各项成绩的取得，是中共赣州市委坚强领导的结果，是市人大常委会、市人民政府大力支持的结果，是市中级人民法院、市人民检察院和各部门密切配合的结果，是政协各参加单位和全体委员忠实履职的结果。在此，我代表常委会向所有关心、支持政协工作的各级领导、各界人士，向为政协事业发展倾注心血、做出贡献的政协委员，表示崇高的敬意和衷心的感谢！

总结一年来市政协的履职实践，我们有四点深刻的体会：

第一，坚持党的领导是做好新形势下政协工作的根本保证。我们注重加强党的建设，强化政治引领，积极引导广大委员增强"四个意识"、坚持"四个自信"，坚定不移同以习近平同志为核心的中共中央保持高度一致，始终自觉服从中共赣州市委的领导，切实做到同市委方向一致、目标一致、工作一致、步调一致。

第二，坚持服务大局是做好新形势下政协工作的主要任务。我们牢牢把握"围绕中心、服务大局"这一履职原则，紧紧围绕市委打好六大攻坚战、推进苏区振兴发展主线，精准选题、精心谋划、精细实施，建言献策有深度、有力度，政协作用进一步得到发挥。

第三，坚持发挥委员主体作用是做好新形势

下政协工作的重要基础。我们以“五个一”活动为平台，以专委会为依托，以界别为纽带，按照“懂政协、会协商、善议政”的要求，积极为委员履职创造有利条件，充分调动委员的积极性和创造性，在共同履职中体现优势。

第四，坚持探索创新是做好新形势下政协工作的不竭动力。我们以改革为动力，推动政协理论创新、制度创新、工作创新，在改进调研方式、加强民主监督、完善委员联络和服务管理、强化提案督办等方面进行探索改革，政协工作科学化水平得以提升。

我们也清醒地看到，工作中还存在一些不足。如服务大局、超前建言的能力还不强；协商成果跟踪督办的力度还不够；发挥界别作用的方法还不多；少数委员参政议政积极性还不高等。对此，我们将高度重视，认真改进。

二、2018 年主要工作

2018 年是贯彻中共十九大精神的开局之年，是改革开放 40 周年，是决胜全面建成小康社会、实施“十三五”规划承上启下的关键一年。做好今年市政协工作的总体要求是：高举中国特色社会主义伟大旗帜，全面贯彻中共十九大精神，以习近平新时代中国特色社会主义思想为指导，认真落实省委十四届五次全会和市委五届四次全体（扩大）会议精神，在中共赣州市委的坚强领导下，坚持解放思想、内外兼修、北上南下，坚定不移打好六大攻坚战，牢牢把握团结和民主两大主题，把协商民主贯穿政治协商、民主监督、参政议政全过程，充分发挥社会主义协商民主重要渠道和专门协商机构作用，为纵深推进赣南苏区振兴发展、决胜全面建成小康社会、奋力打造新时代坚持和发展中国特色社会主义红色样板作出更大贡献。

（一）全面深入学习贯彻中共十九大精神。把学习贯彻中共十九大精神作为首要政治任务，以习近平新时代中国特色社会主义思想为指导，认真贯彻落实习近平总书记对赣南苏区振兴发展工作的重要指示批示精神，夯实团结奋斗的共同思想政治基础。坚决服从中共赣州市委领导，围绕市委“打好攻坚战、同步奔小康”工作重心，努力找准新时代政协履职的切入点和突破口，不断拓展工作思路和工作领域，着力提升履职能力和履职水平，使政协工作更能体现新时代赣州发展要求，更加符合市委决策部署。

（二）紧紧围绕市委工作大局协商议政。聚焦市委工作重点扎实开展协商议政活动，积极为打好六大攻坚战、纵深推进振兴发展建言献策。就加快工业首位产业发展、打造山水林田湖综合

市政协五届三次会议现场

治理样板区开展常委会专题协商；就加强赣州文化建设、大力发展生产性服务业开展对口协商；就加快赣州铁路建设、推进分级诊疗制度建设、依法加强宗教事务管理开展界别协商；就推进提案办理，多层次、分类别开展提案办理协商。

（三）进一步提高民主监督实效。围绕市委重要决策部署的贯彻落实开展民主监督，丰富监督形式，完善监督机制，提高监督实效。开展民生实事落实、重点工程建设、深度贫困村脱贫攻坚、全域旅游等专题民主监督；做好重点提案、专题提案督办和民主评议提案办理工作，推动提案意见建议的落实；充分发挥社情民意“直通车”作用，完善社情民意收集网络，加强与党政有关部门的联系沟通，促进社情民意的采纳落实。

（四）切实加强和改进调查研究。把调查研究作为政协履职的基础性工作来抓。坚持问题导向，围绕振兴发展、贯彻新发展理念、民生改善等重点热点问题，察实情、讲实话、谋实策。以委员为主体、吸收有关学者参加，整合资源，形成专业结构优化、研究能力互补的调研队伍。采取市县联合、市内外比较、问卷调查等方法，深入一线，真正把问题找准、把原因理清、把建议提实。就推动赣州科技创新、推进军民融合发展、提升赣州港龙头作用、培植壮大蔬菜产业、推进南康家具品牌建设、推进“厕所革命”、解决耕地撂荒问题、加强社会心理服务体系建设、加强乡村治理体系建设等开展专题调研。

（五）认真做好凝心聚力工作。始终把握团结和民主两大主题，全力汇集各方力量，不断增强纵深推进苏区振兴发展的凝聚力和向心力。继续为各民主党派、工商联和人民团体在政协履职搭建平台、创造条件，发挥好各界别团体作用。加强与海外客属社团和华人华侨社团的联络合作，邀请香港委员和特邀代表来赣州视察苏区振兴发展成就，为引进人才、技术和资金牵线搭桥。重视收集和反映社情民意，做好化解矛盾、增进团结工作。继续发挥好市政协委员扶贫救助会在脱贫攻坚中的积极作用。认真做好《赣州文化大观》系列丛书（会昌、上犹、安远、全南卷）征编、出版工作，打造赣州文化品牌。加强与省内外政协组织的合作交流，促进共同发展。

（六）不断加强自身建设。深入学习习近平总书记重要批示精神，进一步纠正“四风”，加强作风建设。积极开展“不忘初心、牢记使命”主题教育，深入推进“两学一做”学习教育常态化制度化。发挥专委会基础作用，密切与党政部门对口联系，增强工作针对性。增强政协界别的代表性，健全界别工作机制，突出界别特色，推进界别活动组织化、经常化。完善“赣州市政协委员履职平台”，创新服务管理方式，加大委员培训力度，进一步发挥委员主体作用。按照中共十九大关于“全面增强八种本领”的要求，打造一支政治坚定、作风优良、学识丰富、业务熟练的高素质政协干部队伍，始终保持生机和活力。

各位委员、同志们！积力之所举则无不胜，众智之所为则无不成。让我们更加紧密地团结在以习近平同志为核心的中共中央周围，坚持以习近平新时代中国特色社会主义思想为指导，在中共赣州市委的坚强领导下，同心同德、群策群力，求真务实、担当实干，不断开创政协工作的新局面，为决胜同步全面小康、让赣南老区人民过上富裕幸福生活而努力奋斗！

（编辑部）

专　记

文明花开　今朝梦圆

——写在赣州市成功创建全国文明城市之际

2017年11月17日，在全国精神文明建设表彰大会上，省委常委、市委书记李炳军作为获奖城市代表参加会议并接受表彰，赣州正式荣膺全国文明城市称号。“全国文明城市”，这块金灿灿的奖牌，是对赣州政治建设、经济建设、文化建设、社会建设、生态文明建设的最高综合性褒奖，让这座城市翻开新的篇章。

三年来，赣州“创文”脚步一刻也未曾停歇，以价值引领为根本点，以为民惠民为出发点，以城乡环境为切入点，以常态长效为关键点，强化问题导向，坚持以人为本，扎实抓好各项创建指标落实，突出共建共享，铸就赣州这座城市文明的精与神。

上下齐心利断金

高位推动，顶层设计。“创文”中，赣州市坚持“一把手”负责制，将创建全国文明城市作为“书记工程”，成立由省委常委、市委书记李炳军为总指挥，市委副书记、市长曾文明任第一副总指挥，市委副书记王林云任常务副总指挥的高规格领导体制；市“创文”指挥部下设“三办”和7个“对标创建工作部”，分别由20个市领导担任部长、副部长，负责组织调度常态创建；还建立创建联络员制度，把创建全国文明城市涉及的128个责任单位的分管领导、创建骨干确定为创建联络员，定期组织创建培训和情况通报，形成纵向到底、横向到边的创建工作网络。

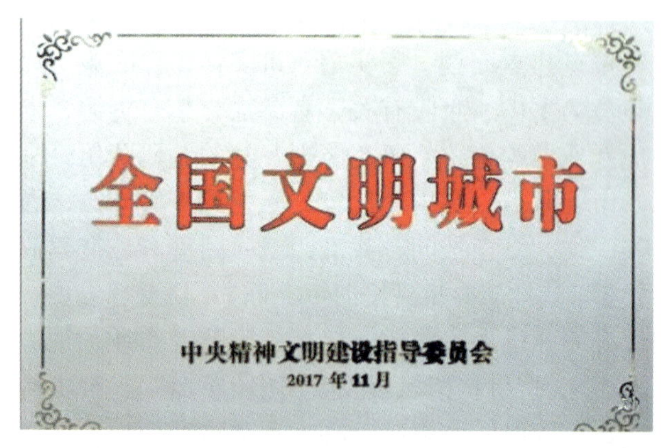

为了打赢这场“创文战”，赣州市重点加强创建动态管理，采用服务外包模式，在全省率先研发启用文明创建动态管理系统，将文明创建各项指标进行细化量化，变突击性迎检为日常化创建，变印象式考核为量化式考核，变“要我做”为“我要做”，实现全市文明城市、文明村镇、文明单位的在线创建和动态管理，有效夯实文明创建的基础。

赣州市还编制实施《赣州市创建全国文明城市工作规划（2015—2017年）》，遵循“全面推进年”“全面达标年”“全面迎检年”的“路线图”，对创建第五届全国文明城市工作作出详细规划，大大提高创建工作的针对性和实效性。

在全市干部群众上下齐心共同努力下，赣州先后获得国家森林城市、国家园林城市、中国优秀旅游城市、全国社会治安综合治理优秀市等荣誉。一项又一项殊荣的背后，是赣州城市人居和创业环境的明显优化，一个历史文化与现代文明不断融合的新赣州正在崛起。

干群合力绘新景

“创文”工作启动伊始，市创建全国文明城市工作指挥部就根据全国文明城市测评体系要求，将“创文”各项工作逐级分解，各级各部门再进一步细化分工，落实责任，确保“创文”工作扎实推进。

以“结对共建、共创文明”为主题，以网格化管理为抓手，市直、驻市等200多个单位进驻60多个挂点社区，结对共建，整合创建资源，强化属地管理，构建全面覆盖、全员参与、上下联动、组团包干的常态化创建管理模式，全面提升创建工作水平和实际成效。广泛开展“全国文明城市，我参与、我行动、我快乐”赣州共创文明城市志愿服务活动，每星期五下午，干部职工们走出办公室，走进大街小巷，带头义务打扫卫生，开展城市保洁宣传，监督制止不文明行为。他们，成为创建全国文明城市的“排头兵”。

铁心硬手抓整治。围绕创建全国文明城市八大环境，赣州市制定《赣州市中心城区市容市貌管理标准》，开展城乡环境整治年行动，全面加强主次干道、背街小巷、居民小区清扫保洁和垃圾清运工作，投资1.94亿元改造老旧小区112个；加强监督管理，提升小区、市场管理水平，着力清理流动摊点、店外经营、占道经营行为，重点整治广告乱贴乱画、招牌乱伸乱挂、车辆乱停乱放、建筑乱搭乱建，拆除“两违”建筑194万平方米；探索推行“路长制”，市委主要领导带头，市四套班子成员每人担任市区一条主干道的“路长”，构筑市、区、街道三级“路长”体系；集中开展市区交通整治专项行动，加强对交通运行的日常巡查，加强重点路段的监管疏导，提高城区交通管控水平，市容市貌、交通秩序等明显改善。

在最后冲刺阶段，赣州市各级各部门群策群力，在推进交通秩序、市容市貌、居民小区、公共设施、餐饮门店、各类市场、校园周边整治等方面精准发力，并协同合作，将涓涓细流汇成“创文”的强大动力。此时此后，奋勇争先，生机勃发，文明创建热潮此起彼伏，文明城市的旋律在赣州大地持续回荡。

全民参与写史诗

文明是一次温暖的搀扶，一个真诚的微笑，一句礼貌的问候；文明是人们举手投足间体现的修养，是人们共创、共建、共享的幸福之果。

一个榜样，一面旗帜；一群好人，满城春风。临危不惧，勇救5名落水小孩不幸身亡的肖福明；患难见真情，炉坑好媳妇，六年如一日照顾瘫痪丈夫的曾发娣；视侄子侄女如亲生，柔肩撑起两个家的苏根风；大爱无私，轿车前勇救学生的李小兰；心系患者，甘于奉献，坚守在令人畏惧的“麻防”一线的彭海姗；用爱心点燃智残儿童希望的张秀兰……一个个闪光的名字，如同一支支明亮的火炬，向社会传递道德的无穷力量。至2017年11月，全市共有6人获全国道德模范及提名奖，48人荣登“中国好人榜”，8人获评“江西省道德模范”，90人入选“江西好人榜”，为培育和践行社会主义核心价值观树立一个个鲜活典型，为创建全国文明城市提供强大的道德支撑和精神动力。

赣州市中心城区一角

头戴小红帽、身穿红马甲，走在市区的各个路口，市民们都能见到一个个辛勤的志愿者，协助交警疏导交通，提醒行人安全通行。志愿服务的触角遍及赣州城市每个角落，成为践行社会主义核心价值观的实力担当。全市已注册“乐帮”志愿者近80万人，组建志愿服务队伍5846支，注册成立赣州市义工协会、赣州市爱心协会、赣州市公益协会3个民间志愿服务协会，全市各级各类志愿者年均开展志愿服务活动近万场次。

百姓成为践行文明的使者，又是城市文明的检验员。24字社会主义核心价值观，在赣州大街小巷随处可见，市民耳熟能详；“赣州文明20条”、文明宣传画册等，悄然走进城市的每个角落，如春风化雨、润物无声；车辆行至斑马线前停下来，机动车礼让行人已成常态；大街小巷的纸屑、果皮、痰渍少了，老旧小区环境脱胎换骨；公交车上，年轻人主动给老、弱、病、残者让座；社区邻里相处越来越和睦了……市民是城市的主人，也是创建的主体，他们发自内心的支持，成为创建全国文明城市的原动力和生命力，他们正用一言一行传播着赣州城市的文明之花。

赣州人民，以全国文明城市为基石，以前所未有的力量拧成一股绳，创建的热情得到充分释放，上演一曲恢宏的大合唱，写就一部城市的文明史诗。

长效机制照征程

问鼎桂冠，既是崇高荣誉，更是无声鞭策。如今，一段文明建设的新征程已经开启。

站在一个更高的起点上，要让文明创建的成果得以巩固和提升，让“全国文明城市”的奖牌始终熠熠生辉，就必须把文明创建作为基础工程和系统工程，着力建立健全长效机制，形成文明创建常态化，不断巩固文明创建成果。

赣州市在全省率先实行动态管理责任制，通过赣州文明创建动态管理系统细化量化文明创建各项指标，变突击性迎检为日常化创建，变印象式考核为量化式考核。同时，由市委书记与各单位主要负责人签订目标责任书，强化责任，保证各项工作任务的落实。赣州市还在全省率先出台《赣州市创建全国文明城市工作问责办法(试行)》，对创建问责范围、问责对象、问责方式、问责程序等进行明确，建立“周督查、周通报，月例会、季测评”制度，定期通报进展情况，找差距、晒进度、亮实绩，对创建成绩显著的单位和个人，给予表扬和奖励；对措施不力、问题突出的，进行批评和曝光，在全市形成你追我赶的创建态势。

建设、卫生、交通、公安、城市管理等部门还结合自身实际，建立健全相应的创建长效机制。赣州市还坚持统筹规划、目标牵引，按照整体设计、分步实施、梯度推进的原则，扎实开展县级文明城市创建。全市已有市级以上文明县城14个、文明村镇174个、文明单位568个，形成中央、省、市文明城市、文明村镇、文明单位协同推进的创建格局。

城市，让生活更美好；文明，让城市更出彩。文明城市创建只有起点、没有终点，只有更好、没有最好。赣州按照“一个全面推进、四个着力提升、建设‘三个城市’、六个坚持”的重要要求，持之以恒创造优美环境、优良秩序、优质服务，推动市民文明素质和城市文明程度不断提升，让城市成为人民追求更加美好生活的有力依托。

站在新起点，实现新梦想，以“全国文明城市”这份殊荣的获得为契机和动力，赣州已经再出发，驰而不息地铸就文明之城新常态。

（摘自《赣南日报》2017年11月18日第一版）

赣州市2017年度脱贫攻坚工作综述

赣州市的贫困县、贫困村、贫困人口均占全省1/3，是江西省脱贫攻坚的主战场。中共赣州市委、赣州市人民政府始终牢记习近平总书记的殷切嘱托，认真落实中央“六个精准”[①]“五个一批”[②]和省委“核心是精准，关键在落实，确保可持续”要求，始终把脱贫攻坚摆在最重要的位置，以脱贫攻坚统揽经济社会发展全局，扎实推进2016年脱贫攻坚问题整改和脱贫攻坚“百日行动”，全面落实精准扶贫、精准脱贫各项政策措施，全市脱贫攻坚工作成效显著。2017年度全市有17.8万贫困人口脱贫、270个贫困村达标退出、瑞金市脱贫摘帽扎实推进，全市贫困发生率由6.6%下降到4.31%；农村居民人均可支配收入提高到9689元，比2016年同期增长11%。

一、高位强势推动，压实脱贫攻坚责任

（一）强化党政主体责任。市委、市政府出台《关于深入贯彻习近平总书记扶贫开发战略思想以脱贫攻坚统揽经济社会发展全局的意见》，以最大的决心、最强的力量、最优的政策、最有力的举措，下足“绣花”功夫，推进脱贫攻坚工作。成立以市委书记任组长、市长任第一副组长、相关市领导任副组长、有关部门主要负责人为成员的精准扶贫攻坚战领导小组，抽调精干力量充实领导小组办公室，集中力量推进脱贫攻坚。省委常委、市委书记李炳军，市委副书记、市长曾文明率先垂范，按照工作重点、针对问题短板，深入基层调研，亲自督战调度。严格执行脱贫攻坚党政一把手负责制，层层落实脱贫责任，立下军令状，各县（市、区）向市委、市政府，各乡镇向县委、县政府，各行政村向乡镇党委、政府签订责任状，明确精准扶贫工作职责。市、县、乡明确一名党委副书记或常委专职抓扶贫，乡、村两级干部集中精力抓扶贫，脱贫攻坚期内，贫困县党政正职、贫困县乡镇党政正职保持相对稳定，不脱贫不调整。

（二）压实行业部门责任。印发《关于进一步强化行业扶贫工作凝聚脱贫攻坚合力的通知》，明确各级党委、政府分管领导是行业扶贫“第一责任人”，负责抓好分管范围内行业扶贫的统筹谋划、调度指导、督查考核等工作。各行业部门主要负责人是行业扶贫“直接责任人”，亲自谋划、亲自部署、亲自推动。市直单位与对口县直单位签订责任状，逐级压实责任，层层传导压力，确保行业扶贫责任落到实处。特别是产业扶贫、就业扶贫、安居扶贫、金融扶贫、教育扶贫、健康扶贫、兜底保障扶贫、整村推进扶贫、基础设施扶贫、生态补偿扶贫等精准扶贫十大项目牵头单位认真履行牵头责任，加强工作调度、督查，每月就牵头的项目对各县（市、区）进行排名，对排名靠后的地方约谈问责，行业扶贫合力明显增强。尤其是教育、健康、农粮、城建、人社、金融、财政、扶贫等部门，以脱贫攻坚“百日行动”为契机，针对脱贫攻坚难点，分别深入各个县（市、区）开展专项调研，解决行业扶贫问题、拓宽行业扶贫路径、提升行业扶贫水平。

（三）落实干部帮扶责任。对932个省级贫困村每个村安排1名县处级干部挂点帮扶，市本级下派399名处级领导挂点帮扶贫困村，选派3515名市县乡优秀干部担任驻村扶贫第一书记或工作队长，组织6.75万名党员干部与32.91万户贫困户开展结对，不脱贫不脱钩，实现干部结对帮扶贫困户全覆盖。制定精准扶贫驻村工作队管理办法，强化工作保障措施。对工作不得力、群众不满意的，严格执行约谈和召回制度，个人3年内不得提拔使用，挂点帮扶单位年度不得评为优秀。选优安排33个市直单位驻村定点帮扶瑞金的边远贫困村，倾力帮助瑞金脱贫摘帽。

二、狠抓人财物三到位，夯实攻坚基层基础

（一）人员保障到位。加强市、县、乡扶贫机构队伍建设，新增市扶贫和移民办8个编制和1个领导职数；按照“四个固定”（人员、经费、场所、机构固定）要求，充实加强县级扶贫机构

工作力量，增加县级扶贫办人员编制和领导职数。健全和完善乡镇扶贫机构设置，明确乡镇党委副书记兼任扶贫工作站站长，扶贫工作站人员不少于3名、人口规模大的不少于4名，共安排扶贫专干878名，并落实不少于5万元的工作经费。推行“一室、一厨、一卡、一袋、一图”“五个一”工作机制，村级设立扶贫工作室，每个村都有1名村扶贫专干，由大学生村官或“三支一扶”人员担任。

（二）资金投入到位。完善财政扶贫资金持续增长机制。2017年，市本级预算安排脱贫攻坚资金27.56亿元，同比增长97.6%。积极整合财政涉农扶贫资金，全市2017年统筹整合财政涉农扶贫资金81.05亿元。充分发挥金融的杠杆作用，继续由市财政筹集10亿元风险缓释基金，撬动银行80亿元信贷资金，进一步完善“产业扶贫信贷通”政策措施，从扶持对象、贷款额度、贷款资金使用、贷款准入条件、财政资金拨付等方面对“产业扶贫信贷通”政策进行修正和完善，将贫困户的贷款额度由3万—5万提高到3万—8万元，破解扶贫投入不足的难题。全市产业扶贫信贷通贷款发放53.58亿元；财政惠农信贷通贷款发放27.53亿元；整村推进基础设施国开行贷款安排74.53亿元，其中发放到位30.77亿元；易地搬迁扶贫贷款发放25.84亿元；国开行油茶贷发放3.47亿元；其他扶贫贷款发放58.27亿元。

（三）精准识别到位。以2016年脱贫攻坚问题整改为契机，按照“把握标准、应进尽进、两项衔接、群众公认”和“七清四严”③的要求，印发《关于明确脱贫攻坚问题整改第一阶段有关问题处理意见的紧急通知》，破解精准识别、复核过程中的55个“疑难杂症”问题。以行政村为单位，对2014年以来的建档立卡贫困人口进行精准识别“回头看”，召开户主会、村民代表大会重新评议，加大公开公示力度，公布举报电话，逐村建立新增纳入和删除清退人员信息台账，并实行“谁主管、谁调查、谁登记、谁审核、谁录入、谁负责”的背书负责制，破解错评、漏评、错退等问题。通过集中识别整改，删除因“七清四严”等不符合条件的25886人，因死亡、嫁出、迁户等自然减少30209人，因集中供养的五保户6943人。

三、瞄准“两不愁三保障”④，实施五大攻坚工程

（一）实施安居扶贫再精准工程。在全国率先采取政府兜底、“交钥匙”的办法，建设农村保障房，解决特困户住房保障问题，共建设8710套。同时，采取修缮闲置房、产权置换、入住敬老院等方式解决贫困户住危房问题，确保春节前让特困群体住上安全房。全面实施易地扶贫搬迁再精准工程，全面推进2016年易地搬迁问题整改，严守四线标准，妥善安置、户户整改，顺利通过国家脱贫攻坚问题整改巡查。严格落实建档立卡贫困户统规统建和“四线”⑤要求，2017年完成易地搬迁29605人，其中建档立卡贫困户18401人。聚焦贫困户后续扶持工作，在安置点附近综合实施农业产业、乡村旅游业、光伏产业等产业配套。

（二）实施健康扶贫再提升工程。进一步完善健康扶贫“四道医疗保障线”⑥政策，将贫困人口疾病医疗商业补充保险保费由每人每年90元提高到260元，同时把城镇贫困人口、未纳入建档立卡的低保户列为“四道医疗保障线”的享受范围。全面实行市域内贫困患者住院“先诊疗后付费”和“一卡通”即时结算制度，城乡贫困患者出院时只需交纳个人自付部分即可出院。“四道医疗保障线”累计为全市37.5万人次城乡贫困人口补偿医疗费用14.95亿元，贫困户自付率下降到4.8%左右。全市共设置扶贫病床1.3万余张，门诊和住院实施“三免四减半”⑦19.72万人次，减免医疗费用469.26万元。

（三）实施教育扶贫再对接工程。做实教育扶贫对接，2017年10月份，全市教育部门对当年秋季学期的建档立卡贫困家庭学生进行再次核查，完成秋季学期19万余名建档立卡贫困学生信息比对和档案完善工作。全面落实资助政策，建立并落实建档立卡贫困户家庭受教育子女资助政策教育局长、校长负责制，实现贫困户子女助学补助全覆盖。发放学生资助资金2.25亿元，资助补助贫困家庭学生22.6万人次。赣州经济技术开发区新增设贫困户子女义务教育阶段“走读生”生活补助，中等职业教育、高等教育阶段学费补助和生活补助等补助政策。切实做好控辍保学，指导和督促各义务教育学校建立和完善辍学学生劝返复学、登记与书面报告制度，劝返复学学生66人。积极采取送教上门、远程教育等方式，帮

助因病、因残等特殊困难学生完成义务教育阶段学习。

（四）实施兜底保障再完善工程。开展兜底保障扶贫专项整治，深入推进“两项制度”有效衔接，不断提高低保规范化管理水平。全市农村低保对象共计17万户、41.94万人，纳入建档立卡的农村低保户为13.85万户、36.18万人，“两项制度”衔接率87.11%，常补对象7.6万人，占低保总人数为18.14%；整户保户数12.93万户，整户保比例76.01%。全市累计支出农村低保金10.55亿元；农村特困人员对象3.51万人（集中供养1.49万人，分散供养2.02万人），累计支出农村特困人员救助供养金1.52亿元。

（五）实施深度贫困再攻坚工程。积极支持深度贫困村和贫困人口脱贫，按因素法分配的财政扶贫专项资金，深度贫困村分配权重提高为一般贫困村的2倍。加大力度支持深度贫困村基础设施建设，新增扶贫资金、扶贫项目、扶贫举措向深度贫困村倾斜，优先安排交通、水利、电力、通信、生态、新农村建设、高标准农田、公共服务等建设项目,优先安排工业园区标准厂房、水电、光伏发电、矿产等资源资产收益扶贫项目，在政策范围内按最高标准给予补助。对深度贫困村土地“增减挂”指标实行应保尽保，整理出来的建新指标用于保障本村建设需要，节余指标交易收益全额返还。全面落实深度贫困群体低保或五保全覆盖。政府购买公益性岗位向深度贫困群体倾斜。采取有力举措解决收留流浪者、精神病患者、痴呆傻及其子女等深度贫困群体的户籍问题，并纳入建档立卡扶持对象。

四、聚焦持续稳定脱贫，增强脱贫攻坚动能

（一）推进产业扶贫全覆盖。按照“村村有扶贫产业、户户有增收项目、人人有脱贫门路”要求，推行“五个一”发展模式，立足资源禀赋和发展基础，坚持“长短结合、适度规模、效益优先”原则，因地制宜发展蔬菜、脐橙、油茶、乡村旅游、农村电商、光伏产业等特色产业，引领贫困对象参与产业扶贫。引进和培育一批关联度高、带动力强的产业龙头，积极推广“企业+合作社+贫困户”“公司+基地+贫困户”“互联网+特色农产品”利益联结机制，全市累计覆盖带动17.68万户、67.51万贫困人口增收。引导贫困户发展脐橙623.73公顷，涉及贫困户708户贫困人口3148人。赣南脐橙作为全国首批特色优势产业带动脱贫范例之一在全国巡回报告。大力推进电商扶贫，全市销售贫困村合作社（贫困户）产品金额1.98亿元，为全省第一。大力推动光伏扶贫，纳入国家第一批光伏扶贫实施范围的15个县（市、区）全部圆满完成建设任务，建成并网项目总装机429.46兆瓦，占全省建成总装机的45.7%，受益贫困户6万户，贫困人口20万人。2017年5月，农业部、国务院扶贫办在瑞金市召开全国产业扶贫现场片会。

（二）着力创新就业扶贫模式。围绕“就业一人，脱贫一户”目标，扎实推进就业扶贫，打造赣州就业扶贫新模式。采取政府主导创办、企业创办、返乡能人自主创办等多种模式，不断扩大就业扶贫车间规模，引导贫困劳动力就近就地就业。全市建成扶贫车间1732个，吸纳贫困劳动力就业69692人，贫困劳动力平均每人每月可增收1741元，赣州市就业扶贫车间的做法被《经济日报》《中国劳动保障报》等媒体报道。为有意愿的贫困家庭劳动力提供免费的政策咨询、职业介绍、就业培训等服务；大力开发公路养护、农村保洁等公益性岗位，用于安置难以输送到企业就业的贫困劳力。全年帮扶10.38万名贫困劳动力实现就业增收，有4家企业被评为“全国就业扶贫基地”，18个就业扶贫示范园认定为省级示范园、126个就业扶贫示范点认定为省级示范点。2017年11月，人力资源和社会保障部、国务院扶贫办联合在赣州市召开全国就业扶贫经验交流会。

（三）实施整村推进工程。有序推动贫困村退出。按照“十三五”贫困村整村推进规划和贫困村退出要求，以贫困村为单位，将各类产业发展项目，水、电、路、通信等基础设施项目，农家书屋、村级卫生室、广电网络等公共服务项目等捆绑打包，整村推进、同步实施。截至12月底，完成投资47.3亿元，约占年度总投资的84.7%；开工实施2017年度建设项目21347个，占年度项目总个数的100%。其中，完工验收项目19426，项目完工验收率为91%。

（四）积极推进精神扶贫。注重移风易俗，制定《乡风文明行动实施方案》《关于破除贫困群众不良思想倾向激发扶贫对象脱贫内生动力的指导意见》，在每个行政村建立1个红白理事会，

制定婚丧嫁娶办事流程、标准和奖励办法，逐步改变因婚致贫返贫和大操大办丧事致贫。通过“选树褒奖一批、教育感化一批、舆论谴责一批、法律制裁一批”，有效遏制因懒致贫、因赌致贫、因子女不赡养老人致贫等顽症发生。教育引导贫困户按照“五净一规范”要求搞好家庭环境卫生，养成良好生活习惯，形成积极向上的精神风貌。组织开展“我的脱贫故事”主题巡回宣讲，讲身边人，说身边事，坚定干部群众打赢脱贫攻坚战的信心和决心。

（五）努力激活社会扶贫力量。以中国社会扶贫网为依托，进一步凝聚社会扶贫合力，“百日行动”以来，全市贫困户注册数增长至9.99万人、爱心人士注册数增长至50.1万人，各地纷纷建立中国社会扶贫网+产业、旅游、文化等“1+10”对接的多方联动机制。11月10日，赣州市在瑞金市召开“百企帮百村”精准扶贫“百日行动”现场推进会，据统计，全市系统内的638家帮扶企业实施项目1325个，投入总金额约4.20亿元，惠及776个村、80114位贫困群众。2017年9月，全国“万企帮万村”精准扶贫行动片区座谈会在赣州市召开。

（六）构建项目实施“绿色通道”。按照“渠道不变、充分授权，县抓落实、统筹使用”要求，充分发挥贫困县的主体作用，赋予县级资金项目审批权，允许打破资金归口管理界限，允许整合资金在“大类间打通”“跨类别使用”，形成“多个渠道引水，一个池子蓄水，一个龙头放水”的扶贫资金投入新格局。根据“权利到县、责任到县”的原则，在全省率先建立整村推进项目实施“绿色通道”，在履行项目初步设计（实施方案）、招投标、合同签订、项目验收等方面，对项目审批、实施、管理、资金拨付等环节限定时间，形成一套限时办结的模式，在保障工程质量的前提下，尽量压短工期，确保项目尽快建成、发挥效益。

五、积极推进百日行动，巩固提升攻坚成效

（一）“行动”组织得力。“百日行动”启动起来，市领导高度重视，省委常委、市委书记李炳军专题部署、调度“百日行动”，市委副书记、市长曾文明专门召开“百日行动”行业扶贫调度会，党政主要领导还在多个会上强调“百日行动”。市政协主席刘建平召开金融扶贫调度会，一有时间就深入各个县市调研指导脱贫攻坚工作。同时，市委、市政府先后召开教育、易地扶贫搬迁扶贫专项调度会，等等。市直部门担起行业扶贫责任，与县直部门签订行业扶贫责任状。各地纷纷采取明察暗访、交叉检查、流动现场会等多种形式为“百日攻坚”工作加压升温。

（二）“行动”措施有力。聚焦深度贫困，全面摸清深度贫困情况，全市确定深度贫困村167个，占全省269个的62%；摸清深度贫困人口4.35万人，占全省16.79万人的26%。聚焦资金项目管理。建立扶贫资金结余结转收回、奖惩和约谈机制，督促各地加快资金使用进度。全市2016年度结转结余资金下降到0.41亿元，结转结余率下降到1.06%。聚焦“两项制度”衔接，农村低保常补对象占比提高8个百分点，整户保占比提高15.88个百分点；户均保障人口提高0.45人，“两项制度”衔接工作继续领跑全省。

（三）“行动”成效明显。下发《关于进一步做好“两不愁、三保障”等精准扶贫重点工作的通知》，对照“两不愁、三保障”指标，逐户建立问题台账，增补措施，销号整改。对寻乌、安远、上犹、南康、会昌等5个县（区）84个乡镇逐一进行督查评估，随机抽查252个行政村5040余户农户，摸清家底，扶贫对象、帮扶措施更加精准。扶持贫困对象参与农林产业、光伏产业、旅游产业发展，扶贫小额信贷户贷比38.99%，列全省第一。全市2016年度光伏扶贫项目超进度完成。全省产业扶贫现场推进会、全省健康扶贫现场会先后在赣州市召开。

六、强化督导考核机制，转变作风提高效率

（一）建立严格的督查机制。实行精准扶贫攻坚战领导小组副组长分片分项目联系督导精准扶贫工作。制定《赣州市脱贫攻坚督查工作实施方案》，成立9个相对固定的督查组，每个成员单位指定3—4名脱贫攻坚督导人员，建立脱贫攻坚督查人员库。坚持领导带头、以上率下，把专项督查、明察暗访、媒体监督和第三方评估作为工作常态，采取电话抽查、随机督查等办法，加强驻村工作队和扶贫第一书记帮扶工作督查。

（二）建立严厉的问责机制。制定“百日行动”工作督查方案、调度通报制定以及督查考核制度，实行每月一督查一通报，督查结果报送市委、市政府主要领导及分管领导，市直单位督查结果抄送上级主管部门。对存在问题较多、工作进展滞

后的乡镇党政主要负责人由市精准扶贫攻坚战领导小组副组长进行约谈；对连续2次督查排名倒数后3名的有关县（市、区）主要领导，由市精准扶贫攻坚战领导小组组长或第一副组长进行约谈。2017年，全市纪检监察机关查处扶贫领域违纪问题915起1203人，党政纪处分496人，组织处理720人，移送司法机关13人。市委组织部、市扶贫和移民办联合督查驻村第一书记和工作队长，市本级撤换工作不得力、考核不过关的第一书记8人、问责第一书记和驻村工作队员39人。

（三）建立严格的考核机制。提高脱贫攻坚在县（市、区）科学发展综合考评中的权重，脱贫攻坚分值占比30%，11个罗霄山片区县扶贫开发分值占科学发展和扶贫开发综合考评总分值的60%。对市直各部门脱贫攻坚成效进行单项考核，考核结果作为年度绩效考核的重要内容。落实约束机制，对脱贫攻坚落实不力的地方和部门实行"一票否决"，年度内不得评先评优，并约谈党政主要领导。坚持在扶贫一线考察识别干部，把善抓脱贫攻坚作为衡量干部的重要标准，优先提拔重用在脱贫攻坚中作风过硬、实绩突出、群众满意的干部，充分地调动扶贫干部工作积极性，实现由被动派下去到主动沉下来的转变。全市提拔重用表现优秀的第一书记和驻村扶贫干部157名，其中县级以下提拔重用134名、市直单位提拔重用23名干部。

（赣州市扶贫与移民办公室供稿）

注释：

① 六个精准：扶贫对象精准、项目安排精准、资金使用精准、措施到户精准、因村派人精准、脱贫成效精准。

② 五个一批：发展生产脱贫一批、易地搬迁脱贫一批、生态补偿脱贫一批、发展教育脱贫一批、社会保障兜底一批。

③ "七清四严"：有以下七种情况的为错评户，需要厘清：在集镇、县城或其他城区购（建）商品房、商铺、地皮等房地产（不包括搬迁移民扶贫户）或现有住房装修豪华的农户；拥有家用小汽车、大型农用车、大型工程机械、船舶等之一的农户；家庭成员有私营企业主，或长期从事各类工程承包、发包等盈利性活动的，长期雇用他人从事生产经营活动的农户；家中长期无人，无法提供其实际居住证明的，或长期在外打工，人户分离的农户；家庭成员中有自费出国留学的；因赌博、吸毒、打架斗殴、寻衅滋事、长期从事邪教活动等违法行为被公安机关处理且拒不改正的农户；为了成为贫困户，把户口迁入农村，但实际不在落户地生产生活的空挂户，或明显为争当贫困户而进行折户、分户的农户。

以下情况的"四种"贫困户，要从严审核和甄别：家中有现任村委会成员的农户；家庭成员中有在国家机关、事业单位、社会团体等由财政部门统发工资，或在国有企业和大中型民营企业工作，收入相对稳定的农户；购买商业养老保险的农户；对举报或质疑不能做出合理解释的农户。

④ 两不愁、三保障：两不愁就是稳定实现农村贫困人口不愁吃、不愁穿；三保障就是保障义务教育、基本医疗、住房安全。

⑤ 四线：a. 严格审核搬迁对象"界线"。严格对照政策，划定本乡镇的搬迁范围，对符合条件的对象，做到应搬尽搬；对不符合条件的，宁缺毋滥，坚决不能纳入搬迁范围。b. 严格控制面积"标线"。建档立卡贫困户人均住房面积不得超过25平方米（含公摊）。c. 严守不因搬迁举债的"底线"。一户出资不超过1万元。贫困户不得购买商品房。d. 严格"红线"。搬迁安置项目要严格执行先勘察、后设计、再施工的管理程序，确保符合项目管理要求。

⑥ 四道医疗保障线：见《政府工作报告》注释。

⑦ 三免四减半：免收普通门诊挂号费、注射手续费、换药手续费；减半收住院时"三大常规"（血液、大便、小便）检查费、胸片检查费、普通床位费、护理费。

赣南苏区振兴发展 2017 年工作综述

2017 年是赣南苏区振兴发展史上极不平凡的一年。习近平总书记在全国深度贫困地区脱贫攻坚座谈会、《若干意见》出台实施五周年报告和中宣部寻乌扶贫调研报告上，先后 3 次对赣州市的工作作出重要指示或批示，给予赣南广大干部群众巨大鼓舞和鞭策。2017 年，在党中央、国务院的深切关怀下，在省委、省政府的坚强领导下，在国家部委和省直厅（局）的大力支持下，赣州市委、市政府坚持解放思想、内外兼修、北上南下，奋力打好主攻工业、精准扶贫、新型城镇化、现代农业、现代服务业、基础设施建设六大攻坚战，推动《若干意见》和《江西省赣南等原中央苏区振兴发展 2017 年工作要点》加快落实，全市经济保持稳中向好态势，赣南苏区振兴发展质量和效益进一步提升。全市地区生产总值增长 9.5%，财政总收入增长 11.5%，规模以上工业增加值增长 9.1%，固定资产投资增长 13.8%，社会消费品零售总额增长 12.3%，实际利用外资增长 10%，出口总额增长 20.1%，城镇居民、农村居民人均可支配收入分别增长 9.2%、11.3%，主要经济指标增速大多跻身全省“第一方阵”，其中生产总值、固定资产投资、工业固投、服务业增加值、农村居民人均可支配收入等指标增速保持全省第一。特别是相继荣获全国文明城市、国家森林城市、全国社会治安综合治理优秀市、综治“长安杯”等“国字号”金字招牌，获得 2016 年度江西省科学发展综合考评第一名，全国、全省在赣州市召开的现场交流会议达 31 次，赣州市在全国、全省有关会议上作经验介绍 26 次，收获一份靓丽的振兴“成绩单”。

一、精心开展五周年活动，深入贯彻中央领导同志重要指示批示精神

（一）五周年系列活动影响深远。2017 年是《若干意见》实施五周年，在省委、省政府的高度重视和市委、市政府的积极推动下，苏区振兴战略影响力得到进一步提升。特别是习近平总书记、李克强总理对赣南苏区振兴发展工作分别作出重要批示，充分肯定了赣南苏区振兴发展取得的积极成效，突出强调抓好革命老区振兴发展，让老区人民过上富裕幸福的生活，具有特殊的政治意义，为下一阶段推进苏区振兴发展工作指明方向，给赣南广大干部群众巨大鞭策和鼓舞。省委、省政府在赣州召开全省深入推进赣南等原中央苏区振兴发展工作会议和支持赣南等原中央苏区振兴发展工作座谈会，省委、省政府主要领导亲临会议并发表重要讲话，52 个在江西省有对口支援任务的国家部委领导、60 个省直厅局主要领导齐聚赣州，凝聚纵深推进苏区振兴发展的强大合力。中国国际工程咨询公司对赣州市贯彻落实《若干意见》五周年情况开展第三方评估后认为，《若干意见》成为近年来成效最明显、落实最好的国家区域发展战略之一。

（二）贯彻中央领导指示批示坚决有力。为贯彻落实好中央领导重要指示批示精神，省委、省政府雷厉风行、高效务实，立即研究印发《关于纵深推进赣南等原中央苏区振兴发展实现与全国同步全面小康的意见》，提出进一步支持赣南等原中央苏区振兴发展的重点工作任务，为纵深推进赣南苏区振兴发展注入新动力。全市上下认真对标中央领导重要指示批示精神和省委书记鹿心社，省委副书记、省长刘奇对纵深推进赣南苏区振兴发展的明确要求，以及对标省里的意见精神，开展以“贯彻中央领导重要批示精神深入推进赣南苏区振兴发展”为主题的大调研活动，进一步摸清振兴发展存在的主要短板和薄弱环节，为下一步纵深推进振兴发展奠定坚实基础。研究下发相关实施意见，提出推进赣南苏区振兴发展的新目标、新举措。

（三）感恩奋进旋律唱响赣南大地。全市上下突出《感恩奋进》主题，集中开展《若干意见》实施五周年系列宣传教育和文化活动，聚焦宣传党中央、习近平总书记对赣南苏区振兴发展的深切关怀。邀请中央、省级主流媒体深入赣南集中开展宣传报道活动，在中央、省级主流媒体集中推出一批有分量、有影响的宣传报道。在市级层面报刊、电视、网站开设纪念《若干意见》出台实施五周年专栏或专题，组织开展专题采访报道。对赣南苏区振兴发展主题展进行完善提升，精心制作画册，开展群众性文化庆祝活动，用广大干部群众喜闻乐见的形式，宣传和展示苏区振兴发展取得的巨大成就。

二、加强北上对接，上级支持力度持续加大。

（一）扶持政策加快落实。《若干意见》持续深入落实，45条政策意见涉及赣州的236个支持事项中，落实和有序落实的有226项，占95.8%。《若干意见》配套文件持续增加，国务院或国务院办公厅先后印发12个支持文件，国家层面支持赣南苏区的政策文件达153个，其中对口支援文件97个。国家发改委召开部际联席会第五次会议，协调推进赣南等原中央苏区振兴发展工作。江西省委、省政府召开省苏区振兴发展第六次领导小组会、省支持赣南苏区振兴发展工作推进会，持续高位推进苏区振兴，研究解决一批重大事项。

（二）资金扶持力度加大。2017年全市共争取上级各类补助资金530亿元，增长11%；争取获批上级批准实施391个项目，并获得中央、省支持资金36.26亿元，其中中央预算内投资27.49亿元。一批重大资金相继获批，为苏区振兴提供强劲动力。如，争取山水林田湖生态保护修复工程基础奖补资金20亿元，“十三五”时期中央专项彩票公益金支持地方社会公益事业发展资金10.56亿元，赣南等原中央苏区转移支付资金8亿元，东江流域上下游横向生态保护补偿机制奖励资金6亿元、农村环境整治补助资金15.2亿元、油茶产业发展专项资金2.3亿元等。

三、聚力脱贫攻坚，凝聚振兴发展民心民力

（一）脱贫攻坚深入实施。坚持以脱贫攻坚统揽经济社会发展全局，全面实施精准扶贫、精准脱贫各项政策举措。2017年，全市脱贫17.8万人，258个贫困村退出，瑞金市脱贫摘帽扎实推进，贫困发生率从6.6%降至4.31%。全国农业产业扶贫精准脱贫经验交流会、全国就业扶贫经验交流会在赣州市召开，产业扶贫“五个一”机制、健康扶贫“四道保障线”做法在全省推广，在全省率先建立整村推进项目“绿色通道”。产业扶贫覆盖85.23%建档立卡贫困户，赣南脐橙产业扶贫成为全国范例。就业扶贫车间基本实现乡镇全覆盖。完成易地扶贫搬迁5.4万人。建成农村保障房8710套，农村四类重点对象住房安全问题基本解决。健康扶贫“四道医疗保障线”实现“先诊疗后付费”和“一卡通”即时结算，贫困户自付率下降到5%左右。贫困户子女助学补助实现全覆盖，惠及22.6万人次。建成首批光伏扶贫项目，占全省总装机的45.7%。

（二）民生福祉持续增进。2017年，全市民生支出达631.4亿元，增长14.3%，占一般公共预算支出的83.7%。持续加大力度解决民生问题。棚户区改造基本建成2.4万套，完成农村危房改造2.76万户。完成农村安全饮水工程137处。新

于都县罗坳镇大桥移民新村

建、改造农村公路2687千米、农村危桥268座，25户以上人口自然村全部通水泥（油）路。新（改、扩）建敬老院、光荣院、福利院60所。完成农网改造投资7.8亿元，提前一年实现932个贫困村通“动力电”目标，完成851个贫困村电网改造升级。

（三）社会事业加快发展。教育事业方面，全市新（改、扩）建公办幼儿园164所、义务教育学校439所、职业学校4所，完成113所薄弱学校改造。中心城区启动建设学校19所，新建数量超过前五年总和。赣南职业技术学院等4所院校纳入《江西省“十三五”期间高等学校设置规划》，争取上级下达赣州市特岗教师计划1618人、“三区”人才支教教师计划651名、省属高校苏区专项招生计划612名。卫生事业方面，市人民医院新院全面投入使用，市妇保院新院开工建设，市儿童医院完成门诊楼主体工程建设，市中医院新院建设加快推进。公立医院综合改革全面启动，持续半个多世纪的“以药补医”彻底终结。赣州市被列为全国第二批居家和社区养老服务改革试点、国家分级诊疗试点。文化事业方面，市综合文化艺术馆开工建设，大型赣南采茶歌舞剧《永远的歌谣》获中宣部“五个一工程”奖，赣南民俗音画《客家儿郎》成功上演。红色文化启蒙教育电视动画系列片《红游记》评为2017年国产优秀动画片。启动实施赣南围屋三年抢修计划。人才事业方面，招才引智力度空前，出台《关于创新人才政策、推动人才发展体制机制改革的若干意见》《关于推进人才住房建设的若干意见》，设立“苏区人才伯乐奖”，成立赣南苏区人才合作研究院，启动5年建设10万套人才住房计划。

四、增强造血功能，加快走出振兴发展新路子

（一）促进主攻工业形成较好态势。工业对苏区振兴的拉动力明显增强。全市新增规模以上工业企业435户、总数达1721户，均列全省第一。高新技术企业276家，占规上工业增加值比重33%。成功获批“中国制造2025”试点示范城市，“两城两谷一带”建设步伐加快，146个亿元以上“两城两谷一带”项目全部开工，省财政下达区域发展资金4亿元、新增地方政府债券1.5亿元，专门用于支持新能源汽车科技城和“中国稀金谷”建设。“新能源汽车科技城”引进国机智骏、山东凯马等7个整车及配套项目落户开工。国家发改委明确表示支持赣州市新能源汽车产业发展，并按照相关规定及时办理纯电动乘用车投资项目核准手续。积极申报设立国家新能源汽车检测中心（赣州）。“现代家居城”新增入规家具企业144家，发展智能制造车间60个，建成国内首个家具制造云平台——康居网、全省首个家具设计中心。“中国稀金谷”入驻“国字号”创新平台4个，引进稀土和钨新材料及应用项目23个，中科院海西研究院赣州稀金产业技术研发中心、中国稀金（赣州）新材料研究院挂牌成立，赣州高新区军民融合有色金属新材料产业基地列为第一批省军民融合产业基地。“青峰药谷”签约落地修正药业等16个重大项目，创新天然药物与中药注射剂企业国家重点实验室挂牌启动。“赣粤电子信息产业带”落户10亿元以上新型电子产业项目25个，引进合力泰等上市公司5家。争取工信部电子五所设立龙南办事处。创新平台建设取得较好成果，国家离子型稀土资源高效开发利用工程技术研究中心、国家脐橙工程技术研究中心通过验收评审，成功组建全省首个检验检测创新联盟，建成运行赣州工业设计中心、天翼·华为云计算数据中心。

（二）促进现代农业加快发展。持续培育壮大脐橙、蔬菜、油茶等优势农业。赣南脐橙名扬世界，建设116个标准化生态示范园，入选第一批中国特色农产品优势区，荣获中国百强农产品区域公用品牌，列入中欧“100+100”互认保护公示名单，稳居全国同类农产品区域品牌价值榜首。蔬菜产业成为全省标杆、全国有影响，累计建成规模蔬菜基地4066.67公顷，开行中欧蔬菜班列。赣州市成为全国油茶主产区，国家油茶产品质量监督检验中心获批筹建，于都楝木油获批国家地理标志保护产品。现代农业及品牌创建力度加大，信丰县入选首批国家现代农业产业园创建县，寻乌县获批国家级出口食品农产品质量安全示范区，宁都黄鸡成为中国百强农产品区域公用品牌。

（三）促进现代服务业蓬勃发展。2017年全市服务业增加值增长12%。全市金融机构由2011年73家增加到170余家，新增境外上市和新三板

挂牌企业4家，总数达34家，在省股权交易中心新增挂牌企业495家，利用贫困县IPO上市绿色通道引进拟上市企业34家。区块链票链全国监控运营管理中心正式落户赣州市，瑞京金融资产管理公司成为全省仅有的两家地方资产管理公司之一。实施全域旅游三年行动方案，获批国家旅游业改革创新先行区，旅游业“一核三区”（宋城文化旅游核心区、红色旅游区、客家文化旅游区、生态休闲度假旅游区）建设加快推进，方特主题公园、时光赣州、海洋世界、石城花海温泉等一批重大旅游项目加快实施，安远县三百山创建国家AAAAA级旅游景区扎实推进，全市旅游接待人数、总收入分别增长22%和30.5%。智慧物流平台“吉集号”上线运行，赣州综合物流园、赣州港多式联运物流园等项目进展顺利，争取全国首个无人机物流配送试点。全市国家A级物流企业达51家，居全省首位。电子商务加快发展，赣州市成为全国首个电子商务进农村综合示范试点全覆盖设区市，电商交易总额突破500亿元，增长60%以上。

五、完善基础设施，增强振兴发展支撑能力

（一）推动重大交通项目加快实施。昌赣客专赣州段隧道群全部贯通，赣深客专、兴泉铁路全线开工，瑞梅铁路、长赣铁路建设前期工作有力推进。广吉高速宁都段顺利推进，兴赣高速公路北延项目开工建设。赣州黄金机场改扩建、通用机坪和航空口岸建设加速推进，瑞金机场进场道路启动建设，宁都、安远通用机场项目前期加快推进。高铁赣州西站项目前期工作扎实推进。实施国省道升级改造1144千米，瑞兴于快速交通走廊、“三南”快线开工建设。

（二）推动能源、水利设施得到加强。华能瑞金电厂二期复工，神华国华信丰电厂项目前期工作进展顺利。一批500千伏、200千伏输变电工程和油气管道工程建成投产。全省5个国省道库外项目有4个落户赣州市，省天然气管网工程6条支线开工。新能源发电装机占发电总装机比重达36.8%，同比提高19.7个百分点。上犹江引水工程暨龙华水厂加快建设，寻乌太湖水库完成主体工程，章江灌区续建配套基本完工。

（三）推动新型城镇化稳步实施。全市常住人口城镇化率达48.6%左右，赣州市中心城区建成区面积扩大到165平方千米、人口达166万人。获批全国城市设计试点，国家新型城镇化试点、国家产融合作试点城市工作扎实开展。全市特色小镇累计完成投资101.88亿元，全南县南迳镇、宁都县小布镇列入国家第二批特色小镇，大余丫山入选全国运动休闲特色小镇，上犹县陡水镇等8个特色小镇入选江西省级第一批特色小镇，成为全省特色小镇最多的地市。美丽乡村建设成效明显，农村“空心房”整治基本完成，村庄生活垃圾基本得到有效处理，完成5797个新农村建设村点整治。

六、推进绿色发展，争当生态文明试验区建设排头兵

（一）生态保护力度空前。以前所未有的决心、力度推进生态文明建设，着力构筑中国南方地区重要生态屏障。争取多年的东江流域上下游横向生态补偿机制得到落实，全年获得奖补资金3亿元，出境断面水质达标率100%。森林质量明显提高，10年改造66.67万公顷低质低效林首战告捷，完成首批4.45万公顷改造任务，阔叶树比重达到25%以上，森林覆盖率稳定在76.4%以上。崇义县获批全国首批县级国家级森林城市创建县，上犹县入选省生态文明建设十大领跑县。

（二）生态治理扎实有效。获批山水林田湖草生态保护和修复试点，20亿元中央基础奖补资金全部到位，筹集183亿元推进试点实施，首批28个项目全部开工。废弃矿山治理工程全面推进，全年完成治理面积19.1平方千米，累计完成83.77平方千米。赣州市（中心城区）、会昌县列为省级循环经济示范城市，瑞金经济技术开发区、于都工业园区列为省级园区循环化改造试点。赣州市医疗废物集中处置中心异地技改（搬迁）项目、信丰县工业固体废物处置中心项目和赣州市中心城区污水处理厂污泥无害化处置项目等3个重大项目取得积极进展。深入实施节能减排示范工程，单位GDP能耗下降3%。

（三）生态文明制度创新完善。在全省率先实行生态文明建设领导干部约谈制度，出台党政领导干部生态环境损害责任追究实施细则。设立市山水林田湖生态保护中心，崇义县完成领导干

部自然资源资产离任审计试点，兴国县、于都县列入省自然资源资产负债表编制试点，安远县成立全省首支生态综合执法大队。

七、推进先行先试，增强振兴发展活力

（一）先行先试取得一批成果。2017 年争取省级以上试点示范 15 项，累计达 120 项（其中国家级 85 项、省级 35 项），一批重大试点稳步推进，水保“赣南模式”写入水利部《国家水土保持重点工程 2017—2020 年实施方案》并在全国推广，现代物流创新发展试点首创全国货运行业“滴滴模式”物流交易平台，全省医养结合工作会议在赣州市召开并推广赣州市开展全国医养结合试点的典型经验。纵深推进“放、管、服”改革，累计取消和调整市本级行政审批事项再精简 20%，保留 78 项，为全省设区市最少。“多证合一、一照一码”登记制度改革实现 24 证合一，农村集体资产股份权能改革增点扩面，城乡户口“一元化”改登工作圆满完成。大力推广“五个信贷通”融资模式，发放“五个信贷通”贷款 220 亿元。

（二）区域平台建设加速破题。全力推动瑞兴于经济振兴试验区建设破题运作。市政府出台支持瑞兴于经济振兴试验区建设的意见和方案，启动编制试验区产业发展规划，实施试验区重大项目 3 年滚动计划，赋予试验区市级经济社会管理权限，开展市直单位对口支援试验区工作，形成“1+N”支持政策体系，构筑老区中的“特区”；探索开展试验区统一对外招商推介，举办瑞兴于“3+2”经济振兴试验区（厦门）产业合作推介会，打响“瑞兴于”品牌；创新园区体制机制，推动兴国县、于都县、宁都县、石城县工业园区整合纳入瑞金国家级经济技术开发区，实施“一区五园”管理模式，打造数字共享、对外统一、互联互通、优势互补、错位发展的跨区域国家级工业发展平台。“三南”一体化加速推进。启动编制“三南”一体化总体规划；推动全南县、定南县工业园区整合纳入龙南国家级经济技术开发区，实现园区一体化融合发展；举办“三南”园区一体化发展（广州）产业合作推介会。

（三）“一带一路”节点有力打造。省支持赣州打造“一带一路”重要节点城市实施方案印发实施。赣州港获批全省首个国家“一带一路”多式联运示范工程，开通 16 条内贸和铁海联运班列线路、10 条出口中欧班列线路、2 条进口中欧班列线路，年吞吐量突破 20 万标箱。赣州综保区完成全国通关一体化江西首单业务，与青岛前湾保税港区共同建立“一带一路自贸驿站”。龙南保税物流中心（B 型）正式运营。“一带一路”贸易不断拓展，2017 年举办招商推介活动 223 场次，签约项目 770 个，实际利用外资、出口总额分别增长 10%、12.1%，引进绿地、TCL、招商局集团、杉杉集团等一批大企业、大集团，与深圳市、广州市、河源市签署战略合作协议，与上海市、广州市、宁波市、昆山市等开展国家级经济技术开发区结对共建。国际贸易“单一窗口”国家标准版试运行进展顺利。

八、深化对口支援，增强振兴发展国家动力

（一）全方位支援力度持续加大。2017 年，32 个对口支援单位的 49 位副职以上领导深入赣州市调研指导，其中，国土资源部、民政部、交通运输部、供销总社、国务院国资委、国家民航局等 6 位部委主要领导到赣州市调研。国家能源局、国台办、公安部等 15 个部委新出台年度支援帮扶文件或召开工作会议。对口支援部委结合自身优势，在政策、项目、资金等方面给予赣南苏区特殊政策扶持，国家、省对口支援单位明确的 196 项对口支援事项、120 项“援县促市”事项均已落实或基本落实。

（二）人才技术支援和业务支持有力开展。对口支援部委派出第二批优秀干部实地挂职帮扶，为赣南老区带来最直接的人才资源，为赣南广大干部带来观念革新、方法创新。充分发挥部委优势，帮扶加强干部和人才教育培训，全年累计开展专业人才技术培训 6651 人次，有效提升干部工作视野和专业素养。如，教育部支持赣州市免费培训教师 3 万人次，商务部组织全南县干部参加全国投资促进业务培训班，海关总署安排上海海关学院培训赣南有关干部 99 名，食品药品监管总局安排龙南县干部参加总局组织的各类业务培训班共计 33 期，国家统计局安排组织赣州市统计业务骨干参加国家统计局各类业务培训班和专项培训班，国务院扶贫办在石城举办定点帮扶县和江西省派单位驻村帮扶工作示范培训班，等等。科研机构

和高校对口支援有效开展，省对口支持高校及科研机构明确80项技术指导事项，落实和基本落实40项。

（三）一批发展难题得到支援和解决。对口支援部委抓住受援地经济社会发展尤其是民生方面的突出困难和问题，整合各种资源，加大支援力度，推动解决一批重大问题。2017年，对口支援部委支持县级层面项目323个、资金26.2亿元。在民生方面，财政部向瑞金市倾斜1.35亿元用于支持棚户区改造、城市防洪工程等项目建设；国家烟草专卖局、民政部分别落实各类项目资金3.07亿元、1.5亿元，支持兴国县改善民生和完善基础设施；国家开发银行给予全南棚户区改造、易地扶贫搬迁等项目中长期优惠贷款授信15.5亿元，并将全南县纳入脱贫攻坚重点县支持范围；国家新闻出版广电总局支持大余县安装直播卫星“户户通”工程12410套，协调中国福利基金会、中国尘肺病基金会等向大余捐赠8850万元的医疗设备和救护车等。在重大项目方面，交通运输部切块资金6000万元支持安远县交通建设，并新增安排广吉高速宁都段高速公路建设专项资金2.07亿元；国家民航局承诺安排瑞金机场建设民航发展基金5.92亿元；环保部支持崇义县陡水湖生态环境保护、农村环境连片整治、重金属污染治理等项目专项资金2.09亿元等。在产业发展方面，国家发改委支持南康区发行7.7亿元双创孵化专项债券；信丰县被农业部、财政部列为第一批国家现代农业产业园创建县并获得中央奖补资金1亿元等。

九、凝聚振兴合力，确保《若干意见》落到实处。

（一）强化统筹调度。省委常委、市委书记李炳军多次调度《若干意见》出台五周年、北上争资争项、对口支援等工作，并召开市委常委会专门听取赣南苏区振兴发展工作情况汇报，研究部署赣南苏区振兴发展工作；市委副书记、市长曾文明多次召开会议研究北上争资争项、瑞兴于经济振兴试验区建设等工作。建立完善北上争资争项工作定期汇报对接机制，要求各部门（单位）主要领导每月至少1次到对口省直厅局汇报对接1次，每两月至少到对口国家部委汇报对接1次，并每月通报对接情况。开展“北上争资争项”百日会战活动、《若干意见》实施五周年北上集中汇报对接等活动，掀起全市北上汇报对接高潮。

（二）加强督查考核。密切跟踪《若干意见》各项政策落实情况，每季度开展1次赣南苏区振兴发展工作督查，对部际联席会议、省赣南等原中央苏区振兴发展工作领导小组会议、省支持赣南苏区振兴发展工作推进会研究协调事项落实情况，以及《若干意见》尚未落实事项推进情况等重点工作进行专门督查。市委、市政府下发全市北上争资争项工作考评办法，将北上争资争项工作列为各县（市、区）科学发展综合考核评价和市直（驻市）单位年度绩效考核评价的重要内容。

2017年赣南苏区振兴发展工作取得较好成效，但由于历史欠账、发展基础等诸多因素，经济发展相对滞后、贫困程度深、基础设施不完善、产业发展层次低、对外合作水平不高、人才流失严重等短板问题和薄弱环节仍然非常突出，迫切需要在纵深推进赣南苏区振兴发展过程中不断补齐和加强。

（赣南苏区振兴发展工作办公室供稿）

大事记

2017 年大事记

1 月

3 日　市委副书记、市长曾文明在北京参加住房和城乡建设部召开的房地产形势会商会。

3—7 日　全市“六大攻坚战”工作流动现场会召开，省委常委、市委书记李炳军，市委副书记、市长曾文明等市四套班子领导出席活动。

4 日　兴赣宁定高速通车。兴国到赣州仅需 40 分钟，赣州境内高速公路总里程达 1441 千米。兴赣高速是泉南高速江西石吉段与厦蓉高速江西瑞赣段的纵向联络线，该项目北起石吉高速的兴国互通，以枢纽互通形式相接，南至赣州绕城高速相交于瑞赣高速的赣县东枢纽互通，全长约 72 千米，总投资 60.75 亿元，途经兴国县鼎龙乡、长冈乡、江背镇、埠头乡、社富乡、杰村乡、龙口镇，赣县区三溪乡、南塘镇、吉埠镇、江口镇、茅店镇 12 个乡镇。兴赣高速通车后，兴国到赣州的车程由 90 分钟缩短至 40 分钟，结束兴国至赣州无直达高速公路的历史。宁定高速公路（含定南联络线）项目，全长 254 千米，总投资 176 亿元。宁都至定南高速公路是江西省“四纵、六横、八射”公路网主骨架中重要的南北向高速公路之一，起点与南昌至宁都高速公路相连，通过定南联络线终于大广高速（赣粤界）省界收费站附近，途经宁都县、于都县、安远县和定南县。

5 日　会昌县被农业部认定为第三批全国农村集体“三资”管理示范县，成为赣州市唯一入选的县（市、区）。

6 日　科技部发布的《科技部关于公布 2016 年度国家级科技企业孵化器的通知》公布 129 家单位为国家级科技企业孵化器。赣州市创业服务中心有限公司和赣州国际企业中心被认定为国家级科技企业孵化器。

6—8 日　省人大常委会副主任马志武一行在赣县区开展春节前走访慰问。

7 日　赣州市虔东稀土集团股份有限公司生产的钕铁硼薄片磁粉、江西瑞金金字电线电缆有限公司生产的金字牌电线等 39 个产品被授予“2016 年江西名牌产品”称号，新增名牌数居全省第一，占全省总数近 1/4。

同日　全市“六大攻坚战”工作流动现场会在赣州市召开点评会。省委常委、市委书记李炳军主持并讲话。市委副书记、市长曾文明等市四套班子领导出席活动。

8 日　省政协副主席郑小燕一行在于都县开展春节前走访慰问及挂点扶贫调研活动。

9 日　省政协副主席、九三学社省委会主委李华栋一行，在安远县开展春节前走访慰问及挂点扶贫调研活动。省政协文史和学习委主任曾粮等陪同。

10 日　2017 赣州第二届文化惠民周开幕式暨赣州“非遗”精品节目

宁定高速公路于都县禾丰枢纽鸟瞰

展演在市中心城区黄金广场举行。赣南采茶歌舞、客家山歌、石城灯彩等国家级、省级“非遗”项目参加展演。省委常委、市委书记李炳军，中国画报协会常务副会长段继文，中国画报协会副会长兼秘书长程更新等领导出席开幕式并观看演出。本届文化惠民周主题为“文化惠民，精品共享”，注重群众参与度、项目精品化、惠民全覆盖，共安排21项活动。

同日　省委常委、市委书记李炳军在赣南师范大学参加指导该校2016年度党委领导班子民主生活会。

同日　副省长、省公安厅厅长郑为文在上犹县走访慰问并调研。省政府副秘书长吴龙强、省公安厅政治部主任陈光明等陪同调研。

10—11日　省人大常委会副主任史文清在兴国县走访慰问困难群众和企业，调研扶贫工作。省人大常委会副秘书长、办公厅主任张振球参加走访慰问。

10—11日　省政协副主席孙菊生在全南县走访慰问并调研。省政协副秘书长徐良平、赵波等陪同。

上旬　全国红色旅游工作协调小组全体成员单位共同印发《全国红色旅游经典景区名录》。该名录公布300处全国红色旅游经典景区，江西省5景区入选，其中有赣州市中央苏区政府根据地红色旅游系列景区。

上旬　赣州科睿特软件股份公司申报的“江西省智慧城市应用软件工程研究中心”获省发展和改革委员会批复，成为全省首家智慧城市领域工程研究中心。

上旬　中国家具协会授予南康区“中国中部家具产业基地”称号。

上旬　国家质量监督检验检疫总局发布公告，批准会昌橘柚为国家地理标志产品，为赣州市第9个国家地理标志保护产品。

上旬　赣州市石城县琴江镇大畲村、全南县龙源坝镇雅溪村被住房和城乡建设部评定入选第四批美丽宜居小镇、美丽宜居村庄示范名单。

11日　省政协副主席、民进省委会主委汤建人在宁都县走访慰问困难群众、困难企业。省政协常委、省政协科教文卫体委主任龚林儿等陪同。

12日　全市经济工作会议暨“六大攻坚战”工作总结部署会在赣州市召开。省委常委、市委书记李炳军主持会议并讲话。市委副书记、市长曾文明在会上宣读“六大攻坚战”流动现场会评分排名及有关工作完成情况，总结2017年的经济社会发展情况，并对2018年的经济工作作具体部署。

13日　省委常委、市委书记李炳军在南昌出席省纪委十四届二次全体会议。

同日　市委副书记、市长曾文明在赣县区主持召开座谈会，着重从理想信念、政治纪律和政治规矩、作风、担当作为、组织生活、落实全面从严治党责任等方面，征求基层党员干部和群众对市政府领导班子及其成员的意见建议。市领导李恭进出席。

1月12日，全市经济工作会议暨六大攻坚战工作总结部署会在赣州市召开

16—17日　中国红十字会总会副会长、党组副书记郭长江在兴国县开展“红十字博爱送万家”走访慰问活动。

18—19日　民政部副部长宫蒲光在赣州市章贡区走访慰问并调研。民政部社会救助司司长刘喜堂、规划财务司司长冯亚平，省政府副秘书长宋雷鸣、省民政厅厅长刘金接等陪同调研。

19日　省委常委、市委书记李炳军在省军区开展走访慰问活动。市委副书记、市长曾文明，市委常委、赣州军分区党委书记、政委陈庆阳参加。

中旬　江西理工大学主持完成的“高等级中厚钢板连续辊式淬火关键技术、装备及应用”项目，获国家科学技术进步二等奖。

中旬　2016年南康家具产业集群产值突破千亿元大关，达1010亿元，同比增长22.9%。

21日　市委副书记、市长曾文明在于都县走访慰问困难企业、村（社区）困难户及低保户，并调研精准扶贫工作。

21—22日　省委书记鹿心社在瑞金市、宁都县走访慰问群众，调研精准脱贫工作。省委常委、市委书记李炳军，市委副书记、市长曾文明等分别陪同。

21—22日　国土资源部党组成员、副部长凌月明一行在赣州市走访慰问困难群众，调研脱贫攻坚工作，并在赣州市召开定点扶贫县脱贫攻坚座谈会，听取赣州市及赣县、兴国、于都、宁都4个定点贫困县（区）的脱贫攻坚工作情况汇报，以及下一步赣州市脱贫攻坚工作的意见建议，并对赣州市扶贫开发工作予以充分肯定。省委常委、市委书记李炳军出席相关活动，省政府副秘书长涂琼理，省国土资源厅厅长刘定明，省地矿勘查开发局局长苗壮，市委副书记、市长曾文明等陪同调研。

22日　省委常委、市委书记李炳军在会昌县走访慰问农村低保户、贫困户、老党员，以及困难企业和光荣敬老院，并调研精准扶贫工作。

同日　省委常委、宣传部部长赵力平在信丰县走访慰问困难群众、企业并调研。市委副书记、市长曾文明出席相关活动。

同日　市委副书记、市长曾文明在赣州长途汽车客运站、赣州火车站、市公交总公司一分公司等地，实地调研春运保安全工作。

同日　市委副书记、市长曾文明在于都县参加指导该县委常委班子民主生活会。

同日　赣南采茶歌舞剧《八子参军》展演拥军专场举行。省委常委、宣传部部长赵力平出席并观看演出。

23—25日　市委副书记、市长曾文明先后走访慰问老干部、驻市部队，看望基层民警。

24日　市委副书记、市长曾文明在市中心城区，实地查看节日市场供应、食品安全等情况。

25日　市纪委五届二次全会在赣州市召开。省委常委、市委书记李炳军出席会议并讲话。市委副书记、市长曾文明等出席会议。市委常委、市纪委书记唐舒龙代表市纪委常委会作工作报告。

26日　省委常委、市委书记李炳军在市中心城区走访慰问老红军、老干部和驻市部队官兵。李炳军先后到赣州军分区机关和市武警支队走访慰问，看望老红军吴清昌、王承登。

下旬　工业和信息化部公布国家产融合作试点城市（区）名单，赣州市成功入选。此次全国有25个省（自治区、直辖市）的37个市（区）入选，江西省南昌、赣州2个城市入选。

下旬　第一届江西省文明家庭颁奖仪式举行，全省共20户家庭受到表彰，赣州市廖祖彬（会昌县）和周厚德（章贡区）榜上有名。

2月

4日　省委常委、市委书记李炳军在南昌出席省委全面深化改革领导小组第十一次全体会议。

6日　省委常委、市委书记李炳军在南昌出席省赣南等原中央苏区振兴发展工作领导小组第6次会议。

7日　省委常委、市委书记李炳军在龙南县、信丰县，就主攻工业和开放型经济发展进行实地调研，并主持召开相关座谈会。

8日　副省长、省公安厅厅长郑为文在赣州市走访调研联点企业青峰医药集团。省政府副秘书长吴龙强、省质监局局长王福平随同，市委副书记、市长曾文明出席相关活动。

8—10日　中华全国供销合作总社党组书记、理事会主任王侠在赣州市安远县、寻乌县，就定点扶贫和对口支援工作进行调研，并主持召开全国供销合作总社定点扶贫推进会。中华全国供销合作总社党组成员、经济发展与改革部部长侯顺利等随同。省委常委、市委书记李炳军，市委副书记、市长曾文明，省政府副秘书长宋雷鸣，省供销合作社党组书记、主任喻晓社等分别陪同或出席相关活动。

10日　省委常委、市委书记李炳军在赣州经济技术开发区走访调研挂点联系重点企业——中国南方稀土集团（赣州稀土集团）。

同日　全市脱贫攻坚工作暨整村推进扶贫现场会在会昌县召开。

同日　赣州市《东江流域生态环境保护和治理实施方案》通过专家评审。

上旬　财政部、国土资源部、环保部印发通知，批复赣州市纳入国家山水林田湖生态保护修复试点，并下达基础奖补资金20亿元。

13—16日　省委常委、省委秘书长刘捷在赣州市调研。省委常委、市委书记李炳军出席相关活动，市委副书记、市长曾文明陪同调研。

16日　省委常委、市委书记李炳军在宁都县调研“六大攻坚战”工作，并主持召开相关座谈会。

同日　赣州市召开农业农村重点工作座谈会。市委副书记、市长曾文明出席并讲话。

17—18日　市委副书记、市长曾文明先后在赣州经济技术开发区、赣县区，实地调研新能源汽车科技城、“中国稀金谷”建设，并召开座谈会，听取相关建设情况汇报，并就新能源汽车科技城、“中国稀金谷”建设中遇到的问题和困难进行现场办公。

18日　省委常委、市委书记李炳军在于都县就经济社会发展和六大攻坚战工作进行实地调研，并主持召开座谈会，研究解决有关问题。

19—21日　中国人民政治协商会议赣州市第五届委员会第二次会议在赣州市青少年活动中心学术报告馆举行。

21—22日　赣州市第五届人民代表大会第二次会议在赣州市青少年活动中心学术报告馆举行。

21—23日　中国工程院副院长、院士田红旗率赣州市申报创建“中国制造2025”试点示范城市专家调研评估组在赣州市开展城市试点示范评估工作。省委常委、市委书记李炳军出席相关活动，工信部规划司副巡视员周虎随同，省工信委党组成员、总工程师辛清华，市委副书记、市长曾文明等陪同调研或出席评估会。

24—25日　国务院国资委党委书记郝鹏率领国务院国资委办公厅、综合局、研究局负责人，在赣州市调研对口支援、企业发展工作并座谈。省委常委、市委书记李炳军陪同调研并出席座谈会。省委副秘书长、省接待办主任梅毅，省国资委党委书记、主任陈德勤等分别陪同。

28日　省委常委、市委书记李炳军，市委副书记、市长曾文明在南昌参加全省市厅级主要领导干部学习贯彻中共十八届六中全会暨省第十四次党代会精神专题研讨班。

下旬　由钨与稀土国检中心（赣州）牵头起草的《钕铁合金化学分析方法稀土总量的测定重量法》与《钕铁合金化学分析方法稀土杂质含量的测定电感耦合等离子体原子发射光谱法》2项稀土行业标准正式发布实施，填补中国稀土合金产品中稀土总量和稀土杂质检测的空白。

下旬　赣州市在全省率先建成数字环保项目，初步建成集数据共享、业务集成、自动监控、公众服务、智能决策为一体的环境信息化系统，通过对环境信息资源的整合规划，实现环境信息数字化、分析智能化、决策科学化。

3月

1日　省委常委、市委书记李炳军在市中心城区实地调研人防工作，并主持召开座谈会，听取意见和建议，研究解决有关问题。

同日　在江西日报社、江西科学院、江西旅游规划研究院等单位共同举办的“关注江西两会聚焦旅游发展——江西省全域旅游推进十佳市（县、区）”颁奖会上，赣州市石城县、龙南县获评“全域旅游推进十佳市（县、区）”。

同日　赣州市首个商标受理窗口在赣州经济技术开发区企业综合服务中心正式启用。商标受理窗口启用后，本市的企业不用前往北京国家工商总局商标局注册商标，可以就近申请商标注册。

3日　省委常委、市委书记李炳军在赣州经济技术开发区企业实地调研“降成本、优环境”专项行动和工业发展工作，并主持召开调研座谈会。

5日　省委常委、市委书记李炳军在上犹县实地调研特色小镇建设工作，现场协调解决具体问题。

同日　市委副书记、市长曾文明在于都县部分乡镇、企业，就精准脱贫和企业帮扶工作进行调研，并走访慰问贫困户。

6—7日　厦门市泉州商会赣州投资考察团在赣州市开展商务考察。市委副书记、市长曾文明出席相关座谈会并讲话。

12日　市委副书记、市长曾文明在市中心城区和谐大道、蓉江新区等地，就加快城市基础设施建设进行现场办公。

13日　市委全面深化改革领导小组召开第八次全体（扩大）会议，学习贯彻中央、省委全面深化改革领导小组会议精神，总结2016年改革工作，部署2017年改革任务。省委常委、市委书记、市委全面深化改革领导小组组长李炳军主持会议并讲话。市委副书记、市长、市委全面深化改革领导小组副组长曾文明等市四套班子有关领导，市委全面深化改革领导小组9个专项小组联络员，各县（市、区）、赣州经济技术开发区、赣州蓉江新区党（工）委以及部分市直单位主要负责人参加会议。

13—15日　中国科学院院士、福州国家水稻改良分中心主任谢华安一行在赣州市就“发展高效生态农业，实现中央苏区精准脱贫”开展调研。中国科学院院士谢联辉参加调研，省农业科学院党委书记谢金水，省科学院院长王晓鸿，市委副书记、市长曾文明等陪同调研或出席相关活动。

14日　全市工业暨开放型经济工作会议在赣州市召开。省委常委、市委书记李炳军出席会议并讲话。市委副书记、市长曾文明主持会议。

15日　省委常委、市委书记李炳军在章贡区就电子信息产业发展、现代服务业项目建设等工作实地调研，现场协调解决有关问题。

同日　区块链票链全国监控运营管理中心揭牌暨全国首单区块链票链业务在赣州上线仪式，在赣州银行金融大厦举行。市委副书记、市长曾文明出席仪式并讲话。

同日　江西省人民政府在赣州市召开瑞金市公安消防大队荣立集体一等功表彰大会。副省长、省公安厅厅长郑为文出席大会并为瑞金市公安消防大队颁发集体一等功奖旗，省政府副秘书长吴龙强宣读表彰决定，市委副书记、市长曾文明致辞。

19—20日　省委常委、市委书记李炳军率团赴广东省广州市考察招商。广东省委副书记、省长马兴瑞在广州市会见赣州市考察团一行。广州市委副书记、市长温国辉与赣州市考察团一行进行座谈交流。广东省政府秘书长、办公厅主任李锋，广东省经信委党组书记涂高坤，广东省金融办党组书记、主任肖学等参加相关活动。

19—22日　中共中央党校副校长赵长茂一行在赣州市安远县调研精准扶贫工作。中央党校办公厅副主任苏作霖、中央党校马克思主义学院副院长陈江生、省委党校副校长廖清成随同调研。市委副书记、市长曾文明等陪同调研或出席相关活动。

20—21日　省委常委、市委书记李炳军率团在深圳市考察招商，出席2017年赣州（深圳）电子信息产业招商推介会并致辞。广东省委常委、深圳市委书记、市长许勤会见赣州市考察团一行。招商局集团董事长李建红，华侨城集团公司党委书记、总经理段先念分别与考察团一行座谈交流。20日下午，2017年赣州（深圳）电子信息产业招商推介会在深圳五洲宾馆举行。200多名珠三角地区的电子信息产业商（协）会、知名企业负责人代表受邀参会。

20—21日　全国水土保持现场工

3月19日，省委常委、市委书记李炳军率赣州市考察团在位于广州的工信部电子五所考察

作会议在赣州市召开，学习推广赣州水土保持改革试验经验。水利部副部长刘宁出席会议并讲话。省政府副秘书长宋雷鸣致辞，水利部水土保持司司长蒲朝勇、省水利厅厅长罗小云出席会议。市委副书记、市长曾文明出席相关活动。

中旬　国家卫生计生委、中国红十字会总会、中央军委后勤保障部卫生部联合对全国无偿献血工作中表现突出的个人和集体进行表彰。赣南师范大学教师魏美春获“全国无偿献血促进奖特别奖”。该奖项全国共39人获评，魏美春是江西省唯一获此奖的个人。

21日　国家海关总署党组成员、副署长孙毅彪一行在赣州市调研对口支援工作，并召开相关座谈会。市委副书记、市长曾文明出席相关活动。南昌海关关长肖军，南昌海关副关长李宇等陪同调研。

21—22日　省委常委、市委书记李炳军率团在广东省河源市考察，出席深化合作交流座谈会并讲话。会上，签署《江西省赣州市与广东省河源市合作框架协议》。

22日　山东凯马汽车赣州新能源汽车项目奠基暨开工。中国恒天集团有限公司总裁刘海涛致辞，市委副书记、市长曾文明宣布项目开工。

23—24日　国家质量监督检验检疫总局副局长吴清海一行在赣州市调研对口支援及质检工作。省委常委、市委书记李炳军出席相关活动，省质监局局长王福平、副局长蔡玮，江西出入境检验检疫局局长温珍才，市委副书记、市长曾文明等陪同。

24日　全市对口支援工作座谈会在赣州市召开。省委常委、市委书记李炳军出席并讲话。

24—26日　中国民族贸易促进会南粤分会考察团一行在赣州市开展投资考察。省委常委、市委书记李炳军会见考察团一行。中国民族贸易促进会副会长、中国民族贸易促进会南粤分会会长张敏率队，市委副书记、市长曾文明出席座谈会并讲话。

25日　“盐田国际内陆港—赣州”揭牌仪式在南康区举行，标志着赣州港正式成为盐田国际内陆港，架起连通老区与特区的桥梁，拉开赣深两地、两港合作的序幕，为赣州加快发展注入新动力。

26日　省委副书记、省长刘奇在赣州市主持召开座谈会，听取赣州市、吉安市落实省政府工作报告任务情况的汇报。省委常委、市委书记李炳军，市委副书记、市长曾文明等出席座谈会。

26—29日　省委副书记、省长刘奇在赣州市走访赣州经济技术开发区、章贡区、南康区、龙南县、全南县、定南县和信丰县。刘奇强调，要深入贯彻中共中央总书记习近平系列重要讲话精神和治国理政新理念新思想新战略，按照省第十四次党代会确定的目标任务，抢抓机遇，担当实干，以转型升级培育经济新动能，以统筹协调开拓发展新空间，助推赣南等原中央苏区振兴发展取得阶段性胜利，以优异成绩迎接中共十九大胜利召开。省委常委、市委书记李炳军，市委副书记、市长曾文明等分别陪同调研。

3月22日，赣州市考察团在河源市考察，并举行深化合作交流座谈会

27日　国机汽车股份有限公司（简称“国机汽车”）赣州新能源汽车项目签约仪式在赣州举行，赣州市人民政府、国机汽车、赣州经济技术开发区管委会三方签订《赣州新能源汽车项目合作协议》，标志着赣州市发展新能源汽车产业迈出更为强劲的步伐。省委副书记、省长刘奇，国机集团党委副书记、董事长任洪斌，省委常委、市委书记李炳军，国机集团党委常委、总会计师骆家駹，国机集团党委常委、副总经理丁宏祥，省政府秘书长、办公厅主任张勇，市委副书记、市长曾文明，国机汽车党委书记、董事长陈有权等出席签约仪式。

27—31日　省人大常委会副主任龚建华一行在赣州市开展立法调研。省委常委、市委书记李炳军出席相关活动，省人大法制委主任委员刘小华等随同。

28日　全国柑橘黄龙病暨重大植物疫情防控经验交流会在赣州市举行。

29日　副省长、省发改委主任吴晓军一行在赣州市调研农业农村工作。省政府副秘书长宋雷鸣随同。

同日　赣州市宁都县中央苏区反“围剿”战争纪念馆被中共中央宣传部命名为全国爱国主义教育示范基地。

29—30日　民政部党组书记、部长黄树贤在赣州市章贡区、兴国县，就罗霄山片区脱贫攻坚工作进行调研。民政部党组成员、副部长宫蒲光及有关司局负责人随同。省委常委、市委书记李炳军，副省长、省发改委主任吴晓军及省直有关部门负责人，市委副书记、市长曾文明等分别陪同或出席相关活动。

31日　中国古生物化石保护基金会在北京召开赣州市申报“中国恐龙之乡”评审会，同意授予赣州市“中国恐龙之乡”称号。

4月

1日　市委副书记、市长曾文明在宁都县调研，实地检查城乡环境整治工作和精准扶贫精准脱贫工作，并看望慰问部分贫困户。

3日　赣州出入境检验检疫局成功受理万辉（江西）塑胶制品有限公司通过中国电子检验检疫网上申报系统申报的报检，该批货物共进口圆柱形干电池12.1万个，货物价值9680美元，为中国电子检验检疫网上申报系统在赣州上线以来申报成功的首单货物。

4—6日　招商局集团有限公司副总经理邓仁杰一行在赣州市开展商务考察并召开合作洽谈会。省委常委、市委书记李炳军会见考察团一行，并进行座谈交流。市委副书记、市长曾文明出席相关活动。

5日　国家烟草专卖局党组成员、副局长杨培森一行在兴国县调研对口支援工作，并召开相关座谈会。市委副书记、市长曾文明出席相关活动。

6—7日　省委常委、市委书记李炳军在兴国县就经济社会发展和六大攻坚战工作实地调研，并主持召开座谈会，研究解决有关问题。

10—12日　省人民检察院党组书记、检察长刘铁流在赣州市走访调研。市委副书记、市长曾文明出席相关活动。

10—12日　国家新闻出版广电总局党组成员、副局长童刚一行到大余县调研对口支援工作。省委常委、市委书记李炳军出席相关活动，省委宣传部副部长、省新闻出版广电局局长杨六华等陪同调研。

10—13日　中国科学院院士、中国科学院上海应用物理研究所研究员、中科院学部咨委会主任沈文庆院士一行近30名院士和30余名专家，在赣州市举行“赣南苏区院士行”活动。省委常委、市委书记李炳军出席相关活动，市委副书记、市长曾文明等出席活动。

上旬　国务院发布第九批19处国家级风景名胜区名单，江西省共有4处风景名胜区入列，其中赣州市瑞金风景名胜区、小武当山风景名胜区、汉仙岩风景名胜区榜上有名。

上旬　市精准扶贫办、市财政局、市人社局联合印发《关于大力促进就业扶贫的指导意见》，提出通过创建扶贫车间、搭建帮扶平台、开发扶贫专岗、开展就业技能实训等6条扶持举措，促进贫困劳动力就业增收。

上旬　崇义县被中国野生动物保护协会授予“中国鹭鸟之乡”称号，为全省唯一。

11—13日　诺贝尔物理学奖得主、“石墨烯之父”、英国曼彻斯特大学教授安德烈·海姆一行在赣州市考察新材料产业，并进行技术交流和项目洽谈。市委副书记、市长曾文明出席相关活动。

12—14日　山东省政协副主席赵润田一行在赣州市调研。省委常委、市委书记李炳军出席相关活动。山东省政协常委、副秘书长赵孝为随同调研，江西省政协秘书长肖为群等陪同调研。

12—14日　省政协副主席、民盟省委会主委刘晓庄率省政协民族和宗教委员会调研组在赣州市兴国县、赣县区调研民间信仰工作并召开相关座谈会。

13日　市委副书记、市长曾文明在江西理工大学调研，就如何深入推进市校合作召开座谈会，广泛听取意见和建议。

14日　市委副书记、市长曾文明在市中心城区调研环境整治工作。

16日　全市农村环境整治工作现场推进会在大余县召开。市委副书记、市长曾文明出席会议并讲话。

17日　省委常委、市委书记李炳军在四川省成都市考察城市建设、文化旅游项目并开展招商活动。

17—20日　全国政协常委、教科文卫体委员会副主任黄洁夫率全国政协委员医疗卫生专家组一行，在赣州市开展“卫生下乡”活动，并进行相关专题调研。省委常委、市委书记李炳军，省政协副主席汤建人，省政协常委、教科文卫体委员会主任龚林儿，省卫生计生委副主任李晓琼，市委副书记、市长曾文明等陪同或出席相关活动。

18日　市委副书记、市长曾文明在高铁新区、黄金机场改扩建项目现场，了解工程进度，指导调度工作开展。

18—19日　副省长吴晓军率队在赣州市上犹县、信丰县调研脱贫攻坚、基层党建等工作。市委副书记、市长曾文明等陪同调研。

20日　赣州市组织收听收看全省脱贫攻坚整改工作电视电话会议后，通过政务视频系统，随即召开全市脱贫攻坚整改工作电视电话会议，部署整改工作。省委常委、市委书记李炳军出席会议并讲话。市委副书记、市长曾文明主持。

同日　赣州市召开2017年市生态文明建设领导小组会议暨市级总河长会议。省委常委、市委书记李炳军出席会议并讲话，市委副书记、市长曾文明主持。

22日　市委副书记、市长曾文明在南康区赣州港，就加快推动赣州港建设进行调研。

23日　市委副书记、市长曾文明在市中心城区调研创建全国文明城市工作。

同日　装载38个集装箱货物的江西省对接“陆上丝绸之路经济带”首趟进口中欧班列抵达赣州港。这批货物从俄罗斯坎斯克出发，经过260多千米汽运，到达巴扎伊哈站后装上火车，经满洲里口岸抵达赣州港，铁路运行7000余千米。

24—26日　省委常委、常务副省长毛伟明一行在赣州市调研。省政府副秘书长涂琼理、省工信委副主任刘煜、省财政厅副厅长王斌、省国土资源厅副厅长侯克常随同，市委副书记、市长曾文明等调研或出席相关活动。毛伟明一行先后到龙南县、全南县、定南县、安远县、瑞金市等地调研。

25日　2017“振兴赣南苏区”赣州（北京）产业合作推介会在北京会议中心举行。省委常委、市委书记李炳军出席并讲话，市委副书记、市长

4月25日，2017"振兴赣南苏区"赣州（北京）产业合作推介会在北京会议中心举行。图为省委常委、市委书记李炳军在推介会上讲话

曾文明主持。

26日　2017赣州（寿光）蔬菜产业招商推介会在山东寿光举行。推介会共有100余家企业参加，11个项目现场签约，总金额达44.5亿元。省委常委、市委书记李炳军出席并讲话。

同日　全省现代物流工作联席会2017年第一次会议在赣州市召开。市委副书记、市长曾文明出席相关活动。省发改委副主任熊毅、省公路运输管理局局长易宗发等出席会议。

26—27日　省委常委、市委书记李炳军率团赴山东省潍坊市，考察学习潍坊市、寿光市在工业发展、现代农业、历史文化街区和城市建设管理等方面的经验做法。

下旬　最高人民检察院印发《2017年检察援藏援疆和支持赣南等原中央苏区检察工作的安排》，启动新一轮对口支持赣南等原中央苏区检察工作的具体部署，提出把检察机关支持赣州检察工作发展延长至2020年。

5月

2—3日　南京军区善后办政委（东部战区原副政委）王平中将一行在赣州市调研精准扶贫工作。江西省军区副政委兼纪委书记李晓亮，赣州军分区司令员邓新生、政委陈庆阳等陪同调研。

2—4日　省委常委、省委宣传部部长赵力平就"降成本、优环境"、农村精神文明建设、脱贫攻坚、基层党建等工作在寻乌县、定南县调研。省审计厅党组书记、厅长辜华荣，市委副书记、市长曾文明，省委宣传部副部长黎隆武等分别陪同调研或出席座谈会。

2—4日　省委常委、省委统战部部长陈兴超一行在赣州市考察调研。省委常委、市委书记李炳军，市委副书记、市长曾文明出席相关活动，省委统战部副部长、省工商联党组书记李青华，省委统战部副部长胡志平参加调研。

3日　赣州市创建全国文明城市"百日会战"誓师动员大会召开，传达全国创建文明城市工作经验交流会精神，动员大家万众一心、众志成城，奋战100天，争取全国文明城市创建成功。省委常委、市委书记李炳军出席并讲话，市委副书记、市长曾文明主持会议。

3—6日　省人大常委会副主任、民革江西省委会主委马志武一行在赣州市开展脱贫攻坚、民主监督、调研对口挂点企业工作。省人防办副主任林显君参加调研。

4日　省委常委、市委书记李炳军在江西理工大学，与驻市、市属高校的师生共度"五四"青年节，并作题为《让青春之花在赣南红土地上绚丽绽放》的形势与政策报告。

同日　赣州市召开创建全国文明城市常务指挥部调度会，落实解决创建工作中存在的突出问题，确保创建工作紧张、有序、顺利推进。市委副书记、市长曾文明出席并讲话。

7日　省委理论学习中心组就推进脱贫攻坚工作举行集体学习会。会议邀请国务院扶贫办党组书记、主任刘永富作辅导报告。省委常委、市委书记李炳军，市委副书记、市长曾文明等市四套班子领导在赣州分会场出席。会议在各设区市、县（市、区）设立分会场，开到乡镇级。

8—9日　交通运输部部长李小鹏在赣州市调研交通扶贫和对口支援工作。省委常委、市委书记李炳军，省政府副秘书长宋迪维，省交通运输厅厅长王爱和，市委副书记、市长曾文明等陪同调研。

8—12日　省政协副主席陈俊卿率省政协"加快地方金融体系建设，促进实体经济发展"专题调研组在赣州市调研，并召开相关座谈会。省委常委、市委书记李炳军，市委副书记、市长曾文明等出席相关活动。

11日　国机智骏汽车有限公司赣州新能源汽车科技城项目建设动员会举行。省委常委、市委书记李炳军出席并宣布项目开工，国机集团党委常委、副总经理孙德润出席，国机集团党委常委、副总经理丁宏祥致辞，市委副书记、市长曾文明讲话。

11—14日　中共中央政治局委员、中央党的建设工作领导小组副组长、中央新疆工作协调小组副组长张春贤到江西南昌、吉安、赣州等地就农村基层党建工作进行调研。省委书记鹿心社，省委副书记、省长刘奇，省领导姚增科、李炳军、殷美根、刘捷，以及市领导曾文明等分别陪同或参加相关活动。在赣州期间，张春贤到兴国县、瑞金市乡村实地调研。

12日　满洲里海关与南昌海关在赣州市共同签署《加强"一带一路"通关协作、支持赣南苏区振兴发展合作备忘录》。市委副书记、市长曾文明出席仪式并致辞。

13日　市委副书记、市长曾文明在于都县调研精准扶贫工作。

14—15日　副省长、省公安厅厅长郑为文率队在上犹县调研入园入企帮扶工作。省政府副秘书长吴龙强，省公安厅党委委员、政治部主任陈光明随同。

14—16日　在2017赣州“中国稀金谷”（深圳）产业合作推介会期间，市委副书记、市长曾文明先后拜访华为技术有限公司、天安云谷产业园、深圳市铁汉生态环境股份有限公司和深圳华强方特文化科技集团股份有限公司等。

15日　省委召开全省推进“两学一做”学习教育常态化制度化工作部署会。会议以电视电话形式召开，在各设区市、县（市、区）设立分会场。省委常委、市委书记李炳军等在赣州分会场出席。

15—16日　副省长吴晓军率队在宁都县、兴国县、于都县等地调研脱贫攻坚工作，并召开相关座谈会。省政府副秘书长宋雷鸣、省扶贫和移民办主任史文斌等随同。

16日　中共赣州蓉江新区工作委员会、赣州蓉江新区管理委员会、中共赣州蓉江新区纪律检查工作委员会正式揭牌。省委常委、市委书记李炳军等出席活动。赣州蓉江新区位于赣州市中心城区几何中心，与章贡区、赣县区、南康区、赣州经济技术开发区组成赣州中心城区五大功能板块。下辖潭东镇、潭口镇和高校园区管理处，共35个村（居委会），管理区域总面积约130平方千米，分为城市规划区（约77平方千米）和南部村庄区域（约53平方千米）。

同日　2017赣州“中国稀金谷”（深圳）产业合作推介会在深圳五洲宾馆举行。市委副书记、市长曾文明致辞。毅德控股集团董事局创始主席王再兴、中铝广西有色稀土开发有限公司董事长李兵等200多名客商嘉宾出席。投资10亿元的智能设备制造产业园项目、投资10亿元的中钪新材料生产项目、投资6亿元的传感器生产项目等12个项目进行现场签约，总投资42.3亿元。

17日　全国产业扶贫（江西赣州）现场观摩会在瑞金市召开。农业部副部长陈晓华，国务院扶贫办副主任洪天云出席会议并讲话。副省长吴晓军致辞。农业部办公厅副主任蒋建平，省政府副秘书长宋雷鸣，省农业厅厅长胡汉平、省扶贫和移民办主任史文斌等出席会议。本次会议由农业部、国务院扶贫办共同举办，来自农业部、国务院扶贫办、民政部等国家部委的有关负责人，江西省、湖南省、海南省农业厅、扶贫办相关负责人，以及江西省、湖南省、海南省49个贫困县的负责人参加会议。其间，与会人员参观江西省产业扶贫展，观摩瑞金市黄柏乡坳背岗万亩脐橙基地、壬田镇廖奶奶咸鸭蛋合作社、叶坪乡大胜村脐橙产业扶贫基地、叶坪乡田坞片区蔬菜产业园等产业扶贫现场。

18—20日　中共中央政治局委员、中央统战部部长孙春兰在江西省调研。省领导鹿心社、刘奇、姚增科、黄跃金、李炳军、殷美根、陈兴超、蔡晓明分别陪同。中央统战部副部长兼秘书长冉万祥参加调研。在赣州市调研期间，孙春兰考察赣州孚能科技有限公司等。市委副书记、市长曾文明参加相关活动。

22日　中国民族贸易促进会南粤分会与赣州经济技术开发区的3个合作项目在市政府集中签约。市委副书记、市长曾文明等出席。中国民族贸易促进会决定在赣州经济技术开发区投资高新科技产业园项目、赣州综合保税区共建共管项目、深圳市爱能森科技有限公司清洁能源站项目等3个项目。

23日　省委常委、市委书记李炳军在挂点联系的会昌工业园区，实地调研降成本优环境专项行动工作，并主持召开座谈会，研究解决具体问题。省统计局局长万庆胜等陪同。

24日　省委常委、市委书记李炳军在会昌县调研经济社会发展和“六大攻坚战”工作，并主持召开座谈会，研究解决实际问题。

同日　市委副书记、市长曾文明在章贡区、赣州经济技术开发区调研现代服务业攻坚战工作，并召开座谈会。

同日　赣州市首届“十大科技创新人物”颁奖暨全媒体事迹报告会在赣州广播电视台演播大厅举行。评选活动由中共赣州市委人才工作领导小组办公室、赣州市科学技术协会、赣州市科技局、赣南日报社、赣州广播电视台联合主办。授予江西理工大学教授万林生、崇义章源钨业股份有限公司常务副总经理赵立夫、睿宁高新技术材料（赣州）有限公司董事长兼总裁袁永文、虔东稀土集团董事长兼总经理龚斌、孚能科技（赣州）有限公司董事长王瑀、飞天麦光光集团董事长刘鹏飞、赣南医学院第一附属医院副院长邹晓峰、江西青峰药业有限公司副总裁杨小玲、赣南师范大学脐橙学院院长钟八莲、江西绿萌科技控股有限公司总经理朱壹等10人赣州市首届“十大科技创新人物”荣誉称号。授予刘涛、李承发等10人赣州市首届“十大科技创新人物”提名奖称号。

25日　赣州市庆祝全国首个“科技工作者日”暨科技工作者座谈会在赣州召开。省委常委、市委书记李炳军出席并讲话，与科技工作者代表共同点击开通“赣州科创吧——网上科技工作者之家”，现场连线“赣州科创吧”智库专家、中国有色金属学会副秘书长高焕芝，进行视频交流。市委副书记、市长曾文明主持会议。

同日　大型赣南民俗音画《客家儿郎》在市青少年活动中心学术报告馆上演。省委常委、市委书记李炳军，国投创益产业基金管理有限公司总经理张元领，中信集团业务协同部总经理苏国新，市委副书记、市长曾文明等领导与赣州市部分文艺工作者和文艺爱好者共同观看演出。

25—26日　中信集团业务协同部总经理苏国新一行在赣州市开展项目业务对接，并召开中信集团和赣州市政府项目业务对接座谈会。省委常委、市委书记李炳军出席相关活动，市委副书记、市长曾文明致辞。

26日　省人大常委会副主任史文清在兴国县开展入企走访调研活动。省林业厅厅长阎钢军，市委副书记、市长曾文明等陪同调研。

31日至6月1日　副省长吴晓军在赣州市赣县区调研脱贫攻坚工作，并召开相关座谈会。省委常委、市委书记李炳军，市委副书记、市长曾文明出席相关活动。

31日至6月3日　全国政协副主席兼秘书长张庆黎率全国政协视察团在赣视察国家生态文明试验区建设情况。省领导鹿心社、刘奇、黄跃金、李炳军、毛伟明、殷美根、蔡晓明，以及市领导曾文明等分别陪同视察或参加相关活动。在赣州，视察团一行到瑞金市叶坪乡田坞生态乡村旅游示范点、华屋村庄环境整治示范点等地考察，详细了解赣州市推进国家生态文明试验区建设情况，充分肯定赣州经济社会发展及生态文明建设所取得的成绩。

6月

1日　中国（赣州）第四届家具产业博览会在南康区开幕。副省长吴晓军、省政府副秘书长宋雷鸣等出席开幕式，国家林业局副局长李春良出席并讲话，市委副书记、市长曾文明致辞。

同日　赣州港迎来从俄罗斯返程的中欧班列，首次开行去往吉尔吉斯斯坦的中亚班列，这是江西省首次实现中欧中亚双向货物班列的顺利开行，也是赣州市乃至江西省对接融入“一带一路”建设的一项重大成果。副省长吴晓军、国家林业局副局长李春良、省政府副秘书长宋雷鸣等出席有关仪式，市委副书记、市长曾文明主持。

7日　2017赣州（香港）现代服务业暨电子信息产业合作恳谈会在香港召开。市委副书记、市长曾文明出席会议并致辞。此次赣港经贸合作活动赣州市共签约项目21个，签约金额12.93亿美元。

8—10日　省人大常委会党组副书记、副主任朱虹一行在赣州市调研。省委常委、市委书记李炳军出席相关活动，省人大常委会外侨民宗工委主任聂道宏、省森林公安局政委钟世富随同。

9—10日　省委常委、市委书记李炳军在定南县、龙南县城乡，实地调研中央环保督察反馈问题整改工作。

10—11日　江西省创建全国文明城市地市模拟测评组专家们到赣州市，对赣州市文明城市创建工作进行督导和模拟测评，并对创建重点项目进行把脉会诊。市委副书记、市长曾文明出席相关活动。

11日　省委常委、市委书记李炳军在瑞金市调研脱贫攻坚工作。市委副书记、市长曾文明等参加调研。

14—16日　中国残联党组书记、理事长鲁勇一行在赣州市调研贫困残疾人脱贫工作。省委常委、市委书记李炳军出席相关活动，中国残联人事部副主任牟芳廷随同；省残联党组书记、理事长何剑锋，市委副书记、市长曾文明等领导陪同调研或出席相关活动。

15日　省委常委、市委书记李炳军在“两学一做”专题党课暨学习教育常态化制度化工作部署会上，围绕“抓实‘两学一做’学习教育常态化制度化，在脱贫攻坚中检验‘两学一做’的成效”主题作专题党课报告，部署全市“两学一做”学习教育常态化制度化工作。

15—16日　青岛科技大学党委副书记、校长马连湘一行到赣州市就进一步深化产学研及市校合作对接进行考察调研，并达成初步合作意向。省委常委、市委书记李炳军会见马连湘一行。

17日　省委常委、市委书记李炳军在赣县区调研扶贫工作，看望中共中央组织部机关挂职干部。

19—21日　内蒙古自治区人大常委会党组副书记、常务副主任呼尔查率调研组一行在赣州市考察。

22日　市委副书记、市长曾文明在市中心城区调研城建类民生实事工程项目。

23日　省委常委、市委书记李炳军在山西省太原市参加深度贫困地区脱贫攻坚座谈会。

同日　为期4天的2017全国夏季游泳锦标赛暨全运会预选赛在赣州章江游泳馆拉开序幕。市委副书记、市长曾文明宣布开赛。来自全国各地的38支代表队共791名运动员参赛，选手们进行54个游泳项目的角逐。江西浩沙代表队的36名运动员代表江西省参赛。

同日　市委副书记、市长曾文明在龙南县就中央环保督察反馈问题整改工作进行调研。

25日　省委常委、市委书记李炳军在市中心城区走访慰问部分困难党员和老党员，并与基层党员一起过特殊的组织生活。

同日　赣州市举行防汛工作调度会，传达贯彻落实党中央、国务院，

6月15日，“两学一做”专题党课暨学习教育常态化制度化工作部署会召开

省委、省政府和市委主要领导对当前防汛工作指示批示精神，研判防汛和地质灾害预防形势，统一思想、落实责任、强化措施，确保全市度汛安全。市委副书记、市长曾文明出席会议并讲话。

同日　市委召开全市领导干部会议，传达学习贯彻中共中央总书记习近平在深度贫困地区脱贫攻坚座谈会上的重要讲话精神。省委常委、市委书记李炳军主持会议并讲话，市委副书记、市长曾文明。

27日　国务院国资委副主任、党委委员徐福顺一行在赣州市调研对口支援工作。国务院国资委综合局局长刘建波，国务院国资委规划局副局长陈鸿随同，省国资委党委书记陈德勤等陪同。

同日　国土资源部在赣州市举行赣南脱贫攻坚暨定点扶贫30周年座谈会，总结赣南定点扶贫成效与经验，促进赣南革命老区振兴发展。国土资源部部长、国家土地总督察姜大明，省委书记鹿心社，国务院扶贫办党组成员夏更生出席并讲话。国土资源部党组成员、副部长、国家测绘地理信息局局长库热西·买合苏提出席会议。国土资源部党组成员、国土资源部副部长、国家土地副总督察张德霖主持座谈会。省委常委、市委书记李炳军，省国土资源厅厅长邓兴明在会上分别发言。省委常委、常务副省长毛伟明，省委常委、省委秘书长刘捷，国土资源部扶贫开发工作领导小组成员单位及南京督察局主要负责人，市委副书记、市长曾文明等出席座谈会。

27—29日　国家烟草专卖局党组成员、副局长徐一行在赣州市调研对口支援工作。国家烟草专卖局计划司司长王志江随同，省烟草专卖局局长周恩海等陪同。

28日　省委、省政府在赣州市召开深入推进赣南等原中央苏区振兴发展工作会议。省委书记、省人大常委会主任鹿心社出席并讲话。省委副书记、省长刘奇，国家发改委秘书长李朴民讲话。省委常委、市委书记李炳军在会上发言，介绍五年来赣州市振兴发展情况。52个对口支援的中央国家部委有关负责人，省领导毛伟明、刘捷、史文清、吴晓军、姚亚平等出席。会议通报五年来赣南苏区振兴发展工作情况，中央国家部委挂职干部代表作发言。

同日　支持赣南等原中央苏区振兴发展工作座谈会在赣州市举行。省委书记、省人大常委会主任鹿心社，省委副书记、省长刘奇出席并讲话。省委常委、市委书记李炳军作汇报发言。52个对口支援的中央国家部委有关负责人，省领导毛伟明、刘捷、史文清、吴晓军、姚亚平，市领导曾文明等出席。

同日　《光荣与梦想——赣南苏区振兴发展主题展览》在赣州市城展馆开展，参加纪念《若干意见》出台实施5周年系列活动的领导和嘉宾观看展览。

29日　国家开发银行党委委员、纪委书记王云桂一行在全南县调研对口支援工作，看望慰问困难群众。

同日　人力资源和社会保障部定点帮扶宁都技工学校调研对接活动在宁都县举行。人力资源和社会保障部党组成员、副部长汤涛出席。

29日至7月2日　全国政协委员、中国科协八届党组副书记、副主席、书记处书记张勤一行在赣州市调研。市委副书记、市长曾文明出席相关活动。

30日　全市脱贫攻坚问题整改工作调度会召开。市委副书记、市长曾文明出席会议并讲话。

下旬　农业部、财政部公布首批国家现代农业产业园创建名单，名单中包括浙江省慈溪市、山东省金乡县、湖北省潜江市等11个县（市），赣州市信丰县在列，并为全省唯一入选县。

7月

1日　省委常委、市委书记李炳军在赣州市中心城区调研全国文明城市创建工作。

同日　市委副书记、市长曾文明在于都县走访调研挂点联系园区和大田鞋业有限公司、港都卫生制品有限公司等企业，了解企业经营发展状况，协调解决存在的困难和问题。并到梓山镇潭头社区走访慰问老党员和困难党员、困难群众。

2日　省委常委、市委书记李炳军在上犹县调研脱贫攻坚工作。

同日　市委副书记、市长曾文明就市中心城区范围内部分改造公园进行调研，实地查看公园林木改造提升情况和园林景观工程。

3日　《经济日报》1版刊发《红土展宏图老区换新颜——赣南等原中央苏区振兴发展五周年纪实》稿件，报道《若干意见》出台实施5年来，在中共中央、国务院的殷切关怀下，赣南老区人民围绕实现振兴发展目标，凝心聚力追赶跨越，城乡面貌发生翻天覆地的变化，脱贫攻坚迈出坚实步伐，综合实力显著增强，“造血”功能不断完善，深化改革充满活力，红色基因接力传承，绿水青山更加美丽，赣南苏区振兴发展取得的阶段性重大成效。

3—4日　副省长谢茹一行在赣州市南康区、章贡区调研。市委副书记、市长曾文明出席相关活动。

3—4日　市委副书记、市长曾文明到大余县、上犹县、崇义县部分深度贫困村，实地走访贫困户，并与镇村干部、驻村帮扶干部座谈交流，了解贫困户致贫原因、脱贫需求和扶贫措施落实情况，以及扶贫工作中遇到的困难和问题，共同分析脱贫攻坚形势，共商脱贫致富之策。

3—7日　36位省、市人大代表在赣州市开展集中调研活动，主要围绕2017年全市打好六大攻坚战重点工作，特别是脱贫攻坚工作开展调研。

5日　省委常委、市委书记李炳军到市信访局接访，现场帮助解决来访群众反映的困难和问题。

同日　2017年全国乒乓球锦标赛（U13）暨全国少年乒乓球比赛（南方赛区）在南康区体育馆正式开幕。省体育局局长晏驹腾宣布开赛。

5—7日　省委书记、省人大常委会主任鹿心社在赣州市大余县、崇义县、上犹县调研。省委常委、市委书记李炳军，市委副书记、市长曾文明陪同。

7日　国家电网江西省电力公司与赣州市政府签署“十三五”电网发展合作框架协议。双方进一步密切合作，共同推动“十三五”赣州市电网发展。省委常委、市委书记李炳军，国网江西省电力公司董事长、党组书记于金镒出席签约仪式并讲话。市委副书记、市长曾文明主持签约仪式。

同日　一列满载85个集装箱的中欧班列在赣州港发车开往乌兹别克斯坦。此次开通的江西省对接“丝绸之路经济带”中欧班列共计装载180万美元的服装等货物，途经新疆霍尔果斯口岸到达乌兹别克斯坦首都塔什干。赣州港开通3条来往欧洲、中亚等国的国际进出口货运班列，以及对接“21世纪海上丝绸之路”抵达盐田、厦门等港口的铁海联运快速货运班列。

8日　省委常委、市委书记李炳军在北京出席北京赣州商会成立大会。

9日　赣州区块链金融产业沙盒园暨地方新型金融监管沙盒在北京正式启动，标志着赣州市在建成中国南方科技金融创新中心的发展方向上迈出实质性的一步。省委常委、市委书记李炳军，中国人民银行原副行长马德伦出席启动仪式并致辞。国家计算机网络应急技术处理协调中心主任、中国互联网协会副理事长黄澄清，新华网董事、副总裁申江婴，省政府金融办主任胡伏云，中国人民银行南昌中心支行行长张智富，江西银监局局长李虎及省内部分金融机构的领导出席。

10日　赣州市召开全市城乡环境整治、乡风文明建设、文明城市创建暨中央环保督察问题整改工作推进会。市委副书记、市长曾文明出席会议并讲话。

10—11日　中国保险监督管理委员会党委委员、副主席黄洪在赣州市调研大病保险工作。江西保监局局长陈静，市委副书记、市长曾文明等陪同。

上旬　省发改委正式印发《赣州市国家级产城融合示范区建设总体方案》。

上旬　国土资源部出台支持定点扶贫县脱贫攻坚和赣州经济社会发展的政策，将从土地资源管理、矿产资源管理、人才交流培养等多方面加大力度支持当地经济社会发展。这是自2012年《若干意见》出台实施以来国土资源部支持赣南苏区振兴发展出台的第6个支持文件。

上旬　南康区与顺丰科技签订物流无人机产业合作协议。南康区成为全国首个无人机快递下乡先行先试区域。

上旬　国家质量监督检验检疫总局正式复函江西省质监局，同意赣州市南康区创建国家级家具产品质量提升示范区。

上旬　崇义县被国家林业局正式备案确定为全国首批县级国家级森林城市创建县。

13日　赣州市召开全市信访维稳工作会议。会议分析当前信访维稳工作形势，研究解决重点问题，对下一步信访维稳工作进行部署，为中共十九大胜利召开营造和谐稳定的社会环境。省委常委、市委书记李炳军出席会议并讲话。

13—14日　中央纪委驻国家安全监管总局纪检组长、总局党组成员赵惠令一行在赣州市调研对口支援和安全生产工作。省委常委、市委书记李炳军出席相关活动。中央纪委驻国家安全监管总局纪检副局级纪检员赵建昌，省煤监局局长赵苏启，省煤监局纪检组长马成荣，省安监局纪检组长彭建华等陪同。

13—15日　副省长、省公安厅厅长郑为文一行在赣州市上犹县调研脱贫攻坚工作。市委副书记、市长曾文明出席相关活动。

20日　赣州商会联合总会成立大会暨第一次会员代表大会在赣州召开，标志着赣州商会联合总会正式成立。全国政协委员、中国光彩事业促进会副会长、毅德控股集团创始主席王再兴当选为首任会长。赣州商会联合总会是众多赣州商会及赣商的联合组织，简称“赣商联”，办会宗旨是“虔心互联，和合共赢”，由外埠赣州商会、县（市、区）外埠商会及市属商会121家及会员3万余人组成。总会首届理事会由各商会会长和部分杰出赣商代表组成，设会长1名、执行会长6名、常务副会长24名、副会长19名、理事若干名，并设监事会。

20—21日　新华社党组副书记、总编辑何平一行在赣州市采访调研，了解调研赣州市脱贫攻坚和新经济、新动能培育及产业转型升级情况。省委常委、市委书记李炳军，省委常委、省委宣传部部长赵力平，市委副书记、市长曾文明，省委宣传部副部长罗勇兵等分别陪同或出席相关活动。

20—21日　全国工商联党组副书记、副主席樊友山一行在赣州市考察调研。省委常委、市委书记李炳军，省委常委、省委统战部部长陈兴超，省委统战部副部长、省工商联党组书记李青华，省工商联主席雷元江，省民宗局副局长马哲海，市委副书记、市长曾文明等分别陪同或出席相关活动。

20—21日　省委常委、省纪委书记孙新阳一行，在赣州市调研扶贫领域监督执纪问责工作、省委全会精神特别是有关生态扶贫贯彻落实情况。省纪委副书记、省政府党组成员、省监察厅厅长、省预防腐败局局长潘东军，省纪委宣传部部长施新华，省纪委党风政风监督室主任王爱东等陪同调研。

20—24日　全国政协原副主席、全国工商联名誉主席黄孟复在赣州市瑞金市、兴国县、赣县区、大余县、市中心城区等地考察。省政协主席黄跃金，省委常委、市委书记李炳军，省委常委、省委统战部部长陈兴超，省工商联主席雷元江，市委副书记、市长曾文明等分别陪同。

中旬　赣州市发布第一批特色小镇创建名单。在20个市级特色小镇中，8个以建制镇为创建对象的特色小镇是宁都小布茶香小镇、全南南迳芳香小镇、上犹陡水漫生活小镇、瑞金沙洲坝红井小镇、龙南武当玫瑰小镇、寻乌南桥青龙岩小镇、定南鹿湖开花小镇、赣县江口滨江花园小镇；12个以创新创业平台为创建对象的特色小镇是南康家居小镇、赣南脐橙小镇（信丰县）、龙南虔心小镇、赣南金融小镇（章贡区）、大余丫山运动休闲小镇、安远三百山小镇、石城大畲温泉小镇、崇义君子谷小镇、会昌风景独好小镇、兴国康养小镇、赣州新能源汽车小镇（赣州经济技术开发区）、于都长征源小镇。

21日　首届全国赣州商会联合大会在赣州市举行，赣州商会联合总会正式揭牌。全国政协原副主席、全国工商联名誉主席黄孟复，全国政协常委、文史和学习委员会主任王太华出席。全国工商联党组副书记、副主席樊友山，省委常委、市委书记李炳军，省委常委、省委统战部部长陈兴超出席并讲话。全国工商联副主席、上海市政协副主席、工商联主席王志雄，中国人民解放军空军原副政委、中将黄新，中国人民解放军总政治部纪检部原副部长、少将叶万碧，以及省委统战部副部长、省工商联党组书记李青华，省工商联主席雷元江等出席。市委副书记、市长曾文明主持会议。

22日　赣州市召开创建全国文明城市常务指挥部第五次调度会。会议研究解决创城冲刺工作中“最后一百米”的问题，进一步压实责任、增补措施，确保创城各项工作任务的圆满完成。市委副书记、市长曾文明主持并讲话。

28—29日　市委中心组举行学习（扩大）会。会议集中观看大型政论专题片《将改革进行到底》，深入学习贯彻中共中央总书记习近平治国理政新理念新思想新战略，把思想和行动统一到党中央改革决策部署上，全力推进全市全面深化改革各项工作。省委常委、市委书记李炳军，市委副书记、市长曾文明等市四套班子领导在市政中心会议中心主会场观看。

30日　中共赣州市委五届三次全体（扩大）会议在赣州市召开。省委常委、市委书记李炳军主持会议并讲话，市委副书记、市长曾文明等出席会议。

30日至8月1日　省人大常委会副主任、民革省委会主委马志武一行在赣州市上犹县、赣县区调研。省有色地质勘查局局长何观生，省国控公司党委书记、董事长周应华等分别陪同。

31日　省委常委、市委书记李炳军到部队走访慰问，出席2017年“八一”建军节座谈会并讲话。

31日至8月2日　江西省人大常委会组织江西省选举的部分全国人大代表在赣州市开展推进脱贫攻坚专题调研。由全国人大常委会委员、省人大常委会副主任马志武率队。

31日至8月2日　国家发展改革委员会地区司副司长于合军一行，在赣州市就“进一步深入推进赣南等原中央苏区振兴发展”开展调研并召开座谈会。省发展改革委员会副主任、省鄱湖办（苏区办）常务副主任周光华陪同调研，市委副书记、市长曾文明出席相关活动并主持座谈会。

下旬　省政府发布2016年度全省质量工作考核情况通报，赣州市以940.26分位列全省各设区市第一，这是赣州市自2011年省政府启动对设区市政府质量工作考核以来，连续6年名列全省第一。

7月30日，市委五届三次全体（扩大）会议在赣州市召开

8月

2日　市委副书记、市长曾文明在市扶贫办调研并召开座谈会。曾文明强调，市扶贫办要统揽全局，充分发挥“司令部”和“参谋部”的作用，扎实推进赣州精准扶贫工作。

2—3日　财政部党组成员、副部长刘伟率领财政部经建司、预算司、农业司有关负责人，在赣州市调研脱贫攻坚和对口支援工作，并召开座谈会。省委常委、市委书记李炳军主持座谈会。省财政厅厅长胡强，市委副书记、市长曾文明等陪同调研或出席相关活动。

4日　全市“贯彻中央领导重要批示精神深入推进赣南苏区振兴发展”主题调研工作动员部署会在赣州市召开。市委副书记、市长曾文明主持会议并讲话。

同日　江西省第一批特色小镇创建名单公布，赣州市有8个小镇入选，包括推荐上报全国第二批特色小镇的全南县南迳镇、宁都县小布镇、龙南县武当镇和入选省级特色小镇创建名单的上犹县陡水镇、南康区家居小镇、信丰县赣南脐橙小镇、章贡区赣南金融小镇、大余县丫山运动小镇。

5日　市委副书记、市长曾文明就市中心城区文明大道、部分社区创建全国文明城市工作开展调研，实地查看沿街道路、店铺立面、社区卫生和基础设施情况。

7日　全国攀岩决赛在重庆市九龙坡区华岩壁虎王国家攀岩示范公园举行。在女子速度赛随机赛道项目中，代表江西出战的赣州籍选手潘旭华，为江西代表队获得一枚金牌。

8日　赣州市人民政府印发《赣州市进一步完善公立医院药品集中采购制度实施办法》，并决定成立赣州市公立医院药品集中采购联合体，以带量采购、量价挂钩方式对挂网采购等需议价的药品进行集中议价。

8—12日　省人大常委会副主任、省总工会主席谢亦森一行在赣州市调研“建家、强家、暖家、爱家”专项行动及工会改革创新等工作。

9—10日　深圳市国资委副主任胡国斌率深圳燃气、深圳机场（集团）有限公司等14家市属国有企业考察组到赣州市考察，并召开洽谈会，就发挥各自优势、深化产业对接投资合作、推进共赢发展进行交流。市委副书记、市长曾文明等出席相关活动。

上旬　国家旅游局对外公示全国第三批“中国乡村旅游创客示范基地”名单，共计40个。赣州市大余丫山风景区入选，是全省唯一入选的示范基地。

上旬　住房和城乡建设部公布585个第一批绿色村庄名单，江西省共53个村庄入选，其中赣州市兴国县梅窖镇三僚村、兴莲乡官田村等7个村庄入选。

16日　赣州市妇女第三次代表大会在赣州召开。省委常委、市委书记李炳军，省妇联党组书记、主席王庆出席并讲话。

16—17日　浙江中电汽车集团有限公司负责人一行在赣州市考察，并与赣州经济技术开发区签约新能源汽车项目。省委常委、市委书记李炳军出席相关活动，市委副书记、市长曾文明等出席签约仪式。

18日　省委常委、市委书记李炳军在市中心城区，就机关、国企、学校、城市基层党建工作进行专题调研，并主持召开座谈会，听取意见和建议，研究解决有关问题。

18—19日　中共中央宣传部常务副部长、中央文明办主任黄坤明一行在赣州市围绕“弘扬脱贫攻坚精神，推动‘两个文明’协调发展”主题进行调研。省委常委、市委书记李炳军陪同调研。

18—19日　抚州市委书记肖毅，抚州市委副书记、市长张鸿星率抚州市党政代表团在赣州市就设施农业、推进脱贫攻坚以及苏区干部好作风等方面进行考察，学习交流发展经验。市委副书记、市长曾文明等陪同。

19日　中国稀金（赣州）新材料研究院、中国科学院海西研究院赣州稀金产业技术研发中心、质谱科学与仪器国际联合研究中心赣州分中心等3个科研平台在赣州高新区正式挂牌成立，标志着中国稀金谷建设迈入新的阶段。

中旬　国家住房和城乡建设部批复赣州市入选全国第二批城市设计试点城市。全国共37个城市入选，赣州为江西省唯一入选城市。

21日　全省农村精神文明建设经验交流暨移风易俗工作推进会在赣州市召开。省委常委、省委宣传部部长赵力平出席并讲话。省委副秘书长、省委农工部部长毛祖逊，省民政厅厅长刘金接，省文明办主任张天清等出席会议。

22日　省委常委、市委书记李炳军在其“路长制”责任路段——赣州市红旗大道，实地检查全国文明城市创建工作，并现场进行工作调度，研究解决实际问题。

23日　全省“农家书屋＋电商”经验交流会在安远县召开。会议要求在全省推广“农家书屋＋电商”的赣州经验，进一步促进公共文化服务与精准脱贫工作相结合，为脱贫攻坚、决胜全面小康提供精神动力和智力支持。省委常委、省委宣传部部长赵力平作书面讲话。省委宣传部副部长、省新闻出版广电局局长杨六华，省委宣传部副部长黎隆武，市人大常委会主任陈晓春出席并讲话。

24日　本日24时起，赣州市15所城市公立医院全面取消药品加成，启动综合改革。

同日　赣州市召开创建全国文明城市迎国检动员大会。会议传达省委常委、市委书记、市创建全国文明城市指挥部总指挥李炳军关于做好创建迎国检工作的批示。市委副书记、市长、市创建全国文明城市指挥部第一副总指挥曾文明主持会议并讲话。

29日　全市“贯彻中央领导重要批示精神 深入推进赣南苏区振兴发展”主题调研工作会议召开。省委常委、市委书记李炳军等出席。

31日　创建全国文明城市指挥部召开调度会，对8月29日至30日开展的拉网式排查中发现的创文难点弱点问题进行通报，明确整改任务，抓好整改提升。市委副书记、市长曾文明出席会议并讲话。市委副书记王林云主持会议并传达省委常委、市委书记、赣州市创建全国文明城市指挥部总指挥李炳军关于做好创建迎国检工作的批示。

9月

1—2日　全国“万企帮万村”精准扶贫行动片区座谈会在赣州市上犹县召开。全国工商联副主席、中国光彩会副会长谢经荣，国务院扶贫办副主任陈志刚，中国农业发展银行副行长殷久勇出席会议并讲话。省委常委、省委统战部部长陈兴超致辞。省工商联主席雷元江、副主席周华爱，省扶贫和移民办党组书记、主任史文斌和副主任饶振华，中国农业发展银行江西省分行行长张孝成、副行长黄奕忠，全国工商联扶贫与社会服务部副部长王力涛等出席。

1—2日　全国工商联副主席、中国光彩会副会长谢经荣一行在赣州经济技术开发区、蓉江新区和上犹县调研。省委常委、省委统战部部长陈兴超，省工商联主席雷元江、副主席周华爱等分别陪同，全国工商联扶贫与社会服务部副部长王力涛随同。

1—3日　中组部“院士、专家咨询服务团”成员、院士梅宏、罗锡文等7名院士、专家在赣州市开展以“服务革命老区院士专家行”为主题的咨询服务活动，并召开相关座谈会。市委副书记、市长曾文明出席相关活动。

1—5日　国务院扶贫办党组成员、副主任陈志刚一行先后在南康区、上犹县和石城县调研精准扶贫工作。省政府副秘书长宋雷鸣，省扶贫和移民办党组书记、主任史文斌，省扶贫和移民办党组成员、副主任饶振华等陪同调研。

2日　赣州新能源汽车及配套产业招商推介会在广州市举行。本次推介会由赣州市人民政府主办，市工信委、赣州经济技术开发区管委会、车智汇协会承办，中国汽车技术研究中心、中国汽车工程学会等单位协办。来自120家相关企业的200多名客商代表以及相关专家参加推介会。本次推介会上，章贡区与深圳市航盛新能源有限公司、南康区与深圳市沃能新能源有限公司、兴国县与江西杜森伯格新能源汽车股份有限公司、大余县与珠海市科立鑫金属材料有限公司、上犹县与深圳市智弘紧固系统技术有限公司、赣州经济技术开发区与三硕科技（赣州）有限公司成功现场签约，合同总投资额40.8亿元，签约项目广泛涉及装备制造、新能源汽车动力电池、关键零部件、金属材料、总装生产线及配套设施等。

3日　市委副书记、市长曾文明在市中心城区，现场调度城市灯光亮化工程。

同日　市委副书记、市长曾文明在蓉江新区和赣州经济技术开发区以及章贡区调研创建全国文明城市工作。

4日　市委副书记、市长曾文明先后到南康中学、南康区第一小学、赣州中学，看望慰问教师代表，向全体教职员工致以节日祝贺和诚挚慰问。

5日　市委副书记、市长曾文明在市信访局调研信访工作，并召开相关座谈会。

6日　省委常委、市委书记李炳军，市委副书记、市长曾文明在南昌参加省委十四届四次全体（扩大）会议。

8日　省委常委、市委书记李炳军在赣州市中心城区，督查全国文明城市创建迎检工作，慰问一线工作人员，并现场研究解决实际问题。

同日　省委常委、市委书记李炳军走访慰问部分一线教师，代表市委、市政府向广大教师和教育工作者致以节日祝贺和诚挚问候。

9—11日　省委常委、市委书记李炳军在安远、寻乌、石城等县，实地调研脱贫攻坚、生态文明建设和旅游产业发展等工作。

上旬　商务部公布2017年电子商务进农村综合示范县（市、区）名单。在全国260个示范县中，南康区榜上有名。至此，自2014年全国开展电子商务进农村综合示范工作以来，赣州市先后有17个县（市、区）进入“国家队”。

上旬　赣州市印发《赣州市生态文明建设领导干部约谈制度（试行）》，在江西省率先实施约谈制度，推动全市各级领导干部牢固树立生态文明理念、切实履行生态文明建设责任，促进全市生态文明制度建设步伐。

上旬　赣州市印发《关于加快推动“港区联动、一体发展”的实施方案》，加快推动“港区联动、一体发展”。

12—13日　省政协副主席陈俊卿一行在赣州市调研县域经济发展和智能与新能源汽车发展情况并召开座谈会。省委常委、市委书记李炳军出席相关活动。省政协常委、省政府参事徐良平，省社联主席吴永明，省政协常委、文史和学习委副主任黄菊花随同。

15日　全省中医药产业项目集中开工仪式在南昌举行，赣州青峰药谷设立分会场。赣州市集中开工的中医药产业项目一共有35个，总投资127亿元。市委副书记、市长曾文明在赣州分会场出席并下达开工令。

16日　2017年江西省“全国科普日”主场活动在赣州黄金广场启动。2017年“全国科普日”活动主题是“创新驱动发展，科学破除愚昧”。市委副书记、市长曾文明致辞，省政府副秘书长陈敏宣布活动启动，省科协党组书记、常务副主席罗莹讲话，省科协主席卢天锡主持。

17日　全市水土保持和柑橘黄龙病防控工作会召开。市委副书记、市长曾文明出席并讲话。

19日　在全国社会治安综合治理表彰大会上，赣州市获2013年至2016年全国社会治安综合治理优秀市，并被中央综治委授予第四届社会治安综合治理“长安杯”。全国综治优秀市的评选4年一届，赣州市连续六届获此殊荣，“长安杯”是全国综治最高奖，需连续3次以上获得全国综治优秀地市称号才能被授予综治“长安杯”，赣州市连续4届荣获综治“长安杯”，在本次表彰大会上，赣州市是全省唯一被授予综治“长安杯”的设区市。

19—20日　广西壮族自治区桂林市考察团在于都县、瑞金市等地，考察赣州市红色历史遗迹保护开发等方面的经验做法。省委常委、市委书记李炳军，桂林市委书记、市人大常委会主任赵乐秦等分别参加相关活动。

19—21日　全国人大常委会副委员长吉炳轩率领全国人大常委会种子法执法检查组在赣州市检查指导工作，并在兴国县召开座谈会，听取赣州市有关工作情况汇报。全国人大农业与农村委员会副主任委员徐守盛，全国人大农业与农村委员会委员陈达恒、曹维新、何东平等参加执法检查活动并出席会议。省委常委、市委书记李炳军陪同。省人大常委会副主任朱虹主持座谈会。市委副书记、市长曾文明汇报赣州市种子法实施情况。省人大农委主任委员陈永华与省林业厅厅长阎钢军等陪同并出席会议。

19—21日　审计署党组成员、中央纪委驻审计署纪检组组长郑振涛一行在赣州市调研对口支援工作。省委常委、市委书记李炳军出席相关活动。省审计厅党组书记、厅长辜华荣等陪同调研。

23日　市委副书记、市长曾文明实地调研赣州汽车站运营情况。

24日　市委副书记、市长曾文明在瑞金经济技术开发区，就主攻工业进行调研。

24—25日　省委书记、省人大常委会主任鹿心社在瑞金市调研并召开部分贫困县脱贫攻坚座谈会。省委常委、市委书记李炳军，省委常委、省委秘书长刘捷，副省长、省发改委主任吴晓军，市委副书记、市长曾文明等分别陪同调研。

26日　全省工业现场推进暨安全生产工作会议在赣州市召开。省委常委、市委书记李炳军等参加相关活动。省工信委主任杨贵平，省安委办主任、安监局局长龙卿吉等出席会议。

同日　省委常委、市委书记李炳军在赣州市中心城区，实地调研文明城市管理工作。

同日　赣籍开国将军百战图大型创作巡展在赣州美术馆开幕。本次展出的110组作品，以八一南昌起义、秋收起义和井冈山革命根据地创建90周年为背景，以赣籍开国将军为题材，突出“百战”特色，综合运用美术、书法、摄影以及文学等艺术形式，生动展现赣籍开国将军的英雄形象，热情讴歌他们彪炳千秋的丰功伟绩。

26—27日　由中共中央党史研究室第一研究部、中国人民解放军军事科学院军队政治工作研究院、中共江西省委党史研究室、中共赣州市委共同主办，以“坚定执着跟党走依靠群众求胜利”为主题的纪念南方红军三年游击战争胜利暨新四军组建80周年理论研讨会在大余县召开。省委常委、市委书记李炳军，军事科学院副院长曲爱国出席并致辞。

26—28日　省政协副主席陈俊卿一行在赣州市调研县域经济发展情况。省政协常委、省政府参事徐良平随同。

27日　赣州市组织收听收看深入推进全省脱贫攻坚工作电视电话会议后，随即召开深入推进全市脱贫攻坚工作电视电话会议，部署开展脱贫攻坚“百日行动”。省委常委、市委书记李炳军出席会议并讲话。市委副书记、市长曾文明主持会议。

28日　赣州市选送的大型赣南采茶歌舞剧《永远的歌谣》获中共中央宣传部第十四届精神文明建设“五个一工程”奖。此次获奖是赣南采茶戏继《山歌情》《快乐标兵》《八子参军》之后第四次获此殊荣。

同日　赣州市直机关“喜迎十九大永远跟党走”歌咏晚会在青少年活动中心学术报告馆举行。省委常委、市委书记李炳军，市委副书记、市长曾文明等分别为歌咏比赛获奖单位颁奖。

同日　市委、市政府召开全市科学技术奖励大会，表彰2016年度市科技奖获奖人员和单位，研究部署全市科技创新工作，激励全市上下大力弘扬创新精神，进一步营造浓厚的创新氛围，加快建设创新型赣州。省委常委、市委书记李炳军出席并讲话。市委副书记、市长曾文明主持会议。

30日　市委副书记、市长曾文明率队在市中心城区开展节前安全生产工作检查。

下旬　“广州港内陆港——赣州”揭牌仪式在赣州港举行，赣州港正式成为广州港的内陆港。

9月26日，部队官兵在赣州美术馆参观赣籍开国将军百战图大型创作展

10月

10日　国家林业局主办的2017年森林城市建设座谈会在河北承德举行。会上，赣州市正式被授予“国家森林城市”称号，标志着赣州市新添一张国字号的“绿色名片”。市委副书记、市长曾文明出席会议，并接受“国家森林城市”授牌。

10—12日　全省医养结合工作会议在赣州市召开。省民政厅厅长刘金接、省卫计委主任丁晓群出席会议并讲话。

上旬　省委常委、市委书记李炳军就肖福明舍己救人事迹作出批示，要求大力宣传肖福明等人的先进事迹，营造见义勇为的良好风尚，为赣南苏区振兴发展凝聚正能量。肖福明是于都县葛坳乡三溪村人，生前从事快递工作。10月6日下午3时许，地处于都县和瑞金市交界处的留金坝水库下游，5名小孩在水面的小竹排上玩耍时不慎落水，肖福明、陈璇、陈小金先后下水救人，5名小孩全部获救，救人英雄肖福明却不幸遇难。在得知肖福明等3人英勇救人的事迹后，省、市宣传部门立即组织媒体赴于都县、瑞金市，对其先进事迹进行采访报道。10月10日，《江西日报》《赣南日报》等媒体分别在重要版面推出《5名小孩落水3人接力救援》等报道，在社会各界引发强烈反响。

上旬　市委副书记、市长曾文明到寻乌县、于都县，实地调研“六大攻坚战”和精准扶贫等工作。

11日　全市旅游产业发展大会在石城县召开。省委常委、市委书记李炳军，省旅发委主任欧阳泉华出席并讲话。市委副书记、市长曾文明主持。

12日　赣州＋泰和“网络市场监管与服务示范区”创建启动仪式暨创建工作座谈会在赣州市举行。国家工商总局副局长甘霖，副省长谢茹出席并讲话。国家工商总局网监司司长王树军宣读批复，省工商局局长吴治云主持，市委副书记、市长曾文明致辞。

12—13日　国家工商总局副局长甘霖一行在赣州市调研。省委常委、市委书记李炳军，副省长谢茹，省工商局局长吴治云，市委副书记、市长曾文明等出席相关活动。

13日　赣州市中心城区背街小巷提升改造项目在章贡区解放街道马扎巷口小游园启动。省委常委、市委书记李炳军宣布项目启动并讲话。市委副书记、市长曾文明出席并讲话。

同日　市委副书记、市长曾文明在市中心城区调研亮化工程工作。

14日　赣州市政府与绿地集团签署项目开发战略合作框架协议。双方就大型高铁商务综合区、现代会展中心、特色小镇、现代康养、超高层建筑以及历史文化街区改造提升等项目开展合作达成协议。省委常委、市委书记李炳军，绿地控股集团有限公司董事长、总裁张玉良出席签约仪式并讲话；市委副书记、市长曾文明主持签约仪式。

同日　2017年中国（赣州）国际新能源汽车动力电池高峰论坛在赣州市开幕。市委副书记、市长曾文明致辞，中国科学院院士、中国科学院化学研究所研究员李永舫，加拿大工程院院士、加拿大阿尔伯塔大学教授骆静利等出席开幕式。

17日　市委副书记、市长曾文明在于都县出席于都“六大攻坚战”重点项目集中开（竣）工仪式，并调研深度贫困村精准扶贫工作。

18日　省委常委、市委书记李炳军出席中国共产党第十九次代表大会。

19日　中共十九大江西省代表团举行媒体开放日活动，革命老区赣州的脱贫攻坚工作成为中外媒体关注的焦点。中共十九大代表、省委常委、市委书记李炳军在回答中央电视台记者提问时表示，要认真贯彻中共十九大精神，认真贯彻中共中央总书记习近平扶贫开发重要战略思想，坚决打赢脱贫攻坚战，坚持精准扶贫、精准脱贫，确保如期脱贫。

23—24日　副省长谢茹一行在赣州市调研健康扶贫和基层卫生计生服务建设工作。

24—25日　全国人大常委会法工委副主任许安标率调研组一行，就英雄烈士保护立法在赣州市进行调研。省人大常委会副主任龚建华等陪同调研。

27日　市委召开全市领导干部会议，传达、深入学习、贯彻落实中共十九大和全省领导干部会议精神，动员全市上下迅速把思想和行动统一到中共十九大精神上来，坚决维护中共中央总书记习近平的核心地位，坚决维护以习近平为核心的党中央权威和集中统一领导，自觉坚持以习近平新时代中国特色社会主义思想为指引，紧密结合赣州实际，把赣州打造成为新时代坚持和发展中国特色社会主义的红色样板。省委常委、市委书记李炳军传达中共十九大和十九届一中全会主要精神、全省领导干部会议精神并讲话。市委副书记、市长曾文明主持会议，并就贯彻落实会议精神提出要求。

10月27日，全市领导干部会议在赣州市青少年活动中心学术报告馆召开

30日　省委常委、市委书记李炳军在赣州市中心城区，宣讲中共十九大精神，并和基层党员干部群众座谈，听取大家的意见建议，现场研究解决实际问题。

10月31日至11月2日　省委副书记、省长刘奇到赣州市的山乡农村、城市社区和挂点联系帮扶企业，宣讲中共十九大精神。省委常委、市委书记李炳军，市委副书记、市长曾文明陪同。

11月

1日　江西省对接“丝绸之路经济带”首列中欧蔬菜班列（赣州港至莫斯科）开行。这是赣州市立足自身产业特色、依托赣州内陆港优势、深度参与“一带一路”建设取得的重要成果，是内陆城市积极拓展对外开放空间的范例。省委副书记、省长刘奇见证首列中欧蔬菜班列发车。省委常委、市委书记李炳军主持。市委副书记、市长曾文明介绍赣州市对接“一带一路”情况。省政府秘书长、办公厅主任张勇，省政府副秘书长、研究室主任陈石俊，省环保厅厅长陈小平，省扶贫和移民办主任史文斌，江西出入境检验检疫局局长温珍才等出席。

1—3日　省委常委、省委政法委书记尹建业在赣州市定南县、龙南县、全南县、章贡区等地宣讲中共十九大精神，并就政法综治维稳工作开展专题调研。省委政法委副书记、省综治办主任刘烁等随同调研。

2—3日　广东省梅州市考察团在赣州市考察。省委常委、市委书记李炳军出席相关活动，梅州市委副书记、市长方利旭率团，赣州市委副书记、市长曾文明陪同。

3日　国家脐橙工程技术研究中心通过科技部验收评审专家小组的验收评审，标志着赣州市新增一国家级技术研发平台。副省长谢茹讲话，市委副书记、市长曾文明致辞，科技部农村科技司巡视员王喆带队。

同日　离休长征老红军吴清昌因病医治无效，于2017年10月28日15时49分在赣州逝世，享年102岁。吴清昌遗体告别仪式在赣州市殡仪馆举行。

同日　国家质量监督检验检疫总局正式致函赣州市，同意赣州市为“全国质量强市示范城市”创建城市，为江西省首个获批创建的设区市。

5日　学习贯彻中共十九大精神中央宣讲团在江西南昌举行报告会。中央宣讲团成员，国务院法制办党组书记、副主任袁曙宏作宣讲报告。省委书记、省人大常委会主任鹿心社主持报告会。各设区市和县（市、区）设立分会场，赣州市组织收听收看报告会。省委常委、市委书记李炳军，市委副书记、市长曾文明等市四套班子领导在赣州分会场出席。

同日　市委副书记、市长曾文明在赣县区华能瑞金电厂调研，并主持召开华能瑞金电厂二期扩建工程和省天然气管网赣州段工程协调推进会。

6日　全市农业农村重点工作调度会召开。市委副书记、市长曾文明出席会议并讲话。

同日　中央宣讲团成员、国务院法制办党组书记、副主任袁曙宏到赣州市瑞金沙洲坝镇红井旧址，就学习贯彻中共十九大精神与基层干部群众互动交流，让中共十九大精神迅速在基层落地生根。省委常委、市委书记李炳军，省委常委、宣传部部长赵力平，省政府法制办党组书记、主任谢茂林，省委宣传部副部长朱民安等参加活动。

6—7日　省委常委、市委书记李炳军到会昌县调研脱贫攻坚等工作，深入宣讲中共十九大精神。

6—7日　省委常委、常务副省长毛伟明在赣州市会昌县、石城县调研。省委常委、市委书记李炳军出席相关活动。省政府副秘书长涂琼理，省发改委副主任、省鄱湖办（苏区办）常务副主任周光华，省交通运输厅厅长王爱和随同。市委副书记、市长曾文明陪同。

6—8日　中国人民保险集团公司党委副书记、副董事长、总裁缪建民在赣州市宣讲中共十九大精神，并在瑞金市等地就保险支持地方经济发展开展专题调研。省委常委、市委书记李炳军出席相关活动。中国人保财险公司党委书记、总裁林智勇随同。

7—9日　省政协副主席胡幼桃率省政协港澳委员、特邀代表视察团一行，在赣州市开展“进一步弘扬客家文化”专题视察活动。省委常委、市委书记李炳军出席相关活动，省政协港澳台侨和外事委员会主任辜清等随同。

7—10日　全省2017年县处级党政领导干部社会组织（社会工作）改革发展暨党建工作专题研究班在赣州市举办。省委组织部副部长、省委非公有制经济组织与社会组织工委书记周训国，省民政厅党组书记、厅长刘金接出席并讲话。

8日　省委常委、市委书记李炳军在市中级人民法院和赣南师范大学调研，深入宣讲中共十九大精神。

8—9日　全国就业扶贫经验交流现场会在赣州市召开。人力资源和社会保障部党组成员、副部长张义珍，国务院扶贫办党组成员、副主任陈志刚，省委常委、市委书记李炳军出席会议并讲话。副省长、省发改委主任吴晓军致辞。

11日　以“游美丽橙乡·购赣州礼物”为主题的2017赣州旅游产业博览会暨赣南脐橙采摘旅游季在赣州市蓉江新区举行。省委常委、市委书记李炳军出席并宣布开幕。

11—12日　农业部党组成员、副部长叶贞琴率领农村集体产权制度改革工作督查组，在石城县、瑞金市等地实地督查调研赣州市农村集体产权制度改革试点推进情况。省委常委、市委书记李炳军，市委副书记、市长曾文明等分别出席相关活动，省政府副秘书长宋雷鸣、省农业厅厅长胡汉平等陪同调研或出席座谈会。

13日　赣南苏区人才发展合作研究院和赣州市招才引智局成立，标志着赣州招才引智工作进入一个新的阶段。省委常委、市委书记李炳军授牌，市委副书记、市长曾文明主持。

同日　赣州市第一批赴深圳挂职干部座谈会在赣州市召开。省委常委、市委书记李炳军主持并讲话。

14日　中央文明网发布第五届全国文明城市名单和复查确认继续保留荣誉称号的往届全国文明城市名单。赣州市2017年获得95分的高分，在全国排第5位，荣登第五届全国文明城市榜单。

15日　省委常委、市委书记李炳军会见赴全市各地宣讲的学习贯彻中共十九大精神市委宣讲团成员。市委决定成立学习贯彻中共十九大精神市委宣讲团，成员由李炳军、曾文明、王林云、陈晓春、刘建平、张圣泽、刘文华、马玉福、彭业明、唐舒龙、

11月6日，中央宣讲团成员、国务院法制办党组书记、副主任袁曙宏（后中）到瑞金沙洲坝镇红井旧址，就学习贯彻中共十九大精神与基层干部群众互动交流

陈庆阳、胡雪梅、李明生、张晓宁、高峰、廖成铭、孙黎明、何福洲、邓忠平、赵多仙、徐兵、高世文、曾凡、肖明华等市四套班子领导组成，共24人。

同日　学习贯彻中共十九大精神省委宣讲团在赣州市举行报告会。省委常委、市委书记李炳军主持报告会。中共十九大代表、省委宣讲团成员、省委宣传部常务副部长、网信办主任郭建晖作宣讲报告。宣讲报告会以视频的形式召开。

同日　市委召开全市推开国家监察体制改革试点工作动员部署会。省委常委、市委书记李炳军主持并讲话。市领导唐舒龙传达全国、全省推开国家监察体制改革试点动员部署会议精神，并就贯彻落实提出要求。市人民检察院检察长江阶虎发言。

17日　中央文明委决定，授予山东省济南市、江西省赣州市等69个城市全国文明城市称号，授予上海市徐汇区等4个城区全国文明城区称号，授予浙江省长兴县等16个县全国文明县城称号，授予北京市朝阳区黑庄户乡郎各庄村等1493个村镇全国文明村镇称号，授予河北省塞罕坝机械林场总场等2318个单位全国文明单位称号，授予清华大学等494个学校全国文明校园称号。中央文明委决定，授予河北省廊坊市等32个城市（区）全国未成年人思想道德建设工作先进城市（区）称号、北京学生活动管理中心等200个单位全国未成年人思想道德建设工作先进单位称号、张申等100名同志全国未成年人思想道德建设先进工作者称号。中央文明委决定，授予黄大年等58人第六届全国道德模范荣誉称号，授予张佳鑫等265人第六届全国道德模范提名奖。

19—21日　中央纪委驻农业部纪检组组长、农业部党组成员吴清海在赣州市崇义县调研。国家林业局党组成员、副局长张永利，中央纪委驻农业部纪检组副组长刘柏林，国家林业局驻福州森林资源监督专员办事处专员尹刚强，国家林业局驻上海森林资源监督专员办事处专员王希玲，省林业厅党组成员、副厅长罗勤，省林业厅党组成员、省纪委驻省林业厅纪检组组长赵国随同。市委副书记、市长曾文明出席相关活动。

20日　全省市厅级主要领导干部学习贯彻中共十九大精神专题研讨班在南昌开班。省委书记鹿心社作动员讲话和辅导报告。省委副书记、省长刘奇主持。省政协主席黄跃金，省委常委、市委书记李炳军等在职副省级以上领导，市委副书记、市长曾文明等在南昌主会场出席。报告会以视频形式开到各设区市和县（市、区）。

20—21日　最高人民检察院党组成员、副检察长李如林一行在赣州市出席五省（市）检察机关支持赣南等原中央苏区检察工作座谈会。省委常委、政法委书记尹建业，省检察院党组书记、检察长刘铁流等陪同。

中旬　加拿大赣州商会（同乡会）在温哥华市举行成立仪式，为赣州市第一个海外赣州商会（同乡会）。

21—25日　省政协党组副书记、副主席蔡晓明率省政协民主监督组，在赣州市信丰县、安远县、寻乌县、会昌县等地，重点就“扶贫专项资金使用情况”开展专题民主监督并调研。省委常委、市委书记李炳军出席相关活动。省民政厅厅长刘金接、省农业厅厅长胡汉平、省扶贫和移民办主任史文斌等随同。

22—23日　省委副书记、省长刘奇在瑞金市调研，瞻仰叶坪乡华屋革命烈士纪念碑，重温入党誓词，认真宣讲中共十九大精神。省委常委、市委书记李炳军陪同。

23—24日　江西省人民政府在赣州市召开全省现代农业发展暨产业扶贫现场推进大会。省委副书记、省长刘奇出席会议并讲话。省委常委、市委书记李炳军出席会议。副省长吴晓军主持会议。市委副书记、市长曾文明作经验交流发言，介绍赣州现代农业发展及产业扶贫情况。

24—26日　清华大学经管学院EM-BA校友会一行在赣州市开展捐赠活动，并考察投资环境。25日，赣州市与清华经管EMBA浙江校友会举行投资合作恳谈会，共同商讨投资合作事宜。省委常委、市委书记李炳军，清华大学经济管理学院党委书记高建，浙江中坤控股集团董事长、清华经管EMBA浙江校友会会长王阳出席并讲话。市委副书记、市长曾文明主持会议。

26日　市委、市政府制定印发《关于加强文明城市常态化管理工作的实施意见》。

同日　市委宣讲团成员、市委副书记、市长曾文明在于都县宣讲党的十九大精神。

26—27日　全省健康扶贫“百日行动”现场推进会在于都县召开。省政府副省长谢茹出席并讲话，省政府副秘书长陈敏主持会议，省卫生计生委主任丁晓群等出席。

26—28日　阿富汗卢格尔省省长

11月23日—24日，江西省人民政府在赣州市召开全省现代农业发展暨产业扶贫现场推进大会。其间，与会领导到于都县禾丰镇尧口村考察统筹资金建设高标准农田情况

默罕默德·哈利姆·菲达伊率团在赣州市考察。市委副书记、市长曾文明在赣州市会见考察团一行，并就加强双方经济文化合作进行探讨交流。

27日　全市创先争优工作表彰大会在赣州市召开。省委常委、市委书记李炳军出席并讲话。市委副书记、市长曾文明主持会议。

同日　市委召开市精准扶贫攻坚战领导小组（扩大）会议。省委常委、市委书记李炳军主持。

28日　省委常委、市委书记李炳军在赣县区、章贡区，调研市中心城区背街小巷提升改造及拆墙透绿、增绿工程，并召开座谈会，听取意见建议，研究解决实际问题。

29日　省委常委、市委书记李炳军在赣州市人民检察院调研，并召开座谈会听取全市检察系统推进国家监察体制改革试点工作的意见建议，研究解决相关问题。

下旬　全国殡葬改革试点部署暨殡葬信息化建设推进会公布全国殡葬综合改革试点地区（单位）名单，赣州市成为全国首批殡葬综合改革实验区。

下旬　工业和信息化部、财政部公布2017年国家技术创新示范企业名单，全国共70家企业入选，赣州经济技术开发区孚能科技（赣州）有限公司名列其中，为全市唯一入选企业，也是全省2家入选企业之一。

12月

2日　市委副书记、市长曾文明到赣南医学院黄金校区，调研该校建设工作，并召开相关座谈会。

3—5日　全国人大常委会委员、财经委主任委员李盛霖一行在赣州市开展经济运行情况和计划审查工作调研。全国人大常委会委员、财经委副主任委员廖晓军，全国人大常委会委员、财经委委员吕薇，全国人大财经委经济室副主任戚东祥随同。省委常委、市委书记李炳军出席有关活动。省人大常委会副主任马志武，省人大常委会委员、财经委主任委员谢碧联，省人大常委会委员、财经委副主任委员王建农，市人大常委会主任陈晓春等陪同调研或出席座谈会。

4日　全市领导干部学习贯彻中共十九大精神专题研讨班在赣州市开班。省委常委、市委书记李炳军作辅导报告。李炳军强调，新时代要有新气象，更要有新作为，要更加紧密地团结在以习近平为核心的党中央周围，坚持以习近平新时代中国特色社会主义思想为指引，不忘初心、牢记使命，撸起袖子加油干，纵深推进赣南苏区振兴发展，为把赣州打造成为新时代坚持和发展中国特色社会主义的红色样板作出新的更大贡献。

5日　2017年支持赣南苏区振兴发展工作推进会在赣州市召开。省委常委、常务副省长毛伟明主持并讲话。省政府副秘书长涂琼理出席会议，市委副书记、市长曾文明汇报赣南苏区振兴发展工作情况，省发改委主任张和平就赣州市提请协调解决的重大事项进行答复。省委组织部、省发改委、省工信委、省教育厅、省科技厅、省财政厅、省国土资源厅、省交通运输厅、省农业厅、省林业厅、省卫计委、省旅发委、省政府金融办、省统计局、江西银监局等省直部门负责人发言。

5—6日　副省长吴晓军一行在赣州市石城县、会昌县、寻乌县调研脱贫攻坚工作。

6日　省委常委、市委书记李炳军出席章贡区领导干部会议并讲话。市委常委、市委组织部部长张圣泽主持会议并宣读省委、市委关于章贡区委主要领导安排的决定，胡雪梅兼任章贡区委书记。

6—10日　省高级人民法院党组书记、院长葛晓燕在赣州市调研。省委常委、市委书记李炳军，市委副书记、市长曾文明等领导陪同或出席相关活动。

8日　中国·龙南客家围屋高峰论坛暨招商推介会在龙南县举办，来自美国、英国、加拿大、马来西亚等10个国家和地区的全球客属社团领袖、三省六市客家联谊会负责人以及海内外客家人士参加。市委副书记、市长曾文明出席，并会见全球客属社团领袖代表。

8—9日　市委副书记、市长曾文明到龙南县、信丰县，调研旅游产业、主攻工业、精准扶贫等工作。

上旬　赣州市发布《赣州市创建“中国制造2025”城市试点示范实施方案》，以“八大细分领域”为要点，组织实施制造业创新能力提升、质量品牌标准提升、制造业人才提升、智能制造、服务型制造、绿色制造“六大重点”工程，全面推进特色首位产业转型升级以及培育壮大新兴产业，提升制造业综合竞争力，推动全市工业经济健康快速发展。

11—12日　交通运输部党组副书记、副部长，中国民用航空局党组书记、局长冯正霖一行在赣州市南康区、赣州黄金机场，调研民用航空、对口

12月4日，全市领导干部学习贯彻党的十九大精神专题研讨班在赣州市开班

支援、产业扶贫、教育扶贫等工作。省委常委、市委书记李炳军出席相关活动。省政府副秘书长宋迪维，市委副书记、市长曾文明等陪同。

12—14日　省委书记、省人大常委会主任鹿心社在赣州市瑞金市、石城县，抚州广昌县调研。省委常委、市委书记李炳军，省委常委、省委秘书长刘捷，市委副书记、市长曾文明等分别陪同调研。

14—15日　全国人大常委会原副委员长、中国关工委主任顾秀莲在赣州市调研关心下一代工作，并召开座谈会，听取意见建议。全国政协提案委员会副主任、省关工委主任傅克诚，省委常委、市委书记李炳军等陪同调研或出席座谈会。

14—15日　中国社会福利基金会捐赠医疗设备活动在南康区举行。中国社会福利基金会向南康区、赣县区递交捐赠牌和交付急救车钥匙，其中向南康区捐赠医疗设备493件、价值1.76亿元，救护车6辆、价值210万元；向赣县区捐赠医疗设备80件、价值2771.78万元，救护车4辆、价值140万元。北汽福田公司、秦皇岛惠斯安普医学系统有限公司还分别向中国社会福利基金会捐赠10万元和一台价值118万元的HRA健康风险评估系统医疗设备。全国人大常委会原副委员长、中国关工委主任顾秀莲，农业部原副部长、国务院扶贫办原主任、中国国际扶贫中心理事长刘坚出席并讲话。全国政协提案委员会副主任、省关工委主任傅克诚，省委常委、市委书记李炳军等出席活动。

15日　全省乡村旅游工作会议在龙南县召开。省政府副省长李利出席并讲话，国家旅游局规财司副司长蔡家成出席，省政府副秘书长刘晓艺主持会议，省旅发委主任欧阳泉华作工作部署，市委副书记、市长曾文明致辞。会上，20家单位获评全省乡村旅游工作先进单位，其中赣州市旅发委、龙南县旅发委、大余县旅发委、石城县旅发委榜上有名。会议公布一批省级乡村旅游点和旅游风情小镇。其中，龙南县虔心小镇等3家单位被认定为江西省AAAAA级乡村旅游点；章贡区花田小镇生态休闲农园等8家单位被认定为江西省AAAA级乡村旅游点；石城县大畲旅游小镇、上犹县陡水旅游小镇等10家单位被认定为江西省旅游风情小镇。

同日　第四届中国绿色发展与生态建设峰会在北京召开，峰会发布2017中国绿色发展优秀城市名单，赣州市和信丰县榜上有名。这是赣州市继获得绿色生态城市保护特别贡献奖、中国最具生态竞争力城市、全国首批创建生态文明典范城市之后，获得的又一张国字号绿色名片。

16日　重大革命历史题材大型电视连续剧《毛泽东寻乌调查》新闻发布会在寻乌县毛泽东寻乌调查纪念馆举行。省委宣传部副部长朱民安出席。

18日　各民主党派、工商联和无党派人士2017年大调研成果汇报会在赣州市召开。省委常委、市委书记李炳军出席会议并讲话，为“赣州市同心圆智库”授牌。市委副书记、市长曾文明出席会议并讲话，对运用好调研成果提出明确要求。

同日　江西省对接“丝绸之路经济带”中亚班列（赣州港至阿富汗）首列开行。

19日　市委、市政府印发《关于支持瑞兴于经济振兴试验区建设若干政策的意见》。瑞兴于经济振兴试验区是《国务院关于支持赣南等原中央苏区振兴发展的若干意见》明确建设的重要平台。2015年3月和5月，国家发改委和江西省政府分别复函同意实施《瑞兴于经济振兴试验区发展规划》，拉开瑞兴于经济振兴试验区建设的序幕。

20—21日　省委常委、市委书记李炳军到龙南县、信丰县，就文化旅游和工业发展、高标准农田建设等进行实地调研。

21日　赣州市举行现代服务业重点项目签约活动，共签约杉杉奥特莱斯项目、招商蛇口工业区赣州招商局中心及五星级酒店项目、绿地集团赣州现代会展中心和高铁站前商务中心项目等3个项目，总投资约288亿元，标志着赣州市城市大型商业综合体建设迈出重要一步。市委副书记、市长曾文明致辞。

23—24日　省委常委、市委书记李炳军率团在广东省深圳市考察招商。深圳市与赣州市签署合作框架协议。

27—29日　中国红十字会党组成员、副会长王汝鹏一行到赣州市调研。市委副书记、市长曾文明出席相关活动。

28日　瑞兴于快速交通走廊项目、瑞金机场项目开工建设。项目建成后，可实现瑞金、兴国、于都等县（市）互通互联，形成组团发展、同步脱贫的区域经济发展格局，对完善赣州市综合交通运输体系，构建区域性综合交通枢纽城市，加快推进赣南苏区振兴发展有重要意义。该项目开工仪式在瑞金市设主会场，兴国县、于都县设分会场，瑞兴于3地同时开工。

同日　赣州市行政审批局（市政务服务中心）揭牌，在全省设区市率先正式运行，标志着赣州市在推进“放管服”改革上迈出关键一步，进入“一枚公章管审批”的新时代。

28—29日　省委常委、市委书记李炳军在寻乌县调研，并主持召开座谈会，学习贯彻中共中央总书记习近平在中宣部寻乌扶贫调研报告上的重要批示精神，认真听取意见建议，研究解决实际问题。市委副书记、市长曾文明等参加调研并出席座谈会，分别就学习贯彻中共中央总书记习近平重要批示精神，深入推进脱贫攻坚，提出明确要求。

下旬　江西第二届井冈质量奖及提名奖公布，赣州市江西青峰药业有限公司获第二届井冈质量奖提名奖，成为赣州市首家获得井冈质量奖提名奖的企业。

下旬　赣州章江湿地公园通过国家湿地公园试点验收，正式成为“国家湿地公园”。

（本栏编辑　徐文菁）

地 情

建置沿革

赣南形成行政区的历史悠久。三国吴嘉禾五年（236）设置相当于设区市一级的行政机构——庐陵南部都尉。宋代分设南安、赣州2个政区，简称“南赣”。又因地处赣江上游、江西南部，并于清康熙年间和民国初先后置分巡赣南道和赣南道，亦俗称“赣南”。

秦 始皇帝三十三年（前214），秦发大军分五军戍五岭，其中一军守庾岭之界，置南壄县，九江郡，赣南有行政建制县始于此。

汉 高祖元年（前206），南壄属楚；四年（前203），改九江郡为淮南国，南壄隶之；五年（前202），汉灭楚，南壄始隶汉；六年（前201），置豫章郡，南壄隶之；同时增设赣县、雩都二县，赣县筑城于益浆溪（今章贡区蟠龙镇一带）。西汉末年，王莽称帝，史称新莽（9—23），改豫章郡为九江郡，赣南三县隶之。东汉建武元年（25），九江郡复名豫章郡，南壄县改为南野县，赣县、雩都、南野三县仍属豫章郡。兴平元年（194），孙策据江南，分豫章郡置庐陵郡，赣县、雩都、南野三县隶之。

三国 吴嘉禾五年（236），分庐陵郡置南部都尉，治雩都，赣南设区市一级行政机构始于此；析赣县置平阳，析南野置南安，析雩都东北白鹿营地置阳都；后析阳都的陂阳地置陂阳，不久又改名为揭阳。庐陵南部都尉领7县：赣县、雩都、南野、南安、平阳、阳都、揭阳。

晋 太康元年（280），改南安为南康，改阳都为宁都，改平阳为平固；三年（282），罢庐陵南部都尉，置南康郡，治雩都，将南野并入南康，南康郡领六县；五年（284），揭阳复名为陂阳。元康元年（291），南康郡改属江州都督府。东晋永和五年（349），南康郡治由雩都迁至章、贡两水间（今章贡区河套老城区）。义熙七年（411），南康郡治毁于战乱，移至贡水东南（今章贡区七里镇）。

南北朝 宋永初元年（420），改南康郡为南康国，治所迁回雩都。大明五年（461），析宁都虔化屯置虔化县。齐永明元年（483），南康国复为南康郡。梁大同十年（544），析雩都东南三乡地置安远县，后废。大宝元年（550），南康郡地大庾改属广东东衡州始兴郡。承圣元年（552），复迁南康郡治至章、贡二水间（今章贡区河套老城区）。自此，一直相沿为州、府治及行署、专署所在地。陈（557—589），赣县与南康互易县名。陈太建十三年（581），由始兴郡分置安远郡，并于安远郡置大庾镇。

隋 开皇九年（589），改南康郡为虔州，隶洪州总管府。平固并入赣县，虔化并入宁都。十年（590），改安远郡为大庾县，隶广州总管府始兴郡。十三年（593），陂阳县设石城场，同年一起并入宁都，虔州领四县：赣县、雩都、南康、宁都。十六年（596），大庾县废县为镇，隶虔州南康县。十八年（598），改宁都县为虔化县。大业元年（605），虔州改为南康郡，赣县与南康互复原名；大业十三年（617），农民起义军据虔州称帝，国号楚。

唐 武德五年（622），南康郡复称虔州，仍隶洪州总管府。贞观元年（627），虔州隶江南道，辖县如前。永淳元年（682），析南康东南地，置南安县（大概辖今信丰、龙南、定南、全南等地）。神龙元年（705），升大庾镇为大庾县。开元二十一年（733），虔州属江南西道，领县如旧。天宝元年（742），虔州复为南康郡，改南安县为信丰县；析南安百丈地置百丈镇，后改虔南镇。乾元元年（758），南康郡又复改为虔州。贞元四年（788），分雩都东南三乡及信丰一里，复置安远县，虔州领七县：赣县、雩都、信丰、南康、大庾、虔化、安远。咸通六年（865），并江南西道置镇南军，虔州属之。天祐元年（904），析雩都县象湖镇淘金场置瑞金监。

五代十国 后梁开平三年（909），卢光稠依附后梁，虔州属梁；四年（910），以虔、韶二州置百胜军。乾化元年（911），析南康西南地置上犹场。贞明四年（918），改虔南镇为虔南场。南唐昇元元年（937），改百胜军为昭信军，虔州属之。保大十年（952），改上犹场为上犹县；次年，改瑞金监为瑞金县，改虔南场为龙南县，改石城场为石城县，虔州领十一县：赣县、雩都、信丰、南康、大庾、虔化、安远、上犹、瑞金、龙南、石城。

宋 开宝八年（975），改昭信军为军州。太平兴国元年（976），改军州复为虔州，隶江南西路；七年（982），析赣县潋江镇之七乡及庐陵泰和部分辖地置兴国县，析雩都县东南六乡于九州镇置会昌县，虔州领十三县。淳化元年（990），分虔州原辖之南康、大庾、上犹三县另置南安军，治大庾，虔州领十县；自此，赣南分为两个政区，均隶江南西路。宣和三年（1121），龙南县改名虔南县。南宋绍兴二十三年（1153），校书郎董德元上书言："虔"字为虎头，"虎头州非佳名"，诏令改虔州为赣州（取章、贡二水合流之义），赣州之名始于此。同年，虔化县改名宁都县，虔南县复改龙南县。嘉定四年（1211），上犹县改名为南安县。绍定四年（1231），升会昌县为会昌军，仍隶赣州。咸淳五年（1269），会昌军复为会昌县。

元 至元十三年（1276），改江南西路为江西行中书省，简称"行省"，赣州、南安军均隶江西行省。十四年（1277），赣州和南安军分别改为赣州路总管府和南安路总管府。十五年（1278），江西行省治所迁赣州。十六年（1279），江西行省治所迁回隆兴（今南昌市），南安县改名为永清，直隶江西行省。次年，永清复名上犹县，改隶南安路。二十四年（1287），并龙南县入信丰县，并安远县入会昌县，赣州路总管府领八县：赣县、雩都、信丰、兴国、宁都、会昌、瑞金、石城。元贞元年（1295），升宁都、会昌为州，以石城县隶宁都州，以瑞金县隶会昌州，赣州路总管府辖宁都、会昌二州及赣县、雩都、信丰、兴国四县。至大二年（1309），复置龙南、安远二县，隶赣州路。元至正二十五年，（1365），赣州、南安两路改为府，宁都、会昌二州复为县，赣州府领赣县、雩都、信丰、兴国、宁都、会昌、瑞金、石城、龙南、安远十县，南安府领大庾、南康、上犹三县。

明 洪武九年（1376），江西中书省改为江西承宣布政使司，赣州府和南安府均属之；十八年（1385），江西分为五道，赣州、南安二府均属岭北道。成化十三年（1477），设分巡岭北道于赣州，赣州、南安二府属之。弘治七年（1494），置南赣巡抚都察院于赣州，称虔院；十七年（1504）撤销。正德四年（1509），复置南赣巡抚都察院；十二年（1517），从上犹、南康、大庾三县划出部分辖地奏立崇义县，隶南安府，至此，南安府辖四县：大庾、南康、上犹、崇义。嘉靖三十六年（1557），增设分守岭北、岭东、岭南、漳南四道，统于虔院，岭北巡、守两道治赣州，赣州、南安二府隶之；四十年（1561），分出潮州程乡县及武平、安远、兴宁、上杭等县辖地置平远县，隶赣州府；四十二年（1563），只以程乡之义化等镇及兴宁之大信都为平远县，余地划回原辖县；平远县改隶广东潮州。隆庆三年（1569），析安远、信丰、龙南部分地置定南县，隶赣州府。万历四年（1576），析安远之寻邬等十五堡，置长宁县，隶赣州府，至此，赣州府领十二县：赣县、雩都、信丰、兴国、宁都、会昌、瑞金、龙南、安远、石城、定南、长宁，南安府领四县：大庾、南康、上犹、崇义。

清 顺治三年（1646），沿袭明制，赣州、南安二府领县各如明时，改隶江西承宣布政司。康熙四年（1665），罢虔院；八年（1669），撤销岭北巡、守两道；十年（1671），置分巡赣南道，赣州、南安两府隶之。雍正九年（1731），改分巡赣南道为分巡吉南赣道，增辖吉安府。乾隆十九年（1754），升宁都县为宁都直隶州，辖瑞金、石城二县，赣南自此分为赣州府、南安府、宁都直隶州三个政区；同年，改分巡吉南赣道为吉南赣宁兵备道，增辖宁都直隶州；三十八年（1773），改定南县为厅，隶赣州府。光绪二十九年（1903），划龙南之大龙堡、新兴堡及信丰之镇南、扬溪、步口、回戈堡，置虔南厅，隶赣州府，至此，赣州府领赣县、雩都、信丰、兴国、会昌、龙南、安远、长宁八县及定南、虔南二厅，南安府领四县：大庾、南康、上犹、崇义，宁都直隶州辖瑞金、石城二县。

中华民国（民国政府） 民国元年（1912），废州、府、厅。2年（1913），统一全国县制，地方政权只设省、县两级，原宁都直隶州及定南、虔南二厅均改为县，赣南十七县，统辖于江西省政府；3年（1914），江西省设浔阳、豫章、庐陵、赣南四道，赣南道，治赣县，领赣县、雩都、信丰、兴国、会昌、安远、长宁、龙南、虔南、定南、宁都、瑞金、石城、南康、大庾、上犹、崇义十七县；4年（1915），改长宁县为寻邬县；15年（1926），废赣南道，其辖县复直隶于江西省政府；20年（1931），会昌、寻邬、安远、龙南、定南、虔南、上犹、崇义、大庾九县直属于陆海空军司令部南昌行营党政委员会，赣县、雩都、信丰、南康、兴国五县划为江西省第五行政区党政委员会分会统辖，广昌、宁都、石城、瑞金四县划为江西省第六行政区党政委员会分会统辖；21年（1932），全省划为十三个行政区，赣南各县分属第九、十一、十二、十三行政区，兴国县归第九行政区，第十一行政区（后改称赣南行政长官公署）设赣州，辖赣县、南康、信丰、上犹、崇义、大庾6县，第十二行政区设宁都，辖宁都、广昌、石城、瑞金、雩都、会昌六县，第十三行政区设龙南，辖龙南、定南、虔南、安远、寻邬五县；22年（1933），第十一、十三行政区合并，改名赣南政务专员公署，先设大庾，后迁赣州，辖第十一、十三行政区原领十一个县；24年（1935），全省改划为八个行政区，赣南各县分属江西省第四、八行政区，第四行政区设赣州，辖赣县、南康、信丰、大庾、上犹、崇义、龙南、定南、虔南、安远、寻邬十一县，第八行政区设宁都，辖宁都、广昌、石城、瑞金、会昌、雩都、兴国七县。

中华民国（苏区政府）（1928—1935） 赣南多数县先后成立苏维埃政府，分别辖于江西、湘赣、粤赣、赣南省苏维埃政府。1930年6月，赣西南苏维埃政府下属设于赣南的东河、西河苏维埃政府办事处合并成立赣南革命委员会，为赣南第一个统一的临时红色政权，先后驻雩都步前岗、赣县江口、信丰县城等地，辖瑞金、兴国、赣县、信丰、雩都、南康、寻邬、安远、石城9个县苏维埃政府，安、雩、会、赣4个县边界特区和雩北区2个苏维埃政府，并管辖南雄县苏维埃政府；10月，在信丰成立党政工团合并的赣南行动委员会，赣南革命委员会改称赣南办事处，驻信丰，辖雩都、兴国、信丰、瑞金、安远6个县及雩北区苏维埃政府。1931年4月，宁都、石城2个苏维埃政府隶属赣西南苏区东路办事处；6月，撤销赣南各办事处，原办事处所辖县（区）由江西省苏维埃政府直接领导；9月，宁都县分设宁都、彭湃2个县，宁都县驻黄陂，彭湃县驻固村，均直辖于江西省苏维埃政府；10月，湘赣省苏维埃政府成立，辖上犹、崇义、信丰、南康、大庾5个县；11月，中华苏维埃第一次全国代表大会在瑞金叶坪召开，大会成立中华苏维埃共和国临时中央政府，驻瑞金，瑞金因此称为“红都”，瑞金县划为中华苏维埃共和国临时中央政府直属县，县城改名为“瑞京”。1932年2月，宁都、彭湃2个县合并后成立宁都县临时苏维埃政府；4月，正式成立宁都县苏维埃政府，直隶于江西省苏维埃政府；4月，成立中共河西道委，辖上犹、崇义、南康、遂川及赣县、万安等河西苏区；9月，信丰和南康苏区机关在赣县韩坊设立信康县苏维埃政府，仍隶属江西省苏维埃政府；10月，上犹、崇义2个苏区县失陷，2县苏维埃政府停止活动。1933年1月，中共江西省委机关迁入宁都县城，再迁驻县城城北七里村；中共临时中央政治局从上海迁入中央苏区瑞金县；1月，宁都县改名博生县；7月，从博生县划出洛口、长胜地区，加上洛口与广昌、宜黄、瑞金、兴国等县的毗邻地，分别成立洛口县和长胜县苏维埃政府；8月，从会昌县划出西江、筠门岭地区，加上西江与雩都县毗邻的黄龙、宽田、沙心等区，分别成立西江县和门岭县苏维埃政府；8月，从石城县分出横江、大由、珠江、洋地、龙岗等区，加上毗邻的瑞金及福建宁化县部分辖地，增设太雷县；以兴国县均村地区为中心，增设杨殷县；均隶于江西省苏维埃政府；同月，以雩都、会昌、西江、门岭、寻邬、安远、信康7县设立粤赣省，驻会昌文武坝。1934年2月，寻邬县苏区全部和安远县苏区大部失守，2县遂合并成立寻安县苏维埃政府，仍隶于粤赣省；3月，信康县改名登贤县，辖原雩都畚岭、小溪和原赣县长洛、大田以及原会昌茶梓、乱石等6个区，隶于江西省苏维埃政府；5月，长胜、西江、太雷3县划属中央人民委员会直接领导；6月，登贤县改隶于赣南战地委员会；7月，中央决定设立赣南省，驻雩都县城；8月，成立赣南省苏维埃政府，辖赣县、雩都、登贤、杨殷4个苏区县；9月，门岭县与寻安县合并，在雩都小溪成立寻安会县苏维埃政府，隶于赣南省，不久停止活动；10月，石城、兴国、宁都县城失陷；10月，在瑞金成立中华苏维埃共和国中央政府办事处，治所由瑞金云石山迁至雩都宽田；中央政府办事处以宽田为中心，成立瑞西县苏维埃政府，直属中央政府办事处领导；合并兴国县东南部苏区和胜利县西南部苏区，设立兴胜县，同时成立兴胜县苏维埃政府，辖于江西省苏维埃政府；11月，瑞金县、雩都县、会昌县失陷。1935年3月，中央苏区全部丧失。

中华人民共和国　1949年8月14日，赣县解放，划出赣县原辖的赣州镇设赣州市，江西赣州分区行政督察专员公署驻赣州市，辖赣州市、赣县、南康、大庾、上犹、崇义、信丰、龙南、定南、虔南、安远、宁都、雩都、兴国、瑞金、会昌、石城、寻邬18县（市）；8月27日，赣西南行政公署成立，驻赣州市，辖赣州、宁都、吉安3个分区；9月中旬，成立宁都（原议名瑞金分区）分区行政督察专员公署，驻宁都，原江西赣州分区行政督察专员公署管辖的宁都、雩都、兴国、瑞金、会昌、石城、寻邬7县及抚州分区所辖的广昌，改由宁都分区行政督察专员公署管辖，赣州分区行政督察专员公署领11县（市）：赣州市、赣县、南康、大庾、上犹、崇义、信丰、龙南、定南、虔南、安远。1949年11月，撤销赣州分区行政督查专员公署，其所辖县（市）改由赣西南行政公署直接管辖。1951年6月，撤销赣西南行政公署，成立赣州区专员公署，为江西省人民政府派出机关，驻赣州市，辖原赣州分区行政督察专员公署所领11县（市）；宁都分区行政督察专员公署为省直接管辖。1952年8月，撤销宁都专区行政督察专员公署，所领8县，除广昌划归抚州分区管辖外，余均改隶赣州区专员公署。赣州区专员公署领18县（市）：赣州市、赣县、南康、大庾、上犹、崇义、信丰、龙南、定南、虔南、安远、宁都、雩都、兴国、瑞金、会昌、石城、寻邬。1954年，撤销赣州区专员公署，成立赣南行政公署，驻赣州市；同年7月，广昌县划入管辖，赣南行政公署共辖19县（市）。1957年，经国务院批准，改变县用名字，雩都改于都，大庾改大余，虔南改全南，寻邬改寻乌。1964年5月，撤销赣南行政公署，成立赣州专员公署，驻地与辖县如旧。1967年1月，赣州专员公署被赣州地区革命造反总指挥部非法夺权；同年9月，成立赣州专区临时领导小组。1968年2月，成立赣州专区革命委员会；1971年1月，改名为赣州地区革命委员会。1978年8月，撤销赣州地区革命委员会，设立赣州地区行政公署。1983年10月，广昌县划归抚州地区管辖。1990年9月，成立赣州经济技术开发区，直属赣州地区，1991年12月，改称赣州黄金岭经济技术开发区，隶赣州市。1994年5月，经国务院批准，撤销瑞金县，设立县级瑞金市。1995年3月，国务院批准南康撤县设市，南康市为县级市。1999年2月，经国务院批准同意，决定撤销赣州地区和县级赣州市，分别设立地级赣州市和市辖章贡区。南康市、瑞金市由省直辖，赣州市代管。1999年7月，黄金岭经济技术开发区上划隶属地级赣州市；10月与赣州市高新技术产业开发区合并，成立赣州黄金开发区。2004年6月，赣州黄金开发区更名为赣州经济技术开发区。2008年11月，赣州经济技术开发区更名为赣州开发区。2009年2月，分出章贡区湖边镇、南康市潭口镇划归赣州开发区管辖，赣州开发区辖蟠龙、潭东、湖边、潭口四镇和黄金岭街道办事处。2013年10月，经国务院批准，同意撤销南康市，设立市辖南康区。南康区三江乡的解胜、博罗、筱坝3个行政村划归潭东镇管辖。南康区潭口镇的下坝、金塘、台头、村头4个行政村划归南康区龙岭镇管辖。潭东镇、潭口镇划归章贡区管辖。2016年10月，经国务院批准，同意赣县撤县设区为赣县区，以原赣县的行政区域为赣县区的行政区域。2016年3月，赣州蓉江新区获批成立，2017年5月正式挂牌。蓉江新区是赣州市成立的城市新区，是赣州市政府派出机构，为正县级建制。管理区域范围：北起上犹江（凤岗至蟠龙段），南至潭口镇上元村，西起蓉江（潭口龙岭交界段），东至章江，包括潭东镇、潭口镇全域，以及蟠龙镇武陵村、坝上村、当塘村、虎形村、箩渡村等5个行政村全域（含黄金村位于坝上村的部分土地），黄金岭街道办事处坪路村、新路村等2个行政村全域。2017年年底，赣州市辖3个区，14个县，代管瑞金1个县级市，有284个乡镇、7个街道办事处。另有管理国家级经济技术开发区等4个：赣州经济技术开发区、赣州蓉江新区、龙南经济技术开发区、瑞金经济技术开发区。

自然地理

【地理位置】 赣州市位于赣江上游，江西省南部。东邻福建省三明市和龙岩市，西接湖南省郴州市，南毗广东省梅州市、韶关市，北连江西省吉安市和抚州市。地处北纬24° 29′—27° 09′，东经113° 54′—116° 38′之间。纵距295千米，横距219千米，全市总面积39379.64平方千米，占江西省总面积的23.6%，为江西省最大的行政区。赣州市是珠江三角洲、闽东南三角区的腹地，是内地通向东南沿海的重要通道，也是连接长江经济区与华南经济区的纽带。“据五岭之要会，扼赣闽粤湘之要冲”，自古就是“承南启北、呼东应西、南抚百越、北望中州”的战略要地。赣州市人民政府驻章贡区，距省会南昌市423千米，距首都北京市2021千米，距广东省广州市465千米，距台湾海峡360千米。

【地势】 山脉的分布和走向组成地貌骨架。环绕赣州市四周的有武夷山、雩山、诸广山及南岭的九连山、大庾岭等，众多的山脉及其余脉，向中部及北部逶迤伸展，形成周高中低、南高北低地势。群山环绕，断陷盆地贯穿于全市，以山地、丘陵为主，占总面积的80.98%。其中，全市丘陵面积24053平方千米，占全市土地总面积61%；全市山地总面积8620平方千米，占全市土地总面积21.89%；兼有50个大小不等的红壤盆地，面积6706平方千米，占全市土地总面积的17%。全市海拔高度平均在300—500米之间，有海拔千米以上山峰450座，崇义、上犹两县与湖南省桂东三县交界处的齐云山鼎锅寨海拔2061米为最高峰，赣县区湖江镇张屋村海拔82米为最低处。

【地貌】 西部中、低山构造剥蚀地貌 主要分布在赣州西部的上犹县崇阳、寺下以西，崇义县西部及大余县内良、河洞、荡坪、左拔一线，主要山体为罗霄山脉南的诸广山脉及南岭山脉的大庾岭，海拔500—2061米，其特点是新构造运动上升强烈，基岩裸露，山坡陡峭，山顶多呈锯状、垄状，局部地方因沿节理裂隙风化和强烈流水侵蚀切割，可见锯齿状峰林、石笋、蘑菇山；有V形峡谷和嶂谷发育，也有瀑布、温泉分布。境内为赣江支流上犹江、章水等河流发源地，植被茂密，森林、草场、水利资源丰富。南部低山、丘陵构造剥蚀地貌主要分布在赣州市南部的赣县区、于都县、会昌县、瑞金市南部及信丰、安远、寻乌、龙南、全南、定南6县全境，主要山体为九连山和武夷山南段。其中，强烈上升和侵蚀切割较强的低山地貌分布在中山的山前地带，如会昌县北面的武夷山南段，寻乌县的中山排、桂竹帽，信丰县的金盆山、油山，龙南县的九连山，海拔500—1000米，其特点是新构造运动上升较强，山坡陡峭，山脊呈鳍状、垄状、尖峰状，流水切割较强，有V形谷发育，境内为赣江支流桃江、湘江、濂水等河发源地，植被覆盖好，为主要林区，以次生林居多，草场、矿产、水利资源丰富；间歇抬升，中等侵蚀和剥蚀丘陵地貌主要分布在低山区的山前地带，海拔200—500米，其特点是新构造运动缓慢，具有间歇抬升现象，基岩裸露，有薄层风化壳发育，并有崩塌、滑坡现象，流水切割中等，山坡较陡，山脊平缓，呈长垣状、垄状、馒头状，植被较稀疏，多河曲和侵蚀小盆地发育，为林农垦殖区。

中部丘陵河谷侵蚀堆积地貌 主要分布在赣州市中部的于都县红色盆地底部及赣江主要支流上犹江、章江、桃江、贡水等河流中、下游两岸，海拔小于300米，其特点是新构造运动升降缓慢，有间歇性，风化强烈、风化壳厚，沟谷宽广，流水平缓，水土流失严重，有崩塌、滑坡、坳谷和冲沟发育，垄岗多向河谷倾斜，坡度平缓，山脊多呈垄岗状、波浪状，植被稀疏，岗地、阶地自然水源不足，但土壤肥沃，水利设施较好，是重要的农业区。

东北部低山、丘陵构造剥蚀地貌 主要分布在赣州市东北部的兴国县、宁都县、石城县及于都县、瑞金市北部，主要山体为雩山山脉及武夷山脉的北段。其中，较强上升中度侵蚀切割低山地貌分布在雩山山脉两侧和武夷山山脉北段，其特点是新构造运动上升较强，流水侵蚀切割中等，山势较陡，山脊呈锯状、垄状，境内为赣江支流平江、梅江、绵江等河流发源地，植被覆盖较差，森林资源较少，水利资源较丰富，草山、草坡较多，为森林培植、农牧区；以剥蚀为主中等侵蚀缓慢抬升的丘陵地貌分布在低山前缘和断陷盆地地区，其特征是新构造运动缓慢抬升，山势平缓，呈缓坡状、垄状、馒头状，风化强烈，境内植被稀疏，森林资源贫乏，水土流失严重，为水土保持和主要农业区。

溶蚀侵蚀地貌　由灰岩组成的岩溶丘陵地貌，主要分布在于都县梓山镇及银坑乡、瑞金市的云石山乡、会昌县的西江镇等地。山体多奇峰怪石，呈锯状、垄状或为面牙式、石林式山脊，有暗河、溶洞发育。由红岩形成的丹霞低丘陵地貌，主要分布在龙南县的武当山、宁都县翠微峰和赖村、章贡区通天岩等地。由含钙质的厚层沙砾岩，经流水沿裂隙长期侵蚀，形成岩壁直立或近似直立的石柱，桌形山、方山、单面山和各种洞穴等。

【山脉】　赣州市位于南岭之北，山峰环列，山峦起伏，坡度较陡，一般在16—45度之间。环绕于四周的山脉：东有武夷山脉盘踞，为赣、闽两省天然分水岭，东属福建省、西属江西省；南有南岭山脉的大庾岭和九连山横亘，为赣、粤两省天然屏障，岭南是广东省，岭北是江西省；西有诸广山脉屏后，将赣、湘两省相连，西麓为湖南省，东麓为江西省；中东部有雩山山脉贯穿，以宁都县肖田乡为发端，从东北向西南的兴国县、于都县延伸至赣县区、安远县和会昌县，斜坐在贡江岸边。武夷山山脉，蜿蜒在石城、瑞金、于都、会昌、寻乌、宁都等县（市）的部分地方，面积7932.65平方千米，占全市土地总面积20.14%；南岭山脉（大庾岭和九连山），盘踞在大余、信丰、全南、龙南、定南五县全境和安远、寻乌、会昌、南康区、赣县区、于都、章贡区七县（区）的部分地方，面积17613.28平方千米，占全市土地总面积44.73%；诸广山山脉，盘踞在上犹、崇义两县的全部和大余、南康区、赣县区、章贡区四县（区）的部分地方，面积6707.73平方千米，占全市土地面积17.03%，其东麓主要山峰齐云山海拔2061.3米，为赣南境内第一峰；雩山山脉，盘踞在宁都、于都、兴国、会昌、安远、赣县区等县（区）的部分地方，面积7125.98平方千米，占全市土地总面积18.1%。

【河流】　赣州市四周山峦重叠、丘陵起伏，形成溪水密布，河流纵横。地势周高中低，南高北低，水系呈辐辏状向中心——章贡区汇集。赣南山区成为赣江发源地，也成为珠江之东江的源头之一。千余条支流汇成上犹江、章水、梅江、琴江、绵江、湘江、濂江、平江、桃江9条较大支流。其中由上犹江、章水汇成章江；由其余7条支流汇成贡江；章贡两江在章贡区相会而成赣江，北入鄱阳湖，属长江流域赣江水系。另有百条支流分别从寻乌、安远、定南、信丰4县流入珠江流域东江、北江水系和韩江流域梅江水系。区内各河支流，上游分布在西、南、东边缘的山区，河道纵坡陡，落差集中，水流湍急；中游进入丘陵地带，河道纵坡较平坦，河流两岸分布有宽窄不同的冲积平原。

赣江　赣江以章、贡二水在章贡区汇合而得名，古代传说以“赣巨人”而名水。主源为贡水，发源于石城县横江镇洋地石寮岽，为江西省最大河流。赣州市境内赣江长度45千米（自章贡区八境台至赣县尧口），自南向北流向。河流落差11米，平均坡降0.24‰。赣江在境内处北纬24°30′—27°10′、东经113°55′—116°35′。流域面积3.64万平方千米（包括由湖南省、广东省、福建省流入的流域面积1016平方千米），约占赣江总流域面积8.12万平方千米的44.8%，流域形状近似侧面开口的马头形，全区18个县（市）基本属于赣江上游区。

赣江一级支流

章水——古称豫章水，章贡区俗称境内章水为西河。发源于崇义县聂都山张柴洞，流经崇义县、大余县、上犹县、南康区、赣县区，在章贡区八境台汇入赣江。章水主河长199千米，由西向东流，落差861米，平均坡降4.33‰。章水流域面积7696平方千米（包括由广东省、湖南省流入的流域面积599平方千米），流域形状近似四方形，地势西南面高，东北面低。

贡水——古称湖汉水，又称雩江、会昌江，章贡区俗称境内贡水为东河。发源于石城县横江镇洋地石寮岽（赣源岽），流经石城、瑞金、会昌、于都、宁都、兴国、全南、龙南、信丰、安远、赣县等县（市、区），于章贡区八境台汇入赣江。贡水主河长278千米，落差309米，自东向西流，贡水流域面积26589平方千米（包括由广东、福建省流入的流域面积282平方千米），流域形状近似倾斜的菱形。东西狭，南北长，东南高，西北低。

赣江二级支流

犹江——原名豫水，又名犹水、北章水。发源于湖南省汝城县东岗岭，流入集龙墟后入江西省，经崇义县、上犹县，于南康区凤岗镇三江口流入章水。主河长189千米，落差615米，平均坡降3.25‰。流域面积4583平方千米，其中510平方千米来自湖南。流域形状似梯形，自西向东蜿蜒于山岭之间，河床多礁石滩险，上犹江电厂即建在铁扇关下著名的陡水滩上。

朱坊河——又称扬眉水、河田水。发源于崇义县宝山瘌痢石、经崇义县扬眉、南康区朱坊，于镜坝流入章水。主河长80千米，自西向东流，落差475米。流域面积367平方千米。

湘水——又称雁门水。发源于寻乌县大坳上，流经寻乌县罗珊和会昌县筠门岭、右水、麻州，于会昌县城与绵江会合流入贡水。主河长101.34千米，自南向北流，落差743米，平均坡降1.63‰。流域面积2056.2平方千米，其中133平方千米来自福建省，流域形状近似长方形。

濂水——又称梅林江、安远江，发源于安远县九龙嶂，流经安远县、会昌县、于都县，在会昌县境内桑园坝流入贡水。主河长126千米，自西南流向东北，落差508米，平均坡降4.13‰。水流湍急，滩险较多。流域面积2259.4平方千米，形似菱形。

小溪水——又称新陂河。发源于安远县老村粑泥嶂，流经于都县祁禄山、小溪、新陂，于小溪口流入贡江。主河长60千米，自南向北流，落差305米，平均坡降3.2‰。流域面积664平方千米，形似柳叶形。

桃江——又名信丰江。发源于赣、粤交界的全南县饭池嶂，流经全南、龙南、定南、信丰、赣县区5县（区），于赣县区伏坳流入贡水。主河长289

千米，自西南流向东北，落差558米，平均坡降1.93‰，水流湍急，滩险礁多。流域面积7803.44平方千米，其中有149.27平方千米来自广东省，流域形似关刀形，地势东、南、西三面高，北面低，成马蹄形。

绵江——又称瑞金河，是贡水在会昌县县城以上的上游河道，发源于石城县鸡公崇，流经瑞金市日东乡、象湖镇、武阳镇、谢坊镇，在会昌县县城注入贡水。主河长130千米，自东北流向西南，落差243米，平均坡降2.13‰。多险滩礁石。流域面积1863平方千米，其中有135平方千米来自福建省，形似梯形。

澄江——又名西江河、九堡水。发源于瑞金市仙坛脑，流经瑞金市九堡镇、云石山乡、会昌县西江镇、小密乡，在于都县水口流入贡水。主河长88千米，落差239米。流域面积831平方千米，形似L字形。

梅川——古称河水，也称宁都江、梅江。发源于宁都县与宜黄县交界的王陂嶂，流经宁都县肖田乡、洛口镇、东山坝镇、梅江镇和瑞金市瑞林镇及于都县葛坳乡、段屋乡，于龙舌嘴流入贡水。主河长220千米，自北向南流，过宁都县城后改向西南流，落差528米，平均坡降2.4‰。至新街河道弯曲接近360°，俗称吊洲湾，截弯取直后建水电站。河道固定中州多达50个以上，洲上灌木丛生，两岸多荒山，水土流失严重。流域面积6789.12平方千米，东、西、北3面高，南面低，形状近似Y字形。

平江——又称兴国江、平固江。发源于宁都县猴子嶂，流经兴国县兴江乡、古龙冈镇、长冈乡、潋江镇、龙口镇、赣县区南塘镇、吉埠镇，于江口塘流入贡水。主河长132千米，自东北流向西南，过兴国县县城后改向南流，落差753米，平均坡降5.7‰。流域面积2926平方千米，形似T字形，其中水土流失面积约占57%，兴国县境流域范围内85%山地面积水土流失，造成河床普遍淤高2—4米，沙河床高于农田。

自然资源

赣州市地处中亚热带，位置优越。因距海洋较近，可受海洋气候调节，又因环列四周的高山，相对减缓东南台风和西北寒潮的侵袭，因此气候温暖，热量充沛，湿润多雨，兼有天时、地利，自然资源比较丰富，具有较大的经济优势，堪称宝地。

【土地资源】　全市土地由于地质构造关系和受成土诸因素影响，形成土地类型地域性强，土地利用差异明显；山地多、平原少，耕地面积小、耕地后备资源不足；土地绝对数量大，人均占有量少的特点。

根据国土资源部2017年8月9日印发的全市土地利用数据，截至2016年全市土地利用总面积3936295.53公顷，其中耕地437436.58公顷，园地127480.03公顷，林地2915837.43公顷，草地55832.47公顷，城镇村及工矿用地183065.10公顷，交通运输用地46685.14公顷，水域及水利设施用地121525.56公顷，其他土地48433.22公顷。

【水资源】　赣州市四周山峦重叠、丘陵起伏，形成溪水密布，河流纵横。地势周高中低，南高北低，水系呈辐辏状向中心章贡区汇集。赣南山区为赣江发源地，也为珠江之东江的源头之一。千余条支流汇成上犹江、章水、梅江、琴江、绵江、湘江、濂江、平江、桃江9条较大支流。其中，由上犹江、章水汇成章江；由其余7条支流汇成贡江；章贡两江在章贡区相会而成赣江，北入鄱阳湖，属长江流域赣江水系。另有百条支流分别从寻乌县、安远县、定南县、信丰县流入珠江流域东江、北江水系和韩江流域梅江水系。境内大小河流1270条，河流面积14.49万公顷，总长度为16626.6千米，河流密度为每平方千米0.42千米。多年年均水资源量为335.7亿立方米，人均占有量为3900立方米，比全国人均2300立方米高出70%。赣州市基本属富水区。在水资源中，地表水资源为327.53亿立方米，地下水资源可动量为79.13亿立方米，占河川总流量的24.46%。境内温泉53处，除章贡区、南康区、赣县区外，其余15县（市）均有分布，以寻乌县14处为最多。水温最高79℃的1处，出水量最大的为崇义县分水坳温泉每秒50升。部分温泉水开发用来旅游、养殖、洗涤等。

【森林资源】　赣南是中国商品林基地和重点开发的林区之一。植物区系具有种类繁多，成分复杂，起源古老等特点。保留大量的第三纪植物区系，是古老植物种属的“避难所”，是东亚植物区系的发源地之一，还是中国特有植物珍贵树种较多的地区。在动物地理区划上，赣州市属东洋界华中区东部丘陵平原亚区，有较多森林野生动物（昆虫）种类分布在境内各地。西南部的九连山，是中国中亚热带南缘东端自然生态系统保存最完整的地段，保存一些野生动植物的活化石和珍贵树种。

植物资源　据历年多次森林植物调查资料估算，境内森林野生有经济价值的植物主要有3类220科2298种。其中，蕨类植物31科74种，裸子植物9科29种，被子植物180科2195种。在这些植物中，有乔、灌、藤本树种1600—1800多种，掌握的有134科1736种，采集有标本的126科384属1170余种。其中，乔木树种500余种，灌木（含藤本）树种650余种，竹类20余种；有珍稀濒危树种124种，属于国家一、二、三级保护树种40余种；引进树种200多种。赣州市树木园采种育苗上山造林和原有的树种保存1300多种，其中珍稀树种131种。赣州市地形复杂，地域差异大，森林树种垂直分布比较明显，综合《江西森林》等书籍、资料和调查情况是：海拔500米以下丘陵岗地的林木树种多为马尾松、杉木、油茶、毛竹、黄竹、茅栗、白栗、樟树、苦槠、银木荷、南岭栲、红楠等；海拔500—700米的低山多为壳斗科的麻栎、锥栗、丝栗栲等，黄檀、拟赤杨、马尾松、毛竹、杉木、泡桐、漆树、深山含笑、乌桕、观光木、茶梨、猴喜欢、天料木、苦梓、杜英属、小山竹、黄樟、大叶楠、厚皮树、枫香等树种；海拔700—1000米的山地多为甜槠栲、钩栗、山合欢、椴树、冬青、光皮桦、化香、竹柏、黄杨、枫香等树种；海拔1000米以上低中山地多为天然灌木类，如杜鹃、乌饭、檵木、小叶石楠、马银花、猴头杜鹃、野山茶、吊钟花、冷剑竹等树种。尽管赣南林地纬度相差2—3度，但林木树种水平分布上差异不大，树种分界线不明显。境内列入《国家重点保护野生植物名录》（第一批）的31种，其中Ⅰ级4种、Ⅱ级27种；列入省级重点保护植物78种。列入《国家重点保护野生植物名录》（第一批）的31种分别是：南方红豆杉（国家一级），伯乐树（国家一级），苏铁（国家一级），银杏（国家一级），香果树（国家二级），香樟（国家二级），福建柏（国家二级），金钱松（国家二级），华南五针松（国家二级），穗花杉（国家二级），榧树（国家二级），白豆杉（国家二级），厚朴（国家二级），凹叶厚朴（国家二级），半枫荷（国家二级），金荞麦（国家二级），红豆树（国家二级），花榈木（国家二级），毛红椿（国家二级），红椿（国家二级），长序榆（国家二级），任豆（国家二级），伞花木（国家二级），榉树（国家二级），苦梓（国家二级），闽楠（国家二级），浙江楠（国家二级），润楠（国家二级），楠木（国家二级），野大豆（国家二级），金毛狗（国家二级）。

微生物资源　境内森林有经济价值的微生物资源主要是野生大型真菌，有2纲6目21科84种，其中层菌纲4目19科80种，复菌纲2目2科4种。

动物资源　赣州市历史上曾有剑齿象、犀牛、大熊猫、金丝猴、长臂猿、麋鹿等动物繁衍生息。随着气温的下降，北宋以后，上述动物逐渐向西南退缩，先后在赣州市绝迹。中华人民共和国成立后，有关部门曾多次开展野生动物调查，基本查清赣州市森林野生动物（包括昆虫）的种类和分布。除森林昆虫18目130科912种，并发现有全国新种、江西新种69种外，赣州市有陆生野生保护动物125种，其中国家级保护的有48种，省级保护的77种。这些野生动物，既有南北广泛分布的种类；也有分布于华南亚区的种类；还有与西南亚区相似的部分动物种类。有经济价值较高的和稀有的华南虎（20世纪60年代前有，80年代后销声匿迹），金钱豹、猕猴、水鹿、水獭、苏门羚、平胸龟、黄腹角雉、白鹇、穿山甲、棘胸蛙、蟒蛇等，也有国家名产云豹和金猫；还有新近发现的江西新种花姬蛙、三叶蹄蝠。据1997—2000年赣州市林科所按照全省统一组织、统一技术方法的调查结果显示，赣州市共有森林陆生脊椎类野生有经济价值动物336种，分别隶属于29目86科。其中，鸟类17目43科198种，属东洋界区系的103种，古北界的63种，白喉斑秧鸡等19种是江西的新纪录，雀形科种类占99种；境内常见鸟类有白头鹎、乌鸫、大山雀、灰胸竹鸡、八哥、画眉、环颈雉等10多种；在境内繁殖的鸟有125种，占鸟类总数的66.14%；冬候鸟51种，旅鸟13种；按80%可靠性对12种珍贵鸟类种群数量进行估算，大约灰胸竹鸡53193只、环颈雉27205只、画眉38799只。野生兽类7目23科55种，其中较为稀有的兽类有猕猴、棕鼯鼠、银星竹鼠、赤狐、豺、小灵猫、斑灵猫、金猫、豹、黑熊（群众反映有黑麂、华南虎、斑羚）；栖息于山地的兽类47种，占85.45%；东洋界区系的45种，占81.82%；估计野猪的数量在13268—15824头之间。两栖类2目7科26种，优势种类有中华蟾蜍、沼蛙、泽蛙、黑斑蛙、花臭蛙、棘胸蛙和大泛树蛙等。爬行类3目13科56种（蛇类调查于1992年5月至1994年10月，发现38种），其中优势种类有石龙子、北草蜥、赤链蛇、王锦蛇、草游蛇、水赤链、游蛇、小头蛇、灰鼠蛇、滑鼠蛇、中国水蛇、银环蛇、眼镜蛇、竹叶青等。赣州市的爬行动物区系以东洋界成分为主体，占85.71%。另据初步调查，境内有陆生非脊椎类野生动物昆虫类18目130科912种，主要为森林昆虫，其中鳞翅目最多，鞘翅目、半翅目次之。

【矿藏资源】　赣州市是全国重点有色金属基地之一，素有“世界钨都”之美誉。发现矿产62种，其中有色金属10种，稀有金属10种（铌、钽、稀土、锂、铍、锆、铪、铷、铯、钪），贵重金属4种（金、银、铂、钯），黑色金属4种（铁、锰、钛、钒），非金属25种（盐、萤石、滑石、透闪石、硅石、高岭土、黏土、瓷土、膨润土、水晶、石墨、石棉、石膏、芒硝、重晶石、云母、冰洲石、钾长石、硫、磷、砷、碘、大理岩、石灰岩及白云岩），燃料5种（煤、石煤、泥炭、油页岩、石油）。全市保有矿产储量的潜在经济价值达3000多亿元。1983年国际矿物协会新矿物与矿物命名委员会审查通过并正式确认的赣南矿，为世界首次发现的新矿物。

【旅游资源】　赣州市旅游资源丰富。全市有国家级历史文化名城、中国优秀旅游城市1座，国家AAAAA级旅游区1处，国家AAAA级旅游区20处，国家AAA级旅游区10处；国家特色小镇创建单位2个，省AAAAA级乡村旅游点2个，省AAAA级乡村旅游点13个，省AAA乡村旅游点13处。

天气与气候

【概况】　赣州市地处中亚热带南缘，属亚热带丘陵山区湿润季风气候，具有冬夏季风盛行，春季降水集中，四季分明，气候温和，热量丰富，雨量充沛，酷暑和严寒时间短，无霜期长等气候特征。

2017年度气候特点：全市气温偏高、雨量偏少、日照正常。冬季气温异常偏高，冷空气活动频繁；春季入春时间偏早，3月阴雨日数偏多，4月以后全市雨量、雨日少；夏、秋季出现阶段性的高温干旱天气。

降水　2017年度（1—12月，下同）全市总降雨量平均为1342.2毫米，比历年同期少1.5成。全市除崇义、信丰、寻乌三县为正常年份外，其他县（市、区）均为偏少年份。年总降雨以寻乌县1561.5毫米为最多，于都县1104.5毫米最少。

1—3月，全市平均降雨量为314.1毫米，比历年同期少1.4成，属偏少年份。1—3月平均降雨量崇义县为偏多年份，兴国、会昌、全南县为正常年份，其他县（市、区）为偏少年份；会昌县360.9毫米为最多（但也比历年同期少近1成），定南县248.7毫米为最少（比历年同期少2.3成）。

4—6月，全市平均降雨量为564.7毫米，比历年同期少1.7成，属偏少年份。4—6月平均降雨量崇义、定南、全南三县为正常年份，赣县区、于都县、兴国县、石城县为特少年份，信丰县、寻乌县为偏多年份，其他县（市、区）为偏少年份；寻乌县779.1毫米为最多（比历年同期多1.3成），兴国县333.4毫米为最少（比历年同期少5成）。

7—9月，全市平均降雨量为324.2毫米，比历年同期少2成，属偏少年份。7—9月平均降雨量赣县区、兴国县、安远县为偏多年份，崇义县、南康区为正常年份，宁都、石城、瑞金、定南、全南五县（市）为特少年份，其他县（市、区）为偏少年份；安远县476.8毫米为最多（比历年同期多1.1成），瑞金市185.4毫米为最少（比历年同期少4.9成）。

10—12月，全市平均降雨量为139.2毫米，比历年同期略少1.7毫米，属正常年份。10—12月平均降雨量南康区为特多年份，宁都县为特少年份，上犹、信丰、瑞金、全南、龙南五县（市）为偏多年份，崇义、于都、石城、寻乌四县为偏少年份，其他县（市、区）为正常年份；南康区192.7毫米为最多（比历年同期多3.3成），寻乌县99.5毫米为最少，（比历年同期少1.7成）。

气温　2017年全市年平均气温为19.9℃，比历年同期偏高0.8℃，各县市年平均气温在18.8—20.9℃之间。全市年平均气温以于都县20.9℃为最高，崇义县18.8℃为最低。全市极端最高气温为40.0℃，7月25日出现在兴国县；全市极端最低气温为-3.4℃，12月21日出现在石城县。

1—3月，全市平均气温为12.3℃，比历年同期偏高1.5℃。其中，1月全市平均气温为11.4℃，比历年同期偏高3.1℃，创1959年来历史同期新高。入春时间偏早（日平均气温稳定通过10℃的平均初日均为2月27日），比常年提早11天。

4—6月，全市平均气温为23.3℃，比历年同期偏高0.2℃。

7—9月，全市平均气温为28.3℃，比历年同期偏高1.3℃。

10—12月，全市平均气温为15.7℃，比历年同期偏高0.4℃。

日照　2017年全市平均日照时数为1668.6小时，比历年同期多46.7小时，属正常年份。全市平均日照时数以赣县1896.1小时为最多，全南1454.9小时为最少。

1—3月，全市平均日照时数为240.3小时，比历年同期多9.5小时，属正常年份。

4—6月，全市平均日照时数为379.9小时，比历年同期多27.1小时，属正常年份。

7—9月，全市平均日照时数为688小时，比历年同期多91.5小时，属偏多年份。

10—12月，全市平均日照时数为360.4小时，比历年同期少81.4小时，属偏少年份。其中，11月全市平均日照时数为56.6小时，比历年同期少85.5小时，为1959年以来历史同期第一低位。

【主要气象灾害及气候事件】　全市年平均降雨量为1342.2毫米，比历年同期少1.5成；平均气温为19.9℃，比历年同期偏高0.8℃；平均日照时数为1668.6小时，比历年同期多46.7小时。

气温异常偏高　1月，全市平均气温为11.4℃，比历年同期偏高3.1℃，创1959年以来历史同期新高。其中，上犹、崇义、于都、兴国、宁都、石城、瑞金、会昌、安远、寻乌、定南、全南12站创历史同期新高。

9月，全市平均气温为27.5℃，比历年同期偏高2.4℃，位居历史同期第一高位。其中，赣县、南康、宁都、瑞金、会昌、安远、寻乌、定南8站平均气温创历史同期新高。

10月上旬，全市平均气温为26.3℃，气温异常偏高，比历年同期偏高4.1℃；17个县（市、区）旬平均气温均创历史同期新高。

暴雨、台风　全市出现6次区域性暴雨天气过程，其中出现2次台风暴雨天气过程。

3月10日，受高空槽和低层切变线共同影响，全市出现1次区域性暴雨天气过程，其中有11个县（市、区）出现暴雨。

4月19日—21日，全市出现1次强降雨天气过程，其间出现暴雨6站次（安远、定南、全南、龙南、瑞金、信丰）。

6月2日—4日，受低层切变线共同影响，全市出现连续性暴雨、部分大暴雨天气过程。期间先后出现暴雨5站次，大暴雨2站次。信丰县十里，1小时雨量达62.5毫米；6小时雨量达162毫米。据相关部门统计：降雨过程致使全市信丰、宁都、石城、安远、会昌、寻乌6个县63405人受灾，转移人口234人，直接经济损失3009.7万元，其中农业经济损失336万元。

6月13日—16日，受2017年第2号台风“苗柏”和低层切变共同影响，全市出现大到暴雨、局部大暴雨天气过程。期间出现暴雨7站次，大暴雨1站次。据上报灾情资料统计：信丰县有7个乡镇受灾，受灾人口7943人、转移人口246人，倒塌房屋87间，公路中断5（条次）；损坏护岸3（处）、冲毁塘坝3（座）、损坏灌溉设施27（处）；农作物受灾面积645.2公顷；全县直接经济总损失719万元。寻乌县受灾人口196人，紧急转移人口56人，农作物受灾面积158公顷，损毁河堤长度190米，公路中断68条，直接经济损失537万元。

7月30日—8月2日，受2017年第9号台风“纳沙”和第10号台风“海棠”外围环流影响，全市出现

1次暴雨、局部大暴雨天气过程。期间出现大暴雨3站次，暴雨3站次。据上报灾情资料统计：寻乌县3个乡镇受灾，受灾人口23人，转移人口7人；农作物受灾面积0.27公顷；公路中断11段；损坏提防3处；直接经济总损失99.7万元。

8月26日，受东风波和弱冷空气共同影响，全市出现1次暴雨、局部大暴雨天气过程。其中，出现暴雨6站次，大暴雨1站次。高温天气得到有效缓解。

冷空气过程　1月29日—31日，受北方冷空气南下影响，全市气温明显下降，过程降温8—11℃。

2月7日—9日，受北方冷空气南下影响，全市出现1次降温、降水天气过程，降温幅度为7—10℃。

2月23日—24日，受强冷空气影响，全市出现明显降温、降水天气过程，降温幅度为7—13℃。其中南康、会昌、安远、寻乌、定南、全南、龙南7站48小时达到寒潮标准。

3月13日—15日，受冷空气影响，全市出现1次降温、降水天气过程，过程降温为4—10℃。

10月11日—13日，受北方强冷空气南下影响，全市气温出现大幅度下降，全市过程降温7—10℃。

11月18日—20日，受北方强冷空气影响，全市气温出现大幅度下降，全市过程降温8—9℃，过程最低气温为6.4℃。

12月14日—16日，受高空低槽、切变线和地面冷空气影响，全市出现降温降水过程，气温下降2—4℃。降雨过后为晴冷天气，18—21日出现冰霜冻，大部分县（市、区）最低气温降至-3—0℃。

连阴雨天气　3月，受降雨影响，全市各地连阴雨日数为19—24天，其中宁都、会昌2站创历史同期新高。

高温、干旱　7月11日—30日，全市中部以北地区出现持续晴热高温天气（日极端最高温度≥35℃），中部以南地区最高气温相对低2—3℃。7月11日—30日全市各地极端日最高气温为36.4℃（全南）—40.0℃（兴国）。资料统计：赣县、于都、兴国、宁都、石城、瑞金六县（市、区）连续19天日降雨量小于10毫米，过程平均雨量仅为7.1毫米，据江西省气象干旱监测数据显示，上述县（市、区）出现不同程度气象干旱。其中，石城县：因旱造成横江镇、琴江镇、高田镇、木兰乡、大由乡、小松镇等10个乡镇农作物（白莲、烟叶、水稻）受损严重。全县受灾人口30060人，因旱需生活救助人口16830人，因旱饮水困难需救助人口4730人；农作物受灾面积2113公顷，成灾面积为1485公顷，绝收面积112公顷，直接经济损失2315万元。宁都县因旱全县直接经济损失1400万元。

8月，出现2次大范围的高温天气过程。分别为8月4日—8日和8月17日—25日。

9月，出现2次不同程度的高温过程，分别出现在上旬及中下旬。第2次的高温过程影响范围更广、强度更强。26日、27日全南、龙南、宁都、定南4站日最高气温突破1959年以来9月历史极值。

水文特征

【概况】　赣州市位于赣江上游，是以暴雨为自然灾害的地区。2017年全市平均降雨量为1267毫米，比多年同期均值偏少19%。实测径流量264.27亿立方米，全市径流年内分配不均衡，汛期（4—9月）实测径流量为177.70亿立方米，占全年径流量的67.2%；非汛期径流量为86.57亿立方米，占全年径流量的32.8%。赣州市河川径流量补给主要是降水，属雨水补给型。

【防汛测报】　全市平均降雨量为1267毫米，比多年同期均值偏少19%。时间分布上，1—3月平均雨量302毫米，比多年同期均值偏少12%；主汛期4—6月平均雨量609毫米，比多年均值偏少13%；后汛期7—9月平均雨量239毫米，比多年均值偏少38%；10—12月平均雨量117毫米，比多年均值偏少24%。空间分布上，总体呈周边多，中部少的态势，以崇义县1537毫米为最大，南康区1077毫米为最小。

全年共出现14次较大降雨过程，先后有5个台风对赣州市有影响。尽管降雨总体偏少，但点暴雨频发多发，小流域山洪频发。年内，全市启动防汛水文测报应急响应5次，发出预警短信5万余条，发布水情预报9站20次、水情信息10期、水情月报8期，编写会商材料7次、水文呈阅件2期。

【水资源及用量】　赣州市多年平均水资源量为336.52亿立方米，人均水资源量约4000立方米，高于全省、全国人均水资源量占有量。2017年全市水资源量为275.38亿立方米，与上年比较减少53.2%，与多年平均比较减少18.2%，低于常年水平。2017年全市人均水资源量3200立方米。

全市总用水量34.39亿立方米。其中，农林果牧渔畜业用水量24.21亿立方米，占全市总用水量的70.4%；工业与建筑业用水量4.90亿立方米，占全市总用水量的14.2%；服务业用水量0.81亿立方米，占全市总用水量的2.4%；居民生活用水量4.15亿立方米，占全市总用水量的12.1%；城镇环境用水量0.32亿立方米，占全市总用水量的0.9%。2017年，全市人均用水量398立方米，比上年增加5.1%。

人口　民族

【人口】　2017年年末，全市总人口974.25万人，比上年末增加3.47万人。全市人口出生率13.89‰。人口自然增长率7.70‰。

【民族】　全市人口以汉族为主。少数民族有畲族、回族、蒙古族、藏族、维吾尔族、苗族、彝族、壮族、布依族、朝鲜族、满族、侗族、瑶族、白族、土家族、哈尼族、哈萨克族、傣族、黎族、傈僳族、高山族、佤族、拉祜族、水族、东乡族、纳西族、景颇族、独龙族、土族、达斡尔族、仫佬族、羌族、布朗族、撒拉族、毛南族、仡佬族、锡伯族、塔吉克族、怒族、乌孜别克族、鄂温克族等41个，分布在18个县(市、区)和赣州经济技术开发区。

行政区划

2017年年末，赣州市辖赣县区、章贡区、南康区3个市辖区，以及大余、上犹、崇义、信丰、龙南、定南、全南、安远、宁都、于都、兴国、会昌、石城、寻乌14个县，代管瑞金1个县级市，共18个县级政区。全市有7个街道办事处，143个镇、141个乡(含民族乡1个)，451个居民委员会、3459个村民委员会。

赣州市行政区划情况

表1

县(市、区)	乡(镇、街办、管理区、林场)	居委会(个)	村委会(个)
章贡区(9镇5街办)	水东镇、水南镇、水西镇、沙石镇、沙河镇、蟠龙镇、湖边镇、潭东镇、潭口镇、赣江街道办事处、解放街道办事处、南外街道办事处、东外街道办事处、黄金岭街道办事处	96	112
南康区(6镇12乡2街办)	唐江镇、横市镇、凤岗镇、镜坝镇、龙岭镇、龙回镇、隆木乡、坪市乡、大坪乡、麻双乡、十八塘乡、龙华乡、三江乡、太窝乡、朱坊乡、横寨乡、赤土畲族乡、浮石乡、蓉江街道办事处、东山街道办事处	40	278
赣县区(12镇7乡)	梅林镇、王母渡镇、茅店镇、江口镇、吉埠镇、南塘镇、沙地镇、田村镇、五云镇、储潭镇、湖江镇、韩坊镇、大埠乡、阳埠乡、大田乡、长洛乡、石芫乡、三溪乡、白鹭乡	26	276
瑞金市(7镇10乡)	象湖镇、壬田镇、武阳镇、谢坊镇、沙洲坝镇、九堡镇、瑞林镇、日东乡、叶坪乡、黄柏乡、大柏地乡、丁陂乡、岗面乡、泽覃乡、拔英乡、云石山乡、万田乡	17	223
信丰县(13镇3乡)	嘉定镇、西牛镇、大塘埠镇、铁石口镇、小江镇、正平镇、小河镇、古陂镇、大桥镇、新田镇、油山镇、大阿镇、安西镇、万隆乡、崇仙乡、虎山乡	40	260
大余县(8镇3乡)	南安镇、新城镇、池江镇、樟斗镇、青龙镇、左拔镇、黄龙镇、吉村镇、浮江乡、河洞乡、内良乡	14	105
上犹县(6镇8乡)	东山镇、陡水镇、营前镇、社溪镇、黄埠镇、寺下镇、梅水乡、油石乡、安和乡、紫阳乡、双溪乡、水岩乡、平富乡、五指峰乡	10	131
崇义县(6镇10乡)	横水镇、铅厂镇、长龙镇、扬眉镇、过埠镇、关田镇、龙勾乡、杰坝乡、麟潭乡、金坑乡、丰洲乡、文英乡、乐洞乡、上堡乡、思顺乡、聂都乡	8	124
安远县(8镇10乡)	欣山镇、孔田镇、版石镇、天心镇、龙布镇、车头镇、三百山镇、鹤子镇、镇岗乡、凤山乡、高云山乡、新龙乡、蔡坊乡、重石乡、长沙乡、双芫乡、塘村乡、浮槎乡	16	151
龙南县(9镇5乡)	龙南镇、渡江镇、程龙镇、杨村镇、武当镇、汶龙镇、关西镇、里仁镇、九连山镇、桃江乡、夹湖乡、南亨乡、临塘乡、东江乡	16	90
定南县(7镇)	历市镇、岭北镇、龙塘镇、老城镇、岿美山镇、鹅公镇、天九镇	16	119
全南县(6镇3乡)	城厢镇、金龙镇、南迳镇、陂头镇、大吉山镇、龙源坝镇、龙下乡、社迳乡、中寨乡	8	86
宁都县(12镇12乡)	梅江镇、青塘镇、长胜镇、黄陂镇、固村镇、赖村镇、石上镇、东山坝镇、洛口镇、田头镇、黄石镇、小布镇、竹笮乡、对坊乡、固厚乡、田埠乡、会同乡、湛田乡、安福乡、东韶乡、肖田乡、钓峰乡、蔡江乡、大沽乡	33	299
于都县(9镇14乡)	贡江镇、银坑镇、岭背镇、梓山镇、罗坳镇、禾丰镇、祁禄山镇、铁山垅镇、盘古山镇、葛坳乡、桥头乡、马安乡、仙下乡、段屋乡、车溪乡、宽田乡、沙心乡、黄麟乡、利村乡、新陂乡、罗江乡、小溪乡、靖石乡	35	353
兴国县(7镇18乡)	潋江镇、江背镇、古龙岗镇、梅窖镇、良村镇、龙口镇、高兴镇、兴江乡、樟木乡、东村乡、兴莲乡、杰村乡、社富乡、埠头乡、隆坪乡、永丰乡、茶园乡、崇贤乡、枫边乡、南坑乡、方太乡、城岗乡、鼎龙乡、长冈乡、均村乡	13	304
会昌县(6镇13乡)	文武坝镇、西江镇、庄口镇、麻州镇、周田镇、筠门岭镇、小密乡、白鹅乡、庄埠乡、珠兰乡、晓龙乡、高排乡、右水乡、清溪乡、洞头乡、站塘乡、中村乡、永隆乡、富城乡	30	244
寻乌县(7镇8乡)	长宁镇、澄江镇、吉潭镇、南桥镇、留车镇、晨光镇、桂竹帽镇、水源乡、罗珊乡、项山乡、三标乡、文峰乡、丹溪乡、龙廷乡、菖蒲乡	11	173
石城县(5镇5乡)	琴江镇、高田镇、小松镇、屏山镇、横江镇、木兰乡、丰山乡、大由乡、龙岗乡、珠坑乡	22	131

(本栏编辑 赖 芳)

中共赣州市委员会

概 述

2017年，是赣南苏区发展史上砥砺奋进的不平凡之年。中共中央总书记习近平3次对赣州工作作出重要指示或批示。在6月23日全国深度贫困地区脱贫攻坚座谈会上，中共中央总书记习近平听取赣州市脱贫攻坚工作汇报后指出，赣州是革命老区，抓好脱贫攻坚具有重要政治意义；加快老区发展，让老区人民过上富裕幸福生活，同样具有重要政治意义。在《若干意见》出台实施5周年之际，中共中央总书记习近平等中央领导作出重要批示，充分肯定振兴发展取得的积极成效，强调抓好赣南苏区振兴发展“具有特殊的政治意义”。12月15日，中共中央总书记习近平对中共中央宣传部寻乌扶贫调研报告作出重要批示。这些充分体现中共中央总书记习近平对赣南老区的深情大爱，充分体现中国共产党“不忘初心”的使命担当，为赣南打赢脱贫攻坚战、同步奔小康指明方向、增添强大力量。省委、省政府先后出台实施3个重要文件，支持赣州市加快振兴发展，打造“一带一路”重要节点城市和省域副中心城市。在党中央的关心关怀和省委的坚强领导下，市委团结带领全市广大党员和干部群众，以习近平新时代中国特色社会主义思想为指导，深入学习宣传贯彻中共十九大精神特别是中共中央总书记习近平对赣州工作的重要指示批示精神，全面贯彻省委“创新引领、绿色崛起、担当实干、兴赣富民”工作方针，坚持解放思想、内外兼修、北上南下，突出打好“六大攻坚战”，经济社会发展和党的建设取得明显成效，荣获全国文明城市、国家森林城市、全国社会治安综合治理优秀市和“长安杯”、中国绿色发展优秀城市等多项国家荣誉，获2016年度全省科学发展综合考评第一名，全国、全省在赣州市召开的现场交流会议达31次，赣州市在全国、全省有关会议上作经验介绍26次。

【深入学习宣传贯彻中共十九大精神】 坚持把迎接中共十九大，学习宣传贯彻中共十九大精神作为一条主线和重大政治任务贯穿全年各项工作，着力在学懂、弄通、做实上下功夫，着力突出“六个聚焦”，扎实推进中共十九大精神进企业、进农村、进机关、进校园、进社区、进网络。中共十九大召开后，市委第一时间召开市委常委会、中心组学习会、全市领导干部大会传达学习，专门印发《关于认真学习宣传贯彻党的十九大精神的通知》《关于进一步学习宣传贯彻党的十九大精神的实施方案》，对全市学习宣传贯彻工作进行安排部署。成立由市四套班子领导组成的中共十九大精神市委宣讲团，分赴各县（市、区）和市直有关单位开展集中宣讲。组建“红军后代宣讲团”“脱贫典型宣讲团”“赣南文艺宣讲团”，打造接地气的基层宣讲品牌。举办全市领导干部学习贯彻中共十九大精神专题研讨班，发挥市“一校三院”（市委党校、行政学院、社会主义学院、瑞金干部学院）培训主阵地作用，开展全方位研讨交流和教育培训。广泛刊播宣传标语，组织编印苏区红色故事等系列简明读本和中共十九大精神口袋书，策划推出“学习贯彻十九大精神”“新时代、新征程”“新时代苏区干部好作风”等专题专栏，“总书记的苏区情怀”“微宣讲”“微理论”等系列融媒体产品，通过形式多样、各具特色的宣传宣讲，持续掀起学习贯彻热潮。全市党员干部群众自觉以习近平新时代中国特色社会主义思想和中共十九大精神武装头脑、指导实践、推动工作，深刻铭记中共中央总书记习近平的关心厚爱，坚决维护中共中央习近平的核心地位，坚决维护以习近平总书记为核心中共中央权威和集中统一领导。

【深入实施《若干意见》】 《若干意见》出台实施的5年，是党和国家领导人到赣州市调研指导最多、国家给予帮扶支持最多的5年，也是赣州市经济社会发展最快、城乡面貌变化最大、老百姓受益最多的5年。5年来，市委持续推进《若干意见》政策落地生根，主要经济指标增速持续高于全国全省平均水平，人均水平与全国、全省差距缩小，多项指标增速在全省排位前移，财政总收入、一般公共预算收入、固定资产投资5年翻番，农民人均可支配收入接近翻番。中共中央总书记习近平等中央领导作出重要批示，充分肯定振兴发展取得的积极成效。市委通过开展“贯彻中央领导同志重要批示精神深入推进赣南苏区振兴发展”主题大调研，出台《关于纵深推进赣南苏区振兴发展实现与全国同步全面小康的实施意见》等重大政策文件，推动召开省赣南等原中央苏区振兴发展工作领导小组第六次会议、全省深入推进赣南等原中央苏区振兴发展工作会议、支持赣南等原中央苏区振兴发展工作座谈会和支持赣南苏区振兴发展工作推进会，进一步凝聚振兴发展合力，协调解决一大批重大事项。对口支援工作深入推进，“援县促市”工作机制进一步完善，争取14个部委新出台支持文件，部委累计出台支持文件93个。瑞兴于经济振兴试验区和“三南”一体化发展有力推进。省政府专门出台21项政策措施，支持赣州市建设省域副中心城市。试点示范事项建设成效明显，新增获批国家、省级试点示范事项13个，累计达118个（其中国家级83个，省级35个）。集中开展“北上争资争项”百日会战，争取上级各类补助资金530亿元，增长11%。

【突出打好“六大攻坚战”】 以项目建设为主抓手，突出打好“六大攻坚战”，发展后劲明显增强。实现地区生产总值2524.01亿元，增长9.5%；固定资产投资2510.48亿元，增长13.8%；社会消费品零售总额887.05亿元，增长12.3%；财政总收入408.32亿元，增长11.5%。主要经济指标增速大多在全省“第一方阵”，生产总值、固定资产投资、工业固投、服务业增加值、农民人均可支配收入增速继续保持全省第一。工业发展势头强劲。紧扣“主攻工业，三年翻番”目标，突出重大项目带动，146个亿元以上“两城两谷一带”项目全部开工，规模以上工业增加值增长9.1%。新增规模以上工业企业435家、总数达1721家，均列全省第一。新能源汽车科技城成功落户7个整车及配套项目，南方新能源汽车工程研究中心等配套平台建设加快推进；现代家居城建成全省首个家具设计中心，新增规模以上家具企业144家，产值突破1300亿元；中国稀金谷入驻“国字号”创新平台4个，引进23个钨和稀土新材料及应用项目，中国稀金（赣州）新材料研究院挂牌成立；青峰药谷签约落地重大项目16个，创新天然药物与中药注射剂企业国家重点实验室正式启用；赣粤电子信息产业带新引进重大项目68个，总投资达586.34亿元。新开工标准厂房815万平方米，建成658万平方米。脱贫攻坚成效明显。坚持以脱贫攻坚统揽经济社会发展全局，扎实推进脱贫攻坚问题整改和脱贫攻坚“百日行动”，实现17.8万人贫困人口脱贫、270个贫困村达标退出，全市贫困发生率由6.6%下降到4.08%。市、县两级财政预算安排脱贫攻坚专项资金41.24亿元，增长147%。完善落实产业扶贫“五个一”机制，大力实施农业产业扶贫、电商扶贫、旅游扶贫、光伏扶贫等扶贫工程，覆盖带动99.8%建档立卡贫困户增收致富。就业扶贫车间基本实现乡镇全覆盖。统筹实施整村推进扶贫、安居扶贫、健康扶贫、教育扶贫和兜底保障扶贫，完成易地扶贫搬迁5.4万人，改造农村危房2.76万户，建设农村保障房8710套，健康扶贫“四道医疗保障线”实现“先诊疗、后付费”和“一卡通”即时结算，贫困户子女助学补助惠及49.6万人次。成功承办全国产业扶贫、就业扶贫等多个现场会并作经验介绍。城乡面貌大为改观。围绕建设省域副中心城市和南方区域性中心城市，加速推进中心城区“五大功能区”一体化发展，建成区面积扩大至165平方千米，城市人口达166万人，全市常住人口城镇化率48.6%左右。高标准、高水平推进高铁片区、蓉江新区建设，加快迎宾大道、文明大道等快速路建设，扎实推进绿化美化亮化工程、立面改造和老旧居民小区整治，获批国家城市设计试点城市。积极开展“城乡环境整治年”活动，农村“空心房”整治基本完成，累计拆除“两违”建筑500多万平方米，建设新农村建设点5797个。全南南迳、宁都小布入选国家级特色小镇，大余丫山入围全国运动休闲特色小镇。全面开展乡风文明行动，推动每个村建立红白理事会，整治陈规陋习，树立文明新风，农村精神面貌发生可喜变化。现代农业提质增效。赣南脐橙列入中欧“100+100”地理标志产品互认保护公示名单，品牌价值继续稳居全国初级农产品类地理标志产品区域品牌价值榜榜首，与宁都黄鸡同获全国百强农产品区域公用品牌。蔬菜产业形成燎原之势，建成规模蔬菜基地622个、8600公顷，开通中欧蔬菜班列。完成油茶新（改）造1.8万公顷，于都梾木油获批国家地理标志保护产品。茶叶、烟叶、白莲、家禽、水产等特色产业加快发展。积极培育农业产业化龙头企业，规模以上农业龙头企业达590个，农业综合效益明显提高。现代服务业持续壮大。服务业增加值占GDP比重达44%左

1月3日—8日，赣州市召开全市“六大攻坚战”工作流动现场会。图为与会领导参观瑞金叶坪田坞（九丰）现代高效农业示范园区

右。设立各类产业投资基金51支，全年发放“财政惠农信贷通”等5个信贷通220亿元。获批第二批国家级旅游业改革创新先行区，启动实施全域旅游发展3年行动计划，方特主题公园、时光赣州、龙川极地海洋世界等重大文旅项目扎实推进，旅游总收入、接待总人数分别增长30.5%、22%。智慧物流平台“吉集号”上线运行，综合物流成本降低15%以上。电子商务蓬勃发展，成为全国首个电商进农村全覆盖的设区市。基础设施进一步完善。昌赣客专赣州段隧道群全部贯通，赣深客专、兴泉铁路全线开工。广吉高速宁都段顺利推进，兴赣高速北延破土动工，瑞兴于快速交通走廊、瑞金机场、“三南”快线开工建设。加快实施国省道改造和农村公路建设3年计划，升级改造国省道1144千米，建成农村公路2687千米。黄金机场改扩建、航空口岸和通用机坪建设加速推进。华能瑞金电厂二期复工建设，省天然气管网赣州段6条支线建设进展顺利。实施农村饮水安全巩固提升工程137处，受益群众62.37万人。

【坚定不移深化改革开放】 坚持以改革激发新活力，以创新增强新动力，以开放拓展新空间。重点领域改革取得新突破。“三去一降一补”任务全面落实。大力推进降成本、优环境专项行动，为企业减负104.18亿元。深入推进“放管服”改革，设立市行政审批局，创新实施“‘一窗式’改革”“中介服务超市”，实现“一枚印章管审批”“一个窗口接办件”，市本级行政审批事项继续保持为全省最少，186项事项实现“最多一次办结”。国资国企、财税金融、投融资体制、商事制度、群团组织、农业农村等改革扎实推进，取得新突破。开放合作迈出新步伐。赣州港获批全省首个国家“一带一路”多式联运示范工程，开通16条内贸和铁海联运班列线路、14条中欧（亚）线路，实现家具、木材、煤炭和电子信息产品的多品种运营，“港区联动、一体发展”加速推进。2017年吞吐量达23.8万标箱，是2016年的4倍，成为全省吞吐量最大、全国铁海联运外贸集装箱吞吐量最大的内陆港。赣州国际贸易“单一窗口”国家标准版试运行进展顺利，实现“一次申报、一次查验、一次放行”。与深圳市、广州市签署战略合作协议，与上海市及广州市、宁波市、昆山市开展国家级经济技术开发区结对共建，举办招商推介活动31场（次），签约项目224个，合同资金1641.6亿元，引进TCL、招商局集团、杉杉集团等一批大企业、大集团。成立赣州商会联合总会，举办首届全国赣州商会联合大会，“赣商回归”工程进展顺利。经济发展新动能显著增强。获批“中国制造2025”试点示范城市。大力实施创新驱动“1122”工程，全市高新技术企业达276家，居全省第二。国家离子型稀土资源高效开发利用工程技术研究中心等一批国家级平台落户赣州，成功组建全省首个检验检测创新联盟。赣州工业设计中心、天翼·华为云计算数据中心建成运行。国家级普惠金融改革试验区获批，成立区块链票链全国监控运营管理中心，区块链金融产业沙盒园启动建设。利用贫困县IPO上市绿色通道引进拟上市企业34家，新增境外上市企业2家，在省股权交易中心新增挂牌企业495家。大众创业、万众创新深入推进。获评全国质量强市示范城市、国家知识产权试点城市，成功创建国家级网络市场监管与服务示范区。

【扎实推进生态文明建设】 积极践行“绿水青山就是金山银山”发展理念，着力构建绿色发展方式和生活方式，打造南方地区重要的生态屏障。生态保护有力推进。“河长制”全面实施，重要水功能区水质达标率为96.6%，城市集中式饮用水源地水质达标率保持100%。完成低质低效林改造4.55万公顷，人工造林2.6万公顷。加快推进东江流域上下游横向生态补偿机制试点，出境断面水质达标率100%。完成生态保护红线划定，生态保护更加有力。成功创建章江国家湿地公园。荣膺中国绿色发展优秀城市。生态治理扎实有效。中央环保督察反馈问题整改超额完成省下达年度整改任务。设立赣州市山水林田湖生态保护中心，改变以往自然资源单一管理模式，筹资183亿元推进试点工作，首批28个项目全部开工。水土流失综合治理开创新局面，打造全国水保“赣南模式”。深入实施“净空、净水、净土”工程，加快废弃矿山治理，加大农业面源污染治理力度，生态环境质量持续改善。深入实施节能减排示范工程，单位GDP能耗下降3%。生态文明制度不断完善。制定贯彻落实《国家生态文明试验区建设（江西）实施方案》的实施意见。坚持用最严格制度保护生态环境，在全省率先建立生态综合执法新模式和实施生态文明建设领导干部约谈制度。开展领导干部自然资源资产离任审计，崇义县完成试点工作。兴国县、于都县列入省自然资源资产负债表编制试点。

【加大力度保障和改善民生】 坚持把更多财力向民生领域倾斜，省、市安排的90件民生实事全部完成当年任务。社会事业扎实推进。成功争取全面执行西部地区教育政策。新（改、扩）建公办幼儿园164所、义务教育学校439所、职业学校4所，校舍面积69万平方米。12个县（市、区）通过义务教育均衡发展国家评估。全市认定普惠性民办幼儿园760所。全面实施划片免试就近入学，实行“零择校”政策。市综合文化艺术馆开工建设。赣南围屋3年抢修计划启动实施。“最后的红军”口述史抢救性记录工程全面启动。大力推进“农家书屋+电商”示范点建设，开展文化惠民周等群众文化活动，全年有2人入选第6届全国道德模范（提名奖），18人当选“中国好人”，24人当选“江西好人”，上榜人数和规格实现历史性突破。医药卫生体制改革全面展开，公立医院综合改革全面启动，被列为国家分级诊疗试点城市、国家结核病分级诊疗和结核防治服务模式试点市、全省建立现代医院管理试点市。市人民医院新院全面投入使用，市儿童医院、市妇幼保健院新院建设进展顺利。全民健身运动和群众性体育事业蓬勃发展。社会保障更加健全。

实施精准调控措施，培育和发展租赁市场，房地产市场持续健康发展。棚户区改造新开工2.47万套，基本建成2.4万套。加快城中村改造，对中心城区104个未列入棚改的老旧居民小区进行综合整治。启动259个农村社区建设试点工作。新（改、扩）建福利院、光荣院、敬老院60所。成功获批全国居家和社区养老服务改革试点城市。全市就业形势保持总体稳定，城镇新增就业7.3万人，新增转移农村劳动力13.5万人。社会治理创新发展。强化预测预警预防，加强社会风险管控，圆满完成中共十九大期间信访维稳安保各项任务。着力推进综治“三项建设”“雪亮工程”建设，深入推进基层平安创建，构建人防物防技防心防“四位一体”立体化治安防控网，打造中心城区社会治理共享云平台。着力构建“大调解”格局，全市调解各类纠纷案件调解成功率达95.8%。承办全国社会心理服务疏导和危机干预工作座谈会并作典型发言。安全生产、信访维稳、食品药品安全状况稳中向好，公众安全感指数保持全省前列。

【全面从严治党纵深推进】 全面贯彻落实新时代党的建设总要求，强化政治担当，认真履行管党治党责任，全面提升党的建设科学化水平。思想政治建设。坚持把学习领会、贯彻落实习近平新时代中国特色社会主义思想作为重中之重，更加牢固树立“四个意识”，始终在政治立场、政治方向、政治原则、政治道路上同以习近平同志为核心的党中央保持高度一致。扎实推进“两学一做”学习教育常态化制度化，以“3+X”模式、分4个专题深入开展集中学习，市委常委带头以普通党员身份参加所在党支部的组织生活。出台《市委中心组贯彻〈中国共产党党委（党组）理论学习中心组学习规则〉实施办法》，全年共组织市委中心组集体学习研讨24次。严格落实意识形态工作责任制，在全省率先探索意识形态工作“五个纳入”做法，出台贯彻落实党委（党组）网络意识形态工作责任制实施细则，网上阵地建设成效明显，新媒体建设走在全省前列。干部队伍建设。坚持加强党的领导，牢固树立正确选人用人导向，坚持德才兼备、以德为先，紧紧围绕事业发展需要和干部队伍建设实际，努力把忠诚干净担当的好干部识别出来、使用起来。2017年，先后选派97名干部到国家机关部委、深圳、广州、省级金融部门等挂职锻炼，对挂职期满、表现优秀的4名干部予以进一步使用。争取中共中央组织部、水利部等7家国家部委培训机构为赣州市培训县处级干部400余人次。进一步选优配强各级领导班子，加强换届后领导班子和干部队伍建设，开展换届后县（市、区）班子建设大调研和市管干部谈心谈话，干部队伍整体功能不断增强。落实领导干部能上能下实施细则，开展“跑官要官”“带病提拔”等问题专项整治，严把干部选拔任用政治关廉洁关，进一步拧紧从严管理干部的“螺丝”。全面完成超职数配备干部的整改消化。保持高压态势惩治用人上的不正之风，2017年共受理各类举报97件，均按规定及时办理。加强干部日常管理监督，坚持“凡提必核”，对453名拟提拔重用人选和省人大代表、省政协委员提名人选个人有关事项进行重点查核，对172名市管干部填报情况开展随机抽查，共进行批评教育46人、责令作出书面检查80人、诫勉谈话16人、暂缓提拔使用3人。出台“人才新政30条”和人才住房政策，设立“苏区人才伯乐奖”，成立市招才引智局、赣南苏区人才发展合作研究院，党管人才工作格局更加开放有力，人才聚集效应开始显现。基层党组织建设。建立健全防止党员失联、基层党组织按期换届提醒督促、“三会一课”在线考核等机制，不断创新党员教育载体和形式。精准发力抓党建促脱贫攻坚，提出19条加强基层党建“硬措施”。制定出台第一书记管理办法，对驻村第一书记和驻村工作队在岗履职情况开展常态化督查。大力发展壮大村级集体经济，全市村级集体经济收入平均达到12.28万元，增长186.92%，消除“空壳村”1675个。优化村（社区）干部报酬结构，适度提高基本报酬待遇，推动基层干部履职动力能力绩效“三提升”。全面推行“实习村（社区）干部”制度，扎实做好村（社区）“两委”换届选举工作。区分行业特点，统筹推进城市、机关、国企、学校、非公经济组织和社会组织党建，出台加强党的建设12条具体措施和“三个责任清单”，基层党建得到全面加强。民主法治建设。坚持和完善人民代表大会制度，立法规划项目库编制完成，人大法律监督和工作监督扎实有效，初步搭建市人大代表履职网络平台，出台乡镇人大1年召开2次会议的实施意见，县乡人大工作和建设扎实推进。加强党对法治赣州建设的领导，扎实推进“七五”普法，获评全国法治宣传教育先进城市。组建同心圆智库，支持民主党派、工商联、无党派人士开展大调研。作风纪律建设。管党治党责任全面落实，市委常委会先后18次专题研究党风廉政建设和反腐败工作。开展“点对点”向市领导发送党风廉政建设履责提示事项。全力落实“一个意见、两个办法”，大力弘扬苏区精神和新时代苏区干部好作风，持续深入推进改作风、提效率、敢担当。严肃监督问责，查处落实“两个责任”不力问题428起399人。深入开展“为官不为”专项整治，查处干部“为官不为”问题737起1133人。持之以恒纠正“四风”，查处违反中央八项规定精神问题302件389人，纪律处分219人，点名道姓通报曝光232起309人。强力整治扶贫领域“微腐败”，查处腐败和作风问题1043起1442人。反腐败压倒性态势巩固发展，全市纪检监察机关立案1612件、处分1853人。追逃追赃工作在全省率先取得突破。派驻机构改革扎实推进。规范设置市县党委巡察机构，对全市674个地方和单位党组织开展政治巡察。稳步推进国家监察体制改革试点。

重要会议

【全市“六大攻坚战”工作流动现场会】 1月3日—8日，市四套班子领导率各县（市、区）委书记、县（市、区）长，赣州、龙南、瑞金经济技术开发区和蓉江新区党工委书记、管委会主任，市“六大攻坚战”各领导小组办公室主任、副主任及市直相关部门主要负责人等，实地察看各地“六大攻坚战”项目进展情况。其间，召开点评会，对察看过的“六大攻坚战”项目进行点评，县（市、区）党政主要领导谈感受和启发。察看结束后进行评比打分。

【中共赣州市委五届二次全体会议】 1月9日，中共赣州市委五届二次全体会议在赣州市召开。会议审议中共赣州市委常委会2016年工作报告、遴选赣州市推荐提名的江西省出席中共十九大代表候选人。

【全市经济工作会议暨“六大攻坚战”工作总结部署会】 1月12日，全市经济工作会议暨“六大攻坚战”工作总结部署会在赣州市召开。会议传达学习贯彻中央经济工作会议、中央农村工作会议、全省经济工作会议和全省农村工作会议暨新农村建设现场推进会精神，总结部署全市经济工作、农业农村工作和“六大攻坚战”工作。

【“两学一做”专题党课暨学习教育常态化制度化工作部署会】 6月15日，“两学一做”专题党课暨学习教育常态化制度化工作部署会在赣州市召开。省委常委、市委书记李炳军围绕“抓实‘两学一做’学习教育常态化制度化，在脱贫攻坚中检验‘两学一做’的成效”主题作专题党课报告，并部署全市“两学一做”学习教育常态化制度化工作。

【江西省深入推进赣南等原中央苏区振兴发展工作会议及支持赣南等原中央苏区振兴发展工作座谈会】 6月28日，省委、省政府在赣州市召开深入推进赣南等原中央苏区振兴发展工作会议。会议强调，要深入贯彻落实中共中央总书记习近平治国理政新理念新思想新战略，特别是关于赣南等原中央苏区振兴发展的重要指示，深入实施“创新引领、绿色崛起、担当实干、兴赣富民”工作方针，紧紧围绕同步全面小康总目标，大力弘扬井冈山精神和苏区精神，内外兼修、感恩奋进，深入推进赣南等原中央苏区振兴发展，努力让老区人民过上更加幸福的生活。

【首届全国赣州商会联合大会】 7月20日—22日，首届全国赣州商会联合大会在赣州市举行。其间，举行赣州商会联合总会成立大会、赣商回归招商推介会、“赣商回归，振兴家乡”企业家和乡贤代表座谈会，以及领导和嘉宾专题考察、赣商产业对接考察等系列活动。

【中共赣州市委五届三次全体（扩大）会议】 7月30日，中共赣州市委五届三次全体（扩大）会议在赣州市召开。会议深入学习贯彻中共中央总书记习近平、国务院总理李克强等中央领导关于赣南苏区振兴发展的重要批示精神，中共中央总书记习近平扶贫开发战略思想和在深度贫困地区脱贫攻坚座谈会上的重要讲话精神，以及省委十四届三次全体（扩大）会议精神和省委常委会（扩大）会议精神，总结上半年工作，研究部署下半年工作，以打好“六大攻坚战”、加快振兴发展的优异成绩迎接中共十九大胜利召开。

【全市推开国家监察体制改革试点工作动员部署会】 11月15日，全市推开国家监察体制改革试点工作动员部署会在赣州市召开。会议深入学习贯彻习近平新时代中国特色社会主义思想和中共十九大精神，全面落实中央和省委关于推开国家监察体制改革试点工作的部署，动员市、县两级进一步统一思想，提高认识，明确责任，确保国家监察体制改革试点任务落到实处，把全面从严治党引向深入。

【全市创先争优工作表彰大会】 11月27日，全市创先争优工作表彰大会在赣州市召开。会议表彰创建全国文明城市工作、创建国家森林城市工作、全市社会治安综合治理工作先进集体、先进个人，以及2016年度科学发展综合考评先进县（市、区）。

【全市领导干部学习贯彻中共十九大精神专题研讨班】 12月4日，全市领导干部学习贯彻中共十九大精神专题研讨班在赣州市开班。会议强调，新时代要有新气象，更要有新作为，全市上下要更加紧密地团结在以习近平为核心的党中央周围，坚持以习近平新时代中国特色社会主义思想为指引，不忘初心、牢记使命，撸起袖子加油干，纵深推进赣南苏区振兴发展，为把赣州打造成为新时代中国特色社会主义的红色样板作出新的更大贡献。

重大决策

【深入推进农业供给侧结构性改革】 3月17日，市委、市政府印发《关于深入推进农业供给侧结构性改革加快培育农业农村发展新动能的实施意见》（赣市发〔2017〕1号）。文件从打好脱贫攻坚战、打好现代农业攻坚战、积极培育新产业新业态、全面推进“整洁美丽、和谐宜居”新农村建设、深化农业农村改革、加强和改进党对农村工作领导等6个方面进行部署，提出提高脱贫质量、增强粮食综合生产能力、发展休闲农业和乡村旅游、深入开展农村人居环境治理、深化农村集体产权制度改革、加强农村民主法治建设等23条具体措施。文件明确，2017年实现全年农业总产值增长4%左右，农村居民人均可支配收入达到9680元，农村25万贫困人口实现脱贫。

【深化医药卫生体制改革】 6月5日，市委、市政府印发《关于进一步深化医药卫生体制改革的实施意见》（赣市发〔2017〕17号）。文件明确医药卫生体制改革的工作目标是：到2018年，初步建立医疗、医保、医药“三医合一、市县联动”体制机制，公立医院综合改革取得新突破，医疗卫生服务能力明显提升，基本医疗卫生服务可及性明显提高，群众就医费用负担进一步减轻，看病难、看病贵问题得到进一步缓解；到2020年，基本建立比较完善的分级诊疗、现代医院管理、全民医保、药品供应保障、综合监管等5项制度，基本建立“三医合一、市县联动”体制机制，基本建立覆盖城乡居民的基本医疗卫生制度，基本解决看病难、看病贵问题，居民主要健康指标优于全国、全省平均水平，孕产妇死亡率控制在18/10万以下，婴儿死亡率控制在7.5‰以下。文件从建立现代医院管理制度、建立高效运行的全民医保制度、建立药品供应保障新机制、建立分级诊疗制度、建立严格规范的综合监管新体系等5个方面提出21项主要任务。

【出台“人才新政30条”】 7月31日，市委、市政府印发《关于创新人才政策、推动人才发展体制机制改革的若干意见》（赣市发〔2017〕21号）和《关于推进人才住房建设的若干意见》（赣市字〔2017〕32号）。《关于创新人才政策、推动人才发展体制机制改革的若干意见》从明确目标任务、明晰人才类别、采取实用有效的引才育才办法、推进校（院）地开展更高层次更紧密的合作、为各类人才提供优厚的待遇支持、积极推动各类人才发展平台建设、努力营造浓厚的尊才爱才氛围、夯实人才工作基础等8个方面提出“人才新政30条”；根据人才层次、类别不同，给予无偿资助、税收返奖、住房优惠、家属安置、父母照顾，以及提供人才管家、私人医生、公办景点免票、进出港口车站绿色通道等优惠政策，形成17个人才政策包。《关于推进人才住房建设的若干意见》从明确人才住房供应对象、科学规划人才住房建设、加大人才住房筹建力度、给予人才住房建设政策扶持、加强人才住房综合管理、完善人才住房补充措施、健全人才住房组织保障机制等7个方面提出23条具体措施。

【以脱贫攻坚统揽经济社会发展全局】 8月13日，市委、市政府印发《关于深入贯彻中共中央习近平总书记扶贫开发战略思想以脱贫攻坚统揽经济社会发展全局的意见》（赣市发〔2017〕23号），提出深学笃用中共中央总书记习近平扶贫开发重要战略思想、把脱贫攻坚作为头等大事和第一民生工程、集中力量攻坚深度贫困、推进产业扶贫全覆盖、全面解决贫困群众住房安全问题、完善健康扶贫“四道保障线”、大力实施教育扶贫工程、深入开展就业扶贫、整体改变贫困村面貌、进一步筑牢兜底扶贫防线、积极探索生态扶贫新路、激发贫困群众内生动力、加大投入支持力度、压实脱贫攻坚责任、凝聚各方帮扶合力、严格考核督查问责等16条意见。文件提出，到2020年，要稳定实现农村贫困人口不愁吃、不愁穿，义务教育、基本医疗和住房安全有保障；实现农村贫困群众人均可支配收入增长幅度高于全国平均水平，基本公共服务主要领域指标接近全国平均水平；确保现行标准下农村贫困人口实现脱贫，贫困县全部摘帽，贫困村全部退出，与全国同步全面建成小康社会。

【大力发展全域旅游】 10月10日，市委办公厅、市政府办公厅印发《赣州市发展全域旅游行动方案（2017—2019年）》（赣市办发〔2017〕17号），提出要积极策应高铁时代的到来，加快旅游业供给侧结构性改革和国家级旅游业改革创新先行区建设，大力发展全域旅游，促进赣州市旅游业快速发展。文件明确发展全域旅游的总体目标是：到2019年，全市旅游接待人次达到1.2亿人次以上，旅游综合收入达到1300亿元以上，赣州成为中国南方著名的旅游目的地、区域性文化旅游中心城市和东南沿海地区休闲度假后花园。文件明确赣州市发展全域旅游的基本原则以及旅游景区项目建设和旅游业要素配套方面的目标，并从打造全域旅游产品、完善旅游要素、强化支持保障、加强城市宣传和旅游营销等4个方面提出20项重点任务。

【纵深推进赣南苏区振兴发展】 11月21日，市委、市政府印发《关于纵深推进赣南苏区振兴发展实现与全国同步全面小康的实施意见》（赣市发〔2017〕32号），提出要深入学习贯彻中共十九大精神，全面落实习中共中央总书记习近平、国务院总理李克强等中央领导对赣南苏区振兴发展工作的重要指示批示精神，实施好国务院《若干意见》和省委、省政府《关于纵深推进赣南等原中央苏区振兴发展实现与全国同步全面小康的意见》，在新的起点上纵深推进赣南苏区振兴发展，确保与全国同步全面建成小康社会。文件从提高政治站位、着力补齐短板、着力创新举措、统筹城乡发展、建设美丽赣州、深化改革开放、推动完善政策、弘扬苏区精神等8个方面提出具体实施意见。文件提出，要紧紧围绕《若干意见》明确的发展定位和目标任务，扎实推进振兴发展各项工作，确保到2020年，赣南苏区整体实现跨越式发展。

表　彰

3月13日，市委、市政府授予南康区等10个县（市、区）“2016年度主攻工业先进县（市、区）”称号，授予市委办公厅等40个单位“2016年度主攻工业先进单位”称号；授予江西青峰药业有限公司等14户企业“2016年度主攻工业企业上台阶奖”，授予赣州市深联电路有限公司等103户企业“2016年度主攻工业成长型企业奖”。

7月22日，市委、市政府授予章贡区等6个县（市、区）“2016年度赣州市社会治安综合治理目标管理先进县（市、区）”、大余县等4个县“2016年度平安赣州建设活动目标管理先进县”、市妇联等108个单位“2016年度平安赣州建设暨社会治安综合治理目标管理先进单位”荣誉称号。

11月25日，市委、市政府授予中共章贡区委等110个单位“创建全国文明城市工作先进集体”荣誉称号，授予章贡区人民政府等62个单位“国家森林城市创建工作先进集体”荣誉称号；授予章贡区解放街道办事处等100个单位“2013—2016年度全市社会治安综合治理工作先进集体”荣誉称号；授予章贡区等10个县（市、区）“2016年度科学发展综合考核评价先进县（市、区）”荣誉称号，瑞金市等6个县（市、区）“2016年度科学发展和扶贫开发综合考核评价先进县（市、区）”荣誉称号；授予赖纯平等300人“创建全国文明城市工作先进个人”荣誉称号，徐倩等300人“创建全国文明城市工作优秀志愿者”荣誉称号，杨炳春等120人“国家森林城市创建工作先进个人”荣誉称号，刁爱珍等149人“2013—2016年度全市社会治安综合治理先进工作者”荣誉称号。

【领导名单】

书记：李炳军

副书记：曾文明　王林云（任至12月）

常委：张圣泽　刘文华　马玉福　彭业明　李恭进（任至6月）　唐舒龙　陈庆阳　胡雪梅　李明生　赵多仙（11月任）　张晓宁　高　峰（任至12月）　高世文

秘书长：赵多仙（11月任）

副秘书长：孙　敏　洪　明　赖　伟　潘金城（3月任，任至12月）　陈相飞（12月任）　孙传忠　刘　屾　黄辉伦

2017年中共赣州市委重要文件选目

表2

序号	文件名	文件号
1	关于深入推进农业供给侧结构性改革加快培育农业农村发展新动能的实施意见	赣市发〔2017〕1号
2	关于加强社会主义协商民主建设的实施办法	赣市发〔2017〕4号
3	关于进一步加强城市规划建设管理的实施意见	赣市发〔2017〕8号
4	关于深入推进城市执法体制改革改进城市管理工作的实施意见	赣市发〔2017〕10号
5	关于加快推进价格体制机制改革的实施意见	赣市发〔2017〕14号
6	关于培育经济发展新动能的意见	赣市发〔2017〕13号
7	关于进一步深化医药卫生体制改革的实施意见	赣市发〔2017〕17号
8	关于进一步加强工商联工作服务非公有制经济发展的实施意见	赣市发〔2017〕19号
9	关于创新人才政策、推动人才发展体制机制改革的若干意见	赣市发〔2017〕21号
10	关于深入贯彻习近平总书记扶贫开发战略思想以脱贫攻坚统揽经济社会发展全局的意见	赣市发〔2017〕23号
11	关于进一步推进农垦改革发展的实施意见	赣市发〔2017〕24号
12	关于深化投融资体制改革的实施意见	赣市发〔2017〕25号
13	关于支持赣州蓉江新区加快发展的若干意见	赣市发〔2017〕26号
14	关于支持瑞兴于经济振兴试验区建设若干政策的意见	赣市发〔2017〕27号
15	关于贯彻落实《国家生态文明试验区（江西）实施方案》的实施意见	赣市发〔2017〕29号
16	关于认真学习宣传贯彻党的十九大精神的通知	赣市发〔2017〕30号
17	关于纵深推进赣南苏区振兴发展实现与全国同步全面小康的实施意见	赣市发〔2017〕32号
18	关于加强文明城市常态化管理工作的实施意见	赣市发〔2017〕33号
19	关于推进安全生产领域改革发展的实施办法	赣市发〔2017〕37号
20	关于推进人才住房建设的若干意见	赣市字〔2017〕32号
21	关于加快特色小镇建设的实施意见	赣市办发〔2017〕4号
22	赣州市全面推进“乡风文明行动”工作方案	赣市办发〔2017〕5号
23	关于深入贯彻中央八项规定精神进一步改进作风的实施意见	赣市办发〔2017〕11号
24	赣州市发展全域旅游行动方案（2017—2019年）	赣市办发〔2017〕17号

市委办公厅工作

【概况】 2017年，市委办公厅坚持以习近平新时代中国特色社会主义思想为指导，认真落实省委常委、市委书记李炳军关于“市委办公厅要成为全市改进工作作风提高工作效率的尖兵”的指示要求，着力提升“三服务”工作科学化水平，确保市委各项工作高效规范运转，为全市经济社会发展作出积极贡献。

【参谋服务】 及时超前谋划工作。认真把握全市经济社会发展态势和阶段性特点，及时向市委提出重要工作、重要会议、重要活动的安排建议。文稿水平进一步提升。健全文稿起草机制，注重与部门沟通对接，把对标上级精神、了解基层情况贯穿文稿起草全过程，着力提高文稿的指导性和针对性。全年起草市委和市委主要领导重要文稿共计300余篇200余万字，在全市“六大攻坚战”工作总结部署会和在宁都县、于都县等地调研时的讲话等一批文稿得到市委主要领导的充分肯定，多篇调研或理论文章在中央、省主流媒体发表。公文运转规范快捷。对各类文电分类建库、全程登记、及时办理，做到紧急文件不耽误、非紧急文件不积压。全年办理各类文电4137件，转办市委领导签批件1796件、直呈件批示1967件。规范文件管理，完成1997—2016年文件档案的整档、登记、入库工作。

【统筹协调】 坚持“零差错、零失误、零缺陷”工作标准，统筹抓好会前、会中、会后各个环节的衔接和服务。全年承办或参与各类会议活动160余次，完成25次市委书记专题会议、27次市委常委会会议服务工作。圆满完成“六大攻坚战”流动现场会、市委五届三次全会以及党政代表团赴北京市、广东省深圳市、山东省潍坊市等地考察招商等重大会议活动的组织工作。圆满完成8批党和国家领导人，25批正部级、135批副部级、58批正厅级领导，以及33批重要客商的接待工作。

【值班信息】 坚持24小时值班值守，落实“15分钟快速编报”工作要求，实现“一般紧急信息当天报送、重大紧急信息1小时之内报送、特别紧急情况电话即时报告”的目标。加强信息梳理和研判核查，对经济社会发展和安全稳定的苗头性、倾向性问题，认真进行分析预警，提出对策建议。2017年省委办公厅采用信息153条（篇），市委主要领导对信息刊物作出12次批示。全年编报处理紧急信息3021条，参与协调处置南康区“3·17”案件等重要敏感舆情信息和重大涉稳舆情事件8起。

【督促检查】 发挥党委督查利剑作用，围绕“六大攻坚战”、招商引资和工业园区建设、城乡环境整治、山水林田湖项目、低质低效林改造等重点工作开展专项督查或综合督查12次，跟踪督办市委常委会议决事项55项、市委主要领导明确事项147项。市委主要领导对督查工作作出23次批示。办理民声通道、人民网“地方领导留言板”等渠道收集的群众诉求件572件，办结率100%。

【党内法规】 制定出台《关于做好党内法规工作的实施意见》，扎实开展市委规范性文件报备工作，向省报备及时率、准确率均达100%。党内规范性文件下备一级工作逐步推开。赣州市党内法规工作经验在全省党内法规工作会议上作典型发言。

【机要保密】 严格规范密码管理，密码通信实现“保密、优质、高效、无事故”目标；电子政务内网市网络节点及县汇集点建设扎实推进。组织开展互联网门户网站安全等5次保密专项检查。市党政专用通信二级网（一期）正式投入运行，规范保密电话使用管理。

【服务中心工作】 压实脱贫攻坚帮扶责任，协助帮扶村争取项目资金677.3万元，实施河口“三合一”工程项目、榕树下休闲广场等一批民生实事，帮助引进库湾旅游综合开发、立体种养基地等产业项目，结对帮扶的红河村申请2017年度整村脱贫。积极做好招商引资工作，会同市工信委、赣州经济技术开发区引进总投资80亿元的国机智骏新能源汽车项目，超额完成年度招商引资任务。认真做好精神文明创建、综治维稳等工作，顺利通过省级文明单位复评，获全市创建全国文明城市、国家森林城市创建工作、2013—2016年度社会治安综合治理工作先进集体、2016年度科学发展综合考评先进单位、2016年度主攻工业先进单位等称号。

【自身建设】 严格落实全面从严治党责任。落实主要领导全面从严治党主体责任，严格落实班子成员“一岗双责”要求、党员领导干部参加双重组织生活和“三会一课”等制度，加强和规范党内政治生活，认真执行民主集中制。制定出台《关于进一步规范机关行政后勤管理工作的若干措施》，“三公”经费连年下降。全力支持保障驻厅纪检组开展工作，主动接受监督。切实抓好改作风提效率“20条措施”的落实，制订精文减会10条措施，市委发文减少13.6%；开展综合督查，精减合并相关督查，减少督查活动15次，下降41.6%。建立年度发文计划制度、各类议事协调机构调整集中发文，以及会议发言材料按讲成绩、讲问题、讲打算2:4:4的比例安排篇幅的做法得到省委办公厅肯定。着力打造学习型机关。每季度向机关党员干部推荐1—2本书，举行1次“读书讲坛”活动；举办全市党办系统干部综合业务培训班，邀请省委办公厅有关领导进行授课。坚持正确用人导向，积极向市委推荐干部。2017年，办公厅有1名科级干部提拔为副处级干部，2名副处级干部得到组织交流重用。经积极争取，将下属2个事业单位列为参公单位管理，16名事业干部全部转为参公事业干部管理，注重人文关怀，举办干部职工运动会，落实干部职工带薪年休假制度，干部职工的归属感、获得感、幸福感得到显著增强。

（撰稿　李济成　审稿　孙　敏）

【领导名单】

主任：孙　敏
副主任：巫　琼　谢文忠（4月任）
黄晓东（9月任）
市纪委驻市委办公厅纪检组组长：
李泽泉
市委机要局局长：袁晓明（任至12月）
市委保密局局长：徐忠堂
市委督查室主任：徐雅静（任至8月）
副处级督查专员：王吉锋
魏其凡（任至3月）
市委法规室主任：黄传生
市专用通信局局长：温志晖
副处长级秘书：魏其凡（3月任）
副调研员：朱永金（任至4月）
文　武

组织工作

【概况】　2017年，全市组织部门深入学习贯彻习近平新时代中国特色社会主义思想和中共十九大精神，认真贯彻落实全国、全省组织部长会议及省、市党代会精神，不忘初心，牢记使命，围绕中心，服务大局，坚持不懈改作风提效率敢担当，不断提升组织工作质量，为全市打好攻坚战、同步奔小康提供坚强有力的组织保证。

市委组织部内设办公室、组织一科、组织二科（增挂农村基层组织建设办公室牌子）、组织三科、干部综合科、干部一科、干部二科、干部三科、干部教育科、干部监督科、公务员管理科、调研科、人才工作科、举报中心等14个职能科室。内设2个副处级机构：市委组织员办公室、市委人才工作领导小组办公室。下属2个科级参照公务员法管理事业单位：党员电化教育中心、干部信息管理中心。设立机关党总支。核定人员编制68名（其中行政编制50名，工勤编制4名），参照公务员法管理事业编制14名，年底实有58人。

【学习宣传贯彻中共十九大精神】　开展“学习十九大精神主题党日”活动，组织党员“怎么看、怎么干”大讨论，全市1.2万个党组织、26.7万名党员以不同形式参与。举办“喜迎党的十九大党建微视频大赛”、中共十九大精神网上知识竞赛等活动，组织全市1900余名正科级干部进行政治理论水平考试，有效推动习近平新时代中国特色社会主义思想和中共十九大精神进企业、进农村、进机关、进学校、进社区、进网络。高规格举办全市领导干部学习贯彻中共十九大精神专题研讨班，市委书记、市长分别辅导授课。全面铺开中共十九大精神集中轮训，示范带动各级党组织和党员干部进一步学懂弄通做实中共十九大精神，引导全市党员干部旗帜鲜明讲政治，更加紧密地团结在以习近平同志为核心的党中央周围，更加坚定地维护以习近平为核心的党中央权威和集中统一领导，更加自觉地在思想上政治上行动上同以习近平为核心的党中央保持高度一致，有力推动全市上下把思想统一到中共十九大精神上来，把力量凝聚到实现中共十九大确定的目标任务上来。

【“两学一做”学习教育常态化制度化】　充分利用赣州红色资源深入“学”，创新“3+X”学习模式，通过集体诵读，让每名党员真正把自己摆进学习教育中，通过逐字逐句学，加深对系列重要讲话、党章党规的理解，推动学习内容入脑入心，教育引导广大党员牢记初心，树牢“四个意识”。积极推动红色历史、红色故事进机关、进学校、进社区、进乡村，让每名党员学红色历史、讲红色故事，不断激活党员干部红色基因。坚持在脱贫攻坚一线检验“做”的成效，明确各领域、各行业、各层级党员及干部在脱贫攻坚中的职责任务，引导党员干部立足岗位建功立业，在脱贫攻坚等“六大攻坚战”中做合格党员。切实加强党支部建设，持续抓好“三会一课”、组织生活会、民主评议党员、党员活动日、党员政治生日等制度落实，推动学习教育融入日常、抓在经常。全市各级党组织共开展集中学习8.17万次、上党课5.61万次；党支部查找问题17.95万个、解决问题16.05万个。

【领导班子和干部队伍建设】　全年共有45名在“六大攻坚战”中表现优秀、实绩突出的干部得到提拔重用，有力树立和传导市委鼓励干事创业的鲜明导向。深入县（市、区）和市直各单位开展领导班子调研考核，与1662名市管干部进行谈心谈话。充分运用调研考核成果，注重调动各个年龄层次干部的积极性，分系统分领域对市直单位领导班子进行调整优化，进一步增强班子凝聚力战斗力，较好

5月23日，赣州市委组织部与北京大学光华管理学院举行战略合作框架协议签约仪式暨交流座谈会

地解决部分市直单位领导班子职数空缺较多、年龄结构老化等问题；对“六大攻坚战”流动现场会排名靠后及班子运行不够协调的县（市、区），采取召开“六大攻坚战”调研座谈会、专题民主生活会等形式，帮助找准差距、理清思路、明确方向。着力加强领导班子专业化建设，提拔重用一批市直单位专业素养较高、工作实绩突出的干部，采取先挂后任的方式，从驻市高校引进8名优秀专业型干部到市直有关单位和部分县（市、区）挂职，进一步优化班子结构。扎实开展选人用人工作专项检查，市、县两级全面完成超配职数整改消化任务。

【干部教育培训】 全年开设各类主题培训班次23期，培训各级干部2000余人次。联合市直有关单位，举办金融知识、特色小镇建设、开放型经济、财税改革、旅游管理等专题培训12期，培训各级干部1000余人次。大力实施“援智工程”，争取中共中央组织部、水利部、国家审计署等中央部委，专门为赣州市举办7期“订单式”业务培训班，培训领导干部400余名。开辟深圳、厦门、广州等沿海发达地区挂职锻炼新平台，选派6批次97名干部赴上述地区挂职锻炼，推动干部解放思想、开阔视野、提升能力。

【干部监督管理】 坚持严管与厚爱相结合，推动改作风提效率敢担当，加大“为官不为”问责力度，积极推进干部能上能下，调整问责追究干部57名、不适宜担任现职干部60名。抓好市管干部个人有关事项报告、日常管理监督预警等制度执行，全年共对78人予以批评教育，责令作出书面检查111人，诫勉16人，取消考察对象资格1人。围绕脱贫攻坚，制定19条硬措施，强化第一书记和驻村工作队员管理，常态化开展督查问责，召回8人、问责47人、调整357人。

【基层党组织建设】 制定加强机关、国企、学校党建12条硬措施，分层分领域制定3个“责任清单”，全覆盖开展2轮基层党建巡察调研。出台帮扶政策，全力支持瑞金市脱贫摘帽。严明人选条件、严肃换届纪律，村（社区）“两委”换届选举稳步有序推进。全面实施村（社区）干部队伍履职动力、能力、绩效“三提升”，大幅度提高基层干部基本报酬，村（社区）书记、主任报酬平均达到2558元/月。大力推进“党建+村级集体经济发展”，全市3469个村平均收入达12.28万元，增长186.9%；收入5万元以上的村增至1451个，增长329.3%，全面消灭集体经济收入“空壳村”，得到中共中央组织部和省委领导的充分肯定。着力巩固“两新”组织党组织覆盖成果，大力推进党组织规范化建设，抓实“两城两谷一带”党建项目，“两新”组织党建工作基础进一步巩固。以创办“赣州先锋微课堂”为主要载体，探索推进新形势下党员教育模式，增强学用效果；着力打造一批电教精品，在全省第14届党员教育观摩交流活动中，赣州市选送的10部作品全部获奖，获奖数量和等次均居全省首位。实行机关党建工作在线考核和专项考评，常态化落实机关党员佩戴党徽上岗、党员主题活动、结对共建等制度，有效整治机关党建“灯下黑”。深化基层党建“7+3”重点任务，建立按期换届提醒、党员违纪违法及时处置通报、党员失联处置等机制，扎实推进党建标准化试点。制定加强城市基层党建实施意见，“四级台账”全面建立，84个社区党组织活动场所不达标问题全面解决，赣州市及瑞金市分别被中共江西省委组织部推荐到中共中央组织部作为城市基层党建示范市。国企“党建入章”全面实现，中小学党组织管理体制进一步理顺。

【人才工作】 出台《关于创新人才政策、推动人才发展体制机制改革的若干意见》，制定“人才新政30条”，确定全市人才引进培养“五个一”目标。将人才工作纳入领导班子和领导干部年度考核、县（市、区）科学发展综合考评，进一步压实党管人才责任。成立招才引智局，设立赣南苏区人才发展合作研究院，进一步拓宽招才引智平台，相关做法得到省委领导的批示肯定。向重点工业企业选派人才服务专员做法，获全国人才工作创新“最佳案例奖”，为全省唯一。设立“苏区人才伯乐奖”，激发全社会引才荐才动力。强化人才发展平台建设，组建中国稀金（赣州）新材料研究院、中国科学院海西研究院赣州稀金产业技术研发中心等研发平台，新建5家院士工作站。在浙江省宁波市设立新材料人才与项目联络站，推动两地24批200余人次开展对接活动，达成10余个合作意向，促成3个项目落地，引进1名国家“千人计划”专家牵头创办新材料产业园。大力推进人才住房建设，规划5年时间筹集建设10万套人才住房，切实解决人才后顾之忧。推出博士到赣州市考察观光免费住宿、公办景点免票旅游政策，努力塑造尊才爱才的城市形象。

【自身建设】 带头推进“两学一做”学习教育常态化制度化，依托“组工讲坛”，每月开设1期“组工讲坛”，由部领导、科室负责人轮流主讲，定期给部机关干部讲党性教育课、讲政策解读课、讲业务专业课。制定落实改进工作作风提高工作效率28条措施，进一步提高部机关运行质量和效率。组织机关干部开展大规模交流轮岗，强化组工干部业务知识学习，提升综合素质。从部机关选派6名县处级干部，到赣县区挂点联系贫困村开展脱贫攻坚工作，同时组织机关其他党员干部在南康区浮石乡窝坑村和大坪乡蒋坑村开展驻村帮扶。全年共为挂点村争取各项资金586余万元，解决一大批实际问题。积极参与全国文明城市创建工作，干部职工深入挂点社区组织开展志愿服务20余次、创文宣讲12次，部主要领导先后13次带头深入挂点社区协助指导挂点社区开展工作，协调有关部门争取建设资金100余万元，为赣江街道东郊路社区和钨都大道毛家返迁地居民小区等解决问题80余个，架设路灯110多盏。举办全市组工干部理想信念和专业素养“双覆盖”培训班，培训市、县、乡三级组工干部592人。加强信息调研宣传工作，调研课题获省委组织部一等奖，全市组织部门在中央级媒体上稿264篇（次），在中共中央组织部《组工信息》上稿14条。

（撰稿 黄光燕 审稿 郭书珑）

【领导名单】

部长：张圣泽

常务副部长：张 伟（12月任）

副部长：苏传辉（兼）

吴 青（女，正处级） 郑晓林（兼）

杨有谷（正处级）

傅小新（任至12月） 潘贤波

部务会专职委员：严 晓

古义春（3月任）

市委组织员办主任：李祥鑫

市委人才办主任：郭书珑（4月任）

副处级组织员：张慧慧（女，9月任）

老干部工作

【概况】 2017年，全市各级老干部工作部门认真学习宣传贯彻中共十九大精神，紧紧围绕党委政府工作大局，牢牢把握为党和人民事业增添正能量的价值取向，扎实做好离退休干部各项工作，彰显新作为，取得新成效。

市委老干部局内设政治待遇科、生活待遇科、宣传综合科和办公室，挂靠管理市关心下一代工作委员会办公室。下属单位有市企业离休干部管理中心、市老干部休养所、市老干部活动中心、市老年大学办公室。局机关（含关工委办）人员编制18人，实有人数14人。

【离退休干部思想政治建设和党组织建设】 把学习宣传贯彻中共十九大精神作为首要政治任务，加强离退休干部思想政治建设和党组织建设，组织离退休干部深入学习贯彻中共十九大精神，统一广大离退休干部的思想和行动。中共十九大代表、省委常委、市委书记李炳军专程看望老红军王承登，第一时间向王承登宣讲中共十九大精神。组织全市5万余名离退休干部收听收看中共十九大开幕式盛况，通过举办中共十九大精神报告会、邀请中共十九大代表作辅导报告、召开学习讨论座谈会等多种方式，切实用习近平新时代中国特色社会主义思想武装广大离退休干部的头脑。举办全市离退休干部形势通报会、组织市厅级离退休干部参加深入推进赣南等原中央苏区振兴发展工作会议等重要会议和活动，引导老干部以实际行动关心支持市委、市政府工作。坚持“抓书记、书记抓”，举办2期市直单位离退休干部党支部书记培训班，进一步提高基层党组织带头人的履职能力。

【离退休干部政策待遇落实】 抓好中央、省、市新出台老干部政策的贯彻落实，全面落实离退休干部政治、生活等各项政策待遇。市委、市政府主要领导带头走访慰问老红军、离退休干部，对老干部工作多次作出重要批示和指示，协调解决涉及老干部的实际问题和困难。巩固完善离休干部“三个机制”，及时协调解决机制运行中出现的问题。组织市直单位离退休干部党支部书记到石城县参观学习，组织市直单位196名离休干部开展健康体检，分组赴外省（市）走访慰问23名易地安置和异地居住离休干部。完善特困离退休干部帮扶机制，争取市本级帮扶资金财政预算由25万元增加到30万元，全年帮扶特困离退休干部242人次。做好特困企业县处级离退休干部的有关经费的审核发放工作，市本级全年审核发放132.79万元。抓好企业离休干部管理工作，市企业离休干部管理中心获“第二届全国敬老文明号单位”称号。

【离退休干部为党和人民事业增添正能量活动】 有部署、有步骤、有重点地深入推进离退休干部为党和人民事业增添正能量活动，组织引导离退休干部为赣州市经济社会发展凝心聚力。结合赣州市实际，设计“六个一”（召开一次离退休干部党支部书记座谈会，组织一次离退休干部经济社会发展参观考察，拍摄一批离退休干部正能量微视频，开设一个离退休干部正能量宣传栏，开展一次离退休干部正能量摄影展览、文艺演出，举办一次正能量活动成果展）活动载体，开展“畅谈十八大以来变化、展望十九大胜利召开”和“建言十九大”主题活动。围绕市委重大决策部署，组织市厅级离退休干部参观考察赣州经济技术开发区、南康、信丰、龙南等县（区）“六大攻坚战”现场，让老干部畅谈赣州实施“六大攻坚战”以来的发展变化，积极为市委、市政府工作建言献策。组织发动离退休干部积极广泛参与赣州市争创全国文明城市工作，开展“我为建设富裕美丽幸福江西金点子”征集活动，召开离退休干部“喜迎十九大胜利召开”座谈会，举办离退休干部“庆祝党的十九大，打好‘六大攻坚战’”摄影比赛。积极培育和选树正能量先进典型，龙南县老干部郑纪岳被评为“全省最美老干部”，赣州市第十一中学宋城晚枫工作室被评为“全省离退休干部最佳正能量活动示范点”，市老年大学校长黄南雄等12名老干部被评为“全省离退休干部正能量之星”，安远县老干部党工委等10个集体被评为“全省离退休干部正能量活动示范点”。大力扶持正能量活动示范点，拨付专项资金15万元用于奖励示范点建设。与《赣南日报》合作，开设以“发挥老干部作用、凝聚传播正能量”为主题的宣传栏，每月刊发各地各单位涌现的正能量活动典型，先后推出《为贫困攻坚尽份力——百岁老红军王承登为家乡捐赠2万元建卫生室》等15篇系列报道，让老干部的正能量得到广泛传播。适应新媒体时代需要，开通“赣州老干部”微信公众号，刊发各类老干部宣传信息60余条。市关工委关爱青少年健康成长，组织老干部进乡村、进社区、进学校宣讲中共十九大精神1500多场次，创建和培育一批“零犯罪学校”“零犯罪社区”法治教育示范点，章贡区关工委被评为“全国青少年普法教育先进单位”，上犹县关工委被评为“全国未成年人思想道德建设先进集体”，赣州市关心下一代工作得到全国人大常委会原副委员长、中国关工委主任顾秀莲的高度评价。

【离退休干部学习活动阵地建设】 加强离退休干部学习活动阵地建设，加快推进文化养老工作，更好满足广大老年人日益增长的精神文化需求。省委常委、市委书记李炳军视察调研市老年大学，强调要加强老年教育，扩大老年教育的覆盖面，并现场协调解决师资、经费等问题。积极争取重要文件研究出台，市委办公厅、市政府办公厅印发《关于加强新形势下老年教育工作的意见》，市委组织部、市委老干部局印发《关于印发创建乡镇（街道）老年学校市级示范校实施办法的通知》，对全面推进赣州市老年教育“四级网络”建设起到重要作用。章江新区新建市老年大学和老干部活动中心项目完成主体工程建设，新增学习活动面积1.7万平方米。市老年大学2017—2018学年开设27个专业135个教学班，在校学员6400余人，开设专业、班级及学员数均创历史新高，被评为“全国老年教育宣传工作先进单位”，赣县区、上犹县获“全国第四批老年远程教育实验区”称号。市老干部活动中心组织老干部参加全省首届老干部象棋比赛，获得个人第一、团体总分第二的成绩。

【脱贫攻坚和全国文明城市创建活动】 扎实推进精准扶贫工作，结对帮扶信丰县西牛镇严坑村，整合各类扶贫项目资金560多万元，全面完成通组公路建设，整村推进7个新农村示范点建设，协助村里流转土地建设蔬菜基地，落实165千瓦光伏发电项目，全力推进产业信贷扶贫工作，年度各项扶贫攻坚任务顺利完成。积极开展创建全国文明城市活动，主动担责、勇于负责，集中力量整治市干休所小南门大院环境，成立领导小组，落实工作经费，协调有关部门，清理违章围建菜园，砌建房前路旁花坛，修复倒塌围墙，张贴公益广告和宣传标语，印制发放宣传册，营造浓厚宣传氛围；挂点做好南外街道三康庙社区创文工作，协调解决“创文”工作经费5万元，组织机关工作人员常态化开展志愿服务活动，联合社区开展“庆端午”“庆七一，喜迎党的十九大暨纪念‘若干意见’颁布实施五周年”等文艺演出活动，社区文明风貌焕然一新。

6月15日—17日，市委老干部局组织市厅级老干部一行25人深入“六大攻坚战”建设一线参观考察

【遗留问题解决】 针对天竺山老干部遗属反映的住房问题，多方协调、征求意见，向市委、市政府提出工作方案，以市委办公厅、市政府办公厅名义印发《解决市干休所老干部住房遗留问题专题调度会纪要》，明确解决方式、具体办法和职责分工，使停滞多年的工作取得突破性进展。针对个别离休干部的房屋改建纠纷信访积案，多次向市政府及有关部门汇报有关情况，制定稳控方案，提出对策建议，市政府召集有关部门召开专题协调会，明确有关事项，引导当事人通过法律途径解决问题。针对市直企业县处级退休干部信访事项，及时向市政府及有关部门汇报信访动态，提出意见建议，并耐心细致做好政策宣传、稳定情绪等工作。针对有的人员反映“两红”人员待遇标准问题，及时牵头调查核实，当面给予答复，宣讲解释政策，反映人表示认同和满意。

【自身建设】 坚持从严管理教育、提升能力素质、健全管理制度，全面落实市委改作风提效率工作要求。扎实推进“两学一做”学习教育常态化制度化，局领导班子成员带头上党课，宣讲中共十九大精神。组织机关党员赴石城县、宁都县参观学习红色教育基地，重温革命传统历史，召开学习交流座谈会，筑牢理想信念，传承红色基因。持续加强机关效能建设，纠正“四风”，建立健全相关制度，制定市委老干部局《关于改进工作作风提高工作效率的实施意见》《工作人员“为官不为”问责办法（试行）》《干部职工谈心谈话制度》等制度，完善公务员平时考核办法，推行智能办公OA系统，精准掌握干部职工日常工作情况，加强干部队伍的日常管理监督和考核。健全内部审计制度，坚持开展对下属单位内部财务年度审计工作，各项财经纪律和制度得到有效落实。

（撰稿　钟　云　审稿　邹志军）

【领导名单】
局长：郑晓林
副局长：邹志军　李建军
副处级干部：胡伟平　欧阳建福
黄小英（女，市企业离休干部管理中心主任）

宣传工作

【概况】 2017年，全市宣传思想文化战线以习近平新时代中国特色社会主义思想为指导，深入学习宣传贯彻中共十八大和十八届三中、四中、五中、六中全会精神，以及十九大精神，全面落实省第十四次党代会和市第五次党代会精神，坚持稳中求进总基调，内聚力量、外树形象，为解放思想、内外兼修、北上南下，打好攻坚战、同步奔小康提供强有力的思想舆论保证和良好精神文化条件。在2017年度全省宣传思想文化工作目标管理考核中，赣州市名列全省第一。

市委宣传部（赣州市互联网信息办公室、中共赣州市委网络安全和信息化领导小组办公室）下设办公室、干部科、理论科、宣传科、新闻出版科、文化教育科、党员教育科、网络协调与管理科、网络宣传与评论科和市对外宣传领导小组办公室（政府新闻办），市精神文明建设指导委员会办公室设在宣传部，为内设机构，下设综合科、协调科、未成年人思想道德建设工作科、文明城市创建科。市委报道组挂靠市委宣传部。市委宣传部（赣州市互联网信息办公室、中共赣州市委网络安全和信息化领导小组办公室）下属事业单位市互联网信息研究中心（市网络舆情监测中心），市文明办下属事业单位市志愿服务指导办公室。市委宣传部（市文明办）人员编制72人，实有人数60人。

【理论武装】 坚持把学习宣传贯彻习近平新时代中国特色社会主义思想和中共十九大精神作为首要政治任务。理论学习务实推进。坚持每季度与中央政治局、省委中心组集体学习对标1次，全年开展集中学习会25次、专题报告会15次。每月举办1期专题讲座，每季度开展1次好书赠阅，为市委中心工作顺利推进做好理论准备、知识准备和舆论准备。基层宣讲创新开展。全面实施“一县一品”工程，要求每个县（市、区）结合实际至少打造1个基层理论宣讲品牌。其中，章贡区“草根明星”、兴国县“山歌宣讲”、上犹县“乡间夜话”、全南县“众说舞台”、大余县“壹讲堂”等基层宣讲品牌深受群众欢迎，连续在“江西宣传”微信公众号面向全省推介。理论研讨成效显著。“赣南师范大学习近平新时代中国特色社会主义思想研究中心”挂牌成立，出台《关于加强对哲学社会科学论坛、报告会、研讨会、讲座管理的意见》，成功举办第十八届明史国际学术研讨会暨首届阳明文化国际论坛、纪念“南方红军三年游击战争”胜利暨新四军组建80周年理论研讨会。

【舆论引导】 坚持新老媒体齐动，网上网下互动，市内市外联动，主流舆论保持强劲势头。中共十九大新闻宣传浓墨重彩。中共十九大召开期间，赣州市在中央和省级主流媒体发稿103篇，平均每天发稿14篇，实现参会代表人人露脸发声、主流媒体全面覆盖、赣州声音广泛传播。其中，赣南苏区振兴发展列入喜迎中共十九大的重要成就性报道。特色主题宣传亮点频出。组织市直媒体开展“砥砺奋进的五年”大型主题采访、“十九大精神在基层”系列蹲点式调研采访，推出“喜迎十九大·身边看变化”“十九大代表风采录”，举办聚焦赣南苏区振兴发展5周年全国知名网络媒体看赣州暨“共饮一江水赣港一家亲”主题宣传活动、名播名记走进赣州等大型采访活动。外宣工作成绩显著。年内，赣州市在中宣部内刊发稿5篇（条），在中央主流媒体发稿745篇（条），其中头版头条40篇（条），央视《新闻联播》32条；在省级主流媒体发稿5276篇（条），其中头版头条93篇，发稿总数和大稿要稿均位列全省前茅。举办新闻发布会130场，国务院新闻办《对外宣传通讯》、省委宣传部《新闻发布工作信息》专刊介绍赣州市新闻发布工作经验，市政府新闻办被评为全省党务政务信息工作先进单位。

【网信工作】 始终把互联网作为意识形态工作的主阵地。网上正面宣传强劲有力。精心组织开展“镜头中的脱贫故事”“脱贫攻坚看成效”“苏区振兴发展五周年”“纪念三个90周年”“大美中国·生态赣南”5场重大网络主题宣传活动。全年形成网上正面舆情热点22个，位列全省第一。“十九大精神从纸间到心间”H5融媒体作品荣获中国报业十九大融合传播优秀作品奖，《看，江西老表这样脱贫》等4部微作品荣获中央网信办拍客大赛优秀作品奖。网络空间日趋清朗。清查删除各类有害信息150条，关闭克隆违规网络直播平台2个、假冒网站15个、违规“标题党”微信公众号11个，清理死链、无备案网站250余家，30条网信工作信息被中央和省《网信动态》采用，名列全省第一。网络扶贫取得实效。全国首个教育定制网络扶贫项目落户上犹县，寻乌县获得全国第一批网络扶贫专项贷款，并作为全省唯一网络扶贫代表县参加2017年第四届世界互联网大会；安远县“农家书屋+电商”服务

赣州市道德模范与身边好人（章贡区）现场交流活动暨2017年第4期“赣州好人”发布仪式现场

站销售脐橙达2亿元，“双11”在天猫水果类目销售中排名全国第一。

【文明创建】 坚持以创建全国文明城市为龙头，把培育和践行社会主义核心价值观融入经济社会发展方方面面。文明创建成绩喜人。成功创建“第五届全国文明城市”。创新推行“路长制”，由市四套班子领导分别担任城区主干道“路长”，各区按照管理范围分别安排区领导担任区级“路长”，负责协调解决遇到的难题。中共中央宣传部《每日要情》和新华社、人民日报等中央“六大主流媒体”持续报道赣州市创建文明城市经验。常态化推进志愿服务工作，全市共注册志愿者82.8万余人，志愿服务时常达177万小时，位居全省前列。移风易俗工作引领全省。出台乡风文明建设“1+3”系列文件，将移风易俗纳入科学发展综合考评，构建全民参与、全域联动、全面提升的移风易俗工作格局。8月21日，全省农村精神文明建设经验交流暨移风易俗工作推进会在赣州市召开，中共中央宣传部《宣传工作》和中央文明办《精神文明建设》等内刊向全国推介赣州市移风易俗工作经验。

【文化建设】 坚持以人民为中心的工作导向不动摇。赣南采茶歌舞剧《永远的歌谣》获中共中央宣传部“五个一工程”奖，《破阵》《红军渡长征源》等作品被授予“江西省优秀文艺作品”，市委宣传部被评为优秀组织奖，并在全省获奖作品表彰座谈会上介绍经验。红色动画片《红游记》被国家广电总局评为2017年国产优秀动画片。大型赣南客家民俗音画《客家儿郎》成功首演。文化惠民持续推进。成功举办纪念《若干意见》出台实施5周年大型群众综艺晚会和2017赣州第二届文化惠民周活动，组织开展全市首个“全民读书周”活动，常态化开展“文化惠民·精品共享”赣南采茶歌舞戏周末惠民演出、“文明风采·百姓舞台”文艺汇演活动。建成“农家书屋+电商”示范点1640个，全省“农家书屋+电商”经验交流会在赣州市召开。文化传承保护成效显著。组织实施“最后的红军”口述史抢救性记录工程，大力实施赣南采茶戏振兴工程，第一批35名定向生入学。推动赣南围屋抢救性保护维修工程。在深圳文博会高端平台签约7个重大文化产业项目，项目资金51.8亿元，有力促进全市文化产业快速发展。红色基因代代相传。编辑出版《永恒的初心》《赣南红色历史简本》，成功举办讲解员讲红色故事大赛，弘扬苏区精神，传承红色基因。先进典型选树工作实现历史性突破，18人当选中国好人，会昌县王必盛同志成为全省唯一入选第六届全国道德模范的人选。

（撰稿　罗　超　审稿　张孝忠）

【领导名单】

部长：胡雪梅（女）

常务副部长：张孝忠

副部长：丁少松

市纪委驻市委宣传部纪检组组长：
刘明河

副部长：彭江闽　张冠军

调研员：杨运武　李建华

文明办负责人：张祖煌

文明办副主任：刘万春（女）
黄继辉

市委网信办专职副主任：
梁　飞（4月任，试用期一年）
柳　迈（4月任，试用期一年）

市委外宣办（市政府新闻办）主任：
唐晓青（7月任，试用期一年）

调研员：罗良伟（7月任）

精神文明创建工作

【概况】 2017年，赣州市精神文明建设工作全面贯彻落实中共十八大和十八届三中、四中、五中、六中全会精神，以及十九大精神和习近平新时代中国特色社会主义思想，以创建全国文明城市为统揽，以培育和践行社会主义核心价值观为根本，深化思想道德建设，弘扬社会文明风尚，深化群众性精神文明创建，不断提升市民文明素质和社会文明程度，为打好攻坚战、同步奔小康提供强大精神力量和道德支撑。

【文明城市创建】 高位推动。将创建全国文明城市作为“书记工程”，成立由省委常委、市委书记、市文明委主任任总指挥，市委副书记、市长、市文明委副主任任第一副总指挥，市委副书记、市文明委副主任任常务副总指挥的高规格领导体制，下设“三办”和7个“对标创建工作部”，分别由20个市领导担任部长、副部长，负责组织调度常态创建，市委书记每月听取一次创建工作汇报，重点解决存在的难点节点问题，市长、市委副书记每月定期调度创建工作，推动有关问题解决。

探索创新。创新推行“路长制”，由市级领导分别担任城区主干道“路长”，各区按照管理范围分别安排区级领导担任区级“路长”，负责协调解决遇到的难题，形成主要领导亲自抓、分管领导一线抓、全员上阵共同抓的工作格局。推行市直（驻市）单位帮建社区（街巷）文明创建，调动市直（驻市）单位参与创建的主动性和积极性，解决创建过程中基层工作人员不足、工作力量不够等问题，全面提升创建实效。强化动态管理，在全省率先实行动态管理责任制，通过赣州文明创建动态管理系统细化量化文明创建各项指标，变突击性迎检为日常化创建，变印象式考核为量化式考核，并将考核结果纳入市直（驻市）单位绩效考核。突出问责问效，在全省率先出台《赣州市创建全国文明城市工作问责办法（试行）》，建立“日督查、周通报，月例会、季测评”制度，完善创建工作奖罚考核机制。

补齐短板。围绕创建全国文明城市“八大环境”，制定《赣州市中心城区市容市貌管理标准》，开展城乡环境整治年行动，全面加强主次干道、背街小巷、居民小区清扫保洁和垃圾清运工作，投资1.94亿元改造老旧小区112个。加强监督管理，提升小区、市场管理水平。着力清理流动摊点、店外经营、占道经营行为，重点整治广告乱贴乱画、招牌乱伸乱挂、车辆乱停乱放、建筑乱搭乱建，拆除“两违”建筑194万平方米。集中开展市区交通整治专项行动，加强对交通运行的日常巡查，加强重点路段的监管疏导，提高城区交通管控水平，市容市貌、交通秩序等明显改善。2017年11月，赣州市获第五届全国文明城市荣誉称号。

【乡风文明建设】 谋划先行，全面部署。出台乡风文明建设“1+3”系列文件。3月14日，召开高规格、大规模的“全市城乡环境整治暨乡风文明行动推进会”，全面启动“乡风文明行动”，成立市“乡风文明行动”领导小组，快速构建全民参与、全域联动、全面提升的移风易俗工作格局。建立机制，着眼长效。建立调度、跟踪、督办、考核等4项工作机制，确保全市18个县（市、区）、284个乡镇、3466个行政村整建制同步推进。出台《赣州市“乡风文明行动”工作考核办法》，在全国率先探索乡风文明第三方测评，委托第三方机构对各县（市、区）乡风文明工作进行考核，考核结果纳入对市县科学发展综合考评内容。重点突出，成效显著。突出抓好村规民约修订、红白理事会建设、厚养薄葬、党员干部带头、内外环境美化、专项治理等9项重点举措。全市3765个村（居）实现修订村规民约、建立红白理事会“两个全覆盖”；“三沿六区”（三沿，是指公路、铁路沿线两侧可视面，河流主干道两侧可视面；六区是指城镇规划区、风景名胜区、文物保护区、饮用水源保护区、农田保护区）乱埋乱葬整治初步达到“零增量、去存量”目标，搬迁坟墓5万余座，规划公益性公墓1059个，建成和在建719个；全市95%以上村“两委”班子成员和农村党员签订移风易俗承诺书，乡风文明建设取得初步成效。12月，中共中央宣传部《宣传工作》、中央文明办《精神文明建设》等内刊连续刊发赣州市乡风文明建设的稿件。8月21日，全省农村精神文明建设经验交流暨移风易俗工作推进会在赣州市召开。

【好人文化建设】 以社会主义核心价值观为指引，扎实推进道德模范（身边好人）的挖掘、宣传、推送工作，先进典型选树工作实现历史性突破。11月，会昌县王必盛入选第六届全国道德模范，成为本届全省唯一入选模范。2015年赣州市8人入选“中国好人”，2016年9人入选，2015年和2016年入选总人数超过前7年总和。2017年，赣州市18人入选“中国好人”，累计入选人数达52人，再次实现新的突破，并创造连续3年入选人数保持全省第一的纪录。创新方式方法。把崇尚先进人物、学习先进人物与加强道德修养、开展道德实践有机结合，广泛开展“道德模范”“身边好人”“最美人物”等评选活动，每季度发布1期赣州好人榜，举办全市性道德模范（身边好人）现场交流活动4场，推动形成群星灿烂与“七星共明”的先进群体格局。贯彻落实《赣州市道德模范礼遇帮扶实施办法（试行）》，全年累计投入30余万元直接帮扶资金，推动各项帮扶措施落地生效，建立完善好人帮扶礼遇机制，实现道德模范、“身边好人”和优秀志愿者常态化帮扶礼遇，树立好人好报、德者有得的价值导向。加强载体建设。投资300多万元高标准建设“两园一馆”（即核心价值观主题公园、好人公园和好人馆），把好人元素融入生活，打造群众性精神文明创建活动新载体，让市民在休闲放松的过程中接受好人文化熏陶。运用基层巡讲、好人“故事汇”、举办道德模范（身边好人）事迹展览等形式，广泛弘扬先进人物的高尚品质和崇高精神，先进人物的模范事迹传遍赣南大地，先进人物的榜样力量转化为苏区人民的生动实践。提高思想认识。在推进好人文化建设的过程中，深刻认识到好人文化建设是践行社会主义核心价值观的重要平台，也是加强公民道德建设的有效载体。各级文明委、文明办认真谋划、精心组织、全面发动，大力挖掘先进典型，向中央文明办、省办推荐好人线索数和点赞评议数位居全省第一，2017年推荐好人线索数近62万余条，庞大的身边好人群体，弘扬社会正能量，推动形成见贤思齐、崇德向善的浓厚氛围。

【志愿服务活动】 建立健全工作机制。建立“四纵四横”志愿服务工作格局，即市、县（区）、乡镇（街道）、村（社区）四级纵向，联合会、协会、大队、小队4个横向的组织工作网络，规范志愿服务组织活动。依托江西志愿服务网，推广志愿服务手机打卡，完善服务记录制度，志愿服务时常达177万小时，位居全省前列。“乐帮”志愿服务品牌突显。进一步扩大“乐帮”志愿服务品牌的影响力，全市共注册志愿者81.7万余人。建立各级各类志愿服务队伍6249支，均列全省第一。注册成立民间志愿服务协会7个。年内各级各类志愿者年均开展“三关爱”志愿服务活动约1万余次。开展系列志愿服务活动。围绕文明城市创建工作，组织开展“清洁家园我先行”等志愿服务活动，先后有56万名志愿者参与活动。组织市直、驻市单位挂点社区（街巷）常态化开展文明城市创建工作，评选40个市级优秀志愿服务系列。江西省高速集团赣州管理中心黄水清、赣县区樱花公益志愿者协会邱淑仲、章贡区西津路社区群乐义演项目、瑞金市“红色小导游”志愿服务项目、章贡区东外街道营角上社区等5个项目（个人）获第二届江西省优秀志愿服务先进典型；寻乌县桂竹帽镇中排社区获2017年中央文明办学雷锋志愿服务“四个100”最美志愿服务社区。

【未成年人思想道德建设】 文明校园创建。开展全国首届文明校园、江西省第一届文明校园的推荐评选工作，赣南师范大学、赣州三中等4所学校被评为全国首届文明校园，赣州中学、赣州市大公路第一小学等36所学校被评选为江西省第一届文明校园。开展2017年度赣州市“美德少年”评选表彰活动，共表彰30名美德少年。其中，瑞金市陈璇和石城县黄宣润获评江西省美德少年。

主题教育活动。广泛开展“唱响中国梦”主题教育活动，赣州市8个原创节目在全省"唱响中国梦"少儿文艺活动中获奖，其中，龙南师范附属小学编排的文艺节目《我们的祖国是花园》代表赣州市参加全省"唱响中国梦""六一"少儿文艺节目汇演。围绕元旦、春节、清明、"六一"、端午、"七一"、国庆等传统节庆日，组织开展669场次各类文化志愿服务活动，参与各种志愿服务活动达47万多人次。组织开展"网上祭英烈"和"向国旗敬礼签名寄语"活动，票数分别为62308票和315387票，列全省第二名。

阵地规范管理。组织各县(市、区)文明办主任及55所中小学校长参加全省乡村学校少年宫骨干培训班，举办赣州市乡村学校少年宫档案骨干培训班，18个县(市、区)全部完成乡村学校少年宫项目管理平台档案录入工作，实现活动阵地管理规范化。2017年，新增中央、省级乡村学校少年宫建设项目55所，全市现有乡村学校少年宫建设项目243所。

【群众性精神文明创建】 开展第五届全国文明单位、文明单位推荐申报工作，赣州机场分公司等6个单位被评选为第五届全国文明单位，大余县南安镇等7个村镇被评选为第五届全国文明村镇。组织各级文明单位每周六开展一场"文明风采百姓舞台"周末广场文艺汇演，2017年演出26场，精彩展示文明单位风采，激发文明单位活力；联合赣南日报社等单位开展"家庭·家教·家风"巡讲活动，开展好家风好家教宣传和教育，累计在18个县(市)举办巡讲活动56场，活动覆盖人数3万余人；推广文明赣州"两微一网"(即微博、微信和赣州文明网)建设，围绕市委、市政府中心工作，策划线上线下重大网传活动27次，发布微博1401条、微信970余篇。向中央、省、市各类报刊及媒体、网站报送信息4000余条。其中，中国文明网246篇、江西文明网445篇，投稿数和采稿量均居全省前列，文明赣州网络传播影响力继续位居全国第一方阵。

（撰稿　钟燕春　审稿　张祖煌）

讲师团工作

【概况】 2017年，市委讲师团积极履职履责，以习近平新时代中国特色社会主义思想为指导，深入学习贯彻中共十九大精神，在理论宣传宣讲方面谋创新、出亮点，在理论研究、理论培训、精准扶贫等方面，取得新成效。

市委讲师团内设办公室、理论教研室。人员编制8人，实有6人。

【理论宣讲】 2017年，根据市委安排部署，组织开展5次全市性巡回宣讲，即中共中央总书记习近平、国务院总理李克强关于赣南苏区振兴发展工作的重要批示精神全市巡回宣讲，中共十九大精神全市巡回宣讲，"我的脱贫故事"百姓宣讲团宣讲，"红军后代"十九大精神宣讲团宣讲，"脱贫典型"十九大精神宣讲团宣讲。与往年相比，2017年度开展的宣讲更加出亮点、接地气、创特色。其中，"我的脱贫故事"百姓宣讲团、"红军后代"十九大精神宣讲团、"脱贫典型"十九大精神宣讲团受到中央、省、市等各级媒体的关注，并得到市委主要领导的肯定。年内，讲师团教学人员共宣讲20场，加上组建1支42人的全市基层理论特约宣讲员队伍的宣讲，受众约1.3万余人次，社会反响良好，取得较好的宣讲效果。

【理论研究】 按照省委讲师团要求，组织教学干部撰写3篇理论文章报送参加全省讲师团系统第二十三次理论研讨会，并组织干部参加全省讲师团系统"红色故事讲起来"比赛活动。根据市委领导的要求，教学干部撰写2篇阐释中共中央总书记习近平重要批示精神的文章；按市直机关工委和党总支的要求，撰写报送2篇理论文章参加有关活动。做好重要理论学习资料编辑和理论培训工作。收集和整理中央、省、市主要领导重要观点和论述，权威刊物登载的专家、学者的新观点、新理念，编辑出刊《理论学习资料·学习党的十九大精神专辑》，供领导干部学习参考。组织全市理论宣传系统骨干到吉安市泰和县考察"民嘴讲堂"，学习理论宣讲先进经验。中共十九大召开前夕，讲师团和市委宣传部组织召开全市基层理论宣讲工作座谈会。中共十九大召开后，举办全市学习贯彻中共十九大精神理论宣讲骨干培训班。

【精准扶贫】 按照市委市政府的统一安排，继续对定南县鹅公镇高湖村进行定点帮扶。多次召开扶贫工作会议，认真研究相关问题，组织干部开展精准扶贫的各环节工作，划拨5万元经费用于改善村宣传设施，团领导多次到高湖村进行调研，挂点扶贫干部花更多的时间和精力投入到精准扶贫工作。全村路面硬化工程基本完工，参与帮扶援建的新村部大楼主体工程7月份完工。结对帮扶的8户贫困户有7户在2017年实现脱贫。

（撰稿　杨　云　审稿　曾定柱）

【领导名单】

团长：丁少松

副团长：何　勇

副调研员：曾定柱（7月任）

政策研究与全面深化改革

【概况】 2017年，市委政策研究室（改革办）认真学习贯彻落实中共十九大精神，以习近平新时代中国特色社会主义思想为指导，聚焦重大改革推进、重点课题调研、重要文稿起草"三大主业"，统筹做好扶贫、党建、文明创建等各项中心工作，取得较好成效。赣州市被评为全省2017年度全面深化改革先进单位；市委政研室（改革办）被评为2017年赣州市文明单位、赣州市公共机构节能工作优秀单位、全市社会治安综合治理先进单位、机关党建工作优秀单位、赣州市三八红旗集体、赣州市党委系统信息工作先进单位、赣州市绩效考核优秀单位。

市委政策研究室（改革办）内设秘书科、经济研究科、党建研究科、社会研究科、综合研究科、农村研究科、协调督导科，机关党总支，下属事业单位《今日赣州》编辑部，编制31名，实有21人。

【深化改革】 以推进供给侧结构性改革为主线，紧扣“打好攻坚战、同步奔小康”主题，坚持全面推进、重点突破、精准发力、先行先试、注重实效，174项改革任务完成或达到年度进度要求。全年召开11次领导小组会议，审议通过35个改革文件；召开1次改革业务骨干培训会，开展2次全面督察和10余次专项督察调研。扎实调度推进试点示范事项和重大试验平台建设，实施省级以上改革试点110项（国家级75项、省级35项，2017年新增6项），累计获批国家层面重大平台11个。山水林田湖草生态保护修复试点、生态综合执法新模式、“一窗式”审批服务改革、赣州港建设、社会心理服务体系建设、区块链金融等一批重点改革事项取得突破，走在全省乃至全国前列。

【调查研究】 紧扣全市改革振兴工作大局和市委、市政府决策部署，搞好调查研究，当好“参谋部”“智囊团”。围绕打好“六大攻坚战”，积极“走出去、走上去、走下去”，共完成高质量调研报告19余篇。其中，9篇获省、市相关领导批示。

【文稿工作】 牵头或参与市委综合性文稿及市委领导讲话材料的起草、修改及审核工作，全年完成重要文稿起草139篇，其中调查报告19篇、文件报告40篇、市委主要领导讲话17篇、工作总结汇报19篇、改革动态44篇；获市级以上领导批示25篇、36次，其中获中央领导批示1篇、4次，省领导批示3次，省委常委、市委书记批示17次，市长批示7次，市委、市政府其他领导批示5次。

【刊物信息工作】 树立精品意识，突出办好《决策参考》《赣州改革动态》《今日赣州》等3个决策内刊和“赣州改革”微信公众号。2017年共编发《决策参考》17期、《赣州改革动态》37期、《今日赣州》6期，发布“赣州改革”225期。向省委改革办报送信息35篇，在《江西改革动态》上稿17篇，居全省前列，其中3篇得到省领导批示肯定。

【重要会议】 3月13日，召开市委全面深化改革领导小组第八次全体（扩大）会议。会议审议通过《赣州市委全面深化改革领导小组会议审议事项提交办法（试行）》《关于深入推进城市执法体制改革改进城市管理工作的实施意见》《赣州市整合规范公共资源交易平台实施方案》3个文件。

5月11日，召开市委全面深化改革领导小组第九次全体会议。会议审议通过《市委全面深化改革领导小组成员2017年度领衔推进落实重大改革项目实施方案》《关于在深化全市国有企业改革中坚持党的领导加强党的建设的实施意见》《市委市政府关于加快推进价格体制机制改革的实施意见》《关于开展领导干部自然资源资产离任审计的实施意见》《赣州市盐业体制改革实施方案》5个文件。

5月26日，召开市委全面深化改革领导小组第十次全体（扩大）会议。会议审议通过《市委市政府关于进一步深化医药卫生体制改革的实施意见》《赣州市医联体建设方案》2个文件。

7月12日，召开市委全面深化改革领导小组第十一次全体会议。会议审议通过《赣州市群团改革总体方案》《赣州市总工会改革方案》《赣州市共青团改革方案》《赣州市妇联改革方案》《赣州市科协系统改革方案》《赣州市侨联改革方案》《关于进一步加强全市社会主义法治文化建设的实施意见》《关于落实〈党政主要负责人履行推进法治建设第一责任人职责规定〉的实施细则》8个文件。

7月27日，召开市委全面深化改革领导小组第十二次全体会议。会议审议通过《关于创新人才政策推动人才发展体制机制改革的若干意见》《关于推进人才住房建设的若干意见》2个文件。

8月17日，召开市委全面深化改革领导小组第十三次全体会议。会议审议通过《关于进一步推进农垦改革发展的实施意见》《关于加大全社会研发投入攻坚行动的实施方案》2个文件。

8月27日，召开市委全面深化改革领导小组第十四次全体会议。会议审议通过《关于深化投融资体制改革的实施意见》。

9月13日，召开市委全面深化改革领导小组第十五次全体（扩大）会议。会议审议通过《关于赋予瑞兴于经济振兴试验区市级经济社会管理权限的决定》《关于支持瑞兴于经济振兴试验区建设的若干政策意见》2个文件。

9月28日，召开市委全面深化改革领导小组第十六次全体（扩大）会议。会议审议通过《关于实行办事清单管理推进“最多一次办结”改革的实施方案》《赣州市相对集中行政许可权改革试点方案》《关于统筹推进县域内城乡义务教育一体化改革发展的实施意见》3个文件。

11月30日，召开市委全面深化改革领导小组第十七次全体会议。会议审议通过《赣州市“十三五”时期文化发展改革规划纲要》《赣州市市级公立医院薪酬制度改革实施方案》《赣州市关于进一步深化基本医疗保险支付方式改革的实施方案》《关于机关事业单位养老保险改革有关事项》4个文件。

12月28日，召开五届市委全面深化改革领导小组第十二次全体会议。会议审议通过《陡水湖景区管理体制改革方案》《关于推进安全生产领域改革发展的实施办法》《关于统一全市城乡中小学教职工编制标准有关事项的通知》3个文件。

【“两学一做”学习教育】 按照市委统一部署，紧扣“两学一做”主题，切实落实各项规定动作，开展学习教育专题党课暨业务学习会共8场次。

创新形式做好自选动作，班子成员带头开展“每月学习例会”活动，加强对《现代金融学》《第四次工业革命》《一本书读懂财报》《区块链革命》等相关书籍的学习，提升政研能力和理论水平。组织党员干部到赣县区开展党日活动，并与挂点社区党员共同开展“重温入党誓词”宣誓活动，自觉接受党性教育。

【精准扶贫】 扎实推进定点帮扶工作，直接投入崇义县果木村扶贫点相关资金62万元，独立争取定点帮扶资金105万元，全年共撬动扶贫资金超1000万元，全面完成整村脱贫9大指标，村容村貌大大提升；为每户贫困户制定详细的“1+N”脱贫方案，支持新建脐橙扶贫基地、花卉扶贫基地、白莲基地、生态采摘基地等产业基地，就近吸纳50多人就业，脱贫增收渠道大大拓宽。同时，在副县级干部挂点村（于都县谢屋村、阳田村）投入产业扶贫等资金14万元。2018年年初，果木村接受省第三方评估核查、省扶贫成效考核、省扶贫资金绩效考核，如期实现整村脱贫。

（撰稿 刘 央 审稿 吕浩泳）

【领导名单】

改革办主任：赵多仙

政研室主任、改革办常务副主任：

潘金城（3月任，任至12月）

陈相飞（12月任）

改革办专职副主任：

潘金城（正处级，任至3月）

政研室副主任：吕浩泳

改革办专职副主任：刘文辉

政研室副主任：刘 耿

汪 峰（挂职，9月任）

政研室副调研员：钟远明

统一战线工作

【概况】 2017年度，市委统战部获全省理论创新一等奖、实践创新成果奖2篇、信息宣传工作先进单位、学习中共十九大精神知识竞赛活动组织奖，获2017年度市直机关党建工作红旗单位、文明单位称号，综治、节能工作先进单位。市委统战部内设办公室、党派科、联络科、民族宗教科、干部科、无党派人士（党外知识分子）工作科、机关党总支、“三会”联络办公室、研究室。人员编制26名，实有23人。

【加强党对统战工作的领导】 统战工作氛围浓厚。中共中央政治局委员、中央统战部部长孙春兰到赣州市调研统战工作。省委常委、统战部部长陈兴超到赣州市调研指导统战工作6次。2016年10月市委换届以来，市委常委会议先后13次听取和研究统战工作，协调解决重点问题；省委常委、市委书记李炳军听取统战工作汇报17次，出席统战工作会议、活动8次，在不同场合多次强调要重视、支持统战工作。全市18个县（市、区）和赣州经济技术开发区党委书记在《赣南日报》刊登署名文章，专题谈统战，系统阐述统战工作的意义和抓好统战工作的思路和举措。刊发统战《赣市统通报》10期、《统战参阅》10期、《统战内参》2期。全市统战系统在各级媒体报纸杂志网站上刊发信息、文章670余篇，其中国家、省级采用140余篇。全市统战系统内外形成谈统战、抓统战、做统战的浓厚氛围。

体制机制健全。坚持“把统战工作当作最大的政治工作”，以市委或市委、市政府文件出台《关于加强新时期统一战线工作的实施意见》《关于加强社会主义协商民主的实施办法》《关于加强政党协商的实施办法》《关于加强和改进新形势下宗教工作的实施意见》《关于进一步加强工商联工作服务非公有制经济发展的实施意见》等7个政策规定。调整市促进非公有制经济发展领导小组，将领导小组办公室改设在统战部。推行各县（市、区）统战系统主要领导任免事先征求市委统战部意见的制度。完善县、乡、村三级统战网络建设，配齐配强乡镇统战委员、统战干事。进一步构建“党委总览全局，统战部门牵头协调、有关方面各负其责”格局。

【民主党派、工商联工作】 协商民主建设。坚持凸显中国共产党党领导的多党协商制度优势，出台《关于加强政党协商的实施办法》《中共赣州市委2017年政党协商计划》《关于加强社会主义协商民主建设的实施办法》，召开各民主党派、工商联、知联会主要领导“谈心会”和党外人士民主协商暨情况通报会，定期召开民主党派市委会“单月联席会”“双月座谈会”，协调推进各民主党派围绕中心工作认真履职；充分发挥统一战线智力优势，组建赣州市同心圆智库，组织开展“大调研”活动，累计形成调研成果43篇，专项调研成果9篇，多篇调研成果被《政府工作报告》采纳。

促进非公有制经济“两个健康”发展。大力搭建商会平台，推动成立全国赣州商会联合总会，入会商会121个，会员企业3万余家，为“赣商回归”搭建重要平台。返乡考察赣商达78批912人次，分别增长52.9%和46.7%，赣商返乡投资项目占全市招商引资项目的比例达36.8%。大力弘扬优秀企业家精神，组织非公有制经济人士参加全国年轻一代民营企业家理想信念报告会。深入推进“百企帮百村”精准扶贫行动，653家企业、34家市直属商会结对帮扶760个贫困村，投入资金3.68亿元，帮扶贫困人口7.54万人。全国“万企帮万村”精准扶贫行动片区会在赣州市召开，推广赣州市经验做法。优化非公有制经济发展环境，成立赣州民联投资管理有限公司，建立赣商联合总会信息服务平台，在赣州经济技术开发区设立企业家商会和工商联分会。开展“媒体进民企”专题宣传活动和“榜样赣州·双十佳民营企业人物”评选活动，非公有制经济发展环境更优、劲头更足。

【党外代表人士队伍建设】 党外干部队伍建设。召开“学习十九大报告精神·党外人士座谈会”。举办党外县处级干部培训班、党外科级干部培训班和非公经济代表人士培训班，共培训学员300余人次。将党外干部培养选拔纳入全市干部队伍建设总体规划，有计划地培养使用党外干部。2017年，全市有3名副处级、10名正科级党外干部提拔使用。市直部门核定新增7名党委（党组）书记职数，拓宽党外干部担任行政正职的空间。

党外知识分子队伍建设。出台《关于加强知联会规范化科学化建设的意见》。成立赣州市新的社会阶层人士联谊会，组织开展新媒体“聚焦六大攻坚战”主题宣传、“赣南品牌计划”“新媒体走进县（市、区）”“海归赣南，创业家乡”交流会等活动。召开知联会、新联会学习中共十九大精神座谈会。创建赣州归国留学人士服务联盟，为打好攻坚战、同步奔小康凝聚智慧和力量。

【民族宗教工作】 民族工作。持续增进民族团结，扎实开展少数民族乡村对口支援调研工作，整合资金70万元支援龙头畲族村脱贫攻坚，指导南康区赤土畲族乡开展民族特色乡村建设工作。

宗教工作。扎实做好宗教工作，出台《加强和改进新形势下宗教工作的实施意见》，先后召开全市民族宗教工作会议、全市宗教界代表人士座谈会、新修订的《宗教事务条例》专题学习暨全市性宗教团体负责人联席会议，贯彻落实中央和全省宗教工作会议精神，特别是中共中央总书记习近平关于宗教工作系列重要讲话精神。开展和谐宗教团体、和谐寺观教堂创建活动，建成示范点100处。开展系列“慈善周”活动，有效维护社会和谐稳定。

【中国港澳台地区及海外统战工作】 成立江西省首个海外商会——加拿大赣州商会（同乡会），成功举办“庆回归、思源泉”保护东江源——庆祝香港回归20周年纪念活动。举办双向文化教育交流、台胞台属新春茶话会以及捐资助学等活动，提高赣州市在台知名度和影响力。

【自身建设】 贯彻落实中共十九大精神和习近平新时代中国特色社会主义思想。把学习宣传贯彻中共十九大精神和习近平新时代中国特色社会主义思想作为首要政治任务，认真谋划、扎实推进。组织全体机关干部收听收看中共十九大开幕式及十九届中共中央政治局常委同中外记者见面会盛况；举办全市统战部部长学习贯彻中共十九大精神专题研修班；组织开展贯彻落实中共十九大精神专题调研；制定印发《学习宣传贯彻党的十九大精神实施方案》；开展中共十九大精神学习竞赛。

加强工作保障。市委统战部增加编制10个，其中行政编3个、事业编7个，增设民宗科、研究室、“三会”联络办公室。通过遴选、社会公开招考、调入等方式新进工作人员11名。

群团组织建设。完成机关党支部、机关工会的换届工作，成立中共赣州市委统战部妇委会、青工委。开展新进工作人员业务培训，机关干部军训暨体能拓展训练。

机关作风建设。认真贯彻落实市委、市政府“一个意见、两个办法”，开展“提升素质、提高效率、服务大局”主题教育活动。开展每月举办1期“统战干部讲堂”、每季度自行阅读1本书籍、每年进行1次评比的“三个一”活动，推进学习型机关建设，营造“爱读书、勤思考”的良好氛围。

（撰稿　谢周逢　审稿　曾江明）

【领导名单】

部长：彭业明

副部长：谢来福　黄声兰（女）

钟贤军　曾江明

市纪委驻市委统战部纪检组组长：

郭金荣

调研员：蒋金生

副调研员：陈　澍

12月22日，长三角赣商联盟迎新恳谈会暨长三角赣州籍人才座谈会在上海召开

农村工作

【概况】 2017年，市委农工部以习近平新时代中国特色社会主义思想为指导，认真落实中央、省、市关于“三农”工作的决策部署，以打好“六大攻坚战”为主抓手，坚持新发展理念，积极改作风提效率，保持定力，真抓实干，勇当先锋，新农村建设、农村环境综合整治、农业产业化经营、新型农民培育、农业农村改革等重点工作取得新成效实现新突破，有力助推赣南乡村振兴发展。

【新农村建设】 全面启动“整洁美丽，和谐宜居”新农村建设4年行动，不断改善农村生产生活条件。2017年，全市安排新农村建设点5797个，约为2016年的3倍多，投入资金58.22亿元（其中省市县财政资金21.17亿元，整合涉农资金31.98亿元，撬动社会投资5.07亿元），全市新农村建设村点数量、资金投入、规划建设力度均前所未有，为实现新农村建设

“四年扫一遍”的目标打下坚实的基础。坚持贫困优先，切实抓好贫困村组新农村建设。2017年，全市安排在贫困村的村点数3521个，占全年村点总数的60.74%，选择180个最差贫困村组进行重点整治。年内，全市贫困村新农村建设点村庄整治、“七改三网”项目全面完成，形成推进脱贫攻坚的强大合力。按照“六统·四联创”要求，积极抓好美丽示范创建。全市重点培育200个中心村，打造25个特色村和25条示范沿线，申报4个美丽示范县、24个美丽示范乡镇、88个美丽示范村庄，基本建成定南县老城镇黄砂口村、龙南县里仁镇正桂村、于都县段屋乡寒信村、全南县金龙镇木金村木金坑等一批有韵味、有特色、有品质的美丽乡村示范样板。坚持人的新农村和物的新农村同步建设，在加强基础设施、配套公共服务、改善环境面貌的同时，大力推进农村乡风文明建设。年内，全市新农村建设点内完成“空心房”拆除17.5万栋；完成立面改造8.38万栋；完成通组路建设2608.88千米、入户便道建设15.54万户；完成改水24.55万户、改厕11.77万户；农村地区综合服务平台、卫生室、便民超市、农家书屋等公共服务场所不断完善；聚焦农村婚丧大操大办、铺张浪费、薄养厚葬、封建迷信、赌博败家等突出问题，通过修订村规民约、建设红白理事会，以及开展乱埋乱葬、不良风气专项治理，农村文明程度不断提高。

【农村环境综合整治】 以全市城乡环境整治活动为契机，全面推进农村环境综合整治。深入推进农村“空心房”整治。全市农村“空心房”整治全面完成，共计投入资金14.56亿元，累计完成整治面积3199.73万平方米，完成比例100%。其中，拆除2528.12万平方米，完成比例100%；修缮607.25万平方米，完成比例100%。不断提升农村生活垃圾专项治理水平。突出农村生活垃圾专项治理常态长效，持续深入推进农村生活垃圾专项治理，切实改善农村环境面貌，全市18个县（市、区）全部通过省级考核验收。全市2017年投入治理资金8.72亿元，建成乡镇压缩式转运站98座，配置公共垃圾桶16.6万个，配备垃圾收集车辆1.4万辆，聘请农村保洁人员2.5万名，累计发放保洁人员工资2.51亿元，累计清运处理生活垃圾157.81万吨。大力推进重点村庄生活污水治理。全市22个重点村庄生活污水处理试点项目全面建成完工并投入运行，累计完成投资7233万元。全面启动交通沿线村点建筑立面整治提升。以高速沿线为重点，全年累计投入资金21.95亿元，完成高速沿线“赤膊墙”粉刷34891栋、933.69万平方米，完成高速沿线坡顶改造13517栋，拆除临时铁皮棚246.06万平方米。

【农业产业化经营】 围绕农业优势产业，以发展壮大龙头企业为核心，以提升农产品加工增值能力为重点，以项目建设为抓手，强化政策措施，狠抓工作落实，扎实推进农业产业化经营。扶强做大龙头企业。重点采取补贴、奖励及金融支持等方式，扶持做大做强一批龙头企业。市级全年安排农业产业化资金652万元，扶持龙头企业19个品牌（科技创新）项目、24个补贴项目。积极组织开展龙头企业融资需求调查和上报工作，为企业大力争取省级统筹安排信贷支持。2017年，全市新认定市级龙头企业62个，共有国家级龙头企业2个、省级91个、市级171个、农业上市企业6个，规模以上农业龙头企业达到588个，增加36个，实现主营业务收入382.85亿元，增长12.57%；全市“全国主食业加工示范企业”达到5个，新增3个，占全省新增量的60%；“全国一村一品示范村镇”达到9个，新增2个。加快推进农产品深加工与流通项目建设。积极引导和扶持有一定规模的基地型龙头企业延长产业链，大力发展精深加工，提高农产品附加值。积极引导和扶持规模加工企业上项目、扩规模、提高加工能力，全市农产品深加工业发展态势良好。2017年，全市规模以上农产品加工企业达到343个，增加34个，实现主营业务收入282.96亿元，增长18.67%，农产品加工率达到56.24%，增加1.38个百分点。全市5个市级农产品深加工重点项目，全部达到时序要求，完成投资5.29亿元，占年度投资计划的156.44%。积极开展农业产业招商，成功举办“赣州市现代农业产业项目（杭州）招商推介会”，现场签约项目30个，签约总金额57.83亿元。截至12月底，落地项目28个，实际进资9.52亿元。

【新型农民培育】 紧紧围绕加快培育新型农民，积极探索农民素质提升及“三农”信息宣传新模式新平台。认真组织实施“一村一名大学生工程”。扎实做好江西农大2017级函授学员的入学工作，全面完成江西电大2017级远程教育学员招生任务，并启动2018级学员的招生报名工作，其中农大函授报名推荐987人。组织开展“一村一名大学生工程”教学质量评估工作，对全市19个教学点进行拉网式评估，落实“以评促改、以评促建”，有效提高“工程”教学质量。加强农村实用人才培养。组织20名农村实用人才参加省委深化人才发展体制机制改革宣讲会，调度现代农业产业人才引才育才工作情况，开展农业人才调查摸底工作。开展第三届“赣南乡村明星”评选活动，从优秀农村实用人才中评选出50名“赣南乡村明星”。在陕西省咸阳市杨凌区举办农村实用人才素质提升培训班，全市农村种养能人、经营人才、双创典型等农村实用人才（“赣南乡村明星”）和农工部系统干部共70多人参加培训。做好定向贫困生的跟踪培养和服务工作。做实“三农”信息宣传工作。创新运用新媒体宣传党的“三农”政策、推广经验做法、服务“三农”发展，2017年5月开通“赣州三农”微信公众号，平均每周3期，全年编发推送信息102期、发稿416条。认真做好《赣州农民手机报》编发工作，全年编辑发送手机报52期，向150万名农民和涉农干部编发彩信7845万条，编辑各类信息1503条，通过互助平台和热线电话帮助广大农民解答各类问题 3049 个。对赣州农网进行扩容升级，新版本改善页面视觉效果、完善内容设置，有效提升用户浏览体验，加强网站内容更新和信息上传，全年编辑更新各类信息 1554 条。

【农业农村改革】 牵头抓好农业农村改革沟通协调和日常调度。2017 年，重点推进 4 大方面 21 项改革举措，其中一批改革试点举措在全省率先突破。深入推进农村集体产权制度改革。农村土地承包经营权确权登记发证 143.52 万户，占应确权农户的 99.47%，颁发经营权证 142.9 万本，证书到户率 98.7%，确权成果顺利通过省级考核验收。“两权”抵押贷款量质齐升，会昌县农房抵押贷款累计发放 2916 笔总金额 4.09 亿元，余额 1.97 亿元；信丰县、赣县区累计发放贷款 5768 万元，余额 2980 万元。农村集体资产股份权能改革增点扩面，石城县列为全国农村集体产权改革整县试点。不断完善精准扶贫脱贫工作机制。积极推进财政涉农扶贫资金整合，全市统筹整合财政涉农扶贫资金 81.04 亿元，通过贫困户直接发展产业和新型农业经营主体联结方式，累计覆盖带动 18.65 万户、67.51 万贫困人口增收。加快构建新型农业经营体系。供销社综合改革取得显著成效，县级区域性农合联实现全覆盖。农村电商取得迅猛发展，全市全年农村电商交易额 321.41 亿元，增长 35.62%。扎实推进“财政惠农信贷通”工作。联合协调有关部门和合作银行，精心组织、积极作为，着力推动政策落到实处，“财政惠农信贷通”工作一直走在全省前列，放贷总量位居全省第一，2017 年信贷计划占全省信贷计划的 22.25%。截至 2017 年 12 月底，全市累计向 17140 户新型经营主体发放贷款 85.54 亿元，其中 2017 年向 8708 户新型经营主体发放贷款31.26亿元，全面完成省批复信贷计划。扎实开展村集体经济发展试点工作。选取 21 个村点作为村集体经济发展试点村，按照“三定三帮”的工作要求，落实帮扶责任，试点村集体收入大幅增加，21 个试点村集体收入达到 299 万元，比上年增加 65 万元，平均每个村增加集体收入 3.1 万元。认真抓好“一事一议”项目建设。扎实开展村级公益事业“一事一议”财政奖补工作，全年向上争取资金 1.22 亿元、实施项目 1780 个。

（撰稿　杨小文　审稿　陈　萍）

【领导名单】

部长：洪　明

副部长：林建田　廖学春

陈　萍（女）

调研员：李光健

机构编制工作

【概况】 2017 年，赣州市机构编制工作紧紧围绕全面深化改革，积极适应经济发展新常态，在推进简政放权、促进政府职能转变、落实控编减编要求、发挥编制资源效益等方面取得明显成效，为全市打好“六大攻坚战”、加快推进赣南苏区振兴发展、同步全面建成小康提供体制机制保障。市编委办获 2017 年市级文明单位、2017 年度平安赣州建设暨社会治安综合治理目标管理先进单位、机关党建工作考评优秀单位、市直机关党建红旗单位、全市公共机构节能工作考核优秀单位、2013—2016 年度全市社会治安综合治理先进集体。

赣州市机构编制委员会办公室内设机构编制一科、机构编制二科、机构编制三科、机构编制监督科、事业单位登记管理科、行政审批制度改革科。下设赣州市机构编制综合研究室。

【机构设置】 市直党政群机构共设置 100 个，其中党委机构 14 个（党委工作部门 11 个，部门管理机构 3 个），政府机构 48 个（政府工作部门 33 个，部门管理机构 3 个，驻外办事机构 5 个，派出机构 6 个），人大工作机构 10 个，政协工作机构 8 个，法院、检察院机构各 1 个，民主党派机构 6 个，群团机构 12 个。

【机构变更】 4 月 20 日，赣州市卫生监督所更名为赣州市卫生计生综合监督执法局。

6 月 2 日，赣州市劳动保障监察支队更名为赣州市劳动监察局。

7 月 4 日，设立赣州市山水林田湖生态保护中心，为赣州市政府直属正处级事业单位；撤销赣州市商务局下属正处级事业单位赣州市招商服务中心；设立赣州港管理处，为赣州市人民政府口岸办公室下属副处级事业单位；撤销赣南日报社下属副处级事业单位赣州晚报社。

8 月 24 日，瑞金干部学院增挂中共赣州市委党校瑞金分校牌子；赣州市森林工业局更名为赣州市林业产业发展管理局。

10 月 31 日，赣州市人力资源和社会保障局增挂赣州市医疗保障管理局牌子，赣州市医疗保险事业管理局更名为赣州市医疗保障基金管理中心。

12 月 5 日，设立赣州市委巡察工作领导小组办公室，为市委正处级工作机构，设立 5 个巡察组，在市委巡察工作领导小组领导下承担具体巡察任务。

【行政体制改革】 行政审批制度改革。认真落实中央、省和市委、市政府要求，以行政审批制度改革为抓手，坚持简政放权、放管结合、优化服务“三管”齐下，进一步优化服务环境，激发经济社会发展活力。精简审批事项。先后 2 次大规模精简和调整行政权力事项，累计取消和调整市本级行政权力事项 197 项，其中取消 107 项，下放 20 项，调整权种类别 2 项，暂停实施 15 项，调整事项名称 5 项，整合 6 项，根据法律法规立、改、释情况新增 42 项。调整后，市本级保留行政许可项目 78 项，精简率达 20%。加快权责清单制度建设。全市 281 个乡镇（街道）均编制并对外公布乡镇权责清单，覆盖市、县、乡三级的权责清单制度体系全面建成，形成约束行政权力、推进职能转变的制度笼子。清理规范行政审批中介服务。印发《关于清理规范和调整行政审批中介服务事项的通知》，对行政审批中介服务清单进行动态调整，市本级保留41项、调整25项。建立市本级“行政审批中介服务超市”，入驻范围涵盖房地产评估、工程勘察、房地产测量、人防工程质量检测、政府采购等36项中介服务事项。入驻中介服务机构262家，完成217宗项目。通过推进涉审中介服务从“场外分散交易”为“场内集中交易”，实现中介机构服务收费、服务时限“双下降”。扎实推进“减证便民”行动。牵头开展“减证便民”行动，全面清理各类奇葩证明、烦民证明。经过各部门梳理申报、审改办审核、法制办和行管委审查等程序，取消各类行政许可证明材料92项。

事业单位改革管理和重点领域改革。积极稳妥推进事业单位改革。在全市事业单位分类工作基本完成的基础上，根据中央、省分类推进事业单位改革有关精神，积极指导县（市、区）事业单位分类改革工作，有序推进市本级从事生产经营活动事业单位改革工作。对市直36个经营类事业单位机构编制、业务开展及经济效益、财政经费拨付、人员参加社保医保等情况进行全面摸底，根据“区分情况，分步推进，分类施策”的原则，按年度分3个阶段对时有经营类事业单位转企改制或逐步予以撤销退出事业单位序列。积极推进重点领域改革。配合做好党委巡察机构改革工作，顺利完成市本级市委巡察办和巡察组、各县（市、区）巡察机构设置。配合做好群团机构改革工作，积极参与改革方案的审核，按照市委印发的相关意见对涉改群团机构报来机构编制事项进行完善和调整。推动县（市、区）完善乡镇国土规划建设管理体制机制，将乡镇农村住房规划建设、用地审批、土地执法和水土保持等有关行政管理和行政执法工作委托或下放乡镇人民政府实施。做好司法体制改革、医疗保障管理体制改革、盐业体制改革涉及的机构编制事项。

【机构编制管理】　控编减编工作。按照《赣州市控编减编工作实施方案》《赣州市控编减编工作举措和任务分工》的有关要求，抓好控编减编各项工作落实，加强对县（市、区）控编减编工作督促检查，顺利迎接省编办对赣州市控编减编工作的多轮“回头看”。抓好超编整治，全面完成党政群机关和事业单位超编消化任务，全市累计完成消化党政群机关超编人员1302名、工勤超编255名、政法专项编288名、事业编制658名（2013年1月—4月新增）。严控机构编制，按照中央、省的要求，明确除中央、省委省政府有明确规定或落实市委市政府重大决策部署外，一律不新设机构、不提高机构规格、不增加人员编制。停止审批行政职能类和生产经营类事业单位，各类协会、学会、基金会等社团组织的机构编制，党政机关后勤服务机构编制以及其他可列入政府购买服务范围事项的机构编制。挖掘潜力、盘活存量，结合行政审批制度改革、机构和职能整合、事业单位分类改革等，精简收回编制。

机构编制规范化建设。严格执行机构编制“一支笔”审批、计划用编申报、核编进人和科级职数审核、实名制管理等制度，加大机构编制监督检查力度，推进机构编制管理纳入选人用人工作督查内容。印发《关于进一步规范市直部门单位招考工作人员使用编制审批和管理的通知》，全市机关事业单位实行年度用编总量控制，在确保全市财政供养人员只减不增的前提下，向人员队伍结构急需优化、专业人才紧缺的单位适当倾斜。转发《中共江西省委组织部江西省机构编制委员会办公室关于进一步规范领导职数管理的实施意见》，加强领导职数管理。

机构编制资源配置。加强党建工作，牵头开展党建机构编制调研工作，解决27个市直单位提出的党建工作机构编制问题，有效解决部分单位党建工作机构不健全、人员力量不足、领导力量薄弱等问题。助力“六大攻坚战”，加强市扶贫和移民办机构编制力量，印发《关于加强和完善县乡扶贫机构队伍建设的意见》，健全乡镇扶贫机构设置；协助赣州、龙南、瑞金等国家级经经济技术开发区做好综合发展水平考核评价工作，对相关机构编制事项予以支持；争取批复设立赣州市山水林田湖生态保护中心、赣州港管理处等机构；支持赣州蓉江新区、赣州高新区开发建设，加强和调整相关机构设置。保障和改善民生，针对反映突出的中小学教职工编制不足和医疗卫生系统人员紧张问题，提出“探索实行中小学聘用教师控制数”“公立医院实行人员总量控制和编制备案制管理办法”的解决方案。

【事业单位登记管理】　推行事业单位网上登记管理系统报送年度报告，完成市本级事业单位2016年年度报告公示工作；开展法人登记信息和赋码信息数据清理；积极推进党政机关和事业单位中文域名注册和网站审核挂标“两个全覆盖”；按照“双随机、一公开”的要求，按事业单位核准登记数2%的比例随机抽取赣州市科技馆等10家事业单位，开展年报公示信息抽查工作，进一步强化事业单位法人登记监管。

（撰稿　黄燕华　审稿　郭训东）

【领导名单】

主任：郭训东

副主任：刘永宏　邱　辉

调研员：黄正财

副调研员：刘冬云（女）

台湾事务

【概况】　2017年，市委台湾工作办公室坚持以习近平新时代中国特色社会主义思想为指导，认真贯彻落实中共十九大精神和中央、省委对台工作会议精神，秉持两岸一家亲理念，紧紧围绕推动两岸关系和平发展主题，纵深推进赣台各领域的交流与合作，推动全市对台工作取得新成效。全市接待台胞到赣州市探亲、旅游、考察2690人次，因私赴台2311人次，开展双向文化教育交流活动61项（其中赴台湾交流9项，接待台湾团组到赣州市交流52项）。全市引进台资合同项目5个，总投资5787万美元。市委台湾工作办公室被中央台湾工作办公室评为“两刊”工作先进单位，被评为赣州市第九届文明单位、绩效管理考核考评合格单位、平安赣州建设暨社会治安综合治理目标管理先进单位、公共机构节能工作先进单位。

市委台湾工作办公室（市人民政府台湾事务办公室）为市委工作部门。人员编制15个，其中行政编制13名，工勤编制2名。内设机构有秘书科、经济科、联络交流科、宣传科和投诉协调科。

【对口支援】 根据国务院的安排，国家台湾工作办公室对口支援定南县。市委台湾工作办公室成立以主要负责人为组长的对口支援工作领导小组，积极做好联络、协调、服务工作。年内，市委台湾工作办公室多次向国家台湾工作办公室、省台湾工作办公室领导汇报对口支援工作和赣州市对台工作开展情况，争取支持，组织定南县招商小分队赴台开展经贸考察和招商引资活动，邀请5批50余人次台湾客商到定南县参观考察。国家台湾工作办公室制定《国家台湾工作办公室2017年度对口支援定南县工作要点》，国家台湾工作办公室主任助理周宁2次到赣州市调研对口支援工作，投诉协调局在定南召开全国台胞权益保护宣传工作座谈会，邀请《中国台湾网》媒体记者到定南县考察采访，进一步提升赣州市定南县的知名度。

【两岸交流】 赣台交流。年内，全市开展双向文教卫生等各领域交流活动61批804人次，其中赴台交流9批36人次，接待台湾团组到赣州市交流52批768人次。大力开展文教卫生赴台交流考察，先后组织赣州市文化交流团、客家文化考察团、休闲观光农业考察团赴台开展交流活动，看望在台赣州籍乡亲，拜会众多文化交流协会，结识一批台湾知名人士；举办台胞台属新春茶话会、市台联会第四届会员代表大会、“中国梦·一家亲赣籍青年台胞故乡行”等涉台活动；邀请中华海峡两岸客家文经交流协会理事长刘盛良、台湾劳工联合总工会理事长林锡维、台北江西同乡会理事长蔡俊有、中国台商发展促进会秘书长詹清池等团组到赣州市参访。

服务台胞台属。春节期间，走访走访慰问重点台胞台属50余户。定期不定期深入基层排除安全隐患，及时受理、调处涉台信访投诉件，帮助台胞台属解决实际问题。年内，市委台湾工作办公室接待来访台胞42人次，全市没有发生影响社会稳定的涉台安全事故、突发事件和不正常上访事件。

【对台经济】 招商引资。年内，全市引进台资合同项目5个，合同金额5787万美元。结合市委市政府主攻工业工作部署，大力开展对台招商引资活动。组织以市政府副市长胡聚文为团长的经贸考察团组赴台开展入岛招商；先后邀请东莞台协会长蔡俊宏、台湾大田精密工业有限公司董事长李孔文、顶新国际集团首席代表滕鸿年、台湾扬泰关系企业董事长李村培、台湾星力源印业集团董事长范光正等台商团组43个151人次来赣州市考察。赴东莞等沿海地区拜会台商、台协，宣传推介赣州。8月29日—30日，市委副书记、市长曾文明率团参加第十五届赣台会开幕式和相关活动，赣州市签约项目5个。邀请东莞市台协会长蔡俊宏、监事长王添财、执行常务副会长吴胜丰、台湾海峡两岸跨世纪交流协进会理事长王绍平、中华海峡两岸交流协会理事长陈伸维等台湾客商到赣州市考察。两岸企业家高峰论坛期间，组织威保（江西）运动器材有限公司参加在南京市举行的大陆台资企业产品展销会，展现赣州市台资企业发展的良好势头。

服务台商。结合“降成本、优环境”专项行动，进一步完善重点台资企业挂点联系制度，努力为台资企业营造良好发展环境，先后举办市台资企业协会迎春联谊会、全国台胞权益保护宣传工作座谈会、全市台商座谈暨国检政策宣讲会，大力开展“精准服务台企月”活动，积极帮助台商、台企解决实际困难40余个；指导市台资企业协会成立青年委员会，为在赣州市发展的台湾青年提供就业、创业方面的指导和帮助。

【对台宣传】 涉台宣传。年内，邀请台湾《联合报》、台湾客家电台等台湾媒体记者到赣州市开展台商投资环境、客家文化专题采访；在《两岸关系》（2017年第5期）特辟《千年宋城展新篇——赣州对台工作综述》专栏，以46个版面，多角度、全方位进行宣传报道，并作为两岸直航航班读物推送入岛，进一步提升赣州市的知名度和影响力。向中央人民广播电台、海峡之声广播电台、华夏经纬网等媒体和各级对台工作内刊投稿近300余篇（张），用稿100余篇（张）。

涉台教育。根据台海形势的发展变化，充分利用元旦、春节、清明等台胞回乡聚集时间，扎实开展对台形势教育活动30余场（次）。12月12日，市委台湾工作办公室举办全系统学习贯彻党的十九大精神专题研讨班。全市征订《台湾工作通讯》280份，《两岸关系》150份。

【精准扶贫】 市委台湾工作办公室成立精准扶贫工作领导小组，13名帮扶干部与赣县区王母渡镇胜利村31户贫困群众结为帮扶对子，深入开展走访调研，协助制定脱贫规划，扎实开展结对帮扶。坚持在重大节日期间走访慰问困难群众，积极开展“点亮微心愿”活动和“脱贫攻坚百日行动”，送去慰问金及慰问物资折合人民币10万余元；为胜利村基础设施建设筹集和争取项目资金近20万元；13户结对帮扶贫困家庭生活条件得到改善，顺利实现脱贫。

【台胞台属联谊会（简称台联会）】 台联会是台胞台属的群众组织，其会员是台属、台湾省籍同胞和定居台胞。各级台湾工作办公室为各级台联会的主管部门。赣州市共有市、县（市、区）两级台联会16个，会员6000多人。市政协常委、赣州市育苗教育发展有限责任公司董事长许华任第四届会长。2017年，市台联会认真履行职责，围绕中心，服务大局，全年接待团组台胞6批107人次；市台联会会长2次率团赴台开展交流考察活动；走访重点台胞台属45户，帮助定居台胞、困难台胞解决实际问题，得到台胞台属的好评。

【台湾同胞投资企业协会（简称台资企业协会）】 市台资企业协会成立于2005年5月，是由在赣州的台资企业和在赣州投资发展的台湾同胞依法自愿成立的非营利性社团组织。市委台湾工作办公室为其业务主管部门。市台资企业协会在加强与政府及有关部门的联系与沟通，动员更多的台资企业和台商朋友来赣州市投资兴业，服务会员，协调台资企业及台商在生产、生活中遇到的困难和问题，参与赣州市的各项建设等方面，作出积极的贡献。1月，市台资企业协会成立青年委员会，旨在为在赣州市发展的台湾青年提供就业、创业方面的指导和帮助。

【台湾省籍同胞】 赣州市是全省台湾省籍同胞的集居地之一。至2017年年底，全市有台湾省籍同胞550人，绝大部分台湾省籍同胞聚居在于都县，其余分散在寻乌县、全南县、兴国县、安远县、宁都县、章贡区等地。

（撰稿 廖 珏 审稿 李坊涛）

【领导名单】

主任：李坊涛

副主任：王晶洋 杨秀芳（女，7月任）

调研员：刘东胜（7月任）

副调研员：叶 林

市直机关工委工作

【概况】 2017年，赣州市直机关党组织以迎接中共十九大胜利召开和深入学习宣传贯彻中共十九大精神为主线，坚决贯彻全面从严治党要求，认真抓好机关党的各项建设，开创新局面、展现新作为。

市直机关工委内设办公室、组织部、宣传部、市直工会工委、市直团工委、市直妇工委等6个工作部门，另设市直机关纪工委（为市纪委派出机构），下属市直机关工委党校（正科级全额拨款事业单位）。行政编制15名（不含市直机关纪工委3名），实有18名；事业编制9名，实有6名。

【基层组织】 2017年年底，市直机关工委直属党组织有122个，其中机关事业党委43个、企业党委13个、直属党总支40个、直属党支部22个、企业总支2个、企业支部2个；所属党支部960个；党员总数17218名。市直机关工委直属党组织名单如下：

机关事业党委（43个）：

市委党校、市纪委、市教育局、市中级人民法院、市检察院、市公安局、市民政局、市司法局、市财政局、市人社局、市国土局、市规划局、市建设局、市交通局、市水利局、市农粮局、市林业局、市商务局、市文广新局、市卫计委、市城管局、市药监局、市房管局、市国税局、市地税局、市烟草局、市水文局、市工商局、市质监局、市发改委、广播电视台、赣南日报社、瑞金干部学院、市供销社、赣南科学院、港航分局、赣州农校、技师学院、卫生健康职业学院、市人民医院、719社区、264大队、犹江林场。

企业党委（13个）：

邮政分公司、赣州银行、供电公司、电信分公司、移动分公司、联通分公司、赣州铁塔、广电网络、石油分公司、赣州卷烟厂、烟叶复烤公司、盐业公司、金瑞钼业。

机关事业单位党总支（40个）：

市委办公厅、市委组织部、市委老干局、市委宣传部、市委统战部、市委农工部、市机关工委、市人大机关、市政协机关、市政府办公厅、市机关事务局、市工信委、市中小企业局、市综合行业办、市科技局、市农机局、市果业局、市审计局、市环保局、市体育局、市统计局、市安监局、市人防办、市行政服务中心、市矿管局、市总工会、团市委、市气象局、市外联办、市贸促会、赣南宾馆、市旅发委、市国检局、市委政法委、市科协、市防震减灾局、市社联、市文联、市委政研室、市金融工作局、市扶贫移民办、市编委办。

企业党总支（2个）：

南华医药、五矿稀土。

机关事业单位党支部（22个）：

市工商联、市信访局、市委台办、市委党史办、市接待办、发展研究中心、市水保局、市政府法制办、市国资委、市档案局、市口岸办、市地方志办、市妇联、市残联、市红十字会、赣州调查队、无线电管理局、市振兴办、客家新闻网、市铁办。

企业党支部（2个）：

新华发行集团、华润置地（赣州）有限公司。

【一条工作主线】 把迎接和学习宣传贯彻中共十九大精神作为2017年工作主线，举办市直机关“喜迎十九大永远跟党走”歌咏比赛，50支参赛队约3000名机关党员干部及大部分单位主要领导参赛，市四套班子主要领导与近千名机关党员干部共同观看歌咏晚会。中共十九大召开后，印发学习宣传贯彻中共十九大的通知，邀请中共十九大代表为市直机关党员作宣讲报告，指导近千个支部以“三会一课”形式开展学习研讨，组织上万名机关党员参与中共十九大精神网上知识竞赛活动。选调一批机关党组织书记参加中直党校专题培训。

【“两学一做”学习教育】 研究梳理市直机关“两学一做”学习教育常态化制度化工作任务33项。与市委组织部、市委宣传部联合印发《关于加强全市机关党员领导干部政治理论学习的意见》。全面推行“3+X”集中学习模式，举办4期共93个红色故事视频展播，近40万人次参与投票，推进红色文化进机关。落实党员集中活动日、党员“政治生日”等制度，举行纪念建党96周年暨“一先双优”表彰大会，表彰100个先进支部、100名优秀党员和100名优秀党务工作者。针对市委巡察和党建督查发现的党建问题，成立整改领导小组，召开调度会3次，现场督促指导4次，开展业务培训1次，问题整改全部完成。

【强化“三个责任”】 印发《市直机关基层党建工作责任清单》，梳理各级责任清单103项。强化单位党组（党委）书记第一责任。继续抓好机关党组织层层述职考评，按照市委要求组织实施对各单位党组（党委）书记的述职考评，把党组（党委）主体责任和党组（党委）书记第一责任摆到最前面。强化机关党组织书记责任。对8名新任机关党组织书记集体谈话，严密组织机关党组织书记抓基层党建述职评议，年初评出上年度机关党建优秀单位53个、良好单位68个、合格单位5个和不合格单位2个；针对个别单位党建工作滞后、少数党员连续6个月未缴纳党费等问题，分3批次对16名党组织书记进行约谈。在持续抓好对《基层党支部手册》严格管理使用基础上，对所有926个基层党支部实行“三会一课”在线管理，把基层党支部和党支部书记的职责落到实处。工委、各单位党组（党委）、机关党委（总支）、基层党支部和各级党组织书记的责任链条有效贯通，形成合力。强化机关纪检工作责任。制定《关于加强市直单位机关纪委建设的意见》，10月，召开市直机关纪检工作会议，督促指导56个机关和企事业单位机关党委建立机关纪委，66个工委直属党总支（支部）全部设立纪检委员，争取每个机关纪委配备1名副科级专职副书记，党员人数超过200人的单位配备1—2名专职纪检干事，工委直属党总支（支部）配备专（兼）职纪检干事，其职责主要承担党风廉政建设日常工作，对科以下（不含）党员干部进行监管，与纪检组监督科级以上党员干部构成完整的监督责任链条，实现对机关党员干部监督全覆盖。

【抓好“四项建设”】 抓好支部建设，印发《严格市直机关基层党组织党内政治生活制度的意见》，推行每个党员工作日和公务活动佩戴党徽制度，实施党员身份、岗位、承诺“三亮”行动。年初，指导20个单位的民主生活会、16个基层支部的专题组织生活会。抓好队伍建设，围绕履职动力、能力、绩效“三提升”，加大人才队伍培养，上半年分2期组织200名机关党组织书记、专职副书记、县（市、区）工委书记赴浙江省委党校培训；11月份组织150名党支部书记赴韶山、延安、遵义等地开展专题培训。办好中央苏区机关党总支旧址教育基地和中直机关党校赣州实践基地，依托赣州市丰富的红色资源打造“五堂课”，承接省直有关单位以及来自全国各地机关党员干部的现场教学培训。抓好作风建设，深化“改作风、提效率、敢担当”，开展8次会风会纪情况督查，及时通报违反会风会纪情况典型问题，并在党建考评中酌情扣分。按照党员干部管理权限，对市直单位13名违纪党员给予党纪处分。助推发展建设，坚持抓党建促脱贫攻坚、促文明创建，推行党员“四进四联”制度和“三亮”行动，把精准脱贫纳入党建督查、考核的重要内容，引导机关党员在精准扶贫、创文工作和“打好攻坚战、同步奔小康”中走在前、作表率。

5月下旬，赣州市直机关党建工作第二、第六网络区联合组织党务干部赴瑞金华屋和福建古田会议旧址、上杭才溪乡调查旧址，重温入党誓词，接受党性教育与革命传统教育

【党建带群团建设】 召开市直机关群团工作座谈会，160多名机关单位工会主席、团委书记、妇委会主任参加会议，进一步理顺关系，健全组织，建强队伍，发挥作用。开展五一劳动奖章、工人先锋号、青年文明岗、巾帼文明岗、巾帼建功标兵等创评活动，发挥广大干部职工主力军作用。组建市直机关合唱团，依托8个机关文体俱乐部，举行市直机关干部职工乒乓球比赛等体育比赛；开展适合机关青年特点的交友活动，午间影院坚持每周三播放1部影片，活跃机关文化生活。

（撰稿 李瑞斌 刘为仕 邓金珠 审稿 廖智斌 赖秋生）

【领导名单】
书记：廖智斌
副书记：刘检生 赖秋生
工委委员：曹四清（纪工委书记）
吕纬东 谢 秦 杨 军
副调研员：张 明 古菊芬

信访工作

【概况】 2017年，赣州市信访工作以维护群众合法权益为核心，以“阳光信访”“责任信访”“法治信访”为引领，认真开展“信访责任落实年”“喜迎十九大、岗位作贡献”“创建三无县（市、区）”“争当最美信访干部”系列活动和信访化解“春季攻坚”和“秋季决战”专项行动，信访渠道进一步畅通，工作机制进一步完善，切实推动信访问题的源头预防和就地化解，全市信访形势持续向好、平稳可控，全年未发生大规模聚集上访、极端恶性事件和因工作不到位引发负面炒作现象，为促进全市经济社会发展作出积极贡献。

【领导责任制】 市委、市政府主要领导对信访工作高度重视，把信访工作纳入党委政府的重要议事日程、纳入各级各部门目标管理考评，从高位推动信访工作领导责任制的落实。市委、市政府把信访工作当作践行党的群众路线的重要工作，主要领导重要访情亲自跟踪、复杂疑难问题亲自调度督办，逢全市大型会议必强调信访工作。省委常委、市委书记李炳军，年内对信访工作批示18次，为各地各部门重视支持信访工作树立榜样和标杆；市委副书记、市长曾文明务实践行“信访稳定无小事”，全年批示或调度信访工作17次，积极为市信访局解决工作用车、人员编制等实际问题。市分管领导和市信访联席会议其他市领导始终站在一线调度协调、靠前指挥，关心支持信访工作，全市上下形成领导抓、抓领导的领导责任制。全市各级各部门政治站位高，积极从大势大局谋划、坚持从早从实部署安排，通过进一步健全机制、压实责任、强化力量、强化协作，切实做好重点时期群众越级上访的预防和应急处置等工作，确保中共十九大等重点时期的信访稳定，实现各县（市、区）“零登记”和“零滞留”目标，以赣州市的稳定支持全国、全省大局的稳定。

【信访态势】 全市信访总量持续下降。各级各部门坚持“群众利益无小事”理念，切实畅通群众的诉求表达及处理渠道，着力构建信、访、网、电“四位一体、运行高效”的工作格局，信访矛盾上升势头得到遏制。2017年，全市各级信访部门共受理群众信访总量31050件、下降0.28%。其中，从信访渠道看，来信780件、下降35.27%，来访10026件、下降17.19%，网电信访20244件、上升13.56%；从信访层级看，市本级12774件、上升13.93%，县（市、区）18276件、下降8.28%。

【源头治理】 各级各部门建立健全基层信访工作网络，不断提高初信初访的一次办结率，努力做到小事不出村、大事不出县、矛盾不上交；坚持开门接访、带案下访、领导包案，把信访工作做到田间地头、群众家里，有效减少群众越级访；扎实开展信访化解稳定“春季攻坚”“秋季决战”活动，努力做好进京访重点问题的化解和重点人员的稳定工作。2017年，群众进京非访79人次，上升27.42%，但排位降至全省第五，改变过去长期稳居全省第二位的局面。全省11个设区市中，赣州市进京非访人口占比最小，为9%。全南、寻乌2个县，实现进京上访（含正常上访和非正常上访）“零登记”；定南、会昌、石城、安远4个县，实现进京非访“零登记”；南康区、瑞金市源头治理工作扎实，进京越极访下降明显。蓉江新区坚持矛盾纠纷滚动排查、定期研判和跟踪督办制度，努力做好信访重点人员的稳定工作。

【积案化解】 通过集中攻坚、滚动调度、综合施策，引入信访亲朋好友等第三方力量，引入律师等专业力量，并落实“心防”个案服务，切实解开信访积案“事结”和信访人“心结”，354件省市交办排查积案全部按时办结。特别是省市党政领导以上率下，带领各级党政领导包案协调和督办调度，一批积累多年的骨头案、钉子案得以化解。全年群众赴省访358批787人，分别下降28.97%和20.18%。

【平台建设】 在升级改造赣州信访网上服务中心平台的基础上，全市上下适应群众需求、积极创新信访工作模式，努力提高办理效率和质量，群众在家中点点鼠标、划划屏幕，就可以反映信访诉求、跟踪办理过程、评价处理结果，实现让数据多跑腿、群众少跑路目标，网上信访工作位列全省第一方阵。瑞金市开通并规范运行微信公众号，极大地方便群众反映诉求。2017年，赣州市本级受理网电信访11082件，上升27.88%；全市网上信访占比达65.19%，群众满意率达97.79%，网上信访成为信访群众的主要选项。6月29日全省推进信访信息系统与信访业务深度融合培训会上，赣州市信访局和信丰县信访局作经验介绍。

【完善机制】 2017年，全市信访部门以“五率两评价”指标值为标尺，通过完善网络巡查、督查督办、回访问效等机制，推动责任单位严格把好程序关和质量关，做到“案案有着落、事事有回音、件件有质量”，全市信访业务水平和工作质量进一步提升。赣州市信访事项信访部门及时受理率、责任单位及时受理率均排全省第一；信访事项按期办结率排全省第2位；信访部门群众满意率、责任单位群众满意率均排全省第4位，上升幅度较大。信丰县、章贡区、会昌县、寻乌县、石城县、赣州经济技术开发区“五率两评价”整体指标相对较高，信访业务基础进一步夯实。兴国县强化过程督办、办理结果审核、信访人回访等工作，初信初访的办理质量明显提升。崇义县狠抓重点人员、重点事项、重点时期“三项重点”，全年重复访、群体访、越级访明显减少，信访秩序大有好转。蓉江新区克服任务重、人员少等突出困难，通过提高效率、完善机制，信访业务规范化水平进一步提升。

【创新创特】 各地各部门立足新形势新任务新要求，积极推动信访工作创新创特。大余县立足本地实际，引进专业法律服务团队，在接访大厅设立访前法律工作室，对不同诉求的信访群众开展精准分流、实行访前法律服务，推动诉访分离和依法分类处理信访诉求的效果比较好，得到上级部门和市委主要领导的肯定及群众的好评。南康区试行《信访工作十项机制》，变重“劝访”为重“解决”，高位推动、全方位协调信访事项的处理，源头治理取得明显成效，切实化解信访突出问题，实现进京、赴省越级访大幅下降的目标。全市信访系统切实加强思想政治、纪律作风、业务能力建设，广大信访干部精神面貌焕然一新。在第八次全国信访工作会议上，赣州市有2人获全国先进，信丰县信访局长李翔被评为全国信访系统优秀信访局长，大余县信访局副局长蓝功锋被评为全国信访系统优秀投诉办理员。2017年，省信访局向国家信访局报送的6个全国“三无”县推荐名单中，全南县、寻乌县位列其中；章贡区、赣县区、信丰县、大余县、全南县、定南县、宁都县、寻乌县、石城县、于都县被评为全省“三无”县；在全省信访考评中，赣州市在7个一类设区市中排第二，实现进位赶超目标。

（撰稿　黄晓玲　审稿　赖　伟　肖九生）

【领导名单】

局长：赖　伟

副局长：肖九生（3月任）

谢福州(3月任)　刘永宏(任至3月)

副县级督查专员：李春华(女，3月任)

缪作威（9月任）

调研员：熊　晖

副调研员：刘孔发

正处级干部：吕　青（女）

副处级干部：赖树根

丁建生（任至2月）

接　待

【概况】　2017年，市委、市政府接待工作以习近平新时代中国特色社会主义思想为指导，围绕“做优接待、服务中心”的工作思路，坚持“忠、亲、诚、惠、俭”接待工作新理念，突出抓好“两学一做”学习教育制度化常态化，全面落实从严治党主体责任，严格执行中央八项规定精神，不断提升公务接待能力，拓展接待工作职能，加快接待基地建设，圆满完成各项工作任务，为全市经济社会发展作出积极贡献。全年共计接待来宾456批，12078人次。全市接待工作呈现出高层次领导调研多，重要客商多的特点。

【重要接待】　1月3日，中央经济责任审计工作联席会议办公室主任、国家审计署党组成员张通一行在赣州市会昌县调研对口支援工作，并走访慰问贫困户。20日，国土资源部副部长凌月明一行在赣州市开展扶贫调研。21日，省委书记、省人大常委会主任鹿心社一行在瑞金市走访慰问困难群众、调研扶贫工作。22日，省委常委、宣传部部长赵力平一行在赣州市信丰县走访慰问困难群众。

2月6日，武警江西边防总队长王卫民一行在赣州市调研赣州黄金口岸开发工作。8日，中华全国供销合作总社党组书记、理事会主任王侠一行在赣州市调研慰问。同日，省政府副省长、省公安厅厅长郑为文一行在赣州市走访调研联点企业江西青峰药业公司。9日，福建省军区原司令员李卫国少将一行在赣州市调研。13日，省委常委、省委秘书长刘捷一行在赣州市调研。14日，东风汽车公司党委常委、副总经理刘卫东一行到赣州市洽谈新能源汽车项目。16日，原沈阳军区政治部主任潘瑞生中将一行在赣州市调研。21日，由中国工程院副院长田红旗任组长的赣州市申报创建“中国制造2025”城市试点示范专家调研评估组一行到赣州市开展城市试点示范评估。22日，上海市老教授协会会长马德秀教授一行在赣州市考察。24日，国务院国资委党委书记郝鹏一行在赣州市调研企业发展工作。

3月3日，中金甲子（北京）投资基金管理有限公司董事长兼CEO梁国忠一行在赣州市就票据链、区块链区域运用管理中心、金融科技、智能信贷、生物制药和物流产业转移、政府工业产业引导基金等工作进行调研。6日，厦门市泉州商会赣州投资考察团一行在赣州市开展商务考察。8日，山东省政协副主席许立全一行在赣州市调研政协发挥界别载体作用、提高委员履职能力情况。10日，云南省政协副主席丁绍祥一行在赣州市调研特色现代农业产业发展情况。12日，省政府副省长、省公安厅厅长郑为文一行在赣州市调研中央环保督察问题整改工作，并参加瑞金市公安消防大队记一等功表彰大会。13日，省军区政治部原主任、省关工委副主任王峰少将到赣州市调研。17日，全国政协委员、深交所原理事长陈东征一行，在赣州市调研。18日，原国务委员唐家璇一行在赣州市考察调研。19日，中央党校副校长赵长茂一行在赣州市调研。同日，水利部副部长刘宁一行在赣州市出席全国水土保持现场工作会议。同日，中央维稳办原副主任夏诚华一行在赣州市调研。20日，海关总署党组成员、副署长孙毅彪一行在赣州市调研对口支援等工作。22日，中国作协副主席何建明一行在赣州市参加省中国革命历史题材文艺创作研究中心挂牌仪式并讲座。同日，福建省政府副省长黄琪玉一行在赣州市考察调研。同日，中国恒天集团有限公司总裁刘海涛一行在赣州市考察。23日，国家质检总局副局长吴清海一行在赣州市调研。24日，中国民族贸易促进会南粤分会考察团一行在赣州市开展投资考察。26日，省委副书记、省长刘奇一行在赣州市调研经济社会发展情况。同日，中国机械工业集团有限公司任洪斌一行在赣州市签约。27日，省人大常委会副主任龚建华一行在赣州市调研。28日，省政府副省长、省发改委主任吴晓军一行在赣州市调研。29日，民政部部长黄树贤一行在赣州市调研罗霄山片区脱贫攻坚工作。

4月3日，招商局集团副总经理邓仁杰一行在赣州市考察。4日，中信证券董事长张佑君一行在赣州市参加扶贫合作协议签约仪式并调研。7日，中国农业发展银行监事会主席于学军一行在赣州市调研棚户区改造项目、重点建设基金项目和异地扶贫搬迁贷款项目有关情况。10—12日，国家新闻出版广电总局党组成员、副局长童刚一行在赣州市对口援建工作开展调研考察。10—13日，中国科学院院士、中国科学院上海应用物理研究所研究员、中科院学部咨委会主任沈文庆院士一行在赣州市参加“赣南苏区院士行”活动。12—14日，山东省政协副主席赵润田一行在赣州市考察“完善重点提案督办制度”“完善提案审查制度”工作。13日，北京东方园林投资控股有限公司董事长何巧女一行在赣州市考察。17—20日，全国政协教科文卫体委员会副主任黄洁夫一行在赣州市开展“卫生下乡”活动，并开展“实施全面两孩政策后，医疗卫生服务面临的挑战与配套政策”和“基层医改及卫生健康工作”专题调研。18—19日，省政府副省长吴晓军一行在赣州市调研精准扶贫和现代农业工作。20日，中共中央组织部人才工作局巡视员、副局长李志刚一行在赣州市调研。22—23日，青海省人大常委会党组副书记、副主任邓本太一行在赣州市考察农业产业结构调整等情况。24—26日，省委常委、常务副省长毛伟明一行在赣州市调研。24—26日，中国珠算心算协会会长、财政部原副部长张弘力一行在赣州市调研珠心算教育教学实验工作。25日，商务部党组成员、副部长王受文一行率领14家跨国公司在赣州市考察调研。

5月2日—4日，省委常委、统战部部长陈兴超一行在赣州市考察调研。2—4日，省委常委、宣传部部长赵力平一行在赣州市寻乌县、定南县调研。2—3日，南京军区善后办政委王平中将一行在赣州市调研。3—6日，省人大常委会副主任、民革江西省委会主委马志武一行在赣州市开展脱贫攻坚民主监督、调研对口挂点企业工作。8—9日，交通运输部部长李小鹏一行到赣州市调研。8—10日，全国人大常委会委员、全国人大农业和农村委员会副主任委员王国生一行在赣州市开展脱贫攻坚专题调研。8—12日，省政协副主席陈俊卿率省政协“加快地方金融体系建设、促进实体经济发展”专题调研组在赣州市调研。9—11日，中国开发性金融促进会执行副会长李吉平一行在赣州市参加“南北‘4+8’地区绿色发展”合作项目推进暨文旅发展对接会。10日，中央军委委员、国务委员兼国防部部长常万全上将在赣州市检查调研。13—14日，中共中央政治局委员、中央党的建设工作领导小组副组长张春贤一行到赣州市调研。13—14日，四川省人大常委会党组书记、副主任陈光志一行在赣州市学习考察。14—16日，省政府副省长、省公安厅厅长郑为文一行在赣州市开展入园入企帮扶工作。15—16日，省政府副省长吴晓军一行在赣州市调研精准扶贫工作。16—17日，国务院扶贫办党组成员、副主任洪天云一行在赣州市出席全国产业扶贫（江西赣州）现场观摩会。16—17日，农业部党组成员、副部长陈晓华一行在赣州市出席全国产业扶贫（江西赣州）现场观摩会。5月18—20日，中共中央办公厅督查调研组在赣州市督查调研。19—20日，中共中央政治局委员、中央统战部部长孙春兰一行在赣州市考察调研。23—25日，《建军九十年江西故地行》暨纪念陈奇涵上将诞辰120周年活动在赣州市举行。20日，省委常委、统战部部长陈兴超在赣州市调研统战工作。同日，省政协副主席蔡晓明一行到赣州市调研并出席有关活动。27日，广东省军区原参谋长王培利少将一行到赣州市调研。5月31日至6月1日，全国政协副主席兼秘书长张庆黎率全国政协委员视察团一行在赣州市就“国家生态文明试验区建设情况”开展调研。5月31日至6月1日，省政府副省长吴晓军一行在赣州市调研。5月31日至6月1日，国家林业局局长张建龙一行，在赣州市南康区出席中国（赣州）第四届家具产业博览会。

6月12日—14日，国务院办公厅督查专员傅卿德率国办回访督察组一行到赣州市就李克强总理2016年8月考察江西后开展回访督查。8—10日，省人大常委会党组副书记、副主任朱虹一行在赣州市调研。9—11日，中国日报社总编辑周树春（副部级）一行在赣州市开展对口扶贫工作。22日，国家统计局原局长李德水一行到赣州市调研。14—16日，中国残联党组书记、理事长鲁勇一行在赣州市开展贫困残疾人脱贫工作调研。17日，中国工程院院士陈芬儿、吴慰祖一行到赣州市考察企业。19—21日，内蒙古自治区人大常委会党组副书记、常务副主任呼尔查一行在赣州市学习考察。22日，赣州市人民政府与江西电信、华为软件、软通动力签署战略合作协议。26—28日，国土资源部部长、国家土地总督察姜大明，国土资源部副部长、国家土地副总督察张德霖一行到赣州市调研并出席会议。25—28日，省委书记、省人大常委会主任鹿心社一行到赣州市调研并出席相关会议。25—27日，国务院国资委副主任、党委委员徐福顺一行到赣州市调研并出席相关活动。26—28日，中华全国供销合作总社党组成员、理事会副主任，中国供销集团有限公司党委书记、董事长杨建平一行，在赣州市调研并出席纪念《若干意见》出台实施5周年系列活动。26—27日，中国农科院党组书记陈萌山一行，在赣州市出席柑橘优势区域黄龙病综合防控协同创新联盟成立暨现场观摩交流会。27—29日，国家烟草专卖局副局长徐工莹一行，在赣州市调研对口支援工作并出席《若干意见》出台5周年纪念活动。27—28日，省委副书记、省长刘奇一行在赣州市参加纪念《若干意见》出台实施5周年系列活动。27—29日，国务院扶贫办党组成员夏更生一行，在赣州市调研并出席《若干意见》出台实施5周年系列活动。27—29日，审计署党组成员、法规司司长刘正均一行在赣州市参加《若干意见》出台实施5周年系列活动。27—29日，国务院法制办副主任刘炤一行在赣州市调研并出席纪念《若干意见》出台实施5周年系列活动。27—30日，民政部副部长宫蒲光一行在赣州市调研民政工作，并出席纪念《若干意见》出台实施五5周年系列活动。6月29日至7月2日，中国科协原副主席张勤一行在赣州市开展全省知识产权战略巡讲活动。

7月5日，省人大常委会原副主任，省企业联合会、省企业家协会会长张海如一行在赣州市出席赣州市企业联合会、赣州市企业家协会第八次会员大会。6日，中国国际金融有限公司原董事长朱云来一行到赣州市调研。5—7日，省委书记、省人大常委会主任鹿心社一行到赣州市调研。

10—11 日，中国保险监督管理委员会党委委员、副主席黄洪一行在赣州市调研大病保险工作。11—13 日，国土资源部原副部长、中国土地估价师协会与土地登记代理人协会会长胡存智一行到赣州市调研。13—14 日，中央纪委驻国家安监总局纪检组长、国家安监总局党组成员赵惠令一行在赣州市调研对口支援工作。20—21 日，新华社总编辑、党组副书记、中央纪委委员何平一行在赣州市调研。20—21 日，省委常委、省纪委书记孙新阳一行在赣州市调研扶贫领域监督执纪问责工作、省委全会精神特别是有关生态扶贫贯彻落实情况。20—22 日，全国政协原副主席黄孟复一行到赣州市出席有关活动。20—22 日，全国政协常委、全国政协文史和学习委员会主任王太华一行在赣州市出席首届全国赣州商会联合大会有关活动并调研。26—29 日，中国作协副主席何建明一行在赣州市出席有关活动。27—29 日，中国文联党组成员、副主席李前光一行到赣州市赣县区出席中国文联、中国摄协联合主办的深入学习贯彻中共中央总书记习近平文艺工作座谈会重要讲话精神专题研讨班。31 日，黄克诚大将次子黄晴一行到赣州市调研。7 月 30 日至 8 月 1 日，省人大常委会副主任、民革省委会主委马志武一行在赣州市省领导挂点联系县及民革省委会脱贫攻坚民主监督县调研。

8 月 2 日—3 日，财政部副部长刘伟一行到赣州市调研。3—4 日，中央改革办党建局局长田培炎率中央改革办督察组一行在赣州市开展党建工作及全面深化改革工作督察。3 日，景域集团董事长洪清华一行到赣州市洽谈投资事宜。4 日，中共中央政治局委员中央军委副主席许其亮上将一行到赣州市调研。9 日，中央军委国防动员部主任廖鹏一行到赣州市开展安全大检查。8—12 日，省人大常委会副主任、省总工会主席谢亦森一行在赣州市调研“建家、强家、暖家、爱家”专项行动及工会改革创新等工作。15—16 日，全国人大常委会委员、全国人大内务司法委员会副主任委员，中国社会科学院原党组副书记、副院长李慎明一行在赣州市出席第十八届明史国际学术研讨会暨首届阳明文化国际论坛。12 日，省军区副司令员方建华一行参加指导赣州军分区党委常委会民主生活会。17—19 日，中共中央宣传部常务副部长、中央文明办主任黄坤明一行在赣州市围绕“弘扬脱贫攻坚精神，推动农村‘两个文明’协调发展”主题进行调研。19—23 日，省委常委、宣传部部长赵力平一行在赣州市调研，并出席全省农村精神文明建设经验交流暨移风易俗工作推进会、寻乌县脱贫攻坚工作推进会、全省“农村书屋＋电商”经验交流会。

9 月 1 日—4 日，中共中央组织部“院士、专家咨询服务团”到赣州市开展“服务革命老区院士专家行”主题活动。1—3 日，国务院扶贫办党组成员、副主任陈志刚一行在赣州市调研并出席全国“万企帮万村”精准扶贫行动片区座谈会。1—3 日，全国“万企帮万村”精准扶贫行动中部 10 省片区座谈会在赣州市上犹县召开。1—2 日，全国工商联副主席谢经荣一行在赣州市调研。7 日，省军区司令吴亚非一行到赣州市调研。12—13 日，省政协副主席陈俊卿一行在赣州市调研县域经济发展和智能与新能源汽车发展情况。19—21 日，全国人大常委会副委员长吉炳轩一行在赣州市调研。13 日，全国政协委员，中华全国总工会书记处原书记，中国老区建设促进会四届、五届副会长，江西省老区建设促进会名誉会长李永海一行在赣州市调研。15—16 日，省政府副省长谢茹一行在赣州市调研。19—20 日，广西壮族自治区桂林市委书记、市人大常委会主任赵乐秦率考察团在赣州市学习考察红军历史遗迹保护开发等方面的经验和成功做法。19—21 日，审计署党组成员、中央纪委驻审计署纪检组组长郑振涛一行在赣州市调研对口支援工作。23—25 日，原南京军区联勤部副部长仇学富一行到赣州市参加新四军组建 80 周年理论研讨会。25—26 日，军事科学院副院长曲爱国少将一行在赣州市参加纪念南方红军 3 年游击战争胜利暨新四军组建 80 周年理论研讨会。25—29 日，省政协副主席、九三学社省委会主委李华栋率调研组一行在赣州市调研医养结合和“挖掘融合客家文化旅游资源”工作。26—29 日，省政协副主席陈俊卿一行在赣州市调研县域经济发展情况。

10 月 9 日—11 日，省政协副主席孙菊生率省政协调研组一行在赣州市开展“加快我省国家生态文明实验区建设”专题调研活动。10—13 日，中央第七督导组组长徐显明（最高人民检察院副检察长）一行到赣州开展工作。10—13 日，省政协党组副书记、副主席姚亚平一行到赣州市调研出席活动。11—13 日，国家工商总局副局长甘霖一行在赣州市调研并参加“赣州＋泰和”创建网络市场监管与服务示范区启动仪式暨创建工作座谈会。24—25 日，全国人大常委会法制工作委员会副主任许安标一行在赣州市开展立法工作调研。10 月 31 日—11 月 2 日，省委副书记、省长刘奇一行在赣州市调研经济社会发展情况。

11 月 1 日—3 日，省委常委、政法委书记尹建业一行在赣州市调研政法综治维稳有关工作。3—5 日，保利集团董事长徐念沙一行在赣州市考察投资环境。7—9 日，省政协副主席胡幼桃率省政协港澳委员、特邀代表视察团一行在赣州市开展“进一步弘扬客家文化”专题视察活动。8—9 日，人力资源和社会保障部党组成员、副部长张义珍一行到赣州市调研就业工作、考察就业扶贫项目，并出席全国就业扶贫经验交流现场。7 日，中央军委政治工作部办公室王洪杰少将一行到赣州市检查工作。11—12 日，农业部党组成员、副部长叶贞琴一行在赣州市督导、调研农村集体产权制度改革工作。13 日，杉杉集团董事长郑学明一行在赣州市调研洽谈投资。17—18 日，中国航天科技集团公司张建恒一行在赣州市考察。17—18 日，安徽省政协副主席李修松一行在赣州市考察。19—21 日，中共中央纪律检查委员会驻农业部纪检组组长、农业部党组成员吴清海一行在赣州市调研。20—21 日，最高人民检察院党组成员、副检察长李如林一行，在赣州市出席5省（市）检察机关支持赣南等原中央苏区检察工作座谈会。21—25日，省政协党组副书记、副主席蔡晓明率省政协民主监督组一行在赣州市开展“扶贫专项资金使用情况”专题民主监督、调研活动。22—24日，省政府副省长吴晓军一行在赣州市出席全省现代农业发展暨产业扶贫现场推进大会。

12月3日—5日，全国人大常委会委员、财经委主任委员李盛霖一行在赣州市开展经济运行情况和计划审查工作调研。3日，原国家环保局常务副局长、清华大学教授程振华一行在赣州市调研。12月4日，国家林业局副局长李春良一行在赣州市调研。4—5日，省委常委、常务副省长毛伟明一行在赣州市主持召开支持赣南苏区振兴发展工作推进会。5—6日，省政府副省长吴晓军一行在赣州市调研脱贫攻坚工作。11—12日，交通运输部党组副书记、副部长，中国民用航空局党组书记、局长冯正霖一行在赣州市调研民用航空工作。12—13日，省委书记、省人大常委会主任鹿心社一行在瑞金市调研脱贫攻坚工作。14—15日，省政府副省长李利一行在赣州市调研旅游工作并参加全省乡村旅游工作会议。14—15日，全国人大常委会原副委员长、中国关工委主任顾秀莲一行在赣州市视察调研关心下一代工作。15—16日，教育部副部长孙尧一行在赣州市开展教育扶贫工作调研。16—17日，农业部党组成员、副部长叶贞琴一行在赣州市调研农村产权制度改革工作。17—18日，国务院国有重点大型企业监事会主席熊维平一行在赣州市考察调研。17—18日，国机集团总经理徐健一行在赣州市考察调研。21—23日，中华全国总工会党组副书记、副主席、书记处书记邓凯率调研组一行，在赣州市开展社会联络（含信访、维稳和社会组织联系引领工作）工作调研。27—29日，中国红十字会总会党组成员、副会长王汝鹏一行在赣州市调研、慰问。27—29日，上海上百名将军活动中心走访慰问组一行在赣州市开展百将新时代新长征——赣州公益行活动。12月27日—28日，科技部原副部长曹健林一行在赣州市考察调研。

（撰稿　陈云中　审稿　林　静）

【领导名单】
主任：曾志平
副主任：戴丽君（女）　曾　森
　王慧晶（女）
副调研员：林　静（女）

党校工作

【概况】　2017年，赣州市委党校认真贯彻落实全市党校工作会议精神，积极服从和服务于市委决策部署和中心工作，推动各项工作上新台阶。市委党校绩效管理工作被评为优秀，节能降耗工作被评为先进，获法治赣州先进单位、市直机关党建红旗单位、绿化先进单位、园林化单位等称号。

市委党校同时挂有赣州社会主义学院、赣州行政学院的牌子，内设办公室、教务处、后勤处、机关党委、财务科、保卫科等6个参照公务员法管理科室，马克思主义基础理论教研室、经济与管理学教研室、法学教研室、党史党建教研室、科技文史教研室、社会主义学院工作处、信息网络处、科研管理处、图书馆等9个教研教辅机构。2017年，现有在职教职工94人（含编内聘用人员7人），其中教授4人，副教授20人。校园面积20公顷，校舍面积3.5万平方米。

【教学工作】　坚持以干部教育培训工作为主业，积极完成干部教育培训工作任务。全年共举办24个主体班次，培训学员1892人次。其中，党校主体班14个班次1109人次，行政学院主体班4个班次494人次，社会主义学院主体班6个班次289人次。党的理论教育和党性教育的主课地位突出。开设“新时代，新作为——党的十九大报告辅导”“不忘初心，牢记使命”等26个新教学专题。在每个主体班次设置专门的“党性教育单元”，开展多种形式的党性教育。党的理论教育和党性教育课占主体班总课时的80%以上。教学方法灵活多样。实施“党校+高校”培训模式，组织6个主体班次分别到厦门大学、深圳大学等地进行为期1周的教学；组织8个主体班次到市内革命传统和群众路线教育教学点开展现场教学；有11位市委常委先后到市委党校授课；聘请20名校外专家来校授课。开展拓展训练，在每期班上选出2位学员进行授课，开展课前经典文章诵读活动，实行入学摸底考试和结业考试。学员管理常抓不懈。认真贯彻中共中央组织部《关于在干部教育培训中进一步加强学员管理的规定》，完善“十个一”的学员管理工作机制，指定1名校领导专门分管，做实做细学员管理工作。

【科研工作】　坚持以科研工作为基础，智库建设不断推进。理论研究取得新成果，全年在各级各类报刊公开发表论文32篇，完成课题20项，其中国家级课题1项、省级课题6项，共有14项科研成果获奖。在全省党校系统理论研讨会上2篇文章分获二、三等奖。组织召开全市党校系统学习贯彻中共十九大精神报告会暨理论研讨会，共有36篇论文作交流。创新科研资政方式和途径。围绕市委中心工作组织学员座谈讨论，选编有质量的学员发言材料，以《科研快报》的形式报送市委及各地各部门参阅。组织学员深入“六大攻坚战”一线进行调研，优秀调研成果刊入《赣州论坛》。全年编辑出版《赣州论坛》2期、《科研快报》7期。组织教研人员编写《党的十九大精神简明问答》（口袋书）。思想引领作用充分发挥。在省委常委会（扩大）会议和市委常委会（扩大）会议精神宣讲活动中，派出4位教师参加市委宣讲团进行宣讲。组织10多个骨干教师走出校门，深入机关、基层、社区、企业和精准扶贫点进行中共十九大精神宣讲，宣讲30余场次，听众5000余人次。智库建设深入推进。加强全省党校系统智库调研赣州基地建设，大力开展与上级党校的科研合作。设立8个校级重点课题，紧紧围绕市委、市政府的工作部署和发展大局开展对策性研究。汇编出版《中共赣州市委党校2017年科研资政蓝皮书》并赠阅全市领导干部和机关单位。编辑7期《科研快报》并呈送市委领导参阅。5篇文章获省委常委、市委书记李炳军批示。

【行政后勤管理】 以行政后勤为保障、信息化为手段，完善办学功能。6月7日，市委召开全市党校工作会议，深入学习贯彻中共中央总书记习近平关于党校工作的重要讲话和全国、全省党校工作会议精神，认真落实中央、省委关于加强和改进新形势下党校工作的新要求，研究部署全市党校工作。会议印发《中共赣州市委关于加强和改进新形势下党校工作的实施意见》。抓好基础设施改造和校园环境整治。投资3000万元的基础设施改造工程完工并投入使用，教学条件得到极大改善。投资4000万元的体育馆建设项目进展顺利。校园美化、绿化、亮化建设工作得到加强，校园面貌焕然一新。加强安全保卫工作，增加一批监控摄像头，做到校园监控全覆盖。加强师资队伍建设。全年选派23人次到中央党校、省委党校、省社会主义学院等地进修培训。选派2名教师参加全省党校系统精品课比赛。组织教师开展集中试讲、基层调研、跟班学习和教学观摩活动。加大年轻教师的培养力度，通过一对一结对帮带方式，建立新老教师结对帮带机制。通过公开招考，招录7名具有研究生学历的年轻教师。强化对县级党校的业务指导。以视频会议的形式，组织召开全市党校系统学习宣传中共十九大精神报告会。坚持校委班子成员联系基层党校工作制度，校委班子成员经常深入基层党校调研指导。组织全市各县（市、区）党校参加上级党校举办的业务培训。指导帮助各县级党校建立视频系统，并通过视频系统实现优质教学资源共享。

【机关党建工作】 推进“两学一做”学习教育常态化制度化，加强机关党建工作。召开全校“两学一做”专题党课暨学习教育常态化制度化工作部署会，印发《推进“两学一做”学习教育常态化制度化实施方案》，制作专题宣传栏，组织开展4个专题的学习。突出抓好“十个一”的特色工作，即组织开展1次党性锻炼现场教学、通读1次《中国共产党章程》、重温1次《入党申请书》和入党誓词、讲好1个红色故事、上活1堂党课、读透1本原著、1次理论研讨会、1次提建议活动、1次微党课比赛活动。中共十九大召开后，学校迅速召开校委中心组和党支部专题学习会议，设置专题学习宣传栏，购买学习辅导资料，积极组织全校教职工认真学习领会中共十九大精神。做好机关党建工作。严格遵守中央八项规定精神和省、市相关规定，将党风廉政建设各项任务与其他工作一起部署、一起落实。加强支部建设和党员日常管理，加强“三会一课”等工作。做好支部特色党日活动评比、身边好人评选、党员“先锋创绩”承诺等工作。做好在职党员到社区开展志愿者服务的有关工作。加大人文关怀力度。组织在职及离退休教职工进行健康体检，对困难教职工及离退休人员开展走访慰问，为教职工办理社会综合治理平安保险、生育保险和党员困难互助保险。

【服务中心工作】 做好市委中心工作，服务全市发展大局。积极做好精准扶贫工作。拨出10万元帮扶资金，选派4名优秀干部组成工作队，常驻赣县区韩坊镇小坌村开展精准扶贫工作。组织30名干部与贫困户结成对子，15次上门与贫困户“一对一”“面对面”了解情况，宣传政策，帮助贫困户实现3个微心愿。组织教师到韩坊镇和小坌村开展送教下乡活动。积极帮扶韩坊镇开展平安创建工作。做好赣州创建全国文明城市工作。校委专题研究部署，成立领导小组，拨出4万多元资金开展创建工作，成立52人的志愿者服务队，将中共中央总书记习近平系列重要讲话精神、社会主义核心价值观、法律法规宣传等纳入到教学中。1人被评为优秀志愿者。

（撰稿 刘丽丽 审稿 钟达业）

【领导名单】

校长：王林云

常务副校长：李石全

校委委员、调研员：张卿均

副校长：孙声荣（兼教育长）

阳振乐 陆建平

专职校委委员：温晨阳

社会主义学院专职副院长：陈 刚

副处级班主任：李小平

调研员：刘桂林

副调研员：彭 敏

瑞金干部学院

【概况】 2017年，瑞金干部学院在办班培训、教学管理、行政后勤、机关党建和校园建设等方面取得新成绩，树立良好形象，综治、节能减排等工作被市委、市政府评为先进单位，在市直机关“喜迎十九大，永远跟党走”歌咏比赛中获二等奖。经江西省委组织部批准，瑞金干部学院于2017年8月起参照公务员法管理；经江西省编办批准，在学院增挂“中共赣州市委党校瑞金分校”牌子。学院设办公室、教务处、培训处、对外交流处、教学科研处、后勤处、机关党委等7个职能处室。学院人员编制数57名，在编在岗人员34名；另有后勤服务中心。

【教学培训】 办班培训。全年共举办各类培训班248期，培训学员13277人次，首次突破年200期、1万人次。其中，全年共举办赣州市、江西省培训班51期，培训学员4021人次；省外培训班219期，培训学员9256人次，学员来自北京、广东、上海、江苏、宁夏、内蒙古、湖南、浙江、贵州、黑龙江等20个省市区，承办公安部、外交部、文化部、环保部、中国空间技术研究院、中国电信等干部教育培训班次。建立与全国人大深圳培训中心、广州市政府培训中心、北京和君商学红色管理研究中心等培训机构长期合作关系。

教学教研。进一步拓展瑞金—于

都—赣州、瑞金—宁都—兴国—赣州等教学线路。打造“青山忠骨”“红色小布”等10个现场主题教学；推出“当前反腐倡廉形势”“学习贯彻党的十九大精神”等13个专题教学；编排“走进瑞金，不忘初心”红舞台教学；打造“重走长征出发路”体验教学；开设红色故事汇，邀请红军后代钱泓等讲述父辈及老一辈革命家的红色故事。围绕市委中心工作，把中共十九大精神、习近平新时代中国特色社会主义思想、“两学一做”学习教育、“两准则三条例”、法制建设和精准扶贫等内容融入干部教育培训课程内容。

管理服务。加强教学综合管理、教学资源统筹调配，建立《授课教师管理办法》《红舞台教学管理办法》等；坚持培训工作周调度，不断总结提高培训工作水平。强化服务保障，充实后勤服务人员；开展对合作酒店等单位的监督考核。强化办班培训纪律，把党性党风党纪教育作为培训班的必修课，严格执行教学培训廉政承诺制，与学员签订“讲政治、守规矩，做合格学员承诺书”，与授课教师签订“安全责任书”；坚持责任领导跟班负责和带班人员晚上值守，建立与瑞金市公安局等部门应急协作关系，确保教学培训的政治安全和人身安全。

【场所建设】 创建美丽校园。完成校园苏区文化建设项目，制作安装中央苏区文化浮雕长廊，展现红色元素和苏区文化特色；开展校园环境整治；增设景观灯和户外音响，连通景区的游步道，与中共中央政治局、中央军委旧址群相得益彰，融为一体，提升学院文化、美化、绿化、亮化水平。完善配套设施。建立值班警务室，实行人员出入登记，确保学员及学院干部职工人身财产安全。对学员餐厅进行扩容，搭建2号餐厅，可容纳300人同时用餐。搭建学员超市。谋划实施2期场所建设。针对学院容量不足问题，学院本着立足现状，着眼长远的思路，确定在时有教学场所的东北面实施2期场所建设项目，项目建设进展顺利。

【中心工作】 加大精准扶贫力度。加大对瑞金市叶坪乡禾仓村精准扶持帮扶力度，拨出扶贫专项资金25万余元，协调市委组织部、市财政局、市交通运输局、市水利局等部门单位解决各类资金126万元，用于推进“五合一”项目建设、“四改一”整治工程及新农村建设等，帮助解决产业发展、基础设施建设、民生实事等实际问题。认真开展与扶贫点结对帮扶、结穷亲，组织全院机关党员干部到扶贫点开展走访慰问困难党员和法制宣传活动。发挥部门职能。学院作为赣州市全国文明城市政务环境创建工作部和法制环境创建工作部成员单位，把习近平新时代中国特色社会主义思想和法治建设作为教学必修课纳入、融入教学课程安排，配合完成创建文明城市迎检工作。推进“两学一做”学习教育常态化制度化。学院党委把“三会一课”与“两学一做”学习教育相结合，认真组织党员干部学习中共十九大精神，以及习近平新时代中国特色社会主义思想、省市党代会精神、党章党规、法律法规等内容。全年共举行党委中心组学习会12次，党员学习会20次。学院党委书记围绕“传承红色基因，争做合格党员”主题作专题党课。同时，承办“两学一做”学习教育专题培训班80余期。

【自身建设】 加强组织建设。夯实党建群团工作基础，成立学院第一、第二党支部、机关纪委、团委、妇委。加强党员教育阵地建设，规范建立党员活动室。把临时党支部建在每个培训班上，切实抓好学员的思想、组织、作风建设，提高班集体的凝聚力。加强党员队伍建设，共接收新进党员11名，同时有计划地吸收2名党员，发展4名入党积极分子。全面贯彻从严治党要求，严格落实党风廉政建设党委主体责任，加强党委对学院事业发展的领导，制定《中共瑞金干部学院委员会工作规则》；严格执行党风廉政建设责任制和中央八项规定，严格落实“一岗双责”，抓好责任分工，学院党委书记与班子成员签订党风廉政建设责任书，班子成员与处室负责人签订党风廉政建设责任书，建立廉政风险防控机制。增强学院党员干部的廉洁自律意识，开展谈心谈话活动，在春节等重要节点，对党员干部进行重点监督和提醒，建立科级干部廉政档案等。加强人才队伍建设。面向社会公开招聘7名研究生以上学历高层次专业人才，进一步优化师资结构和壮大人才队伍；组织开展2期教师业务知识能力提升培训班；选派部分党员干部赴京参加“贯彻党的十九大精神教学宣讲研修班”学习，学院教师能力素质和业务水平得到进一步提高。

（撰稿　罗金铃　审稿　廖成铭）

【领导名单】

党委书记：廖成铭

党委副书记、院长：曾繁中

3月16日，全国人大深圳培训基地与瑞金干部学院举行长期合作协议签署仪式

党委委员、副院长：陈上海（任至4月）
钟元浩　潘九根（4月任）

党史工作

【概况】 市委党史办为中共赣州市委直属正处级事业单位，参照执行国家公务员制度，内设秘书科、征集编研科、宣传教育科、资料科，核定全额拨款事业编制11名，领导职数1正2副，科级职数4名；实有工作人员8名，其中处级干部1人、正科级干部4人、科员2人、工勤人员1人。

赣州市中央苏区研究中心成立于2014年10月，2017年9月正式开办运行，为市委党史办下属副处级全额拨款事业单位，增挂赣州市苏区精神研究所牌子，内设综合科，核定全额拨款事业编制6名，领导职数为主任（所长）1名、副主任（副所长）1名、副科级职数1名；实有工作人员5人，其中副处级干部1人、职员4人（2017年面向全市公开选录）。

全市有县（市、区）党史工作机构18个，其中单设13个、合设5个（史志合一4个、史志档案合一1个），各县（市、区）党史机构均为正科级事业单位，人员编制2至8名不等。

【党史资料征集】 2017年，共收集1949—1978年党史资料100余万字，完成部分专题的编写；全面完成党史资料电子化工作，对资料室收藏的2500余册图书进行重新编组分类并录入电脑，新增反映党史研究动态的图书33种54本。积极参与《中央革命根据地历史资料文库·群团卷》资料的征集、录入和校对工作，共录入校对117篇44万余字。做好《红色传家宝》稿件征集、《升级提速崛起——江西省从党的十八大到十九大》专题编写和《江西省志》赣州部分历史资料收集整理工作。

【党史编研】 全面完成《中国共产党赣州历史大事记第二卷（1949—1978）》的编写出版和《中国共产党赣州历史第二卷（1949—1978）》初稿撰写工作，审定各县（市、区）上报的党史基本著作一、二卷本。编写出版赣州市“两学一做”学习教育常态化制度化“口袋书”——《赣南红色历史简本》，免费向市委各部门、市直各单位及部分县（市、区）赠阅3万余册，方便广大党员干部学习了解赣南苏区红色历史。牵头编辑出版《永恒的初心——赣南苏区红色故事》，收录赣南苏区红色故事108个，省委常委、市委书记李炳军作序，完成《红色荣光——江西革命故事（赣州卷）》初稿。完成苏区历史简明读本系列书籍——《中国苏区史简明读本》《中央苏区史简明读本》《苏区精神与苏区干部好作风简明读本》初稿，对《人民军队从这里走来》书稿进行全面修改与补充。各县（市、区）党史部门编辑出版部分党史书籍，其中，章贡区编辑出版《赣州市章贡区党史资料》第一辑（1921—1949）；信丰县编辑出版《信丰县人民革命史料简明读本》《信丰县红色故事汇（第一辑）》《赣粤边三年游击战争文献汇编》；上犹县编辑出版《中国共产党江西省上犹县历史第二卷（1949—1978）》；崇义县编辑出版《中国共产党崇义县历史第二卷（1949—1978）》《崇义县社会主义时期（1949—1978）党史专题文集》；全南县编辑出版《中国共产党江西省全南县历史第一卷（1926—1949）》；定南县编辑出版《中国共产党江西省定南县历史第二卷（1949—1978）》；兴国县编辑出版《中国共产党在兴国的执政实践》；宁都县编辑出版《雄狮铁军——宁都起义将士录》；于都县编辑出版《中国共产党江西省于都县历史第一卷（1926—1949）》和《印象于都》丛书之《长征起点》；瑞金市编辑出版《红都瑞金》丛书和《红色模范——永远值得怀念和敬重的红都瑞金》《求索集——发自红色故都的审视和追问》；石城县编辑出版《中国共产党江西省石城县历史第一卷（1930—1949）》。

【党史宣传教育】 市委党史办与大余县共同承办纪念南方红军三年游击战争胜利暨新四军组建80周年理论研讨会，编辑出版论文集。与市委宣传部、市文广新局、赣州电视台共同主办以“讲好红色故事、传承红色基因”为主题的全市爱国主义教育基地讲解员红色故事讲解大赛。深入宣传党的历史和苏区精神，派出党史专家为安徽省第4期统战业务工作暨铜陵市领导干部研修班、外交部司局级干部培训班等作苏区历史专题辅导，先后到市委统战部、市公路局、市直机关工委、市委党校、瑞金干部学院、赣县区委党校、会昌县庄口镇等地上专题党课30余场（次）。指导瑞金市对赣州市首部红色题材动画片《红游记》剧本进行史实审定。

【党史资政服务】 讲好赣南苏区红色故事，先后为到赣州市考察、调研的中央及国家部委领导孙春兰、张春贤、吉炳轩、常万全、张庆黎、黄坤明、李小鹏、姜大明等讲解苏区历史和苏区精神，促进赣南苏区振兴发展和赣州争资争项，得到各级领导的充分肯定和好评，省委副书记姚增科在全省党史研究室主任会议上点名表扬。受省委宣传部、省委党史研究室委托，审定重大革命历史题材大型电视连续剧《毛泽东寻乌调查》剧本。推动中央红军长征突破第一道封锁线遗址——赣县区王母渡镇永固楼（长征路上保存最完好的碉堡）修复保护工作，省委常委、市委书记李炳军先后2次作出重要批示，要求抓紧办实办好。积极参与市委宣传部组织的赣州市中共十九大精神“红军后代宣讲团”巡回宣讲活动，并带队到兴国县、于都县等地宣讲。切实抓好意识形态工作，旗帜鲜明、坚定果断地反对历史虚无主义，主动为市委、市政府和市直有关单位涉及苏区历史的各类文稿进行把关，先后在《赣南日报》《党史文苑》等各级报刊、研讨会发表党史研究文章30余篇。抓实抓好挂点帮扶村会昌县庄口镇大排村脱贫攻坚工作。聚焦“两不愁、三保障”，紧盯“三率一度”，扎实推进脱贫攻坚问题整改和脱贫攻坚“百日行动”，为全村139户建档立卡贫困户建立“一户一档”，制定脱贫规划计划和结对帮扶措施，2017年顺利实现27户123人脱贫；组织全体干部对结对帮扶贫困户进行全面走访，宣传脱贫攻坚政策，帮助解决实际困难和具体问题；积极出谋划策，指导产业发展，帮助成立大排村教育基金会，募集资金25万元；落实帮扶项目资金11万元，加快整村推进项目建设，极大改善村容村貌。

（撰稿　朱俐华　马晓敏　审稿　胡日旺）

【领导名单】

主任：胡日旺

副主任：阳振乐（任至3月）

赣州市中央苏区研究中心（赣州市苏区精神研究所）主任（所长）：

陈　安（7月任）

机关事务管理

【概况】　2017年，赣州市机关事务管理局坚持以习近平新时代中国特色社会主义思想为指导，深入贯彻落实中共十九大精神，紧紧围绕市委市政府打好“六大攻坚战”决策部署，解放思想、改革创新，积极发扬“服务、求精、担当”精神，不断提升机关事务管理工作规范化、标准化、精细化水平，较好地完成各项工作任务。获评2016年度市直单位绩效考核优秀单位，2017年度市公共机构节能工作考核优秀单位、社会治安综合治理先进单位、市直机关党建红旗单位，通过江西省第十四届文明单位和赣州市第九届文明单位复核，被授予创建全国文明城市工作先进集体、全市社会治安综合治理工作2013—2016年先进集体、在全省2016年度科学发展综合考评中成绩突出的市直单位等多项荣誉。

市机关事务管理局设秘书科、财务科、会议接待科、大院管理科、保卫处、房产基建科、经营服务科、老干科、车管科、公共机构节能科、机关党总支。编制137名，在编在职118人。

【文秘人事】　高效完成文件会议的办理和文稿的起草工作，做好干部职工的年度考核、工资晋档、编制核查等人事管理工作。细化市四套班子办公电话管理台账，及时办理初装、移号等业务。公文交换站运行有序，投递、分发准确。严格执行选人用人制度，提任正科长3名、副科长2名、副主任科员1名。通过公务员考选、遴选、转业干部安置等途径，新进干部8名。持续改作风提效率，通过修订工作规则、建立应急协调机制、推行内部绩效考核等机制促进机关效能提升。

【财务管理】　编制市四套班子机关2016年财政决算、固定资产报表、2018年财政预算以及2018—2020年中期财政规划，做好2017年“三公”经费公开工作。配合市审计局完成市委办、市人大办、市政府办及市机关事务管理局原法人代表任期内经济责任的审计工作。研究规范一系列财务制度，有力保障市四套班子经费开支和市政中心公共服务管理良好有序运行。

【会议接待】　加强会议室日常管理，完成会议中心2号会议室升级改造和主楼六楼2号会议室候会系统建设，在市政中心会议室添设一批手机屏蔽柜，切实提高会议保障水平。全年保障市四套班子各类会议1873次，累计接待参会人员91303人。做好全国水土保持现场工作会等5场全国性会议服务工作，完成纪念《若干意见》出台实施5周年系列活动等3场全省性会议服务工作，承办全市“六大攻坚战”流动现场会等47场全市性会议。会议接待科会务班组荣获赣州市三八红旗集体。

【大院管理】　制定并落实每月巡查、重点抽查、定期全面检查“三查”制度，对物业公司严格监管检查，较好地完成市政中心院内日常保洁。有计划组织重点区域保洁工作，开展南区办公楼及会议中心外墙清洗、鱼池和地下车库全面清洗、主楼大厅和双子楼大厅地板打磨抛光等重点区域保洁工作13次。顺利完成市政中心2018—2020年上半年保洁服务项目招标。大力推动市政中心院内美化绿化，完成日常修剪养护，顺应季节及时更换草花品种，协助市园林局谋划市政中心园林绿化改造，完成主楼雨棚两侧绿化改造。

【房产基建设备管理】　完成市政中心水、电、空调等各类设备设施维护维修3828次，房屋零星维修407项，统筹调配市监察委、扶贫办等12个单位办公用房41间（1478平方米），会议室4间。对市政中心院内供电系统进行升级改造，安装备用电源，增强保障能力。有序推动市政中心南区外墙维修、主楼卫生间改造、新能源汽车充电桩建设等一系列重大工程项目。

【安全保卫】　认真做好消防安全检查、消防演练，及时更换灭火器62具、消防水带120米，维修保养市政中心北区办公楼消防自动报警系统和喷淋系统。加强市政中心停车位管理，新办理入库私车359辆，清理长期停放在市政中心院内二轮“僵尸车”137辆。在市政中心大门以及室内地下车库出入口分别安装车牌识别管理系统和人员出入访客系统，启动并推进市政中心监控系统升级改造项目，办理2018年度车辆通行证4415张，全年累计登记核实进入市政中心办事人员55699人次。

【膳食保障】　加强食堂监督管理，执行日常值班和行政值班制度，累计保障市政中心64.2万余人次食堂就餐，聘请第三方机构测评，第一、第二食堂就餐满意度分别达90.04%、94%，食品安全等级晋级为A级，获市级“洁厨亮灶”示范单位称号。做好第一食堂装修资金审核认定工作，妥善处理与第一食堂原承包方惠州新旺公司经营合同问题，并就食堂管理模式前往南昌市、深圳市、杭州市等地开展调研。修改完善食堂小超市管理制度，强化商品质量和价格监管，全年到赣州市中心城区若干大型超市比对商品120余种，对价格超高商品及时督促调价，商品总体价格水平趋于合理。

【老干部服务】 认真落实定期阅文、定期走访等离退休干部政治、生活待遇，看望因病住院老干部6人次，春节走访慰问149名离退休干部，组织退休干部职工50人赴大余县参观学习。

【车辆管理】 强化车辆安全管理，科学合理调配车辆，严格执行出车登记和值班制度，未发生漏派或值班迟到早退现象。圆满完成纪念《若干意见》出台实施5周年系列活动等7场大型活动车辆保障工作，保障市级大型会议及市委、市政府重大接待任务用车22次，安全保障市本级党政副职领导的应急调研公务出行用车需求和市厅级离退休干部服务用车。全年市级重大应急调研接待用车平台共出车1243批次，安全行驶55.38万千米。

【公共机构节能】 在2017年度考核获全省第一，保持领先地位。在全省率先探索建设公共机构节能在线考核系统。2017年，公共机构总能耗为62131.89吨标准煤，人均能耗、单位建筑面积能耗和人均用水量分别为36.35吨标准煤、2.42吨标准煤和13.63吨，与2015年相比分别下降15.07%、13.82%和6.17%，完成节能降耗目标任务。狠抓公共机构能耗数据质量，严格审核全市能耗数据，多次开展业务培训和集中审核，全市数据质量保持高水平。章贡区区政中心成功创建国家级能效领跑者（全省6家）。

【精准扶贫】 严格贫困户识别程序，对贫困人口重新甄别、核实、评议，2017年合并减少贫困户2户、清退8户、新增3户，确保贫困人口整户精准识别。选好配强扶贫干部队伍，驻村工作队专职挂点，帮扶干部认真开展走访，扎实做好政策宣传、信息整理、因户施策等工作。积极开展帮扶工作，协助做好扶贫村水渠、水陂、通组路等基础设施建设，配合乡村两级做好危旧土坯房拆除、新农村建设、乡村环境整治等工作，参与协调新村部和村民文化广场建设，组织开展一系列走访、慰问，向贫困村捐赠家具、图书以及5万元物资。

【文明城市创建】 深入挂点结对社区水南镇沙角社区开展文明城市创建工作49次，投入帮扶资金7万余元。精心组织志愿者参与交通志愿服务、文明有礼劝导、入户宣传等文明城市迎检志愿服务活动260余人次。与“老地委、老行署”大院所属居委会密切协作，对创建活动情况和问题进行认真梳理、整改，完成小区房产设施维修改造项目32件，投入经费20余万元，入户宣传50余人次。在市政中心东大门入口处重新制作精美的“社会主义价值观”宣传展板，积极做好市政中心文明城市创建宣传氛围营造工作，2017年有2人获市委、市政府“全国文明城市创建工作先进个人”，1人获章贡区委、区政府“全国文明城市创建工作先进个人”。1人获2017感动赣州年度人物提名奖。

【公车改革和管理】 根据全省事业单位车改统一部署，精准高效完成前期信息摸底统计工作。启动全市一般公务用车更新购置工作，审核、汇总、上报市本级及各县（市、区）公车平台更新购置车辆需求，并按程序展开采购。组织开展车改1周年主题调研，调研市本级及县（市、区）公务用车管理手段、运营方式、监管办法，为做好全市事业单位车改打下良好基础。巩固党政机关公务用车改革成果，坚持保留车辆不突破、车补保障范围不派车，严格定点加油、定点维修、按规程保养，市本级公务用车完成定点维修3000余次，局管车辆每辆月均运维费用较上年度节支20.1%。强化市级重大应急调研接待平台日常管理及市车务中心监督指导，对全市2656辆车改后保留车辆标识化，统一更换公车专用号牌，张贴公车标识，安装GPS定位系统，设立24小时监督举报电话，对举报案例进行调查处理。在节假日期间，要求保留车辆单位封存停驶，并组织开展违规用车检查，督促规范用车。

【中华苏维埃临时中央政府（瑞金）时期机关后勤工作调研】 在省管局的指导下，会同瑞金市管局开展中华苏维埃临时中央政府（瑞金）时期机关事务理论研究工作，聘请党史专家对文物史料进行收集整理，充分挖掘赣南苏区机关事务工作实践经验，形成初步研究成果，得到省管局乃至国管局的充分肯定，理论文稿获得全国机关事务管理研究会2017年研究论文一等奖。

【赣南特色美食交流展示活动】 牵头在市政中心机关食堂开展赣南特色美食推介交流展示活动。各县（市、区）选派的名师大厨在市政中心机关食堂献艺交流，历时18周共展示推介独具客家特色的182道大众菜、93道小吃（点心）、94道小菜供广大干部职工品尝，受到广泛好评。评选出特色名菜、优秀厨师等奖项，编印《市政中心赣南特色美食交流展示活动获奖菜式汇编》，更广泛地推广成果。

（撰稿 赖家臻 审稿 申 云）

【领导名单】

党组书记、局长：申 云

副局长：郭照春 易庚长

廖盛标 肖惠文

副调研员：钟 津 袁细平

（本栏编辑 朱 俊）

纪检　监察

概　述

2017年，全市纪检监察机关强化政治担当，聚焦主责主业，严肃监督执纪问责，推动全市党风廉政建设和反腐败工作取得新进展，为全市打好攻坚战、同步奔小康提供坚强纪律保证。中共赣州市纪律检查委员会获第五届全国文明单位、全省纪检监察宣传教育工作先进单位、创建全国文明城市工作先进集体、2017年度全市党委系统信息工作先进集体、2016年度市直机关党建红旗单位、江西省第十四届文明单位、赣州市第九届文明单位、2013—2016年度全市社会治安综合治理先进单位、2017年度全市综治工作先进单位、2017年度全市节能工作先进单位”等荣誉，连续3年被省监察学会评为理论研究成果（论文）“优秀组织奖”，追逃追赃工作2次获省通报表扬，纪检监察信息工作在全省各设区市列第二，在全市“喜迎十九大永远跟党走”歌咏比赛中夺冠。

主要工作

【落实“两个责任”】　市委常委会先后18次专题研究党风廉政建设和反腐败工作，市委主要领导带头履行“第一责任人”责任，听取专题汇报22次、交办任务12件、作出批示17件。积极开展同级监督，向17位市领导“点对点”发送党风廉政建设履责提示446件（次），市领导向88个部门单位延伸提示。将党内政治生活若干准则、党内监督条例纳入干部培训内容，开展党纪党规知识在线答题、新提任县（处）级领导干部廉洁从政教育等，筑牢拒腐防变思想防线。督促全市各级党组织召开苏荣案专题民主生活会、29个市直单位党组（党委）召开巡察整改专题民主生活会，增强党内政治生活的政治性、时代性、原则性和战斗性。加强执行政治纪律和政治规矩情况监督检查，查处违反政治纪律问题14人。

1月25日，市纪委五届二次全会在赣州市召开

【作风建设】 盯紧“关键少数”、重要岗位和时间节点，扎实开展落实中央八项规定精神情况监督检查，坚决防止“四风”问题反弹。年内，全市查处违反中央八项规定精神问题302件389人，点名道姓通报曝光232起309人。深化重点领域专项治理，查实领导干部违规插手干预工程项目问题12件，给予纪律处分、组织处理18人；查处违规收送“红包”问题41件43人，给予党纪政纪处分40人。严把选人用人政治关、廉洁关、形象关，全市建立2.7万多名党员干部（含退休3年内）廉政档案，回复党风廉政意见2562人次，对18人提出取消或暂缓提拔使用建议。连续6年举办“廉政文化月”活动，打造赣州特色廉政文化品牌，市纪委微信公众号“清廉赣州QLGZ”被评为市“十佳政务微信”。运用“三会一书两公开”模式强化警示教育，先后在发展改革、工业信息、国有资产管理等系统和11个县（市、区），用16起身边的典型案件开展警示教育80多场（次），做到警钟长鸣。

【监督问责】 严格执行《中国共产党问责条例》和省委实施办法，制定《问责工作操作指南（试行）》，坚持“一案双查”，以问责倒逼尽责担当。深入落实市委“一个意见、两个办法”，持续推进改作风、提效率、敢担当。认真开展“为官不为”专项整治，坚决查处不作为、不担当、不负责等懒政怠政行为737起1133人。开展落实党风廉政建设责任制情况监督检查，全市查处落实“两个责任”不力问题428起399人，问责党组织177个。对中央环保督察组移交问题线索、落实国家化解钢铁产能过剩政策检查、民生资金监督检查、全省财政惠农资金审计等工作中发现的失职失责人员，严肃问责200人。建立健全容错减责免责机制，对1个单位和40名党员干部减责、免责。

【执纪审查】 坚持惩贪治腐不松劲，全市纪检监察机关处置问题线索4412件、立案1612件、结案1726件（含上年度遗留件）、处分1853人，分别增长54.3%、18.6%、45.4%和43.3%。其中，立案审查市管干部28人，增长27.3%；严肃查处肖遵良、徐美清等一批严重违纪案件。市纪委派驻机构立案审查71人，增长12.7%。全市291个乡镇（街道）纪（工）委立案654件，乡镇纪委立案审查实现全覆盖。追逃追赃工作在全省率先取得突破，11名外逃人员9人归案，获省通报表扬2次。深入整治扶贫领域“微腐败”，建立实施扶贫领域信访举报“当天处置、次日转办、周报进展、限时办结”机制，查处扶贫领域腐败和作风问题1043起1442人，群众满意度、获得感不断提升。坚持把纪律挺在前面，全市各级党组织运用“四种形态”处理违纪问题6155人次，占比分别为69%、24%、4%和3%，有力维护健康的政治生态。

【改革创新】 稳步推进国家监察体制改革试点工作，完成市监察委员会的组建并挂牌运行，构建党统一指挥、全面覆盖、权威高效的监督体系。持续深化派驻机构改革，出台“1+3”管理制度，市级派驻监督在转职能、转方式、转作风上增速提效。年内，30个派驻纪检组受理信访举报375件（次），处置问题线索378件，党纪政纪处分64人，其中25个纪检组实现立案“零突破”，占比83.3%，派驻监督“探头”作用更加凸显。推进巡察制度改革，设立正处级市委巡察办和5个巡察组，规范设置县（市、区）、开发区巡察机构，巡察力量明显增强；在全省率先探索扶贫领域机动式巡察，市、县两级共对全市674个地方和单位党组织开展政治巡察，发现问题4300个，督促修订、新建相关规章制度434个，巡察整改群众

11月15日，全市推开国家监察体制改革试点工作动员部署会在赣州市召开

11月8日—10日，赣州市纪委在瑞金干部学院举办为期3天的市县乡纪检监察干部培训班

满意率达97%以上。

【队伍建设】 加强思想政治建设，深入学习贯彻习近平新时代中国特色社会主义思想和中共十九大精神，组织中共十九大精神和纪检监察业务知识“千人百题”测试，扎实推进“两学一做”学习教育常态化制度化，纪检监察干部政治觉悟和政治能力明显提高。加强业务能力建设，建立委局班子成员、纪检监察室对口联系基层纪委、派驻机构制度，自主举办培训班12期，调训纪检干部1093人，连续4年争取中国纪检监察学院开设赣州培训专班。加强实践锻炼，抽调干部参加中央、省委巡视和市委巡察，参与省执纪审查、专项检查301人次。成立市纪委机关党委、纪委，在审查组设立临时党支部，有力强化党的建设。完善内部监督制度，出台《纪检监察干部监督工作暂行办法》《纪检监察干部交流工作暂行办法》等，监督执纪更加规范。积极投身创建全国文明城市，加强全市纪检监察系统文化建设，市纪委机关被评为第五届全国文明单位。净化纪检监察干部队伍，运用“第一种形态”处理31人，组织处理2人，立案审查5人，党纪政纪处分3人。

【内设机构】 中共赣州市纪律检查委员会机关、赣州市监察局（2018年1月9日赣州市监察委员会挂牌成立）合署办公，实行一个机构、两块牌子，履行党的纪律检查和政府行政监察职能。机关内设办公室、组织部、宣传部、研究室、党风政风监督室（市党风廉政建设领导小组办公室、市政府纠正部门和行业不正之风领导小组办公室）、信访举报室、案件监督管理室、第一至第六纪检监察室、案件审理室、纪检监察干部监督室等15个职能室（部），以及机关党委、赣州市专项巡察工作办公室（与赣州市委专项巡察工作领导小组办公室合署办公）。

（撰稿　朱观平　审稿　周建洪）

【领导名单】

纪委书记：唐舒龙

纪委常务副书记：龙立福（任至3月）

纪委副书记，市政府党组成员、
　市监察局局长：
　陈定宇（12月任常务副书记）

纪委副书记：黄　华
　张继田（12月任）

纪委常委、党风政风监督室（纠风办）
　主任：李卫国

纪委常委、纪检监察干部监督室主任：
　黄海军（9月兼机关党委书记）

纪委常委、第一纪检监察室主任：
　何　震

纪委常委、案件监督管理室主任：
　刘　安

纪委常委、信访室主任：温光填

监察局副局长：
　陈章贡（1月任，任至12月）
　杨志军（任至12月）

办公室主任：陈培生

组织部部长：肖松盛

宣传部部长：李伟明

研究室主任：杨兴国

第二纪检监察室主任：邓文明

第三纪检监察室主任：刘丰春

第四纪检监察室主任：张　宁

第五纪检监察室主任：吉庆芳

案件审理室主任：赖　辉

机关党总支书记：
　江　文（任至9月，9月任机关
　党委专职副书记）

市专项巡查办主任：
　赖传涛（任至12月）

市委巡察办主任：赖纯平（12月任）

市委巡察组组长：黄厚祝（12月任）
　邓小荣（12月任）
　陈章贡（12月任）
　黄隆聚（12月任）
　杨志军（12月任）

副处长级室主任：曾庆华（12月任）

纪委党风政风监督室副主任：
　钟　宏（12月任）

市委巡察办副主任：赖传涛（12月任）

市委巡察办副处级巡察专员：
　彭良森（11月任）

（本栏编辑　朱　俊）

赣州市人大常委会

概　述

2017年，在中共赣州市委的正确领导下，赣州市人大常委会认真学习贯彻习近平新时代中国特色社会主义思想，深入贯彻落实中共十八大和十九大精神，坚持党的领导、人民当家做主和依法治国有机统一，坚持解放思想、内外兼修、北上南下，突出打好“六大攻坚战”，认真行使宪法法律赋予的职权，为推动赣州市社会主义民主法治建设，纵深推进赣南苏区振兴发展作出积极贡献。全年共开展2部法规制定工作，检查2部法律法规实施情况，听取审议“一府两院”5个工作报告，开展9项专题调研，组织4次代表视察，作出2项重大事项决定，任免84人次国家机关工作人员。根据市“三定”方案等有关文件规定，市人民代表大会设3个专门委员会：内务司法委员会、财政经济委员会、法制委员会。市人大常委会设7个工作机构：办公厅、选举任免联络工作委员会、教育科学文化卫生工作委员会、农业和农村工作委员会、城乡建设环境与资源保护工作委员会、外事华侨民族宗教工作委员会、法制工作委员会。核定市人大常委会机关编制总额为53名，其中行政编制50名，工勤编制3名。

重要会议

【市五届人大二次会议】2月21日—22日召开。会议听取、审议并通过市长曾文明所作的关于政府工作的报告；审查和批准2016年国民经济和社会发展计划执行情况的报告与2017年国民经济和社会发展计划；审查2016年全市和市级预算执行情况及2017年全市和市级预算草案，批准2016年市级预算执行情况的报告和2017年市级预算；听取和审议并通过市人民代表大会常务委员会主任陈晓春关于市人民代表大会常务委员会工作的报告；听取和审议并通过市中级人民法院院长邹宇平关于市中级人民法院工作报告；听取和审议并通过市人民检察院检察长江阶虎关于市人民检察院工作报告。会议期间，共收到代表提出的建议、批评和意见171件。

2月21日，市五届人大二次会议在赣州市召开

【市五届人大常委会第二次会议】2月14日召开。会议决定赣州市第五届人民代表大会第二次会议于2017年2月21日召开。会议听取和审议《赣州市人民政府关于2016年度全市环境状况和环境保护工作情况的专项工作报告》；审议通过《赣州市人民代表大会常务委员会关于召开赣州市第五届人民代表大会第二次会议的决定（草案）》；审议《赣州市人民代表大会常务委员会工作报告（讨论稿）》，决定提请赣州市第五届人民代表大会第二次会议审议；审议《赣州市第五届人民代表大会第二次会议议程（草案）》，决定提请赣州市第五届人民代表大会第二次会议预备会议审议；审议《赣州市第五届人民代表大会第二次会议主席团和秘书长名单（草案）》，决定提请赣州市第五届人民代表大会第二次会议预备会议审议；审议通过《赣州市第五届人民代表大

会第二次会议列席人员范围(草案)》;审议通过赣州市第五届人民代表大会常务委员会代表资格审查委员会关于个别代表的代表资格审查报告;审议通过有关人事任免议案。

【市五届人大常委会第三次会议】 4月26日召开。会议举行学习地方立法理论与地方立法实践知识专题讲座;传达学习全省市县人大常委会主任专题培训班精神;书面听取市质监局关于市五届人大常委会第一次会议开展满意度测评结果的通报中涉及问题的整改报告;审议通过赣州市人民代表大会常务委员会关于接受赵锦成辞去江西省第十二届人民代表大会代表职务的请求的决定(草案);审议通过赣州市人民代表大会常务委员会关于接受陈庐生辞去赣州市人民代表大会常务委员会委员、财政经济委员会主任委员职务的请求的决定(草案);审议通过有关人事任免议案。

【市五届人大常委会第四次会议】 5月16日召开。会议学习客家文化知识专题讲座;审议通过赣州市人民代表大会常务委员会关于接受冷新生辞去江西省第十二届人民代表大会代表职务的请求的决定(草案);审议通过有关人事任免议案。

【市五届人大常委会第五次会议】 6月30日召开。会议学习《中华人民共和国防洪法》《江西省实施〈中华人民共和国防洪法〉办法》专题讲座;审议通过市政府关于全市依法管理宗教事务情况的专项工作报告;审议通过市人大常委会执法检查组关于全市贯彻落实《中华人民共和国防洪法》和《江西省实施〈中华人民共和国防洪法〉办法》情况的执法检查报告;对《赣州市城市管理条例(草案)》进行一审;审议通过有关人事任免议案。

【市五届人大常委会第六次会议】 8月30日召开。会议通报市人大常委会2017年上半年工作情况和下半年工作部署(书面);审议《赣州市城市管理条例(草案二次审议稿)》、市人民政府关于全市2017年国民经济和社会发展计划上半年执行情况的报告、市人民政府关于2016年市级预算执行和其他财政收支的审计工作报告、市人民政府关于2016年市级财政决算(草案)和2017年上半年全市财政预算执行情况的报告,并审查批准2016年市级财政决算;审议通过《赣州市人民代表大会常务委员会关于批准2016年市级财政决算的决议》《赣州市人民代表大会常务委员会关于批准2017年市级一般公共预算和政府性基金预算调整方案及2017年地方政府债务限额的决议》《赣州市人民代表大会常务委员会关于接受李恭进辞去赣州市人民政府副市长职务的请求的决定》《赣州市人民代表大会常务委员会关于接受黄光惠辞去赣州市人民代表大会常务委员会委员、法制委员会主任委员职务的请求的决定》;表决有关人事任免议案。

【市五届人大常委会第七次会议】 10月20日召开。会议学习中共十九大报告精神;书面听取市人民政府关于《中华人民共和国防洪法》及《江西省实施〈中华人民共和国防洪法〉办法》执法检查情况报告的审议意见的研究处理情况报告;对《赣州市城市道路车辆通行若干规定(草案)》进行一审;审议通过《赣州市城市管理条例》,并报省人大常委会批准后公布实施;审议通过有关人事任免议案。

【市五届人大常委会第八次会议】 12月20日召开。会议审议通过市人大常委会关于召开赣州市第五届人民代表大会第三次会议的决定;赣州市第五届人民代表大会第三次会议议程(草案)、主席团和秘书长名单(草案),并决定提请赣州市第五届人民代表大会第三次会议预备会议审议;审议通过赣州市第五届人民代表大会第三次会议列席人员范围;听取和审议通过市政府办公厅关于市五届人大二次会议代表建议、批评和意见办理情况的报告,市人大常委会选任联工委关于市五届人大二次会议代表建议批评和意见办理情况的报告,赣州市第五届人民代表大会常务委员会代表资格审查委员会关于个别代表的代表资格审查报告;审议通过有关人事任免议案。

【市五届人大常委会第九次会议】 12月29日召开。会议审议通过市人民代表大会常务委员会工作报告(讨论稿),并决定提请市第五届人民代表大会第三次会议审议;审议《赣州市城市道路车辆通行若干规定(草案二次审议稿)》;听取和审议市中级人民法院关于全市法院执行工作情况的专项工作报告;听取和审议市政府关于赣州市2016年度市级预算执行和其他财政收支审计查出问题整改情况的报告,并开展满意度测评。审议通过有关人事任免议案。

【市人大常委会主任会议】 市五届人大常委会在年内召开主任会议14次。各次会议研究讨论的主要事项如下:

1月24日,市五届人大常委会召开第三次主任会议。会议传达学习省十二届人大七次会议精神,讨论市人大常委会专题调研组关于全市环境保护工作情况的调研报告,讨论赣州市第五届人民代表大会常务委员会代表资格审查委员会关于个别代表的代表资格审查报告(草案)和有关人事任免事项,研究市五届人大二次会议筹备事项。

2月7日,市五届人大常委会召开第四次主任会议。会议讨论赣州市人民代表大会常务委员会关于召开赣州市第五届人民代表大会第二次会议的决定(草案)、赣州市人民代表大会常务委员会工作报告(讨论稿)、赣州市人民代表大会常务委员会2017年监督工作计划(讨论稿),讨论通过赣州市五届人大新任代表履职培训班方案,讨论人事任免事项,研究召开赣州市第五届人民代表大会第二次会议的有关事项和市五届人大常委会第二次会议的有关事项。

3月27日,市五届人大常委会召开第五次主任会议。会议传达学习全国“两会”精神、全省领导干部会议精神和省委书记、省人大常委会主任鹿心社在省十二届人大常委会第三十二次会议上的讲话精神、全市城乡环境整治暨乡风文明行动推进会议精神，讨论通过市人大常委会关于检查《中华人民共和国防洪法》和《江西省实施〈中华人民共和国防洪法〉办法》实施情况的方案、关于对全市农村生活垃圾治理情况开展专题调研的方案，讨论市人大法制委、常委会法工委工作职责和赣州市第五届（2017—2021年）人大常委会立法规划项目库，讨论人事任免议案和其他事项。

4月11日，市五届人大常委会召开第六次主任会议。会议传达学习省委副书记、省长刘奇在赣州市调研时的讲话精神，讨论通过全市人大工作座谈会会议方案，讨论通过市人大常委会关于对全市安全生产工作情况开展专题调研的方案、关于对全市金融业发展情况开展专题调研的方案、关于对全市贯彻落实《中华人民共和国促进科技成果转化法》情况开展专题调研的方案、关于听取和审议市人民政府关于全市依法管理宗教事务情况专项工作报告的实施方案，讨论通过市人大常委会选任联工委关于赣州市五届人大代表履职培训计划，讨论人事任免议案和其他事项，研究市五届人大常委会第三次会议的有关事项。

6月16日，市五届人大常委会召开第七次主任会议。会议传达学习全省设区市人大常委会秘书长、办公厅（室）主任座谈会精神，讨论通过市人大常委会关于对全市低质低效林改造情况开展专题调研的方案、关于组织省市人大代表开展专题调研的方案和市人大常委会财政预算审查监督咨询专家库管理办法，讨论市人大常委会关于全市依法管理宗教事务情况的专题调研报告、市人大常委会执法检查组关于全市贯彻落实《中华人民共和国防洪法》和《中华人民共和国防汛条例》情况的执法检查报告、市人大常委会城建环资工委关于对《赣州市城市管理条例(草案)》的初审报告，听取市人大常委会选任联工委关于暂缓推进人大代表履职网络平台建设改革项目的报告，讨论人事任免议案，研究市五届人大常委会第五次会议的有关事项。

7月28日，市五届人大常委会召开第八次主任会议。会议传达学习中共中央总书记习近平、国务院总理李克强关于赣南苏区振兴发展工作的重要批示精神和省委常委会（扩大）会议、市委常委会（扩大）会议精神，传达学习省人大常委会召开的人大代表参与脱贫攻坚调研座谈会会议精神，讨论通过市人大常委会关于全市金融业发展情况的专题调研报告、关于全市贯彻落实《中华人民共和国促进科技成果转化法》情况的专题调研报告，讨论通过市人大常委会财政预算审查监督咨询专家库名单。

8月24日，市五届人大常委会召开第九次主任会议。会议传达学习中共中央总书记习近平7月26日在省部级主要领导干部专题研讨班开班式上的重要讲话精神；传达学习省人大办关于开展“脱贫攻坚人大代表在行动”专项活动的通知精神和全省贯彻乡镇每年召开2次人民代表大会推进会的精神，研究市人大常委会贯彻落实意见；讨论市人大常委会2017年上半年工作总结和下半年工作部署；讨论通过市人大常委会关于全市安全生产工作情况的调研报告、关于做好规范性文件备案审查工作的意见；听取市人大法制委关于《赣州市城市管理条例（草案）》修改情况的汇报，讨论该条例（草案二次审议稿）（讨论稿）；听取市人大常委会法工委关于建立赣州市人大常委会基层立法联系点的报告，讨论人事任免议案，研究市五届人大常委会第六次会议的有关事项。

9月26日，市五届人大常委会召开第十次主任会议。会议传达学习全国人大常委会委员长张德江在十二届全国人大第十八期代表学习班开班式上的讲话精神、全国人大常委会副委员长吉炳轩在赣州市执法检查期间的讲话精神、第二十三次全国地方立法工作座谈会精神；传达学习全省县乡人大工作和建设经验交流会精神，研究赣州市初步贯彻意见；讨论通过市人大常委会关于听取和审议市中级法院关于全市法院执行工作情况专项工作报告的方案、关于全市工业经济发展情况的调研方案、关于全市文化旅游产业融合发展情况的调研方案、关于全市整治农村“两违”情况的调研方案、关于全市特色小镇建设情况的调研方案；讨论通过市人大常委会关于全市低质低效林改造实施情况的专题调研报告；讨论人事任免议案。

10月16日，市五届人大常委会召开第十一次主任会议。会议讨论通过市人大常委会关于举办全市人大预算审查监督专题培训班的方案、关于全市农村生活垃圾处理情况的调研报告、关于加强市人大代表与人民群众联系的意见；讨论市人大内司委关于对《赣州市城市道路车辆通行若干规定（草案）》的初审报告；听取市人大法制委关于《赣州市城市管理条例（草案二次审议稿）》修改情况的汇报，讨论该条例（草案三次审议稿）（讨论稿）；听取市人大常委会农工委关于市人民政府研究处理《赣州市人大常委会关于〈中华人民共和国防洪法〉及〈江西省实施中华人民共和国防洪法办法〉执法检查情况报告的审议意见》有关情况的报告；听取市人大常委会选任联工委关于请求解决赣州市人大代表履职网络平台建设经费及人员配备的报告；讨论人事任免议案；研究市五届人大常委会第七次会议的有关事项。

10月20日，市五届人大常委会召开第十二次主任会议。会议讨论《赣州市城市管理条例（草案建议表决稿）》，决定提请市五届人大常委会召开第七次会议表决通过。

11月23日，市五届人大常委会召开第十三次主任会议。会议研究市五届人大三次会议筹备事项，讨论通过市人大常委会关于全市工业经济发展情况的调研报告、关于赣州市文化旅游产业融合发展情况的调研报告、关于全市集中整治“两违”（违法占地和违法建设）情况的调研报告、关于预算审查前听取人大代表和社会各界意见建议的实施意见、关于对上犹江饮水工程继续进行跟踪问效的工作方案、关于对全市人大代表联络工作站建设进行督查调研的方案，讨论市人大财经委关于设立赣州市人大常委会预算工作委员会的建议、赣州市人大常委会2018年立法计划、中共赣州市委关于全市乡镇一年召开2次人民代表大会的意见（代拟稿），还讨论人事任免议案。

12月14日，市五届人大常委会召开第十四次主任会议。会议传达学习市脱贫攻坚有关文件精神，讨论市人大常委会工作报告和2018年监督工作计划、市人大常委会专题调研组关于全市法院执行工作情况的专题调研报告，听取市人大法制委关于《赣州市城市道路车辆通行若干规定（草案）》修改情况的汇报，讨论该规定（草案二次审议稿）（讨论稿）。会议还讨论人事任免议案。

12月19日，市五届人大常委会召开第十五次会议。会议通过会签的形式，讨论赣州市人民代表大会常务委员会关于召开赣州市第五届人民代表大会第三次会议的决定（草案）、赣州市第五届人民代表大会第三次会议议程（草案）、赣州市第五届人民代表大会第三次会议列席人员范围（草案）、赣州市第五届人民代表大会第三次会议主席团和秘书长建议名单、市人大常委会选任联工委关于市五届人大二次会议代表提出的建议、批评和意见办理情况的报告、赣州市人民代表大会常务委员会代表资格审查委员会关于个别代表的代表资格审查报告（草案）、赣州市人民代表大会常务委员会关于接受傅小新辞去赣州市人民代表大会常务委员会委员职务的请求的决定（草案）和人事任免事项。

12月27日，市五届人大常委会召开第十六次主任会议。会议讨论市五届人大三次会议日程安排，讨论通过市人大常委会关于对上犹江饮水工程跟踪问效的情况报告、关于赣州市特色小镇建设情况的调研报告，讨论人事任免议案，研究市五届人大常委会第九次会议的有关事项。

主要工作

【内务司法工作】 4月，陪同省人大内司委到赣州市开展法院执行工作调研。6月，开展全市安全生产工作专题调研，形成《关于全市安全生产工作情况的调研报告》。7月，做好机关全面深化改革、法治江西建设、法治赣州建设、精神文明上半年度工作总结和下半年度工作打算。8月，召开《赣州市城市道路车辆通行若干规定（草案）》立法协调会。9月，到上犹县、赣州经济技术开发区等地开展《赣州市城市道路车辆通行若干规定（草案）》立法调研，协助做好机关工会会员中秋节粮油券发放工作。10月，开展全市法院执行工作专题调研，形成《全市法院执行工作情况调研报告》。召开组成人员会议初步审议《赣州市城市道路车辆通行若干规定（草案）》，并提交市五届人大常委会第十一次主任会议讨论。11月，协助机关工会到于都县开展“不忘初心，牢记使命，重温入党誓词”等活动。12月，参加全省人大内务司法暨联系点工作座谈会，参加全省村（社区）“两委”换届选举工作会议。迎接省人大和市委改革办对机关全面深化改革工作进行考评，并对各县（市、区）人大常委会全面深化改革工作进行考评打分。迎接省人大和市法建办对机关法治江西建设工作进行考评。迎接市法建办对机关法治赣州建设工作进行考评，并对各县（市、区）人大常委会法治赣州建设相关工作进行考评打分。做好机关精准扶贫工作队工作，深入县处级干部挂点贫困村指导帮扶精准扶贫工作，结对帮扶贫困户8户，组织开展走访慰问帮扶对象120余人次。做好机关精神文明网上转评、主题文章撰写、资料上传等工作。做好内司委领衔的8条人大代表建议的督办工作。

【财政经济工作】 1月，提出财经委2017年工作计划；做好省人大常委会副主任史文清一行在赣州市兴国县走访慰问的相关工作。对2016年国民经济和社会发展计划、预算执行情况进行初步审议，对2017年国民经济和社会发展计划、预算草案进行初步审查。2月，市五届人大二次会议期间召开财经委全体会议，对2017年国民经济和社会发展计划、预算草案进行审查，向大会主席团报告审查情况。3月，到南昌市、抚州市、宜春市、吉安市人大考察预算审查监督的做法和经验并形成考察报告；组织到厦门市参加全省人大财经、预算干部培训班。4月，对全市金融业发展情况开展专题调研，召开全市金融业发展情况调研座谈会；配合省人大在赣州市开展财政涉农扶贫资金管理使用情况的调研；接待九江市人大在赣州市学习调研金融支持工业增效升级情况。5月，到龙岩市、泉州市、晋江市、东莞市、深圳市等地学习考察推进金融业发展的主要成效、特色亮点以及经验做法；接待湖南省郴州市人大常委会领导到赣州市学习考察并召开兴永郴赣铁路项目前期工作对接座谈会；接待省人大常委会副主任史文清一行在赣州市考察调研；配合省人大常委会调研了解人大及其常委会对同级政府举借债务作出决议或决定情况。6月，起草并提交市人大常委会主任会议审议通过《市人大常委会财政预算审查监督咨询专家库管理办法》；配合省人大开展全省上半年经济运行情况调研；做好市人大代表集中视察农贸市场建设相关工作；接待湖南郴州市人大考察组在赣州市考察有色金属产业。7月，建立赣州市人大预算审查监督咨询专家库，经市人大常委会主任会议审议通过首批专家库14名成员；继续配合省人大开展江西省工业园区发展情况的专题调研。8月，召开财经委全体会议，对赣州市2017年国民经济和社会发展计划上半年执行情况、2016年市级决算（草案）和2017年上半年全市财政预算执行情况、2016年市级预算执行和其他财政收支的审计情况、2017年市级一般公共预算和政府性基金预算调整方案（草案）以及2017年地方政府债务限额的报告进行初步审查。9月，接待海南省人大财经委在赣州市考察学习预算审查监督条例立法工作相关经验；配合省人大常委会预算工委开展全省基本公共卫生服务项目资金管理使用情况调研。10月，组织对全市工业经济发展情况开展专题调研；参加全国人大民族委员会法案室在赣州市开展代表意见建议追踪办理工作调研；参加市发展和改革委员会调研2018年全市投资工作座谈会。11月，举办全市人大预算审查监督工作培训班；起草《关于预算审查前听取人大代表和社会各界意见建议的实施意见》并提交主任会议审议。12月，参加全省人大预算审查监督工作培训班；对市城管局、市民政局2018年部门预算草案进行重点审查；建立健全预算审查监督联系代表制度；接待全国人大财经委到赣州市调研经济运行情况和计划审查工作；开展2016年度市级预算执行和其他财政收支审计查出问题满意度测评；开展全市税收收入情况调研；组织对赣州市2017年国民经济与社会发展计划执行情况和2018年国民经济与社会发展计划草案、2018年市级预算草案进行初步审查。

【法制委、法工委工作】 1月，起草《赣州市人大常委会2017年立法计划（草案）》，召开2017年立法计划实施调度会。2月，召开市五届人大法制委全体会议，通过《赣州市人大法制委常委会法工委2016年工作总结和2017年工作安排》；讨论赣州市人大常委会制定《赣州市城市管理条例》和《赣州市城市道路车辆通行规定》工作进度表。3月，到杭州市、南宁市、厦门市学习考察城市道路交通管理立法方面的情况。到赣县区、章贡区开展《赣州市第五届（2017—2021年）人大常委会立法规划项目库（草案）》调研。召开《赣州市第五届（2017—2021年）人大常委会立法规划项目库（草案）》征求意见座谈会和立法项目推进会。陪同省人大常委会副主任龚建华一行在赣州市开展立法工作调研。4月，《赣州市立法条例》公布实施。5月，召开全市人大法制工作会议。6月，参加全省立法工作会议。7月，开展《赣州市城市管理条例（草案修改稿）》的修改、审议工作立法调研。陪同省人大常委会法工委主任韩军一行对赣州市立法能力建设情况进行指导督促。8月，召开《赣州市城市管理条例（草案）》征求意见座谈会。召开市人大法制委全体会议，审议《赣州市城市管理条例（草案修改稿）》。接待上饶市人大常委会法工委到赣州市调研城市管理立法工作。召开《赣州市城市道路车辆通行若干规定》协调会。9月，参加全省立法理论研讨会。10月，召开市人大法制委全体会议，审议《赣州市城市管理条例（草案二次审议稿）》的修改情况，形成《赣州市城市管理条例（草案三次审议稿）》。向社会征求《赣州市城市道路车辆通行若干规定（草案）》意见建议。陪同全国人大常委会法工委在赣州市开展英雄烈士保护立法调研。11月，召开《赣州市城市道路车辆通行若干规定（草案）》征求意见座谈会。开展《赣州市城市道路车辆通行若干规定（草案）》立法调研。参加省人大常委会举行的2017年“人大立法在进行”栏目启动会。参加省人大法制委全体会议，听取关于《赣州市城市管理条例》的审议意见，回答询问。召开赣州市2017年“人大立法在进行”栏目宣传报道工作会议。12月，参加省人大常委会召开的关于贯彻实施《赣州市城市管理条例》等5部设区的市地方性法规新闻发布会，并接受多家新闻媒体采访、访谈。发布《赣州市城市管理条例》公告，并制作赣州市人大常委会公报。向市委常委征求关于《赣州市人大常委会2018年立法计划(草案)》的意见建议。召开市人大法制委员会全体会议，对《赣州市城市道路车辆通行若干规定（草案）》的修改情况进行审议。参加省人大常委会在厦门市举办的2017年江西省设区的市立法专题培训班。召开《赣州市人大常委会2018年立法计划》调度会。

11月10日，赣州市人大常委会举办全市人大预算审查监督工作培训班

【选举任免联络工作】 1月，组织省、市人大代表到兴国县、赣县区集中视察打好“六大攻坚战”（主攻工业、精准扶贫、新型城镇化、现代农业发展、现代服务业发展、基础设施建设）的思路、举措、成效、存在的问题。3月，召开代表建议办理交办会，对市五届人大二次会议期间代表建议进行现场交办。全年共办理代表建议187件，办结率100%。绝大多数代表表示满意或基本满意。在瑞金干部学院举办2期市五届人大新任代表履职培训班，277名代表参加集中培训。6月，组织市人大代表集中视察农贸建设。7月，组织部分省市人大代表到于都县、石城县围绕2017年打好“六大攻坚战”重点工作，特别是脱贫攻坚工作，从不同层面、不同角度进行专题调研。在深圳全国人大培训基地举办市五届

人大代表专题培训班，86名代表参加集中培训。11月，组织赣州市选举的省人大代表，参加省人大常委会在鹰潭举办的专题培训班。12月，出台乡镇一年召开2次人大代表会意见。做好市五届人大六次会议以来市人大代表资格审查的具体工作，为市五届人大三次会议召开作准备。做好人大代表履职网络平台建设工作，并在市五届人大三次会议期间正式投入使用。做好对国家机关工作人员任免的具体工作。全年任免国家机关工作人员84人次。做好市人大代表参加市委、市人大常委会和"一府两院"有关活动的组织、协调、服务工作，为代表履职行权创造良好条件。全年参加的代表在480人次以上。

【教科文卫工作】 3月，接待四川省巴中市人大常委会副主任张长云一行对赣州市文物保护利用工作和《赣闽粤原中央苏区振兴发展规划》实施情况的考察工作。参加《赣州市第五届（2017—2021年）人大常委会立法规划项目库（草案）》征求意见座谈会，参加全省人大教科文卫工作座谈会。4月，到大余县出席中国明史学会王阳明研究分会成立大会；配合省人大教科文卫委副主任委员舒仁庆一行对通天岩和关西客家围屋违章建筑问题落实整改情况检查工作。陪同省人大教科文卫委对通天岩和关西客家围屋违章建筑问题落实整改情况检查工作。5月，到兴国县、章贡区、大余县、南康区调研现代金融产业工作。出席《促进科技成果转化法》专题调研座谈会，率队到会昌县、瑞金市、赣县区、赣州经济技术开发区开展专题调研活动。6月，开展全市促进科技成果转化法实施情况专题调研。参加全市文物保护工作会议；与市档案局研究如何促进全市档案管理调研活动的相关实施方案。赴广东省进行促进科技成果转化法考察学习。7月，配合省人大常委会副主任马志武对赣州市开展省领导挂点联系县及民革省委会脱贫攻坚民主监督县调研工作。8月，配合省人大教科文卫委收集全市古桥资料信息。完善促进科技成果转化法调研报告审定印发工作。8月，与市文广新局、市旅发委协商文化（旅游）产业新业态发展情况调研实施方案形成。与市档案局联合开展促进全市档案管理实施调研活动。9月，配合省人大常委会教科文卫委对赣州市电子文件归档管理情况调研工作。协助省政府做好开展医疗保险调研参事建议各项工作。参加全市科学技术奖励大会。参观"赣籍开国将军百战图"大型创作巡展，参加"喜迎十九大，永远跟党走"歌咏晚会。10月，配合全国人大图书馆调研组做好全国人大图书馆中华苏维埃历史文献出版情况调研工作。参加市旅投集团文化旅游产业专题调研活动；参加宁都县、石城县文化旅游产业专题调研活动。接待全国人大图书馆中华苏维埃历史文献出版情况调研组一行活动。参加全市社会事业体制改革专项小组会议。11月，开展全市文化旅游产业融合发展情况专题调研，到福建省开展文化旅游产业融合发展专题调研，撰写文化旅游产业融合发展情况专题调研报告。

【农业和农村工作】 3月，在大余县召开全市农业和农村工作座谈会。5月，配合全国人大常委会委员、全国人大农业和农村委员会副主任委员王国生一行在瑞金市、章贡区等地开展脱贫攻坚专题调研。开展《中华人民共和国防洪法》和《江西省实施〈中华人民共和国防洪法〉办法》实施情况的执法检查并形成执法检查情况报告。6月，配合江西省人大常委会委员、农委副主任李友鸿一行在章贡区、瑞金市等地开展供销社综合改革工作情况专题调研。7—8月，开展全市低质低效林改造实施情况专题调研，形成《全市低质低效林改造实施情况专题调研报告》。配合江西省人大常委会委员、农委主任陈永华一行在赣州市章贡区、崇义县、龙南县开展林木种子条例立法专题调研。9月，配合全国人大常委会副委员长吉炳轩一行在瑞金市、兴国县、信丰县、上犹县开展种子法执法检查工作。10月，开展全市集中整治"两违"情况专题调研，形成《全市集中整治"两违"情况专题调研报告》。结对帮扶贫困户7户，组织开展走访慰问帮扶对象30余人次。做好人大代表意见建议办理的督办工作。对市水利局、市农粮局、市国土局、市果业局、市扶贫和移民办等单位26件人大代表意见建议办理工作进行督办，提出建议的代表对建议办理工作非常满意。

【城建环资工作】 3月，在石城县召开全市城乡建设环境与资源保护工作座谈会。3—5月，完成赣州市《城市管理条例》制定的初审工作。6月，配合省人大常委会调研检查采访组开展环保赣江行检查采访活动。陪同省人大常委会委员、环资委副主

9月5日—9日，赣州市五届人大新任代表第三期履职培训班在全国人大深圳培训基地举办

任委员陈松远带队在赣州市开展陡水水库、南河水库“湖长制”落实暨水环境治理督导工作。7月，对赣州市贯彻落实《中华人民共和国固体废物污染环境防治法》实施情况进行执法检查。向市政府提出要在提高固体废物防治意识、加大固体废物利用力度，积极推广新技术、新工艺、加快固体废物处置设施建设，提升固体废物监管能力上加大工作力度等建议。开展农村生活垃圾治理情况实地调研。12月，对上犹江引水工程再次进行跟踪问效，进一步督促市政府切实做好此项关系民生工作。陪同广东省人大环资工委在寻乌县就东江源水环境保护工作开展学习调研考察和采访报道活动。

【外事侨务民族宗教工作】 听取和审议市人民政府关于赣州市依法管理宗教事务情况的报告。开展全市依法管理宗教事务专题调研。形成《关于我市依法管理宗教事务情况调研报告》。开展全市特色小镇建设情况专题调研，形成《赣州市人大常委会关于我市特色小镇建设情况进行专题调研的报告》。根据省人大围绕2017年助推旅游强省建设系列活动主题——全域旅游开展相关调研，并形成调研报告上报省人大外侨民宗工委。认真做好人大代表建议督办工作。本年度市人大代表共提出涉及旅游、商务、口岸等方面的建议18件，对代表答复不满意的情况，做好与代表沟通、了解情况等工作，并及时督促办理单位进行2次办理。深入精准扶贫点赣县五云镇上丹村、下丹村和县处级干部挂点贫困村兴国县枫边乡石印村指导帮扶工作20次，分别走访定点联系贫困群众6户和332户，并给贫困户送去慰问品和慰问金。认真组织学习中共十九大会议精神，继续开展“两学一做”学习教育。

（撰稿　曹金保　审稿　黄　立）

【领导名单】
党组书记、主任：陈晓春
党组成员、副主任：廖成铭
　孙黎明（女）　廖长荣　郑世飘
　刘建明
副主任：欧阳世麟
党组成员、秘书长、机关党组书记：
　叶文波
副秘书长、办公厅主任、机关党组
　副书记：黄　立（12月任）
副秘书长：廖　琦　温宁花（女）

市人大常委会工作机构
内司委主任委员、机关党组成员：
　钟　健
常委会委员：阳纯普
内司委副主任委员：王世平
内司委副处级干部：郭猷峰（任至4月）
财经委副主任委员：邹　冲　杨长斌
法制委主任委员、机关党组成员：
　黄光惠（任至8月）
法制委副主任委员、机关党组成员：
　赖栋华
法制委副主任委员：谢红烽（女）
法制委正处级干部：黄光惠（8月任）
办公厅主任：黄　立（12月任）
办公厅副主任：卓迅文（5月任）
办公厅调研员：谢造雄　余英华（女）
　李升云　李晋让（女，4月任）
　黄建平（8月任）
　黄小平（8月任）
　邹晓林（8月任）
办公厅副处级干部：
　刘汉浒（任至3月）
选任联工委主任、机关党组成员：
　赖景春
选任联工委副主任：
　李晋让（女，任至4月）　韩爱民
选任联工委正处级干部：
　袁景运（任至6月）
教科文卫工委主任、机关党组成员：
　李德明（任至12月）
　余　炜（女，12月任）
教科文卫工委副主任：
　黄小平（任至8月）
　袁建波（任至4月）　邝燕玲（女）
农工委主任、机关党组成员：
　宋崇林（任至12月）
　邓才华（12月任）
农工委副主任：袁建波（4月任）
　钟起平（4月任）
常委会委员：宋崇林
城建环资工委主任、机关党组成员：
　高明旭（任至12月）
　李德明（12月任）
城建环资工委副主任：
　邹晓林（任至8月）
　王玉琴（女，瑶族）　邱修荣（5月任）
常委会委员：高明旭
外侨民宗工委主任、机关党组成员：
　陈冠平
外侨民宗工委副主任：
　文红群（女，9月任）
法工委主任、机关党组成员：赖栋华
法工委副主任：黄新荣

（本栏编辑　朱　俊）

赣州市人民政府

概　述

2017年是中共十九大召开之年，是赣南苏区振兴发展史上极不平凡的一年。中共中央总书记习近平在全国深度贫困地区脱贫攻坚座谈会、《若干意见》出台实施5周年和中共中央宣传部寻乌扶贫调研报告上，先后3次对赣州工作作出重要指示或批示，给予巨大鼓舞和鞭策。2017年，全市上下坚持解放思想、内外兼修、北上南下，突出打好“六大攻坚战”，纵深推进赣南苏区振兴发展，较好地完成市五届人大二次会议确定的目标任务。

2017年，成功获得全国文明城市桂冠，获评全国社会治安综合治理优秀市、综治“长安杯”，创建国家森林城市，赣南采茶歌舞剧《永远的歌谣》获全国“五个一工程”奖；获2016年度全省科学发展综合考评第一名。全国就业扶贫、产业扶贫和全省工业、现代农业等31个现场经验交流会在赣州市召开，在“中国制造2025”和全省脱贫攻坚、开放型经济、开发区创新发展等26个会议上作经验介绍，创赣州历史之最。

昌赣客专赣州段隧道群全部贯通，赣深客专、兴泉铁路全线开工，广吉高速宁都段顺利推进，兴赣高速北延项目开工建设，黄金机场改扩建、航空口岸和通用机坪建设加速推进，华能瑞金电厂二期复工，省天然气管网赣州段6条支线开工建设，瑞金机场进场道路启动建设。文明大道等快速路加快建设，上犹江引水工程加快推进，市综合文化艺术中心开工建设，中心城区启动建设学校19所，新建数量超前5年总和。推行征拆新政，统一中心城区征拆补偿政策。妥善解决赣州经济技术开发区、蓉江新区征拆主体法律地位问题。拆除“两违”建筑500多万平方米，“两违”现象得到有效遏制。依法推进农村“空心房”整治，累计拆除腾地2500万平方米。成功化解中祥·玖龙湾、义乌小商品城等信访难题。公立医院综合改革全面启动，持续半个多世纪的“以药补医”彻底终结。

争取各类补助资金530亿元以上，增长11%。获批国家山水林田湖草生态保护和修复试点，20亿元中央基础奖补资金全部到位。争取多年的东江流域生态补偿机制得到落实。获批全省唯一“中国制造2025”试点示范城市。信丰县入选国家首批现代农业产业园创建县。赣州港获批国家“一带一路”多式联运示范工程，成功开行中欧、中亚班列。省委、省政府出台纵深推进赣南等原中央苏区振兴发展、支持赣州建设省域副中心城市、打造“一带一路”重要节点城市等高含金量的政策，进一步提升赣州的战略地位。

推行“人才新政”，启动5年建设10万套人才住房计划。颁布实施《赣州市城市管理条例》《赣州市农村住房建设管理办法》。及时采取限购限贷限价等房地产调控措施。出台支持瑞兴于经济振兴试验区建设、“三南”（龙南、全南、定南）园区一体化发展、蓉江新区加快发展、赣州港口岸物流发展等系列文件，区域发展活力进一步迸发。

【“六大攻坚战”成效显著】 实施“六大攻坚战”项目2056个，完成投资2504亿元，占年度计划的119%。270个市属重点工程全部开工，完成投资1415亿元，占年度计划的124.9%。全年地区生产总值2524亿元，增长9.5%；固定资产投资2510亿元，增长13.8%；工业固定资产投资1043亿元，增长29%；服务业增加值1100亿元，增长12%；农村居民人均可支配收入9689元，增长11.0%，以上5项指标增速保持全省第一。其他大部分指标增速保持全省前列。财政总收入408.32亿元，增长11.5%；一般公共预算收入245.36亿元，同口径增长8.6%。规模以上工业增加值增长9.2%；社会消费品零售总额890亿元，增长12.6%；实际利用外资16.67亿美元，增长10%；出口总额260亿元，增长16.3%；城镇居民人均可支配收入29470元，增长8.8%。

【产业经济壮大升级】 工业量质齐升。新增规模以上工业企业435户、总数达1721户，均列全省第一。高新技术企业达276家，占规模以上工业增加值比重33%。新开工标准厂房815万平方米，建成658万平方米。146个亿元以上“两城两谷一带”项目全部开工。“新能源汽车科技城”

拉开框架、势头良好，国机智骏、山东凯马等7个整车及配套项目落户开工。“现代家居城”加速转型、提档升级，建成国内首个家具制造云——康居网、全省首个家具设计中心，新增入规家具企业144家。“中国稀金谷”快速起步、创新发展，入驻“国字号”创新平台4个，引进稀土和钨新材料及应用项目23个。“青峰药谷”建设加快、后劲增强，签约落地修正药业等重大项目16个，青峰药业获第二届井冈质量奖提名奖。“赣粤电子信息产业带”蓬勃发展，落户10亿元以上项目25个，引进合力泰等上市公司5家。各地首位产业聚力发展，上犹玻纤、于都服装服饰等10个省级重点工业产业集群加速壮大。农业结构加快调整。粮食生产“十四连丰”。蔬菜产业成为全省标杆、全国有影响，新建成规模蔬菜基地4066.67公顷，开行中欧蔬菜班列。赣南脐橙名扬世界，列入中欧“100+100”互认保护公示名单，稳居全国同类农产品区域品牌价值榜首。赣州市成为全国油茶主产区。于都梾木油获批国家地理标志保护产品。服务业提速增效。金融机构存贷款余额分别增长17.9%、21.2%。利用贫困县IPO上市绿色通道引进拟上市企业34家，新增境外上市和“新三板”挂牌企业4家，趣店集团在美国上市。旅游接待人数、总收入分别增长22%、30.5%。方特主题公园、时光赣州、极地海洋世界等重大旅游项目加快推进。赣州综合物流园、赣州冷链物流中心等项目建设进展顺利，智慧物流“吉集号”上线运行。电商交易总额突破500亿元，增长60%。特色小镇建设全面展开、成效初显，全南南迳、宁都小布入选国家级特色小镇，大余丫山入围全国运动休闲特色小镇。

【改革开放全面深化】 “三去一降一补”任务有效落实，提前完成省下达“十三五”钢铁去产能任务，超额完成煤炭去产能年度任务，降成本优环境行动为企业减负超100亿元。重点领域改革深入推进。“多证合一、一照一码”登记制度改革实现“二十四证合一”。农村集体资产股份权能改革增点扩面，城乡户口“一元化”改登工作圆满完成。成立区块链票链全国监控运营管理中心，区块链金融产业沙盒园启动建设，“瑞京金融”成为全省仅有的2家地方资产管理公司之一。经营性国有资产脱钩移交和统一监管工作基本完成，混合所有制改革和企业社区移交工作有序推进。创新平台加速壮大，国家离子型稀土资源高效开发利用工程技术研究中心、国家脐橙工程技术研究中心通过科技部验收，工信部电子五所（龙南）办事处、中科院海西研究院赣州稀金产业技术研发中心、中国稀金（赣州）新材料研究院挂牌运行，全省首个检验检测创新联盟组建完成，赣州工业设计中心、天翼·华为云计算数据中心建成运行。招才引智力度空前，成立赣南苏区人才发展合作研究院、市招才引智局，设立“苏区人才伯乐奖”，组建同心圆智库，支持驻市高校融入地方发展。开放合作深入拓展。举办招商推介活动223场次，签约项目770个。引进绿地、TCL、招商局集团、杉杉集团等一批大企业、大集团，与深圳市、广州市、河源市签署战略合作协议，与上海市和广州市、宁波市及昆山市开展国家级经济技术开发区结对共建。成立赣州商会联合总会，举办首届全国赣州商会联合大会。国际贸易“单一窗口”国家标准版试运行进展顺利。

【城乡面貌大为改观】 2017年，常住人口城镇化率达48.6%。中心城区5区（章贡区、南康区、赣县区、赣州经济技术开发区、蓉江新区）融合发展，环境更加整洁有序。五洲大道、站东大道改扩建等工程竣工通车，东坡路等27条支路顺利打通，高铁新区、蓉江新区建设进展顺利。完成健康路、青年路、厚德路立面改造。115个老旧小区整治有序推进，1632条背街小巷提升改造全面启动。城乡环境整治强力推进。大力实施拆违治违、主次干道改造、公共服务设施完善等工程，大部分县城面貌焕然一新。农村生活垃圾基本得到有效治理。完成5797个新农村建设村点整治。实施国省道升级改造1144千米，建成农村公路2687千米，25户以上人口自然村全部通水泥（油）路，安远县获评全国“四好农村路”示范县。乡风文明行动扎实有效，农村面貌发生可喜变化。

【生态文明建设】 筹集183亿元实施国家山水林田湖草生态保护和修复试点，首批28个项目全部开工。完成废弃矿山治理19.1平方千米、低质低效林改造4.55万公顷。东江流域出境断面水质达标率100%，完成中央环保督察反馈问题年度整改任务，“三净”行动成效明显，空气质量保持优良。“河长制”深入实施，8个省重点支持县（区）生活污水管网建设全面完成，重要水功能区水质达标率达到省级控制要求，集中式饮用水源地水质达标率达到100%。在全省率先实施生态文明建设领导干部约谈制度，出台党政领导干部生态环境损害责任追究实施细则，安远县、会昌县、大余县成立生态综合执法局，生态文明制度加快完善。

【民生保障持续发力】 民生支出631.4亿元，增长14.3%，占一般公共预算支出的83.7%。脱贫攻坚成效显著。2017年，脱贫19.4万人、258个贫困村退出，瑞金市脱贫摘帽扎实推进。赣南脐橙产业扶贫成为全国范例，就业扶贫车间基本实现乡镇全覆盖，完成易地搬迁5.4万人，健康扶贫“四道医疗保障线”实现“先诊疗、后付费”和“一卡通”即时结算。贫困户子女助学补助基本实现全覆盖。省、市90件民生实事年度计划基本完成。新（改、扩）建公办幼儿园164所、义务教育学校439所、职业学校4所，12个县（市、区）通过义务教育均衡发展国家评估。棚户区改造基本建成2.4万套。完成农村危房改造2.76万户，其中农村保障房8710户。新（改、扩）建敬老院、光荣院、福利院60所。赣州市人民医院新院全面投入使用，赣州市妇保院新院开工建设。中心城区二级以上医院和县级医院实现跨省异地就医即时结算。城乡居民医保“一卡通”实现同步结算。机关事业单位养老保险制度改革稳步推进。安全生产、信访形势、食品药品安全状况稳中向好，公众安全感指数保持全省前列。

【自身建设不断加强】 深入学习宣传贯彻中共十九大精神，扎实推进“两学一做”学习教育常态化制度化，严格落实中共中央八项规定精神，深入推进政府系统改作风、提效率，行政效能明显提升。认真落实党风廉政建设主体责任，政府系统廉政建设不断加强。“放管服”改革持续深化。市本级行政审批事项精简至78项，为全省设区市最少。在全省率先推行“一窗式”改革，正式运行市行政审批局。市、县两级行政审批中介服务超市全面建成。法治政府建设不断加强，行政执法3项制度国家试点顺利完成。自觉接受人大监督和政协民主监督，建议和提案办结率、满意和基本满意率均达100%。

（撰稿 任小彬 审稿 杨雍谨 黄 法）

重要会议

【市政府第三次常务会议】 1月6日召开。会议讨论研究市政府主要领导在全市经济工作会议暨“六大攻坚战”工作总结部署会上的讲话，2017年40件民生实事，赣州市2017年重点工程建设投资计划，赣州市中心城区2017年城市建设项目计划。

【市政府第四次常务会议】 1月20日召开。会议书面传达省“两会”精神；原则通过赣州市“十三五”脱贫攻坚规划，关于加快特色小镇建设的实施意见，关于进一步加强城市规划建设管理的实施意见，关于深入推进城市执法体制改革改进城市管理工作的实施意见。

【市政府第五次常务会议】 3月6日召开。会议原则通过赣南苏区振兴发展2017年工作要点，赣州市“十三五”教育事业发展规划，赣州市低质低效林改造规划，赣州口岸发展规划（2017—2025年），赣州市推进“一窗式”审批服务模式改革实施方案（试行），赣州市整合规范公共资源交易平台实施方案；讨论研究2017年全市开放型经济工作方案，2016年度主攻工业单位考核评比结果，关于加快电动汽车充电基础设施建设的实施方案，赣州市电动汽车充电基础设施建设运营管理细则。

【市政府第六次常务会议】 3月31日召开。会议传达省委副书记、省长刘奇在赣州市调研座谈时的讲话精神和全省环境保护工作会暨全省工业园区环境整治动员部署会议主要精神；原则通过关于加强和改进新形势下宗教工作的实施意见，关于取消和调整一批行政权力项目的决定，赣州市推进农业水价综合改革实施方案，赣州市“十三五”生态建设与环境保护规划，赣州市民政事业发展“十三五”规划，赣州市普通国省道和农村公路建设3年行动计划实施方案，赣州市“十三五”普通国省干线公路建设管理办法，赣州高铁新区核心区基础设施项目建设实施方案。

【市政府第七次常务会议】 4月11日召开。会议原则通过关于全市一季度经济运行情况和做好下一步经济工作的建议，赣州市2017年度市直（驻市）单位绩效考核评价工作方案，赣州市盐业体制改革实施方案，关于完善“产业扶贫信贷通”政策的通知，关于分解下发2017年金融扶贫工作任务的通知，关于加快赣州稀有金属交易所发展的若干措施，关于调整赣州经济技术开发区部分管理区域的方案，关于开展领导干部自然资源资产离任审计的实施意见。

【市政府第八次常务会议】 4月28日召开。会议学习贯彻中共中央总书记习近平关于安全生产重要指示精神和《中共中央、国务院关于推进安全生产领域改革发展的意见》（中发〔2016〕32号）；原则同意提高市本级城镇职工基本医疗保险待遇事宜；原则通过赣州市城市管理条例（草案），赣州市市长质量奖管理办法（修订版），关于培育壮大经济发展新动能的意见；讨论研究江西赣州章江国家湿地公园管理办法（草案）。

【市政府第九次常务会议】 5月22日召开。会议学习《国务院办公厅关于对2016年落实有关重大政策措施真抓实干成效明显地方予以表扬激励的通报》（国办发〔2017〕34号）；讨论并原则通过关于支持龙南全南定南园区一体化发展的若干意见，赣州加工贸易承接转移示范地产业发展规划（2017—2025年），赣州市“十三五”

2月6日，市委副书记、市长曾文明主持召开座谈会，就《政府工作报告》征求意见建议

卫生与健康规划，2017 年度北上争资争项工作考评办法；讨论研究赣州市突发事件预警信息发布管理办法，赣州市医疗卫生服务体系规划（2017—2020 年），关于进一步加强围屋保护的工作方案，关于支持赣州蓉江新区发展的意见。

【市政府第十次常务会议】 6 月 16 日召开。会议传达学习全国农业产业扶贫精准脱贫经验交流会、全省大气污染防治工作视频会议和全省就业创业工作会议主要精神；学习《不动产登记暂行条例》《不动产登记暂行条例实施细则》；讨论并原则通过关于表彰 2016 年度社会治安综合治理目标管理及平安赣州建设先进县（市、区）和先进单位建议名单，2016 年度科学发展综合考评先进县（市、区）名单和赣州市 2017 年度县（市、区）科学发展综合考核评价办法，赣州市创建国家食品安全示范城市工作方案，赣州市土地利用总体规划（2006—2020 年）调整完善方案，赣州市测绘地理信息“十三五”规划，赣州市水利发展“十三五”规划报告，关于进一步做好向上汇报对接和争资争项工作的通知，赣州市综合防灾减灾规划（2016—2020）。

【市政府第十一次常务会议】 7 月 12 日召开。会议传达学习《中共中央办公厅国务院办公厅关于甘肃祁连山国家级自然保护区生态环境问题督查处理情况及其教训的通报》，省政府中央环保督察反馈问题整改工作调度推进会议主要精神，《国务院办公厅关于西安地铁“问题电缆”事件调查处理情况及其教训的通报》，《省委办公厅省政府办公厅关于我省推选“全国创新争先奖”出现空白的通报》，全省开放型经济发展大会主要精神；讨论并原则通过关于 2017 年以来全市经济运行情况和做好下一步经济工作的建议，关于进一步促进赣州市房地产市场持续平稳健康发展的通知，2016 年度市直（驻市）单位绩效考核评价结果，赣州市稀土钨深加工及应用产品奖励暂行办法，赣州市 3 年主攻工业考核评比方案（2016—2018 年）（修订版）。

【市政府第十二次常务会议】 7 月 24 日召开。会议讨论并原则通过关于促进经济平稳健康发展的若干政策措施，关于创新人才政策推动人才发展体制机制改革的若干意见，关于推进人才住房建设的若干意见，关于将中心城区部分未分配公共租赁住房定向用于人才配租的请示，关于深入贯彻习近平扶贫开发战略思想以脱贫攻坚统揽经济社会发展全局的意见，赣州市生态文明建设领导干部约谈制度（试行），赣州市金盛源担保集团有限公司组建方案，赣州市“十三五”现代农业发展规划，赣州市重大工业项目投资引导资金管理办法；讨论研究关于深入贯彻《国家生态文明试验区（江西）实施方案》的实施意见；传达学习全国全省安全生产电视电话会议精神和中共中央总书记习近平、国务院总理李克强关于安全生产工作的重要指示精神，研究部署全市安全生产工作。

【市政府第十三次常务会议】 8 月 7 日召开。会议讨论并原则通过关于解决赣州经济技术开发区、蓉江新区管委会在征拆等工作中主体资格问题的建议，赣州中心城区实施居民生活用水阶梯价格方案，2016 年度赣州市科学技术奖候奖项目，关于加大全社会研发投入攻坚行动工作的实施办法，赣州银行第 10 次增资扩股方案，关于加快休闲农业发展的实施意见，关于进一步推进农垦改革发展的实施意见，关于深化出租汽车行业改革工作实施意见，赣州市网络预约出租汽车经营服务管理实施细则（试行），赣州市私人小客车合乘出行管理规定。

【市政府第十四次常务会议】 8 月 24 日召开。会议讨论并原则通过关于支持瑞兴于经济振兴试验区建设的若干政策意见，关于赋予瑞兴于经济振兴试验区市级经济社会管理权限的决定，赣州市中心城区背街小巷提升改造实施方案，关于深化投融资体制改革的实施意见，关于大力推进赣州市智能制造工程的实施意见，关于支持赣州蓉江新区加快发展的若干意见，赣州市“十三五”科技创新规划，赣州市 2017—2018 年度低质低效林改造实施方案，关于精简和调整一批行政许可项目的决定；讨论研究赣州市贯彻落实全国现代物流创新发展城市试点工作 3 年（2016—2018 年）行动计划。

【市政府第十五次常务会议】 9 月 14 日召开。会议学习贯彻中共中央总书记习近平关于长江经济带发展和生态文明建设的战略思想，全省政府应急办主任座谈会议精神；讨论并原则通过赣州市政务数据资源共享与应用管理办法，关于统筹推进县域内城乡义务教育一体化改革发展的实施意见，赣州市森林防火重点管理乡（镇）实施办法，关于实行办事清单管理推进“不用跑”和“跑一次”改革的实施方案，赣州市相对集中行政许可权改革试点方案；讨论研究赣州市开放型经济发展规划纲要（2017—2025 年），赣州市农村村民住房建设管理办法。

【市政府第十六次常务会议】 9 月 30 日召开。会议学习贯彻全省金融工作会议精神；讨论并原则通过赣州市发展全域旅游行动方案，赣州市城市道路车辆通行若干规定，规范市属企业负责人奖励有关事宜，建立耕地占补平衡指标市级调剂库有关事宜；通报赣州市中央环保督察反馈问题整改工作情况，全市信访维稳工作情况；学习贯彻《江西省安全生产条例》。

【市政府第十七次常务会议】 10 月 25 日召开。会议学习贯彻《中华人民共和国资产评估法》；讨论并原则通过赣州市公立医院薪酬制度改革实施方案，赣州市关于进一步深化基本医疗保险支付方式改革的实施方案，赣州市水土保持重点管理乡镇实施办法，关于纵深推进赣南苏区振兴发展实现与全国同步全面小康的实施意见；讨论研究赣州市健康养老产业发展3年行动计划（2018—2020年），关于贯彻落实《江西省长江经济带发展实施规划》的意见。

【市政府第十八次常务会议】 11月17日召开。会议学习贯彻省委副书记、省长刘奇在赣州市调研期间的重要讲话精神，2018年度全省地震趋势会商会议主要精神；讨论并原则通过关于赣州市促进工业设计发展的若干政策措施（试行），赣州市创建产融合作试点城市实施方案；讨论研究赣州市建设"中国制造2025"试点示范城市实施方案，机关事业单位养老保险改革有关事宜，赣州市高铁经济带发展规划。

【市政府第十九次常务会议】 12月16日召开。会议集中学习《中共中央办公厅印发习近平总书记关于进一步纠正"四风"、加强作风建设重要批示的通知》；听取政府投资项目拖欠农民工工资有关情况的汇报；讨论并原则通过陡水湖景区管理体制改革方案，赣州市2018年民生实事安排意见，赣州市中心城区2018年城市建设项目计划，赣州市2018年重点工程建设项目投资计划。

【市政府第二十次常务会议】 12月19日召开。会议审议通过关于赣州市2017年国民经济和社会发展计划执行情况与2018年国民经济和社会发展计划草案的报告，关于推进生态文明试验区建设情况的报告，关于赣州市2017年全市和市级预算执行情况及2018年全市和市级预算草案的报告。讨论并原则通过2018年赣州市市本级政府预算草案，赣州现代会展中心和高铁站前商务中心项目合作协议和补充协议，章贡区人民政府与杉杉集团有限公司关于杉杉奥特莱斯项目投资合作协议和补充协议，关于推进安全生产领域改革发展的实施办法；讨论并原则同意清理市政府规范性文件和重要政策文件的建议。

【市政府第二十一次常务会议】 12月29日召开。会议学习贯彻中央经济工作会议精神和省委十四届五次全会精神；讨论并原则通过赣州市提升卫生计生服务能力3年行动方案（2018—2020年），赣州市城乡学校建设3年行动计划（2018—2020年），赣州市属国有企业整合重组方案，关于深化统计管理体制改革提高统计数据真实性的实施意见，赣州市人民政府关于取消92项行政许可事项证明材料的决定。

【市政府第七次市长办公会】 2月3日召开。会议书面传达全省政府秘书长和办公厅（室）主任会议精神、全省中央环境保护督察反馈问题整改工作动员部署视频会议精神；讨论研究进一步完善乡镇国土规划建设管理体制机制的意见，深入推进农业供给侧结构性改革加快培育农业农村发展新动能的实施意见，赣州市"整洁美丽，和谐宜居"新农村建设行动规划（2017—2020年），赣州市2017年蔬菜产业发展实施方案，赣州市"农村环境整治年"活动实施方案和赣州市城市市容环境集中整治工作方案。

【市政府第八次市长办公会】 2月13日召开。会议集中学习《中华人民共和国行政诉讼法》；讨论研究赣州市居民家庭经济状况核对办法和赣州市居民家庭经济状况核对工作联席会议制度，进一步加强全市农村留守儿童关爱保护工作的实施意见，加快2017年中心城区市本级政府投资城建项目前期工作，赣州市中心城区城市基础设施与公共服务设施重大项目3年（2017—2019年）建设行动计划；听取"四桥九路一公园"项目评估后下一步投资合作洽谈情况汇报。

【市政府第九次市长办公会】 3月13日召开。会议书面传达《鹿心社同志在省委全面深化改革领导小组第十一次全体会议上的讲话》；市发改委解读国家发改委关于《政府出资产业投资基金管理暂行办法》；讨论研究赣州市境内新建铁路项目资本金筹措的方案，进一步加强房地产市场调控的工作措施，加快赣州市电子信息产业发展的指导意见，市属国企负责人经营业绩考核办法，加快推进价格体制机制改革的实施意见，赣州中心城区2017年土地储备计划和赣州中心城区2017年国有建设用地供应计划。

【市政府党组（扩大）会议】 10月27日召开。会议听取市政府副市长、党组成员关于学习贯彻中共十九大精神的发言。

【市政府全体会议】 2月7日召开。会议审议政府工作报告（送审稿），关于赣州市2016年国民经济和社会发展计划执行情况与2017年国民经济和社会发展计划草案的报告，关于赣州市2016年全市和市级预算执行情况及2017年全市和市级预算草案的报告。

12月19日召开。会议审议政府工作报告（讨论稿）。

（撰稿 鲁华永 审稿 杨雍谨 黄 法）

重要决策

2017年，市政府重要决策有：确定2017年40件民生实事，制定赣州市2017年重点工程建设投资计划，赣州市中心城区2017年城市建设项目计划；制定赣州市"十三五"脱贫攻坚规划，关于加快特色小镇建设的实施意见，关于进一步加强城市规划建设管理的实施意见，关于深入推进城市执法体制改革改进城市管理工作的实施意见；制定进一步完善乡镇国土规划建设管理体制机制的意见，深入推进农业供给侧结构性改革加快培育农业农村发展新动能的实施意见，赣州市"整洁美丽，和谐宜居"新农村建设行动规划（2017—2020年）；制定进一步加强全市农村留守儿童关爱保护工作的实施意见，赣州市中心城区城市基础设施与公共服务设施重大项目3年（2017—2019年）建设行动计划；制定赣州市"十三五"教育事业发展规划，赣州口岸发展规划（2017—2025年），赣州市推进“一窗式”审批服务模式改革实施方案（试行），加快赣州市电子信息产业发展的指导意见；制定关于加强和改进新形势下宗教工作的实施意见，赣州市“十三五”生态建设与环境保护规划，赣州市民政事业发展“十三五”规划，赣州市普通国省道和农村公路建设三年行动计划实施方案，赣州市“十三五”普通国省干线公路建设管理办法；制订关于调整赣州经济技术开发区部分管理区域的方案；决定提高市本级城镇职工基本医疗保险待遇；制定赣州市城市管理条例（草案），赣州市市长质量奖管理办法（修订版），关于培育壮大经济发展新动能的意见；制定关于支持龙南全南定南园区一体化发展的若干意见，赣州加工贸易承接转移示范地产业发展规划（2017—2025年），赣州市“十三五”卫生与健康规划，赣州市医疗卫生服务体系规划（2017—2020年），关于支持赣州蓉江新区发展的意见；制订赣州市创建国家食品安全示范城市工作方案，赣州市土地利用总体规划（2006—2020年）调整完善方案，赣州市测绘地理信息“十三五”规划，赣州市水利发展“十三五”规划报告，赣州市综合防灾减灾规划（2016—2020）；制订赣州市3年主攻工业考核评比方案（2016—2018）（修订版），关于促进经济平稳健康发展的若干政策措施，关于创新人才政策推动人才发展体制机制改革的若干意见，关于推进人才住房建设的若干意见，关于深入贯彻中共中央总书记习近平扶贫开发战略思想以脱贫攻坚统揽经济社会发展全局的意见，赣州市“十三五”现代农业发展规划；制定关于加大全社会研发投入攻坚行动工作的实施办法，关于加快休闲农业发展的实施意见，关于进一步推进农垦改革发展的实施意见，关于深化出租汽车行业改革工作实施意见；制定关于支持瑞兴于经济振兴试验区建设的若干政策意见，关于赋予瑞兴于经济振兴试验区市级经济社会管理权限的决定，赣州市中心城区背街小巷提升改造实施方案，关于深化投融资体制改革的实施意见，关于大力推进赣州市智能制造工程的实施意见，关于支持赣州蓉江新区加快发展的若干意见，赣州市“十三五”科技创新规划，赣州市贯彻落实全国现代物流创新发展城市试点工作3年（2016—2018年）行动计划；制定赣州市政务数据资源共享与应用管理办法，关于统筹推进县域内城乡义务教育一体化改革发展的实施意见，关于实行办事清单管理推进“不用跑”“跑一次”改革的实施方案，赣州市相对集中行政许可权改革试点方案，赣州市开放型经济发展规划纲要（2017—2025年），赣州市农村村民住房建设管理办法；赣州市发展全域旅游行动方案，赣州市城市道路车辆通行若干规定；制订赣州市公立医院薪酬制度改革实施方案，关于纵深推进赣南苏区振兴发展实现与全国同步全面小康的实施意见，赣州市健康养老产业发展3年行动计划（2018—2020年）；制定关于赣州市促进工业设计发展的若干政策措施（试行），赣州市创建产融合作试点城市实施方案，赣州市建设“中国制造2025”试点示范城市实施方案，赣州市高铁经济带发展规划；制定赣州市2018年民生实事安排意见，赣州市中心城区2018年城市建设项目计划，赣州市2018年重点工程建设项目投资计划；制定关于推进安全生产领域改革发展的实施办法；赣州市提升卫生计生服务能力3年行动方案（2018—2020年），赣州市城乡学校建设3年行动计划（2018—2020年），赣州市属国有企业整合重组方案。

（撰稿　梁红艳　审稿　杨雍谨　黄　法）

【领导名单】

市长：曾文明
常务副市长：李恭进（任至8月）
　刘文华（12月任）
副市长：张晓宁　高　峰　高世文
　胡聚文　何福洲　邓忠平
　赵多仙（任至12月）　郭素芳（女）
　徐　兵　张　逸（12月任）
党组成员：赵鹏高　皮仄郑
原副市长：刘建萍
党组成员、秘书长：杨雍谨
党组成员：陈定宇
副秘书长：黄　法（1月任）
　郭知明（任至6月）
　邓　明（任至12月）　林长茂
　龙小东　李国泉　杨维田（6月任）

2017年赣州市人民政府重要文件选目

表3

序号	文件名	文件号
1	关于印发《赣州市中心城区集体土地征收及房屋拆迁补偿安置办法（试行）》的通知	赣市府发〔2017〕1号
2	关于印发《赣州市电子信息产业“十三五”发展计划》的通知	赣市府发〔2017〕2号
3	关于印发《2017年40件民生实事安排意见》的通知	赣市府发〔2017〕3号
4	关于印发《赣州市“十三五”脱贫攻坚规划》的通知	赣市府发〔2017〕4号
5	关于进一步加强全市农村留守儿童关爱保护工作的实施意见	赣市府发〔2017〕5号
6	关于进一步完善乡镇国土规划建设管理体制机制的意见	赣市府发〔2017〕6号
7	赣州市“十三五”教育事业发展规划	赣市府发〔2017〕7号

续表 3

序号	文件名	文件号
8	关于印发《赣州口岸发展规划纲要（2017—2025 年）》的通知	赣市府发〔2017〕8 号
9	关于下达 2017 年赣州市国民经济和社会发展计划的通知	赣市府发〔2017〕9 号
10	关于印发《赣州市“十三五”民政事业发展规划》的通知	赣市府发〔2017〕10 号
11	关于取消和调整一批行政权力项目的决定	赣市府发〔2017〕11 号
12	关于印发赣州市市长质量奖管理办法的通知	赣市府发〔2017〕12 号
13	关于推进装配式建筑发展的实施意见	赣市府发〔2017〕13 号
14	关于支持龙南全南定南园区一体化发展的若干意见	赣市府发〔2017〕14 号
15	关于清理规范和调整行政审批中介服务事项的通知	赣市府发〔2017〕15 号
16	关于印发《赣州市“十三五”生态建设与环境保护规划》的通知	赣市府发〔2017〕16 号
17	关于印发赣州市盐业体制改革实施方案的通知	赣市府发〔2017〕17 号
18	关于印发《赣州加工贸易承接转移示范地产业发展规划（2017—2025 年）》的通知	赣市府发〔2017〕18 号
19	印发关于促进经济平稳健康发展的若干政策措施的通知	赣市府发〔2017〕20 号
20	关于贯彻国家侨务工作发展纲要（2016—2020 年）的实施意见	赣市府发〔2017〕21 号
21	关于在市场体系建设中建立公平竞争审查制度的实施意见	赣市府发〔2017〕22 号
22	关于精简和调整一批行政许可项目的决定	赣市府发〔2017〕23 号
23	关于 2016 年赣州市科学技术奖励的决定	赣市府发〔2017〕24 号
24	关于赋予瑞兴于经济振兴试验区市级经济社会管理权限的决定	赣市府发〔2017〕25 号
25	关于印发赣州市政务数据资源共享与应用管理办法的通知	赣市府发〔2017〕26 号
26	2017 年征兵命令	赣市府发〔2017〕27 号
27	关于统筹推进县域内城乡义务教育一体化改革发展的实施意见	赣市府发〔2017〕28 号
28	关于取消和调整一批行政许可事项的通知	赣市府发〔2017〕29 号
29	关于印发《赣州市“十三五”节能减排综合工作方案》的通知	赣市府发〔2017〕30 号

市政府办公厅工作

【概况】 2017 年，市政府办公厅坚持以习近平新时代中国特色社会主义思想为指引，深入贯彻中共十九大精神，紧紧围绕市委、市政府决策部署，着力在服务领导、服务基层、服务群众上下功夫，改作风、提效率、敢担当、优服务、抓落实，较好地完成全年各项工作任务。

【调查研究】 紧扣市委、市政府中心工作，坚持问题导向，有针对性地开展 14 个重点课题调研，并形成调研报告，提出一些有价值的决策咨询建议。深入一线开展 2018 年经济工作思路、全域旅游、“放管服”改革、项目落地等专题调研，总结提炼一批基层工作经验，得到市政府领导的批示肯定。

【信息服务】 编发《每日汇要》249 期、《手机专报信息》249 期、《经济分析与情况研究》13 期，为领导决策提供优质高效的信息服务。全年向国务院办公厅、省政府办公厅上报信息 1100 余条，其中国务院办公厅采用 16 条，省政府办公厅采用 84 条。

【文稿起草】 起草《政府工作报告》等综合文稿 300 多篇。协助省直有关部门起草纵深推进赣南等原中央苏区振兴发展、支持赣州建设省域副中心城市、打造“一带一路”重要节点城市等 3 个高含金量的文稿。牵头起草赣州市与深圳市、赣州市与广州市的合作框架协议。特别是针对经济下行压力加大、实体经济运行困难、行政审批慢等重点难点热点问题，研究出台关于促进经济平稳健康运行的 22 条政策措施、相对集中行政许可权改革试点方案等重要文件。

【督查督办】 围绕“六大攻坚战”、中央环保督察反馈问题整改、城乡环境整治、全国文明城市创建及领导指示批示等重点，牵头组织各类督查活动40余次，下发督办通知或督办函90余件，撰写督查专报和督查报告50余期（篇）。建立重点工作台账制度，明确每月督查重点，及时跟踪各项重点工作进展情况。抓好市委、市政府主要领导批示、交办事项的落实，每2个月梳理形成办理落实情况督查专报。

【建议提案办理】 积极协调全市政府系统各承办部门，认真办理省、市人大代表建议和政协提案，全年累计办理省、市交办的代表建议和政协提案539件。所有承办的建议提案均在规定时限内办复，交办率、办复率、满意率和基本满意率均达到100%。赣州市政府被评为2015—2017年度省政协提案办理工作先进承办单位。

【服务中心工作】 全力抓好“六大攻坚战”、精准扶贫、招商引资、文明城市创建、民生工程等各项中心工作的落实。“六大攻坚战”方面，坚持每季1次综合督查，及时发现和协调解决各地各部门在“六大攻坚战”中存在的问题。精准扶贫方面，全年研究调度定点帮扶工作16次，安排1名副主任全脱产驻村抓扶贫，筹集到位帮扶项目资金1003.97万元，直接投入和争取项目资金124.1万元，定点帮扶的龙头村生产生活条件得到明显改善。招商引资方面，引进新欧陆智能卫浴项目、汇明国际家居环保产业基地等项目5个，投资总额77亿元，实际进资15亿元，超额完成年度招商引资任务，被评为全市招商引资先进单位。文明城市创建方面，每周定期安排人员到社区开展志愿者服务活动，巩固文明城市创建成果，被评为全市“创建全国文明城市先进集体”。民生工程方面，认真履行职责，高效调度各项民生实事，省、市90件民生实事全部完成。

【办文办会】 坚持文不过夜，认真做好公文流转、审核和印发等各项工作，全年办理各类文件5000余份，审核印发文件837件，转办处理市领导批示件4000余件。推进无纸化办公，协调市工信委将赣州市数字化统一办公平台迁移至外网，分6批次对市、县四套班子办公厅（室）及市直各单位工作人员700余人进行操作培训。

全年承办市政府全体会议、党组会议等重大会议24次，市政府各类协调会、调度会、现场办公会等140余次；完成《国务院关于支持赣南等原中央苏区振兴发展的若干意见》出台实施5周年系列活动等30余次重大会议活动的服务保障工作。

【政务公开】 制定出台全市政府信息公开工作安排，主动公开政府信息392.57万条。组织35个政府部门在市政府门户网站上开展网络问政，在线帮助解决民困、化解矛盾，全年处理回复网民提问260件。组织专家、媒体对市委、市政府“一个意见、两个办法”、人才新政30条等重大政策文件进行解读和宣传报道。

【“放管服”改革】 按照市委、市政府部署要求，牵头协调、推进行政审批事项清理工作，推动相对集中行政许可权改革试点，推进网上审批系统建设。市本级仅保留行政审批事项78项，为全省最少。市行政审批局正式挂牌运行，实现“一枚印章管审批”。积极协调在全省率先推行“一窗式”审批改革、梳理公布“最多一次办结”事项清单，打造中介服务超市，创新“容缺受理”“窗口无否决权”“快递证照”等审批服务。组织开展简政放权减证减时利企便民专项活动，精简各类奇葩证明、循环证明92项；开展“新官不理旧账”问题专项清理及“放管服”督查暗访。

【应急管理】 编制《赣州市突发事件应急体系建设“十三五”规划》，认真开展市、县、乡三级应急预案编制工作，全市应急预案体系架构渐趋完善。坚持预案演练常态化，组织或协调开展水上救援、抗洪抢险、学校食品安全等应急演练68场。加强市、县两级突发事件预警信息发布平台、政府应急指挥平台建设，建立全市应急物资和大型救援设备台账并实现常态化管理，积极参与“泛珠三角”区域内9省区应急管理合作，赣州市与粤闽湘赣4省相邻的8市23个县（市、区）签订联动合作协议，应急工作水平不断提升。强化公共安全形势研判，坚持“两周一会商、每月一分析、季度一通报、半年一评估”，及时提出防范措施，有效预防突发事件发生。坚持快速反馈信息，建立紧急信息15分钟速报机制，编报《赣州应急值班信息》134期，督办省政府领导批示16条。全年协助市政府高效处置兴国县三美化工“1·24”事件、安远县“6·20”山体滑坡等较大突发事件12起，较敏感突发事件5起，死亡2人以上的一般突发事件49起。

【民族事务】 2017年，全市有少数民族成分46个，人口总数88702人，世居少数民族3个（畲、回、瑶族），畲族人口总数74762人，占少数民族人口的84%。制定印发《关于深入开展民族团结进步创建活动的通知》，开展以“进机关、进企业、进社区、进学校、进乡村和进宗教活动场所”为主要内容的民族团结进步创建活动。建立由公安、城管、民宗等部门组成的城市民族工作联动协调机制。开展城市民族工作调研，建立全市城市民族工作台账。抓好章贡区解放路社区“连心共建”活动试点，设立“解放路社区少数民族扶贫济困基金”。及时化解矛盾纠纷，配合做好少数民族流动摊贩的规范化管理，整治乱摆乱放、占道经营行为。市、县两级成立18个全额拨款事业编制的“民族宗教服务中心（站）”，其中市民宗局下属民族宗教服务中心为正科级事业单位，编制3人，县（市、区）编制人数为2—3人。南康区赤土畲族乡被国家民委评为第5批“全国民族团结进步创建示范单位”。

【宗教事务】 赣州市是江西省宗教工作重点设区市，宗教历史悠久，佛教、道教、伊斯兰教、天主教、基督教“五大宗教”齐全，宗教活动场所1545处，其中佛教场所1187处、道教场所158处、伊斯兰教场所1处、天主教场所11处、基督教场所188处。全市有信奉真君、观音、土地神等神灵的民间信仰场所708处。宗教教职人员1038名，其中佛教648名、道教160名、伊斯兰教1名、天主教6名、基督教223名；有信教群众80余万人，其中佛教信众约50万人、道教信众约20万人、伊斯兰教信众约1000人、天主教信众约2万人、基督教信众约8万人。全市宗教活动场所、信教群众数量分别占全省的21%、45%。持续抓好全国、全省宗教工作会议精神的学习宣传和《关于加强和改进新形势下宗教工作的实施意见》的贯彻落实；围绕新修订的国务院《宗教事务条例》的实施，加大宣传力度。编印宗教事务条例漫画本1万册，免费向社会各界赠阅。组织开展“宗教政策法规学习月”活动；坚持依法行政，建立权力清单，推进“双随机一公开”监管工作；做好全市宗教基础信息核改、建库及公开工作；按照上级部署，对基督教私设聚会点进行专项治理。抓好宗教活动场所规范化管理。

【服务外事侨务】 用好外事侨务资源，主动参与赣海外同乡会回乡考察等招商引资活动。严格规范外事管理，从严控制和压缩因公出国（境）人员和经费，全年审批因公出国（境）团组人员70批190人次，实现公费出国（境）只减不增。积极争取外交部在对口支援、人才交流、产业信息定制等方面的支持，启动瑞金外交史陈列馆迁建工程。深入开展为侨服务工作，牵头协调、妥善解决一批涉及生活保障、社保办理等涉侨民生问题。开展“侨法”宣传活动，积极引进侨务捐赠项目。

【队伍建设】 思想政治建设。坚持把党的政治建设摆在首要位置，深入学习贯彻习近平新时代中国特色社会主义思想和中共十九大精神，牢固树立“四个意识”，坚定“四个自信”。认真落实意识形态工作责任制，牢牢把握意识形态工作主动权。扎实推进“两学一做”学习教育常态化制度化，引导党员干部争做“四讲四有”合格党员。坚持把纪律规矩挺在前面，切实加强党风廉政建设。组织党员干部到兴国革命纪念馆等地，开展党性教育和廉政警示教育。严格落实党风廉政建设责任制，督促班子成员和各处（室）负责人履行“一岗双责”，市政府办公厅干部职工队伍中未发现违纪违法问题。

对标省政府办公厅，调整市政府办公厅内设机构，优化工作流程，提高工作效率。出台《市政府办公厅改作风提效率优服务十条承诺》。牵头抓好全市政府系统改作风提效率工作，围绕“公开承诺、担当实干、攻坚克难、兑现承诺”，开展改作风提效率每季一主题活动。组织开展全市政府系统办公室（秘书科）业务培训会，全市政府系统办公室（秘书科）工作效率得到提升。

（撰稿　梁红艳　审稿　杨雍谨　黄　法）

【领导名单】

主任：黄　法（1月任）

民宗局局长：尹林春（7月任）

市纪委驻市政府办公厅纪检组组长：陈赤熏

副主任：尹林春（任至7月）

郭　澜　温　海　王小华　王　彦　彭　钢　邱志鹏

2017年赣州市人民政府办公厅重要文件选目

表4

序号	文件名	文件号
1	关于印发《赣州市突发事件应急管理体系建设“十三五”规划》的通知	赣市府办发〔2017〕1号
2	关于印发《赣州市2017年重点工程建设投资计划》的通知	赣市府办发〔2017〕2号
3	关于做好2017年“双随机一公开”监管工作的通知	赣市府办发〔2017〕3号
4	关于印发《赣州市食品安全工作评议考核办法》的通知	赣市府办发〔2017〕4号
5	关于引进企业上市助推脱贫攻坚的指导意见	赣市府办发〔2017〕5号
6	关于印发《赣州市居民家庭经济状况核对办法》的通知	赣市府办发〔2017〕6号
7	关于印发《赣州市防汛抗旱应急预案（修订稿）》的通知	赣市府办发〔2017〕7号
8	关于印发《赣州市推进“一窗式”审批服务模式改革实施方案（试行）》的通知	赣市府办发〔2017〕8号
9	关于加快培育和发展住房租赁市场的实施意见	赣市府办发〔2017〕9号
10	关于进一步加强房地产市场调控工作的通知	赣市府办发〔2017〕10号
11	关于印发《赣州市关于加快电动汽车充电基础设施建设的实施方案》的通知	赣市府办发〔2017〕11号
12	关于对中心城区房地产市场调控任务进行分解落实的通知	赣市府办发〔2017〕12号
13	关于印发《江西省赣州市低质低效林改造规划》的通知	赣市府办发〔2017〕13号

续表 4

序号	文件名	文件号
14	关于印发《中心城区市本级政府投资和企业投资建设项目并联审实施办法》的通知	赣市府办发〔2017〕14 号
15	关于公布市本级行政监管部门随机抽查事项清单的通知	赣市府办发〔2017〕15 号
16	关于印发《赣州市属国企负责人营业考核办法》的通知	赣市府办发〔2017〕16 号
17	关于印发《赣州市定向培养赣南采茶戏表演专业学生实施办法》的通知	赣市府办发〔2017〕17 号
18	关于印发《赣州市整合规范公共资源交易平台实施方案》的通知	赣市府办发〔2017〕18 号
19	赣州高铁新区核心区项目建设实施方案	赣市府办发〔2017〕19 号
20	关于印发《赣州经济技术开发区和章贡区部分管理区域调整方案》的通知	赣市府办发〔2017〕20 号
21	关于印发赣州市“十三五”普通国省干线公路建设管理办法的通知	赣市府办发〔2017〕21 号
22	关于完善“产业扶贫信贷通”政策的通知	赣市府办发〔2017〕22 号
23	关于印发《赣州市城建全省平安电梯安全管理示范区实施方案》的通知	赣市府办发〔2017〕23 号
24	印发《关于加快赣州稀有金属交易所发展若干措施》的通知	赣市府办发〔2017〕24 号
25	关于加快发展竹产业的实施意见	赣市府办发〔2017〕25 号
26	关于印发《赣州市医疗卫生服务体系规划（2017—2020 年）》的通知	赣市府办发〔2016〕26 号
27	关于印发《赣州市普通国省道和农村公路建设三年行动计划实施方案》的通知	赣市府办发〔2017〕27 号
28	关于印发《章江国家湿地公园管理办法》的通知	赣市府办发〔2017〕28 号
29	关于转发《市发改委赣州物流业降本增效专项行动实施方案》的通知	赣市府办发〔2017〕30 号
30	关于严格执行义务教育划片免试就近入学政策的意见	赣市府办发〔2017〕31 号
31	关于印发《赣州市“十三五”卫生与健康规划》的通知	赣市府办发〔2017〕32 号
32	关于加强能源扶贫开发管理的通知	赣市府办发〔2017〕33 号
33	关于印发《赣州市综合防灾减灾规划（2016—2020 年）》的通知	赣市府办发〔2017〕34 号
34	关于印发《赣州市推行行政执法公示制度执法全过程记录制度重大执法法制审核制度试点实施方案》的通知	赣市府办发〔2017〕35 号
35	关于进一步加强环境保护工作的意见	赣市府办发〔2017〕36 号
36	关于印发《赣州市龙南龙头滩电站控制断面水达标方案（2017—2019）》的通知	赣市府办发〔2017〕37 号
37	关于推进海绵城市建设的实施意见	赣市府办发〔2017〕38 号
38	关于进一步促进我市房地产市场持续平稳健康发展的通知	赣市府办发〔2017〕39 号
39	关于印发《赣州市消防事业发展“十三五”规划》的通知	赣市府办发〔2017〕40 号
40	关于印发《赣州市地方政府性债务风险应急处置预案》的通知	赣市府办发〔2017〕41 号
41	关于印发《赣州市人民政府行政应诉工作规则》的通知	赣市府办发〔2017〕42 号
42	关于印发《赣州市“十三五”能源发展规划》的通知	赣市府办发〔2017〕43 号
43	关于印发《赣州市城市公立医院综合改革实施方案》的通知	赣市府办发〔2017〕44 号
44	关于印发《赣州市“十三五”期间综合性应急救援队伍建设意见》的通知	赣市府办发〔2017〕45 号
45	关于印发《赣州市“十三五”现代农业发展规划》的通知	赣市府办发〔2017〕46 号
46	关于印发《赣州市人民政府“十三五”商标品牌战备实施意见》的通知	赣市府办发〔2017〕47 号
47	关于印发《赣州市进一步完善公立医院药品集中采购制度实施办法》的通知	赣市府办发〔2017〕48 号

续表 4

序号	文件名	文件号
48	关于印发《赣州市私人小客车合乘出行管理规定》的通知	赣市府办发〔2017〕49 号
49	关于印发《赣州市网络预约出租车经营服务管理实施细则（试行）》的通知	赣市府办发〔2017〕50 号
50	关于印发《赣州市自然灾害救助应急预案》（修订稿）的通知	赣市府办发〔2017〕51 号
51	关于印发《赣州市公立医院综合改革医疗服务价格调整实施方案（试行）》的通知	赣市府办发〔2017〕52 号
52	关于印发《赣州市重大工业项目投资引导资金管理办法》的通知	赣市府办发〔2017〕53 号
53	关于印发《赣州市山水林田湖生态保护中心主要职责内设机构和人员编制规定》的通知	赣市府办发〔2017〕54 号
54	关于印发《赣州港管理处主要职责内设机构和人员编制规定》的通知	赣市府办发〔2017〕55 号
55	关于进一步加强森林防火工作的意见	赣市府办发〔2017〕56 号
56	关于进一步加强基层民政能力建设的实施意见	赣市府办发〔2017〕57 号
57	关于印发《赣州市森林防火重点管理乡（镇）实施办法》的通知	赣市府办发〔2017〕58 号
58	关于印发《赣州市“十三五”科技创新规划》的通知	赣市府办发〔2017〕59 号
59	关于加快推进教育信息化工作的实施意见	赣市府办发〔2017〕60 号
60	关于加快推进畜禽养殖废弃物处理和资源化利用的实施意见	赣市府办发〔2017〕61 号
61	关于进一步加强水土保持工作的意见	赣市府办发〔2017〕62 号
62	关于深入推行科技特派员制度大力实施科技扶贫行动的实施方案	赣市府办发〔2017〕63 号
63	关于印发《赣州市“十三五”结核病防治实施方案》的通知	赣市府办发〔2017〕64 号
64	关于加快休闲农业发展的实施意见	赣市府办发〔2017〕65 号
65	关于印发《赣州市饮用水水源突发环境事件应急预案》的通知	赣市府办发〔2017〕66 号
66	关于支持个体工商户转型升级为企业的意见	赣市府办发〔2017〕67 号
67	赣州市市级公立医院薪酬制度改革实施方案	赣市府办发〔2017〕68 号
68	关于印发《赣州市开放型经济发展规划纲要（2017—2025 年）》的通知	赣市府办发〔2017〕69 号
69	关于印发《赣州市空间规划工作的实施方案》的通知	赣市府办发〔2017〕70 号
70	关于印发《赣州市新能源汽车及配套产业布局指导意见》的通知	赣市府办发〔2017〕71 号
71	关于印发《赣州市行政审批局（市政务服务中心）主要职责内设机构和人员编制规定》的通知	赣市府办发〔2017〕72 号
72	关于印发《赣州市公安机关警务辅助人员管理办法》的通知	赣市府办发〔2017〕73 号
73	关于做好 2018 年蔬菜产业发展工作的意见	赣市府办发〔2017〕74 号

行政审批管理

【概况】 2017 年，赣州市行政审批局（市政务服务中心）围绕“打造全省乃至全国审批程序最少、办事效率最高、服务质量最好的发展环境”目标，坚持市、县两级联动、以上率下，深入推进重点领域和关键环节改革，推动审批流程再造、服务再升级，全市政务服务环境进一步优化，经济发展内生动力进一步增强。全年中心受理各类行政审批、公共服务事项 179367 件，办结 179188 件，办结率 99.9%。

【“一窗式”综合受理】 按照“前台综合窗口统一受理，后台责任部门分类审批，限时办结前台统一出件”的工作路径，将以前一个部门一个前台的“摆摊设窗”受理模式改革为“一个窗口”对外的服务模式，缓解窗口办事忙闲不均、群众排长队问题，加强对事项办理时限的监控，解决部分事项事后补录、电子监察无法实时监督的问题，降低行政成本，原来需 80 多人的前台，改革后只需 30 人就可完成各部门的事项受理工作。

【分批落实“最多一次办结”制度】依托江西政务服务网，开发建设网上办事大厅、微信办事大厅和掌上审批平台，6月，市本级网上办事大厅开始试运行。对市、县两级行政审批事项和公共服务事项进行全面梳理，按照成熟一批、公布一批的原则，2017年10月、12月分批公布清单，市本级32个单位梳理186项，其中“不用跑”事项80项，“跑一次”事项106项。各县（市、区）共梳理第一批“最多一次办结”事项6000余项。

【市行政审批局挂牌运行】12月28日，赣州市行政审批局（市政务服务中心）挂牌并率先全省设区市正式运行。24个部门的116个事项，6个部门的18个县（市、区）分级管理事项的市级审批权划转到市行政审批局，9个部门的49个公共服务事项委托市行政审批局办理。按照“人随事走、编随人转、择优选调”的原则，对部门从事行政审批工作的人员，划转至市行政审批局，与改革前相比，原有审批人员125人，改革后仅保留1/4。通过整合各方资源，将原来分散的审批主体集中到1个审批主体，以更少的人，干更快的事，实现“一枚印章管审批、一个窗口接办件、一把尺子管全程”。

【中介服务超市】4月，市本级“中介服务超市”正式运行，截至12月底，入驻中介服务机构445家，完成项目342宗。9月，实现市、县联网共库，各县（市、区）“行政审批中介服务超市”逐步运行。推进涉审中介服务从“场外分散交易”变为“场内集中交易”，实现对中介机构服务收费、服务时限“双下降”。

【并联审批机制改革】推行“串改并”，即从年度项目计划下发开始，到规划部门出具规划设计条件，再进行可行性研究报告、初步设计、施工图设计、工程预算评审、施工招投标；推行“前放后”，即在项目关键线路审批和报建工作办理过程中，涉及的非关键线路相关报建及批复工作与主线路报建及审批同步进行，所涉非关键线路相关报建及批复工作在开工前办理完成；推行“中介纳并联”，即将设计、咨询等涉及中介机构服务的可研编制、环评编制、造价咨询、招标代理、图审等事项列入并联审批流程，对服务时限进行约定，明确违约责任，实行执业信用管理。改革后，市本级工程建设类项目完成招投标项目数增长11.24%。

【施行“容缺受理”】制定《赣州市行政服务中心“容缺受理”管理办法》，对需要的基本条件及主要申报材料齐全，但次要条件或手续有欠缺或瑕疵的事项，可先予“容缺受理”，并转各审批部门进行实质审查，办事群众在承诺时限内补齐容缺材料，审批部门予以办结发证。

【简政放权】组织开展“简政放权减证减时利企便民专项活动”，对市、县两级行政审批和公共服务事项进行全面梳理，对所办理的行政审批事项进行“回头看”，公共服务事项需提供的证明、盖章类材料大幅精减。市本级20个部门自我精减前置类要件118项。9月，再次启动新一轮简政放权，市本级行政审批事项减至78项，为全省设区市最少。在“赣州政务服务”微信公众号中开辟“我办事、我参与、我评价”评价专栏，创新群众参与和评价机制。

【规范公共资源交易平台】市级公共资源交易管理机构设置调整到位，平台整合设置基本到位，市土地交易管理中心、矿业权交易管理中心整建制进驻市公共资源交易中心。全年，受理各类交易项目905项，成交总金额304.5亿元，增长167.72%；为政府或业主增收节支13.79亿元，增长95.46%。

（撰稿　周　为　邱芳梅　审稿　肖　平）

【领导名单】

党组书记、主任：廖永平

党组成员、副主任：肖　平

　戴晓明（1月任）　袁犬嵘

党组成员、公共资源交易中心主任：

　邱荣华（4月任）

副调研员：邱荣华（任至4月）

　严志春（5月任）

政策发展研究

【参与市政府重要文稿起草】赣州市政府发展研究中心作为市政府重要文稿起草组成员单位，2017年，参与起草《政府工作报告》等市政府综合性文稿10多个。按照市领导要求，呈报《赣州建设省域副中心城市需争取省级层面支持事项的建议》，参与《发展高铁经济的调研与思考》《关于合理划分中心城区事权与财权的调研报告》的修改。

【课题研究】围绕市委、市政府的中心工作，着眼打好“六大攻坚战”，研究制定《关于开展2017年度经济社会发展重大课题研究工作的报告》呈报市政府。制定出台《市政府发展研究中心决策咨询研究课题管理办法（试行）》，将课题研究工作纳入规范化制度化轨道。通过市领导点题、专家出题等方式，选定“赣州推进特色小镇建设研究”“赣州推进山水林田湖生态保护与修护工程建设研究”“赣州建设区块链城市研究”“推进健康赣州建设研究”“推进赣州区域金融中心建设研究”等重大研究课题，所选课题全部完成并形成正式调研报告。

【专题调研】制定出台《进一步加强和改进调查研究工作的意见》。围绕市委、市政府的重大决策、中心工作，以及一些重点、热点、难点问题开展调查研究，为市委、市政府科学决策提供重要依据。撰写各类调研报告8篇，获领导批示5篇。《务必高度重视的经济新形态——分享经济》《区块链是个啥东西》2篇专题调研获市委主要领导批示，印发各地各部门参阅；《落实新理念培育新动能推动赣州发展的追赶与跨越——赣州加快培育新动能的思考与建议》获市委主要领导批示；《关于2017年全市重点工作推进情况及2018年经济社会发展思路的调研报告》获市政府主要领导批示；《成都市“街区制”探索的主要做法与启示》获市委副书记王林云、市人大常委会主任陈晓春批示。

【扶村联企工作】 挂点联系于都县银坑镇年丰村，结合该村实际情况，针对性采取帮扶措施。发展富民产业，引进山东鲁盛农业科技有限公司投资建设千亩蔬菜产业基地，引导当地农户积极加入蔬菜产业协会，积极发展蔬菜产业，完成土地流转38公顷。协调争取各类帮扶资金309.6万元，其中单位直接投入资金4万元，完善年丰村交通、水利、教育、公共服务等基础设施。全面开展精准扶贫再识别、再评议、再公示工作，确定年丰村建档立卡贫困户103户，其中未脱贫贫困户54户，单位科级以上干部结对帮扶贫困户28户，因户施策制定针对性的帮扶措施。开展环境整治和乡风文明建设，推进农村生活垃圾专项治理和“空心房”拆除，指导制定和完善村规民约。

挂点信丰县工业园开展精准帮扶企业工作，联系信丰中鼎新型建材有限公司、信丰一造电子科技有限公司和信丰县弘业电子有限公司等3家企业。采取分类精准帮扶，对不同企业采取不同的帮扶策略，根据实际需要有针对性地召开现场协调会、专题调度会，帮助所联系企业增产增效、发展壮大。3家企业反映的9个问题全部得到解决，达到降成本、优环境、稳增长的效果。

【智库建设】 依托市属（驻市）高校，结合苏区振兴发展智库建设，牵头组建“赣南苏区人才发展合作研究院”，全力打造具有区域特色的人才研究平台和政策智库，为赣南苏区振兴发展提供智力支持和人才保障。加强与国务院发展研究中心、省政府研究室的对接汇报，争取国家、省级高端智库为赣州经济社会发展一些长期性、战略性问题提供意见建议，并为赣州市在柔性引进高端人才方面牵线搭桥、提供帮助。以课题研究为纽带，加强与“赣南等原中央苏区振兴发展软科学研究基地”等市域智库平台的联系合作。创办刊物《发展与研究》，编发24期。

（撰稿　吴春平　审稿　杨　冰）

【领导名单】

党组书记、主任：廖志平

党组成员、副主任：温明海（4月任）

朱国清（7月任）

赣南苏区振兴发展工作（赣州市执行西部大开发政策工作）

【概况】 2017年是《国务院关于支持赣南等原中央苏区振兴发展的若干意见》出台实施的第5年，全市上下紧紧围绕“解放思想、内外兼修、北上南下”的实践路径，深化工作思路，狠抓政策落实，积极助推打好“六大攻坚战”，赣南苏区振兴发展取得新成效。

赣南苏区振兴发展工作办公室为市委、市政府直属正处级全额拨款事业单位（参照公务员法管理），内设有综合处、规划指导处、政策研究室和执行西部大开发政策处4个职能处（室），人员编制29名，在编在岗人员20名。

【《若干意见》出台5周年系列活动】 精心组织推动《若干意见》实施5周年系列活动。牵头起草《赣南苏区振兴发展五周年工作报告》，协助省委、省政府起草向中共中央、国务院呈报的《赣南等原中央苏区振兴发展五周年工作报告》，得到中共中央总书记习近平、国务院总理李克强等中央领导的重要批示，极大提升苏区振兴战略影响力。配合有关部门组织召开全省深入推进赣南等原中央苏区振兴发展工作会议、支持赣南等原中央苏区振兴发展工作座谈会议等，举办一系列影响大、反响热烈的总结评估、宣传教育、展览展示等活动，获得各级各界对赣南苏区振兴发展的高度评价。牵头组织各级各部门开展大范围、深层次的主题调研活动，摸清振兴发展中的主要短板和薄弱环节，研究提出贯彻落实意见，为争取国家出台进一步支持赣南苏区振兴发展的政策意见奠定坚实基础。

【牵头“北上对接”】 围绕市委“北上南下”的战略，坚持把“北上”对接作为主抓手，牵头开展“北上”集中对接汇报和“北上争资争项”百日会战活动，协调建立北上争资争项工作定期通报机制，激发全市各级各部门“北上对接”的积极性和主动性，推动2017年成为《若干意见》出台以来“北上对接”最密集、上级领导到赣州市调研指导最多、北上争资争项成效最明显的一年。《若干意见》45条政策意见涉及赣州市的236个支持事项中，落实226个，占95.8%。上级资金扶持力度加大。全市争取上级各类补助资金530亿元，增长11%；争取获批上级批准实施项目391个，并获得中央、省支持资金36.26亿元，中央预算内投资27.49亿元。牵头召开2017“振兴赣南苏区”赣州（北京）产业合作推介。

【助力“六大攻坚战”】 围绕“六大攻坚战”决策部署，依托和发挥牵头的部际联席会、省苏区振兴发展领导小组会、省支持赣南苏区振兴发展工作推进会等议事机制作用，聚焦“六大攻坚战”，推动研究解决一批重大问题。争取召开的省苏区振兴发展领导小组第六次会议和2017年省支持推进会，研究解决25个涉及赣州市的一批重大事项。其中涉及“六大攻坚战”事项21个。国家发改委召开的部际联席会第五次会议，涉及赣州市“六大攻坚战”研究事项12个。发挥《若干意见》政策效应，推动相关部门积极争取对“六大攻坚战”各类政策支持，取得重要成果。

【深化对口支援】 协调各级各有关部门加强对口联系和汇报，争取国家部委更大力度支援。争取14个国家部委新出台对口支援支持文件，累计出台支持文件93个。加强工作调度，推动召开全市对口支援工作调度会2次。全市落实县级层面对口支援项目274个、资金36.12亿元、先行先试政策50项，开展专业人才技术培训1.1万人次。积极抓好“援县促市”，推动实施“援县促市”事项396个。认真落实市委市政府主要领导指示精神，先后2次组织挂职干部赴京对接了解国家层面拟出台重大政策情况，形成专题报告供市委、市政府决策参考。全年有31个国家部委对口支援单位的50名副职以上领导到赣州市调研指导，其中有国土资源部、民政部、交通运输部、供销总社、国务院国资委、国家民航局等6名主要领导到赣州市调研。国家能源局、国台办、公安部等15个部委出台年度支援帮扶文件或召开工作会议。18所对口高校及科研机构领导到受援地调研，江西财经大学、南昌理工学院、赣南师范大学、江西师范大学、南昌工学院、省林科院、南昌师范学院、华东交通大学、南昌工程学院、江西农业大学、新余学院、江西理工大学、江西科技师范学院等13所对口高校及科研机构出台年度支援帮扶文件或召开工作会议。

【推进试点示范】 充分用好《若干意见》赋予的先行先试权，争取对口支援国家部委在受援地指导开展一批改革试点，主动承接争取国家、省级布局的改革试点。2017年，实施省级以上试点示范120项（国家级85项、省级35项），完成37项，全面实施或抓紧前期工作83项。建立市直单位与承接地之间的联系沟通工作机制，形成试点部门层层抓落实的责任分工链条。年内，15项试点在全国或全省专项会议上作经验介绍，11项试点示范全国或全省现场会议在赣州市召开，12项试点在省级以上媒体、期刊或文件刊登经验推广文章。

【推进“瑞兴于经济振兴试验区”建设】 贯彻落实市委、市政府“加快‘瑞兴于试验区’建设破题运作”的指示要求，攻坚克难，全力推进试验区项目化、实体化。推动建立由省发改委（苏区办）牵头的试验区建设议事协调机制，推动市政府召开2次试验区建设领导小组会，专题研究协调解决有关事项，以市委、市政府或领导小组名义出台实施意见、工作方案、支持政策、对口支援方案以及下放市级经济社会管理权限等政策措施，形成“1+N”政策支持体系。全面启动试验区产业发展总体规划工作。推动瑞金经济技术开发区整合兴国经济技术开发区和于都、宁都、石城工业园区实施“一区五园”管理模式。成功举办瑞兴于“3+2”经济振兴试验区（厦门）产业合作推介会。实施试验区重大项目3年滚动计划，瑞兴于快速交通走廊正式开工。

6月28日，省委、省政府在赣州市召开全省深入推进赣南等原中央苏区振兴发展工作会议

【督促检查】 坚持抓好《若干意见》涉及重大事项每月日常调度、每季综合调度，随时掌握工作情况。4月、7月、12月，分别在各县（市、区）、市直有关单位进行督查调研，其中8月印发《关于2017年以来全市北上争资争项工作督查调研情况的通报》。跟踪《若干意见》各项政策落实况，对部际联席会议、省赣南等原中央苏区振兴发展工作领导小组会、省支持赣南苏区振兴发展工作推进会研究协调事项落实情况，以及《若干意见》尚未落实事项推进情况等重点工作进行督查。

【重要文稿】 代拟《中共赣州市委办公厅赣州市人民政府办公厅关于印发〈赣南苏区振兴发展2017年工作要点〉的通知》《中共赣州市委办公厅赣州市人民政府办公厅关于印发〈2017年度“北上”争资争项工作专项考评办法〉的通知》《中共赣州市委赣州市人民政府关于纵深推进赣南苏区振兴发展实现与全国同步全面小康的实施意见》《中共赣州市委办公厅赣州市人民政府办公厅关于印发纪念〈若干意见〉出台实施五周年系列活动组织工作方案的通知》《赣州市人民政府办公厅印发〈关于加快推进瑞兴于经济振兴试验区建设的工作方案〉的通知》《中共赣州市委赣州市人民政府关于支持瑞兴于经济振兴试验区建设若干政策的意见》《赣州市人民政府关于赋予瑞兴于经济振兴试验区市级经济社会管理权限的决定》等文稿；起草《赣南苏区振兴发展五周年情况报告》《赣南苏区振兴发展2017年工作要点及责任分工》《中央国家机关及有关单位对口支援赣州2013—2017年情况报告》《赣州市执行西部大开发政策落实情况报告》《赣州市提请支持赣南等原中央苏区振兴发展部际联席会议第五次会议协调解决事项》《赣州市拟提请省支持赣南

苏区振兴发展工作推进会协调解决事项》等文稿。

【重要会议】 2月6日，召开省赣南等原中央苏区振兴发展工作领导小组第六次会议，会议研究协调涉及赣州市的9个重大事项。3月24日，召开全市对口支援工作座谈会。4月17日，召开瑞兴于经济振兴试验区建设领导小组召开第一次会议。6月28日，《若干意见》出台实施5周年，省委、省政府在赣州召开"全省深入推进赣南等原中央苏区振兴发展工作会议和支持赣南等原中央苏区振兴发展工作座谈会"。9月13日，市委全面深化改革领导小组召开第十五次全体（扩大）会议，研究部署瑞兴于经济振兴试验区建设工作，会议审议并原则通过《关于赋予瑞兴于经济振兴试验区市级经济社会管理权限的决定》《关于支持瑞兴于经济振兴试验区建设的若干政策意见》等改革性文件。10月16日，瑞兴于经济振兴试验区建设领导小组召开第二次会议。12月5日，2017年省支持赣南苏区振兴发展工作推进会在赣州市召开。赣州市汇报赣南苏区振兴发展工作情况，省发改委就赣州市提请协调解决的重大事项进行答复。省委组织部、省发改委等15个省直部门负责人发言，会议研究赣州市提请协调解决的16个重大事项。

（撰稿 谢 敏 审稿 刘卫红）

【领导名单】

主任：薛 强（副厅级）

副主任：黄 斌（任至4月）

缪小征 刘卫红（女） 陈贵周

人力资源和社会保障

【概况】 2017年，赣州市人力资源和社会保障局坚持"民生为本，人才优先"工作主线，紧紧围绕全市工作大局，切实改作风、提效率，凝心聚力，扎实工作，圆满完成全年各项工作任务。在服务脱贫攻坚中形成独具特色的"两精准、五送到、一扩大"就业扶贫工作模式，全国、全省就业扶贫经验交流现场会在赣州市召开。人力资源和社会保障部、省人力资源和社会保障厅对赣州市的就业扶贫的模式给予充分肯定和高度评价。打造健康扶贫"四道医疗保障线"赣州样板，有效解决因病致贫、因病返贫的问题，其经验在全省推广，全省医疗保险工作座谈会在赣州市召开。振兴发展取得重大突破，人力资源和社会保障部2名副部长、17名司局领导密集到赣州市视察指导工作，中央、省转移支付社保和就业专项资金81.5亿元，比2016年净增13亿元。人力资源和社会保障部、省人力资源和社会保障厅专门出台对口支援帮扶文件。8月，宁都技工学校1期工程完工并投入使用。2017年，市人力资源和社会保障局获创建文明城市工作先进集体、2013—2016年度全市社会治安综合治理工作先进集体、在全省2016年科学发展综合考评中成绩突出的市直单位、全省实施妇女儿童发展纲要先进集体等。市劳动监察局被人力资源和社会保障部、国家工商总局评为2017年全国清理整顿人力资源市场秩序专项行动成绩突出单位。

市人力资源和社会保障局（市医疗保障管理局）机关内设19个正科级职能科（室），分别为办公室、信访科、综合业务科（法制科、行政审批服务科）、公务员管理科（赣州市绩效管理工作办公室）、就业促进和失业保险科（民工服务指导科）、军官转业安置科（赣州市人民政府军队转业干部安置工作小组办公室）、职业能力建设科、专业技术人员管理科、事业单位人事管理科、劳动关系科（调解仲裁管理科）、人力资源市场科、工资福利科、基金监督科、养老保险科、外国专家管理科（赣州市外国专家管理局）、医疗服务价格管理科、药品（耗材）采购管理科、医疗生育工伤保险科、人事科（离退休干部科）。另设机关党委，负责机关和直属单位的党群工作。管理7个副处级以上事业单位，其中赣州技师学院为正处级事业单位，市劳动就业服务管理局、市社会保险事业管理局、市医疗保障基金管理中心（市医疗保险事业管理局）、市农村社会养老保险局、市人才交流中心（市人才市场）、市劳动监察局为副处级事业单位。直属科级事业单位9个，其中直属正科级全额拨款事业单位7个，分别为市人力资源和社会保障信息中心（市社会保障卡管理服务中心）、市人力资源和社会保障培训中心、市人事考试中心、市专家服务中心、市自主择业军官管理服务中心、市民工工资保障服务中心、市劳动人事争议仲裁院。直属正科级自收自支事业单位2个，分别为市职业技能鉴定指导中心和市劳动培训中心。

【城乡就业创业】 2017年，全市

11月9日—10日，人力资源和社会保障部、国务院扶贫办在江西省赣州市举办全国就业扶贫经验交流现场会

城镇新增就业7.49万人，完成年度任务的122.79%；新增转移农村劳动力11.14万人，完成年度任务的116.2%；“零就业”家庭安置率100%；城镇登记失业率控制在3.04%以内。就业创业工作在全省人力资源和社会保障工作会议上作经验交流。重点群体就业。以农村转移就业劳动力、就业困难人员、高校毕业生为重点服务对象，举办“春风行动”“就业援助月”“民营企业招聘周”“就业扶贫专场招聘会”等招聘活动。全市举办系列招聘会214场，参加招聘企业3703家，提供岗位22.52万个，参加招聘会人数51万人次，达成就业意向9.45万人。积极发挥失业保险支持企业稳岗的保障作用，为97家企业3.8万人发放946万元稳岗补贴。就业创业培训。培训能力和效果不断提升，全市组织开展园区用工（定向）培训4.19万人、创业培训2.02万人（其中电商培训1.44万人）、其他就业技能培训1.52万人，劳动者素质得到提升，培训与用工对接机制进一步深化。打造地方特色培训品牌。以育婴师或月嫂等精品项目培训为主体，拓展养老护理或保健按摩等职业项目，打造以“章贡月嫂”“兴国表嫂”“定南好大嫂”等为代表的家庭服务“1+N”培训模式。定期组织开展定点培训机构认定工作，全市认定并在省厅备案的定点培训机构306家，2017年新增就业创业培训定点机构67家。逐步完善政府购买培训成果服务体系，在全省率先探索建立政府购买服务和政府采购培训项目招投标机制，实行公办民办培训机构同等待遇，激发市场活力，推动18个县（市、区）开展政府购买服务项目培训2.3万人。创业带动就业。把就业困难人员、返乡农民工和贫困户作为创业担保贷款重点扶持对象，发挥创业担保贷款政策作用。新增发放创业担保贷款21.59亿元，扶持带动9.26万人就业。建设创业孵化基地等创业平台，建成创业孵化基地33个，入驻创业实体2119家，辐射带动就业2.22万人。实施大学生创业引领计划，全市共引领大学生创业904人，带动就业3897人。

【社保体系建设】 养老、医疗、失业、工伤、生育保险参保达1592.77万人次；社会保险基金筹集总额达222.42亿元，比上年增加47.53亿元，增长27%。加大扩面征缴力度。全面启动全民参保登记工作，开展全民参保登记集中宣传日活动和入户调查工作。通过电视网络媒体、户外展示活动及进园区下企业活动等多形式宣传社会保险法律法规。推进“助保贷款”工作，累计为1148名中断缴费人员办理助保贷款。在于都县等4个县区开展提高城居保最低缴费档次试点工作，最低缴费标准从100元提高到300元。社会保险制度改革深入推进。稳步推进机关事业单位养老保险工作，对公益一类、二类原差额拨款、自收自支事业单位参保缴费等事项进行明确，23.87万名机关事业单位工作人员纳入社会养老保险。全面完成城乡居民基本医疗保险制度整合，完成全市城乡居民医疗保险信息系统升级改造和上线运行，农村居民726万张医保卡于9月底全面完成制作和发放。顺利实现跨省异地就医直接结算，赣州市成为全省较早实现异地就医双向互通刷卡的地市。全年实现跨省异地就医刷卡882人次，结算医疗费用总额2553万元。结合赣州市实际出台并完善被征地农民参加养老保险政策，全市被征地农民参加城镇职工基本养老保险人数达21.51万人，财政补贴达19.18亿元。提高社会保障水平。按时足额发放退休人员养老金，全年累计发放养老金105.5亿元。退休人员待遇实现13年连涨，企业退休人员人均月养老金上调138元，机关事业单位退休人员人均月养老金上调184元。提高城镇职工医保2次补偿待遇。城镇职工基本医疗保险住院2次补偿起付标准，由原来的5000元降至2000元，门诊特殊慢性病和特殊检查费用2次补偿起付标准由原来2000元降至1000元。城镇职工基本医疗保险住院和门诊特殊慢性病、特殊检查费用2次补偿报销比例由原来的50%提高到80%。全年仅市本级受理上年度2次补偿达到7965人，补偿金额达2698万元。扩大城镇职工基本医疗保险门诊特殊慢性病范围。门诊慢性病由原来的20种增加到30种。城乡居民大病保险最高报销额度由15万元提高至25万元。提升经办服务水平。推进城乡居民基本养老保险村级金融便民服务点全覆盖，建设行政村便民服务点3569个，POS机布设达4025个，基本实现城乡居民参保缴费、待遇领取、信息查询“三个不出村”。实现城居保费代扣代缴，在便民服务点行政村全覆盖和社保卡人人有的基础上，全面开展城乡居民养老保险保费代扣代缴，代扣成功率达90%。探索社保待遇领取资格认证新机制。启用人脸识别系统，足不出户即可完成每年1次的资格认证，方便群众办事。提升社保经办信息化水平。各县（市、区）均按标准设立独立的社会保障卡服务窗口，全市新增制卡45万张、累计制卡超500万张，发放到位率达到93.52%，超额完成省厅目标任务。印发《赣州市社会保险“多险合一”信息系统上线工作实施意见》，扎实推进“多险合一”信息系统上线工作。

【人事制度改革】 公务员队伍建设扎实有序。推进公务员考录面试考官异地交流制度，公务员考录程序更加公平规范，2017年全市考录公务员659名，市直单位公开遴选公务员71人。过程管理与日常考核相结合，顺利实施2017年度绩效考评工作。组织2期新录用公务员初任培训班，培训新录用公务员417人。事业单位人事管理规范运行。深化艰苦边远地区事业单位公开招聘制度改革，各县（市、区）事业单位公开招聘采取计划单列、单独实施。全市3901人通过公开招聘进入事业单位。市直事业单位开设招聘硕士毕业以上学历人才“绿色通道”，招聘各类人才515名。岗位聘用、岗位设置工作更加科学合理，为全市事业单位工作人员办理3547人次的岗位聘用核准手续。深入推进职称制度改革，起草《赣州市关于深化职称制度改革的实施办法（试行）》，扎实推进卫生高级和中小学教师职称评审制度改革。军转安置和人事考试等工作协调推进。采取公开选岗的方式，完成军转干部的安置任务，实现部队、安置单位和军转干部本人“三满意”，省人力资源和社会保障厅印发通报对赣州市的军转安置经验做法给予充分肯定和高度评价。积极开展企业军转干部解困维稳工作，印发《赣州市企业军转干部医疗专项救助暂行办法》，完善企业军转干部补助发放方式，企业军转干部保持稳定。完善人事考试规程，组织各类人事考试50项，参加考试人数达10.7万余人次，严厉查处高科技考试作弊行为，各项人事考试安全平稳。

【人才队伍建设】 落实“人才新政”。开展人力资源调查摸底，会同市委组织部印发《关于开展全市人才资源调查摸底的通知》，对全市人才资源情况进行摸底调查，至年底，全市符合调查摸底对象条件的人才31161人；开展“人才新政”宣传推介，先后在上海市、南昌市、赣州市等5地高校举行7场“人才新政”和招聘岗位宣传推介会，推介4000个企事业紧缺岗位招聘各层次人才；制定相关配套文件，印发《赣州市引进海外高层次人才实施意见》《赣州市事业单位引进高层次人才、急需短缺人才直接考核聘用实施办法（试行）》《赣州市鼓励支持事业单位科研人员离岗创新创业实施办法（试行）》等系列配套文件。引才育才工作。先后举办“2017年夏季大中专毕业生供需见面双向选择大会”“龙南经济技术开发区专场招聘会”等5场大规模招聘会，提供岗位1.6万余个，达成意向2800多个。组织重点企业赴清华大学、北京大学等北京高校参加毕业生招聘会，有初步意向者7人。认真做好“百千万人才工程”人选、江西省高层次人才的选拔推荐工作，5人入选省级“百千万人才工程”。招募“三支一扶”大学生370名。选拔并组队参加世界技能竞赛全国选拔赛，5名选手入围国家集训队，家具制作项目获全国选拔赛第二名。选拔并组队参加“中国大能手”竞技，2次刷新全省历史最好成绩。承办世界技能大赛家具制作项目“3进2”选拔赛。引进国外人才智力。组织全市30多家用人单位赴深圳市参加第16届深圳国际人才交流大会。征集发布全市企事业单位2017年引进高层次人才岗位需求目录，收集发布24个引进博士生的岗位需求和159个引进硕士生的岗位需求。完成赣州市海外高层次人才需求的调查摸底，形成赣州市海外高层次人才需求目录，共收集18家企事业单位的海外高层次人才需求130人。印发《关于收集赣州籍海外高层次人才信息的通知》，建立各县（市、区）国内外博士生和高端人才交流群。积极向上推荐赣州市引进国外高端人才工作成绩突出的单位，赣州经济技术开发区孚能科技有限公司被评为海外高端人才回国创业示范基地。协调加拿大滑铁卢大学基因组专家刘中大教授到章贡区开展生物科技项目对接并签约。人才平台建设。举办“第37批中国博士后科技服务团（江西赣州行）”活动，来自全国著名高校博士后科研工作站的15名博士后与市内11家重点工业企业就14个重大项目进行对接，14名博士后与10家企业达成初步合作意向，签订合作协议项目5个。加强对设立博士后科研工作站的企事业单位的指导和服务，帮助工作站招收博士后研究人员并开展项目课题科研。积极支持和帮助企事业单位申请设立博士后创新实践基地，有2家公司被省厅批准设立博士后创新实践基地。赣州技师学院迁建工程进展顺利。赣州综合型公共实训基地列入首批国家级公共实训基地项目，新增世界技能大赛集训地1家，省级高技能人才培养基地1家，省级技能大师工作室1个。

【完善工资收入分配制度】 稳妥推进市属企业负责人薪酬制度改革，省市统一的薪酬制度改革路径基本确立。全面完成全市员额内法官、检察官工资制度改革工作，涉及全市员额内法官533人次，检察官385人次。配合医改出台《赣州市市级公立医院薪酬制度改革实施方案》以及市级公立医院职工工资总额管理办法、总会计师年薪制管理办法、院长年薪制管理办法，公立医院医务人员的薪酬向高层次人才、临床一线、向艰苦岗位、向高风险岗位倾斜。严格落实工资福利政策，会同市财政局、市审计局对市委巡察组巡察发现的津补贴、绩效工资发放问题进行专项整治，共清退违规发放的津补贴和绩效工资759.81万元。

【和谐劳动关系构建】 拖欠农民工工资专项治理。推进农民工工资实名制监管信息化，制定并落实农民工工资实名制实施方案和操作办法。全市新建工程项目中有608个开通实名制监管信息系统，在银行开立农民工工资预存发放专户660个，预存农民工工资2.72亿元，通过监管系统为15359名农民工发放工资1.44亿元。赣州市的做法在全省年中务虚会上作典型发言。落实属地与部门责任制，印发《关于进一步落实治理拖欠农民工工资问题主体责任的通知》，形成“属地管理、分级负责、谁主管谁负责”责任机制。完善农民工工资保证金制度，全市共结存农民工工资保证金9.8亿元，动用1115万元民工工资保证金，帮助2249名农民工解决工资问题。建立欠薪应急周转金制度，全市共落实应急周转金2450万元，动用应急周转金40万元帮助40名农民工解决生活困难。劳动保障监察执法。组织开展整治工程项目建设招标投标严厉打击违法行为专项活动、拖欠农民工工资问题专项整治活动及清理整顿人力资源市场秩序专项行动等。认真处理农民工工资拖欠举报投诉案件，全年全市处理拖欠工资案件1393件，为10027人追回工资待遇1.12亿元，总案件数下降13.37%，拖欠工资待遇涉及人数下降45.37%，拖欠工资待遇涉及金额下降67.27%，实现案件总数、涉案人数、涉案金额“三个总体下降”。劳动争议调解仲裁。印发《关于进一步加强专业性劳动人事争议调解平台建设的通知》，市本级成立劳资纠纷和劳动人事争议调解中心，下设行政复议、工伤、劳动人事争议、劳动监察等4个专业调解室，调处争议案件15件。县、乡镇（街道）两级建立劳动人事争议调解中心，劳动人事争议调解成功率达67.79%，劳动人事争议仲裁结案率达98.84%。

【机关建设】 党风廉政建设。印发《2017年党风廉政建设工作要点》，将工作任务分解到具体责任领导和责任科室，层层抓落实。切实履行党风廉政建设"一岗双责"，局主要领导与其他班子成员、科室负责人层层签订"党风廉政建设主体责任书"。在全系统开展党风廉政建设层层约谈工作，下发"履责提醒函"。

依法行政。全面推进法治人社建设，在全省法治人社建设工作座谈会上就制度建设工作作典型发言。市人力资源和社会保障局被省法宣办评为全省法宣工作先进单位。规范性文件清理，继续有效的规范性文件（含重要政策性文件）67件。全面推行行政执法"双随机一公开"，稳步推进行政执法公示、执法全过程记录和重大执法决定法制审核3项制度试点。积极精简行政许可审批事项，下放审批事项2个。对行政审批和公共服务事项进行梳理，梳理出首批21项"最多一次办结"事项清单，编制规范化的窗口行政审批和公共服务事项办事指南。全市人力资源和社会保障部门阳光政务信息系统正式上线运行。

信访工作。坚持"属地管理、分级负责，谁主管、谁负责，依法、及时、就地解决问题"的信访工作原则，全年受理各类信访事项398件，所有信访事项都做到件件有落实，事事有交代，信访形势总体平稳，未发生因办理不及时影响稳定的重大信访案件。

自身建设。扎实开展改作风、提效率活动，认真学习贯彻中共中央总书记习近平关于纠正"四风"的重要批示精神。印发《关于改进工作作风提高工作效率的实施方案》《深入开展"改作风、提效率、争一流、当标兵"主题教育实践活动方案》《关于开展改作风提效率督查工作实施方案》，面向社会公开改作风提效率优服务12条承诺。启动系统窗口单位作风建设评价系统，将全市400多个系统窗口单位全部纳入评价系统，主动接受群众实时监督。市本级经办窗口全部入驻人力资源中心市场大楼，方便群众办事。举办全市人力资源和社会保障系统领导干部业务培训班，首次邀请人力资源和社会保障部4位领导到赣州现场授课。

（撰稿　卢育新　审稿　黄锋章）

【领导名单】

党组书记、局长：苏传辉

党组成员、副局长：黄锋章（正处级）

党组成员、社保局局长：李鉴庆

党组成员、副局长：王孝友　胡上富　杨　柳（女）　吴玉明（4月任）

党组成员、农保局局长：徐立新

调研员：周　建　唐芳茂（1月任）

副调研员：詹海珍（女、4月任）

副处级干部：许　溶（女、8月任）

市劳动就业服务管理局：李　俊（4月任）

市医疗保险局局长：汤久泉

市医疗保险局副调研员：徐晓明

市人才交流中心主任：刘东平（4月任）

市人才交流中心副处级干部：邓称璀

市劳动监察局局长：唐芳茂（12月任）

市政府驻北京联络处

【概况】 2017年，市政府驻北京联络处以习近平新时代中国特色社会主义思想为指导，认真学习宣传贯彻中共十九大精神，紧密结合驻京工作实际，认真开展政务联络、信息调研、招商引资、信访维稳、服务保障等工作，为打造新时代中国特色社会主义红色样板奋力拼搏。全年联络对接中央国家机关及有关部门44个160余次；报送信息165期600余篇，市"两办"采用93篇，被评为年度信息工作先进单位；接待各类来京人员760余批次，参与赣州市在京各项活动30余次；成功引进项目6个，合同金额60多亿元，实际进资20多亿元。

市政府驻北京联络处为市政府派出机构（正处级），内设4个职能科室，核定行政编制8名，工勤编制3名。

【政务联络】 协助联络、协调对接中央国家机关及有关部门44个160余次。4月24日，陪同省委常委、市委书记李炳军走访国务院国资委、工信部、国家发改委、商务部、中国空间技术研究院、国机集团等；4月27日，省委常委、市委书记李炳军在北京市江西大厦主持召开第一批挂职干部的座谈交流会；9月8日，陪同市委副书记、市长曾文明在外交部参加江西全球推介会以及汇报对接有关事项；9月20日，参加赣州市与北京经济技术开发区合作对接活动。

【招商引资】 贯彻落实市委、市政府"解放思想、内外兼修、北上南下"战略部署，推动"赣商回归"政策落地，以推进北京赣州企业商会建设为抓手，引进赣州熠石股权投资、赣州中投中财2号投资中心、北京银行赣州分行、大余和谐新能源汽车、龙南若华智能终端、华立美智能终端等项目6个，累计完成合同签约金额60多亿元，实际进资20多亿元。3月1日，陪同市委副书记、市长曾文明参加赣京经济合作交流座谈会；4月25日，与市振兴办、市商务局在北京市共同举办2017"振兴赣南苏区"赣州（北京）产业合作推介会；7月8日，召开北京赣州企业商会成立大会，并正式启动北京赣州企业商会支持赣南苏区振兴发展服务联盟；7月9日，省委常委、市委书记李炳军在北京市参加赣州区块链金融产业沙盒园暨地方新型金融监管沙盒启动仪式；参加11月3日在北京市举行的2017年赣州运动休闲项目推介会。

【服务保障】 积极履行工作职责，做好赣州市领导干部（含离退休老同志）到北京市的接待服务工作；为各县（市、区）、市直各单位到北京市进行公务活动提供便利；为"北京、赣州"双向交流挂职干部提供联络服务；为赣州市在北京市工作的乡贤和务工经商人员、就读学生、赴京群众提供必要的援助和服务。全年接待各类人员760余批次，调度车辆910余辆次。

【党团和社团组织建设】 做好赣州市驻北京市流动党支部建设工作，在流动党组织“一县一支部，各县全覆盖”的基础上，认真打造模范党支部，主动开展“对接北京、融入首都、服务江西”主题活动，7月1日，在省驻北京市机构党委“七一”表彰会上，兴国县、信丰县在京流动党支部获先进党支部称号，6名党员获得表彰。联合江西省驻北京团工委和北京青年报团委共同开展“不忘初心，携手同行”的植树环保活动。

（撰稿 曾繁荣 审稿 龙小东）

【领导名单】

主任：龙小东

副主任：朱柏州（任至7月）

钟慧敏（7月任）

市政府驻上海联络处

【概况】 2017年，市政府驻上海联络处全面学习贯彻中共十九大精神和习近平新时代中国特色社会主义思想，围绕市委、市政府“打好攻坚战，同步奔小康”战略部署，突出“服务赣州发展，服务广大乡友”工作主题，创新工作理念，转变工作职能，扎实推进招商、联络、人才、信息及接待服务等各项工作，取得明显的成效。

市政府驻上海联络处核定编制7人，在编在岗6人，内设秘书科、业务科、招商科3个科。

【招商引资】 把招商引资作为“一号工程”“首要工作”全力推进，充实人员力量、调整责任分工、明确工作任务、整合资源平台。全年参加各类招商推介活动10多场次，组织客商赴赣考察60余次，外出招商280余人次，联系对接企业家150余人，拜访重点客商企业46家，搜集各类有效招商信息39个。共签约引进项目12个，签约金额84亿元，实际进资4.57亿元。一批投资规模大、创新能力强、产业链条长的项目相继落地。其中，由爱康集团投资20亿元的年产600兆瓦太阳能光伏组件项目和总投资12.3亿元的瑞金循环利用年产1.5吨锂电池正极材料项目竣工投产；总投资25亿元的浙江中电新能源汽车生产项目完成工商注册、平面设计，开始地勘；设计投资额60亿元的龙南东方香谷小镇项目和上海景域集团在崇义县、石城县、龙南县、章贡区的全域旅游项目等，落户企业、10余家（个），探索集群化项目招商的新路径。

【人才服务】 协助市委人才办在复旦大学举办赣州市首场博士生人才招聘推介会，与“长三角”赣商联盟共同举办“长三角”赣州籍人才座谈会，邀请“长三角”地区200余名赣州籍工商、社会、科技类人才为赣州人才工作建言献策。积极指导赣州市驻“长三角”人才服务站、赣州市驻宁波人才及项目联络站开展工作，先后组织宁波市海外高层次人才联谊会（简称“海高会”）海高会专家“赣州行”、中科院宁波材料所副所长郑剑一行赴赣州考察等系列人才对接活动24次约200余人次，合作意向10余个，落地项目3个。

【社会事业交流】 引导“长三角”地区社会资源服务赣州、服务群众，促进赣州市社会事业发展，服务赣州市脱贫攻坚。全年组织4批次86名上海“三甲”医院知名专家到兴国县、瑞金市、石城县、安远县开展健康扶贫活动，义诊患者1200余人，举办学术交流9场。牵线赣州卫生职业健康学院、江西理工大学等院校在“长三角”地区建立学术交流和实习基地，协助于都县长征源艺术团在上海开展文化交流，牵头协调上海市百将基金会与赣州市签署教师、医生免费进修培训协议，并在赣州市开展慈善扶贫活动。发动组织助力精准扶贫瑞金行活动，有“长三角”赣南乡友48人参与认领，认领贫困家庭104户。

【流动党（团）和社团组织建设】 指导赣州市驻“长三角”流动党委创新创特，派出5名党员作为党建指导员，组建浙江绍兴党支部和江苏常州党支部，2017年有党支部21个（含柬埔寨党支部），年内发展党员9名、培养入党积极分子13名。结合“两学一做”学习教育制度化常态化，先后开展流动党员迎“七一”系列活动以及中共十九大精神宣讲报告会等，牵头组织流动党员联谊交流活动4次。配合上级党组织完成“加强域外非公经济组织流动党员管理的路径探究”专题调研，完成《党旗飘扬“长三角”》党建纪录片摄制工作。流动党建工作获得市委组织部好评，并被上海市委统战部确定为党建联系点。进一步加强团建妇建工作，新成立赣州驻“长三角”湖州团工委，开展第三届“长三角”赣州青年、赣州学子联谊暨“激扬青春·融入城市”城市定向主题活动和上海红瑞杯“长三角”赣州青年五四足球邀请赛，筹备成立赣州驻“长三角”妇女工作联合会。

【接待保障和信息服务】 全面贯彻落实中央八项规定有关要求，优化接待程序，认真做好各项接待服务工作。全年共完成市领导接待62批次160余人，协助县（市、区）和市直单位在“长三角”地区开展公务活动80余批次。拓展信息来源渠道，优化信息采编，全年采编各类信息近1000条，向市委、市政府办公厅报送《信息专报》92期，被《赣州信息》《赣州政讯》《每日汇要》等刊用信息18篇。

（撰稿 钟剑锋 审稿 钟家伟）

【领导名单】

主任：钟家伟

副调研员：何旭源（8月任、12月任副处级干部）

市政府驻南昌办事处

【概况】 2017年，市政府驻南昌办事处扎实开展“改作风提效率”活动，修订完善工作制度10项，打造一支工作作风过硬的驻外工作队伍。落实每月例会制和考勤签到制，优化内部分工，实行AB岗。强化院内综合治理，深入开展安全隐患排查，着力整治机关环境。获评平安赣州建设暨社会治安综合治理目标管理先进单位、全市公共机构节能工作优秀单位、市级文明单位。

【信息联络】 主动与省直部门，中共南昌市委、南昌市人民政府等单位的汇报联系，全年登门拜访省直单位及在南昌市的赣州籍乡贤所在单位等共130余个。采集、汇编1900多名赣州籍和曾在赣州市工作过的乡贤专家学者等的联系信息。做好政策动态、先进经验做法等信息的收集，全年收集上报信息62期370余条，被市政府采用15条。

【联络协调与服务】 做好政务工作的落实，全年转呈转报文件800余份。做好会务服务，全年保障赣州市参加省党代会和“两会”等20多个重大重要会议。健全公务接待、公务用车等制度，提高工作效率，减少行政开支，全年公务接待费用降低5.08%，公车运行费用降低2.69%。创新接待方法，加强与省机关事务管理局、航空公司及有关酒店等的联系，为赣州市到南昌市开展公务活动的人员提供便捷、优质的服务。

【招商引资】 组织和参加赣州籍在南昌商人座谈会7次，传达可公开的招商政策文件20余份。走访调研南昌市赣州商会副会长企业31家，深入了解有意向回赣州投资的项目。8月25日和12月28日分别到湖北省宜昌市和浙江省杭州市开展招商考察，重点推介赣州市的投资政策和招商环境。协同做好市政府与绿地集团战略合作项目和龙南雷公山风电场项目对接服务工作，跟踪服务汽车CDC智能减震控制系统项目和信丰县格林小镇生态旅游度假村项目，其中龙南县雷公山风电场项目落地并进资4000万元。

【社会管理和公共服务】 开展调研，商讨与帮助商会解决存在的困难，协助赣州商会成立上犹分会。建立各县（市、区）驻南昌市招商小分队联席会议机制，召开联席会议2次。鼓励南昌市赣州商会法律服务小组、医疗服务小组积极为乡贤服务。协助做好信访工作，全市赴省信访人员100%劝返，未发生越级上访和无理非访现象。

（撰稿　陈　俊　审稿　孟　宁）

【领导名单】

主任：谭步华（任至4月）

　孟　宁（4月任）

副主任：黄中华（5月任）

市政府驻厦门办事处

【概况】 2017年，市政府驻厦门办事处充分发挥驻外机构的窗口、桥梁和纽带作用，不断拓展联谊交往的渠道，主动为引进资金、项目和人才牵线搭桥，为推进赣南苏区振兴发展作出积极贡献。11月，厦门市驻厦办主任联谊会成立25周年，经厦门市政府批准，厦门市驻厦办事处主任联谊会授予赣州市政府驻厦门办事处“特区建设特殊贡献奖”称号，在37个地级市驻厦办中仅有2个地级市获此殊荣。

市政府驻厦门办事处为正处级市政府驻外机构，内设招商科、秘书科、业务科3个科室。现有工作人员7人。

【招商引资】 灵活管理市驻点第五、第六招商小分队，树立“大招商、招大商”的工作理念，紧盯厦门市、泉州市、龙岩市等重点招商区域，立足项目实际，在全国范围内开展招商活动。创新推进“以商招商”。主动对接厦门泉州商会、厦门石狮商会、厦门漳州商会、泉州机械行业协会等海西知名商（协）会，借助商（协）会平台企业多、产业大、资源广等优势有效开展招商引资。全年外出招商40余次，引荐8批次客商到赣州市考察，接触企业百余家。全年洽谈意向项目40多个，促成签约项目26个，签约资金234.32亿元。其中，签订正式合同项目16个，签约资金99.12亿元，实际进资超18亿元。

【信息服务】 收集报送各类信息480余条，被市委、市政府信息刊物刊用40余条，被市委办公厅评为2017年度全市党委信息工作先进单位。组织撰写《关于发挥党建引领打造“美丽社区”的调查》《垃圾分类的“厦门实践”》《关于赣闽新型合作模式的调研报告》3篇调研文章，其中《垃圾分类的“厦门实践”》得到市委市政府主要领导批示。

1月12日，市政府驻厦门办事处协助市农粮局、市委农工部、市林业局、市果业局等部门举办2017年赣州名优农产品暨赣南脐橙厦门推介发布会

【政策宣传】 开展网络宣传，在官网和微信平台开辟“招商引资”专栏，系统推荐赣州市项目、政策等信息，提高宣传效率和辐射广度。推进展会宣传，利用组织参与推介会、投洽会、商协会聚会等各种展会活动的时机，将赣州市的招商政策宣传手册分发给各地客商，提高政策宣传的针对性。制作广告宣传，联系制作厦门市、漳州市、泉州市3地公交车身户外广告，重点宣传赣州市的税收政策，挖掘潜在招商项目。

【服务接待】 做好日常政务接待，为赣州市党政领导、各类招商工作组、学习考察组等700多人次提供后勤保障服务。配合挂职干部开展工作。对接25名赣州赴厦挂职干部，在房屋租住、部门协调、招商调研和扩大交往等方面为其做好配合服务工作。服务福建省境内赣州商会。指导筹建成立南安市赣州商会，为泉州市赣州商会的筹备工作提供帮助和指导。对原有的福建省赣州商会，厦门市、漳州市赣州商会提供优质服务。协助会员企业回乡创业考察，对落户家乡的企业进行跟踪服务。2017年，厦门市赣州商会获评厦门市首批“十佳四好商会”、商会党支部获评“筼筜街道示范党支部”、商会爱心基金被评为“厦门市公益慈善基金金牌项目”。

（撰稿 陈 波 审稿 曾为东）

【领导名单】

主任：曾为东

市政府驻深圳办事处

【概况】 2017年，市政府驻深圳办事处围绕“北上南下”战略部署，以“赣商回归”为契机，转变职能，创新方法，群策群力，在招商引资、政务接待、信息交流、内部管理等工作取得一定的成效，推动促进全市的对外合作交流和经济社会发展。充分发挥驻地优势，配合市委组织部做好赣州市45名干部挂职工作（其中在广州市挂职25名，在深圳市挂职20名）。被评为2017年度赣州建设暨社会治安综合治理目标管理先进单位，办党支部被评为江西省驻深单位先进党支部，第4招商小分队被评为2017年度全市招商引资工作先进小分队。

市政府驻深圳办事处内设秘书科、业务科、招商科。行政编9名，工勤编3名

【招商引资】 搭建招商引资平台。与广东省江西赣州商会、深圳市江西赣州商会、东莞市江西赣州商会进行联络沟通，掌握产业发展趋势、企业投资需求，与赣州市招商项目进行高效快捷衔接。牵头组建有条件的地市成立赣州商会，通过平台协助市人民政府驻深圳办事处开展活动，推进与行业内企业对接，形成稳定运作体系。

拓宽招商引资渠道。加大招商引资工作力度，承接“珠三角”产业转移，选派第三、第四小分队分别驻广州市、深圳市招商，结识一批有投资实力及意向的企业和个人，建立重要客户信息库，涉及客商达300名以上，如合力泰科技公司、顺丰集团、科陆电子、方大集团、正威集团、茂硕电子等。

推进招商引资和项目落地。年内，牵头2支驻点招商小分队洽谈项目9个、意向项目2个，签约资金120.8亿元、外资3000万美元，实际进资8.8亿元、外资进资100万美元。

【助力“赣商回归”】 积极做好“珠三角”地区赣州籍商协会服务对接工作，为省委常委、市委书记李炳军率团在广东省深圳市考察招商提供保障。全年协办参加赣商回归的动员推介大会7次，参会人员800余人。组织20批客商共200余人到赣州市投资考察，做好牵线搭桥和协调服务工作，促进赣粤两地之间的资源合理流动，成功与深圳市委签署合作框架协议。

【信息调研工作】 加强与“珠三角”地区各有关部门的联络沟通，拓展信息收集渠道，注重信息的质量和时效性，有效研判重要参考信息，采取灵活多样的方式及时传递，共上报信息289条。

【党建工作】 经市非公有制经济党工委批复，成立中共赣州市“珠三角”流动党员委员会，驻深圳办事处主任梅元生兼任流动党委书记，通过与赣州籍26家市、县级商协会的沟通联系对“珠三角”地区的赣州籍党员进行调查摸底，有党员企业家122名。完成驻深圳办事处党支部的换届工作，为加强党建工作提供组织保障。完成党组织关系转隶，办党组织关系由江西省驻深单位党委转至市政府办公厅党总支。制定《“两学一做”学习教育常态化制度化实施方案》，深入推动“两学一做”学习教育常态化制度化。

（撰稿 钟行敏 审稿 梅元生）

【领导名单】

主任：梅元生

调研员：王 兵

（本栏编辑 廖伟东）

政协赣州市委员会

概　述

2017年，在中共赣州市委的坚强领导下，市政协常委会全面贯彻中共十八大和十八届三中、四中、五中、六中全会，以及十九大精神，深入学习贯彻习近平新时代中国特色社会主义思想，坚持服从服务市委工作大局，坚持团结和民主两大主题，围绕“打好攻坚战、同步奔小康”，集思广益助发展，凝心聚力促和谐，彰显独特优势，发挥积极作用。五届二次会议以来，全体政协委员、政协各参加单位和专门委员会以高度的政治责任感，围绕市委、市政府中心工作，积极运用提案形式履行职能。共征集到提案375件，其中委员个人和联名311件，各民主党派市委会、市工商联和市政协各专委会共64件。立案316件，未立案59件。2017年共编发《社情民意专报》15期，得到市委、市政府领导批示7人次。

重要会议

全年召开1次全体会议、5次常委会议、14次主席会议。

【市政协全体会议】 2月19—21日，市政协五届二次全体会议在赣州市召开。大会通过政协赣州市第五届委员会第二次会议议程；听取和讨论市政府工作报告、市中级人民法院工作报告、市人民检察院工作报告和其他报告；审议并同意五届市政协常委会工作报告和五届一次会议以来提案工作情况的报告；列席市五届人大二次会议；会议通过市政协五届二次会议决议、市政协五届二次会议提案审查情况的报告。

【市政协常委会议】 2月16日，市政协五届二次常委会议召开。会议协商讨论《政府工作报告（讨论稿）》，听取市政府办公厅《关于市政协五届一次会议以来提案办理情况的通报》。审议通过《政协赣州市第五届委员会常务委员会工作报告（审议稿）》《市政协2017年度协商工作计划》《政协赣州市第五届委员会常务委员会关于五届一次会议以来提案工作情况的报告（审议稿）》《关于召开政协赣州市第五届委员会第二次会议的决定》《政协赣州市第五届委员会第二次会议议程（草案）和日程》《市政协五届二次会议委员分组及各组召集人名单》和有关人事事项。各专委会书面汇报2016年工作总结及2017年主要工作。

2月21日，市政协五届三次常委会议召开。会议审议通过《市政协五届二次会议决议（草案）》《市政协五届二次会议提案审查情况的报告（草案）》，决定提请闭幕大会通过。

7月4日，市政协五届四次常委会议召开。会议围绕“加快推进我市‘大众创业万众创新’工作”协商建言；通报赣州市贯彻落实《国务院关于支持赣南等原中央苏区振兴发展的若干意见》5周年工作情况；审议通过有关人事事项。

2月19日，市政协五届二次会议在赣州市召开

10月10日，市政协五届五次常委会议召开。会议传达学习中共中央总书记习近平在省部级主要领导干部专题研讨班上的重要讲话精神，中央和省委、市委关于人民政协民主监督的有关文件精神；审议《关于〈中共赣州市委关于进一步加强政协工作充分发挥政协协商民主重要作用的若干意见〉贯彻落实情况督查的报告（讨论稿）》；审议通过有关人事事项。

12月25日，市政协五届六次常委会议召开。会议决定2018年1月4日—7日召开市政协五届三次会议；举行中共十九大精神专题辅导；协商讨论《政府工作报告（讨论稿）》；听取市政府办公厅《关于市政协五届二次会议以来提案办理情况的通报》；审议通过《政协赣州市第五届委员会常务委员会工作报告（讨论稿）》《赣州市政协2018年度协商工作计划（讨论稿）》《政协赣州市第五届委员会常务委员会关于五届二次会议以来提案工作情况的报告（讨论稿）》《关于召开政协赣州市第五届委员会第三次会议的决定》《政协赣州市第五届委员会第三次会议议程（草案）和日程》《政协赣州市第五届委员会第三次会议委员分组及各组召集人名单（草案）》《政协赣州市第五届委员会第三次会议选举办法（草案）》《政协赣州市第五届委员会第三次会议选举大会总监票人、监票人建议名单（草案）》和有关人事事项；各专委会书面汇报2017年工作总结及2018年主要工作。

【市政协主席会议】 1月10日，市政协五届四次主席会议召开。会议传达学习中共十八届中央纪委七次全会精神及省纪委、市纪委、市委办公厅有关通报和文件精神；讨论通过《市政协机关关于改进工作作风提高工作效率的实施方案》《市政协2017年度协商工作计划》；讨论市政协五届二次会议联组会议发言选题；听取办公厅、各专委会2016年12月份工作小结和2017年1月份工作安排情况汇报。

2月4日，市政协五届五次主席会议召开。会议传达学习中共赣州市委《关于加强社会主义协商民主建设的实施办法》；审议《关于召开市政协五届二次会议有关事项的请示》《政协赣州市第五届委员会常务委员会工作报告（讨论稿）》；审议《市政协2017年度协商工作计划（讨论稿）》。

2月14日，市政协五届六次主席会议召开。会议听取市政协五届二次会议大会发言及民主协商会、联组会议发言及联组会议等工作落实情况汇报；审议《关于召开政协赣州市第五届委员会第二次会议的决定（草案）》《五届市政协常委会关于五届一次会议以来提案工作情况的报告（草案）》《市政协五届二次常委会议议程（草案）和日程》《市政协五届二次会议委员分组及各组召集人名单（草案）》《政协赣州市第五届委员会人事任免名单（草案）》；审议通过《市政协五届二次会议提案工作方案》《市政协五届二次会议列席人员名单（草案）》《市政协五届二次会议联组会议分组安排（草案）》《市政协领导参加市政协五届二次会议委员分组讨论安排》《市政协五届二次会议秘书处工作职责和组成人员建议名单（草案）》；书面听取各专委会2016年工作总结及2017年主要工作汇报。

3月7日，市政协五届七次主席会议召开。会议传达学习中共江西省委书记鹿心社在全省市厅级主要领导干部学习贯彻中共十八届六中全会暨省第十四次党代会精神专题研讨班的重要讲话精神、全市政法工作会议精神、全市组织部长会议精神、市纪委《关于5起违反中央八项规定的通报》等文件精神；审议《关于改进工作作风提高工作效率专题民主监督的工作方案》；听取办公厅、各专委会2月份工作小结和3月份工作安排情况汇报。

4月5日，市政协五届八次主席会议召开。会议传达学习中共江西省委副书记、江西省人民政府省长刘奇在赣州市视察调研时的讲话精神、中共赣州市委全面深化改革领导小组第八次全体（扩大）会议精神、全市工业暨开放型经济工作会议精神、全市城乡环境暨乡风文明行动推进会议精神、省纪委《十八大以来全省查处违反中央八项规定精神问题情况通报》等5个文件精神及中共江西省委常委、赣州市委书记李炳军的重要批示和《关于党员干部带头移风易俗简办婚丧喜庆事宜的若干意见》《赣州市法治宣传教育工作领导小组关于表彰2011—2015年全市宣传教育先进集体和先进个人的决定》《市委、市政府关于表彰2016年主攻工业先进单位的通报》；审议并原则同意《关于公开考选市政协委员联络处工作人员实施方案》《2017年赣州市政协机关和委员理论学习计划》；听取办公厅、各专委会3月份主要工作完成情况和4月份工作安排汇报。

2月20日，在市政协五届二次会议第三联组会议上，委员们争相举手发言

5月3日，市政协五届九次主席会议召开。会议传达学习全市民族宗教工作会议精神、全市脱贫攻坚整改工作电视电话会议精神、一季度全市“六大攻坚战”工作调度会议精神；审议并原则同意《市政协秘书长、副秘书长、有关常委和办公厅调研员、副调研员工作分工》《市政协机关年度中心工作分工》《市政协领导重点督办提案安排》《关于开展“大众创业　万众创新”专题调研工作方案》；审议《政协赣州市委员会大会发言工作规则》《关于对全市改进工作作风提高工作效率情况开展专题民主监督的报告》；听取办公厅、各专委会4月份主要工作完成情况和5月份工作安排汇报。

6月5日，市政协五届十次主席会议召开。会议传达学习中共赣州市委全面深化改革领导小组第九次全体会议精神、赣州市创建全国文明城市百日会战誓师动员大会精神、省纪委《关于骆开提、徐爱文等同志违反中央八项规定精神问题的通报》、市政府《关于对三起工作落实不力典型问题的通报》、市纪委、市监察局《关于以对市“两办”“改作风、提效率”督查组发现问题线索核查问责情况的通报》《关于4起基层以权谋私典型案例的通报》；审议通过《关于〈中共赣州市委关于进一步加强政协工作充分发挥政协协商民主重要作用的若干意见〉贯彻落实情况督查工作方案》《赣州市政协反映社情民意信息工作实施办法（试行）》、政协赣州市第五届委员会人事任免名单（草案）；听取办公厅、各专委会5月份主要工作完成情况和6月份工作安排汇报。

6月29日，市政协五届十一次主席会议召开。会议传达学习全市领导干部会议精神；传达学习《中共江西省委关于加强和改进人民政协民主监督工作的实施意见》精神、市委全面深化改革领导小组第十次全体（扩大）会议精神、市委办公厅、市人民政府办公厅《关于深入贯彻中央八项规定精神进一步改进作风的实施意见》精神；审议《市政协五届三次会议大会发言选题汇总》《“加快推进我市‘大众创业、万众创新’工作”调研报告》及委员协商发言稿；审议通过市政协五届四次常委会议议程（草案）、日程；听取办公厅、各专委会6月份主要工作完成情况和7月份工作安排汇报。

8月2日，市政协五届十二次主席会议召开。会议传达学习中共赣州市委全面深化改革领导小组第十一次全体会议精神；传达学习中共赣州市纪委、赣州市监察局《关于3起落实全面从严治党“两个责任”不力问责典型问题的通报》《关于4起扶贫领域“作风不实”典型案例的通报》等文件；审议《市政协2017年上半年工作总结和下半年工作安排》；通报《市政协2016年度获奖励表彰情况》；听取办公厅、各专委会7月份主要工作完成情况和8月份工作安排汇报。

9月7日，市政协五届十三次主席会议召开。会议传达学习中共赣州市委全面深化改革领导小组第十四次全体会议精神和中共江西省纪委《关于我省9起扶贫领域不正之风和腐败典型问题的通报》，以及中共赣州市纪委、赣州市监察局《关于2起市管干部违反中央八项规定精神问题的通报》等文件精神；审议《中共赣州市委关于加强和改进人民政协民主监督工作的实施意见》；审议并原则通过《赣州市政协委员优秀履职成果评选办法》《关于调整市政协各专门委员会对口联系部门（单位）的通知》；听取办公厅、各专委会8月份主要工作完成情况和9月份工作安排汇报；通报《关于嘉奖2016年度社会治安综合治理目标管理及平安赣州建设先进县（市、区）、先进单位综治责任人的决定》。

9月29日，市政协五届十四次主席会议召开。会议传达学习中共赣州市委五届市委常委会第二十二次会议精神、市纪委《关于近期查处的4起扶贫领域不正之风和腐败问题典型案例的通报》《关于5起违反中央八项规定精神问题的通报》文件精神、《中共赣州市委办公厅关于扎实做好当前工作以优异成绩喜迎党的十九大胜利召开的通知》精神、全市脱贫攻坚工作电视电话会议精神；审议通过《关于〈中共赣州市委关于进一步加强政协工作充分发挥政协协商民主重要作用的若干意见〉贯彻落实情况督查的报告》；研究市政协五届三次会议筹备工作；审议通过市政协五届五次常委会议议程（草案）、日程；市政协五届三次会议大会发言建议选题；审议通过《关于对全市2017年重点工程建设进展情况进行专题视察的实施方案（讨论稿）》和《关于对全市2017年40件民生实事工程进展和落实情况进行专题民主监督的实施方案（讨论稿）》《政协赣州市第五届委员会人事任免名单（草案）》；听取办公厅、各专委会9月份主要工作完成情况和10月份工作安排汇报。

11月8日，市政协五届十五次主席会议召开。会议传达学习《中共赣州市委关于认真学习宣传贯彻党的十九大精神的通知》和中共赣州市委中心组专题学习会、省政协十一届二十七次常委会议精神；传达学习中共江西省委常委、赣州市委书记李炳军关于全市脱贫攻坚领域监督执纪问责工作的批示精神；审议并原则通过《赣州市政协领导干部和机关干部职工请假和报备工作的制度（试行）》《关于对全市2017年重点工程建设开展专题视察的情况报告》《关于对2017年市级40件民生实事落实情况开展专题民主监督的报告》；听取市政协五届三次会议大会发言准备的有关情况汇报；审议《市政协五届三次会议联组会议主题建议选题》；听取办公厅、各专委会10月份主要工作完成情况和11月份工作安排汇报。

12月6日，市政协五届十六次主席会议召开。会议传达学习全省市厅级主要领导干部学习贯彻中共十九大精神专题研讨班和全市领导干部学习贯彻中共十九大精神专题研讨班主要精神、中共赣州市委全面深化改革领导小组第十七次全体会议精神、全市创先争优工作表彰大会精神；审议并原则通过《关于召开政协赣州市第五届委员会第三次会议有关事项的请示》《赣州市政协2018年度协商工作计划》《政协赣州市第五届委员会常务委员会工作报告》《政协赣州市第五届委员会常务委员会关于五届二次会议以来提案工作情况的报告》《赣州市政协五届三次会议秘书处工作职责和组成人员名单（草案）》《政协赣州市第五届委员会第三次会议联组会议分组安排（草案）》《政协赣州市第五届委员会第三次会议委员分组及各组召集人名单（草案）》《政协赣州市第五届委员会第三次会议列席人员（草案）》《市政协五届一次会议优秀提案名单》《市政协五届二次会议优秀提案名单》《政协赣州市第五届委员会第三次会议提案工作方案》；听取市政协五届三次会议秘书处各组和联组会议筹备工作进展情况汇报；听取办公厅、各专委会11月份主要工作完成情况和12月份工作安排汇报。

12月21日，市政协五届十七次主席会议召开。会议听取市政协五届三次会议大会发言、民主协商会、联组会议发言等工作情况汇报；审议并同意《关于召开市政协五届三次会议的决定（草案）》《市政协五届六次常委会议议程（草案）和日程》；听取市委统战部关于市政协五届三次会议有关人事安排的说明；审议并原则通过《政协赣州市第五届委员会第三次会议选举办法（草案）》《政协赣州市第五届委员会第三次会议选举大会总监票人、监票人建议名单(草案)》《政协赣州市第五届委员会第三次会议临时党委和党支部名单（草案）》《市政协2017年度优秀市政协委员推荐人选名单（草案）》；听取各专委会2017年工作总结及2018年主要工作汇报。

主要活动

【提案工作】 2017年，提案委员会坚持“围绕中心、服务大局、提高质量、讲求实效”的提案工作方针，按照《提案委员会2017年工作计划》，认真履职，扎实工作，较好地完成年度的各项工作任务。

提案质量。重视提高提案质量，坚持做好提案的知情服务、示范引导和审查立案，提升提案工作水平。强化提案选题引导。编印《市政协五届二次会议提案征集通知》《市政协五届二次会议提案参考选题》《优秀提案范文》，提出征集的内容、要求及注意事项等，引导委员撰写好提案。组织委员提案调研。认真组织提案委委员联名提出五届二次会议大会提案，通过引导委员围绕党政中心和民生问题提出提案选题，整合委员力量分组开展调研活动，广泛收集社情民意，汇集集体智慧形成高质量的提案，提案质量明显提高。注重征集集体提案。发挥各民主党派、工商联，政协各专门委员会的组织优势、人才优势和专业优势，鼓励政协参加单位把大会发言材料转化为集体提案，促进提案整体质量不断提升。加强提案立案审查。市政协五届二次会议以来，共征集到提案375件。其中，委员个人和联名311件，各民主党派市委会、市工商联和市政协各专委会共64件；立案316件，未立案59件。

提案办理。编发专报促进落实。在五届二次会议闭幕后，及时对市政协五届二次会议立案提案进行整理分析、综合提炼，筛选出工业建设、经济建设、社会建设、教育发展等16个方面具有一定决策参考价值的提案，编辑《重要提案专报》16期，报送市委、市政府领导和有关部门。领导督办促进落实。继续实行市政协领导督办重点提案制度，认真筛选确定工业发展、特色小镇、电商产业、高铁经济、农村饮用水安全、基础教育、大病保障、健康养老、公共交通、甲醛污染防治等22件提案，由市政协领导通过督办座谈、现场检查、带案调研等方式领衔督办，促进提办双方沟通交流、共商解决办法，推动提案办理。民主评议促进落实。对涉及民生提案较多的市教育局、市卫计委等单位提案办理工作，组织提案人代表，市政协各专委会负责人及部分委员代表，各民主党派市委会、市工商联负责人，邀请市委督查室、市政府督查室负责人以无记名方式进行民主测评。跟踪问效促进落实。开展提案办理“回头看”督办工作，商请承办单位对五届一次会议的列入计划逐步解决的提案进行跟踪问效，其中42件提案建议得到落实。

提案服务。先后组织委员参加情况通报会和专题知识讲座，帮助委员知民情、明政情，写出更有针对性的提案。紧密围绕主席会议研定的“大众创业万众创新”课题，组织委员认真开展调研工作，深入上犹县、崇义县、赣州经济技术开发区以及成都市、西安市等地进行调研考察，广泛掌握第一手资料，形成有现状、有问题、有分析、有建议的《大力推进众创空间发展调研报告》。强化民主监督。组织委员和有关部门负责人开展民主监督和督查调研，分别就“改进工作作风，提高工作效率”和贯彻落实市委办公厅《中共赣州市委关于进一步加强政协工作充分发挥政协协商民主重要作用的若干意见》情况进行专项督查，先后深入兴国县、宁都县以及赣县区、于都县进行调研，组织协商讨论，提出符合客观实际的意见建议，分别形成《第六组关于改进工作作风提高工作效率专题民主监督报告》《关于赣县区贯彻落实〈若干意见〉的督查报告》《关于于都县贯彻落实〈若干意见〉的督查报告》。对市政协五届一次会议、五届二次会议提案进行认真分析，结合办理效果，共评选出56件优秀提案。加强经验交流。召开全市政协提案工作座谈会，探讨进一步做好新时代的人民政协提案工作。各县（市、区）政协广泛交流提高提案质量和推进提案办理工作的经验和做法。

【调研视察】 2月8日—10日，市政协社法民宗委与民建市委会到深圳市中小企业发展署、深圳证券交易所、前海管理局，开展“开通IPO绿色通道、推进企业上市”专题调研。9—13日，市政协文史和学习委组织部分市政协委员，到江西省上饶市、湖南省郴州市开展“高铁经济发展”专题调研。

3月7日—10日，省政协常委、教科文卫体委副主任史蓉蓉一行，到赣州市兴国县、安远县、寻乌县开展

“大力推进教育扶贫”专题调研；14—16日，市政协港澳台侨和外事委组织部分市政协委员，到大余县、赣县区开展“非物质文化遗产传统工艺项目的保护利用情况”专题调研。

4月5日—7日，省政协原主席钟起煌一行，到赣州市于都县、宁都县调研；12—14日，省政协副主席刘晓庄一行，到赣州市兴国县、赣县区开展“民间信仰工作”专题调研；17—20日，全国政协教科文卫体委副主任黄洁夫一行，到赣州市中心城区、于都县开展“卫生下乡”活动；18—22日，省政协副主席、九三学社省委会主委李华栋一行，到赣州市兴国县、会昌县开展“民主党派脱贫攻坚”专题调研。

5月2日—4日，市政协人资环委组织部分市政协委员，到宁都县、石城县、寻乌县开展“精准扶贫项目推进和落实情况”专题调研；4日，市政协港澳台侨和外事委组织部分市政协委员，到赣州市综合保税区开展“赣州综合保税区开放平台建设和运行情况”专题调研；6—8日，省政协委员、省科协党组书记、常务副主席罗莹一行，到赣州市中心城区、会昌县开展界别活动；8—12日，省政协副主席陈俊卿一行，到赣州市南康区、定南县、全南县、龙南县开展“加快地方金融体系建设”专题调研；11—12日，市政协社法民宗委组织部分市政协委员，到信丰县、南康区开展“少数民族地区精准扶贫项目推进和落实情况”专题调研；15—17日，省政协党组副书记、副主席姚亚平一行，到赣州市中心城区、会昌县开展“特色小镇建设”专题调研；15—19日，省政协副主席刘晓庄一行，到赣州市开展“促进我省少数民族地区特色旅游发展”专题调研；18—20日，市政协教科文卫体委组织部分市政协委员，到龙南县、全南县开展“大众创业、万众创新”专题调研；22—23日，省政协副主席李华栋一行，到安远县开展“降成本优环境和精准扶贫”专题调研；22—23日，市政协提案委组织部分市政协委员，到上犹县、赣州经济技术开发区开展“大众创业、万众创新”专题调研；22—24日，市政协文史和学习委组织部分市政协委员，到南康区、大余县开展“大众创业、万众创新”专题调研；22—25日，市政协人资环委组织部分市政协委员，到安远县、信丰县开展“大众创业、万众创新”专题调研；23—24日，市政协经济委组织部分市政协委员，到章贡区、于都县开展“大众创业、万众创新”专题调研；23—24日，市政协港澳台侨和外事委组织部分市政协委员，到赣县区、兴国县开展“大众创业、万众创新”专题调研；23—24日，市政协办公厅组织部分市政协委员，到会昌县、宁都县开展“大众创业、万众创新”专题调研；23—24日，市政协办公厅组织部分市政协委员，到瑞金市、石城县开展“大众创业、万众创新”专题调研；24—29日，市政协文史和学习委组织部分市政协委员，到河南省安阳市、开封市、洛阳市、郑州市开展文化专题调研；25—26日，市政协社法民宗委组织部分市政协委员，到寻乌县、定南县开展“大众创业、万众创新”专题调研；26—27日，省政协副主席汤建人一行，到赣州市宁都县开展挂点宁都工业园走访调研活动；27日，市政协提案委组织部分市政协委员，到崇义县开展“大众创业、万众创新”专题调研；5月31日至6月1日，全国政协委员、提案委副主任、江西省政协原主席傅克诚一行，到赣州市开展专题调研；5月31日至6月1日，全国政协副主席兼秘书长张庆黎一行，到赣州市开展“国家生态文明试验区建设情况”专题调研。

6月13日，市政协文史和学习委组织部分市政协委员，到安远县、会昌县、寻乌县开展“让光伏扶贫切实成为贫困户增收的好项目”专题调研；20—21日，省政协常委、教科文卫体委副主任王萍一行，到赣州市于都县开展“医疗卫生资源下沉”专题调研；23—25日，省政协常委、提案委主任杨斌一行，到赣州市开展“送医下基层”活动。

7月14日—16日，省政协提案委组织无党派界省政协委员，到赣州市石城县开展“送医下基层活动”；18日，市政协经济委组织部分委员，到赣州经济技术开发区开展“推进新能源汽车产业链招商”专题调研；19—21日，市政协教科文卫体委组织部分委员，到章贡区、赣县区、赣州经济技术开发区、蓉江新区开展“推动中心城区义务教育均衡发展”专题调研。

8月4日—6日，市政协提案委组织提案人、有关承办单位负责人，到四川省成都市就“甲醛污染防治工作”课题进行考察；14—16日，市政协文史和学习委组织部分委员，到贵州省就“红色文化研究及开发路径”课题考察；14—18日，市政协港澳台侨和外事委组织部分委员，到贵州省就“美丽乡村特色小镇规划建设与发展情况”课题进行考察；21日，市政协港澳台侨和外事委组织部分委员，到石城县、寻乌县开展“促进民间投资优化发展环境”专题调研。

9月12日—13日，省政协副主席陈俊卿一行，到赣州市中心城区开展“县域经济发展和智能与新能源汽车发展情况”专题调研；25—27日，省政协副主席陈俊卿一行，到赣州市兴国县、会昌县、安远县、大余县、崇义县开展“县域经济发展情况”专题调研；26—29日，省政协副主席李华栋一行，到赣州市中心城区、兴国县、全南县、定南县、龙南县开展“挖掘融合客家文化旅游资源”专题调研。

10月9日—11日，省政协副主席孙菊生一行，到赣州市开展“加快我省国家生态文明试验区建设”专题调研；10—13日，省政协党组副书记、副主席姚亚平一行，到赣州市上犹县、崇义县调研，并作《赣州的历史文化资源与城市定位》专题报告；17—22日，市政协人资环委联合市城投集团、市规划局等单位，到北京市以及河北省唐山市、河北省许昌市、湖北省武汉市、江苏省无锡市开展“传统风情街区改造”专题调研。

11月7日—9日，省政协副主席胡幼桃一行，到赣州市开展“进一步弘扬客家文化”专题视察活动；14—17日，市政协经济委组织部分委员，到湖北省武汉市、江苏省常州市开展

“新能源汽车建设”专题调研；14—18日，市政协文史和学习委组织部分委员，到重庆市及四川省南充市、成都市开展“推动历史文化资源与现代旅游业融合”专题调研；20—24日，市政协教科文卫体委组织部分委员，到安徽省芜湖市、湖南省岳阳市开展“全国文明城市常态化管理”专题调研；11月29日至12月2日，市政协社法民宗委组织部分委员到云南省昆明市、玉溪市学习考察“高新区建设发展工作”情况。

【民主监督】 3月21日，市政协经济委组织部分市政协委员，到章贡区开展“中华儿童新村旧址及共同周边地区保护与利用工作”专题民主监督；23—24日，市政协文史和学习委组织部分市政协委员，到崇义县、大余县开展“改进工作作风提高工作效率”专题民主监督；24日，市政协港澳台侨和外事委组织部分市政协委员，到安远县开展“改进工作作风提高工作效率”专题民主监督；29—30日 市政协提案委组织部分市政协委员，到兴国县、宁都县开展“改进工作作风提高工作效率”专题民主监督；29—31日，市政协经济委组织部分市政协委员，到章贡区、南康区、赣州经济技术开发区开展“改进工作作风提高工作效率”专题民主监督；29—31日，市政协社法民宗委组织部分市政协委员，到全南县、龙南县和市行政服务中心开展“改进工作作风提高工作效率”专题民主监督。

7月21日，市政协经济委组织部分委员，到赣县区开展“扶贫专项资金使用情况”民主监督活动。

8月23日—25日，市政协经济委组织部分委员，到大余县、崇义县开展安全生产工作民主监督活动；24—30日，市委督查组赴章贡区、赣县区、大余县、瑞金市、会昌县、龙南县、定南县、石城县、寻乌县、上犹县、崇义县、宁都县、全南县、兴国县、安远县就《中共赣州市委关于进一步加强政协工作充分发挥政协协商民主重要作用的若干意见》贯彻落实情况开展专题督查。

9月8日，市委督查组到于都县就《中共赣州市委关于进一步加强政协工作充分发挥政协协商民主重要作用的若干意见》贯彻落实情况开展专题督查；19—20日，市委督查组到南康区、信丰县就《中共赣州市委关于进一步加强政协工作充分发挥政协协商民主重要作用的若干意见》贯彻落实情况开展专题督查；19—22日，市政协人资环委组织部分委员，到安远县、宁都县、于都县开展“农村环境综合整治工作情况”专题民主监督。

10月18日—21日，市政协社法民宗委组织部分委员对信丰县、安远县、寻乌县和市直有关单位落实2017年度市级民生实事和重点工程情况进行专题民主监督。

10月30日，赣州市政协召开全市法院审理职务犯罪案件工作情况通报会，听取赣州市中级人民法院2015年以来全市法院审理职务犯罪案件工作情况

11月21日—25日，省政协副主席蔡晓明一行，到赣州市安远县、寻乌县、会昌县开展“扶贫专项资金使用情况”民主监督。

【反映社情民意】 围绕党政关注、群众关心的热点难点问题，深入基层了解情况，多渠道收集社情民意信息，及时反映社会各界人士的愿望和诉求。2017年共编发《社情民意专报》15期，得到市委、市政府领导批示7人次，较好地发挥社情民意信息的监督作用。《中心城区交通拥堵问题亟待破解》《建议整治规范章江新区沿街店面招牌》《黄金广场音乐喷泉不应“停摆”》等信息引起市政府和有关部门高度重视，对有关工作的落实起到重要的推动作用。

【联谊与宣传】 全年与全国政协、省政协和外省市政协学习交流68批次。开展协商活动90余次、调研视察60余次，开展民主监督9项，市党政领导42人次对政协履职成果作出批示。注重与港澳地区委员的联络沟通，走访考察委员所在企业和单位，及时通报赣州市经济社会发展情况，引导和支持港澳委员进一步发挥双重积极作用。进一步发挥赣州客家联谊会的优势，积极参与“赣商回归”工作，引导客家乡亲关心支持家乡建设

【文史资料征编】 继续与县（市、区）联合开展《赣州文史大观》资料征集编纂工作，完成《赣州文史大观》（南康区、寻乌县、大余县、崇义县卷）资料征集编纂任务，精编文史资料80多万字。完成《记忆赣南古村落》资料编纂和图片拍摄工作，精选精编全市93个古村落10多万字的文脉、商脉文史资料和拍摄选用600多幅珍贵历史照片。

【自身建设】 参与全市中心工作。助推脱贫攻坚。主席会议成员按照市委的统一部署，以上率下，深入一线，靠前协调，每人联系1个县（市、区），联系贫困村10个，蹲点调查督促80多次，帮助当地解决实际问题300多

个。市政协机关选派12名县处级干部赴会昌县挂点帮扶12个贫困村，每月定期开展1次督导，指导所联系村开展脱贫工作。市政协机关结对帮扶石城县珠坑乡坳背村，结对帮扶149户贫困户。2017年，机关直接扶助资金35万元，争取项目资金25万余元；开展“百企帮百村”精准扶贫行动，引导委员捐赠资金和物资达131.6万元，扶助275名困难学生就学，救助110户困难群众，捐建1所贫困地区农村中小学。主席会议成员认真参与“六大攻坚战”领导、挂点联系园区和企业低质低效林改造等工作，积极发挥政协作用。根据市委市政府的统一安排，主席会议成员为挂点联系的工业园区和重点工业骨干企业排忧解难。在招商引资方面，主动搭桥牵线，引进深圳立德通讯器材有限公司等15个项目，签约资金11.2亿元，实际进资4.58亿元。

加强政协机关建设。深入开展“两学一做”学习教育常态化制度化，采取领导干部上党课、观看专题教育片、讲红色故事、集中学习研讨等多种形式，着力在真学、真懂、真信、真用上下功夫。强化党组抓党风廉政建设的主体责任，坚决贯彻《中国共产党廉洁自律准则》和《中国共产党纪律处分条例》，严守政治纪律和政治规矩。严格执行中央八项规定和省委、市委有关规定，巩固拓展党的群众路线教育实践活动和“三严三实”专题教育成果，持之以恒纠正“四风”，着力改作风、提效率。坚持正确用人导向，做好干部选拔任用工作，调整充实专委会和机关各处（室）力量，夯实工作基础，激发干部队伍活力。

（撰稿　杨懿琳　审稿　明心平）

【领导名单】

主席：刘建平
副主席：曾　凡　肖明华　姚　勇
　谢宝河　华旭明　廖志刚（女）
　邹　军　蓝　赟　孔刃非
秘书长：明心平
副秘书长：张剑平　毕生荣　黄圣勇

市政协工作机构

办公厅主任：张剑平
调研员：张克宁（3月任）
　李小平（8月任）
提案委员会主任：尹善奎
副主任：成海英（7月任）
文史和学习委员会主任：
　许　军（任至12月）
副主任：薛华平
经济委员会主任：曾少华（任至12月）
　杨中茂（12月任）
副主任：姚梦霞（女）
教科文卫体委员会主任：钟　斌
副主任：钟荣荣（7月任）
社会法制和民族宗教委员会主任：
　黄林海（任至12月）
　谢芳桂（12月任）
副主任：李小平（8月免）
　黄必贤（10月任）
港澳台侨和外事委员会主任：王石水
副主任：钟朝阳（3月任）
人口资源环境委员会主任：黄志明
副主任：宋志军

（本栏编辑　朱　俊）

霞映中央公园

民主党派　工商联

民革赣州市委会

【概况】 2017年，民革赣州市委会坚持以邓小平理论、“三个代表”重要思想、科学发展观和习近平新时代中国特色社会主义思想为指导，紧紧围绕“解放思想、内外兼修、北上南下，奋力打好‘六大攻坚战’，加快推进赣南苏区振兴发展”战略部署，团结带领全体民革党员，以创新的精神、扎实的工作，切实履行好参政党职能，民革各项工作迈上新的台阶，为努力把赣州打造成为新时代坚持和发展中国特色社会主义的红色样板作出应有贡献。

【自身建设】 思想建设。把学习宣传贯彻中共十九大精神作为一条主线和重大政治任务贯穿于各项工作之中，着力在学懂、弄通、做实上下功夫。组织开展“走访慰问困难党员”“同心喜迎十九大，中秋博爱送温暖”系列活动，为迎接中共十九大的召开营造氛围。及时组织中共十九大精神的学习传达，印发《民革赣州市委会学习宣传贯彻中共十九大精神实施方案》。积极参加中共十九大精神学习辅导会和全市领导干部学习贯彻中共十九大精神专题研讨班，带头开展各种形式的宣讲活动。出台《民革赣州市委会学习制度》，全年组织民革党员各类学习座谈20余次，推进学习制度化、规范化。开展以“不忘合作初心，继续携手前进”为主题的知识竞赛活动，效果反响好，继续扩大民革的影响力。下半年，邀请广东省潮州市、福建省莆田市民革市委会共同举行“不忘合作初心，继续携手前进”主题演讲比赛，开创市级民革市委会联办主题活动的先河。全年民革市委会在《团结报》《民革地方情况反映》、民革中央网站、《江西民革》及微信公众号发稿40多篇（条）。赣州民革市委会微信公众号发稿29篇，列全国民革地级组织微信公众号前50名。年内，民革市委会领导班子成员参加各级学习培训5人次，选派民革党员参加省、市社会主义学院培训22人次。

组织建设。认真贯彻民主集中制原则，切实履行好每位班子成员的工作职责，定期召开主委会议和市委委员会议，凡重大事件集体讨论决定，领导班子科学民主决策水平不断提高。有计划稳步开展组织发展，全年发展新党员21人（女党员6人），平均年龄38.76岁，体现年轻化、知识化的特点。其中，具有大学以上学历17人（硕士研究生2人），中高级职称12人，科级行政职务5人。首次在南康区发展民革新党员4名。至年底，全市有民革党员286人。

民革南芳法律支部升格为民革南芳法律总支部，下设2个支部；成立民革赣州市南康区支部。市直二支部率先设立赣州民革党员之家。围绕《民革赣州市委会支部工作考核办法》《民革赣州市委会支部工作考核评分表》规范支部考核，成效明显。

交流考察。民革上海市委会、安徽省铜陵市委会等民革组织到赣州市开展工作交流，组织部分民革党员到民革北京市西城区委会、重庆市渝中区委会和贵州省贵阳市委会、遵义市委会、安顺市委会学习考察。

【参政议政】 调查研究，精心选题开展调研。市委会领导挂帅组成以相关专家及参政议政骨干为成员的调研组，历时5个多月，先后在市内5个县（市、区）开展调研，向9个部门（单位）征集相关资料，并到重庆、福建、贵州3省（市）5个地（市）学习考察，形成《加强水环境保护与治理，让赣州的水更清山更绿》调研文章，提出的30多条具体建议，不少建议被写入政府工作报告，在各民主党派大调研成果汇报会上进行专题发言。各支部发挥自身优势，积极开展调研，完成调研文章10篇，其中2篇入选市政协五届三次大会讲台发言，1篇入选市政协五届三次大会书面发言。

建言献策。市政协五届二次会议上提交的调研文章中，入选讲台发言、书面发言各1篇。市委会提交集体提案5件，2件被评为市政协优秀提案；民革党员中的政协委员提交提案32件，6人在政协联组会上发言，部分意见建议得到市政府主要领导的批示。5名民革党员被评为2017年度市优秀政协委员。

民主协商。参加各类协商会、征求意见会、双月座谈会、情况通报会近20次。积极开展民主监督，就市委会《关于加强“中华儿童新村”旧址及其周边地区保护与利用的建议》大会发言进行实地查看和座谈，提出整改意见。协助民革省委会在南康区、上犹县开展脱贫攻坚民主监督 5 次，具体承办民革全省脱贫攻坚民主监督会议，并作经验交流介绍。

【社会服务】 精准扶贫工作。与市科技局共同驻点会昌县庄口镇下芦村，选派 1 名干部担任驻点工作队员。年内，围绕脱贫和实现小康目标的任务开展扶贫工作，研究制定年度扶贫工作方案，全面完成全村贫困户的“再识别、再认定”及建档立卡等工作，做到贫困数据清、底子明。配合市科技局帮助驻点村落实每年 20 万元项目资金支持，帮助筹集各类扶贫资金近 30 万元，市委会机关从工作经费中拨付 2 万元给 2 个贫困村，作为精准扶贫工作经费。协助修通 3 个村小组的通组公路，改造危桥 1 座，兴建水陂 5 座，设置 60 千伏光伏发电站 1 座，建设保障房 7 套、村民文化活动室及卫生室 1 栋，建成文化活动广场 1 处，硬化入户便道 3500 多平方米，美化、改造河岸 500 米，为 3 个村小组添置太阳能路灯。

“同心·博爱”影响不断扩大。全年召开社会服务工作会议 2 次，开展系列活动 6 次，捐款捐物总价值 10 万余元，将社会服务活动统一为“同心·博爱”。2017 年，社会服务委员会主任周彬荣获民革全国社会服务工作先进个人称号。

法律服务工作。市委会充分发挥民革法律人才作用，以法律援助工作站为平台，在维护社会稳定、社会救助、法律咨询、法律援助等方面发挥作用。法律援助工作站成员全年进行法律咨询 50 多次，法律援助 9 次，义务法律宣讲 4 次，为《赣州市城市管理条例（征求意见稿）》《赣州市城市道路车辆通行若干规定（征求意见稿）》提出修改意见 10 余条。

【祖国统一工作】 全年接待回赣州市探亲、交流参访的台胞台属台商 16 批次 800 余人，接待世界客属大会台湾桃源市分会常委监事刘邦沐、总干事涂文奎等一行 17 人。祖国统一工作委员会与市台联会联合组团赴台访问 2 次，在台期间，拜会中国国民党主席吴敦义，台湾中华世界民族和平展望会、中华海峡两岸客家文经交流协会理事长刘盛良，世界妇幼会会长、中华海峡两岸客家文经交流协会副理事长张锦辉等 10 余位台湾知名人士，共叙情谊，为促进赣台关系稳定发展作出积极贡献。

（撰稿 马德俊 审稿 李志斌）

【领导名单】
主委：蓝 赟
副主委：陈昌立 王兰英
李志斌（专职） 刘发明
副调研员：江 飞

民盟赣州市委会

【概况】 2017 年是中共十九大、民盟中央十二大和民盟江西省委会第十四次代表大会召开之年。民盟赣州市委会认真学习贯彻习近平新时代中国特色社会主义思想和中共十九大精神，以开展“不忘合作初心，继续携手前进”主题教育为线，不断加强自身建设，积极履行职能，各项工作积极稳妥推进，为纵深推进赣南苏区振兴发展作出应有贡献。

民盟赣州市委会共有 4 个基层委员会，26 个支部，成员 584 人，平均年龄为 48.6 岁。其中，女性成员 217 人，占 37.2%；中高级以上职称有 405 人，占 69.3%。

【自身建设】 认真学习贯彻中共十九大精神。通过召开主委会、全委（扩大）会、专题学习会、支部组织生活会、机关干部会议等多种形式，组织学习中共十八届六中全会、中共十九大精神和习近平新时代中国特色社会主义思想，以及民盟中央十二大、民盟江西省第十四次代表大会精神等。12 月 27 日，召开民盟赣州市委会四届七次全委（扩大）会议，传达学习中共十九大精神，民盟中央十二大精神、盟省委常委扩大会议精神。年内选派 28 名盟员参加省、市社会主义学院的学习，通过各种形式的学习，增强政治意识、大局意识、核心意识、看齐意识，坚定走中国特色社会主义政治发展道路的信心和决心。全年在有关刊物网站发表文章 40 多篇次，微信公众号文章《履职尽责为民为盟——记民盟十二大代表、民盟赣州市委会主委欧阳世麟》，2 天点击阅读量超过 1000 人次。盟市委被民盟中央评为群言杂志社发行工作优秀单位。

组织建设。全年发展新盟员 50 名，平均年龄 34.7 岁（其中博士 2 人、硕士 8 人、高级职称 5 人），组织发展工作得到盟省委通报表扬。积极为盟员搭建发展平台，加强与中共各级党组织联系，向中共各级党组织推荐优秀盟员，为他们创造更多锻炼和成长机会。加强基层组织建设，对部分基层组织领导班子进行调整、充实，基层组织力量得到增强。组织 18 名省民盟代表出席中国民主同盟江西省第十四次代表大会和江西民盟组织成立 70 周年纪念大会。

基层组织活动。民盟赣南医学院基层委员会组织盟员到福建省上杭县古田会议旧址接受革命传统教育；民盟赣南师范大学基层委员会组织盟员到兴国县长岗乡调查纪念馆、苏区干部好作风陈列馆和将军园开展“不忘合作初心，继续携手前进”专题教育；民盟南康基层委员会结合重阳节组织看望老盟员，向老盟员宣传中共十九大精神；民盟机关支部开展敬老活动，为养老院送去慰问物资合计款项近 8000 元；民盟南芳法律支部组织盟员律师到大余县新城镇组织开展普法宣传活动。通过系列的基层组织活动，增强基层组织的活力和凝聚力。

走访交流。根据年度工作安排，结合有关调研活动，副主委孙益仁、赖昭胜、刘南海分别带领部分盟员到民盟浙江省温州市委会、宁波市委会，民盟广东省佛山市委会、东莞市委会，民盟北京市西城区区委会走访交流。通过“走出去”的方式，与其他省市民盟组织进行盟务工作交流，学习先进经验，促进自身工作能力的提高。

【参政议政】　市“两会”建议提案。市政协五届二次会议提交集体提案6件，大会发言材料2篇；盟员政协委员提交个人提案25件，反映社情民意信息30多条。章贡区政协五届二次会议盟员、区政协委员提交提案14件，南康区政协二届二次会议盟员、区政协委员提交提案8件。

民主党派大调研。为高质量完成好大调研任务，积极争取盟省委的支持，省政协副主席、盟省委主委刘晓庄带领省、市民盟组织联合调研组开展调研，组织专家召开调研成果评审会，到盟省委机关、南昌大学、江西省社科院，湖北省武汉市、宜昌市、襄阳市，湖南省衡阳市、常德市，浙江省温州市、宁波市等地开展实地调研，撰写《关于加快推进赣州建设省域副中心城市的调研报告》。在中共赣州市委、市政府召开的2017年度民主党派工商联无党派人士大调研成果汇报会上，得到中共江西省委常委、赣州市委书记李炳军和赣州市委副书记、市长曾文明的充分肯定，要求市直相关部门对所提出的意见建议要逐条研究、逐步落实、逐一答复。

中标盟省委调研课题。盟市委成功中标盟省委调研课题5个，按时按质完成5个调研课题报告（提案）的撰写。选送《浅议行政复议法的修改和完善》《微商市场的法律缺位与规制建议》2篇论文参加民盟中央法治论坛征文活动，选送《教育观念现代化新》论文参加民盟中央第五届教育论坛征文活动，选送《拆完补完之后怎么办》论文参加民盟中央第八届民生论坛征文活动。全年向盟省委报送社情民意信息稿件22篇，被盟省委采纳11篇，被省政协采纳3篇。

【社会服务】　精准扶贫工作。筹集资金4.5万元，帮助发展村集体经济及开展基础设施建设，协调银行解决35万元贴息贷款用于帮助村里发展香菇产业。组织动员丰村小组村民实施引水工程改造项目，解决22户村民季节性缺水的问题；配合村委会开展空心房拆除，资助2000元帮助1户挂点联系贫困户加装门窗，改善居住条件。组织机关干部在春节、端午节、中秋节走访慰问贫困户，为9户挂点联系户送上慰问金和物资合计资金8100元。工作队员协助调解、化解综治纠纷矛盾20多件，受到好评。

送文化活动。以赣州民盟书画院为依托，组织盟员书画家开展文化惠民、文化下乡、文化扶贫活动，社会效果明显。1月，举办“迎新年，大吉祥”书画展览，展出赣州民盟书画家以及部分省内外书画家创作的60余幅书画作品。4月，“世界读书日”期间，民盟书画院与赣州图书馆联合举办为期1个月的“书香赣州2017年画展”，展出优秀作品68幅。9月，与有关单位举办大型书画慈善拍卖会，拍出106幅作品，部分善款用于艺术扶贫。11月，盟市委组织盟员书画家到会昌县庄埠乡禾坪下村开展文化扶贫活动，向村里捐赠现金3.5万元，反映中共十九大精神和文化强国的字画9幅，现场书写春联50多幅。

法律帮扶。3月，组织盟员律师到章贡区水西镇蛤湖村开展精准扶贫、法律共建活动，与蛤湖村签订为期1年的《助力精准扶贫法律服务协议》，捐款5000元帮助村里改善办公条件。10月，组织盟员律师参加由赣州市总工会与赣南师范大学联合组织发起的“遵法守法·携手筑梦”服务农民工法治宣传活动。12月，组织盟员律师到大余县新城镇、赣州市第一职校开展普法宣传讲座。

“农村教育烛光行动”。10月，盟市委组织盟员企业家到于都县岭背镇禾溪埠小学开展“农村教育烛光行动”，捐赠价值3万元的教师办公桌椅25套，价值2.6万元的教师住宿用床25套，现金3000元。

义诊活动。10月，以民盟赣南医学院基层委员会为依托，组织康复、普外、心内、妇产、胃肠等方面的盟员医生，到赣州恒康养老福利院开展“重阳节敬老送健康”义诊活动，义诊120余人次。

（撰稿　李　壮　审核　孙益仁）

【领导名单】
主委：欧阳世麟
副主委：孙益仁（专职）　赖昭胜　刘南海　邱庚香

民建赣州市委会

【概况】　2017年，民建赣州市委会以习近平新时代中国特色社会主义思想为指导，认真学习宣传贯彻中共十九大精神，切实履行参政党职能，务实开展各项社会服务，凝心聚力助推赣州振兴发展，各项工作取得明显成效。

民建赣州市委会内设办公室、组宣部。人员编制5个，在编在岗4人。

【思想建设】　认真学习宣传贯彻中共十九大精神。组织收听收看中共十九大开幕式盛况和中共中央总书记习近平代表中共十八届中央委员会作工作报告；召开民建赣州市委会（扩大）会议，举办中共十九大精神专题学习报告会，研究制定《学习宣传贯彻中共十九大精神实施意见》；扎实推进民建赣州市委会所属各总支开展学习宣讲中共十九大精神；举办“同心筑梦——庆祝中共十九大胜利召开”书画摄影作品展，市内50余名艺术家近百幅艺术精品参展。

开展爱国统一战线和红色革命传统教育。组织骨干会员10余人，由主委邹军带队，到古田、瑞金、井冈山、延安等地，开展革命传统和爱国主义学习教育活动。

开展以“不忘合作初心，继续携手前进”为主题的系列活动。围绕“不忘合作初心，继续携手前进”主题，开展宣讲学习、主题征文、重点理论研究等系列活动，收到主题征文20余篇、民主监督专题理论研究文章10余篇，其中2篇获评民建省委会重点理论研究优秀成果。

全年编发《赣州民建》4期，有60篇次文章在民建中央、省委会、赣州政协网等有关刊物网站发表。市、县电视台多次播放民建组织及民建会员有关活动，全年宣传工作有图像、有声音、有文字，较好地反映民建工作开展情况。其中，《人民政协报》《光华时报》先后刊登《久久为功，民建赣州市委会持续建言催生系列政策红利》等，报道民建市委会履职成果。

【组织建设】 2017年，在中国民主建国会江西省第九次代表大会上，民建赣州市委会主委邹军当选常务委员，副主委郭宏文、赖春宝当选委员。全年发展会员15人，净增率4.79%。会员总数达到306人。其中，大学以上学历149人，中高级职称133人；经济界人士245人，占会员总数80%。高素质人才荟萃，界别特色明显。适时举办2016年入会新会员学习班，教育引导会员提高政治站位能力和履职服务水平。

市委会制定并完善《民建市委会机关工作制度》《民建市委会领导联系基层制度》等16项规章制度。

【参政议政】 市“两会”建言。在市政协五届二次会议上，市委会提交大会发言5篇、联组发言10余篇、个人和集体提案30多件。其中，《关于加快我市企业上市的建议》获中共赣州市委副书记、市长曾文明肯定，3月市政府办公厅印发的《关于引进企业上市助推脱贫攻坚的指导意见》充分吸纳提案建议。大会发言《完善民营企业帮扶机制》，引起较大反响，在《赣南日报》等新闻媒体重点报道，在大会期间的民主协商会上进行面对面协商办理，进行现场办理答复。

主攻工业专题调研。调研成果《关于着力设计引领，力促赣州家具品牌化发展的建议》获中共江西省委常委、赣州市委书记李炳军批示；在民主协商对话会上，由市政府分管副市长对发言所提意见建议进行面对面的协商办理。调研成果《关于加快青峰药谷建设，打造国内著名生物制药产业集聚区的建议》，获得中共赣州市委主要领导重视，中共章贡区委就如何加快“青峰药谷”的建设召开“诸葛会”。

民主党派大调研。民建市委会就红色文化旅游产业发展进行调研，形成《关于将赣州打造成红色文化旅游新时代样板的建议》。全年上报社情民意20余篇，其中被民建省委会采用7篇，《政府应该更强有力地遏制天价婚姻彩礼现象》《保留为去世老党员开追悼会的传统》等2篇被省政协采用。

【社会服务】 脱贫攻坚。民建市委会多次走访慰问贫困户，发放慰问资金、慰问物资等；帮助西湖村争取项目和资金，完善道路、水利等基础设施；突出产业扶贫，引进企业在南康区横市镇创办扶贫车间，引导会员捐款2万元开展产业扶贫。参与文明城市创建。号召民建会员和机关干部积极参与，开展志愿服务，协同社区做好文明宣传、店铺非法占道经营管理等工作。争取民建中央支持，协助上犹县、石城县、瑞金市、赣县区、寻乌县、会昌县等6个贫困县（市、区）捐赠救护车13辆，价值90余万元。

（撰稿 邹静芸 审核 郭宏文）

【领导名单】

主委：邹　军

副主委：郭宏文（专职）　赖春宝　刘开健　谢红烽（女）

副调研员：康黎明（女）

民进赣州市委会

【概况】 2017年，民进赣州市委会按照民进江西省委会和中共赣州市委工作部署，围绕中心，服务大局，深入学习习近平新时代中国特色社会主义思想和中共十九大精神，不断加强政治把握能力、参政议政能力、组织领导能力、合作共事能力、解决自身问题能力，各项工作取得显著成绩。获“民进江西省委会坚持和发展中国特色社会主义学习实践活动先进集体”“民进全省机关建设工作先进单位”称号。

民进赣州市委会内设办公室、组宣部。人员编制4人，在编在岗3人。

【自身建设】 思想建设。始终高举习近平新时代中国特色社会主义思想伟大旗帜，以主题宣讲会、座谈会、联谊会、专题学习会等形式，先后重点学习全国“两会”期间中共中央总书记习近平在全国政协民进、农工党、九三学社委员联组会上的重要讲话以及中共十九大精神、民进中央十二大等，全年组织各类学习55场次。

组织建设。全年发展新成员26名，平均年龄37岁。其中，男性会员17名占65.4%，女性会员9名占34.6%；以文化教育出版科技为主的新成员20名，占76.9%；大专以上学历24名，占92.3%。截至年底，会员总数419人。成立民进华商（赣州）律师事务所支部、“1%工程”志愿服务赣州站、新成员班各1个，形成1个基层委员会、22个支部、3个新成员班、5个会内组织（民进赣州企业家联谊会、民进赣州智库、赣州开明画院、“1%工程”志愿服务赣州站、民进摄影协会）的架构。年内，会员中提拔正处级干部1人，副处级干部2人。

组织开展走访慰问老领导和老会员活动，组织会员为发生车祸而经济困难的会员募集善款3.3万多元。各支部开展各类活动104批次，如“‘我身边的先进’事迹报告会”“民进赣州市委会庆祝第33个教师节座谈会”“‘不忘初心携手共进’2017年迎新春联欢晚会”等活动。刊登播报新闻稿件88篇，印发简报12期。

【参政议政】 开展调研活动32批次，提交参政议政材料103篇。成立调研组围绕赣州红色、客家、宋城、理学、禅宗和堪舆等历史文化开展大调研活动，形成《赣州市历史文化的定位及开发利用研究》调研报告，获中共江西省委常委、赣州市委书记李炳军肯定。完成中共赣州市委领导交办的《关于打造马祖岩禅宗文化主题公园、杨仙岭堪舆文化主题公园的调研报告》。在市政协五届二次会议上，提交建议提案88篇，其中大会讲台发言2篇、书面发言1篇、联组发言10篇、小组讨论发言11篇、集体提案20篇、个人提案33篇、社情民意11篇。《加快赣州高铁经济发展的建议》《压实责任，推进精准扶贫》列为大会讲台发言，其中《加快赣州高铁经济发展的建议》获中共赣州市委副书记、市长曾文明的批示；《关于提升我市规模以上工业企业“两化融合”水平的建议》被评为优秀提案。

民进华商（赣州）律师事务所支部积极参与中国民族贸易促进会南粤分会与赣州经济技术开发区项目合作等工作，争取捐赠价值5000万元的易书考爱心学习卡50万张。协助参与完成中国稀金谷813.33公顷的征地拆迁工作。组织开展“我为主攻工业建一言献一策”活动，《关于加快战略性新兴产业发展的建议》列为政协常委会发言材料。

【社会服务】　精准扶贫。筹集和投入帮扶资金30多万元，为宁都县对坊乡葛藤村角公村小组等3个小组硬化入户道路争取项目资金24.44万元，争取3万元用于重修水毁公路，安排专项精准扶贫工作经费1万元，为对坊乡贫困学生送去羽绒服200件价值6万元。开展入户帮扶30余次，帮贫困户获得产业扶贫贷款10万元。开展“爱心奉献医疗帮扶——助力精准扶贫活动”“我为精准扶贫建一言献一策”等活动。协助完成《对坊乡产业扶贫实施方案》《宁都金溪谷生态农园综合体》总体规划。

普法宣传。开展综治法治宣传活动、“菊心姐姐”心灵驿站志愿服务、“防电信网络诈骗，远离非法集资”公益讲座、“法律志愿服务进校园”法治讲座、送法下乡、送法进乡镇、送法进企业等普法宣传活动20多次。

“1%工程”活动。筹集帮扶资金及物资折款43万余元，组织开展各类活动87批次。围绕坚持和发展中国特色社会主义学习实践活动主题，在安远县、会昌县、上犹县开展3批助学活动，累计捐赠3.65万元，资助乡村贫困学生30名，发放文具400套，援建图书阅读角4个，送法制安全教育课4堂；在赣南师范大学、江西理工大学、赣南医学院举办“‘1%工程’·纵横助学金发放仪式”3批，为30名在校贫困大学生每人发放助学金1000元。在石城县、宁都县开展“手拉手关爱留守儿童，齐心合力奉献民进爱心”“寒冬里的温暖”等活动，为500名贫困乡村小学生每人赠送羽绒服1件，价值15万元。为章贡区沙石镇龙埠小学乡村足球队30名队员赠送球鞋、球袜和护膝，民进企业家为4户困难家庭现场捐款1.04万元。开展“爱心传递，健康同行”义诊活动。组织143人次开展“结对共建，共创文明，建设美丽赣州”文明城市创建活动，有2名会员分别获评先进个人和优秀志愿者。

（撰稿　张秀云　审稿　杨国峰）

【领导名单】
主委：孔刃非
副主委：蓝　文（女，畲族）
　杨国峰（专职）　曾祥华

农工党赣州市委会

【概况】　2017年，农工党赣州市委会认真学习贯彻中共十九大精神和习近平新时代中国特色社会主义思想，深入开展“不忘合作初心，继续携手前进”主题教育活动，围绕中心、服务大局，注重凝聚和充分发挥广大农工党员才智，着力提高自身建设水平与履职能力，全面做好参政议政、民主监督和政治协商的各项工作，积极投身精准扶贫和“六大攻坚战”，为奋力打造新时代中国特色社会主义红色样板做出积极贡献。

农工党赣州市委会内设办公室、组织宣传部。人员编制5名，实有5人。

【思想建设】　注重提高全体农工党员的政治素质和政治素养，组织机关干部和农工党员认真学习中共十九大精神。通过观看电视直播，召开全委扩大会、支部会议学习，参加中共赣州市委和农工党省委会举行的各类学习活动深刻领会其精神实质。开展“不忘合作初心，重温光荣历史”主题宣讲活动，举办“学习中共十九大　不忘初心跟党走”主题演讲比赛。通过《赣州农工简讯》和微信、QQ工作群平台，搭建起快捷方便的宣传和工作渠道，提高农工党员自觉接受中国共产党的领导，增强政治意识、大局意识、核心意识、看齐意识，从思想上政治上行动上自觉与以习近平为核心的中共中央保持高度一致，强化责任意识、担当意识，把各项决策部署和工作要求落实到党派具体工作上来，推动各项工作上新台阶。

【组织建设】　全年发展农工党员19人，至年底党员总数为279人。开展“四个一”活动（即支部每半年开展1次支部组织生活，每年推荐发展1名党员、开展1次社会服务活动、提供1篇调研文章），对支部党员发展、开展支部生活和社会服务活动，党员提交社情民意、参与支部生活和社会活动提出具体的要求。加强农工党员培训，对新发展的农工党员开展主题培训，开展“不忘合作初心，继续携手前进”主题培训活动，选送骨干农工党员参加省、市组织的相关学习培训；组织农工党市委会委员、各农工党支部主委和部分骨干党员到九江市修水县农工党江西革命活动历史资料陈列馆开展“不忘合作初心，重走先辈道路”主题教育活动。通过培训等活动提升农工党员的政治素质，提高支部的创造力、凝聚力、战斗力，为服务“六大攻坚战”，助力赣南苏区振兴发展起到积极的作用。

【参政议政】　开展民主党派大调研，农工党市委会把“关于我市美丽乡村建设情况的调研”作为调研课题，并成立专题调研组进行调研。“新医改形势下促进民营医院良性发展的对策建议”被农工党江西省委会列为2017年上半年专题调研课题，“大力发展健康产业，推进健康中国建设”被农工党江西省委会列为2017年下半年专题调研课题。在市政协五届二次会议上，农工党市委会提交大会讲台发言材料2篇，书面发言材料2篇，集体提案7篇。其中，《关于进一步完善“健康扶贫四道保障线”的建议》获中共江西省委常委、赣州市委书记李炳军批示。在全市创建全国文明城市活动中，农工党市委会专职副主委陈宗祥提交的《建议整治规范章江新区沿街店面招牌》的社情民意信息获得中共赣州市委副书记王林云等市领导批示，并在创建文明城市活动中得到运用采纳。

【社会服务】 认真做好驻点村精准扶贫工作。2017年，与赣州市防汛办组成联合扶贫工作队帮扶信丰县嘉定镇金龙村，年内对建档立卡贫困户进行慰问，共送上价值2万余元的物质和现金，拨付2万元精准扶贫工作经费。开展健康帮扶、医疗义诊活动，免费为金龙村100多名群众进行诊疗，发放价值1000余元的药品。开展捐资助学活动，为金龙村25名贫困学生发放书包、文具及助学金，共计资金4000余元.

开展第十届“中国环境与健康宣传周”活动。联合市环保局等12家单位在郁孤台历史文化街区以“6·5”环境日为主题开展系列宣传咨询服务活动，组织“环保赣江行”倡议签名、现场聘请环境保护社会监督员、进行环保满意度调查等。开展“中国国际科学和平周”活动，举办学习宣传贯彻中共十九大精神群众文艺晚会1场，进行“青少年近视眼防控”专题讲座，对糖尿病患者及患者家属和肥胖人群免费筛查，进行糖尿病健康知识讲座，开展糖尿病知识有奖问答等系列活动。

（撰稿　刘小娥　审稿　陈宗祥）

【领导名单】

主委：姚　勇

副主委：陈宗祥（专职）　陈金清　陶晓俊　邵银进

九三学社赣州市委员会

【概况】 2017年，九三学社赣州市委会（简称社市委会）团结带领各支社和广大社员，紧紧围绕中共赣州市委、市政府的中心工作，全面加强自身建设，积极履行参政党职能，各项工作取得新成效，为促进全市经济社会发展作出新贡献。

【思想建设】 社市委会始终把政治学习放在首位，把思想建设作为自身建设的核心，以巩固思想政治共识为抓手，不断加强自身建设，广大社员“四个自信”和“四个意识”不断增强，夯实多党合作的共同思想政治基础。持续开展坚持和发展中国特色社会主义学习实践活动，组织开展九三学社创建72周年纪念活动。认真抓好中共十九大精神和习近平新时代中国特色社会主义思想的学习贯彻。组织社市委会机关和12个支社深入学习中共十九大精神，引导广大社员自觉把思想和行动统一到中共中央决策部署上来，确保党派事业沿着正确方向前进。

【参政议政】 课题调研。围绕“六大攻坚战”等重点、难点、热点工作，坚持开展专题调研。民主党派大调研中，《借力城市“双修”营造城市特色》得到中共江西省委常委、赣州市委书记李炳军充分的肯定，获得中共赣州市委副书记、市长曾文明批示，有关内容写入中共赣州市委的重要文件和《政府工作报告》。组织社员申报完成社省委课题12项，其中《尽快建立矿山环境治理恢复基金的几点建议》获中共江西省委常委、赣州市委书记李炳军和中共江西省委常委、常务副省长毛伟明批示。4项成果被社中央采用，3项成果被省政协采用。

民主协商。在市政协五届二次全会上，社市委及委员积极议政建言，作大会发言1篇，提交大会书面发言2篇，提交集体提案5篇，《关于加强中心城区公共停车场建设与管理的建议》被评为优秀提案；委员作联组发言10件次，提交提案20件，其中评为优秀提案4件、列为市政协主席重点督办提案4件，《关于加快我市“四库一平台”建设的建议》获副市长何福洲批示，《关于促进我市工业发展的建议》获副市长胡聚文批示。社员反映社情民意16件。侯乐锋、赖延东、郭益萍、邹荣华、李苗等5位社员被评为市优秀政协委员。

政党协商。社市委会主委侯乐锋在中共赣州市委举行的政党协商座谈会上，提出深入推进农业供给侧结构性改革，加快农业现代化建设、加强农村生活污水治理、加大对稀土产业的扶持力度等多项建议得到市领导肯定和相关部门采纳。社市委会专职副主委钟友华参加党风廉政建设和反腐败工作、法院和检察工作情况通报会，并就相关工作提出意见建议。

【自身建设】 坚持实施人才强社战略，加强社组织各项建设，全面提升社的组织化水平和整体运行能力，为社市委会履行职责提供坚强组织保障。完善主委会议制度，定期召开会议，沟通思想、增进共识、谋划工作。全年召开主委会议4次、全委（扩大）会议3次。主委侯乐锋出席九三学社第十一次全国代表大会。选派人员参加中共中央统战部组织的学习培训、社省委组织的社市委会委员学习和全市民主党派市委委员读书班等。

组织发展保持平稳健康态势。年内发展社员11名，其中博士1名、硕士2名、高级职称4名，南康区发展社员3名。至年底，社市委会有支社12个，社员214人。担任省、市、县（区）人大代表、政协委员31人次；副厅级干部1人、正处级干部2人、副处级干部8人、正科级干部10人、副科级干部21人，形成较好的干部梯队。

完善机关各项制度，组织机关工作人员学习培训，提升机关工作人员业务能力和工作水平。创新宣传方式，设立社市委微信公众号，及时发布工作动态和党派知识。加强与基层组织的联系，认真做好基层组织和社员的服务工作，看望、慰问生病社员，春节期间走访70岁以上老社员、机关退休人员40余人。

【民主监督】 社市委会主委侯乐锋作为监督组成员全程参与社省委会对兴国县、会昌县脱贫攻坚民主监督，撰写的《关于对兴国会昌脱贫攻坚专项民主监督工作的情况汇报》获中共江西省委书记鹿心社和社中央副主席丛斌批示。主委侯乐锋挂点联系赣县区三溪乡土龙村，调研完成“赣县区三溪乡土龙村脱贫攻坚调研报告”，坚持每月入村督促指导脱贫攻坚工作；积极组织委员参与重点提案督办，促进工作落实。

【社会服务】 做好挂点村精准扶贫工作。筹措资金硬化入户道路，惠及周边群众，着力改善村容村貌；开展春节走访慰问，为对口挂点帮扶贫困户送去慰问金和物资。积极参加文明城市创建活动。依托赣南医学院支社，联合社省委青工委举办口腔种植研讨会，邀请北京、上海、南昌等地专家为全市50多名牙科医生开展口腔种植知识讲座；组织医卫支社医生到于都县银坑镇开展送医入户活动，组织农业支社专家到于都县段屋乡、梓山镇开展送科技下乡活动，组织律师社员机关工作人员到兴国县、赣县区开展送法下乡活动。社员王敬东、张书荣向江西应用技术职业学院捐赠恐龙蛋化石标本1窝12枚。韩高峰获住房和城乡建设部“全国城乡建设系统劳动模范”称号。

（撰稿 梁 茜 审稿 侯乐锋 钟友华）

【领导名单】

主委：侯乐锋

副主委：钟友华（女，专职）

潘振华 韩高峰 刘建生

赣州市工商联（总商会）

【概况】 2017年，赣州市工商联认真贯彻落实市第五次党代会确定的战略部署，以服务“两个健康”“六大攻坚战”为目标，以促进非公经济事业发展为主线，顺势而为、乘势而上，大力改革创新，为打好“六大攻坚战”，实现全面同步小康奋斗目标作出新贡献，以“服务振兴赣南苏区、扎实推进精准扶贫”为亮点获评全省唯一的2017年度全国“创新中国”工商联（商会）工作特别奖，被江西省工商联评为2017年度目标管理考核优秀单位。

【赣州商会联合总会成立】 7月20日，赣州商会联合总会成立大会暨第一次会员代表大会召开。十二届全国政协委员、中国光彩事业促进会副会长、毅德控股集团创始主席王再兴当选首任会长。赣州商会联合总会是众多赣州商会及赣商的联合组织，简称“赣商联”，办会宗旨“虔心互联，和合共赢”，由外埠赣州商会、县（市、区）外埠商会及市属商会121家，3万余家会员企业联结而成，覆盖全国11个省市、28个地级市以上城市。总会首届理事会由各商会会长和部分杰出赣商代表组成，设会长1名、执行会长6名、常务副会长24名、副会长19名、理事若干名，并设监事会。邀请36名外埠乡贤及本地老领导为赣州市经济社会发展决策咨询员、联合总会决策咨询员。总会的成立为广大赣商搭建加强联络、沟通乡情、资源共享、相互交流的家，也是政府联结赣商、凝聚力量、推进回归、振兴家乡的重要平台。

【承办全国“万企帮万村”片区会】 9月1日—3日，全国“万企帮万村”精准扶贫行动片区座谈会在赣州市上犹县召开。全国工商联副主席、中国光彩会副会长谢经荣，国务院扶贫办副主任陈志刚，中国农业发展银行副行长殷久勇出席会议并讲话。中共江西省委常委、省委统战部部长陈兴超致辞。全国工商联、国务院扶贫办、中国光彩会、中国农业发展银行和河北、山西、安徽、福建、江西、山东、河南、湖北、湖南、海南等省有关单位负责人与民营企业代表参加会议。市工商联代表赣州市在会上交流发言。赣州“百企帮百村”行动的“赣州经验”得到全国认可，扶贫车间、共享经济、产业扶贫等一批可复制、可持续的经验得到总结和推广。

2016年起，市工商联发挥非公有制经济在开拓市场、创造财富、吸纳就业等方面的独特优势，多渠道引导广大非公企业积极参与脱贫攻坚，突出抓好“三个创优”（政府创优政策、社会创优环境、民企创优模式），“百企帮百村”精准扶贫行动取得良好成效。至2017年底，全市录入全联扶贫数据系统的参与帮扶企业（商会）638家，实施项目1325个，投入总金额约4.2亿元，受帮扶村776个，受帮扶贫困人口80114人。11月，在瑞金市召开全市民营企业“百企帮百村”精准扶贫百日行动现场推进会。市工商联机关认真做好会昌县珠兰乡下照村精准扶贫挂点村的扶贫工作。

【政策创新】 经过调研、商讨、起草和反复修改，中共赣州市委、赣州市政府《关于进一步加强工商联商会工作服务非公有制经济发展的实施意见》印发执行。为各级党委政府重视非公有制经济发展出台政策，为商会建设服务管理搭建平台。

【服务平台建设】 成立赣州民联投资管理有限公司。由赣州商会联合总会执行会长、江苏爱康集团董事长邹承慧牵头，联合部分实力较强的赣籍企业家、市内外上市公司共同发起成立赣州民联投资管理有限公司（简称“赣州民投”）。“赣州民投”母基金总规模50亿元，基金投资范围为行业或区域专项基金，最终实现带动500亿元直接投资的目标，为区域经济的发展作贡献。“赣州民投”于2017年7月13日经市金融工作局批复核准。

赣州商会联合总会信息平台。信息平台汇集各地赣州商会及会员信息，宣传赣州市经济社会发展情况、招商引资政策与项目，实现资源共享、信息互通、发展共赢。信息平台围绕全国赣州商会综合信息服务管理、商协会内部交流、在线招商推广等3个方面进行落地，分为商会综合管理平台、商协会平台、招商大数据平台3个子系统进行建设，支持手机APP和微信公众号/企业号等展现和使用形式。

成立全省首家经济技术开发区工

商联分会。6月，批复成立赣州市工商联赣州经济技术开发区分会，11月25日，召开成立大会暨第一次会员大会，选举产生市工商联赣州经济技术开发区分会主席、副主席和常务理事，是全省首个经济技术开发区工商联组织。

【“三进三促”活动】 2017年，在全市工商联系统开展“‘三进三促’转作风提效率构建亲清政商关系”活动，通过进基层、进商会、进企业，促思想提升、促环境优化、促经济发展，优化全市非公经济发展法律、政策、政务、人文环境，构建亲清政商关系。推动各级党委政府建立政企联动机制，建立市及县工商联和直属商会联系挂点制度；建立基层商会与非公有制企业联系服务机制，落实“三了解、一听取”制度；建立和完善异地赣州商会和工商联执常委对接“六大攻坚战”和指导引导异地赣州商会服务“赣商回归”工作机制；建立非公有制经济人士参与工商联工作制度等。

【宣传与调研】 印发《关于做好2017年度宣传信息工作的意见》，完善“一网两刊四微信”建设，出刊《赣州商会简讯》16期。继续与赣南日报社合作开展“媒体进民企”专题宣传活动和“榜样赣州·双十佳民营企业人物”评选活动。11月，召开全市民营企业“百企帮百村”精准扶贫百日行动现场推进会，市委统战部、市工商联等6个部门联合表彰谢朗明等10名“榜样赣州·十佳精准扶贫爱心企业家”、邹承慧等10名“榜样赣州·精准扶贫爱心企业家”特别奖、刘燕等20名“榜样赣州·精准扶贫爱心企业家”提名奖。

开展调查研究。2017年，确定“1+3”调研安排，“1”即形成“2017年度赣州市民营经济发展报告”；“3”即开展“我市商会产业园调查与思考”“民营企业参与精准扶贫的调查与思考”“市外流动党员管理的调查与思考”3项调研。《赣州市非公有制经济组织流动党员管理研究》在全市第18次机关党建工作交流暨2017年度机关党建理论研讨会上获优秀奖。

【教育培训】 根据《2016—2018年企业家教育培训工作规划》安排，3月，举办《中国宏观经济政策解读》专题讲座，邀请中国人民大学经济学院原院长、博士生导师、国务院特殊津贴获得者黄卫平教授进行解读；5月31日至6月6日，在厦门大学举办赣州市2017年非公有制经济代表人士培训班。在10月31日召开的全省年轻一代民营企业家理想信念报告会上，中银（赣州）律师事务所创始合伙人陈瞻代表赣州市作书面发言。年内，全市工商联系统采取以会代训、合作办班、委托培训、网上学习等多种方式开展培训，培训人数2000人次。

【非公经济组织党建工作】 年内，撤销设在市工商联的市非公有制经济组织党工委；7月25日，在市工商联新设立市非公有制经济组织党委。扎实抓好“两学一做”学习教育活动常态化制度化。及时制定《推进“两学一做”学习教育活动常态化制度化实施方案》，召开直属党组织“两学一做”学习教育交流会，组织党员和非公有制经济人士到井冈山、上杭古田及市内瑞金、兴国、于都、寻乌等地接受革命传统教育。开展直属党组织党建工作督查。举办入党积极分子培训班1期；新成立天音通信控股有限公司党委。做好中共十九大代表的推荐工作，赣州格特拉克（江西）传动系统有限公司职工彭发福被选举为江西省出席中共十九大代表。

【服务招商】 开展走访慰问杰出乡贤活动。春节前夕，中共赣州市委常委、市委统战部部长彭业明率工商联领导走访慰问邹承慧、李平等5位回乡探亲的杰出乡贤，为他们送上鲜花和慰问信。5月，以市委、市政府的名义寄发“致在外赣州籍乡贤的函”。开展大走访大调研活动。分组对市工商联执、常委和外埠商会及友好工商联进行走访调研，分别走访分布在京津冀、长三角、珠三角、海西经济区、西南片及江西省内等“六大区域”的25个赣州商会、10多个省外友好工商联，全面了解各地商会发展情况。接待成都市赣商考察团、苏州市工商联商会考察团等多个考察团到赣州考察。搭建与广州市、河源市交流合作平台。

【服务中心工作】 服务“六大攻坚战”。继续开展“降成本、优环境”专项行动，到挂点工业园与企业对接，对涉企问题处理进度进行逐一了解，将涉企问题处理情况全部录入市精准帮扶手机APP及网络帮扶平台。加强法律服务。利用江西省“百名律师服务团”赣州服务中心的作用，全年开展法律服务活动20余次，提供法律咨询100多次。继续推进“五好”县级工商联建设和规范直属商会建设。信丰县、上犹县、安远县、龙南县、兴国县、会昌县工商联被确认为全国“五好”县级工商联，章贡区、南康区、定南县、赣县区、石城县工商联被确认为全省“五好”县级工商联。

（撰稿 郭 燕 审稿 丘红宇）

【领导名单】

主席：华旭明

党组书记：谢来福

副主席（副会长）：谢来福 丘红宇 钟 彦

副主席：蒋庆金 龚 斌 谢朗明 林阿龙 林 钦 陈岳林 杨轶群 李世峰 王德文 黄世春 郭华彬 张德荣 李建明 罗镇城 邓卫城 庄席福 邓树生 刘钦辉 赖诚明 朱开椿 许 磊 唐向阳 杨品华

副会长：孙赣华 袁宜海 易 辉 萧建华 袁 勇 林锦汕 郭晓夏

调研员：夏命通

秘书长：叶 昊

（本栏编辑 廖伟东）

群众团体

总工会

【概况】 2017年是工会改革启动之年，全市各级工会按照中央党的群团工会会议精神，围绕市委、市政府“打好攻坚战、同步奔小康”战略部署，贯彻省总工会“农民工入会集中行动”“进园区、强基层、惠职工、促发展”“建家、强家、暖家”等部署，紧扣“163”工作思路，在工会组建、劳模服务、维权维稳、职工帮扶、教育工会、女职工工作等方面都成绩卓著、亮点纷呈，全市工会在服务大局、服务职工中地位更突出、作用更凸显、成效更显著。市总工会领导班子被市委评为“2016年度优秀领导班子”；市总工会获评2017年度江西省工会新闻宣传工作先进单位和江西省第十四届文明单位。

赣州市总工会领导管理20个县（市、区）总工会（包括14县、3区、1市及蓉江新区、赣州经济技术开发区），135个市直属基层工会。市总工会机关设办公室、基层工作部、财务事业部、经济技术部、宣教网络部、权益维护部、经费审查委员会办公室、市教育工会、机关党总支等9个部办和市困难职工帮扶中心、市职工教育活动中心和省职工保障互助会赣州办事处3个事业单位。行政编制28名，事业编制14名，实有36人（在编在岗），聘用临时工13人。

【学习宣传】 推动中共十九大精神进企业、进班组、进车间。通过党组会议、党组中心组（扩大）会议、机关干部学习会和全市工会工作座谈会等形式，深入学习宣传贯彻中共十九大精神及习近平新时代中国特色社会主义思想。班子成员带队深入园区、企业、厂矿、学校等基层工会宣讲中共十九大精神；利用“赣江源”工会微信公众号等多种载体和组织中共十九大代表彭发福等劳模、专家宣讲团等多种形式宣传宣讲中共十九大精神。弘扬劳模精神。开展“中国梦·劳动美”主题教育活动、第二届“赣州工匠”和赣州“十大创业明星”推荐评选活动；开展“六大攻坚战，工会在行动”图片展活动，宣传全市各级工会组织团结带领广大职工在打好“六大攻坚战”中所取得的工作成果。通过劳模大讲堂、劳模精神进校园、劳模网上讲堂等各种形式，推动劳模精神进企业、进学校、进社区。组织开展职工文化体育活动，举办喜迎中共十九大庆“五一”职工歌咏大赛、全市2017年职工网球大赛、全市职工毽球大赛等活动；开展以劳模（道德）大讲堂、职工文化大讲堂、职工法律大讲堂为重点的“三堂”教育，活动达600余场次，受教育职工达10余万人。重点打造市级“职工书屋”精品示范点22个，推广普及全国电子职工书屋阅读系统。开展第十五届省、市职工职业道德建设标兵单位和标兵个人的评选表彰活动，推荐上报第十五届全省职工职业道德建设标兵单位4个、标兵个人5名，评选表彰第十五届全市职工职业道德建设标兵单位20个、先进单位16个，标兵个人20名、先进个人20名。

【工会改革】 按照增“三性”去“四化”（增“三性”即政治性、先进性、群众性；去“四化”即机关化、行政化、贵族化、娱乐化）要求，破解制约工会自身建设突出问题，制定《赣州市总工会改革工作责任分工方案》。改革调整机关内设机构。重新拟定《赣州市总工会机关主要职责内设机构和人员编制规定》，整合保障女工部、组织民管部、法工部等部门，新成立基层工作部、权益维护部、宣教网络部等导向基层部门，调整优化办公室、经济技术部、财务事业部等部门相关职能，提高运行效率。改进工会领导机构人员构成。召开赣州市工会第四次代表大会，选举产生新一届市总工会领导机构。18名常务委员构成中基层工会工作者、先进模范人物9名，占50%，生产和工作一线人员4名，占22%；64名委员构成中基层工会工作者和先进模范人物38名，占58%，生产和工作一线人员11名，占17%。完善工会运行管理机制。建立市总工会机关干部挂兼职选派制度，工会组织与党政机关、企事业单位之间领导干部双向交流制度，加大工会专职干部与党政机关、企事业单位干部间双向交流力度。制定协理员管理奖惩激励机制，明确协理员工资增长办法，优秀协理员可聘为县（市、区）总工会内设机构负责人。建立市总工会与县级党委协调推进工会工作制度，坚持工会受同级党委和上级工会组织双重领导体制。建立县（市、区）总工会主席向市总工会委员会述职和委员测评制度。创新工会服务方式。成立“群团服务中心”，整合工会、团委、妇联等群团资源，形成资源整合、整体联动、高效运行的“大群团”工作格局，赣县区、安远县等地启动建设“群团服务中心”。实行市总工会领导联系县（市、区）和直属基层工会全覆盖制度，实现工会领导干部下基层活动常态化、制度化。规划建设占地2公顷的赣州市“职工之家”，完成立项、选址和土地划拨。安远县、兴国县等6县（市、区）“职工之家”建设顺利推进。从健全完善站点规划、制定以奖代补政策、实施规范化管理入手，推进村社工会服务活动站建设。打造重点企业工会服务活动点，资助企业开展职工文化阵地建设。

【开展“四家”专项行动】 开展“建家、强家、暖家、爱家”专项行动。组织2次全市“四家”专项行动督查，召开全市工会“四家”专项行动调度会。以“建家”扩大工会覆盖面。新建工会547家，新增会员2.6万人，全市共有基层工会组织2.3万个，会员78.9万人，建会率99.05%，入会率98.34%，农民工会员31万人，入会率99%，园区企业职代会建制率91.4%，厂务公开建制率91.2%。以“强家”增强基层工会实力。市、县两级共筹集800余万元资金，专门用于补助建设活动场所、职工书屋，奖励优秀示范工会和优秀基层工会干部、优秀工会会员，确保年内惠及职工资金不少于3000万元。推动工会规范化建设，整顿基层工会186家，调整工会干部368人，“五公开”工会达1.8万家，“八有”标准工会达293家，推动编制部门核定国家级园区专职副主席3个。招录协理员37名，充实园区工会干部队伍。以“暖家”提升工会组织吸引力。开展道德讲堂等“三堂”教育和技能培训，以及“六送四发二确保”（即送技术、送文化、送温暖、送劳动保护用品、送清凉、赠送互助保障给职工，发放金秋助学、困难帮扶资金、奖补资金、工会普惠卡，确保劳模和优秀职工群体有疗休养或健康体检、确保困难职工有精准帮扶措施）等活动，拓宽帮扶服务领域。以“爱家”激发干部活力。开展工会干部和职工专项行动随手拍活动，每周在宣传平台中展示专项行动成果和优秀职工风采。制订园区职工解困脱困计划，发放帮扶联系卡9100多张。开展“细数身边变化、礼赞发展成就、喜迎十九大”活动。在厦门大学、延安工会干部学校举办培训班，培训全市工会干部6500余人。3月，全国总工会基层工作部副部长高洁率调研组一行，对赣州市基层工会工作特别是“四家”专项行动给予充分肯定。

【职工创新创造活动】 开展劳动竞赛。以“9月劳动竞赛月”为载体，在全市范围内成系统、分行业开展“中国梦　劳动美”职工导游、卫生应急、食品药品安全监督检查、维修电工、化验工、光缆线路维护、采矿装矿选矿、月嫂、钢琴、水电运行10项劳动技能大赛。全年共打造省级劳模创新工作室9个和市级劳模创新工作室69个。台湾劳工联合总工会一行到赣州市参观考察劳模创新工作室。全年参与劳动竞赛职工97.1万人，其中工业园区职工83.3万人，增长11.3%；参加技能竞赛职工36.2万人，其中工业园区职工28.6万人，增长11.5%。组织职工培训。开展工业、建筑、电商、物流、家政、餐饮、创业、医护、教育和农业专业合作社培训等10大类技能培训，引导职工立足岗位发挥才干。

【职工帮扶】 全市完成职工互助保障保费2459万元，增长6.3%，保费总量排名全省第一，理赔支出1122万元。推进困难职工帮扶。全市各级工会精准建立困难职工档案，按照工会干部结对帮扶困难职工“321”标准，推动精准帮扶工作到点到人。至年底，全市有3006户困难职工脱困，脱困人数比例36.1%，超额完成20%以上困难职工脱困目标任务。为在档困难职工赠送“大病住院自负保障计划”，帮扶大病职工2100多人，园区困难职工覆盖率达100%。“两节”期间组织走访慰问困难职工32020户和困难企业720户，发放慰问金2200多万元。开展“春送岗位、夏送清凉、金秋助学、冬送温暖”活动，为5万多人提供免费就业服务；走访慰问高温作业的企事业单位339家，为高温一线职工发放清凉物资20.1万元；筹集370多万元助学资金，资助1400多名困难职工子女上学。拓展职工普惠领域。全市发放“工会龙卡　普惠卡”11万多张，签约特惠商户300多家。10月引入竞争机制，与市邮政储蓄银行签约，发行“工会会员普惠卡”。加强服务阵地建设。推进“爱心驿站”建设，在户外劳动者相对集中地点建成23个“爱心驿站”，为户外劳动者提供面对面、零距离服务。在全市工业园区企业工会普遍开展以“十小”（即小食堂、小卖部、小药箱、小球场、小影院、小课堂、小书屋、小专栏、小微信和小红包）为主要内容的企业工会服务阵地建设，惠及园区1500余个企业工会的18万多名会员。6月15日，《工人日报》头版头条登载赣州市“十小”服务阵地建设经验。

【维权普法】 抓好职工维权工作。创新职工维权方式，加大法律援助律师、劳动关系协调师、健康工程师和“沙龙茶叙”室“三师一室”建设力度，打造“沙龙茶叙”等一批工作品牌。至年底，共聘任97名“三师”，其中法律援助律师41名，劳动关系协调师37名，健康工程师19名。组织“三师”深入园区、企业和职工中，开展法律知识讲座、健康知识讲座等一系列服务活动，服务职工近10万人次。此项工作受到全国总工会和省领导赞许，在《江西工人报》进行报道。抓好信访稳定工作。召开全市工会信访维稳工作座谈会、举办全市工会劳动法律监督员和劳动争议调解员培训班、建立工会领导干部下访制度，强化劳动关系三方成员单位定期协商交流机制，维护职工队伍稳定大局。全市各级工会参与事故调查处理

赣州市总工会开展全市职工学法用法知识答题竞赛活动

率100%。全年共受理职工来信来访2600人次，接听维权热线电话1200多次，协调处理欠薪问题320人次。组织开展工会劳动法律监督调研，推动企业建立集体协商制度，打造一批“集体协商示范点”，全市园区建会企业劳动合同、集体协商合同、工资集体协商合同签订率分别达92.1%、89.1%、88.23%，建立集体协商示范点62家。市总工会权益维护部全年共受理职工信访23件52人次，成功调处22件，市总工会本级为31家基层工会办理工会法人资格证书。抓好职工普法工作。召开赣州市工会法律服务律师团成立大会，组建由62名律师组成的赣州市工会法律服务律师团。启动“遵法守法·携手筑梦”服务农民工法治宣传行动，组织“12·4”国家法制宣传日活动，宣传《中华人民共和国劳动仲裁法》《中华人民共和国劳动合同法》《女职工劳动保护规定》等法律法规，发放宣传资料近200份。组织开展“百万网民学法律”知识竞赛活动和机关领导干部网上法律知识学习和考试，全市近万人参加答题竞赛。

【老干部服务工作】　年初市领导、市总工会党组书记、主席廖明耕一行到市总工会老年活动中心慰问离退休老干部。组织老干部前往石城县开展户外活动；组织老干部前往仁心医院进行体检；为老干部发放生日蛋糕；看望住院老干部6人；召开老干部座谈会；组织老干部参与市委老干局开展的相关活动。

【劳模管理工作】　做好劳模春节慰问的工作。发放慰问金142.56万元，受惠劳模1660名。其中，发放全国劳模慰问金11.6万元，受惠劳模56人；发放省级劳模慰问金86.8万元，受惠劳模868人；发放市级劳模慰问金44.16万元，受惠劳模736人。全年接待劳模上访人数87人次，上访信件26件，开展全国、省、市五一劳动奖状（奖章）和工人先锋号的推荐评选工作。推荐评选出2017年全国五一劳动奖章1名，全国工人先锋号1个；江西省五一奖状4个，江西省五一劳动奖章12名，江西省工人先锋号9个。表彰市五一奖状25个、五一劳动奖章70名、工人先锋号35个。组织劳模参加免费健康体检等活动，建立劳模数据库。组织开展“安康杯”竞赛活动。全市有952家29.8万职工参加全国“安康杯”竞赛，比上年增长11.7%。在微信公众平台上进行“劳模风采展”“赣州工匠”风采展和“最美劳动者”风采展，弘扬劳模精神和劳动精神。举办“倡导廉洁扬正气　争做清白娘家人”全市工会系统廉政书画、摄影作品大赛，征集作品585幅。至年底，赣州市总工会微信号“赣江源”共发布信息1600多条，吸引粉丝38284名。

【财务事业】　赣州市总工会被中华全国总工会评为“市级工会财务工作先进单位”。市政府与市总工会第七次联席会议，同意增加安排4项经费，共计770.13万元。“三公”经费呈逐年下降趋势。加大工会经费支出向“四家”专项行动、重点工作、困难职工和基层一线倾斜力度。

【经济审查工作】　市本级直属基层工会经审组织组建率92%，共提出审计意见122条。全市共培训经审人员320人。全年全市累计有620个基层工会实施审验证工作，追缴上年度欠缴工会经费65.3万元。抓好审计意见的整改落实，整改率达91%。其中，各县（区）总工会整改率达100%。选派5名市总经审会委员参加省总经审会组织的经审业务知识培训班学习。

【女职工工作】　全市有女职工基层工会12667家，建立女职工委员会11316家，设女职工委员1348个，占应建女职工委员会的99.9%。全市各级工会全年共组织近1.6万名女职工参加各类培训和学习，建立女职工创业孵化基地18个，为5800余名女职工创业提供技术培训，80%的参训女农民工、下岗失业女职工实现再就业。5月，全国总工会女工部副部长王英一行到赣州市调研，对全市女职工创业孵化基地给予充分肯定。7月，市总工会在国家总工会女职工部长会议上作为唯一的设区市代表作关于女职工创业孵化基地典型经验介绍。全市签订女职工专项集体合同8329家，覆盖企业11057家，签订率为98.7%。各级工会建立困难女职工档案7351户，单亲困难女职工2004户。拨付关爱困难女职工行动资金30万元，全市全年投保女职工幸福险3.8万人，投保保费98万元，因妇科疾病赔付138人，赔付总额达55万元。针对“三八”节、“五一”节、教师节等关键节点，组织女教职工开展活动。邀请全国知名专家及赣州市妇产科专家，开展女职工健康知识讲座6场。表彰赣州市五一巾帼标兵岗30名，五一巾帼标兵30名，“女创业带头人”15名，优秀女职工干部30名。

【教育工会工作】 加强思想政治工作。组织召开二届五次委员（扩大）会议；分批次召开市直属学校工会主席和各县（市、区）教育工会主席座谈会；开展2017年“不忘初心·牢记使命”——党的十九大精神进校园宣讲活动暨市区优秀女教师送教下乡活动，选派宣讲支教队伍10支，分赴全市18个县（市、区）的20所基层中心小学进行中共十九大精神宣讲。开展文体活动。组织市直属学校女教职工在赣州一中举办内容丰富的庆“三八”活动，邀请全国三八红旗手、全国巾帼标兵、市妇产科权威专家王建中为女教职工们做专题讲座。市教育工会女职委举办大型公益活动“孕妈大讲堂”，组织9所市直属学校140余名女职工参与活动，邀请“中国医疗援外特别贡献奖”、全国五一劳动奖章获奖者、市妇幼保健院妇产科主任医师谢勤英做“科学坐月子”主题讲座。办好联谊活动。组织单身女教职工与驻部队联合开展“军营红娘·相约赣州”第五届军地联谊活动；在赣县区江口镇小麻洲户外拓展基地举办第三届“相约青春·牵手未来”联谊活动。年初，市教育工会向市总工会争取帮扶资金，开展“送温暖”走访慰问活动，为9所市直属学校的困难教职工送去10万元慰问金。根据省教育工会《关于举办第一届全省中小学青年教师教学竞赛的通知》精神，开展第一届全市中小学青年教师教学竞赛，挑选出6名青年教师代表参加江西省决赛，获一等奖2个、二等奖4个。市教育工会被省教育工会授予“优秀组织奖”。联合市教育局开展全市第三届中小学班主任“育人风采”展示活动；组织31名教师代表赣州市参加全省第三届中小学班主任“育人风采”省级展示活动。市教育工会和市教育工会女教职工委员会组织市区20名优秀女教师开展“送教下乡”活动，提升边远乡村中小学教师教学水平，促进城乡教学均衡发展，结合“送教下乡”活动，做好留守儿童关心关爱工作。

（撰稿　周红兵　审稿　陈晔明）

【领导名单】

主席：廖明耕（任至8月）
　　孙黎明（女，8月任）
常务副主席：王根泉
副主席：张志雄（任至8月）
　李晓明（8月任）
　徐雅静（女，8月任）
　赖庆华（8月任，挂职）
　黄圣勇（8月任，兼职）
　丁声文（8月任，兼职）
　刘剑平（8月任，兼职）
市纪委驻市总工会纪检组组长：
　叶艳辉
经审会主任：吴　宏（女）
市教育工会主席：李晓明（任至8月）
　刘　晖（9月任）
正处级干部：赖红汀（8月任）
调研员：赖红汀（任至8月）
　张志雄（8月任）　赖定铭（12月任）
副调研员：王光辉（9月任）

共青团

【概况】 2017年，共青团赣州市委认真贯彻落实省、市党代会精神和省委、市委群团改革决策部署，深化改革攻坚，推进从严治团，特色工作亮点突出，转变工作作风明显，共青团事业发展实现创新突破。召开中国共产主义青年团赣州市第四次代表大会、赣州市青年联合会第三届委员会全体会议；承办江西省第三届少先队辅导员说课大赛决赛，赣州市代表队获特等奖；举办“打好攻坚战青春在闪光”赣州最美青春故事分享会，表彰2016年度全市“五四红旗团委”“五四红旗团支部（总支）”“优秀共青团员”“优秀共青团干部”。

共青团赣州市委内设办公室（统战联络部）、组织部、宣传部（青年发展部）、学校少年部（市少工委办公室、维护青少年权益部）。下属事业单位有赣州市青少年活动中心、赣州市青少年发展服务中心、赣州市青年志愿者和社会组织服务中心、赣州共青团新媒体中心。编制51名，其中行政编制14名，全额拨款事业编制34名，自收自支事业编制3名。

【组织建设】 全市有团委1022个，团总支359个，团支部19461个。全市有青年360万人，其中团员42.57万人；有专职团干169名，兼职团干部20997名。

核减事业单位1个，赣州青年旅行社移交市旅投集团运营。团市委机关4个内设部室、3个下属事业单位更名并按照新的职能运行；推动市青少年活动中心改革创新，出台“1+X”改革方案，打造“名师工作室”，组建“赣州市童声合唱团”，实施幼儿园公开摇号招生制度。从市直单位选配1名挂职副书记，从教育系统、新媒体领域各选配1名兼职副书记，召开换届大会，团代表、委员会、常委会中基层和一线的比例分别达到82.78%、52.54%和30%。全市18个县（市、区）团委书记全部配齐。

在工业园区、互联网企业新建立一批团组织，新组建驻珠三角团工委并挂牌运行；推进市级青联、学联、少先队、青年企业家协会、青年志愿者协会换届工作。投入80余万元建设赣州青年空间旗舰店，12月竣工。挂牌成立“共青团影院”2个。改革原有中国青少年发展基金会运转模式，吸纳社会资本设立专项公益基金，依托公益咖啡等创新类项目募集资金服务青少年公益事业发展。

指导、推动所有县（市、区）出台共青团改革方案。抓好市级青联、学联、少先队、中学共青团等各项改革的协同推进。信丰县被确定为团学改革团中央直接联系示范县，是全国唯一的示范县。12月27日，共青团信丰县委在全国中学共青团改革工作座谈会上做典型发言。赣州市推进中学共青团改革的特色做法在全省学校共青团暨学联学生会改革现场推进会上做典型发言。赣州厚德外国语学校推进民办中小学少先队工作改革创新做法在省少工委五届六次全委会上做典型发言。年内，县（市、区）团委全部完成换届工作。

【服务中心工作】 筹集希望工程善款673.8万元，其中新建希望小学7所，争取国家电网希望书屋项目10个，开展“章贡王爱心共圆大学梦”“农商银行助你圆梦”等项目资助贫困大学生390名，开展“赣州希望工程1+1精准扶贫助学行动”“金秋助学，情满狱园”助学活动资助贫困学生279名，为96名服刑人员贫困未成年人子女捐赠爱心基金8.24万元，邀请香港浸会大学·王锦辉基金会在大余县开展“信暖工程”支教助学活动。组织57个国家级、省级青年文明号集体，以“N+1”方式，结对19个省级贫困村，捐赠物资60余万元；整合社会资源，帮助6640名贫困青少年实现“微心愿”；开展“赣青扶贫”集中行动日活动，为63个省级贫困村的660户贫困户捐赠物资18万元。承办团中央青年创新创业人才训练营暨团省委2017年“资本相亲会”活动。升级改造赣州青年创业园，吸引开创数码、义乌宅生电子、老果农电商事业部等17家企业入驻，创造青年就业岗位200余个，成功孵化创业项目7个。承办江西省2017年节能宣传周启动仪式，现场组织开展万人签名、千人绿色骑行、环保演出等系列活动。深化“绿动赣鄱”行动，通过联建、共建、捐建等方式，种植青年林、友谊林、毕业林、爱情林86.67公顷。

开展“赣州青年助力全国文明城市创建‘1+1’结对社区清亲行动”，组建志愿服务队伍59支，1937名青年志愿者与中心城区60个社区（村）结对开展“五清”“五亲”志愿服务行动1700余场次。推进“赣州青年助力全市乡风文明建设‘六大行动’”，推动乡镇272个、行政村1118个成立团员青年志愿服务队，在1167个行政村成立“红领巾乡村文明理事会”，开展乡风文明行动1900余场次。启动赣州青年志愿者“暖冬行动”，招募青年志愿者200余名在“春运”期间服务返乡群众6.2万人次。

【青少年引导教育】 强化思想引领。以喜迎中共十九大召开和学习宣传贯彻中共十九大精神为主线，印发《关于在全市各级团组织中迅速掀起学习宣传贯彻党的十九大精神热潮的通知》，邀请中共十九大代表、市文化馆馆长李媛媛为各界青年代表作中共十九大精神宣讲，团市委主要负责人以专题党课的形式作中共十九大精神辅导报告，示范推动全市各级团组织围绕“制定一份学习贯彻实施方案，召开一次专题会议进行传达部署，开展一次涵盖辖区内各行各业青年的座谈会，组建一支青年宣讲团‘进企业、进农村、进机关、进校园、进社区’开展宣讲，每名团干部撰写一篇学习心得体会，举办一期团组织负责人培训班，在团属新媒体平台开设一个学习专栏，在各级团的机关和活动阵地打造一块宣传阵地，开展一系列演讲比赛、征文比赛、知识竞赛等丰富多彩的主题教育活动，选树一批以实际行动践行中共十九大精神的青年榜样、青春故事”等“十个一”学习宣传活动2360余场次，做到市、县、乡、村四级团组织全覆盖，通过报告会、学习交流会和微博、微信等新媒体手段覆盖和影响青少年近百万人次。

1月20日，江西省“‘1+100’集中服务青年月——团干部在行动”暨第十八届乡村青年科技文化节示范活动在赣县区人民广场举行。图为爱心企业家现场为贫困学生实现“微心愿”

强化价值引领。承办全省“我心中的红都瑞金”第四届红色书画作品创作大赛、团省委“科学防拐 宝贝回家”公益项目启动仪式、全省赣陶（新疆阿克陶县）两地青少年“手拉手”融情实践夏令营活动、第三届全省辅导员说课大赛。举办赣州市第三届少儿国学风采大赛，开展“传承阳明文化 绽放童心梦想”展演活动，被团中央学校部评为2017年度全国优秀国学教育项目。开展“红色基因代代传——清明祭英烈”活动，线上组织青少年6.6万余名在“赣州共青团”微信公众号表达对先烈的哀思，线下开展红色故事报告会、寻访先烈足迹等系列活动870余场次，覆盖团员、少先队员60余万人次。开展“我们的节日”赣州市少先队员庆“六一”快闪活动，组织300余名小学生和家长在中心城区人群聚集区传播文明风尚。举办全市青少年“小手拉大手，共创文明城”主题征文活动。开展青春印记感言会暨“十八岁成人仪式”教育活动。举办全市第三届少先队辅导员说课大赛暨鼓号队示范培训班，培训学员150余人。组织开展的“喜迎十九大——我向习爷爷说句心里话”主题活动特色做法在全国少工委微信公众号推送。

强化文化引领。开展“赣州青年广场之声”系列活动，举办专场活动8场，吸引6000余名团员青年参与，其中“我们正青春”文艺演出活动，首次运用微博+网页直播的形式，面向社会全程直播，为全市团员青年搭建展示自我的公益性平台。创办“赣州青年之声——团亲FM为您朗读”

栏目，吸引团员青年主播120余名和少年儿童小主播50余名踊跃参与，在官方微信公众平台刊发朗读32期，累计阅读量超过3.7万人次。举办“青年之声，非缘勿扰”市直单位单身青年读书沙龙活动、“爱我青春出彩赣州”青春书画笔友会活动、“青年之声点赞赣州”赣州市第三届青少年英语口语大赛活动，吸引青少年学生1.2万余名参与。

强化示范引领。在全市中小学开展赣州市“最美少年”和“十佳(优秀)少先队员、辅导员，优秀少先队集体、工作者”评选活动；在大中专院校开展赣州市“十佳、优秀大中专学生”评选活动；在各级团组织中开展“全市五四红旗团委、团支部，优秀共青团员、团干部”评选活动；在广大青年中开展“寻找最美青春故事”活动，举办“最美青年故事分享会”；在社会各界开展赣州市“雷锋哥姐”和“优秀青年志愿者”“优秀青年志愿者服务集体”“优秀青年志愿服务项目”评选活动；累计超过百万名青少年参与网络评议，评选出优秀集体300余个、优秀个人600余名。

【服务青少年成长】 网络引导。团市委官方微博粉丝达13万余人，共青团系统影响力排名位居全省第一、全国地市前10名；官方微信粉丝超过20余万人，排名稳居全省前列；赣州青年之声平台各项指标数据稳居全省前列。4月28日，团中央召开网上共青团建设暨“青年之声”运行2周年电视电话会议，共青团赣州市委就网络舆论引导工作向全团作典型发言。

服务青年。承办江西共青团“‘1+100’集中服务青年月——团干部在行动”暨第十八届乡村青年科技文化节示范活动；推动全市所有乡镇、村开展集中服务活动500余场次，捐赠物资100余万元，服务农村青年6.5万人次，做法在《中国共青团杂志》刊登。推进“1+100”直接联系青年常态化制度化，推动全市专兼职团干部426名直接联系青年49184人，开展线上线下活动9789次，全年各项指标排在全省设区市团委第一名。推行“4+1”联系服务青年制度，安排团市委机关干部每人结对1个中心城区的社区（村），每周4天在机关办公，1天到社区报到，帮助社区（村）开展文明城市志愿服务等工作。

【青少年维权】 召开赣州市综治委预防青少年违法犯罪专项组全体（扩大）会议。自筹资金15万元建设的赣州市青少年心理素质发展中心投入运营。组建1支235人的“心防”工程志愿服务团，开展各类心理团辅导活动80余场次。组织驻市、市属各大中专院校的1800余名大学生志愿者，深入全市各乡镇开展关爱留守儿童暑期安全“三下乡”社会实践活动。推动全市18个县（市、区）建设“阳光班级”18个、青少年法治教育基地27个、“未成年人观护基地”3个。结合“未成年人保护宣传周”“青少年法治宣传周”，开展青少年法制教育活动100余场次。联合上海惠迪吉公益人心理关爱中心，举办“爱的共振腔”关爱留守儿童行动8期，为1万余名农村中小学师生、家长开展心理健康团辅活动20余场次，在赣州电视台举办《小艺的故事》关爱留守儿童舞台情景剧。开展全市儿童安全“防性侵、防校园暴力、防拐卖、防灾害、防意外”等“五防”活动。联合市总工会、市妇联，在市青少年活动中心15楼打造全国首家“工青妇廉洁文化创意馆”。启动拍摄赣州共青团首部预防青少年违法犯罪题材微电影《少年阿杰》。

（撰稿 廖崇媛 审稿 庄 全）

【领导名单】

书 记：张 琳（女）

副书记：钟海梅（女） 黎庆美
黄 斌 刘新远（挂职）
唐莉娟（女，兼职） 易少彬（兼职）

副调研员：陈代华

市青少年活动中心主任：
温明海（任至3月）

妇女联合会

【概况】 2017年，赣州市妇女联合会深入学习贯彻中共十九大精神，以习近平新时代中国特色社会主义思想和关于群团改革的重要讲话精神为指导，围绕市委“打好攻坚战，同步奔小康”战略部署，全面推进妇女儿童事业，各项工作取得良好成效。被评为全国维护妇女儿童权益先进集体、全市法治宣传教育先进单位、2013—2016年度全市社会治安综合治理先进集体、江西省第十四届文明单位、江西省妇女创业创新大赛优秀组织奖、赣州市第九届文明单位、市直机关党建工作红旗单位。

【改革工作】 贯彻落实《中央加强和改进党的群团工作的意见》，分7大片区开展妇联工作调研，形成《赣州市基层妇女群众工作调研报告》，出台9个方面28条改革措施的《赣州市妇联改革方案》。创新提出“1+1+X”和“1+X”模式，推进乡镇妇联组织区域化建设和村(社区)“会改联”[村(社区)妇代会改建妇联]工作。全市县乡村妇联完成换届，配齐配强各级妇联专挂兼领导班子，解决基层妇联工作力量薄弱和“倒金字塔”问题，形成妇联工作群众化、社会化、开放化新格局。

【召开赣州市妇女第三次代表大会】 8月，赣州市妇女第三次代表大会召开，来自全市各行各业的396名妇女代表参会。会议选举产生赣州市妇联新一届领导班子，并策应妇联改革需要，在全省率先建设专挂兼妇联领导班子。省委常委、市委书记李炳军出席会议并作重要讲话，省妇联党组书记、主席王庆到会指导。

【服务中心工作】 制定印发《赣州市妇联助力“六大攻坚战”实施方案》。组建巾帼和谐征拆队、城乡妇女卫生保洁巡查队、巾帼禁赌禁毒队、新风

3月6日，赣州市举办2017年"大美赣州·最美家庭"颁奖晚会

尚巾帼宣传队和女干部维稳队等5支队伍，发挥女性在和谐征拆、卫生保洁、维权维稳、家政培训与服务、乡风文明和社会文明中的作用。引领农村妇女创业致富。扶持建立全国巾帼农业科技示范基地10个，成立农村妇女专业合作社1287个，带动20余万名妇女参与现代农业和特色产业发展。发放4.86亿元妇女创业贷款，扶持创业近5万人，带动就业20多万人。开展全市妇女电商创业就业培训16期，培训妇女近2万人，通过培训成功开启微店1.38万人，辐射60余万人。向上争资争项，整合社会资源，全年累计争取妇女儿童之家、春蕾奖学金、未成年人校外活动场所、预防儿童伤害干预、家庭教育公共服务、贫困地区儿童营养改善、农村妇女"两癌"救助、"两癌"免费筛查等涉及妇女儿童民生的各类项目资金近1亿元。

【服务社会】 开展"巾帼助力乡风文明"行动。在全市农村组建1230支巾帼志愿宣传队，开展"移风易俗·乡风文明"宣传教育。举办"大美赣州·千对佳人"集体婚礼，倡导婚事俭办新风尚。开展"最美家庭""文明家庭"等系列评选活动，会昌县小密乡廖祖彬家庭被评为首届全国文明家庭，获中共中央总书记习近平接见，黄兰花等4户家庭被评为全国"最美家庭"。争取贫困地区儿童营养改善项目1452万元，改善贫困儿童营养。争取"中国儿基会"高通21世纪课堂项目625万元，改善贫困地区的信息化教学环境。争取省财政厅省专项彩票公益金支持妇联系统未成年人校外活动场所项目350万元，改扩建妇女儿童活动中心。争取预防儿童伤害干预项目60万元，在全市中小学校及社区开展女童自护、防溺水、消防安全等为主题的儿童意外伤害项目宣讲活动50多场，受益人数超过6000人次。推行"一站式"免费婚检，两规划实施通过省政府"两纲"检查。制定印发《关于指导推进赣州市家庭教育的五年规划（2016—2020年）》，开展以《陪伴的力量》《好家风成就好孩子》《弘扬好家风传承好家训》等为主题的家庭教育宣讲活动。开展"建设法治赣州·巾帼在行动""登门送法"等系列维权活动。成立胡剑云（赣州）调解工作室、赣州市婚姻家庭邻里纠纷调解中心、赣州市反家庭暴力庇护中心，发挥"心防"工程建设服务团队作用。《中国妇女报》《江西日报》报道赣州市妇女儿童维权维稳工作经验。

【精准扶贫工作】 完成23户危房改造任务，为上犹县江头村77户建档立卡贫困户发放鸡苗2310只，开设"大嫂车间"，推进就业扶贫。开展"关爱留守儿童 书香进校园"捐赠图书活动，为江头小学捐赠图书600余册，深化教育脱贫。组建江头村巾帼文艺宣传队，举办"传承孝道好家风"巡讲，帮助江头村开展乡风文明行动，推进精神脱贫。推进农村妇女"两癌"和妇女常见病免费筛查、免费婚前医学检查工作，为14.5万名贫困县农村妇女实施"两癌"免费检查，争取全国、省妇联农村妇女"两癌"救助项目资金2037万元，救助贫困"两癌"妇女2309人，整合省、市、县扶贫资金696万元，争取整村推进项目30个并协助通过验收。

【自身建设】 设立赣州市妇女儿童活动中心，增加3个事业编，1个科级职数。推动女性进村（社区）"两委"，且享受定补工资待遇。

（撰稿 钟晓玲 审稿 侯欣岑）

【领导名单】

主 席：廖丽萍（女）

副主席：熊梅乐（女）

罗 云（女，任至8月） 陈清萍（女）

肖宏蕾（女，8月任）

王 玲（女，挂职）

刘艳琼（女，兼职）

周少蓉（女，兼职）

梁鸿梅（女，兼职）

江少清（女，兼职）

调研员：罗 云（女）

文化艺术界联合会

【概况】 2017年，赣州市文化艺术界联合会带领全市文艺工作者认真学习贯彻中共十九大精神和习近平新时代中国特色社会主义思想内涵，积极发挥党和政府联系文艺工作者的桥梁纽带作用，强化职能转变、作风转变，推动工作创新、机制创新，团结引导广大文艺工作者为繁荣全市文艺事业作出新成绩。

内设秘书科、文艺部，下属事业单位赣州文学院。机关定编12人，其中行政编制7人，事业编制5人。有团体会员32个，其中市直文艺家协会12个，县（市、区）文联18个，市直公安文联1个，市检察官文联1个。

【文艺活动】 举办第四届全国革命历史题材文学创作研讨会。与会专家们分别对如何处理好历史题材中的真实性与艺术性的关系、挖掘革命历史题材对当下的意义等话题进行研讨。举办中国摄影协会专题研讨班，这是中国摄影协会第二次将研讨班放在江西省举办，来自全省各地的中摄协会员、摄影骨干300余人参与学习。召开赣州市文艺界学习宣传贯彻中共十九大精神座谈会和赣南客家题材美术创作学术座谈会。

【志愿活动】 举行2017中国（兴国）公益摄影展暨中国摄影家协会志愿服务团“送欢乐下基层”走进革命老区慰问活动，活动期间举办主题为“梦想中国”“乡土中国”的主题公益摄影展和专题摄影讲座，在赣州市“创建文明城市”期间，向社区捐赠一批社会主义核心价值观的主题书法、美术作品和文学书籍。联合承办进校园“种文化”活动暨赣州市南康区第一小学主题阅读活动展。参加中国文艺志愿者信息管理系统软件培训班（江西区）。

【重大活动】 3月22日，“江西省中国革命历史题材文艺创作研究中心”挂牌成立。与江西省民协联合承办“我们的节日——赣南客家年俗考察”活动。中国剧协第四期梅花奖演员讲习班在赣州市开班，来自全国16个省市的31名梅花奖获得者作为学员参加讲习班。在赣州美术馆举行“赣籍开国将军百战图”大型创作巡展开幕仪式。市文联选送的5幅作品全部入选“赣籍开国将军百战图”大型创作活动，在全省各设区市排名第一。与厦门市文联、龙岩市文联联合主办第十八届“红土地·蓝海洋”笔会暨纪念建军90周年采风活动，组织红色主题文学作品创作，作品在《厦门文学》以专辑形式出版。联合举办“振兴发展攻坚前行”主题文艺作品征集活动，共征集文学、摄影、书画等3种文学艺术形式的作品共223篇（件），其中文学54篇（首）、摄影123幅（组）、书画46幅。优秀作品在《赣南日报·振兴发展攻坚前行——〈若干意见〉出台实施五周年》专版栏目进行刊发。启动“最后的红军”口述史抢救性记录工程，完成47名赣州籍“两红”人员的采访拍摄工作。举办“喜庆十九大——生态崇义行，绿色赣州入画来”采风创作活动。联合举办赣州市文艺界学习贯彻中共十九大精神暨“深入生活，扎根人民”主题实践活动——“颂歌献给党”美术书法作品展。

【自身建设】 经市直机关工委批复同意成立市文联党总支，12月15日，召开市文联党总支成立大会并选举产生第一届党总支委员会。开展“两学一做”学习教育活动。制定《市文联关于开展“学党章党规、学系列讲话，做合格党员”学习教育实施方案》，到扶贫点于都黄麟乡、崇义县、赣县区等地创造性开展“两学一做”学习教育实践活动20余次。开展党风廉政建设活动，与市纪委联合开展“廉政书画作品征集活动”。成立赣州市文学艺术委员会并印发《赣州市文学艺术委员会章程》。市文联文学艺术创作基地在虔城书画研究院揭牌设立。“今朝杂志”公众号正式开通并创办电子书，《今朝》杂志社受全国文学报刊联盟会邀请参加全国文学报刊联盟第三次理事会会议暨全国文学报刊主编论坛。官方微信服务平台——“赣州文艺”上线，全年共刊发信息120条，阅读量上万次。加大文艺精品扶持力度，对市直各协会会员获省级以上奖项的36项作品予以奖励，完成2017年市文艺精品创作专项资金竞争性扶持入选项目的申报和评审工作，共扶持27个文艺项目。

【精准扶贫】 加快产业扶贫，鼓励贫困户发展光伏发电，加入脐橙合作社，了解当地文化资源，开展文艺扶贫，提出在盐潭村发展“十里画廊”旅游项目。筹集帮扶资金，监督实施整村推进资金200万元的“七改三网”（即：改路、改水、改厕、改房、改沟、改塘、改环境，建设电力、广电、通信网络）和“8+4基本公共服务”项目建设，拨付资金1万元，争取因灾受损公路改造资金5万元。爱心对接贫困户，向盐潭村村委会赠送电脑、打印机，改善村部办公条件，加强硬件和软件设施设备，向贫困户学生赠送办公桌、新书包、文具等物资；国庆期间发放慰问物资6000元，春节期间为困难村民送棉被、油、米及慰问金1.2万元。

【文艺家协会】 市作家协会。推荐青年作家参加2017年江西青年改稿班，组织开展“老区，快跑”——赣州精准扶贫采风、“我说赣南苏区变迁”赣闽两地作家大型采风活动、“我说赣南苏区变迁——今朝南康更好看”大型文艺采风活动，特邀全国著名诗人、《诗选刊》社长简明为赣州市诗歌爱好者授课讲座。

市音乐家协会。年内成立市文联“佬俵歌”合唱团、市妇联“巾帼”合唱团、市青少年宫合唱团、市直机关合唱团、老年合唱团、中小学合唱团、赣州市人大合唱团等多个合唱团，市文联“佬俵歌”合唱团到梅州市、信丰县等地交流演出。完成中国音乐家协会赣州市考点考级工作。在美丽江西第五届江西省音乐“映山红奖”原创歌曲演唱大赛中，赣南师大科技学院张婷获成年美声组三等奖。与于都县教育局举办1期中小学音乐教师培训，分别开展声乐、合唱和舞蹈表演讲座；与赣南师大音乐学院合作，派演出小分队到农村、街道、机关演出。

市戏剧家协会。选送兴国县大型山歌剧《老镜子》参加长江流域全国大戏展演获优秀剧目奖，谢礼获导演奖；选送信丰县采茶剧团《玉带桥》参加中国剧协主办的“全国小戏、小品艺术节”获银奖，谢礼获导演奖；选送赣县区采茶剧团采茶小戏《上栋梁》参加第七届全国优秀小戏、小品展演获优秀剧目奖和2017年文化部戏曲剧本孵化项目；选送龙南县采茶剧团《食擂茶》获国家艺术基金扶持项目。

市舞蹈家协会。成立“赣州市舞蹈家协会舞蹈考级院”。联合承办

"2017 赣州第二届文化惠民周活动之赣州市优秀少儿舞蹈节目展演"；举办中国舞协《中国舞蹈考级》师资培训班（1—3级），邀请中国舞协金牌教师为学员授课；联合主办"2017CBDF 全国注册赛暨中国赣州全国青少年国际标准舞公开赛"。在"2017WDC 世界杯第十五届国际标准舞世界公开赛暨 IDTA 第三届青少年世界公开赛"中，赣州市选手获金奖 15 个、银奖 37 个、铜奖 27 个。联合主办"2017 赣州市第八届舞蹈艺术节开幕式暨'我爱祖国'第十三届全国青少年才艺电视展演赣州赛区优秀节目展演"；联合主办"2017 中国舞蹈家协会《中国舞蹈考级》"，全市 3000 多名少年儿童参加舞蹈考级；承办的"舞蹈江西"2017 年江西省全民广场舞大赛赣州赛区中，赣州市青松艺术团表演的《斑鸠声声》获第三名，于都县表演的《映山红》获优秀表演奖。

市书法家协会。成立硬笔、篆刻、妇女、理论、教育等专门委员会；开展"送春联送万福进万家"活动；举办书法名家进校园、江西省书法大讲堂、"江西三百山"书法创作座谈会；邀请中央美院书法博士龙友到赣州讲学；组织"深入生活扎根人民"铁骨梅花精神书法笔会；举行赣州市第六届书法临帖作品展。

市美术家协会。举办《江西省第三届漫画展》《"巾帼墨彩"美术作品展》《"文明新风"美术作品展》《"西部放歌"白墨国画作品展》《"颂歌献给党"美术作品展》等近 20 场展览，《伍子溪中国画艺术交流展》交流到美国亚洲传统艺术博物馆展出。先后开展"聚力振心发展"书画进村入户、"送书画进校园""特别关爱在行动"等公益活动 20 余次，累计为基层创作书画作品 5500 余件。

市摄影家协会。开展"摄影文化进万家"活动，策划组织"中国（龙南）首届'客家风情·围屋之乡'全国摄影大展"活动；与中国摄影家协会函授学院深圳分院联合举办"赣深摄影名家大讲堂"活动。获江西省第二十四届摄影艺术展览优秀组织工作奖。

市影视家协会。为赣州经济技术开发区、蓉江新区筹备 2 个微电影大赛，经过评选入围的 20 部作品在赣州电视台展播，发展 18 个县（市、区）新闻中心为协会团体会员，年内新发展个人会员 12 人，督促推进各县（市、区）成立影视艺术家协会工作。参与全市多项影视评选活动。

市民间文艺家协会。配合中国、省民协开展系列江西省文化遗产抢救和保护工作。完成编辑《中国传统村落立档调查》《赣州市客家传统村落保护研究》图录；组织 3 个项目参加省第六届艺术节展演；成立赣南客家山歌传承发展研究会。

市观赏石协会、根艺石艺美术学会。举办"第三届中国·岭南八省区观赏石协会联谊会精品展""中国·赣州观赏石、根艺文化博览会"。在省第四届花卉博览会中获金奖 3 个、银奖 2 个、铜奖 10 个。3 名会员被评为先进个人。市石协和湖南省娄底市奇石文化交流协会缔结"友好兄弟协会"。

【出版专著】 出版摄影诗歌集《傻瓜相机里的聪明选择》《丹霞赣南》《水木初心》、民间文学《客家民间故事大观》、美术作品集《红色记忆——纪念红军长征胜利八十周年》、报告文学《红土地上的"吉普赛人"——江西瑶寨记实》、网络文学丛书《曾有一个人爱我》《雁回月满楼》《布拉格旧事》《未及相顾年华里》《疯狂吧阿姆斯特丹》、儿歌《赣南童谣》（上下集）、民俗研究专著《中国最美古村落·栗园围》、诗歌集《大地庄严》、散文集《一个人的易堂史》、文学评论集《南方土地的精灵》、儿童文学丛书《顽皮宝贝》系列丛书（10 册）、歌曲集《永远的丁香》等等，700 多篇（首）作品在省级以上报刊杂志发表。

【成果情况】 文学方面：散文集《鸿渐江南》《城脉》，诗歌集《马说》戏剧剧本《长征第一渡》以及影视剧本《毛泽东在寻乌》入选江西省文联公布省文学创作重点扶持项目。诗人邓诗鸿获"军旅情·强军梦"全国诗歌征文活动三等奖，作家林珊、钟秀华（朝颜）、谢帆云（云帆）、谢宝光、曾建平（圻子）等 5 人发展成为中国作协会员。

书法方面：组织会员参加全国全省各项展赛，刘征林、赖小彬、余淑敏、钟胜朋在第四届青年书法篆刻展中入展。

（撰稿　杜盼盼　审稿　李　雷　黄家玲）

【领导名单】

党组书记、主席：李　雷

党组成员、副主席：曹卫民

正处级干部：陈式全

副调研员：黄家玲（女）

社会科学界联合会

【概况】 2017 年，赣州市社会科学界联合会团结和带领广大社科工作者围绕中心，服务大局，担当作为，扎实工作，在理论武装、社科研究、社科普及、社团管理、自身建设等方面都取得新成效。被评为全国先进社科组织，是全国先进社科组织的"五连冠"。

市社联下设综合科，行政编制 5 人；学会工作部（《赣南社会科学》编辑部）（事业编制 3 人）。有团体会员 67 个，其中县（市、区）社联 18 个，市属学会（协会、研究会）49 个。

【理论学习】 组织全市社科工作者学习宣传贯彻中共中央总书记习近平系列重要讲话精神以及中共十九大精神，通过报刊、网络、宣传栏、讲座、论坛等形式宣传阐释。组织"深入学习宣传贯彻党的十九大精神"有奖知识竞赛活动，在客家新闻网刊发以中共十九大报告精神为主要内容的知识竞赛题，其中上犹县 1 万余人参与答题。免费发放中共十九大报告以及学习辅导读本、《十九大党章学习问答》《全面小康面对面》。与中共章贡区委联合举办中共十九大精神专题辅导报告会。

【社科研究】 推进重大课题研究。申报立项2017年度国家社科基金项目10项，省社科规划项目32项，国家和省级课题立项数继续位居全省设区市前列。设立2017年度市经济社会发展重大招（邀）标研究课题5项，纳入省社科规划项目。2016年度经济社会发展重大招（邀）标研究课题顺利结项。发布2017年度赣州市社会科学研究百题课题指南132项，经专家评审共立项514项。社科研究平台建设。加快重大政策落地，在《关于加强赣州特色新型智库建设的实施意见》出台后，推动筹备成立赣州市社科规划领导小组，起草《江西省社会科学院赣州分院筹建方案》《关于设立赣州市社会科学研究基金的实施方案》和《赣州市社会科学优秀成果评选奖励办法》；与驻市高校签订校地社科研究平台合作协议（意向）书，形成多领域、多层次、多学科协作的研究团队和攻关力量。《赣南社会科学》年内出刊6期，刊发社科文章180余篇，60余万字。《新赣州智库》出刊12期。

【社科普及】 多方位立体式开展社科普及宣传活动。重点开展中共十九大精神和党的政策理论以及市委、市政府重大决策部署普及宣传，编印图文并茂的《赣州市乡风文明》《赣州市乡风文明歌（韵文）》《赣南社科大讲堂汇编》《红色故事汇》《成功家庭教育指导》等宣传手册；开展党建、党史、法律、监察、财经、金融、税务、文化、教育、健康等方面知识的普及宣传；开展中共十九大精神和社科知识进企业、进乡村、进机关、进校园、进社区“五进”活动。全市共举办广场咨询活动1000余场次，大型主题活动400余场次，大型科普展览200余场次，专题讲座160余场次，发放各类书籍120万余册，发放宣传册、宣传单、各种科普资料200万余份，直接受众130余万人次。扶持基层社科普及。发挥中心城区基层社科普及宣传辐射带动作用，重点资助扶持赣南社科大讲堂等市级社科普及宣传示范基地6个。吸引地方和民间投资200余万元，孵化衍生瑞金市叶坪村等农民社科讲堂7个和家庭教育点14个。

【王阳明文化研究】 搭建王阳明研究高端学术团体。4月，在大余县丫山举办中国明史学会王阳明研究分会成立大会，来自全国9个省、市及香港特别行政区的近百名专家学者出席会议，实现国家级学术平台挂靠设区市社联零的突破，构筑赣州阳明文化研究高地。5月，中国明史学会王阳明研究分会与赣州阳明书院签订合作协议，在赣州阳明书院设立中国明史学会王阳明研究分会研究交流基地。该基地接待国内及美国、澳大利亚、日本、韩国等国外专家学者50余批1500余人次。8月，在赣州市崇义县召开第十八届明史国际学术研讨会暨首届阳明文化国际论坛，会议确立赣州市是王阳明“立德、立功、立会”的重要实践地，王阳明心学的主要形成地，王阳明学术思想的主要成熟地。

【学会管理】 规范社科学术团体管理，开展全市社会科学普查，对县级社联、市属社科学术团体的人员结构、经费保障等情况进行调查摸底。制定印发《关于进一步规范社科类学会管理工作的通知》，对学术团体审批、日常管理、重大事项报告等做出明确规定。社科类社会组织的党建工作逐步建立健全。发展社科团体，围绕赣州地域特色文化和人民群众生活实际密切相关领域，重点发展民间社科类团体，家风族谱文化研究会、易学研究会相继筹备成立，为振兴发展提供智力支持。

【精准扶贫】 发挥赣县区阳埠乡黄沙村的资源和地理优势，大力发展乡村旅游扶贫，推动“乡村旅游＋花卉苗木基地＋腐竹生产＋休闲农业”四者相结合的发展模式，以“花海黄沙”为宣传口号，打造赣州市郊著名的乡村旅游扶贫基地、假日休闲养生胜地，全年共接待游客5万多人次。帮助落实帮扶资金25万元，为黄沙小学赠送书包、学习用品70套，图书1万余册，改善学生的学习环境和条件。帮扶贫困户1户脱贫。

（撰稿 刘秀慧 审稿人 邵 滢）

【领导名单】

主席：张志刚

副主席：邵 滢 刘立刚（兼）

科学技术协会

【概况】 2017年，赣州市科学技术协会围绕市委、市政府“打好攻坚战、同步奔小康”工作大局，切实履行“四服务一加强”工作职责，团结和带领全市广大科技工作者，坚定方向，突出重点，改革创新，各项工作取得新成效。

市科协内设秘书科、学会学术部（国际部）、科学普及部3个机构。下属赣州市科技创新指导中心、宣传与信息化中心、院士专家联络处、赣州科技馆4个正科级事业单位。市科协编制共9名，其中行政编8名，工勤编1名，全额拨款事业编制21名。

【深化改革】 出台《赣州市科协系统改革方案》，18个县（市、区）全部出台本级科协系统改革方案。赣州市科协第二次代表大会召开，选举产生市科协第二届委员会委员87名、常委34名，主席1名、副主席2名、挂职副主席1名、兼职副主席9名和秘书长1名，配齐配强市科协领导班子。将下属正科级自收自支事业单位“科技咨询服务中心”调整为全额拨款事业单位，同步更名为市院士专家联络处；更名成立科学普及部、科技创新指导中心和宣传与信息化中心；将赣州科技馆成建制划归赣州市科协管理；增加全额拨款事业编7个。赣州市科协被中国科协列为全国13个地市级改革试点单位之一。赣州市科协在全国地方科协学习贯彻中共十九大精神暨深化改革试点工作座谈会上作典型发言，赣州市获全国地方科协深化改革试点考评第一名。

【创新驱动助力工程建设】 全国创新驱动助力工程示范市建设。主动与发达省份科协和国家级学会对接，与20余家国家级学会完成对接，达成产学研合作项目11个。承办第十三届泛珠三角区域科协和科技团体合作联席会议，搭建科技创新发展共建共享的交流合作平台。

院士工作站和学会组织建设。新成立八维生物科技有限公司等4家市级院士工作站，新增诚正稀土、播恩生物、全标生物、柑桔研究所、赣南医学院等5家省级院士工作站。截至年底，全市共设立省级院士工作站11家、市级院士工作站13家，柔性引进院士18人、院士团队人员80余人。新成立赣州检验检测创新联盟、赣州市全脑潜能开发学会和赣州市养生保健协会，指导11个市级学会成立党组织。

科技信息服务企业。邀请中国科协领导专家到赣州市作主题报告和培训指导。联合市科技局、市工信委启动科技信息推广应用暨专利应用工程师“1+5”集中培训月，全年共培育典型案例30余例，培训企业300余家，培育企业高管及技术人员600余人，为580余家企业安装专利信息数据库，完成专利技术成果转化33项，实现节支增效9600余万元。

【科技平台建设】 打造“赣州科创吧”网上科协服务平台。5月25日，“赣州科创吧”正式上线，省委常委、市委书记李炳军出席开通仪式，市委副书记、市长曾文明主持仪式。建立科协进园区“科技创新一站式O2O”服务平台。赣州市第一个示范点在赣州经济技术开发区启动实施。搭建“赣州科技智库”高端人才汇聚平台，打造千人咨询团队，为赣州科学决策当好参谋。共建“创新联合体”产学研协同创新平台，引导国家级学会在赣州建立工作站，将创新成果接入产业链，推进科技成果转化。

【科普工作】 全国首个“科技工作者日”系列活动。召开庆祝全国首个“科技工作者日”暨科技工作者座谈会，省委常委、市委书记李炳军出席并讲话，市委副书记、市长曾文明主持会议；联合市委人才办、市科技局、赣南日报社、赣州广播电视台开展首届“十大科技创新人物”评选活动，举行赣州市首届“十大科技创新人物”颁奖暨全媒体事迹报告会；开展突出贡献科技工作者走访慰问活动。

服务提高全民科学素质。承办全国、全省活动6次。承办2017年全国科技文化卫生“三下乡”集中示范活动；承办2017年江西省“全国科普日活动”赣州主场活动。举办全市中小学首届智能机器人技能提升大赛及青少年建筑创意科技创新大赛；开展“科普之春”等系列科普宣传活动；组织参加第三十二届全国青少年科技创新大赛。争取省“基层科普行动计划”资金273万元，省级科技专项资金263万元，赣州科技馆免费开放资金130万元。市科技馆游客接待总量达17.8万人次。赣州市科协被中国科协评为“全国科普日活动优秀组织单位”，获江西省全民科学素质网络知识竞赛优秀组织奖，宁都县全国科普日系列活动被评为“全国科普日优秀活动”，寻乌县中学科技馆工作获中国科技馆发展基金会表彰。

科普助力精准扶贫。制定“1+16”精准扶贫工作方案，指导贫困户发展油茶、毛竹林、蔬菜、家禽及水产等8大产业，协调扶贫贴息贷款240万元，发放产业补助资金近30万元。完成“银会合作”项目贷款额7000万元，发放奖补资金56万元。安排项目资金100万元重点支持“科普+旅游”“科普+电商”农村科普示范基地建设。寻乌县果业协会、寻乌县鸿万蜜蜂协会会长李鸿万获得中国科协科技助力精准扶贫表彰。

【党的建设】 推进“两学一做”学习教育常态化制度化。履行全面从严治党“两个责任”，落实“一岗双责”，党风廉政建设与业务工作同部署、同落实。中共赣州市科学技术协会机关党支部进行换届，选举产生新一届中共赣州市科学技术协会支部委员会委员，新增1名纪检委员。在全市科协系统举办“转作风、提效率、强素质”系统培训会，举办“学习贯彻十九大精神，加快创新型赣州建设”浙江大学理论研修班，开展“融入主战场、谋求新作为”解放思想大讨论，召开“全国创新驱动助力工程示范市建设”流动现场会。

（撰稿 黎 涛 审稿 刘洪梅）

5月24日，赣州市首届“十大科技创新人物”颁奖典礼暨全媒体事迹报告会在赣州广播电视台演播大厅举行

【领导名单】

党组书记、主席：刘洪梅（女）

党组成员、副主席：傅培文

副主席：吴晓春（9月任）
　欧阳荣华（9月任，挂职）
副调研员：胡海平

残疾人联合会

【概况】 2017年，赣州市残疾人联合会围绕“在全省当一流，在全国有位子”的目标，围绕年初确定的工作打算和任务，不忘初心、牢记使命，工作成效显著。6月，中国残联党组书记、理事长鲁勇到赣州市调研，称赣州市残联“开创了老、少、边地区残联工作的新路子”。市残联在“第二届国际残疾人文化事业与产业发展论坛”上介绍经验。连续9年获“全国‘两刊’宣传工作先进设区市”“全省残联系统先进设区市”。获江西省第十四届文明单位和赣州市第九届文明单位；获“法治赣州建设”“机关效能”“公共机构节能”和“综治工作”先进单位。

机关内设2个职能科和下设3个事业单位，即：秘书科、业务科；市残疾人康复就业服务中心、市残疾人法律救助站、市残疾人辅具中心（法律救助站与辅具中心合署办公，实行两块牌子一套人马）。机关人员编制9名，其中行政编制8名，工勤编制1名。市残疾人康复就业中心人员编制3名、市残疾人法律救助站人员编制3名、市残疾人辅助中心3名，均为正科级事业单位。

【争资争项】 向上级残联争取康复、就业、培训、教育、维权、辅具等各类项目资金2.3亿元；争取国家预算内投资4个县级康复中心（综合服务中心）建设资金3200万元；向中国残联、国家发改委申报并获批4个县级残疾人康复中心建设资金；争取中国残联100个“文化进社区”项目。赣州市定为全国残疾人事业“放、管、服”试点设区市；赣县区定为全国唯一提高县域残疾综合服务能力试点县（区）；宁都县定为全国残疾预防综合试验区创建试点县；赣州慧聪儿童康复训练中心和赣南卫生健康职业学院被列为全国职业院校和残疾人康复人才教育改革试点单位。

【民生工程】 为615名贫困孤独症、脑瘫儿童康复提供训练补贴，占任务的100%；为687名贫困聋儿、智力儿童提供训练补贴，占任务的100.5%；为4300名残疾人配发辅助器具，占任务的100.5%；为678名残疾人提供公益性岗位，占任务的100.6%；为2236名残疾人购买“农家书屋”管理员岗位，占任务的100.2%；培训各类残疾人1274名，占任务的106.1%；市、县财政筹资3490万元分别为全市1302名贫困孤独症、脑瘫、聋儿和智力儿童康复提供训练补贴，600名贫困残疾人免费装配大小腿假肢、矫形器，1282名学龄前残疾儿童提供助学资助，1000户贫困残疾人家庭提供无障碍改造。

【扶贫攻坚】 为34410名困难残疾人发放生活补贴，20781名重度残疾人发放护理补贴，35493名困难和重度残疾人发放“两项补贴”；建立18个省、市级阳光助残扶贫示范基地，安置残疾人216名，带动、辐射残疾人537人次；联合中山市国美电器制造有限公司为赣州市18个县（市、区）持证贫困残疾人捐赠并免费安装1900台、总价值455万元的净昂牌净水机；组织爱心企业在全市10余个县（市、区）开展“关爱残疾人，共筑中国梦”粮油捐赠活动。

【康复救助】 为693个聋儿（含配助听器）、脑瘫儿童、孤独症儿童和智力残疾儿童实施中央专项彩票公益康复救助项目；为80名重度听力障碍儿童少年申请省人工耳蜗项目救助；对残疾人进行康复需求评估和建档。与市财政局等7部门共同制定《赣州市残疾人精准康复服务行动实施方案（2016—2020）年》。制定新生儿残疾预防筛查工作实施方案，与市卫计委共同启动贫困地区新生儿疾病筛查项目；会同赣南卫生健康职业学院和赣州慧聪儿童康复训练中心共同研究“十三五”赣州市残疾人康复人才培养计划；制定《全国残疾人康复人才培养改革试点工作方案》，承办2017年江西省脑瘫儿童康复专业技术人员培训班。信丰县、宁都县、于都县、寻乌县、赣县区等县（区）认真开展精神障碍患者社区康复服务，为稳定期精神障碍患者开展社区康复。协调市卫计委成立全市残疾预防专家技术指导组，形成残疾筛查、评定、报告及干预一体化工作机制。

【文体活动】 制定《赣州市2017年残疾人康复体育关爱家庭计划实施方案》，为900户省级、430户国家级残疾人康复体育关爱家庭计划下达资金。在《赣州晚报》开辟为期1年的“扶残助残、大爱上善”征文活动，评选出一、二、三等奖43篇。举办赣州市第十届特殊青少年运动会；在全国第九届残疾人艺术汇演中，选送的《莲娃嬉荷》获全国舞蹈类三等奖；全国残疾人举重锦标赛和全国残疾人田径锦标赛中，赣州市选手邓雪梅和何珊珊均获得金牌，并打破全国记录；联合中国智力残疾人及亲友协会在信丰县举办2017年全国第八届特奥联谊活动。

【组织建设】 全面启动2017年全市残疾人基本服务状况和需求信息数据动态更新工作，基层组织建设日趋完善；所有乡（镇、街道）残联均有残疾人电子或纸质档案，全市村（居）委会均成立残协；全市培训乡（镇）残联专委953人次，健全完善以县（市、区）残联为主导，乡（镇、街道）残联为骨干，村（居）残协为基础的基层残疾人组织网络，形成机构健全规范、队伍稳定实干、服务功能完善、作用发挥明显的基层组织“三级网络”。

【教育就业】 开展2017年就业援助月专项活动，全市走访登记残疾失业人员家庭895户，登记残疾失业人员5137人，组织专场或参与招聘会21场次，实名制纳入年度培训计划1000名，帮助412名就业援助对象实现就业，向残疾人提供政策宣传3216人次；会同市教育局在兴国县召开全市残健融合教育现场会，促进全市残健融入教育事业快速发展；与市教育局、市农粮局、共青团赣州市委、市妇联共同制定并印发《赣州市“十三五”残疾青壮年文盲扫盲行动实施方案》。组织做好2017年盲人医疗按摩人员继续教育培训工作；实施“阳光家园计划——居家托养”项目，通过购买服务的方式对980人次智力、精神和重度残疾人接受托养服务给予资金补助，提供日间照料托养或居家托养服务。

【信访维权】　做好残疾人信访工作，及时接听“12385”残疾人服务热线，信访件办结率100%；为3675名残疾人发放机动轮椅车燃油补贴资金；续聘南方律师事务所为市残联法律顾问单位；开展2017年贫困残疾人家庭无障碍改造需求摸底调查，确定残疾人家庭无障碍改造户及改造内容；对瑞金市、赣县区等县（市、区）残疾人家庭无障碍建设工作进行督查。组织开展法治宣传进社区活动，向市民宣讲扶贫政策、残疾人权益保障等法规政策25场次。

（撰稿　钟荣亮　审稿　谭红鸣）

【领导名单】

党组书记、理事长：谭红鸣

党组成员、副理事长：刘志敏

冷晓虹（女）

归国华侨联合会

【概况】　2017年，赣州市归国华侨联合会认真学习中共中央总书记习近平关于群团改革重要指示和中央群团改革工作座谈会精神，坚持“两个并重”，深化“两个拓展”，着力推进侨联全面改革，凝聚侨心、汇集侨智、发挥侨力、维护侨益，扎实推进各项工作。获“第十八届世界华人学生作文大赛”组织奖，被评为市综治先进单位和公共节能优秀单位。

【第六次归侨侨眷代表大会】　9月28日—29日，召开赣州市第六次归侨侨眷代表大会，全市160名归侨侨眷代表、港澳同胞以及海外嘉宾参会。省委常委、市委书记李炳军充分肯定市侨联工作并提出明确要求，省侨联党组书记张知明出席并讲话。大会严格贯彻执行《赣州市第六次归侨侨眷代表大会组织方案》及《赣州市侨联改革方案》有关要求，选举产生赣州市侨联第六届委员会委员34名，预留5名。

【侨联改革】　7月，印发《赣州市侨联改革方案》，优化内设机构和下属事业单位，增设1个内设机构经济联络科，配正科级职数1名；增加市华侨文化交流服务中心全额拨款事业编制2名，配副科级职数1名。

【精准扶贫】　精准扶贫工作常态化。与葛藤村委共同争取扶贫资金40万元，实施扶贫项目1个，为葛藤村曾屋等5个村小组进行入户道路硬化。全年用于精准扶贫工作及为贫困户送去米、油等慰问品慰问金共计7.8万余元。

【海内外联谊】　做好海内外联系联谊，接待回赣州市探亲的美国、澳大利亚、加拿大、秘鲁等国的华侨、华人27批次86人次。派员到澳门参加第二十二届澳门缅华泼水节系列活动；到香港出席香港侨友社成立35周年庆典；组织市内部分侨界客属到香港出席世界客属第二十九届恳亲大会；派员到加拿大、墨西哥进行交流访问；参加加拿大赣州商会（同乡会）、侨商会在温哥华举行的成立仪式，池峰龙受聘为首届顾问。出席赣州“中国稀金谷”（宁波）投资环境推介会。到上海市走访侨资企业及“长三角”赣州商会、侨商会。部分县（市、区）侨联主席参加“河洛文化在新丝路上的传承”主题研讨会。

与辽宁省阜新市侨联结为友好侨联。举行省侨商会赣州分会暨省侨联青委会赣州分会揭牌仪式。由市华侨文化交流服务中心、广州市南越王宫博物馆、市图书馆主办的“辽阔的南海——广州与海上丝绸之路图片展”在市图书馆成功举办。

【参政议政】　全年提交有价值的集体提案、建议13件，个人提案建议80余件。做好省人大代表的推荐工作和市政协委员的增补工作，推荐侨联界别省人大代表1名，推荐增补侨联界别市政协委员1名。

【社会公益事业】　打造“珍珠班”品牌，帮助赣州中学招收第七届珍珠班，累计招收学生300余名，引进助学金200余万元。联系香港雁心会、香港“两地一心”、香港龙赛教育基金在赣州市捐建爱心学校3所，并开展爱心助学活动。

（撰稿　孙建伟　审稿　池峰龙）

【领导名单】

党组书记、主席：池峰龙

党组成员、副主席：陈健鸣（女，9月任）

副主席：李升隆（兼职）

施至表（兼职）　周世友（兼职）

副调研员、秘书长：王　健（女，9月任）

红十字会

【概况】　2017年，赣州市红十字会贯彻落实中央、省、市关于加强群团工作的意见精神，结合实际，开拓进取，扎实工作，大力弘扬“人道、博爱、奉献”红十字精神，不断推进全市红十字事业向前发展，彰显红十字人道力量在服务大局中的积极作用。连续2年获中国红十字会总会报刊宣传先进集体“三等奖”；获全省设区市红十字绩效综合先进奖（全省第一名），99公益日“一起捐”银奖；获全省设区市应急救护、捐献服务、优秀造血干细胞工作站3个单项工作先进奖。获江西省第十四届文明单位、市第九届文明单位（全省红十字会系统当中首家获得此称号的单位）、公共节能工作、综合治理工作先进奖。

【组织建设】 深入学习宣传贯彻落实中共十九大精神，按照市委的统一部署，把深入学习宣传贯彻落实中共十九大精神作为首要政治任务，结合实际，制定中共十九大精神学习教育方案。加强基层组织建设，继续巩固县级红十字会理顺管理体制，全市18个县级红十字会均配备专职会长，基层红十字组织不断发展壮大，新增基层组织21个。各县（市、区）红十字会力量逐渐增加，会昌县红十字会被列入省直管试点县。市编委办新批准设立赣州市人体器官捐献中心。调整机制体制，市红十字会调整为正处级机构，增配副监事长领导职数1名，并明确为副处级。增配下属事业单位1名科级职数和1名事业编制。制定目标管理考核，将省红十字会2017年目标考核任务分解到各县级红十字会，推动工作发展。8月，召开全市工作调度会，12月，召开全市红十字工作座谈会，中国红十字会副会长与会指导。

【人道救助】 争取救灾物资款，争取中国红十字总会下拨2018年红十字博爱送万家活动家庭包270个（价值13万元）；争取省红十字会下拨救灾物资14万元，救灾款2万元，用于走访慰问贫困户和困难群众。广东省红十字会援助龙南县、南康区和大余县3个项目，共计30万元。募集社会各类捐赠物资和资金，开展助灾、助困、助学、助医、助老、助残、助孤和“红十字博爱暖万家”等社会人道救助活动，共救助患白内障、先天性心脏病、白血病等疾病贫困家庭2393个。市红十字会、市博爱基金会募集各类捐赠收入1227万元，用于人道救助帮扶款物1500多万元。

【应急救护培训】 制定《市红十字会和市安监局在全市高危行业从业人员中开展应急救护培训工作实施方案》《市红十字会和市公安局、市交通运输局关于在全市机动车驾驶人员中开展应急救护培训的实施意见》；与市政府应急办建立联动机制，将应急救护培训纳入政府突发事件应对预案、应急管理体系“十三五”规划；与市广播电台开展《应急之声》普及救护培训，开展“五进”培训，超额完成普及培训任务。截至年底，全市普及培训完成495702人次，救护员培训完成17629人次。与学校、游泳馆（场）开展技能培训和水上救生知识教育；按照“五统一”要求，加强应急救护培训标准化建设，开办首期应急救护师资培训班，培训师资50人；选派4名教师走出去参加培训，提高教师队伍素质。在赣州广播电视台下属单位新成立赣州广电传媒应急救护培训宣传咨询服务中心，承担全市应急救护培训政府购买服务项目。

【大爱“三献”】 2017年“三献”工作取得新成效。开展无偿献血常态化宣传服务，保持无偿献血占临床用血比例达100%。造血干细胞捐献突破历史，全年全市成功捐献8例（全省20例）。遗体器官捐献成效明显，全市遗体器官成功捐献21例，全省成功捐献83例，占全省捐献数的25%。4月，与市卫计委联合开展人体器官捐献宣传月活动，在广播电台做专题节目宣传1期和广告宣传1个月。9月，与卫计委联合发文要求进一步做好人体器官捐献宣传工作，对各医疗机构提出更加明确的要求和措施。

【组织宣传】 在前端新闻客户端“赣南”栏目开设“赣州市红十字会”专题，每周至少采用1篇红会系统报道，全年在各级媒体登载报道287篇。发挥电视、广播、报纸、网络、手机客户端、小区多媒体广告等新时代媒体作用，通过一系列立体式宣传带动，全市涌现造干捐献成功个案8例、遗体器官捐献个案21例。12月27日，江西卫生职业学院学生蔡佳如在赣南医学院第一附属医院将她的肝脏、肾脏、双眼角膜捐助给其他陌生患者的大爱事迹，被中央电视台“新闻直播间”和省、市电视台报道。

【信息公开】 执行信息公开制度，做到资金募集、财务管理等捐赠救助信息公开透明。将捐赠资金公示，建立告知捐献人资金流向制度；赣州市红十字博爱基金会通过年审和年检，网站上公示红十字会财务预决算，提升红十字会公信力。

【争资争项】 完成博爱助老项目、博爱卫生站、农银人寿保险股份有限公司捐资50万元兴建的兴国县桐林农银人寿博爱小学等项目。新开工博爱家园、绿色照明工程、红十字文化广场等项目；省红十字会支持的老年介护项目和应急救护知识培训项目顺利完成；与市建设局对接建立通过红会开展公益活动作为建筑企业信用等级加分项目；与赣州银行沟通协调在各网点设立“人道微公益”募捐箱，开通捐赠二维码，实现扫码即可捐赠。以省红十字会名义起草1个国家总会支持赣南苏区红十字事业发展意见。

【志愿服务】 市红十字志愿服务基地天使儿童村接收贫困无助儿童近20名，受到社会各界关心关注关爱。组建赣州市雄鹰红十字救援队，队伍活动常态化，在赣州市创建全国文明城市和应对突发灾情时主动参与各次救援活动。6月24日，市雄鹰红十字救援队前往景德镇灾区参与救援。志愿者顾定恩被评为“全国100个最美志愿者”。顾定恩、黄丽萍等6名志愿者获评“中华骨髓库五星级志愿者”。

（撰稿 睢长祥 审稿 梁铁民）

【领导名单】

会长：郭素芳（女）

常务副会长：梁铁民

（本栏编辑 曹 虹）

法　治

政法及综治工作

【概况】　2017年，全市政法系统围绕市委“打好攻坚战，同步奔小康”决策部署，敢于担当、勤勉尽责，平安建设、法治建设和队伍建设取得新成效，人民群众安全感和满意度进一步增强，确保政治安定、社会安稳、经济安全、人民安康。赣州市获评全国综治优秀地市，荣获全国综治最高奖“长安杯”；2017年度综治考评得分继续位居全省第一，被评为全省综治先进市。

中共赣州市委政法委员会、赣州市社会治安综合治理委员会办公室、赣州市委维护稳定工作领导小组办公室合署办公，内设办公室、政治部、研究室、执法监督室、综治一科、综治二科、矛盾纠纷排查调处室、综治网格化信息管理中心、维稳办一科、维稳办二科、维稳综合科，设立机关党总支，下属事业单位赣州市综治网格化信息管理中心，管理赣州市法学会。核定编制45名，实有40人。

【政法工作】　服务苏区振兴。公安机关共立非法集资案件26起，涉案金额约6.02亿元；重点打击治理电信网络违法犯罪，破获电信网络诈骗案件344起；开展打击工程建设领域串通投标违法犯罪专项行动，共立案63起，涉案金额15.1亿元。检察机关依法起诉制假售假、金融诈骗、串通投标等经济犯罪案件185件，查办涉企管理领域职务犯罪10件11人，查办扶贫开发领域贪污贿赂犯罪案件2件2人。审判机关受理各类民商事案件47081件，涉案标的额达345亿元。司法行政机关切实优化企业和基层法律服务，办理法律援助事项5567项，开展国家司法救助377件、救助金额1273.57万元。

法治赣州建设。完成员额法官检察官集中遴选和司法人员分类管理、定岗定责工作，推行司法责任制。做好监察委员会人员转隶和协调衔接、思想稳定等工作。公安、国安、司法行政和涉法涉诉信访制度改革稳步推进。综合治理“执行难”取得显著成效，实际执结案件23381件，执结率90.14%，《人民日报》《法制日报》《人民法院报》等多家中央媒体对赣州市解决执行难工作进行报道。连续2年获评全省法治江西建设先进市。省委常委、市委书记李炳军专门批示肯定法治赣州建设工作。

平安赣州建设。公安机关立刑事案件28243起，破10280起；受理治安案件65250起，查处63129起。检察机关批准逮捕各类刑事犯罪嫌疑人3251件4450人，起诉4492件6567人。审判机关受理各类刑事案件6735件，审结7098件（含旧存）。查处“黄赌”案件2584起、“食药环”类刑事案件396起、涉枪涉爆刑事案件85起。破获毒品刑事案件368起，打掉制毒前体和制毒窝点8处，社会面吸毒人员得到有效控制。扫黑除恶专项斗争取得初步成果，2017年赣州市公众安全感指数达96.6136%，位列全省设区市第三名。

政法队伍建设。探索建立全市政法队伍政治轮训制度，推进社会主义核心价值观、社会主义法治理念和政法干警核心价值观教育，创新建立政法队伍纪律作风督查巡查机制，《法制日报》头版头条报道，《中央政法动态》《江西政法动态》专门刊登赣州市做法，在河南省红旗渠干部学院举办的全国政法队伍建设专题培训班、全省政法队伍建设工作会议上作经验介绍。全国首次律师行业党建工作推进会在赣州市召开。涌现全国优秀公安局兴国县公安局、全国优秀法院赣县区法院和全国优秀人民警察陈邦群、郭娟，新时代最美法律服务人易香珊等为代表的一批先进集体和先进个人。

【综治工作】　推进综治“三项建设”。实现四级综治中心建设全覆盖，按照“实体、实用、实战、实效”的思路，在全省率先出台《赣州市综治中心规范化建设实施细则》《赣州市综治中心运行管理暂行办法》《赣州市综治网格化服务管理暂行办法》，明确“五统一”标准，规划五大功能区，解决组团式服务人员难集中、集中难管理、实效难发挥等难题，被省综治办转发至全省推广，《法制日报》头版头条刊登其做法。全市共建成市、县、乡、村四级综治中心4192个。实现综治信息化系统全覆盖，按照“分块管理、分级授权”的思路，平台横向接入全市各级综治责任单位及其派出机构，其中市级234个综治成员单位全部接入综治信息化平台，各县（市、区）级综治成员单位全部接入县综治中心。成立正科级事业单位网格化信息管理中心，落实4名事业编制，聘请4名专职网格管理员对综治信息化平台进行调度、巡查、考核。完成网格人口、楼宇、特殊人群以及“两新组织”等采集、录入的数据量近1275万个，占应录入到位数的112%。实现综治网格化管理全覆盖，全市共划分网格14667个（其中城镇网格5032个，农村网格9635个），实现城乡网格划分全覆盖，配备网格员14667个。

防控体系建设。按照《赣州市中心城区防控体系建设总体方案》，全面抓好社会面治安防控网、重点行业治安防控网、重点人员治安防控网、镇（街道）和村（居）治安防控网、机关企事业单位内部安全防控网、信息网络防控网、区域协作防控网、住宅楼院商户防控网、重点区域防控网等“九张网”建设。加强“天网”工程建设，印发《关于全市天网工程实行“六统一”的通知》，共建成监控摄像头15697个，建成环赣州市、环各县（市、区）、环中心城区三大“包围圈”，建成标准卡口268个、微卡口391个。推行“全方位、全天候”网格化巡逻模式，在章贡区和赣州经济技术开发区分别组建1支500人和150人的专职巡防队伍。全市启动一级巡控勤务4次，二级巡控勤务10次，开展公安武警联勤武装巡逻14次。中共十九大召开期间，全市共投入巡逻警力35.5万余人次，处置警情2.8万余起，抓获违法犯罪嫌疑人990余人。全年“两抢”警情下降34.4%。强化重点领域监管，建成中心城区网吧、旅馆、娱乐服务等行业治安管理信息系统，实现娱乐服务业社会信息采集系统安装率、住宿人员登记、上传率100%；在典当行、印章刻制业、开锁业、废品收购业等特殊行业实施备案登记和管理制度；建立县（市、区）四套班子副县级以上领导校园风险防控挂点指导制度，推动校园周边环境整治，抓实预防少年儿童溺水工作。强化群防群治队伍建设。共组建治安巡防队伍、义务消防队伍、治安信息员队伍、人民调解队伍和护村（居、大院）队伍等共6423支83153名，每万人拥有群防群治人员92名，基本形成群防群治、齐心协力抓治安防控的格局。深化基层平安创建。在市直单位精准扶贫帮扶点开展“平安乡镇”“平安村居”创建，全面推行综治差异化考核，对全市234个综治责任单位分局委办、金融、企业、学校医院4类进行分类考核。开展“平安家庭”创建，依托村落社区“妇女之家”，实现全市基层妇女维权站全覆盖。各级妇联成立赣州市婚姻家庭邻里纠纷调解委员会。至年底，共接听“12338”维权热线电话14562个，处理信访件2855件，办结率98.7%。开展“平安医院”创建，石城县人民医院获评“江西省平安医院”。

社会心理服务体系建设。出台13个配套政策文件，成立赣州市社会心理健康服务协会等实体平台，率先在全省全面推进社会心理服务体系建设。中央综治办《社会治安综合治理动态》专门刊载；全国社会心理服务疏导和危机干预工作座谈会在赣州市举行；在全国综治表彰大会上以专题片形式播放；在全国社会心理健康专家研讨会、全国社会心理服务体系建设试点工作专家研讨会、首届中国社会心理服务高峰论坛上作经验介绍。在《法制日报》公布的2017年全国政法综治工作创新指数排行榜中位居全国第三。

重点特殊人群服务管理。落实肇事肇祸等严重精神障碍患者救治救助和有奖监护机制，提高监护奖励标准，按照每人每年3000—5000元的标准将监护奖励资金全部纳入财政预算，实行乡镇卫生院、派出所、驻村干部和村干部走访随访制度。积极探索重点青少年群体教育矫治有效途径，赣州市第十一中学办学3年共招收学生1068名，学生转化率93%，对矫正对象实行统一接收、统一建档、统一分派、统一巡查、统一奖惩、统一宣告“六统一”。学生重新犯罪率远低于全国平均水平。因不服从管理、不遵守社区矫正有关规定，共撤销假释、缓刑决定以及暂予监外执行等收监矫正人员76人。建立刑释人员数据库，推进教育改造与安置帮教“无缝对接”工作。

寄递物流安全监管。全面推开寄递物流实名制登记管理工作，借助寄递实名登记系统，实现实名登记100%、开箱验视100%。中心城区每天上传实名制数据约7000件。

【维稳工作】 确保政治安全。健全情报信息分析研判预警机制、维稳信访治安形势定期分析研判机制和建立县级议稳常态化机制，完善“三级预警”，市本级组织信访维稳治安形势

7月25日，全国社会心理服务疏导和危机干预工作座谈会在赣州市举行。图为与会人员参观赣州市第十一中学

会商研判23期，发出维稳预警34次，及时预防和有效化解各类涉稳隐患苗头问题152件，成功协调处置各类突出涉稳问题68件，省委维稳办《维稳工作简报》专门推介赣州市做法。加强反暴恐工作，对全市涉恐人员、涉恐场所进行摸排布控。强化网络管理，健全依法处理、舆情引导和社会面管控“三同步”机制，制定出台“三同步”实施办法，组建工作专班，加强网络信息巡查，严密网络舆情监控，严厉打击网络违法犯罪活动。壮大政法系统网络舆情信息员队伍，对近500名信息员进行集中培训，南康“3·17”明经国故意杀人案舆情较好应对处置。开展集中整治查处网上“瞎炒”行为专项行动和查处风险型经济犯罪“云端2017”专项行动，有效遏制虚拟社会现实危害。

强化源头预防。完善《赣州市重大决策社会稳定风险评估办法》。全市各级维稳部门会同相关单位开展社会稳定风险评估369件，准予实施368件，暂缓实施1件。开展影响社会稳定矛盾问题集中排查调研与滚动排查化解专项行动，做到信息收集研判常态化，涉稳风险排查常态化，涉稳隐患化解常态化，涉稳问题归口处理工作常态化，涉稳信息预警跟踪督办常态化。畅通多元化解对接平台。各级综治中心利用平台排查化解矛盾纠纷2.8万件，起到矛盾纠纷化解主阵地作用。完善诉调对接和委派调解机制，出台《赣州市涉诉纠纷委派调解工作实施意见》《关于依托综治中心平台加强诉调对接工作的实施方案》，推进诉讼纠纷与人民调解、行政调解衔接工作。推进行业调解，医患纠纷、交通事故、劳资纠纷、征地拆迁、环境污染等10个领域成立专业性调解中心，实现机构、场所、人员、经费、工作“四到位”。夯实人民调解基础，推进调解组织规范化建设。至年底，全市乡镇（街道）、村（居、社区）成立4152个调委会，选配人民调解员2.2万余名。

强化应急处突。夯实维稳基层基础，充实调整原籍干部维稳队伍、妇女维稳队伍，加强应急处突队伍建设，成功处置50余起重大涉稳隐患，有效预防和避免重大群体性事件的发生。健全应急处突机制，完善《赣州市处置群体性事件应急预案》，形成统一指挥、分级负责、协调联动、快速反应的应急处置格局。强化涉稳问题化解，建立涉稳问题牵头归口处理化解机制，建立劳资纠纷、资源权属纠纷、环境污染等涉稳突出问题的预防处置化解，全部纳入责任清单。突出重点人员疏导稳控，围绕重点防范规模性来市赴省进京聚集上访，对所有重点人员推行“1+3”稳控模式。开展定期走访慰问，做好特定群体困难人员精准帮扶，帮助解决实际问题和困难。

【精准扶贫】　筹建光伏电站、标准厂房，帮助贫困户利用政策贷款入股，实现每户每年依靠分红增收3000元以上。发展特色种养业，实现贫困户产业项目全覆盖。提升村容村貌，争取资金200万元延伸村通村公路，硬化道路共计27条近9000米，建设、修缮水渠、水陂25处，村民文化广场3个，建设并投入使用村级教学点1处，拆除50户村民“空心房”2000余平方米。

（撰稿　廖静晔　审核　明经科）

【领导名单】

书记：马玉福

副书记：邓忠平

常务副书记：陈俭生

副书记：明经科

副书记、市综治办主任：肖福云

副书记、市委维稳办主任：陈明浩

市纪委驻市委政法委纪检组组长：聂瑞和

防范办主任：卢永基（任至3月）

综治办副主任：邱荣生

防范办副主任：曾传赣

市法学会专职副会长：夏命远

副调研员：严全民　刘显明　林海英（女）　章传慧（女）

正处级干部：朱新平

副处级干部：成德龙

政府法制

【概况】　2017年，赣州市政府法制工作围绕市委、市政府“打好攻坚战、同步奔小康”工作大局和解放思想、内外兼修、北上南下的决策部署，认真履职，积极进取，推进改作风、提效率，加快推进法治政府建设，各项工作取得明显成效，为赣州市经济社会发展和苏区振兴提供有力的法制保障。被评为江西省第十四届文明单位、赣州市第九届文明单位、2013–2016年度全市社会治安综合治理先进集体、2016年度法治赣州建设先进单位。获2017年度市综治、节能考核优秀等次。

市政府法制办机关内设秘书科、立法科、行政执法监督科、行政复议科、法律事务科、依法行政指导科等6个行政职能科，人员编制19名，年底实有18人。下设市行政复议中心，为市政府法制办（市人民政府行政复议委员会办公室）下属正科级全额拨款事业单位，人员编制5名，年底实有5人。

【法治政府建设】　压实工作责任。全面贯彻实施《赣州市法治政府建设实施方案（2016—2020年）》，召开全市政府法制办主任暨行政执法三项制度试点工作会议，对2017年法治政府建设、行政执法三项制度试点及政府法制机构建设等重点工作进行全面部署，以市政府办公厅名义印发《赣州市2017年法治政府建设工作要点》，明确全市法治政府建设年度工作任务和保障措施。完善体制机制。参照省政府做法，市政府将赣州市推进依法行政工作领导小组更名为赣州市推进法治政府建设工作领导小组，由市政府市长担任组长，常务副市长、市政府秘书长担任副组长，28个部门（单位）主要负责人为成员，推动法治政府建设各项工作任务贯彻落实。落实领导干部学法制度。报市政府印发《2017年市政府常务会议学法安排》，市政府常务会和市长办公会组织学习《不动产登记暂行条例》等10多部法律法规和政策文件。举办全市领导干部法治专题培训班，邀请国务院法制办挂职干部、市中级人民法院行政庭领导到班授课，150多人参加培训。强化考核评价。制定出台《赣州市法治政府建设考核评价办法》《赣州市2017年度法治政府建设考评方案》，从依法履职、制度建设、行政决策、行政执法、行政监督、化解矛盾、工作保障等7个方面对县（市、区）、市直单位法治政府建设各项工作进行考评，将法治政府建设工作考评纳入县（市、区）科学发展综合考核、机关绩效考核、法治赣州建设考核、综治考核和文明创建考核体系。做好降成本优环境专项行动工作。制定《赣州市政府法制办公室落实市领导挂点联系园区和企业活动有关工作的实施方案》，建立一对一联系帮扶机制，提前深入企业了解情况，为挂点领导当好参谋。根据企业提出的问题及时建立台账，协调市、县有关部门为企业解决实际问题。对口联系的10家企业反映问题9个，全部办结销号。

【推进地方立法】 严格立法审查。完成《赣州市城市管理条例》《赣州市农村村民住房建设管理办法》等法规规章草案的立法审查工作。10月27日，正式颁布第一部政府实体规章《赣州市农村村民住房建设管理办法》，自2017年12月1日起施行。11月30日，由省人大常委会批准颁布实施《赣州市城市管理条例》。《赣州市城市道路车辆通行若干规定（草案）》报请市人大常委会审议。确定立法项目。将城市管理、城市道路车辆通行管理、农村住房建设管理、生态文明建设管理等重大项目确定为赣州市第一批立法项目，增强立法针对性。加强法规规章宣传。把立法过程作为普法过程，通过向社会公开征集意见，召开听证会、座谈会等各种形式，提高群众对立法工作的知晓度。法规规章颁布后，及时在《赣南日报》刊发全文，并以答记者问的形式对立法的背景，法规规章的核心内容，以及社会普遍关注的重点问题进行宣传。完善政府立法工作制度。出台《市政府规章项目草案会审制度》《市政府规章项目草案公开征求意见办法》《市政府规章草案审查工作规定》《市政府规章立法后评估办法》等4项制度。

【服务政府决策】 保障依法决策，防范法律风险。对参与的每个重大行政决策从法律层面仔细研究、认真分析重大行政决策存在的风险和问题，提出切实可行、合法有效的法律意见、建议，确保重大行政决策始终在法治轨道上运行。市政府与东风汽车公司签订总投资约30亿元、与国机汽车签订总投资约80亿元等重大新能源汽车项目及市政府与杉杉集团、绿地集团项目协议，全程参与，出谋划策，反复把关，保障签约顺利进行。在环保督察整改、农村“空心房”整治等重大事项中，提出合法合规、切实可行的法律意见。2017年共对市政府涉及法律的重要文件文稿进行法律审核把关172件，对市政府重大合同（协议）审核把关29件，对市政府部门涉法事项请示市政府的请示件审核把关128件，出具书面法律审核意见93件，提出具体意见、建议369条。全面清理规范性文件。市、县两级纳入清理范围的规范性文件和重要政策性文件共计3939件。其中，废止277件，修改74件，拟废止647件，拟修改170件，继续有效的2771件；清理符合3个重点清理范围的市政府规范性文件和重要政策文件156件（市政府令72件、其他84件），经市政府常务会议审定，决定废止110件（市政府令38件、其他72件），修改27件（市政府令15件、其他12件），继续有效的规范性文件（市政府令）19件。推行政府法律顾问和公职律师制度。市政府法律顾问参与政府涉法事项包括立法、重大决策、行政复议应诉等审议共48人次。印发《关于推行公职律师制度的有关通知》，充分发挥公职律师在重大决策法律审核方面的作用。申报成立市政府法制办公职律师办公室，制定《赣州市政府法制办公职律师办公室章程》《赣州市政府法制办公职律师办公室档案管理制度》《赣州市政府法制办公职律师办公室执业纪律》等文件，推动公职律师规范化建设。

【规范执法行为】 行政执法三项制度全国性改革试点项目取得实效。2017年年初，国务院将赣州市确定为全国32个试点地区和部门之一。经省政府批复同意印发《赣州市推行行政执法公示制度 执法全过程记录制度 重大执法决定法制审核制度试点实施方案》。通过调研指导、督查通报、座谈交流、编发工作简报等方式，推进试点工作取得良好成绩，形成一批有特色亮点可借鉴复制的规章制度成果，推进和保障公正文明执法，提高执法水平和人民群众满意度。推动“双随机、一公开”监管实现全覆盖。18个县（市、区）和43个市直部门全面建立“一单两库”，随机抽查事项清单256项，市本级执法人员名录库共有2090人，市本级检查对象名录库共有监管对象23901个，通过市政府门户网站向社会公开，实现行政执法“双随机、一公开”全覆盖。强化行政执法日常监督管理。制定印发《关于深入开展集中整治和查处行政执法不公侵害群众利益专项治理的通知》。建立行政执法辅助人员管理制度。推进城市执法体制改革。做好精简行政审批事项法制审核工作。加强对各地各部门规范性文件和重大执法行为的监督，备案审查规范性文件24件、重大执法行为15件。加强行政执法证件管理，新办或换发行政执法主体资格证7件、行政执法290件。组织开展“以案释法”活动。加强和改进行政执法与刑事司法衔接工作。组织公安、检察及行政执法部门开展“两法衔接”信息共享平台操作培训，及时录入案件信息；落实市“两法衔接”工作联席会议制度，组织召开“两法衔接”联席会议。年内，赣州市行政执法机关共向公安机关移送案件117件，移送案件线索105条，抓获犯罪嫌疑人77人，摸排公益诉讼案件线索43件，立案24件。

【化解矛盾纠纷】 推进行政复议工作。全年市政府共立案受理113件，上升11.88%，不予受理8件；经审查，审结90件，中止4件；在审结的案件中维持25件，驳回12件，撤销15件，终止29件，确认违法6件，责令履行3件，纠错率达58.89%，促进行政机关依法行政。提升行政应诉工作水平。出台《赣州市政府行政应诉工作规则》《关于进一步加强行政应诉和行政复议工作的意见》，规范行政机关在行政诉讼活动中的应诉工作。全年共出庭应诉132件，增长8.2%；收到法院生效裁判文书62件，其中胜诉59件，败诉3件，胜诉率95.16%。行政调解工作取得实效。印发《赣州市行政调解工作规范化建设实施意见》，将55个行政调解单位区分为重点行政调解单位和一般行政调解单位进行规范，确定10个重点领域调解平台，指导推进全市行政调解工作规范化建设。召开全市行政调解工作会，开展市本级行政调解工作业务培训会。对市本级行政调解单位行政调解工作进展情况进行专项督查，督促各单位不断完善组织机构及平台建设。全市共受理行政调解案件72757件，增长100.86%。其中，行政争议案件3732件，民事纠纷案件69025件；调解成功64283件，调解成功率88.35%。涉案金额2.01亿元，涉及人数116916人，有效维护社会和谐稳定。依法参与化解信访案件。发挥信访复核案件审核把关作用，参与实地调查，推动在法律层面解决信访积案，实现停访息诉。参与办理市政府信访复核案件24件。

【精准扶贫】 开展精准识别、帮助发展养牛产业、帮扶贫困户自主发展家庭养殖、申报奖补资金、推进易地搬迁、土坯房改造等工作，向上争取资金、项目，加强挂点村基础设施建设，协调供电部门投资230万元，组织实施低电压改造项目，解决村民用电问题。争取资金完成8个村民小组主要通组公路水泥硬化，新建桥梁，修复塌方公路路基，修建水沟水圳，加固河堤，推进农户改水、改厕和入户道建设，村容村貌发生明显改变。

【民主法制领域改革】 确定专项小组2017年工作计划，重点推进地方立法、加强政治协商民主、推进基层民主建设、完善行政执法体制以及开展群团改革等5个方面12项改革工作任务。群团改革“1+5”方案全部印发实施；完成市人大代表履职网络平台搭建，全面完成地方立法工作任务，出台《关于加强政党协商的实施办法》等5个重要文件，村（居）委员会换届选举工作稳步推进。

【队伍建设】 加强领导班子和机关党支部建设。争取市编委增配1名正科级机关党支部专职副书记职数，顺利完成换届改选，配齐配强支委会成员。推进“两学一做”学习教育常态化制度化，组织开展“不忘初心　牢记使命”主题党日活动。加强党风廉政建设，针对纪检组反馈的党风廉政建设存在问题，及时专题研究部署，建立问题台账，确定整改时限，积极整改。健全完善公务接待等4项制度，加强党规党纪学习教育，汇编党内重要法规供全办党员学习掌握。加强干部队伍建设，提出转作风、提效率具体工作措施23条，对外做出公开承诺9条。充实政府法制机构工作力量。从市直单位调入1名熟悉法律业务的科长；公开考选3名机关工作人员。

（撰稿　李　凯　审稿　谢应林）

【领导名单】
主任：仲先东（任至12月）
　　宁　群（12月任）
副主任：谢飞龙　刘建新（4月任）
副调研员：范　平（5月任）

公　安

【概况】 2017年，全市公安机关按照“加快推进法治赣州、平安赣州建设”总体要求，立足本职，扎实工作，为护航全市“六大攻坚战”和赣南苏区振兴发展创造和谐稳定的社会发展环境。公安工作和公安队伍建设取得显著成效，连续2年在省厅重点工作考评中获第二名。全市公安机关共荣记集体二等功1个、三等功28个，嘉奖39个，个人二等功9名、三等功178名，嘉奖275名，获全国优秀公安局1个、全国优秀公安基层单位1个、全国优秀人民警察4名、全国公安百佳刑警1名。

【维护社会政治稳定】 抓好情报工作。健全情报会商研判制度，加强网上信息搜集研判、专案侦查中的情报挖掘和重点情报调研等情报搜集。全年共编报《情报会商研判专报》64期，提交形势分析研判报告57篇，报送反恐情报信息242期，研判报备情报研判产品35个。强化案件侦查攻坚。开展“猎首行动”“敲门行动”“两打一防”专项工作、网上舆情反制工作。筹办成立赣州市非政府组织管理工作协调小组。全年共排查化解各类矛盾纠纷837起，完成公安部、省厅交办积案15件，化解率100%。重点人员管控。与综治、信访、民宗、外侨等部门加强联系，成立重点人管控小组，有效开展对各类重点人的管控，参与摸排、救治救助肇事肇祸等严重精神障碍患者2223人次。做好“一带一路”国际合作高峰论坛、金砖国家领导人峰会、中共十九大召开期间等网上安保工作。全年共上报各类涉稳、涉警网上舆情信息5308篇，采用1242篇；通过公安部信息支撑点报送信息934篇；编辑网侦情报95篇，采用29篇；编报网络舆情365期。落实重点部位定点武装巡逻、公安特警屯警街面动中备勤、人员密集场所高峰勤务和公安武警联勤武装巡逻等4项工作机制。6月29日、11月2日分别举行燃气管道遭破坏泄露反恐演练和捕歼演练、西南片区特巡警跨区域拉动演练。核查省公安厅各类涉恐线索37条，抓获新疆警方上网通缉危安逃犯5人。

【打击刑事犯罪】 组织开展“三打击一整治”“赣剑”等专项行动，严厉打击“盗抢骗”等侵财违法犯罪行为。全年共立刑事案件28243起，破10280起。

打击刑事犯罪。全年60起命案全部告破，特别是大余“2·25”周雄狮故意杀人案、瑞金市“3·5”刘文坚及欧阳丽被害案、于都县“5·26”严兴根特大杀人案等重大恶性命案均在短时间内侦破。侦破石城县“1997·2·9”许亮秀被杀案、上犹县“2000·11·20”胡良华被杀案、南康区“2001·6·4”张福权被杀案等6起10年以上命案积案。开展“赣剑”行动，推进打黑除恶专项斗争，共破获“盗抢骗”等侵财案件9915起，破电信网络诈骗案件344起，冻结（止付）涉案账号1369个，冻结电信网络诈骗涉案资金1339.15万元；破各类涉枪案件269起，缴获以火药为动力的枪支179支；抓获网上逃犯2581名，其中抓获故意杀人逃犯24名；刑拘涉黑涉恶犯罪人员1131人，移送审查起诉502人。成功侦办宁都县胡静雨等人涉黑案件，受到全国“打黑办”、省“打黑办”电贺。会昌县公安局侦办的曾祥铭冒充高级军官诈骗案，得到公安部电贺，获中央军委政法委肯定。

打击经济犯罪。开展打击非法集资、“云端2017”“猎狐2017”等专项行动。全年共受理经济犯罪案件571起，立案541起，破案359起，涉案金额约13亿元，抓获犯罪嫌疑人542人，挽回经济损失7552.72余万元。开展打击工程建设领域串通投标违法犯罪专项行动，立案63起，破42起，抓获犯罪嫌疑人203人，涉案金额15.1亿元；“猎狐”行动抓获外逃人员12人。打击侵犯知识产权和制售假冒伪劣商品犯罪专项行动及打击假币违法犯罪专项行动分别被公安部、国家知识产权局、中国人民银行评为成绩突出集体。

打击毒品犯罪。开展“缉毒会战”专项行动，全年共破获毒品刑事案件368起，抓获犯罪嫌疑人451人，缴获各类毒品458.5千克，打掉制毒前体和制毒窝点8处，缴获易制毒化学品及制毒原料1.58万千克。查处吸毒人员1453人，送强制隔离戒毒473人。开展截流堵源工作，建设毒品查缉站8个，破获截流堵源案件5起，缴获毒品325.4千克。

打击网络犯罪。主侦和配侦各类违法犯罪案件1582起，抓获违法犯罪嫌疑人2035人。积极组织开展打击网络政治谣言专案，破获“2017·5·5”曾某生非法买卖枪支弹药案、“1·6”网络赌博专案，并成功破获公安部督办“1702040”专案。

【社会治安管理】 强化治安管控，维护社会秩序平稳，全年共受理治安案件65250起、查处63129起。

专项打击行动。开展打击涉黄涉赌违法犯罪“断链”行动、“夏季风暴”专项行动、打击“食药环”违法犯罪、“利剑打假”“清水蓝天”、涉校违法犯罪等系列专项行动。共查处“黄赌”案件2584起，其中刑事拘留854人，行政拘留4563人。查处“食药环”类刑事案件396起，抓获涉案人员495人，刑事拘留涉案人员98人。收缴各类枪支1800支、子弹90190发、炸药42675千克、雷管71730枚。查处涉枪涉爆行政案件75起，查处涉枪涉爆刑事案件85起。查破涉校案件15起，抓获处理违法犯罪人员19人。

社会治安防控。开展等级勤务响应巡逻防控和市局机关民警夜间巡逻，启动二级巡控勤务10次、一级巡控勤务4次，开展公安武警联勤巡逻14次，抓获违法犯罪嫌疑人990余人。推进“三车”（摩托车、电动车、三轮车）智能防盗系统建设，仅赣州市中心城区安装8.07万余辆，通过该系统破获案件180余起。

特种行业管理。落实寄递业“三个100%”制度和旅馆业治安管理，整顿快递网点4549处，整改各类安全隐患716处，破获各类案件125起，行政拘留64人，刑事拘留43人，抓获网上逃犯142人。在全省公安机关易制爆危险化学品和寄递物流专项整治行动考核中，赣州市名列全省第一。章贡分局、上犹县公安局根据《中华人民共和国反恐怖主义法》，对不按规定检查旅客信息且屡教不改的2家酒店均给予10万元罚款。

公安检查站和“三大包围圈”建设。建成3个环闽公安检查站，并在环闽国道、省道交界处设置临时卡点，共出动警力6441人次，检查车辆16770辆，抓获网上逃犯5名，查获非法入境人员10名。利用“三大包围圈”破获案件12216起，抓获嫌疑人4045人。

9月25日，赣州市公安局在市体育中心广场举行全市公安机关决战决胜中共十九大安保誓师动员大会

【公安行政管理】 2017年，赣州市公安满意度、安全感成绩为94.3721%、96.6136%，均位居全省第三名。

人口管理。在全市铺开一元化改登工作。所有县（市、区）户籍人口改登工作全部完成。为4450名无户口人员解决户口，其中贫困人员1763人。推进户口清理整顿“回头看”，清理重、假户口1865个，注销应销未销户口70232个。做好流动人口登记和居住证办理工作，开通全国所有省（市、自治区）的身份证异地办理业务，创新试点“电子身份标识”制度。全市16周岁以上人口相片采集率达99.9%以上。户政信息化应用获全省户政类信息化实战应用集中比武团体总分和个人双料冠军。

出入境管理。拓宽服务渠道，加强和改进文明窗口建设。启用全国公安出入境管理信息系统，推广自助签助机业务。全年共受理审批各类出国（境）申请39.9万人次，新增全市双备库新入库国家工作人员数据8224条，新入库法定不准出境人员数据3595条；深入开展打击“三非”外国人专项行动，查处各类涉外案件54起，涉案87人，遣送出境58名。

交通安全管理。推进智能交通系统建设和城市交通管理立法工作，推出“以学代罚”“以学促管”、驾驶证申请人参与交通协勤、无人机交通事故勘查系统等新举措。全年组织开展道路交通安全专项整治45批次，查处交通违法行为249.2万起，6类重点车辆报废率达100%。共受理交通事故553起，死亡297人、受伤481人；发生1次死亡3人以上道路交通事故4起，造成13人死亡。

消防安全管理。部署开展“夏季消防检查”“冬春火灾防控”“守护90”消防平安行动等消防安全专项治理9个。开展代号为“金砖”“平安”“忠诚”的大兵团专项行动7个。运用物联网技术加强消防监督管理，对1981栋高层建筑和4729个市政消火栓进行“一房一码”“一栓一码”信息采集录入。全年共发生火灾1282起，死亡12人，受伤3人，直接经济损失2660.1万元。

监所安全管理。及时制止企图自杀、自伤自残或脱逃行为28起，妥善处置突发疾病138起，查获违禁物品200余件。在赣州市立医院设立第二个赣州公安监管病区；在全市建立监所晨会制度；推进“全警情录入+监所管理”工作，最大限度化解社会矛盾、深挖犯罪协破案件。

【民生警务建设】 “民调评警”工作。完善《赣州市公安局民调评警工作方案》和考评细则，推行案（事）件回访工作。在全市公安机关推广“民调评警”APP。

提案办理。受理人大代表建议、政协提案31件，协办件15件，办复率、满意率均达100%。

全国文明城市创建。开展督导检查3000余人次，抽调警力2000余人，负责中心城区交通管理工作、协助挂点南京路社区创文工作和做好红都大道“路长制”工作。

精准扶贫。市局171名副科级以上干部与赣县区湖江镇324户贫困户结对，将下站村列为重点帮扶村，拨付55万元专项资金用于扶贫点统筹产业发展，拓宽进出村公路4千米，扩产白莲产业至20余公顷，推广油茶种植面积73.33公顷，年内脱贫134户。

降成本优环境。制订《赣州市公安局挂点联系赣州高新技术产业开发区工作方案》，定期深入企业开展法律咨询、业务培训。全年共破获涉企刑事案件82起，刑事处罚109人，为企业挽损4000余万元。

【专项行动】 中共十九大安保工作。共投入巡逻警力10.1万余人次、车辆3.1万余辆次，盘查录入人员车辆信息20.2万余条，稳控重点人员851名，圆满完成中共十九大安保维稳任务。其间，全市警情环比呈“三降”态势，即刑事警情环比下降14.7%、治安警情环比下降3.4%、火灾警情环比下降10.39%。被省公安厅评为全省公安机关中共十九大安保工作先进集体，并立集体二等功。

“赣剑”行动。根据省公安厅“赣剑”行动总体部署，自2017年5月1日起，全市公安机关开展严厉打击传统“盗抢骗”犯罪、电信网络新型违法犯罪、网络贩枪犯罪以及追捕重点逃犯行动。全市立各类侵财案件13043起，破4658起，抓获嫌疑人1789名，打掉犯罪团伙118个，破获跨区域、系列案件199串1623起，破外省案件67起，缴获赃款赃物831.5万元。其间，反诈中心接警779人次，冻结涉案账户1748个，研判、发布诈骗预警信息21条。在反诈中心支持协助下，全市公安机关破获190起电信诈骗案件，端掉电信诈骗窝点4个，抓获犯罪嫌疑人136名，挽回群众损失98万余元。侦办各类涉枪案件235起，缴获各类枪支共计448支，子弹18952发，共打击处理涉枪犯罪嫌疑人162人，其中刑拘106人，行政处罚56人。赣县区公安局在工作中主动发现涉枪线索，成功破获许发明网络贩枪案，并列为省督案件，该起案件抓获犯罪嫌疑人5名，打掉制贩枪支团伙1个，捣毁加工窝点1个，收缴自制射钉枪4支、射钉弹224发，

“12·9”伪造货币案收网现场

梳理出涉及全国涉枪线索共计47292余条。行动期间，全市公安机关通过投案自首方式抓获目标逃犯142名，占总数的30%；抓获目标逃犯477名，行动前逃犯归案率达44.96%，其中6名为历年命案逃犯。

【执法规范化建设】 完善执法机制。印发《关于进一步加强全市公安机关接收行政执法机关移送涉嫌犯罪案件工作的通知》，推行“两法衔接”工作，强化与行政执法机关的协作配合。全面推行刑事案件“两统一”工作机制，贯彻落实《关于推进以审判为中心刑事诉讼制度改革的实施意见》，切实提高民警的证据意识和法制意识。推进“一案一码”执法办案管理监督系统建设，信丰县公安局信息化智能化执法办案管理中心，成为全省公安机关执法监督管理系统的“新样板”。

强化执法监督。贯彻落实“全警情录入+落实执法办案”要求，开展优劣质案件评选工作和专项执法检查，实行案件报备抽评和执法工作月通报制度，推进“三台合一”“警综平台”案事件系统运用，实现执法信息网上录入、执法流程网上管理、执法活动网上监督、执法质量网上考核。印发网上通报12期，检查案件11635起。全市公安机关案件办理证据上传率99.97%。

提高执法素养。以修改后的“一法两规”等法律法规为主要内容，组织开展多层次、多主题的执法培训活动，保证执法民警每年接受执法培训15天。组织2667名公安民警参加基本级和中级执法资格考试，2034名民警参加高级执法资格考试。全年共开展执法培训149期，参加培训人员10788人次；组织旁听庭审91次，参加人员1502人。

【改革创新】 推行民警绩效考核管理制度，制定出台《赣州市公安局机关绩效考核试行办法（试行）》《赣州市公安局机关规范管理考核方案（试行）》。推进交通道路事故勘查改革。3月30日，在全市19个县（市、区）交管大队推广无人机航拍交通事故现场勘查系统。在全市公安机关推行110非警情分流机制，先后开通“12345”政府服务热线，建立党委政府牵头、公安为主、部门（乡镇）参与的非警情处置分流机制。创新“互联网+警务”，上线“赣州公安微警务1.0版本”，推出微信电子身份标识、港澳台证照网上续签、自助挪车等便民利民措施。

【信息化工作】 推进公安信息化建设和数据强警工程，印发《关于上报科技创新成果的通知》《关于统筹科技创新项目实施的通知》等文件。全市第二届公安科技创新项目评选活动共收到申报项目133个，其中申报应用创新计划58个，申报基层技术革新奖42个，申报警务发明奖33个。确定全市公安2018年重点建设项目，即视频图像共享实战平台、情报综合平台、合成作战平台、智能指挥调度平台。开展大培训、大采集、大应用“三大活动”。出台《“三大活动”争先创优奖惩办法》。全年全市共举办信息化培训班170余期，参训人员15600人。在全省公安信息化比武竞赛中，综合实战比武获全省第二名，合成作战比武获全省第三名，7个警种获得专业比武竞赛第一名。在“三个一千五个一百”评选活动中有7个项目列全省第一名，1个列全省第三名。推进公共视频监控联网应用工作，全市“天网”工程共建成一类视频监控点1万余个，接入二、三类视频1.2万余个。做好“雪亮工程”建设申报工作，确保赣州市顺利获批全国重点城市。

【基层基础建设工作】 “全警情录入+”。制定印发《赣州市公安机关全警情录入工作考评办法》《赣州市公安机关全警情录入工作应用奖惩办法（试行）》等，实行日巡查、周通报、月监测、季检查，共下发接、处警数据质量监测情况通报54期。接警单、处警单、反馈单合格率及警情上图率均在99.9%以上。

基础设施建设。开展“规范内务、靓化外观、整肃警纪、严明执法”专项教育整顿活动，推进派出所和交警中队规范化建设。全市共投入1.35亿元，完成250个派出所和74个交警中队的外观、硬件建设任务。

【队伍建设】 政治建警。组织开展“迎接十九大，忠诚保平安、护航攻坚战”“学英模、见行动、作表率”“戴党徽、亮身份、做承诺”“学习十九大、公安怎么办”和“两学一做”学习教育常态化制度化等主题教育活动。

从严治警。召开党风廉政建设会议和全市公安监督工作座谈会，层层签订党风廉政建设责任书，保持查处民警违纪违法高压态势。全年，驻市公安局纪检组共收到信访举报件80件，处置问题线索65条，谈话函询24人，诫勉谈话9人，提醒谈话21人，警示谈话10人，通报批评13人，组织处理8人。立案11起11人，办结6起6人。全市督察部门运用“12389”举报平台受理登记举报投诉274件，其中查实42件。共开展明察暗访4127次，派出督察警力8356人次，发现各类问题2191个，提出整改建议667条，责令纠正问题1709个，停止执行职务11人，追责24人。

素质强警。严格落实“三个必训”制度，举办各类警种业务信息化培训110余期，组织参加省厅举办的采集类和应用类培训60余次。公安信息化大培训工作得到副省长、公安厅长郑为文批示肯定。完成新警和司内警衔晋升培训班共8期766人。建立“教官训练日”机制，举办教官培训班3期161人次，开展2批共50名业务教官的评审说课活动，组建由退休干部组成的“特聘教官团”，邀请深圳市警校教官团前往现场授课。组织开展全市公安机关辅警大比武活动。组队参加全省公安机关首届武装越野登山比赛获第二名，教育训练信息大比武获全省团体第一名。选派75名骨干民警先后分3批到广州市、深圳市、东莞市公安局开展每期3个月的跟班学习。继续推进机关民警下派基层锻炼工作，第二批下派13名市局机关民警到基层锻炼。组织市局900

余名民警参加科级领导干部任职资格考试。

从优待警。沟通协调编制、人社、组织等部门，落实夫妻异地分居民警“团圆机制”，10位符合条件的民警调入赣州市公安局工作。优化领导干部配置。先后2批对机关科级干部调整，共提拔、调整科级干部188名。特聘3名法律顾问，为民警维权提供有力保障。全市公安机关共办理维权案件56起，追究86名侵害民警权益人员责任，维护68名民警、辅警正当执法权益。

文化育警。全面升级“赣州公安”微信公众号，形成原创视频、H5、网络直播等多形式并存的宣传格局，全年编发微信原文1300余篇，并入选“江西十大政务微信公众号”。11月23日，赣州市公安局新媒体工作在全省政法宣传工作会议上作经验发言。首次组建文艺小分队进社区开展送温暖活动，举办全市公安机关文艺骨干培训班，开展江西公安文化理念学习宣传，在机关建立“赣州公安悦读群”读书分享会。年内，在《人民公安报》《江西日报》《赣南日报》等主流媒体上稿210余篇，发现选树于都县公安局民警郭娟、宁都县公安局民警黄可俊、龙南县公安局民警胡有文等先进典型，在省公安厅举办的“随手拍”活动中，包揽前3名，名列全省第一。做好“7·23”万象城紧急疏散等6起等级涉警舆情的引导处置工作。

【典型案例】 “2017·4·1”制造毒品案。5月3日，在公安部统一指挥下，江西省赣州市、广东省惠州市警方联合破获“2017·4·1”制造毒品案，捣毁1个隐藏在大余县山林内的制毒窝点，抓获犯罪嫌疑人8人，查扣作案车辆7辆，现场缴获毒品半成品300余千克。经侦查，赣州市警方发现制毒主要原料来源于安徽省蚌埠市固镇县1处非法生产窝点。6月15日，安徽蚌埠警方根据赣州提供线索，成功打掉1处非法生产制毒物品窝点，现场抓获3名犯罪嫌疑人，缴获制毒原料1300余千克。

2001年张某权被杀案。2001年6月4日，张某权与刘某英双方因矛盾引发打架，后张某洲伙同张某彬、刘某英用木棍击打张某权的头部，造成张某权颅内出血，抢救无效死亡。案发后，张某彬、刘某英被南康区公安局抓获归案，张某洲则潜逃多年。9月20日，南康区公安局接到温州警方提供线索，有1名疑似南康籍男子在温州市办理居住证时神色慌张，极有可能是网上逃犯。获悉情况后，南康区警方与温州市警方积极联系，并取得该可疑男子办理居住证的资料，经分析比对，发现该可疑男子极有可能是潜逃16年之久的命案积案逃犯张某洲。南康区警方立刻赶赴温州市，最终锁定该可疑男子就是命案积案逃犯张某洲。9月22日，在浙江省温州市警方的大力协助下，经摸排蹲守，专案组民警成功在温州经济技术开发区一出租房内将犯罪嫌疑人张某洲抓获归案。

（撰稿 王勇棕 成 茜 审核 黄裕平）

【领导名单】
党委书记、局长：邓忠平
党委副书记、常务副局长：卢永基
党委副书记、副局长：刘志强（正处级）
党委委员、调研员：陈富江（7月任）
　李新军
党委委员、交警支队支队长：朱雄武
党委委员、副局长：黎连兴　吴品才
党委委员、政治部主任：刘福海
党委委员、市纪委驻市公安局纪检组
　组长：郑武岳（7月兼任开发区
　分局局长）
党委委员、章贡分局局长：陈应庭
党委委员、副局长：朱桂林
党委委员、警卫处处长：
　刘立煌（2月任党委委员）
正处级干部：林伟达（任至7月）
　李伟雄（7月任）
调研员：李柏生（1月任）
　邓育成（7月任）
副处级干部：刘乐年（7月任）
　尹良耀（任至2月）　周利军
副调研员：杨泰生（7月任）
　黄智龙（7月任）　肖锡平（7月任）

检 察

【概况】 2017年，全市检察机关贯彻中共十九大精神、习近平新时代中国特色社会主义思想以及全国第十四次检察长会议、全省第十七次检察工作会议精神，主动适应新形势、新变化，牢牢把握宪法定位，坚持以公诉为核心，聚焦监督主业，抓好职务犯罪侦防工作，大力加强自身建设，狠抓基层基础，以司法责任制改革为契机，创优创新创特做工作，各项检察工作取得新进展。

【服务经济社会发展】 服务“六大攻坚战”。制定实施服务非公有制经济“10项措施”、服务和保障实体经济健康发展“16条意见”，开展服务“六大攻坚战”优秀案件评选。参与“降成本优环境”专项活动，与全市46个重大项目签署预防职务犯罪共建协议，设立7个工业园区检查站，向社会提供行贿犯罪档案查询14493次。参与整顿和规范市场经济秩序，依法批准逮捕串通投标、金融诈骗等犯罪36人、提起公诉54人。加强知识产权的司法保护，依法起诉制售假冒伪劣商品、侵犯知识产权等犯罪89人。营造创新创业法治环境，慎重办理一批涉及国家节能资金补贴的案件。

依法保障民生。参与精准扶贫，全市检察机关落实产业帮扶资金2029万元，协调推进脱贫项目建设94个。立案侦查征地拆迁、教育医疗、脱贫攻坚等民生领域的职务犯罪157人，从快起诉曹五古廉租房诈骗案等社会反映强烈、损害群众切身利益的刑事犯罪413人。依法保护群众财产安全，起诉邓增进非法吸收公众存款等涉众型经济犯罪76人。对28名生活陷入困境的刑事被害人或其近亲属给予司法救助。

强化生态司法保护。实行“捕诉监防”一体化工作机制，批准逮捕盗伐滥伐林木、非法占用农用地、非法采矿等破坏环境资源犯罪嫌疑人99

人、提起公诉301人。制定进一步深化生态检察工作的“15条意见”，运用恢复性司法，督促犯罪嫌疑人补植复绿36余公顷。创新创特生态检察工作，发布全省首份生态环境保护检察工作报告，组织“充分发挥检察职能、服务生态文明试验区建设”优秀案件评选，督促办理的朱某等人污染环境案、桃江非法采砂案被评为全省生态检察典型案例。

【平安法治赣州建设】 全年共批准（决定）逮捕各类刑事犯罪嫌疑人4415人，提起公诉6477人，分别上升7.3%和17.3%。

依法严惩严重刑事犯罪。深入推进打黑除恶、反邪教等专项斗争，突出打击“盗抢骗”“黄赌毒”等犯罪，批准逮捕故意杀人、抢劫、强奸等严重暴力犯罪和盗窃、诈骗、毒品等多发性犯罪1993人，起诉2515人。完善重大复杂敏感刑事案件介入侦查、引导取证机制，依法从快批捕起诉谭伟彬等27人组织、领导、参加黑社会性质组织、劫夺被押解人员罪等社会反映强烈的案件，提升公众安全感。

依法从宽处理轻微犯罪。对涉嫌犯罪但无逮捕必要的，决定不批捕297人。对犯罪情节轻微、不需要判处刑罚处罚，以及真诚悔罪、积极赔偿、与被害人达成刑事和解的，决定不起诉162人。强化未成年人司法保护，对36名涉罪未成年人附条件不起诉，探索未成年被害人一站式救助，未成年人检察工作多次被中央媒体宣传报道。

依法推进社会治理。探索律师代理申诉，邀请人大代表、政协委员、人民监督员参与信访化解、公开听证，妥善办理来信来访1558件、刑事赔偿案件4件。南康区检察院被评为全国检察机关“文明接待示范窗口”，赣州市检察院和大余县、寻乌县、章贡区、会昌县检察院被授予全国检察机关“文明接待室”。

强化监督推进公正司法。加强刑事立案和侦查监督。依法监督侦查机关立案32件、撤案31件，追加逮捕103人，追加起诉225人，对侦查活动中的违法情形提出纠正意见17件次。推进“破坏环境资源和危害食品药品安全犯罪”专项监督活动，监督行政执法机关移送案件26件42人，监督公安机关立案7件9人。加强刑事审判和执行监督。对认为确有错误的刑事裁判提出抗诉36件。监督纠正减刑、假释、暂予监外执行不当80人，查办监管场所职务犯罪案件1件1人，通过羁押必要性审查建议变更强制措施258人。加强社区矫正法律监督，开展社区服刑人员脱管、漏管专项检察活动。加强民事行政检察监督。办理民事行政检察监督案件450件，对认为确有错误的民事行政生效裁判、调解书，提出和提请抗诉12件，建议再审11件，对审判和执行活动中的违法情形提出检察建议69件。5件案件入选全省检察机关民事行政诉讼监督典型案例，2件案件获评“十大民事行政检察”助推法治江西建设典型案例。南康区检察院被评为全国检察机关民事行政检察工作先进单位，市检察院在全国民事行政检察工作座谈会上作经验介绍。

【案件查办与预防】 全年共依法立案201件255人，分别上升4.7%和8%。

查办大案要案。立案侦查贪污、贿赂、挪用公款大案68件，其中100万元以上大案15件；立案侦查重特大渎职侵权犯罪案件9人。依法对刘某、肖某某等5名县处级干部立案侦查，对黄某某、陈某某等6名县处级干部提起公诉。依法查办的市人民医院受贿窝案串案，取得良好的法律效果和社会效果。

查办重点领域案件。立案侦查工程建设、项目审批、招标投标、资金拨付等环节职务犯罪56件71人。立案侦查行政执法和司法工作人员职务犯罪24人，为近年来最多。立案侦查玩忽职守、滥用职权等渎职侵权犯罪34人。

加强职务犯罪源头治理。落实惩防职务犯罪年度报告和专题报告制度。加强个案预防、行业预防，结合办案提出防控风险、堵塞漏洞的检察建议116份。加大惩治行贿犯罪力度，查办行贿犯罪30人。加大追逃力度，促使10名在逃人员归案。强化警示教育，开展预防告诫，推动监督关口前移，赣县区检察院警示教育基地建设荣获全省基层检察院“一院一品”建设“十大精品”奖。

【司法改革】 推进司法责任制改革。落实检察人员分类管理，高标准遴选全市首批378名员额制检察官。开展基层检察院内设机构大部制改革，将市检察院部分内设机构合署办公。坚持检察长统一领导检察工作和突出检察官办案主体地位相结合，细化检察官权力清单，强化“谁决定谁负责”的检察官办案责任制。

推进各项检察改革。配合监察体制改革试点，做好职务犯罪侦防机构和人员的转隶工作。适应以审判为中心的诉讼制度改革，加强公诉人建设。贯彻证据裁判规则，对因非法证据排除及其他原因或证据不足的案件，不批准逮捕280人、不起诉49人。推进民事、行政公益诉讼工作，全市立案46件，发出诉前检察建议35件，办理刑事附带民事公益诉讼5件，提起全省首例行政公益诉讼，公益诉讼工作走在全省前列。

推进司法公开。建立案件信息公开、案件程序性信息查询、法律文书公开、重要案件信息发布、辩护与代理预约申请“四类平台”等机制，发布重要案件信息1145条，公开法律文书3441份。全市两级检察院实现“两微一端”全覆盖，共发布信息7000余条。开展公诉观摩庭、检察开放日活动，邀请人大代表、政协委员和社会各界人士走进检察，了解和监督检察工作。

【自身建设】 强化思想政治建设。开展中共十九大精神专题学习，深入推进“两学一做”学习教育常态化制度化。推进文明创建，广泛参与志愿服务，全市有16个检察院被评为省、市文明单位。狠抓纪律作风建设。严格落实中央八项规定，加强日常督查和工作巡察，清理和修订市院机关各项管理制度，出台“改作风、提效率”30

条措施。完善问责机制，落实“四种形态”，对3名违纪干警给予党纪处分和组织处理。最高人民检察院帮扶的司法鉴定实验室投入使用，承办5省（市）检察机关支持赣南等原中央苏区检察工作座谈会。加强干警岗位交流。推进全员轮训，组织观摩庭审评议、诉辩对抗赛等。先后有55名个人和集体获得省级以上表彰。

（撰稿 杨卫国 审稿 陈庆明）

【领导名单】
党组书记、检察长：江阶虎
党组副书记、副检察长：李东浩
党组成员、副检察长：温 波
陈新生 姜 郁（女，挂职，9月任）
雷贻辉
党组成员、反贪局局长：
张继田（任至12月）
党组成员、市纪委驻市检察院纪检组组长：严 斌（任至12月）
党组成员、政治部副主任：胡承冬
专职检察委员会委员：郭复彬
俞 萍（女）
反贪污贿赂局政委：
马维新（任至12月）
副处级检察员、反渎职侵权局局长：
曾庆华（任至12月）
副处级干部、监察室主任：刘小平
副处级检察员：黄少华
副处级检察员、案件管理中心办公室主任：彭日东
副处级检察员、蓉江新区检察室主任：
江 炜
副处级检察员、法律政策研究室主任：
陈庆明（4月任）
副调研员：刘红卫（女）
副处级检察员、侦监处处长：黄 伟
副处级检察员：熊 静（女） 刘 敏
正处级检察员：杜世助（任至8月）
副调研员：高 路（7月任，任至12月）
副调研员、警务处处长：
王显家（7月任，任至12月）

法 院

【概况】 2017年，全市法院紧紧围绕“努力让人民群众在每一个司法案件中感受到公平正义”的目标，坚持司法为民、公正司法，深入开展“坚持弘扬井冈山精神，争创一流工作业绩”活动，忠实履行宪法法律赋予的职责，各项工作取得新进展。16个集体、105名个人获得省级以上表彰，其中南康区法院、寻乌县法院被评为“全国文明单位”，市中级人民法院办公室被评为“全国青年文明号”，会昌县法院西江法庭被评为“全国法院先进集体”。

【服务大局】 主动服务“六大攻坚战”，深入开展“降成本优环境”专项行动，审理涉园区案件532件。出台服务和保障金融安全的司法意见，依法审理金融案件3713件，标的额达7.8亿元。制定实施意见，促进政商关系“亲”“清”互动。成立蓉江新区工作室，审理各类民事案件724件，服务蓉江新区建设。参与全国文明城市创建，举办“文明风采·百姓舞台”文艺演出等活动，开展“以案释法”进社区活动14次。强化联合信用惩戒，常态化发布“诚信红黑榜”，曝光失信被执行人名单11193例。审查“执转破”案件9件，审理强制清算及破产案件19件。审结知识产权案件81件。成立环境资源巡回审判点及合议庭17个，审结环境资源类案件205件。加大对赣江源头、东江源头生态环境的司法保护力度，宁都县法院、安远县法院被确定为全省法院环境资源司法实践基地。完善旅游审判工作机制，在AAAA级景区增设旅游法庭、巡回审判点6个。助力精准脱贫。审结贪污征地补偿款等案件44件。助推乡村振兴，妥善处理土地承包、农房抵押贷款纠纷72起。注重扶贫与扶志相结合，引入商会等社会力量捐资助学，开展关爱留守儿童、送法下乡、满足微心愿等活动。结对帮扶贫困户4251户，引进、协调项目158个，安排资金844.5万元。

【执法办案】 全市法院受理案件128261件，审结117841件，分别上升16.7%和46.6%。其中，市中级人民法院受理案件10288件，审结9408件，分别上升9.6%和26.9%。全市法院案件结收比120.5%，员额法官人均结案数224件，均位列全省第一。受理刑事案件5874件，审结5443件（含旧存）。推动反腐败斗争深入开展，审理周仪良等职务犯罪案件161件。打击暴力犯罪，审理杀人、抢劫等案件894件。依法惩治涉众型经济犯罪，审理周金风特大廉租房诈骗、刘水生非法吸收公众存款等案件116件。加大毒品犯罪打击力度，审理涉毒案件252件，判处贩毒45千克的李友生等人死刑。保障被告人合法权益，公正审理尼通等5名缅甸籍被告人故意杀人案，依法通知援助律师为378名被告人出庭辩护。

赣州中级人民法院法官参加“12·4”国家宪法日暨全国法制宣传日大型普法活动

审理人身损害赔偿、相邻权纠纷等案件6221件，调解、撤诉结案1649件。审理婚约财产纠纷案件256件，妥善处理“高额彩礼”问题，树立文明新风。及时处理劳动争议，审理社会保障、追索劳动报酬等案件1104件，追回工资款2626.9万元。审理民间借贷案件17558件。维护市场交易秩序，审理买卖、建筑、加工承揽等合同案件39759件。成功调解15名村民追讨货款等群体性纠纷。深入开展涉军维权工作。

受理行政诉讼案件1916件，审结1743件。审理行政协议、不履行法定职责等案件129件，督促政务诚信建设。审结征地拆迁、“两违”整治案件160件。落实行政机关负责人出庭应诉，全年出庭101人。公布行政审判典型案例5个，发布行政审判白皮书，并提出规范行政执法建议。推进行政案件跨区域管辖，确定章贡区、龙南县、于都县法院为赣州市行政案件相对集中管辖法院，提高行政审判公信力。

坚持每月一通报、每季一调度，构建综合治理执行难大格局。围绕第三方评估方案，实行挂图作战，执结案件48822件（含旧存），执行到位金额61.2亿元。拘传2380人次，拘留1061人次，以拒执罪追究邬志达等25人刑事责任，促使6697名被执行人主动履行义务。与市公安局、市民政局、市卫计委等部门开通7条协助执行“绿色通道”。借助社会力量“查人找物”，向乡镇推送司法建议1414份，与保险机构签订悬赏保险合作协议，收集有价值线索768条，协助执结案件388件。全面推行网络司法拍卖，拍卖标的物251件，成交额3.2亿元，节省拍卖佣金1100余万元。

【司法改革】 顺利完成首批员额法官遴选，从原来的1023名法官中择优选出535名员额法官。优化审判团队组建，配齐审判辅助人员，分流司法行政人员，全市法院一线办案人员达86%。坚持“入额必办案”，院庭长主办案件67589件。取消行政化的案件审批制，员额法官直接签发案件数占98%，结案率增长28.3%。推行专业法官会议制度，审判委员会讨论案件数减少36.6%。跨部门成立基建办、信息化办等协调机构，安远县等6个法院先行试点内设机构改革。实施案件繁简分流，速裁案件3724件，适用简易程序审理案件23980件。推行案件差异化庭审，优化审判资源配置，平均审理时间缩短14.5天。深化家事审判改革，聘请家事调查员等辅助人员188人，推行离婚冷静期、人身安全保护令等系列举措，市中级人民法院在全省家事审判改革推进会上作经验介绍。试行审判方式改革，探索要素式审判，简化裁判文书，提高庭审质效。推进以审判为中心的刑事诉讼制度改革，适用庭前会议、非法证据排除和法庭调查等3项规程，审理案件140件。引导当事人选择人民调解、仲裁等非诉方式解决纠纷，诉前处理纠纷3230起。上线道路交通事故纠纷一体化处理平台，实现调解、理赔与诉讼有机衔接。与市综治委联合出台工作方案，推动将诉调对接工作纳入综治考评。推进在线纠纷解决平台建设，省综治办在赣州市试点的诉调对接平台上线运行。完善诉调对接网络，建立诉调对接中心47个，聘任特邀调解组织182个、调解员1446人，委派调解案件3338件，成功调解1722件。

【司法为民】 建成标准化人民法庭30个，超额完成年度达标任务。升级诉讼服务中心功能，为群众提供“一站式”服务。解决网上立案和跨域立案197件。在全省法院系统率先建立案件回访评议平台，全面推行案件回访制度，回访案件当事人31748人次。开展清理信访积案专项活动，化解崔招秀、邱小兰等10件在全市有较大影响的信访老案。积极参与基层社会治理，上门组织调解3305人次，巡回办案1988件。加大司法救助力度，依法缓减免诉讼费564.7万元，发放司法救助金1024.6万元。建成科技化审判法庭98个，实现网上能办案、庭审能直播、远程能接访。对接减刑假释信息化办案平台，在赣州监狱设立法官访谈室，提升办案规范化水平，审结案件1703件。建成司法政务平台，推动网上办公运用，市中级人民法院获评全省法院网上办公运用先进集体。全市法院诉讼材料“收转发E中心”全部上线，流转材料20217批次、送达8674人次。全面推行网上办案。依托微信公众号等自媒体，讲好法治故事，赣州法院新媒体影响力稳居全省法院前列。市中级人民法院、于都县法院司法宣传工作获最高人民法院通报表扬。

【队伍建设】 将思想政治建设摆在首位，认真学习党章，全面落实“两个责任”。扎实推进“两学一做”学习教育常态化制度化，开展重温入党誓词、讲红色故事等活动，进一步坚定理想信念。建立基层党建工作联系点21个，指导基层法院做好党建工作。市中级人民法院被确定为全市党建工作示范点。通过举办商事审判研讨会、破产法律实务论坛等方式，培训干警1456人次。举办第十二届法官文化周活动，打造赣州法院文化品牌。实现“大家访”全覆盖，帮助干警解决实际困难，引导干警培育良好家风。开展书香法院创建、青年干警献计献策等活动，落实定期体检等关爱措施，增强干警归属感。弘扬苏区精神，开展“争创一流工作业绩”活动。加强正向激励，发挥办案标兵、身边好人等先进典型示范引领作用。严格贯彻中央八项规定实施细则，深入整治“四风”，签订不超审限、不打麻将承诺书。完善司法巡查、审务督察，筑牢反腐“防火墙”。运用监督执纪“四种形态”，通报批评、诫勉谈话、责令检查23人次，约谈提醒88人次，从严查处违纪违法干警7人。

（撰稿　刘钦海　审稿　黄中林）

【领导名单】

党组书记、院长：邹宇平

党组副书记、副院长：傅伟刚

党组成员、副院长：葛志程　朱　政　黄　忠

党组成员、政治部主任：刘新生

党组成员、市纪委驻市中级人民法院

纪检组组长：朱筠生
审判委员会专职委员：谢　军（女）
陈秀华（女）
调研员：黎　华
正处级纪检员：谭启龙
正处级审判员：雷继红（畲族）
赖先才（2月任）　罗　松（2月任）
傅勇辉（2月任）　熊　程（2月任）
调研员：彭卫东（11月任）
执行局政委：谢光旗
副处级审判员：谢玉泉　周小云
熊赣周　罗伟香（女）　杨　坚
谢定飞
副调研员：吴晓红（女）

司法行政

【概况】 2017年，赣州市司法局围绕法治赣州、平安赣州建设，充分发挥自身职能优势，突出重点，狠抓落实，为打好“六大攻坚战”、纵深推进赣南苏区振兴发展作出积极贡献。

市司法局内设办公室、政治处、法制宣传科（赣州市法制宣传教育工作领导小组办公室）、律师工作科（司法考试科、赣州市市直公职律师办公室）、公证工作科、调解工作科、法制科、司法鉴定工作管理科、法律援助工作管理科（赣州市法律援助中心）、医患纠纷专业调解仲裁科（赣州市医患纠纷专业调解仲裁办公室）、社区矫正工作科（赣州市社区矫正执法支队）以及直属机关党委、纪检组。下设市司法局开发区分局（正科级派出机构）、市司法局蓉江新区分局（正科级派出机构）、市政法干部学校（正科级全额拨款事业单位）、市赣南公证处（正科级自收自支事业单位）。

【法治赣州建设】 获评法治江西建设先进市。省委常委、市委书记李炳军批示推动市编委落实法建办专职副主任一职，将市、县（市、区）“设立法建办专职副主任”的规定，写入《落实〈党政主要负责人履行推进法治建设第一责任人职责规定〉的实施细则》，16个县（市、区）职数落实到位。推进“七五”普法。组织开展“落实普法责任，共建文明城市”系列活动，部署实施“传唱百首乡风文明法治歌谣，展演千场法治文艺节目，捐赠万册文明法治图书”主题活动，开展法治文艺展演2300余次，遴选首批法治歌谣78首。创作普法文化作品，在全国第十三届法治动漫微电影大赛、第二届平安中国微电影比赛及司法部、全国普法办主办的“我与宪法”优秀视频评比中，赣州市获奖数量和等次均居全省首位，在全省法治宣传会议上作经验介绍。落实法律顾问制度，实现市、县、乡三级法律顾问制度全覆盖。推进“法治教育基地全民学法计划”，3.4万余名市直、区直机关干部、企事业单位职工、中小学生走进市法治教育基地接受教育。

【公共法律服务体系建设】 实体平台建设。全市所有县（市、区）完成县级公共法律服务中心和乡镇（街道）公共法律服务站（点）建设，建成率100%，提前1年完成省厅建设任务。网上平台建设。总结推广石城县可视化公共法律服务平台建设经验，专门划拨资金购买1批套视频系统，免费派送给各县（市、区），争取司法部在实现可视化公共法律服务市、县、乡三级“全覆盖”的支持。市本级公共法律服务“掌上通”正式上线运行。

【苏区振兴发展】 司法部副部长熊选国对赣州市呈报的《关于恳请司法部加强对口支援，促进赣州市司法行政工作的请示》作出重要批示，并组织12个司（局）负责人召开专题座谈会，就赣州市提出的9项恳求事项，予以明确答复。其中，追加下拨司法部旧址修缮资金100万元、下拨法律援助彩票公益金50万元、捐赠法治图书1万册到位。司法部先后安排赣州市外出培训名额57个，一大批法律工作者到香港、北京、上海等地跟班学习；中国公证协会连续4年、全国律师协会先后3次在赣州市举办援赣培训班；成功争取赣州强制戒毒所国家立项，并列入2018年省、市重点工程项目。

【特殊人群监管】 推进“心防”工程建设，在所有县（市、区）社区矫正监管中心设立心理咨询室，开展心理疏导和心理危机干预。2017年，全市新接收社矫人员1970人，累计接收社矫人员11867人，累计期满解除矫正8818人，重新犯罪仅2人，重新犯罪率远低于全省平均水平。落实安置帮教政策，实现人员接送率100%。依托远程视频帮教系统，为服刑人员家属提供远程会见2811余次。全年共接收刑释人员4161人。做好中共十九大召开期间对特殊人群走访和“点验”工作，严防脱管漏管和重新违法犯罪行为发生。市司法局社区矫正、安置帮教工作连续2年考核全省第一。

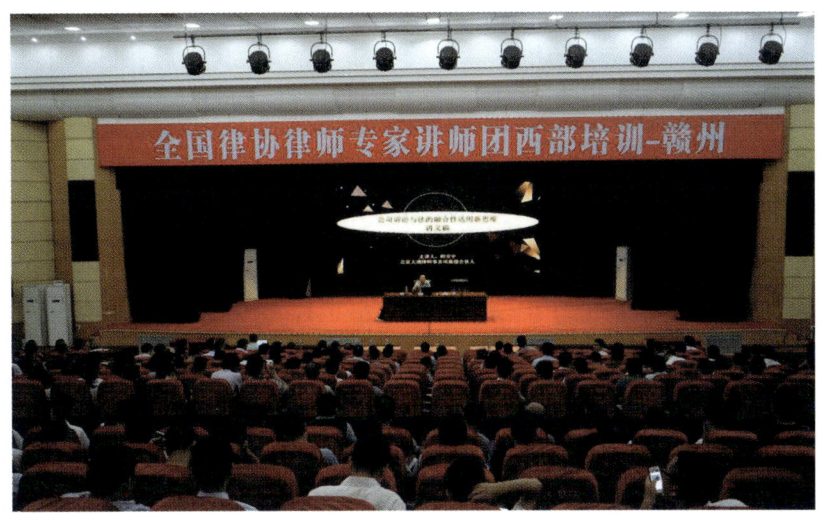

7月8日，全国律师协会选派专家讲师团到赣州市举办律师执业培训班

【人民调解】 争取市、县两级政府支持，落实“以奖代补”经费449万元。指导人民调解组织规划调整，实现乡镇、村居人民调解组织全覆盖。全市共调解各类纠纷案件31893件，调解成功30558件，成功率95.8%。

【法律援助】 开展全市精准法律援助专项行动，降低法律援助门槛，扩大法律援助受案范围。全市共办理各类法援案件5567件，办理其他事项5.4万件，挽回和取得经济利益9273万元。

【医调和仲裁】 做好医疗调解委员会和仲裁委员会工作，化解“急、大、难”矛盾纠纷。受理民商事仲裁案件52件，案件标的额3.5亿元；受理医疗纠纷调解案件200件，调解成功165件，成功率82.5%。市医疗调解委员会获评全国2013—2017年“平安医院”创建活动先进集体。

【司法行政改革】 首次全国律师行业党建工作现场推进会在赣州市召开，31个省、自治区、直辖市和15个副省级城市的律协党组织负责人参加会议，赣州市律师行业党建经验做法在全国推广。推进公证机构体制改革，全市所有公证机构完成改制任务，相关做法在全省推广，市司法局被评为全省公证工作先进集体。司法鉴定机构整合先行先试取得初步成效，得到省司法厅首肯。综合运用小型无人机、手机GPS定位、电子手环、人脸识别等高科技手段，构建立体式、全覆盖社区矫正信息化监管体系，省委常委、省政法委书记尹建业到赣州市调研，实地查看龙南县社区矫正工作，对赣州市社区矫正信息化建设予以肯定。开展公共法律服务信息化建设、社区矫正公益劳动基地等试点，信丰县公共法律服务掌上通、崇义县创新“民办非企业单位+精准扶贫+基地”社区矫正模式获评省司法厅创新奖励项目评审三等奖。

【队伍建设】 和市委政法委、市委组织部联合印发《关于加强乡镇（街道）综治办、司法所工作力量配备的通知》，加强司法所建设，全市共增配副科级司法所长46名，消灭“无人所”39个。落实全面从严治党新要求，提出全系统全面改作风提效率18项硬举措。培育和宣传先进典型，推出一大批先进单位，涌现全国“新时代最美法律服务人”易香珊、全省“十佳先锋”廖建强、“十佳法律服务工作者”王雷等先进人物。全系统先后有50个集体、16名个人获省级以上表彰。

（撰稿 肖 刚 审稿 曾强华）

【领导名单】

党组书记、局长：陈 沐
党组成员、副局长：钟亚平（任至5月）
 蒋国庆（任至8月） 曾强华
党组成员、市纪委驻司法局纪检组
 组长：邱轶群（女）
党组成员、副局长：朱永金（5月任）
调研员：钟亚平（5月任）
副调研员：李燕萍（任至12月）
副处级干部：康定国（任至5月）

监狱管理

【概况】 2017年，赣州监狱以全面落实治本安全观为导向，以创建模范监狱为抓手，积极开展“六好监所”竞赛活动，运用大数据思维，改革创新，规范管理，加快经济发展方式转变，推动监狱工作健康发展。

【监管安全】 对受刑事政策调整影响的1846名罪犯进行全面摸排、评估，做好岗位调整，制定防范措施。组织罪犯学习减刑假释政策；举办减刑假释政策咨询会；开办罪犯计分考核业务培训班。制定分级处遇实施办法，提高罪犯劳动报酬，全年共发放劳动报酬914.36万元。改变夜值罪犯巡更管理模式，增加夜值罪犯，加大巡更频次，发现一般违规1234起，夜间急诊就医123人次，异常突发情况68起。实行信息收集全员化模式，共收集情报信息1670条。强化罪犯外出就医管控，严格执行外出就医罪犯专车押送、“3+2”警力押解、轮椅带押、管理民警24小时5米内监控、监狱总值班领导每天亲自检查制度。在赣州市立医院、市第五医院建立罪犯专管病房，规范安装监管、监控设施。

【教育改造】 制定《罪犯分级处遇与行为矫治实施方案（试行）》，对罪犯分5个等级进行管理，对应亲情电话、会见、购物、加餐、娱乐活动、物质奖励、行为矫治等处遇，与管理综合业务平台全面对接。成立罪犯处遇评定小组，定期对罪犯处遇等级进行评定，评定结果对罪犯和家属进行公示。全年评定出1203名E级罪犯参与行为矫治。共完成各类评估6370人次，其中年度评估2976人次，新入监罪犯评估1765人次，劳动岗位评估612人次，罪犯狱内调动评估538人次，高危关押和解除、级别调整评估147人次，限减犯阶段性评估205人次，其他需求评估127人次。组织开展各类心理健康教育活动11场，指导监区开展心理辅导活动32场，共计15112人次。8月24日—26日，司法部监狱局在赣州监狱举办罪犯危险性评估试点工作培训班，会上推介江西罪犯危险性评估工作经验。结合监狱文化特色，举办“客乡沁园·春之韵”春节文艺帮教演出活动、“客乡沁园·学法纪、惜生命、成新人”为主题的清明祭祖等系列主题帮教活动。建设出入监教育中心，加大罪犯出入监教育力度，与地方通过远程视频会见、开展联合帮教、落实必接必送等措施来提高教育改造质量。通过刑释人员安置帮教平台传输刑释人员信息4103条，开展重点帮教22人次，集体帮教3次，解决22名罪犯的实际困难。

【规范执法】 探索建立高效联动的执法预警机制，开展执法风险点排查，排查出日常值班、罪犯管理、刑罚执行、廉政执纪等13大类风险点102个。在原有网上办案平台的基础上，在平台增加检察机关监督流程。建立罪犯减刑假释电子档案，通过平台推送赣州市中级人民法院，实现信息、数据共享。每月对罪犯信息公示。在省监狱局门户网站公示提请罪犯减刑、假释信息，自觉接受社会监督。全年对1424名减刑罪犯全部网上公示。

【队伍建设】 对各党支部活动室进行规范化改造，完善党建工作制度，打造规范化党建阵地。结合“两学一做”学习教育，开展支部评比活动。与北京东华软件公司合作，安排行业专家授课，落实大数据思维在工作中的运用。全年举办大数据培训班6期，323人参加培训。整合数据小组和平台小组，成立数据中心，打通数据共享通道。在管组民警岗位说明书和作业指导书的基础上，对民警的日常行为、执法行为、岗位规范、工作时效和考核标准作出具体、明确的要求。对各部门、各岗位工作难度系数进行测算，纳入监狱考核考评。

【监狱文化】 全年在省局级以上网站、报纸杂志等各类媒体发表作品604件。被中国监狱工作协会文化专业委员会授予全国监狱文化建设先进单位荣誉。11月29日—30日，2017年度推动全国监狱陈列馆（室）建设理论研讨会在赣州监狱召开。赣州监狱公众服务平台（APP）正式上线运行。与共青团赣州市委、司法局共同开展“金秋助学情满狱园”为主题的爱心帮扶活动，共发放爱心助学款8.24万元，96名罪犯贫困家庭子女得到资助。选派266人次参与赣州市文明城市创建。

（撰稿 刘德全 审稿 黄新明）

【领导名单】

党委书记、监狱长：赖德毅

党委副书记、政委：胡 玮

党委委员、调研员：张仁坤 万志高 张庆汕 李跃进

党委委员、副监狱长：温昕宇

党委委员、纪委书记：杨纲勃

党委委员、副监狱长：温春平 黄醒然 钟远灵 周盛传

党委委员、副调研员兼政治处主任：李念峰

副监狱长：邱联荣 廖振磊

副调研员、工会主席：万晓娟（女）

副调研员：夏侯于生 赖昌清

仲 裁

【概况】 2017年，赣州仲裁委员会共受理仲裁案件52件（调解及和解结案23件，无被法院撤销或不予执行的案件），案件争议标的额3.5亿余元，仲裁收费122万余元，为全市广大群众和企事业单位解决争议提供公正快捷的仲裁服务，有效维护全市经济社会的和谐稳定。

8月18日，赣州仲裁委员会第二届会议在赣州市召开

【仲裁委员会换届选举】 8月18日，赣州仲裁委员会换届工作会议在赣州市召开，会上介绍换届筹备工作情况；报告第一届赣州仲裁委员会工作情况及财务收支情况；宣读赣州市人民政府《关于赣州仲裁委委员会第二届组成人选的批复》；新一届仲裁委员会主任发表讲话。

【仲裁工作】 开展仲裁宣传。在微信、赣州市法律服务平台上宣传仲裁业务知识；在全市民营企业党建工作会议上，向参会民营企业发放仲裁宣传资料，宣传仲裁制度的优势和特点、仲裁的受案范围和流程、申请仲裁需提交的材料；利用全国法制宣传日，在赣州公园发放仲裁宣传资料200余份。

拓展仲裁领域。做好立案、组庭、开庭、案件的跟踪回访服务等工作，利用司法行政系统资源，到南芳、理公、创兴、宋城4个市直律师事务所拓展仲裁案源；赣州银行同意在合同中增加选择仲裁途径解决争议方式的条款，中国农业银行赣州市分行同意报请省行建议赣州选择仲裁方式解决争议。

加强仲裁队伍管理。健全完善《仲裁员选聘制度》《办案秘书管理规范》《财务管理办法》《公务接待制度》及《考勤制度》等规章制度。严格仲裁员准入选任机制，加强仲裁秘书的培训管理。

（撰稿 卢志华 审稿 钟 现）

（本栏编辑 曹 虹）

军 事

军分区

【概况】 2017年，赣州军分区紧贴政治之年、改革之年、大事之年的时代特征，以“大分区要有大作为”的使命担当，狠抓各项工作落实，部队全面建设向上向好。以迎接和学习贯彻中共十九大精神为主线，广泛开展“维护核心、听从指挥”主题教育，积极推动信丰油山、大余梅岭等南方3年游击战区、“赣南三整”等红色旧址的修缮建设，扎实开展“读红色书籍、做红色传人”群众性读书活动，使广大官兵职工在红色教育中深入感悟历史、弘扬传统。率先修订完善军分区、人武部战斗力标准体系，圆满完成民兵集中组训、新“大纲”试训、抢险救灾、“厦门金砖会晤”外围安保等任务，严密组织首长机关训练考核，积极推动“一中心五片区”训练保障格局落地，协调出台赣州市《创建国家军民融合创新示范区总体方案》《推进经济建设和国防建设融合发展的实施意见》，备战打仗能力有力提升。紧盯“五率”考评圆满完成新兵征集任务，大学生比例达58%。军分区按照“基础性教育、适应性管理、体验式训练、过筛式查验”模式全面展开役前普训的做法被省军区转发，并被省军区评为“征兵工作先进单位”。扎实推进规模结构和力量编成调整改革，压茬完成军分区、人武部整编任务，严格按政策规定和时限要求完成干部落编定位，部队如期按新编制体制运行。深入开展国防教育，联合市委市政府出台《2017年赣州市“国防教育月”活动总体方案》，在全市范围内开展“欢送新兵、大学生主题演讲、烈士纪念日、观影作品征集、红色书籍赠阅”等国防教育系列活动，国务委员兼国防部部长常万全上将到赣州市视察给予充分肯定。扎实推进“两学一做”学习教育常态化制度化，组织官兵到江西军区旧址重温入党誓词，领导带头上专题党课，带头按时交纳党费，带头进行自我剖析，带头订诺亮诺践诺，以自身模范行动教育引导广大党员大力弘扬苏区精神，稳定思想，争先创优。深入开展“涉郭涉徐”信息清理，组织开展行业风气清理整治和执纪情况监督检查，建立基层风气监察联系点，开展“真情助廉寄语”活动，突出抓好廉洁征兵工作落实，部队始终保持风清气正良好政治生态。

【军分区党委六届二十三次全体会议】 3月7日—8日，军分区召开党委六届二十三次全会。会议传达学习上级党委扩大会议精神，总结2016年度工作，部署军分区部队调整改革和2017年度工作任务，中共江西省委常委、赣州市委书记、赣州军分区党委第一书记李炳军出席并讲话。会议强调，要确保改革任务顺利圆满完成，要忠实履行职能使命，深入推进军民融合，当好第一代新“国动人”。

【学习宣传中共十九大精神】 10月18日，军分区同步组织官兵、职工和离退休老干部收看中共十九大开幕式实况，电话通知在外人员个人以各种形式收听收看大会实况。会后，以党委会、支部党员大会和党小组会等形式开展学习讨论；并利用电视、网络、

10月18日，赣州军分区组织官兵职工收听收看中共十九大开幕式

报刊等媒体实时组织学习中共十九大精神。11月初，编印中共十九大报告和党章应知应会学习要点，统一制作学习笔记本，组织全区官兵职工收听收看全军宣讲团报告。干部职工人人手抄中共十九大报告原文，摘录新思想新观点新战略新举措，撰写学习体会。利用交班、业务学习、点名等时机随机抽点提问中共十九大理论观点，利用政工网在线开展“网上闯关答题”活动，常态开展学习讨论。

【纪念“三个90周年”系列活动】 2017年是中国人民解放军建军暨八一南昌起义、井冈山革命根据地创建和秋收起义90周年，为深入贯彻中共中央总书记习近平系列重要讲话精神，隆重纪念“三个90周年”，重温辉煌革命历史，营造喜迎中共十九大的浓厚氛围，军分区扎实开展纪念“三个90周年”系列活动。会同市委宣传部、市民政局印发《关于组织开展“三个90周年”系列活动的通知》，组织全区官兵、职工集中收听收看庆祝建军90周年大会和阅兵实况并组织讨论交流，组织部队观看大型赣南民俗音画《客家儿郎》拥军专场演出。协调市委宣传部、市文广新局联合印发组织观看《建军大业》影片的通知，各人武部组织上站体检适龄青年集中观看，增强崇军尚武的意识，激发参军热情。指导各团单位结合实际组织开展专题讲座、参观走访、歌咏比赛、读书演讲、文艺演出等庆“八一”群众性纪念活动。参加江西省“八一”军地座谈会和庆祝建军90周年大会，协调召开赣州市“八一”军地座谈会。

【扶贫帮困】 1月12日，组织军分区首长机关到兴国县长冈乡长冈村开展走访慰问活动。召开精准扶贫座谈会，听取兴国县领导、长冈乡和长冈村、列宁学校负责人就2017年脱贫工作打算及困难矛盾等情况汇报；组织军分区援建的长冈村精准扶贫光伏发电站揭牌；走访慰问12户特困家庭，为每户家庭送上1袋大米、2桶油和1000元慰问金；开展送医下乡活动，为贫困户检查身体状况，赠送常用药品；看望结对助学学生，集体与15名结对帮扶学生座谈，了解结对学生学习、家庭困难情况，并资助每名学生1500元助学金。4月19日，组织军分区机关、干休所开展扶贫帮困活动。与兴国县长冈乡和长冈村、列宁学校负责人商定2017年度帮扶实施计划；组织机关科办和副团级以上军官与结对未脱贫的19户贫困户面对面进行帮扶措施对接，研究确定精准脱贫帮扶办法；开展送医巡诊活动，组织军分区医疗小组到长冈村村部为结对贫困户开展送医巡诊活动，向贫困户提供疾病诊断及健康咨询等服务。10月17日，组织军分区首长机关到长冈村走访慰问军烈属和深度贫困户家庭、开展送医送药下乡活动、看望结对助学学生等扶贫帮困活动。

【“百日安全”活动】 9月12日至年底，军分区部队坚决贯彻军委国防动员部和省军区决策部署，扎实开展“百日安全活动”。活动以迎接和学习宣传贯彻中共十九大精神为主线，以军委国防动员部明确的“七个加强”为抓手，以活动确定的38项具体内容作为重点，坚持政治引领，强化问题导向，采取特殊举措，实施超常管控，推进安全稳定工作紧跟改革步伐、同步转轨提升，持续保持军分区部队安全稳定良好态势，打赢政治之年、大事之年、改革之年安全稳定攻坚战，实现“七个到位、三个不出”目标。年底，省军区检查考评组对活动开展情况进行综合考评，并给予肯定。

【集中组训和挂钩联训】 上半年，军分区、人武部采取统一计划、分片组训的形式组织民兵营连长、情报信息骨干、抗洪抢险骨干、应急分队等专业的干部骨干集训；7月、10月，组织军兵种保障分队与任务单位展开挂钩联训和现地实案化演练；12月上中旬，依托章贡区、崇义县人武部，完成省级应急维稳和森林灭火专业干部骨干100多人的集中组训任务。

【新“大纲”试训】 7月—10月，根据省军区统一部署，军分区围绕首长机关训什么、怎么训、条件怎么设、如何保、时间怎么区分、质量标准如何把握等问题，开展首长机关新“大纲”试训论证工作。通过多回合反复研训试训，逐课目细化新“大纲”考核评估量化标准，收集整理各类教材教案，研究梳理4类32项问题建议，全面验证新“大纲”体系结构、课目设置、内容区分、时间安排、条件方法、考核标准的科学性、适用性和可行性，探索研究新体制新编制新大纲的组训施训路子，为打造紧贴使命任务、符合实战要求、满足实际需要的新一代训练“大纲”提供实践支撑。

【预定新兵役前训练】 年内，切实打牢预定新兵服役思想基础，军分区全面推开预定新兵役前训练。选聘400多名教练骨干，围绕“基础性教育、适应性管理、体验式训练、过筛式查验”4个方面内容，进行为期7天的预定新兵役前教育训练，筛除思想、心理和身体不合格预征对象，筛除率2.5%。端正预定新兵入伍动机，提高逐步适应军营紧张艰苦生活训练环境的能力，达到预期教育训练目的。在《中国民兵》组织的“役前训练谁家强”微信投票中，获得全国投票第一的好成绩。

【“双拥”工作】 3月17日，在军分区召开赣州市“双拥”工作座谈会。驻赣州部队、武警赣州市支队等部队领导和赣州市民政局领导，共30余人参加会议。会上，参会人员围绕强化军人荣誉感、全民国防教育、军事设施保护、转业干部安置、军人子女入学和随军家属就业安置等，提出意见建议。

【停止有偿服务工作】 军分区党委坚决贯彻落实军委主席习近平“必须下决心全面停止军队开展对外有偿服务”决策指示。3月，成立以省委常委、市委书记李炳军任组长，市委副书记、市长曾文明任第一副组长，军分区司令员邓新生、政委陈庆阳任副组长，地方相关单位负责人参加的驻赣州市部队全面停止有偿服务工作军地协调领导小组。年内各任务单位不等不靠，主动攻坚，灵活采取各项措施，克服诸多的矛盾和困难。截至10月底，提前终止合同收回项目11个，省军区转发赣州军分区《坚持“五位一体”打好全面停止有偿服务攻坚战》经验做法。按照“政府主导，部队配合”的总体原则，先后35次参加相关会议，主动协调市政府先期贴资3030万元用于支付农民工工资、装修款，积极稳妥做好“赣南义乌小商品城”问题处置工作。

（撰稿　廖远明　审稿　曾明荣）

预备役部队

【概况】　2017年，江西预备役某部主动适应全面深化改革的新要求，积极更新理念，转变思路，务实举措，高标准高质量推进部队各项工作任务。突出“三个维护”，加强思想政治建设。以迎接和学习贯彻中共十九大为主线，以维护核心为根本要求，以服务改革、保障打赢为中心，着力在高举旗帜维护核心、推进改革加快发展、建强队伍提高能力、严明纪律、纯正生态上下功夫求实效，为圆满完成各项工作任务提供坚强有力的政治保证。聚焦改革重组，推进“两个能力”建设。严格按照上级部署要求，抓住改革重组这个契机，把调整改革、练兵备战、组织整顿一体筹划、统起来抓，确保“两个能力”得到加强。严守新规禁令，从严从紧正风肃纪。团党委、纪委把正风肃纪作为当前部队一项重要的工作，扛起主体责任和监督责任，坚持挺纪在前、抓早抓小，坚持零容忍、全覆盖，强化监督、执纪问责，防微杜渐、传导压力，为调整改革和预备役部队的建设营造风清气正的政治环境。围绕精准高效，加强后装保障建设。严格按照调整改革总的决策部署，加快转轨抓规范、主动服务强保障、扭住关键增能力，不断提升建设标准。依法从严治军，牢牢守住安全底线。在调整改革特殊时期，党委一班人时刻保持清醒头脑，坚持把确保调整改革期间安全稳定作为硬任务、硬指标，做到逢会必讲安全、遇事必提安全、下基层必查安全，确保不出影响改革、干扰大局的事。

【战备工作】　2月，建立健全指挥信息系统和管理信息系统，确保联络畅通、运转高效；完善值班体系，落实好首长值班、作战值班、行政值班、值班分队等值班制度，确保一旦有情况能够迅即出动。3月中下旬，组织1期作战值班员培训，学习上级有关指示规定，熟悉新系统，掌握新要求，确保值班部位问题归零；结合节假日、重点时段组织战备形势教育和拉动演练，绷紧官兵备战意识。5月，修订完善指挥编组和抢险救灾等非战争行动预案，并组织针对性处突演练，提高组织指挥和快速反应能力；严格落实战备值班日、周工作请示报告制度，按照规定要求和时间节点，上报作战值班情况。

【军事训练】　按照“抓好现役官兵‘三个基础’训练”的要求，周密制定月、周训练计划，建立健全组织领导、备课示教、检查督导、考核验收、登记统计和月报告等制度，狠抓军事训练“四落实”，提高训练质量效益。2月下旬至4月底，突出基础理论、作战文书、识图用图、战术标图等基础内容训练，夯实官兵业务基础，完成作业文书拟制若干份，战术标图、识图用图、战术计算各若干份；6月，重点抓好现役军官指挥技能训练，按照在位2/3参考要求，选派人员参加上级组织的军事训练考核；6月12日—18日，采取统一计划，集中组织的方式，在营区和章江水域（南河大桥段）组织战备应急分队训练，参训率100%，完成训练时间56小时，动用冲锋舟5艘，风力灭火机10具，运输车5辆、指挥车1辆。主要完成指挥所开设、抗洪抢险行动训练、防抗台风行动训练、森林灭火行动训练和事故救援行动训练等5个方面内容的学习训练与考核，夯实团队应急能力基础；8月，按照“抽员编组、观摩示范”等方法，围绕重要目标防卫课题，组织分队军官进行编组作业，提高分队军官实战指挥能力；10月17日—20日，采取师导团演、异地同步的方式，依案组织快速动员行动团首长机关指挥所演习。11月、12月，为切实提高“四会”教学训练质量，组织所有现役官兵进行训练和考核评选，择优推荐到师培训，进而参加上级“四会”教练员考核评选。严格落实每天1小时体能训练时间，重点是100米跑、3000米跑、组合练习、俯卧撑、仰卧起坐等内容训练。

【抓实部队管理】　坚持以《关于改革调整期间安全管理工作指示》为准则，对照“100条负面清单”整改问题归零，扎牢“十个不准”和“七条红线”禁令笼子，按照“五清”“五个过一遍”要求，突出“人、车、枪、弹、密”防范重点，抓实“学法规、用法规、守法规”法治军营创建和“争创安全年”2项活动落实。2月6日—17日，在统一计划下，利用2周时间，采取“学习教育、讨论交流、网上考核”等方法步骤，组织以学条令条例和政策法规、开展国防动员系统军队规模结构和力量编成改革中思想政治教育、业务基础和队列体能、查隐患苗头、整秩序作风等为主要内容的“学、教、训、查、整”活动，确保团队在转隶移交过程中保持部队高度集中统一、秩序正规和安全稳定。2月—6月，根据上级要求，组织筹划“争创安全年”“学条令、正秩序、严纪律、抓安全”活动，开展“九个一”（即：1次条令考核和队列会操、1次不少于5天的集中训练、1次战备检查和突发情况演练、1次安全大讨论和安全检查、1次办公保密清查、1次专题党委会、1次安全教育、1次队列训练和1期活动板报）活动。

【依法从严治军】　按照“紧绷高压线、掌控风险点、死守要害处、形成新常态”的要求，始终保持安全工作高压态势，严密组织安全教育和作风纪律整顿，落实党委每季度1次的安全形势分析，坚持敏感时期、重大节日开展安全排查，训练活动组织风险评估，切实筑牢安全防线，把住安全管理工作主动权；坚持从交班、出操等小事抓起，每天讲评督促，按建制连队标准要求抓公勤队管理，正规部队“四个秩序”。针对安全检查反馈问题，组织安全管理整顿纠治，更换保密柜、安装红外报警设备、改造门卫值班室。

公安消防

【概况】 2017年，全市公安消防部队以贯彻落实中共十八届六中全会和十九大精神为主线，以“法治警营”建设为载体，按照“稳中有进、稳中快进、稳中先进”的总基调，始终把消防工作置于全市经济社会发展大局，科学谋划、主动作为，聚焦实战、提升能力，确保部队内外“双稳定”，消防事业呈现出整体推进、快速发展的强劲势头。省委书记鹿心社通过视频系统慰问赣州支队驻和乐油库灭火实战演练现场全体官兵；副省长、省公安厅厅长郑为文实地调研并作出批示指示，省委常委、市委书记李炳军和市委副书记、市长曾文明多次就消防工作和部队建设作出批示指示；副市长邓忠平亲自率队参加代号为“金砖”“平安”“忠诚”的消防安全专项检查行动6次，对消防工作给予肯定。年内，瑞金市消防大队被省政府记集体一等功1次，被公安部评为全国优秀公安基层单位，顺利通过全国文明单位复查。有7个单位获评省级文明单位。

【火灾防控】 市委、市政府高度重视消防工作，推动市政府出台《赣州市消防事业发展“十三五”规划》等7个规范性文件和19个意见通知。开展“冬春火灾防控”“夏季消防检查”“守护90”消防平安行动等9个消防安全专项治理，时刻保持严格执法的高压态势，重大消防安保期间，首创“线上线下集中行动”模式，挂牌督办的重大火灾隐患单位全部销案。截至12月18日，全市消防部门检查单位58167家，督促整改火灾隐患77943处，临时查封945家，责令“三停”556家，处罚879.2万元，拘留85人，办理消防刑事案件3起。全年发生火灾1256起，死亡8人，受伤3人，直接财产损失2468.2万元，未发生较大以上和有影响的火灾事故，保持连续67年无重特大火灾的记录。

【消防宣传】 以宣传贯彻国务院《消防安全责任制实施办法》为契机，在《新法制报》《赣南日报》和赣州电视台开设专题专栏，播放公益广告、消防安全提示，展播全市158个“全市最美社区消防宣传大使”等；通过移动、联通和电信运营商发送消防安全提示短信；全市消防部队微信公众号粉丝数达到55万人，“赣州消防”微信公众号关注人数达到42万人，在全国、全省消防系统微信排行榜名列第一，被中央网信办评为“最具影响力消防头条号”。新华社、中央电视台、中央人民广播电台等国家级媒体高密度报道赣州市消防工作，在中央电视台播出3分钟专题报道。积极加强高层次媒体信息报送工作，截至11月21日，在省级以上媒体用稿416条次（中央级媒体52条次，国家级201条次）；印制消防公益年画20万份、“全民消防我代言”宣传海报10万份和电动车火灾防范宣传海报6.5万份，在全市3126块户外LED屏播放消防公益广告、消防安全提示游字，发动万名消防志愿者、综治网格员、街办居委会工作人员开展全覆盖宣传10万余次；建成消防科普教育基地14个，建设全省首个乡镇、首个村级消防科普馆，每周免费向群众开放。发动社会宣传力量，在18个消防宣传示范社区评选消防宣传大使166名，依托139个社区微型消防站深入开展消防宣传“进社区”活动；联合教育部门举办全市中小学校消防宣传教育现场会，将消防课程纳入中小学教材；开展“一警六员”等消防安全教育培训，累计3000余次，受众20多万人。

【队伍建设】 通过召开党委会、党组中心组学习会，深入学习中共十九大精神和习近平新时代中国特色社会主义思想，赣州消防支队党委带头举行专题学习7次，开展专题研讨10次，支队党委常委发表学习论文9篇、撰写心得体会60余篇，坚定理想信念，筑牢堡垒、转变作风，班子和队伍建设取得显著成效。推进“维护核心，听从指挥”主题教育和“两学一做”学习教育常态化制度化，开展学习中共中央总书记习近平重要讲话精神专题教育，围绕重大教育活动开展备课示教、集中授课、专题讨论。先后组织制作专题教案30个，邀请地方专家、优秀教员集中授课8次，开展专题讨论210余次。上半年，办理干部家属随军11人，发放夫妻分居补助16人，随军未就业享受社会保险21人，协调解决17名干部子女就近入学事宜，组织官兵疗养22人次。推进警营文化建设。3月，支队举行第四届“振兴杯”篮球赛，提升部队凝聚力，浓厚的警营氛围；6月，支队参加总队“魅力杯”篮球赛并获得第三名；参加总队“微电影”创作大赛，全市拍摄消防主题“微电影”18部，并通过微信公众号展评，传播赣州消防良好形象。支队拍摄的微电影《格桑花》获“优秀组织奖”。

【实战化练兵】 坚持全员额岗位练兵，全面贯彻“三随三实”要求，先后开展抗洪抢险、抗震救灾和“高低大化”等大型联合演练40余次，提升官兵技战术水平，夺得全省实战化练兵比武竞赛第三；支队搜救犬代表总队参加公安部消防局搜救犬比武竞赛，获得优异成绩，为总队荣获全国第七名发挥关键作用。全年接警出动2083次，抢救被困人员629人，疏散人员5574人，抢救财产价值2.33亿元。部署开展多种形式消防队站建设试点工作，推动建立微型消防站1747个，182名专职消防队员通过职业技能鉴定，多元消防力量不断壮大。

【正规化建设】 抓实机关正规化建设试点，出台《支队机关正规化管理暂行办法》等制度性文件9个，完成营区路面、收发室、打印室、机要室、接待室、机关餐厅、3D影院、士兵档案室等8项亮点工程建设。以“法治警营”建设为契机，采取机关带基层的方式，在兴国县等7个大队打造“井冈山式大队”样板单位。抓好安全防事故工作，开展“安全五无创建”“安全大检查活动”“条令条例学习月”“车辆运行秩序专项整治”“部队安全大检查”“士兵使用移动通信工具整治”等专项活动，做深做细做实“两个经常性”工作。从严规范执勤生活秩序，严格贯彻执行总队“七个必须”要求，确定支队党委常委常态化督导检查机制，对部队管理实施动态督察。年内开展专项督查5次、日常督查31次，抽查单位累计50余个，发现问题156条，整改143条，确保部队的高度安全稳定。

【信息化建设】　统一配发移动警务终端320台，率先完成100台执勤消防车（艇）北斗车载定位终端安装，给所有执勤中队配发无线公网集群对讲机200台，信息主导警务效能有效提升。信通指挥能力实现新跨步，强化部队各级值班备勤和信息报送工作，落实《全省涉消网络安全协作机制》，全年处理舆情508条，未发生有影响的涉消网络舆情事件。狠抓“全警情录入+”工作，实现录入率、合格率“双百”的目标。信息成果运用实现新飞跃，加快推进全市消防移动警务建设，完成移动警务终端的培训、推广和应用；依托指挥中心接警调度系统和公网对讲机，组建公网集群对讲指挥平台，解决350兆赫手持台传输距离短、覆盖范围小的弊端。强化灭火救援数据应用，实现灭火救援情况反馈，视频实时传输，指挥中心综合分析研判的有机结合，为各级指挥员提供全方位信息支撑，辅助灭火救援决策部署。

【消防基础建设】　全年落实业务经费预算10813.75万元，其中基本支出经费6116.92万元，项目支出经费4696.83万元，基本支出保障经费实现稳中有升。开展法规宣传贯彻活动，支队将财经法规宣传贯彻活动纳入2017年重点工作任务，修改完善规章制度3个，举办财经法规视频培训2次、集中培训1次，组织财经法规考试3次，开展“司务长之家”活动6次，完成银行账户集中清理工作，推广使用资金集中管理系统。加强财务清查工作，成立资产清查工作领导小组，各基层挂点支队党委常委带队实施资产清查工作，开展财务交叉检查工作和自查工作。完成产权登记工作，资产盘盈7487.34万元。市综合应急救援基地主体工程竣工，综合培训楼进入室内装修阶段，大余县大（中）队主楼完成土建施工，开工建设南康区二中队主体工程，章贡区二中队进行室内精装修设计，章贡区沙河专职消防站主体楼完工，官兵工作、生活、训练条件得到改善。

【经典战例】　“1·24”兴国县三美化工发烟硫酸抢险救援。2017年1月24日22时1分，兴国县消防大队接到县政府处置命令：江西三美化工发生发烟硫酸险情事故。接警后，兴国县消防大队立即调派4辆车28人前往现场处置。22时20分，消防大队到达现场，县安监、公安、工信、环保等部门第一时间也赶往现场进行处置。经过全体参战指战员近50分钟的奋力救援，险情基本被控制，参战指战员无人员伤亡。

（撰稿　王　敏　审稿　曹运房）

【领导名单】

支队长：李明华

政治委员：饶卫华

副支队长：邹　路　刘　斌

副政治委员：蔡春柳

参谋长：何祥磊

政治处主任：刘国华

后勤处处长：王　涛

防火监督处处长：罗　翔

人民防空

【概况】　2017年，赣州人民防空工作以中共十九大精神和习近平新时代中国特色社会主义思想为指引，认真贯彻落实《关于深入推进人民防空改革发展的实施意见》，贯彻落实省委常委、市委书记李炳军调研赣州人防工作的讲话精神，紧盯争先创优的工作目标，积极作为、勇于担当，开创人防工作新局面。获评2017年度全省人防建设目标管理考核先进单位，列全省第二名。

【人防工程建设】　赣州市人防工程通过主体结构验收面积为省人防办下达的年度工作任务的175%，收取易地建设费总额创历史最高水平。在全省率先推进专业队工程建设，工程结构不断优化。各县（市、区）人防指挥工程建设不断推进。人防工程质量监督落实严格，2017年全市共受理多个项目的质量监督报监工作，巡查核查人防地下室项目，检查工地380多次，出具核查记录160余份，加强对发现问题的监督整改。8月，组织全市人防质监技术人员和人防监理、设备企业技术人员开展人防质监业务培训并进行结业考试，考试合格的人防企业人员发放人防监理员上岗证、防护设备安装施工员上岗证。全年巡查早期人防工事240次，开展人防地下停车场、人防设备维护保养监督管理30次，防汛抗旱监督检查20次，对发现问题及时报告、及时处理。积极做好早期人防工程安全隐患摸排工作，成立领导小组和安全质量评定小组，进行拉网式排查，邀请广东人防设计院有关专家就赣州早期人防工程进行全面“体检”，提出综合整治实施方案。投资1450万元对早期人防工程进行维修改造。

【人防指挥通信】　重点加强“信息防护、引偏诱爆、心理疏导”等新型人防专业队伍的建设，对各专业队人员进行调整补充，吸收新鲜力量，开展年度训练活动，建设专业队办公活动场所和器材室。启动市本级基本指挥所的升级改造工作；完成数字集群信号覆盖建设，实现全市超短波指挥通信无盲区。采购江西省人防系统首

12月12日—13日，赣州市人防办组织市带县人防跨区机动拉练。图为进行拉练前动员

辆集卫星通信、4G移动通信、超短波数字集群、电台通信、小型无人机为一体的大型指挥通信车，为赣州人防信息条件下通信保障提供强有力支撑。启动市信息保障中心业务拉动训练工作，通过拉动训练，及时掌握人防基本指挥所和机动指挥车辆装备运行情况，确保装备处于良好工作状态。9月、10月组织指挥编组训练先行先试，为全省进行示范表演，在全省组织的“赣盾—2017”防空袭演习中取得第一名的成绩。12月，组织开展市带县人防跨区机动拉练，市人防办中层以上干部、各县（市、区）人防办主任近40人，先后到福建省上杭县古田镇、龙岩市和广东省梅州市，行程790千米，6辆车参加拉练。

【人防执法】　5月，对在市内从事人防设备业务的8家人防设备生产企业进行检查，对存在问题的企业分别下达限期整改通知。9月、10月，对在赣州市从事人防监理项目的19家人防监理企业进行专项检查，对存在问题严重的2家企业单位列为不良行为记录在案，对问题存在较多的5家企业单位给予通报批评。举办人防系统依法行政培训班1期。组织开展“百万网民学人防法”知识竞赛活动。全市范围内开展人防行政执法工作，加大对欠缴人防易地建设费的追缴力度，追缴易地建设费2700万元，清查易地建设费欠缴200万元。组织人防执法检查，成立以市人防办领导为组长，各科室联合，抽调县（市、区）9名执法人员作为成员的检查组开展跨县执法，对部分县（市、区）的人防工程项目进行抽查。

【人防宣传教育】　开展社区人防工作站、学校人防工作站建设，抓好人防教育进党校，在各中学开设人防知识教育课程，人防宣传“五进”工作成效显现。市委党校在各类进修班、培训班开设人防知识教育课程，组织观看“居安思危、备战人防”系列教育片。6支人防志愿者宣传队在社区巡回演出20场，观看人数3000人次。积极建设政府信息公开平台、办好《赣州人民防空》刊物和赣州人防网站。开展人防多媒体警报器建设，建设人防宣传教育的新平台。启动市人防宣教馆的建设，完成前期准备工作。与赣州电视台、赣南日报社等媒体签订合作协议，通过电视、报纸、手机报、短信等平台进行人防宣传。结合“9·18”防空警报试鸣活动在《赣南日报》上开设20期“赣州人防小课堂”栏目，影响力大、影响范围广。

【助力振兴发展】　落实北上争资争项，2次到国家国防动员委员会、多次到省人防办争取项目和资金支持。省人防办下拨40万元人防老旧工程改造专项资金。重视精准扶贫，办领导挂点贫困村，实地走访、指导调研，帮扶产业发展，全年下拨帮扶资金52万余元。全面开展降成本优环境专项行动，深入企业、园区开展政策宣讲，梳理企业困难问题，建立工作台账，积极帮助沟通解决，协助赣州市超跃科技有限公司解决污水排放费问题。

【机关自身建设】　在市123管理中心设立江西人防教育训练（赣州）基地，并与山东省威海市国家人防信息化基地达成合作意向，实现市123管理中心的功能转型。制定年度“准军事化”训练计划，组织全办干部职工每周开展形式多样的集中训练。落实机关效能建设工作，完善机关各项管理工作制度，机关作风面貌有新变化，做到安全稳定无事故。

（撰稿　韩茹晨　审稿　游　红）

【领导名单】

党组书记、主任：刘华明

党组副书记、副主任：陈　捷

党组成员、副主任：范存勇　李振华　黄玉鹏

副调研员：刘麟全

正处级干部：廖志斌

（本栏编辑　廖伟东）

经济综合管理

发展和改革工作

【概况】 2017年，赣州市发展和改革委员会围绕中心、服务大局、突出重点、务求实效，坚持“想在前、干在前、走在前”，全力服务赣州市经济社会发展大局，各项工作有效推进，取得一系列新成效。

【服务大局】 深入调研、系统谋划，研究形成培育经济发展新动能、推进经济建设和国防建设融合发展、长江经济带发展、推动赣南苏区振兴发展、促进经济平稳健康发展等20余个综合性政策文件，编制完成高铁经济带、东江生态经济带、赣州国际港经济区、能源发展、电动汽车充电基础设施建设等10余个重大规划。其中，《关于加快推进赣南苏区补短板和薄弱环节的实施意见》为国家发改委地区司起草新时期支持赣南苏区振兴发展的意见提供重要参考。

【争资争项】 组织518个项目申报中央、省资金支持115亿元，获批394个项目并获得资金支持36.39亿元。其中，中央预算内资金27.49亿元，占全省的23.3%。指导协调南康区、章贡区、于都县申请发行企业债券总额近38亿元，获批南康区7.7亿元双创孵化专项债券，为全市首只“双创”孵化专项债券。

【项目推进】 大广高速南康至龙南段扩容工程、兴国至赣县高速北延、G535改建工程、赣州大塘220千伏输变电工程、兴国县洋池口水库等40余个重大项目获上级批复实施。华能瑞金电厂二期复工建设，省天然气管网赣州段6条支线开工建设。11月底，270个市属重点工程开工268个，完成投资1285.55亿元，占年度投资计划的113.44%，高于上年全年12.4个百分点；199个省大中型项目完成投资555.9亿元，占年度投资计划的110.5%；169个省、市、县三级联动项目开工168个，完成投资440.8亿元。1—11月，民间投资增长16.6%，同比提高8.8个百分点。全年固定资产投资增长13.8%，比全省高1.8个百分点。

【新动能培育】 在全省率先以市委、市政府名义出台加快培育经济发展新动能的意见，推动成立“1+6”领导架构，印发《推进新服务经济发展实施方案》《推进绿色经济发展实施方案》等6个实施方案，国家发展和改革委员会、江西省发展和改革委员会肯定赣州市培育经济发展新动能做法，在《中国经济导报》刊发《强化七大要素支撑培育赣州经济发展新动能》。编制《赣州市创建国家军民融合创新示范区总体方案》报送省政府，争取赣州高新区军民融合有色金属新材料产业基地列为第一批省军民融合产业基地、赣州发电设备成套制造有限公司等28家企业（单位）列为第一批省军民融合企业（单位）。印发《电动汽车充电基础设施建设和运营管理细则》《电动汽车充电基础设施市级补贴办法》，建成投运直流快充桩92根、交流慢充桩90根，市政中心、赣州机场、赣州火车站、赣南宾馆、市财政局、市行政服务中心等6个电动汽车充电基础设施单位示范项目建成投运。新能源发电装机占全口径发电总装机比重达72.9%，较上年提高8.32个百分点。华能瑞金电厂通过实施热电联产成功实现向工业园区企业集中供热。研究制定《赣州市健康养老产业发展三年行动计划》，全年服务业增加值增长12%，稳居全省首位。赣州市服务业综合考评得分进入全省前3位。

【试点示范创建】 定南县等5个县（市）被列入第三批国家结合新型城镇化开展支持农民工等人员返乡创业试点，占全省的1/2；兴国县田庄上养老中心等11个公办养老机构入选全国第二批公办养老机构改革试点，占全省的42.3%；赣州市被列为全省企业投资项目承诺制改革试点；章贡区赣江街道社区被列为全省基本公共服务体系试点；上犹县被列为省级生态扶贫试验区建设试点；龙南县、信丰县被列为省级产城融合示范区；大余县、全南县被列为农村产业融合发展省级试点示范县，8个乡（镇）评为试点示范镇，59个村评为试点示范村。

【精准扶贫】 大力实施生态扶贫工程，推动从贫困户中聘用生态护林员

3460名、农村保洁员2.4万人。推动发展油茶等生态产业，带动43.21万户贫困户增收。将贫困人口列为生态补偿的重要因素，获批流域生态补偿资金11.15亿元；推广应用光伏扶贫“农（林）光”互补模式，建成光伏扶贫电站装机约43万千瓦，带动近22万户贫困户增收。推进易地搬迁扶贫，争取易地扶贫搬迁中央预算内资金3.01亿元、省级专项补助资金4306.3万元、建档立卡贴息贷款规模15.07亿元，推动搬迁人口8.81万人。完成宁都县会同乡鹧鸪村脱贫攻坚基础工作“五个一”规范化建设，协调争取项目资金1627.7万元，基本完成“9+3”贫困村退出指标，圆满完成10户贫困户43人脱贫年度任务。为瑞金市大柏地乡礤头村安排工作经费10万元，协调争取小型基础设施建设资金60万元、水泥631吨、路灯15盏，捐款6500元。

【生态文明建设】 赣州市获中国绿色发展优秀城市，获2016年美丽中国“江西样板”建设科学发展综合考评工作全省一类市排名第一；年度控制温室气体排放目标考核列全省第一。在全省率先实施生态文明建设领导干部约谈制度。崇义县被列为全国生态产品价值实现机制试点县，上犹县被列为省生态文明建设十大领跑县，赣州市（中心城区）、会昌县被列为省级循环经济示范城市、县，于都县工业园区、瑞金经济技术开发区被列为省级园区循环化改造试点，崇义县君子谷野生水果世界等3个单位被列入省第二批生态文明示范基地。

【改革创新】 全市首个市本级“双创”示范基地——功夫动漫基地挂牌成立。提前完成省下达“十三五”钢铁去产能任务，超额完成煤炭去产能年度任务。赣州市降成本优环境经验做法在国家审计署2017年第31号公告《2017第二季度国家重大政策措施贯彻落实跟踪审计结果》中被通报表扬，降低企业成本104.18亿元，比上年高29%。实施项目审批核准“前期辅导”“容缺后补”“联合评审”机制，企业投资项目前期工作时间缩短40%以上。深化电力体制改革，推动12个省级及以上工业园区的34户企业参与电力直接交易16.5亿千瓦时，节约用电成本4525万元。

【计划制定与执行】 “六大攻坚战”建设。实施“六大攻坚战”项目2056个、市属重点工程270个，分别完成年度投资2504亿元、1415亿元。全年GDP增长9.5%、规模以上工业增加值增长9.2%、财政总收入增长10.5%、一般公共预算收入同口径增长7.9%、固定资产投资增长13.8%、社会消费品零售总额增长12.6%左右、实际利用外资增长10%、出口总额增长12.1%、城镇居民人均可支配收入增长8.8%左右、农村居民人均可支配收入增长11%。GDP、固定资产投资、农村居民人均可支配收入等指标增速继续保持全省首位，其他大部分指标增速保持全省前列。

产业发展。设立100亿元工业重大项目投资引导资金，工业固投增长27%，继续保持全省首位。146个亿元以上“两城两谷一带”项目全部开工。“新能源汽车科技城”国机智骏、山东凯马、台湾昶洧（二期）等7个整车及配套项目陆续落户开工；“现代家居城”新增入规家具企业144家，获批创建国家级家具产品质量提升示范区；“中国稀金谷”引进钨和稀土新材料及应用项目23个，永骏泰、腾远钴业等项目竣工投产，有色金属新材料产业基地列为全省首批军民融合产业基地；“青峰药谷”签约落地修正药业等16个重大项目，章贡经济技术开发区生物医药产业集群获批省级重点工业产业集群，青峰药业获第二届井冈质量奖提名奖；“赣粤电子信息产业带”引进合力泰等上市公司5家，落户10亿元以上新型电子产业项目25个。新开工建设标准厂房815万平方米，建成658万平方米。新增规模以上工业企业435户，总数达1721户，均居全省首位。服务业提速增效。文化旅游业发展加快，实施全域旅游三年行动计划、赣南围屋三年抢修计划，获批国家级旅游业改革创新先行区，崇义县被列为全国休闲农业和乡村旅游示范县，方特主题公园、时光赣州、龙川极地海洋世界等项目加快推进，旅游接待人数、总收入分别增长22%、30.5%。现代金融发展壮大，在全省率先实现倒贷基金县域全覆盖，常态化路演中心建设基本完成，“瑞京金融”成为全省仅有的2家地方资产管理公司之一，利用贫困县IPO上市绿色通道引进拟上市企业34家，新增境外上市企业2家、省股权交易中心挂牌企业495家。现代物流加快发展，赣州综合物流园、赣州冷链物流中心等项目建设进展顺利，全国首个无人机物流配送试点项目落户南康。电子商务、健康养老产业发展加快，电商交易总额突破500亿元、增长60%以上，国家医养结合试点建设加快。服务业增加值增长12%，继续保持全省首位。农业结构加快调整。粮食生产“十四连丰”。赣南脐橙被列入中欧“100+100”互认保护名单，稳居全国同类农产品区域品牌价值榜首。赣州市成为全国油茶主产区，完成油茶新（改）造1.8万公顷，于都梾木油获批国家地理标志保护产品。蔬菜产业成为全省标杆，新建成规模蔬菜基地0.41万公顷，开行中欧蔬菜班列。信丰县入选国家首批现代农业产业园创建县。一产增加值增长4.5%，总体保持稳定。

创新引领。重点领域创新助力传统产业转型升级。获批全省唯一“中国制造2025”试点示范城市，孚能科技项目入围国家智能制造综合标准化与新模式应用项目。国家离子型稀土资源高效开发利用、国家脐橙工程技术研究中心、赣州经济技术开发区国家高新技术产业标准化示范区通过验收评审，国家家具产品质检中心获批成立，国家油茶产品质检中心获批筹建，工信部电子五所（龙南）办事处、中科院海西研究院赣州稀金产业技术研发中心、质谱科学与仪器国际联合研究中心赣州分中心、中国稀金（赣州）新材料研究院挂牌运行，南康家具建成国内首个家具制造云平台康居网、全省首个家具设计中心。获批创建全国质量强市示范城市，全省首个检验检测创新联盟成功组建。“双创”催生新业态、新模式。赣州市科创服务中心和赣州国际企业中心获批国家级众创空间，福雷斯公司获批国家级科技企业孵化器。获批国家知识产权试点城市，赣县区、信丰县被列为国家知识产权强县工程试点县。高新技术企业276家，占规模以上工业增加值比重达33%。发布重磅“人才新政”，设立“苏区人才伯乐奖”，成立赣南苏区人才发展合作研究院、市招才引智局，启动5年建设10万套人才住房计划。组建同心圆智库。发展服务型制造，赣州工业设计中心建成运行。成立区块链票链全国监控运营管理中心，全国首单区块链票链业务在赣州银行上线，票链业务基本实现省内全覆盖，区块链金融产业沙盒园启动建设，“链橙”备案系统开发上线。“互联网+物流”加快发展，智慧物流“吉集号”上线运行，O2O智慧物流平台——惠龙易通落户赣州市。文化创意产业发展加快，赣坊1969文化创意产业园开园，赣州印刷包装产业基地列为全国优秀新闻出版产业基地。大数据及云计算加快推进，规划建设大数据产业园，建成天翼·华为云计算数据中心。滴滴打车、共享单车等快速推进。

基础设施。江西省印发“支持赣州建设省域副中心城市的若干意见”，加快建设省域副中心城市。重大基础设施加快建设。昌赣客专赣州段隧道群全部贯通，赣深客专、兴泉铁路全线开工。广吉高速宁都段顺利推进，兴赣高速北延项目开工。瑞兴于快速交通走廊、“三南”快线开工建设。实施国省道升级改造1144千米，建成农村公路2687千米，25户以上人口自然村全部通水泥（油）路，安远县获评全国“四好农村路”示范县。黄金机场改扩建、航空口岸和通用机坪建设加速推进，瑞金机场进场道路启动建设。赣州火车站内部改造基本完工。华能瑞金电厂二期复工，神华信丰电厂项目前期工作进展顺利，全面消除农村长期低电压户，全面解决村村通动力电问题。省天然气管网赣州段6条支线开工。上犹江引水工程暨龙华水厂建设加快推进，寻乌县太湖水库完成主体工程，城镇防洪工程加快实施。城镇化建设步伐加快。赣州市获全国文明城市称号，获批全省首个国家城市设计试点。中心城区“五区”融合步伐加快，全市常住人口城镇化率达48.6%左右。和谐大道基本贯通，五洲大道、站东大道改扩建等工程竣工通车，文明大道等快速路加快建设，东坡路等27条支路顺利打通。地下综合管廊、海绵城市建设稳步推进。章江右岸市民公园景观提升改造工程基本完工。实施社区规划师制度，1632条背街小巷提升改造全面启动，115个老旧居民小区整治有序推进。颁布实施“城市管理条例”“农村住房建设管理办法”。国家新型城镇化综合试点加快推进，瑞兴于经济振兴试验区、“三南”园区一体化发展加快，国家级产城融合示范区、宁都县和会昌县域经济科学发展体制创新试验区加快建设，定南县等5县（市）列入第三批国家结合新型城镇化开展支持农民工等人员返乡创业试点。全南县南迳镇、宁都县小布镇入选国家级特色小镇，大余县丫山入围全国运动休闲特色小镇。完成5797个新农村建设村点整治，拆除“两违”建筑500多万平方米，基本完成农村“空心房”整治和“三沿六区”乱埋乱葬整治。

2016—2018年，全市国省道升级改造1200千米。截至2017年年底，全市完成国省道改造1144千米，进展顺利。图为G105龙南里仁至东升改造工程

全面深化改革开放。供给侧结构性改革深入推进。提前完成省下达“十三五”钢铁去产能任务，超额完成煤炭去产能年度任务。房地产市场持续健康发展。精准、深入开展降成本优环境专项行动，为企业减负超100亿元。重点领域改革不断深化。“放管服”再加力，实行办事清单管理推进“最多一次办结”改革，在全省率先推行“一窗式”改革。市本级行政审批事项精简至78项，为全省设区市最少。相对集中行政许可权改革试点大步推进，市行政审批局挂牌运行，市、县两级行政审批中介服务超市全面建成。商事制度改革深入推进，“多证合一、一照一码”登记制度改革实现“二十四证合一”，获批创建国家级网络市场监管与服务示范区。国资国企改革进展顺利，经营性国有资产脱钩移交和统一监管工作基本完成，企业社区移交和混合所有制改革有序推进。农业农村改革稳步推进，农村集体资产股份权能改革增点扩面，城乡户口“一元化”改登工作圆满完成。投融资体制改革加快推进，实施投资项目审批核准前期辅导、容缺后补、联合评审机制。医药卫生体制改革持续深化，公立医院综合改革全面启动，于都县被列为公立医院综合改革国家级示范县，持续半个多世纪的“以药补医”政策彻底终结。成立赣州商会联合总会，举办首届全国赣州商会联合大会。全市举办招商推介活动223场次，签约项目770个，引进绿地、TCL、招商局集团、杉杉集团等一批大企业、大集团，与深圳、广州、

河源签署战略合作协议。省支持赣州市打造“一带一路”重要节点城市实施方案印发实施，成功开行中欧、中亚班列，赣州综合保税区与青岛前湾保税港区共同建立“一带一路自贸驿站”。规划建设赣州国际港临港经济区，赣州港获批国家“一带一路”多式联运示范工程，国际贸易“单一窗口”国家标准版试运行进展顺利，赣州港国际货运班列实现“重去重回”，基本实现“进境与沿海同价到港，出境与沿海同价启运”。

生态建设。赣州市获批国家山水林田湖草生态保护和修复试点地区，20亿元中央基础奖补资金全部到位，筹资183亿元推进试点建设，首批28个项目全部开工。东江流域上下游横向生态补偿试点项目加快推进，全年获得奖补资金3亿元，东江出境断面水质达标率100%。“净空、净水、净土”等重点生态工程加快实施，完成低质低效林改造4.55万公顷、废弃矿山治理19.1平方千米，中心城区环境空气质量优良率86.2%，集中式饮用水水源地水质达标率100%。生态文明制度建设走在前列。

脱贫攻坚。全年脱贫19.4万人、258个贫困村退出，瑞金市脱贫摘帽扎实推进，中共中央总书记习近平在全国深度贫困地区脱贫攻坚座谈会、中共中央宣传部寻乌扶贫调研报告上作出重要指示或批示。产业扶贫等十大工程精准实施，全国产业扶贫现场观摩会在瑞金市召开，全国农业产业扶贫精准脱贫经验交流会介绍典型经验，赣南脐橙产业扶贫成为全国范例。就业扶贫加快推进，就业扶贫车间基本实现乡镇全覆盖，全国就业扶贫经验交流现场会在赣州市召开。完成易地搬迁5.4万人。贫困户子女助学补助基本实现全覆盖。健康扶贫“四道医疗保障线”实现“先诊疗、后付费”和“一卡通”即时结算，实施城乡贫困人口大病救治专项行动，开展贫困人口家庭医生签约服务。整村扶贫扎实推进，贫困地区基础设施和公共服务水平得到提升。民生事业加快发展。省、市90件民生实事年度计划基本完成，棚户区改造基本建成2.4万套，完成农村危房改造2.76万户，其中农村保障房8710户。新增城镇就业、转移农村劳动力7.5万人、13.6万人，超额完成年度目标任务。新（改、扩）建公办幼儿园164所、义务教育学校439所、职业学校4所，其中中心城区启动建设学校19所，新建数量超前五年总和。市人民医院新院全面投入使用，市妇保院新院开工建设，崇义县县城、龙南县关西镇、宁都县小布镇被列为国家卫生县城（乡镇）。市综合文化艺术中心开工建设，赣南采茶歌舞剧《永远的歌谣》获“五个一工程”奖。市食品药品检验检测中心和龙南、瑞金市区域性检验检测中心建成投入使用。物价水平保持稳定，平均涨幅控制在2%左右。消费维权加强，全年为消费者挽回经济损失2124万元。社会平安稳定，未发生重特大安全生产事故，获全国社会治安综合治理优秀市“六连冠”，四夺综治“长安杯”。

赣州黄金机场总投资10.24亿元，至2017年，改扩建工程进展顺利，新建11个机位的2号站坪基本完成水泥稳定层的施工

【重点工程建设】 至12月底，全市270个项目全部开工建设，完成投资1493.43亿元，占年度计划投资131.78%，比上年提高37.74个百分点；竣工项目73个，如期竣工率119.67%。

市重点工程。全年安排项目270个，总投资3932.22亿元，年度计划投资1133.28亿元。为近年来安排项目最多、投资额最大的一年，编制计划最早、下达计划最快的一年。

省重点项目。争取45个项目列入省重点工程，占全省项目总数的23.23%，并解决省级用地指标420余公顷。其中，市级层面负责调度推进的19个项目全部开工建设，完成投资81.70亿元，占年度计划投资129.61%，位列全省首位。

基础设施。全年全市安排161个基础设施建设攻坚战项目，总投资1071.59亿元，年度计划投资260.19亿元。161个项目全部开工建设，完成投资349.77亿元，占年度投资计划的134.43%，超时序进度34.43个百分点。其中，市级层面确定的基础设施建设“十大攻坚项目”全部开工，完成投资184.47亿元，占年度计划的130.5%，超时序进度30.5个百分点。

【重大项目三年滚动计划谋划编制】 依托全市“十三五”规划纲要、各行业5年专项规划，紧扣服务和推进“六大攻坚战”这一主线，理清项目开发方向、重点和概念框架，组织谋划2018—2020年新开工项目1239个，总投资23237.1亿元。

【“六大攻坚战”项目开发储备】 聚焦“六大攻坚战”重点领域，力在项目的前期工作、开工建设、竣工投产上取得新突破，组织各地、各部门年内开发重大项目790个入市项目库储备，总投资4127.01亿元，开发项目数量及投资规模再创历史新高。

【重大项目推介】 为2017“振兴赣南苏区”赣州（北京）产业推介会、南北“4+8”地区绿色发展合作会、赣州（香港）现代服务业暨电子信息产业合作恳谈会、赣州“中国稀金谷”（深圳）产业合作推介会等重大招商活动推介项目720个，总投资8387.4亿元。争取384个项目入选《2017年江西省重点招商项目册》面向全球发布招商，总投资3826.1亿元，项目数量和投资总额位居全省第一。

【作风建设】 履行生态文明建设等33个领导小组办公室职责，对市委、市政府重要会议和文件交办的495项工作、113项领导批示指示，全部建立督办台账跟踪问效，狠抓工作落实。开展“五比五看”活动（比思想、看党性修养，比学习、看能力素质，比作风、看效能提升，比贡献、看工作实绩，比自律、看遵纪守法），增强责任心和事业心，浓厚积极向上、干事创业、比学赶超的氛围。开展系列警示教育，增强干部职工廉洁自律意识。

（撰稿 龚达辽 审稿 匡利民）

【领导名单】
党组书记、主任：黄明哲
党组副书记、副主任、市物价局局长：
马晓聪（3月任党组副书记）
党组成员、市铁路建设办主任：
邱世禄
党组成员、副主任：沈兴明
党组成员、市重点办主任：李 兵
党组成员、市纪委驻市发改委纪检组
组长：陈同发（1月任）
党组成员、副主任：刘红敏（女）
党组成员、副主任、市物价局副局长：
肖 鹏（5月任）
党组成员、总经济师：廖少亭（5月任）
正处级干部：刘树明
副调研员：杨 赋 温晓冬（5月任）
市重点办副主任：林宗圣
邱 波（4月任） 卢小兵（5月任）
市物价局副局长：肖士贵
市物价局副调研员：何发迅
市项目办主任：张玉廷

统计工作

【概况】 2017年，赣州市统计局以创新为动力，争当改革先行者、排头兵，为全市经济社会发展发挥重要的统计保障作用，全面开创统计各项事业新局面。全市地区生产总值增长9.5%，连续2年领跑全省。全年完成固定资产投资增长13.8%，增幅连续6年居全省第一；全年规模以上工业增加值增长9.1%，比上年回落0.1个百分点，与全省水平持平。全年社会消费品零售总额增长12.3%，高于上年0.8个百分点。市统计局连续4年被省统计局评为全省统计工作综合考评第一名。

【统计服务】 打造统计服务精品。全年获市委、市政府领导批示统计专报达74篇次，比上年增加近20篇次。其中，获市委书记批示20次，市长批示44次。参加赣南苏区振兴发展大调研活动，牵头撰写的《赣南苏区主要经济社会指标与全国全省中西部和其他革命老区对比情况研究》，获全省统计系统课题评选第一名。加强城市对比分析服务。组织有关人员到中部湖北省襄阳市等6市、毗邻广东省河源市等6市学习考察，总结湖北襄阳市创新绩效考核、广东河源市强化基层基础的经验做法供决策参考；每季开展赣州市与全国同类10市、毗邻9市、中部8市主要经济指标对比分析，及时提供分析服务。

【体制改革】 推动机构增设或升格。市统计局增设社情民意调查中心，并在全省率先组建统计执法监督局、成立新经济（“三新”）统计科；县统计局一次性增加3个副科级职数，县（市、区）组建统计执法监督机构。大幅度增加人员编制及领导职数。市统计局全年增加编制17名，相应增加科级职数正科2名、副科2名。解决中央事业编下放管理。在全省率先解决中央事业编进入地方编办实名制管理系统，人员经费列入市财政年度预算。

【精准扶贫】 林间地头“把脉问诊”。深入林间地头了解贫困村基本情况，为挂点村的精准扶贫工作把脉问诊、出谋划策。创新提出“扶贫”与“扶志”、“输血”与“造血”相结合模式，将发展思路聚焦到“发放油茶嫁接苗＋油茶低改＋众鑫合作社＋电商销售”的油茶产业发展方式，形成产业链接长效机制，带领贫困群众脱贫致富。精准识别“不漏一人”。针对在扶贫攻坚工作过程中发现的贫困户识别不精准问题，驻村工作队应用“七清四严”的标准衡量和严格“七步法”程序扎实做好回头看和再识别工作。油茶低改助推脱贫。为实现油茶增产，切实帮助贫困户通过产业发展脱贫致富。市统计局联合安和乡政府免费提供油茶嫁接苗1万余株进行补种，与乡林管站合作，开展垦复、修剪、施专用肥等低改措施，获得农户的广泛参与。全年完成油茶低改86.67多公顷，茶油产量大幅提高，由原来的年亩产不足5千克提高到7.5千克，农户油茶经济收入提高50%。百日行动“务实高效”。印发《市统计局脱贫攻坚“百日行动”实施方案》《市统计局脱贫攻坚“百日行动”工作计划》，制定详细的结对帮扶走访任务清单，明确结对帮扶工作任务和预期目标，责任落实到每位帮扶干部。

【主攻工业】 开展主攻工业目标测算。深入基层、企业调研，了解企业发展态势，测算主攻工业目标，为市委、市政府出台重大战略措施提供参考依据。跟进主攻工业推进情况。每月对各县（市、区）指标运行情况进行通报，促进形成赶超奋进、争先发展的浓厚氛围。推动工业基础数据修订核实。按国家统计局布置对部分企业工业基础数据进行核实修订，提高工业统计基础数据质量，确保工业统计数据真实准确。主动入企对接帮扶。协助省统计局委挂点会昌工业园区做好服务工作，专门成立专项行动联络组，进入园区企业服务60余人次，多次走访调研挂点联系企业，并撰写专题调研报告。全年，市统计局挂点联系企业APP平台收集企业反映问题10个，全部办结。

【服务苏区振兴】 积极沟通对接。市统计局先后前往国家统计局6次、省统计局29次汇报对接对口支援工作，争取国家统计局、省统计局分别出台《国家统计局对口支援寻乌（赣州）工作要点（2016—2017）》《江西省统计局2017年对口支援寻乌（赣州）工作要点》。

助推措施落地。推动国家统计局协调争取寻乌南桥至广东龙川高速公路、东江生态经济带建设，获批寻乌南桥至广东龙川高速公路建设项目、瑞梅铁路建设项目，太湖水库建设顺利推进。

理顺机构编制。协调国家统计局帮助解决恢复设立农业发展银行寻乌县支行及建立国家统计局寻乌县调查队事项。与国家统计局、省统计局沟通，设立民调中心，在全省率先解决中央事业编划归地方管理有关事宜。

开展业务培训。充分发挥“国家智库”优势，先后组织安排赣州市统计系统干部51人次到郑州市、西安市、深圳市等地参加5期统计业务培训班。

争取工作经费支持。通过争取，国家统计局年内援助赣州市统计工作经费300万元，其中援助寻乌100万元，援助瑞金150万元；瑞金市争取到2018年度调查统计局旧址改扩建中央预算内项目资金540万元。

【创新试点】 争取政府高位推动。由市政府行文，先行先试、全面启动实施固定资产投资项目信息共享及入库统计责任制、贸易企业组织结构调查、物流行业统计等12项统计试点工作。

各县（市、区）自主申报实施。落实市委副书记、市长曾文明关于“每个县有2—3项创新创特统计工作”的要求，各县自主申报3个试点项目并分类推进实施。

强化工作考核激励。将创新试点工作与县（市、区）统计工作考评、市局对口业务科室绩效挂钩，月度由分管领导、季度由主要领导调度；对试点经验在全国全省全市推广、成效突出的县予以考评加分，对牵头科室在绩效奖励工资二次分配中体现。

创新成效。南康区家具企业产业集群试点，形成“众创业、个升企、企升规、规转股、扶上市、育龙头、聚集群”的试点经验并在全市推广；于都县“四经普”试点经验得到国家统计局领导及国家统计局普查中心、数管中心的高度评价和可复制的经验；省统计局专门刊发工作简报介绍推广章贡区、兴国县、定南县推进投资项目信息共享及入库统计责任制试点经验。

【基层基础】 发挥国家统计局对口支援的优势，在深圳市、西安市等地为赣州市县级统计局局长举办培训班；对所有县统计局新进业务人员安排至赣州市统计局跟班学习，实施“一对一”帮助指导。争取市财政拨付300万元专项资金购置计算机软硬件设备，推进统计信息化建设；在定南县开发利用投资项目信息共享手机APP平台，强化部门信息共享。修订完善工业、投资等各专业数据质量评审办法，开展一套表调查单位清查，及时清退注销、吊销、空壳等问题企业。加强统计法律法规宣传，查处统计违法案件80起。

（撰稿 阳作婷 审稿 黄子珑）

【领导名单】
党组书记、局长：卢述银
副局长：周 芸（女） 温德友
党组成员、副局长：刘小安
党组成员、总统计师：钟惠生
副调研员：宋金金（女） 刘友辉

国家统计调查

【概况】 2017年，国家统计局赣州调查队（以下简称赣州调查队）以进为导向、以新为动力、以好为目标，不断提高调查数据质量，圆满完成各项工作任务。在30个专业单项评比中，16个专业进入全省先进行列。其中，党建工作、城乡住户一体化调查、劳动力调查、综合统计等9个专业位居全省第一。赣州调查队被评为全省先进集体。

赣州调查队属国家统计局派出机构，归国家统计局江西调查总队垂直管理，为参照国家公务员制度管理的正处级事业单位。赣州调查队内设办公室、综合科、农业和商业调查科、住户调查科、工业和服务业调查科、价格调查科和统计监测科等7个科室；设置信息技术应用科，与赣州市统计局计算中心合署办公。辖区内有信丰、于都、兴国、上犹、宁都和会昌等6个县级国家点调查队。

【常规调查】 赣州调查队常规性统计调查主要有：“两项收入”“三大指数”“五项常规调查”。“两项收入”是指城乡居民可支配收入；“三大指数”是指居民消费价格指数（CPI）、工业生产者出厂价格指数（PPI）、住宅销售价格指数（EPI）；“五项常规调查”是指规模以下工业企业调查、劳动力调查、小微企业跟踪调查、农产量调查、畜禽调查。赣州调查队还不定期地承担或参与中央部委和地方政府委托的各项统计调查任务。

【法制建设】 赣州调查队贯彻国家统计局和江西调查总队提高数据质量的部署要求，加强宣传，严格执法，筑牢根基，结合统计开放日和“12·4”国家宪法日以及“12·8”《中华人民共和国统计法》颁布纪念日活动，与赣州市统计局及章贡区统计局、赣县区统计局、于都县统计局、于都调查队联合开展统计开放日、统计普法宣传活动，制作以宣传统计法“统计法实施条例”以及“三新”统计为主题的宣传展板。全年印制1万个标有“依法治统”字样的手提袋用于统计普法宣传。对5家企业的调查数据质量、统计制度及台账建设等方面进行重点检查，并对执法检查情况进行通报规范统计调查行为，提升调查队依法行政水平。

（撰稿 谢 慧 审稿 郭 胜 钟艳莉）

【领导名单】

党组书记、队长：郭 胜

党组成员、调研员：钟艳莉（女）

党组成员、纪检组长：钟瑞贤

国有资产管理

【概况】 2017年，赣州市国有资产监督管理委员会围绕市委、市政府“解放思想、内外兼修、北上南下”发展战略及“六大攻坚战”重要部署，借鉴沿海发达地区先进经验，创新思路，加强谋划，落实举措，深入推进国资国企改革发展，稳步提高国资监管水平，市属国有经济保持平稳发展。至12月底，市属出资监管企业拥有资产总额1558.3亿元，增长22.2%；营业收入69.2亿元，增长37%；营业利润7.8亿元，增长239.3%。

【国资国企改革】 市政府办印发《关于印发赣州市属国企负责人经营业绩考核办法的通知》《关于在深化全市国有企业改革中加强党的领导加强党的建设的实施意见》，为深化国资国企改革提供依据。推进混合所有制经济试点，通过产权多元混合制度变革，提高社会资本配置效率，提升国有资本活力、控制力和影响力。14户出资监管企业下属二级及以下企业户数为163户，其中完成混改企业户数为35户。推进经营性国有资产统一监管，会同有关部门组成资产核查组对有关市直行政事业单位尚未脱钩移交的经营性国有资产进行核查，并分别签订资产脱钩移交协议，市属经营性资产统一监管基本完成。推进国资国企分类监管，印发《赣州市属国有企业功能界定与实施方案》，推进出资企业分类监管、分类考核、分类发展。市政府印发《赣州市属国有企业整合重组方案》，国资布局结构不断优化。推动赣州工业集团依法整体转让昌九集团股权，提高国有资本效率。

【服务工业发展】 完善工作机制，制定《“中国稀金谷”2017年度推进工作要点》，形成《“中国稀金谷”核心区建设工作座谈会议纪要》，把工作任务细化到具体部门、具体县（市、区）、具体责任人。加强协调调度，每月对“中国稀金谷”进展情况进行调度，形成记录摘要印发给各成员单位，梳理汇总、协调解决各成员单位反馈的问题。推动完成稀土大厦等项目选址，协调解决螺溪洲大桥业主单位、万虎Ⅰ线及Ⅱ线迁改等问题。推动招商引资，协调推动在宁波举办赣州“中国稀金谷”投资环境推介会，组织召开2017年“中国稀金谷”论坛暨第七届中国稀土市场研讨会，协调组织2017“振兴赣南苏区”赣州（北京）产业合作推介会和2017赣州“中国稀金谷”（深圳）产业合作推介会。组织有关市属国企多次到北京市、天津市及包头市、苏州市等地开展招商引资，就天津华建天恒公司高精重载大功率齿轮箱项目、浙江中金格派锂电公司动力电池项目及唐山拓又达集团智能制造工业机器人等项目达成合作意向。

【推进央企入赣】 加强央企入赣项目签约调度。赣州市2013—2017年有纳入省调度项目55个，投资总额1433.5亿元。至年底，完成注册项目47个，占比85.5%；实际进资50个，占比90.9%；进资总额207.3亿元；开工45个，占比81.8%；投产19个，占比34.5%。加强与国务院国有资产监督管理委员会及央企对接合作，年内主动对接国务院国资委及拜访央企达10次以上。争取中央企业贫困地区产业投资基金国投创益产业基金投资中国南方稀土集团稀土金属精深加工等项目。加强穗深国资国企合作交流，推动赣深、赣穗两地国资部门产业合作。8月，深圳市属国有企业与赣州市产业对接合作洽谈会在赣州市召开，全市32个项目与14家深圳市属国有企业达成合作意向，投资总额100亿元。12月，组织6个县12个产业项目到广州参加广州市属国企与赣州市产业项目对接合作座谈会。广州港集团投资2亿元的赣州港货物装卸和仓储项目签署合作协议，7家市属国企与赣州市智慧城市安保、环保等产业项目达成合作意向，涉及投资总额54亿元。

【规范国资监管】 7月，通过公开招标选聘6家中介机构，对14户出资监管企业进行清产核资专项审计，年底前完成清产核资工作报告的编制。印发《赣州市国资委监管企业对外融资、出借款项及担保管理办法》等，完善国资监管制度，规范出资监管企业对外融资、出借款项及担保行为。印发《赣州市国资委出资监管企业监事会暂行办法》等14项规范性工作制度，推进外派监事会建设。向11户出资监管企业派出监事会主席和专职监事，发挥监事会职能作用。规范投融资事项管理，组织专项检查，在全面检查摸排基础上，督促相关企业健全风控制度、加强投贷管理。推进法治国企建设。印发《赣州市国资委关于全面推进法治国企建设的意见》，推动企业治理体系和治理能力现代化。

【夯实党建】 围绕企业生产经营这一中心，全面推进国有企业党的建设。从严从实落实党风廉政建设责任制，推行企业经营业绩、党的建设和反腐倡廉工作“三位一体”考核。推进“两学一做”学习教育常态化制度化，以“两学一做”为基本内容，以“三会一课”为基本制度，以党支部为基本单位，融入日常、抓在经常。做好党建基础工作，印发《赣州市国资委党委2017年党建工作要点》《2017年市国资委出资监管企业基层党建工作重点任务清单》。组织召开出资监管企业党组织书记抓基层党建工作述职评议会议进行民主评议。开展宣传培训工作，展现国有企业的良好形象。强化党建工作保障，在企业中同步设置党群工作部门，配齐专职党务干部，14家出资监管企业均成立专门的党群工作部门，有党务工作者153人。开展苏区国资国企史料研究整理工作，阶段性成果《立国之基——中华苏维埃共和国时期国有经济及国资监管情况的研究报告》呈报国务院国资委党委。做好精准扶贫等中心工作，组织委机关干部前往瑞金市云石山乡陂下村开展定期走访帮扶，推进帮扶各项工作任务落实。做好国资系统综合治理、文明城市创建等工作。全年帮扶到位瑞金市2个结对帮扶村精准扶贫资金311.8万元。

（撰稿　谢达迎　审稿　高志坚　黄晓东）

【领导名单】

党委书记：黄志标（任至12月）
党委书记、主任：高志坚（12月由党委副书记任党委书记）
党委委员、外派监事会主席：钟哲敏（正处级）
党委委员、副主任：吕小林（任至4月）
宋　英（女）
党委委员、外派监事会主席：王全生
党委委员、副主任：黄晓东（4月任）
党委委员、纪检组长：万建生
调研员：黄志标（12月任）
吕小林（4月任）
副调研员：管庆明

工商行政管理

【概况】　2017年，全市工商和市场监管部门落实新发展理念，坚持解放思想、内外兼修、北上南下，全力服务“六大攻坚战”，围绕工商和市场监管工作“六提升”（提升工商登记便利化水平，提升优质服务水平，提升事中事后监管水平，提升行政执法规范化水平，提升消费维权社会共治水平，提升基层规范化建设水平）目标，深入推进商事制度和“放、管、服”（准入要宽、监管要严、服务要准）改革，不断加强市场监管与消费维权，为全市经济社会持续健康发展做出应有的贡献。市工商行政管理局被评为第五届全国文明单位，赣州市获批创建国家网络市场监管与服务示范区。

【简政放权】　年内，取消行政权力事项67项，市本级仅保留2项行政审批权；中心城区“广播电台、电视台、报刊出版单位广告发布登记”行政审批权下放至章贡区市场和质量监管局，做到应放尽放。

【商事制度改革】　推进“多证合一、一照一码”登记制度改革，实现“二十四证合一”；推进企业简易注销登记改革，简化退出登记程序；巩固“先照后证”改革成效，提请市政府发文将工商登记前置审批事项减少至31项。全年全市发出“二十四证合一”营业执照53118份，新设立商务秘书企业7户，托管企业45户，登记“一址多照”企业17户；办理企业简易注销1974户，个体工商户简易注销26059户，吊销连续2年未年报僵尸企业营业执照2139户。

推行“互联网＋政务服务”，推进工商注册登记全程电子化，基本实现企业注册“一次不跑”或“最多跑一次”；在窗口增设企业创业自助服务区，方便群众自主申报注册；实行一人审核、限时办结制度，工作时限由原来的平均10多个工作日缩短到2个工作日。全年全市通过网上注册平台申请企业名称7998个，占全市同期企业名称核准总户数的21%；通过外网设立企业8046户，占全市同期新设立企业总户数的29.3%。

【行政执法制度试点】　年内，市工商行政管理局被市政府确定为行政执法“三项制度”试点重点单位，市工商行政管理局以执法全过程记录为重点任务，纵深推行行政执法公示制度、重大执法决定法制审核制度落实，实现4个100%，1个全记录（即主动公示的政府信息100%公示；行政许可信息100%公示；行政处罚信息100%公示；行政强制、行政处罚案件100%法制审核；执法过程全记录）。

【公平交易执法】　全年全市公平交易系统立案查处公平交易执法案件315件，罚没金额555.8万元；全市工商行政管理、市场监管与公安机关配合查办传销案件32起，结案22起，涉案金额6145余万元，捣毁传销窝点53个，查获传销人员525人（其中教育遣散传销人员368人、解救被骗被困人员76人、采取强制措施81人）。赣州市被省打击传销工作领导小组认定为“创建无传销城市达标城市”。联合卫生、物价、食药、审计、财政等部门，对市属8家医疗机构开展医疗卫生行业不正之风专项整治。联合卫生、食药部门在全市统一开展医药流通领域商业贿赂专项整治行动。

【消费者权益保护】　开展“天天‘3·15’、诚信连万家”诚信大传递签名活动，中心城区200多家企业集

10月12日，“赣州＋泰和”国家级网络市场监管与服务示范区创建启动仪式在赣州市举行

体宣誓并在诚信承诺倡议书上签名；连线赣州市人民广播电台《12315“红盾先锋”》栏目7期，在《赣南日报》、微信公众号、红盾网等媒体发布维权案例、“12315”数据分析报告12次，发布各类消费警示、提示500余条。

全年落实抽检经费30万元，抽样商品267个批次，不合格商品93个批次，总体不合格率37.2%。其中，儿童服装60个批次，不合格46个批次，不合格率为76.7%；开关插座30个批次，不合格16批次，不合格率为53.33%；钢筋80个批次，不合格0批次，不合格率0%；陶瓷砖20个批次，不合格10批次，不合格率50%；小家电类60批次，不合格21批次，不合格率35%；铅蓄电池17个批次，不合格6批次。抽检结果全部向社会进行公示，对抽检的不合格商品立即采取措施予以处理。

全年全市“12315”系统受理消费者诉求39398件。其中，受理消费者咨询31913件、增长53.41%，投诉6676件、增长58.57%，举报800件、增长98.02%，建议9件、增长350%，分别占受理总数的81%、16.95%、2.03%和0.02%，诉求及时办结率100%，投诉调解成功率89%。为消费者挽回直接经济损失2124万元。在投诉中，章贡区、赣州经济技术开发区、南康区、赣县区和蓉江新区的投诉举报量占全市的68.39%，共5113件。其中，章贡区2567件，占全市的34%。售后服务类、合同类、质量类“三类”投诉量3672件，占投诉总量的55%。其中，售后服务类投诉1518件，占22.74%；受理商品类投诉4230件，占比63.36%；服务类投诉2446件，占比36.64%。

【企业注册】 全年全市新增各类市场主体97678户，增长26.42%；有市场主体总量为49.39万户，增长14.04%。其中，新增各类企业2.54万户，增长34.57%。

国有内资企业。1—12月，全市新发展国有内资企业1343户，注册资本227.86亿元，增加67.67%、48.77%。至12月底，全市国有内资企业注册登记累计数为7445户，注册资本1279.14亿元，增加1.83%、41.37%。

外资企业。1—12月，全市新发展外资企业74户，注册资本23.6亿元，增长-8.64%、-43.61%。至12月底，全市外资企业注册登记累计数1246户，注册资本398.31亿元，增长-13.05%、-23.21%。

私营企业。1—12月，全市新发展私营企业23988户，注册资本1259.2亿元，增加33.29%、58.32%。至12月底，全市私营企业注册登记累计数为84903户，注册资本4094.76亿元，增加20.08%、43.58%。

全年办理企业股权出质662户，出质金额85.64亿元。

【个体私营经济监督管理】 全年全市新增私营企业23988户，增长33.29%；新增注册资本（金）1259.2亿元，增长58.32%；新增个体工商户70302户，增长24.8%；资金数额142.53亿元，增长27.03%；新增农民专业合作社1971户，增长-3.95%；出资总额58.16亿元，增长17.69%。

全市全年私营企业总数达84903户，增长20.08%；注册资本（金）4094.76亿元，增长43.58%；个体工商户总数达390787户，增长12.98%；资金数额540.09亿元，增长25.37%；农民专业合作社总数达9487户，增长23.27%；出资总额221.25亿元，增长26.81%。全年全市有1446户个体工商户转型升级为私营企业，增长88.04%，“个升企”总数和增速均列全省第一位。个体工商户年报率达98.13%、农民专业合作社年报率达96.99%，列全省第二位。全市评定“星级文明诚信个体工商户”11824户，发放“诚商信贷通”贷款17.17亿元。

【商标监督管理】 3月1日，国家工商总局商标局赣州商标受理窗口启动运行。至12月底，赣州商标受理窗口受理商标注册申请458件，在全省各商标受理窗口中排名第二，全市有效知名商标318件，净增28件。

8月4日，市政府办公厅印发《赣州市“十三五”商标品牌战略实施意见》。年内赣州市商标注册申请量达24007件，增加14906件，增长164%；占全省商标注册申请量10.57万件的22.72%，申请量首次超过南昌市位列全省设区市第一位。至12月底，全市有效注册商标33336件，增长24.96%，占全省的16.34%，列全省第二；全市有地理标志商标18件，驰名商标13件。

全市开展打击侵犯知识产权和制售假冒伪劣商品行动，出动执法人员3000余人次，检查经营主体8000余户，检查各类市场100余个（次），整治重点区域60余处。立案查处侵权和假冒伪劣商品案件82件，案值总计案值61万元，罚没金额82.72万元。其中，侵犯驰名商标权益案件7件，罚没金额8.05万元；涉外商标案件2件，罚没金额5.07万元，移送司法机关处理案件4件。

【广告监督管理】 全年全市监测广告23万多条次，行政约谈25次，印发行政指导文书6份，向有关单位通报情况6次；赣州市主要媒体广告违法率仅为0.04%，良好排名居全省第二位，被评为2017年度全国广告监管工作先进单位；查处广告违法案件71件，罚没165.93万元。

【市场规范监督管理】 落实市政府“关于进一步加强房地产市场调控工作”的决策部署，成立房地产市场专项治理工作领导小组，抽调执法骨干组建领导小组办公室，全面协调、指导全系统开展以“中心城区房地产市场”为重点的专项治理工作。全市系统检查房企175家（其中中心城区95家），立案38起（其中中心城区立案23起）。开展“红盾护农”行动，全年抽检农资320批次。开展成品油质量监管，抽检301个批次，其中有33个批次不合格，依法立案查处。开展合同监管，进行房屋中介等行业合同格式条款专项整治，检查包括房地产中介企业在内的市场主体168户，发放“合同格式条款备案通知”148份，受理含有格式条款的合同备案148份，办理格式条款合同违法案件33件。办理动产抵押登记214份，抵押登记金额51.04亿元。对江西柯恩科技有限公司等49家符合赣州市守合同重信用公示资格条件的单位予以公示。

【网络市场监督管理】 8月，赣州市获批创建国家网络市场监管与服务示范区。成立以市长为组长的创建网络市场监管与服务示范区工作领导小组，建立网络市场监管联席会议制度，开展网络市场整治专项行动；整治网络售假、虚假宣传、虚假促销、刷单炒信、恶意诋毁等违法行为。全年全市审核上级发放网络市场主体1662户，审核率100%；累计发放电子标识2045户，发放量居全省之首；开展网上检查网站、网店6928个（次），删除违法商品信息57条，责令整改网站11个（次），责令停止平台服务的网店3个（次）；查处网络违法案件51件，罚没款62.66万元。

【企业监督管理】 开展涉税信息跨部门联合抽查、环境保护类、保健品类企业公示信息、预付卡专项“双随机”、消防产品电子产品玩具经营企业等6次抽查，全市抽查企业3908户，依法将公示信息虚假、失联713户企业列入经营异常名录并向社会公示。全市吊销2013年、2014年未年报僵尸企业2139户，其中市本级吊销681户。全市有2287户企业因补报年报、更正公示的错误信息、失联后重新取得联系，依法移出经营异常名录。其中市本级334户企业经审核书式资料齐全并经实地核查合格后，依法移出经营异常名录。

全年全市归集企业信用信息数据12.14万条，其中行政许可信息90210条，行政处罚信息5305条，荣誉信息5664条，金融信息18条，抵押信息4221条，生效判决文书信息651条，企业扶持信息1953条，抽查检查信息8504条，信用承诺4566条，监管预警信息244条，数据总量和新增数据量居全省第一位，系统日访问量居全省第二位。

对信用良好市场主体优先发放融资贷款1072户、优先市场准入、行政审批79户、优先办理许可资质1034户、优先政府采购27户、优先授予荣誉称号209户、优先评级评优756户、优先安排政府补贴资金11户；对不良信用市场主体限制融资贷款1553户、限制取得许可资质10户、限制政府采购13户、限制取得荣誉78户、限制进出口2户、限制工程招投标78户、限制出入境257户、限制注册新公司93户、限制担任各级人大代表政协委员7户、限制担任新的法人代表113户、限制担任公司高管4户。

（撰稿 曾志强 审稿 肖雪松）

【领导名单】

党组书记、局长：温建荣

党组成员、副局长：

黄厚祝（正处级，任至12月）

刘辅中 邹凤阳（任至12月）

赖庆明

党组成员、市纪委驻市工商局纪检组组长：肖 琤（女）

副调研员：肖雪松 陈玉珍（女）

国土资源管理

【概况】 2017年，赣州市国土资源局立足“尽职尽责保护国土资源、节约集约利用国土资源、尽心尽力维护群众权益”职责定位，以保障发展、生态保护、节约集约、深化改革、从严治党为重点，开创国土事业发展发展的新局面。争取部、省增加3.96万公顷规划用地规模，市、县两级土地利用总体规划（2016—2020年）调整完善工作全面完成；全市新增报批建设用地2794公顷；供应土地4792公顷，实现土地收益288.26亿元；全面实现40.2万公顷耕地保有量和33.41万公顷基本农田保护面积目标；全市334100公顷全域永久基本农田划定全面完成，新增耕地2740公顷，建成高标准农田5227公顷，推进全市粮食生产实现“十四连丰”。

市国土资源局（赣州市不动产登记局）内设10个职能科（室），即办公室、人事教育科（科技与国际合作科）、政策法规科（行政审批科）、规划和耕地保护科、财务科、测绘地理信息办公室、土地利用管理科、不动产登记科、不动产权属科、不动产调查科，另设有章贡分局、机关党委；管理市国土资源监察支队（副处级参照公务员管理事业单位）、市土地收购储备中心（副处级全额拨款事业单位）和市不动产登记中心（副处级全额拨款事业单位）；下属开发区分局（正科级参照公务员管理事业单位）和土地开发整理中心、土地交易管理中心、信息中心、国土资源（不动产权籍）档案馆、蓉江新区分局等5个正科级全额拨款事业单位；市国土资源监察支队中心城区大队为市国土资源监察支队和市国土资源局章贡分局双重领导的副科级全额拨款事业单位；市国土资源监察支队赣州经济技术开发区大队接受市国土资源监察支队和市国土资源局开发区分局双重领导；市不动产登记中心赣州经济技术开发区分中心接受市不动产登记中心和市国土资源局开发区分局双重领导。

【服务发展】 争取部、省增加赣州市规划期内（2006—2020年）的39627公顷规划规模，重点保障赣州经济技术开发区、龙南经济技术开发区、瑞金经济技术开发区和赣州综合保税区等4个国家级经济技术开发区及赣州高新区等重大产业平台用地、“十三五”期间重大基础设施、重大产业项目及稳增长促发展重点项目落地需求。全年共报批建设用地132批次，新增建设用地2794公顷，促进省、市重点工程以及“两城两谷一带”等“六大攻坚战”项目落地。建立耕地占补平衡指标市级调剂库，保障市本级、章贡区、赣州经济技术开发区、蓉江新区项目建设和国家、省、市重点项目，促进市重点项目快速落地。策应房地产市场调控，加大土地供应，供应土地4792公顷，实现土地收益288.26亿元。发行土地储备专项债券置换贷款18.93亿元，充实土地储备资金，为市中心城区建设提供资金支持。持续推进不动产顺位抵押、标准厂房分栋分层抵押等“五大抵押登记”模式，为企业、个人融资达550亿元，有效缓解中小企业融资难题，促进企业特别是小微企业可持续发展。落实市委招商引资和人才强市战略，在全省率先实行经营性用地“竞人才住房配建比例”出让方式，为绿地集团、杉杉集团、蛇口招商集团等3大集团落户赣州市起到关键作用。专门编制国家产业用地政策汇编，出台人才、旅游、脱贫攻坚、特色小镇等举措，支持新经济新产业新业态新模式发展。

【耕地保护】 全面落实永久基本农田“落地块、明责任、设标志、建表册、入图库”等工作任务，形成全市33.41万公顷全域永久基本农田划定成果，避免优质耕地的占用。完成省、市、县、乡（镇）耕地保护目标责任状签订工作，将全市40.2万公顷耕地保有量和33.41万公顷基本农田保护面积目标任务逐级进行分解下达，落实最严格的耕地保护目标责任制，赣州市和安远县被评为全省耕地保护责任目标考核优秀市、县。实施土地开发补充耕地工作，完成土地开发项目立项3373公顷，新增耕地面积2780公顷；验收土地开发项目新增耕地面积2740公顷，立项、验收面积排全省第一。落实“旱改水”土地整治新增水田288公顷，建成高标准农田5226公顷，推进市粮食生产实现“十四连丰”。对256个土地开发项目全面开展专项整治工作，落实水土保持措施，改善生态环境。

【节约用地】 按照省政府全面实行新增建设用地报批与批而未用土地消化周期挂钩机制的新要求，开展全市批而未用土地专项行动，完成批而未用土地消化处置2147公顷，消化周期由4.7年下降至3.8年，列全省第二，实现持续2年消化处置工作位列全省前列。开展8个批次120公顷土地区位调整，实现土地合理、高效利用。落实上年度单位地区生产总值建设用地使用面积下降7.23%的目标，超额完成国定、省定下降5.59%、5.84%的要求。开展2017年度国家级经济技术开发区、城市和上年度省级开发区节约集约的更新、利用评价和用地考评工作，为全市落实科学用地管地提供重要依据。

【维护权益】 推动实行“征拆新政”（即《赣州市中心城区集体土地征收及房屋拆迁补偿安置办法（试行）》），规范征拆行为，维护征地农民合法权益。办理国土资源行政应诉案件23件，结案17件；行政复议案件19件，结案16件；涉土信访516件，办结510件，办结率99%。推动印发《关于进一步完善乡镇国土规划建设管理体制机制的意见》，与市法制办、规划部门共同拟定农村村民住房建设管理办法，推动成为全市第一部实体性规章（赣州市人民政府令第74号）。与市委农工部牵头开展全市农村“空心房”整治，完成3199.74万平方米整治任务，其中拆除腾出土地2528.12万平方米、修缮607.25万平方米、开发利用64.37万平方米，基本实现“空心房”整治“三年任务两年完成”的目标。

【深化改革】 持续推进不动产登记改革，在全国率先完成高速公路全域发证，在全国率先引进保险机制，打造全省首个跨部门不动产一体化系统，赣州市“登记机构是否需要审查土地出让合同”等3个案例成功入选全国百个典型案例，为全国不动产登记改革实践提供赣州经验。房地一体的农村宅基地和集体建设用地使用权确权登记发证工作加速推进，完成农村房屋调查测量273.13万栋，占总数的97.52%，调查面积6.07亿平方米，全省房地一体的农村宅基地和集体建设用地使用权确权登记发证工作现场会在石城县召开，赣州市及石城县、会昌县在现场会上做典型经验发言。农村宅基地管理试点有序推进，在赣县区、于都县、兴国县、宁都县等17个县（市、区）54个村开展试点，有序探索农村宅基地有偿使用和退出机制，合理规范宅基地规划引导、审批、服务和监管。持续用好用足城乡建设用地增减挂钩政策，结合“空心房”拆除腾出土地完成增减挂钩项目立项1521公顷；指导县（市、区）完成省城乡建设用地增减挂钩节余指标内交易217.79公顷，实现收益6.79亿元，所得收益返还乡镇用于脱贫攻坚和美丽乡村建设。深化“放、管、服”改革，通过减轻竞买保证金、分栋分层办证、“先租后让”等方式降低企业成本约10亿元；创新“容缺受理”机制提高建设项目用地预审效率和服务效能；精减行政审批事项由13项为3项，压缩市本级不动产登记办结时限至7个工作日，工业企业抵押登记至3个工作日，提高企业、群众办事效率；争取省厅支持给予宁都县享受省直管县国土资源工作管理权限，赋予瑞兴于经济振兴试验区（含宁都县、石城县）市级国土资源管理权限，国土资源管理行政效能提高。

【脱贫攻坚】 成功争取国土资源部支持赣州市耕地占补平衡、土地改革试点、退耕还林还草等6条政策措施，实现国土资源部持续6年成体制出台支持赣州经济社会发展和脱贫攻坚扶持政策的重大突破。争取国土资源部在赣州市成立国土资源部赣南老区扶贫开发中心，有力承接重大政策措施的落地。争取国土资源部支持赣南等原中央苏区农村土地整治重大工程项目得到国务院审批，涉及赣州市土地整治项目总规模3.11万公顷，总投资13.2亿元。直接投入300多万元帮扶资金用于挂点寻乌县团船村、圳下村和赣县区五云镇夏潭村的结对帮扶、县级领导挂村帮扶和对口帮扶瑞金市拔英乡高岭村精准扶贫，安排65名干部结对帮扶寻乌县团船村、圳下村和赣县区五云镇夏潭村共137户贫困户，组织10名县处级干部挂点帮扶10个贫困村。结合国土行业扶贫，优先安排农村土地整治、城乡建设用地增减挂钩等政策、用地、项目、资金向贫困地区倾斜。

【土地调查】 开展2017年度土地变更调查工作，更新全市土地利用现状数据。

2017年全市土地利用现状数据情况表

面积：公顷

地类	耕地	园地	林地	草地	城镇村及工矿用地	交通运输用地	水域及水利设施用地	其他土地	合计
面积	437436.58	127480.03	2915837.43	55832.47	183065.1	46685.14	121525.56	48433.22	3936295.53

【土地执法监察】 依法开展上年度土地卫片检查，发现478个违法用地图斑，整改到位447宗，整改率为93.51%，继续实现“零约谈、零问责”。完成市本级29宗面积217.33公顷违法用地立案查处，收缴罚款2550.21万元；完成省厅交办的170宗112.79公顷违法用地面积查处整改督办，惩处违法行为，增强执法震慑力。有序推进2017年土地例行督察发现问题整改工作，整改率93%。参与开展非法挤占水域岸线用地清查、“绿盾2017”自然保护区检查、集中整治“两违”工作等十余项专项行动，推动市生态文明试验区建设。在国家企业信用公示系统曝光3起企业违法用地行政处罚信息，震慑违法失信企业，促进社会信用体系建设。

【测绘管理】 按照“多规合一”的要求，编制赣州市测绘地理信息“十三五”规划，全面接收全省第一次地理国情普查成果和赣州相应普查成果。加大测绘地理信息成果的推广应用工作，为市城乡规划局编制《赣州市中心城区空间规划》提供数字赣州数据成果，为市农粮局生态规划提供地理国情普查数据，为江西省应用技术学院等高校应用教学提供地理国情普查数据。全面启动2000国家大地坐标系转换使用工作。完成全市502个永久性测量标志的维护管理和巡查工作。开展全市“问题地图”和卫星导航定位基准站安全全覆盖排查专项整治行动。完成省测绘地理信息局下放丙、丁级测绘资质行政许可事项权限的承接工作，全年依法审批丙、丁级测绘资质单位13家。完成全市89家丙、丁级测绘资质单位以及26个测绘项目质量监督检查工作。

【国土业务基础】 完成国土资源信息化“十三五”规划编制工作，启动信息化设备运维项目和视频会议系统升级改造项目。完成全市不动产房屋登记资料移交148.6万卷。推进档案馆信息化建设，实现1.81万件档案数字化整理。开展2016年度土地变更调查、遥感监测和1.8万公顷国家级耕地后备资源调查评价，安远县代表省接受部土地变更调查外业核查组的实地核查，土地变更调查成果得到国土资源部的充分肯定并正式启用。启动第三次全国土地调查。指导完成瑞金市等10个县（市、区）的城区或乡镇基准地价更新工作。指导监督106宗国有建设用地使用权出让的价格评估工作。

（撰稿 李建城 审稿 罗 峰）

【领导名单】
党组书记、局长：邓海鹰（女）
调研员：黎庆洲 李执智 刘继宁
党组成员、副局长：罗志欣
党组成员、土地收储中心主任：陈 炜
党组成员、国土资源监察支队支队长：邱春生
党组成员、总规划师：张 毅
党组成员、纪检组长：彭宗迁
党组成员、副局长：罗 峰
副局长：张诗福 魏清胜
不动产登记中心主任：罗 明
副调研员：谢新生

安全生产监督管理

【概况】 2017年，全市安全生产工作坚持安全发展理念，以防范和遏制重特大事故为重点，统筹推动安全生产领域改革发展，专项治理重点行业领域，落实各项防范措施，确保全市安全生产形势保持总体稳定。

赣州市安全生产监督管理局内设办公室、综合科（市安全生产监察专员办公室）、安全监督管理一科、安全监督管理二科、安全监督管理三科、安全生产培训教育科、煤矿安全监督科、职业安全健康监督管理科、行政审批服务科等9个职能科室。直属市安全生产执法监察支队（6月7日增挂行业协调办公室牌子）、市生产安全应急救援指挥中心、市矿山救护支队等3个正科级全额拨款事业单位。

【生产安全事故】 全年全市共发生各类事故438起，死亡191人，事故起数上升5.8%、死亡人数上升9.1%。发生较大事故5起，减少3起，下降37.5%。从2010年8月开始，连续89个月未发生重大以上事故。

【遏制重特大事故试点】 以非煤矿山采空区、“头顶库”和南康区域性火灾隐患治理为重点，探索遏制重特大事故有效途径，多次在全国会议上介绍情况，《中国安全生产报》分别以《抓隐患建园区兴科技江西赣州打出一套组合拳》《江西赣州：效果可见方法可学》为题，专题报道赣州市试点工作的创新举措、进展成效，为全国遏制重特大事故提供可学习、可借鉴的“赣州做法”。

【安全生产责任制】 全市实现安全生产“党政同责”“一岗双责”在乡镇以上党委、政府全覆盖，县级以上政府主要负责人担任安全生产委员会主任全覆盖，“三个必须”全覆盖。对安全生产工作落实不到位的单位进行约谈。市安委办向有关县（市、区）人民政府、市直部门单位发出事故督办函6份，隐患整改督办函15份。落实企业主体责任，探索建立诚信承诺报告和公示制度、不良记录和“黑名单”管理制度，开展企业负责人安

全生产履职承诺活动。

【安全生产许可】 全市审查颁发《非煤矿山企业安全生产许可证》61份，对10个新建矿山安全设施设计进行审查；颁发《危险化学品经营许可证》116份（甲证97份加油站，乙证19份），《烟花爆竹经营（批发）许可证》4份；对1家第二类非药品类易制毒化学品经营单位进行备案。对16个新、改、扩建危险化学品和烟花爆竹储存建设项目安全设施设计进行审查。

【安全生产大检查】 市政府办印发《全市安全生产大检查实施方案》，7—10月，在全市开展安全生产大检查，138名市、县领导进行577次督促检查。各专业部门派出专业督查组进行专业督查。9月1—10日，市政府组织10个综合督查组，对全市安全生产开展综合督查，对督查发现的问题，列出清单，进行通报，督促整改。将新干县恒丰化工有限公司等3家企业纳入安全生产"黑名单"；在市安监局网站分5批公布99家违法违规企业名单；市交警支队在《赣南日报》公告27家存在严重违法行为的运输企业。

【专项整治】 集中在煤矿、非煤矿山、道路交通、建筑施工、消防、危险化学品、烟花爆竹等重点高危行业领域开展整治行动，严格监管执法，规范安全生产秩序。打击严重违法违规行为1231起（其中关闭取缔85家、停产整顿369家、暂扣吊销证照59家），罚款194.5万元。市公安交警部门查处交通违法30余万起，其中无证驾驶4139起、酒驾1317起、客车超员18起，货车超载715起。市消防部门临时查封单位247家，责令"三停"单位177家，拘留30人，临时查封、责令"三停"、拘留等执法指标同比、环比均有提升。

【监察执法】 开展以"提升依法监管执法能力，督促落实企业主体责任"为主题的安全生产监管执法年活动，推动安全监管执法规范、有效。强化执法责任，做到依法依规开展行政执法工作。组织执法活动3252次，出动执法人员6505人次，检查生产经营单位6419家，下达执法文书2770份，立案调查171起，实施经济处罚566万元，责令停产停业97家，暂扣或吊销许可证11家，取缔关闭31家，行政拘留1人。

【煤矿去产能】 全市关闭退出煤矿企业8家，化解过剩产能37万吨。协助关闭退出的煤矿企业参加产能交易，为关闭退出的煤矿企业争取社会资金7400余万元，为推进化解过剩产能提供资金保障。

【应急管理】 坚持24小时值班制度，全年接警及处理安全事故、隐患举报109起，其中以要情专报的形式报送市委、市政府的52起。市政府办发布修订后的《赣州市安全生产事故灾难应急预案》《赣州市危险化学品事故应急预案》。6月，开展"应急预案演练周"活动，组织市矿山救护支队和崇义章源公司新安子钨锡矿联合应急演练。开展应急预案评审工作，全年备案企业105家。开展安全生产应急管理专项执法检查。

【宣传教育】 营造安全文化氛围，组织开展安全生产月活动，全市各地各行业各单位悬挂安全宣传条幅8000幅，张贴安全标语500张，现场咨询20次，参加人员2万人次，制作安全漫画橱窗30幅、安全文化墙报9套。全年举办培训班120期，培训20753人次。其中，举办注册安全主任及工矿商贸主要负责人和安全管理人员培训38期，培训2903人；举办特种作业培训82期，培训17850人。

【标准化建设】 全年全市有961家（非煤矿山394家、工贸行业92家、交通运输151家、小水电站16座、危化45家、加油站263家）企业达到安全生产标准化三级及以上标准，创建文明工地43个。瑞金市出台安全生产标准化建设奖励办法，推进安全生产标准化建设。

【事故责任追究】 市政府分别成立江西三美化工有限公司"1·24"事故、瑞金市"3·16"较大道路交通事故、赣县区"11·12"较大道路交通事故、南康区"12·30"较大火灾事故调查组。"1·24"事故、"3·16"事故、"12·30"事故市政府批复结案，依法追究3名事故责任人的刑事责任，9名干部受到纪律处分。

【市安全生产监察专员】 对市安全生产监察专员、定点监察县（市、区）进行调整，2次组织市安全生产监察专员赴挂点县（市、区）进行安全生产督查，发现问题隐患309个。

（撰稿 罗才亮 审稿 赖章忠）

【领导名单】

党组书记、局长：龚建明

副局长：赖章忠（任至4月）

党组成员、副局长：徐利民 李兴荣 刘明石（4月任） 刘康生（5月任）

党组成员、纪检组长：曾阳生（任至2月）

调研员：赖章忠（4月任）

正处级干部：黎德周

矿产资源管理

【概况】 2017年，全市矿产资源管理系统按照"服务发展、保护资源、维护权益"职责定位，推进"六大攻坚战"决策部署的落实，履职尽责、改革创新，较好完成各项目标任务。全市规模以上矿业企业主营业务收入1516.99亿元，增长10.19%，占规模以上工业的41.33%；利润总额99.28亿元，增长28.03%，占规模以上工业的41.54%。

【资源保障】 全市稀土远景评价目标任务全面完成；推进定南岿美山钨矿、于都盘古山钨矿等国有老矿山接替资源勘查；于都银坑—宁都青塘整装勘查区基本查明1个大型金银矿；2个新增大型萤石矿；查明石城通天寨—烧水湖等8处温泉资源；发现兴国西霞和文院2处稀有锂—锶矿泉水和兴国县、赣县区、于都县、宁都县23处偏硅酸矿泉水；查明一批高岭土和硅石等非金属矿产地，资源家底夯实。

【资源保护】 全市矿管系统对矿业秩序实施动态巡查2084次，发现制止矿业违法行为107起，立案查处矿产资源违法违规案件50宗，完成矿产卫片及矿产资源执法检查2项“双随机一公开”（随机选派执法检查人员，抽查情况及查处结果及时向社会公开）检查。保持对非法开采稀土行为高压打击态势，查处非法开采稀土行为7起。开展矿产卫片执法，对28个违法图斑进行立案查处。信丰县等7个县以及市级监控中心稀土矿区视频监控网完成建设；在寻乌、安远、定南等县开展无人机执法监察巡查。组织对辖区范围国家级、省级、县级自然保护区内用矿情况进行清查，未发现违法违规行为，全市矿业秩序平稳。

【地灾防治】 全年全市发生各类地质灾害14起（其中滑坡13起、崩塌1起），造成经济损失38.9万元。发布地质灾害预警预报7次，发送预警信息1万多条，避让地质灾害2起，避免伤亡26人。比上年减少灾情70%，减少经济损失90%，实现人员零伤亡，最大限度确保人民群众生命财产安全。全市地质灾害治理在建项目53个，涉及中央财政、省级财政专项补助资金1.19亿元，通过竣工验收项目8个，通过市级初验项目6个，完工项目34个，施工项目5个。争取市委市政府批复同意在各县（市、区）设立正科级地质灾害应急中心。

【绿色矿业】 全市建成国家级、省级绿色矿山17个，完成绿色矿山建设试点任务，赣州市列为全国6个绿色矿业发展示范区之一。中央环保督查反馈意见涉及的10个项目，9个完成竣工验收。全市治理废弃稀土矿山19.1平方千米，其中提供工业用地4.5平方千米，恢复可用土地1.82平方千米，恢复林地9.3平方千米，其他3.48平方千米。赣州稀土矿业有限公司正在治理的证内废弃稀土矿山22个治理点，全部开工建设。安远县政府负责治理的证内废弃稀土矿山完成施工；其他证内证外废弃稀土矿山纳入山水林田湖2017年度项目。

【地质遗迹保护】 赣州市被命名为“中国恐龙之乡”；石城国家地质公园建设通过省级验收，国家地质公园管理处获批设立；大余西华山钨矿、于都盘古山（铁山垄）钨矿被国土资源部批复有国家矿山公园建设资格，大余西华山钨矿入选第一批国家工业遗产；兴国丹霞获得省级地质公园建设资格，启动信丰香山省级地质公园申报；中国地质博物馆赣州分馆建设落户上犹。

【服务脱贫攻坚】 完成1∶5万农业地质调查9543平方千米，涉及18个县（市、区），涵盖主要的耕地、果园、茶叶、油茶、蔬菜基地等农用地，圈定富硒土地889平方千米。根据农业地质调查成果，印发《赣州市富硒产业发展工作方案》，通过“基地+农户”的帮扶机制，建立富硒蔬菜、大米、瓜果、油茶、甜叶菊等农业产业群。兴国县、赣县区等1∶5万水文地质调查和找水示范工作取得较好成果，解决2万贫困人口安全饮水问题。做好市委、市政府安排的5个挂点帮扶村的脱贫攻坚工作，累计投入帮扶资金199.62万元。

【优化发展环境】 向社会公开承诺改作风提效率优服务12条，明确各类事项办理时限和服务要求，主动接受社会监督。走访调研挂点联系的会昌县10家企业，妥善解决企业提出的18个相关问题；严格落实各项涉矿惠企政策，对石城萤石矿采矿权价款实行分期缴纳，对4家困难企业暂缓征收采矿权价款1421.63万元，免收采矿权登记费用；争取钨、稀土总量控制指标向赣州倾斜；对接、协调、帮助赣州稀土矿业有限公司开展稀土接续工作；新立瓷石、脉石英矿采矿权各1个，完成2个石灰岩矿采矿权出让，为崇义县发展硅石产业奠定基础，会昌水泥建材产业得到资源保障。

（撰稿 谭 真 审稿 唐中旗）

【领导名单】

党组书记、局长：赖亮光（任至4月）
郭知明（4月任）
党组成员、副局长：陈章贡（任至1月）
黄炎峰
党组成员、总工程师：曾洪辉
党组成员、纪检组长：
彭宗迁（任至1月）
党组成员、副局长：吴敏华 肖风雷
调研员：马钊善（任至3月）
刘 燕（11月任）
副调研员：邓检发 张圣福（11月任）

物价管理

【概况】 2017年，全市价格部门履行“价格调控、价格管理、价格监督、价格服务”职能，以推进供给侧结构性改革为主线，抓改革建机制，强监管优环境，打基础重服务，为全市经济社会发展营造良好的价格环境。

【价格管理】 赣州市委、市政府印发《关于加快推进价格体制机制改革的实施意见》，明确提出56项改革任务。市物价局印发实施《关于进一步规范物业服务收费的通知》，将《推进物业收费放管服改革构建质价相符新型契约关系》作为经验典型材料逐级向上申报。策应瑞兴于经济振兴试验区建设，赋予瑞金市、兴国县、于都县、宁都县、石城县等5县（市）11项市级价格管理权限。2次调整大工业用电价格合计每千瓦时降低0.04元，年减轻全市工业企业用电负担约2.2亿元；放开供电设施安装服务收费，打破价格垄断，通过市场化改革降低电力安装价格；推进电力价格市场化改革，全年全市仅工业企业用电大户实行直供电政策后降低用电成本0.45亿元。从9月1日起，市中心城区工商业用气价格由原每立方米

3.07 元下调至 2.95 元，处全省各设区市最低价格水平，年减轻中心城区企业用气负担约 600 万元；市中心城区（含赣县区、南康区）居民用气价格每立方米下降 0.1 元，即 3.2 元 / 立方米。规范老住宅区居民管道燃气安装费收费标准，每户收费比原初装费降低 100—500 元。从 9 月 29 日起，调整市中心城区车用天然气基准销售价格由每立方米 4.05 元下降至 3.93 元，为客运企业减负近 100 万元。调整安远县等 15 个县（区）78 座装机容量 1000 千瓦—5000 千瓦小水电站上网电价，转报省发改委审批调整 12 个县（区）的 12 座装机容量 5000 千瓦以上小水电站上网电价，合计为小水电企业增收 856 万元。审批赣州华电等 4 家光伏发电上网电价和全南天润风电场上网电价。

【收费管理】 完成市、县两级城市居民阶梯水价改革工作。为中心城区工业企业制定用水“三年过渡期”优惠政策，有效降低工业企业用水成本约 2000 万元。推进农业供给侧结构性改革，指导宁都县、兴国县、会昌县、瑞金市、上犹县等 5 县（市）开展农业水价综合改革先行试点工作，探索农业水价形成新机制。市政府办印发实施《赣州市公立医院综合改革医疗服务价格调整实施方案（试行）》，通过以取消药品加成腾出空间、药品集中采购挤压空间、联合议价腾出空间等 3 种方式调整医疗服务项目价格共 4600 余项，3 次调价实现价格平移金额 6.4 亿元。从 8 月 31 日起市中心城区 15 所公立医院正式启动实施调价方案，城市公立医院综合改革进入实质性操作阶段。全年完成 10 所公立医院规范外病房床位费收费标准和 1 所公立医院新增医疗服务项目审核批复工作。紧扣供给侧结构性改革的“降成本”任务，贯彻落实“省 130 条”“市 90 条”惠企政策，降低增值税税控系统产品及维护服务价格、降低产权交易服务收费，取消和暂停商业银行部分基础金融服务收费，逐步减轻企业制度性交易成本。截至年底，市本级保留涉企行政事业性收费项目 31 项、涉企经营服务性收费项目 7 项，与 2015 年相比，清减率分别为 72.2%、84.6%。有序放开竞争性领域和环节价格，减少政府定价项目，全年取消和放开经营服务性收费项目 10 项，价格市场化程度逐年提高。会同财政部门联合开展涉企经营服务性收费专项督查，规范收费行为，减轻企业负担，促进中介机构健康发展。

【价格监督检查】 全年组织开展涉企收费、电力价格、教育收费、电信资费、商品房销售明码标价、医药价格、农资市场价格等 7 项专项（重点）检查，统筹开展气象服务收费、医保审计违规问题等两项专项核查。盯重要节假日期间市场价格秩序，对中秋节、国庆节和中共十九大期间的旅游、交通、零售、房地产等重点领域进行巡查抽查，建立健全价格应急处置预案，营造良好的价格环境。做好价格举报投诉件的受理、调处、办结、回复工作，市场价格环境更加规范有序，群众满意度持续提升。全市受理价格举报 627 件，减少 14.81%，办结 591 件，办结率为 94.25%。贯彻落实《赣州市人民政府关于在市场体系建设中建立公平竞争审查制度的实施意见》，推动建立联席会议制度，加强对公平竞争审查工作的协调指导，推进制度有效落实，维护良好市场经济发展环境。完成全省公平竞争审查制度落实情况专项督查迎检工作。

赣州市价格监督统计

表 6　　单位：万元

年份		查处违法案件	查处违法金额	退还用户金额	没收违法金额	罚款金额	经济制裁金额	上缴财政金额
2017	合计	181.00	905.13	59.33	845.80	157.03	1062.16	1002.83
	市本级	20.00	130.99	—	130.99	85.50	216.49	216.49
2016	合计	221.00	806.85	6.34	800.51	277.92	1084.77	1078.43
	市本级	40.00	214.62	—	214.62	192.08	406.71	406.71
增长（%）	合计	-18.10	12.18	835.83	5.66	-43.50	-2.08	-7.01
	市本级	-50.00	-38.97	—	-38.97	-55.49	-46.77	-46.77

【成本调查与监审】 做好农产品成本调查，为制定农产品价格政策提供准确的基础数据。对制定或调整实行政府指导价、政府定价的商品和服务价格进行成本监审，先后完成赣州客运站站前广场、赣南医学院第一附属医院等车辆停放服务收费成本监审，完成市中心城区生活污水处理厂污泥处置项目定价成本核定工作。全年审核企事业单位成本 487.94 万元，核减成本 275.19 万元，核减率为 56.4%。

【价格监测】 将稳物价作为首要任务，增强风险意识，加强价格调控，综合运用经济手段加大调控力度，确保全年 CPI 累计上涨 2.1%，实现年初确定的 3% 左右调控目标。落实“一日一监测，一周一专报，一月一分析，一季一报告”制度，全年累计上报监测数据 220 期、周报 48 期、月分析 12 期及季报 4 期。对食盐价格加强价格监测，全年未发生食盐价格异常波动情况。健全完善集“网站、微信公众号、手机 APP”为一体的“赣州智慧物价”服务管理平台，累计完成发布信息1200余万条。安装运用“赣州智慧物价”展示终端，为实时化组织开展价格应急监测提供便利，价格信息服务高效。

2017年赣州市居民消费价格指数（同期比）

表7

月份	居民消费价格总指数	食品烟酒	衣着	居住	生活用品及服务	交通和通讯	教育文化和娱乐	医疗保健	其他用品和服务
1	102.5	102.1	100.1	101.9	100.5	103.6	105.8	100.5	107.5
2	102.3	101.6	97.9	102.1	101.0	103.4	106.0	100.5	110.8
3	101.8	99.9	98.2	102.2	101.3	103.0	106.3	100.5	112.2
4	101.8	100.7	99.0	102.0	101.1	102.9	105.9	101.5	110.9
5	101.7	100.2	99.6	100.5	101.3	102.3	106.8	101.9	108.9
6	101.4	99.5	100.7	100.6	100.7	100.7	107.0	101.9	108.9
7	101.9	101.1	102.1	100.7	101.5	100.2	106.8	101.2	106.4
8	102.3	101.9	102.3	101.3	100.9	101.0	106.4	101.6	106.4
9	102.4	100.7	99.1	101.3	100.6	100.7	103.4	117.3	106.4
10	102.2	100.3	99.0	101.4	100.5	101.1	103.3	117.3	105.6
11	102.2	99.9	99.2	101.5	100.4	101.5	103.8	117.6	104.1
12	102.3	100.7	99.6	101.7	101.1	101.3	102.8	115.9	104.1
全年累计	102.1	100.6	99.8	101.4	100.9	101.8	105.3	106.5	107.6

【价格认定】 在全省率先完成市价格认定机构转型，机构名称和人员编制理顺。依法开展涉案涉纪涉税财物价格认定工作，全年完成价格认定及复核2489件，标的金额达7.59亿元，价格认定服务质效提升。做好涉政府事务价格认定及管理服务工作，完成市“车务中心”用车服务价格成本再认定、再核实工作。

2017年赣州市价格认定汇总表

表8

县（市、区）	认定件数（件）			标的金额（万元）		
	2017年	2016年	增长（%）	2017年	2016年	增长（%）
章贡区	281	284	-1.07	212.92	291.17	-36.75
赣县区	154	141	8.44	977.99	358.85	63.31
上　犹	57	62	-8.77	50.00	93.00	-86.00
崇　义	31	48	-54.84	27.92	203.24	-627.94
南康区	216	443	-105.09	18218.11	12624.91	30.70
大　余	283	63	77.74	1621.5	42303.00	-2508.88
信　丰	343	237	30.90	46729.98	12678.55	72.87
龙　南	83	96	-15.66	1238.97	690.90	44.24
全　南	29	33	-13.79	26.75	53.51	-100.04
定　南	45	46	-2.22	127.20	313.72	-146.64
安　远	110	108	1.82	1918.87	156.46	91.85
寻　乌	128	133	-3.91	482.95	260.00	46.16

续表 8

县（市、区）	认定件数（件）			标的金额（万元）		
	2017 年	2016 年	增长（%）	2017 年	2016 年	增长（%）
于　都	126	116	7.94	100.00	115.23	-15.23
兴　国	172	183	-6.40	2683.31	7699.00	-186.92
瑞　金	89	90	-1.12	210.00	201.23	4.18
会　昌	56	104	-85.71	96.19	5796.55	-5926.15
石　城	35	64	-82.86	51.16	101.76	-98.91
宁　都	137	143	-4.38	602.90	733.10	-21.60
赣州经济技术开发区	84	—	100.00	124.59	—	100.00
市本级	30	88	-193.33	369.13	1134.48	-207.34
合　计	2489	2482	0.28	75870.44	85808.66	-13.10

（撰稿　刘　芳　审稿　马晓聪）

审计工作

【概况】　2017 年，赣州市审计局按照“服务发展、保护资源、维护权益”职责定位，推进“六大攻坚战”决策部署的落实，履职尽责、改革创新，较好完成各项目标任务。全年市审计局完成审计项目 311 个，查出违规资金 2.26 亿元，查出管理不规范资金 12.62 亿元，通过审计促使上缴财政 333 万元，归还原渠道资金 4206 万元；提出审计建议 740 条，被审计单位接受采纳审计建议 549 条。

市审计局内设有办公室、行政事业审计科、经贸审计科、经济责任审计科、社会保障审计科、财政金融审计科、农业资源环保审计科、外资运用审计科、固定资产投资审计科、信息科、法规科、党总支、市纪委驻审计局纪检组；下设市经济责任审计工作办公室（事业单位）。市本级人员编制 61 名，实有 55 人。

【保障性安居工程审计】　对市本级（含开发区）和 18 个县（市、区）保障性安居工程跟踪审计，延伸调查 307 个村 950 户农村危房改造家庭，对 133 个安居工程项目建设管理情况进行检查，查处问题金额 13.03 亿元，移送违法违纪问题线索 54 起，118 人被移送司法、纪检等机关处理。在全省专项评比中名列第一。

8 月 21 日—28 日，审计署在南京审计大学举办赣州市县处级领导干部审计工作专题培训班。图为现场互动情况

【涉农惠农资金审计】　组织全市 16 个县财政惠农补贴“一卡通”资金和村级使用涉农财政资金审计，对 16 个县统筹整合财政涉农资金（扶贫资金）使用情况审计调查，查出违规金额 7.54 亿元，涉及责任人员 3313 人，追缴资金 1.46 亿元（其中追缴至当地财政指定账户 0.83 亿元），归还原资金渠道 0.63 亿元。市审计局赴于都县审计组在全省 11 个设区市审计组中排第四名，龙南县审计局赴大余县审计组在全省 54 个县局审计组中排第十三名。

【资源环保审计监督】　赣州市出台《关于开展领导干部自然资源资产离任审计的实施意见》，开展领导干部自然资源资产离任审计试点，制定全市审计工作方案，市审计局组织对崇义县党政原主要领导进行自然资源资产离任审计，各县（市、区）审计局参照组织开展对 1 个乡（镇）进行试点审计。

【领导干部经济责任审计】　制定出

台《赣州市领导干部经济责任审计操作规程》，组织实施领导干部经济责任审计项目243个，在173个县（市、区）领导干部经济责任审计中，查出违规违纪金额25837.86万元。

【财政审计】 开展2016年度市、县财政同级审计，完成市本级预算执行审计和市工商局、市民政局等7个部门预算执行审计，发现专项资金预算安排与结余未有效衔接、部分预算支出与年初预算有较大差异、违规调整科目、部分单位结转结余资金较大，以及部门单位目录清单外收费、财务管理不到位、违规收费和未严格执行政府采购等问题。

【稳增长政策跟踪审计】 赣州市审计局制定《关于进一步加强和改进稳增长等政策措施落实情况跟踪审计工作的实施意见》，加强市审计局业务科室对县（市、区）审计局业务指导，完成保障性住房建设、财政存量资金、"放管服"改革、自然资源资产管理等4份审计汇总报告。

【重点项目投资审计】 围绕市委、市政府确定的民生工程项目，完成赣州黄金机场机坪扩建工程和赣州至大余高速公路赣县南互通工程结算审计、章江新区农民返迁房K13地块停工清算审计，审计核减515.34万元；完成定南县、宁都县、信丰县等8个县污水管网建设资金使用情况专项审计调查，发现滞留挪用专项资金、项目建设程序不到位、建设目标未完成等问题。

【审计整改】 向市人大常委会报告年度市级预算执行和其他财政收支审计发现问题整改情况，建立听取和审议审计查出突出问题整改情况报告机制，将审计发现问题线索报市纪委等职能部门，促进问题及时整改到位。财政惠农补贴"一卡通"资金审计后，市审计局与市监察局组成6个联合督查组，对17个县（市、区）和2个市直部门财政惠农补贴"一卡通"资金审计整改落实情况进行督查，整改成效位列全省首位。

（撰稿 周中华 审稿 彭蔚林）

【领导名单】
党组书记、局长：朱　敏
副局长：
郭德明（任至9月，9月任调研员）
党组成员、副局长：赖　欣（女）
谢忠祥　罗淑芳（女，9月任）
党组成员、总审计师：
罗淑芳（女，任至9月）
曾毓东（9月任）
党组成员、经责办专职主任：彭洪德
党组成员、纪检组长：王　斌
副调研员：郭　竞

质量技术监督

【概况】 2017年，全市质量技术监督系统贯彻"一个目标、三条路径、六大攻坚战"战略部署，服务大局，全市质量意识和质量水平提升，在全省率先获批创建"全国质量强市示范城市"，2个"国字号"质检机构验收、批筹，县质监局建省级质检中心实现"零突破"，"井冈质量奖"实现"零突破"，多项工作在全省站前列，连续6年质量工作考核全省第一，连续6年未发生较大以上特种设备安全事故或区域性、系统性和行业性产品质量安全事故。

市质量技术监督局内设12个职能科（室），7个直属单位（后勤服务中心、稽查支队、计量所、质检所、医检站、直属分局和蓉江分局）。至年底，在岗职工205人，其中，局机关57人、直属分局38人、蓉江分局3人、稽查支队10人、计量所58人、质检所31人、后勤服务中心8人。离退休职工23人。国家家具产品质检中心为局所属副处级事业单位，由南康区代管。全局固定资产8153万元，实验室面积5667.13平方米，办公用房面积1.32万平方米。

【标准引领】 与中国标准化研究院、中国电子技术标准化研究院签订标准化战略合作协议，首次承办全国性标准编写评估培训班，赣州经济技术开发区国家高新技术产业标准化示范区通过验收，为全国第十七个完成试点任务并通过验收的园区。通过3项国际标准提案，发布2项行业标准，参与制定4项国家标准，新增2项团体标准，立项15项地方标准。成立省家具标准化技术委员会，全市增至2个。

【质量提升】 赣州市在全省设区市中率先获批创建"全国质量强市示范城市"，确定"千年福寿沟　赣州质量行"的城市质量精神。修订"市长质量奖管理办法"，大幅提升奖励金额并增设提名和个人奖。全省"质量月"活动在赣州市启动。开展质量提升行动，南康区创建国家级家具产品质量提升示范区，为全省首批产品质量提升示范区。年内，148人通过全省首席质量官考核，占全省总数近42.77%。

【品牌兴业】 赣州经济技术开发区被命名为"知名品牌创建示范区"，全市增至2个，占全省2/3。于都梾木油获批国家地理标志产品，全市纳入地标保护产品上升至10个，占全省1/4。青峰药业获第二届井冈质量奖提名奖，实现"零突破"。新创江西名牌产品60个，占全省23.5%。赣南脐橙获全国同类产品区域品牌价值评价"三连冠"。全市新获体系认证675个、3C认证200个，分别增长24.9%和34.3%。全市企业17家获省质量管理先进、15家获市长质量奖。

【技术支撑】 3个"国字号"技术机构发展顺利，钨、稀土国检能力提升，家具国检完成验收，油茶国检正式获国家质监总局批准筹建。牵头组建的检验检测创新联盟为全省首个。市质检所新增扩项16类产品、111个参数，市计量所新增计量标准2项，获准CNAS实验室认可，为全省同类唯一。家具国检中心、市质检所首次承担省级监督抽查。瑞金电线电缆省级中心揭牌，实现县局建省中心的"零

赣州市创建全省首个“平安电梯”安全管理示范试点城市启动仪式现场

突破”。申报省级产业计量测试中心、于都服装、石城鞋类等3个省级中心。

【安全管理】 全省首个“平安电梯”安全管理示范试点城市创建成效明显，全国电梯应急救援处置平台覆盖全市，全市在用电梯定检率达99.29%。培训特种设备安全管理、操作人员4043人，为历年最多，全市A、B两类特种设备安全监察员由不足80人增至281人，人均监察特种设备台数由360多台（件）减至90多台（件），起草《电梯维保单位信用评价管理办法》《电梯管理人员积分制管理办法》《气瓶安全管理办法》。中心城区建城区燃煤锅炉淘汰任务全面完成。气瓶专项整治成效显著。开展“双打”“质监利剑”“特种设备安全大检查”专项行动，全市特种设备综合定检率98.82%（大型游乐设施定检率达100%），“两大安全”无事故。

【对口支援】 市质量技术监督局7次北上、13次南下对接汇报，促成国家质量技术监督总局到赣州市调研，9个恳请事项全部获回应，2个全国性计量工作会议在赣州市召开，推进国家质检总局NQI等3个课题在赣州市开题。《中国质量报》头版头条刊发《红土地上质量美》全面反映对口支援成效。与中国检科院、中国计量院等4个院（所）和南京市计量院等权威机构签订框架合作协议，油茶中心新立项2个、申报6个，家具国检中心启动3个，计量所牵头1个。

【服务工作】 全力服务“主攻工业”，持续抓好3月质监“服务工业月”系列活动，开展调研帮扶100户重点企业等“五个一”活动，推进“两城两谷一带”建设，被市委、市政府评为“2016年度主攻工业先进单位”。发挥“标准化+”效应，推进新型城镇化、现代农业和现代服务业。

（撰稿　朱　涛　审稿　王业有）

【领导名单】
党组书记、局长：王业有
党组成员、副局长：熊小青　涂梁华　刘　平
党组成员、总工程师：杨海峰
党组成员：朱冬兰（女）
副调研员：朱日霖　夏雷风
副处级干部：杨晓华

食品药品监督管理

【概况】 2017年，赣州市食品药品监督管理局按照“实施食品安全战略，让人民群众吃得放心”总体要求，坚持“四个最严”（即最严谨的标准、最严格的监管、最严厉的处罚、最严肃的问责），强化“四有两责”（即有责、有岗、有人、有手段，监管职责、检验职责），全市没有发生重大食品安全事故和有社会影响的食品药品安全事件，食品药品安全保持稳定向好态势，食品药品安全工作取得较好成效。食品、药品抽检合格率分别为98.31%和98.14%，食品安全群众满意率90.38%（省均70%）。获2016年全省食品安全、药品安全考评双第一。完成中央领导到赣州市调研、全国和全省相关会议等重大餐饮食品安全保障26次。全市食品药品安全监管工作走在全省前列。

市食品药品监督管理局内设14个科室，下设5个直属单位（市食品药品稽查支队、市食品药品监督管理局经开区分局、市食品药品监督管理局蓉江新区分局、市食品药品检验检测中心、市餐饮服务食品安全监督所）。局机关行政编制38名，实有37人，工勤编制4名；直属单位编制132名。

【国家食品安全示范城市创建】 全市开展国家食品安全示范城市创建。2月，市食品安全委员会全体（扩大）会议暨创建国家食品安全示范城市动员部署会召开。6月，市政府印发《赣州市创建国家食品安全示范城市工作方案》。9月，全市创建国家食品安全示范城市工作推进会召开。10月，市政府印发《赣州市创建国家食品安全示范城市工作宣传方案》。

【监督抽验】 完成各类食品药品抽验11137批次，增长36.8%。其中，食品抽验8412批次，不合格率1.69%；药品抽验2475批次，不合格率1.86%；保健食品抽验140批次，不合格率5.71%；化妆品抽验110批次，不合格率9.09%。餐饮具监测2210批次，不合格率1.08%。完成药械、化妆品不良反应监测12743例，药物滥用调查1051份。发布《食品药品安全状况分析报告》4期。

【日常监管】 全面推行食品、药械生产经营分级分类管理，日常监督检查覆盖率100%。实施餐饮业质量安全提升工程，推广餐饮服务“洁厨亮

灶”，实行“洁厨亮灶”餐饮单位7000余家，增长52.2%，获评省级示范单位50家，连续2年获评数量位居全省第一。

【排查整治】 围绕“四个重点”（重点时期、重点环节、重点领域、重点品种），集中开展重大节庆、春秋入学季和中共十九大期间食品安全保障，瓶（桶）装饮用水、食用油、食品添加剂、调味剂（食盐）、保健食品、婴幼儿配方乳粉、中药饮片等专项检查和校园及周边食品安全、“四小”（小作坊、小餐饮、小食杂店、小摊）食品安全专项整治30多次，出动执法人员5万余人次，检查“四品一械”（药品、餐饮食品、保健食品、化妆品、医疗器械）生产经营单位12万家次，立案查处1118件，结案1009件，移送公安部门10件，罚没款1844余万元。

【监管体制机制改革】 组建蓉江新区分局，承接食盐质量安全监管职能。推进“放管服”改革，承接省食品药品监督管理局下放备案事项3类，赋予瑞金市等市（县）市级行政审批权限11项，下放各县（市、区）审核事项14项。完善行政执法“三项制度”（行政执法公示制度、执法全过程记录制度和重大执法决定法制审核制度），建立覆盖行政执法、稽查办案全过程规范制度16个。实行立案、查案、审案、定案“四分离”工作机制，审核行政处罚案件100件。推行“网格化”管理，实行“双随机一公开”（在监管过程中随机抽取检查对象，随机选派执法检查人员，抽查情况及查处结果及时向社会公开）检查工作机制，开展规范检查8次并100%公开检查信息。在全省率先实施诚信“积分制”管理制度，对负面积分达到一定数额的食品药品生产经营企业，列入“黑名单”并向社会公开曝光。

【监管服务】 推行“一窗式”审批服务模式改革，完成各类行政审批和服务类事项2726件，办结率和群众满意率均达100%。在市行政服务中心管委会“效能之窗”月评活动中获先进单位称号10次。

【监管综合能力提升】 市食品药品检验检测中心投入使用，取得1303项食品药品检验检测资质；龙南县、瑞金市区域性食品药品检验检测分中心，安远县级检验检测所建成并试运行，各县（市、区）配备1辆食品快速检测车。“赣州智慧食药监管”项目建设实施。全市举办食品安全法律知识竞赛、餐饮监管知识“大比武”、食品安全事故应急处置演练等活动。编写《赣州市食品药品安全监管实务手册》，解决基层一线人员食药监管知识匮乏、技能短缺难题。

【宣传引导】 借助媒体开展科学饮食、合理用药宣传教育，在《赣南日报》刊发食品药品安全知识96期，报道文章30篇；在赣州电视台播出食品安全连线节目17期，公益宣传片3篇。针对性做好“野生蘑菇中毒”防控宣传教育，发放警示宣传画1.8万份，发送手机短信5万余条。开展“安全用药宣传月”“食品安全宣传周”“3·15”“12·4”“四小”等主题宣传活动40次，举办食品安全知识讲座、新闻发布会5场。创建“食安赣州”微信公众号，关注人数万余人。

【服务制药产业】 完成《中国赣州（青峰）药谷生物医药产业发展规划（2017—2021年）》编制。与章贡区政府共同承办“2017赣州（杭州）生物医药产业合作推介会”。获得国家食品药品监督管理总局、省食品药品监督管理局对“青峰药谷”建设项目的支持。应对、处置青峰药业喜炎平注射液不良反应聚集性信号事件，帮助企业实现复产复销。引进总投资3.5亿元的江西加大集团有限公司饲料加工项目和总投资1亿元的江西晶康宇医疗科技有限公司医疗器械研发、生产、销售项目，2个项目实际进资3200万元。青峰药谷框架逐步形成，推进项目建设，药谷内规模以上工业完成主营业务收入55亿元，增长21%。

（撰稿　李　伟　审稿　廖　蔚）

9月18日，赣州市召开创建国家食品安全示范城市工作推进会

【领导名单】
党组书记、局长：李晓春
党组副书记、调研员：
吴小羽（党组副书记任至10月）
党组成员、副局长：钟志鸿
潘新萍（女）　张树森（任至12月）
曾李安（任至12月）
党组成员、食品药品安全总监：
姜建昌
调研员：吴小羽　张树森（12月任）
副调研员：王犹华　郭素华（女）
副处级干部：曾李安（12月任）
王　莹（女）

（本栏编辑　赖建明　王　宇）

农业和粮食

【概况】　2017年，赣州市农业和粮食局推进农业供给侧结构性改革，全力打好现代农业攻坚战，调优产业结构，推进转型升级，农粮各项工作取得较好成效，农业经济保持平稳健康发展。全市农林牧渔业总产值、增加值、农村居民人均可支配收入分别为547.47亿元、355.01亿元、9717元，分别增长4.7%、4.8%、11.3%。茶叶、白莲、中药材、水产等区域特色产业稳步发展。

【蔬菜产业】　坚持“把蔬菜打造成新的农业支柱富民产业，把赣州打造成江南重要的蔬菜集散地”定位，引进优良品种、专业人才和龙头企业，推广应用设施栽培、吊蔓种植、水肥一体、智能化等前沿技术，实现蔬菜生产数量、质量双提升，呈现产业规模集聚、三产融合发展、科技引领升级的竞相发展态势。全市建成规模蔬菜基地622个，面积0.86万公顷，其中钢架大棚0.38万公顷；新（扩）建规模蔬菜基地345个0.41万公顷，其中钢架大棚0.21万公顷。开通中欧蔬菜班列，高端蔬菜产品远销俄罗斯。

【粮食生产】　落实藏粮于地、藏粮于技战略，推广测土配方施肥、病虫害综合防治等增产稳产集成技术，主攻单产、确保总产，提升粮食产能，全市粮食播面51.53万公顷，增长0.38%，总产稳定在280万吨以上，实现“十四连丰”。

【畜牧产业】　全年肉类总产量72.56万吨，增长2%。落实“三区”规划，推进标准化示范创建，生猪产业加快转型，出栏624.6万头，增长2.1%。肉牛出栏34.85万头、羊出栏9.17万头，分别增长3.6%、8.4%。宁都黄鸡获“2017年全国百强农产品区域公用品牌”称号。饲料产量335万吨，产值122亿，连续2年超百亿元。

【产业融合】　休闲农业加快发展，新增休闲农业经营主体189家，总数达1895家，实现综合收入20.2亿元。崇义县新增成为全国休闲农业和乡村旅游示范县，上堡客家梯田入选全球重要农业文化遗产。实施信息进村入户工程，制定工作方案和建设规程，争取国家、省补助经费1270万元，获评省农业物联网示范基地2个、示范企业3家，启动市农业指挥调度平台建设，建设益农社932家，建成县级运营中心11个。

【现代农业攻坚】　履行市现代农业攻坚战领导小组办公室职责，坚持项目进展每月一调度，每季度召开1次全市性会议，全面完成年度攻坚任务，十大项目完成投资183.56亿元，占年度计划投资的141.06%。市政府印发《赣州市“十三五”现代农业发展规划》。牵头做好全省现代农业发展暨产业扶贫现场推进会承办工作。

【农业产业扶贫】　落实“五个一”（选准一个产业，选准一个产业，创新一套模式，创新一套模式，提供一套服务）工作机制，抓实“五大行动”（“产业到户”“主体培育”“千人千村”“产品助销”“资产盘活”），推进农业产业扶贫，农林果产业覆盖带动24.96万户建档立卡贫困户增收。全国产业扶贫现场观摩会在瑞金市召开，“五个一”工作机制作为典型交流。28个案例入选江西省特色产业扶贫典型100例。做好精准扶贫帮扶工作，局8名县处级干部分别挂点联系帮扶1个贫困村；制定贫困村精准扶贫工作计划和贫困户结对帮扶措施，派出3名工作队员常驻安远县天心镇、73名干部结对帮扶152户贫困户，全年投入帮扶资金306.2万元，通路、通电、改房等整村推进项目基本完成；开展肉牛养殖、稻田养鱼、光伏发电等8个产业帮扶项目，派出常驻队员对瑞金市冈面乡罗陂村（特困村）开展产业扶贫帮扶。

【招商引资】　践行“北上南下”路径，出席2017赣州（寿光）蔬菜产业招商推介会，集中签约项目11个，投资均超亿元，总投资达44.5亿元。承办厦门、深圳招商推介会（展销会）及赣南农特产品展销会、第四届中国农业投资对接大会。先后13次赴广东省、江苏省、浙江省、上海市等地招商，全年引进项目75个，实际进资82.8亿元。

【争资争项】　推进苏区振兴发展，

9月22日，2017年赣州市（深圳）现代农业产业项目招商推介会举行，有30个项目现场签约，投资总额54.91亿元

做好《若干意见》实施5周年专题宣传、新闻发布等工作，多次到国家部（局）、省厅（局）对接汇报，全市争取农业项目19类，落地资金5.01亿元，其中中央、省级财政资金4.28亿元，比上年大幅度增加。争取信丰县入选首批国家现代农业产业园创建名单（全国仅11个，全省唯一），中央财政下达扶持资金1亿元。加快现代农业示范园区建设，认定市级现代农业示范园35个，各县（市、区）实现有1个现代元素相对集中、水平相对较高的示范园。

【绿色生态农业】 以“十大行动”为抓手，开展有机肥替代化肥、全程绿色防控等6个试点示范，发展绿色生态农业。落实中央环保督察整改事项，关停禁养区内畜禽养殖场3211家，其中264家规模养猪场全部关停或搬迁，列入中央环保督察的98家规模猪场全部整改到位。开展畜禽养殖污染、化肥农药“零增长”和渔业资源保护专项整治，完成畜禽养殖“三区”划定和地理标注，减少不合理施肥量1.7万吨、化学农药使用量46吨。强化农业面源污染治理，对225个典型地块开展实地调查。

【农产品质量安全监管】 落实农产品质量安全“三个责任”（政府属地责任、部门监管责任、企业主体责任），全市开展定量检测7412批次、快速检测9.53万批次，主要农产品抽检合格率达99.8%，未发生重大农产品质量安全事件。检测能力有效提升，市农产品检测中心成为全省市级第2家、宁都县农产品检测站成为全省县级第1家通过资质认定和机构考核“双认证”的农产品质量安全检测机构。绿色有机种植基地持续扩大，新增“三品一标”（无公害农产品、绿色食品、有机农产品和农产品地理标志）农产品96个，有效期内的“三品一标”农产品总数374个，新增绿色有机农产品种植面积0.53万公顷，总面积6.47万公顷。推进农产品质量安全追溯试点，试点企业111家。开展首批赣州市食用农产品示范基地评选，评选示范基地34个。

【农粮改革】 农村土地承包经营权确权登记颁证成果全面通过省农业厅和农业部核查，2次向农业部汇交成果数据。新增100个农村集体资产股份权能改革试点任务全面完成。组织人员到贵州省、浙江省等地考察调研，正式出台“三权分置”和“推进产权制度改革发展壮大村集体经济”实施意见。新增农民合作社1963家，总数9487家；新增家庭农场1754家，总数5579家。土地流转面积10.53万公顷。推进农垦改革，出台具体实施意见，制定专项方案，落实重点任务进展位于全省前列。推进农粮综合执法改革，制定出台规范性文件，建立“两个为主，相互监督”执法监管衔接机制。

【高标准农田建设】 落实省委、省政府决策部署，把高标准农田建设作为重大政治任务。推行市领导小组成员单位挂点联系县（市、区）制度，建立市级专家库。加强督导，实行“每周一调度，每旬一通报”制度，编制简报14期。坚持质量与进度并重，创新方式，优化程序，落实措施，做好实地勘测、工程设计、造价评审等各环节工作，18个项目县（市、区）顺利开工、有序推进。

【粮食流通管理】 抓好粮食收购，全市粮食年收购量58万吨。推进粮食应急储备和供应保障体系建设，全市建成应急供应网点366个、加工网点35个、粮食应急保障配送中心19个。组织开展“深化改革、转型发展”大讨论活动。强化“一规定两守则”全员培训，做好安全生产和安全储粮，推广农户科学储粮仓1.32万套。推进“优质粮食工程建设”，于都县列入“中国好粮油行动计划示范县”，宁都县“翠田香米”获得首批“中国好粮油”产品称号，纳入全省粮食产后服务中心建设计划点12个。推进赣州国储库“退城进郊”。开展年度粮食库存检查，加强粮食出库监管。强化粮食质量检验，组织13个县（市）申报“十三五”粮食质检机构检测能力县（级）升级改造项目。军粮供应满意率连续15年100%。争取国家粮食局为赣州市专门举办1期“粮食安全专题培训班”，培训粮食领导干部及业务骨干72人。

（撰稿 刘 琴 审稿 许朝祥）

【领导名单】
党组书记、局长：吴至海
党组成员、市农业机械局局长：
董 菁
副局长：侯乐锋
党组成员、市果业局局长：钟玉良
党组成员、副局长：
杨会清（任至4月） 黄作芸（女）
党组成员、市纪委驻市农粮局纪检组

组长：郭基琇
党组成员、副局长：李秋生（4 月任）
曾凡生　邹建华（5 月任）
党组成员、总农艺师：周　昱
党组成员、总经济师：何宏杰
副调研员：钟振传

林　业

【概况】　2017 年，赣州市林业局按照“深化两项改革、主攻三项重点、强化四大保障”的工作思路，林业各项工作取得新成绩。成功创建国家森林城市，章江国家湿地公园和集体林业综合改革试验示范区通过验收。被省林业厅评为第九次全国森林资源连续清查先进单位，被市委、市政府评为创建全国文明城市、创建国家森林城市、综治长安杯创评和科学发展观考评先进单位。

赣州市林业局局机关内设办公室、造林经营科、林政资源管理科、政策法规科、计划财务科、人事教育科、科技合作科、绿化办、林业工作科、野生动植物保护科、林业改革发展科、行政审批服务科等 12 个科（室）以及机关党委和市纪委驻局纪检组。行政编制 35 名，工勤编 4 名。下属市森林公安局、市林政管理稽查支队、市林业产业发展管理局、市人民政府森林防火指挥部办公室、市林业有害生物防治检疫局、市林业技术推广站、市林木种苗站、市林垦老干部管理所、市峰山森林公园管理处、市森林资源监测中心（市林业调查规划研究院）、市专业森林消防大队、市林业职工培训中心、市东方建筑设计院等 13 个单位。

【森林资源】　全市林地面积 306.17 万公顷，占全市国土总面积的 77.6%。森林面积 294.92 万公顷，森林覆盖率 76.23%。其中，乔木林面积 248.45 万公顷，竹林面积 17.45 万公顷，毛竹株数 3.9 亿株。全市活立木蓄积 1.35 亿立方米，乔木林每公顷蓄积 51.98 立方米。

【服务“六大攻坚战”】　制定《市林业局挂点联系兴国经济开发区和江西三美化工有限公司等 10 户企业活动工作方案》，开展挂点帮扶企业工作。如期完成省花博会赣州八境园建设工作。争取江西虔心小镇生态农业有限责任公司和绿野轩油茶科技公司新认定为国家林业重点龙头企业，全市国家林业重点龙头企业达 5 家。跟进新西兰 JACE 和香港华锦集团投资建设国际猕猴桃产业园项目、深圳铁汉集团与市友尼宝公司合作项目。制定出台林业行业扶贫、“百日行动”实施方案，结合油茶、毛竹等林下经济产业和低质低效林改造，扶持带动贫困户 36558 户 110580 人。向上争取新增 2394 名生态护林员岗位，累计聘请 5854 名建档立卡贫困户为生态护林员，人均年增收 1 万元。推进于都县黄麟乡公馆村、井塘村等 6 个贫困村的定点帮扶工作。筹集资金 105 万元，帮助瑞金市深度贫困村冈面乡竹园村脱贫。

【振兴发展】　做好《国务院关于支持赣南等原中央苏区振兴发展的若干意见》出台实施 5 周年各项工作，及时上报全国油茶产业发展示范市等列入赣南苏区振兴发展试验示范事项进展情况；上报恳请国家部委、省林业厅支持低质低效林改造和国家森林城市创建等事项，得到大力支持。成功争取国家林业局将赣州市列为 18 个全国森林质量精准提升示范项目之一，组织编制项目总体方案和年度实施方案。全年争取中央和省级林业项目资金 12.89 亿元，增长 26.6%。配合市财政局等部门争取中央山水林田湖项目低质低效林改造资金 3.35 亿元、油茶产业发展专项资金 2 亿元。

【造林绿化】　全市超额完成年度低质低效林改造任务，完成低质低效林改造 4.55 万公顷，占市计划任务的 113.7%。其中，完成更替改造 0.74 万公顷，占计划任务的 123%；完成补植改造 1.68 万公顷，占计划任务的 114%；完成抚育改造 1.23 万公顷，占计划任务的 109%；完成封育改造 0.90 万公顷，占计划任务的 112%。全市建成低质低效林改造示范基地 533 个，占计划任务的 135%。全市完成人工造林 2.6 万公顷，占省计划任务的 119.86%。其中，完成长（珠）防林人工造林 0.75 万公顷，占省计划任务的 100%。新增封山育林 2.08 万公顷，占省计划任务的 100.42%。其中，国家长（珠）防林工程项目新增封山育林 1.07 万公顷，占省计划的 100%。完成森林抚育项目任务 3.06 万公顷，占省计划的 100%。

【义务植树】　全市参加义务植树人数 476.8 万人，植树株数 2885 万株，建立义务植树基地 41 个，尽职率 85.68%。2 月 8 日，市四套班子领导和部分机关干部、志愿者在章贡区华林村低质低效林改造点开展义务植树活动。

11 月 23 日，全省现代农业发展暨产业扶贫现场推进大会在赣州市召开。其间，赣州市林业局在江西齐云山油茶科技有限公司举办全市油茶产品展示活动

【国家森林城市创建】 市林业局牵头抓总，组建创建国家森林城市办公室（简称“创森办”），下设7个工作组，印发《赣州市创建国家森林城市工作方案》等系列文件，广泛宣传动员，全面提升“创森”参与率、支持率与满意度，完成“创森”40项指标自查报告、规划实施报告、工作报告、主要评价指标认定报告的编制等各项迎检工作。10月，在2017年森林城市建设座谈会上，赣州市被国家林业局授予“国家森林城市”称号。兴国县、上犹县、全南县、石城县、信丰县、大余县、于都县和瑞金市成功创建省级森林城市。

【公益林保护】 加大生态公益林宣传力度，提高广大干部群众的森林生态意识。落实责任，层层签订目标管理责任状，将生态公益林全部落实到山头地块，落实到山林所有者或经营者。针对盗砍滥伐和蚕食生态林现象，采取常年查处和查处打击相结合，加大对盗滥伐、毁林、侵占林地等违法案件的查处力度。按照“双随机一公开”的要求，组织开展全市公益林2017年度管护情况检查验收。

【林地保护管理】 贯彻执行《中华人民共和国森林法》《中华人民共和国森林法实施条例》《江西省森林条例》等林业法律法规和政策，加大林地保护力度。严格林地用途管制制度，按照分类保护、分区管理的原则，确定林地保护、利用等级，制定分区域的林地主导用途和利用方向，统筹协调林地利用与保护。执行林地占用征收审批管理制度，依法保护管理林地和森林资源资产，严格限制经营性项目开发利用林地。依法审核审批各项建设工程占用林地，加强工程建设占用征收林地全过程的监管与服务，对受理的占用征收林地申请，在规定的时限内提出具体明确的审查意见，按规定程序审核审批。全年全市建设项目报批林地264宗，面积2003公顷。

【林木采伐】 实施天然林保护工程，扩大天然林保护范围，严禁天然林商业性采伐，严禁对天然林实施皆伐改造，严禁移植天然大树进城，将天然林保护和森林覆盖率、森林蓄积量、林地保有量等纳入政府年度目标考核体系。全年全市采伐限额总量354.27万立方米，办理木材采伐证4417份，开出采伐证的林木采伐蓄积量84.87万立方米。

【有害生物防治】 加大林业有害生物防控力度，多次召开全市松材线虫病防控工作调度会，投入防治经费2445万元，清理病死树1.69万公顷、清除病死松木17.51万株，林业有害生物成灾率0.17‰，比省下达指标低2.93个千分点；无公害防治率99%，比省下达指标高9个百分点。

【野生动植物保护】 全市县级独立野生动植物保护机构14个，与其他机构合署办公4个，乡镇基层林业工作站基本增设野生动植物保护站；国家级野生动物疫源疫病监测站1处，省级野生动物疫源疫病监测站3处，野生动物疫源疫病监测点18处；发展野生动植物繁育与经营利用单位357家（户）；严格执行《中华人民共和国野生植物保护条例》《江西省野生植物资源保护管理暂行办法》，依法规范野生植物资源的采集、运输和经营利用管理。

【森林防火】 全年全市森林防火形势较为平稳，共发生森林火灾46起，过火面积1123.49公顷，受害面积542.05公顷，森林火灾查处率95%，没有发生重大、特大森林火灾。市政府多次召开全市森林防火工作会议，研究和部署森林防火工作。建立完善森林防火网格化管理台账，做到“山有人管，林有人护，责有人担”。市政府出台《关于进一步加强森林防火工作的意见》《赣州市森林防火重点管理乡（镇）实施办法》，对加强预防、应急、保障三大体系建设和压实乡镇森林防火责任提出新要求。

加大宣传力度，强化防火意识。组织开展森林防火宣讲、“宣传月”“平安春季行动”“小手拉大手”等系列宣传活动，通过电视、报纸等主流媒体开展森林防火、文明祭祀等主题活动。全市共出动宣传车8000多辆次，电视广播宣传2000多次，张贴悬挂标语标牌横幅等190万余条，印发各类宣传单（册）424万份、公开信106万份，通过森林防火信息平台、“三农”平台和移动短信发送森林防火短信406万条，开展城乡学校活动6000多次。寻乌县、石城县、章贡区、上犹县、大余县、崇义县获全省“2017春季森林防火平安县”。

加强巡护，狠抓野外火源管理。在高火险天气等紧要时期，落实“五个禁止”规定，及时发布禁火令或“禁火通告”，划定禁火区，禁止一切野外用火。集中开展整治野外用火专项行动，组织护林防火巡查队，查处野外违规用火，排查森林火灾隐患，筑牢野外用火审批、入山检查、林区巡护、联防联护“四道防线”。注重疏堵结合，把森林防火纳入乡风文明建设内容，提倡移风易俗，安全用火。在墓地比较集中的林区推广纸钱集中焚烧点建设，全市建立集中焚烧点180处。

抓队伍建设，提升森林火灾应急处置水平。全市组建20支专业森林消防队，队员884人。于都、崇义、信丰、龙南、安远、瑞金等6个县（市）专业队被列为省机动队。在进入重点防火期后，定期开展专业队伍业务素质训练，全部集中食宿，实行准军事化管理。全市组建乡镇半专业森林消防队291支，队员8730人。组织举办全市乡镇森林防火指挥长培训班，全面提升乡镇森林防火工作管理水平。

强化基础设施建设。加快实施东江源、赣南二期、赣江源等森林重点火险区综合治理工程项目。修建营房、储备库等5650平方米，防火检查站5处，瞭望台7座；2017年争取生物防火林带建设省级补助资金560万元，营建373.33公顷生物防火林带，提高森林自身抗御火灾的能力；建立森林火险要素监测站43个，森林火险因子采集站5个，19个现代化指挥中心和170个林火远程监控点，并配备相关信息化管理软件，实现省、市、县三级联通，提升森林防火工作的科技含量和预防扑救森林火灾综合实力。

【自然保护区】 全市有自然保护区51个，总面积23.69万公顷。其中，国家级3个，面积4.66万公顷；省级8个，面积5.75万公顷；市级1个，面积2.26万公顷；县级39个，面积11.02万公顷。会昌县湘江源、信丰县金盆山自然保护区晋升为省级自然保护区。

【湿地公园】 全市创建湿地公园19处，总面积3.38万公顷。其中，国家湿地公园13个，面积3.13万公顷；省级湿地公园6个，面积2424.24公顷。赣州章江和兴国潋江国家湿地公园通过国家验收评估，全市正式挂牌国家级湿地公园达5处。

【森林公园】 全市有森林公园31个，总面积14.5万公顷。其中国家级森林公园9个，面积11.74万公顷；省级森林公园22个，面积2.76万公顷。全市当年森林公园旅游总收入236.60亿元，增长10.16%；接待旅游总人数2531.27万人次，增长7.33%。

【林业执法】 全市森林公安机关共受理各类森林案件2463起，查处2218起，其中森林刑事案件619起、治安案件20起，林业行政案件1792起。破获重特大刑事案件58起，查处各类违法人员3315人次，其中刑事拘留319人，逮捕106人，治安拘留12人次。依法收缴木材2689余立方米，收缴野生动物1533头（只）。

【林下经济】 全市林下经济发展经营利用面积累计达到66.67万公顷，形成林下种植、林下养殖、林下产品采集加工和森林旅游等经营模式，重点发展油茶、竹、森林药材与香精香料、森林食品、苗木花卉、森林景观利用等林下经济产业，总产值282.33亿元。全市申报林下经济中草药材种植补贴0.07万公顷，争取专项资金347.91万元。

【林业特色产业】 全市完成油茶新造林面积0.91万公顷，占计划任务的105%；完成油茶低改面积0.89万公顷，占计划任务的114%。完成油茶幼林抚育面积2.18万公顷，占计划任务的102%。向省林业厅申请赣州市“2017年度省级竹产业发展”专项补助资金，崇义、寻乌、瑞金等11个县（市）共获得补助资金825万元。争取上级新造高产油茶项目0.53万公顷，资金4000万元，油茶低改项目0.12万公顷，资金360万元；争取中央财政精准扶贫专项资金2亿元。争取国家开发银行江西省分行为市油茶产业提供信贷资金60亿元，瑞金市、定南县、于都县、全南县启动国家开发银行油茶贷款发放，实际放贷3.66亿元。

【林木种苗】 全市有国家级林木良种基地3处，省级林木良种基地2处，国家林木种质资源库1处，省级保障性苗圃7处。当年育苗面积（含花卉苗木面积）1.8万公顷，其中新育面积269.51公顷；苗木产量3.17亿株；实际用苗量7494万株，主要为杉木、枫香、油茶、湿地松、木荷、桂花等树种，其中有容器苗779.99万株，有良种苗3344.33万株；可供2018年度用苗量1.66亿株，主要为杉木、桂花、湿地松、枫香、樟树、木荷、油茶等树种。2017年，种子采收量4655千克，主要树种有杉木、南酸枣、木荷、无患子、楠木、桂花、马尾松等，其中良种采收量2055千克，均为信丰林木良种场的杉木良种。赣州市林科所被列为国家第三批油茶良种基地，江西齐云山食品有限公司南酸枣被列为国家第一批林木种质资源库，信丰县林木良种场木荷、马尾松被列为省级良种基地，新增智慧苗圃1处（信丰县林木良种场）。

【改革示范】 推进信丰、会昌、于都、崇义、全南等5个县集体林权制度改革试点工作，稳妥开展林地流转、发展新型经营主体、培育林权流转市场等试点试验。全市累计流转林地面积达41.68万公顷，流转金额24.61亿元，累计林权抵押贷款面积27.9万公顷，贷款金额53.08亿元。

【国有林场改革】 全市2010—2017年实施国有林场危旧房改造任务6667户，其中竣工6590户，竣工率98.84%；入住5956户，入住率89.34%。实施国有林场管护用房站点建设14户，申报2018年国有林场管护用房站点建设62户。作为全国实施国有林场全球环境基金项目的3个地市之一，该项目通过森林景观规划和国有林场改革，对增强中国人工林的生态系统服务功能，促进市国有林场森林经营水平，提高生态系统的修复能力将起促进作用，加快市国有林场与国际接轨。

【林业科技合作与推广】 2017年，做好2014—2016年实施的中央财政林业科技推广示范补助资金项目“上犹县油茶标准化示范区建设项目”验收工作；指导全市县级推广站实施2015年度立项的中央财政林业科技推广示范补助资金项目“兴国县毛竹林丰产培育标准化示范区建设”“会昌县油茶标准化示范区建设”项目；配合省林业厅对全市2016年立项实施的4个中财项目进行项目中期绩效评价；参与2016年度立项的“‘华硕’等3个油茶良种推广与示范”项目建设实施；指导申报2017年中央财政林业科技推广示范补助资金项目。

（撰稿 詹慧丰 审稿 黄泽锋）

【领导名单】

党组书记、局长：薛有长

党组成员、副局长：黄敬怡

党组成员、森林公安局（森林警察支队）局长（支队长）、督察长：陈智勇

党组成员、林业产业发展管理局局长：刘洪生

党组成员、副局长：肖厚华

党组成员、市纪委驻市林业局纪检组组长：黄小荣

党组成员、副局长：刘荣林 李红梅（女，5月任）

副调研员：刘立波 刘源祥（9月任）

市森林防火指挥部办公室主任：

邓习全
市森林公安局政委：黄学东
副处级干部：王　林
党组成员、纪检组长：
丁家健（任至4月）

江西九连山国家级自然保护区

【概况】 江西九连山国家级自然保护区位于赣粤边界江西省龙南县，属南岭东部核心地段，为森林生态系统类型保护区。2017年，保护区总面积1.34万公顷，其中核心区4283.5公顷，缓冲区1445.2公顷，实验区7682.9公顷。区内保存有低纬度低海拔典型的原生性亚热带常绿阔叶林生态系统及丰富的生物多样性，在中国植被区划中属中亚热带湿润常绿阔叶林与南亚热带季风常绿阔叶林过渡地带，植物和植被具有过渡带的典型性，生物多样性极为丰富。保护区内有高等植物297科1112属2838种，野生脊椎动物507种，昆虫1752种。国家重点保护野生植物有南方红豆杉、银杏、伯乐树、粗齿桫椤等21种，其中国家一级保护植物有南方红豆杉、银杏、伯乐树、水杉、水松5种。国家重点保护野生动物有豹、水鹿、苏门羚、穿山甲、黄腹角雉等46种，其中国家一级保护动物有豹、云豹、黄腹角雉、白颈长尾雉、蟒蛇、金斑喙凤蝶6种。区内发现的世界珍贵蝶种——金斑喙凤蝶，为中国特有种，国际濒危动物委员会及中国均将其列为I级重点保护动物，是唯一被列为国家I级重点保护的蝴蝶。区内分布的世界极度濒危鸟类——海南虎斑鳽，其种群数量全球极少，保护区为该鸟的重要栖息地。

江西九连山国家级自然保护区管理局局址设在龙南县。核定编制55人，有在职干部职工51，其中具有高级职称4人（教授级高工1人），具有研究生学历4人、本科学历22人。

【重点工作】 按时完成中央环保督察问题的整改。保护区与当地政府一起对保护区核心区内23.33公顷蔬菜基地依法进行关停，恢复原状。完成对龙九水电站违规项目备案，中央环保督察组反馈的2个问题均整改到位。理顺保护区内设机构，向省编办申请增加内设机构1个，完善保护区组织构架。将2016年林业专项补助资金项目和总体规划修编2项列入省厅工作推进表。选派1名副局长和1名干部到省厅定点帮扶兴国县龙口镇睦埠村开展扶贫工作，组织党员到扶贫点慰问困难户。

【保护与管理】 强化资源管理，全年未出现乱捕乱猎、偷砍盗伐现象。完成"绿盾2017"专项行动自查整改和现场检查。做好森林防火工作，实现保护区连续42年无森林火灾记录。联合当地森林派出所开展5次野生动物保护联合行动。完成保护区边界范围和功能区标桩确界工作。

【科研协作】 利用物联网云技术，开通气象水文数据手机监测平台和PC平台，为九连山保护区保持气象水文监测。与江西农业大学联合编纂《九连山森林生态站研究回顾》。开展植物、动物等研究，发现小花蜻蜓兰，密花阔蕊兰等3个九连山新分布物种，对保护区30年的气象水文全部原始数据进行数字化，为保护区科研工作提供基础数据。开展九连山鸟类调查，发现九连山鸟类新纪录2种。第二次全国重点保护野生植物资源调查工作获省级检查验收。扩展科研合作伙伴，与北京林业大学、南昌大学等开展课题研究，实现成果共享。

【协调共建】 班子成员通过各种形式多次走访龙南县委、县人民政府、县林业局、县森林公安局、九连山镇等相关单位，制定定期走访制度，融洽与当地政府和社区的关系。向省发改委、环保厅、科技厅等部门汇报，争取支持政策。实施中层干部走出去、专家学者引进来策略，部门负责人走出保护区，增长才干。支持专家学者走进保护区，并开展专题讲座，丰富保护区职工的知识，提升职工的能力和水平。

【生态文明教育】 通过市林业局申报和省林业厅推荐，被中国林学会命名为"第四批全国林业科普基地"。开展"3月3日世界野生动植物日"宣传活动。联合九连山派出所开展第三十六届"爱鸟周"活动，提高民众爱鸟护鸟意识。抓好南岭山地森林生态体验教育基地项目建设，争取省发改委项目资金80万元，完成九连山学校动物标本教室、实验区生态教育小径道路修复等6项工程。参与贯彻落实中共十九大精神微宣讲活动，向社会大众宣讲中共十九大报告中生态文明建设内容。

九连山宣教中心

【安全生产】 签订安全生产和综合治理工作目标责任状，做好安全生产工作部署和检查。做好植物园和各基层站安全工作，及时更新和维护区内保护站、主要出入口等7个监控点视频监控系统。做好敏感时期的安全稳定工作。被评为江西省林业厅2016年度综合治理和公共机构节能工作目标管理先进单位。

（撰稿 黄国栋 审稿 吉 兰）

【领导名单】
局长：袁景西（任至10月）
金志芳（10月任）
副局长：朱祥福 唐培荣
廖承开 白如冰

果 业

【概况】 2017年，全市果业系统明确责任，强化措施，狠抓落实，脐橙产业发展升级取得新进展。当年全市赣南脐橙种植面积10.29万公顷、产量124万吨，全市实现脐橙产业集群总产值118亿元。赣州市赣南脐橙产区列入第一批中国特色农产品优势区名单，赣南脐橙列入中欧“100+100”互认保护公示名单，获“2017最受消费者喜爱的中国农产品区域公用品牌”“2017中国百强农产品区域公用品牌”等称号。

【果业生产】 开展系列果业技术培训、推广、普及工作。举办2017年度全市果业专业技术培训班，利用电视栏目、惠农短信平台、手机报、微信等适时发送果业生产技术指导信息，全市举办县级培训班105期次，乡（镇）、村级培训班1881期次，培训果农148848人次，推进果园生产管理工作。全市柑橘种植面积13.53万公顷、产量147万吨。

【标准化生态示范园建设】 持续推进标准化生态示范园建设工程。当年全市建设标准化生态示范园116个，面积2140.53公顷，包括3个市级、24个县级精品样板示范园。制订《2017年赣州市标准化生态示范园建设实施方案》，明确标准化生态示范园建设的目标任务、技术要求和保障措施。印发《关于2017年标准化生态示范园选点的批复》，明确全市116个标准化生态示范园选址，出台2017年标准化生态果园考评细则。加强培训指导。制定《2017年度赣南果业培训工作计划》，组织举办全市果业专业技术培训班；全年编发《一周果技》52期，制作技术指导视频8期，通过农民手机报平台、电视台农情提示及农民大讲堂栏目等传送；制作现代远程教育农村适用技术指导视频《柑橘园冬季管理技术》；结合果业生产实际，巡回各地开展技术指导36次；总结《宁都县赣南脐橙标准化生态果园技术模式》，并上报农业部种植业管理司宣传推广。在宁都县召开全市标准化生态果园现场观摩调度会，组织与会人员参观固村镇上旻、固厚乡小羊标准化生态脐橙扶贫基地。开展督查验收，督查全市标准化生态示范园建设工作。印发《关于2017年度标准化生态示范园建设工作的通报》，下拨标准化生态示范园建设补助资金364万元。

【柑橘黄龙病防控】 强化防控措施。出台《2017年度全市柑橘黄龙病防控工作方案》《关于进一步加强柑橘黄龙病防控促进脐橙产业持续健康发展的意见》，召开系列防控工作会。各县（市、区）相应召开系列防控工作会。至年底，全市柑橘黄龙病平均发病率为4.62%，疫情处于低度流行状态，正常管理果园难以发现柑橘木虱。

加大失管果园清理力度。印发《关于进一步加强失管果园清理的通知》，与赣州市电视台联合制作清理失管果园宣传片，设立失管果园举报电话，要求全市各地全面彻底清理失管果园。当年全市清理失管果园9911个，面积0.46万公顷，砍除失管果园柑橘树352.27万株。

清理黄龙病病树。动员果农常态化清理病树，利用秋冬季节防控关键期，组建专业工作队，开展病树普查清理专项行动。全市果园普查率达100%，普查出病树330.59万株，平均病株率为4.62%；清理病树327.33万株，病树清理率达99%。

开展柑橘木虱防治。全市建设疫情监测点105个，2017年木虱虫口基数显著下降。市、县果业局常态化派出技术人员分片区指导木虱防控。组织部署统防统治工作，利用无人机、农用直升机对重点产区实施飞防杀木虱。

建设防控示范基地。全市建设柑橘黄龙病防控示范基地80个，通过应用生态隔离、虫情监测、木虱规范防治、常态化清除病树和网棚假植大苗补种等防控措施，示范园内柑橘黄龙病和柑橘木虱控制较好，起到良好的示范带动作用。

加强调度与督查。对各县（市、区）黄龙病防控工作实行一周一调度。分别于1月、10月和12月对各县（市、区）柑橘黄龙病防控工作进行3次实地督查。其中，10月份督查纳入全市“六大攻坚战”的重点督查内容。

【脐橙营销】 开展2017年赣南脐橙“提质量、护品牌、保安全、促销售”主题活动。印发《关于印发开展打击赣南脐橙早采、染色、假冒、使用违禁投入品活动实施方案的通知》，严厉打击赣南脐橙早采、染色、假冒及使用工业蜡、劣质蜡、使用甜蜜素等违禁投入品等行为，提高果农、果企的质量意识、安全意识、品牌意识和法律意识，确保赣南脐橙产业持续健康发展。

公布2017年赣南脐橙最早采摘时间。赣州市赣南脐橙协会召开三届六次理事会，讨论确定当年赣南脐橙最早采摘时间为11月5日。会议邀请《江西日报》、《新法制报》、今视网、赣州电视台、《赣南日报》、《赣州晚报》、大江网、客家新闻网等媒体记者参会进行宣传报道。

开展赣南脐橙域外维权打假行动。印发《赣南脐橙域外维权打假活动工作方案》，要求市直有关部门及各县（县、区）迅速行动，对假冒赣南脐橙行为进行专项查处；由工商、食药、质监、果业等部门抽调人员组成4个工作组分赴广东、广西、湖南、四川、重庆、湖北、黑龙江、辽宁、陕西、北京、上海、浙江等全国脐橙主产区及主销区开展打假维权行动。

搞好赣南脐橙品牌营销推介活动。各县（市、区）按照“巩固老点、发展新点、健全网点”的要求，建立健全赣南脐橙营销网络，做好政府部门之间对接、产销两地供销对接、超市对接、媒体对接、线上与线下对接等5个对接，在各主销城市开展系列赣南脐橙营销推介活动，通过悬挂宣传标语、散发宣传单、喷绘和易拉宝宣传等形式搞好品牌宣传。组织企业参加第十八届中国绿色食品博览会、第十五届中国国际农产品交易会、江西“生态鄱阳湖，绿色农产品”（广东、上海）展销会等大型展示展销会。组织本地供应商、主销城市经销商在阿里巴巴、京东商城、苏宁易购、1号店等大型电商平台参与并开展线上的网络销售、物流配送等。2017赣南脐橙网络博览会暨农特产品展销会在安远县举办。2017赣州名优农产品暨赣南脐橙推介发布会在厦门市举办。“赣南脐橙”品牌统一参加省政府组织的中央电视台“生态鄱阳湖，绿色农产品”广告宣传。

参与赣南脐橙区域公用品牌价值评估。在北京市举办的2017第六届品牌农商发展大会，发布2017年最受消费者喜爱的中国农产品区域公用品牌，赣南脐橙入选。第十五届中国国际农产品交易会组委会组织的百强农产品区域公用品牌推选，赣南脐橙入选2017年中国百强农产品区域公用品牌。在杭州市召开的2017中国农业品牌百县大会，赣州市果业局获“2017年中国农业品牌建设学府奖政府贡献奖”。参加中国品牌建设促进会组织的2017年地理标志产品品牌价值评价活动。

培育果业龙头企业。经赣州市农业产业化经营领导小组审核并公布，赣州市南康区俊萍果业发展有限公司、信丰县宝利果业有限公司、赣州市向阳农业发展有限公司、安远县金赣丰农业发展有限公司、安远县福森园农业综合开发有限公司、赣州市华春苗木工程有限公司、赣州市彭城莲花农业发展有限公司、全南县月秀生态农业有限公司、赣州市伟馨农业发展有限公司、定南县华鹏果业开发有限公司、江西惠大农牧科技有限公司、寻乌县长利果业发展有限公司等18家果业企业为赣州市2017年度农业产业化市级龙头企业，有效期3年。

2017年产季，赣南脐橙产地价格、电子商务价格基本稳定，产地平均销售价格5元/千克，总体销售形势平稳。

【脐橙网络博览会】　4月5日，市政府记录摘要《关于安远县恳请市政府支持赣南农特产品集散中心建设有关事项的纪要》明确“关于支持在中国供销·赣南脐橙交易中心举办2017年赣南脐橙网络博览会暨首届赣南农特产品展销会启动仪式”要求，将节会名称定为“2017年赣南脐橙网络博览会暨首届农特产品展销会”。8月30日至9月12日，市政府多次召开专题会议，对2017年赣南脐橙网络博览会暨首届农特产品展销会方案进行讨论。9月20日，市政府办公厅印发《关于印发“2017赣南脐橙网络博览会暨农特产品展销会”总体方案的通知》。11月20日，“2017年赣南脐橙网络博览会暨农特产品展销会”启动仪式在安远县举行，部分省（自治区）设区市领导，江西省农业厅等省直部门单位领导，赣州市委、市政府及各县（市、区）相关单位领导出席，吸引全国各地脐橙供货商、经销商及电子商务企业代表等社会各界人士1600多人参加。其间，举办农特产品展销会、第四届农业投资对接大会等系列活动。

（撰稿　梁梅青　审稿　钟玉良）

脐橙电商企业与顺丰、邮政等寄递企业对接

【领导名单】
局长：钟玉良
副局长：朱柏州（7月任）
总农艺师：赖晓桦
副局长：温明生（5月任）

水　利

【概况】　2017年，赣州市水利局围绕“打好攻坚战、同步奔小康”决策部署，按照“解放思想、内外兼修、北上南下”实践路径，改作风、提效率，积极推动水利行业扶贫、基础设施建设，创新实施“河长制”，实现水利建设、管理、改革齐头并进，生态、安全、民生“三大水利”跨越，为助推赣州发展振兴、脱贫攻坚、同步小康提供水利支撑。

【防汛减灾】　全年有效应对14次强降雨和5次台风影响，取得人员零伤亡、水库零出险、万亩以上圩堤零溃决的成绩，各项灾情数据全面下降，受灾人口、直接总经济损失分别减少88%、94%，连续多年实现防汛抗旱“五个确保”目标。

【水利建设】 全年全社会水利投入37.3亿元以上，增长10%。实施防洪、供水、生态“三大工程”。防洪工程前期工作进展顺利，67个进入新增中小河流规划项目完成初设审查57个，完成批复29个，其中20个开工建设，12座新增病险水库除险加固工程全部完成初设，14个新增“五河”（赣江、抚河、信江、饶河、修河）治理项目开工，9个千亩以上圩堤应急除险整治工程开工6个；供水工程完成年度预期，寻乌县太湖水库主体工程完成，兴国县洋池口、定南县洋前坝中型水库可研、初设等前期工作完成，龙南县茶坑、信丰县黄坑口等中型水库前期工作推进，兴国县塘澄、安远县嘛斜、寻乌县黄坑等小型水库扫尾工作全部完成；实施7个高效节水灌溉示范县项目，完成建设任务0.25万公顷；36个农村水电增效扩容改造工程开工率达91.7%；35个河流生态改造项目工程开工率达91.4%，均位居全省前列。全市全年未发生水利安全生产事故。

【水利扶贫】 推进水利行业扶贫，开展水利脱贫攻坚“百日行动”，41个水利扶贫项目全部达到年度进度要求，累计完成水利扶贫投资6.26亿元，占比101%；实施的137处农村饮水安全巩固提升工程全部完成，受益人口62.73万人（其中贫困人口8.08万人）。

【水利改革】 全面完成小型水利工程管理体制改革任务，在全省率先完成总结验收；兴国县、宁都县农田水利设施产权制度（试点）改革全部完成，并通过省级总结验收；稳步推进农业水价改革，建立联席会议制度，确定试点县，宁都县、兴国县、瑞金市等改革试点县建设高效节水灌溉工程，有序推进各项改革工作。

【水资源管理】 落实最严格的水资源管理制度，达到全市用水总量34.39亿立方米、万元工业增加值用水量52立方米、万元GDP用水量136立方米、农业灌溉利用系数0.501的年度控制目标；严格实施取水许可管理，坚持“一户一表、一户一台账”，对已过期的取水许可证续办取水许可审批手续，全市有1009户进入台账管理；加强入河排污口监管，完善入河排污口登记或审核手续226个；规范涉河建设项目管理，严格执行水工程建设规划同意书、河道管理范围内建设项目审查、河道采砂许可、入河排污口审批等制度；加强河道及河道采砂管理，完成市城区河道（省管）河砂开采权第九轮公开出让，完成市中心城区章江河道内非公务船只清理，开展市中心城区饮用水水源地保护和打击侵占河道等违法行为；加大对涉水违法行为的查处和打击力度，全市开展各类专项执法行动77次，执法巡查886次，现场纠正水事违法行为152起，查处非法采砂船只47条，取缔非法砂场87个。

【实施河长制】 健全体制机制，完善组织体系，市政府出台《赣州市河长制市级会议制度》《赣州市河长制信息工作制度》《赣州市河长工作制度》《赣州市河长制工作督办制度》《赣州市河长制工作考核问责办法》《赣州市河长制工作督察制度》等6项制度，全面建立由党政主要领导挂帅的市、县、乡、村四级“河长制”组织体系。开展清河行动，全市累计排查突出问题124项，年内全部完成整改；强化河流治理，打造“河长制”升级版，市政府出台《赣州市河长制升级版示范工程实施方案》，全市选定章江、桃江等21条河流实施流域生态综合治理，打造河流治理与生态富民、产业发展相结合的示范样板；开展非法设置入河排污口、非法采砂、侵占河流流域及岸线专项整治；加强水质监测，全市86个江河水功能区、73个国控、省控、县界断面，地表水重金属断面，市、县饮用水断面及五河源头断面实现区域水质监测常态化。全市水环境质量保持较高水平，赣江、东江出境断面水质达标率均达到100%，全市范围86个水功能区水质达标率96.5%，县级以上城市饮用水水源地水质达标率保持100%，高于全省平均水平。

（撰稿　谢小英　审稿　谢春景）

【领导名单】
党组书记、局长：钟永浩
党组成员、副局长、市水保局局长：
　何世林（副局长任至4月）
副局长：陆经龙
党组成员、副局长：谢春景
　李秋生（任至4月）　肖卫平（5月任）
　温学松（9月任）
党组成员、总工程师：许宝俊
党组成员、市防汛抗旱指挥部办公室
　主任：钟云飞（9月任）
市“河长办”专职副主任：
　肖建标（9月任）
调研员：陈卫华（12月任）
　邓　丰（任至12月）
正处级干部：邓　丰（12月任）
副调研员：伍　松
市水利电力勘测设计研究院院长：
　王兰天（4月任）

水土保持

【概况】 2017年，全市水土保持工作围绕水土保持生态文明建设目标，以“全国水土保持改革试验区”建设为抓手，务实担当，真抓实干，水土保持综合治理、监督执法、科研监测、廉政建设等各项工作取得新成绩。3月19日—21日，全国水土保持工作现场会议在赣州市召开，副市长赵多仙作题为《勇于创新，积极进取　努力当好全国水土保持改革排头兵》的典型发言，创造全国水土保持“赣南模式”，经验做法写入水利部《国家水土保持重点工程2017—2020年实施方案》，全市水土保持工作继续走在全省和全国水保系统先进行列。

【综合治理】 2017年，全市争取国家水土保持重点建设工程中央资金19040万元，省级资金5162万元，治理水土流失面积544平方千米。有关县水保部门还承担实施山水林田湖草生态保护修复项目。创新治理模式，

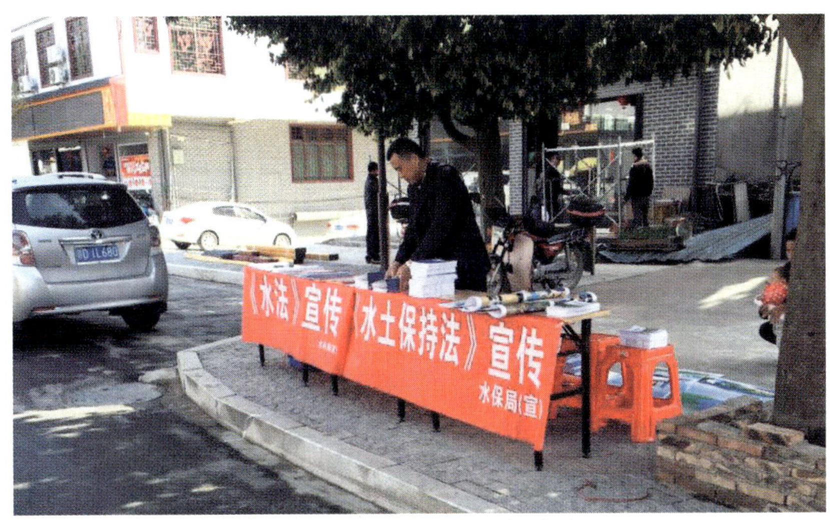

赣州市水保局积极开展《中华人民共和国水土保持法》等宣传活动

推进水土保持生态文明示范工程建设，获评国家级水土保持工程建设项目3个。上犹县园村国家级生态清洁型文明示范工程获水利部命名，成为全省首条"国家级生态清洁小流域"，兴国县塘背、龙南县虔心小镇小流域被评定为国家水保科技示范园。安远县田园山、崇义县君子谷、赣县区清溪等11个县（市、区）水土保持生态示范园通过市级验收，成为首批市级生态示范园。批复生态示范园建设方案14个，各县（市、区）新建、续建各级水土保持生态示范园23个。创新投资管理机制，以民营资本为主，总投资8400多万元建设的赣州市水土保持科技示范园主体工程基本竣工，科普馆设计布展方案。

【预防监督】 制定印发《赣州市水土保持局关于大力加强生产建设项目水土保持监督管理工作的通知》《赣州市水土保持社会监督奖励办法》等系列配套制度，强化水土保持监督执法，基本实现全市生产建设项目水土保持监督检查全覆盖和监督执法的制度化、规范化、常态化；全市审批水土保持方案365个，验收水土保持设施项目81个；重点推进加强山地林果茶、交通沿线和县城周边、水源地及河流两岸生产建设项目的监管。对部分问题较突出的县（市、区）开展生态环境专项整治，市水保局成立2个督查组，采取日报告（微信群）、周报表、月调度，强化督查调度，截至年底，全市排查生产建设项目2329个（次），督促水保措施落实1583个，责令整改612个，责令停工52个，查办水土流失违法行为52起，有效遏制新的人为水土流失。

【科研监测】 开展"崇义上堡梯田生态系统与水土保持特征研究""赣南山地边坡复绿藤本植物选择研究"等课题科研。组织全市各县（市、区）水土保持监测人员参加全省水土保持重点工程效益监测培训。举办全市无人机监测技术培训班，47名水保技术骨干参加培训。市水土保持局投资购买3架无人机，实施赣州到瑞金厦蓉高速路段及贡江下游周边2000平方千米范围"天地一体化"监测。

（撰稿 钟正平 审稿 何世林）

【领导名单】

局长：何世林

副局长：周益萍（女） 陈标强（4月任）

调研员：黄宝明（4月任）

农业机械

【概况】 2017年，全市农机部门以推进农业全程机械化为抓手，不断创新落实服务措施，全力打好现代农业攻坚战，全面完成年度各项工作任务。全市农机总动力年增长4%，达到309万千瓦；主要农作物综合机械化率、水稻耕种收综合机械化率年增长分别为2.54%和2.78%，达到71.76%和76.55%；水稻机械化栽种率、机械烘干率年增长分别为5.17%和6.11%，达到31.71%和32.11%。全市连续10年未发生较大以上农机事故，农机安全生产态势平安稳定。

【农机购置补贴】 按照"缩范围、控定额、促敞开"的要求，加大水稻生产机具敞开补贴力度；完善补贴制度和档案规范建设，加强补贴实施情况日常监管，宣传和公开农机购置补贴信息，全方位接受社会监督；推行农机购置机补贴和农机安全监理"一站式"服务；开展补贴实施管理业务培训，提高补贴工作人员业务素质；强化农机购置补贴延伸绩效考核，加快"双补贴"政策的实施进度。2017年，全市使用国家农机购置补贴资金2648.74万元（含报废更新补贴67.7万元），补贴农机具9449台（套），惠及农户8963户，拉动社会投资9221.69万元。

【现代农业攻坚战】 围绕赣南特色农业产业，重点打造现代农业生产全程机械化示范区，提高特色优势农产品的机械化水平，年内全市重点打造兴国蔬菜、宁都果业、信丰果业、安远水稻、石城白莲等5个现代农业全程机械化示范区，完成项目总投资2325.22万元，在全市"农业综合生产能力建设项目"10个子项目中名列前茅。以"市级丘陵山区重点推广农机购置补贴"为核心，围绕蔬菜、果业、水稻、油茶等主导产业，引进推广先进适用、产业需求、农民欢迎的新机具，实施"用机瓶颈"累加补贴工程。全年补贴重点推广农机具71万元，补贴机具158台（套），拉动社会投资700万元以上。

【农机化推广】 加大农机技术推广力度，组织送科技下乡小分队，赴安远县、信丰县、大余县、赣县区等地现场开展水稻育秧、机耕、机插等操作演示会4期；举办农机购置补贴培训班和农机技术讲座3期，参训人员200余人次；举办农机产品（技术）展示和推介4次，发放农机推广和安全生产宣传资料1000余份，现场观摩、参训人员5000余人次；开展农机专题调研，在市级以上平台刊发调研文章11篇。

【农机服务】 组织春耕、“双抢”、秋收冬种等重要农时农机化生产活动，加强动员组织、指导服务、机具调度和统计总结，举办全市主要农作物机械化生产、特色农产品全程机械化等先进适用农机具技术推广演示活动，提高农机化作业水平。引导扶持农机专业合作社、农机大户等新型服务组织开展示范创建，树立成功典型，加大宣传推广，争取政策扶持，加强农机合作社的装备能力建设和服务能力建设。做好作业需求、农时气象等信息服务，为农机专业服务合作社等新型服务组织参与春耕春种、“双抢”、秋收等跨区作业提供无缝对接。全市通过现场演示、技术指导、知识培训等活动，培训农民、机手1万余人次。市农机局与赣州电视台联合拍摄农机安全生产宣传片。宁都县洛口镇众诚农机专业合作社获“2017年全国农机合作社示范社”称号；市培训选拔的农机手李安吴在全省农机职业技能竞赛中获“全省联合收割机技能赛季军”。

【安全生产】 严格农机安全监督管理。开展农机安全生产隐患排查治理、拖拉机和联合收割机牌证专项整治等活动。全年开展执法检查840人次（含联合公安交警执法检查），检查各类农业机械14882台，查处违章562起，排查农机安全隐患666个，整改率100%；市农机局依法依规在全省率先开展对连续2年未按规定参加年检的拖拉机（变型拖拉机）牌证注销工作，全市累计注销10137台，有效消除农机安全隐患；在全省农机化工作会议上，市农机局就开展农机安全生产及牌证注销工作做典型经验介绍。

强化农机安全源头管理和执法监督体制。加大农机安全生产宣传力度，创新农机监理工作思路，完善安全监管网络，强化安全生产措施，推进“平安农机”创建活动。全市获全国农机安全监理示范岗位标兵3人；获省级“平安农机”示范县1个，示范岗位标兵4人；创建市级“平安农机”示范乡镇5个；组建2433名农机安全协管员队伍，形成市、县、乡、村四级联动、齐抓共管农机安全生产的新局面。

加强值班值守，组织应急演练。逢重大活动、节假日期间，市农机局组织开展农机安全生产隐患排查整改工作，加强值班值守，实行事故信息报告制度，确保通信联络和信息渠道畅通，提高发生事故险情能及时妥善应对处置的能力。加强与有关部门协作，开展农机安全管理培训与应急演练，指导各地做好事故勘查、认定以及赔偿调解等工作，提高应急处置能力。按时完成安全督查任务。严格按照市安委会的安排，对全南县安全生产工作进行3次检查督查，按时完成安全检查督查任务。

【精准扶贫】 创新“农机扶贫”模式，支持民生事业建设。市农机局主要领导开展走访、调研16次；拨付兴国县杰村乡白石村和横江村基础设施、产业发展、民生事业专项资金212855元；支持白石村和横江村成立由贫困户组成的农机专业合作社，开展农机推广现场演示培训，捐赠微耕机8台；补贴贫困户购机款31175元；联合市畜牧局赠送白石村贫困户取暖器100台；捐赠爱心款23000元用于解决贫困群众就医、就学难等问题。市农机局定点帮扶的白石村落实“两不愁、三保障”，局县处级领导挂点的横江村2017年实现整村脱贫。

（撰稿 肖贤煌 审稿 刘郭康）

【领导名单】

局长：董 菁

副局长：彭孝平 邓 克

（本栏编辑 王 宇 周 俊）

工　业

工业和信息化

【概况】　2017年，全市贯彻“主攻工业、三年翻番”决策部署，创新工作举措、补齐发展短板，工业经济运行质量明显提升，全年全市新入规模工业企业435户，较上年净增384户，规模以上工业企业户数首次突破1700户，达到1721户，规模企业总数和增加数均列全省第一。全市工业固定资产投资首次突破1000亿元，达到1043.02亿元，增长29%，增速连续两年保持全省第一。全市规模以上企业工业增加值增长9.1%，列全省第六位，高于全国2.5个百分点，与全省持平。实现主营业务收入3670.27亿元，列全省第五位，增长15.2%，增速列全省第四位，增速提高5.9个百分点，高于全省4.1个百分点；盈利企业盈利额244.36亿元，增长18.09%；盈亏轧差后的利润总额239.02亿元，列全省第六位，增长20.5%，增速列全省第四位，增速提高7.4个百分点。全市工业税收收入首次突破100亿元，完成117.85亿元，增长21.7%，拉高税收收入增幅7.3个百分点。

【主攻工业】　优化考核评比方案。印发《赣州市三年主攻工业考核评比方案（2016—2018年）（修订版）》，取消县（市、区）分类考核，增设单项先进县（市、区）奖项，突出3年翻番目标、首位产业、新项目大项目的考核，完善“企业上台阶奖”。

改进工作方式方法。改进专项督查方式，由“六大攻坚战”指挥部统一部署开展专项督查，明确督查重点，减轻基层负担。改进调研方式，通过实地查看、走访企业、组织座谈等方式不定期组织主攻工业工作调研，形成全市主攻工业分析报告、各地主攻工业特色亮点等成果，交流介绍发展经验，指导协助破解难题。

建立督办提醒机制。强化经济运行调度，对主要经济指标增速及完成进度排位落后的县（市、区）政府主要领导下发工作提醒函，全年累计下发22份工作提醒函，向各县（市、区）及赣州经济技术开发区下发主攻工业工作年度目标完成情况报告。加强对重点项目的调度通报，特别是对市级调度项目中未开工的项目及建设速度缓慢的项目进行梳理并通报各项目承载地，督促加快项目建设。

营造干事氛围。通过报纸、电视等媒体对各县（市、区）工业项目建设情况进行10次公开通报，通过微信公众号宣传全市重大项目进展情况。全年编发主攻工业简报16期，其中专刊5期。与赣南日报社、赣州广播电视台开展专题合作，开展明察暗访、宣传先进典型，在全市上下营造干事、创新发展的氛围。

【项目建设】　把项目建设作为核心任务，全市投资亿元以上重大工业项目达到272个，增长9.24%；项目总投资1976.28亿元，增长30.24%，开工率100%。

加大产业招商。围绕主导产业开展产业招商、以商招商，组织主导产业推进小组举办“中国稀金谷”宁波、深圳投资环境推介会、新能源汽车及配套产业广州招商推介会、电子信息产业深圳招商推介会、生物制药产业杭州合作推介会等专题产业招商会，组团到南昌市服务、对接中国500强企业高峰论坛等。全年新签约引进5000万以上工业项目495个，总投资超2000亿元，国机智骏、比亚迪电子部品件等“两城两谷一带”相关产业龙头项目落地。

协调推进重大项目建设。实施一月一调度、一月一通报、一季一督查“三个一”机制，建设赣州市工业项目在线监管平台，把项目建设摆到“云端”，实时查看项目建设进展，在线了解项目存在的困难和问题，及时跟踪，协调解决。设立100亿元重大工业项目投资引导资金，促进项目建设提速。272个市级重点调度工业项目全年累计完成投资835.32亿元，占全年计划投资额122.33%；项目实施累计完成投资1062.19亿元，占项目总投资额的53.75%。孚能科技3GWh动力锂电池、华晨磁电材料稀土永磁伺服电机、深奥科技生物识别SMT贴片、博士家居喷涂中心及儿童家具生产线等192个重大项目相继竣工投产或部分投产。

【产业集群】　准确把握产业发展趋势，“两城两谷一带”基础设施建设和产业项目铺开，各地首位产业规划、政策及配套措施相继出台实施，工业产业发展体系初步形成。全市19个首位产业规模以上企业主营业务收入占比提高到41.23%。

“两城两谷一带”建设。新能源汽车科技城落户开工，国机智骏、山东凯马等7个整车及配套项目，总投资超过200亿元；现代家居城提档升级，新增入规模家具企业150家，累计拆除破旧家具铁皮厂棚超过240万平方米；中国稀金谷核心区基础设施推进，先后入驻“国字号”创新平台4个，引进稀土和钨新材料及应用项目23个；青峰药谷框架拉开，药品研发制造、药材种植加工、医药健康等三大板块建设推进，修正药业等16个项目签约落户；赣粤电子信息产业带落户10亿元以上项目25个，引进合力泰等上市公司5家，工信部电子五所（中国赛宝实验室）龙南办事处挂牌，产业细分布局形成。

县域特色产业集群体系逐步完善。引导各地突出重点、发挥特色、差异发展，调整崇义县、大余县、赣县区、寻乌县、定南县等5个县（区）首位产业，于都服装服饰、宁都轻纺服装、上犹玻纤、会昌氟盐化工、瑞金电线电缆产业等特色产业集聚效应凸显，寻乌机电机械、安远电子信息、石城县鞋服、定南智能助残等新产业集聚区形成，赣州经济技术开发区新能源汽车、于都工业园区服装服饰、章贡经济技术开发区生物医药、龙南经济技术开发区电子信息等4个产业集群获批省级重点产业集群，赣州高新区稀土和钨新材料产业获批江西省战略性新兴产业集聚区，全市省级重点工业产业集群从2016年的6个增加到10个。

智能制造现场推进会各地企业代表、专家走进赣州经济技术开发区金信诺电缆技术有限公司参观

【工业园区】 全市19个工业园区投产企业1755户，工业增加值累计增长7.9%；实现主营业务收入3223.09亿元，增长12.31%；实现利润204.54亿元，增长18.83%。

加强节约集约用地。持续推动工业园区建设和使用标准厂房，促进土地集约、企业集聚、产业集群。2017年，全市新建标准厂房面积847万平方米，建成771万平方米，超额完成年度目标任务。南康经济技术开发区加大投入，大体量推进标准厂房建设，新开工面积约占全市总面积的1/3；章贡经济技术开发区尝试合营方式，采取村级预留用地入股，政府出资建设，实现收益共享；赣州高新区实施“腾笼换鸟”工程，由政府购买企业闲置厂房，提供给科技含量高的新上项目作为过渡厂房。

加速完善园区基础设施。全市工业园区共完成基础设施投入252.19亿元，增长152.34%，增速连续两年位列全省第一。瑞金经济技术开发区、赣州高新区，信丰县、石城县工业园区创新园区开发模式，引导民间资本，采取PPP模式参与园区基础设施建设；大余县、全南县工业园区完成调区扩区，核准面积增加533.57公顷；章贡区、瑞金市等12个工业园区污水处理厂建成并陆续投入使用，赣州经济技术开发区、大余县、崇义县等7个工业园区建设污水处理厂。

【企业帮扶】 开展降低企业成本、优化发展环境专项行动，加快完善市、县两级领导干部挂点帮扶企业工作机制，解决企业诉求。2017年，全市规模以上企业新增435户，规模以上工业利润增长20.5%；规模以上企业每百元主营业务收入成本降低0.56元，亏损企业户数减少24.8%。

创新帮扶方式。完善市、县两级领导分级挂点方式，实现省级以上园区全覆盖、园区内规模以上工业企业全覆盖。运用企业精准帮扶APP平台对问题进行跟踪办理，与省企业精准帮扶APP平台对接，省级层面的问题可直接提交解决，提高办理效率。平台累计收到企业诉求2440条，增加824条，办结率高达99.26%。引进第三方开展帮扶企业评价，由1000余家重点企业对各职能部门帮扶企业工作进行评分，将结果作为年终绩效考核重要依据。

强化政策扶持。贯彻执行90条降成本、优环境政策措施，全年为企业减负104.18亿元。出台《关于大力推进赣州市智能制造工程的实施意见》，市、县两级财政每年安排5000万元资金支持赣州市智能制造发展；出台《赣州市新能源汽车及配套产业布局指导意见》《赣州市稀土钨深加工及应用产品奖励暂行办法》，促进重点产业集聚发展、转型升级。

【试点示范】 获批全省首个“中国制造2025”试点示范城市，推进企业向智能制造、绿色制造、服务型制造转型，加速发展大数据、军民融合等新兴领域，在国家制造强国建设领导小组第六次会议上做典型交流发言。

创建“中国制造2025”试点示范城市。赣州市被正式批复成为江西省首个“中国制造2025”试点示范城市创建的城市。围绕试点示范各项创建目标任务，成立由市长任组长的赣州市推进“中国制造2025”工作领导小组，筹备赣州市推进“中国制造2025”战略委员会，出台《赣州市建设“中国制造2025”试点示范城市实施方案》，各项工作有序推进。

发展智能制造等新模式。出台《大力推进赣州市智能制造工程实施意见》等重大政策，在全省率先召开智能制造现场推进会、挂牌市级工业设计中心，孚能科技入选国家智能制造试点示范、豪鹏科技等入选国家绿色工厂、康居网成为国家服务型制造示范平台、赣州有色冶金研究所入选省级工业设计中心，实现多领域零突破。

军民融合发展。成功承办中国军民两用技术创新应用大赛新材料领域半决赛，赣州高新区被认定为省级军民融合产业基地，虔东稀土等28家企业被认定为首批省军民融合企业，金一电缆成为全省唯一入选“民参军”目录企业。

大数据及云计算加速。出台《赣州市政务数据资源共享与应用管理办法》，市工业项目在线监管平台、工业能耗在线监测平台和企业精准帮扶APP平台等工业云平台加快建设，赣州天翼·华为云计算数据中心（一期）投入运行。

【科技创新】 完善企业创新扶持政策。出台《关于促进经济平稳健康发展的若干政策措施》《关于促进工业设计发展的若干政策措施（试行）》等支持企业创新发展的政策，重点对企业开发新产品、设立工业设计中心、申报各级工业设计中心认定、参与工业设计比赛、进行工业设计辅导服务等方面加大扶持，助推企业驱动创新发展。

加快重大产业创新平台建设。组建江西省稀土功能材料研究院有限公司，建设成为稀土功能材料国家制造业创新中心。推进国家级新能源汽车质检中心筹建工作，打造军民融合产业园，推动军民融合技术在赣州市产业化，承办中国军民两用技术创新应用大赛新材料领域半决赛。

推动企业质量品牌建设。推进省级技术中心建设，省级以上企业技术中心累计认定33家，总数名列全省前列。开展质量标杆、国家技术创新示范企业、国家产业集群区域品牌建设试点创建活动，孚能科技（赣州）有限公司获2017年国家技术创新示范企业称号。组织省级新产品申报28项，增长100%，完成9个省级新产品鉴定工作。赣州群星机械有限公司研制的“BYD6DT35汽车同步器”获省级新产品一等奖。

【两化融合】 推动信息基础设施建设，加大传统装备、落后技术和管理模式的改造，支持信息化与工业化深度融合示范企业、示范园区建设，推进信息技术与传统产业融合创新，促进产业发展升级。

信息基础设施加速完善。争取工业和信息化部、财政部对全市农村宽带建设项目的支持，再次获批国家电信普遍服务试点地市。推进原中央苏区农村超高速无线局域网应用试点建设，截至年底，全市基本建成有线与无线广泛覆盖的信息基础设施，光宽带实现城区和乡镇100%覆盖、行政村98%覆盖。4G网络全市实现99%覆盖，行政村100%覆盖。建设云计算数据中心，赣州市政府与中国电信江西分公司和华为软件技术有限公司签署框架合作协议，共同建设赣州天翼·华为云计算数据中心。

两化融合推进。推动两化融合管理体系贯标工作，赣州经纬等3家企业新增为国家两化融合管理体系贯标试点企业（全省13家），全市国家两化融合管理体系贯标试点企业总数达到9家。争取省级两化融合示范企业和项目，7家企业入选省两化深度融合示范企业，全市获江西省两化融合示范企业总数达23家，其中青峰制药、澳克泰等2户企业项目获批2017年省两化融合示范项目，获得专项资金支持。组织企业与大专院校、科研院所等合作，开展信息化建设，5家企业的项目列入2017年中小企业信息化能力提升项目，分别获得省专项资金的支持。促进新一代信息技术产业发展，科睿特工业云平台等4个企业项目入选2017年江西省新一代信息技术产业项目，获得省专项资金支持。开展市级两化融合示范园区和示范企业建设，2个园区和20家企业被认定为市级两化融合示范园区和示范企业，较好地形成示范引导效应。

（撰稿　邱仁斌　审稿　林小兵）

【领导名单】

主任：肖志东

党组成员、市中小企业管理局局长：吴诗东

党组成员、副主任：李伟东　黄麟球　李华强　林小兵（3月任）

党组成员、总工程师：殷　俊

党组成员、市纪委驻市工信委纪检组组长：陈大林

党组成员、副主任：张来玉（5月任）

副主任：李　瑾（女）

调研员：李芝云（1月任，任至12月）

副调研员：彭小柱

廖　江（5月任，任至12月）

副处级干部：王润平（任至10月）

工业企业简况

【概况】 2017年，全市工业实施“主攻工业、三年翻番”战略，工业经济发展取得明显成效。全市新入规模企业435户，较上年增加384户，规模以上工业企业达到1721户，规模企业总数和增加数均列全省第一；全市工业固定资产投资达到1043.02亿元，增长29%，增速连续两年保持全省第一；全市工业税收完成117.85亿元，增长21.7%，拉高税收收入增幅7.3个百分点。全市规模以上企业增加值增长9.1%，列全省第六位，高于全国2.5个百分点，与全省持平；实现主营业务收入3670.27亿元，列全省第五位，增长15.2%，增速列全省第四位，增速较上年提高5.9个百分点，高于全省4.1个百分点；盈利企业盈利额244.36亿元，增长18.09%；盈亏轧差后的利润总额239.02亿元，列全省第六位，增长20.5%，增速列全省第四位，增速较上年提高7.4个百分点。

县域工业总量提升。19个县（市、区）中，主营业务收入总量过百亿元的12个，与上年持平。其中，50亿—100亿元5个，较上年增加1个，总量低于50亿元的2个。

“两城两谷一带”产业规模壮大。全市“两城两谷一带”产业规模以上工业企业实现主营业务收入2400.31亿元，利润总额145.85亿元，分别增长18.02%和24.86%。其中，电子信息产业主营业务收入542.39亿元，铜铝有色金属、钨新材料及应用、稀土新材料及应用和家具产业均超300亿元，新能源汽车及配套产业达到200亿元。

园区平台功能增强。全市19个工业园区实际开发面积86.73平方千米，完成基础设施投入252.19亿元，增加152.25亿元，增长1.52倍；招商签约资金1489.59亿元，增长113.19%。园区投产企业1755户，较上年增加297户，从业人员30.47万人，增长3.35%。

龙头企业贡献突出。百户市重点调度企业实现主营业务收入890.68亿元，增长14.96%；利润总额67.49亿元，增长12.78%。全市主营业务收入超亿元企业722户，增加72户，其中超10亿元的龙头企业65户，增加11户，实现的主营业务收入占全市的31.47%，对全市工业增长的贡献率达57.4%。

企业降本增效明显。全市1721户规模以上企业每百元主营业务收入成本88.13元，降低0.56元；每百元主营业务收入利润6.51元，增加0.28元。亏损企业106户，亏损面6.16%，下降1.24个百分点。亏损额5.34亿元，下降37.7%。其中，亏损1000万元以上的企业13户，减少1户。

制造业生产形势喜人。全市累计工业用电量90.38亿千瓦时，列全省第四位，增长3.12%，列全省第十位，增速提高2.14个百分点。在钢铁去产能影响下，制造业全年用电量增长4.88%，高于上年0.49个百分点，剔除钢铁企业影响，全市制造业工业用电量增长19.6%。

新增企业拉动强劲。全年新入规模企业435户；共实现主营业务收入460.98亿元，总量占全市的12.56%，拉动全市增速10.89个百分点；实现利润总额31.82亿元，占全市的13.31%。新入规模企业中主营业务收入过亿元企业98户，占新入规模企业的22.53%。其中，主营业务收入10亿元以上企业5户，5亿—10亿元企业8户。

【工业园区主要经济指标】 全市19个工业园区实际开发面积86.73平方千米，完成基础设施投入252.19亿元，招商签约资金1489.59亿元，招商实际到位资金676.86亿元，投产企业1755户，出口交货值416.24亿元，主营业务收入3223.09亿元，利润总额2045.45亿元，从业人员304679人。

【主营业务收入前20位企业】 全年主营业务收入前20位的企业分别是：赣州江钨新型合金材料有限公司（898057万元）、双胞胎饲料有限公司（462572万元）、龙南县锴升有色金属有限公司（421733万元）、江西青峰药业有限公司（407497万元）、汇森家具（龙南）有限公司（347253万元）、赣州晨光稀土新材料股份有限公司（300026万元）、赣州美园畜牧有限公司（292355万元）、全南晶环科技有限责任公司（281341万元）、江西金色铜业有限公司（243265万元）、赣州江钨钨合金有限公司（231789万元）、瑞金市中赣金属新材料有限公司（223659万元）、瑞金市振兴铜业有限公司（198659万元）、赣州昭日稀土新材料有限公司（190789万元）、赣州远驰新材料有限公司（187348万元）、江西金纳铜业有限公司（186592万元）、孚能科技（赣州）有限公司（185908万元）、赣州星弘生物科技有限公司（184265万元）、赣州市海龙钨钼有限公司（177260万元）、赣州腾远钴业新材料股份有限公司（175089万元）、赣州华京稀土新材料有限公司（170722万元）。

【利润总额前20位企业】 全年利润总额前20位的企业分别是：赣州星弘生物科技有限公司（77459万元）、龙南县锴升有色金属有限公司（73604万元）、赣州江钨新型合金材料有限公司（62864万元）、赣州腾远钴业新材料股份有限公司（51159万元）、双胞胎饲料有限公司（42535万元）、定南大华新材料资源有限公司（38907万元）、全南晶环科技有限责任公司（30775万元）、江西瑞金万年青水泥有限责任公司（29832万元）、赣州晨光稀土新材料股份有限公司（26460万元）、汇森家具（龙南）有限公司（23102万元）、崇义章源钨业股份有限公司（20654万元）、赣州美园畜牧有限公司（20465万元）、会昌红狮水泥有限公司（20460万元）、赣州海螺水泥有限责任公司（19845万元）、中电投江西赣州新能源有限公司（18168万元）、赣州市深联电路有限公司（17795万元）、信丰福昌发电子有限公司（15485万元）、赣州南鹰电源有限公司（15222万元）、赣州市金顺科技有限公司（14964万元）、江西于都南方万年青水泥有限公司（14696万元）。

【亏损前20位企业】 年内，亏损前20位的企业分别是：全南包钢晶环稀土有限公司（–4458万元）、华能瑞金发电有限责任公司（–4441万元）、赣县世瑞新材料有限公司（–3951万元）、江西三美化工有限公司（–3390万元）、江西鹰鹏化工有限公司（–2287万元）、定南县南方稀土有限责任公司（–1850万元）、世泰科江钨特种钨（赣州）有限公司（–1618万元）、信丰农夫山泉果业有限公司（–1498万元）、大余县顺发钼业有限公司（–1462万元）、威保（江西）运动器材有限公司（–1342万元）、赣州科明高技术有限公司（–1340万元）、江西省首诺铜业有限公司（–1297万元）、江西山香药业有限公司（–1031万元）、佳华电池（瑞金）有限公司（–989万元）、赣州市南康区康飞矿业有限公司（–967万元）、全南三扬电子有限公司（–855万元）、大余县金达钼业有限公司（–780万元）、赣州市南康区南山锡业有限公司（-767万元）、江西润民农业生物科技发展有限公司（-767万元）、大余隆鑫泰钨业有限公司（-751万元）。

综合行业管理

【概况】 2017年，赣州市工业和信息化委员会综合行业管理办公室围绕“主攻工业、三年翻番”的目标，贯彻落实《若干意见》，推进铜铝产业工作和精准扶贫工作，积极做好信访维稳、老干部服务、党建等各项工作，发挥行业管理职能，指导协调行业发展，取得较好成绩。

至年底，机关总人数为174人，其中在岗在编干部职工21人，离退休人员153人。

【主攻工业】 铜铝有色金属产业推进工作。编制赣州市铜铝有色金属产业2017年推进工作要点，明确发展目标、重点任务、工作措施。积极谋划，落实主攻工业攻坚战的各项工作。每周召开主攻工业调度会，调度落实主攻工业各项工作并组织大调研、大讲堂活动，解决重点主攻工业中遇到的问题。

推进产业建设。至10月，铜铝有色金属产业的主营业务收入370.85亿元，增长34.09%。力推铜铝有色金属产业快速发展。铜铝有色金属产业15个项目，总投资86.7亿元，项目全部开工建设，完成投资48.37亿元，完成投资率为97.32%，有8个项目竣工或部分试产。至11月，全市新签约5000万元以上铜铝产业项目18个，总投资108.94亿元，其中亿元以上项目13个，5亿—10亿元4个，10亿元以上项目2个，有10个项目开工建设，开工率55.56%，完成投资6.65亿元，进资率为6.1%。

分类施策，精准帮扶企业。据APP平台收集的全市铜铝有色金属企业的问题难题230个，办结222个，办结率为96.5%左右；各县（市、区）根据自身的实际情况，采取不同的政策帮扶企业。摸清家底，助推产业健康发展。与市直有关部门组成联合调研组，对全市铜加工行业进行全面调研。市铜铝有色金属产业定位明确、有较完善的产业链条、集群效应初步显现、发展风险可控。通过对传统产业梯度式提升改造，向环保型、智能型线缆及控制设备发展，推动传统产业与战略性新兴产业结合。完成市政府交办的安全生产督查工作。

【精准扶贫】 调整组建精准扶贫工作队，落实工作队员4人，到帮扶点访贫问苦、了解情况、制定脱贫规划、落实帮扶措施。不定期召开8次会议专门研究精准扶贫工作，出资9.695万元帮助贫困户解决实际困难。

（撰稿　陈　坚　审稿　王伟生）

【领导名单】
副主任：王伟生（主持工作）
　赖捍真
副调研员：曾宪海
副处级干部：陈　坚

中小企业管理

【概况】 2017年，全市净增中小微企业1.42万户，中小微企业总户数达8.49万户，增长20.08%；新增规模以上工业企业435户，增长83.13%。全市规模以上工业企业总户数达1721户，占全省总户数14.67%，新增户数和总户数均列全省第一位；全市非公有制经济增加值1522.62亿元，增长9.7%，总量列全省第二位，增速高于全省0.5个百分点，列全省第二位，总量占全市GDP比重60.3%，提高1.1个百分点。

赣州市中小企业管理局（市手工业合作联社，市中小微企业服务中心）内设办公室、经济发展科、企业发展科、创业服务科、融资担保科、合作指导科和机关党总支，人员编制20名，在编在岗19人。下属正科级全额拨款事业单位赣州市中小微企业综合办事处人员编制9名，在编在岗9名。

【创业培训】 组织赣州创业大学举办“个转企”知识培训班19期，培训2638人；创新管理学习班3期，培训311人；高管研修班1期，培训72人，带动全市“个转企”1446户，增长88%，占净增企业户数的10.19%。

【企业培育】 实施中小企业成长工程，遴选600户规模以下工业企业进行重点培育，新增省级专精特新企业36家、“小巨人企业”7家；组织40家企业开展驻厂式管理咨询活动，帮助建立现代企业制度，推动一批企业跃入规模行列。

【融资服务】 牵头举办中小微型企业融资对接签约活动。组织全市1467户中小微企业与17家银行业机构签约信贷总金额159亿元，增长9.6%；实际到位157.9亿元，履约率达99.37%。组织“小微信贷通”放贷25.2亿元,“创业信贷通”放贷5.6亿元。

【平台建设】 复核认定17家市级中小企业公共服务示范平台，新增国家级平台1家、省级平台3家；全市有市级以上示范平台43家，其中国家级3家、省级6家。健全完善小微企业“双创”基地建设，拥有国家级基地1个、省级6个、市级23个、县级53个，实现“双创”基地全覆盖。

【企业服务】 发挥市中小微企业服务中心精准帮扶作用，全年为12308户中小微企业提供30472人次服务。组织中小企业服务专家团，开展送服务下基层16次，为近800户企业提供服务。

【联社工作】 开展手联社养老补助年审工作。全市未参保城镇联社集体退休人员年审合格7888人，补助标准由每人每月375元调整为395元，全年发放联社大集体退休人员养老生活补助3738.9万元。

【家具产业】 推动南康家具产业集群实现产值1300亿元，增长27.45%。南康区28家家具企业通过环境管理体系认证、68家家具企业通过质量管理体系认证，新增规模以上家具企业154家，规模以上家具企业总数达到298家。

【招商引资】 牵头举办江西赣州（广州）家居产业招商引资推介会暨南康家具国际采购对接会，现场签约项目26个，总金额40.25亿元，现场签订订单50个，总金额2.14亿美元。引进项目4个，合同引资14.8亿元，实际进资1.8亿元。

【领导名单】
局长：吴诗东
副局长：卓秋生　冯永洪
　曾　桥（7月任）
副调研员：邱吉生（7月任）
正处级干部：苏青生
　肖泽和（任至8月）　刘敬标
副处级干部：何俊勇

新能源汽车及配套产业

【概况】 2017年，赣州新能源汽车及配套产业的集群效应初步显现。引进整车项目步伐较快，赣州市引进国机智骏、山东凯马、昶洧新能源等新能源汽车整车项目。配套产业链逐步完善，在动力电池产业方面，赣州市有以孚能科技（赣州）有限公司为代表的龙头企业；在电池正极材料前驱体、电解液（质）、电池回收综合利用等配套方面逐渐涌现出腾远钴业、大余云锂材料、会昌石磊氟材料、豪鹏科技、香河昆仑等一批企业；赣州市的经纬科技、群星机械、福格机械等一批汽车关键零部件企业，积极转型，研发生产新能源汽车变速箱。

赣州经济技术开发区的汽车整车、动力电池，章贡区汽车动力系统总成及零部件，南康区新能源专用车，赣县区、大余县、会昌县动力电池配套材料产业初具规模。

【产业规模】 赣州市有各类新能源汽车及相关零部件企业70家，主导产品包括专用车、变速器和齿轮、锂离子动力电池等。形成年产各种改装汽车（含场地车）2万台、汽车变速器100万台套、锂离子动力电池5GWh、电机及驱动控制系统1万套的生产能力。

2017年，新能源汽车及配套产业主营业务收入200亿元，利润总额15.53亿元，增长14.08%。生产新能源汽车1414辆，增长1173.87%；汽车变速箱总成27.51万台。

家具产业

【概况】 赣州家具产业布局以南康区为主，辐射带动龙南县、崇义县、赣县区、定南县以及赣州经济技术开发区等地，形成集加工制造、销售流通、专业配套、家具基地等为一体的产业集群，产品以实木家具为主，以及板式家具、软体家具、藤制家具、金属家具等。2017年，全市规模以上家具企业276户；实现主营业务收入314.1亿元，增长29.1%；实现利润21.9亿元，增长23.3%。

【南康现代家居城】 主要由“四城一镇”组成，即现代家居研发城、现代家居制造城、现代港口物流城、现代家居营销城和现代家居特色小镇。内容涵盖家具、家居纺织、家居建材、家居设计服务、室内配饰等行业。通过城镇联动，相互促进，互为助力，推动家居产品向智能化、定制化、生态化转型，实现“家具”向“家居”跨越发展，打造全国一流的家居产业集散地。

电子信息产业

【概况】 2017年，全市电子信息产业规模以上企业249户，比2016年净增79户；实现主营业务收入542.39亿元（占全市14.78%），增长18.39%；利润总额27.22亿元，增长19.79%。赣粤电子信息产业带规模以上企业140户，占全市电子信息产业规上企业数的56.22%，比2016年净增61户；截至2017年12月底，实现主营业务收

建设中的赣州新能源汽车科技城

入 344.36 亿元（占全行业 63.49%），增长 33.36%，高于全行业 15 个百分点；利润总额 22.51 亿元，增长 43.54%，高于全行业 23.8 个百分点。2017 年，赣粤电子信息产业带引进 80 个项目，总投资额达 579.31 亿元。其中，47 个项目在建设中；10 亿元以上电子信息产业项目 26 个，占项目总数的 32.5%；20 亿元以上项目 9 个。

年内，全市重点调度的 57 个投资亿元以上项目，总投资达 462.9 亿元，年内完成投资 201.48 亿元，项目开工累计完成投资 235.32 亿元。其中，投资 10 亿元以上重大项目 19 个，赣州市江元实业有限公司手机等消费类电子产品生产项目、上犹灯饰产业高新科技园等 2 个项目竣工投产；推进南康德普特科技有限公司投资 12 亿元月产 1000 万片玻璃盖板（触摸屏）项目、江西优信普科技有限公司投资 22 亿元超精密光通信电子信息产品项目、睿宁高新技术材料（赣州）有限公司投资 10.8 亿元 22 纳米以下硅基及有色金属基 PVD 芯片薄膜电子材料项目、江西志浩电子科技有限公司投资 30 亿元年产 300 万平方米高端电路板项目、信丰合力泰科技股份有限公司投资 45 亿元年产 1100 万平方米柔性线路板和软硬结合板项目等重大项目。

成功引进工信部电子五所（中国赛宝实验室）在龙南县设立办事处、南康区成立工业（电子）设计中心，填补赣州市电子信息产业科研机构的空白。

【协调推进产业发展】 强化规划引领和政策支撑。围绕实施《赣州市电子信息产业“十三五”发展规划》，赣州市主攻办印发《关于加快赣州市电子信息产业发展的指导意见》，明确按照“整体推进、重点突破、差异发展、各具特色”的发展思路；围绕智能终端、智能光电、智慧城市三大产业链，重点打造龙南智能光电及电子新材料制造、信丰智能终端制造、南康新型显示及智能家居、章贡区特色软件及信息技术服务业、赣州经济技术开发区汽车电子集成电路等五大特色产业基地。沿线县（区）围绕各自产业定位，在用地、厂房装修、固定资产投资、财税支持、金融扶持、创新升级、人才保障等方面制定差别化的扶持政策。强化协调调度。每月对企业用电及生产经营情况、重点项目建设进展情况等进行定期分析和动态管理。

【培植龙头企业】 积极开展产业招商。2017 年，市、县两级集中力量，举办 30 多场专题招商推介会，重点推介电子信息产业。市委、市政府主要领导亲自出席在深圳、香港举办的电子信息产业招商推介活动，并考察走访工信部电子五所、华为、华星光电、河源中光电通讯、科陆集团等重点电子信息龙头企业和机构，洽谈合作。组建专业招商小分队，主攻电子信息产业招商，成功引进一批电子信息产业大项目、好项目。2016 年以来，引进 5 家上市公司在赣州市落户，即合力泰科技股份有限公司在信丰县投资 45 亿元的柔性线路板产业园项目、广东骏亚电子在龙南县投资 25 亿元的电子数码产品及元器件研发生产销售项目、深圳同兴达科技股份有限公司在赣州经开区投资 6 亿元的液晶显示模组生产线项目、赣州金信诺电缆技术有限公司在赣州经济技术开发区投资 2.22 亿元的新型军用总线项目、赣州市德康实业有限公司在南康区投资 2 亿元的电子信息孵化园项目。

【加快产业集聚】 打造各具特色的区域产业集群。各地围绕产业定位，延长产业链条，提升产业配套，形成龙南智能光电及电子新材料制造、信丰智能终端制造、南康新型显示及智能家居、章贡区特色软件及信息技术服务业、赣州经济技术开发区汽车电子及集成电路等五大特色产业。10 月，龙南经济技术开发区电子信息产业集群被省工信委批准为省级重点工业产业集群，全市电子信息产业省级重点产业集群增至 2 个。产品结构向多元转变，由单纯元器件、零部件、来料加工向整机生产迈进，拥有手机整机、高密度多层线路板、液晶屏及触摸屏、锂离子电池、LED 组件、数字视听、安防监控等 100 多个品种。

【完善配套服务】 强化平台建设。赣州经济技术开发区电子产业园、赣州新型电子材料基地、信丰电子信息产业基地、龙南稀土发光材料和绿色照明产业配套基地、南康节能照明产业园等 5 个电子信息产业基地（产业园）加大建设力度，改善园区基础设施和配套服务，为电子信息产业发展提供有力支撑。强化资金保障。各县（区）积极出台政策措施，设立产业发展引导基金，为园区建设、产业发展提供资金保障。信丰县、龙南县、赣州经济技术开发区分别设立 22 亿元、20 亿元和 10 亿元的电子信息产业发展引导基金，扶持引导企业加速发展。强化创新驱动。5 月 10 日，引进工信部电子五所（中国赛宝实验室）在龙南县设立办事处。10 月 31 日，组织召开中国赛宝实验室（龙南）办事处服务企业对接交流会，全市约 120 家电子信息企业参加会议。积极争取专项资金支持。2017 年，组织申报的睿宁高科、德普特、聚声泰等三家企业获省级中国制造 2025 电子信息制造业新一代信息技术产业项目 35 万元扶持资金。加强行业交流。先后组织企业参加第五届中国电子信息博览会、第二十一届中国国际软件博览会，帮助企业学习掌握行业前沿技术和发展趋势。

【发展壮大软件产业】 以章贡区软件产业园为依托，培育壮大本地软件产业龙头企业。以赣州科睿特为代表的 30 多家本土软件企业加快发展。引进华为、软通动力等国内电子信息行业、大数据行业龙头企业集团落户。至 2017 年，全市软件产业规模达 12 亿元左右。

稀土钨产业

【概况】 赣州市纵深推进资源整合和产业升级，形成集矿山采选、冶炼、深加工及应用和产品检测、研发设计、教育培训等为一体的较完整产业体系，在钕铁硼磁材、发光材料、陶瓷材料、永磁电机等新材料及应用领域具备较好的基础。2017年，钨等产业规模以上企业194家，实现主营业务收入750亿元，增长9.65%；实现利润39.84亿元，增长21.77%。全市APT（仲钨酸铵）、钨粉、硬质合金的产能分别占全国的60%、40%和10%；发光材料、钕铁硼磁材的生产能力分别占全国的30%和20%。赣州钨新材料及应用产业主营业务收入约占全国1/3，成为全国最大的钨矿山、分离冶炼、深加工基地。

【钨产业】 赣州作为中国钨业的发祥地，是全球重要的钨资源远景分布区，是国家新一轮战略钨矿找矿区。中国地质科学院在赣州成立地质研究基地和博士后工作站；同时有赣南地质调查大队、赣州二六四队、江西有色地质勘查二队、赣州地质队等一批探矿专业队伍。全市发现钨矿产地74处，矿点429处，累计探明钨资源储量129万吨，其中黑钨资源保有储量居全球第一位。赣州市有规模以上企业数124家，实现主营业务收入375.59亿元，增长17.78%；实现利润15.85亿元，增长36.85%。

初级加工领域。钨采选：赣州市钨矿山总的生产能力为618万吨矿石/年，钨精矿（三氧化钨含量65%）生产能力为4万标吨/年。近年来，国家对钨矿实施保护性开采，全国钨精矿开采总量每年控制在8万—10万吨，赣州每年占全国钨精矿总产量的25%—30%。钨冶炼：其中，APT（仲钨酸铵）冶炼企业16家，产能约10万吨，占全国50%；钨粉生产企业15家，钨粉产能约3万吨，占全国40%；碳化钨粉产能约3万吨，占全国的45%；同时拥有钨条1500吨、钨酸18200吨、偏钨酸铵1000吨的年生产能力。

深加工及应用领域。市内重点企业有章源钨业、耀升钨业、世瑞新材、虹飞钨钼等。产品有涂层刀片、棒材、球齿、盾构齿、异型件、钨电极等近20多个品种，硬质合金年生产能力5000吨，占全国硬质合金4.11万吨产能的15%；钨丝年生产能力约10亿米以上。

【创新体系建设】 2017年，规模以上工业企业研发经费内部支出占主营业务收入比重为0.75%，规模以上制造业每亿元主营业务收入有效发明专利数1.04件。依托“一校、一院、一所”（江西理工大学、江西省稀土功能材料研究院、江西有色冶金研究所）及“五中心”（国家离子型稀土资源高效开发利用工程技术研究中心、教育部钨资源高效开发及应用技术研究中心、国家钨与稀土产品质量监督检验中心、中科院海西研究院赣州稀金产业技术研发中心、质谱科学与仪器国际联合研究中心赣州分中心）、“二实验室”（国家矿产品检测重点实验室、离子型稀土资源开发及应用省部共建教育部重点实验室）等创新平台，设有稀有金属交易所等功能服务平台及赣南地调大队院士工作站和虔东稀土、章源钨业、赣南科学院3个国家级博士后科研工作站，拥有国家级技术创新示范企业3家，高新技术企业275家，以应用为导向，建设政产学研用深度融合的创新网络。全年经鉴定的科技成果151项，其中达到国内先进水平的62项。专利申请14706件，授权专利5934件，为赣州以稀土钨产业的创新驱动发展战略提供坚实保障。

【中国稀金谷建设】 为贯彻落实中央供给侧结构性改革和创新驱动发展战略要求，赣州市委、市政府提出高起点规划打造“中国稀金谷”的战略决策。以创新驱动、产研并举、产城融合为路径，以产业绿色化、智能化、国际化为目标，致力于建设有利于人才、技术、金融、信息等要素相互促进、产业共生发展的“谷”生态环境，实现稀土钨高端技术、高端人才、高端产业和高端金融的集聚。

“一核两区”空间布局。“一核”，以赣州高新区为稀金谷建设的核心区域，以稀土稀有金属新材料及其应用、高端化的协同创新体系和产业服务体系为发展重点。“两区”，以赣州经济技术开发区和龙南经济技术开发区为重要发展区域，重点发展稀土稀有金属深加工产业、下游高端制造产业、以及稀土发光材料和重稀土合金为主的稀土高端应用产业。

核心区“一谷三园”。即中国稀金谷——智慧园、产业服务园、钨和稀土产业园。其中，智慧园、产业服务园成为打造稀金谷实施创新驱动发展战略的重要平台和核心抓手，培育和发展创新研发中心、应用拓展研究中心、科技创业孵化中心、产品测试中心、检验检测中心、质量认证中心、科技展示中心、大数据中心等高端服务；钨和稀土产业园，围绕钨、稀土、钴等稀土稀有金属产业，以推动新材料及应用产业高端发展为主线，打造成为全国重要的稀土稀有金属新材料及应用产业基地。

“三园”建设。“钨和稀土产业园”拉开框架。“中国稀金谷”核心区——赣州高新区投入征地拆迁、场地平整、道路及市政设施等资金超30亿元。“智慧园”加快建设。筹建并运营以稀土功能材料国家制造业创新中心为目标的江西省稀土功能材料研究院，研究院获批省级制造业创新中心，为全省有色行业首家；诚正稀土院士工作站获省级院士工作站批复。“产业服务园”推进建设。中国南方稀土集团总部搬迁至赣州高新区；赣州稀有金属交易所加快推进运营；国家离子型稀土资源高效开发利用工程技术研究中心和国家钨与稀土产品质量监督检验中心在赣州高新区设立分支机构。稀土低温锂电池、功能性稀土新材料、稀土永磁伺服电机、高性能永磁电机等“稀金”产业项目落地15个，总投资达123.5亿元，在建项目6个。

氟盐化工产业

【概况】 赣州市萤石资源、岩盐资源十分丰富，产业配套条件较好，区位交通条件优越，产品辐射珠三角能力强，具备发展氟盐化工产业的有利条件。全市18个县（市、区）

图为江西九二盐业有限责任公司生产车间

中15个县（市、区）均发现有萤石资源，且矿石具有杂质少、品位高（平均CaF2含量50%以上，最高93.72%）、可选性好的特征。赣州市查明资源储量991.2万吨，保有资源储量（CaF2）634.7万吨，位居江西省首位，占全省保有资源储量的75%左右。全市萤石资源远景储量大，据地质部门预测超过2000万吨以上。会昌周田大型盐矿保有矿石储量17.29亿吨，NaCl10.24亿吨，矿石平均品位59.11%。其中，会昌江西九二盐矿保有矿石量2.31亿吨，NaCl1.4亿吨。

全市规模以上企业68户，其中采选23家、深加工45家；规模以上企业实现主营业务收入149.31亿元，增长4.23%；利润总额8.83亿元，增长8.82%。

自浙江鹰鹏1997年入驻会昌县建设第一条氟化氢生产线以来，浙江三美、中国华星、中国中化等企业先后进驻赣州市建设氟盐化工精深加工项目，推动产业链条从萤石开采、精选向精深加工不断延伸。2017年，形成12.5万吨无水氢氟酸、5000吨电子级氢氟酸、3万吨二氟一氯甲烷（R22）、3万吨无水氟化铝、60万吨真空制盐、30万吨离子膜烧碱（一期10万吨）、24万吨硫酸（一期12万吨）、8万吨氟硼酸钾和氟钛酸钾的年生产能力。会昌氟盐化工产业基地、全南氟新材料产业基地先后获批省级氟盐化工产业基地。

【龙头企业】 江西三美化工有限公司，江西会昌县石磊集团（石磊矿业、石磊氟化工、石磊氟材料），兴国县中萤矿业有限公司，江西九二盐业有限公司，松岩冶金材料（全南）有限公司。

医药产业

【概况】 赣州市生物医药产业有规模以上企业24户，2017年规模以上企业实现主营业务收入93.28亿元，增长8.0%。江西青峰药业有限公司坚持以创新型研发为主导，在赣州、杭州、上海、北京、昆明、泰州、美国波士顿等地设立新药研发基地，研发团队由600多名知名专家、教授、研究员、博士和硕士领衔的全方位多层次科技创新人才组成，该公司成功创建国家级创新型示范企业，其“创新天然药物与中药注射剂国家重点实验室”填补江西省企业国家重点实验室的空白，该公司2017年主营收入超过40亿元，连续多年进入中国医药工业百强名单。

【青峰药谷】 中国赣州（青峰）药谷是赣州市主攻工业“两城两谷一带”重点工程之一，坐落于章贡高新技术产业园区，总体规划面积为25平方千米，分为3个板块，即药材种植加工区7平方千米，药品研发制造区8平方千米，以峰山、杨仙岭、仰屏山为依托的医药健康旅游区10平方千米。2017年，赣州市以“青峰药谷”的建设为依托，大力优化产业发展环境，重点扶持龙头企业，引进优质企业，孵化创新项目，着力打造在中部地区具有较大影响力的集医药研发制造、商贸物流、中药材种植、健康旅游、医疗保健、养生养老于一体的大健康产业集群。

轻纺产业

【概况】 2017年，全市轻纺产业有规模以上企业614户，主要包括家具制造业，纺织业，纺织服装、鞋、帽制造业，造纸及纸制品业，等等。规模以上企业实现主营业务收入797.56亿元，增长21.71%。

【纺织服装产业】 2017年，全市纺织服装产业有规模以上企业176户；规模以上企业实现主营业务收入219.8亿元，增长17.9%；利润12.7亿元，增长20.1%。规模以上企业主营业务收入过5亿元的10家，1亿—5亿元的46家，1亿元以下的120家。赢家服饰（赣州）有限公司为全市规模最大的服装企业，2017年实现主营业务收入8.95亿元，增长1032%。规模以上企业从业人数达4.2万人。2017年，全市服装产量2.89亿件，增长38.7%。

全市176家规模以上纺织服装企业分布在17个县（市、区），其中又以于都县、宁都县、石城县、兴国县、龙南县、瑞金市、全南县、南康区、赣县区、章贡区、赣州经济技术开发区等11个县（市、区）为主，这些地区占全市规模以上纺织服装企业户数的95%，主营业务收入的90%，其中于都县、宁都县、石城县首位产业均为服装产业或涵盖服装产业。赣州市纺织服装行业的主导产品有时装、西服、职业装、女性内衣、运动休闲服装、针织毛衫等。拥有于都服装服饰产业基地和南康纺织服装产业基地等2个省级产业基地。

食品工业

【概况】 赣州市食品工业有规模以上企业129户，主要包括农副食品加工业、食品制造业、酒及饮料制造业和烟草加工业等4个大类。2017年，规模以上企业累计实现主营业务收入334亿元，增长11%；实现利润总额28.5亿元，增长42.83%；主营业务收入、利润分别占全市规模以上工业的9.1%、11.9%。

【农副食品加工业】 全市农副食品加工业规模以上企业81家，涵盖饲料加工、水产品加工、茶油加工、果品加工等行业。2017年，实现主营业务收入234.2亿元，利润总额21.8亿元，分别占全市食品工业的70.1%、76.5%。龙头企业有双胞胎饲料有限公司、瑞金市红都水产食品有限公司、江西仰山园油茶开发有限公司、江西杨氏南北鲜果有限公司等。

【食品制造业】 全市食品制造业规模以上企业32家。2017年，实现主营业务收入68.3亿元，利润4.3亿元，分别占全市食品工业的20.4%、15.1%。龙头企业有谱赛科（江西）生物技术有限公司（生产甜菊糖甙）、江西五丰食品有限公司（生产米粉制品）、江西齐云山食品有限公司（生产南酸枣糕系列产品）等。

【酒、饮料和精制茶制造业】 全市酒、饮料和精制茶制造业规模以上企业15家。2017年，实现主营业务收入24.6亿元，利税2亿元，分别占全市食品工业的7.4%、7%。龙头企业有江西章贡酒业有限责任公司、燕京啤酒（赣州）有限责任公司、江西国兴集团百丈泉食品饮料有限公司（生产矿泉水、红薯干、鱼丝、灰鹅制品等）。

【烟草制品业】 全市烟草制品业规模以上企业1家，为江西赣南烟叶复烤有限责任公司（赣州卷烟厂归江西中烟），2017年实现主营业务收入5.6亿元，利税0.4亿元，分别占全市食品工业的1.7%、1.4%。

企业概况

【江西盘古山钨业有限公司】 2017年，江西盘古山钨业有限公司（简称盘钨公司）把握“提质增效、安全发展”的总原则和“提质增效降成本、坚定信心渡难关、埋头苦干保生存、卧薪尝胆求发展”的工作思路，较好完成全年目标任务。当年完成钨精矿720吨，为年计划的110%；铋金属77.6吨，为年计划的110%；钼精矿5吨，为年计划的119%；实现营业收入5341万元，工业总产值（现价）5778万元，工业增加值（现价）2778万元，经济增加值921万元，利润673.8万元，钨精矿完全成本81718元/吨。未发生重大安全生产事故和环境污染事件，实现安全生产。

安全环保。盘钨公司全面落实安全环保主体责任，执行领导干部下井带（跟）班制度，强化作业现场的监督管理和雨季汛期的隐患排查治理，开展全员安全培训、安全竞赛、警示教育和应急预案演练，提升全员安全意识和应急处置能力，强化职业卫生和环保工作，全年实现安全生产，未发生环境污染事件。

矿业生产。优化采掘布局。集中优势台班按“高品位强采强放、低品位停采停放”的原则强采强放，提高配矿品位，出矿品位比计划提高0.042个百分点。提高采选能力。稳定台班，提高打眼能力和机组运矿效率，安排中秋、国庆、周末加班增加生产天数12天。实行采掘生产每班提前半小时下达班指令，提升纯作业时间，台班出勤率达90.6%；选矿每班延长2小时左右开车时间，以保证处理矿仓矿石，全年原矿处理量18.8万吨。强化残、难矿和存隆捡空力度。安排残生产坑口对385中段、335中段的账外矿回收任务，增加账外矿石5000吨，安排对435中段正巷进行清理和恢复运输系统，稳定矿山生产能力。加强选矿技术管理。严格执行工艺纪律，完善选矿工序质量，加强精矿溢流点的归类和各点沉淀池及地面金属回收工作，提高选矿实收率和产品配批率，铋的综合回收率最高时达到61%。持续抓废石率、棒磨台时效率的管理，棒磨台时效率达到6.4吨/（台·时）以上。跟踪井下出窿矿石的品位变化，依据不同品位矿石，尤其是高品位出窿原矿，及时调整板式给矿机的给矿量，减少浪费，提高回收率。加强品位取样的监管，不同品位分级，计量的把关，提高细泥棉毯产量，回收钨精矿9.4164吨（标准吨）。加大清仓扫库力度、最大限度地利用中间产品加工以弥补生产任务，加工白钨溢流10.57标准吨，粉钨、杂砂溢流27.49标准吨，优化产品配批，增加产量和效益。转变作风。机关干部参加手选、搬运铁道、回收废钢材、拉电缆等劳动创收。全年机关干部参与创收249人次，累计回收废钢材8.32吨，创造价值2.5万元。加强对标管理和针对性劳动竞赛。制定对标实施方案和劳动竞赛方案，严格现场监督管理，落实指标责任和考核，全年各项经济技术指标基本达到预期目标。产品劳动生产率1.44吨钨/（人·年），自产钨精矿完全单位成本81718元/吨，物资周转率97天，采矿回采率93.3%，选矿钨综合实收率86.89%，采矿台班效率54.3吨/台，物资库存198.88万元，剔废率7.2%。

资源接替。抓好探矿证延续。办理“西岗钨多金属矿详查”探矿证和“小东坑钨矿勘探”探矿证，通过工作确保勘查面积没有缩减。编制及评审通过小东坑钨矿勘探设计，按集团批准项目实施的程序要求，及时向江钨控股集团上报《关于实施小东坑钨矿勘探项目的请示》等5个文件，获批复立项。编写西岗钨多金属矿详查设计，完成小东坑钨矿开采项目预可行性研究，锡、铋、银工艺矿物学研究，选矿流程试验和放射性检测工作等。

重视国家生态红线工作，确保小东坑探矿及建矿用地不在国家生态保护红线区域内。

成本管理。加强成本管理，二级单位提前2个月实现全年节约成本目标35万元。通过分解年度经济责任制指标，及时掌握每月成本投入情况，重点加强对材备料以及用电变动成本的分析，督促二级单位挖掘潜力，严格控制非生产用电，控制办公用电指标，调整班次，做好避峰填谷等工作，全年二级单位成本节约18万元。严格预算管理，可控费用减少支出26.1万元，降幅23.2%。加强管理费用的预算管理，对可控费用实行月月通报，压缩非生产性开支，全年可控费用中的办公费下降25%，通信费下降22%，业务招待费下降25%，差旅费下降13%，交通费下降12%。加强与政府部门沟通争取惠企政策降低成本，全年获取惠企红利148.88万元。向政府部门争取惠企政策，因营改增为公司节约成本13万元；减免2016年房产税2.2万元；降低养老、失业保险、工伤费率，节约成本40.4万元；利用峰谷电价，提高功率因素，节约容量费7.6万元；降低大工业用电价格政策24.1万元；县环保局在线监测以奖代补3万元；获政府扶持资金50万元。抓减员增效措施落实，节约人工成本80.6万元。全年共减员40人，累计节约工资支出51.36万元、规费9.3万元、五金一险20.2万元。节约能耗费84.72万元。根据生产的调整安排和“节假”期用电负荷情况，及时申报变压器暂停，减少变压器容量费支出51.02万元；争取容量费降低2元/千伏安·月，节约费用7.58万元，争取基本电费下降0.0331元/千瓦时，全年节约电费24.12万元。加强物资供应管理，降低采购成本。采购固定资产金额46.88万元，采购总金额下降9.28万元；物资采购成本累计降低6.69万元，修旧利废累计22.2万元；库存资金198.88万元，下降14.73万元，降幅6.6%。

制度改革。撤并整合单位部门，压缩劳动用工规模。根据江钨控股集团文件要求和公司生产实际规模，重新设置组织机构，公司机构设置总数由17个压缩为12个。开展定岗定编定员工作，压缩用工规模，公司用工人数从592人（含矿区管委会人员和小东坑）压缩为538人。压缩中层管理人员，按16%的比例进行精减，中层管理人员由43人（含矿区管委会人员和小东坑）压缩为35人。加强人事制度改革。优化管理岗位设置，严格控制中层管理人员职数；建立和完善各类管理人员竞聘机制，选拔优秀人才到管理岗位；建立和完善中层管理人员任职任期制度，对中层管理人员实行3—5年任期制，任期满后重新参与竞聘；建立和完善监督和考核考评工作机制，对中层管理人员进行严格考评，优胜劣汰。推进分配制度改革。落实工效挂钩考核办法，强化工资总额平衡发放，工资总额发放与公司生产经营指标完成同步，2017年公司本部人均年增资3986元，人均增幅9%；发挥工资杠杆作用，调动员工生产积极性，坚持工资分配向技术、管理、井下一线等关键岗位倾斜，机关部室在工作量不减确保任务完成的情况下实行每月“半双休”，以减少周六加班工资的发放，把周六加班工资向一线生产单位倾斜。

综治维稳。强化内外防范基础。强化区域负责制，发挥人防的主导作用，通过强化卡（卡住山头进入井下的重要通道）、守（守住三坑口高品位作业地点）、找（开展井下查找私藏的钨砂）、巡（加强井下重点区域巡逻守护）、查（对335、385出窿人员和出选厂厂门人员进行检查）等一系列措施，抓获外来人员偷盗钨砂案件2起3人，缴获钨砂49千克；查获藏匿钨砂案件1起，查获钨砂7千克；抓获偷盗工业设施案件1起2人，追回钢材3吨多。

强化严打整治。加强对治安形势的分析预测，强化情报信息工作，坚持“什么问题突出就重点整治什么问题”的原则，开展以“维护矿业秩序稳定，保障公司正常安全生产”为主题的严打整治活动，实现全年无重大刑事、治安案件、治安灾害事件和火灾事故的工作目标。强化信访维稳。贯彻落实江钨控股集团2017年信访稳定工作要求，强化节假日、全国“两会”、中共十九大等期间信访稳定工作措施，把握围绕重要时段、重点区域场所、重点人群和对象等“三个重点”，开展矛盾纠纷和不稳定因素的排查化解工作，做到及时掌握，及时化解，维护公司稳定。

（撰稿　陈　麟　审稿　杨植根　丁志纯）

【崇义章源钨业股份有限公司】

2017年，崇义章源钨业股份有限公司以企业发展、降本增效为中心，抓市场突破，促运营提效，较好完成年度生产经营目标，各项工作取得显著成效。公司全年实现营业收入18.30亿元，增加39.59%；利润总额5927万元，减少3.2%；上缴税金9917.81万元，减少7.18%。截至年底，公司注册资本9.24亿元，总资产35.98亿元。公司获“高新技术企业”“江西省智能制造试点示范企业”“赣鄱慈善奖·最具爱心捐赠企业（单位）”等荣誉。

安全环保。公司安全生产态势平稳，环保工作持续向好，全年达标排放，未发生环境污染及群体性上访事件。公司各矿山各项环保设施运行正常，废水达标排放，在线监测数据传输符合要求，环保应急响应能力不断提高。安标化工作取得重大进展，3个主营矿山地下矿山系统、尾矿库和选矿厂3个系统均通过安全标准化二级标准的复评。公司深加工板块通过采取积极防控措施，有效杜绝重大火灾、爆炸事故及重伤以上事故的发生。完成生物质燃料锅炉的改造并投入使用，新增湿式静电除尘器等装置，降低二氧化硫、烟尘等废气的排放；对冶炼厂废水站进行优化改造，在行业内率先使用除氟污泥干化系统，大幅降低废水污泥量，公司污染防治水平得到提升。

科技创新。博士后工作站运行良好，完善相关管理机制，成功引进2名博士。依托公司技术中心设立的江西省钨制品工程研究中心获批2016年省创新驱动“5511”工程平台。冶炼厂成功制备出超高纯APT，产品质量达到国际领先水平。粉末厂重点改进喷涂粉的生产工艺，成功解决空心粒子波动等问题，有效提高产品的稳定性。申请专利10项，授权专利6项（其中发明专利2项，实用新型专利4项）。合金厂新开发16个异形牌号和2个棒材牌号。针对ZK系列和ZJ系列牌号进行优化，提高产品性能，成为公司地矿用合金的拳头产品。澳克泰新设计刀片242款、模具278套、刀盘285款、刀杆48款，进一步将产品系列化。全年完成车削应用149款、铣削应用54款，钻削应用18款的转批量生产，实现通用加工领域的全覆盖。

企业管理。公司持续推进两化融合建设，重点推进矿山机械化建设和深加工板块信息化建设。引进与矿山生产态势相匹配的技术和设备，提高劳动安全程度并减轻劳动强度，有效提升矿山生产效率。深加工板块生产控制系统MES项目正式上线，运行平稳。推动企业数据中心上线，建立章源钨业云桌面系统，实现数据的统一存储和弹性办公。完善公司一体化管理体系，重点推进两化融合管理体系贯标工作。

产业营销。整合相关资源，子公司赣州澳克泰工具技术有限公司在上海注册成立澳克泰（上海）工具销售有限公司，通过华东区经销商参股、入股的方式，整合销售代理商资源，统一部署，利用公司和经销商的人脉资源与市场资源，形成营销合力，实现产品销量的显著提升。参股成立赣州章源合金棒材销售有限公司，专门负责公司棒材产品的销售。

财务管理。公司财务部围绕生产经营计划和年度工作重点，有序地完成各项工作。细化生产成本核算，制订出产品利润中心核算方案；创新融资渠道，与四大银行签订协定存款协议，提升存款利润，降低融资成本。

（撰稿　钟芳兰　审稿　赖昌洪）

【江西耀升钨业股份有限公司】2017年，江西耀升钨业股份有限公司抓住机遇，调整生产经营策略，改革创新，重抓安全环保，完善制度建设，各项工作取得成效。公司注册资本2.6853亿元，总资产14.6亿元，从业人员2300多人，有2个直属矿山、3个全资矿业公司（含矿山），4个钨制品加工厂，2家四星级酒店，1座水电站，公司主营业务为钨业，形成采矿、选矿、冶炼、制粉、硬质合金、贸易为一体的生产、加工、制造、销售全过程完整产业链条，具备年生产钨精矿3000吨、仲钨酸铵（APT）10000吨、氧化钨6000吨、钨粉4000吨、碳化钨粉2500吨，喷雾混合料2000吨、硬质合金棒材800吨、球齿400吨生产能力。公司是江西省钨钢合金工程技术研究中心、江西省省级企业技术中心、国家高新技术企业、国家绿色矿山示范企业。公司被授予“江西省优秀企业”“江西省杰出矿业企业”“江西省知识产权优势企业”称号。

生产经营。全年完成主营业务收入7.36亿元，增长6.2%，上缴税收5006万元，增长15.7%；三产业完成营业收入1650万元，利润145万元，税收150万元。生产经营单位计划目标明确。茅坪钨钼矿完成当年计划，钨锡矿产量的117.78%，增长39.18%；恒昌矿业长龙坑铜锌矿完成当年计划钨锡矿产量的101.67%；锡坑钨锡矿、威恒矿业石公前铜锌矿、慧敏矿业面对困境，积极采取措施，不断完善条件；粉末冶金厂在人员减少、成本上升的压力下，超额完成钨粉、碳化钨粉计划目标，分别完成当年计划的115.1%和102.63%；多金属精选厂、金龙钨制品厂完成生产计划，不断改进工艺技术，提高资源回收率；硬质合金厂首次完成全年计划总目标；耀升国际饭店取得计划任务完成、市场营销稳定、菜品开拓创新的良好效果；耀升西湖工程管理站合理调度，做到发电上网、防汛抗旱两不误。抓调度降成本。生产单位适应市场变化，调整生产布局，实施技术创新；矿山合理贫富矿兼采，错峰安排设备设施检修，并岗精减人员，降低生产成本。严抓绩效考核。茅坪钨钼矿实行一线生产管理分层负责，实行全员考核、按劳按绩计酬机制；长龙坑铜锌矿实施出勤积分、积分叠加考勤模式，将出勤天数与绩效考核挂钩，定期考核。加强营销管理。公司营销应对市场变化，锁定维护大客户、优质客户，做活国际贸易，全年出口实现销售收入6220万元，增长42.85%；对客户实行授信管理，控制市场风险；收缩不良客户业务，加快资金回笼。耀升国际饭店完善激励机制，加强营销管理，开拓新市场，注重新菜品研发，新推出具有王阳明文化特点的“阳明宴”，具有特色竹文化的“全竹宴”在美团网上线；建立饭店微信公众平台，开通微信支付方式，方便旅客。

安全生产。抓安全责任。落实安全生产主体责任，明确安全生产事项。茅坪钨钼矿创新建立井下安全生产片区值班长责任制；长龙坑铜锌矿对井下员工实施安全绩效考核，2个矿山全年未发生重伤事故，一般事故明显减少。抓风险管控。矿山、工厂分别建立安全生产风险管控和安全生产条件确认制度，加强现场安全监管，严惩违章指挥、违规作业、违反劳动纪律“三违”人员，使安全风险处于可控状态。全年处罚违章违纪536起，罚款953人次。抓安全达标。持续推进安全生产标准化建设工作，公司5个矿山、4个工厂安全生产标准化建设全部达标，形成制度化、常态化；茅坪矿通过国家安监总局组织的遏制非煤矿山重特大事故专项督导。开展职工职业健康体检工作，有效防范职业病隐患。抓应急演练。公司有关部门会同生产经营单位完善矿山井下、防汛、尾矿库、火灾等应急救援预案，组织开展消防、危化品安全等应急演练18次，建立公司微型消防站，提高处置突发事件的应急能力。抓监控管理。升级改造监控系统，监控系统由原模拟信号，升级为高清数字信号，更新高清摄像头86个，增加手机实时查看监控点的功能。加强日常保卫、巡逻和检查，开通消防云平台功能，增设网络防雷防静电设施。加强设备、防汛、消防、车辆、食堂、网络、档案等安全工作。

环境保护。严抓环境保护工作，未发生因环保措施不落实、因发生环保事故而出现的行政处罚。公司环保部门适应新政策要求，加强与上级环保部门沟通联系，认真抓好检查督查；各厂矿环保职责明确，环保在线监测及环保污染因子全面自行监测得到加强；茅坪钨钼矿投资3500万元新建井下充填系统并试运行；完成公司ISO环境管理体系认证和排污许可证换证。

资源利用。完成矿山采矿权及探矿权有关证照年检延续、矿山资源储量核实报告编制、慧敏矿业深部扩深预划定矿区范围延续申报及批复等工作。拆除原茅坪矿老宿舍区等4处危旧土坯房5575平方米，搬移安置38户、80名职工。

技术创新。引进先进技术，改造现有设备。茅坪钨钼矿选厂引进先进的影像智能选矿、微细产品悬振选矿生产设备，金龙钨制品厂新上氨气回收和低钨综合回收利用技术改造项目；粉末冶金厂进行氢气站和四管炉半自动化技术改造；长龙坑铜锌矿对井下水泵进行技术改造，实现井下无专职抽排水人员；西湖工程管理站对发电设备进行自动化技术改造，硬质合金厂新开发硬质合金双螺旋孔圆棒、YS550牌号棒材产品。改造茅坪井下通风系统，彻底解决茅坪矿井下多年存在通风不畅的难题。金龙钨制品厂对原生产条件进行调参数、改设备、补短板，生产能力和回收率大幅度提高；多金属精选厂调整工艺技术，锡含钨品位由1%—1.2%下降到0.8%以下，尾矿中钨加锡品位控制在0.7%以下。采取简单有效的淋喷方式，解决粉尘外排问题，提高回收率。

科技创新。全年获批发明专利7项，公司拥有发明专利12项，实用型专利87项，合计拥有专利99项；启动国家知识产权标准体系认证工作；公司第二轮获批国家高新技术企业。

制度建设。改变茅坪矿管理体制和钨制品厂经营模式，加强生产和人员管理。完善经济合同、公章管理使用、报账、OA审批、劳务合同、车辆、采购、招标、接待等制度，加强对各项规章制度执行情况的督查，加强经济合同审批权限管理。

目标考核。把控制生产成本、实现现金流、产品质量、安全生产、环境保护等主要指标纳入重点考核内容，调整考核参数，根据实际执行情况进行考核，完善公司目标考核制度，年终考核结果与工资、奖金、绩效、评先评优挂钩。

项目建设。申报科技等项目6项，共计下拨资金220万元。做好项目申报、复评、验收、评先评优工作；启动茅坪钨钼矿一号尾矿库闭库工程；加强公司网站建设，完成公司网站在公安机关备案，注册“耀升钨业·手机”“耀升国际饭店·手机”中文国际域名，全年上传公司网站新闻消息15篇。

（撰稿　甘业书　审稿　郭　涌）

【江西西华山钨业有限公司】　2017年，江西西华山钨业有限公司资产总额7185万元，资产负债率69.35%。当年实现营业收入3161万元，工业增加值1015万元，上缴税金200万元；实现钨精矿产量312吨，完成利润控亏目标，安全环保工作实现“四个为零”的目标。公司内设办公室、党群工作部、人力企划部、安全生产部、财务部、营销部6个职能管理部门，下设2个坑口、水电管理站、精选厂等4个二级单位，拥有赣州邦达高科制药有限公司1个全资子公司。在册员工（含制药厂）217人。

生产经营。公司坚持集团公司“回归经营本质，奉行稳健经营，坚守价值创造，追求人正品真”的经营理念，通过边际效益测算，制定详细试生产方案，接替资源地下开采项目顺利进行试生产。融入集团公司“大营销”战略，发挥厂矿协同作用。公司营销人员下市场、摸行情，及时掌握第一手信息，将最新钨产品市场走势第一时间与集团营销部门及多家冶炼厂对接共享，让集团营销部及相关钨制品厂家的营销决策更好地规避市场风险；反馈公司外购订单信息，发挥厂矿协同作用，加强行动对接，引进“县外无票资源”“零时差”的把外购产品销售出去，有效地提高流动资金的周转，为公司赢得利差，分享政策红利。稳步推进三项制度改革，做好企业瘦身健体工作。推行三项制度改革，机关部室设置由10部1室1委精简为5部1室，机构精简率为50%；基层单位由9个精简为5个。中层管理人员由45人精简至28人，中层精简率为38%。细化邦达药业内部管理，落实提质增效措施。通过提高质量，抢占市场份额，把握市场行情，低价储备原材料，降低生产成本等举措，实现利润117万元，增长195%，人均利润超3万元，取得药厂建厂以来最好成绩。拓宽思路，谋划企业转型发展。融入大余县西华山钨矿国家矿山公园建设，以企业为主体，开展申报国家工业遗产工作，西华山钨矿成功入选第一批国家工业遗产认定名单，获工信部授牌。

（撰稿　陈　伟　审稿　叶广垠）

【江西中烟工业有限责任公司赣州卷烟厂】　江西中烟工业有限责任公司赣州卷烟厂位于赣州经济技术开发区香港工业园北区中心区域，占地48.67公顷。国家烟草专卖局批复总投资24.75亿元（其建筑及公用工程和非烟草专卖设备概算17.04亿元），年生产能力60万箱（一期实施年卷包能力40万箱），适当留有发展余地。一期总建筑面积约15.39万平方米，新建联合工房、生产管理用房、职工倒班宿舍、动力中心、仓库、污水处理站等9栋生产性建筑及配套建筑设施，其中联合工房建筑面积8.79万平方米，生产管理用房（含后勤保障用房）建筑面积14900平方米，职工倒班宿舍建筑面积5938平方米。项目建成可实现年销售收入44.69亿元，实现税利约30亿元。当年企业共生产卷烟41.4万箱，其中自主品牌32.3795万箱，合作品牌8.99164万箱。截至年底，共有在岗员工1075人。

卷烟生产。全年生产卷烟207亿支（41.4万箱），包括（双喜、七匹狼、红玫、椰树）合作加工品牌。生产“赣”2.0467亿支（0.4093万箱），金圣47.1765亿支（9.4353万箱）“庐山”112.6747亿支（22.5349万箱）；合作生产七匹狼卷烟9.9754

亿支（1.99508 万箱），双喜 25.0998 亿支（5.01996 万箱），红玫 4.367 亿支（0.8734 万箱），椰树 5.5161 亿支（1.1032 万箱）。全年万元产值综合能耗为 14.518 千克标煤 / 万元，万支卷烟综合能耗为 2.412 千克标煤。烟叶、滤棒、盘纸平均消耗（折算为标准口径）分别为 6.782 千克 / 万支、2520.95 支 / 万支、596.464 米 / 万支。水、电平均消耗分别为 0.104 吨 / 万支、9.468 度 / 万支。

企业管理。抓好制度建设，对所有制度逐项梳理，修订文件 217 个，废止文件 27 个。有序推进体系转版，开展体系转版内外培训、体系内部审核等工作。形成涵盖 6 大类 209 项定额指标的管控体系，建立“以目标结果倒逼过程改进，以过程控制确保目标达成”的工作机制。全年开展 10 个品牌规格现场物耗测试，发现问题点 13 项，改善 12 项。从公司内部对标看，赣州烟厂 6 大类消耗指标均优于公司平均水平，其中盘纸、滤棒、小盒、综合能耗排名靠前。

精益管理。精益改善能力提升，在全国第二届质量创新大赛上首次获国家级大赛单项冠军；在省第三十八次质量管理小组大会获“两冠两亚两季”荣誉，6 个质量管理小组被评为“省年度优秀小组”，2 个班组被评为“省质量信得过班组”；在 2017 年中国设备管理大赛上获企业可视化管理创意二等奖、设备维护工具创意二等奖、设备管理金点子二等奖等荣誉。加强规范管理工作，公司确定赣州烟厂为规范管理创新工作的试点单位，形成“三建（construct）、三理（card）、三控（control）”的“3C”规范管理工作法，有效地落实“三个保障机制”的要求。

人力资源管理。1 名卷接修理技师申报高级技师，8 人通过行业技师鉴定，47 人通过特有工种技能鉴定。全年举办、参加各类培训 226 期，5510 人次接受培训教育。注重青年人才队伍建设，对 52 名青年后备人才进行精准培养，推动“青年活动小组”的建设，运营“赣烟之家”公众号的新媒体小组，重点培养弱电、工艺、信息化人才的青年活动小组。

安全生产。全年综治安全管控有力，以精益课题活动 + 安全激励的组合方式，开展危险源风险识别、仓储安全 2 个专题活动和全员参与的“人人找隐患，人人提建议，人人都是安全员”活动，在隐患排查、岗位安全达标、重点要害防控等工作上取得进步。

（撰稿　李　明　审稿　姚　萍）

【上犹江水电厂】　2017 年，国家电投集团江西电力有限公司上犹江水电厂以赣州市为中心，管理区域涉上犹县、瑞金市、于都县 3 县市的 4 个电站。管理有上犹江、留金坝、跃洲、峡山 4 座水电站，建设、运营维护上犹仙鹅塘风电项目，装机变为区域 4 站 12 台共 16.31 万千瓦，含风电管理容量 23.11 万千瓦。企业连续十四届被评为江西省文明单位，企业连续 2 年被国家电投集团江西电力有限公司评为“先进单位”，厂党委连续 2 年被江西省电力有限公司评为“先进（模范）基层党组织”。

安全生产。上犹江水电厂坚持“安全第一、预防为主、综合治理”的安全生产工作方针，贯彻落实国家新《中华人民共和国安全生产法》和集团公司《安全生产工作规则》的相关规定，落实各级各类人员安全生产责任制，构建组织领导、技术保障、安全监管、责任追究的安全生产管理体系，陡水电站保持 25 年无事故记录，实现机组连续安全运行，其他电站可控在控（全年累计上犹江安全运行 9185 天、留金坝 3560 天、跃洲 1836 天、峡山 1721 天，工程建设安全施工无事故、“零”伤害），区域实现安全生产“十不发生”的安全管理目标。

经营管理。普及“五化管理”，强化执行力，落实资金预算，规范物资管理，对生产指标对标细化控制，开展相对水位控制竞赛活动。上犹江区域全年累计完成发电量 6.04 亿千瓦时（其中陡水电站 2.55 亿千瓦时、留金坝电站 0.68 亿千瓦时、跃洲电站 1.32 亿千瓦时、峡山电站 1.49 亿千瓦时），完成年初计划的 106.81%。区域累计实现营业收入 2.14 亿元，盈利 3783 万元，为年初下达目标利润总额的 172.11%，盈利水平在江西省电力有限公司水电系统排名第一。

企业发展。持续抓好仙鹅塘风电场建设和运营。截至年底共投运机组 18 台，实现一、二期共 34 台风机正式投入运营，年累计发电量达 1.21 亿千瓦时；开展新能源资源的筛选和查找，通过与三一重能的互动，促双方高层达成共识，实现项目重大突破；与崇义县签订合作协议，圈定关田风电项目开发权限，抓好测风工作；与赣南医学院、赣南师范大学初步达成屋顶光伏项目开发共识，做好资源项目储备；与全南县签订 20 MW 地面扶贫光伏开发协议；积极调研开发建设生物质发电项目的可行性。

（撰稿　张　庆　审稿　蔡泽洪）

【华能瑞金电厂】　2017 年年初，华能瑞金电厂以安全生产为基础，提高企业生存能力和市场竞争，以“强三基、优指标、精成本”为主线，全面从严治党，抓好安全生产责任制落实，突出精益成本指标升级，抓二期项目开工和供热改造投产，改进工作作风，提高工作效率，提升企业管理，各项工作开展有序。全年完成发电量 34.84 亿千瓦时，增长 13.85%，超额完成分公司年中调整预算奋斗目标 32.5 亿千瓦时；设备利用小时 4978 小时，比全省统调火电平均利用小时高 87 小时。采购标煤单价累计完成 938.81 元 / 吨，上升 38.90%，低于全省平均采购标煤单价。实现利润 -4440 万元，减少 11553 万元，超前年中调整确保目标利润计划日历进度 919.39 万元。实现经济增加值 -7655.14 万元，减少 7716.51 万元，超前年中调整确保目标 EVA 计划日历进度 900.51 万元。完成净资产收益率 -8.54%，比年度预算低 8.98 个百分点。资产负债率 75.86%，比分公司年中调整确保目标高 1.06 个百分点。月度经营绩效考核和管理提升专项考核在分公司排名领先。

提质增效。建立健全安全责任体系和安全生产责任制落实评估机制，完善制度措施落实，狠抓“三违”整治，构建安全风险分级管理和隐患排查治理“双重预防机制”，推进“本安型”外包工程创建，加强全员安全生产教育培训，增强全员应急处理能力，安全管理水平提升，安全风险可控在控。全年保持安全稳定掺烧经济性煤种共计549081吨，占耗煤总量的40.24%；以95分的优秀标准通过股份公司“安全生产教育培训平台”验收，是股份公司第一批、江西分公司第一家通过验收的单位，全年安全绩效加8分；“本安型”外包工程创建成效显著，工作经验被推广至江西省机电工程协会安全论坛。推进检修标准化作业和更新改造项目全过程管理，完成2台机组C修、6次调停检修及罗茨水环真空泵、E层燃烧器改低氮燃烧器等技改工作，设备缺陷数下降32%。完成厦门金砖会晤、中共十九大等重要时段保电任务；在全省用电持续保持高负荷的迎峰度夏期间保持机组安全平稳运行。当年瑞金电厂没有发生一、二类障碍，年度安全生产天数365天，累计3550天。

节能减排。通过节能技改及运行小指标考核管理，降低机组能耗指标，完成生产供电煤耗306.49克/千瓦时，下降1.89克/千瓦时，比年度绩效值低1.62克/千瓦时；生产厂用电率4.62%，下降0.02个百分点，优于年度绩效值0.08个百分点；获中电联2016年度350 MW超临界湿冷机组竞赛二等奖。重视环境保护，为省内第一家全部完成超低排放改造的电厂，并确保电量及电价补贴按时100%到位；取得赣州市第一张新版排污许可证；2台机组实现“零投入”全负荷脱硝，进一步降低烟气NOX排放；使用“白泥”脱硫，掺配比例达到30%。

成本管控。以“综合计划内部执行计划及管控体系”为纲领性文件开展全面预算管理工作，坚持“无预算不开支”，对各项费用及时平衡、调节，确保生产经营指标可控、在控；推行“精益成本管理”，实现厂长负责制，探索单元成本管理，融入EVA核心理念，每月汇编《精益成本管理工作月报》，对标分析区域竞争力，形成长效提升机制；成本管控工作累计完成4项，费用7734.57万元，在发电量增长13.85%的情况下降低19.26%；公务费用降低20.6%。

开拓市场。紧盯基础电量、大用户直供电量、园区打包交易电量，刚性执行电量月度分解计划，合理安排计划检修和调停临修，连续5个月超额完成分公司下达的月度任务。合理安排机组运行方式，运行值长与营销密切配合，全年机组出力系数71.01%，提高4.84个百分点。开拓电力市场，代表江西能源销售公司，争取市场交易电量6.9亿千瓦时，电量份额4.55%，超容量份额0.42个百分点，降价幅度与全省平均降价持平。完成发电量34.84亿千瓦时，增加13.85%；完成利用小时4978小时，提高606小时，超全省统调平均87小时，首次实现全年利用小时超统调平均。

节能降耗。探索市场底价，研判燃料市场走向，以年度长协煤保供稳价，全年累计执行45.76万吨，兑现率91.52%，比同期市场煤低30—40元/吨，节约燃料成本1674万元；控制低位库存，通过临购形式采购厦门港现货3万吨，价格较同期年度长协煤价格低35元/吨、市场煤价格低45元/吨，节约燃料成本135万元；利用招标价格发现功能采购2船各7万吨印尼煤，节约燃料成本816万元。通过控制水尺偏差、控制途损、派专人确保盈装等精细化管理手段，共计节约燃料成本约225万元。全年完成标煤采购单价938.81元/吨，在分公司3家火电企业排名第一低，在江西省13家火电企业排名第六低。

资金管理。加强资金计划管理，灵活借还贷款，提高沉淀资金控制水平，累计提前回收电费2.6亿元，有效缓解厂内资金压力；利用“早还缓贷”方式置换银行贷款3.5亿元，节约财务费用14.62万元；详细制定流动资金计划，预判资金流量，提前偿还贷款4000万元，节约财务费用53.5万元；加强沟通协调，使电厂贷款利率低于同期基准利率，上半年利率下浮程度在股份公司排名领先，共节约财务费用130万元；严控电费回收质量，累计承兑汇票率17.12%，低于全网平均；利用承兑汇票背书支付4775万元，盘活沉淀资金、减少贷款需求，节约财务费用约51.93万元。

发展热力市场。广泛调研，与用户提前签订煤汽联动、阶梯热价合同，基础热价达220元/吨；加大协调力度，供热改造项目厂外一标段（至洋塘工业园区）首期投产通汽，保持供汽流量约20吨/小时，投产即盈利。全年累计售热31054吨，实现热费收入579万元，热费回收率100%，完成供热利润242万元。以供热为基础，与赣县区政府一起申报赣州高新区综合能源改革试点项目，由省能源局上

6月29日，中国华融资产管理股份有限公司向瑞金市人民政府捐建希望小学

报国家能源局审批。

【华融赣南产融投资有限责任公司】

2017年，华融赣南产融投资有限责任公司（简称“华融赣南”）管理资产规模104.1亿元，其中表内（含并表）总资产93.5亿元，表外资产10.6亿元；实现营业收入7.93亿元，实现考核净利润1.61亿元，年化ROA1.62%，年化ROE31.02%；计提拨备1.60亿元，累计拨备2.20亿元，拨备率2.53%；创造税收8685万元（当年实际缴纳税收达到10734万元）；新增融资42.05亿元；投放项目16个，金额44.29亿元，收回项目投资12.15亿元；所投放的项目均正常运营，无风险项目。公司内设有办公室（纪检监察室）、董事会办公室、计划财务部、业务审查部、风险管理部、法律合规部、资金市场部、基金业务部、业务一至五部等13个职能部门以及项目组和华融天鸿基金有限责任公司。员工总数74人，其中男性员工52人、女性员工22人，平均年龄33.5岁。领导班子成员7人，中层干部14人。

公司治理。以创建“好公司”为目标，将加强党的领导写入《公司章程》，注册资本同比例增资到2.6667亿元，单独设立董事会办公室，成立风险管理委员会、审计委员会等各专门委员会。推进“企业管理年”活动，接受中国华融资产管理股份有限公司开展的子公司资产负债损益专项审计，抓好审计问题整改，新建制度32项，修改6项，废除8项，形成有效制度89项。

业务工作。坚持“轻资产、基金化、证券化”，按照“基础设施产业、大健康产业、企业并购重组、不良资产、县域经济发展、创投基金六大投资领域”布局，突出PPP业务发展，业务重心回归江西本省，对赣州新能源汽车城、赣州（龙南）电子信息产业科技城以及瑞金工投等项目进行支持，项目签约金额23亿元，实际到位19亿元。

资源保障。全面加强与各类金融机构合作，江西省工行批准公司资产包收益权转让项目1个，赣州经开区、瑞金工投基金化业务成功实施。截至年末，共有19家银行综合授信89.4亿元（实际有效额度76.4亿元），其中信用贷款21.95亿元，担保贷款62.45亿元。当年新增资金42.05亿元，其中信用贷款9.23亿元，担保贷款13.00亿元，到期贷款续贷4.38亿元，增资0.67亿元，收益权转让14.77亿元。

风险管理。风险总监到位履职，出台《业务发展指导意见》《投资决策委员会工作规则（A版）》《业务审查审批流程（B版）》《项目后期管理办法（试行）》《平台公司、PPP及政府基金业务指引（2017年版）》等风险管理类制度30余项，开展贵州、云南6个投放项目2期专项巡访，建立流动性风险预警机制，“三年零风险”目标稳步推进。

（撰稿　叶晶晨　审稿　周　晓）

【部分企业领导名单】

江西盘古山钨业有限公司

党委书记、董事长、总经理：
杨植根（8月任）

专职党委副书记：钟友根（8月任）

党委委员、纪委书记兼工会主席：
张育桂

党委委员、副总经理：
熊平根（任至8月）

副总经理：钟益民　申昌健（8月任）

崇义章源钨业股份有限公司

董事长：黄泽兰

总经理：黄世春

常务副总经理：赵立夫

党委书记、监事会主席：张宗伟

董事会秘书、副总经理：刘　佶（女）

副总经理：范迪曜　黄　文　石雨生
赖昌洪　黄泽辉

江西耀升钨业股份有限公司

董事长、总经理：郭华彬

常务副总经理：刘小平

副总经理、董事会秘书、财务总监：
卢和铭

副总经理：郑福军　崔宇明

董　事：郭华英

监事会主席、党委书记：兴　明

江西西华山钨业有限公司

党委书记、董事长、总经理：
叶广垠（8月任）

党委副书记：邱国斌（8月任）

副总经理：刘福久　张　勇（8月任）

纪委书记：刘尧德（8月任）

江西中烟工业有限责任公司

赣州卷烟厂

厂长、党委副书记：何善懋

党委书记：黄　平

党委委员、副厂长：雷开福　汪新华
邓宜平

党委委员、纪委书记：丁声文

调研员：李伟忠（11月任）

上犹江电厂

厂长、党委副书记：蔡泽洪

党委书记、副厂长：吴新翔

纪委书记、工会主席：傅光荣

副厂长：张　尖

总工程师：叶　盛

调研员：赵冬冬

华融赣南产融投资有限责任公司

党委书记：王文杰

党委副书记、董事长：周　晓

党委副书记、董事、总经理：
李春雷（3月任，任至11月）

党委委员、董事、副总经理（主持经营工作）：杨林波（11月任）

党委委员、监事长：喻俊康

党委委员、纪委书记、副总经理：
朱木发

党委委员、副总经理：徐广宇（1月任）
夏天明（8月任）

（本栏编辑　徐文菁　王　宇）

国有投资控股企业

赣州城市开发投资集团有限责任公司

【概况】 赣州城市开发投资集团有限责任公司（简称赣州城投集团）注册资本金10亿元。2017年，赣州城投集团以“诚信为本，绩效为先，奉献为责，创新为魂”的企业精神，乘势而上，攻坚克难，圆满完成各项工作任务。全年筹集到位资金223.97亿元，完成建设支出77.1亿元，实现营业收入18.66亿元，利润6.66亿元。至年底，集团资产总额900亿元，在全国城投公司排名第四十九位，集团总资产主体信用等级AA+，是获此评级的全国41家地市级城投公司之一。获“赣州市第九届文明单位”“创建全国文明城市工作先进集体”“2017年度平安赣州建设暨社会治安综合治理目标管理先进单位”“全国城投协作联络会2016年度信息工作先进单位”“2016年度劳动保障诚信等级AAA级单位”“赣州市国资系统庆祝中国共产党成立96周年文艺晚会优秀组织奖”等称号。

赣州城投集团有全资子公司6家，全资孙公司1家，参股公司10家，并表公司1家。集团设有董事会、监事会和经营层，党委、纪委、工会及团委，内设9个部门，有干部员工347人（含外派及借调人员），其中高管9人，中、高级技术人员124人，本科以上学历211人。

【融资工作】 对接各大银行机构，加强合作交流，全年实现银行贷款类融资100.57亿元；突破传统融资局限，推动非公开定向债务融资工具（PPN）、资产证券化（ABS）、跨境内保外贷等多种新型融资项目，发行15亿元PPN，完成18亿元太平洋保险资金提款，完成10亿元ABS融资申报；与大公国际、中诚信等评级机构对接，完成AAA级主体信用评级前期工作，首次发行的PPN发行利率低于5.5%，处于全国同时期、同级别较低利率水平；向农业发展银行、国家开发银行等政策性银行贷款的棚户区改造项目资金利率为基准利率下浮10%，专项债基金利率执行1.2%的抵押补充贷款（PSL）利率，远低于银行贷款利率水平。

【项目建设】 当年承担项目36个，总投资389.3亿元，实际完成项目建设投资77.1亿元。及时拨付征拆资金39.53亿元，加强与赣州市有关部门的沟通协调，推进征地拆迁工作；依法依规做好项目招标、中标单位业绩核实工作，提高招标效率，保证招标质量。组建高铁建投公司，建设高铁新区；完善项目参建单位考核评比制度，按季度开展考核评比，奖优罚劣，倒逼项目参建各方加大投入，确保工程质量和进度。章江新区K16地块，章江南大道西延等5个项目完工；和谐大道主车道全线通车、火车站内部改造工程基本完工；迎宾大道、飞翔路、文明大道等快速路项目加快建设，开启“四横六纵一环”快速路网建设新征程；市综合文化艺术馆、高铁西站周边市政基础设施等项目开工建设，其他新建续建项目顺利推进。全年安全生产实现零责任事故；K13地块被作为全市建筑安全生产和安全质量标准化工地，召开2017年赣州市“安全生产月”建筑施工安全质量标准化现场会，为全市项目建设单位提供建设经验；章江新区农民返迁房项目第3标段J4-2地块2#楼、J5地块2#、3#、6#、8#、10#楼获“2017年江西省建筑机构示范工程”称号。

【国有资源运营】 全年新增经营性房屋类资产1.30万平方米，完成房屋类租赁10.69万平方米，实现经营收入9336万元，增长10.84%。通过宣传、优惠等措施加快推动星洲湾小区尾盘销售及资金回笼工作，应售尽售。首次采取市场化竞租方式盘活幼儿园资产，B5地块幼儿园单项合同可创造资产收入3300万元。归集集团自行建设实物资产和出资建设返迁房剩余资产，扩大资产总量和规模。响应市人才保障计划，在创业家园储备拎包入住的公寓630套，以供调配。

（撰稿 黄俊睿 审稿 龙 琪）

【领导名单】

党委书记、董事长：郑礼顺

党委副书记、总经理：刘相发

党委委员、副总经理：黄家伟 喻云星

党委委员、经营班子成员：钟 鸣 管运标

经营班子成员：江学忠　王远平

党委委员、工会主席、总经理助理：
肖　晖

赣州发展投资控股集团有限责任公司

【概况】　2017年，赣州发展投资控股集团有限责任公司主动顺应经济新常态和供给侧改革，克服融资成本上升、金融监管趋严等不利因素，调整经营策略，改革发展各项工作取得长足进展。至年底，集团公司实现信用评级升级为AAA，集团全资、控（参）股公司19家，其中授权持股并表公司3家（赣州城投集团、赣州高速公司、赣州基投公司），直投全资子公司4家（赣州发展投资公司、赣州发展城镇投资开发公司、赣州发展资产经营公司、赣州发展企业还贷周转金管理公司），直投控股公司3家（赣州发展融资租赁公司、赣州发展供应链管理有限公司、赣州发展投资基金管理公司），参股公司9家（赣州发展配售电公司、江西赣南金融资产交易中心、江西致远发展投资管理公司、招商致远壹号股权投资管理公司、赣州市金盛源担保公司、江西龙潭水电公司、中财宝辉担保公司、江西城瑞公司、江西金融发展集团公司）。全年集团营业收入（含投资收益）8.47亿元，增长34%；实现利润1.6亿元，增长20%；上缴税费及国有资本收益9800万元，增长102%，增长幅度和绝对增量在全市国资监管企业中位居第一。

集团（本部）资产总额245亿元，增长20%；投资对外新增投资58.09亿元，增长16.37%；提前回收本金1221.03万元，追回历史逾期投资本息9097.57万元，资产结构优化。通过授信、资产证券化、保理等融资手段，实现融资52.93亿元，增长72%。

【服务“六大攻坚战”】　集团围绕“六大攻坚”战略部署，持续加大投资力度，全年新增直接投资55.5亿元，为政府性项目投资超100亿元。发挥平台优势，为赣州旅投提供担保7亿元，为信丰县城投提供10亿元融资，支持新能源汽车城建设22.5亿元，为龙南县棚改、保税物流中心等提供13亿元以上的资金支持。打造多样化、多层次金融产品组合，支持全市工业、现代农业、现代服务业等产业发展。对华劲纸业、荧光磁业、孚能科技等工业企业新增投资39.24亿元；对现代服务业新增投资3.28亿元，担保24亿元；对现代农业新增投资1290万元。做实精准扶贫工作。向南康区浮石乡圳玄村和瑞金市九堡镇杨梅村投入303万元扶贫资金，用于村组道路硬化、完善村部设施、光伏电站建设、芋子产业合作社等项目建设。累计帮助圳玄村56户贫困户实现脱贫，圳玄村的精准扶贫模式被南康区委、区政府推广。

【服务实体经济】　投资公司坚持股权投资、债权投资并举，优化投资业务结构，经营效益提升。新增投资9.95亿元，营业收入2.18亿元，实现利润1.11亿元。融资租赁发展态势向好。融资租赁公司以新能源、医养、新兴工业、新型消费为业务主攻，资产结构不断优化，全年新增业务投放7.6亿元，实现利润7476万元，保持全省融资租赁业领跑者地位。经营性物业运营良好。资产经营公司总资产14.5亿元，管理经营性物业建筑面积18万平方米，通过租赁、招商等经营管理活动，实现营业收入2695.08万元，实现代管资产租金收入156.64万元，实现利润总额716.56万元，国有资产保值增值。还贷周转金公司发挥政府性还贷周转金服务功效，优化业务流程，助力赣州市中小微企业转型发展，取得良好的社会效益和经济效益。全年发放周转金309笔27.87亿元，业务规模占到全市20家周转贷机构业务总规模的30%，位列全市周转贷行业首位。金交中心实现战略重组。引进北汽集团完成赣南金融资产交易中心战略重组，植入北汽集团优势产业资源，打造国内首个汽车金融资产交易平台，全年实现交易量3.5亿元。P2P平台合规稳健运营。融通资产公司落实互联网金融整改，实现业务规模增长。全年新增交易额4.8亿元，实现利润526万元，成功当选为江西互联网金融协会监事长单位。

【新业务发展】　工业基金作用逐步显现。交信基金公司对接各类优先级资金，通过市场化方式放大政府投资杠杆，支持市重大工业项目建设。投放新能源汽车科技城、江西荧光磁业、孚能科技等项目22.85亿元。供应链金融规模壮大。供应链公司按照“服务产业，发展实体”的市场理念，支持木材家具、建材、有色金属等赣州特色产业，完成营业收入和累计投资额11.39亿元，实现利润404.8万元。对接实施国家“一带一路”建设，依托赣州港，以木材为切入，探索大宗商品贸易融资服务，供应链公司与南康区口岸公司合作成立赣州市康发港仓储管理有限公司，为赣州港提供重要配套服务。至年底，供应链公司为南康家具企业提供的木材集中采购服务1.6亿元。PPP业务取得突破。城镇公司按照服务新型城镇化建设的发展定位，推进政府和社会资本合作（PPP），完成项目投资1.4亿元，首个PPP项目——龙南保税物流中心通过验收评审。顺应售电侧改革精神，1周内注册成立配售电公司，与赣州经济技术开发区、赣州高新技术产业区、龙南经济技术开发区等10个国家、省级工业园区276家企业签订委托购电合同，总签订量5.2亿千瓦时，可直接为企业节电费近千万元，业务规模位列全省第三、赣州市第一。

【投融资业务】　完善投融资功能，提升资本运作能力。优化投资结构，加快从高风险项目退出。加强风险预警，坚决退出与战略方向不相符及风险高的项目，提前回收本金1221.03万元。严格新增项目准入。科学研判市场形势，全面梳理主要行业、客户风险特征，加强项目行业、客户准入管理。加大赣州特色产业、政府扶持产业的投资力度，严禁投向“三高一低”等产能过剩行业。加速优质资产布局。参与赣州市政配套、棚户区及旧城改造、特色小镇等城镇基础设施建设；加大稀土钨新材料及应用、新能源汽车及配套、电子信息、生物制药、木材家具等市重点产业投资力度；加快在配售电、清洁能源、医疗、教育等民生保障行业布局，充分发挥国有资本在国民经济中的主导作用。创新融资方式，拓宽融资渠道。提升平台融资功能。多次到北京与东方金诚及民生银行就集团争取AAA主体信用评级事宜进行沟通，协调市政府同意，将城投集团60%股权、旅投集团、水务集团下属的汇金砂业及拟组建的交投集团股权无偿划转集团持有，为集团实现AAA级主体信用评级奠定基础。创新开展集团融资。拓宽渠道，储备融资项目，争取多种类、多方式的融资。集团本部实现融资52.93亿元，增长72%，50亿元永续中票及40亿元绿色债的发行有序推进。抓好政府重点项目的融资落地。保障新能源科技城22.5亿元、信丰县棚户区改造10亿元及黄金机场改扩建3.4亿元融资落地，制定G105、S226公路融资方案，完成信丰城投15亿元企业债的担保。

（撰稿　杨璐铭　审稿　廖生兴）

【领导名单】

董事长：欧阳忠
总经理：李贱贵
副总经理：肖春雷
副总经理兼财务总监：刘　斌
副总经理：赖国民　钟久祥
董事会秘书：廖生兴
总经理助理：叶继裕　欧阳珑　刘造林

赣州高速公路有限责任公司

【概况】　2017年，赣州高速公路有限责任公司总资产245亿元，增加20亿元，增长8.9%；资产负债率69.5%；全年实现利润1.35亿元，超额完成年度目标，连续2年突破亿元，增长34.7%；全年实现通行费收入10.2亿元，增长12.1%；全年完成项目投资5.5亿元，公司全资、控股及参股高速公路通车里程560千米，缴纳税费0.82亿元；绿通、节假日减免费收1.3亿元；帮助“精准扶贫点”资金等225万元。公司及下属单位获评全市社会治安综合治理先进单位、全市法治赣州建设先进单位，公司被评为全市文明单位。有员工1600多人。

【高速项目建设】　兴赣北延项目完成施工招标工作，开工建设。交通运输部同意大广高速南康至龙南段扩容工程特事特办，提前进行国家“十三五”规划中期调整，完成行业审查意见待批。信丰县北新增互通工程完成交工验收，实现通车运营。兴赣服务区于国庆前投入使用，寻全高速服务区建设基本完成，兴赣高速枢纽互通项目进展顺利。

【品牌建设】　开展“擦亮城市窗口，树立文明形象”主题活动，整治高速公路沿线、收费站、服务区环境，提升对外形象。强化窗口服务人员业务技能和服务态度，提高窗口服务质量，巩固“橙乡”服务品牌成果。应对周边路网分流挑战，做好道路安全保畅、收费现场管理、线路营销推广、服务品质提升、追逃抓逃等工作，抓好费收征管，做到应征不漏。

【路域环境整治】　公司根据全省路域环境整治工作、全市低质低效林改造及赣定路面大中修要求，投入4230万元，突出公路基础设施、管理服务和路域环境整治等。在维护路产路权、消除安全隐患、服务经济发展和群众出行方面取得显著成效。

【多元发展】　公司作为主发起人参与的混合所有制投资项目瑞京人寿保险公司完成前期相关报备工作。与中石化公司完成服务区加油站建设的对接工作和合作方式的洽谈，组建赣州高速石化有限责任公司，基本完成兴赣高速2对服务区的经营筹备工作。南康区4.6公顷土地开发完成土地面积及界址勘测复核、确界、登记注册和土地证换等工作，委托专业策划单位拟订开发方案。司属养护公司联兴公司完成经营范围增项工作，对外拓展承接工程项目4个，工程总造价6900万元，全年对外拓展利润超260万元。

【财务工作】　寻全高速、兴赣高速、绕城高速、龙杨高速全线路产办证工作基本完成，办理好路产证书1879.73公顷土地。该项工作属全国首例，吸引山西省等地来考察取经。创新融资模式，通过发行50亿元永

1月4日，兴赣高速公路正式建成通车，标志着兴国至赣州彻底结束无直达高速公路的历史

续中期票据解决项目建设资本金问题，首次面向市场直接融资。公司年度融资控制在基准利率及基准利率以下，财务费用减少1030万元，“三公”经费在连续3年下降的基础上，下降16%。

（撰稿　郭思敏　审稿　袁　绍）

【领导名单】

总经理：赖才丁

副总经理：高光彬　谢天桂　梁文龙　邹歆贤（女）

总经理助理：杨向莲（女）　许景春

赣州稀土集团有限公司

【概况】　赣州稀土集团有限公司是由赣州市国资委和8个稀土资源县国资办共同以现金出资成立的有限责任公司，于2013年3月正式挂牌运营，注册资本金10亿元。是国家级大型稀土集团中国南方集团牵头组建单位和控股股东，中国稀土行业协会副会长单位，中国稀金谷核心成员企业。至年底，公司拥有包含中国南方稀土集团有限公司、赣州稀土矿业有限公司、国家离子型稀土资源高效开发利用工程技术研究中心、江西铨通稀土新技术有限公司等全资、控股及参股子公司35家，集团资产总额57.54亿元，增加1.21亿元，增长2.10%。2017年实现主营业务收入19.49亿元，增加7.08亿元，增长57.05%。集团核心子公司赣州稀土矿业公司实现主营业务收入9.51亿元，增长52.64%；实现利润3600万元，增长152.82%。保持连续7年盈利。

【生产经营】　根据国家稀土办要求，中国南方稀土集团作为理事长单位牵头成立南方离子型稀土企业联盟。4月，集团网站对外统一发布中重稀土单一氧化物挂牌价，业内关注度高，反响良好，对于市场报价和规范报价机制有引导作用。在行业内初步形成“轻稀土报价看北方稀土，中重稀土报价看南方稀土”的格局。集团成立南方稀土国际贸易公司，集中各子公司生产的稀土产品，实行统一对外经营和销售，改变南方稀土内部分散经营的局面，实现集团公司的规模化运营。国贸公司组建8个月，实现主营业务收入10亿元。借助“一带一路”政策实施“走出去”战略，国贸公司打通从缅甸等东南亚国家进口稀土原矿的路径，进口离子型稀土原矿，缓解因稀土矿山停产和压覆矿资源回收不足带来的原矿供应短缺问题，支持市内稀土产业的发展。

【项目建设】　利用集团的品牌优势、资源优势和产业优势，引导国内国际稀土骨干企业投资“稀金谷”。先后洽谈钪铝合金新材料、东莞嘉达磁电制品、天津华建天恒大功率齿轮箱、低速大扭矩大功率永磁电机、上海格派新能源电池等项目，相关合作方达成合作意向。集团与生一伦稀土、中国中车合作的高端永磁电机等项目签署合作框架协议，共同打造高端军民融合装备产业链，项目落地的各项工作有序推进。加强与稀金谷内企业的合作。对世瑞钨业和诚正稀土等稀金谷核心企业进行调研，寻求稀金谷内优质项目的投资并购和合作发展机会。与诚正稀土合作投资的稀土永磁电机项目完成股权转让及增资扩股的合作协议的签署。国家离子型工程技术研究中心圆满完成建设任务，并顺利通过科技部验收。工程中心共有科研项目24项，全年获得科研经费1095万元。工程中心还积极推进科技成果转化工作，与广东省稀土产业集团有限公司等合作单位在“瓷土矿中回收离子型稀土资源”“稀土合金捣镐及系列耐磨稀土合金材料”技术初步达成产业化合作意向。铨通公司着力改进产品质量，通过自身技术攻关和外聘专业人员指导，解决中小功率陶瓷金卤灯存在的管尾炸裂、使用寿命短等质量问题，产品各项性能稳步提升，同时启动大功率型号产品的研发；与市国投动力信息产业发展有限公司组成联合体，签订合作框架协议，共同争取路灯改造项目。中蓝公司发光材料项目正式投产，研发一批符合市场需求的各类LED荧光粉产品，并实现销售。子公司向集团申报技改项目4项，齐飞公司有机相的钙皂化处理工艺技术改造完成；天和公司产品的草沉改碳沉工艺技术改造完成；堉然公司氧化铁红生产线项目投入生产；鸿富公司工业锅炉及产品窑“煤改气”技术改造项目基本完成。核心子公司赣州稀土矿业公司积极推进稀土开采技术取得重大突破。开展的稀土矿山绿色无铵开采提取工艺技术研究，通过院士及专家学者组成的专家委员会的工艺论证。该技术先后申报专利7项，取得发明专利授权2项，并获“中国稀土科学技术奖”科技进步奖二等奖。

【中国南方稀土集团股金调整】　集团全力推进全省稀土资源回收利用企业整合工作。在原有5家综合利用企业的基础上又采取“一元金股”的方式整合23家综合利用企业，整合覆盖面60%以上。建立常态化督导督查工作机制，对各企业的生产经营情况进行监督检查。完成中国南方稀土集团减少注册资本的工作，将注册资本金由原10亿元减为7.53亿元，调整股东持股比例，调整后赣州稀土集团占股99.47%，江铜集团占股0.47%，江钨集团占股0.07%。对公司章程进行修改，对重大事项表决条件进行调整，通过减资做实中国南方稀土集团的资产，解决资产长期锁定的问题，打通股权、债券融资渠道。

【企业党建】　完成矿业公司、工程中心、龙南有色、龙南冶炼等公司章程修改工作，将党建总体要求纳入公司章程，明确党组织在公司法人治理结构中的法定地位。明确党委参与集团和矿业公司“三重一大”决策事项与流程，把中共党组织研究讨论作为董事会、经营班子决策重大事项的前置程序。明确党委会决策事项范围，涉及贯彻落实党和国家的方针政策及上级党组织的重大决策、重要工作部署、重要指示精神和集团党的思想、组织、作风、制度、党风廉政建设，集团重大工作部署、“三重一大”事项均需提交集团党委会研究审议。广泛开展“三带三促”活动，领导带部门，践行“党建+企业发展”；支部带党员，践行“党建+技术攻关”；党员带职工，践行“党建+创新管理”。“三带三促”促进工作作风转变，较好地发挥党建工作对业务工作的引领作用。2017年集团被评为全市文明单位和综治先进单位。集团全年无生产事故发生。

【精准扶贫】 公司扶贫工作队完善建档立卡贫困户的内业资料和国办、省办系统管理，开展春节和“七一”走访慰问、结对帮扶贫困户等活动。着重抓好产业扶贫，引导贫困户成立白莲合作社，引进外地资金到前江村石里石外小组打造高标准脐橙、猕猴桃种植基地。抓好就业扶贫和扶贫车间建设，指导外出人员回乡创业，兴办民营来料加工企业，帮扶贫困劳动力务工就业增加收入，全年支持挂点村产业扶贫资金40万元，帮扶68户贫困户288人脱贫。

（撰稿 李玉生 审稿 钟 鸣）

【领导名单】

党委书记、董事长：谢志宏
党委副书记、总经理：钟 鸣
党委委员、副董事长：李竹兴
纪委书记、副总经理：罗红发
党委委员、副总经理兼财务总监：何祥文

赣州工业投资集团有限公司

【概述】 2017年，赣州工业投资集团有限公司以“攻坚克难、创新实干”为发展理念，深化国有企业改革，实现国有资产保值增值，全面推进公司经营发展，各项工作实现新突破，各项经营指标全面攀升。公司实现管理的资产总额18.66亿元，其中公司合并报表资产总额13.24亿元，虔盛基金资产5.42万元；实现主营业务收入和投资收益5.27亿元，按考核口径计算实现利润总额4.43亿元，净利润3.32亿元；上缴各项税收1.19亿元。

【企业改革】 实现昌九集团股权公开转让和赣州工投科技混合制改革。通过江西省产权交易所公开挂牌转让所持昌九集团85.4%的全部股权，征集到拟受让方江西航美传媒广告有限公司，先后取得市政府、省政府、国务院国资委的审核批准，办理昌九集团的股权交割，上市公司昌九生化注册地保留在赣州市。股权转让取得利润4.2亿元，实现国有资产大幅增值。通过江西省产权交易所公开挂牌转让全资子公司工投科技55%股权。由厦门投资者以3329.8万元的报价竞得。成交价比评估值增值1738.3万元，溢价109.2%，实现国有资产大幅增值，增值率209.2%。

【投资业务】 主动作为，发挥工业投融资平台优势，开展投融资业务，促进国有资本保值增值。投资晨光稀土项目，通过借壳实现上市；投资中新软件项目申请IPO材料，报证监会受理；完成2期虔盛基金的设立；公司参股35%成立新光辉投资管理有限公司，作为普通合伙人发起设立规模为10亿元的盈中源基金；引进江铜集团开展润鹏矿业股份制改革；引进唐山拓又达科技集团在赣州中国稀金谷投资10亿元生产高端智能设备，项目前期工作完成；稀交所重组筹建完成交易场所装修等项工作，交易软件开发、仓储物流基地建设、人员招聘等工作抓紧落实。公司履行社会责任，为中小企业融资做好服务，参股设立的章贡区民间融资登记服务有限公司和代理运作省内小微企业创业园风险补偿引导基金，助推类金融为实体经济服务，初见成效。集团拥有3家全资子公司。

【融资业务】 赣州银行、北京银行、赣州农商行合计新增授信9000万元，实际放款6500万元；收到昌九集团股权转让款，归还全部贷款3.65亿元，节成本确保公司信用优良。储备融资项目2个，规模8000万元。与赣州银行开展战略合作，集团及下属全资子公司获28000万元贷款授信，保障集团经营发展所需的资金，并为有关优质项目投资提供资金支持。

【精准扶贫】 公司加大扶贫力度，协助新圩村争取上级投入项目资金393.96万元，整村推进扶贫基础项目工程24个。单位自筹资金21.65万元，为贫困户解决生产生活等有关问题。全村实现户户自来水到家、家家门前通水泥路面、全村主要路段全部装上太阳能路灯、所有贫困户的危房得到改造和维修。2017年全村实现脱贫17户92人。

【企业管理】 优化内部机构和岗位设置，配备专职管理人员；完善公司管理制度，修订完善《“三重一大”管理规定》《纪检监察工作制度》《企业经营管理人员廉洁从业规定》《员工薪酬管理办法》，加强内部监控，提高纪检监察工作力度；制定2017年度经营工作计划和部门业绩考核方案；加强业务培训，开展法律、公文写作等知识培训，员工业务素质进一步提高。

（撰稿 刘智源 审稿 张 圣）

【领导名单】

董事长：叶扬焕
副总经理：黄郁梅（女）

赣州市国有资产投资集团有限公司

【概况】 2017年，赣州市国有资产投资集团有限公司围绕年初制定的经营总目标重点攻坚工作任务，深改革、抓管理，取得自集团公司组建成立以来最好的经营业绩。集团实现营业总收入13.72亿元，增长36.44%；实现税金7442万元，增长24.3%；实现利润总额1.11亿元，增长55.59%；资产总额66.95亿元，增加25.29亿元。完成市政园林等10户脱钩移交企业的整合重组，完成注销空壳型、僵尸型企业28户。成功收回三海公司、崇义尾矿公司等债权1.05亿元。完成于都县排子脑萤石矿评审资源量（矿物量）在省国土资源厅的备案，矿权预评估价值超6亿元。完成国资工业投资公司、大数据发展公司的组建工作并正式开展运营，赣州市重大工业项目投资引导资金完成14.8亿元银行配资授信，完成1亿元的项目资金投放。与省金控集团合作设立的省信用担保公司赣州营业部完成融资担保及保函业务量12亿元。获创建全国文明城市先进集体、市第九届文明单位、市综合治理先进单位等称号。

【重大工业项目投资】 赣州市重大工业项目投资引导资金（简称引导资金）是市政府设立的政策性专项资金。发挥引导资金杠杆效应及助推牵引效应，实施以资招商、以资促投推动工业发展战略，吸引国内外优质资本、技术、人才向赣州市重点工业项目聚集。印发《关于印发赣州市重大工业项目投资引导资金管理办法的通知》，成立由市政府市长任主任、常务副市长及市主攻工业领导小组副组长任副主任、有关市直部门及企业为成员单位的赣州市重大工业项目投资引导资金管理委员会为引导资金的领导机构，负责引导资金重大事项的决策；管委会下设办公室，办公室设在市工信委，负责管委会的日常工作；明确市国投集团为引导资金受托管理机构，新注册成立赣州市国资工业投资管理有限公司作为引导资金的投融资执行主体，负责引导资金的日常管理与投资运作等具体事务。

制定《赣州市重大工业项目投资引导资金运营管理方案》，落实赣州市国资工业投资管理有限公司组建，跟踪落实财政10亿元资金到位，10月中旬正式开展运营；对接各大银行签订合作协议，完成签合作银行5家；开展项目调研遴选工作，从各县市区遴选出20个项目进入备选库，完成尽职调查。市重大工业项目引导资金管委会及合作银行同时批准14.8亿元的资金支持，其中南康爱格森人造板公司年产22万立方米人造板项目1亿元资金投放到位，实现市重大工业项目引导资金支持的零突破。

【大数据发展有限公司组建】 组建赣州市大数据发展有限公司，与中国电信江西分公司和华为软件技术有限公司合作组建赣州云计算数据中心，协助政府构建城市级数据产业基础，促进数据创新应用。助力政务、行业、企业等各领域数据资源开放与资产化，逐步实现数据统一、交换和共享。

（撰稿　吴亚东　审稿　陈孝荣　赖建宁）

【领导名单】

董事长：陈孝荣

总经理：朱志林

副总经理、财务总监：刘常运

副总经理：赖建宁

总经理助理：刘香梅

赣州市地方铁路建设投资有限公司

【概况】 2017年，赣州市地方铁路建设投资有限公司以纵深推进《若干意见》所涉赣州铁路振兴发展为重心，筹措铁路项目资金，协调推进在建铁路项目后续工作，抓精准扶贫落实，各项事业取得成绩。至年底，公司总资产12.42亿元，净资产8.92亿元。公司高管人员4人，董事长1名，总经理1名（任至9月），工会主席1名，总经理助理1名。有在岗职工30人，其中高级职称1人、中级职称2人、初级职称2人。

【铁路投融资】 聚焦主责主业，拓展与国家开发银行、平安银行、中信银行、华融信托、兴业证券等各大金融机构务实合作，共同推进建立赣州铁路产业基金平台，筹措资本金助力昌赣客专推进，赣深客专、兴泉铁路全面开工。完成1.8亿元需赣州市出资资本金，注入昌赣客专项目股本金。发挥投融资平台主体作用，助推《关于做好全市境内新建铁路项目资本金筹措工作的通知》落地实施。

【经营管理】 持续深入推进赣韶铁路、赣瑞龙铁路后续工作。完成赣韶铁路江西段征地拆迁资金审价决算，全面完成赣瑞龙铁路江西段市级对省级的补偿资金决算工作；协调解决赣韶线赣州客车技术整备所遗留弃土安全隐患、赣瑞龙线会昌境内弃渣场复耕复绿等14处遗留问题，维护社会稳定。深化企业改革，适时调整中长期发展规划；经营业绩持续保持良好态势，经营管理水平提高。公司总资产增长1.42%，净资产增长2.18%。

【精准扶贫】 持续发力打赢脱贫攻坚战。落实帮扶政策，多举措巩固脱贫成果。筹资修复桥护栏、援建小学图书室、参与保障房、卫生室和文化活动中心项目建设、援助修建入户路；协调帮助争取702万元项目资金实施产业、安居、教育、就业、健康、金融和兜底保障扶贫；协调整治环境卫生、宣传乡风文明、做好综治维稳、拆除空心房等。全年公司直接投入扶贫帮扶资金近40万元，调处矛盾纠纷12起，开展入户宣传40场次。

（撰稿　朱　俊　审稿　张　波）

【领导名单】

董事长：张　波

总经理：黄建鸫（任至9月）

工会主席：孙东岩

总经理助理：王瑞庆

（本栏编辑　王　宇　王志辉）

园区经济

赣州经济技术开发区

【概况】 赣州经济技术开发区位于赣州市中心城区西北部，代管5个乡（镇、街道）、1个赣州新能源汽车科技城管理处和1个综合保税区，面积218平方千米，建成区面积57平方千米，人口35万人。2017年，规模以上工业主营业务收入763亿元，增长14.5%。固定资产投资321.3亿元，增长12.8%。财政总收入41亿元，增长12.8%；全年一般公共预算支出32.8亿元，增长9%。实际利用外资2.4亿美元，增长10%。进出口总额8.37亿美元，其中出口总额7.64亿美元，增长10%。社会消费品零售总额56.95亿元，增长12.1%。全区年度计划投资213.26亿元，实际完成投资220亿元，完成率103%。全年签约项目70个，签约资金489.84亿元。

【新能源汽车科技城建设】 截至年底，国机智骏汽车、宝悦新能源汽车、浙江中电、华氢电池等一批超10亿元的项目落户赣州经济技术开发区，总投资135.8亿元。新能源汽车产业全年实现产值60亿元，增长30%，获批省级重点新能源汽车产业集群。新能源汽车科技城总规划面积35.2平方千米，2016年4月启动建设，累计投入财政性资金85.8亿元（征拆资金75.8亿元，拨付基础设施建设工程款10亿元），园区循环道路基本形成，水、电、气、通信等管网和道路同步建设，产业新城初见雏形。

【电子信息产业园建设】 全年引进欧唯智能终端产业链综合基地、金信诺光纤、毅能达集成电路装备与制造、同兴达液晶显示模组项目等一批超亿元项目，签约资金100亿元。立德电子、柏瑞凯电子等5家电子信息企业进入规模以上企业名单。全年实现主营业务收入240亿元，增长16%。电子信息产业园建设规划面积由16平方千米调整到32.5平方千米。

【“赣港直通车”开工建设】 11月30日，赣州至香港直通车货运服务配送中心项目正式开工建设。该项目总投资1亿元人民币，占地面积2.87公顷，主营赣州区域内货物的存储、运输、装卸、包装、加工、展示、国际海运、报关报检等信息处理、市场销售、外贸培训等业务。

【创新创业平台建设】 年内，新增国家级创新创业平台3个、省级工程研究中心3个、博士后创新实践基地2个。截至年底，共有国家级创新创业平台6个、省级创新创业平台9个。其中，赣州经济技术开发区被国家质检总局评为全国稀土永磁及钨粉深加工产业知名品牌创建示范区。11月16日，赣州经济技术开发区通过国家标准化管理委员会现场验收，被评为国家高新技术产业标准化示范区。江西福雷斯数据技术服务有限公司获批国家级科技企业孵化器，赣州市科技创业服务中心有限公司、赣州恒科东方实业有限公司被认定为国家级众创空间。

10月初，工人在格特拉克（江西）传动系统有限公司赣州经济技术开发区分公司生产

【重点领域改革】 人事制度改革实现干部管理由“身份管理”向“岗位管理”转变。放管服改革创新实施“互联网＋政务服务”“一窗式”改革、建设项目并联审批、“中介服务超市”等政务服务新模式，年内实现“跑一次办结”的事项超过60%。成立全省首个经济技术开发区工商联——市工商联经济技术开发区分会。创新征地拆迁模式，推进第三方测绘、第三方评估，全区未发生一起对数据有异议而引起的纠纷。开展国企市场化改革，对区建设投资公司组织架构重新调整。

【产城融合】 年内，完成章良城市组团、洋田城市组团、经开区核心区、金坪工业园等城市设计编制工作，全区基本实现电子地形图全覆盖。东江源大道快速路、迎宾大道快速路、客家大道西延、飞翔大道快速路开工，岗边大道、科技城“回字形”主干路网全线通车，打通涌泉路、赣通大道、金潭大道等10条断头路。开工建设公园6个，新建景观湖3个，投资近2亿元的金凤梅园开园，初步形成市民“10分钟休闲圈”。

（撰稿 谢鹏飞 审稿 欧阳景春）

【领导名单】
党工委书记：李明生
党工委副书记、管委会主任：张 逸
党工委副书记、管委会副主任：
梁丁盛 郭声琪（1月任）
党工委委员、管委会副主任：
杨仁荣（任至12月）
党工委副书记、管委会副主任：
傅小新（12月任）
党工委副书记、综合保税区党工委书记：谢卫东（1月任）
党工委副书记、管委会副主任：
宋 鹏
党工委委员、管委会副主任：
符艳冬（女，任至1月）
党工委委员、纪工委书记（1月任），市人大常委会赣州经济技术开发区联络处主任、市政协赣州经济技术开发区联络处主任（3月任）：
符艳冬（女）
党工委委员、管委会副主任：樊 勇
管委会副主任、公安分局局长：
陈富江（任至7月）
党工委委员、管委会副主任：
朱建华（1月任） 杨小妹（12月任）
正处级干部：舒向阳（任至6月）
调研员：黎佐绩 廖江华
党工委委员、管委会副主任：
卓邦友（5月任调研员）
管委会副调研员：曾 辉
区公安分局局长：郑武岳（7月任）
区人民法院院长：黄 捷
区人民检察院检察长：黄林南
区党政办公室（社会管理综合治理委员会办公室）主任：
孙传忠（任至1月） 陈 柯（5月任）
区党群工作部（机构编制委员会办公室、人力资源和社会保障局）部长（主任、局长）：郭德帅
区企业服务和工信局（赣州出口加工区管理局）局长：吴汉波
区纪工委副书记、监察室主任：
周兆东
区财政局局长：吴小梅（女）
区经济发展局（苏区振兴发展工作办公室）局长（主任）：冯 钰
区招商局局长：李 鑫
区城市管理局局长、新能源汽车科技城管理处党委书记：张雪刚
区住房和建设局局长：翁毅军
区社会事务管理局局长：王会东
区机关党委专职副书记：邹泽军
区项目建设办公室主任、区建设投资（集团）有限公司董事长：徐晓鸿
市科技创业服务中心主任、区农业农村工作办公室副主任（主持工作）：刘 钧（5月任）
区国税局局长：谢岳祥
区地税局局长：朱绍伶
区质监分局局长：夏雷风
区消防大队大队长：高智勇（任至2月）
冯英平（2月任）
区公安分局党委副书记、政委：
陈式松
区生物制药产业办主任：徐小军

龙南经济技术开发区

【概况】 龙南经济技术开发区远期规划控制面积175平方千米，建成20.07平方千米，入驻工业企业250多家，其中规模以上企业103家，高新技术企业25家，“新三板”挂牌企业1家，形成电子信息首位产业和稀土新材料、食品药品、现代轻工“四大”主导产业。

龙南经济技术开发区管理委员会内设6个工作机构，均为副处级，分别为党政办公室、经济社会发展局（挂赣南苏区振兴发展工作办公室牌子）、招商与企业服务局（挂工信局、安监局牌子）、财政局、社会事务局（挂农业农村工作办公室牌子）、项目建设办公室，另设机关党委和纪律检查工作委员会，机关人员编制总额50名。直属正科级事业单位3个，分别为机

龙南经济技术开发区一角

关事务和政府采购管理中心、国库集中支付中心、征收搬迁办公室，核定事业编制共20名。9月，市编委批复同意设立龙南经济技术开发区安全生产监察大队，为龙南经济技术开发区安全生产监督管理局管理的正科级全额拨款事业单位。

【经济运行】 全年实现主营业务收入268.47亿元，增长16.2%；利润总额19.11亿元，增长22.8%。完成工业固定资产投资77.27亿元，增长23%；实现工业增值税4.57亿元，增长8.49%。实现进出口总额77453.5万美元，增长17.42%。其中，进口总额9278.08万美元，增长8.59%；出口总额68175.42万美元，增长18.73%。出口实绩排名全市第二。获评全省开放平台先进单位，获市级文明单位。在全市“六大攻坚战”流动现场会中，代表龙南县接受检阅受好评，为集中评分龙南县名列第二做出重要贡献。

【平台建设】 大投入打造赣州电子信息产业科技城，一期466.67万平方米园区全面建成并落户电子信息项目78个，初步形成从覆铜板、线路板、液晶显示模块（LCM）等电子元器件生产到智能手机、智能音频、智能穿戴等智能终端产品上下游完整产业链条。龙南电子信息产业集群被列为省级重点产业集群。完成50万平方米标准厂房建设并入驻51家企业，其中源德科技、诺威新能源等3家企业实现投产。实施经济技术开发区平台完善提升工程，新建道路3100米、人行道1.5万平方米，修复园区道路2万平方米，安装路灯600余盏。修建排水沟1000余米，解决困扰新圳、富康园区及周边村庄多年的排水不畅问题。与工信部电子五所合作设立中国赛宝实验室（龙南）办事处，填补龙南电子信息产业科研机构空白。首家全国性金融机构——赣州彩通网络小额贷款公司落户龙南，为全区中小企业搭建金融支撑平台。龙南保税物流中心（B型）通过国家级验收，为龙南及周边进出口企业提供保税仓储、口岸物流服务。区域性食品药品检验检测中心建成运行。工业园污水尾管完成10.7千米的铺设，污水厂试运行。经济技术开发区医院开工建设，园区承载力得到全面提升。

【招大引强】 主要领导率先垂范、亲自部署、外出洽谈，引进一批科技含量高、附加值高、引领性强的企业。紧盯电子信息首位产业和稀土新材料、食品药品、现代轻工“四大”主导产业行业排名靠前的大企业、大集团，突出首位产业招商，先后在长珠闽等地高密度开展电子信息产业专题招商引资推介会，有选择引进一批产业带动性强、对财政支撑作用大的项目。全年累计签约项目54个，增长35%；签约金额479.9亿元，增长128.61%，其中亿元以上项目44个，10亿元以上项目20个。电子信息首位产业项目23个，均为亿元以上项目，签约金额263.2亿元。引进总投资50亿元的氟新材料产业园、25亿元的比邦科智能数码电子产业园、25亿元的联茂电子、25亿元的骏亚数字项目，引进总投资50亿元的氟新材料项目，填补全国无硅氢氟酸材料生产国内空白，成为世界拥有该项生产技术的第四个国家。引进的高导热绝缘材料和石墨烯线路板基材产业化项目，实现石墨烯产业研发、应用和生产“零的突破”，推动电子信息产业向高精尖发展。

【产业转型】 实施创新驱动战略，突出企业创新主体地位，新增高新技术企业9家，总数21家。全区专利申请量295件，专利授权量192件，PCT专利1件；新增市级技术工程研究中心3个、省级工程技术研究中心1个。江西新正耀科技有限公司和龙南县赣钇精细化工有限公司获“江西名牌产品”称号。龙南电子商务产业园众创空间被省科技厅推荐科技部备案国家级众创空间。引导现有企业挖潜技改，先后有汇森家具、新正耀科技、宏业成实业、骏亚电子、宝辉科技等5家企业实现增资扩产29.5亿元。新增规模以上企业18家，总数103家。注重“三产”配套发展，推进省级生产性服务业基地建设，区县新增的36家规模以上（限上）服务业企业中，有20家在经济技术开发区。

【安商服务】 持续推进“降成本优环境”专项行动，建立区县党政班子成员、部门负责人挂点联系园区，干部精准帮扶企业制度。精准帮扶APP平台共收到企业诉求303条，办结300条，办结率99%。帮助骏亚精密、瑞兴龙、比邦科技等11家企业融资9.33亿元，提供免费租用标准厂房约30万平方米，兑现工业发展奖励资金7070万元，“五个信贷通”向企业发放贷款11.38亿元，帮助园区52家企业参加用电直接交易，申办控制性交易目标8175万千瓦时，共为企业减负4.28亿元。

【体制机制建设】 印发《龙南经济技术开发区运行工作方案（试行）》，初步理顺经济技术开发区运行体制。县工信局、县安监局、县发改委、县统计局、县财政局等单位主要负责人分别兼任区招商与企业服务局、区经济社会发展局和区财政局等部门的副局长。根据国家和省市《关于促进开发区改革和创新发展的若干意见》，探索整合周边园区资源和“一区四园”管理模式，牵头争取赣州市出台《关于支持龙南全南定南园区一体化发展的若干意见》，明确“三南”“园区品牌共用、政策共享、规划共编、园区共建、数据并表”一体化发展思路，在龙南规划建设13.33平方千米左右的“三南”承接加工贸易转移示范地共建产业园，构建“三南”共享共建、互惠互利的“一区四园”发展格局。

（撰稿 刘和龙 审稿 聂志良）

【领导名单】

党工委书记：缪兰英

党工委副书记、管委会主任：邱建军

党工委委员、管委会副主任：曾庆征 邹大勇

党工委委员、纪工委书记：廖耀军

党工委委员、管委会副主任：李森彪（12月任）

管委会调研员：张　宽（12月任）
党政办公室主任：钟本祥
经济社会发展局局长：廖海旺
财政局局长：廖永旺
机关党委专职副书记：刘文明
招商与企业服务局局长：赖子安

瑞金经济技术开发区

【概况】　瑞金经济技术开发区建成面积约9平方千米，建成区绿化、亮化、供水、供电、排水、排污等设施基本完善，建有35千伏变电站、500千伏输变电站和日处理1.5万吨工业污水处理厂各1座，以及电线电缆产品质量检测中心、电商孵化园、“双创”基地、小学、幼儿园、公租房、职工文化活动中心等配套设施，“双创”孵化园、综合体、物流港、陆路口岸作业区等功能项目建设进展顺利。

全区聚集各类企业536家，其中工业企业210家，规模以上工业企业57家，主营业务收入超10亿元企业5家。全年开发区实现工业总产值197.48亿元，增长66.41%；工业主营业务收入197.7亿元，增长26.2%；工业税金7.62亿元，增长137.39%；工业增加值36.68亿元，增长9.9%；出口交货值33.59亿元，增长11.55%；完成固定资产投资35.74亿元，增长13.95%；工业企业劳动就业15215人，增加5.13%；非工企业主营业务收入47.63亿元。

瑞金经济技术开发区管理委员会为赣州市政府派出机构，正处级，内设党政办公室、党群工作部、商务局、经济发展和财政局、建设局、社会事务局等6个工作机构，下属事业单位3个（科技创业服务中心、企业综合服务中心、安全生产监察大队）。机关人员编制50名，下属事业单位编制15名。

【瑞金经济技术开发区列为省级园区循环化改造试点】　8月29日，省发改委公布2017年省级园区循环化改造试点及循环经济示范城市（县）试点名单，瑞金经济技术开发区名列其中，全省共10个园区列入该试点名单。被列入省级园区循环化改造及循环经济示范城市（县）的试点，在安排国家和省级各类专项资金时给予倾斜，对基础条件好、改造潜力大、工作措施到位的地方优先推荐申报国家级示范点。瑞金经济技术开发区园区循环化改造涉及项目34个，其中申请专项资金支持项目16个，包括关键补链项目9个，公共服务设施建设项目7个；自筹资金支持项目18个，涵盖电气机械及器材、绿色食品、现代轻纺、新材料新能源、生物医药等产业。

【招商引资项目集中签约】　9月7日，举行招商引资项目集中签约仪式。集中签约项目17个，总投资31.17亿元，其中亿元以上共9个。签约项目包括工业项目14个，现代农业项目1个，现代服务业项目2个。

瑞金经济技术开发区一角

【省电线电缆产品质量监督检验中心揭牌成立】　9月15日，在瑞金经济技术开发区创新创业孵化基地举行江西省电线电缆产品质量监督检验中心揭牌仪式。该中心是全省唯一的省级电线电缆专业检测中心，设有电性能实验室、机械性能实验室、环境实验室、燃烧实验室，拥有国内先进的局部放电、电压冲击、燃烧实验、绝缘（护套）机械物理性能检验和电气性能检验等主要检测设备70余台（件），具备对额定电压35千伏安及以下电力电缆、电缆附件、架空绝缘电缆、控制电缆、铝绞线及钢芯铝绞线、聚氯乙烯绝缘电缆电线、橡套电缆、船用电缆、机车及汽车用电缆、阻燃、耐火类电缆、各类绕组线、预分支电缆、各类电线电缆用导体、绝缘及护套材料的检测能力。

【结对共建】　9月27日，商务部外贸司在北京组织召开赣南国家级经济技术开发区与沿海发达地区国家级经济技术开发区结对共建工作座谈会，瑞金经济技术开发区分别与昆山、宁波经济技术开发区签订合作框架协议。结对共建主要包括建立互访机制，增加相互了解，制定人才交流制度，提高管理和服务能力，探索“飞地”园区建设思路，通过合力共组或引进管理型企业，并授牌沿海国家级经济技术开发区与赣南老区国家级经济技术开发区合作共建示范园区，增强企业在赣南投资兴业的吸附力，把适合内地发展的企业介绍到赣南老区。

【瑞兴于经济振兴试验区园区一体化发展全面启动】　10月26日，瑞兴于经济振兴试验区园区一体化发展协调办公室和瑞金经济技术开发区的4个园区（兴国园区、于都园区、宁都园区、石城园区）分别举行挂牌仪式，标志着瑞兴于经济振兴试验区园区一体化发展全面启动，是赣州市加快瑞兴于经济振兴试验区建设的一大探索。赣州市大力推进瑞兴于经济振兴试验区园区一体化发展，支持瑞金经济技术开发区整合兴国经济技术开发区、于都工业园、宁都工业园、石城工业园，实施“一区五园”管理模式，构建“一区五园”发展新格局。“一区五园”将对推动试验区园区资源整合、品牌共用、政策共享，创新园区管理体制机制发挥作用，对构建瑞兴于“3+2”发展模式，加快试验区振兴发展具有重大意义。

（撰稿　胡振方　审稿　古盛林）

【领导名单】

党工委书记：许　锐

党工委副书记、管委会主任：赖联春

党工委副书记、管委会副主任：杨北林

党工委委员、管委会副主任：罗林生

管委会主任助理：吴凌伟（挂职）

赣州蓉江新区

【概况】　赣州蓉江新区2016年3月获批成立，同年7月组建办公；2017年5月16日正式揭牌成立。2017年，管委会围绕市委、市政府“高标准建设蓉江新区”的部署和“一区四中心”的定位，坚持全面深化改革，社会经济各项事业稳步发展。根据市编委《关于调整赣州蓉江新区管委会有关机构编制事项的通知》精神，管委会内设机构调整为党政办公室（法制工作办公室、政策研究办公室）、党群工作部（机构编制委员会办公室、人力资源和社会保障局、非公有制经济组织与社会组织工作委员会、网络安全和信息化建设工作办公室）、经济发展局（安全生产监督管理局）、产业招商局（商务局）、财政局、住房和城乡建设局、社会事务管理局、农业农村工作办公室（扶贫和移民办公室）、社会治安综合治理委员会办公室（信访局）等9个工作机构，设立机关党委、纪律检查工作委员会（监察室）、中共赣州蓉江新区工作委员会巡察工作领导小组办公室和中共赣州蓉江新区工作委员会巡察组，按章程设置团区委、区妇联和区工会。核定人员编制88名。内设工作机构科级领导职数36名，其中正科级16名。

区管委会下设征收搬迁办公室、项目建设办公室、高校园区管理处、建设工程质量监督管理站、融媒体中心、安全生产监察大队、数据信息中心、市政公用事业管理处、劳动监察局、会计核算中心、学生资助管理中心、公共服务和社会保障中心、机关事务管理中心及疾病预防控制中心等14个事业单位。其中，正科级事业单位7个，副科级事业单位3个，股级事业单位4个。核定人员编制81名，科级领导职数20名，其中正科级7名。管理潭东镇、潭口镇。

区管委会有13个驻区单位，分别为区公安分局、交警大队、检察室、法院工作室、司法分局、工商局、食药监分局、质监分局、环保分局、国土分局、规划分局、执法分局和地税局。

【“六大攻坚战”】　精准扶贫攻坚战。坚持以脱贫攻坚统揽经济社会发展全局，严格贯彻落实党政一把手负责制，全区共派出驻村工作队34个、干部386名对34个行政村（社区）及3500多户贫困户进行全覆盖帮扶。安排区本级扶贫资金3284万元，整合涉农扶贫资金2828万元，发放“产业扶贫信贷通”1.07亿元，拨付产业奖补资金293.79万元。落实扶贫“五个一”机制，实现贫困户产业全覆盖，完成154户农村危房改造任务，2378人次贫困人口享受健康扶贫“四道保障线”服务，发放教育扶贫资助金553.68万元，资助贫困家庭学生5371人次，共脱贫137户、416人。

新型城镇化攻坚战。全年新型城镇化建设项目共21个，总投资151.5亿元，完成投资36.13亿元。其中，列入市级层面调度的新型城镇化攻坚项目10个，项目总投资43.64亿元，完成投资13.73亿元，完成年度投资任务的103.4%；温馨家园5个棚改返迁房项目总投资约38亿元，完成投资11.24亿元。新建13个路网项目，总投资23.9亿元，完成投资10.6亿元；公园及道路绿化（一期）项目总投资56亿元，开工建设大桥河公园、滨江公园、仓背岭公园，完成土建及征拆投资26亿元；截污干管1期项目总投资1.26亿元，完成投资0.6亿元。

现代农业攻坚战。为潭口镇江坝村建设20公顷蔬菜基地，其中钢架大棚13.33公顷。该项目总投资900万元，完成投资500万元。

基础设施建设攻坚战。基础设施攻坚战项目为蓉江新区农村公路升级改造项目，项目总投资3.7亿元，分2年建设，全年完成投资3840万元，完成年度投资任务的157%。7月底正式开工。

现代服务业攻坚战。现代服务业攻坚战纳入市级调度项目为赣州毅德商贸物流园项目，总投资100亿元，全年完成投资5.2亿元，完成年度投

12月中旬，赣州蓉江新区景明路建成通车

资任务的104%。占地面积1.99平方千米，总建筑面积310万平方米，主要建设内容包括商贸区（卖场、商铺等）、仓储物流区（仓储大楼，信息中心等）、生产配套区（会展中心、酒店等）和生活配套区（住宅、汽车站等）。年底完成E26地块电商物流配送中心（9栋）与E29地块信息中心主体（6层）、外立面以及室外工程施工，完成E29地块4#、6#多层仓储主体施工。

【民生和社会事业】 农村保障房建设。全区对“四类对象”中75户特困户的住房安全问题进行兜底保障，其中潭东镇28户，潭口镇47户。采用“一主体、三统一”的管理模式及“交钥匙工程”的方式创新建设农村保障房，为农户配齐床、衣柜、桌椅、电磁炉等家具，实现农户“拎包入住”，解决最基本的住房安全问题。

社会保障。全区城乡居民医保参保人员13.64万人（含大学生3.14万人），参保率99.6%，城乡居民养老保险参保人员5.05万人，做到应保尽保，应发尽发；完成城乡居民养老保障制度整合，建立统一的城乡居民医疗待遇补偿标准。10374名贫困人口实现基本医疗保险和商业补充保险代缴，涉及资金465万余元，全年贫困人口住院费用报销费用1808.62万元，自付比为4.1%，基本杜绝贫困人口因病返贫、因病致贫现象。按照“一人就业，全家脱贫”目标，通过搭建“扶贫车间、用工帮扶、技能实训、扶贫专岗、能人创业”等平台，创建就业扶贫车间2个，实现贫困劳动力就业164名，发放创业担保贷款425万元；全区贫困劳动力1115人，实现贫困劳动力就业758人(含自主创业、择业、政策帮扶），就业率68%。

教育事业。全区共有中小学校37所，镇中心幼儿园2所，其中完中1所、初中2所、中心小学3所，村级小学23所、教学点8所，在校中小学生16041人。年内新建武陵小学、坪路小学、高坑小学、金色春城小学共投入9.6亿元；改善薄弱学校基本办学条件共投入1955.84万元。全区教职工951人，在职中小学教职工932人（含特岗教师67人），幼儿园教师19人，退休教师315人。年内与赣南师范大学签订合作办学协议，合作建设完中、小学、幼儿园各1所。2017年，教师参赛获国家级一等奖2人，省级一等奖1人；省级课题立项8个。潭东中心小学被评为省级文明校园。

卫生服务事业。区内有潭东、潭口镇卫生院，共有床位174张，注册执业医技人员283人；各类村级卫生室（含卫生服务站、诊所）111家。启动建设高校园区社区卫生服务中心，面积约2382平方米，总投资892万，预设床位30张。

【安全生产】 以安全隐患排查整治为主线，夯实企业安全基础，筑牢安全防线，实现安全生产零死亡目标，确保全区的安全稳定。定期组织对危险化学品经营企业、加油站、烟花爆竹、非煤矿山、建筑施工、特种设备等行业开展安全检查，排查整治各类安全隐患1300多处。组织开展春节、全国“两会”、汛期、“五一”国际劳动节、全国“安全生产月”、夏季百日安全专项行动、中共十九大期间等全区性的安全大检查。共排查各类生产经营单位881个（次），排查各类隐患3023处，下达整改指令书445份；协调消防部门立案查处3个。开展非煤矿山、危险化学品、烟花爆竹、建筑施工等专项整治活动，取缔存在“下店上宅、前店后宅”的烟花爆竹门点33家；关闭存在严重安全隐患的制鞋企业1家（荣发鞋厂）；停产整改加油站1家、采石场1家；立案查处违法违规行为28起。

3月26日，赣州蓉江新区组织开展“创建社会治理方式 建设平安法治蓉江”综治宣传月活动

【党的建设】 在全区农村、社区、机关、学校、企业、社会组织等基层党组织中以“三会一课”为重点，以党员活动日为载体，推行“3+X”集中学习模式，深入推进“两学一做”学习常态化制度化，坚持边学边做边查边改，各级党组织上专题党课260余次，查找并解决问题307个。将党建工作纳入党工委巡察重要内容，开展巡察4次；召开全区党建工作会议，在潭东镇过路村召开党建现场会，整理出1套基层党建工作清单，推进党建规范化建设。出台《关于加强全区中小学校党的建设工作的实施办法》，成立区教育工委，进一步理顺中小学校党组织管理机制，将辖区内6个中小学校党支部和218名党员划转至教育工委管理，党建工作由其统一领导和指导。以党建带群建，建立健全工会、妇联、团委机构，扎实推进群团改革，优化妇联领导班子结构，实行“专挂兼”相结合；全面完成全区34个村（社区）妇代会改建妇联工作。启动村（社区）“两委”换届，全面开展摸排整顿，组织开展村（社区）“两委”班子运行情况调研摸底，为换届选举打下基础。截至年底，全区

有基层党（工）委6个，党支部64个，党员2719名。

【精神文明建设】 参与赣州市创建第五届全国文明城市活动。完善配套设施建设，开展环境卫生、车辆乱停乱放、流动摊点、占道经营、“城市牛皮癣”等专项整治行动。实施路长制及网格化管理工作方案，划片包干，责任到人，进行精细化管理。利用广告围挡、宣传栏等进行公益广告宣传，在“蓉江新区发布”微信公众号开设专栏，设立曝光台，邀请中央、省、市主流媒体宣传报道先进典型和事例。每周设立“创文日”，广泛开展志愿服务活动，发放宣传资料。

深入开展“乡村文明行动”。全区34个村（社区）均成立红白理事会，设置移风易俗重大事务公示栏，“十个一”目标基本完成。推进农村生活垃圾专项治理，建立农村保洁队伍34支，落实“户分类、村收集、镇（处）转运”的三级运行机制，开展源头治理，建立长效机制，城乡环境明显改观。开展以走街入户、文艺演出、流动宣传车、“小手拉大手”为主要形式的宣传活动，开展“身边好人”“文明家庭”“好儿媳、好婆婆”等系列评选活动，林茂秀家庭、朱淑兰家庭获赣州市最美家庭、五好家庭称号，何丽菊荣登2017年“赣州好人”榜。

推进志愿服务规范化制度化。以文明城市创建和乡风文明行动为契机，成立区、镇（处）两级志愿服务队伍，规范窗口单位学雷锋志愿服务岗，完善健全注册培训、活动运行、服务纪录、回馈激励等机制，推动志愿服务常态化开展。组织开展的文明城市创建、乡风文明行动，关爱空巢老人、留守儿童、困难职工、残疾人等特殊群体为主题的志愿服务活动，被“蓉江新区发布”微信公众号和市级主流新闻媒体宣传报道。

（撰稿　张本玲　审稿　余少卿）

【领导名单】

党工委书记：廖乐春

党工委副书记、管委会主任：王　凌

党工委委员、管委会副主任：李绍武　范秀刚

党工委委员、纪工委书记：徐中宁

党工委委员、管委会副主任：陈铁军

赣州综合保税区

【概况】 赣州综合保税区位于赣州市中心城区中北部，距市中心5千米，规划面积4平方千米，处于赣州市综合交通枢纽的地段，临近赣州黄金机场、赣州高速西出口和规划建设中的高铁站，综合保税区周边有赣州航空口岸、公路口岸、铁路口岸。

【基础设施】 赣州综合保税区一期四至范围为：东至赣州稀土科技产业园，南至厦蓉高速公路，西至赣州综合保税区二期，北至赣州黄金机场跑道过渡面边界。共有土地222.9公顷，其中围网内178.7公顷，网外44.2公顷；工业用地156.23公顷，仓储物流用地28.07公顷，商务用地12.73公顷，其余为行政办公和其他用地。全年计划建设项目12个，列入赣州经济技术开发区重点攻坚项目1个，列入赣州经济技术开发区调度项目10个，实际开工项目12个，开工率100%；计划完工项目12个，实际完工项目9个，完工率75%；计划投资25076万元，实际完成投资26609万元，投资完成率106.1%。完善一期剩余平场、路网、园林绿化、配套设施、配套管线等基础设施建设，园区管道新建工程，管道、通信、燃气等建设铺设到位。推进岗边大道（竹苑—创业路）、凤岗路（岗边大道—横江大道）等平台项目建设，其中岗边大道（竹苑路—创业路）、凤岗路（岗边大道—横江大道）建成通车。建成保税仓库28333平方米、标准厂房44325平方米。

【招商引资】 实施项目带动战略，重点引进以产品进出口为主，科技含量高、辐射带动力强的高新技术加工企业，重点引进保税物流、保税加工、跨境金融和跨境电商类企业。全年签约引进重点项目8个，亿元以上项目6个，签约资金28亿元。累计入驻企业34家，其中保税加工类企业9家，保税物流和保税服务类企业25家。赣州美橙一期保税商品展示中心运营情况良好，二期动工建设；金润鸿达项目投产运行；年出口额10亿元的讯海科技智能终端生产加工项目、年进出口额2亿美元的赣港通项目、总投资5亿元的中国通用航空集团通用飞机生产、组装和贸易项目等动工建设。省第一票“全国通关一体化”业务在赣州综合保税区完成，从厦门海沧保税港区进口的首批橡胶木板材顺利放行进区。

【企业服务】 以“企业为本、服务至上、效率优先、满意为旨”为宗旨，赣州综合保税区为企业提供“一次申报、一次审单、一次检查”，24小时通关服务，服务过程全覆盖、全跟踪和全满意，帮企业解困、助企业发展。

（撰稿　洪斌全　审稿　谢卫东）

【领导名单】

党工委书记：谢卫东（1月任）

党工委副书记、管委会主任：温荣喜（1月任）

党工委委员、纪工委书记：毛瑞林（3月任）

党工委委员、管委会副主任：谢卫东（1月任）　叶爱英（1月任，挂职）　陈华洪（4月任）

（本栏编辑　王　宇　曹　虹）

供电　供气　供水

供　电

【概况】　2017年，国网江西省电力有限公司赣州供电分公司（简称国网赣州供电公司）围绕全市“六大攻坚战”重要部署，坚持“四个服务”宗旨（服务市委市政府工作大局、服务电力客户、服务发电企业、服务经济社会发展），坚持“1123”工作要求，反复汇报争政策、争项目、争资金，保供电、促发展、惠民生，加快电网发展升级，推进项目建设，增强供电保障能力，为赣州市经济社会发展做出贡献。

当年，赣州市全社会用电量保持稳步增长，达到165.57亿千瓦时，增长6.45%；最高用电负荷刷新历史纪录，达到303万千瓦，增长26.3%；全市全年售电量140.31亿千瓦时，增长7.95%。合并口径线损率7.55%。公司营业收入80.24亿元，增长2.65%，增加2.07亿元；年末资产总额103.85亿元，增长6.51%；在职正式员工5807人；全员劳动生产率36.25万元/（人·年）。截至年底，赣州电网共有500千伏变电站3座，主变5台，容量3750兆伏安，500千伏线路6条，线路总长度848千米；220千伏变电站24座、线路58条，线路总长度2246千米；110千伏变电站115座、线路192条，线路总长度3129千米。赣州电网初步形成以500千伏电网为支撑，220千伏电网为骨干网架，110千伏、35千伏、10千伏电网协调发展的电网结构。赣州电网投资规模连续4年全省第一，供电能力和电能质量有实质性提升，公司8次获“全市工业发展突出贡献奖”荣誉称号，连续4届蝉联“全国文明单位”称号，先后获“江西省优秀企业”“国家电网公司先进集体”“江西省文明单位”“赣州市最佳企业”“全市赣南苏区振兴发展工作先进集体”等称号。

公司内设有办公室、党群工作部、发策策划部、建设部、人资部、安监部、监察部、审计部、财务部、电力调度控制中心、运营监测中心等11个机关部室和运维检修部（检修分公司）、营销部(农电工作部、客户服务中心)、电力技术经济研究所、物资供应分中心、信息通信分公司、培训分中心、综合服务中心等7个业务支撑机构，按照虚拟机构实体运作方式设置供电服务指挥中心和配电网工程管理办公室2个机构。下辖赣县、城郊、南康、龙南、定南、全南、瑞金、石城、兴国、宁都、会昌、于都、大余、崇义、上犹、寻乌、安远、信丰等18家县（市、区）供电有限责任公司。

【电网发展】　国网赣州供电公司始终以坚强电网保障全市经济社会发展电力能源需求。在全省电网投资紧缩的情况下，国网赣州供电公司汇报沟通，全年争取各类电网投资23.7亿元，全省占比25.8%，占比连续4年列全省第一，累计投运35千伏及以上线路208.6千米、变电容量90万千伏安。推动市政府与省电力公司签署“十三五”战略合作协议，利用主攻工业、精准扶贫、基础设施攻坚战、电网建设与改造领导小组协调机制，推动电网加快发展。坚持“市县一张网”理念，主动对接服务“六大攻坚战”战略部署，高起点、高标准编制发布赣州综合保税区等5个国家级、15个省级工业园区电网专项规划，做好“两城两谷一带”配套电网建设，确保电网设施适度超前。动态调整电网规划项目，确保电网规划与地方规划有效衔接，中心城区等3个县（区）电网设施专项规划获政府批复，11个县级电网设施专项规划通过市级评审。累计投运章贡区城南等110千伏及以上输变电工程16项，新能源集中电站并网规模及数量排名全省前三。

【电力保障】　加强科学调度，实施电网设备精益化运维，赣州市城乡供电可靠率均居全省前列。推进设备智能运维，全省首批建成运检管控中心，成立智能巡视、带电检测、带电作业攻关组，完成首台变电巡检机器人实用化部署，关键设备带电检测实现市、县全覆盖。强化园区供电保障，全面推广实施园区供电设备综合检修和带电消缺，园区停电次数减少31.4%，供电可靠性全省第一。在全市用电需求持续快速增长、负荷水平屡创新高的情况下，保障电网安全稳定运行及电力可靠供应，未发生大面积停电和重要客户停电事件，完成中共十九大、赣南苏区振兴5周年、迎峰度夏等重大保电任务，平稳应对303万千瓦赣州电网历史新高负荷考验，确保经济

安远县车头镇220千伏输变电站一角

社会发展安全可靠供电。

【优质服务】 落实“降成本、优环境”专项行动，突出加强对工业园区和重点企业的服务，持续完善市、县供电企业领导干部挂点联系园区和企业制度，连续2年召开政电企业三方降成本座谈会，在全市19家省级以上工业园区分别派驻电力服务机构，实现“窗口入园、服务贴身”。全年全市电力类投诉下降64.39%，降幅全省第一，141个供电所、4家县公司实现零投诉，零投诉供电所占比77.47%。创新实施企业基建临时用电租赁服务，平均减少客户基建临时用电成本50%以上，节约时间60%以上。优化业扩办理流程，高压业扩报装客户平均办理时限5.93个工作日，减少3.79个工作日。12家客户上门赠送锦旗感谢供电服务，数量创历年之最。推广电能替代，完成电锅炉、热泵等电能替代项目307个，电能替代电量3978万亿千瓦时，推动社会节能1378万千瓦时，助力赣州市生态文明建设。

【精准扶贫】 坚持民生优先，持续加大农网投入，农网改造升级中央资本金项目投资8.14亿元，占全省同类投资46.5%，连续2年全省占比近半。实施村村通动力电工程和104个中心村农网改造工程，全面完成农网改造升级“两年攻坚战”，全市932个贫困村提前1年实现“村村通动力电”。市县一体、超常规推进光伏发电扶贫项目并网，用3个月时间完成常规需要1年的工作量，全市17119个光伏扶贫项目全部如期并网，年增加收入5018万元，惠及67493户贫困户。提前介入、主动对接、高效服务，派出613名帮扶干部做好公司系统43个挂点帮扶贫困村精准扶贫工作，累计帮扶1267户贫困户脱贫，江西省电力公司、上犹县分别号召学习赣州电力扶贫工作队队员田莲娣先进事迹。

（撰稿　谢丰羽　曾玲玲　审稿　彭兴晖）

【领导名单】

总经理、党委副书记：万　卫

党委书记、副总经理：余霜鸿

副总经理：黄吉明　祝曙光

纪委书记、工会主席：李　凡

副总经理：徐天福

总会计师：朱越红

副调研员：彭光凤

供　气

【概况】 2017年，赣州深燃天然气有限公司精诚团结、锐意创新，提升安全服务水平，圆满完成全年各项工作任务。公司先后获江西省五一巾帼标兵岗、赣州市五一劳动奖、赣州市和瑞金市2016年度主攻工业成长型企业奖、集团公司和赣州市五四红旗团支部等称号。

【拓展市场】 推动政府“煤改气”工作。章贡区、赣州经济技术开发区、赣县区和南康区“煤改气”全面展开，签约“煤改气”工业用户26家，产生年供气量1000万立方米。狠抓各类用户拓展，其中商业用户拓展307户，民用户签约41189户，均再创历史新高。截至年底，各类用户241586户，增长12.03%。创新发展，燃气空调、LNG重卡、分户式供暖等新业务均取得突破。加强小区入伙时的前期宣传，提高民用户点火率和热水器管道报装量，民用户点火突破3.5万户，创历史新高，销气量首度破亿立方米，2017年实现天然气销售总量1.21亿立方米，增长12.44%。

【成本费用优化】 积极开展成本费用优化工作，对1项日常费用和7项重点费用进行优化。加强抄核收管理，多方着手，降低供销差。配合物价部门工作，及时理顺非居气价，推动燃气管道安装费标准出台。

【重点工程建设】 取得崇义县特许经营权，成立崇义深燃天然气有限公司。积极应对直供和点供，成功捍卫公司特许经营权益。富康和工业三路场站建成投产；龙华场站、瑞金门站及场站搬迁有序推进。

【人力资源管理】 健全制度，优化流程，新增、修订104项制度。实行计划管理和目标管理，推行岗位标准化，开展比武和评选，严格奖惩和绩效考核，加强督办落实，强化执行力。成立调度中心，建立统一规范的生产调度体系。对2名中层干部进行轮岗调整，10名班组长和安全员职位公开竞聘选拔。启动华南培训平台，开展师徒结对活动，加强培训交流，组织技能竞赛和技能认证，完善培训基地建设，在投资系统技能竞赛中蝉联团体冠军。

【安全管理】 开展“每日一宣一签”活动，强化安全意识。狠抓隐患整改落实，加强县级公司督导。全年组织各类检查38次，发现隐患382项。深化安全标准化建设，开展“零事故”竞赛，评选表彰15个“零事故”班组。线上审批，在线管控，加强异地特种作业管理，提高审批效率。抓住政府工程机会，加快老旧管网改造和圈占隐患整改。完成管线改造46.4千米，消除圈占隐患7处。搭建“四个一加一”云平台（即1张总台账、1场安全培训、1份安全档案、1次应急演练加上1张综合体燃气用气场所消防疏散平面图），加强城市综合体安全管理。率先开展工程管理标准化工作，首批上线工程移动管理系统，规范工程管理。

【创新工作】 巩固原有创新成果，推广使用电动车充气等项目；制定计划，明确责任，积极推进创新活动，开展五小创新项目34个，公司评选出10个创新项目向投资公司推荐，其中干燥机再生后废水处理项目获集团二等奖、多用途楼梯项目获优秀奖。

【优质服务】 加强自查自纠自改，严格执行跟班制度，创新开展一线员工“跟班取经找茬”活动。加强县级公司辅导，开展优质服务对标、培训和交流，提升优服管理人员综合能力。规范表计管理，加强数据监控，落实指标考核，加强抄核收管理。完善移动作业功能，加强线上业务宣传，微信缴费936万元，增长315%；支付宝缴费1905万元，增长116%。建立分户式供暖体验中心，开展用地暖客户冬季专项安检回访服务，提升分户式供暖客户服务体验。开展“让声音微笑起来”等热线服务提升活动，建立“服务效能清单”微信群，提高员工服务效率和质量。

（撰稿 周芳鸣 审稿 龙 兵）

【领导名单】

董事长：夏卫国

总经理：龙 兵

副总经理：黄敏玲（兼工会主席）
陈春林

总经理助理：赵晨光 周永春
温慧华

供 水

【概况】 2017年，赣州市政公用投资控股（集团）有限公司有自来水厂6座，总日供水能力68万吨，自来水用户达44.6万户，供水管道总长3000多千米，拥有1座装机容量1800千瓦时的水电站以及1座有效库容60万立方米的应急水源水库。辖赣县区、南康区、上犹县自来水有限公司，赣州给排水工程有限责任公司、赣州市污水处理有限公司、赣州水务物资公司、赣州水务勘察设计院、赣州汇金砂业有限公司、清泉二次供水公司、赣州水质检测有限公司等10个具有独立法人资格的全资子公司。全年集团公司完成售水量1.44亿吨，增长12.37%；实现业务收入4.48亿元，增长10.45%；实现利润1.35亿元，增长22.56%；集团公司总用户44.6万户；集团公司漏失率9.56%，下降18.98%；水费回收率96.51%；水质综合合格率100%。集团公司全年完成供水量1.04亿吨，最高日供水量35.9万吨，创历史新高。公司在市国资委经营业绩考核中获评A级。

集团本部有在岗职工454人，各类专业技术人员90人。集团公司有高管人员7名，其中董事长、总经理各1名，副总经理4名，财务总监1名。

【市政基础设施建设】 供水能力稳步提升。第三水厂扩建工程进入调试运行，中心城区日供水规模增加10万吨。上犹江引水工程一期暨龙华水厂工程完成征地拆迁和初设招标等前期工作。第二水厂三期工程完成项目立项、设计招标等工作，浑水管和场地平整土石方工程进场施工。污水处理设施项目建设有成效。白塔污水处理厂三期工程完成土建安装施工招标。吉埠段截污干管工程完工；沙河段截污干管开工。水东污水处理厂和污水处理厂提标改造前期工作启动。推进供水管网建设。集团本部完成安装产值1.36亿元，新装DN100以上管道63.5千米。赣县区自来水公司支持“中国稀金谷”建设，铺设循环经济产业基地、稀金谷智慧园等供水管道6.4千米。中心城区公共停车场PPP项目开工建设。通过公开招投标确定PPP社会资本方，中建五局中标，作为中心城区首个PPP项目，成为财政部表彰的第四批示范工程之一。整个停车场PPP项目12处停车场有6处进场施工。其中，新赣南路停车场主体封顶。与中建五局合资设立的赣州智捷停车产业开发有限公司注册运行。

【安全生产】 强化安全生产管理。按照“党政同责、一岗双责”的要求，

9月，市水务集团公司供水处、客服中心、水质检测中心等部门在渡口路社区开展“供水服务·水质发布进社区”活动

赣州中心城区扩建后的第三水厂雏形初现

调整公司安全委员会。完善安全生产管理制度15项，对水厂氯库实行“五双”管理。强化安全巡查，开展“安全生产月”“夏季百日安全专项行动”，举行液氯泄漏、水厂双电源切换等应急演练。开展水厂技术改造和“水十条”整改。投资370万元，完成第一水厂老系统排水渠改建、新系统反冲洗供水主管等7个技改项目。完成三个水厂在线次氯酸钠替代液氯消毒项目招标工作，从硬件上为水厂应对水源突发性事件提供保障。有序推进水厂应急投加系统建设，第二水厂设备安装到位，第一、第三水厂土建施工。落实“水十条”国家专项督导组和省环保督查要求，投资1147万元实施第一水厂取水口迁移工程，浑水管线完成安装，取水泵船完成拼接。严格加强水质监测。开展水质检测劳动竞赛、技能比武。完成仪器更新改造二标项目仪器设备安装、验收，三标项目开标。调整管网水监测点，备选监测点由29个增加到44个，监测范围覆盖香港工业园、高校园区、水东镇、水西镇、沙河镇、沙石镇等区域。

【企业管理】 阶梯水价改革实施。经市政府常务会讨论通过，中心城区居民生活用水阶梯水价改革政策正式实施，水价由原来五类调整为三类，合理设定价格阶梯，继续保持对特殊群体的用水优惠，制定工业企业用水过渡期政策。抓企业多元化经营。污水处理公司全年处理生活污水2473万吨，增长20.29%；实现产值2837万元。二次供水公司全年签订工程合同总额1.11亿元，完成安装产值7150万元。新安装用户2.6万户，新增管理泵房86个，服务用户达7万户。企业内控及节能降耗富有成效。强化工程审计、合同审计和财务审计等内审工作。强化招投标管理。加强用水稽查、管网测漏、维修工作，打击偷盗水行为，加强水厂节能降耗工作。

【供水服务】 开展“改作风、提效率”活动。推行部门公开承诺和岗位公开承诺。深化“放管服”改革，开展服务质量提升活动，开展“供水服务·水质发布进社区”、用户代表座谈会活动，广泛听取用户意见。受理市信访局、市长信箱、“96333”热线等转来的用户投诉。深化“智慧水务”建设。推进“互联网+供水服务”，新开通微信缴纳水费业务；强化服务体验，增设安全警铃、叫号机、无障碍通道。启用试行手机抄表系统、管网巡检系统、客服事件管理系统。完善GIS管网信息系统，推进962344供水服务热线一站式平台建设，完成人员培训、流程规范等筹备工作。参与全国文明城市创建。在服务大厅、各水厂、施工工地开展社会主义核心价值观等创文工作宣传。设立“志愿者服务站”。组织近600人次志愿者参与挂点社区创建整治，将志愿服务行动常态化。数字城管案卷办理工作排名前移。

（撰稿 谭建飞 谢星星 审稿 任晓群）

【领导名单】
党委书记、董事长：李 聪
党委副书记、总经理：王志坚
副总经理：葛 樑 周宏志
纪委书记、财务总监：刘 熹
副总经理：雷晓春 陈 俊

（本栏编辑 徐文菁）

城乡规划建设

城乡规划

【概况】 2017年，全市城乡规划系统按照“打好攻坚战、实现新作为”的要求，以苏区振兴发展为主线，以构建“一区两群”城镇发展格局、建设省域副中心城市为目标，深化改革，扎实工作，全市城乡规划工作上新台阶。市城乡规划局被人力资源和社会保障部、住房和城乡建设部评为全国住房城乡建设系统先进集体。

【省域副中心城市建设】 完成赣州市城市总体规划的纲要编制并形成成果。《关于支持赣州建设省域副中心城市的若干意见》正式出台。完成“五大功能区”发展定位研究，做大做强中心城区，谋求五区联动与一体化发展。启动编制《赣州市中心城区空间规划》，推进中心城区全域空间“一本规划、一张蓝图”和“多规合一”。开展城镇开发边界划定工作，规划区外的空间规划统筹和刚性管控得到加强。建立全域规划管控体系，推进定南县、全南县、龙南县城市总体规划评估工作，县市城区控规覆盖率达到80%以上。

【城市设计】 完成《章江—贡江—赣江三江口城市设计》，塑造三江六岸城市景观；高标准推进蓉江新区、高铁片区规划建设，做好《赣州西站周边区域城市设计》《蓉江新区城市设计》编制。组织编制《赣州市中心城区背街小巷提升改造工程城市设计导则》，建立市中心城区社区规划师与义务观察员制度，216名社区规划师、义务观察员助力背街小巷提升改造。开展八境路—古城墙、杨梅渡大桥节点环境景观提升等规划研究，推进建筑风貌整治、加快景点节点的贯通，提升城市人居环境。开展地块带规划方案出让的试点，打造错落有致、富有特色的城市空间。

【历史文化名城名村和传统村落保护】 组织开展历史文化街区划定和历史建筑的普查工作，公布中心城区第二批311处历史建筑名录。完成古城保护与发展战略规划、新赣南路传统风貌街区实施规划、阳明路周边区域修建性详细规划等编制工作，推进姚衙前历史文化街区修缮整治规划编制工作。新申报慈姑岭省级历史文化街区。在全省率先全面启动农村全域规划编制工作；完成126个乡镇总规修编和33个建制镇规划编制，稳步推进1166个行政村村庄规划编制。传统村落得到有效的保护，于都县平安村、石溪圳自然村、龙南县乌石村、全南县雅溪村等4个村落成功列入中国传统村落名录，争取中央财政支持资金1200万元。南康区卢屋村等32个村落成功列入第一批省级传统村落名单。

【优化城市布局】 完成五大功能区发展定位研究，着力做大做强中心城区，谋求五区联动与一体化发展。凤岗片区控规、河套老城区控规、公共服务设施专项规划等12项重点规划完成编制。做好“两城两谷一带”等重大产业平台建设的规划工作，推进新能源汽车科技城、赣州高新区、稀金谷核心区、赣州港的规划编制。

11月10日，赣州市城乡规划局组织召开全市村镇规划工作调度会议，进一步推动全市村镇规划工作

【海绵城市和综合管廊规划建设】落实海绵城市、地下综合管廊等规划要求。形成《赣州中心城区海绵城市专项规划》专家评审稿，呈报省住建厅组织专家评审。《赣州市中心城区地下综合管廊专项规划（2016—2030年）》经市政府批准实施，开工建设蓉江一路地下综合管廊。

【重大城建项目规划建设】 做好文明大道、迎宾大道、东江源大道快速路规划技术服务工作，协助设计单位优化快速路方案设计。牵头制定《赣州市中心城区重大基础设施三年（2018—2020）建设项目库》，梳理道路及桥梁隧道、市政公用设施、绿化景观等项目93项。主动对接并服务方特主题公园、七里时光赣州、龙川极地海洋世界等旅游产业项目，推进项目顺利开展。牵头落实华劲纸业整体搬迁重新选址工作。做好“商改住”工作,起草《关于推进中心城区“商改住”工作的具体实施办法》，做好承担的棚改工作任务。

【民生实事工程项目规划建设】 开辟民生工程绿色通道，提前谋划、容缺受理。牵头梳理中心城区农贸市场、公共交通场站、中小学校等公共服务设施3年项目建议。支持公交优先，落实公交专用道设计。高效完成阳明中学、厚德路小学章江路校区等10个中小学项目及市体育中心、新赣南路等7个停车设施项目的工程规划许可。落实新建商品住宅项目配建人才住房要求，出具21宗商品住宅项目用地规划条件，可配建人才住房建筑面积约19.7万平方米，安排人才住房约1970套。

【农民建房管理】 推进乡镇管理体制机制改革，委托下放村民建房审批管理权限，落实乡镇属地管理职责。推行乡镇国土、规划合署办公、联合审批的“一站式”服务，实行7个工作日办结村民建房审批。加强依法行政，制定出台《赣州市农村村民住房建设管理办法》，成为赣州市获得地方立法权以来颁布的第一部政府实体性规章。开展农村超高超大建房专项整治行动，严格控制增量，妥善整治存量，全市查处2016年10月31日前在建尚未完工和之后新建的超高超大建房367栋，拆除188栋，拆除建筑面积39778.4平方米；整治存量超高超大建房1691栋，拆除建筑面积16739.99平方米。

【改作风提效率】 制定《关于落实改进工作作风提高工作效率的若干措施》，把改作风、提效率要求具体到项目、落实到岗位、量化到个人；开发公文管理信息系统，保障公文流转，强化文件要件督查督办。制定局岗位公示牌及改作风提效率“八条承诺”，并在政府门户网站“改作风提效率”专栏和市城乡规划局门户网站对“八条承诺”进行长期公示。

【中心城区规划建设项目报建】 全年中心城区（含市本级、章贡区、赣州经济技术开发区、南康区、赣县区）办理建设项目选址意见书162件，总用地面积963.22万平方米；办理建设用地规划许可458件，总用地面积1463.77万平方米；办理建设工程规划许可660件，总建筑面积1253.22万平方米。

【自身建设】 打造党员教育中心，投资60多万元建设党员教育中心和党员活动室，对全体党员干部进行党建文化、廉政文化、机关文化教育，提高政治思想素养。组织召开廉能风险防控工作座谈会，印发《赣州市城乡规划局廉能风险防控标准化作业规程》。年内，传达学习中共赣州市纪委五届二次全会精神及市纪委、市监察局各类典型案件通报80余个。全面完成创建全国文明城市工作任务，定期组织志愿者到社区参加创建活动及整治工作。积极创先争优，获市直机关组织活动三等奖3项、优秀奖1项，获赣州市三八红旗集体、赣州市三八红旗手等荣誉。

（撰稿 涂 维 曾小露 审稿 朱挺旻）

【领导名单】
党组书记、局长：廖光斌
副局长：吴晓明（4月任）
党组成员、副局长：刘新平
　朱挺旻（4月任）
党组成员、总规划师：谢建军（4月任）
党组成员、副局长：刘昭华（8月任）

城乡建设

【概况】 2017年，全市城乡建设系统紧扣年初制定的目标任务，以项目建设为抓手，以改善民生为根本，补短板、强弱项、提质量，打好新型城镇化攻坚战，全面完成各项目标任务。

【新型城镇化攻坚战】 年内，省域副中心城市建设取得新突破，赣州市国家级和于都县、会昌县麻州镇省级新型城镇化综合试点全面推进，赣州市国家级和信丰县、龙南县省级产城融合示范区加快建设。中心城区建成区面积达165平方千米、城市人口166万人，全市常住人口城镇化率达到48.72%。

中心城区成功创建全国文明城市、国家森林城市；中心城区入选国家第二批城市设计试点城市，瑞金市被列为省级城市设计试点城市。江西省政府印发《关于支持赣州建设省域副中心城市的若干意见》，出台21项政策措施，支持赣州市建设省域副中心城市。《赣州城市总体规划纲要》通过评审，着力推进规划期限至2035年总体规划编制工作；“两城两谷一带”重大产业平台规划、《赣州市中心城区五大功能区规划》《赣州市中心城区空间规划》《赣州港专项规划》等规划编制加快推进。市、县“多规合一”深入推进，以入选国家城市设计试点城市为契机，引领市县全面开展城市设计，对城乡各类空间的管控力度逐步加大。在全省率先全面启动农村全域规划编制工作，932个省级贫困村规划编制全面完成。

项目建设取得新进展，全年市级调度的城镇化项目272个全部开工建设，完成投资603.97亿元，完成年度计划投资率123.38%，是上年的1.7倍，竣工项目107个，比年度计划多出21个，建成一批城市道路、园林绿化等设施，全市市政基础设施13项指标有8项达到全省平均水平，比上年增加3项。突出交通先行，中心城区和谐大道全线贯通，五洲大道、站东大道改扩建工程竣工通车，东坡路27条支路顺利打通，迎宾大道、文明大道等快速路建设加快推进，赣州西站基础设施等重大项目开工建设。各县（市、区）新建一批城市道路，兴国县迎宾大道、全南县绕城公路、大余县环城路等项目拉开城市框架，实施城市道路“白改黑”工程250多千米，打通城市支干路146条，打通道路里程近100千米。注重生态建设，建成兴国县潋江湿地公园、安远县书香公园、赣州经济技术开发区金凤梅园、宁都县龙溪湖水生态公园、全南县梅子山公园、赣县区马口生态公园、章贡区杨仙岭人文公园、南康区体育公园等一批城市绿地公园项目。提升城市品质，大余县获江西省卫生城市、江西省森林城市等称号。坚持市场化运作，全市20个市级特色小镇吸引社会资金345亿元，36个新型城镇化项目采取PPP模式、16个项目采用EPC模式，较好解决资金不足和管理人员紧缺、技术力量薄弱的问题。

全市把握中央财政大力支持棚改的大好机遇，层层签订目标责任书，分解任务，压实市县责任。争取中央财政和金融信贷支持，筹集棚改资金528.81亿元，到位资金333.86亿元。完成棚户区改造开工任务24685户，货币化安置20001户，货币化安置率81.02%，各项指标排名全省前列。坚持棚改与征地拆迁相结合，全年房屋征收720多万平方米。加强房地产市场调控，通过两次“限购”以及金融信贷、公积金等一系列政策叠加，市场预期明显改变。

实施拆违治违、农村建房超高超大专项整治，实施一批城市出入口整治、主要街道立面改造、城市主干路“白改黑”、公共服务设施完善等工程，全市大部分县城面貌焕然一新；全力打好污染防治攻坚战，解决一批城市黑臭水体、工业废气污染等突出环境问题。解决群众关心的突出问题，全年督查组深入城乡督查4次。把城乡环境整治与创建全国文明城市、中央环保督查反馈意见整改、乡风文明建设有机结合，以问题为导向，推进各项整治活动。中心城区在创建全国文明城市、国家森林城市过程中，严格落实“路长制”“河长制”等制度，重点区域和城市主干道干净整洁。各县（市）以城市管理体制改革为契机，以“多城同创”活动为抓手，“拆、改、建”相结合，实施城市出入口景观提升、主要街道临街建筑立面改造和交通沿线村庄综合整治，拆除沿线违章建筑、防盗网、“铁皮棚”等，县城面貌有较大改观。

瑞金、兴国、定南、全南、石城等5县（市）入选国家第三批结合新型城镇化开展支持农民工等人员返乡创业试点。国家级产城融合示范区建设加快推进，龙南县、信丰县被列为首批省级产城融合示范区。《赣州市海绵城市专项规划（2016—2030年）》通过专家评审，中心城区年内建成海绵城市面积7.96平方千米，完成年度任务。中心城区蓉江一路等地下综合管廊项目加快推进。装配式建筑试点扎实推进，章贡区、于都县2个装配式建筑基地完成试生产，走在全省前列，全省装配式建筑发展交流大会在赣州召开。全市城市管理体制改革深入推进，中心城区数字化城管平台建成。城乡户口“一元化”改登工作圆满完成，全市278.8万户、970万人全部统一登记为居民户口。

【行业扶贫攻坚】 全年全市农村危房改造任务基本完成。全面完成省下达赣州市农村危房改造指标2.58万户任务，全市计划完成农村危房改造2.76万户（含农村保障房8710户），全市农村危房改造开工2.76万户，占省下达任务的107%；竣工2.58万户。帮助农村无经济能力、无劳动能力的特困户解决安全住房，建成农村保障房8710户并实现入住。做好赣州市下达的瑞金市丁陂乡山潭村、兴国县高兴镇老营盘村、信丰县铁石口镇细车村、安远县高云山乡圩岗少数民族村等4个结对帮扶村的帮扶工作，多方筹集帮扶资金435万元支持帮扶村项目建设。全市改造建成棚户区2.4万套，各项指标排名全省前列；完成农村危房改造2.76万户，其中农村保障房8710户。

【城乡环境整治】 做好建筑工地扬尘治理，中心城区所有在建工地严格落实“六个百分之百”扬尘治理要求，赣州市建筑工地扬尘治理赣州经验得到省住建厅肯定并在全省推广。中心城区检查在建项目7730项次，责令整改2204项次，停工整改486项次，实施行政处罚102起，处罚金额750万元，有效遏制中心城区建筑工地扬尘现象，明确扬尘防治专项经费使用范围和管理要求，保障扬尘治理经费的投入。省政府重点支持的8个县（区）城镇污水管网建设任务全面完成。大余县、信丰县等8个省重点支持县全面完成责任书管网建设长度、污水收集处理率、污水进厂浓度等目标任务，建成污水管网270千米，完成率103%，管网维修127.4千米，共投入7.34亿元，占计划投资的100.8%。其他县（市）按年度建设计划积极推动城镇污水管网建设改造、清淤疏通、检测修复等整改工作，完善城镇污水收集系统。全市城镇污水处理厂进水COD平均浓度达132.64毫克/升，比上年提高14.46%。狠抓镇村污水治理，会昌县打捆实施圩镇整治建设项目185个，寻乌县改造完成7个建制镇污水处理设施，石城县推进城乡污水处理一体化工程建设，安远县、南康区等县（区）启动实施圩镇整治及乡镇污水处理设施项目建设，补齐镇村污水、垃圾设施短板。大力推动重点村庄生活污水治理。全市22个重点村庄生活污水治理项目总投资7233万元，20个建设并投入运行，2个试运行，工程完成投资7066万元，占比例的98%。中心城区纳入全国城市黑臭水体整治监管平台的狮子塘等5处黑臭水体整治完成，水体检测均为合格。

国家级生态村安远县三百山镇梅屋村人工湿地污水处理工程一角

【建筑业管理】 加强建筑业管理。注重建筑业的引导与扶持，规范建筑业市场行为，整顿建筑市场秩序，全市建筑业发展卓有成效，全年建筑业总产值361.3亿元，增长18.34%；建筑业增加值169.2亿元，增长15.3%；全市建筑施工企业达748家，增加228家。落实《促进赣州市建筑业发展的实施意见》，争取金融机构支持建筑业发展，与中国建设银行赣州市分行签订《推动全市建筑产业发展战略合作协议》。大力整顿建筑市场秩序，出台《赣州市建设工程勘察设计企业信用评价管理办法(试行)》。重拳整治招标投标市场秩序，专项治理市本级政府投资项目173个，实施行政处罚22起，移送公安机关侦办案件3起。全面落实项目班子管理人员电子考勤制度，完成全市建筑企业和监理企业动态核查。制定出台《赣州市建设工程质量安全提升行动实施方案》，建筑工程创优扎实有效，以工程质量安全提升行动为契机，狠抓工程质量监管，开展建设工程第三方质量安全评价工作，对中心城区和部分县（市、区）共21个项目进行质量安全评估。全年获得上年度省优工程19项，省结构示范工程22项，推荐省优质建设工程15项（省优良工程7项，杜鹃花奖8项），推荐24个工程项目申报省级“建筑工程安全标准化示范工地”。以开展“安全生产执法年”“安全生产月”活动为抓手，制定出台《赣州市建筑施工及城镇燃气安全生产大检查实施方案》《2017年度赣州市城乡建设领域防范遏制重特大事故工作实施方案》，建筑工程安全生产常抓不懈，严格按照中央、省、市安全生产工作要求，持续深入推进建筑工程安全生产监管，健全和完善风险工程项目分级监管和企业安全风险分级管控机制，全市强化安全风险源头管控，严把“超危”工程验收关。深入开展安全生产各类专项检查，开展安全生产各项检查11次，下发整改通知单1936份，停工通知210份，下发检查通报19份，通报批评企业88个，其中41个企业被记不良记录。

推进绿色建筑发展。落实现行建筑节能标准，城镇新建建筑设计阶段和施工阶段执行建筑节能标准分别达100%和98.5%。严格把好绿色建筑设计和报建环节，全年新开工绿色建筑面积达580万平方米，城镇新建绿色建筑占比达40%。全市装配式建筑发展走在全省前列，出台《赣州市推进装配式建筑发展的实施意见》，编制赣州市装配式建筑发展规划，装配式建筑基地建设快速推进。章贡区、于都县2个装配式建筑产业基地完成试生产，其中章贡区装配式建筑产业基地获得国家级装配式建筑产业基地称号，在市“六大攻坚战”工作流动现场会上获得普遍好评。全面下放兴国、会昌、宁都、于都、石城5个县城乡建设领域经济社会管理权限，市级办理建筑业、建设监理、勘察设计企业等资质由原来的每季度集中受理1次改为随时受理。取消中介机构进入赣州市备案手续，取消非国有资金投资项目入场招投标程序。

【燃气安全管理】 落实《赣州市2017年安全生产工作要点》《赣州市建筑施工及城镇燃气安全生产大检查实施方案》等，组织开展城镇燃气安全生产隐患大排查大整治专项行动，制定“双随机一公开”安全生产监督检查计划，加大安全生产事中、事后监管执法力度，对在检查中发现的问题，督促企业立即整改。按照属地管理的原则，联合当地公安、消防、安监、质监、交通、工商行政管理等部门，会同当地乡镇（街道办事处）开展联合执法，打击所辖区域燃气市场违法违规行为。对12个县（区）40家燃气企业进行监督检查，对3家天然气有限责任公司无证经营情况进行立案查处，罚款99万元。搭建燃气信息化平台，加强全市燃气安全宣传工作。建立燃气QQ群、微信群，对上级的要求都能通过群发布。全市深入开展燃气企业安全宣传活动及安全生产警示教育，组织开展企业开展应急演练和隐患排查治理活动。加强燃气行业管理，严格把好行政审批关。对燃气企业进行实地核查，及时发现问题督促燃气企业进行整改，促进燃气企业标准化场站建设。完成16家燃气企业经营许可证发放工作。督促赣州深燃天然气有限公司大力推进章贡区老旧管网改造，圈围占压燃气管的整治工作及工业三路天然气场站建设工作，全力做好各方面的工作协调，持续跟进改造工程进度，全年完成老旧管网改造43千米。全力推进全市天然气管网建设。8月25日，江西省天然气公司通报年内大余—信丰、瑞金—会昌、信丰—龙南、龙南—定南以及于都、兴国支线陆续开工建设，同时纳入市重点工程各基础设施攻坚考核调度范围，至2019年年底前，赣州市12条省级天然气管网支线要全部建成，实现全市管道天然气“县县通”。

7月，住房城乡建设部印发《关于拟公布第二批全国特色小镇名单的公示》，江西有8个特色小镇上榜，赣州市全南县南迳镇、宁都县小布镇名列其中，入选数量排名全省各设区市前列

【特色小镇建设】 全市特色小镇建设全面展开，全南南迳、宁都小布入选国家级特色小镇，大余丫山入选全国运动休闲小镇，12个小镇入选省级特色小镇；3个风景名胜区列入国家级风景名胜区。全市公布的20个市级特色小镇吸引社会资金372亿元，完成投资159亿元。传统村落得到有效保护，于都县平安村、于都县石溪圳自然村、龙南县乌石村、全南县雅溪村等4个村落成功列入中国传统村落名录，南康区卢屋村等32个村落成功列入第一批省级传统村落名单。尤其是风景名胜管理方面，瑞金、小武当、汉仙岩风景区晋升国家级风景名胜区，年内全省只有4个，赣州市占3/4。

【文明城市创建】 抓好全国文明城市创建，市城乡建设局挂点章贡区水南镇赣江源社区，负责红都大道的卫生保洁与交通协助管理工作，安排300多人次干部职工值班；被安排担任章江新区赣康路的街长单位，较好完成文明城市创建的各项任务，被市委、市政府评为“创建全国文明城市先进集体”。市城乡建设局机关和赣州市城建档案馆、赣州市建设工程质量监督管理站继续保持赣州市级文明单位称号。

（撰稿 陆 川 审稿 肖 烽）

【领导名单】

党组书记、局长：张龙彪

党组成员、副局长：王振旗 肖 烽 刘越安

党组成员、纪检组长：滕福安

党组成员、总工程师：邓建宇（5月任）

城市管理

【概况】 2017年，赣州市城市管理局深入开展全国文明城市创建，实施城市执法体制改革，加速推进城管项目建设，开展“城乡环境整治年”活动，加大查违拆违控违力度，发挥党建引领带动作用，城市管理水平上新台阶。市城管局被评为2017年度全省城管执法工作先进单位，荣获5个“创文”、“创森”先进集体，拍摄的《我与宪法》微视频获司法部、全国普法办评选二等奖。

【文明城市创建】 城管系统履行“创文”指挥部生活环境和生态环境创建工作部牵头单位和“创文”主力军作用，制定实施方案，抓好联络协调，收集整理资料，强化问题整改。维修破损人行道30余万平方米，车行道36万平方米，施划标识标线3万多平方米；新建社会主义核心价值观和好人主题公园2个，修复改造树围1.8万个，补植草皮5.6万平方米；清捞水上垃圾6万余吨；设立各类公益广告牌5500余块。

城管系统收到37个“路长”交办的督办单110多件，涉及问题2100多个，全部整改到位。市区联动，市城管局100多名执法人员编入章贡区各街道城管中队。“创文”工作得到市委、市政府的充分肯定，市城管局系统荣获3个全市“创文”先进集体，11名先进个人、1名先进志愿者称号。

【城乡环境整治】 坚持高位推动。市城管局作为牵头单位，先后承办两次推进会，市委、市政府主要领导，各县（市、区）党委、政府负责人参会。持续强力整治。全市清除卫生死角1.8万余处，清理垃圾3.6万吨，拆除大型户外广告6.9万平方米，清理乱吊乱挂3.9万处，取缔规范占道经营、流动摊点16.4万处，整治马路市场1300个，新增停车泊位4.6万个；深入实施违法建设治理5年行动计划，“两违”存量得到有力消化，全市拆除“两违”建筑3.9万处（栋）577.26万平方米。用好载体助力。组织“大比武”活动，开展最美县城、最美圩镇、最美村庄“三最美”评选，进行网上投票，投票数73万票之多，营造浓厚工作氛围。联合赣州电视台，两次开展暗访督查，并制作专题片在推进会上播放；对省政府暗访督查发现的11个县（市、区）104个突出问题分类梳理，跟踪督办，促进工作的落实。中心城区成功举办首届花卉展，吸引20万人次参观游览。

【执法体制改革】 制定《中心城区城市执法体制改革实施方案》。将市本级规划、建设、房管等住建领域的全部行政处罚权和食药监等5部门部分行政处罚权400余项、行政强制权5项集中到城管部门行使。

市本级和全市20个县（市、区）按计划完成新式城管制服换装，市本级所有处级以上干部参加住建部组织的执法轮训。面向全市举办执法培训班2期，培训执法人员300人次。出台《赣州市城市管理条例》，2018

年3月1日正式实施，标志着全市城管执法工作进入全新的法治化轨道。开辟全市数字城管一体化建设全新模式，为构建“大城管”、推动全市城管工作均衡发展奠定扎实基础。全市20个县（市、区）全部完成数据普查。除中心城区外，寻乌、信丰、宁都、会昌、龙南、安远、于都等县全部建成数字城管，其他县（市、区）按计划有序推进。

【环保问题整改】 抓好安远、寻乌、信丰、大余、龙南、定南等6县生活垃圾填埋场存在问题的督促整改。制定专项方案，落实工作责任和完成时限，开展5次现场指导和督促检查；抓好道路扬尘治理。市区联动、部门协同，规范建筑工地出入口设置，严格渣土车运输执法，改进环卫作业方式，保障中心城区空气质量，确保全省空气质量达到预定目标；搞好中心城区集中式饮用水源保护区排污口整治和桥梁环保设施整改。

【城管项目建设】 列入年内城建项目计划27项，总投资25.35亿元，年度计划投资15.76亿元。其中，市政项目12项，投资约14.01亿元，园林项目11项，投资约3.57亿元；环卫项目4项，投资约7.77亿元。民生实事工程主要是中心城区景观提升改造工程、中心城区快速路网建设工程、中心城区公共自行车项目、市容市貌提升工程、垃圾处理场建设项目、市民休闲健身公园建设工程等。

中联商城整治面积4.2公顷，建筑51栋，整治尊重原有建筑主体风格，拆除违章建筑和杂乱广告牌，疏朗城市空间，提升街区品质。健康路、青年路等道路立面改造，五洲大道、站东大道改扩建，章贡区沙河镇与河套老城区联动发展。章江右岸市民公园、城市中央公园中心湖区改造、赣州公园二期完工。赣州市餐厨废弃物资源化利用和无害化处理项目全面开工。市生活垃圾焚烧发电厂顺利推进，12月29日，1号焚烧炉点火烘炉成功。

【市政设施养护】 全年改造维修人行道30余万平方米（其中退红线部分10万平方米），车行道36.3万平方米，施划交通标识标线3.2万平方米，新装路灯660杆，维修路灯6800余盏，疏通下水道2.5万米，清捞雨水井、窨井1553座，更换窨井、雨水井3461套，维护桥梁42座（次）有效地提高市政设施承载力；基本完成健康路、青年路、厚德路立面改造，总投资近6000万元，涉及商住户近5000家，改造街道总长度3710米，整饬建筑196栋，外墙刷漆16万平方米，统一安装店铺招牌约1500个，安装空调外饰架约13400个，更换路灯约400盏，更换人行道透水砖3万余平方米；全面完成中心城区路灯节能改造工程，节能改造路灯16395盏，总功率3991.957千瓦，预计节电40%—50%。

【园林绿化管养】 做好节日氛围营造等鲜花布置。节假日在长征大道、兴国路等11个地段、桥梁383组灯杆上悬挂“社会主义核心价值观”灯笼和印花绒布灯笼3148个，在各公园、广场出入口、主要景点、绿地人流集散区设置灯笼139个。全年在南门文化广场、市政中心前渠化岛、迎宾大道、机场路等重要节点更换、摆放时令花卉约230万余株，立体造型全面更换植物2次。妥善做好中心城区绿化养护，统筹安排各绿地内补植灌木28.1万平方米、草皮2.3万平方米、球类200余株、麦冬草15.2万千克，有效控制苗木缺株和黄土见天现象。

【环卫清扫保洁】 加强城区主次干道清扫保洁和垃圾清运，及时保洁，生活垃圾日产日清。全年排查卫生死角18000处，成立集清扫、清运、机械作业、公厕管理以及社区志愿服务队11支突击队伍，出动各类机械作业设备5000余台（次），清理各类垃圾4.1万余吨，实现城市环境干干净净。加强章、贡两江水域保洁。全年完成章、贡两江817.3万平方米水域保洁、转运水上垃圾6万余吨，保证中心城区水域环境卫生干净整洁。加强生活垃圾填埋处理场的管理。加大垃圾臭气治理，在场区设立风炮，全天喷洒除臭药物，减少臭气大面积散发，喷药车持续加强喷洒消杀药物；覆土、覆膜作业及建设防渗墙等相关措施，将垃圾场臭气控制在最小范围。全年处理城市生活垃圾40余万吨。

【城管监督指挥】 按照《赣州市城市管理监督指挥中心信息采集管理考核办法》要求，加强数字管理信息采集规范管理，提高信息采集工作质量。全年采集问题17.58件，立案案件164624件，派遣案件189730件，结案112043件，案件处置率93.64%、结案率68.06%；转办网络舆情10件、

赣州公园二期改造工程现场

完成10件、整改率100%；转办市市容环境指挥部案件16件、督促整改16件、整改率100%；转办“96333”案件14件、督促整改14件、整改率100%。

【城管行政执法】 整治中心城区各种影响市容的违章行为，依法拆除大型违章户外广告1217块，面积9.2万平方米，清理乱吊乱挂4.49万处，清理城市道路、绿化带等公共区域各类违章指示牌5600块；强化店招、牌匾管理和监管，逐步规范店招、牌匾设置，全年取缔落地灯箱广告2.7万个，规范店招牌匾1.1万个。

【建筑工地管理】 规范管理渣土、沙石材料和混凝土等流散物体运输车辆，严控渣土随意抛洒污染路面，严防建筑垃圾运输车辆偷拉乱倒行为发生，严查区域市国有土地收储、闲置、预留用地偷拉乱倒等突出问题，全年查处建筑工地带泥、遗撒867次，查处夜间施工扰民326起，查处随意倾倒、擅自处置建筑垃圾46起。开展道路扬尘污染专项整治工作。加强道路洒水降尘作业，加强余土运输车辆管理，开展城管、交警、治超、路政等部门联合执法，加强对城郊或国道等过境区域内的运输车辆管理和执法，对超高超重又未采取加盖篷布等防范措施的流散物运输车辆严惩。

（撰稿　李浩　审稿　温亮浩　何善龙）

【领导名单】

党委书记：廖跃春

党委副书记、局长：李良东（12月任）

党委委员、城管监督指挥中心主任：刘健平

党委委员、副局长：陈　敏　温亮浩　许锡虎（4月任党委委员、5月任副局长）

党委委员、市纪委驻局纪检组组长：徐绍仁

副调研员：王存彬　许锡虎（任至4月）

副处级干部：王历翰　彭家祯　蒙在煌　熊民慧

房地产管理

【概况】 2017年，赣州市房地产管理局围绕“六大攻坚战”等决策部署及要求，攻坚克难，锐意进取，深入推进保障性安居工程建设，强化房地产市场调控与监管，加快行业管理规范化建设，较好地完成各项工作任务。

【市场监管】 全市全年新建商品房成交面积1042.51万平方米，其中住宅792.09万平方米，分别增长9.86%、2.74%；中心城区成交303.12万平方米，其中住宅208.35万平方米，分别下降9.77%、20.95%。

出台限购政策，细化限购措施。3月14日，市政府印发《关于进一步加强房地产市场调控工作的通知》，赣州市成为继南昌市之后在全省第一个出台商品房限购政策的设区市，有效保障全市房地产市场的稳定。7月14日，市政府印发《关于进一步促进我市房地产市场持续平稳健康发展的通知》，全市房地产市场稳步降温，完成房地产调控目标。

加强价格指导，稳定住宅价格。5月18日，市政府印发《关于建立实施赣州市房地产市场管理联席会议制度的通知》，成立中心城区住房价格指导小组，对中心城区住房分区域、分项目类别进行精确指导。严格实行商品住房预售申报限价措施，保障中心城区住房价格的稳定，并指导赣州经济技术开发、蓉江新区、赣县区、南康区加强价格指导。

培育住房租赁市场，增加租赁住房供给。3月13日，市政府印发《关于加快培育和发展住房租赁市场的实施意见》，允许将商业功能用房经批准后改建为租赁住房。鼓励租赁住房供应主体发展，加大对租赁住房的政策支持力度，加强对住房租赁市场监管，健全租赁住房、普通商品房和改善型商品房等多主体供给、多渠道保障、租购并举的住房制度，保障承租人享受同等公共服务权利，满足不同层次的住房需求。

【保障性安居工程建设与管理】 保障性安居工程建设。年内，江西省政府下达赣州市保障性安居工程的目标任务：开工棚户区改造24969套（户），其中城市棚户区改造24685户；基本建成各类棚户区改造和公租房21770套。全年全市城市棚户区改造新开工24685户，开工率100%，棚改货币化安置率81.02%，基本建成24072套，基本建成率304.98%；国有垦区危旧房改造新开工137套，开工率100%；国有林场危旧房改造新开工147套，开工率100%；公共租赁住房基本建成11374套，基本建成率144.69%。全年上级保障性安居工程补助资金12

市中心城区2017年第一批公共租赁住房定向用于人才配租摇号仪式于12月8日上午在赣州市保障性住房建设运营有限公司举行

亿元，协助各县（市、区）累计获得国家开发银行、中国农业发展银行等金融机构申报棚改贷款219.32亿元、批复156.13亿元、发放到位145.71亿元。全市配租（配售）公共租赁住房19963套，有效解决6.65万人的住房困难。赣州市定向配租保障房的做法在住建部《建设工作简报》上刊发并在全国住建系统推广，赣州市《创新机制，提高公租房配置效率》的做法在全省住房城乡工作会议上作典型经验书面交流。

直管公房管理。市中心城区直管公房（不含托管产）实有住（用）户2157户（其中住宅1939户、非住宅218户）、总建筑面积约15.80万平方米（剔除棚改拆除暂未下账面积5.91万平方米）（其中住宅11.17万平方米、非住宅4.63万平方米）。实现直管公房租金收入2154.89万元（其中住宅771.83万元、非住宅1379.64万元、回收历年租金3.42万）。推进灶儿巷周边、慈姑岭周边等地块动迁安置，做好新赣南路、姚衙前周边等地块剩余户数扫尾工作。至年底，有3802户签订搬迁协议，完成率99.14%，尚有33户动迁户未签订搬迁协议（其中住宅28户、非住宅5户）。8月，陆续启动零星地块棚户区直管公房征收工作，涉及直管公房建筑面积0.67万平方米，129户。

【人才住房建设与管理】 成立市人才住房工作领导小组，下设办公室（设在市房管局）。印发《关于人才住房工作有关事项的通知》《赣州市人才住房建设标准》。向县（市、区）印发《关于编制2017—2021年人才住房建设计划的通知》，下达2018年度人才住房建设计划任务数，全市任务总数20288套，其中中心城区10038套（含市本级3000套）。为配套系统管理，草拟《赣州市人才住房信息管理系统建设方案》，市政府办印发《关于支持高层次人才、急需紧缺人才购买住房的通知》。印发《关于做好中心城区公共租赁住房定向用于人才配租工作的通知》，10月30日启动约3000套人才住房的申请程序；12月8日进行摇号分配，有188个单位，559名申请人中签。

【房屋交易与档案管理】 房屋交易业务办理。全年办理房屋交易33459宗，面积304.33万平方米。其中，商品房交易20101宗，面积175.30平方米；存量房交易13358宗，面积129.04万平方米。房屋测绘117栋，面积40.01万平方米。房产测绘成果审核备案580栋，面积548.10万平方米。创建楼盘表440栋，面积328.17万平方米。房屋租赁59宗，面积3.75万平方米。办理司法协助2380宗。商品房合同备案30396宗，变更、撤销1156宗。购房资格认定34000宗。市房地产交易管理中心被市行政审批局、市行政服务中心授予“2017年度先进专业办事大厅”称号。

房产档案管理。全年接收房产交易档案、测绘档案9470卷。受理档案查询业务35065宗。其中，查询个人住房信息12451宗（协助核查干部住房情况2875宗，协助核查申请保障性住房人员住房情况9576宗）。查询纸质档案7528宗（受理群众查档7152宗，协助棚改查档190宗、协助公检法查档186宗）。配合市场监管科完成住房资格确认工作，开具确认单15086份。

【物业服务管理】 年内全市备案登记的物业服务企业（含新申报无资质企业）有447家。物业管理从业人员达1.1万余人，物业管理项目约826个，管理面积7100多万平方米。新建小区的物业管理覆盖率达到100%。

完善物业管理制度。印发《关于进一步规范我市前期物业管理招标投标活动的通知》，制定《前期物业管理招标文件（示范文本）》和《招标文件综合评分标准（示范文本）》。印发《关于进一步规范物业服务收费的通知》《赣州市物业服务企业信用信息管理办法（试行）》《关于加强住宅小区机动车辆停放管理的通知》。

加强业务指导。协助章贡区房管局办理日常业务、指导物业管理矛盾纠纷的协调处理等。举办全市物业管理业务知识培训班暨住宅专项维修资金专题讲座。建立全市物业管理系统，在中心城区上线试点，待条件成熟后在全市范围内上线。开展物业管理知识宣传。指导协助市物业管理协会开展行业自律等相关工作。举办“赣州市物业管理从业人员继续教育培训班”“物业法律知识和税务知识培训班”。开展年度物业管理行业评先评优活动，评选出18个“物业管理示范住宅小区”、8个“物业管理示范大厦”、16家“优秀物业服务企业”、15个“优秀项目经理”、12个“优秀从业人员”等。

开展市容环境整治和全国文明城市创建工作。建立“全民卫生日活动”“双月环境卫生评比”制度，全年“全民卫生日活动”抽检2587次，“双月环境卫生评比活动”抽检1600次。

【国有土地上房屋征收管理】 调研中心城区2015—2017年第一轮棚户区改造房屋征收中遇到的问题，并提出对策，向市政府呈报《关于完善河套内老城区棚户区改造国有土地房屋征收有关政策的调研报告》。会同章贡区棚改办对2015—2016年章贡区城市棚户区改造中选择货币补偿的安置户购房情况进行全面摸底，向市政府呈报《关于章贡区近两年来城市棚改中选择货币补偿的安置户购房情况报告》。收集和整理中心城区近年来返迁安置房建设情况，向市政府呈报《中心城区近年来返迁安置房建设情况汇报》。8月，分别在全南县和瑞金市召开全市国有土地房屋征收工作座谈会。

【行政审批服务】 推进制度改革，提高审批效率，做好事项划转至市行政审批局的相关工作；精简审批事项，将原4项行政审批事项缩减至2项；精简审批时限，所有审批事项均缩减1个工作日，将1项审批事项由承诺件改为即办件；精简审批材料，对行政审批事项取消统一社会信用代码证书（工商营业执照）及资质证书作废声明的核验。开辟绿色服务通道，推行“容缺受理”，提供“预约服务、延时服务”等特色服务。全年为18家企业提供绿色服务通道，预约延时服务20余次，最大限度的方便办事企业。至年底，全市注册房地产开发企业资质759家，其中中心城区194家、各县（市、区）565家；全市注册房地产估价机构资质26家，其中中心城区12家，各县（市、区）14家。全年办结行政审批事项306宗，按时办结率达100%，企业（群众）评议服务窗口满意率达100%。局行政审批窗口连续8次被评为市行政服务中心“效能之窗”、并获“先进窗口”称号。

【行政执法】 全年实施行政处罚18起，收缴罚没款200.935万元，其中罚没款金额超过30万的4起，在有效震慑违法违规行为、维护房地产市场秩序和群众利益的同时，提前并超额完成收缴50万元罚没款的财政任务指标，规范房地产市场秩序。按照市委办、市政府办《关于印发〈赣州市中心城区城市执法体制改革实施方案〉的通知》要求，9月30日市房地产局与市城管局签订行政处罚权移交文本，10月1日起市房地产局不再行使房地产行政处罚权。

【信息化建设】 信息平台建设。完善信息平台正式上线运行系统的各项功能，加快推进其他业务子系统的软件研发和上线进度，11月10日物业管理子系统在中心城区先行上线使用；12月4日征收管理子系统正式上线使用，其他子系统（住房资金、房屋征收、预售资金和交易资金等）完成前期调研和框架搭建。完成信息平台市县一体化联网工作，8月7日主要业务系统正式上线，实现市县联网和数据共享。完成房地产市场熔断系统建设，7月1日在全市范围正式通过信息系统启用熔断机制实现限购调控。

数据建库、共享工作。启动市本级中心城区房产数据建库工作。完成县（市、区）档案数字化建库招标工作。配合地税做好市本级地税不动产政务一体化平台软件实施工作，3月16日不动产政务一体化（房管与税务接口部分）上线运行，6月23日由地税部门牵头房管配合通过验收。完成房产与不动产数据交换接口开发，8月1日在中心城区正式启用。

【住宅专项维修资金管理】 新增交存点及资金归集。7月，在章江新区增设1处交存点，至年底，办理各业主交存9000多户，办理企业业务73宗。中心城区全年归集资金1.02亿元。

资金使用。全年受理26笔使用申请，按使用范围划分，其中有22笔属于章贡区范围内的使用申请，4笔属于赣州经济技术开发区范围内的使用申请；按使用类别划分，其中有24笔为应急使用项目（占总使用项目的92%），2笔为日常使用项目。涉及17个小区，受益面积28.9万平方米，受益户数3029户，拨付资金41.6万元。1月起，章贡区范围内的维修资金使用申请与审核全面由章贡区房管局负责。制定一系列保值增值计划，年内产生增值收益171.32万元，12月26日全部分摊给13.78万户业主。

维修资金档案电子化管理。对2009年起的纸质档案（约11万份）完成数字化建设，全面完成档案数字化建设。加强日常档案建设管理。全年建204个项目（楼盘）档案目录，完成26724份业主承诺书等交存资料的系统录入资料档案装盒847册；完成资金使用、退款及其他资料归档151册。

【白蚁防治管理】 4月1日起，停止征收白蚁防治费。优化白蚁预防的公共服务程序，4月1日前报建缴费项目，及时与建设单位签订预防合同；4月1日之后开工的项目，改为办理《城市新建房屋白蚁预防公共服务信息表》。市本级全年签订预防合同20个93.64万平方米，签订白蚁预防公共服务受理登记15个142.35万平方米。开展白蚁防治勘察项目125个（次），完成白蚁预防施工项目40个206.39万平方米，对39个9.6万平方米房屋蚁害进行灭治处理。

（撰稿　赖小强　审稿　郭庆华）

【领导名单】

党组书记、局长：刘群英（女）

党组成员、副局长：谭宝森
严裕华（女）　黄泽军

党组成员、市城市住房保障管理中心主任：肖继来

党组成员、市纪委驻房地产管理局纪检组组长：李梓豪

党组成员、总工程师：赖昌洪（5月任）

副调研员：黄奇洁

（本栏编辑　赖建明）

环境保护

概　述

2017年，赣州市环保局以改善环境质量为核心，履行环保职责，严格环境监管，加大环境综合整治，推进生态文明建设，全面完成年度各项目标任务，实现全市环境质量整体提升。完成“十三五”环保规划编制。市政府印发《赣州市“十三五”生态建设与环境保护规划》，联合市发改委印发《赣州市重金属污染综合防治规划》。全市地表水主要河流断面水质达标率保持在91%以上，赣江出境水水质100%达标，城市集中式饮用水源地水质达标率达到100%；中心城区环境空气质量优良率83.8%，各县（市、区）稳定达到国家二级水平。全年发布和报送各类环保信息2177条。其中，赣州市政府网站491条，省环保厅网站45条，赣州环保网站541条，赣州环保微信公众号775条，新浪微博325条。被评为第十四届省级文明单位；被评为创建全国文明城市工作先进集体。

赣州市环境保护局机关内设办公室、规划财务科、综合管理科、污染防治科、政策法规宣教科、科技产业科、自然生态保护科、行政审批服务科、环境监测科9个职能科（室）。设机关党总支。局属单位有11个，其中参照公务员管理事业单位3个：赣州市环境监测站（副县级）、赣州市环境保护局章贡分局、赣州市环境保护局经济技术开发区分局。全额拨款事业单位8个：赣州市环境监察支队、赣州市环境科学研究所、赣州市辐射环境监督站、赣州市环境评估中心、赣州市污染物总量控制办公室（市固体废物管理中心）、赣州市机动车排气污染防治监督管理中心（市大气环境管理中心）、赣州市环境应急监控指挥中心（市环境信息中心）、赣州市环境保护局蓉江新区分局。核定编制数193名，实有在编144人，临时聘用64人。年内，面向社会公开招考5名本科以上环保及相关专业人员，其中1名硕士研究生。

环境监测

【中心城区环境空气质量】　全年赣州市中心城区环境空气质量为超二级，环境空气质量“优良”率83.8%，其中空气质量达“优”的天数107天，与上年相比，减少20天，达“良”的天数199天，“优”“良”天数分别占29.3%和54.5%。二氧化硫、二氧化氮、一氧化碳日均浓度的第95百分位数以及O_3-8h的第90百分位数满足《环境空气质量标准》（GB3095-2012）二级浓度限值的要求，PM_{10}、$PM_{2.5}$浓度超标。空气质量评价为超二级，全年主要污染物为细颗粒物。年内，赣州市的2个酸雨监测点中，市监测站降水监测点降水pH值范围4.51—7.57，降水pH均值6.15，酸雨频率15.4%，比上年上升9%；803厂降水监测点降水pH值范围4.45—6.78，降水年均pH值5.68，酸雨频率42.6%，比2014年下降49.2%。

【水环境质量】　赣江流域水质：全年赣州赣江流域整体水质为“优”，Ⅰ—Ⅲ类水质断面比例90.8%，劣Ⅴ类水质断面比例6.46%，其中流经章江、桃江部分断面出现不同程度污染，主要超标污染物氨氮、总磷。东江流域水质：全年赣州东江整体水质仍然为“优”，Ⅰ—Ⅲ类水质断面比例97.2%，斗晏电站断面出现过1次溶解氧超标。赣江源头保护区水质：全年赣江源头保护区断面整体水质状况“良好”，水质达标率87.5%，主要超标污染物为总磷、氨氮和铅。东江源头保护区水质：全年东江源头保护区断面整体水质状况为“优”，水质达标率96.7%，主要超标污染物为铅。中心城区集中式生活饮用水水源：全年赣州市中心城区3个自来水厂全年总取水量5387万吨，达标水量5387万吨，水质达标率100%，水质达标率与上年相同。中心城区集中式生活饮用水水源：全年赣州市中心城区3个自来水厂全年总取水量5208万吨，达标水量5208万吨，水质达标率100%，水质达标率与上年相同。地表水国考、省考断面水质优良率分别是98.7%、93.5%，县级以上集中式饮用水水源地水质100%达标。

【土壤环境质量】　开展土壤污染状况详查工作。6月，会同市国土资源局、农业局相关工作人员开展土壤污染详

2月18日—19日，省环保厅、省住房和城乡建设厅组成考核组，对赣州市中心城区污水处理厂运行情况及农村环境连片整治工作进行现场检查、考核

查点位布设和核实工作，根据农用地土壤污染状况详查点位布设技术规划定详查单元与问题区域，布设农用地详查点位2545个。其中，根据国家环保部和国土资源部全国土壤污染状况调查、国土资源部多目标区域地球化学调查、农业部产品产地土壤重金属污染调查有数据，布设土壤点位超标区农用地点位1014个；按照土壤污染重点行业企业分类布设土壤重点污染源影响区农用地点位332个；根据掌握的土壤污染问题突出区域信息布设土壤污染问题突出区域农用地点位1199个。各县（市、区）环保局根据省环境监测站反馈的布点信息填写土壤详查点位核实结果确认单，组织参与相关工作的有关人员签订保密承诺书。部署应用全国土壤环境管理信息系统工作。组织部署赣州市土壤地块土壤环境管理信息系统，指派1名专人担任市级污染地块土壤环境管理信息系统管理员，并为同级国土、规划建设部门设立共享账号，与市国土资源局、市规划建设局等部门建立信息共享、联动监管机制。各县（市、区）环保局根据梳理摸排，结合关停、搬迁工业企业原址场地调查、土壤污染重点行业企业空间位置遥感核实和搬迁关闭重点行业企业用地再开发利用等相关工作基础，建立赣州市疑似污染地块名单，通知相关业主根据要求开展调查工作。建立土壤污染项目储备库。开展赣州市土壤污染防治项目储备库的建设工作，向省环环保厅申报5个土壤污染防治储备库项目。落实各方责任。开展赣州市土壤环境重点监管企业调查工作，经过筛选初步确定并在赣州市环境保护局管网公布76家土壤环境重点监管企业名单（其中龙南县赣州稀土矿业有限公司包含汶龙镇稀土矿二车间、关西稀土矿五车间、综试场一车间等43个车间）。开展辖区内土壤环境重点行业企业签订责任书工作。

【中心城区声环境质量】 全年赣州市中心城区区域环境噪声年平均值54.4 dB（A）。声源主要为交通噪声和生活噪声，声环境质量与上年基本持平。全年赣州市中心城区道路交通噪声昼间年平均等效声级67.2 dB(A)，与上年基本持平。全年赣州中心城区各功能区昼间年平均等效声级和夜间年平均等效声级均小于功能区噪声限值，功能区噪声达标。

环境科技

【环境科技管理】 做好《离子型稀土矿山开采污染物排放标准（征求意见稿）》反馈工作。与市科技局联合推荐申报市2017年度江西省节能减排科技创新示范企业，将赣州金信诺电缆技术有限公司、赣州豪鹏科技有限公司推荐为省节能减排科技创新示范企业。

【生态工业园与环保产业】 组织召开创建国家生态工业示范园区工作座谈会，邀请环保部有关专家现场指导园区按《国家生态工业示范园区的标准》做好相关工作，帮助赣州经济技术开发区、赣州高新区创建国家生态工业示范园区。印发《关于环境污染治理技术信息共享服务平台及其推广运用实施方案》，为全市企业搭建一个环境污染治理技术信息共享平台，促进污染治理技术推广运用。组织全市环保系统开展年度环保服务业财务统计工作培训，核实调查数据的准确性，确保数据质量。

环境影响评价

【建设项目环境影响评价】 遵守环保法律法规，严格建设项目环评审批，限制新上高耗能、高污染项目，凡工艺落后、不符合国家和地方产业政策、选址不当、超过污染物总量控制指标的建设项目一律实行否决和劝退，新《中华人民共和国环境保护法》实施后，对未批先建的报批项目，一律责令停止建设，并处以罚款。全年市本级审批建设项目50个，其中报告书40个，报告表10个；拒绝不符合产业政策或选址不当的项目10余个。

【建设项目竣工环境保护验收】 对防护距离内居民搬迁不到位的建设项目一律暂缓验收，市本级验收建设项目25个；对未建成污染治理设施或污染治理效果达不到规定要求的项目，下达整改通知，整改到位后再验收；有群众环境信访问题、环境违法违规行为未整改到位的建设项目暂缓验收。

【排污许可证核发】 制定《赣州市环境保护局火电造纸行业排污许可证

管理工作计划》《赣州市环境保护局关于印发开展电镀、印染等7个重点行业排污许可证管理工作计划》，召开培训会1次和视频调度会3次。全年赣州市涉及火电、造纸、水泥、平板玻璃、电镀、印染、原料药制造、制革、农药制造行业拟发许可证66本，实际核发许可证60本，不予核发6本（其中批建不符的3家企业，关闭企业2家，污染防治措施不到位1家）。

污染防治

【主要污染物减排目标及成效】 年内江西省下达赣州市减排任务：全市化学需氧量、氨氮、二氧化硫和氮氧化物排放总量分别比2015年下降1.72%、1.9%、2.21%和3.64%。主要措施。印发《赣州市2017年主要污染物总量减排目标任务的通知》，对各县（市、区）下达水和大气主要污染物总量减排目标任务，将任务分解落实到各县（市、区）和重点企业、重点项目，明确责任单位，完善保障措施。编制全年水主要污染物总量减排计划。按照省环保厅编制报送2017年度大气污染防治要求，调度、审核、汇总全市各县（市、区）水泥和火电行业污染防治计划。现场检查各县（市、区）城镇污水处理厂，并对上年运营进行考核。牵头布置全市省政府重点污水管网建设的8个县（区）的进出水COD浓度监测。定期核定全年华能瑞金电厂超低排放电价和环保电价。汇总、审核、上报各县（市、区）大气和水污染物核查核算表和台账。减排成效。经环保部和省环保厅对赣州市减排情况核查核算，认定全市完成江西省下达赣州市年度减排任务。

【水污染防治】 贯彻落实《水污染防治行动计划》。印发《2017年赣州市水污染防治工作计划》，细化分解目标任务；狠抓工业污染防治，对全市32家完成取缔的“十小”企业进行回头看，推进工业聚集区污染集中处理设施建设，建立工业园区水环境管理档案；狠抓农业农村污染防治，全市禁养区内确需关停或搬迁的3174家畜禽养殖场全部关停到位，所有县（市、区）按时完成《畜禽养殖污染防治规划》编制工作，全市有687个行政村完成整治。扎实推进“河长制”工作。深入推进不达标河湖治理，督导水质不达标8个县（区）采取有力措施，狠抓水环境保护、水污染治理，确保水达标河湖治理方案落到实处。5月，重点对水质超标严重的龙南县、定南县开展明察暗访，及时将发现的问题通报给当地政府，督促当地政府抓好整改。加快应急备用水源地建设，印发《关于加快推进全市应急备用水源地建设的通知》，要求各县（市、区）政府要按照“类型互补、水量保证、合理布局”的原则，制定出台应急备用水源地建设规划，合理进行应急备用水源地选址和应急备用水源地工程与配套输水管网项目建设，尽快实现应急备用水源地与城镇自来水供水管网的互联互通工程建设。龙南、全南、会昌、兴国、寻乌等县启动备用水源地建设工作。大力整治劣V类水。龙南县龙头滩电站、全南县上江村、定南县志達电站和高车坝、瑞金市新院村等5个劣V类水断面所在县均印发《消灭劣V类水工作方案》。并根据水质超标原因，大力整治稀土矿山、畜禽养殖、河道采砂等重污染行业，投入巨额资金建设集镇生活污水处理厂，工业园区污水处理厂、尾水处理站等环保设施。通过深入治理，劣V类水有一定改善，瑞金市新院村自4月起未出现过劣V类水。保障饮用水安全。保障县级以上城市集中式饮用水安全，完成水源地环境状况年度评估工作，印发《赣州市饮用水水源突发环境事件应急预案》，完善水源地管理档案，规范开展饮用水水源巡查，定期公开饮水安全状况信息，县级以上城市集中式饮用水水源地规范化建设水平显著提高，水质安全得到保障，全年县级以上城市饮用水水源地水质优良率100%。强化农村饮用水水源环境保护，开展全市乡镇级及以下水源基础信息调查填报和地下饮用水源补给区内化工类工业源地下水环境状况初步调查评估工作，全面摸清全市农村饮用水环境状况。

【固体废物污染防治】 在全省环保系统率先开展危险废物经营单位每月例行督查工作，做到收集、贮存、利用和处置全过程跟踪；对固体废物管理重大事项实行联合审查制，集体研究、集体把关，加强审查审批的公正性和准确性；加大对67家省级危险废物重点监管企业（产生类）监管力度，按要求建立台账、规范贮存和处置危险废物；推动固体废弃物处置基础设施项目建设，启动中心城区污水处理厂污泥规范化处置项目建设；推进赣南危险废物处置中心按照程序和要求开展建设，逐步解决全市危险废物出路不畅的问题；加快推进赣州市威绿达医疗废物集中处置公司搬迁重建（技改）工作，逐步提升运营管理和综合处置水平，确保全市医疗废物得到长久、可持续的规范处置；引导废弃电子电器产品拆解基金补贴定点企业升级改造，提高拆解工艺和管理水平，确保环境安全和基金使用符合规范要求。

【重金属污染防治】 开展重金属污染防治区划，有效控制重金属污染。开展全市重金属污染防治工作，全面排查重金属污染物排放企业及其周边区域环境隐患，摸清重金属污染情况，建立监管台账，确定重点防控区域（流域）、行业、企业和高风险人群。加快落实和推进重点防控区重金属污染综合防治项目的实施。被列入国家重金属污染防控重点区域的崇义县、大余县、赣县区、章贡区，遵循治旧控新、分区分类、整体推进的原则，按照源头控制—污染治理—环境监管—民生保障—能力建设的思路全面开展重金属污染防控工作，落实获得2015—2017年国家资金资助项目的实施。加强非重点防控区域重金属污染普查与防控。以“赣州市重金属污染调查”数据为基础，重点针对未列入国家重金属污染综合防控区的县（市、区），开展全市土壤重金属污染区划与风险评估，摸清重金属污染情况，建立监管平台，确定重点防控区域（流域）、行业、企业和高风险人群，结合国家新颁布的《土壤污染防治行动计划》，形成重金属污染防治项目库，加快国家财政资金的申请和项目的实施推进，加强重金属污染防治。

【大气污染防治】 5月，全市打响大气污染防治攻战，重点开展工业污染、机动车、扬尘和油烟等污染治理，各项工作取得积极进展，空气质量改善的不力局面得到初步扭转。至12月31日，中心城区优良率84.3%，细颗粒物（$PM_{2.5}$）平均浓度47微克/立方米，可吸入颗粒物（PM_{10}）平均浓度72微克/立方米。其中，全市PM_{10}浓度均值从5月底的84微克/立方米，一度降至67.7微克/立方米（10月22日），接近年度目标值67.5微克/立方米；年内，由于全国秋冬季雾霾天气较往年提前到来，从10月23日开始，赣州市与全省其他地市共同经历大范围多批次长时间的污染过程，导致年底全市PM_{10}浓度均值上升至72微克/立方米，没能完成省政府下达的全年考核目标值任务。

生态保护

【生态项目实施】 年内，争取上级资金20.7亿元，其中东江流域生态补偿试点机制获得中央和省财政资金支持，中央财政预拨赣州市东江流域生态补偿奖励资金2亿元，江西省财政下达赣州市东江流域生态补偿资金1亿元；环保部下拨陡水湖生态环境保护资金0.26亿元；贡江中下游流水污染防治方案进入中央项目储备库，争取中央水污染防治资金0.78亿元；争取4亿元中央财政支持的农村环境综合整治专项资金；争取中央土壤污染防治资金0.74亿元，重金属污染防控重点区域大余县、章贡区、赣县区、崇义县获得中央资金支持0.6亿元。争取国家重点生态功能区转移支付资金11.16亿元、环保能力建设资金0.13亿元、省级自然保护区资金0.04亿元。推进东江流域生态补偿试点。分2批向东江源区各县下达生态补偿资金7亿元，安排35个生态补偿项目，推进生态补偿项目建设。项目监管取得成效。会同市财政局印发《赣州市东江流域生态补偿项目管理暂行办法》《赣州市东江流域生态补偿资金管理暂行办法》。完成上级部门对赣州市环保专项资金项目的检查。

【生态示范创建】 全市环保部门大力开展宣传发动工作，充分调动县、乡（镇）、村开展生态示范创建的积极性。制定赣州市生态创建3年规划。组织专家审查和实地考察申报省级生态乡（镇）的10个乡（镇）和申报省级生态村的12个村。年内，命名赣州市全南县龙源坝镇等5个乡（镇）为“省级生态乡（镇）”称号，赣州市全南县陂头镇陂头村等13个村为“省级生态村”称号。在全市积极开展“市级生态村”创建工作，赣州市环境保护局授予安远县镇岗乡老围村等200个村为“市级生态村”称号。

【农村环境保护】 加强农村环境保护业务管理和执法联动工作，配合清洁办等部门加强对农村生活垃圾处理工作的指导，推广农村污染防治实用技术。把生态县（市、区）、生态乡镇和生态村的创建活动作为推动农村环境保护，建设农村优美环境的一项重要举措，将农村垃圾、污水处理及畜禽养殖污染防治治理等工作作为考核验收的重要内容，改善农村环境状况。全年争取到中央排污费支持的农村环境综合整治专项资金4亿元，重点促进农村饮用水、生活垃圾、生活污水等有效处理，美化农村环境。

【自然保护区建设】 赣州市国家级自然保护区3个，即龙南县九连山国家级自然保护区、崇义县齐云山国家级自然保护区和石城县、瑞金市赣江源国家级自然保护区，面积46617.45公顷；省级自然保护区8个，即崇义县阳岭自然保护区、崇义县章江源自然保护区、上犹县五指峰自然保护区、宁都县凌云山自然保护区、全南县桃江源自然保护区、宁都县大龙山自然保护区、信丰县金盆山自然保护区和会昌县湘江源自然保护区，面积57470.64公顷；市级自然保护区1个，即陡水湖自然保护区，面积22600公顷。县级自然保护区21个，面积96885.22公顷。自然保护区总面积223573.31公顷，自然保护区占全市国土面积的5.68%。

【省级生态乡（镇）建设】 年内，创建省级生态乡（镇）有全南县龙源坝镇、于都县祁禄山镇、上犹县社溪镇、南康区横市镇、瑞金市泽覃乡。

【辐射环境监管】 电离辐射环境安全监管。开展放射源安全检查专项行动，全市13家涉源单位排查出37个问题，经整改到位后，获省厅考核验收。高度重视废旧放射源收贮工作，帮助企业及时与省站沟通将4枚废旧放射源及时送贮，有效消除由于保管不善造成丢失、被盗等辐射事故隐患。做好管理档案标准化建设工作，对涉源单位实行“一企一档”管理，辖区内所有的涉源单位21家和涉射线装置单位240家的管理档案均建立完善，录入国家核技术辐射安全监管系统，做到台账、实物和系统的“三统一”。严格辐射安全许可证核发，全年核发辐射安全许可证17本。

电磁辐射环境安全监管。严格输变电项目环保管理，年内为18个输变电项目环评报告表出具批复意见，对8个输变电项目进行竣工环保验收。严守生态红线，全年拒绝审批2个涉及生态红线一级管控区的输变电项目。

环境管理

【环境监控】 全市139家重点污染源企业（其中废水114家、废气19家、重金属6家）安装164套在线监控设备。全年，被环保部列为可控国控考核企业91家，暂缓安装13家，安装联网78家（其中废水43家、废气11

家、污水处理厂24家）。可控国控考核企业污染源自动监控设备联网率100%，国控重点污染源自动监控数据传输有效率99.91%。落实国务院《排污费征收使用管理条例》，做到"依法、及时、全面、足额"征收排污费，全年全市征收到账排污费8190.4万元，并向社会公示80家国控重点污染源收费情况。执行排污申报和排污费征收月报、季报和年报制度，全面使用排污费征收全程信息化管理系统，配合做好环境保护税征管相关数据移交工作。

【环境监管与执法】 推进依法行政。印发《赣州市环境保护局2017年法治赣州建设工作计划》，确定指导思想，明确工作任务和分工。市委、市政府印发《赣州市党政领导干部生态环境损害责任追究实施细则（试行）》。根据《赣州市人民政府办公厅关于印发〈赣州市推行行政执法公示制度执法全过程记录制度重大执法决定法制审核制度试点实施方案〉的通知》，制定《赣州市环境保护局推行行政执法公示制度执法全过程记录制度重大执法决定法制审核制度试点实施方案》。成立赣州市环境保护局推行行政执法公示制度执法全过程记录制度重大执法决定法制审核制度试点工作协调领导小组，印发《赣州市环境保护局行政执法公示制度（试行）》，促进严格规范公正文明执法，保障和监督行政机关有效履行职责，维护人民群众合法权益。制定《赣州市环境保护局随机抽查事项清单》《关于做好"双随机一公开"监管工作的通知》，做好"双随机一公开"监管工作。

规范执法行为。对违法案件的违法事实、法律适用等方面进行严格审查，在行政处罚过程中，严格依法行政，规范程序；完善执法档案的管理，对行政处罚档案卷宗做到科学规范、及时归档。年内市本级对江西申丰牧业有限公司等77个环境违法行为进行查处。对赣州太盛生猪定点屠宰场涉嫌不正常运行防治污染设施逃避监管排放屠宰废水移送公安部门，由公安机关作出行政拘留处理。对2016年及上半年未执行到位的处罚进行催缴，并要求支队对2016年行政处罚案件开展后督查。

违法案件处理。全年全市查处环境违法行为332件，处罚金额3526.89万元；执行到位案件244件，执行到位金额950.63万元；实施处罚案件132件，其中按日计罚3件（罚款81.46万元）、查封扣押56件、限产停产43家、移送公安行政拘留21件（拘留15人）、移送涉嫌犯罪刑事拘留9件（拘留14人）。

【环境应急与事故调查】 制定《2017年赣州市环境应急管理工作要点》，重点开展环境安全隐患排查整治，开展东江源流域稀土行业企业环境应急演练桌面推演。全年全市发生2起一般突发环境事件，分别为安全生产、火灾引起，2起事件均得到有效及时处置，没有给当地环境造成危害。

【环境监察稽查】 制定《2017年环境监察稽查工作方案》，重点稽查石城、安远、寻乌、大余、上犹、定南等6个县建设项目和污染源现场监督检查、生态和农村环境监察、环境违法行为查处、环境污染和生态破坏纠纷调解处理、专项行动等环境监察日常工作开展情况。开展工业园区环境综合整治、饮用水源地安全检查、工业污染源全面达标排放计划、环境保护大检查"回头看"、油气回收专项执法检查、城镇生活污水处理厂专项执法检查、纳污坑塘环境问题排查整治、地下水环境保护执法专项行动、稀土矿山监管等环保专项行动，切实加大对各类环境违法行为的查处力度。

能力建设。赣州市本级及南康区、大余县、于都县、宁都县、上犹县、安远县、石城县等7个县（区）获得省财政厅2017年下达第一批环境监察执法装备建设达标奖励资金690万元；章贡区、赣县区、信丰县、龙南县、崇义县、寻乌县、定南县、全南县、兴国县、会昌县等10个县（区）向省厅提交第二批环境监察执法装备建设达标验收申请。

【宣传教育】 环境宣传。加强与《赣南日报》《赣州晚报》、赣州人民广播电台、客家新闻网、时空赣州网、市政府网站、大江网等新闻媒体的沟通联系，对特色、亮点工作做好宣传报道。年内，局在市级各类媒体上发稿53篇，在省级以上网站、电视台、报纸发稿11篇，在"6·5"环境日期间，围绕环境日主题"绿水青山就是金山银山"开展系列宣传活动。6月28日在《赣南日报》刊登《若干意见》出台实施5周年环保工作专版。印发《赣州市环保局例行新闻发布制度》。5月12日，举行全市环保系统新闻报道与舆情应对培训班。召开赣州市环保局数字环保项目建设工作的进展情况、中心城区大气专项督查行动、5年来的赣南苏区振兴发展环境保护工作情况、赣州市首批排污许可证核发工作进展情况、市环保局落实民生实事情况等新闻发布例会5次。

环境教育。与赣州市教育局共同转发《省环保厅、省教育厅关于全省中小学开展绿色学校创建活动的通知》，开展全市中小学开展绿色学校创建活动。3月，龙南县思源实验学校、赣州市嵯峨寺小学、信丰县大塘中学、信丰县第九小学5所学校获得第六批"江西省绿色学校"的称号。组织参加2017年第十五届中学生水科技发明比赛暨斯德哥尔摩青少年水奖中国地区选拔赛，赣州市赣州中学学生钟先韬、许梓宸、徐可欣编写的《农村学校饮用水现状调查报告——以江西省赣州市八个贫困县为例》获水资源调查类特等奖，江西卫视对获奖学生进行专门宣传报道。组织参加2017年国际环境小记者新闻作品大赛国内选拔赛，赣州中学杨雨辰《"盛放"之下》获环保部2017年国际环境小记者项目新闻作品大赛一等奖，《公园水体富营养化浅析》《勿以恶小而为之》《枯枝繁花》等8个作品分别获得二等级、三等奖，包揽江西省获奖所有奖项。组织参加由国家新闻出版广电总局、环境保护部联合举办2016年"美丽中国"环境保护公益广告作品征集评选活动，安远县孔田晨光学校乡村少年宫报送的作品《一个实验》获“美丽中国”环境保护公益广告作品征集活动广播类扶持作品三等奖。

【信访】 全年全市辖区受理3278件，其中各县（市、区）受理2943件，市本级办理信访件335件。市本级信访件中：省厅转办49件、江西省政府网1件、市委信息室网络舆情61件、市政府网络舆情2件、市委第一巡察组转办14件、市纪委转办2件、市综治办转办1件、每日舆情抄告1件、民声通道7件、市长信箱19件、网络问政平台12件、市环保局OA系统环境污染投诉平台77件、群众来访13件、群众来电72件、群众来信4件。对每一件信访件按规定时间及时高效办理，事事有落实，件件有回音，处理率100%，办结率100%。承办市人大代表建议和政协委员提案34件，其中主办、分办件11件（人大建议5件、政协提案6件），协办件23件（人大建议10件、政协提案13件），全部办结，全部获得满意。

【党风廉政建设】 落实主体责任，强化第一责任人的责任。印发《赣州市环保局2017年党风廉政建设工作要点》《关于加强机关党的建设工作规范化制度化的实施意见》《市环保局关于严明有关纪律，加强监督检查的通知》，联合印发《关于建立市纪委驻城管局纪检组与驻在单位联动工作机制的意见》等。强化“一岗双责”责任。成立污染减排、重大项目审批、收费执法处罚等9个协调工作小组；注重预警机制，完善制度建设。坚持把严格各项制度落实作为作风建设的基本保证，围绕解决领导干部“四风”问题、保障和改善民生、加强环境保护工作、加强机关内部管理等方面，抓好制度建设，建立完善管理制度35项。

制定《赣州市环保局贯彻落实八项规定的具体措施》《赣州市环保局关于改进工作作风提高工作效率的措施》，明确目标任务和工作措施。重申有关纪律要求，给科级以上干部发廉政短信260余条，强化廉能防控，要求每一位干部职工根据岗位工作职责，找准个人廉政风险点，将廉政承诺内容制作成岗位警示牌，进行亮牌办公。开展与干部职工经常性廉政谈话、交心谈心活动。对领导干部中有苗头性问题的党员干部进行诫勉谈话，抓早抓小，及时提醒。年内对1人次提醒谈话，5人次约谈提醒，6人次诫勉谈话，给予2人行政警告处分。

（撰稿　高　睿　审稿　孙志强）

【领导名单】

党组书记、局长：

杨中茂（任至12月）

袁　建（12月任）

党组成员、副局长：许　健　叶苞九

环境监测站站长：刘　辉

（本栏编辑　赖建明）

2017年，赣州市农村环境综合整治见成效。图为寻乌县吉潭镇圳下村

交通运输

交通运输管理

【概况】 2017年，全市交通运输系统围绕“六大攻坚战”决策部署，推进国省道和农村公路建设3年行动计划，突出打好交通基础设施建设攻坚战，在高速公路、国省道、乡村公路等建设方面取得丰硕成果。全市各类公路通车总里程3.1万千米。全国现代物流创新发展试点城市建设加速推进，交通工程质量和安全水平提升，道路运输行业转型升级加快，国防交通基础设施建设和国防交通专业保障队伍实战能力增强。

【高速公路建设与管理】 市高等级公路管理处围绕服务大局，破解难题、补齐短板，履职尽责、全面务实的工作思路，较好地完成年初确定的各项工作任务。全市高速公路通车总里程1441千米。全市在建高速公路50千米（广吉高速宁都段），新开工建设1条兴赣北延高速64千米，完成投资24.5亿元。大广复线高速公路完成工程可研报告。寻乌南桥至广东龙川高速公路、信丰至南雄高速公路、会昌白鹅立交互通、大广高速太窝互通、厦蓉高速创新路互通项目前期工作进展顺利。

【国省道管理与建设】 加强国省道管理与建设，成立市公路建设管理处。推进项目建设，瑞兴于快速交通走廊和“三南”快线项目正式开工建设，G105赣州中心城区改线工程项目进展顺利，公路事业取得可喜的成绩。全市国省道3614.355千米/41条（含8条高速连接线43.7千米），桥梁1142座，隧道6座。按行政等级分：国道11条，计1975.411千米；省道30条，计1638.944千米。按技术等级分：一级公路426.66千米，二级公路1764.78千米，三级公路760.09千米，四级公路632.49千米，等外公路30.32千米。项目前期、养护管理、品质工程创建、项目建设融资等工作在全省有关会议上作经验交流发言，全省创建普通国省干线公路品质工程现场会暨建设推进会在赣州市召开。

【农村公路管理与建设】 加大农村公路管理与建设力度，在强化农村公路科职能的基础上，增设赣州市农村公路管理处。全市农村公路建设完成投资55亿元。其中，计划内项目29亿元，计划外项目26亿元。全市完成县道升级改造389.1千米，完成窄路面拓宽改造1112.4千米，完成危桥改造227座，完成安全生命防护工程949.7千米，完成通25户自然村公路239.7千米。路网调整后，全市农村公路总里程达2.59万千米。

【交通工程质量监督】 市交通工程质量监督站完成全市在建工程质量安全监督全覆盖，在建交通工程质量安全水平稳中有升，工程参建单位和从业人员的质量安全意识明显增强。全年未发生重大质量安全责任事故。全年监督在建公路、桥梁工程项目184个（其中完成交工检测64个）；下达办理质量监督申请手续催办函8份，停工整改通知书6份；下达公路工程质量抽查通知书154份，质量通报11份，约谈项目各参建单位法人3次；依法报废处理预应力砼T梁8片、预应力砼箱梁18片、预应力砼空心板梁13片、桥梁基桩9根、系梁2根、盖梁、墩柱3根、桥台背墙2个；依法返工处理台背回填3310立方米、水稳基层7600平方米、浆砌排水沟3500米，片石砼挡土墙180立方米、浆砌护堤1360平方米、圆管涵78米、清理不合格原材料450立方米；依据相关信用评价办法，对福建省百川建设发展有限公司等31家（次）施工企业、赣州诚正公路工程监理有限公司等14家（次）监理单位和赣州志远建设工程质量检测有限公司等10家（次）试验检测机构进行信用评价扣分处理。

【公路运输管理与生产】 全市道路运输行业加快转型升级，提升道路运输供给侧水平。1—12月，全市新增或更新普货车辆4624辆，上升157%；危货车辆113辆（含挂车），上升15.3%；县级、市际、省际班线客运车辆47辆，下降47.8%；包车数47辆，下降7.84%。全市道路运输行业供给平稳有序，客运小幅下降，货运增幅放缓，公交线路不断优化，基础设施逐步完善，新能源车辆比重有所提高。完成公路货运量1.05万吨，货运周转量246.89亿吨千米，分别增长 13.1% 和 9.3%；完成公路客运输量 8661 万人，公路客运周转量 59.12 亿人千米，分别下降 2.1% 和 2.4%；建成 3 个公交场站和 60 座候车亭，新增优化 6 条公交线路，全市新增及更新出租车 107 辆、公交车 166 辆（其中新能源 114 辆，占比 68.7%），万人公交车保有量（中心城区）为 11.16 标台。

【水路运输管理与生产】 市港航管理处抓住长江经济带和赣南苏区振兴发展等重大历史机遇，坚持以推动水运事业振兴发展为主线，以项目建设、港航管理为双翼，推进规划编制、强化水路运输管理，扎实开展水路运输生产，确保全市水运事业安全有序稳步发展。全市水运企业 57 户，经营船舶 134 艘。全市水路运输完成货运量 2910.4 万吨，货运周转量 8.81 亿吨千米；完成客运量 131.4 万人次，客运周转量 1277 万人千米。

【物流产业】 全国现代物流创新发展试点城市建设加速推进，赣州综合物流园区、赣州港多式联运基地、赣州冷链物流中心等重大物流项目加快建设，完成投资 85.2 亿元，增长 34.9%。举办物流业重大项目集中签约仪式，引进资金 131.3 亿元，一批国内一流物流企业落户赣州市。龙南保税物流中心、崇义钨都产品物流中心、赣州国际港站二期等 8 个项目建成并投入运营，龙头昂起格局基本形成。本土“滴滴打车版”智慧物流信息平台“吉集号”成功上线运营，交易额突破 10 亿元，企业用户达 1 万余家，会员司机 18 万余人，有效破解“车找货、货找车”难题，赣州市快速成长为互联网 + 高效物流的创新示范城市，全年物流成本降低 10% 以上。

【安全管理】 加快推进“平安交通”建设，坚持“安全第一、预防为主、综合治理”的方针，突出“平安公路”“平安车船”“平安港站”“平安渡口”“平安工地”等重点建设内容，

7 月，赣州市道路运输管理部门开展危险品运输夏季安全专项大检查

细化年度工作目标任务，研究“平安交通”建设标准，加大督促指导工作力度，做到全面覆盖。借助“平安交通”创建活动，深化各项专项整治活动，做到“四个相结合”（将“平安交通”创建与道路安全年活动相结合；将“平安交通”创建与渡口渡船安全管理专项整治“回头看”活动相结合；将“平安交通”创建与“平安工地”考核评价相结合；将“平安交通”创建与公路专项治理相结合）。完善责任体系，排查治理隐患，杜绝重特大以及较大安全生产事故的发生。

【国防交通战备】 宣传贯彻落实《中华人民共和国国防交通法》，加快国防交通基础设施建设，强化国防交通专业保障队伍实战能力，开展国防交通理论研究。按照省交通战备办公室 5 月底下达的国防交通数据采集要求，保质保量完成数据采集工作，及时上报省交通战备办公室。加强在建国防公路建设项目督导检查，赣县、定南、上犹、瑞金、石城 5 个县（市、区）承担国防公路建设任务，建设总里程为 226.52 千米。市交通战备办公室多次到国防公路施工现场进行调研和督导，推进项目建设。

【党群工作】 市交通运输局党委贯彻落实习近平新时代中国特色社会主义思想和中共十八大、十九大精神，在思想组织建设、党风廉政建设、精神文明建设等方面都取得显著的成效。涌现一批先进单位和个人。党群工作的有效开展，对推动全市交通运输事业的发展、创建全国文明城市、农村精准扶贫等活动中都发挥重要作用。赣州市交通运输局获全省交通运输先进工作综合考评先进单位、全省农村公路工作先进单位、全省道路运输系统绩效考核第一名、江西省文明单位。

（撰稿　李发淳　审稿　杨有发）

【领导名单】
党委书记：朱洪波
党委委员：谢文才　彭炎明
　邓小荣（任至 12 月）　周小勇
　郭远昌（12 月病故）
　钟佩芳（任至 9 月）　何祖林
　胡超星　章广麟（3 月任）
　李千荣（3 月任）　林朝阳（7 月任）
市纪委驻交通运输局纪检组组长：
　邓小荣（任至 12 月）
局长：朱洪波
副局长：陈建生（任至 1 月）
　彭炎明　郭远昌（12 月病故）
　何祖林　胡超星（4 月任）
调研员：陈建生（1 月任、任至 12 月）
副调研员：章广麟（任至 4 月）
　李千荣（任至 4 月）

2017年赣州市境内高速公路项目基本情况

表9

项目性质	名称	里程（千米）	建设起止年限	投资规模（亿元）	途径县（市、区）里程	项目建设单位（运营单位）
建成	大广国家高速公路泰和至赣州段G45	60.200	2001—2004	18.0000	南康区60.2千米	省高速集团
	大广国家高速公路赣州至龙南段G45	100.000	2001—2004	41.0000	南康区26.5千米 信丰县59.65千米 龙南县13.85千米	赣州高速公司
	大广国家高速公路龙南至定南联络线	26.860	2001—2004		龙南县12.96千米 定南县13.87千米	赣州高速公司
	厦蓉国家高速公路赣州城西线G76	12.000	2002—2004	3.0000	南康区9.8千米， 赣州经济技术开发区2.2千米	省高速集团
	南康至大余高速公路	56.700	2005—2007	21.3000	南康区14千米 大余县42.645千米	康大高速公司
	厦蓉国家高速公路瑞金至赣州段G76	117.000	2007—2009	56.2000	瑞金市4.22千米 赣县区23.2千米 于都县47.648千米 会昌县26.487千米 章贡区13.88千米 赣州经济技术开发区1.68千米	省高速集团
	赣州绕城高速公路	43.600	2008—2010	21.6000	赣县区8.135千米 章贡区19.91千米 赣州经济技术开发区4.56千米 南康区10.983千米	赣康高速公司
	济广国家高速公路鹰潭至瑞金段G35	95.000（308.777）	2008—2010	40.0000（128）	瑞金市42千米 宁都县40.98千米　石城县13千米	省高速集团
	泉南国家高速公路石城至吉安段G72	132.000（191）	2008—2010	75.6000（100.8）	兴国县67.6千米 宁都县54.925千米 石城县14千米	省高速集团
	济广国家高速公路瑞金至寻乌段G35	124.000	2009—2011	60.5000	瑞金市19.21千米 会昌县57.04千米 寻乌县47.6千米	瑞寻高速公司
	厦蓉国家高速公路隘岭至瑞金段G76	31.900	2009—2011	14.5000	瑞金市31.9千米	省高速集团
	大广国家高速公路龙南里仁至杨村段G45	61.000	2009—2012	39.8000	龙南县58.28千米 全南县3.12千米	赣州高速公司
	厦蓉国家高速公路赣州至崇义段G76	88.000	2010—2012	69.0000	南康区14千米 上犹县13千米 崇义县50千米	赣崇高速公司（省市共建）
	寻乌至全南高速公路	112（56.7）	2012—2014	87.1300	寻乌县，安远县，信丰县	寻全高速公司
	南昌至宁都高速公路	56.000	2013—2015	38.0000	宁都县56千米	省高速集团
	兴国至赣县高速公路	72.000	2014—2016	60.0000	兴国县36千米，赣县区36千米	赣州高速公司
	宁都至定南高速公路（含定南联络线）	254.000	2014—2016	176.0000	宁都县、于都县、安远县、定南县	省高速集团
	南康南互通连接线	3.000	2015—2016	1.0000	南康区	赣州高速公司
	2016年年底通车里程	1445.260	—	—	—	—
续建	信丰北互通连接线	1.000	2015—2017	0.9000	信丰县	赣州高速公司
新建	广昌—吉安（宁都境内）	49.000	2015—2017	32.6000	宁都县49千米	省高速集团
拟建	大广复线	146.200	2017—2019	117.0000	南康区、信丰县、龙南县、全南县	赣州高速公司
	兴赣北延	65.000	2017—2019	52.0000	兴国县、宁都县	赣州高速公司
	大广高速公路太窝互通	1.616	2017—2019	2.7470	赣州经济技术开发区	市发投
	厦蓉高速公路机场互通	2.024	2017—2019	3.1616	赣州经济技术开发区	市发投
	寻乌南桥至广东龙川	27.000	2018—2020	21.6000	寻乌县	寻乌县政府

续表 9

项目性质	名　称	里程（千米）	建设起止年限	投资规模（亿元）	途径县（市、区）里　程	项目建设单位（运营单位）
拟建	信丰至南雄高速公路	16.000	2018—2020	12.1600	信丰县	信丰县政府
	寻全线西延	52.000	2019—2021	41.0000	全南县	赣州高速公司

公路管理

【概况】 2017年，全市公路系统按照“打好攻坚战，创一等工作”工作主线，解放思想，开拓创新，攻坚克难，进位赶超，圆满完成全年各项目标任务。瑞兴于快速交通走廊和“三南”快线项目开工建设，G105赣州中心城区改线工程项目进展顺利。全市国省道3614.35千米/41条（含8条高速连接线43.7千米），桥梁1142座，隧道6座。按行政等级分：国道11条，1975.41千米；省道30条，1638.94千米。按技术等级分：一级公路426.66千米，二级公路1764.79千米，三级公路760.09千米，四级公路632.49千米，等外公路30.32千米。市公路局获2017年全省公路工作先进单位、公路建设与前期工作先进单位、安全生产工作先进单位、资金管理先进单位等4项荣誉，项目前期、养护管理、品质工程创建、项目建设融资等工作在全省有关会议上作经验交流发言，全省创建普通国省干线公路品质工程现场会暨建设推进会在赣州市召开，

赣州市公路管理局下辖直属、赣县、兴国、宁都、于都、石城、瑞金、安远、寻乌、信丰、南康、大余、崇义、上犹、会昌、定南、龙南、全南等18个公路分局，赣定高速、龙南、寻乌、瑞金、大余等5个治超检查站、路网管理中心和公路建设管理处。市局机关内设办公室、养护科、路政管理科、行政审批服务科、人事教育科、计划统计科、安全设备科、财务审计科等8个职能科室和党总支、工会。年末，全市公路系统总编制数2099人，在职职工1909人，离退休职工1697人。其中，有高级工程师67人，高级经济师3人，高级会计师3人，中级职称188人，助理工程师233人，技术员18人。

【公路建设】 成立市公路建设管理处，打好公路基础设施建设攻坚战，大力开展国省道品质工程创建，通过打造G206石城段、S449兴国段、S226南康段等省级品质示范工程带动全市公路项目建设质量和安全水平大幅提升。创新项目融资方式，积极推广应用PPP模式，有11个县（市、区）20余个国省道项目采取PPP模式组织实施，融资规模达百亿元，有效解决项目建设资金瓶颈问题。与江西理工大学签订战略合作框架协议，成功申报并组建赣州市公路工程技术研究中心，开展课题研究，推广运用新技术、新工艺、新材料、新设备。年底，“三年行动计划”中普通国省道77个、1408千米规划建设项目，开工46个、建设里程942千米，其中基本建成11个、通车里程156千米。全年向上争取国省道建设计划资金31亿元，到账资金18.76亿元，是上年的2.48倍，创历年新高。国省道升级改造1144千米，实施养护工程400千米，完成危桥改造30座，全年完成投资72.54亿元，占年度计划投资的140.3%，占全省的32%，增长16.8%，项目实施里程、完成投资均创历史新高。

【公路养护】 公路养护管理实现提质增效，在全省率先全面完成普通公路管养事权移交（换养）工作，9月28日顺利完成普通公路移交协议的签订工作。至9月底移交换养到位后，市公路管理局移交给各县（市、区）政府国省道627.44千米，接养各县（市、区）政府管养的国省道1164.21千米。至年底，市公路管理局管养的国省道非穿城区路段里程达到3614.35千米，其中国道1975.41米，省道1638.94千米。强化公路预防性养护，综合排水系统整治工作稳步实施，路面病害处治及时，日常养护抓早抓小、抓常抓长工作机制基本形成。建立科学的督查考核机制，应急保通能力大幅增强，确保一旦发现险情第一时间响应，在最短时间内恢复交通通行。圆满完成G358安远三百山镇境内重大山体滑坡抢修工作。全年投入抢修机械2700台次，清理塌方8.5万立方米，修复水毁路面28万平方米，挡土墙5450立方米，抢通中断交通路段3处，累计投入抢修资金1500余万元，确保公路的安全畅通。

12月下旬，赣州市公路养护工人在G323除冰清雪确保公路线安全畅通

【公路治超】 铁心硬手抓公路治超，市委常委会把治超工作列为年内工作要点，市政府将治超工作纳入对县（市、区）科学发展目标考核，政府治超主体责任得到有效落实。扎实推进源头管控，充分利用路面执法信息强化管控。组织交警、运管、路政等部门组成联合执法队伍，强化路面监管，利用流动治超检测车开展流动巡查，严厉打击违法超限超载行为。全年出动执法车辆4.7万辆次，检查车辆114.2万辆，查处车辆8863辆，卸载吨位10万吨，记分24303分，恢复改装车4127辆，全市治超形势明显好转，圆满完成省政府要求的治超站点路段超限超载率控制在1%内的工作目标。

【路域整治】 2017年为国省干线公路“路域环境整治年”，纳入到全市“城乡环境整治年”活动重要内容。市政府出台《赣州市“路长制”实施方案》，对路域环境整治提出更加具体要求，形成市、县、乡、村四级工作网络格局。开展3次季度路域环境综合整治，全力做好中心城区国省道主要出入口路域环境专项整治支持全国文明城市创建，全市国省干线公路路容路貌得到明显改善。全年清除全市清理违法建筑12750平方米/335处、清除占路堆积物7685平方米/2459处、非公路交通标志1479块/1285处，查处路损案件210起，办理行政许可28起，办理行政处罚案件76起，查处率、结案率达99%以上。

【行业文明】 参与、全力支持全国文明城市创建工作，深入社区开展志愿服务活动。抓好安全生产工作，开展平安公路建设，建立安全隐患排查治理和报告制度，完善安全基础设施，做到安全生产警钟长鸣，安全监管常抓不懈，全年未发生安全生产责任事故。大力支持瑞金市脱贫攻坚公路项目建设，全力做好S451省道瑞金市丁陂至云石山段路面整修工作，为瑞金市脱贫攻坚提供坚实公路保障。高度重视驻点村精准扶贫工作，扎实开展干部结对帮扶、走访慰问等各项工作，筹措36万元为当地办一批民生实事，帮助贫困群众脱贫致富，获年内市直单位驻全南县精准扶贫工作评比第一名。

（撰稿　杨树成　审稿　刘自田　谢文才）

【领导名单】

局长：谢文才

副局长：鲍建文　刘自田

副局长、总工程师：黄志强（4月任）

副调研员：刘智文　余饶华

高速公路路政管理

【概况】 2017年，赣州高速公路路政管理支队（以下简称支队），弘扬“守道护路、尚法保畅”的路政精神，扎实开展“三基三化”（基层执法队伍职业化、基层执法站所标准化、基础管理制度规范化）建设和法治路政建设，着力塑造“苏区路政”品牌，严格责任落实，较好地完成各项工作目标。

年内，赣州高速公路路政管理支队新增设第十七、十八、十九、二十大队，新增设大队编制数为12人。支队有职工315人，其中女职工34人，党员174人，公司委派人员47人，退休职工66人。内设综合科、业务科、财务科等3个职能科室，下设20个路政大队。

【“三基三化”建设】 改造升级。支队在第十六大队召开推进“三基三化”建设现场会，现场观摩勤务训练、讲解标识标牌功能和座谈交流，明确标准、统一样式、规范管理，对新申报5个大队投入165万元更新改造升级“三基三化”建设，着力推进“三融合，三打造”（即将“三基三化”建设与法治路政建设相融合，打造依法行政典范；将“三基三化”建设与准军事化管理相融合，打造路政执法铁军；将“三基三化”建设与培育和谐“路政之家”相融合，打造路政文化品牌）的建设方略，基层大队执法形象焕然一新。5个“三基三化”建设大队通过验收。

教育培训。全员轮训，举办财务、“三公”（因公出国境、公务车购置及运行、公务招待）经费网上监管平台、2期路政管理业务培训和“红土地·苏区路政”主题路政宣传报道和摄影技能培训班，组织路政管理业务知识测试及党风廉政知识测试，安排队列训练、交通手势操、篮球友谊赛和唱红歌等准军事化管理内容，增强干部职工业务能力，提高依法行政水平。

应急保畅。加强收费监管，严格执行清障施救三级审核制度，健全完善应急预案，严肃处理违规行为；试运行“三班两运转”（将24小时分成两个换班区间，每个换班区间为12小时，3个作业班进行轮番上班）值班模式，强化值班纪律，严格执行新值班制度；实行路阻信息报送季度考核奖惩，实现信息报送常态化，提升应急保畅能力。报送路阻信息1001条，圆满完成辖区高速公路的安全保畅任务，充分展示“苏区路政”良好形象。

【“法治路政”建设】 法路共建。支队与赣州市中级人民法院、赣州市人民政府法制办共同建立“法路共建”联席会议制度，各大队取得行政执法听证主持人资格证，聘请支队法律顾问；在11个大队成立驻队巡回审判点，与当地人民法院签订法路共建合作协议，有效整合人民法院、高速路政以及相关部门的执法、司法资源，配套形成联络会议、分工协作、强制执行、紧急应对等相关机制，切实提高路政执法效率和执法水平。第十六大队将赣州移动公司和铁塔公司2起违法架设电缆案件移送至人民法院强制执行，为“法治路政”建设提供新参考。

路政巡查。坚持落实路政巡查“五项”机制，实行巡查信息日报制，加入经验谈、路域环境专项整治情况、路阻信息报送情况等内容，通过文字、图片、图表等反映业务工作动态，督促工作落实，全年通报字数8万余字。出台《路政巡查细则》，每月对综合成绩前三、后三名的大队奖惩表

5月上旬，交通运输部路网监测与应急处置中心对赣州市国道进行路况检测

现性绩效工资40%。全年完成路政巡查182.3万千米，人均巡查里程达到9024千米，支队巡查效率保持在97.89%，位居全省第一。

公路通行环境整治。11月，支队开展路域环境专项整治提升月活动，签订责任状，更新完善路权档案，统一制作“违法涉路设施整治任务分解图”，加强与高速公路沿线乡镇、国土、规划、建设等部门联勤联动，确保从源头上遏制新增违法涉路设施，实现路域环境整治常态化，基本完成30%的违法涉路设施整治任务，保障高速公路“畅、洁、舒、美”的通行环境。

【路政检查】 3月27日—31日，支队开展第一季度“会后看行动”工作检查，支队机关负责协调和监督，所有基层大队（含筹备组）的20名大队长（负责人）负责检查考核16个基层大队工作。7月3日—7日，支队开展“半年看效果”第二季度工作检查，支队抽调4名大队专职党支部书记与机关工作人员组织考核组对16个大队半年的行政、党建、安全生产、纪检监察、宣传和精神文明创建活动等工作成效进行考核，并将考核结果与下季度绩效挂钩。10月10日—14日，支队开展“第三季度工作再推进”活动暨2017年第三季度目标管理考核工作，全面考核和评价基层路政大队工作完成情况。12月12日—16日，支队抽调大队20名业务骨干和机关工作人员组成考核小组对第四季度工作进行检查考评，对综治安全、党务纪检、行政事务、巡查值班、行政许可、路权普查、清障监管、财务工作8项内容进行评比考核，其中第十六大队、第十五大队、第三大队为检查前三名，五大队、十二大队、八大队为检查后三名。

【宣传培训】 5月，支队开展“路政宣传月”活动，活动期间，加强公路路政管理法律法规和政策宣传解读工作，营造公路安全保护工作良好的社会环境。支队出动巡查车辆600余次，发放宣传手册5000余份，张贴、喷印公告100余份，悬挂横幅标语43条，发放宣传单5000余份，开展法律咨询48次，媒体宣传52次。5月25日—28日，支队组织开展为期5天的业务培训班，聘请中共赣州市纪委、市中级人民法院、市法制办的专家为全体干部职工进行集中授课，组织观看《灯下黑》等警示教育片，业余时间开展唱红歌、篮球赛等活动。

【构建“法路共建”机制平台】 9月20日，江西省会昌县人民法院驻赣州高速公路路政管理支队十大队巡回审判点正式挂牌设立，该巡回审判点的成立，以维护路产路权、审理执行路政案件、指导路政行政执法为目标，配套形成联络会议、分工协作、强制执行、紧急应对等相关机制。建立网络信息化工作平台，让法院工作人员能够及时掌握大队路政执法案件办理的新进展、出现的新问题、采取的新措施。法院对路政案件的立案、审理、裁决、执行及时通报给路政大队，做到信息共享，工作互动。

（撰稿　肖亮清　审稿　钟新发）

【领导名单】
支队长：陈孝良
党委书记：唐仕利
纪委书记兼工会主席：廖惠勤（女）
副支队长：詹世俊

交通投资

【概况】 2017年，赣州市交通投资集团公司（以下简称公司）围绕“深化改革转机制，精益管理提质量”总体工作思路，以深化国企改革为契机，以完善基础建设为重点，以强化精益管理为抓手，不断克难攻坚，真抓实干，较好地完成本年度工作计划。至年底，公司到位资金1.36亿元，其中租金收入152.68万元，借款利息收入115.54万元，财政拨入补贴还本付息收入1.32亿元，财政拨付工作经费128.05万元。公司年内还本付息支出1.32亿元。公司总资产30.29亿元，其中固定资产21.59亿元；总负债7.83亿元，其中长期借款5.8亿元，资产负债率为25.86%。

【公路建设】 公司根据赣州市国省道公路服务区建设总体规划，公路建设服务区选点与特色小镇和新农村建设相结合，开前期项目调研工作。赣州市国省道公路服务区规划编制及报审工作完成，第一批服务区选址基本确定。组织完成S219沙龙线小坌至龙布段公路边坡防护完善工程交工验收工作及竣工决算编制与报审工作。组织完成G319兴国县城绕城公路改造工程的竣工决算编制与报审工作。完成赣县区梅林至湖江战备公路改造项目清算上报工作。

【资金筹措管理】 公司加强资金的筹措与管理使用，全年到位1.36亿元，按时偿还银行贷款本息1.32亿元。开展并完成赣州市“十三五”期国省道、农村公路建设市本级补助资金贷款融资的各项工作。9月，公司和国家开发银行签订第一笔融资贷款业务，第一笔贷款资金落实到位3.84亿元。

【经营性项目】 公司以S219线小垒至安远龙布公路改造项目为试点，开拓公司公路建设投资“以路换地”的经营新模式，找到新的经济增长点。在此基础上，与安远县政府合作，以公路建设投资为资本金置换安远县县城2.46公顷土地。项目从拿地到设计、设计到规划、规划到施工、施工到销售，完成项目一期主体工程和二期桩基础工作，年内进行项目开盘预售。

【精准扶贫】 3月，公司由市交通运输局监管转为市国资委监管。在赣县区江口镇河埠村开展精准扶贫工作，公司自筹6万余元支持村里的合作社产业发展和村部建设，坚持对贫困户进行“一年三节”的走访慰问工作，加快脱贫步伐，促进精准扶贫工作的开展。

（撰稿 阙翊榕 审稿 杨 飞）

【领导名单】

副总经理（主持工作）：

雷湘湘（任至7月） 杨 飞（8月任）

副总经理：邹越滨

总经理助理：李典光

黄 俊（任至8月）

财务总监：刘晓敏（任至8月）

铁路建设

【概况】 2017年，市铁路建设办公室按照“主攻高铁、完善路网、打造枢纽”的工作思路，围绕和融入“一带一路”国家战略，重点推进铁路“三大通道”建设，构筑赣州市铁路网络纵贯南北、连通东西的格局。全市既有铁路4条，分别是京九铁路、赣龙铁路、赣韶铁路和赣瑞龙铁路，总营运里程555千米；在建铁路3条，分别是昌赣客专、兴泉铁路、赣深客专。全市铁路通达县（市、区）有11个，还有7个县未通铁路。全市铁路网密度1.40千米/10平方千米，人均铁路营运里程0.58千米/万人。

【“十三五”铁路规划】 2月，国务院印发《“十三五”现代综合交通运输体系发展规划》；11月，国家发改委、交通运输部、国家铁路局、中国铁路总公司联合印发《铁路“十三五”发展规划》，赣州市有昌赣客专、赣深客专、兴泉铁路、瑞梅铁路、长赣铁路5个铁路项目列入上述规划，上述规划提出将赣州建设成为全国性综合交通枢纽。

【在建铁路】 昌赣客专。先行开工段于2014年12月开工建设，全线工程于2015年7月15日开工建设，计划2019年年底建成通车。设计速度为350千米/小时，正线为双线，线路总里程420千米，赣州段107.7千米。全线总投资532.5亿元，赣州市境内约138.02亿元。至年底，赣州段开工累计完成投资70.81亿元，占总投资的51.3%（不含站房建设、机车购置、征地拆迁和“三电”迁改等费用）。赣州段征地拆迁基本完成，线下工程路基完成98%，桥梁完成97%，全线控制性工程兴国隧道全长1万余米，全线贯通，赣江特大桥双主塔顺利合拢，赣州境内隧道群全线贯通。全年完成投资25.56亿元，完成年度计划的114.8%。

赣深客专。先行开工段于2016年12月开工建设，2017年10月底完成全线施工招标，开展全线大临设施施工，计划2021年年底建成通车。设计速度为350千米/小时，正线为双线，线路全长436.37千米，赣州境内134.57千米；赣州至塘厦段总投资约514.95亿元，赣州境内投资约154.66亿元。6月29日，中国铁路总公司联合江西、广东省人民政府批复赣深客专赣州至塘厦段初步设计。11月1日，江西省重点办出台赣深客专征地拆迁补偿标准。12月6日，赣州市召开全市铁路建设推进暨赣深客专、兴泉铁路征地拆迁动员大会。至年底，项目线下工程先行开工段路基完成86%，桥梁完成60.1%，隧道完成24.4%，隧道设计7座全面开工，全年完成投资5.02亿元，完成年度计划的100.4%。

兴泉铁路。先行开工段于2016年12月开工建设，2017年8月底完成全线施工招标，开展全线主体工程施工，计划2021年年底建成通车。设计速度为160千米/小时，正线为单线，兴国至宁化段正线里程159千米，赣州境内124.78千米；项目总投资约94.25亿元，赣州境内投资约76.63亿元。5月26日，中国铁路总公司联合江西省人民政府和福建省人民政府批复兴泉铁路兴国至宁化段初步设计。8月25日，江西省重点办出台兴泉铁路征地拆迁补偿标准。12月6日，赣州市召开全市铁路建设推进暨赣深客专、兴泉铁路征地拆迁动员大会。至年底，项目线下主体工程路基完成87万立方米，桥梁完成453根桩，隧道完成1714成洞米。全年完成投资5.96亿元，完成年度计划的100%。

【站房建设】 赣州西站是赣州市中心城区高铁站，位于赣州高铁新区核心区，未来有昌赣、赣深、长赣、赣郴永兴等多条高铁、普铁线路在此交汇。赣州西站站场近期按4台8线开展建设，远期规划12台24线。赣州西站站房按近期5万平方米、远期10万平方米规模开展规划设计。站房设计分两期建设，一期包括东侧站房、部分高架候车厅及昌赣深客专站场，建筑面积约5万平方米；其余为二期建设部分，主要包括西侧站房及部分高架候车厅，及长赣铁路、赣郴永兴站场。一期工程业主单位为昌九城际铁路股份有限公司。10月，该项目与赣州西站下方预留地铁工程共用基础部分开工建设，全年完成投资2232万元。

【涉铁项目】 五洲大道、站东大道改扩建工程。项目起于五洲大道与京九路交点，止于沙河大道，全长0.88千米，红线宽40米，道路等级为城市主干路，路面结构为沥青混凝土路面。五洲大道K0+239.13（京九铁路K1856+788.5）处新建钢筋混凝土结构框架桥，总投资1.61亿元。项目分框架桥和市政道路两部分，其中五洲大道下穿京九铁路框架桥部分由中铁六局集团公司负责施工，市政道路部分由深圳宝龙建设集团负责施工。框架桥部分于2016年6月开工建设，2016年12月顶进就位，2017年5月12日经南昌铁路局验收合格。五洲大道、站东大道于7月31日建成通车。

【高铁新区】 高铁新区核心区项目建设内容包括预留地铁工程一期、客家大道西延（高架段）、西站周边地面道路和水系改造及截污干管、创业路（高架段）站前东广场及中央景观带工程等5个工程，进场开工3个，施工招标2个。其中，赣州西站站房一期工程项目与预留地铁工程共用基础部分于10月开工建设。赣州西站站房下方预留轨道交通工程一期于6月开工建设，全年完成投资15844万元。

【城市轨道交通】 2月，市政府明确市轨道交通建设协调领导小组办公室设在市铁路建设办公室，负责全市轨道交通建设前期工作。3月15日，市铁路建设办公室邀请南昌轨道交通集团公司到赣州市进行轨道交通建设经验座谈。3月28日，中铁四院副院长田要成与赣州市相关部门就有关铁路设计工作及轨道交通建设工作进行座谈。6月中旬，市城乡规划局完成《赣州市城市轨道交通线网规划》征求意见工作，并组织召开赣州轨道交通客流预测报告专家评审会。市铁路建设办公室在市轨道交通线网规划较稳定的基础上完成《赣州市轨道交通规划实施方案（征求意见稿）》的草拟工作，并向章贡区、南康区、赣县区、赣州经济技术开发区、蓉江新区5个区政府（管委会）及市发改委、市城乡规划局、市城乡建设局、市国土局、市交通运输局、市环保局、市财政局、市人防办等19个市直单位（部门）发函征求意见。7月19日，市铁路建设办公室组织召开市轨道交通建设协调领导小组办公室第一次会议，会议对《赣州市轨道交通规划实施方案（征求意见稿）》进行讨论和修改。8月31日，市政府召开赣州市轨道交通规划实施方案讨论会，相关部门（单位）对轨道交通规划实施方案提出进一步的修改意见，最终形成《赣州市轨道交通规划实施方案（送审稿）》。

（撰稿　钟　婷　审核　邱世禄）

【领导名单】
主任：邱世禄
副主任：徐祥敏

铁路赣州车务段

【概况】 赣州车务段管辖京九线峡江—定南站、赣龙线赣州东—瑞金站、赣瑞龙线赣县站—瑞金站（快速铁路）、吉衡线吉安南—睦村、赣韶线南康—梅关站运营里程909.7千米。2017年，围绕安全、经营、服务、稳定等中心工作，以抓安全、促经营、保稳定为主线，强化安全基础，加大客货运营销力度，优化劳动组织，各项工作取得稳步推进。

车务段行政设办公室、劳动人事科、计划财务科、安全科、技术统计科、职工教育科、业务科、信息管理科、武装保卫科及货运营销分中心，综合事务办公室，辖47个站、所（其中一等站2个、二等站2个、三等站7个、四等站18个、五等站16个、2个线路所），向西列尾所；党群部分设党委、纪委、工会、团委和党委办公室，辖6个党总支、46个党支部、50个工会支会、13个团支部、1个俱乐部。

【客运安全与服务】 赣州车务段按照总公司、路局春运工作总体部署，围绕“平安春运、有序春运、温馨春运”工作目标，精心组织，合理安排，有条不紊地推进春运各项工作。春运期间，全段发送旅客259.66万人，增长12.6%。2月5日，单日发送旅客11.18万人，较上年单日最高客发9.29万人增长20.3%，创历史新高。

【货运安全与服务】 加强零散、混装及危险货物运输工作，购置执法记录仪和移动硬盘，对零散货物、混装货物装车全过程进行拍摄和监控。取消部分站危险货物到达业务，巩固危险货物运输安全管理。开展货装基础工作专项整治活动，对营业环境、人员素质、规章文电管理、基础台账资料管理、环境卫生、设备设施、货运营销管理、服务质量管理等8个方面进行检查整治，确保检查发现问题有落责、有整改。提升货运服务质量，加强电商信息系统跟踪管理。做好各类货运电话业务受理。加强现场货运服务质量工作的检查指导。

【“强基达标”基础工程建设】 开展“强基达标、提质增效”宣讲，推进“强基达标、提质增效”工作实施，让干部职工清楚“强基达标、提质增效”的精神内涵，清楚现场安全基础及薄弱环节。加强安全管理制度建设，制定《赣州车务段安全风险管控和安全隐患排查治理双重预防机制实施细则》《赣州车务段干部履职质量考评办法》《赣州车务段安全管理监督检查考核办法》等安全基础管理办法。加强现场作业标准化建设，修订岗位作业指导书，开展标准化行车室、调车组评比，以非正常接发列车演练为契机，推进现场作业标准化建设，发挥职能科室专业指导作用，推行安检压力测试、问题追踪分析常态化，强化现场监督检查及考核动态管理。加强检查整治常态化检查，推进安全生产大排查大整治。开展安全生产大检查暨客货运安全专项检查。以每周下发督办通知为抓手，强化重点工作的推进落实。加强职工队伍素质建设，开展“送教上门”，提升职工应急处置能力。强化业务技能学习。加强职工促学机制建设和实践。坚持激励、考核并行，促使职工从“要我学”向“我要学”转变，有效提升全段职工业务技能和综合素质。

【运输经营】 针对赣州车务段任务指标和运输生产实际，坚持“提质增效”工作总基调，采取“深耕客运、以货补客”的思路，加大客货营销力度，积极抢客流、争货源，强抓堵漏保收，确保运输经营任务按时间进度推进。全年，全段旅客发送1817.5万人次，增长10.7%；货物发送完成425.4万吨，增长109.4%。

客运经营管理得到有效提升。开展客运市场调查。扎实开展客运基础工作专项整治。创新便民举措，改善服务体验。开展客运服务质量专项整治。

备战吉安、赣州2市“创全国文明城市”工作。年内吉安、赣州2市被评为“全国文明城市”，在“创全国文明城市”工作中，赣州车务段积极参加、主动作为，被赣州市评为“赣州市创建全国文明城市工作先进单位”。

挖掘河砂、石灰石等大宗货物新增长点。赣州车务段将增运重点放在河砂、石灰石等管内特色货源。扩大运能、用好政策。协调问题、加大营销。年内，实现河砂发送300.8万吨，同比增加222.3万吨，增幅283.2%；石灰石发送67.6万吨，增加10.3万吨，增幅18.0%。

发挥南康家具运输及赣州港优势。宣传铁路物流优势，树立铁路新形象，吸引客户。持续发力，发挥赣州港运输平台聚集效应，着力打造家具快速列车铁路品牌，拉动家具铁路运输快速增长。全年全段家具共发送9749车。其中，赣州港家具共发送3420车、3.86万吨，家具班列开行60列2498车。

【多元经营】 抓好其他业务收入，加大多元经营开发力度。加大既有商业管理力度，到期前组织开展商业招标，部分点位收入实现大幅增长。严格落实铁路用地管理，开展违法违规用地清理整治。加大全面预算管理力度，严格控制成本支出。强化成本控制力度，严格按预算进度控制支出，最大限度控制成本支出。严肃预算纪律，强化预算刚性约束。加大节支创效，不断加强精细化管理。强化客运“乘意险”发售。强抓堵漏保收工作。

【党风廉政建设】 实行“一把手”带头、负总责，把党风廉政建设责任制纳入日常重要工作来抓，与日常工作同研究、同部署、同落实、同检查、同考核。着眼预防在先，结合实际细致排查廉政风险源。强化资金风险控制，加强招投标管理，加强公务用车管理。对车务段重大决策、重要人事任免、重大项目安排和大额度资金运作事项，按新要求进行完善，形成与新的管理体制相适应的车务段领导班子决策机制。

（撰稿　陈坚红　审稿　彭德华）

【领导名单】

段长：姜明富

党委书记：熊祐春

副段长：刘小平　盛忠义　李小安　彭　杰

纪委书记：刘世杨

工会主席：曾繁红

铁路公安

【概况】 2017年，赣州铁路公安处管辖区域地处赣中、赣南地区，行政区划涉及江西省宜春市、吉安市、赣州市，广东省韶关市等4个地市22个县（区）市，沿线两侧有95个乡镇、384个行政村、1034个自然村、65万余人口。管内有车站51个，担负着10对旅客列车的安全保卫任务，有定南（京九线南端）、梅关（赣韶线）2个局交界口。线路总长957.954千米，其中京九线516.07千米、赣龙线132.27千米、吉衡线129.15千米、赣韶线66.82千米、赣瑞龙线113.63千米；有铁路桥梁455座、隧道195座。

赣州公安处机关内设综合管理机构和执法勤务机构25个，其中综合管理机构包括办公室、装备财务室、政治处组织干部室、政治处宣传教育室、政治处离退休干部管理室、政治处人事训练室、纪检监察室、机关党总支、工会、团委等10个部门；内设执法勤务机构包括信息指挥中心、国内安全保卫支队、刑警支队（内设二级机构5个：刑警一大队、刑警二大队、刑警三大队、刑警四大队、刑警五大队）、治安支队（内设二级机构3个：治安一大队、治安二大队、治安三大队）、刑事技术支队、警卫支队、法制监管支队、消防监督支队、网络安全保卫支队、安检支队、保安管理支队、交通管理支队、警务督察支队、技术侦察大队、反恐怖支队（内设二级机构3个：情报大队、防范大队、处置大队）等15个部门。下辖21个所队，其中包括赣州车站派出所（下设二级机构4个：值勤一大队、值勤二大队、综合大队、安检大队）、吉安车站派出所、丰城南车站派出所、新干车站派出所、井冈山车站派出所、泰和车站派出所、兴国车站派出所、赣州东车站派出所、南康车站派出所、信丰车站派出所、龙南车站派出所、定南车站派出所、于都车站派出所、瑞金车站派出所、大余车站派出所、西江车站派出所、赣县车站派出所等17个派出机构，警犬工作队、特警支队（下设二级机构2个：特警一大队、特警二大队）、乘警支队、看守所。

全处有在职民警382人，其中机关96人、所队286人，平均年龄34.03岁；正处职（级）1人、副处职（级）14人（其中领导干部9人、副调研员1人、二级警长4人）、正科职（级）68人（其中领导干部59人、三级警长9人）、副科职（级）56人（其中领导干部33人、副主任科员3人、四级警长5人、一级警员15人）、科员1人、二级警员219人、未定职公务员23人。

【维护稳定】 始终把维护稳定作为公安工作的首要任务，不断优化情报信息网络，加强情报信息收集、研判、预警，全年收集各类情报信息82条，经审核真实有价值情报信息32条。与赣州市公安局国保支队协作办案，查缉查控各类邪教组织人员，收缴违禁宣传品48份。协助地方政府、信访部门劝阻进京赴省上访人员，全年未发生影响铁路安全稳定的群体性事件。

【线路防控】　全处发生4起危行案件，查清1起，查清率25%，均发生在普速线路，下降42.9%；发生行人入网173起，下降11.8%，查清142起，查清率为82.1%。全处实现1个“百日无危行”案件安全天，实现8个“无危行安全月”，15个派出所均实现2个以上“百日无危行”，其中丰城南、新干、井冈山、泰和、赣州、南康、龙南、定南、信丰、大余、于都和瑞金13个车站派出所实现“无危行安全年”。检查民警和辅警勤务状态2.19万余次。赣瑞龙线于都、瑞金和赣州东车站派出所全年杜绝高铁危行案件的发生。

【刑事打防】　对各类违法犯罪保持严打严整高压态势，开展猎鹰、铁鹰、“三打一整”等一系列专项行动，保持对刑事犯罪活动的严打高压态势，确保管内站车线治安稳定。在查缉追逃方面，全年查获网上逃犯231名。年内全处立刑事案件204起、破176起，破案率为86.2%，抓获各类犯罪嫌疑人29人。先后侦破“2017·5·4”贩卖毒品案、“2017·5·25”特大诈骗案、“2017·5·31”特大诈骗案、等一系列有影响力的案件。

【治安整治】　始终本着“什么问题突出就整治什么”的原则，对旅客群众反映强烈、极易形成热点问题的盗窃旅财、倒卖车票、拉客宰客、骗取财物、围随车叫卖等惯性治安问题开展不间断打击整治。全年出动警力1.86万余人次、开展各类治安整治400余次。查破各类治安案件559起，增长9.4%；查处各类违法人员559人，上升8.3%，其中行政拘留38人、罚款86人、警告437人。查破倒票案件6起，收缴纸质车票9张（票面价值373.5元），收缴赃款373.5元。停机整顿违规代售点14家，受铁路公安局通报表彰1次。

【消防监督】　结合“春运”“两会”、元旦、清明、“五一”、端午、国庆小长假安保、厦门金砖会晤重点安保、“一带一路”国际合作高峰论坛安保、中共十九大安保及客货运专项检查、夏季消防专项检查、铁路外租房屋专项检查和今冬明春安全大检查的通知要求，开展管内消防监督检查工作，切实抓好防火安全工作，彻底消除各类火灾隐患，杜绝各类火灾事故隐患成形，确保管内无火灾事故发生的良好态势及消防安全状况平稳。消防支队出动检查组163个326人次，检查旅客列车241趟，检查车站214个次、宾馆98个次，公众聚集场所553个次，通信、信号、电力等重点行车场所112个次，货场、仓库等物资集中场所124个次，机车车辆存放场所41个次，易燃易爆场所7个次，其他168个次，发现问题和隐患705件（其中消防组织类0件、消防管理类553件、建筑防火类0件、生产设备类件、人员素质类48件、消防器材设施类104件）。印发“防火检查记录单”423份。工作展现部分：铁道部公安局简报19篇，局情动态信息30条，网络通信报道207篇。本年度办理消防行政处罚1起，普通程序的处罚个人1起，召开各类工作会议53场，开展消防宣传活动62场，发放各类宣传资料8710余份，受教育人数9210余人。

【队伍建设】　处党委以强化各项重大安保战时思想政治工作为重点，引导全处干部民警增强政治意识、规范意识、守纪意识，应对反恐防暴、安全维稳、高铁新线预介入等各种新情况、新要求，适应新形势、应对新挑战，忠实履行“保安全、保稳定、保畅通”的职责使命，牢牢把控规范管理的各个环节、细节，打造一支政治坚定、管理规范、业务过硬、纪律严明的赣铁公安队伍。年内，有1人次荣立个人二等功，2个单位荣立集体三等功，15人次荣立个人三等功，3个单位荣获局、处集体嘉奖，31人荣获个人嘉奖。2人次被评为南昌铁路公安局“十佳青年民警”，先后有5人加入中国共产党，2人走上领导干部岗位。提升软实力，在《人民日报》联合新浪网、新浪江西微博权威发布《2017年度政务微博影响力报告》中，铁路公安处政务微博“赣州铁路公安处发布”的传播力、服务力、互动力等各项数据综合进入江西公安系统官方微博10强，位列第十，连续3年入榜“江西十大公安系统微博”。

（撰稿　朱　源　审核　朱尚彦）

【领导名单】

党委书记、处长：金　晶
党委委员、纪委书记：何　平
党委委员、副处长：张承标
党委委员、政治处主任：章正宁
副调研员：吴　非

民用航空

【概况】　2017年，江西省机场集团赣州机场分公司按照民航总体部署，服从大局，服务地方经济，围绕中心目标，坚守安全底线，强化责任落实，扎实推进各项工作，实现安全年。

【航空运输】　赣州机场年吞吐量进入百万人次之后继续保持较快增长，全年完成旅客吞吐量127.97万人次，起降16787架次，货邮吞吐量6628.7吨，分别增长18.15%、9.95%、-9.28%。运营航线13条，通航城市18个，平均周航班量206架次，进出港平均客座率80.7%，平均载运率68.9%。运营的航空公司有9家。

航班航线优化成效显著，航线网络布局不断完善。开通赣州至南昌点对点直飞航线，建立与省会城市（南昌）的“空中快车”。通过昌北机场中转至全国各地的旅客总量赣州占60%，为昌北机场冲“千万”作出较大贡献，为赣州省域副中心城市建设打下扎实的民航基础。新增常州、南宁、济南、西安、珠海航线。赣州与全国吞吐量前十名机场都实现通航，实现赣州与国内直辖市及热点城市等主要城市的无缝对接，为市委、市政府“北上南下”及赣南苏区振兴发展提供坚实的民航保障，也为赣州市更好地融入“一带一路”国家发展战略提供便利通道。

配合航空发展公司大力抓航线促市场，走访赣州贡江商会、浙江商会、理工大学，宣传航班航线，与赣州电视台签订全年宣传协议，和市各旅行社签订淡季促销合作协议，力争提高客座率。做好航班换季，新航线的开通工作和市场宣传工作。通过报纸、微信、广播、电视台等平台发布航班信息动态，为旅客提供更便捷解航班时刻和优惠政策的渠道。

【运输服务】 深入践行“真情服务”，积极开展“服务质量规范专项行动”，机场旅客整体满意度保持较高水平。坚持开展月度服务监察，执行安全服务质量监察单制度；进一步完善服务设施功能；服务旅客不断推陈出新，推出团体预约服务、晚到旅客急助服务、货物提取便捷服务；做好航延旅客保障工作。助力南昌机场“冲千万”工作，配合南昌机场完成中转联程的始发站工作的准备任务，多次在候机楼摆放宣传手册，安装南昌机场航班显示屏、共享移动电源便民设备、便捷通关设备、LED航班信息显示大屏，提高服务品质。

【安全保障】 分公司始终坚持“底线思维”、坚持“严字当头”、坚持安全隐患“零容忍”，严格安全责任落实，确保安全绩效责任落实到岗、落实到人。积极开展“确保安全提升服务”专项行动及安全大检查、安全大督查和安全主题宣传教育等系列活动。强化安全隐患排查治理，积极对接集团公司建立完善的隐患倒查追究机制。扎实开展各类安全监察及质量控制活动。重视安全宣传教育活动，开展“学规章、学手册，考规章、考手册，用规章、用手册”活动。持续强化风险管控，开展季节性安全风险的防范。强化应急救援管理和设施设备管理。持续开展飞行区专项整治工作。多举措扎实做好反恐工作。建设赣州机场安全质量管理系统（企业微信平台），以实现分公司安全管理工作信息的快速传递和共享。顺利通过民航江西监管局实施的SMS效能评估。完成春运、全国“两会”和“一带一路”高峰论坛、中共十九大、金砖会议、建军90周年及二级、三级警卫等重大航空运输保障任务。

【机场改扩建】 配合做好飞行区场道、航站楼、高架桥、飞行区消防等工程的施工管理工作，航站楼项目年底封顶、高架桥项目主体完成，飞行区供电及助航灯光工程完成电缆铺设、灯箱底座安装，在计划工期内；飞行区场道工程完成上下基层的施工、飞行区消防完成部分管沟开挖，气象升级改造工程沟槽开挖后暂停施工，工程滞后较多。完成不停航施工方案申报，并于4月1日获得中国民航总局批准。配合机场改扩建办完成气象工程、加油车采购、登机桥采购等项目的招标采购工作。配合机场办、口岸办做好航空口岸项目的前期相关工作，航空口岸项目建议书获批。配合市属相关部门做好通用机坪项目的前期工作，项目建议书及可研初稿完成。配合做好相关项目的设计跟踪工作；除空管工程因方案问题外，其余所有工程的施工图设计均完成，并交图审单位进行审查；除航站楼装修、玻璃幕墙、园林绿化未完成审查外，所有项目均完成施工图审查。

【党风廉政建设】 落实党风廉政建设和反腐倡廉建设责任制，签署《党风廉政建设责任书》，开展廉洁自律教育。制定中心组学习计划，将中央纪委七次会议精神纳入重点学习内容。深入贯彻落实全面从严治党，按上级要求开展违规公款购买消费高档白酒问题自查自纠，在中秋、国庆前印发正风肃纪廉洁过双节通知。优化食堂公共用餐环境，员工阅览室增添图书读物468册。组织开展为期一季度的读书活动，员工踊跃参与，读书氛围浓厚；新租一员工宿舍楼，添置文体设施，丰富员工业余生活。坚持开展冬送温暖夏送清凉活动，并持续开展慰问帮扶工作。

【精准扶贫与文明创建】 机场扶贫工作队扎根龙南县南亨乡、盘古山横城村，真心实意为扶贫村办好事、办实事，大力投入多措并举助村脱贫获扶贫村赞誉。投入扶贫资金130多万元。

大力宣传中共十九大精神，利用高炮、LED、宣传栏、微信、微博等载体全方位宣传，营造浓厚氛围；围绕赣州市创“全国文明城市”，大力弘扬社会主义核心价值观，引导文明出行，传播文明风尚；对接首都机场策划“大美国门走基层”媒体江西行赣州站宣传活动，推介红色旅游，展现魅力窗口形象。央视13套采访机场管理部巡场员播出“机场驱鸟人”专题报道。助力赣州市开展“全国文明城市”创建工作，调整学雷锋志愿服务队，参与志愿服务，1名员工获赣州市“优秀志愿者”称号；分公司获第五届全国文明单位、赣州市2013—2016年社会治安综合治理先进集体。每年组织员工无偿献血，获赣州市“无偿献血先进单位”称号。

（撰稿　钟剑霞　审稿　钟　涛）

【领导名单】

总经理、党委副书记：张福胜

党委书记、副总经理、工会主席：李光生

副总经理：黄丽水　肖承东

航空发展服务

【概况】 2017年，赣州航空发展服务公司围绕年初确定的各项民航发展目标，以改作风、提效率为抓手，全力以赴优化航线航班，提升服务水平，推动赣州民航事业持续稳定发展。全市开通至北京、上海、广州、深圳、南昌、济南、南宁、厦门、成都、青岛、海口、杭州、昆明、重庆、福州、常州、珠海、西安等18个城市的航班。执飞航空公司增至9家。全年赣州民航实现旅客吞吐量127.9万人次，增长18.15%；起降架次16787架次，增长9.95%。与全国吞吐量前10名机场都实现通航，实现赣州与国内直辖市及热点城市等主要城市的无缝对接，是省内通航城市最多、通达性最强的支线机场。

公司设有综合管理部、党群工作部、市场营销部、财务审计部、票务管理部、航线规划部6个部门，拥有1个全资子公司赣州蓝翔航空商务服务公司。公司有员工32人，其中高管3人。

【航班航线优化】 优化南昌航线，建立与省会城市（南昌）的“空中快车”。1月1日起，公司将原有南宁往返赣州往返南昌航线优化成赣州至南昌直飞航线，由江西航空执行每天1班，执飞机型由原来的E190（105座）机型调整为波音737-800（169座）机型。3月26日起，将原由北部湾航空E190（105座）执飞的海口往返赣州往返南昌航线改由祥鹏航空波音737（163座）执飞，实现南昌2班均由大机型执飞，为赣州省域副中心城市建设打下扎实的民航基础。

优化广州航线，保障北上广深等重点城市。3月26日起，将原有的广州往返赣州航线优化为广州往返赣州往返常州航线，每日1班。年内赣州至北上广深航班执行率均达97%以上，赣州至北京航班保持每日2班，赣州至上海每周10班，赣州至深圳每日1班，与全国政治、经济、文化中心的交流更加密切。北上广深航线的优化和稳定，为市委、市政府“北上南下”及赣南苏区振兴发展提供坚实的民航保障。

开通南宁往返赣州往返济南、暑期旅游包机和西安往返赣州往返珠海和航线。优化赣州航空网络，有序增加通达城市，5月30日起开通南宁往返赣州往返济南航线；7月2日起，在昆明往返赣州往返杭州往返航线每日1班的基础上，每周一、三、五、七再增加1个往返旅游包机；11月2日起开通西安往返赣州往返珠海航线。

【航线运营】 年内，新增南宁、济南、常州、西安、珠海航点。赣州执飞航空公司有国航、南航、东航、川航、厦航、祥鹏航、江西航、北部湾航和天津航。航线经过培育，运营相对稳定，平均客座率达80%，人均补贴约106元，与全国其他支线机场相比处于较低水平，资金使用效率较高。

【服务能力提升】 做好市委、市政府重大会议和重要活动的航班保障工作。保障《国务院关于支持赣南等原中央苏区振兴发展的若干意见》出台5周年纪念活动顺利召开，开通北京=赣州加班航班，协调首都机场为参会领导开设快速安检通道，做好票务工作。

做好重大政务商务活动的航班保障工作。保障中国（南康）家具博览会、2017赣州旅游产业博览会、赴山东潍坊考察团、江西省攀岩协会参加第二十五届全国攀岩锦标赛团队、香港厦门广州旅游推介会、市委组织部、旅发委联合培训班、市直机关赴浙江省委党校培训班等重大活动。

做好旅游团队、市民（散客）出行的票务保障工作。协调航空公司、旅行社以及相关部门针对旅游团队、散客推出优惠活动，联合市旅发委推出“做空中飞人，免费游赣州”优惠活动，外地游客凭飞抵赣州的登机牌和赣州市外归属地身份证，可游览赣州所有A类景区。

降低票价，提升惠民性。积极与各航空公司协商，针对赣州推出多种特惠政策。如赣州至南昌晚班机推出适合多次往返的套票产品，提前预售60元、秒杀最低10元等。

【精准扶贫】 严格按照市扶贫办各项指标要求做好扶贫挂点工作。抓好扶贫工作队的管理考核。常态性督查驻村扶贫工作队成员在岗在位情况和精准扶贫工作日志、扶贫工作台账情况。无不在岗、不作为情况。全年从自有资金拨付扶贫资金10万元，帮助黄砂村发展龙脑樟产业3公顷，辣椒产业4.3公顷，甜玉米产业6.13公顷，南瓜产业24公顷。向寻乌县交通局申请7.8万元专项资金用于建设13个错车道，解决交通拥堵问题。公司结对帮扶的6户贫困户，脱贫6户。做好脱贫攻坚“百日行动”工作。制定公司脱贫攻坚“百日行动”实施方案及详细工作计划，成立以主要领导为总指挥的“百日行动”指挥部。

（撰稿 温 帆 审稿 李 辉）

【领导名单】

董事长：李 辉

工会主席：叶春林

总经理助理：刘庆名

港航管理

【概况】 2017年，江西省港航管理局赣州分局以加快事业发展为中心，以提升发展能力、执法能力为重点，以改革创新为动力，完善和创新港航发展工作的新思路、新举措，分局各项工作得到稳定发展，取得较好成绩。

【航道维护管理】 对各设标单位的标志的准确率、完好率及水深保证率达标情况实行现场检查，对洪水期期间的助航标志维护管理进行要求，杜绝水毁损失，对洪水期发生位移的助航标志及时复位，保障船舶的安全航行。局属各航道维护管理单位为节约经费，自制沉锤200余个，按照《内河航道维护技术标准》对120余座航标进行打漆维护，确保航标正常工作，做到标位准确，标志鲜明。配合赣州市政府的章江夜游项目，在章江段增设50多座航标，达到夜航要求。加强对辖区航道的日常维护和管理，提高维护质量和水平。分局航道维护各项指数（通航保证率、水深保证率、航标完好率）始终保持高出省局下达规定指标3—5个百分点。

【涉航项目行政许可】 协助省局完成3座大桥的交通行政许可。加强在建大桥等涉航工程的通航维护工作，加强与项目建设单位及施工单位积极沟通，及时跟踪掌握辖区内涉航建设工程项目进度。做好昌赣客专赣州赣江特大桥、赣深客专信丰桃江水库大桥、赣州新能源汽车科技城唐龙大桥

8月，赣州市海事港航部门开展水上客运联合安全检查

等3座大桥施工期通航维护管理工作。完成赣龙复线梅江铁路、平江大桥2座大桥清障扫床验收工作。全年完成道政管理收入258.14万元。下半年签订道政管理协议68万元。

【航道执法】 宣传贯彻实施《中华人民共和国航道法》，联合地方各相关部门对采砂、淘金船侵占航道、乱采滥挖的违法违章等行为进行清理整顿。于都贡江淘金船侵占航道等违法行为经常发生，于都航道处联合县矿产局，对辖区内淘金船进行调查摸底，制定《于都县河道非法淘金船专项整治行动实施方案》，全面清理整顿淘金船，侵占航道行为得到明显改善。

【安全监管】 加强现场监管。以推进"平安港航"为切入点，大力开展"平安渡船"等工作。严厉打击辖区内渡船、旅游客船、砂石运输船舶的违法违章行为，着力加强"四客一危"等重点船舶、"春运""五一"等重点时段、水库等重点水域的现场监管和检查。加大行政执法处罚力度，严肃查处各类违法、违章行为，对违法违章行为形成震慑效应，探索与公安、乡镇政府等部门联合执法模式，取得一定成效。

明确职责，齐抓共管。上犹县海事处针对库区农用船、渔船较多，容易对库区水上安全造成影响，由县政府出台《进一步加强水上交通安全工作的通知》，明确库区内各相关部门各自职责，形成合力，促成水上交通安全齐抓共管的局面。

加强汛期、台风、冰冻雨雪等极端恶劣天气的预警预报工作。通过电话、短信平台等方式及时发布预警信息，发送预警信息5600余条，预警电话600余人次。做到"重点船舶重点提醒、重点时段重点提醒"，防范恶劣天气对水上交通运输带来的不利影响，确保人民群众水路出行的安全。

【"安全生产月"系列活动】 以创建"平安港航"为契机，分局结合行业领域特点，精心制作"安全生产月"宣传专栏、张贴宣传标语、悬挂横幅、设立咨询台等方式重点宣传有关安全生产重点指示精神，增强企业、船舶、船员做好安全生产的责任心。以"安全生产月"为契机，召开"水上交通安全大家谈"，邀请渡工、砂场业主、水上旅游公司、出江船舶船东代表、渡管所等相关人员对辖区水上交通现状、存在的薄弱环节、安全管理建议等内容献计献策，形成"齐抓共管"的良好局面。深入校园、社区、码头宣传《中华人民共和国安全生产法》《内河交通安全管理条例》等法律、法规和救生知识，营造"人人讲安全、事事要安全"的良好氛围。

【应急处置】 完善应急救援工作的组织领导，建立1支15人组成的水上交通安全事故应急救援队伍。开展人员落水、船舶失控、消防等科目演练，提高应急反应能力。6月，赣县海事处联合公安、交通、水上派出所、卫生院等部门开展一次水上搜救演练，重点对乘客落水进行救助演练，取得良好效果。

【海事基础】 开展船舶登记。全年分局办理船舶所有权登记23艘次、船舶国籍登记24艘次、船舶抵押登记7艘次、船舶注销登记21艘次，船舶光船租赁登记1次，办理船舶登记76艘次。

加强船员考试管理。年内，在章贡区、于都县、会昌县、上犹县组织3期船员培训、考试。其中，参加基安培训考试306人、适任培训考试55人、客船再有效培训考试56人、客船特殊培训考试21人、438人次。另采集船员信息429人、换发船员适任证书184本。

加强水上水下活动通航安全管理。加强在建大桥施工水域现场通航维护工作，特别是"渡改桥"施工水域水上交通安全监管工作。充分考虑渡改桥施工给正常渡运带来的不利影响，根据具体情况及时调整渡运航线，将渡口迁至远离大桥施工场地足够安全的位置，并设立界限标，划定大桥施工范围，确保船舶通航和涉水施工"双安全"。

【开展"清河行动"】 推进河长制，在严格执行各项检验规则、规范关于船舶防污染要求的同时，按照船型标准化及"河长制"工作的要求，对赣州市的船厂、码头及各水域船舶防污染的情况进行排查，落实船厂废料、油污的收集处理措施、章江夜游船舶生活污水的接收措施，执行生活污水改造船舶5艘、老旧运输船拆解3艘。分局联合市水利、公安等部门，对停靠在章江河段的3艘船舶进行劝导驶离工作，对赣州市城区3个取水口设置环保标志10余个。

【行政执法】 深化行政审批制度改革，依法精简行政审批事项，优化审批流程，缩短审批时限，并在江西省政务服务网赣州分厅进行公示。制定《行政审批事项事中事后监管办法》，加强对行政审批事项的事中事后监管。强化行政执法力度，全年完成行政处罚案件73起，超额圆满完成省局下达的目标任务。配合江西省港航管理局、法律顾问处理完1起因垂钓落水坠亡引发的案件，该事件得到圆满处理。

【行业文明创建】 坚持服务于港航中心工作，通过创新形式，巩固成果等方式，全面推行首问责任制、一次性告知制、限时办结制等制度，不断强化行业作风建设和行业文明创建工作。大力开展“文明示范岗”“文明示范窗口”等创建工作，积极参与赣州市创建全国文明城市志愿者活动，实现分局各项工作和文明创建工作的有机统一。围绕分局中心工作，加大宣传报道力度，全年在各级媒体发布各类宣传稿件60余篇，其中省部级12篇，省厅增强“四感”征文比赛2篇。完成江西省港航管理局下达目标任务260%。分局保持江西省第十四届文明单位称号。

（撰稿 罗 帅 审核 张晓崴）

【领导名单】

局长：王 荣

党委副书记：张晓崴

副局长：刘尧平 谢朝阳（总工程师）

党委副书记、纪委书记：钟志华

城市公共交通

【概况】 2017年，赣州市公交总公司围绕企业年度经营管理目标任务，群策群力，改作风提效率优服务，全面推进公交城市创建，抢抓市属国企改革机遇，大力推进企业创新发展，较好地完成全年各项工作任务。至年底，总公司（含车务中心）总收入7898万元，其中主营业务收入6167.69万元，其他业务收入1605.97万元，营业外收入124.68万元；营运趟次133万趟（含旅游），营运里程3976.58万千米，承载人次6939.22万人次，分别增长9.37%、10.2%、2.69%；新购车辆122辆，有公交车辆795辆，折合938.4标台；新增线路6条，营运线路达68条；营运线路总长1903.2千米，线路网总长329.87千米，分别增长6.1%、5.0%。公交安全责任事故总数控制在目标范围。

【基础设施建设】 推动公交基础设施项目列入市政府民生实事工程，中心城区公交场站项目3年（2017—2019年）建设计划和港湾式站台改造有序推进。投入使用公交场站15处（含租用6处），占地10.7公顷，公共汽电车进场率达78.44%，彻底解决5个分公司的办公及停车难问题，顺利实现各分公司“居有其所”；投入使用公交站点984个（公交候车亭793座），公交站点500米覆盖率达95.8%；新能源、清洁能源车辆得到进一步推广，全年新购公交车辆122辆，中心城区营运车辆达795辆，绿色公交453辆，占比57%。

【服务管理】 改作风提效率优服务不断深入，通过媒体公开7项服务承诺，公交服务水平再上新台阶；65周岁老年人免费乘坐公交车全面落实，公交线路快速拓展，营运线网不断优化，以服务民生为导向，有效解决赣州经济技术开发区、蓉江新城及城区周边村镇群众公交出行问题，初步形成以常规公交为主，大站快线、村镇微公交、定制公交及通勤公交等多种公交服务模式互为补充，相互衔接的城市公交营运格局。全年新增公交线路6条，营运线路达68条；智能公交全面发展，中心城区所有公交车辆实现视频监控、智能GPS调度和应急处置报警管理，卡、码支付乘车互联互通逐步普及，智能电子站牌大力推广，掌上公交APP、智能化、人性化服务体系更趋完善；公交综合防控体系建设有序推进，设立公交警务室，成立公交巡防大队，初步实施“警企”联防联控机制。

【安全生产】 强化企业安全管控。严格按照“党政同责、一岗双责、失职追责”原则，自上而下落实安全生产责任制，年初制定印发《2017年度安全生产方针、目标及指标分解》，将安全责任和经营目标细化分解到各部门、分公司。加强车辆技术维护，狠抓隐患排查整治，层层签订1373份安全生产责任状。修订完善《安全生产风险绩效考核办法》，完善考核条款，形成齐抓共管的安全生产高压态势。

实现警企共建“平安公交”。设立公交警务室，负责指导和配合做好公交车防恐防爆日常管理工作。组建公交安全巡防队，5月，参照中心城区治安巡防队员的招聘要求，结合公交安全巡防工作实际，完成首批20名专职公交乘务员招聘工作，并邀请治安巡防队民警对公交乘务员开展职业素养、“三品”查堵、乘车秩序维护和应急处置等知识技能教育。岗前培训完成后，巡防队员在中心城区重点公交线路和站点开展安全巡防，初步实现警企联防联控联治。

强化应急处置演练。6月13日，公司与市公安局治安巡防支队联合在火车站综合管理部公交枢纽南广场举行一年一度的防恐应急救援演练。公司通过制作车载安全宣传片、“公交车乘车安全须知”和发放防恐反恐知识宣传单等形式，大力营造公共安全氛围，有效提升广大市民的安全防范意识。

【快速公交建设】 借鉴国内通行骨干快速公共交通的做法，充分发挥快速路高效、便捷的作用，积极会同规划、建设和交警等部门深入研究，拟定2种快速公交运营模式，并呈报相关部门批准实施。

公交大站快线模式。在快速路高架上采用公交大站快线运营模式，以点对点方式承担长距离的公交出行，配置大型公交客车，提高快线运行速度。车辆设置一人一座，同时每个座位上设有安全带，保证乘客出行安全、高效、舒适。

公交专用道运营模式。高架下层主干路及平面快速路采用公交专用道运营模式（文明大道除外），结合“四横六纵一环”的快速路网，建设成网的公交专用道，打造“网络型”快速公交系统，提高公交快线运营效率。协调解决香江大道、赣江源大道、长岗路等3条道路公交专用车道施划工作，由市交警支队作为项目实施主体，城管、公交等部门配合，公交路权优先将得到进一步提升。

【公交智能服务】 推进互联网+在公交领域的深度应用，智能化、人性化服务体系日趋完善。推广智能电子站牌建设，完成120座智慧站台选址工作，并积极解决公交站台接电等问题。不断完善手机APP、微信信息查询功能，以便市民实时掌握公交运行情况，不断提高市民出行效率，逐步建成集智能站牌、手机APP和微信微博为一体的公交智能服务体系；推进4G通信传输技术的应用，在首批新购的60辆公交车辆安装配置4G网络终端设备，提高无线网络传输速率和即时浏览的流畅度、清晰度；会同城市一卡通公司和汇通汇付股份有限公司有序推进卡、码互联互通，顺利完成卡、码支付系统平台搭建和对接，有效保障一卡通和扫码支付乘车功能的陆续上线运行。赣州市成为在全省率先申请并获得全国“交通一卡通”互联互通商用密钥的设区市，顺利完成清分清算平台对接工作，实现公交一卡通全国互联互通。

【企业创新】 以划转市国资委监管为契机，以夯实公交主业为抓手，着眼市场发展前景，着力推进企业多元化发展。城市公共交通发展成果丰硕，兼营广告发布、公交出租车、公交旅游包车、政府公务用车等业务日趋成熟，出租车公司租赁部成功组建，加油加气站、新能源充电桩、公交场站综合开发、车辆保险和对外维修等业务有序推进，公交事业迎来发展新前景。京九路公交加油站通过挂牌招标确定新合作经营单位。实现在中石化、中石油同期市场0#车用柴油（V）零售价的基础上优惠1.21元/升，5年合同期内节支燃油费4215.64万元。

11月11日—13日，赣州市中心城区开通三条免费公交专线服务赣州旅游产业博览会

【精神文明建设】 企业精神文明建设与全国文明城市创建工作齐抓并进，公交文明新风尚深入人心。创新开展富有公交特色的“礼让斑马线、公交司机勇争先”“公交婚车专属定制”等主题活动。全年，公司获市文明单位、创建全国文明城市工作先进集体和全国公交驾驶员节能技术大赛最佳组织奖，赣州公交志愿服务队获赣州市“十佳”优秀志愿服务组织，出租车子公司党支部获“2016年度市直机关党建工作示范点”，K2线路获“赣州市三八红旗集体”等称号。

【企业党建】 公司党委以政治建设为首位，压实党建工作主体责任，深入学习宣传贯彻中共十九大精神，推进“两学一做”学习教育，全面落实市委加强党的建设的若干意见措施，重新修订公司章程，把党建工作纳入其中。紧密结合公交行业特点，探索出一条围绕中心、服务大局，打造富有公交特色的新时代党建。以“互联网+”服务为引导，深入开展红色党建、先锋党建、文明党建、智慧党建、和谐党建和廉洁党建等活动，培树先进典型，弘扬公交文化，推动公交服务水平再上新台阶。

（撰稿　周兆生　审稿　赖传勇）

【领导名单】

党委副书记、总经理：刘志怀

纪委书记：陈雪梅（女）

副总经理：张宁繁（女）　欧阳斌

陈　军　陈　健

总经理助理：杨莉娟（女）

陈　媚（女）

党委委员：谢宏铨

党委委员、车务中心主任：阚江河

（本栏编辑　赖建明）

邮政　通信业

邮政管理

【概况】 2017年，赣州市邮政管理局牢固树立“打通上下游、拓展产业链、画大同心圆、构建生态圈”新发展思路，落实邮政业贴近民生“七件实事”，围绕“发展、服务、安全”三大主题，突出“党建引领、发展为要、安全为基”一条主线，不断巩固行业发展良好态势，确保行业运行安全，全市邮政管理工作踏上一个新台阶。全市邮政行业业务总量完成17.96亿元，增长25.76%；业务收入15.28亿元，增长26.02%。其中，快递业务量完成5376.89万件，增长19.87%；业务收入完成6.58亿元，增长30.02%。

市邮政管理局设办公室、普遍服务科、市场监管科3个职能科室。有行政编制数12名。

【优化行业发展环境】 市邮政管理局多次向市委、市政府汇报全市快递行业发展情况，建议出台促进快递业发展的相关方案。引导赣州德邦将区域总部直接迁至“赣州港”，获南康区政府的大力支持，提供免费场地和税率减免等优惠，并给予车辆绿色通行证。往年利好政策持续发挥带动作用，全年全行业享受各类政策补助约1000万元。

【快递物流园建设】 赣州市在赣州经济技术开发区香港工业园内建成市级快递产业园，占地面积10.73公顷，总投资3.2亿元，申通、顺丰、中通、百世等15家快递品牌分拨中心入驻，日均处理量达35.6万件，年处理量1.3亿件左右。市邮政管理局多次召集各快递品牌负责人，讨论研究县级快递园区建设模式，部署推进县级快递园区建设工作。大部分县（市、区）采取快递企业入驻电商园、建设电商快递园区的模式。全市有15个县市区设立电商快递园区。

【末端网点设置】 强力推进快递下乡工程，引导企业采取快邮合作的模式，整合资源、联合下乡。形成以石城县、上犹县为代表的“政府补贴合作”模式及以瑞金市为代表的“代运代投代办”模式，有15个县（市）开展“快邮合作”。指导企业探索快递下乡新模式，有设点直营、加盟代理、组团合作经营、快邮合作等多种模式。全市快递网点覆盖283个乡镇，实现乡镇覆盖率100%。鼓励、引导相关企业不断加大智能快件箱的投放力度，全市所有智能包裹柜累计存取包裹接近150余万件。仅“速递易”公司就在章贡区、南康区、赣县区等400多个小区安装440余组智能快递箱，邮政企业在全市布放邮政智能包裹柜65组，全市总格口数2.4万余个。

【服务现代农业与精准扶贫】 市邮政管理局坚持项目推动，以打造“快递＋农特产品”扶贫项目为抓手，精准发力，持续推动，邮政快递服务现代农业取得切实成效，打造出“快递＋脐橙”“快递＋手工农产品”“快递＋蔬菜”等重点项目。“快递＋脐橙”项目深入实施，通过脐橙电商平台和便捷的物流快递服务，为赣南脐橙带来络绎不绝的经销商、同时也提升南脐橙的产品价格、带动当地就业。赣南脐橙从11月5日起开始采摘销售，赣南脐橙日均快件量达23.08万件，总量突破1500万件，增长164.5%。线上交易量占总销售量的16.7%，线上交易成为脐橙销售的重要渠道；业务收入突破2.5亿元，增长221.63%；脐橙快件量和业务收入实现翻番增长，直接支撑脐橙产值10.5亿元。瑞金市建立全国首个农村地区电商快递服务体系战略合作范例，通过“电商＋基地＋合作社＋贫困户”“邮乐购＋合作社＋贫困户”等模式，成立廖奶奶咸鸭蛋专业合作社，采取产前赊售鸭种苗、产中提供技术指导、产后收购产品的方式，发展43户贫困户加入合作社，让廖奶奶咸鸭蛋红俏全国。

【寄递企业安全主体责任落实】 实施双轮驱动，让企业知责。严抓反面典型，对赣州韵达安快运服务有限公司不依法配置安全生产管理机构和人员给予罚款2.8万元的行政处罚，对公司5处网点不执行收寄验视制度给予停业整顿5天的行政处罚，并对该公司主要负责人不重视寄递安全、落实寄递安全主体责任不力和给予的行政处罚在全行业进行通报，起到严抓一个反面典型、警示教育一大片的效果。抓示范样板典型，选择赣州顺丰作为示范企业，打造样板，组织辖区企业负责人、专兼职安全生产管理员在示范企业召开现场调度会，现场指导、现场交流，取长补短。建立挂点督导机制。由局机关干部挂点督促企业落实寄递安全主体责任制，每名挂点干部联系2—3个品牌企业，实行点对点督促指导企业，检查企业安全生产管理机构是否真设立、人员是否真配备、企业自查是否真落实、处罚是否动真格。建立“企业自查＋部门抽查＋处罚”推进机制。要求企业专兼职安全生产管理员每周四下午下班前必须将本周对网点检查、处罚情况上报给市邮政管理局。挂点干部随机复查专兼职安全生产管理员履职情况，通过实寄测试一线揽收员，查企业专兼职安全生产管理员是否存在“假检查”；通过调取网点视频监控，查企业专兼职安全生产管理员是否真正下网点检查、检查是否全覆盖等。针对少数企业落实寄递安全主体责任不力的问题，按照“零容忍、严执法”的要求，严格依法查处，根据企业违法违规情节，分别采取约谈企业主要负责人、下达责令改正通知书、全行业通报批评、立案处罚4种手段，撬动企业落实寄递安全主体责任。年内，对17家品牌企业进行现场督办，约谈申通、天天、快捷、国通、安能、优速、速尔等7个快递品牌企业主要负责人，多次通报批评落实寄递安全主体责任不力、专兼职安全生产管理员履职不到位的品牌企业，下达责令改正通知书56份，立案处罚企业22家，罚款金额10.8万元。落实企业寄递安全主体责任，企业安全生产管理机构和人员初步依法配置到位，其中6家从业人员100人以上的企业设置安全生产管理机构，2家从业人员50—100人的企业配备专职安全生产管理员，181家50人以下的企业和423处网点配备兼职安全生产管理员。全市189家企业初步建立安全生产管理员岗位职责、奖惩制度和安全生产教育培训制度等。企业专兼职安全生产管理员开展自查2782次，检查企业和网点846处，检查一线揽收员2538人，企业内部罚款5.92万元，辞退35人。市快递协会组织实寄测试13次，依自律公约罚款0.53万元。增强企业抓收寄验视、实名收寄的主动性，促进行业平稳安全发展。

【行政执法监督】 加大对邮政快递企业的监督检查力度，制止各种违法违规经营行为。年内，市邮政管理局多次开展市场准入、服务质量、寄递渠道安全等各类专项行动，出动执法检查1082人次，立案查处各类违法案件26起。全市邮政业未发生重大安全生产责任事故，快递服务质量稳步提升，有效维护全市寄递渠道的安全、平稳、畅通。

（撰稿 廖 华 审稿 叶发文）

6月14日—15日，国家邮政局邮政普遍服务调研组深入赣州开展调研

【领导名单】

党组书记、局长：

钟佩芳（女，11月任副调研员）

邮政经营

【概况】 2017年，中国邮政集团公司赣州市分公司（以下简称分公司）发挥行业优势，主动担当作为，在做好邮政本职工作的同时，为地方经济社会发展做出贡献。

分公司下辖18个县（市、区）邮政分公司。设立邮政支局所（含储蓄营业所）376处，其中城区网点83个，农村网点293个，有从业人员2950人。全市开设自办邮政支局（所）263个，其中邮政储蓄网点239个。设立邮政代办点107个，开通各类邮路和物流专线98条，单程总长度3577千米，直通全市所有县及乡镇农村。在城市主干道设立报刊亭140个，居民个人信报箱8.45万个。

【邮政网运】 公司主动承担省级网运副中心功能建设，承担广东、海南、广西、福建、江苏、浙江等省际进出口邮件经转任务，11月，增开赣州到广州、南宁、海口、厦门、深圳5条一级干线邮路，增开赣州到吉安、九江、上饶、抚州、鹰潭、萍乡6条二级干线邮路，加快省际和省内邮件的传递时限，提升用户体验，促进包快业务健康发展。旺季生产期间直发一干、二级干线加车达1757车次，区内邮路加车733车次。11月，面积为1万平方米的赣州邮区中心局工艺流程改造完成并投入使用，中心局日均处理30万件，配备一套8个卸车垛口、26个接发垛口的矩阵胶带机，提升支撑能力，提高处理效率，促进邮件全程时限达标。仅11月处理包件484万件，日均处理包件量达16万件，实现市县以上城市党政机关实现《人民日报》当日见报。

投递能力建设。强化投递网络服务能力和服务品质，有效支撑全市邮政业务和寄递业务转型发展。持续改善投递场所建设，全年完成改造25个投递部，完成286个投递网点的改造。通过市本区域“分部拆段”，新增4个快包投递部，新增面积795平方米；完成全市投递从业人员的智能手持终端的更新换代工作，发放949部智能手持终端；配备978辆投递车辆，其中机动车183辆、电动三轮车487辆、二轮车308辆；城市段道机动车+电动三轮化配备率达100%，全力推进投递基础能力建设。

网点服务能力建设。加大能力建设投资力度和网点改造工作，制定“统一规范、舒适美观、整洁有序”的职工小家建设标准。多方筹措资金，用于打基础、管长远的能力建设。改造、重建、购置网点211个，改造投递场所286个，建设电商仓储中心17个。

网点“智能终端化”转型。全市布放智能设备504台，其中包含移动展业终端、自助缴费终端、自助填单机、自助发卡机等设备。布放ATM/CRS设备473台，点均达到2台，存折取款机3台。全市所有网点均实现Wi-Fi信号全覆盖。

【普惠金融服务】 平台建设稳步推进。顺应“互联网+”发展趋势，推进“电商+金融”平台建设工作，逐步建立起邮乐购站点、邮政金融网点共同维护和发展金融会员的良性发展模式。邮政金融客户办理邮政积分卡，享受金融积分，可以通过赣州邮政微信公众号、赣州农品馆、赣州积分商城、邮乐赣州馆等平台兑换邮政积分，兑换商品包含粮油、米面、食品、保健、家具生活等十几个分类，让广大邮政客户享受到更加优质的金融服务。线上平台引进商家73家，上线商品1049款，赣州农品馆被评为全国“十佳最受欢迎的邮乐地方馆”。至年底，全市建设线下邮乐站点2656个，发展会员37.6万户，生成会员积分447万分。

金融服务稳步推进。探索金融业务创新转型发展路径，先后开展“报刊+金融”“寄递+金融”“积分享优惠”等特色活动，重点推广手机银行、扫码付等业务，基础客群稳步壮大，赣州邮政的金融客户339万户，全年金融总资产净增90.9亿元，余额净增63.1亿元。全年全市开展“送金融知识下村”4500余场，涵盖假币识别、防电信诈骗、金融维权等内容。

【电商扶贫】 农村电商服务机制。全面贯彻落实集团公司“一体两翼”经营发展战略，落实“互联网+”，融入苏区振兴发展，发挥自身优势，围绕“农产品进城和工业品下乡”2种模式，高标准打造一支农村电商运营团队，全市17个县级单位均成立农村电商运营中心，选聘8位农村电商带头人，负责全市重点县农村电商发展工作，全市建设邮乐购站点2625个，脱贫邮乐购站点450个，脱贫示范站点50多个。主要为农村百姓提供农副产品销售、线上购物、金融服务等多项功能。农村电商精准扶贫模式成功对接贫困户3.1万户，带动户均增收403元。

农产品上行。发挥邮政覆盖城乡、服务多样、惠及民生的综合便民服务平台，主动搭建村镇电商服务站、农村电商配送邮路以及县级电商运营服务中心三位一体的配套体系。通过邮乐赣州馆、积分兑换商城、赣州农品馆3个线上平台，选取有赣南特色，政府重点扶持的特色产业上线销售，为农村百姓销售农副产品600余款，成功打造“功橙赣南”“廖奶奶咸鸭蛋”“瑞金蔬菜配送”等电商扶贫项目。8月，“瑞金蔬菜配送项目”打造首家蔬菜实体店，开设网络蔬菜店及“邮菜园”手机端微店，项目销售订单13758单，实现销售总额35.7万元，带动该村32名贫困户，平均增收1700元/户。

典型电商扶贫。6月，市扶贫办、商务局联合市邮政分公司开展“全市农村电商精准脱贫年度‘模范人物’评选活动”。赣州邮政分公司下属4个县分公司获“十佳农村电商精准脱贫带头人”称号、7个邮乐购脱贫站主获“十佳农村电商精准脱贫先进个人”称号，

【邮政业务】 壮大包快业务。依托地方特色持续做大脐橙寄递项目及国际业务，依托专线推进日常电商包快发展需要，注重优化结构、量质并举，客户体验迈上新台阶。全年实现业务量792万件，包快市场占有率达到19.7%。四季度脐橙寄递360万件，江西周边9省1市区域寄递量占比达67%，列全省邮政第一。

邮务业务转型升级。坚持项目导向，整合三大文化品牌资源。报刊大收订流转额完成1.07亿元。建成“赣讯通”宣传栏3213块，为农村客户提供更多宣传途径。江西省集邮公司共同承办“丁酉送福感恩邮您”——江西省邮政首届生肖文化节暨高端客户答谢会。赣州市集邮协会在全市开展“一片‘生肖’邮集”“‘生肖’集邮联谊会”“‘生肖’主题巡展”等集邮活动。向赣州集爱好者展示邮票的知识性、鉴赏性、收藏性，吸引大众关注集邮活动，营造集邮氛围，发挥集邮作为文化载传的社会责任。

开放服务终端。聚焦提升企业服务品质，依托高校快递市场，统筹推进“蜂创·校园快递服务中心”建设，实现全快递代投及代寄服务。自3月5日江西环境工程职业学院分站开始运营，与EMS、韵达、品骏、快捷、顺丰、天猫等多家快递公司签订合作协议，代投快递12773件，代收快递352件，为7200多名师生提供取、寄快递服务，获得广大师生的认可和支持。

（撰稿　黎　莎　审稿　郭振信）

【领导名单】

党委书记、总经理：熊先仁

党委委员、副总经理：樊金龙
　范红球　肖　翔

党委委员、纪委书记、副总经理、
　工会主席：谢尚秉

业务经理：谢新华

电　信

【概况】 2017年，中国电信赣州分公司（以下简称分公司）充分发挥综

合信息服务优势和信息化建设主力军作用，全面助推全市信息通信发展，圆满完成上级下达的各项工作任务。

【经营发展】　全体干部员工努力拼搏，实现企业的快速发展，圆满完成各项预算目标。全年赣州电信主营收入完成全年预算100.22%，列全省第二，增幅列全省第一，手机、宽带、高清电视三大产品完成目标分列全省第一、第二、第二。

【网络能力】　公司围绕“宽带精品网”和“移动精品网”2张精品网，全力推进网络能力建设。全年，赣州分公司各项投资建设顺利完成，完成121个乡镇点的OTN万兆扩容和宽带千兆试点工作。率先完成上年度第一、二批电信普遍服务试点项目建设并顺利通过验收。保质保量完成移动建设任务，在集团公司2017年移动建设优质工程评选中荣获二等奖。

【信息化建设】　物联网用户完成年度目标的245.96%，列全省第二；完成政务云、教育云、医疗云21朵；赣州市政府与中国电信江西公司签订大数据战略合作协议，全面推进赣州的大数据建设工作，赣州分公司按照市委市政府的要求，如期完成赣州天翼.华为云数据中心机房的建设。

【文明创建】　分公司扎实落实精神文明创建各项举措，大力开展形式多样的文明创建活动。扎实落实赣州市创建文明城市的各项举措，全体员工积极参与文明城市创建，投入数千万元资金用于城市线路改迁下地，不断优化城市环境，为文明城市创建做出贡献，公司继续保留“全国文明单位”称号，被评为赣州市创建全国文明城市先进单位。

【企业改革】　按照省公司要求继续推进划小承包，掀起员工群众创业热潮，完成各专业包括后端的全面划小，并大力推进五级划小，完成城区片区营维一体承包，有311个片区实行营维一体店包区，并在全省率先推进农村店包村试点。通过大力推进“划小承包＋倒三角支撑＋专业化运营”的三维联动改革，企业活力进一步激发，加快发展速度。

（撰稿　陈继华　审稿　谢过房）

【领导名单】

党委书记、总经理：徐廷芳

副总经理、纪委书记：黄伟平

副总经理、工会主席：李　伟

总经理助理：许　明

高级督导：罗诗都

移动通信

【概况】　2017年，中国移动通信集团江西有限公司赣州分公司（以下简称公司）抓重点，谋实效，以大连接战略为指引，以服务地方经济为己任，坚持四轮驱动为主线，4G经营持续保持领先，宽带发展不断突破，信息化贡献稳步提升，新业务发展深入探索，网络支撑体系更加健全，党建廉建基础更加牢固，精细管理运营更加扎实。

公司内设综合部、人力资源部、党群工作部、财务部、市场经营部（内含互联网运营中心）、网络部、集团客户运营中心、销售运营中心、家庭业务中心、网络服务中心、网络优化中心、工程建设中心、物流中心、离退休服务中心、监察室、第二枢纽楼办公室；下设19个县（市、区）分公司。公司有员工1818人，大专及以上学历占82%，35岁以下员工占74%。

【建设与维护】　推进固定资产投入，4G基站数突破1.15万个，实现100%行政村覆盖。家庭宽带接入能力达到230万个，满足全网用户100兆接入需求，推动宽带赣州建设，提升赣州宽带用户普及率，让人民更丰富地享受社会发展的成果。

【市场经营】　全年运营收入增幅20.81%，其中流量收入增幅27.68%，流量收入占收比50.69%，流量收入占据半壁江山，当地上缴税收7000余万元，纳税持续全市前列；4G用户突破320万；宽带增幅19.3%；宽带份额47.8%。引领VOLTE高清语音和视频服务，更新迭代的终端和突飞猛进的网速，越来越多的客户享受一边打电话一边上网的4G+优质服务。深化内容运营，开展手游大赛、直播秀、手机摄影大赛等系列活动，让客户享受丰富多彩的文娱活动。打造“和家庭”服务体系，通过宽带、魔百和、和目等一系列家庭产品，融合教育、娱乐、文体等各式内容，客户享受更加丰富趣味的家庭生活。打造本地“业务＋服务＋生活”新媒体，粉丝达118万人；利用线上资源，打造“38女神节”“618”“123翻倍节”等线上活动；接入HUI买入口打造业务平台，联合本地衣食住行、精准扶贫等资源，打造本地特色服务新媒体，客户既能快捷办理业务，又能享受本地服务，客户感知提升。

【“互联网＋”行动】　公司发挥行业领头羊作用，主动对接政府工作需求，“互联网＋便民服务”重点推进赣州“12345”政府热线平台建设，为市民提供一号服务；“互联网＋环境保护”重点推进智慧河长项目，保护水源环境；“互联网＋城市管理”重点推进雪亮工程、视联网、智慧网格、智慧社区等项目，助力城市精细化管理；“互联网＋医疗服务”重点推进医疗云在赣州市的落地；“互联网＋教育管理”推进教育云平台的建设和运营；在“互联网＋旅游宣传”方面，为每个县（市、区）打造旅游名片；全面推动互联网向经济社会各领域加速渗透和融合创新；物联网连接数突破35万户，完成全市县城城区以上的NB-IOT网络建设覆盖，定南实现首个“物超人”区县，为水、电、水等智能抄表领域的应用奠定接入基础，以及智慧城市的建设打下良好基础。

【服务民生】　响应国家政策，扩大流量资费优惠覆盖范围，加大优惠力度。采取话音短信不限量套餐、套外安心服务、流量不清零服务、下调流量标准资费等8项降费举措，实现对流量客户100%覆盖；开展流量优惠促销，从9月开始实行全民“长市漫”一体化，全国“长市漫”资费一口价，全国接听免费；推出流量不限量、流量“追杀令”“无敌”流量包、场景包、流量共享等惠民政策。全面响应中国宽带号召，加速宽带覆盖及提速，真正实现提速降费，惠及所有用户。全家消费128元以上免费送100兆宽带；推出免费的长期融宽，只要全家消费达到58元以上，终身宽带免费，受益客户达60万户/月；办理移动互联网电视免费租用机顶盒，降低客户使用成本，受益客户超过60万户；针对新装互联网电视客户免收1年收视费，1年减少180元费用，受益客户超过20万户。创造各类就业机会超过1万个，带动一批就业人口。做好抗洪抢险、抗击雨雪等通信保障，全年派出超过7500人次人员、65车次应急通信车、3900台次油机进行通信修复和通信保障。

【服务主攻工业】 公司主动融入地方发展，全力投身“主攻工业、三年翻番”发展战略中。在网络保障方面，全市工业园区均覆盖4G网络，有线宽带提速可达100兆，对工业园区的所有网络投诉，参照VIP投诉管理要求予以管理。在客户服务方面，对工业园区企业提供“专属客户经理”服务，配置3—5人属地化管理，每个园区设立专属服务营业厅，厅店免费提供“无线Wi-Fi、移动宽带及HITV体验、手机下载”等贴心服务。在产品惠民支撑方面，打造“工业园区惠民网”，网内成员在园区内圈定的基站下通话全免费；对专线、IDC机房主机托管等企业信息化产品给予优惠。在工业信息化支撑方面。打造智慧园区、中小企业服务云平台，为章贡和定南搭建政企通平台，实现政企、园企、企企交流，促进政府部门、园区、企业三方的信息便捷互动，提高效率；推出务工易平台，通过系统发布求职信息、提供和寻求人才的服务，缓解园区企业用工荒，方便求职者择业；公司推动5G和NB-IoT网络建设，主动引进产业链相关资源和服务，以“中国稀金谷”+工业互联网为主攻方向，助力政府引进一批智能装备研发生产和集成服务企业，推进相关产业数字化车间或智能工厂改造，搭建工业云平台，为广大中小企业提供SAAS服务，实现企业业务系统向云端迁移，大力发展智能制造。

【挂点扶贫】 公司多次组织精准扶贫帮扶干部到良村镇岭下村，走访慰问29户群众，做到全覆盖、无遗漏。为重点解决挂点村村民的实际困难和问题，改造一批低产油茶林，向困难户送去8000余元慰问金，下半年帮助摸排上报的7.5千米村组公路、3.8千米灌溉水渠等民心工程审核立项。捐资完善村委会办公楼室内装修，添置整套办公家具及办公设施。同时，开展4G基站建设和光纤宽带入户建设，在岭下村新建4G基站1座，新增农村宽带信息点200个，安装光纤宽带约75户，促进宽带普及。

（撰稿　胡金德　审稿　李　斌）

【领导名单】

总经理：张卫忠

副总经理：江勋华　万　鹏　朱建军　周仲波

联合通信

【概况】 2017年，中共联合网络通信有限公司赣州市分公司总资产超过13亿元，主营业务收入4.06亿元。在网移动用户数约91.2万户，固定互联网宽带接入用户10.51万户；全市建成自有营业厅25个，合作厅1310个，业务代办点150个，乡镇营业网点覆盖率100%，村级营业网点覆盖率85%；公司有GSM移动通信基站2904个，3G通信基站2657个，4G基站1682个，覆盖赣州市所有城区、交通干线、风景区以及376个主要乡镇，村庄实现3G网络全覆盖，极大地满足全市人民的通信需求；长达2.3万千米的通信线路，环绕全市各主要乡镇，为赣州的经济及社会发展提供可靠的通信保障。

年内，有员工总数552人，其中研究生以上学历17人、大学本科学历247人、大学专科学历239人，员工平均年龄31岁。公司设销售事业部、客户服务部、集团客户事业部、运维部、网建部、信息化服务中心、综合部、财务部、人力资源部、党群部、工会等11个职能部门和20个经营单位，其中市区营销中心2个、县分公司17个、市分政企部（含集团行业团队8个）。

【基础设施】 网络建设围绕市场需求，聚焦客户感知，改善网络口碑，关注网络效益开展网络建设。全年总投资为4453.36万元，其中无线网投资2417万元、传输网投818.36万元、数固网投资1218万元。

移动网络。全年新建4G站158个（包括春扩43个），叠加4G站133个，4G站扩容58个，新建3G站90个，新建室分32个。至年底，有无线网站址3197个，其中4G物理站点1682个（投资2076万元），3G物理站点2657个，2G物理站点2904个。整体人口覆盖率78%，面积覆盖率58%，行政村覆盖率64%，建筑物覆盖率达到26%。

家庭宽带。全新建自建端口9408个，强标小区端口58276个，合作建设端口53040个。至年底，全市有总端口417817个，城区覆盖率67.76%，县城覆盖率76.54%，乡镇覆盖率82.68%，行政村覆盖率30.55%。

【智慧城市】 智慧农业。江西联通获农业部认定的2017年度全国农业农村信息化示范基地。赣州联通立足赣州市情实际，把赣州智慧农业建设作为专项行业市场进行开拓，聚焦“三农”重点难点领域，发挥技术先进、服务优良的综合优势，将赣州智慧农业做大做强。赣州联通智慧农业项目，实现对蔬菜基地的智能数据采集、智能视频巡检、设备状态监测、自动喷淋滴灌、农产品溯源、电商化等现代化智能管理手段，降低农场工作人员的劳动强度，提高工作效率和现代化管理水平，打造从田头到餐桌放心的、绿色的农产品。陆续承接建设信丰县西牛镇曾屋村农业示范园、宁都县田头镇粮油示范点、瑞金市现代农业示范园、南康区四季童话现代农业科普观光园等蔬菜基地互联网建设采购项目。

智慧河长制。赣州联通智慧河长制信息综合管控平台为章贡区、赣州经济技术开发区和12个县水利局提供试用，该平台是为河长制管理工作专门打造的平台系统。系统充分利用各种先进技术，实现协同办公、信息共享、移动调度、远程监控、专业支持等管理目标。

智慧教育。赣州联通聚焦教育行业产品应用。与市教育局签订智慧教育战略协议，助力全市教育系统“三通两平台”的建设和升级。在江西省联通公司投资2000万元用于建设教育资源平台的基础上，面向全市中小学校开展“同步学习卡”“互动宝宝”等在线教学应用体验，更多学校用“班班通”教育云平台进行在线教学或实时视频互动教学。6月，赣州联通实施石城县的全省首个教育管理公共服务平台项目。项目投入运营后，为教育局、教师、学生、家长4类对象提供涵盖教育局管理、学校自主办学和过程性评价三大业务体系近百款定制应用，每个业务角色都能找到专业化、个性化特色应用，响应国家教育“管”“办”“评”分离的政策导向，实现区域教育的精细化管理，以及教育系统内的数据资源的互联、互通和共享，促进区域内教育公平、推进教育均衡发展。

智慧医疗。赣州联通的智慧医疗在全市先行先试。在“互联网+智慧医疗”领域的信息化建设探索和发展方面，助力医院通过信息化手段为患者提供更加有效、更加便捷、更加优质的医疗服务，逐步实现“以收费为中心”向“以病人为中心”的数字化医院转变，为赣州医疗走向云化、大数据化、大健康化做最好支撑和服务。11月10日，由市卫计委主办、赣州联通承办的全市“互联网+智慧医疗”峰会，全市、县（市、区）卫生医疗主管部门和医院负责人130位嘉宾参加交流座谈，对赣州联通智慧医疗等方面的优势和实力给予高度评价。

（撰稿　赖爱群　廖　康　审稿　王景行）

【领导名单】
总经理：刘运忠（3月任）
党委书记：肖祝元（任至11月）
副总经理：温小华（4月任，任至12月）
　王景行　谢海荣（4月任）

铁塔通信

【概况】　2017年，中国铁塔股份有限公司赣州市分公司（以下简称公司）不忘初心，牢记使命，各项工作推进卓有成效。公司在18个县（区、市）设立办事处，拥有基站1.3万余个，员工68人，主要负责全市通信基站和室内分布系统的建设、维护和运营。

【通信基站建设】　公司围绕市委市政府“打好基础设施建设攻坚战”目标，着力提升全市无线通信网络优质覆盖水平，夯实加快发展支撑。全年建设通信基站2305个，室分面积45万平方米，有力支撑全市城区、乡镇及行政村的4G网络覆盖，大大提升全市4G网络覆盖和信息化水平。在各级政府的支持下，通过攻坚克难，解决长期疑难硬骨头站点228个，推动4G网络信号深度覆盖，为全市“智慧城市”建设发展提供强有力支撑。

【通信网络保障】　公司全年投入2843.62万元，完成各项隐患整治站点1929个、专业维护站点8303个，确保全市网络基础安全；做好中共十九大、汛期、台风等大小21起节点事件的重要通信保障，得到各级政府、主管部门、电信企业及社会各界的充分肯定。

【带动地方就业】　公司牢记服务地方经济发展使命，与本地企业开展深入合作。年内，公司加强与土建施工、市电施工、地网施工、杆塔施工、设备安装、代维管理及隐患整治等本土企业合作，提供4000余个就业岗位，切实带动本土企业发展壮大，促进本地工人创收。

【支撑重点工程】　服务“新型城镇化攻坚战”，面向公共服务探索铁塔资源的共享开发，公司在公安专网、森林防火监控、人防应急监测、卫星定位监测等多领域合作开发资源共享，推进“一杆多用”，支撑市政府公共服务；服务美丽赣州、文明城市创建，全市各城区12%的通信基站采用契合美丽城市需要的景观树、美化塔建设模式，成为城市一道靓丽风景线。

【基站建设规划】　公司主动与市城乡规划局对接，服务赣州市城市品质提升。全年完成15县（市、区）的基站建设规划评审，推动与城乡规划有序衔接。专项规划建成后，近期（2016—2020年）规划新增1919个基站，中远期（2020—2030年）新增1373个基站，全市县（市、区）中心城区基站数达到7929个，可有效覆盖2030年年末城市规划面积813.98平方千米，满足1023万人城市人口的通信需求。

（撰稿　邱永生　审稿　朱群英）

【领导名单】
总经理：刘长忠
副总经理：凌　全
副总经理助理：黄小亭（7月任）

无线电管理

【概况】　2017年，赣州市无线电管理局按照“三管理、三服务、一突出”的总体要求，维护赣州市辖区的电波秩序，保障赣州市辖区的无线电安全，较好地完成全年工作任务。全年受理无线电频率指配许可12件，办结12件，指配频率16个，收回频率19个。无线电行政执法46次，出动执法人员146人次，没收和移交非法电台64台(套)，行政罚款1.2万元，移交公安部门案件6起。受理各类无线电干扰投诉22起，查处或消除22起。受理无线电台（站）设置审批的行政行可11件，办结11件，审批新增台站1202个，核发、换发电台执照2126张，全市有各类无线电台站23205个。

【无线电台站管理】 开展无线电频谱使用评估专项工作。6—8月，在全市范围内组织开展无线电频谱使用专项活动，完成18个县（市、区）建成区大部分两车道以上的路段以及连接建成区之间的部分高速、国道、省道及周边所有基站信息的拉网式测试，选取赣州机场、赣州火车站及在建赣州西站（赣州高铁站）等重要交通枢纽节点进行频谱评估，移动监测总里程达到3256千米，较上年提高17.1%；覆盖面积达到1282平方千米，较上年提高202.4%；移动测试采集数据量达304（GB），较上年提高5252.1%；移动监测总时长206小时。顺利完成18个固定站监测数据的采集工作，成功采集数据的固定站占比100%。通过对移动监测数据和固定站监测数据的时域分析、频域分析和空域分析，掌握全市频谱资源的信道占用情况、频段占用情况和信号覆盖情况，掌握全市运营商违规设台情况，为全市公众基站管理提供依据。依法查处不明信号19个。

扩大无线电管理社会影响力。全年开展户外演出宣传4次，设置现场咨询台宣传1次，利用电视、报社进行宣传3次，开展宣传进校园宣传2次，利用政府网络宣传1次，开展执法宣传35次，组织赣州市各县（市、区）协管办开展宣传月活动18次，三大营运商利用短信平台发送短信36万条，各类宣传活动预计覆盖人口近40万人，取得良好的宣传效果。

加强无线电发射设备销售市场的监管。4月，对无线电发射设备销售市场进行摸底调查，走访对讲机销售商铺13家，形成“对讲机销售市场摸底调查表”12份，纠正个别商铺存在销售未取得型号核准的对讲机的行为。宣传月活动期间，走访各个无线电发射设备销售商铺，解读新版“条例”有关无线电设备销售管理的相关条款，耐心解答销售商的疑问，发放宣传折页26份。11月，开展专项行动，落实销售备案制度。在全市范围内开展无线电发射设备销售备案管理专项行动，制定专项行动方案，成立工作领导小组，印发宣传材料，完成11家销售商铺的备案管理，形成“无线电发射设备销售备案登记表”“销售备案者承诺书”11份。加大监督检查，规范销售行为。12月，对全市销售市场进行监督检查，走访11家对讲机销售商铺，核查对讲机106台，下达“责令改正通知书”3份，清理未取得型号核准的对讲机26台。

确保频占费应收尽收。利用召开全市无线电管理工作会议，向全县市和设台单位布置收费工作，印发年度征收无线电频率占用费的通知，并将征收依据、对象、时间、收费标准等通过市政府门户网站信息公开平台进行公布。采取分片分系统负责、落实责任人。对部分设台单位，局领导和工作人员还上门宣讲，将收费通知单送达到主要设台单位。至12月底，全市征收入库频占费16.71万元。

【无线电监测】 制定2017年度监测工作计划、月监测工作计划。对民航、广播、铁路、防火、防汛、公安消防频段开展保护性监测，有力地保障重要频段的无线电安全运行；做好占用度统计、分析、上报工作，编写无线电监测统计月报12期。在节假日期及重大活动期间，落实上级单位要求，施行值班监测，做好对广播、铁路、航空及公众移动通信频段开展保护性监测，做好监测值班记录，无事报平安，有突发事件启用应急预案，随时排除隐患。保障广电、民航、铁路重要行业无线电安全工作，发挥无线电管理、广电及民航三方协调机制，强化对广播、民航频段用频监测，一经发现不明信号，立即开展监测核实、协调及查处，确保广电、民航频段使用安全；对影响民航、铁路频段的区域、线路两侧定期开展电磁环境监测，做好监测数据收集、台站数据比对，全面掌握周边电磁环境数据。在重大节假日和重大活动期间加强对上述重点频段的监测，落实监测值班。

【排除无线电干扰】 坚持以问题为导向，全力查处各类无线电违法犯罪行为，全年受理各类无线电干扰投诉22起，查处或消除22起。其中，查处信号屏蔽器7起，“手机诈骗”4起，“黑广播”案件1起，“伪基站”案件1起，工业用品用频干扰案件2起，消除其余干扰4起，维护全市无线电用频秩序。参加公务员、卫生资格、普通高考、建造师、司法等17次各类考试期间的无线电安全保障工作，出动监测车辆32次，派出保障人员98人次，监测时长178小时，保障考点87个，发现可疑作弊信号10起，压制阻断3起，查处作弊设备7套，通过雷霆手段严查考试作弊，维护全市考试环境的公平、公正。

（撰稿　曾　飞　审稿　胡益禄）

【领导名单】
局长：李国根
副局长：胡益禄

（本栏编辑　赖建明）

商 贸

商 务

【概况】 2017年，全市实际利用外资16.67亿美元，增长10.03%；实际利用省外资金754.86亿元，增长11.54%；外贸出口268.87亿元，增长20.05%；社会消费品零售总额887亿元，增长12.3%；电子商务交易额454.7亿元，增长45.04%。

【招商引资】 以开放型经济发展获全省表彰为动力，全市形成浓厚的招商氛围，市、县（市、区）领导亲自抓招商引资，招商引资成果丰硕。赣州市委书记、市长外出招商引资25次，平均每人每月外出招商1次；各县（市、区）党政主要领导带队外出招商409次；31个市直单位和6支市级驻点招商小分队积极外出对接目标企业；市级举办或参加招商推介会31次（其中参加省举办招商推介活动12次），签约项目224个，签约资金1641.64亿元，签约项目数和签约金额增长均超过50%；开展央企入赣、名企入赣、外企入赣、赣商回归等活动，引进合力泰、招商局集团、TCL、山东凯马等一批大型央企、知名民企和外企投资项目。

【对外经济技术合作】 实施“走出去”战略，全年对外投资企业有42家。对外投资主要有马达加斯加、德国、秘鲁等21个国家和地区，其中在“一带一路”沿线国家投资的有9家企业。全年新增对外投资企业12家，实际对外投资总额7059.97万美元，增长418.24%，是2016年新增对外投资额的4倍，单年新增投资企业数和投资额为历年最高。赣州亿通公司与ZCF公司签署1140万美元的太阳能磨面站EPC合同，实现对外承包工程零的突破。

【利用外资】 外商投资新设立企业39家，下降42.65%。合同外资（含增资）13.32亿美元，下降9.51%。实际利用外资16.67亿美元，增长10.03%，完成全年目标任务100.02%。其中，现汇进资1.7亿美元，增长22.92%，现汇比重10.19%。实际利用外资绝对值及增幅和现汇进资绝对值及增幅均列全省第三位。全年引进省外2000万元以上项目274个，合同资金876.99亿元，增长38.61%；实际进资754.86亿元，列全省第三，增长11.54%，列全省第五，较上一年前移一位。其中，亿元以上项目163个，亿元以上项目实际进资686.76亿元，增长12.33%。

【对外贸易】 全市一般贸易出口210.98亿元，增长31.76%；加工贸易出口57.76亿元，下降5.02%。外贸经营者队伍不断扩大，至年底，全市取得进出口备案登记企业有2603家，其中2017年新增备案登记企业438家。贸易往来通达193个国家和地区，其中对美国、日本、韩国和马来西亚等居出口市场前列，分别占全市出口比重的28.88%、4.72%、3.71%和3.49%。进口以刚果（金）和马来西亚为主，分别占全市比重的36.84%和14.75%。全年生产型企业出口保持稳定，实现出口182.98亿元，增长16.61%，占全市出口总额的68.06%，生产型企业出口占比居全省前列。出口产品结构持续改善。电子信息、家具等特色产业出口持续扩大。电子信息产业出口40.3亿元，增长45.00%，占全市出口比重14.99%；家具产品出口32.71亿元，增长45.01%，占全市出口比重12.17%。

【国内贸易】 市场体系。办好民生实事，建好“菜篮子”工程，新开业运营22家社区蔬菜便利店，累计建设110家蔬菜便利店，实现赣州市中心城区主要住宅区全覆盖，解决中心城区300余个住宅小区、18万余户居民买菜难问题，便民服务网络得到提升。推进赣州市中心城区和县乡农贸市场新建改造工作，新建改造14个县乡农贸市场，惠及5万余户城乡居民。全年争取省级县乡农贸市场建设改造项目补助资金340万元，用于支持南康区、赣县区、兴国县、宁都县、于都县、会昌县、寻乌县、全南县、信丰县、安远县、大余县等11个县（区）6个城区、8个乡镇的农贸市场建设改造。

商贸流通。全市社会物流总额5721.5亿元，增长10%；社会物流总费用375.15亿元，增长5.35%。家具、脐橙、城乡配送等七大物流产业集群逐步形成。全市有邮政网点376个，快递企业及分支机构463家（其中独

12月21日—24日，赣州市组团参加江西省特色商品（广东）展销会

立法人企业169家，分支机构294家），快递分拣中心16个，总面积0.05平方千米。制定出台《支持赣南客家菜"走出去"专项补助资金管理办法》，举办"鹭溪客家之夜"赣州市首届"餐饮创新发展论坛""寻味赣南客家菜"和"赣南特色美食推介交流展示活动"等大型活动。全年餐饮业营业额122.82亿元，增长16.3%，排名全省第一；限额以上营业额8.64亿元，增长22.7%，排名全省第一。

电子商务。全市建有47个县级电商运营中心，179个乡级电商服务中心，2985个村级电商服务站，其中贫困村站点782个。有27个电商产业园（孵化基地），总面积0.54平方千米，入住电商企业（个体）2000余家，其中国家级电商示范基地1个（南康家具大市场为全国前十强），省级电商示范基地2个，市级电商示范基地24个。有电商企业3000余家，其中省级电商示范企业10家，市级电商企业79家。

市场秩序。"12312"商务举报投诉服务中心接收举报投诉85件，受理咨询437件，均办结。全市商务主管部门累计开展执法活动1713次，其中联合其他部门开展的执法活动368次，出动人员7442人次，出动执法车辆1800辆次，检查涉嫌违法违规经营场所629个。做出警告处理135次，做出责令期限整改或停业整顿处罚118次，向74个违法违规市场主体做出罚款及没收违法所得处罚，总金额36.36万元。

（撰稿　钟章辉　审稿　罗永锋）

【领导名单】

党组书记、局长：肖作信

党组成员、副局长：

罗日安（任至12月）

罗永锋（3月任）　陈晓峰（4月任）

罗　晶（9月任）

党组成员：董赣雄（4月任）

党组成员、市纪委驻商务局纪检组组长：钟心华

市外资办副主任：罗永锋（任至4月）

吴佳丽（12月任）

副调研员：刘晓华（任至12月）

张卫东

供销合作

【概况】　2017年，全市供销社系统商品购进总额75.88亿元，增长11.17%；农副产品购进额40.91亿元，增长6.9%；全系统商品销售总额88.96亿元，增长11.78%；利润总额2716万元，增长24.17%。

【项目建设】　农业综合开发项目。全市供销合作社系统经省财政、省供销社批复5个农业综合开发项目，获得省以上财政补助资金合计2152万元。项目为章贡区《2017年江西省赣州市章贡区葡萄服务能力提升流通新建项目》、南康区《2017年江西省赣州市南康区水稻种植土地托管新建项目》、全南县《2017年江西省赣州市全南县水稻种植土地托管新建项目》、安远县《2017年江西省赣州市安远县赣南脐橙加工产业融合扩建项目》、寻乌县《2017年江西省赣州市寻乌县果蔬流通产业融合扩建项目》。

农民专业合作社示范社项目。供销合作社评审认定18个市级农民专业合作社示范社，由市级财政安排资金190万元，每个合作社奖励10万元。农民专业合作社示范社有章贡区沙河芋头专业合作社、南康区康隆优质稻业专业合作社、信丰县信明农业发展专业合作社、上犹县永平油茶专业合作社、崇义县徐坑脐橙专业合作社、崇义县高山梯田水稻种植专业合作社、安远县大竹湖农民专业合作社、安远县黄金蜜柚专业合作社、定南县日日红蔬菜种植专业合作社、兴国县兴农农业专业合作社、兴国县灵山种养专业合作社、兴国县长丰种养专业合作社、于都县洋鑫果业专业合作社、宁都县小布金叶茶业专业合作社、会昌县弘农农业专业合作社、寻乌县沁香园油茶专业合作社、石城县绿丰苡仁专业合作社、石城县山地鸡养殖专业合作社。

农村现代流通服务网络项目。供销合作社系统审定5个农村现代流通服务网络建设项目，市级财政拨付补助资金85万元。赣州市农村现代流通服务网络建设项目有安远县镇岗供销社、定南县天九供销社、崇义县长龙供销社、寻乌县吉潭供销合作社、兴国县均村供销社。

【综合改革】　县级农民合作社联合社（简称农合联）实现全覆盖。寻乌县中和供销合作社等5个基层社列入全国供销总社基层组织发展专项资金项目，向省供销社推荐申报15个基层供销社作为全省供销合作社基层组织发展专项资金项目实施单位，全年新建改造基层社54个。全市供销社系统领办创办的农民合作社642家，

23家农民合作社被省供销社认定为全省供销合作社系统农民专业合作社示范社。由石城县华丰畜禽专业合作社开展的合作社信用合作试点，升级成为江西省供销社试点单位之一，成为全国供销合作金融四星级试点机构。章贡区、南康区、上犹县等11个县(市、区)组建惠农服务公司(或中心)，大力推动以水稻为主，蔬菜、烟叶、脐橙等特色种植业，融“耕、种、管、收、加、销”为一体的土地托管新模式推进农业社会化服务，逐步探索出一条规模化种植、品牌化经营、社会化服务的农业生产新方式。全年完成土地托管面积2.6万公顷。18个县(市、区)供销社都成立电商企业，其中15个对接供销“e家平台”，开设县级馆，建立8个县级运营中心、453个乡村电商服务站，推动供销系统以电商公司为主体，连接基层社、农合联、农民合作社、农户为一张网络，助推农民脱贫致富。

（撰稿　刘雅清　审稿　钟乘云）

【领导名单】

党委书记、主任：邓才华（任至12月）
党委委员、副主任：廖德军　王文杰　钟乘云
副调研员：李　易

贸易促进

7月，江西省贸促会外贸发展（赣州）调研座谈会在赣州召开

【概况】　中国国际贸易促进委员会江西省赣州市委员会（中国国际商会江西赣州商会）（以下简称市贸促会）为正处级全额拨款事业单位，核定全额拨款事业编制7名，处级领导职数2名（正处级1名，副处级1名），科级职数2名（正科级1名，副科级1名）。内设1个职能科（室）。具体负责对外经贸联络，组织出国访问和考察；负责邀请接待境外来访，与相关组织（机构）开展国际交流合作；负责协调全市有关外经贸和技术的出国展览和国外来展览业务及相关的管理、监督工作；负责组织参加贸促系统牵头承办的境内展览活动；经中国贸促会授权后，负责出具、签发、认证相关外贸证件和单据；提供有关法律咨询、培训，非诉讼法律服务和境内外企业资信调查等。

【出证认证】　加强与广东华商律师事务所的沟通联系，聘请3名专业律师为法律顾问，加强对外贸企业的商事法律服务。把申请成为原产地签证机构列为本年度重点工作，成立以会长任组长，副会长任副组长，科室负责人为成员的申请成为原产地签证机构工作领导小组。根据中国贸促会增设原产地签证机构工作的有关要求，向省贸促会提交《关于推荐中国国际贸易促进委员会江西省赣州市委员会成为原产地签证机构的请示》。派员参加中国国际贸易促进委员会商事法律服务中心的培训和签证员资格考试，并通过考试。

【展览展会】　立足贸易促进和投资促进工作实际，邀请省贸促会领导和业务骨干对全市贸促干部和进出口企业进行参展培训，并派员参加中国贸促会组织的有关业务培训。开展展前、展中、展后的宣传、配对、回访等工作，结合全市产业特色和企业需求，对一些针对性强的重点展览通过各种渠道及时向企业传递，主动上门拜访汇明集团、好莱克服装织造有限公司、江西铭鑫冶金设备有限公司、江西省威尔国际矿业装备有限公司等86家各类外贸企业，了解企业自身产品和出口国别地区等情况，帮助企业出谋划策，推介适合企业的各类专业展览会。全年组织全市13家外贸企业“走出去”参加17个“一带一路”国家的展会，出展摊位28个，出展面积252平方米，帮助企业拿到订单10个，金额622万美元，推动东升制衣有限公司参加中国（土耳其）贸易展览会，出展摊位2个，面积10平方米，获取订单3个，金额5.6万美元；推动澳太塑业（瑞金）有限公司参加中国（波兰）贸易博览会，出展摊位2个，面积10平方米，获取订单2个，金额7.2万美元；推动江西自然成食品有限公司参加俄罗斯国际食品包装展，出展摊位1个，面积6平方米，获取订单1个，金额3万美元。加入“一带一路”国际经贸会展联盟（2014年由河南贸促会和米奥兰特国际会展共同发起，有27家成员单位，海外办展、组展经验丰富，2016年境外办展规模全国排名第一）。

【精准扶贫】　引进种植烟叶项目，引导组建油茶合作社，引导贫困户通过土地、资金入股等方式联结到产业链中来，实现贫困户脱贫产业全覆盖，当年13户56人脱贫。

（撰稿　刘晨东　审稿　董赣雄）

【领导名单】

会长：董赣雄
副会长：邹千昌

石油经营

【中国石化销售有限公司江西赣州石油分公司】 2017年，中国石化销售有限公司江西赣州石油分公司实现轻油经营总量118.95万吨，完成年度任务的102.19%，在全省的“比学赶帮超”工作中，夺得11面先进红旗；非油品销售3.08亿元，完成计划的104.05%，在“比学赶帮超”中取得3面先进红旗，全省排名第二，被销售公司和省公司分别授予“非油工作先进单位”和“非油先进单位”称号；深化用工改革，全年薪酬增幅20%以上，高出全省增幅的2倍，全省排名第一。取得“增量、增效、增薪酬”的成果。安全、环保、质量、数量、稳定、“小金库”等方面均未发生上报等级事故（件），内外部环境和谐稳定。

安全管理。组织市公司与县（区）公司、油库，县（市、区）公司与加油站签订HSE责任书、数质量管理责任书。开展集团公司《安全管理手册》的普及培训。加强员工日常操作、重大作业、应急管理等知识的宣传及培训工作，将岗位应知应会技能充实到日常班组教育活动，确保员工作业期间依规执行、按章操作，应急管理及时响应、处理得当。每季度开展安全风险排查，制定分公司、油库和加油站十大风险清单，制定防范措施，消除安全隐患。成立设备管理提升活动工作领导小组，部署开展全区设备管理提升工作，解决设备运行过程中存在的突出安全问题。各县（市、区）公司、油库成立设备管理领导小组，对设备的购置、使用、保养、修理、报废等各环节进行管理，制定相应的设备使用和维护管理制度及岗位责任制，基层库站设备管理明显改观，油品数质量全过程受控，源头安全。发挥督查中队“清道夫”的职能，每月对油库、加油站开展督查，严肃对待各类问题，标本兼治，深挖和解决“问题背后的问题”，帮助基层解决问题。全年督查中队会同零管、非油等部门，对19个县（市、区）公司的217座次加油站、35座次加油站施工现场、41座次油库及1座次质检室进行现场安全督查，查出安全问题1747个，处罚安全管理责任人37人次，罚款8600元。督查出的问题得到整改，或落实防控措施。

经营销售。柴油方面，挤出20万元费用开展客户走访。利用上级公司针对柴油大客户的三项优惠政策，引导客户回流。推广“柴油联名卡”，利用柴油专用卡新增主副卡功能，增强顾客粘性。因站制宜，根据加油站周边竞争环境动态跟踪，根据销量情况调整经营策略。专人专管，节假日轮岗，开展非车轮子灌车灌桶。汽油方面，利用高标号促销活动，通过微信平台、交通频道、移动短信等媒体，以及电子券、加油送洗车券等油非互促活动相结合，刺激客户高标号的消费。选择竞争激烈地段加油站开展汽油会员制营销，提升汽油零售销量。利用油气回收、隐患整改、提量改造等时机，对重点位置、重点油品进行调整、升级，减少柴油罐，增加汽油罐。修订升油工资制，突出汽油考核权重及系数，鼓励全员销售汽油的热情。直分销方面，对辖区社会加油站进行地毯式走访，详细解客户的罐容、进货渠道等情况，一站建一档，完善客户档案。开展“庆中秋，迎国庆”活动，分级分片包干走访，加强与老客户的沟通交流。制定出台《赣州商客2017年购油送积分方案》，刺激淡季消费。完善绩效考核办法，提升直分销线条整体执行力。非油品方面，加大门店督查巡查力度，提高门店货架陈列的丰满度，提升门店进店率。抓住门店“微信吸粉、绑卡”“电子券”“高标号促销”等营销活动，提高店内销售。组建销售示范队，到14个县公司覆盖62座加油站开展现场销售培训，通过课堂理论教学和加油现场销售培训，提高销售技巧。解放思想，利用闲置资产，跨界推动新业务发展。

党建工作。深入学习中共十九大精神，全面加强企业党的建设。开展“助力经营，支部引领，扩销拓市，党员先行”活动，发挥党支部和党员在“助力经营”“我为零售做什么”的先进性。成立党员“助力经营突击队”，党员带头到矿山、工地、企业等大客户中宣传油品优惠政策，分析油品质量好坏，打造客户专属“福利”。

（撰稿　黄丽平　审稿　曾钦玉）

【中国石油江西赣州销售分公司】 2017年，中国石油江西赣州销售分公司所属加油站覆盖赣州区域全部县（市、区）36座站，运营29座站。2月，赣州分公司办公地点搬迁至赣州市章贡区新赣州大道18号阳明国际中心2栋17层一整层。全年销售油品14.13万吨，增加2.26万吨，增幅22%。其中，纯枪9.72万吨，增加1.41万吨，增幅17%；直销4.41万吨，增加1.25万吨，增幅39%。非油收入1951万元，增加736万元，增幅61%；非油毛利323万元，增加157万元，增幅94%。投运加油站2座，完成双层罐改造任务9座。全年质量安全零事故。队伍团结稳定，没有出现群体事件，未发现违法违纪事件。中国石油江西赣州销售分公司内设开发建设部、营销部、加油站管理部、安全环保工程部、资产财务部和综合办公室。员工180余人，党员22人。资产总额6.1亿元，净资产4.58亿元。

加油站管理。打造强大现场，服务创造价值。公司紧紧围绕“快”（快引车、快加油、快收款）字展开服务培训，提升服务效率。注重品牌培育，强化客户粘性。丰富汽油品号，增加高端服务。95#汽油销售站点从13座增加到29座，销量增加132吨，增幅17%；98#汽油销售站点从1月份的2座，增加到4座，销量增加21吨，增幅210%。高标号汽油增加客户的选择，促进汽油量的总体提升。做好现场提篮销售，注重核心品类培养。鼓励加油员现场提篮销售。将香烟及各类便携小吃放置在提篮内销售，吸引顾客眼球，加大开口营销，大力挖掘现场消费能力。深入研判市场，强化对标分析。坚持与中石化整体对标的同时，为每座在营加油站选取同层次中石化对标站点。深挖客户资源，开发优质客户。做好企事业单位等大客户的开发。借助公司入围赣州市预算单位公务用车加油供应商契机，办理公务卡1574张。

投资与建设。集中力量处理遗留项目，龙南金龙、全南全通加油站项目顺利投运。与上海中络石油销售有限公司，在龙南成立合资公司，共同开发三南地区加油站项目。完成宁都县赖村加油站资产交接。加强与江西高速赣州管理中心的对接，抓好大广高速南康停车区匝道建设。

安全HSE管理工作。开展HSE体系量化审核，一批重点问题得到整改落实。加强常规作业和施工作业的监管，实现安全环保零事故。公司根据加油站的实际情况，对所有可能影响油品数量的环节进行严格把关，层层分析，剔除购进损耗、销售呼吸损耗、VCF温度影响、加油机盘盈、油品密度差、运输超耗等其他可控损耗量，考核更加严谨公平。开展加油枪付油专项抽查，对加油枪付油误差情况进行核查，对加油枪误差率超过正负3‰进行校正。

人事劳资管理。至年底，员工总数180余人，其中分公司机关28人，加油站员工152人。机关领导班子配备4人，部门主任配备6人，加油站经理配备29人。员工均签订劳动合同，并按照合同约定条款提供劳动条件、支付劳动报酬、按时缴纳五险，全年未出现劳资纠纷。赣州分公司按照江西公司规定开展薪酬二次分配。二次分配标准依照《2017年赣州分公司大预算考核方案》的成绩进行量化执行。上半年，组建培训小组开展历时2个月的员工集训，送教下站4次，完成站经理、前后庭主管、储备管理人员、加油员四级人员152人的标准化轮训。

内控体系建设。修订分公司费用集中报销管理办法、差旅费和福利费管理等费用办法。突出“预算引领、量入为出、实事求是，科学管理”管理原则，严格要求“先审批后发生”“谁审批谁负责”的管控思路，分公司预算理念逐步增强；加强对《江西公司资金授权管理办法》的执行。开展机关岗位大练兵，利用月初例会，由各专业线组织学习制度流程，集中学习费用管控、合同管理、资产管理，营改增业务等专题培训，提高部门之间的沟通效率。开展和迎接外部内控测试及资金专项检查，针对发现的问题，责任到部门并限期整改，公司风险识别能力和合规意识增强。

党建工作。建立党员活动室，设立党建文化墙和廉政文化墙作为宣传阵地，建立党务公开栏。以“两学一做”专题为抓手，定期组织党员及单位骨干集中学习，提高党员的政治觉悟和工作水平。赣州分公司在全省系统党建基础工作大检查中获第一名。

（撰稿　李　琼　审稿　王　扬）

【领导名单】

中石化赣州销售分公司

经理：曾钦玉

党委书记：周文胜

副经理：曾繁辉　龚亚光　李小华　丁　敏

经理助理：叶秀林

中石油赣州销售分公司

经理：孙宏荣

党委书记：赖日先

副经理：吴永平　陈海华

盐　务

【概况】　2017，赣州市盐务局（江西省赣州江盐华康盐业有限公司）全年销售食盐2.19万吨，其中小包盐2.01万吨。全年营业收入5945万元，减少1.21亿元，下降67%；亏损79万元，减少2414.79万元。完善储备盐制度和管理流程建设，完成政府储备和企业储备7000余吨，确保食盐安全供应。大力倡导、支持员工自主创业，先后有章贡区、瑞金市自组创业团队与上海店合作落户电商平台，员工改革创业理念有新的认识和改变。严格规范租赁合同，遵守重要合同汇签制度，公司的法务和法律顾问审核合同，防范法律风险。盘活部分闲置和到期资产，采取有效措施，统一租赁招标，消除资产长期闲置，激活资产租赁动力。全年全市完成房租收入108.03万元。

【盐政管控】　赣州市盐务局与市工信委、药监局、公安局等6部委联合发布《关于加强盐业体制改革过渡时期食盐市场经营秩序监管的通知》《关于加强全市食盐监管深入开展制贩假盐违规经营专项治理行动实施方案》《关于切实做好不合格食盐产品查处工作的紧急通知》。全年出动稽查9061人次，检查乡镇892个，自然村市场675个，食盐经销户9876家，饮食服务业5089家，学校厂矿食堂256个，小工业盐、行业加工用盐户127个。进中小学校宣传241所，走访居民、农户692户，接受群众咨询4861人次，处理一般案件14起，依法查处违规经营10起，移交公安立案5起，拘留涉案人员9人。其中，黄某涉嫌食盐非法经营案，被公安部列入“2017年打假利剑行动和清水蓝天行动第三批督办”案，判处制假、售假案件有期徒刑1人，全年查缴各类违规经营不合格盐产品510余吨。全年制作发放“食盐安全供应点”标识牌4000块，印制食盐安全责任书8000份，宣传彩页“敬告”7900份、盐业改革政策解读8000份，盐政执法专用马甲150件，投入费用9.8万余元。利用日常经营监管工作和“3·15”和“5·15”活动，强化宣传，引导广大消费者通过合规渠道购买食盐，提高自身保护意识。

效能监察工作有计划，重点对各单位经营管理、存货资金盘查、应收账款、绩效分配方案、费用规范使用管理等工作进行效能监察，全年行政约谈5个单位。效能监察执行力检查8次，效能监察通报1次，调整中层干部1名，工作时效与执行力得到提高，内控管理加强。

【渠道建设】　开展终端配送做优服务，优化经营模式做实渠道，实行业务细分做专队伍。适控价格调整营销策略，发挥现有基础和资源优势，积极应对市场变化，在地处九二产区竞争激烈的现状下，基本完成小包装盐的销售任务，确保上年市场份额的70%，力保食盐供应主渠道地位。在赣州电视台开辟以华康企业品牌、自主产品品牌、营销管理动态、减盐行动为主要内容的宣传平台，品牌影响力不断增强。在开展终端配送的基础上注重渠道优化细分和分类客户开发，渠道基础网点建设，在上年基础上稳中有增。全市餐饮（单位食堂）、零售终端、商超、二批经销商等4大渠道有效网点2798个，网点密度每3000人1个有效网点。

【队伍建设】 出台《2017年赣州公司所属单位考核考评办法》《2017年赣州公司所属单位中层管理人员薪酬绩效分配考核考评办法》，调整基础工资考核分配结构。建立“岗位靠竞争，收入凭贡献”的市场化考核分配机制，助推三项制度改革，通过对年度各项经济指标进行月度细分考核，促进市场营销管理，优化人力资源管理，吸引更多后台人员下沉一线，调动一线人员的积极性。

【党建工作】 学习贯彻中共十九大精神、习近平总书记系列重要讲话，牢固树立“四种意识”，保持坚强政治定力，开展和推进“两学一做”活动常态化制度化。公司党委以开展“三联”活动为平台，持续开展“扶贫帮困”走访慰问困难群众。5月25日，组织青年党员志愿者进社区、养老院为民服务系列活动。坚持标本兼治、综合治理、惩防并举、注重预防的方针，将党风廉政建设和反腐败工作与企业改革发展同步推进，强化党内监督，把纪律挺在前面，落实中央八项规定精神，着力解决职工群众身边的不正之风和腐败问题，推进企业党风建设和反腐败工作。

【安全工作】 树立安全生产意识，加强日常安全生产排查、节假日安全生产排查、配送车辆安全行驶、货物仓储管理安全和质量安全、货款资金回笼安全等工作。11月，公司挤出资金9万多元为配送站修建75平方米的钢棚架构新办公用房，及时消除1起因危房造成的安全生产事故。执行公司合同联审联签制度，定期开展法律风险排查，推进公司法务工作常态化，全年联审联签各类合同计38份，为公司出具法律意见书5份，提起诉讼2起，为公司清收职工贷款200万元。加强公司综治维稳和平安建设，推动依法行政、依法办事，积极维护公司良好稳定的发展环境，全年未发生重大事件、事故和风险。

（撰稿 万 云 审稿 彭 健）

【领导名单】
局长（总经理）：杨卫平
党委书记、副总经理：王一群
副局长、副总经理：侯国宾 苏 莉 杨 珲

烟草专卖

【概况】 2017年，全市烟草系统扎实工作，奋力拼搏，实现税利19.98亿元，增加0.22亿元；上缴税金13.21亿元。超额完成省局（公司）的经济和管理主要工作任务。科技创新深入推进，通过省级科技项目成果鉴定2项，获国家授权实用新型专利2项和软件著作权1项，省级科技进步奖一、二、三等奖各1项。全省15项企业管理对标指标中有8项指标排名前三，其中5项指标排名第一。物流工作稳步推进，市公司获全国烟草行业物流工作先进集体。

【专卖管理】 全市查处各类违法案件5855起，其中假私烟案件2773起，增长102.7%。查获各类违法卷烟4982件，增长99.3%。查获5万元以上重案150起，其中假私烟重案118起，占总数的78%。刑拘127人，逮捕59人，判刑44人。破获国标网络案件4起，省标网络案件7起。赣州市烟草专卖获全省专卖管理目标考核第一名，稽查支队获全省卷烟打假先进集体。

【销售网络建设】 打造“全员专卖、全员营销，资源整合、信息共享，集中管理、统一指挥”的网格工作站。全市建成47个网格工作站，驻点人员397人，其中农村工作站153人。开展“大户统管服、中户培养、小户覆盖计划”，全市特殊业态客户办证1230户，受控的特殊业态客户2885户。加强客户组织建设，全市自律小组552个，“红土情”小组之家99个。加强零售终端建设，全市现代终端户5783户，占经营户比例15.14%；金圣核心户5178户，占13.56%。

【烟叶生产】 全市烟叶收购2013千克（40.26万担），亩产值3317元，增长21%；烟农户均收入7.59万元，增长7%；实现烟叶税1.11亿元。全市开展多元化经营项目83个，实现纯收入939万元，户均增收1448元。市公司获全省2017年烟叶目标考评一等奖。石城县丰山乡便民烟草合作社获全国烟草行业第三批示范社。

【现代烟草农业建设】 全市完成7560个常规项目、投资规模1.73亿元，并通过国家局验收。对口援建的兴国县睦埠金叶新村列入国家乡村旅游重点村，高多村等4个金叶新村入选全市首届生态秀美乡村。

（撰稿 赖经仁 审稿 刘 辉）

【领导名单】
局长（经理）：卢卫铭（任至8月）
刘 辉（11月任）
纪检组长：钟运洁
副经理：何福荣 赖伟华 钟为俊
副局长：肖红武（任至1月）
副调研员：丁克波 赖大全

（本栏编辑 王志辉）

进出口管理

赣州海关

【概况】 2017年，赣州海关综合税收入库2.8亿元，增长1.5倍。实际监管更加严密，规范转关运输业务，监管进出口货运量38.2万吨，增长1.6倍，货值7.4亿美元。落实“三互”推动大通关建设加快推进，推广国际贸易“单一窗口”标准版，提前2个月实现全覆盖。全国海关通关一体化改革实现进出口领域全覆盖，通关一体化报关单率98.75%。贯彻“去繁就简”要求，进口24小时通关率97.33%，出口24小时通关率99.50%。压缩货物通关时间1/3目标提前2个月实现，进、出口时间分别压缩86.90%和70.95%。通关无纸化率100%，超出全国平均水平2.9个百分点。分类明确隶属海关功能定位，整合优化赣州同城业务，统筹集约关区稽查力量，同步调整隶属海关科室设置和人员配备，初步释放人力资源。开展“国门利剑2017”、打击废物走私“蓝天”专项行动。开展打击侵犯知识产权“龙腾”行动，实际查发1起。全年完成“两简”案件7起，其中简易程序案件4起，简单案件3起。

【服务地方经济】 落实总署《推进“一带一路”沿线大通关合作行动计划》，助推赣州市打造成为“一带一路”重要节点城市，探索赣州中欧班列集拼集运业务模式，服务赣州中欧班列常态化运作。围绕优化外贸结构，研究支持赣州加工贸易加快发展的重点措施，支持钴加工行业利用好国内、国际两个市场，指导企业根据市场实现出口和内销“两条腿”走路。帮助企业用好税收政策、AEO互认等通关便利，支持“赣州制造”“赣州品牌”走出去。支持发展服务贸易、跨境电商、外贸综合服务等贸易新业态。加大统计分析和监测预警力度，提升辅助外贸决策的层次和水平。促进赣州综合保税区发挥功能、创新发展，复制推广自由贸易试验区改革创新制度。服务赣州铁路口岸发展，指导南康公共保税仓库和瑞金铁路查验场建设。跟进赣州航空口岸开放，指导赣州黄金机场改造。落实南昌海关与满洲里海关、厦门海关签订合作备忘录措施，支持南康木材家具进出口。支持推动稀土、新能源汽车等产业发展。落实“放管服”要求，推进行政许可标准化建设，优化内部审批方式和作业流程，推动实现企业注册登记“多证合一”和企业年报“多报合一”，降低制度性交易成本。继续推进通关流程“去繁就简”，简化通关手续，配合推动通关准备、货物提离时间压缩1/3，通关作业无纸化改革。强化政务公开，配合“12360”服务热线、微信公众号服务内容。

【基础建设】 法治保障有力，普法宣传教育稳步推进。政务运转顺畅，督查管理有力。全年发文减少3%，督办完成率100%。接受总署巡视、专项督察审计，发现的问题整改率100%，开展批评教育23人次。信息系统运行安全稳定，科技应用水平提高。坚持开源节流，保障中心工作、民生工程。厉行勤俭节约，办公、水电、公车运维等费用降幅明显。专项清理公有住房、照相摄像器材。政府采购等管理规范。综合治理和平安建设得到加强，全年安全无事故。探索运用市场化方式购买社会服务，对物业管理开展改革。

【党建工作】 推进“两学一做”学习教育常态化制度化，开展纪念“三个90周年”系列活动。学习贯彻中共十九大精神，开展“我是党员我来讲”主题宣讲活动，开辟“路上课堂”，派员参加中共十九大精神“讲习团”巡回宣讲。赣州海关党组重走寻乌调查之路，深入企业、深入群众、深入关员，问计问需问难问效，推动学习成果转化。依托红色资源强化党性教育，践行红色传统和社会主义核心价值观。发掘、保护苏区关税历史和文化，重印苏区关税画册，提炼苏区关税精神。践行“苏区干部好作风”，开展窗口作风专项整治活动，党员示范作用发挥明显。倡导“文明友爱”作风，组织义务献血、交通执勤、清除小广告、慰问孤寡老人、社区大扫除等公益活动。依托全南县扶贫点，组织党员到农村调研，开展结对帮扶实践活动。落实中央八项规定精神及南昌海关相关措施；以案为鉴开展廉政警示教育，强化政风行风建设，引入第三方测评，企业满意度99.38%。强化监督执纪问责，注重应

3月21日，海关总署副署长孙毅彪在龙南县调研对口支援工作

用“四种形态”特别是“第一种形态”应用，党组成员开展廉政约谈，研究解决问题，提升监督实效。深化“一案双查”“一事双析”，违纪违法“零容忍”。用好HL2008、HLS2017、HZ2012等系统，实现廉政、科技“双轮驱动”。加大亲属监督力度，发送“给家属一封信”和“家属助廉倡议书”。支持纪检特派员工作，及时通报重大事项。

【队伍建设】 持续推进内务规范和纪律养成，执法资格考试顺利完成，关税、稽查、统计系统岗位练兵有序开展。先后通过第五届全国文明单位复核、江西省2017年文明单位年度复查，全年17人次获市级以上表彰。发挥群团作用，倡导人文关怀，开展家访、职工生日慰问、住院探望、扶危济困等工作。关衔津贴、车改补贴等落实到位。落实带薪休假制度，干部体检实现“定点医院、项目统一、时间自主”。推进“内涵学军”准军事化管理。

（撰稿 谢 荣 审稿 陈 涛）

【领导名单】

党组书记、关长：黄优平

党组成员、副关长：魏 凡 党建勋 刘 凯

副调研员：郭宇文

南昌海关驻龙南办事处

【概况】 2017年，南昌海关驻龙南办事处推进全国通关一体化改革，成立通关一体化应急事务处理小组，稳妥推进隶属海关功能化建设；推广应用国际贸易“单一窗口”标准版。通过该平台申报2154票报关单，位居全省前列；推进“三互”大通关建设，推广汇总征税、自报自缴等海关通关业务改革新举措；推进执法领域“双随机一公开”，常规稽查、保税核查、进出口查验作业实现“双随机一公开”监管全覆盖；全年监管进出口总值34亿元，增长14.7%。监管进出口货运量11.6万吨，增长28.5%。监管集装箱数量20114标箱，增长17.2%。接受报关单申报16523份，增长8.1%。其中，全国通关一体化报关单15793份，占比95.6%。辖区六县进出口贸易总值88.2亿元，增长24.9%；完善综合治税长效机制，防范税款偷逃漏骗，加强税源调研，拓宽税源，做到应收尽收。全年税收入库2440万元，增长89%；落实总署压缩通关时间1/3要求，进口海关通关时间4.24小时，减少86.92%；同期全国平均进口通关时间为15.87小时，进口通关时间仅为全省的1/2和全国的1/4，进口24小时通关效率98.1%。出口海关通关时间0.55小时，减少50.89%；同期全国平均出口通关时间为1.11小时，出口24小时通关效率99.1%；保持打击走私高压态势，深入开展“国门利剑2017”联合专项行动。办理缉私行政案件14起，罚没2.2万元，缉私补税2.45万元。

【服务地方经济】 协助做好海关总署对口支援工作。履行基层海关职能，落实好对口支援各项优惠政策，争取在加工贸易备案、外发加工、深加工结转、核销等方面开展政策试点，累计争取总署帮扶资金600万元用于龙南保税物流中心（B型）、里仁高铁新区小学、光伏发电等项目建设；将窗口服务前移，广泛开展“点对点、一对一”志愿服务活动，在辖区六县轮回举办关企座谈会、政策宣讲会，为200多家进出口企业发放各类宣传资料，现场征集企业意见建议，帮助企业解决实际困难；支持辖区开放型经济平台建设。成立龙南保税物流中心（B）型建设指导小组，抽调业务骨干专门负责跟踪指导，每周派员到施工现场查看工程进度，推动解决园区布局、卡口建设、综合布线等海关技术标准问题。做好精准扶贫工作。调整充实扶贫工作队人员，组织全体关员与39户贫困户“一对一”结“穷亲”，建立对接台账。争取总署专项资金帮助扶贫点桃江乡洒口村建设光伏发电项目，项目全部完工，年效益6万元。

【党建工作】 开展“我是党员我来讲”主题宣讲活动，选派理论骨干参加关区中共十九大精神“讲习团”宣讲活动。多次召开专题座谈会，交流学习中共十九大心得。与九江海关缉私分局党支部开展“支部共建联学”活动；以创建“五星党支部”为抓手，夯实党建基础工作，加强党支部规范化建设。强化党员日常管理，做好党员发展工作。为11名党员开展“今天是我的政治生日”主题活动；利用赣南丰富的红色资源，先后组织全体党员干部赴寻乌县、井冈山市开展红色教育活动，通过党史教育、重温入

党誓词、祭奠革命先烈等活动，引导关员弘扬苏区精神和苏区干部好作风；打造以苏区精神和苏区干部好作风为主题的“苏区党支部”。高标准建设苏区文化长廊，邀请党校教师讲述苏区经典红色故事，定期举办唱红歌活动，营造浓厚的红色文化氛围。履行好管党治党政治责任，层层传导压力，把全面从严治党治关的各项任务落到实处。主动配合海关总署第一巡视组开展政治巡视工作，对照巡视反馈意见，对涉及隶属海关单位的33项问题，深入分析原因，逐一开展自查整改；履行好党风廉政建设“一岗双责”责任制，逐级签订党风廉政建设责任状和承诺书，对科级以上领导干部配偶、子女及其配偶从业情况进行登记和公示。组织学习个人有关事项两项法规，完成处级领导干部个人有关事项申报工作；组织开展“讲政治、守规矩、做表率”专题警示教育月活动，组织学习《“蝇贪”之害——江西基层干部违纪违法案件警示录》等案例，以案例警醒关员，强化风险防范意识；严肃执纪问责，运用监督执纪“四种形态”，加强对党员干部和普通关员的教育、管理和监督，发现苗头性问题及时提醒、告诫、处理，办党组全年开展廉政谈话105人次；加强与纪检监察特派员的联系配合，主动邀请纪检监察特派员列席重要会议，定期通报党风廉政建设方面信息，针对纪检监察特派员反馈的意见建议及时加以整改落实。

【队伍建设】 贯彻“内涵学军”要求，以准军建设为切入点，强化内务规范管理，开展窗口作风专项整治活动，严肃工作纪律，集中整治“慵懒软散”，通过不定期抽查、明察暗访等方式，强化作风督察和纪律养成，解决队伍中存在的常见问题；组织全员培训，通过案例研讨、二次培训、岗位练兵等多种方式实现全员授课，提高关员业务处置能力。全年组织业务培训讲座22次，培训196人次，实现“人人上讲台、个个当教员”；打造特色“边关文化”。大力开展各项文体活动，积极参加关区篮球比赛、文艺汇演等

12月22日，南昌海关与赣州市共同签署《龙南保税物流中心基础和监管设施验收纪要》

系列活动。主动与驻地机关单位开展联谊活动，组织开展全民阅读、演讲比赛和论文撰写等活动。

（撰稿　蒋志飞　审稿　胡美良）

【领导名单】

党组书记、主任：胡美良

党组成员、副主任：黄海洺

出入境检验检疫

【概况】 2017年，赣州检验检疫局监管进出口货物6.45万批，货值44.8亿美元，批次和货值分别增长36.66%、9.77%。集装箱检疫监管11427标箱，在装载货物中截获有害生物入境集装箱246标箱，检出率2.3%；除害处理（熏蒸）252标箱。签发原产地证书6747份，签证金额4.7亿美元，其中签发各类优惠原产地证3436份、3.00亿美元，签证份数增长3.5%。签发的各类优惠原产地证书为企业减免进口国关税约2400万美元。卫保中心出入境人员健康体检945人次，增长8.25%。有出口业绩的340家企业中新增体系认证企业68家81项，体系认证覆盖率72.6%，创历史新高。

【服务地方经济】 主动融入地方经济发展。《以发展出口果蔬产业带动全市果蔬产业基地建设》等2篇专报获中共江西省委常委、中共赣州市委书记李炳军批示肯定；《关于检验检疫制度体系改革的思考》在《质检研究参阅件》刊用；3项与国检拓展业务相关的政协提案获大会立案，并在大会联组会上指定大会发言，受邀在全国柑橘学会第六次代表大会暨2017年学术年会大会上作题为《用好WTO规则，促进柑橘贸易发展》主题演讲，建言柑橘产业发展，展示自主研发的近红外黄龙病田间快速检测系统；在全市各县市区开展“赣州国检2016年度十六件事”宣传活动，完成《新常态下县域开放型经济发展必须注重开放平台建设》的调研报告。加大宣传力度。新华社《“一带一路”现场行动——探访中国内陆首个国检监管试验区》直播展示中国内陆首个国检监管试验区在“一带一路”发展中的重要作用以及近年来的突出发展成就；以进境木材国检监管区为基础的赣州港开通首趟中欧双向货运班列在央视新闻联播、《人民日报》、新华社、中新社、《经济日报》等100多家主流新闻媒体集中报道；央视《还看今朝——喜迎十九大特别节目：打开千山通世界》全景式展现赣州港发展的辉煌成就；赣南苏区振兴5周年之际，《赣南日报》以《以创新推动赣州内陆变前沿，以服务助力苏区产业大升级》为题，对各项工作进行专版报道。强化国检职能优势的整合。将国检技

术性贸易措施运用、优惠原产地证签发、企业体系认证、企业自检自控、企业监管、货物质量安全监管、进境直通、出口直放、检验检疫一体化、无纸化、降成本、优环境等有效结合，推进国检监管办建设。实现国检在地方政府有平台，政府国检沟通有途径，企业进出商品更便利。提升检验检疫通关效率。以“减环节、优流程、压时限、降成本、提效率”为目标，优化检验检疫流程，实施出入境检验检疫审单放行制度，压缩检验检疫时长；助推国际贸易“单一窗口”国家标准版在赣州市全面推广，申报覆盖率在全省居前列；全面实现无纸化报检、无纸化通关业务以来，平均每批货物为企业节省4小时至5小时作业处理时间，节约耗材、人工、往返交通、物流仓储费等成本100元至200元，全年累计为进出口企业节省成本500余万元。

策应国家“简政放权、管放治结合”战略。建立以“进口符合我国强制性技术规范、出口符合输入国强制性技术规范”为内容的赣州主导进出口产品的“路标”体系，夯实服务企业的技术基础。构建出口产品质量安全监控体系及其不合格信息处置机制，以“布天网”的理念构建出口产品质量安全监控体系及不合格信息处置机制，自主开发“全球质量安全信息采集系统”，实现对出口产品在主要输入国的质量安全信息全天候、全智能监控采集。提升规范化水平，出台多项市场监管配套工作规范，初步建立违规违法执法查处体系。以监控采集的数据为基础，对涉企违法行为进行查处，筑牢质量安全底线。以“多法融合”为基础的执法平台、“多业务融合”为基础监管平台，实施区域管理、变“单兵种作战”为“集成战”，夯实“首席技术官＋全科医生”的技术支撑体系。构建以政府负总责、企业是主体、国检强监管的质量安全共治新格局。完善工作绩效评价机制，实现工作成效的科学考核与评价，开启“互联网＋质检”模式。

策应国家“调结构、稳增长及其供给侧改革”战略。帮扶江西蔬菜首次通过赣州港中欧班列输往俄罗斯（欧洲）。发挥国检主抓手职能，推动地方主导产业转型升级和国际化进程，协调地方政府出台多项支持政策（脐橙检测免费支持、生态原产地奖励政策、协检员工资划拨、指定口岸建设经费支持等）；帮助会昌米粉、宁都黄鸡获批成为全国首个米粉类和全省首个活禽类国家生态原产地保护产品；瑞金茶油、定南“梦江南”脐橙完成省级初审。指导帮助会昌米粉首次销往日本、澳大利亚、土耳其等新增消费市场，成为“一带一路”国家热销米粉品牌和江西农产品名牌产品。五丰米粉成为赣州市首家在“同线同标同质”公共服务平台上线的出口食品企业和赣州市唯一“三同”示范推荐企业，内销市场份额由原来的10%上升到55%；出口8628吨，货值1032万美元，分别增长6.5%和5.1%。信丰（脐橙）和寻乌（寻乌蜜桔、脐橙）国家级出口食品农产品质量安全示范区正式获得批准，安远县全国首个脐橙国家级出口质量安全示范区经年审合格继续保留称号。质量提升促进柑橘产业发展，特别是寻乌县蜜橘自9月中旬开始出口至12月底，出口2447吨，货值367万美元，分别增长104%和106.6%；启动家具、米粉国家级质量安全示范区建设，形成多个国家级质量安全示范区建设的意向。石城县白莲首次出口美国；石城县矿山设备时隔3年再次出口苏丹；赣南烤烟烟叶时隔4年后重新恢复出口到白俄罗斯，为江西省首批出口至“一带一路”沿线国家的烟叶类产品。开展“促进纺织服装产业集群发展，争创出口质量安全示范区”专家于都县企业行活动，助力将纺织服装首位产业打造成继南康市家具产业又一个千亿元产业集群。瑞金国检监管区获省局批复同意建设，指导瑞金市获批“2017年度国家有机产品认证示范创建区”，推动农业转型升级、提高高端农产品品牌建设。

策应国家“一带一路，互联互通”战略。以赣州进境木材国检监管区为基础的内陆赣州港各项工作取得重大进展，在建成3年后实现7个“促成”（促成内陆第8个开放口岸落地；促成内陆首个国检监管试验区挂牌；促成家具产业由330亿元飙升为超千亿元产业；促成直通直放的内陆承接平台有效形成；促成综合性新型内陆口岸建设有效推进；促成“进出境货物与沿海同价”目标基本实现；促成赣州打造“一带一路”重要节点取得突破）。产业集聚效应明显。3年内，带动南康家具产业由330亿元成为超千亿元产业集群，在南康注册的家具进出口公司由2014年的3家增到2017年的360多家，南康区成为全国中部地区最大的家具产业基地。进口木材直通增长115.16%，家具出口增长115.54%。南康家具企业实现从50多个国家和地区进口木材，南康家具销往全球100多个国家和地区，有6家本土企业在海外设立营销部。通过与沿海、沿边口岸的深度合作，以及赣州市出台的进出口补贴政策支持，基本实现“进境货物与沿海同价到港，出境货物与沿海同价启运”目标。融入“一带一路”国家倡议。4月23日，以赣州进境木材国检监管区为基础的赣州港开通首趟中欧班列（俄罗斯—赣州港）。至12月31日，监管中欧（亚）班列22列，标箱1635个，货值5708.9万美元。其中，俄罗斯至赣州港进口班列2列，标箱138个，货值36万美元，货物主要为进口板材等货物。赣州港至中亚5国、俄罗斯、德国、波兰等欧洲腹地国家的出口班列20列、标箱1497个，货值5672.9万美元，主要为家具、小家电、小五金、服装、蔬菜等产品，加快打造成为赣州开放型经济引爆点，重塑中国古代“海上丝绸之路”重要节点的历史荣光。政治和社会效益日益凸显。2015年1月监管区运营以来，接待全国各类考察团1.32万人次，省部级以上干部70多人次。

【科研工作】 提升食品质量安全检（监）测能力专项规划实验室改造项目完成；围绕2017年度质检总局科技计划项目申报创历史新高，其中获总局立项2项；《基于“网络爬虫”技术的全球产品质量安全信息采集系统的建立》通过总局验收；全局16篇论文在专业刊物上发表；申报2项发明专利和1项软件著作权登记，并参与完成3项标准制定；重视信息技术创新运用。围绕业务创新需要，自主开发全球质量安全信息采集系统、进出境货物运输卫星监控系统、自贸协定原产地证关税优惠查询系统、系列近红外快速检测技术，提升执法服务水平，其中近红外快速检测技术取得新的突破（秒测），成为科技创新的重要亮点。

【作风建设】 结合全市“改作风、提效率”和“降成本、优环境”专项行动部署，推进“两学一做”学习教育常态化制度化，教育引导广大党员做到政治合格、执行纪律合格、品德合格、发挥作用合格。抓好党员干部思想理论和业务素质教育，推进学习型党组织建设。强化党组织日常管理。带头讲党课，带头讲红色故事，带头查摆问题，认真落实“三会一课”制度，规范党组织生活。围绕4个专题，以3+X集中学习模式，认真开展专题学习研讨。督查指导支部开展主题党日和“党员活动日”活动，坚持为每名党员过政治生日，扎实过好党员组织生活；开展先锋创绩活动，结合“七一”总结表彰，在全局推选“先进基层党组织”“优秀共产党员”。创新建立内部管理新机制。围绕目标导向、问题导向，按照“一分部署、九分落实”的工作要求，自主研发并运行办公智能督办系统，使各项工作有部署、有监督、有落实。

（撰稿 王 捷 审稿 杜华松）

【领导名单】
党组书记：桂家祥
党组成员、龙南办事处主任：聂国荣
党组成员、副局长：吴劲松 杜华松 黄文华
党组成员、龙南办事处副主任：钟义勇

口岸管理

【概况】 2017年，赣州市口岸办认真落实“打好攻坚战，同步奔小康”决策部署，按照“解放思想，内外兼修，北上南下”工作路径，主动作为，开拓创新，口岸工作取得新成绩。新的口岸发展规划正式实施，各类口岸平台建设取得重大进展，“一核两翼”口岸发展格局初步形成；跨区域口岸协作更加紧密，推广应用“单一窗口”走在全省前列，通关服务更加高效便捷；中欧（亚）班列常态化开行，内贸班列稳步发展，口岸聚集辐射功能提高。赣州港成功获批国家多式联运示范工程，成为全省对接“一带一路”的示范样板和扩大双向开放的“南大门”，口岸促进开放、服务发展的作用发挥。

赣州港

【口岸创新】 研究探索“港区联动、一体发展”模式，推动口岸功能延伸、复制。依托中国内陆口岸（江西）国检监管试验区、赣州铁路口岸（赣州港）、赣州航空口岸（航空港）和赣州综合保税区4个国家级开放平台，发挥“中国内陆首个国检监管试验区”先行先试的政策优势，以国家部委对口支援赣州为契机，创新口岸监管模式。通过实施“港区联动、一体发展”，推动中国内陆口岸（江西）国检监管试验区、赣州铁路口岸、赣州航空口岸、赣州综保区以及其他口岸平台之间互联互通，促进各口岸平台之间功能拓展和延伸。完善“一核两翼”口岸功能布局，做大口岸产业，做强口岸经济。8月30日，市政府办公厅印发《加快“港区联动、一体发展”实施方案》。会同市财政局研究制定支持口岸物流发展政策措施，降低企业物流成本，逐步实现“进境货物与沿海同价到港、出境货物与沿海同价起运”的目标。8月28日，经市政府同意，市口岸办、市财政局印发《关于支持赣州港口岸物流发展的暂行办法》。发挥对外开放口岸作用，以赣州铁路口岸为核心载体，由赣州港统一申报进境粮谷、水果、冻品、钻石、平行进口汽车等指定口岸以及进口废物原材料检验检疫场所。发挥口岸平台的作用，推动特色产业发展，结合实际，优先发展饲料加工、水果贸易等相关产业。7月10日—14日，组织赣州出入境检验检疫局、市农粮局、南康区口岸办等单位到广州市、西安市、成都市学习考察指定口岸建设运营情况。

【口岸载体】 3月30日，《赣州口岸发展规划纲要（2017—2025年）》经市委常委会审定通过，4月10日，由市政府正式印发，“一核两翼”的口岸布局正式提出。随着以赣州铁路口岸、赣州航空口岸、赣州综保区和全国内陆首个国检监管试验区为核心的口岸功能区，以及以龙南保税物流中心（B型）、定南公路口岸作业区为南翼的口岸功能拓展区和以瑞金陆路口岸作业区为东翼的口岸功能拓展

区的规划建设，赣州市“一核两翼”的口岸布局基本形成。赣州铁路口岸（赣州港）建设全面提速。口岸设施逐步完善。海关监管场所建设方案上报南昌海关审批；5万平方米仓库建成投入使用，公共型保税仓、监管仓建设进展顺利，配套的冷链物流、货物堆场、场站道路建设推进。管理体制机制逐步明确。设立赣州港管理处，协调推进赣州港建设、管理和运营。8月21日，市政府办印发《赣州港管理处“三定”规定》。争取省级层面支持。6月26日，省商务厅专门印发《关于支持赣州港加快发展的若干措施》。研究制定支持赣州港口岸物流发展政策措施。赣州航空口岸建设有序推进。研究制定《推进赣州机场对外开放工作方案》，成立领导小组，落实责任单位，明确项目投资和建设主体，调整充实工作人员，组织有关部门到遵义市、厦门市、泉州市等地航空口岸进行学习考察。航空口岸规划设计单位确定。龙南保税物流中心（B型）建设有序推进。瑞金陆路口岸作业区建设正式启动。2月27日，南昌海关同意设立瑞金铁路查验场（海关监管场所），成为全省批准设立的第一个铁路查验场。

【口岸通道】 4月23日，开通首趟由俄罗斯始发经满洲里直通赣州港的进口木材班列；6月1日，江西省对接“一带一路”首趟中欧双向班列启动仪式在赣州港举行，实现赣州港至吉尔吉斯斯坦出口班列的成功首发；7月7日，江西省对接“一带一路”中欧班列赣州港至乌兹别克斯坦实现成功首发；7月27日，赣州港至哈萨克斯坦中欧班列实现成功首发；8月15日，赣州港至波兰华沙中欧班列实现首发；8月30日，赣州港至土库曼斯坦中欧班列实现首发；9月24日，赣州至塔吉克斯坦、德国汉堡中欧班列双列首发。标志着赣州对接“海上丝绸之路”和“陆上丝绸之路”的口岸物流通道全面打通。

【口岸协作】 加强与沿海港口的合作。3月25日，“盐田国际内陆港—赣州”在赣州港挂牌，赣州港正式成为盐田国际的内陆港。5月31日，“厦门港务集团内陆港—赣州”在赣州港挂牌，赣州港正式成为厦门港务集团的内陆港。8月21日，赣州港与广州港签订战略合作协议。9月26日，广州港赣州内陆港在赣州港挂牌。加强与沿海、沿边、内陆地区口岸间的协作和交流。分别与深圳市、广州市、厦门市、沈阳市、满洲里市等地口岸办签订跨区域口岸合作协议，与重庆市、西安市、成都市、郑州市等内陆口岸部门建立沟通联系互访机制。赣州国际贸易“单一窗口”国家标准版推广工作于9月29日正式启动，年底与全省、全国同步实现全覆盖。实施国际贸易“单一窗口”国家标准版后，进出口企业只需一次提交相关信息，即可实现“一站式”办结，改变原来完成通关流程需要往返多个部门之间，提供多套单证的局面，享受到“企业少跑腿，数据多跑路”的便利和好处。口岸管理部门监管效能得到提升，实现口岸管理部门信息互换、监管互认、执法互助。

【服务中心】 大力发展产业，助推脱贫攻坚。调研指导古家营村的产业扶贫、整村推进项目工作，进村入户开展“三同”活动，结对帮扶干部深入帮扶对象家中宣传解析扶贫政策。驻村工作队探索利益链接机制，依托龙头企业、能人带动、产业基地推动扶贫。实现产业覆盖贫困户100%。2017年，古家营村整村将实施整村推进项目18个，项目资金2652.03万元，为脱贫攻坚奠定基础。制定《2017年市政府口岸办挂点联系园区和企业活动工作方案》。用工、用电、用水、道路、市政、社保等方面。招商引资超额完成年度指标任务。外出开展招商引资活动6批次，招商小分队深入上海及无锡、厦门、泉州、杭州、上海、深圳、广州等地开展招商引资活动9批次，邀请有影响力、有实力、有投资意向的客商来赣州考察18批次。引进外资企业1家，签约项目合同资金4500万美元，实际进资500万美元，分别完成年度指标任务310%、172.5%。在谈内资项目2个、意向签约合同资金3.8亿元。

（撰稿　何　艳　审稿　华晓斌）

【领导名单】

党组书记、主任：华晓斌

党组成员、副主任：钟华锋（10月任）

陈金玲（4月任）

党组成员、副调研员：

邹千昌（任至4月）

副调研员：李　兵（10月任）

（本栏编辑　王志辉）

旅游业

概　述

2017年，全市各级游旅部门紧扣全域旅游发展主线，围绕做旺旅游产业目标，积极实施“一核三区”旅游发展战略，在旅游产业发展观念上拓思路，在发掘特色品牌上做文章，在打造精品核心景区上强投入，在提升服务质量上下功夫，全市旅游业呈现升温加热、快速发展的良好态势。全年全市接待游客7593.81万人次，增长21.98%；旅游总收入709.81亿元，增长30.49%。

全域旅游。高规格召开2017年全市旅游产业发展大会，部署推进全域旅游工作，提出像抓工业一样抓旅游，全市旅游发展呈现出领导高位推动，氛围空前浓厚，项目建设如火如荼的良好态势。印发《赣州市发展全域旅游行动方案（2017—2019年）》，明确按照“一核三区”发展全域旅游的目标任务。编制《三江六岸旅游开发和环境提升规划》，并与北京东方园林环境股份有限公司签订全域旅游战略合作框架协议，推动全市旅游业全景、全时、全业发展；推进瑞金市、石城县、龙南县国家全域旅游示范区建设，印发《支持瑞金打造红色旅游目的地的意见》，石城县、龙南县获“江西省全域旅游推进十佳市县（区）”称号。

项目建设。以清单的形式将116个全域旅游重点项目分解至各县（市、区），按照“在谈项目抓签约、签约项目抓开工、开工项目抓运营”的思路，坚持“一个重大项目、一个工作团队、一个目标进度、一套推进机制”，加强项目调度，严格按照月调度、季督查、半年通报、年底交账的要求，对重点旅游项目进行调度。全年全市竣工及在建旅游项目71个，总投资447.12亿元，完成投资117.78亿元。其中，新开工项目46个（10亿元以上项目7个），总投资257.76亿元，完成投资42.84亿元。续建项目24个（10亿元以上项目5个），总投资186.36亿元，完成投资71.8亿元；竣工项目1个，总投资3亿元，完成投资3亿元。其中，方特主题公园完成投资4.42亿元，完成66.67公顷土地招拍挂、征地拆迁、场地平整和杆线迁移，启动项目场馆建设；赣州龙川极地海洋世界项目完成投资2.2亿元，在进行极地海洋馆场馆建设；安远三百山创AAAAA旅游景区项目完成投资1.5亿元，包括景区内AAA旅游公厕主体建设，栈道完成1750米，索道开工建设；会昌汉仙国际温泉度假区项目完成投资5.16亿元，完成温泉酒店、接待中心主体建设及内、外装修。

争资争项。考察拜访深圳旅游协会、佳兆业文体旅游集团、锐丰股份、厦门荣誉集团等国内外知名大企业、大财团，邀请景域集团、东方园林集团、华侨城集团、中青旅、成都商会等到赣州市考察调研。编印旅游招商手册，以重点推介、省级层面推介、网络推介等方式，推介一批前期工作扎实、具备落地条件、达到“可谈、可建”要求的项目。全市签约旅游项目47个（其中亿元以上项目37个，10亿元以上项目8个），总投资230.57亿元。借国家发改委召开支持赣南等原中央苏区振兴发展部际联席会的契机，形成北上争取支持的重大政策和重大事项。全年争取中央预算内补助资金、省基建补助资金、旅游厕所补助资金等3184万元；争取时光赣州（七里古镇）建设项目、园村旅游扶贫小镇项目、宁都县小布镇旅游小城镇建设项目、大余县梅山红色旅游区等7个项目列入2017全国优选旅游项目名录，争取长征出发地红色旅游风景区等8个项目列入全省旅游业融资需求项目库。

改革创新。赣州市成功入选第二批国家级旅游业改革创新先行区，制定《赣州市建设国家级旅游业改革创新先行区实施方案》，明确先行区建设的总体目标、重点改革任务和保障措施，将18项具体改革任务落实到各相关市直部门和各县（市、区），实现目标明晰化、任务项目化、责任具体化、考核刚性化。旅游行政管理体制改革实现“局改委”全覆盖，制定由发改、国土、财政、规划、建设、文化、交通、农粮等部门分管领导任兼职委员的赣州市旅游发展委员会兼职委员制度；陡水湖景区管理体制改革方案获市委全面深化改革领导通过，建立景区保护开发联席会议制度，开展景区更名（由陡水湖更名为阳明湖）、机构设置等改革工作。按照市委市政府对国有企业改革的统一部署，整合市林业投资集团、市直有关景区、酒店、体育场馆等资产做大做优赣州旅游集团。

旅游开发

【旅游特色小镇建设】 印发《关于特色小镇创建国家3A级旅游景区的指导意见》，采取异地办班的形式在江苏省无锡市、四川省成都市举办3期旅游特色小镇建设管理培训班，培训学员132人。大余县丫山小镇、龙南县虔心小镇、宁都县小布休闲小镇、上犹县陡水漫生活小镇等15个旅游特色小镇进展顺利，其中全南县南迳镇、宁都县小布镇列为国家特色小镇创建单位。

【培育自驾游】 推动赣县区五云祥云湖景区自驾车露营地、龙南县虔心小镇自驾车房车营地、会昌县汉仙岩自驾游营地、章贡区自驾车房车营地（汽车滨江露营公园）等自驾车房车营地项目建设；与广东省自驾旅游协会、广州大广高速公路发展有限公司、香港自驾旅游协会、澳门自驾旅游协会、中国车会联盟共同签订《赣—粤港澳自驾游2017年度合作协议》。全年接待外地自驾游车队100余批次，接待团队自驾游客10万余人。

【打造夜游旅游产品】 推出集舞蹈、戏曲、杂技、现场行为艺术等多种艺术门类于一体的民俗音画《客家儿郎》旅游演艺节目，打造翠浪塔灯光秀、水幕电影，推出夜游章江水上旅游产品，丰富游客夜间休闲娱乐生活。

【乡村旅游】 利用农村田园景观、自然生态、农耕文化、民俗文化、民族风情等，积极打造特色乡村旅游品牌，全市各类休闲农业和乡村旅游企业增至1766家，年内新增省AAAAA级乡村旅游点1个，省AAAA级乡村旅游点1个，省AAA级乡村旅游点11个，省旅游风情小镇2个。2017全省乡村旅游工作会议在赣州市召开。推进旅游扶贫“十百千”工程（即打造十大旅游产品体系，百个旅游扶贫重点镇，千个旅游扶贫示范点），探索出公司+农户、景区（公司）+合作社+农户、基地+贫困户等旅游扶贫模式。全市249个旅游扶贫项目，投入资金62.7亿元，带动15.72万人就业，35万低收入人群辐射受益，74个全国乡村旅游扶贫重点村摘帽；大余丫山风景区获全国乡村旅游创客基地。

旅游景区

【A级旅游区】 全年全市有国家AAAAA级旅游区1处：瑞金共和国摇篮旅游区。

国家AAAA级旅游区20处：通天岩风景名胜区、宝葫芦农庄、崇义县阳岭国家森林公园、赣县区客家文化城、定南县九曲度假村、龙南县关西围屋景区、安远县三百山景区、章贡区五龙客家风情园景区、大余县丫山风景区、石城县通天寨景区、会昌县汉仙岩景区、兴国县三僚风水文化景区、宁都县翠微峰景区、上犹县陡水湖景区、兴国县苏区干部好作风纪念园、于都县屏山旅游区、宁都县小布镇、瑞金市罗汉岩景区、龙南县虔心小镇景区、安远县东生围景区。

国家AAA级旅游景区10处：于都县中央红军长征出发地纪念园、龙南县客家酒堡景区、龙南县粟园围、大余县黄龙花木产业旅游示范园、大余县周屋乡村旅游景区、江西环境工程职业学院景区、赣县区大田乡村部落·南山居、兴国县黄隆顺客栈四星望月文化景区、上犹县柏水寨景区、会昌县月季园景区。

【乡村旅游点】 全年全市有江西省AAAAA级乡村旅游点2个：大余县丫山乡村生态园、龙南县虔心小镇。

江西省AAAA级乡村旅游点13个：上犹县梅水乡园村、瑞金市沙洲坝镇沙洲坝村、石城县大畲旅游新村、龙南县里仁镇栗园围、龙南县里仁镇客家酒堡、瑞金市云石乡松山坪村、赣县区白鹭乡白鹭古村、瑞金市源润潭生态农庄、于都县屏山旅游区、大余县新城周屋乡村旅游点、大余县柏水寨休闲创意农业园、会昌县洞头乡雪莲山、章贡区花田小镇。

江西省AAA乡村旅游点13处：南康区金潭生态农庄、章贡区山泉农庄、龙南县石斛谷、龙南县青茶湖之恋、会昌县欢乐谷、安远县官溪旅游新村、寻乌县石崆寨、章贡区花溪间、信丰县希元休闲农庄、南康区窝坑村、石城县麒麟山、石城县旺龙湖、于都县金溪湾度假村。

国家AAAAA级旅游区——瑞金共和国摇篮旅游区

旅游管理

【星级旅游饭店】 全年全市有五星级旅游饭店2家：赣州锦江国际大酒店、南康大酒店。

四星级旅游饭店19家：赣甸大厦、上犹县希桥酒店、大余县章源宾馆、崇义县耀升国际饭店、山水大厦、瑞金市美瑞欧大酒店、瑞金宾馆、兴国县品禄园酒店、全南县希桥酒店、香江湾国际大酒店、龙南县富业大酒店、南康区宝辉酒店、定南县山水香格里拉酒店、安远县热泉河酒店、石城县赣江源国际酒店、江西桃江大酒店、于都县枫叶花园酒店、江西欧利酒店、瑞金市金和大酒店。

三星级旅游饭店52家：赣南宾馆、明珠大酒店、赣龙大酒店、铁龙大酒店、赣州逸豪宾馆、赣州宾馆、兴国县将军宾馆、南康区华龙大酒店、瑞金市瑞金国际大酒店、瑞金饭店、赣县区梅苑宾馆、瑞金市长征大酒店、会昌宾馆、瑞金市红都大酒店、安远县迎宾馆、龙南县迎宾馆、赣州金泰大酒店、信丰县锦绣大酒店、新赣南饭店、于都县新联大酒店、定南县凤凰酒店、龙南县福平酒店、欧冠大酒店、瑞金市中山大酒店、瑞金市京里大酒店、瑞金市红井大酒店、宁都县天鼎大酒店、赣州五龙湖度假村、赣州汇康大酒店、定南县华旗酒店、信丰县江西麦饭石大厦、于都县宏泰大酒店、云山饭店、宁都县富丽华大酒店、赣县区天悦大酒店、唐苑大酒店、石城县九寨温泉度假庄园、于都县天润大酒店、上犹县卧龙大酒店、会昌县格岚城大酒店、于都县祥诚大酒店、瑞金市红五星大酒店、寻乌县寻乌宾馆、石城县芙蓉大酒店、赣发皇厨大酒店、安远县日豪商务酒店、江西西米国际酒店、瑞金市叶坪宾馆、瑞金市金宏大酒店、瑞金市富华大酒店、瑞金市鸿锦酒店、石城县味中味大酒店。

二星级旅游饭店2家：东阳山大酒店、大余县西华山宾馆。

【旅游绿色饭店】 全年全市有旅游绿色饭店23家：明珠大酒店、赣甸大厦、上犹县希桥大酒店、赣南宾馆、赣州宾馆、赣龙大酒店、山水大厦宾馆、大余县章源宾馆、兴国县将军宾馆、崇义县耀升国际饭店、瑞金宾馆、兴国县品禄园宾馆、瑞金大酒店、南康区华龙大酒店、龙南县福平酒店、欧冠大酒店、龙南县富业大酒店、南康大酒店、南康区宝辉酒店、赣州锦江国际大酒店、赣州唐苑大酒店、石城县爱莲山庄莲韵大酒店、赣县区新饭店。

【旅行社管理】 全年全市有国际旅行社6家：赣州国际旅行社有限公司、赣州宝中观光国际旅行社有限公司、江西携程国际旅行社有限公司、赣州华侨国际旅行社有限公司、赣州旅游集散中心有限公司、赣州鹿客国际旅行社有限公司。

国内旅行社67家：赣州市康桥国际旅行社、赣州市天马旅行社有限公司、赣州市春秋国际旅行社有限公司、赣州市金桥国际旅行社有限公司、赣州市悦来旅行社、赣州市华虹旅行社、赣州市翠微峰旅行社有限公司、赣州市远景国际旅行社有限公司、赣州市凯旋国际旅行社有限公司、赣州市五龙客家国际旅行社有限公司、赣州市红土地旅行社有限公司、江西省同行国际旅行社有限公司、江西嘉年华旅行社有限公司、江西迈途旅行社有限公司、赣州市风情国际旅行社有限公司、赣州市翠岗国际旅游发展有限公司、赣州市光大假日国际旅行社、赣州市赣之旅国际旅行社、赣州市夕阳红国际旅行社有限公司、赣州市假日旅行社（赣州市南康区假日旅行社有限公司）、瑞金市红天马国际旅行社有限公司、大余县春秋旅行社、定南县鑫苑旅行社有限公司、龙南县中旅旅行社有限公司、于都县鸿达旅行社有限公司、信丰县心愿之旅旅行社有限公司、江西起航国际旅行社有限公司、崇义县齐云峰国际旅行社有限公司、兴国县将军旅行社有限公司、寻乌县友谊国际旅行社有限公司、安远县东江源旅行社有限公司、大余县岭南旅行社、崇义县绿谷之旅国际旅行社有限公司、赣州市明成国际旅行社有限公司、赣州市宝庆国际旅行社有限公司、赣州市喜洋洋国际旅游发展有限公司、赣州市红日旅行社有限责任公司、赣州市畅游天下旅行社有限公司、赣州市汇丰旅游有限公司、赣州市国青国际旅行社有限公司、石城县赣江源国际旅行社有限公司、上犹县五指峰旅行社有限公司、赣州市风光国际旅行社有限公司、中国旅行社总社赣州有限公司、赣州港中旅国际旅游有限公司、赣州市山水国际旅行社有限公司、赣州市乐天国际旅行社有限公司、赣州市陡水湖旅行社有限公司、瑞金市京都旅行社有限公司、赣州市康辉国际旅行社有限公司、赣

国家AAAA级旅游区——崇义县阳岭国家森林公园

州市中升国际旅行社有限公司、江西乐享国际旅行社有限公司、江西任你行旅行社发展有限公司、赣州市驴妈妈国际旅行社有限公司、江西中行国际旅行社有限公司、赣州市鑫业旅行社有限公司、寻乌县海天假日旅行社有限公司、赣县区梅林旅行社有限责任公司、赣州市青年旅行社、江西七加旅行社有限公司、赣州市插坐旅行社有限公司、赣州市纵深国际旅行社有限公司、江西慧众国际旅行社有限公司、江西大象国际旅行社有限公司、赣州市环球国际旅行社有限公司、江西星程国际旅行社、赣州市万达亚细亚国际旅行社有限公司。

【旅游投诉】 全年受理旅游纠纷33起，其中有效旅游投诉2起，全部办结，办结率100%，为游客挽回旅游经济损失41600元，有效维护旅游者的合法权益。

【旅游要素管理】 大力实施旅游厕所革命，印发《赣州市厕所建设管理三年行动方案》，全年计划建设A级旅游厕所198座，实际建设完工203座，其中AA级以上标准110座。完善和提升"吃、购"等旅游要素，出台《"赣州礼物"旅游商品扶持奖励办法》《赣州客家美食旅游旗舰店品牌建设奖励办法》，举办2017赣州旅游博览会，开展"赣州礼物"旅游商品创意设计大赛，建成首批4家"赣州礼物"旅游商品旗舰店和赣州客家美食旅游旗舰店；打造精品景区，扎实开展品牌创建活动，重点推动石城县通天寨、安远县三百山、大余县丫山创建国家AAAAA级景区。年内成功创评国家AAAA级旅游景区4个（宁都县小布镇、瑞金市罗汉岩、龙南县虔心小镇、安远县东生围景区），国家AAA级旅游景区2个（会昌县月季园、上犹县柏水寨），省工业旅游示范点2个（赣坊1969文创园、宋城壹号文创园）。旅游体验便捷，集在线订票、订餐、订房、报团出游等功能于一体的智慧旅游平台和手机APP全面推广，发行赣州旅游年卡1000余张。

【客源市场拓展】 区域合作。赴深圳、广州、河源、惠州、郴州、厦门、龙岩等客源地市场开展合作对接，就共建联合机制、共拓客源市场、加强营销互动等达成共识，签订《赣州泉州旅游线路产品推广合作协议》《赣–粤港澳自驾游2017年度合作协议》等合作协议，开通深圳、厦门旅游专列和南昌旅游包机，发送旅客2000余人。在厦门市开设10家"厦旅国际·宝中旅游赣州旅游形象店"，为厦门市民量身定制万人游赣州、脐橙采摘之旅等赣州特色旅游产品。

活动营销。瞄准赣、粤、闽、湘等主要客源市场策划开展135场丰富多彩的旅游宣传推广活动。2017赣州旅游商品博览会暨赣南脐橙采摘旅游季活动、赣州旅游形象口号征集活动、赣州（惠州、厦门、香港）旅游推介会、"5·19"小布采茶旅游嘉年华、"广东出发·驾享赣州""5·17自驾游·粤港澳出发日—万车赣州行"大型自驾活动、"同饮一江水　赣港一家亲香港市民探源行""做空中飞人免费游赣州"、赣州旅游年卡发行暨赣州智慧旅游APP2.0版上线新闻发布会等。

全媒营销。充分利用微博、微信等开展"赣南18个县（市、区）特色美食推介交流展""赣州最美春天随手拍"等微营销活动，并借助今日头条、赣州交通广播电台、江西二套都市频道等传统媒体，宣传推介赣州旅游。赣州旅游官方微博粉丝数超50万人，赣州旅游官方微信公众平台阅读量超百万人次；投入1000万元在主要客源城市的地铁灯箱、动车、公交车身、出租车、电梯楼宇、机场等投放旅游形象宣传广告。

【旅游市场整治】 整顿和规范旅游市场秩序，开展旅游市场秩序综合整治春季行动、旅游客运市场集中整治专项行动等，出动执法人员124人次，出动执法车辆20辆次，查扣非法营运客车1辆，查处客运包车违规经营行为3起。做好假日旅游工作，在"五一""十一"等重大节假日期间，派出6个工作组到18个县（市、区）开展假日旅游安全及市场秩序督查督导，组织义务监督员开展明察暗访，确保假日旅游市场安全有序。落实安全生产责任制，层层签订安全生产责任状，开展夏季百日旅游安全专项行动、"安全生产月""安全生产万里行"等活动，加强重大节事节庆和特殊天气的旅游安全工作，全市未发生较大旅游安全事故。强化人才队伍建设，举办饭店管理人员专题培训班、景区管理人员培训班、市级星评员和执法人员培训班、全年全市导游大赛等，提高旅游从业人员素质。强化旅游质监工作，接受旅游咨询272次，受理旅游纠纷39起。

（撰稿　胡良喜　审稿　张小妍）

国家AAAA级旅游区——安远县三百山景区

【领导名单】

党组书记、主任：

李诒芸（女，任至12月）

刘文彦（12月任）

党组成员、副主任：钟朝阳（任至4月）

罗沪京

党组成员、纪检组组长：

陈小青（任至1月）

党组成员、通天岩风景名胜区管理局局长：肖卫平（任至5月）

党组成员、副主任：李升隆（9月任）

黄志云

调研员：郭安民（1月任）

副调研员：陈广明　陈　锋

廖彩华（7月任）

旅游投资

【概况】 2017年，赣州旅游投资集团公司聚焦主业、精准发力，保持昂扬向上的精神状态，各项工作进展顺利。全年集团总资产14.38亿元，增长259.8%；实现主营收入2959.01万元，增长32.95%；利润总额285.6万元，增长203.95%，实现国有资产保值增值。

【项目建设】 方特项目。项目各项工作取得实质性进展。创意设计方案通过市政府评审，在单体项目设置上为全市专门增加设计“赣南苏区馆”，支付创意设计费2亿元。8月完成项目立项，9月完成约66.67公顷土地摘牌，5.6亿元土地出让金全部付清。项目场地平整完成90%工程量，地勘完成75%。高压线搬迁顺利推进，项目招标事项与章贡区政府对接。

水上游项目。投资购买2艘画舫游船投放章江流域，10月1日试航，11月1日试运营，填补中心城区水上旅游和城市夜游观光领域的空白，为全市打造“三江六岸”水上文化休闲游迈出第一步。

石城八卦脑景区。集团与石城县签订共同投资开发八卦脑景区战略合作框架协议。完成八卦脑景区投资报告，打造八卦脑房车驿站，引进上海景域集团等名知旅游企业，就共同开发八卦脑景区进行多轮洽谈。10月1日，签订八卦脑委托运营合作协议，全面开展景区的策划、营销及运营管理工作。

重点项目储备。通过大量的实地调研，组织相关人员外出考察学习，邀请专业策划队伍筛选具有“爆点效应”的项目重点策划，储备大宋水镇项目、郁孤台民宿项目、跃进门文旅小镇项目、寒信峡项目、龙南酒堡项目等一批重点项目。

【多元发展】 构建“水陆空”新业态格局，12月底开通赣州至石城的旅游直通车，12月底举办江西“全省通”直升机飞行活动，与章江水上游船项目，形成水上游、旅游直通车和低空观光旅游产品新业态产品。“赣州礼物”首家旗舰店开业，填补全市旅游购物领域的空白。成功承办信丰“乌饭节”、石城“一生一世千人游”等主题旅游活动，探索传统旅游模式向承接旅游文化节庆活动的转型。“打开门、广交友”坚持开放共享招强引优战略，集团战略合作伙伴显著增多，年内集团先后与华侨城集团、景域集团、港中旅、中青旅、华强集团、浙旅集团等数十家国内大企业、上市公司开展合作洽谈。注入一批优质资产，上犹县陡水湖景区内的桂竹山庄整体资产、赣州青年旅行社先后划入集团。

【项目融资】 推进基金落地运行。市政府审批通过设立赣州文化旅游基金方案，与中国农业银行赣州分行洽谈。基金的第一个投资项目——总规模16亿元人民币的“赣南苏区（赣州）文化科技主题旅游投资中心”基金方案。

做好项目融资。融资总额实现11.89亿元，其中华夏银行融资8000万元，赣州银行7.89亿元，中信银行2亿元，发投集团1.2亿元。推进赣州复兴之路文化科技主题园项目的融资问题，投入方特项目8.3亿元。

加快资金回笼。定南县“万和一品”项目全年新增回收款646.22万元，回收1312.51万元；信丰县“诚信文化大厦”项目新增60.18万元回收，回收60.18万元。

【企业党建】 按照“抓好党建固根本”的思路，坚持“打造一个核心，注重两个优先，坚持三个原则，强化四个保障”的特色做法，深挖党建生命力，打造集团发展党建核心竞争力。将学习宣传贯彻中共十九大精神作为首要政治任务，通过党支部领导领头学，全体党员主动学、结合实际学，营造浓郁的学习氛围。以精准扶贫、文明城市创建等重点任务等为工作载体，常态化开展党员主题党日活动。在人才招录和干部提拔方面，集团优先考虑党员，全年录用党员职工7名，占录用员工的70%；提拔党员干部7名，占调整员工总数的43.75%；党员队伍从年初的17名扩大到26名，党员队伍快速壮大。

【精准扶贫】 年内，在帮扶点于都县禾丰镇华堂村新增10户帮扶对象，投入资金近30万元，为34户贫困户制定科学的帮扶方案、产业规划、脱贫计划，并将脱贫任务分解落实到每一个帮扶干部。派出4名骨干力量常驻扶贫点专抓精准扶贫工作，为华堂村争资争项，该村路、水、电、网等基础设施持续改善。

【安全生产】 牢固树立安全发展理念，完善安全管理体系，以赣州国旅、弘润地产、福之行车队、明珠大酒店等子公司为重要领域的安全监管、综治督导、维稳工作的落实。开展“安全生产月”活动，启动“夏季百日专项行动”等，组织干部职工参观交通警示教育中心和禁毒教育中心1次、观摩防爆应急演练1次、开展消防知识安全讲座3次，将隐患消除在萌芽状态。

（撰稿　周善汉　审稿　黄冬梅）

【领导名单】

董事长：许志辉

总经理：汪广春

工会主席：王旭东

通天岩风景名胜区

【概况】 2017年，赣州市通天岩风景名胜区管理局全力优化景区旅游发展环境，旅游市场运行健康有序，旅游接待服务水平整体提升。全年景区接待游客59.86万人次，增长7.06%；门票收入1833.65万元，增长8.86%。

【景区规划建设】 年内，新开工内、外环游步道、桂花园、茶花谷等旅游设施提升改造项目。其中，内环游步道改造工程完成工程量的80%；外环游步道改造项目完成招投标工作；105国道旁生态停车场扩建项目完成征地拆迁工作，山头土石方清运、停车场建设等公开招标；标示标牌项目完成施工招标。8座旅游公厕除情苑旅游公厕外，其他7个公厕完成验收，部分投入使用。

【景区管理】 资源保护管理。严格文物保护管理制度，对摩崖造像、题刻实行严格保护，年内投资近6万元修缮保护蒋经国舞厅倒檐、广福寺东侧墙体、“阳公祠”牌匾、蒋经国避暑山房墙体等文物4处；冬季对景区花木做好寒潮防冻和春季花木的补栽工作，定期对植物施肥、邀请绿化专家现场指导灭杀广福寺外竹叶芽虫、芥婆虫和情苑植物害虫等。

安全生产。投入约1万元资金，充实景区安全应急设备，在景区火灾易发点配备灭火器，设置消防栓；投资27万元升级景区监控设备，扩大监控范围，强化设备保障。注重干部职工、一线从业人员安全教育学习培训，制作安全生产宣传栏4期，组织景区从业人员观看安全生产事故警示教育片、典型事故案例，提高景区从业人员安全防范意识。邀请章贡区消防大队、章贡区交警大队人员为景区从业人员授课，教授消防安全知识和交通指挥知识，提高景区从业人员的安全防范和交通维护能力，全年组织教育学习15次。建立高风险旅游项目安全管理制度，在高风险项目、危险陡峭路段等处设置安全警示牌40余处，落实景区每日巡查制度，以日常检查和节假日综合大检查为主，重点加强景区设施、消防安全、自然灾害等安全防患工作。全年景区开展大型安全检查18次，安全演练2次，紧急救护培训1次，未发生重大安全事故。规范经营点管理，签订经营合同，把文明经营、优质服务、挂牌上岗、商品质量、明码标价等内容列入合同条款。坚持定期对各经营点、各餐饮场所进行食品安全卫生的检查、督促，防止假冒伪劣、霉烂、过期物品在景区销售。

国家AAAA级旅游区——通天岩风景名胜区

【景区品牌提升】 投入约60万元与赣州市广播电视台实施战略合作，利用其电视频道覆盖18个县（市、区）的优势，量身打造通天岩旅游片的专属节目；投入6.5万元与天马广告公司合作，利用中心城区出租车投放车载LED广告，在流动人口中进行宣传推介；与黄金机场签订约20万元的合作宣传广告，投放宣传广告宣传景区，扩大景区影响力。投入12.95万元在赣江之声好朋友电台投放宣传广告，扩大在自驾游、私家车车主的影响力；与中心城区各星级酒店对接，投放宣传折页50万份。在“三八”国际妇女节，推出女性游客享受半价优惠活动，开展“中国旅游日”半价游通天岩活动和“六一”儿童节14岁以下小朋友全免票活动。通过赣州广播电视台《国庆亲子游》《小导游进景区》栏目组进景区录制真人秀活动，展现通天岩的独特魅力。利用各种契机提高景区知名度和影响力，组织人员参加厦门、广州、南昌、杭州等地旅游合作推介会，发放宣传小手册、旅游小纪念品6万多份，拓宽旅游线路，推动周边游客到通天岩旅游的热潮。

（撰稿　陈小俐　审稿　刘锡峰）

【领导名单】

局　长：肖卫平（任至5月）

（本栏编辑　赖建明）

财政 税务

财 政

【概况】 2017年，全市财政总收入完成408.32亿元，增长11.5%（同口径增长13.8%），增幅居全省第2位。其中，国税部门200.01亿元，增长41.8%（同口径增长20.3%）；地税部门129.7亿元，下降11.7%（同口径增长13.2%）；财政部门78.44亿元，增长0.3%。全市税收收入完成329.71亿元，增长14.5%，占财政总收入比重为80.8%。全市一般公共预算收入完成245.36亿元，增长0.9%（同口径增长8.6%）。全市一般公共预算支出完成776.44亿元，增长14.7%，总量和增幅均居全省第1位。全市政府性基金收入295.24亿元，增长141.8%;政府性基金支出309.49亿元，增长127.3%。

赣州市财政局内设办公室、人事教育科、综合规划科、条法税政科（行政审批服务科）、预算科、预算编制科、国库科、行政政法科、教科文科、经济建设科、社会保障科、农业科、资产管理科、产业发展科、基本建设科、金融科、财政监督科、资金运行监管科、乡镇财政管理科、会计科、政府采购办、财政检查一科（赣州市人民政府财经监督检查办公室）、财政检查二科。下设市财政国库集中支付中心，市非税收入征收管理局、市政府融资监督局、市政府投资评审中心（市政府和社会资本合作〈PPP〉中心）、市财政局信息中心、市财政局票据中心、市财政研究所、市政府购买服务管理中心、市财政预算绩效管理办公室、市注册会计师管理中心、市财政投资运营中心、市财政局西部大开发政策协作交流办公室。局机关及下属事业单位有编制206名，实有人员186人。

【财政政策】 支持主攻工业攻坚战。集中财力支持平台建设。全市财政部门狠抓资金整合，集中财力支持“两城两谷一带”、开发区、工业园区等平台建设。全市投入资金46亿元支持平台建设，其中赣州市财政统筹安排资金10.5亿元支持新能源汽车科技城、稀金谷、赣州港、“三南”示范园、瑞金市口岸作业区等重大平台建设。支持重点产业发展。全市投入财政资金22亿元，支持主导产业、战略新兴产业发展，促进企业发展壮大和产业聚集发展。市本级财政安排资金10亿元，用于支持设立重大工业项目投资引导资金，通过市场化运作方式，撬动银行等金融资本投入，支持“两城两谷一带”建设和首位产业发展。

支持精准扶贫攻坚战。市、县两级财政预算安排脱贫攻坚专项资金41.24亿元，增长147%。其中，市本级安排27.56亿元，增长527%。扎实推进资金整合，提高扶贫资金使用效益。统筹整合财政涉农扶贫资金试点，在全市18个县（市、区）和赣州经济技术开发区开展试点，形成“多个渠道引水，一个池子蓄水，一个龙头放水”的扶贫资金投入新格局，资金使用方向精准，项目资金管理规范，资金使用效益提高。全市整合财政涉农扶贫资金84.26亿元，完成全年目标的105.33%；拨付80.34亿元，拨付率95%。安排10亿元“风险缓释金”推进“产业扶贫信贷通”融资试点。开发性金融支持贫困村整村推进脱贫攻坚贷款完成授信93亿元，发放47.84亿元。加强资金监管，确保资金安全高效运行。对全市18个县（市、区）、赣州经济技术开发区和蓉江新区39个乡镇开展“集中整治”专项检查，对8个贫困县开展扶贫资金专项检查，查出各类违规资金1.17亿元。抓好发现问题的整改落实，将截至2017年3月31日结余2年以上未使用的财政扶贫资金2043.23万元收回市级财政，统筹用于全市脱贫攻坚。建立财政扶贫资金支出进度通报约谈制度，对扶贫资金拨付使用排名靠后的县（市、区）进行通报并约谈。做好扶贫资金绩效评价。聘请第三方机构对赣县区等8个国家扶贫开发工作重点县开展2016年度扶贫资金绩效评价。按照奖励先进、鞭策后进的原则，围绕资金安排、资金使用、资金监管和使用成效4个方面，结合各地机制创新和违规违纪情况进行综合评价，对发现的问题进行督促整改。

支持现代农业攻坚战。统筹安排蔬菜产业发展资金11.35亿元、低质低效林改造资金5.35亿元、油茶产业发展资金5.49亿元、柑橘黄龙病防治及接续产业发展资金1.24亿元。争取农业信贷担保有限责任公司出资入股1000万元资本金，成立赣州市农业信贷担保有限责任公司，推进农业现代化建设。

支持现代服务业攻坚战。全市统筹安排资金36.5亿元，支持全市金融、电子商务、现代物流、健康养老、文化旅游、服务外包等现代服务业发展。推进全市电子商务进农村综合示范工作，争取上级资金支持，在实现县域全覆盖的基础上，争取将南康区列入2017年全国电子商务进农村综合示范，获服务业发展（电子商务进农村）中央专项资金1500万元。有17个县（市、区）列入试点示范累计获奖补资金3.15亿元。安排5亿元文化旅游产业发展引导基金。

支持新型城镇化攻坚战。市本级通过盘活存量土地、融资平台市场化融资等方式筹集资金190.25亿元，加大对中心城区快速路、主次干道、学校、医院、农民返迁房、园林绿化亮化等项目建设投入。市本级统筹安排和调度资金3.72亿元，重点支持城区保障房、道路维护、垃圾处理、污水处理设施、公共厕所等项目加快推进。安排规划编制经费2312万元支持赣州市中心城区空间规划、中心城区“五大”功能区规划、重点地段城市设计、10分钟便民生活圈专项规划的编制，提升中心城区城市形象。统筹安排和调度资金3.72亿元，重点支持城区保障房、城区道路维护、垃圾处理厂、污水处理设施、公厕、中转站等重点民生项目的加快推进。落实市本级配套奖补资金，对入选创建国家级、省级、市级特色小镇名单的，市财政每年给予资金奖补。全市入选国家级特色小镇创建名单1个，入选省级特色小镇创建名单8个，入选市级特色小镇创建名单20个。

支持基础设施攻坚战。加大基础设施建设投入，全年重大基础设施投资200多亿元，其中财政资金投入交通基础设施建设资金20亿元，有力保障公路建设3年行动计划顺利实施。安排奖补资金3000万元在市政工程、交通运输、水利等基础设施攻坚领域积极推广PPP模式，带动资本投入250亿元，推动项目组织实施。

服务实体经济发展。推行减税降费，降低企业运行成本。通过落实西部大开发税收政策，简化增值税税率结构，扩大享受企业所得税优惠的小型微利企业范围，落实房地产去库存土地增值税减税以及一系列免征、停征及取消行政事业性收费项目等减税降费政策，全市减税降费31.74亿元，市场主体获得感明显增强。推进财政金融融合，畅通企业融资渠道。完善覆盖企业初创、成长、壮大全过程的企业融资服务体系。全市发放“五个信贷通”贷款237.2亿元，完成全年目标任务的107.5%。惠及全市11.9万户中小微企业、新型农业经营主体及贫困户，帮助降低融资成本11.6亿元以上。发挥金盛源担保公司作用，通过“降低准入门槛、提供多种融资渠道、设置灵活的反担保措施、实施限时办结制度”等措施加大对实体经济发展的支持力度。金盛源担保公司在保融资担保项目160个，其中工业企业项目金额78.69亿元，占总金额的60%。安排稀土钨深加工及应用产品奖励资金1亿元，支持稀土钨产业向高端化延伸产业链条；安排重点工业项目技改扶持资金3000万元，扶持优质主导产业项目；安排中小企业发展专项资金1000万元，支持中小微企业创业创新以及培育专精特新企业；安排2016年度新增纳入统计范围的四类企业市级奖励资金2529万元等。发挥企业上市引导资金的作用，全年累计拨付企业上市补助资金5000万元，受益企业30家。支持创业创新战略，激发企业发展活力。加大资金投入支持创新驱动发展，确保地方科技支出占地方财政支出比重达到2%。市本级财政预算安排科技支出1.54亿元，占一般公共预算支出的2.5%，其中安排科技创新驱动（科技协同创新）奖补资金7000万元，增长40%，支持江西青峰药业有限公司国家重点实验室和省级院士工作站、国家级科技企业孵化器等科研平台建设，奖补高新技术企业82户。安排科技计划项目资金1570万元，增长10.6%，并争取上级科技专项经费4474万元，支持科研院所和相关企业开展技术产品研究与开发。发挥安排科技创业投入引导基金3000万元、“科贷通”500万元、科技创新券1000万元的作用，创新科技投入机制，吸引社会资本参与扶持科技型企业科技创新，推动全社会研发投入和科技创新。市、县财政筹集就业补助资金2.62亿元，用于支持提供职业培训、就业见习、公益性岗位、一次性求职创业、社会保险补贴、创业孵化基地补助、招聘岗位对接等各类就业创业服务，保障就业创业政策的落实。

服务生态文明建设。推进山水林田湖生态保护修复试点。争取中央财政将山水林田湖生态保护修复试点奖补资金20亿元，采取竞争性评审方式择优确定2017年度优先实施的28个项目，总投资77.88亿元，重点推进流域水环境保护与整治、矿山环境修复、水土流失治理、生态系统与生物多样性保护、土地整治与土壤改良等5大类生态保护修复工程。在资金筹集上创新举措，采取整合上级和本级相关生态环保资金、设立生态基金、发行绿色债券、采用PPP模式、强化企业治理主体责任和引导群众投工投劳等方式，构建多元化投入机制，确保地方配套资金筹措到位，实现中央奖补资金支持的放大效应。推进东江流域生态补偿试点。争取中央、省财政累计补偿资金7亿元，用于支持东江流域生态环境保护和治理项目33个，总投资7.7亿元。推进农村环境综合整治。成功争取财政部农村环境连片综合整治资金4亿元，市本级财政连续3年，每年安排农村生活垃圾治理专项资金7300万元，安排国家水土保持重点项目建设资金1665万元，支持改善农村环境。

【资金筹集】 争取上级资金支持。全市共争取上级各类补助资金542.35亿元，增长13.7%。争取均衡性转移支付资金46.15亿元，增加10.29亿元，增长28.7%；国家重点生态功能区转移支付资金11.16亿元，占全省27.42亿元的40.7%；“十三五”时期中央专项彩票公益金支持地方社会公益事业发展资金10.56亿元；保障性安居工程专项资金9.53亿元；赣南等原中央苏区转移支付资金8亿元；全市2.58万户农村危房改造补助资金4.4亿元；农村环境整治补助资金4亿元；东江流域上下游横向生态保护补偿机制奖励资金3亿元；革命老区转移支付补助资金2.79亿元；油茶产业发展专项资金2亿元；信丰县现代农业产业园成功入选国家第一批试点示范园，获中央补助资金1亿元；全市5个县（市）列入省级扶持村级集体经济助推美丽乡村建设试点，获奖补资金0.6亿元，等等。争取省农业信贷担保有限公司出资1000万元资本金，成立赣州市农业信贷担保有限责任公司。争取省债券额度145.50亿元，其中新增债券额度64.37亿元、置换债券额度81.13亿元。争取将赣州市列为“中国制造2025”试点示范城市、国家产融合作试点城市、第二批中央财政支持开展居家和社区养老服务改革试点地区。全国彩票公益金管理使用经验交流会、全省PPP工作现场会在赣州市召开。

吸引撬动各方资本。推广运用PPP模式，吸引社会资本参与公共服务领域建设。全市进入执行、采购、准备阶段的PPP项目110个，总投资770亿元。进入执行阶段的项目52个，总投资285亿元；进入采购阶段的项目28个，总投资280亿元；进入准备阶段的项目30个，总投资205亿元，项目落地率为47.27%，实施的项目数、投资额和落地率均位居全省首位。推进产业基金发展，撬动社会资本服务“六大攻坚战”。通过“直接变间接、无偿变有偿、资金变基金”方式，发挥财政资金的放大作用和乘数效应，推动产业基金发展。争取省发展升级引导母基金设立子基金，重点支持产业发展、公共服务体系建设及跨区域重大项目建设。全市落地的各类政府投资产业基金近240亿元。加大市场化融资力度。市本级融资平台通过银行贷款、基金投入、信托计划、非公开定向债务融资工具（PPN）等筹集城建资金133.25亿元。借用市本级平台，帮助县（市、区）解决35.1亿元贫困村整村推进脱贫攻坚和农村公路改（扩）建贷款。推动城市基础设施建设和脱贫攻坚进程。

统筹整合现有资金。加强专项资金管理。对市本级专项资金的申报、拨付、分配和绩效管理作出明确规定，砍掉低效资金，保障发展亟须；整合归并资金，承接省级专项资金分配管理改革，打破资金间融通使用壁垒，加大财政资金统筹使用力度。牢固树立过紧日子的思想，全市“三公”经费支出预算下降13.4%。严格控制新增财政对外借款，从2016年起没有新增财政对外借款。2017年对财政周转金等财政专户2012年以前形成的2.1亿元财政对外借款或预拨经费，提出清理方案，全部收回或核销，提前完成财政部提出的“财政借垫款应在2017年年底前清理完毕”的目标任务。

【保障民生】 各级财政部门立足当地实际情况，以“保基本、兜底线、补短板、可持续”为方向，既量力而行，又尽力而为，有压有拓，集中财力确保民生政策落实。全市一般公共预算支出中用于民生方面的支出为631.44亿元，增长14.3%，高于一般公共预算支出3个百分点，民生支出占比达83.7%。

保障“学有所教”。优化支出结构，争取上级项目和资金，支持学前教育基础设施建设，安排10.27亿元落实义务教育免学费、免教科书、贫困寄宿生生活费补助等政策；加快中心城区学校建设，推进义务教育均衡发展；改善高中办学条件，支持民办教育发展，加快推进现代职业教育的建设。落实艰苦边远地区教师特殊津贴、乡镇教师生活补贴等政策，提高贫困寄宿生生活补助和高考入学贫困学生资助标准。全市教育支出152.84亿元，增长11.7%。其中，发放贫困学生资助资金4.3亿元，资助学生49.67万人次。投入14.52亿元，支持改善高中办学条件。

保障“老有所养”。统筹安排18.44亿元，助推养老事业发展。市县财政预算安排高龄老人长寿补贴资金1.63亿元，对80周岁以上高龄老人实行补贴。统筹安排16.2亿元保障全市机关事业单位和企业退休人员养老金及时足额发放。市、县财政统筹安排6100万元，帮助各县（市、区）村（居）委会干部代缴企业职工养老保险费用。市本级预算安排中心城区社区服务体系及养老体系建设资金2500万元，支持中心城区机构养老、居家养老等养老服务设施建设。

保障“病有所医”。统筹安排46.41亿元，提高全市城镇职工和城乡居民参保人员基本医疗保障水平。推进健康扶贫工程。市、县财政筹集资金4.98亿元，为贫困人口购买城乡居民基本医疗保险和疾病医疗补充保险，使城乡贫困人口住院医疗费用自负比例降至10%以下。推动基本医疗保险、大病保险、城乡贫困人口疾病医疗补充保险和民政医疗救助“四道医疗保障线”实现“一卡通”同步结算，让城乡贫困人口在市内定点医疗机构通过刷医保IC卡及时便捷地享受健康扶贫“四道医疗保障线”。推动公立医院综合改革。市本级财政统筹安排市直公立医院改革发展资金1.3亿元，支持市直7家公立医院改革发展。统筹安排4.85亿元，促进基本公共卫生服务均等化。落实公务员医疗补助政策，推动建立公务员医疗补助制度，保障市本级公务员医疗待遇。建立企业军转干部医疗专项救助制度，按2000年12月31日前由部队转业到企业工作、在参保的军队转业干部每人每年2000元的标准筹集专项救助资金，减轻医疗费用负担。

保障“住有所居”。支持保障房建设。争取上级下达保障性安居工程建设资金11.6亿元，全市统筹用于城市棚户区改造资金130亿元，全面完成2.47万户棚户区改造任务；争取上级补助资金4.4亿元用于补助全市2.58万户农村危房改造；安排各类资金1.13亿元支持中心城区保障房建设，加快推动保障房建设。对和谐家园保障房项目配套供电工程建设相关问题提出解决方案；安排2亿元专项资金支持全市8710套农村保障房建设。全市住房公积金缴存43.01亿元，增长9.75%，完成年度任务（41.15亿元）的104.52%。办理住房公积金提取 49.57 万笔（含按月提取），提取金额 24.33 亿元，完成年度任务（25.43 亿元）的 95.67%。发放住房公积金贷款 8123 笔，金额 30.86 亿元，完成年度计划（30 亿元）的 102.87%。逾期率为 0.04‰。

保障“公共事业”。加大公共文化服务体系建设投入，继续支持博物馆（纪念馆）、图书馆、文化馆、美术馆、体育场馆建设、维修保护和免费开放，加快乡镇文化基础设施建设，支持文艺创作、非物质文化遗产保护和文物保护，以及农村文化活动开展，丰富人民群众文化生活。全市文化体育与传媒支出 7.83 亿元。加大城市居住环境建设投入。市本级出资 2.6 亿元用于章贡区范围内背街小巷整治。统筹资金 1.31 亿元，用于优化城市管理，促进城市管理水平改善。支持中心城区老旧小区改造，对河套老城区脏乱差无物业管理小区进行环境整治，市本级财政根据部分项目实施情况给予资金补助。市本级连续 7 年累计投入 3.06 亿元购置 732 辆公交车，其中 2017 年购置 122 辆，市区年内落实公交成本规制亏损补贴 1.03 亿元。加大农村公共设施建设投入。支持实施农村路桥提升改造工程。统筹安排资金 30.3 亿元，支持完成县道、乡村道路、通 25 户以上自然村公路提升改造。提高基层党建经费保障标准。市县财政统筹安排 1.06 亿元用于提高村（居）委会干部基本报酬、农村离任“两老”生活补助、村（社区）党员活动经费保障标准。

【资金使用】 加强支出进度管理。落实《赣州市人民政府办公厅关于进一步加强预算执行管理加快财政支出进度的通知》等一系列文件，加快预算支出批复执行、及时分解下达补助指标、加快项目资金支出进度、加大存量资金收回力度、规范库款管理等工作措施，建立考核问责机制。出台《赣州市财政扶贫资金绩效考评办法（试行）》，确保 2017 年统筹整合使用财政涉农扶贫资金当年形成实际支出占比达到 90% 以上。采取“先预拨后清算”的方式，加快政府投资工程建设项目资金拨付。严格落实财政支出进度通报制度，年底对支出进度慢、存量资金长期消化不力的县（市、区）进行通报、约谈。完善预算编制与支出进度情况相衔接的约束机制，对存量资金长期居高不下、消化不力的部门和地区，按一定比例核减其下年项目支出或转移支付规模。在省财政厅通报设区市财政支出考核中，市一般公共预算和政府性基金预算支出进度 2 项指标均居全省第一位。

开展监督检查。市政府印发《关于进一步加强经费管理的通知》。开展财政扶贫资金专项检查、财经纪律执行情况和工资福利津补贴发放情况专项检查、2017 年度会计监督检查等 12 项专项检查工作，检查单位 2341 个，检查专项资金 20.96 亿元，发现违规资金 1.83 亿元，并督促整改，促进财经秩序的规范，确保财政资金的安全，提高财政资金使用效益。配合开展全市集中整治专项检查、2015—2016 年度退役士兵免费培训补助资金专项检查等 9 项检查工作，纠正政策执行中打折扣、搞变通问题，强化财政资金安全管理，提高财政资金使用效益。强化内部控制，制定出台《赣州市财政局岗位利益冲突内部控制办法》，组织开展 2017 年度局内审工作。

9 月 15 日，市财政局组织有关部门赴厦门学习考察产业引导基金情况

推动公务消费网络监管平台上线运行。创新“三公”经费监管机制，落实“三公”经费监管责任，严肃财经纪律，堵塞管理漏洞。全市 3621 个预算单位纳入平台监管，上传“三公”经费支出信息 32.33 万条，上线运行率 94.09%，基本实现市本级、各县（市、区）“三公”经费支出网络监管全覆盖，确保单位“三公”经费支出“全程留痕、阳光运行”。

提升政府采购监管水平。印发《关于加强市本级进口产品采购管理的通知》，市本级进口产品采购项目委托市公共资源交易中心代理采购，加强进口产品采购监管。印发《赣州市政府采购代理机构监督管理暂行办法》，采取记分制对代理机构进行考核监督。建立政府采购协同监管机制，市财政、监察、审计部门定期举行协同监管工作会议，加强政府采购全流程监管，形成监管合力。推行政府采购实施计划电子化备案，启用电子化备案系统提高政府采购执行效率。全市政府采购预算金额为 242.43 亿元，采购金额 237.38 亿元，节约资金 5.05 亿元（以上数据包括工程建设、PPP 项目）。其中，市本级采购预算金额为 57.75 亿元，采购金额 56.59 亿元，节约资金 1.16 亿元。

提升政府投资评审质效。市政府印发《关于进一步加快市本级政府投资项目预算结算审查工作的通知》，创新评审方法和手段，提出改进措施，并对重要项目特事特办进行评审，完成中心城区快速路网建设项目（含客家大道西延、东江源大道、创业路及西站落客高架等 4 个工程）的预算评审，累计送审金额 45.18 亿元，审核预算建议价 41.95 亿元。全年累计完成336个工程预、结算项目评审，送审金额93.8亿元，审定金额86.86亿元，核减（纠偏）资金6.94亿元，纠偏率达7.4%，较上年完成审核金额增长18.84%。

【财税改革】 预算管理体制改革。按照中央要求，将新增建设用地有偿使用费等3项基金转列一般公共预算，统筹安排相关支出；将国有资本经营收益上缴一般公共预算的比例提高3个百分点；将政府性基金预算结转资金规模超过该项基金当年收入30%的部分调入一般公共预算，用于补充预算稳定调节基金统筹使用。印发《赣州市人民政府办公厅关于推进市本级实行中期财政规划管理的通知》，启动编制2018—2020年3年中期财政规划工作，将预算安排的视野从1年扩展到3年，将财政预算安排与政府经济社会发展中长期规划有机衔接，提高预算编制的前瞻性和持续性。扩大财政专项资金竞争性分配的资金规模和范围。按“两权不变、绩效优先”的原则，市本级确定山水林田湖生态保护修复工程基础奖补资金等16项专项资金开展竞争性分配试点，较上年增加2项，涉及资金24亿元，增长6.3倍，建立“多中选好，好中选优”的项目优选模式。

资金绩效管理改革。实现绩效目标管理部门和项目“双覆盖”，与2017年部门预算编制同步编审绩效目标，选择市工信委等20个部门的项目支出进行绩效目标批复试点；拓展绩效评价的范围和模式。组织部门开展项目支出和部门整体支出绩效自评价，部门项目自评价金额占部门项目支出总额的60%以上；创新采用“专家＋机构”模式对19项重大项目（部门整体）进行重点评价，评价金额51.07亿元；开展部门项目绩效运行监控，选取水功能区水资源分级监测、金融研究院专项经费等2个项目进行财政重点监控。

税收征管改革。大力推进社会综合治税信息平台二、三期建设，全市45个市本级单位、19个县（市、区）及330个县属单位接入信息平台并参与涉税信息报送，实现综合治税信息平台市、县两级全覆盖，在全省第一个实现涉税信息市级大集中。社会综合治税工作得到财政部调研组充分肯定。通过信息平台采集第三方信息超过3500万条。深化国地税合作，实现国地税互设窗口，10个地方国地税共同进驻政府行政服务中心，3个地方实现国地税共建办税服务厅，开启“一窗一人一机”征收模式，全部单位实现纳税人“进一家门，办两家事”。针对全市建筑业税收持续减收情况赴有关部门进行调研，了解全市建筑业减收原因，形成分析报告上报市委、市政府。会同市税务、建设、发改等部门，草拟《关于进一步加强建筑业税收征管的通知》报市政府，提出具体加强征管的6条措施，防止建筑业税收流失。

阳光财政建设。设立预决算公开统一信息平台，按照预算法和《地方预决算公开操作规程》要求，及时公开政府预决算、预决算草案报告及“三公经费”预决算，新增公开经济分类支出明细情况，财政公开信息的内容丰富，群众在家中轻点鼠标，财政信息一目了然。财政账户开设更加公开透明。推动局属单位采取政府采购方式选择账户开设银行。市财政投资运营中心通过公开招标的方式新开设“小微、创业、财园”信贷通保证金资金池账户，推动阳光财政建设。严格预算单位账户开设。要求预算部门（单位）新开立或变更银行账户应采取竞争性方式或集体决策方式选择资金存放银行。开展行政事业单位国有资产统计工作。2017年首次开展全市政府资产报告试编工作，摸清政府资产“家底”。

政府购买服务改革。印发《关于进一步推进全市政府购买服务工作的通知》，对市政府购买服务的主体、范围、程序进行明确，规范全市政府购买服务行为。全年一般公共预算安排政府购买服务项目数872个，预算资金18.07亿元，其中市本级项目295个，预算资金1.02亿元。

政府债务规范化管理。制定《赣州市地方政府性债务风险应急处置预案》《赣州市政府性债务风险预警监测办法》等文件，健全政府债务管理制度体系，加强全市政府性债务预算管理、限额管理、平台管理和风险防控。规范地方政府举债融资行为。印发《关于严格执行地方政府和融资平台融资行为有关政策的通知》《关于印发〈地方政府举债融资行为正面清单和负面清单〉的通知》《关于进一步规范举债融资行为的通知》等文件，要求各地各部门规范举债融资行为，切实做好政府债务管理工作。组织开展针对《财政部发展改革委司法部人民银行银监会证监会关于进一步规范地方政府举债融资行为的通知》和《财政部关于坚决制止地方以政府购买服务名义违法违规融资的通知》的排查整改工作，组织召开全市地方政府债务管理座谈会，要求高度重视排查整改工作，杜绝违法违规举债行为。牵头组织市本级有关单位召开市本级政府违规举债融资整改工作协调会议，明确部门责任，制定整改方案。建立融资平台公司债务等数据统计监测机制，动态监测全市债务水平。强化地方政府债券资金管理。全年争取上级安排新增地方政府债券额度64.37亿元，增加13.23亿元，增长25.9%，资金安排用于支持重大平台、道路交通、扶贫等公益性项目建设，支持经济社会发展。争取置换债券资金81.13亿元，全部按规定用于置换到期存量政府债务本金。通过存量政府债务置换，每年节省债务利息支出3.25亿元，降低市政府债务利息负担，并将债务的偿还期限由3–5年拉长至7–10年，优化债务期限结构。

【机关建设】 深入推进“两学一做”学习教育常态化制度化。按照市委部署以“3+X”为模式，以“三会一课”为基本制度，结合“主题党日”活动，组织全体党员扎实开展4个专题学习。局党组率先垂范，开展18次集中学习讨论，各支部开展104次集中学习，举办学习贯彻中共十九大专题培训班，严肃党内政治生活，增强党员和党组织的“四个意识”。全面落实从严治党主体责任，加强机关党风廉政建设，通过开展“廉政文化月”10项活动，以案释法主题教育、签订责任状等将廉政教育融入日常、抓在经常，引导党员牢记宗旨，立足本职岗位，奋发有为，廉洁从政，打造干净、担当、忠诚的财政干部队伍。

文化建设。机关党委联合工青妇群团组织，以“五个文化”建设为抓手，不断丰富文化建设的内涵，拓宽文化建设的载体，形成富有财政特色和优势的机关文化。全年开展“财政青年说”9期，举办迎新春文艺晚会、“聚力攻坚战·实现新作为”干部职工运动会、财政系统“赣南财政之歌”通讯赛、学习贯彻中共十九大专题培训班，开展“三八”妇女节健步走、文明创建志愿服务、文明家庭、最美乡财人等评选表彰活动。在市直机关“颂歌献给党、永远跟党走”歌咏比赛中获二等奖，继续复评为“全国文明单位”、被市委、市政府评为创建全国文明城市先进集体、全省实施妇女儿童发展纲要先进集体等。

理论研究。2017年，对《赣南财政》进行全面改版，《赣南财政》成为全市财政系统发布财政科研观点、开展学术交流、获取财经资讯、跟踪财政研究动态的思想园地与理论阵地。坚持理论服务实际。全市财政系统聚焦热点、破解难点，深入企业、深入基层开展调研，完成调研报告99篇。

信息宣传。加大财政信息宣传力度，扩展宣传渠道，展现财政作为，发出财政声音，唱响财政品牌。上级财政部门采用信息及排名均创历史新高，被评为全省财政系统信息宣传工作先进单位。《江西省赣州市财政：扎实推进统筹整合财政涉农扶贫资金试点工作》《江西省赣州市财政部门多措并举支持工业发展成效显著》在财政部微信公众号发表。在财政部网站头条发表2篇，在财政部内部刊物发表5篇、在省财政厅微信公众号发表14篇、省财政厅官网发表67篇。

（撰稿　刘洪婷　审稿　戴笑慧）

【领导名单】
党组书记、局长：陈水连
原党组成员、市政府融资监督局局长：郭国荷
党组成员，副局长：陈玉英（女）
吴良灿（任至12月）　黄京山
孔小媛（女）　赖德炎
董水平（挂职，任至4月）
党组成员、市纪委驻市财政局纪检组组长：周邦春
党组成员、市非税收入征收管理局局长：朱俊东
党组成员、总会计师：朱　逸
调研员：曾鸣华（女）　王芳春
副调研员、省信用担保公司赣州分公司总经理：甘华智

国家税收

【概况】　2017年，赣州市国家税务部门组织财政收入200亿元，增收59亿元，增长41.8%；增收26.5亿元，增长15.3%；地方级收入85.4亿元，增收34.4亿元，增幅67.3%；工业税收96.7亿元，增速21.6%，快于税收总量同口径增速6.3个百分点。全年落实税收优惠政策减免45.4亿元，增加11亿元。其中，西部大开发税收政策减免4.28亿元，享受优惠企业增加28.5%。全年减免小微企业税收5.5亿元，减免2.5亿元。精准帮扶186户企业解决161个难题。推行银税互动“税e融”合作，帮助纳税人授信贷款超亿元。签署税港合作协议，服务企业“走出去”，助推外向型经济发展。

赣州市国家税务局下辖19个县（市、区）局，内设15个职能部门、3个直属机构和4个事业单位，在职干部职工1709人。

【依法治税】　建立“四位一体”执法全过程记录制度体系，确定8大类、46大项、77小项的执法全过程记录事项，规范税收行政执法程序，先后在《法制日报》《中国税务报》等媒体上刊发。推进重大决定法制审核制度，研究并设定法制审核流程、环节和文书，自主设计《法制审核意见书》，建设法治税务。

【税收改革】　以全面深化改革为动力，深化国地税改革，国地税合作示范点建设稳步推进，全市14个基层单位设置联合办税大厅，业务流程缩减70%，纳税人资料报送减少40%。加快办税信息化建设，推行电子发票，创新发票网上领用，自主研发纳税人服务管理系统（微信版），“一窗一人一机”加速推进。创新合作形式，与广东省河源市税务部门开展跨省合作共建，服务赣粤边区经济发展。

【社会民生】　以融入地方建设为职责，全力以赴推进脱贫攻坚，全市国税系统794名干部参与结对帮扶，占全体在职干部的46.5%；投入资金473.4万元，占总支出的1.1%。市局机关派出2个工作队、5名干部帮扶

8月25日，赣州、河源税务合作共建启动仪式现场

4个村，投入专项经费超百万元。投身文明城市创建，投入经费36万余元，开展文明城市创建活动23次。

（撰稿 刘 芳 审稿 吴光禄）

【领导名单】
党组书记、局长：刘荣军
党组副书记、副局长：李日胜
党组成员、副局长：黄 潋 欧阳升 温群茂
副调研员：杨 勇 黄革新 胡春花 曾敏华

地方税收

【概况】 2017年，赣州市地方税务部门组织入库各项收入140.5亿元。其中，地税收入129.87亿元。剔除营业税和增值税后，累计组织地税收入126亿元，增收13.8亿元，增长12.3%，高于全市财政总收入增幅0.8个百分点，分别占同期GDP、地方财政收入的5.1%、52.9%，地税收入总量、增幅均位居全省第二。代征教育费附加及各项基金（费）收入10.63亿元，增收1.3亿元，增长13.9%。

赣州市地方税务局内设办公室、人事科、计划财务科、督察内审科、政策法规科、征管科技科、税政一科、税政二科、税政三科、纳税服务科、风险监控科和机关党委、监察室，内设机关后勤服务中心、信息中心、发票管理所、培训中心4个事业单位，稽查局、直属局、纳税服务局3个直属机构，赣州经济技术开发区局、赣州蓉江新区局2个派出机构，下辖18个县（市、区）分局，全市有基层分局、纳税服务分局、稽查局133个。全市地税系统有在职干部职工1778人。其中，男性1328人，占比75%；女性450人，占比25%。中共党员1117人，占比63%。大专、本科学历1673人，占比94%；在职研究生学历36人，占比2%；具有注册会计师、注册税务师、律师资格157人。平均年龄45.8岁。

【服务苏区振兴】 出台支持稀金谷、“一区四园”、瑞兴于经济振兴试验区等多项政策服务措施；开展“降成本、优环境”活动，兑现“六项减税新政”等各项税收优惠政策，全年减免各项税收51.9亿元，释放政策红利，激发市场活力。践行“北上南下”发展路径，北上就支持苏区振兴相关政策建议加强与省局、总局的对接汇报，南下与河源市国地税部门开展合作共建。总结出“六项减税政策”效应分析、“放管服”改革做法。市局本级全面取消“非行政许可审批”类别和行政审批事项，下放兴国、于都、宁都、石城等县局市级税收管理权限，县局仅保留3项行政审批。深化便利化服务改革，统一开设“办税事项省内通办”窗口，推进跨地域经营企业涉税事项的“全市通办”，全国纳税人满意度调查名列全省第一，纳税人满意度、获得感明显提升。

【税收改革】 税收征管改革。抓住“重构业务”核心和“改革创新”主线，推进税收征管改革，整合征管资源、凝聚征管合力、强化执法力量。牵头开发全省首个跨部门不动产登记政务一体化系统，强化不动产交易税收管控，全年征收不动产交易税收6.1亿元。在全省率先建成自然人税收监控系统，实现自然人税收的高效控管，全年入库个人所得税税款增长63.8%。在全省首创并推广“实名办税—微提醒”系统，纳税人实际申报率提高69.6%。全面深化综合治税、国地税合作、信用控税、风险管税等“四个平台”建设，实现税收增收42.09亿元，税收贡献率达32.6%。

稽查体制改革。推行“统一选案、分别检查、统一审理、属地执行”的案件查办工作机制，采取适度扩围、内部增设、分区管理的方式，将南康区、赣县区纳入中心城区一级稽查范围，所有稽查业务统一归口市局稽查局管理。在于都、瑞金、崇义、龙南、信丰等5个县市局设立“赣州市地方税务局稽查局（一、二、三、四、五）分局”，5个直属稽查机构涉及的县（市）局稽查局人员编制、经费管理体制等保持不变。全市地税稽查部门开展税收检查和组织企业自查195户，查补入库收入总额4.51亿元。查处百万元以上大要案22起，查补税款、罚款、滞纳金合计1.28亿元。

【队伍建设】 践行“依法带队、以德领队、以善治队”理念，深入推进“两学一做”学习教育常态化制度化，省、市局两级党组巡察顺利开展，“改非人员”管理得到加强，职务与职级并行、正科级领导干部竞争上岗、机关非领导职务晋升有序开展。党风廉政建设“两个责任”进一步落实，有效运用监督执纪“四种形态”“改作风、提效率”活动扎实开展、富有成效。

全市地方税收收入分税种完成情况表

表10　　单位：万元

项目	12月收入				全年收入			
	合计	去年同期	增减额	增减%	合计	去年同期	增减额	增减%
总 计	123793	157931	-34138	-21.6	1404999	1563701	-158702	-10.1
一、税收合计	112233	146826	-34593	-23.6	1298706	1470413	-171707	-11.7
（一）营改增税收	6996	11807	-4811	-40.7	38662	348294	-309632	-88.9
1.代征增值税	1789	1800	-11	-0.6	21757	10853	10904	100.5

续表 10

项目	12 月收入				全年收入			
	合计	去年同期	增减额	增减 %	合计	去年同期	增减额	增减 %
2. 营业税	5207	10007	−4800	−48.0	16905	337441	−320536	−95.0
（二）营改增后地方税收合计（剔除营业税和增值税）	105237	135019	−29782	−22.1	1260044	1122119	137925	12.3
3. 个人所得税	26547	15737	10810	68.7	261939	159923	102016	63.8
工资、薪金所得	6217	4335	1882	43.4	82240	58049	24191	41.7
个体户生产、经营所得	5026	3232	1794	55.5	36980	25722	11258	43.8
其他	15304	8170	7134	87.3	142719	76152	66567	87.4
4. 资源税	11554	11545	9	0.1	75441	57860	17581	30.4
5. 城市维护建设税	12117	12217	−100	−0.8	117611	93570	24041	25.7
6. 房产税	1256	1376	−120	−8.7	42115	37548	4567	12.2
7. 印花税	2434	2275	159	7.0	23774	17798	5976	33.6
8. 土地使用税	3028	3280	−252	−7.7	38406	36031	2375	6.6
9. 土地增值税	12993	21546	−8553	−39.7	140105	150925	−10820	−7.2
10. 车船税	2126	1646	480	29.2	21203	17885	3318	18.6
11. 企业所得税	15019	19194	−4175	−21.8	272672	264736	7936	3.0
制造业	863	1858	−995	−53.6	15083	17705	−2622	−14.8
房地产业	10149	11932	−1783	−14.9	176382	156165	20217	12.9
建筑业	3602	4307	−705	−16.4	45100	61071	−15971	−26.2
其他	405	1097	−692	−63.1	36107	29795	6312	21.2
12. 烟叶税	0	0	0	平	11084	10878	206	1.9
13. 耕地占用税	4934	15504	−10570	−68.2	50876	87631	−36755	−41.9
14. 契税	13229	30699	−17470	−56.9	204818	187137	17681	9.4
15. 其他税收（固调税等）	0	0	0	平	0	197	−197	−100.0
二、其他收入	11560	11105	455	4.1	106293	93288	13005	13.9
1. 教育费附加	6177	5966	211	3.5	59192	47684	11508	24.1
2. 文化事业建设费	0	−1	1	−100.0	3	100	−97	−97.0
3. 残疾人保障基金	269	279	−10	−3.6	1106	964	142	14.7
4. 税务部门罚没收入	128	12	116	966.7	974	447	527	117.9
5. 地方教育附加	4120	3977	143	3.6	39460	32150	7310	22.7
6. 其他非税收入（工会、库区基金等）	866	872	−6	−0.7	5558	11943	−6385	−53.5

（撰稿　伍振佼　审稿　文　超）

【领导名单】

党组书记、局长：吴汉江

党组副书记、调研员：李　强

党组成员、副局长：黄新华　黄宇平　陈北斗　邓龙炳　何小川

党组成员、总经济师：彭剑夫

党组成员、纪检组长：刘和洪

调研员：谭　敏

副调研员：刘焕莘　刘昌生　陈昌远　李祖彬

（本栏编辑　王志辉）

银行业

金融服务

【概况】 2017年，赣州市金融工作局积极服务银行保险业发展，服务资本市场建设，发挥地方新型金融的融资、助贷补充作用，加强金融风险的防控，助推地方经济发展，取得较好成效。

赣州市金融工作局为市政府直属正处级参照公务员管理的事业单位，人员编制17名（其中工勤编2名），内设科室增加金融服务科、发展规划科；新设立1个下属正科级全额拨款事业单位赣州市金融研究中心，核定编制5名。2016年8月16日，市编委会印发《关于市纪委派驻机构编制划转等事项的通知》划转编制，划转后单位编制总数为16名（其中工勤人员2名）。至年底，编内参照公务员编制12名，事业编制4名。

【服务银行保险发展】 扩大信贷投放。争取金融监管部门的政策倾斜和银行机构规模支持。会同财政等部门联合开展年度银行业支持地方经济发展考核，引导信贷资金对“六大攻坚战”支持。存贷款余额分别4753.57亿元和3415.98亿元，增长14.77%和20.19%，增速均高于全省水平，存贷比为71.86%，新增存贷款分别为611.73亿元和573.8亿元，分别增长14.77%和20.19%，新增存贷比为93.78%。保费收入124.47亿元，增长33.8%；赔付34.99亿元，增长11.8%；农业保险保费收入1.66亿元，增长39.7%；赔付0.84亿元，增长50.5%。出口信用保险服务221家企业，承保金额2.77亿美元，增长45.4%和85.9%。

开展融资对接。开展“百家银行进千企”活动，组织市属、驻市银行机构开展中小微企业专项融资签约活动，促成1467家中小微企业与178家机构（含分支机构）签订158.98亿元的融资协议，履约金额157.98亿元，履约率99.37%。组建市金融专家服务团，为75家企业提出投融资方案99个，帮助解决企业融资需求24.55亿元。牵头召开融资协调会，帮助世瑞新材、菊隆高科、首诺铜业、鸿鑫包装、奥普斯光电、广蓝传动、江钨新材、孚能科技等企业解决融资难题。

助力精准扶贫。推动出台《关于完善“产业扶贫信贷通”政策的通知》等文件，组建赣州市金融精准扶贫工作办公室，构建“两月一督查、一月一统计、一月一通报”的工作机制。发放扶贫贷款283.94亿元，完成年初250亿元任务的113.58%。其中，发放“产业扶贫信贷通”79.25亿元，发放总额位居全省第一；“整村扶贫推进贷款”62.91亿元，“易地扶贫搬迁贷款”25.84亿元。银行保险机构引进设立。北京银行赣州分行正式开业，上饶银行赣州分行筹建，光大瑞金村镇银行批筹；太平洋财产保险赣州支公司、鼎和财产保险赣州支公司开业运营，中国出口信用保险公司设立赣州工作组，组织申报瑞京人寿保险公司。各县（市、区）新设立银行、保险等分支机构24家，其中银行业8家，保险业16家。

【服务资本市场建设】 “司县”结对帮扶县域全覆盖。组织证券公司总部与全市19个县（市、区）（含经济技术开发区）建立帮扶机制，在全国率先实现“一司一县”券商结对帮扶县域全覆盖，引进拟上市挂牌企业34家。趣店集团、华教集团分别在纽交所、港交所上市，占2017年江西省新增上市总数的1/3，上市企业7家；“新三板”挂牌企业新增2家，“新三板”挂牌企业27家；新增省股交中心挂牌企业495家，“四板”挂牌企业893家。

证券机构的引进设立。设立首家证券分公司民生证券赣州分公司，国盛证券赣州分公司批筹，填补证券分公司空白。广州证券、万联证券、中泰证券、天风证券和九州证券设立证券营业部。引进设立注册资本500亿元的赣粤产业基金。组织申报瑞京基金公司。24家私募基金管理人在中国证券投资基金协会备案，占全省备案机构的11%。

助推直接融资。全市新增直接融资442.42亿元，增长236.25%。其中，通过境外首发上市和再融资募集84.4亿元；“新三板”融资7.22亿元；利用债务融资工具融资351.5亿元（含开发区建投发行15亿元的非公开定向债务融资工具，赣州农村商业银行发行1.1亿元的次级金融债券，赣州毅德商贸物流园发行2.6亿元的私募债）。开展交易场所清理整顿。联合公安、工商、银监等部门，清理各类违规交易平台进行，关闭交易场所会员单位68家、“微盘”类交易平台16家、虚拟货币交易场所1家，立案侦办非法经营案件2起。

【地方新型金融】 发挥地方新型金融的融资助贷补充作用。全市融资担保机构，在保责任余额74.16亿元，增长60.93%；全市小额贷款公司发放贷款272.08亿元，增长797.1%。全市倒贷基金总规模14.6亿元，排名全省第一，发放还贷周转金193.66亿元，帮扶企业3588家。赣州市的经验做法被省政府金融办刊发并在全省推广。

抓好地方新型金融规范发展。在赣州经济技术开发区设立全国首个金融监管沙盒——区块链金融产业沙盒园，成立沙盒园专家委员会，入驻科技、金融等企业18家，“链橙”系统应用研发落地，在2017年达沃斯论坛获世界10大区块链项目奖，启动互联网金融监测预警平台研发。江西瑞京金融资产管理公司批筹，初始注册资本15亿元，为赣州市最具价值的法人金融牌照。发起设立彩通网络小贷公司，设立龙南融资担保有限公司和安远县、赣县区、定南县民间融资借贷服务中心。开展“两类机构”年审工作，清退大余县宝龙小贷公司、南康区金汇小贷公司、于都县金丰小贷公司和于都县金丰担保公司。

【防控金融风险】 加强信息的收集与报送，开展涉嫌非法集资风险专项排查和互联网金融的清理整顿活动，整顿P2P网贷行业违法广告等行为。集中宣传2529次、发送宣传单62万余份、制作宣传展板3253块、投放公益广告25640条、发送公益短信165万条，开展内部宣讲1752次，活动参与部门4429个。联合市财政局、市公安局出台《赣州市非法集资举报奖励细则》，发动社会力量开展监测预警。非法集资立案数量、立案金额、涉及人数较2016年实现“三降”。在中共十九大召开前成功调解江西博鑫房地产开发有限公司债权人内部纠纷，全力保障中共十九大期间的维稳工作。

【交流合作和培训学习】 推动对外合作。深化与沪深交易所、中基协合作，与深圳、广州、厦门金融办签订战略合作协议，与赣南师范大学商学院建立合作机制，挂牌“赣南师范大学金融硕士专业实践基地”。开展金融培训。依托赣州市金融研究院，组织领导干部和企业家培训7期869人次。推进证券、基金、期货等资格考试考点建设，吸引韶关、龙岩、郴州等地资格考试人数破万人次。征集金融建议。面向全市开展“打造赣州金融名片，助推苏区振兴发展”征文活动，收集“农业供给侧结构性改革背景下的农村金融创新”“加快港口金融发展，助力‘引爆’赣州港口经济”“券商推广任重道远，互联网+助力发展”“PPP模式下的赣州绿色金融发展思考”等有深度的论文和建议。

（撰稿　唐依娜　审稿　汪文斌）

【领导名单】

党组书记、局长：蓝应尚

党组成员、副局长：杨晓斌　何志玲　周　翊

银行业监管

【概况】 2017年，赣州银监分局履行银行监管职责，引领和督促全市银行业扎实做好“五个回归”（回归原点推“一号工程”、回归本源扶实体经济、回归底线防金融风险、回归主业促改革转型、回归本职提监管效能），全市银行业总体保持稳中有进、稳中向好趋势。资产和负债总额分别为5664.73亿元和5425.49亿元，双双突破“5000亿”关口；存贷款余额分别为4664.75亿元和3424.56亿元，增速均高于全省增速；不良率1.47%，下降0.15个百分点，创近3年新低，连续5年处于全省最低水平。实现净利润72.68亿元，增幅46.12%，高于全省平均水平26.33个百分点，连续4个季度保持两位数增长。

赣州银监分局内设8个职能科室、17个县监管办事处，在岗员工98人，担负全市1229家银行业机构、5664.73亿元银行资产的监管职责。

【金融普惠】 开展小微企业融资难融资贵问题专项督导和贷款中间环节收费清理，推动银行业对95名授信出现风险但已尽职的信贷人员免责，小微贷款和涉农贷款持续增长目标如期完成；出台《辖内消保工作人员交流锻炼暂行办法》，定期开展消保工作考核通报；稳步推进消保站建设；开展“一区双录”（建立理财专区、对理财销售录音录像）实施情况专项评估，对考核结果“不合格”的一家农商行加大督促力度；修订《赣州银监分局信访工作操作规程》，对各类投诉全部实事求是、分类办结，办结率100%。

【金融改革】 坚持“本源导向、问题导向、风险导向、效果导向”，支持和鼓励银行稳妥开展金融创新。指导赣州银座村镇银行率先探索“整村授信”模式，选择131个行政村创建普惠村居，累计向1.2万户农户授信7.8亿元。支持赣州银行设立“区块链票链全国监控运营管理中心”，上线全国首单票链业务，引起业内广泛关注。引导银行“网点、服务、资金”三下沉，“村村通”工程持续提质增效，在全市行政村设立自助取款点3998个，便民服务网点4359个，农村金融服务“最后一公里”更加通畅。

【风险管控】 开展信用风险专项自查和监管督查，查增不良资金9.86亿元；对信用风险处置任务较重的5家农商行董事长进行监管谈话，对农村中小金融机构实行“5+1”（5家农村商业银行+1家村镇银行）动态名单制管理，对风险较大的机构有针对性地促进化解风险；推动建立“政、司、银、企”联合维权、合力化险机制，督促化解不良资金19.83亿元。深度开展“三三四十”（三违反、三套利、

四不当、银行业存在的10个方面问题）专项和综合整治及“回头看”，督促机构对59人次内部问责，并对6家机构和2名高管给予行政处罚。联合开展元旦春节期间安全大检查；组织开展防范和打击非法集资宣教活动，建立193个银行业涉嫌非法集资预警监测点，形成银行业非法集资监测长效机制。开展辖内银行非按揭类贷款资金违规进入房地产市场情况监测分析和监管提示。

【主攻工业】 策应地方战略部署，深入推进苏区振兴发展。将信贷资金向苏区振兴重大项目、重点企业、民生工程等领域倾斜；支持苏区重大项目224个、金额340.68亿元，增长18.82%；保障“两城两谷一带”信贷需求40.23亿元，增长12.1%；全市苏区信贷增幅高于全省平均2个百分点。开展“降成本、优环境”专项行动，联合组成“金融专家服务团”深入企业帮扶指导。组建“银行债委会”117家，涉及贷款余额164.19亿元；开展示范性债权人委员会试点，重点帮扶赣州世瑞股份有限公司等3家企业。

【精准扶贫】 出台深化小额扶贫信贷“三个全覆盖”的指导意见，实行“责任公示到村”。11个贫困县扶贫信贷投放实现“两个高于”（增速24.55%高于全省平均6个百分点、中长期贷款增速高于各项贷款增速12.49个百分点）；全市发放扶贫小额贷款13.22万户、金额71.03亿元；贫困户贷款覆盖率97.41%，提高33.14%。

（撰稿　孙思超　审稿　周兴林）

【领导名单】

党委书记、局长：彭华峰

党委委员、纪委书记：温雁萍（女）

党委委员、副局长：陈　勇　伍　峰

副调研员：李子庚

人民银行

【概况】 2017年，中国人民银行赣州市中心支行坚持稳中求进总基调，落实稳健中性货币政策，把防控金融风险放到重要位置，稳步推进区域金融改革创新，强化金融管理，优化金融服务，推动赣南苏区振兴发展。全年1项重点工作被南昌中心支行评为优秀工作项目三等奖；12项亮点工作得到上级行和地方党政领导肯定性批示；7项劳动竞赛在上级行取得名次；获上级行和地方党政各项集体荣誉22项。

中国人民银行赣州市中心支行管辖17个县（市）支行，内设办公室（党委办公室）、货币信贷管理科、金融稳定科、调查统计科、会计财务科、支付结算科、科技科、货币金银科、国库科、内审科、人事科（组织部）、征信管理科、反洗钱科、外汇管理科、宣传群工部（机关党委）、纪委监察室、保卫科、后勤服务中心18个科（部、室、中心），全市人民银行系统在职职工498人，有中级以上专业技术人员196人，其中高级职称人员18人。

【货币发行与金银管理】 加强发行基金科学调拨和库存管理。加强监测，科学调拨，确保现金供应。根据辖内现金运行情况，加强人民币流通监测，提高计划调拨的准确性，提前摆布发行基金，避免临时性、集中性的调拨。加强发行基金库存管理。按照中国人民银行总行“去库存、调结构”的新要求，加强库存总量、结构管理，合理摆布发行基金，充分考虑辖内各县支库的库容、当地经济发展及用现需求等因素，及时将残损券调回中心支库，减少县支库残损券“无效库存”，缓解库容压力，提高各券别的流转速度，不断优化票面结构。

推进辖内硬币自循环工作。推进硬币自循环硬件建设。在基本实现赣州市主城区每个银行业金融机构至少布放1台的基础上，推进县级机构硬币自循环设备的布放。至12月末，辖内有36台硬币自循环服务设备，其中单向硬币自助兑换机33台，双向硬币自助兑换机3台。每个银行业金融机构均有1台硬币自循环服务设备，邮政储蓄银行等部分金融机构实现每个县（市）至少布放1台硬币自循环服务设备。加强硬币自循环环境建设，组织银行业金融机构做好硬币回笼企业与投放企业的对接，做好硬币投放、回笼企业和社会公众的硬币需求和硬币存兑服务。

做好纪念币发行工作。做好信息公开工作，提高纪念币发行透明度。督促承担发行工作的银行业金融机构在其网点、网站和微信公众号等各种线上线下渠道发布信息，及时公示预约和兑换工作进度。加强发行前与承担发行工作的银行业金融机构的沟通协调，确保纪念币实物及时调拨到位。严格要求做好出库箱号登记和包装箱留存保管工作，督促承担发行工作的银行业金融机构做好兑换网点安排、包装箱管理、出入库管理、预约和兑换管理、舆情监测等工作。在兑换期间对其兑换网点进行巡视，确保兑换工作有序进行。督促银行业金融机构开展普通纪念币防伪培训，掌握防伪技能，做好公众存回普通纪念币的工作。

强化残损人民币回收管理。根据历年回收数据和市场现金流通数据分析，做好回收计划的分解落实工作；召开季度工作调度会，与各银行业金融机构一起分析新情况，解决新问题，推进残损人民币回收管理工作，确保残损人民币回收计划保期完成。精准发力，降低辖内假币浓度和长短款差错浓度。赣州中心支行出台《赣州市银行业金融机构人民币“双降”管理实施意见》。通过对假币浓度历史数据的分析，重点锁定在对全辖假币浓度有重要影响的县市和机构身上，对这些县市和机构采取开座谈会、走访检查、加大抽查比例，暂停现金交存款业务等措施，对症下药，精准发力，取得良好成效。

深化赣南反假示范区创建。开展形式多样的反假宣传活动，普及人民币反假知识。提高反假货币技能，增强银行堵截假币能力。督促银行业金融机构加强反假货币业务知识培训，提高现金从业人员的反假业务技能；加大现金机具投入，提高现金机具识假功能；规范假币收缴行为，及时将收缴的假币解缴至当地人民银行。年内，全市收缴假币35247张，金额270.3万元。加强假币监测工作，强化银警联动机制。督促辖内8个国家级假币监测点及时准确上报假币收缴等相关信息，为上级各部门打击假币犯罪提供基础信息。组织辖内金融机构做好假币收缴信息的整理、分析工作；提炼有价值的假币线索，为假币案件侦破提供有力的信息支持。

【货币信贷管理】 做优苏区振兴发展货币环境。加强存款准备金管理、再贷款、再贴现和抵押补充贷款等工具运用，强化金融推动赣南苏区加快发展的政策支持效应。年内对37家金融机构实施定向或激励降准，释放存款资金近8亿元；累计向辖内21家地方法人金融机构发放再贷款67.46亿元，增长36.92%；累计办理再贴现13.04亿元。截至2017年年底，全市再贷款余额67.14亿元，增长36.69%；再贴现余额5.07亿元，增长224.09%。开展抵押补充贷款政策评估，支持地方民生项目建设。先后对上犹、全南、石城、宁都4个县的4个项目开展现场评估，资金总额5.19亿元。全市各项贷款余额3415.98亿元，比年初增加（含票据）573.80亿元，增长20.19%；各项存款余额4753.57亿元，比年初增加611.73亿元，增长14.77%。

开展宏观审慎评估。贯彻落实宏观审慎评估（MPA）政策，对辖内21家地方法人金融机构开展宏观审慎评估，对预评估不达标机构进行调控提示，指导地方法人金融机构保持合理信贷投放和广义信贷增长，合理控制信贷投放节奏。年内，全市地方法人金融机构贷款余额1232.58亿元，比年初增加208.74亿元，增长20.39%。

推进金融精准扶贫。制定实施《关于落实稳健中性的货币政策支持赣南苏区振兴发展的意见》，支持全市银行业金融机构加大扶贫信贷投入。年内，全市建立46个再贷款示范点，扶贫再贷款余额37.32亿元，撬动精准扶贫贷款54.14亿元，撬动比率145.07%。全市金融精准扶贫贷款余额472.58亿元，增长95.65%，高于全市涉农贷款增速72.31个百分点，直接支持建档立卡贫困户29.95万户。加快金融精准扶贫工作站建设，在全市932个“十三五”贫困村设立工作站，覆盖率100%。联合开展金融扶贫专项督查，先后对赣州经济技术开发区、赣县区、龙南县、全南县、定南县金融扶贫工作进行专项督查，强化扶贫政策的落实。创新“产业扶贫信贷通”金融扶贫模式，相关做法先后在全国农业产业扶贫精准脱贫经验交流会、总行吕梁山片区金融扶贫工作会、金融助力江西脱贫攻坚座谈会、罗霄山片区金融精准扶贫工作会上进行经验交流，并被南昌中心支行评审组推荐为2017年度优秀工作项目二等奖。

推动供给侧结构性改革。落实地方政府“降成本、优环境”工作相关要求，加大供给侧结构性改革的信贷扶持。引导银行业金融机构参与“金融+财政”杠杆融资模式，1—12月全市累计发放“财园信贷通”“小微信贷通”“创业信贷通”“财政惠农信贷通”“产业扶贫信贷通”201.12亿元。联合相关部门举办全市中小微企业融资对接签约活动，签约企业1467家，签约总金额159亿元，比上年增长9.66%。联合相关部门组织成立赣州市金融专家服务团，打造专业化、常态化、市场化“赣南融资对接中心网”，帮扶企业融资，做好中小企业融资洽谈和落实工作。积极推进创业担保贷款业务，1—12月，全市累计发放创业担保贷款19.18亿元，完成全年指导性任务的127.87%。

2017年全市金融机构各项存贷款年底余额及构成

表11　　单位：万元

项　目	余额	占比	比年初增减额
一、各项存款	4753.57	100.00%	611.73
（一）境内存款	4751.11	99.95%	610.78
1. 住户存款	2733.46	57.50%	391.16
（1）活期存款	1295.52	27.25%	172.74
（2）定期及其他存款	1437.94	30.25%	218.41
2. 非金融企业存款	1119.95	23.56%	184.49
（1）活期存款	738.65	15.54%	135.35
（2）定期及其他存款	381.31	8.02%	49.14
3. 广义政府存款	863.97	18.18%	28.64
（1）财政性存款	71.16	1.50%	-44.04
（2）机关团体存款	792.81	16.68%	72.67

续表 11

项　目	余额	占比	比年初增减额
4. 非银行业金融机构存款	33.73	0.71%	6.50
（二）境外存款	2.45	0.05%	0.95
二、各项贷款	3415.98	71.86%	573.80
（一）境内贷款	3415.88	71.86%	573.74
1. 住户贷款	1936.34	40.73%	379.18
（1）短期贷款	657.26	13.83%	61.15
消费贷款	139.88	2.94%	51.13
经营贷款	517.37	10.88%	10.02
（2）中长期贷款	1279.09	26.91%	318.04
消费贷款	956.65	20.12%	250.60
经营贷款	322.44	6.78%	67.44
2. 非金融企业及机关团体贷款	1479.54	31.12%	194.55
（1）短期贷款	449 57	9.46%	-3.28
（2）中长期贷款	932.90	19.63%	216.00
（3）票据融资	96.33	2.03%	-17.47
（4）融资租赁	0.00	0.00%	0.00
（5）各项垫款	0.74	0.00%	-0.69
3. 非银行业金融机构贷款	0.00	0.00%	0.00
（二）境外贷款	0.10	0.00%	0.06

【外汇管理】 加快外汇管理工作转型。围绕“扩流入、稳预期、防风险”中心工作，结合辖区实际，抓好各项改革政策实施，坚持底线思维，加强监测约谈，督促外汇指定银行切实履行“展业三原则”，严厉打击外汇领域违法违规行为，规范银行和涉汇主体行为，维护良好的外汇市场秩序。先后对 10 家购付汇重点企业进行监测，对 2 家企业和 1 家外汇指定银行进行约谈；对 4 家出口不收汇企业、1 家进口多付汇企业和 1 家异地购付汇企业进行专项核查，发放风险提示函 6 份，分类处置 4 家名录内企业。组织开展“打击逃汇骗购外汇违法行为”专项行动，对 6 家银行、企业和部分个人开展现场检查，依法查处外汇违规行为 4 起。

规范境外投资管理。对于辖内发生的境外投资业务实施全范围实时跟踪，对于“五大行业、四大现象”等关注类境外投资业务，予以重点监管。针对业务办理银行试行境外投资“审查报告”机制，银行就投资企业出具的“审查报告”载有详细的业务信息、主体信息、风险提示信息、结论信息。年内，辖内未发生境外投资风险隐患业务，未发生关注类境外投资业务。

强化外汇检查。充分运用非现场检查系统做好外汇案件线索甄别分析工作，加大监测力度。围绕形势变化和外汇管理中心工作，加强对重点地区、重点行业、重点企业以及外汇管理重点环节的非现场检查力度，年内，通过外汇非现场检查系统开展集中分析可疑与违规线索，筛选可疑线索 9 条。严厉打击外汇领域违法违规行为。赣州市中心支局坚持从严监管理念，从严加重处罚外汇违规主体，年内，立案查处 4 起外汇违规案件，处行政罚款 5.3 万元，罚款全部收缴入库，结案率和罚没款收缴率均为 100%。组织开展专项检查。赣州市中心支局重点对银行个人外汇业务开展专项检查，涉及 54 条线索，5 个交易组。

【国库管理】 夯实国库基础，提高会计核算质量。强化对国库资金运转过程的监控，通过依法、依规监管，开展国库会计业务的检查与辅导，提高经理国库的水平。按照上级库的要求，加大对基层国库监督辅导力度。年内，组织对辖内 17 个县支库进行实地业务监督辅导，形成辅导调查报告。推进国库集中支付改革，提高国库集中支付业务工作效率。兴国县、于都县作为试点县，成功借鉴外地经验，运用集中支付业务批处理系统，取得明显成效。开展国库业务管理自查工作，形成国库业务管理自查问题清单、国库业务管理自查报告。加强系统运行维护工作。认真做好业务系统的日常监测与参数维护工作，强化备用系统运行管理，在全辖开展应急演练，提升应对系统突发事件的处置能力。

强化国库监督管理，防范国库资金风险。完成2017年度国库科岗位设置和岗位职责的修订工作，重点突出风险管控，优化效率与质量。组织完成第一至八期储蓄国债（凭证式），第一至十期储蓄国债（电子式）的发行工作。全市发行国债4.57亿元，增长29.46%。其中，凭证式1.91亿元，增长37.41%；电子式2.66亿元，增长24.30%。发挥经理国库职能，加强对金融机构代理国库业务的监管。分别于3月28日、6月17日组织完成对江西银行股份有限公司赣州分行、中国民生银行股份有限公司赣州分行的地方国库集中收付代理银行资格的认定工作。组织完成全辖TMIS—全国版系统（包含统计分析、现金管理、基础信息子系统）、TMIS—国债子系统的升级、全辖TCBS系统V167版、V172版客户端的升级，按要求完成各项验证任务。做好“二代TIPS”系统的联调测试和上线工作。组织开展国库知识宣传活动。制定《赣州市中心支库2017年国库主题宣传活动方案》，开展国库国债知识宣传、国债知识微讲座、国库知识下乡等国库主题宣传活动。组织开展对辖内8家商业银行（工商银行赣州分行、工商银行安远县支行、工商银行宁都县支行、农商银行赣州分行、农商银行崇义县支行、农商银行安远县支行、农商银行宁都县支行、赣州银行崇义县支行）国库经收处业务、代理国库业务的执法检查工作，确保国库资金的安全，提高代理国库业务的规范水平。

【支付结算管理】 强化监管和资金风险防范。与各金融机构共同研究制定《赣州市金融机构执行人民银行支付结算政策和管理规定综合评价指标体系方案》，采用台账记录、量化管理、科学评价，规范经营行为，履行管理职责。完善支付与市场基础设施，组织辖内金融机构参与完成总行布置的2017年中央银行会计核算集中系统（ACS）第一次升级换版工作，配合南昌中心支行对支付系统南昌城市处理中心网络升级上线，指导会昌支行恢复ACS网点业务，开展3期会昌支付结算从业人员的业务培训；4月6日，首次利用电子商业汇票办理再贴现业务，标志着电子商业汇票系统在赣州上线成功。落实重大事项督办制度。对推进个人账户分类管理事项，依照南昌中心支行下发的督办单，到金融机构上门督办。督导辖内3家村镇银行开展对联网核查公民身份信息系统、打击电信网络新型违法犯罪交易风险管理平台、外国人永久居留证芯片机读改造、微盘整治等相关系统升级改造。

规范支付服务市场秩序。由中国人民银行赣州市中心支行牵头，协同公安、金融机构通过信息微信平台公布可疑开卡人信息，成功阻止20余起信用卡买卖及电信网络诈骗事件的发生。5月，对辖内“赣州通”“市民卡”2家公司无证经营支付业务违规行为，进行调查、取证、勒令整改，对赣州旅游卡进行规范管理，维护赣州支付市场的稳定。开展个人银行结算账户专项检查，对中国邮政储蓄银行赣州分行及其支行、招商银行股份有限公司赣州分行及其支行、江西银行赣州分行及其支行3家银行业金融机构74个网点的个人银行结算账户分类管理落实情况、银行结算账户开立与使用合规性、Ⅱ、Ⅲ类户转账限额管理、身份识别和实名制管理等进行检查，根据检查存在的十大问题，编写《个人银行结算账户管理指导手册》和《银行同业账户管理指导手册》。

【金融管理与金融稳定】 存款保险。健全工作机制，制定《赣州市地方法人金融机构风险监测管理办法》，编制《存款保险业务制度汇编》等，细化职责分工，规范业务流程。稳步开展评级工作，先后对全市21家法人投保机构开展存款保险评级，对其中3家法人投保机构开展现场核查，督促辖内投保机构及时、足额、准确缴纳保费。开展业务宣传，普及存款保险知识，深度参与中国人民银行总行、南昌中心支行存款保险制度建设。

金融风险监测预警和现场评估。夯实风险监测数据基础，规范地方法人金融机构风险监测数据填报工作。建立动态非现场监测评估机制，及时甄别高风险机构并进行风险警示。密切关注和监测辖内影子银行体系、重点行业领域风险，制定实施《赣州市重点企业金融风险早期识别实施方案》，加快推动全辖重点企业金融风险早期识别工作。

金融管理。组织开展对辖内17家银行业金融机构执行中国人民银行政策和管理规定综合评价工作，确定A级机构5家，B级机构12家。加强新设银行业金融机构开业管理，规范新设机构开业行为，全年全市新设金融机构20家，受理并办结金融服务项目200余项。严格执行重大事项报告制度，全辖受理金融机构重大事项报告200余件，及时掌握辖内金融机构有关重大事项情况。

反洗钱监管。对驻市64家金融机构开展分类评级，通报考核评级情况，并对14家金融机构主要负责人进行约见谈话。先后组织对2家银行机构、1家证券机构、1家保险机构开展反洗钱现场检查，分片区对辖内17家县域金融机构开展监管走访、现场辅导。其中，对检查发现的赣县区农村商业银行违法违规问题处以罚款16万元。首次与公安、检察机关联合举办反洗钱业务培训，与市各级公安禁毒支队签订合作机制，推动洗钱罪立案、诉讼、判决。10月25日，赣州市首例洗钱罪在于都县人民法院开庭审判。

金融消费者权益保护。完成全市普惠金融指标体系填报和相关培训工作，在全市金融系统开展“普及金融知识、守住钱袋子”“金融知识宣传月”活动。率先在全省开展金融消费者投诉分类标准应用试点，推动金融消费者投诉处理标准化建设，相关做法获南昌中心支行领导肯定性批示，并被南昌中心支行评审组推荐为2017年度优秀工作项目三等奖。

【金融统计与调查研究】 抓实调研信息工作。围绕苏区振兴、农业供给侧改革、金融要素市场等方面，形成调研成果80余篇，其中草拟的《江西省赣州市普惠金融改革试验区实施方案》，指导推动赣州市申报国家级普惠金融改革试验区；关于赣州有色金属产业转型升级的报告获省长刘奇批示。全年编辑上报政务信息92篇，被上级行采用68篇，政务信息工作保持全省前列。

强化金融统计监测。联合市统计局、金融局、商务局在全省率先印发《赣州市金融业综合统计管理暂行办法》，明确全市金融业综合统计范围、工作职责、监督管理方式。推进金融统计监测扩容和结转合并，加大对赣县撤县设区报表的结转、合并工作指导和督促。创新企业监测制度，积极推动辖内服务业企业监测制度落地，试点组织辖内银行家调查网络直报。强化现场指导与核查，加大对新设报数机构的辅导，完成对瑞金、宁都、会昌等县（市）的扶贫贷款数据核查工作。参与总行资管业务统计制度研究，编写全国资管统计制度，获总行认可；参与南昌调查处系统重要性金融机构课题研究、完成金融控股公司监管综述、深化美国金融综合统计框架研究。

（撰稿 肖圣杰 审稿 谢宝华）

【领导名单】
行长：刘 葵
副行长：刘国昆 刘惟煌
刘德林 杨 晖
工会主任：赖红栋
纪委书记：徐文华

农业发展银行

【概况】 2017年，中国农业发展银行赣州市分行紧紧围绕总行发展战略和省分行“发展第一、党建并重、科学管理”的工作思路，坚守本源、专注主业，守正创新、守善发展，持续加大对赣州市“三农”重点领域、薄弱环节支持力度，稳步推进党建、基础管理、队伍建设和企业文化各项工作，业务经营健康快速发展。至年底，各项存款余额168.8亿元，增加1.4亿元，增幅0.84%；各项存款日均余额170亿元，增加45.7亿元，增幅40%；人平日均存款5224.5万元，增加3976.8万元，增幅318.7%。各项贷款余额291.6亿元，增加83.3亿元，增幅39.9%；全年累放各项贷款130.9亿元，增加12.2亿元，增幅10.3%；累放中长期贷款124.3亿元，增加14.6亿元，增幅13.3%。基金投资余额110亿元，涉及投资项目253个，开工项目235个，占比92.9%。当年投资收益1.5亿元。全年实现经营利润6.1亿元，增加3亿元，增幅96.8%。不良贷款余额3570.9万元，减少140.7万元，不良贷款率0.12%。

【存款组织】 制定《存款组织“稳存增存”活动实施方案》，利用中长期贷款已批未放多、项目储备足、投放力度大等有利条件，大力营销政府性资金存款。全年营销非贷款客户账户46户，日均存款余额17.8亿元，比年初增加10.9亿元，增幅160.2%。全年吸收同业存款日均余额2.4亿元。存款节本增效突出，平均付息成本为0.41%，低于系统内借款加权平均利率4.11百分点，全年累计节约借款利息支出1.88亿元。

【政银合作】 争取辖内18个县（市、区）全部纳入总行与江西省政府签订的《共创省级政策性金融扶贫实验示范区合作协议》支持范围。全年累计营销精准扶贫、新型城镇化建设、现代农业、现代服务业、农村基础设施建设等“六大攻坚战”项目86个、申报贷款275.4亿元，审批发放贷款项目77个、金额250.7亿元。

【粮油信贷】 执行国家粮食最低收购价预案，发放粮食最低收购价贷款2.6亿元，收购粮食9500万千克。发放县级储备粮轮换贷款1.1亿元。发放仓储设施贷款2000万元，支持宁都县粮食收储公司2.5万吨黄陂中心粮库（一期）项目建设。

【产品创新】 践行守正创新理念，实现“八个第一”（发放全国系统第一笔5000万元网络扶贫贷款、全省系统第一笔2亿元旅游扶贫贷款、全省系统第一批光伏扶贫贷款、评估全省系统第一笔3亿元扶贫批发贷款、第一笔政府授权公司自营模式贷款2.2亿元、第一笔PPP模式项目贷款4.6亿元、第一笔教育扶贫贷款2.4亿元、办理全省系统第一笔基金投资企业进口付汇业务）。

【风险防控】 制定《关于做好不良贷款清收工作的意见》，实行县级支行清收工作“一把手”负责制，建立银行领导挂点清收和各职能部门齐抓共管的工作格局，将贷款清收责任落实到岗、到人、到企业，综合协调，密切配合，推进风险贷款清收。全年累计清收风险贷款5户，金额3020.7万元，其中逾期贷款500万元、不良贷款2520.7万元。

【内部管理】 开展“信贷队伍建设年”活动。成立信贷队伍建设年活动领导小组和信贷业务辅导小组，制定《信贷队伍建设年活动实施方案》和《信贷队伍建设年活动培训方案》，搭建现场和非现场培训“两个平台”。全年编发《信贷队伍建设年活动简报》8期，举办PPT微课制作培训班和微课大赛，征得作品14个，获总行首届《信贷全流程标准化管理操作手册》微课竞赛奖作品2个。推动信贷全流程标准化。全年完成企业信用评级146户，企业综合授信139户、授信金额324.9亿元。实施贷审委委员主发言人制度，审查贷款项目95个。规范作业监督，监督贷前条件落实、贷款合同、资金支付等803项，金额353.1亿元。加强融资担保、中介评估、押品和基金投后管理，做实“一会、两查、三单”等贷后检查工作。抓实财会管理。制定完善财审会制度和职工福利费、财务管理实施细则，坚持“勤俭办行”，全年上交公用业务管理费指标700万元，业务招待费指标40万元。继续做好反洗钱、银企面对面对账、会计突击检查等工作，推进上犹县、会昌县、安远县支行资产置换及基建工作。推进合规经营。认真开展银行业市场乱象整治系列活动，成立市分行市场乱象整治活动领导小组，先后开展专题自查、专项检查、“回头看”检查等活动，发布《市场乱象整治系列活动动态》9期。夯实日常信息运营及综治安全管理。加强机房日常监测和设备维保管理，妥善应对“永恒之蓝”计算机病毒，制作专用安全U盘240个，保障机房设备和网络平稳运行。开展季度综治安保“飞行检查”，抓实中共十九大期间安全维稳和舆情监测工作，确保安全稳定。

【服务城乡】 赣州市分行与章贡区、龙南县等5个非国定贫困县政府签订《支持乡村振兴暨城乡协调发展合作协议》。全年累计营销棚户区改造、农村基础设施及城乡一体化贷款项目50个，金额207.3亿元。其中，棚改项目18个，金额92.2亿元；农村交通项目12个，金额24.2亿元；农村基础设施建设及城乡一体项目5个，金额16.8亿元；水利建设项目4个，金额9.3亿元。支持高标准农田建设项目18个、审批贷款26.7亿元，投放贷款6.9亿元，完成高标准农田建设2.22万公顷。

【扶贫攻坚】 制定印发《服务脱贫攻坚“百日行动”方案》，与赣州市发改委联合举办全市网络扶贫工作推进会。全年累计营销网络、旅游、教育、光伏、扶贫批发等专项扶贫贷款项目20个、申报贷款41.2亿元。至年底，扶贫贷款余额143.7亿元，增加31.5亿元，增幅28.1%。做好易地扶贫搬迁信贷资金投放工作，全年累计投放贷款18.8亿元。突出支持贫困县、贫困村巩固提升工程，调查上报扶贫过桥贷款项目11个、贷款64.8亿元，占全省农业发展银行系统的49.8%。重点支持瑞金市率先脱贫摘帽，全年向瑞金市投放扶贫贷款27.6亿元，涉及支持重点脱贫项目6个。推进全国“万企帮万村”精准扶贫行动，贷款支持的江西惠大实业有限公司被全国工商联评为全国“万企帮万村”精准扶贫行动先进民营企业。推进贫困挂点村帮扶工作，安排专职驻村工作队员2名，组织到驻村帮扶慰问180人次，全年向挂点村捐助各类扶贫资金近18万元。

【党建工作】 将原市分行机关党支部调整为市分行机关党总支部和8个党支部，在辖内11个支行党支部基础上，设立9个党小组。市分行配备组织员，县支行设立党务工作岗，负责规范党费收缴使用管理等党建日常工作。制定《基层党支部党建工作量化考核实施细则》《党员积分管理考核实施方案》，将党建工作纳入绩效考核体系，与业务工作同部署、同考核。制定《党委中心组2017年学习计划》《党支部“两学一做”学习教育常态化、制度化学习内容安排表》，加强党员日常教育。全年全辖开展“三会一课”713次，其中市分行领导上党课10次，各党支部书记上党课61次。组织开展“学习中共十九大永远跟党走”主题演讲比赛和征文比赛。组织开展“五个一”系列党建活动（组织一次党员走访贫困户活动，向贫困村捐款3750元；开展一次“喜迎中共十九大永远跟党走”主题党日活动；组织一次新党员入党宣誓、老党员重温入党誓词活动；表彰一批先进党支部和党务工作者；举办一期党务工作培训班）。纪委开展员工违纪违法、周转房违规使用等专项排查4次，开展党风廉政建设工作督查1次，召开市、县两级廉政共建座谈会15次，纪委书记讲党课4次，与支行领导班子谈话23次，与支行长谈话13人，约谈员工2人，走访企业25户。聘用作风建设义务监督员12名，对纪委干部作风建设等情况进行监督。

【队伍建设】 严格执行内控管理规定，对重要敏感岗位轮岗8人次、强制休假6人次；做好员工亲属回避清理工作，清理涉及员工2人。认真执行总行专业岗位与管理岗位双线运行、互不兼容规定，清理涉及干部12人。加强干部职工因私出境（国）管理，全年因私出境（国）33人次，严格执行请假审批等制度。全年完成市、县行上下交流及跟班锻炼31人次，系统外派交流1人次。累计举办各类培训班15个，培训一线员工2350人次。开展“制度学习季度考”活动，着眼解决业务发展、党的建设和科学管理中存在的实际问题。

【企业文化】 大力弘扬家园文化，开展丰富多彩的文体活动，丰富员工业余生活。选派选手参加总行举办的“献礼中共十九大支农报国情”青年演说家大赛，获铜奖。发挥市分行团委凝聚、号召青年的中心作用，各支行成立团小组，召开“五四”青年座谈会暨主题团课，开展“跃青春悦奉献越担当”主题活动，组织青年员工拓展训练48人次、走访慰问孤寡老人及贫困儿童32人次。助力赣州“文明城市”创建工作。定期组织退休干部开展健康体检和有益活动，保障退休干部待遇和活动经费，帮助解决生活实际困难，按政策要求向51名老干部发放独生子女父母奖励金10.5万元。加大扶贫、支农工作宣传，拍摄扶贫工作宣传片3部，在国家级、总行级媒体刊稿154篇，多渠道、宽领域宣传服务脱贫攻坚及支农成效。

（撰稿　陈焕文　审稿　龚新发）

【领导名单】

行长：李　力

副行长：黎春生　龚新发　万利龙

工商银行

【概况】 2017年，中国工商银行股份有限公司赣州分行落实省行战略部署和经营决策，以党建工作为引领，以稳中求进为总基调，以竞争力提升为目标，以服务实体经济为基点，以质量和效益为核心，以改革创新为发展动力，加快业务转型，调优经营结构，夯实客户基础，稳定资产质量，促进重点城市行竞争力提升，全力开创转型发展新局面。中国工商银行股份有限公司赣州分行在全省工行系统经营绩效暨业务发展考评中列第2位，在工商银行总行重点城市行的50家二级分行的综合竞争能力评价中列第9位，在全国工商银行系统393家二级分行经营绩效考评中列第48位，较上年前移61位，首次进入50强。

中国工商银行股份有限公司赣州分行现设有办公室、人力资源、财务会计、公司金融业务、机构金融业务、个人金融业务、电子银行、信贷与投资管理部、风险管理、内控合规、监察室、运行管理、小微企业经营中心、银行卡中心、业务营运中心、现金管理中心等16个内设机构，下辖35个支行、56个营业网点。现有在岗从业人员1278人，其中女性547人，大专以上学历1214人。

【主营业务】　中国工商银行股份有限公司赣州分行拨备前利润、净利润分别实现10.29亿元、6.73亿元，分别较同期增加2.39亿元、2.57亿元，分别完成全年计划113.18%、123.2%；实现中间业务收入3.01亿元，增加4302万元，完成全年计划101%。经营规模稳定增长。各项存款增加45.7亿元，完成全年计划的184.27%。其中，储蓄存款增加25.72亿元，完成全年计划的148.67%；对公存款增加19.99亿元，完成全年计划的307.54%；各项贷款较年初增加49.69亿元。资产质量有效稳控。不良贷款余额3.37亿元，比年初下降6800万元，不良贷款率1.04%，比年初下降0.39个百分点，均控制在省行目标要求以内，实现双降目标。经营运行安全平稳。

【服务实体经济】　全年支持“六大攻坚战”重点项目65个、发放贷款68.11亿元。大力支持主攻工业项目，对南康区、龙南县等工业园区标准厂房建设项目审批31.3亿元，实现22.43亿元的信贷投入；支持赣州战略性新兴产业和稀土、钨稀产业，发放贷款23.84亿元。支持新型城镇化建设，加大对章贡区、南康区、瑞金市棚户区改造，投放贷款3亿元、审批5亿元、达成意向10亿元。培育支持现代服务业发展，重点支持医疗机构建设，在对赣州市人民医院新院项目贷款支持外，加大石城县、安远县、兴国县等县级人民医院的支持力度。对安远三百山、石城九寨等旅游设施建设给予积极支持。加大基础设施领域信贷投入，重点支持赣州市政府规划的能源保障重点工程、节水供水重大水利工程重点工程、能源保障建设。支持小微企业实体经济发展，创新推出的“工银快易贷”新产品，发放“工银快易贷”贷款150户，发放贷款9536万元。加大重点楼盘营销力度，争抢按揭资源，把规模用足，个人住房按揭贷款增加51.07亿元，列同业第一。

【客户发展】　以大零售发展为重点，强化全行办、联动做，从旺季业务营销抓起，早谋划、早推动，强化外拓团队、产品经理建设和考核，围绕新能源汽车城、棚户区改造征地拆迁等源头资金和农村、商品交易、代发工资等市场拓展，同时抓好“存管通”“薪金溢”“节节高”和理财产品营销渗透，扩大客户规模、稳定增加储蓄存款，带动个人金融资产增长，全年日均资产1万元以上个人客户新增1.8万户，日均资产5万元以上个人客户新增1.2万户，均列系统第一；信用卡有效客户数净增2.1万户，列系统第二；私银客户数142户，较年初增加20户，日均1万元以上个人客户、私人银行客户和个人金融资产的增长均列系统第一。以巩固基础客户、拓展源头账户和突破大同业发展为重点，在抓好财政、社保、烟草等重点客户维护走访，巩固存款基础同时，加大对公共资源交易账户、土地保证金账户、山水林田湖等基础性账户和优质对公客户跟踪营销。强化与农业发展银行、国家开发银行等同业合作，棚改资金、扶贫资金的营销取得进展，全年日均5万元以上对公优质客户净增462户，日均100万元以上对公客户净增167户，列系统第一。

【互联网金融】　扩大互联网金融品牌辐射面及产品影响力，提升互联网金融产品覆盖面。开展“进代发工资单位、进大型社区、进商品市场、进各类商会、进拆迁市场、进产业园”等“六进”外拓营销活动，大力推广“融e行”“融e联”和企业网银和企业手机银行，“融e行”客户数净增10.55万户，系统第二，“融e行”存量客户86.95万户，“融e行”移动端月均动户数净增11.65万户，系统第二；“融e联”注册客户数15.08万户，存量客户35.62万户，月均动户数净增7.94万户；新增企业网银和企业手机银行客户1512户，存量客户1.18万户。加快应用场景建设，

赣州重大工业发展引导基金签约仪式现场

抓住全国转账汇款免费，扫码取现、“百万梦想”主题营销活动契机，重点加强对代发工资等优质及潜力客户渗透；依托工银二维码支付推出为契机，以“融e联”“工银e支付”为抓手，搭建覆盖衣食住行的小额移动支付商圈推动客户增长。深化融e购电商平台品质为先的优势特色，通过“江西融e购”“赣州e生活”等公众号平台，打造本地特色电商平台，开展“女神节·鲜果季”“融e购赣南莲蓬节”等特惠活动；完善和丰富“融e购”“赣南苏区馆”等本地商户，打造江西省首个“融e购”城市馆，提高“融e购”平台的大宗商品交易额；与赣州市商务局签订战略合作协议和与赣州海博农业签订“融e购”赣南苏区馆代运营合作协议，开展第二届“融e购”赣南脐橙节线上营销推广活动，取得良好的营销推广效果。全年“工银e支付”户数5.65万户，“一键支付”客户数6.76万户，“融e购”B2B非金融交易额3.57亿元，B2C非金融交易额9694万元，实现电子银行交易额7935亿元。

【质量管理】 注重把好新增入口、存量管控、不良处置“三道闸口”，稳控资产质量。把好新增入口关，严格新增融资、新增客户的准入管理，对新增融资不良、逾期等增长较快以及风险暴露突出的业务品种重点管控，对新增的公司贷款、300万元以上小微贷款和100万元以上个人非住房贷款，分管行长负责把关，确保新增贷款不冒风险。做实做细贷款风险排查工作，强化贷款存续管理和贷款大户风险监控，对辖内法人和个人存续期管理客户逐户“过堂”排查风险，并按风险分类落实责任，实行差异化管理，综合运用总量控制、压缩退出、调整结构、提高风险定价、完善担保等手段，防止贷款劣变，减小风险敞口。加快不良贷款处置进度。在现金清收等方式常规处置1.85亿元不良贷款基础上，商业包批量转让法人不良资产1.7亿元，个贷证券化处置2184.69万元。

【内控案防】 坚持从严治行，强化内控案防工作，全年千人发案率为零，实现“三无”案防目标，操作风险损失率控制在0.15%限额以下。强化内控专管员、合规经理的履职考核，相继完善《2017年内控合规“执行强化年”活动方案》《2017年合规文化建设考核办法》《业务运营风险核查管理和风险事件考核办法》。签订案防责任状，按照“以事找人”和“从人到事”双线原则，每季全面开展案件风险排查。全年排查案件风险项目47个，排查业务笔数24863笔，排查业务涉及金额72.09亿元，没有发现案件。纵深开展“十大重点领域和关键环节”（飞单、非法集资与民间借贷、基础核算和介质管理、代理投资、同业业务、资管业务、实物票据和押品管理、托管存管业务、代理销售、违规担保风险治理）和“三违反”（违法、违规、违章）“三套利”（监管套利、空转套利、关联套利）“四不当”（不当创新、不当交易、不当激励、不当收费）“市场乱象”综合整治工作，对问题相关责任人进行违规积分、扣减绩效、通报批评等问责处理。严防运营风险，全年“十大”违规行为和一类风险事件保持为零。制定完善《基层行反洗钱工作操作细则》，严格落实反洗钱重大事项报告制度，持续开展客户信息维护，个人客户信息完整率99.52%，对公客户信息完整率99.64%。将员工行为排查融入日常经营管理中，按季开展员工异常行为排查，重点抓好基层网点、关键岗位和关键环节人员的日常管理和风险排查工作。相继开展内控合规“执行强化年”主题活动、“学规定、守纪律、防风险、保安全、促发展”学习教育活动和“从严治党、从严治行”警示教育活动，形成遵章守纪的新常态。

【党建工作】 落实从严治党主体责任，对照责任清单，完善党建和党风廉政建设制度办法，逐级签订2017年度党风廉政建设“责任状”，分层次签订各级管理人及员工“承诺书”。推进“两学一做”学习教育常态化制度化。创新组织活动新模式，每月开展“我为党旗添光彩”党员政治生日活动，以党员“政治生日”为纽带，组织党员重温入党誓词，开展“我为党旗添光彩”征文比赛，并结合业务经营、文明创建、精准扶贫等开展主题实践活动。开展推优树典，通过开展“三亮三比创五优”（亮目标、亮身份、亮承诺，比技能、比作风、比业绩，学习实践优、工作业绩优、岗位技能优、表率作用优、群众评价优）和创“星级支部”“党员先锋岗”等活动，党支部的战斗堡垒作用和党员先锋模范作用增强。注重选拔培养“有信念、有思路、有作为、有担当”的干部，完成二、三级经理岗位竞聘，并编制完成人力资源“两张表”，调整各类人员78人，网点销售人员增加24人，市分行本部中后台人员减少38人。抓好纪委监督执纪问责工作，重点开展违反中央八项规定精神问题专项整治、包括市分行领导在内的全行管理人员异常行为的专项排查工作；持续抓好“四风”整治，开展对支行巡查“回头看”“管理人员履职待遇”等执法监察；抓住“关键少数”，紧盯关键制度、关键岗位、关键人员，加强重点环点、重点领域监督。发挥党政工青妇在鼓实劲、强管理、促发展的合力作用，开展“青年之星”“服务明星”评选表彰，实施“五庆贺”（庆贺员工生日、庆贺员工入行、庆贺员工婚产、庆贺员工荣获功勋奖章、庆贺员工光荣退休）“五慰问”（慰问节假日一线上班员工、慰问生活困难员工、慰问生病住院员工、慰问家庭有重大变故员工、慰问离退休干部员工）温暖工程，为员工办10件实事，营造起奋勇争先的良好氛围。

（撰稿　廖振荣　审稿　袁　颖）

【领导名单】

行长：赵乘南

副行长：李明红　萧邦富　温博华　许含放

纪委书记：熊建钢

资深经理：邱旭东

高级经理：钟文华　袁　颖

农业银行

【概况】 2017年，中国农业银行赣州分行坚持“稳中求进”的工作总基调，以服务供给侧结构性改革、实体经济和赣南苏区振兴为主线，推进各项工作稳步发展。全年人民币核心存款日均增量89.58亿元；人民币各项存款增量75.7亿元；各项贷款净增53亿元，其中实体贷款净增61.38亿元；中间业务收入、营业收入、净利润分别为3.4亿元、19.48亿元、9.07亿元，获省分行综合绩效考核优胜单位、平安赣州建设暨社会治安综合治理目标管理先进单位。

中国农业银行赣州分行内设业务部、农村产业金融部、个人金融部、农户金融部、国际业务部、特殊资产经营部、计划财会部、运营管理部、信贷管理部、办公室、人力资源部、内控与法律合规部、信息技术管理部、监察部、安全保卫部、机构业务部、信用卡与电子银行部等。下辖20个支行级单位，121个营业机构，在编员工1909人。

【服务“三农”】 坚持面向“三农”市场定位，加大信贷投放力度，全年投放“产业扶贫信贷通”超11亿元，净增8亿元，余额27亿元，直接和带动支持建档立卡贫困户近5万户。11个重点贫困县支行各项贷款余额194.56亿元，净增26.42亿元，占全行贷款增量的50%，全行涉农贷款增速高于全行各项贷款增速2.3个百分点。加大互联网服务“三农”力度，e商管家“兴国模式”被中国农业银行总行作为全国推广的“惠农e商”5种模式之一，依托“互联网+”创新研发的“惠农e商贷”“惠农便捷贷”等“惠农e贷”顺利投产，在于都、瑞金、南康等县（市、区）渐次铺开，其中“惠农便捷贷”成为全省金融业首发，在全省推广。“惠农便捷贷”净增6832万元、1423户，超过全省1/3，在全省居首位。

【支持实体】 融资总量90亿元，其中产业基金投放35亿元；各项贷款净增52.99亿元，实体贷款净增61.38亿元，贷款增量为全省农行的1/5、市内4行的1/3。主动对接中央和地方推出的一系列“稳增长、调结构、惠民生”重大基础设施投资项目，5亿元产业基金支持蓉江新区建设，新增近10亿元信贷资金支持各县市棚改、光伏等项目；授信近20亿元支持华能、中电投等重点电力行业；投放5亿元支持瑞金市罗汉岩景区旅游基础设施项目，2亿元支持安远县三百山景区建设。根据国家对房地产市场调控要求，适时调整房地产信贷政策，支持房地产市场平稳健康发展和新型城镇化建设。为碧桂园、联发、保利、中海、恒大等大型房企授信近20亿元，全行共准入按揭楼盘73个、合作额度129.72亿元，实际发放个人住房贷款48.33亿元。

【助力民生】 突出政府关注、关心的交通、医院、教育等领域民生工程，20亿元信贷资金支持机场快速路建设，发放8亿元支持寻全高速、S226公路改造，介入赣州港、赣州高铁等重要交通规划；县域公立医院贷款覆盖面70%，在全省率先研发“银医保通”系统在赣州市人民医院、瑞金市人民医院、赣南医学院附属医院成功上线；在全省率先上线的公共资源交易中心保证金平台和交通罚没款银行对账系统实现辖内全覆盖；巩固赣南师范大学长期全面合作，成功接管江西理工大学“智慧校园”项目。坚持“客户至上”理念，做大做强零售业务，出台《2018—2020年网点三年规划》，推动网点结构优化，提升网点文明服务；强化“弹性排班”“限时办结”，实现个人贷款投放提速增效；开展“820”汽车节活动，大力发展信用卡分期业务，“春天行动”零售业务综合营销活动自2010年以来首次全省夺冠，掌上银行、信用卡有效户、个人加权贵宾客户、I类账户增量等指标计划完成率全省第一，章贡支行营业部获“全国百佳网点”创建优秀奖、城南支行营业部获批五星级示范网点。

【内部管理】 坚持“风险为本、合规优先”理念，确保业务科学、健康发展。把信贷资产质量管控作为各项工作的重中之重，强攻不良贷款“降旧控新”，将关口前移，落实“国省优新消绿”方针，从严办贷，择优选户，严把客户准入、质量关，防范“前出后进”“旧病复发”；将包户清收、批量转让、上门清收、诉讼清收、呆账核销等手段相结合，不良贷款清收完成省分行下达计划，不良率较年初下降0.01个百分点（剔除前瞻性反映3850万元）。突出“打基础、重管理”的经营指导思想，将2017年

中国农业银行江西省分行互联网“惠农便捷贷”产品发布会在安远县举行

定为“基础管理年”，把查漏堵疏作为主要手段，深入开展法人业务、农户金融、个人贷款等近20次专项检查、风险排查，持续推进问题整改到位、责任追究到位、整章建制到位。强化运营操作管理，有效杜绝各类操作风险。

【党建工作】 坚持把思想政治建设作为从严治党的首要任务，开展“学习中共十九大争做时代先锋”知识竞赛、“学习中共十九大精神凝心聚力谋发展”朗诵比赛及“喜迎中共十九大共筑中国梦”歌咏比赛、“七一”“红色革命圣地行”主题党日活动、喜迎中共十九大召开“见微知著”微党课竞赛、“两优一先”评选表彰等活动。强化基层党组织建设，制定《赣州分行基层网点（二级支行）党建工作考核方案》，对基层党建工作进行全面部署和考核；将支部建在网点，配齐配强二级支行班子，到年底辖内56个二级支行全部建成独立党支部，二级支行行长兼任党支部书记占比超90%，运营主管承担纪检工作占比超70%。推进从严治党主体责任落实，层层落实党廉建设责任，狠抓党廉合规教育和作风建设。加强“职工之家”管理，开展“送温暖”工程和“慈善一日捐”活动，切实维护职工合法权益。

（撰稿 陈晰瑶 审稿 韩小波）

【领导名单】

党委书记、行长：明爱萍

党委副书记、副行长、纪委书记：陈建和

党委委员、副行长、工会主席：卢小铭

党委委员、副行长：董海华 邹明东 魏细文 严 许（任至10月）

中国银行

【概况】 2017年，中国银行赣州市分行贯彻国家经济金融方针政策和上级行发展战略，坚持“担当社会责任，做最好的银行”发展理念，响应“打好六大攻坚战”战略规划，抢抓赣州市发展机遇，争创“最佳服务、最佳形象、最佳业绩”，各项业务再上新的台阶，获省分行2017年度绩效考核先进单位。全年实现净收入9.96亿元，增加4219.35万元；实现拨备前利润7.66亿元，增加4794.9万元；实现净利润3.96亿元，实现非利息收入1.96亿元。

中国银行赣州分行内设综合管理部、人力资源部、财务管理部、风险管理与内控部、公司业务部、个人金融部、贸易金融部、银行卡部、财富管理中心、运营部、监察部、渠道管理部等。在南康、信丰、龙南、定南、兴国、于都、宁都、瑞金、石城、上犹、崇义、大余、赣县、会昌等14个县（市、区）设有支行；在章贡区设有营业部和城东支行、城南支行、城中支行、香江支行、三康庙支行、登峰大道支行、红旗大道支行、长征大道支行、客家大道支行、车站支行、迎宾支行，辖35个经营机构。全行员工总数756人。

【主营业务】 存款业务。围绕银监部门的监管规定和上级行稳中求进管理要求，把发展存款作为筹集信贷资金来源、改善存贷结构。坚持抓早与抓紧，向黄金时段要存款。坚持立体营销与组合销售，向市场要存款。整合集聚资源向重点产品、重点区域、重点机构、重点行业、重点客户倾斜，努力扩大增存优势。坚持精细化过程管理，向管理要存款。以跑赢大市为准则，以发展核心存款为主线，实行严格的销控目标动态管理和“洼地”帮扶制度，促进存款的持续快速发展。至年底，人民币各项存款余额248.51亿元，新增32.31亿元，其中公司存款新增16.28亿元，个人存款新增16.03亿元；人民币各项存款日均新增31.42亿元。

贷款业务。贯彻落实国家宏观调控政策、产业政策和中国银行授信业务指引，用足用好用活各项政策资源，支持振兴发展，担当社会责任。继续加大对重大基础设施建设项目、钨稀土等资源型优势行业龙头企业及医疗卫生等民生行业的支持力度，把“扶小助微”作为转变业务增长方式、优化客户结构的重要工作来抓，着力提升“中银信贷工厂”运营效率，着力贴近市民日益增长的住房、汽车、家装消费及投资创业融资需求，着力提升金融扶贫力度，保持信贷的持续稳定增长。至年底，人民币各项贷款余额234.62亿元，新增8.11亿元。

客户服务。利用代发薪业务拓展客户群，代发薪个人客户数19.97万户，代发薪个人客户存款余额31.89亿元，新增1.6亿元；发挥“工商e线通”源头营销作用，公司有效客户2610户，较上年新增162户，在全省系统内占比13.87%；实现跨境人民币结算业务

中国银行赣州市分行向会昌县中村乡中小学爱心捐赠课桌仪式现场

量14.15亿元，增长39.51%，绝对额列全省二级分行第一，占全省二级分行总量的34%；1—12月份信用卡新增有效卡量2.73万张，信用卡年新增有效客户1.02万户；个人网银金融活跃客户数21.93万户，个人网络金融交易规模2309亿元。

【内控与风险管理】 继续实施内控"一把手"工程，严格执行内控防案"一票否决"制，规范教育并内化为员工自觉行为，构建集心防、人防、物防、技防、联防"五位一体"的立体安全防护网，实现全年安全无事故、无案件的目标。依托现代科技和资源投入推进运营"前台操作后台化、后台操作集中化、集中操作专业化"建设，以科技为引领的运营管控能力显著提升。加强全流程授信风险管理，有效防范新增贷款风险的同时，做实贷后管理，严格把好资产质量关。至年底，本外币资产优良率98.55%。

【改革创新】 改革创新稳步推进。运用"互惠通"合作累计代理国开行扶贫贷款资金15亿元，实现资金留存10亿元；办理首笔电费项下国内信用证业务，实现全省中行服务贸易信用证零的突破；利用联行反担保函质押，为多家异地工程建设类企业开立转开保函累计1.07亿元，创新业务叙作模式；持续推进教师园丁关爱项目、守护神关爱计划、银医项目全面落地，以战略性项目发卡营销，实现交叉销售、全面拓展；加快渠道智能化升级建设，落地智能柜台上线工作，提升虚实结合、虚拟银行建设进度。

【精准扶贫】 围绕推进赣南苏区振兴发展重大项目营销、支持赣南县域经济发展，先后成立重大项目营销推进小组、"一县一策"领导小组、"走出去"一站式服务小组，加大金融扶贫力度，制定《中国银行赣州市分行2017年金融扶贫工作实施意见》。加强内外沟通协调，增强支持赣南苏区振兴发展合力。加强与上级行的沟通联系，推动相关政策红利和授信项目落地，积极与市、县两级政府领导和对口部门沟通，促进对接服务工作有序推进。服务下沉，实施精准扶贫。9月26日，向会昌县中村乡中小学捐赠700套课桌椅，向钨、稀土主导行业年新增贷款3.86亿元，为华能瑞金电厂提供授信额度14亿元；累计投放扶贫信贷通贷款5110万元；中小企业授信余额11.49亿元，户数241户，分别新增18569万元和16户。

【队伍建设】 坚持以人为本带队伍，积极为员工成长搭建平台，业务技能测评中，综合能手率保持100%；获总行年度文明单位称号；辖属于都支行、长征大道支行获总行年度青年文明号；辖属营业部通过复检，被评为中国银行业文明规范服务千佳示范单位，辖属红旗大道支行获中国银行业文明规范服务四星级营业网点，辖属香江支行获2017年度赣州市银行业文明规范服务示范单位。

（撰稿 吴 昊 审稿 李振瑶）

【领导名单】
党委书记、行长：程学文
党委委员、纪委书记：付亮平
党委委员、副行长：钟 华 刘 广 黄 平 肖恢池

建设银行

【概况】 2017年，中国建设银行赣州分行一般性存款日均余额280.15亿元，日均新增49亿元（其中企业存款日均新增27.93亿元，个人存款日均新增21.07亿元）；各项贷款余（含信用卡）293.52亿元，新增27.67亿元（其中公司类贷款新增5.10亿元，个人类贷款新增22.57亿元）。不良贷款余额1.56亿元，压缩3433万元，不良贷款率0.53%。实现拨备前利润9.28亿元，增加1.51亿元。实现税前利润8.38亿元，增加1.65亿元。小微企业贷款均达到"三个不低于"的监管要求。案防风险控制状况良好，全行全年保持安全稳健运行，实现无案件、无重大风险事件、无重大责任事故的"三无"目标。

【主营业务】 坚持"存款立行"思想不动摇。以满足客户需求、做实金融服务为切入点，拉动存款业务快速发展。定期开展走进社区、走进专业市场专题服务推广活动，普及金融知识，宣传金融产品。贯彻国家经济金融政策，找准信贷政策和地方经济发展的契合点，加大对基础设施的支持力度，持续加大信贷投入，重点支持"六大攻坚战"项目。各项贷款余额（含信用卡）293.52亿元，新增27.67亿元。其中，公司类贷款余额87.53亿元，新增5.10亿元；普惠金融贷款累计投放8.8亿元，完成省行全年新增计划的131.8%；个人类贷款余额（含信用卡贷款）205.99亿元，新增22.57亿元。

围绕客户战略，加大客户、产品营销力度，各项业务发展有坚实的基础。对公账户总量22852户，提升2.8%。账户新增4728户。对公加权有效客户总量24053户，增加3653户，增速17.91%。个人加权有效客户175.66万户，增加24.82万户，增速16.45%。借记卡总量228.73万张，发卡净新增27.68万张。信用卡累计发卡27.32万张，新增发卡5.85万张；实现全口径分期交易额16.1亿元，提升0.2%；信用卡不良率1.34%，优于全省平均水平0.06%。商户总量13142户，新增普通商户3867户，商户活动率85.44%，新增慧兜圈商户3114户，商户主要指标均在系统内排名第二。拓展"裕农通"金融服务点150个。移动金融交易量占比87.51%，全省排名第一，提升18.05%。

【风险管理】 压紧压实风险案件防控主体责任，保持安全稳定运行。完善风险管理职责进党委的管控机制。全力打好资产质量保卫战和不良贷款攻坚战，全年处置不良贷款1.44亿元，完成处置计划的120.57%。严格落实各项监管要求，严格防范操作风险，加强员工行为管控，推行非工作日营业值班制度，充分运用现场检查、远

程监控等手段加强监督检查，安全生产保持平稳有序。合规建行、平安建行创建取得实效，反洗钱工作得到加强，安保防控体系不断完善，消费者权益保护、舆情监测、印章保密和信访维稳工作持续加强，行务政务及后勤保障运行平稳，全力做好维稳工作，认真防控声誉风险，全年未发生声誉风险事件，全行保持安全稳定。

【金融服务】 全渠道金融服务质量稳步提升，完善理财专区建设；加强消费者权益保护工作力度；发展普惠金融服务，推广工会龙卡；完成装修改造项目12个，其中8个网点，4个自助银行，改善网点营业环境；撤销1个自助银行与2个自助服务点。至年底，自助银行（含自助点）数量94个。新增投入综合版智慧柜员机27台，累计达到172台，运行现金类设备累计357台，业务分流水平得到提高，智慧转型发展加快。

持续推进“零售优先”“移动优先”战略，重点打造金融生态圈建设，围绕旅游、民生、交通、物流、出入境等5大客群加大工作力度。大力推动善融商务、善付通、悦生活、银企直联等业务发展。发展电子支付活跃商户，打好善融商务战役，加大善付通营销，提升个人商城交易额和个人买家客户数的增长。加快智能替代推广，提高智慧柜员机迁移率。推广悦生活云服务平台，建立网络金融生态圈，通过互联网为具有收费需求的单位，量身定制行业云应用服务，提供线上费用缴纳、行业管理等金融和非金融服务的缴费平台，解决缴费单位没有自建系统的技术壁垒。

【党建工作】 全面落实中共十九大精神，落实党委中心组、“三会一课”、民主生活会、组织生活会等组织生活制度，深入推进“两学一做”学习教育常态化制度化；坚持把政治建设摆在首位，牢固树立“四个意识”，坚持“四个自信”，落实“四个服从”，自觉维护中共中央权威和集中统一领导，始终同以习近平同志为核心的党中央保持高度一致；严明党的纪律，把“六大纪律”摆在更加突出的位置，坚持用铁的纪律管理好干部、带领好队伍，让纪律成为“带电的高压线”，加强纪律教育，严防“四风”反弹，强化反腐败斗争；层层压实“两个责任”，压紧压实党委主体责任、纪委监督责任、党组织书记第一责任和班子成员的“一岗双责”，细化“两个责任”内容，确保责任到人、考核到人；严抓作风建设，加强班子和队伍建设，坚持正确的用人导向，配强领导班子，打造高素质专业化人才队伍，强化和规范基层党组织建设。围绕完善工作机制、加强基层党组织建设、加强员工队伍建设、加强党员日常教育管理，扎实开展“两学一做”学习教育活动，全行党支部的战斗堡垒作用和党员的先锋模范作用得到充分发挥。党风廉政建设取得明显成效。保持违规违纪高压态势，加大执纪问责力度。积极开展工会、共青团、老干部工作，落实员工关爱政策，员工的主观能动性进一步发挥。

【队伍建设】 抓好人力资源管理。坚持人力资源向基层一线、向前台部门和价值创造岗位倾斜。严格规范辅助用工管理，防范用工风险。大力培养与中国建设银行赣州分行转型发展匹配的干部人才队伍。坚持正确的用人导向。配强领导班子。按照突出政治能力和专业能力、对标“五个过硬”的要求，打造素质优秀、结构互补、功能优化的强有力班子，坚持以工作业绩和管理能力说话，对工作上不去、员工意见大的班子给予调整。打造高素质专业化人才队伍。加强培训力度，充分运用实践锻炼、岗位轮换、“一对一”导师培养、项目培养等措施，加快人才培养锻炼，提升员工综合素质。

认真落实转型发展要求，将融入中心工作作为切入点，凝聚广大员工的智慧和力量，激发全体干部员工的工作激情与创造活力，取得较好的工作成效。加强冬送温暖、夏送清凉和特困救助等系列帮扶品牌工作。强化基层“职工之家”建设，把支行的“职工之家”建设成为与客户营销、经营管理、企业文化三位一体的“职工之家”。广泛开展文体活动、技能比武和慈善公益活动，不断提升员工的获得感、归属感和幸福感。

（撰稿 冯世文 审稿 刘建华）

【领导名单】

党委书记、行长：邓近华

党委委员、副行长：赵劲松 朱安根 张 俭 熊 军 刘晓华 颜 亮

高级专员：丁九胜

交通银行

【概况】 2017年，交通银行赣州分行贯彻落实总行、省分行工作会议精神，圆满完成2017年全年各项任务目标。全年本外币资产总额64.78亿元，增长11.73亿元，增幅22.10%。人民币各项存款时点余额为39.24亿元，增长7.89亿元，增幅25.15%。实现经营利润1.62亿元，增长945万元，增幅6.19%；实现经济利润1.09亿元，新增864万元，增幅8.61%。至年底，业务有效客户数为111.4户，新增16.4户，完成全年计划的234.29%。零售板块，围绕个贷客户、卡客户、代发工资客户及交易型零售客户4大客户群，加大销售力度，增强客户粘性，夯实个人客户基础。财管客户5481户，有效客户9907户，私人银行客户16户，增幅分别31.5%、33.93%、45.45%。

【风险控制】 风险管理取得实效，保持开业7年以来零不良、零案件、零事故的成绩，总行审计评级由B提升至B+。资产质量保持稳定。出台与适时修订贷后管理、授信业务精细化管理、押品权证管理、业务印章管理等各项规章制度，明确风险控制的具体要求，为业务开展提供制度支撑。坚持严格履责，抓实风险防控过程管理。做好授信业务的初审、复审与终审，从业务发展的源头进行风险把控；坚持中介岗人员与客户经理实地走访，充分掌握企业客户情况，加

强台账管理，建立对信息监测的常态化机制，定期开展客户经理信用风险现场交叉检查工作，做到“早发现、早预警，早化解”。专项案防深入推进。抓好专项整治工作，签订岗位承诺书300余份、自查承诺书300余份，开展各类谈心谈话300余次，检查覆盖面达到100%。营运安保扎实有效。通过主管例会、突击检查、合规宣传、组织竞赛等途径提升员工的合规意识，营运人员的操作行为进一步规范。加强与赣州市反欺诈中心联动，全年冻结涉案账号274个，冻结涉案资金1045万元，查询可疑账号1505个，有效保证客户财产安全。通过强化消防培训、设备巡视、设施检修，加强安全保卫力度，确保全年零事故的成绩。

【降本增效】 以息差管理“大调研、大讨论、大献策”活动为契机，抓实分行息差管理工作。上报研究报告和“献言献策”金点子总计27条，获省行主题研究报告二等奖。坚持控制高成本存款规模压降存款付息率。年内，各项存款成本率较年初压降2个基点。严管与优化贷款定价工作，提升贷款收益率。全年新发放全口径人民币贷款26.15亿元，加权平均利率5.16%，提升26个基点，高于全省平均定价水平。全口径存贷利差2.65%，高于省行平均水平0.16个百分点。坚持降本增效盈利能力增强。精细做好预算额度管理，严格控制各项费用支出，切实优化成本管理。成本收入比为15.62%，下降0.79个百分点，全辖排名第一。转型发展取得明显成效，实现从“三类B等”向“三类A等”的晋级。

【党建工作】 落实全面从严治党要求，抓好谋篇布局，着力打造“三好一特色”的一流党建单位，推动党建工作上台阶出特色。以“两学一做”学习教育制度化常态化为契机，坚持开展集中学习、专题党课培训，监督落实好个人自学，营造良好的学习风尚。坚持开展竞赛型特色学习，相继开展以“掌握党建知识，锤炼党性修养”为主题的党建知识竞赛、以“两学一做”为主题的征文比赛，丰富学习内涵。坚持传承苏区红色基因，组织前往红色故都瑞金开展以“瞻仰圣地，不忘初心，牢记使命”为主题的党建活动，补充精神之钙、加强信仰之修、熔铸信念之魂。开展党员公开承诺活动，强化党员身份意识、责任意识。着力打造“党建+”“联学联建”“宣传新阵线”“党建融合精准扶贫”等党建品牌。通过开展合规演讲比赛、学习先进事迹、观看警示教育片，筑牢全行党员干部防腐拒变的思想堤坝。合并培训、缩短会时、严肃纪律、做好监督，抓实“四风”纠正。

【精准扶贫与社会责任】 在扶贫点大江村设置党员教育联系点，派驻骨干党员为第一书记，强化精准扶贫的力度。组织人员到姚府里、赣江等社区，打扫街面、撕小广告、粉刷墙面，得到当地政府、人民群众的高度评价，被社区授予“干部职工好作风，创文路上当先锋”锦旗。组织人员到凤岗潭口敬老院，陪老人拉家常，给老人剪指甲，为老人们送去日常生活用品和水果，和敬老院的老红军齐唱红歌。组织专门人员走社区、驻广场，普及金融知识。

（撰稿　孙健平　审稿　欧阳女仔）

【领导名单】

党委书记、行长：李　辉

党委委员、副行长：田国强　潘永红　陈祥飞

招商银行

【概况】 2017年，招商银行赣州分行全力支持实体经济发展，提升系统金融服务水平。全年实现税收1861万元。各项存款余额74.74亿元，在当地股份制银行中列首位，较年初增加10.85亿元，增长16.98%。各项贷款余额123.75亿元，新增21.34亿元，增长20.84%。存贷比为1.65%，列当地股份制银行首位。

招商银行赣州分行设有综合管理部、公司银行部、零售银行部（含财富管理中心）、个人信贷部、信用卡部、风险管理部等内设机构，有分行营业部、长征大道支行、南康支行、瑞金支行、开发区支行等5个综合性支行，另有小微支行2家。

【主营业务】 开展供应链金融业务，提高轻型资产业务占比。投放轻型资产业务12户、29笔、10.6亿元。成功实现分行系统内2笔PPP建设项目贷款，授信总额7.29亿元、投放5.4亿元。落地首笔上市公司+PE并购基金。付款代理业务累计完成20笔，发放3.75亿元，系统内排名第一。国内信用证开证9笔全部议付，合计金额2.45亿元。零售信贷保持领先。向市场投放按揭贷款和消费类贷款。零售贷款余额85.64亿元，新增15.8亿元，超额完成全年任务，新增占南昌分行新增总量的30%，列南昌异地分行第一。其中，按揭业务获得高速发展，按揭贷款余额67.79亿元，新增15.05亿元。消费贷款余额4.16亿元，新增1.86亿元，增长177%。信贷资产质量持续向好。打好“资产质量保卫战”，不良资产处置效果明显。完成企业重组贷款12户、7412万元。全年实现存量不良清收7846万元，不良贷款余额5470万元，不良率降至0.44%。扶持电子高科技、中成药生产、基础设施建设项目，在相关领域的信贷授信总额12.9亿元。参与当地“六大攻坚战”产融对接会、全市及各县市区平台的中小企业银企签约会，强化对大中企业、小微企业的金融扶持。中小企业签约金额1.6亿元，产融对接会签约2.6亿元，全部实现信贷投放。完成“财园信贷通”企业7户，投放金额2280万元，完成全年任务的152%。

【金融服务】 全辖经营网点7家，从业人员增加到近200人，服务队伍不断扩大。完善优化互联网金融服务方式，全省首家“未来银行”落户赣州经济技术开发区。90%以上的柜面

非现金业务实现远程办理，业务替代率75%。坚持“因您而变”服务理念，致力提高员工服务能力，强化厅堂和柜面人员服务管理，整体服务质量不断改善。全行发生服务投诉19笔，减少20笔，总量下降51%。继赣州长征大道支行获“中国银行业四星服务网点”后，赣州营业部、南康支行被评为招商银行30周年“百佳优秀服务网点”。

客群增值服务力度更大。结合差异化的客群需求开展各类增值服务。新增增值服务4种，累计开展各类客群增值服务活动16场，服务客户近3600人次。推动普惠金融、反电信诈骗等知识宣传进校园、进社区、进企业。区域商业服务能力更强。立足赣州万象城、九方两大城市综合体，立体化商业服务体系不断完善。存量精选特惠合作商户108家，常态商户165家。微信公众号粉丝突破10万，线上线下互动营销效果明显。赣州卡部获批成为全国首批消费金融业务试点，签约45家品牌汽车4S店。

【精准扶贫】 安排副县级领导挂职驻点、工作队驻点扶贫，推动驻点村瑞金市叶坪乡禾仓村的全面脱贫计划。累计向上争取扶贫专项资金20万元，自筹资金5万元开展日常慰问。引导成立脐橙产业合作社，吸引20户贫困户加盟。组织技术服务上门、工程服务上门、果苗采购上门，20公顷脐橙种植园初具规模。结对开展贫困儿童教育扶贫。推动全村公路通户、自来水入户、房屋立面整修，村容村貌得到较大改善。关爱农村留守儿童学习生活，在全市范围连续开展6届金葵花爱心植树节，为500名留守儿童和农村中小学送去书籍等教学物资近15万元。

（撰稿 彭金梁 审稿 李成果）

【领导名单】

党委书记、行长：王 华

纪委书记：曾琦生

副行长：赵 静 雷娟娟

浦东发展银行

【概况】 2017年，浦东发展银行赣州分行一般性存款余额22.16亿元，下降5.42亿元。其中，公司存款余额14.92亿元，下降7.3亿元；储蓄存款余额7.24亿元，增加1.88亿元。一般性存款日均27.16亿元，下降2.77亿元。其中，公司存款日均21.13亿元，下降3.43亿元；储蓄存款日均6.03亿元，增加0.66亿元。各项贷款余额45.55亿元，增加6.91亿元。其中，公司贷款余额14.49亿元，增加1.2亿元；个人贷款余额31.06亿元，增加5.71亿元。全年累计实现营业收入2.78亿元，实现模拟利润2.48亿元。

【零售业务】 围绕“个贷、信用卡、财富管理”优化个贷业务结构，实现零售业务营业净收入1.8亿元，完成年度目标111%。其中，信用卡营收1.09亿元，占南昌分行全辖信用卡营收43%。个贷转型卓有成效。将个贷业务营销重点从住房按揭向第三极贷款转变，个贷投放8.7亿元，第三极贷款余额较上年新增3.3亿元，年度目标完成率129%，增量及完成率均居全省首位。其中，商用房及房抵快贷分别增长1.8亿元、1.2亿元，浦银点贷及快贷增长3534万元，系统内排名第三，各类第三极贷款保持均衡增长。基础客户及中高端客户分别新增5820户、1130户，完成率分别为120%、123%。通过拆迁项目、优势理财等营销引入新客户；加强客户“五花大绑”功能产品签约营销，增强客户粘性，挖掘客户潜力，对临界客户重点营销，提升客户金融资产等级。章江支行、龙南支行及市场营销一部分别对接赣州蓉江新区潭口镇、龙南里仁高铁新区及风岗镇高铁新区等拆线项目，其中蓉江新区潭口镇引入拆迁资金1亿元；龙南里仁及风岗镇高铁新区拆迁项目顺利落地，年内累计代发拆迁资金2.1亿元。浦东发展银行赣州分行在南昌分行零售业务综合考评中，排名全省首位。

【新型业务】 实现“赣南苏区城市发展基金”二期22.5亿元提款，撮合成功“赣州发投集团——华宝信托”14亿元代理承销业务，成功落地分行首单工程项下付款保函6000万元。在分行四季度公司竞赛中，交易银行各项指标完成机构总得分排名南昌分行全辖第一。

【资产质量】 “后三类”不良贷款0.64亿元，减少0.77亿元；“后三类”不良贷款占比由年初3.53%下降到年底的1.36%。不良资产新冒的势头得到遏制。新增公司不良贷款4户，个贷不良余额与年初基本持平，有效止住出现点。不良资产清收转化工作取得进展，累计打包转让和核销不良贷款0.74亿元，占不良下降总金额的96%。在南昌分行下达的年度风险控制指标中，赣州分行完成6项中的5项。

【网点转型】 浦东发展银行赣州分行营业部获评2017年中国银行业协会“五星级网点”，分行辖属章江支行营业部获评2017年度赣州市银行业文明规范服务示范单位。浦东发展银行赣州分行加速推进章江支行零售业务转型，充实章江支行营销队伍，落实总行对章江支行“去高柜”服务的试点要求，完成“减高增低”的网点转型目标，实现网点营销服务模式的平稳过渡。结合网点转型不断充实营销人员队伍，全行营销人员占比从年初的26%提升到年底的34%，队伍基础夯实。

（撰稿 叶剑飞 审稿 刘海峰）

【领导名单】

行长：万小敏

副行长：程 敏 周 浩

民生银行

【概况】 2017年，民生银行赣州分行贯彻执行中央和国家经济、金融政策，按照做强公司业务、做大零售业务、做优市场业务的经营思路，加快战略转型和业务结构调整，努力成为服务民营企业和小微金融的银行、互联网金融和财富管理领先的银行，增强持续发展能力和竞争优势。至年底，各项存款余额43.39亿元，各项贷款余额33.89亿元，金融资产余额21.2亿元。分行继续保持稳健经营态势，资产质量领先同业。连续8年获南昌分行“先进集体”称号、获总行“中国民生银行零售业务推动飞跃奖”、中国人民银行赣州中心支行“2017年度赣州市金融统计工作考评优胜单位”、分行营业部与南康支行均获“2017年度赣州市银行业文明规范服务示范单位”，分行营业部获总行“年度客户服务标杆网点”。

民生银行赣州分行内设办公室、风险管理部、个人金融部、公司银行部、运营管理部、企业金融一部、企业金融二部、营业部、南康支行及于都支行。

【经营管理】 依托传统业务，实施投行发债、定向增发业务、同业理财、协议存款、托管业务、股票质押业务、定向增发业务、保函业务、信托业保障基金收/受益权业务及票据业务等创利。紧抓营销契机，强化现金管理产品运用，打通人行电票再贴现渠道，通过银企直联、现金池、行业收付通等新产品的使用，提升银企合作深度，提高企业年资金流。财务管理准确无误，坚守合规运营底线。加强与外部国税、地税的沟通，内部大额资金报备准确、及时。每日开展常规业务巡查，每月开展运营风险检查，每月定期召开运营风险例会。优化团队结构，团结协作，推动交叉营销，通过优化小微团队结构、精选优秀骨干打造“金牌社区团队”、厅堂一体化等有效措施。重点发展信用卡业务，将贵金属、基金、保险销售纳入持续常态化销售管理，在多项重点零售指标方面取得好成绩。

【风险内控】 围绕内控管理、资产质量以及风险退出，通过抓好细节、抓好过程、抓好结果，全力防范合规风险，逐步形成“系统有特色、同业有影响”的合规内控管理品牌。严格落实全年合规内控检查计划。在全行范围内开展专题培训、普法学习、专家讲座等活动。加强人员排查，严控道德风险。坚持定期开展员工异常行为、岗位风险、外部兼职排查，做好年度关键岗位人员轮岗及强制休假工作，组织开展廉政警示教育活动，提高干部及员工廉洁自律意识。落实责任制，确保全年安全无事故。层层签订“社会治安综合治理责任书”和“消防安全责任书”，明确职责、目标和奖惩。按照银行业安全规范标准。开展安全评估自查自评，落实隐患整改，提高人防、物防、技防的能力，确保无案件和安全事故发生，顺利通过年度综合治理检查。规范各类业务流程，管控业务风险，明确“贷款三查”的具体内容并监督落实到位，重大事项及疑难事项通过上会方式确定解决方案，防范各个业务环节的风险隐患。积极主动清收，遏制不良贷款增长，配备专职清收专员，制定“一户一策”的方案，多措并举完成南昌分行下达的全年个贷逾期任务指标，对公贷款继续保持零不良。

【基础管理】 强化体系建设与流程优化，实现服务水平大提升。树立“客户第一，真诚服务，创造价值”的服务理念，朝着“区域最佳服务银行”目标努力。实行运营外包管理，完成网络扁平化改造。在成本可行、风险可控的前提下，对赣州分行市本级、南康支行自助银行运营管理中清机加钞和维护流程实行外包管理，降低加钞人力投入、节约运营成本、转嫁加钞风险、提升加钞能力，确保自助银行的高效稳健运营。降低二级分行对专业技术人员以及机房场地建设和管理的要求，最终达到二级分行“去网络中心化”和“去机房化”的目标。紧抓人员培训，提升条线综合素质。全行各条线制定全年的人员培训计划，通过学习与培训相结合、案例与经验分享、老员工带新员工等方式提升各条线人员的业务素养和专业技能。发挥党、工会、共青团、女工委的纽带和桥梁作用。围绕中心任务，发挥党组织的政治核心作用战斗堡垒作用和共产党员的先锋模范带头作用，凝聚银行全体职工的积极性和创造力，推动银行保持高效运转、全面可持续发展。积极开展廉政警示教育活动、“两学一做”民主生活会等一系列党内活动。重视和加强家园文化建设，增强员工的主人翁意识和归属感，激发广大员工爱行、爱岗的工作热情。

【精准扶贫】 统筹调度，驻村干部强化沟通，与村干部逐户开展贫困户调查走访。摸清贫困人口，准确掌握致贫原因，投入物力人力财力支持对贫困户建档立卡。每个月由行领导带队，到村入户，解贫困户的困难，开展慰问活动，送去慰问物资。加强扶贫宣传。通过各种形式，持续加大精准扶贫工作宣传力度，采用张贴精准扶贫标语、制作扶贫工作承诺栏、公示牌宣传栏等，宣传精准扶贫开展情况，强化精准扶贫政策宣传。针对不同致贫诱因，提供精准帮扶。向赣州市财政局争取30万元的扶贫专项资金用于硬化市民休闲广场，向总行报批15万元专项扶贫资金支持，帮助贫困村完善基础设施建设。

（撰稿　何雪章　审稿　刘　君）

【领导名单】

党委书记、行长：李　云

副行长：林达胜

党委委员、行长助理：刘　君

邮政储蓄银行

【概况】 2017年，邮政储蓄银行赣州市分行融入赣州市“六大攻坚战”战略规划，以大零售为根本，以大公司为突破，以提质增效为目标，注重强化党建引领作用，注重综合管理能力提升，注重经营运行风险防范，实现经营管理“稳”字当头，企业发展工作“优”字凸显。全市分行实现收入、利润规模均列全省邮储银行第1

位，完成收入计划102%，列全省第2位；完成利润计划110%，列全省第3位。资产总额较上年增幅21%，年均利润列全省邮储银行第1位，人均经济增加值、收入利润率列全省邮储银行第2位。各项贷款结余142亿元，余额规模列全省邮储银行第2位；年净增31亿元，规模列全省邮储银行第2位，其中零售贷款年净增29亿元，列全省邮储银行第1位；贷款年增幅28%，多增15亿元；年净增绝对值列辖内各金融机构第6位，贷款年增幅超过辖内各国有商业银行。小额贷款年净增超过3亿元、小企业贷款年净增超过4亿元，分别列全国邮储银行二级分行第7位和第8位，“三农”贷款结余61亿元列全国邮储银行二级分行第3位；小企业贷款年净增及结余、小额贷款年净增及结余、消费贷款年净增均稳居全省邮储银行第1位。储蓄余额超过129亿元，年净增近18亿元，完成年计划的148%，余额绝对值、年净增数、完成年计划比、增幅均列全省邮储银行第1位。信用卡结存卡量12.6万张，年累计发卡3.6万张，均列全省邮储银行第1位；手机银行年新增激活数增幅115%，完成江西省分行下达全年计划的118%，列全省邮储银行排名第2位。资产管控成效良好，不良清收成果丰硕。逾期率、不良率较年初均实现下降；不良贷款清收总金额超过8000万元，其中核销贷款收回2200万元，清收金额列全省邮储银行第1位。

在2017年度全省经营管理绩效考核中邮政储蓄银行赣州市分行获第1名，在2017年度全省邮储银行“十强”“十优”县支行评比中，南康区、龙南县、信丰县、于都县支行进入“十强”县支行，寻乌县、全南县、安远县支行跻身“十优”县支行。在全省邮储银行14个综合管理部门考核评比中，全市11个条线获奖，8个条线实现排名进位，获3个一等奖、2个二等奖和6个三等奖。

【服务地方经济】 年内累计投放信贷资金114亿元。至年底，全行各项贷款余额142.5亿元，列全省邮储银行第二位；年净增31.3亿元，较2016年同期多增16亿元。其中，小额贷款、小企业法人贷款、消费贷款、公司贷款年净增均为近年来最高，不良贷款率低于全市银行业平均水平。与辖内各级党委政府开展战略合作，与市委农工部、农粮局、林业局、科协等多个单位共同搭建合作平台。年内选派员工与市金融工作局、中国人民银行赣州中心支行、赣州银监分局开展学习交流。围绕全市工业化、城镇化和农业现代化能源需求，向全南天排山风电项目放款1.2亿元，向中电投兴国大水山、莲花山风电项目提供17亿元授信支持，加快邮储银行对老区绿色崛起的有益探索。大力发展江西首创的“财园信贷通”和“财政惠农信贷通”，提前2个多月完成市政府下达的3.5亿元财园信贷通放款计划；截至2017年年底，年累计发放财政惠农信贷通5.9亿元，余额6.02亿元，净增1亿元，投放总量列全市银行业第2位；小微信贷通、创业信贷通、家具信贷通等政府平台类助保贷业务年净增1.33亿元，结余3.1亿元，结余规模列全国邮储银行二级分行第1位。

【普惠金融】 深化机构改革，在全市设立服务网点301个（含邮政代理网点），列全市第2位，其中县及县以下网点占比达到92%。同时为满足农村居民的小额取款需求，在全市设立605个助农取款点。为打造专业化为农服务体系，8月26日，在县市两级同步成立“三农”金融事业部，组建一支近160人的“三农”金融专职服务团队，让更多的涉农群体享受到邮储银行便捷的金融服务。至年底，累计服务“三农”客户15万人次，投放涉农贷款金额超过300亿元，余额70亿元，占全部贷款比例50%；累计发放创业担保贷款超过27亿元，扶持3万余人次创业就业，辐射带动超过3.4万户贫困户脱贫脱困；发放小微企业贷款300多亿元，服务小微企业主近10万人次。全市分行每年代发新农保、农民低保在内的社保资金超过30亿元。

（撰稿 王世琦 审稿 吴剑锋）

9月23日，中国邮储银行江西省赣州市分行借力“环鄱赛”积极开展普惠宣传

【领导名单】

行长：刘承亚（任至12月）
桑经雨（12月任）
副行长：吴小起 江卫国 王建华
张 伟
党委委员：吴剑锋

农村信用社

【概况】 2017年，赣州市农商银行各项存贷款余额分别1238亿元和782亿元，分别净增163亿元和116亿元，增幅分别为15.8%和17.45%，存贷款

余额分别占全市银行业的26.05%和22.9%；全年实现各项收入73.04亿元；不良贷款占比为较年初下降0.31个百分点；资本充足率12.82%，拨备覆盖率284.42%，贷款损失准备金率295.79%，分别提高0.06个、30.29个和55.46个百分点。至年底，全市农商银行有在职职工4889名，下辖17家法人成员行，有463个营业网点，在全市各乡镇实现物理网点的全覆盖，在全市3461个行政村设立5236个助农取款服务站。

【支农支小】 坚持“立足社区、服务县域”的市场定位，将支农支小作为是信贷支持的重点，累计发放贷款200亿元，其中累放支农贷款170亿元，支小贷款106亿元，分别占累放贷款的85%和53%。至年底，涉农和小微企业贷款余额分别为672亿元和375亿元，分别增加102亿元和56亿元，增幅12.56%和13.78%。

【服务创新】 坚持深化改革与推动创新并驱，继续深化和推进“两权”抵押贷款，唤醒农民的沉睡资产，开办农房和土地承包经营权抵押贷款试点的县级行分别扩大到3家和2家，累计发放农房抵押贷款2877笔计4.09亿元，发放土地承包经营权抵押贷款315笔计3750万元。

【精准扶贫】 发挥金融主力作用，继续以“产业扶贫信贷通”为依托，以建档立卡贫困农户为对象，加大信贷扶贫资金的发放。全年累计发放“产业扶贫信贷通”28.58亿元，完成市政府计划任务的109.9%，占全市银行业的39.33%。在大力发放“产业扶贫信贷通”的同时，赣州办事处加大挂点驻村点寻乌县吉潭镇上车村的帮扶力度，向该村派驻工作队，并捐助扶贫资金36万元，有力地推动该村的脱贫攻坚。

【社会贡献】 全年实际缴纳税费9亿元，占到全市金融业税收总额的1/3强。其中，缴纳企业所得税6亿元，占全市企业缴纳所得税总额的1/8多，纳税贡献度在全市金融机构中位居首位。开展希望小学捐建。按照1家法人成员行捐建1所希望小学的部署，全市农商银行在贫困乡村开展捐资建校的推进落实工作，至年底有10家成员行的190万元捐建资金划拨到位，其他7家成员行与当地政府及教育部门洽谈对接。

（撰稿　刘　云　审稿　邱小宇　肖冬禄）

【领导名单】
党组书记：袁秀峰
党组副书记：陈晓军
党组成员：陈宜盛

赣州银行

【概况】 2017年，赣州银行紧扣服务实体经济、防控金融风险、深化金融改革三大主线，各项业务实现稳中有进。至年底，资产总额1195.42亿元，增长13.8%；各项存款813.03亿元，增长9.06%；贷款余额516.76亿元，增长30.69%；实现利润9.18亿元。

赣州银行内设27个机关部室，下辖118个分支机构，其中分行8个，支行109个。员工2406人，其中本科以上学历人员1705人，专业技术职称人员382人。2017年荣膺江西省服务业龙头企业。

【业务发展】 回归本源，服务实体，将信贷重点聚焦地方支柱产业、民生工程、小微企业等领域，贷款余额较年初新增123亿元，增速24.8%，在全省4家城商行中排名第二。加快信贷模式创新，与进出口银行合作为赣州市棚户区建设提供25亿元融资，新发放“产业扶贫信贷通”贷款16.25亿元，完成任务数的180.5%。全年小微企业贷款新增投放89.44亿元。

【改革创新】 在全国率先推出区块链票链业务，建成票链全国监控运营管理中心。票链业务全年融资规模突破4.7亿元，得到省政府的通报表扬。加快零售业务发展。个人储蓄存款日均达到279.3亿元，增长20.3%；个人理财业务销售金额及中间业务收入分别增长192.6%和169.2%。大力发展国际业务，全年国际业务结算量突破8亿美元。大力推广保函业务，全年开立保函金额突破110亿元，增长22.6倍，为赣州地区市场份额第一名。大力发展金融科技，成功推出乐易直销银行和“商户通”业务。

【金融服务】 发挥深圳科技研发与互联网金融中心的平台优势，加强产品研发，“商户通”聚合支付、“乐易Bank”直销银行业务成功上线运营，“乐易Bank”注册用户2.33万户，开户数4269户，金融产品净申购金额累计1.45亿元。“商户通”商户数1.66万户，累计交易金额9.51亿元，互联网金融产品、平台体系初步搭建，“商户通”业务被蚂蚁金服评为全国区域性银行收单业务“最佳潜力奖”。医保“缴费通”业务在赣县区、信丰县开通，服务近百万城乡居民方便快捷地缴纳医保费用。

【内部管理】 加快推进全面风险管理，增设风险总监，统筹推进信用风险、流动性风险和声誉风险防范，完成八大条线持证上岗认证体系的构建，前中后台三道防线得到进一步夯实。积极配合监管检查，狠抓监管部门“三三四十”检查问题整改、问责工作。加强内部审计监督，全年开展审计项目18个，经济处罚56人次，金额15万余元。强化法律与合规管理，开展重点业务风险排查、检查，有效堵塞风险漏洞，内控合规水平进一步提升。

【科技建设】 以支撑全行发展转型为重点，全年完成核心计结息、“乐易Bank”直销银行等15个项目投产上线，3个项目通过人行验收等待统一安排上线，13个项目阶段性功能模块上线运行，全行应用系统数量达到92个，有力地支撑各项业务转型。加强自主研发创新，自主编制完成《赣州银行信息科技“十三五”规划》。

【队伍建设】 严格执行党的干部路线方针政策，坚持党管干部原则，坚持民主、公开、竞争、择优，健全完善选人用人机制，进一步提高选人用人公信度。一大批德才兼备的年轻干部走上重要岗位，担负起推动发展的重任。强化领导干部行为监督，强化任前廉政考察，进一步完善干部选任机制，全年对20名拟任中层干部进行廉政考察，发现问题8个，有效防止干部带“病”提拔和流转。加强与专业招聘公司和教育培训公司合作，建立覆盖全业务条线的人才培育体系和岗位晋升体系，为优秀人才的脱颖而出创造良好环境。

【党建工作】 推动开展“两学一做”学习教育，开展主题党日活动，组织党员干部赴瑞金市、于都县开展“两学一做”学习教育专题党日活动，重温入党誓词，传承红色基因。开展“讲红色故事”活动，全行4个优秀红色故事入选“赣州机关党建”微信公众号展播。推进党风廉政建设，强化干部教育管理，狠抓关键少数，引导党员干部自觉抵制腐朽思想和歪风邪气，提升思想政治觉悟，把党的纪律构筑成不敢触碰的政治高压线。

【企业文化】 开展“喜迎中共十九大赣银谱新篇”职工歌咏比赛，以实际行动向中共十九大献礼；在全行开展金融知识万里行、支持“双创”、普惠金融等服务宣传活动，提升服务形象；举办“垂直马拉松”活动、“赣银低碳行共创文明城”健身长跑暨志愿服务活动，企业凝聚力大幅提高，广大员工的归属感、认同感大幅提高。

（撰稿 张青山 审稿 邓志坚）

【领导名单】
董事长：谢京华
行长：吴 文
纪委书记：郑昌宾
监事会主席：沈海东
副行长：李小平 罗小明
梅小娜 张春秀
总会计师：肖东慧
总审计师：谢 凯
风险总监：李 敢
董事会秘书：邓志坚

江西银行

【概况】 2017年，江西银行赣州分行相继在15个县（市、区）设立29个网点（含社区银行及自助银行），累计向赣州市投放信贷资金超过700亿元。江西银行赣州分行发挥政策灵活、服务高效的优势，紧密结合赣州市经济发展特点，支持赣州市各县市区棚户区改造、基础设施、污水管网等重点项目建设，扶持当地中小企业的发展，重点支持家具制造、赣南脐橙等地方特色产业。至年底，江西银行赣州分行资产总额突破160亿元，增长60亿元；各项存款余额为158亿元，增加53亿元；各项贷款余额为129亿元，增长29亿元；实现账面利润3.5亿元。加大对赣州市各县（市、区）的金融支持力度，全力践行普惠金融，加快设立分支机构的脚步。江西银行赣州分行在大余县、石城县、蓉江新区设立分支机构。江西银行赣州分行内设公司银行部、个人银行部、计划财务部、风险管理部、营运管理部、办公室，内审中心。分行各部（室）主要履行对全行各业务的管理监督职能。

【支持地方经济建设】 发挥自身体制灵活、产品丰富、服务高效等优势，为赣州市地方经济发展注入更大活力，全年向赣州市投入信贷资金约100亿元。支持赣州市16个重大重点项目，投放信贷资金63亿元，主要为各县（市、区）棚户区改造项目以及基础设施建设。与赣州市12个县（市、区）签订金额415亿元的战略合作协议。全年实现拆迁款代发51亿元，未出现一笔差错，发放按揭贷款近30亿元。

【内控管理】 提升防范意识。参加总行开展的内控合规微视频比赛，观看学习全行各机构围绕内控合规拍摄的微视频，加强内控合规意识；组织党员及当年新入行员工到赣州监狱警示教育基地接受教育；组织多次合规培训，内容包括法律合规知识、消费者权益保护工作、反洗钱工作以及操作风险工作等多个方面。

提升防范水平。开展信贷业务及员工异常行为排查，由风险部牵头，对信贷、存款、表外、理财、财务管理、银行卡等其他业务进行全面的自查；成立法律审查小组，对和外部签订的非制式合同文本进行严格审查，严防法律风险。不定期对签订的合同

江西银行赣州分行组织干部员工参观警示教育基地

的合规性进行检查，以提高法律风险防范水平；内审中心定期对所有机构的各类业务进行全方位检查。全年内审中心开展检查68次，其中季度全面检查4次，人员履职审查48人次，根据总行要求、银监要求开展的自查及内审发起的专项检查16次。

筑牢内控防线。结合岗位不同的性质和风险点，按照经营管理人员、财务会计人员、柜面人员、信贷从业人员、风险管理人员和行政管理人员6大类，组织全行员工签订“江西银行从业人员规范行为承诺书”；通过员工家访、查询员工流水、员工征信查询等方式，排查员工是否参与民间借贷、非法集资、充当资金掮客、洗钱、涉黄、涉赌、涉毒、经商办企业、过度消费及负债、大范围举债、长期离岗或频繁请假等异常行为和社会交友、家庭变故等方面的情况；对2017年新招录的员工进行经商办企业、征信报告排查，从源头上杜绝“带病”人员流入。

强化内控动力。组织各支行行长签订“2017年度案件防控工作责任状”，组织逐级签订案件防控工作责任书，落实案防责任制；明确支行和部门负责人的案防管理责任和案件责任，将问责与晋升、评先、薪酬等挂钩，加大案防考核和责任追究力度。落实《江西银行违规积分管理办法》，做到有制必依，有错必究。

（撰稿　潘宏伟　审稿　吴丽珍）

【领导名单】

行长：雷红云

副行长：揭千才　梁加亮　郭雄军

赣州银座村镇银行

【概况】　江西赣州银座村镇银行成立于2010年12月20日，由全国中小企业金融服务领先者——台州银行主发起设立，是全国首批、江西省首家总分制村镇银行，是一家地方性法人金融机构，注册资本4.98亿元。全行有员工786人，内设办公室（保卫部）、人力资源部、渠道营管部、计划财务部、授信营管部、业务发展部、风险合规部、稽核部、消费理财营管部，开设39家支行，其中2017年新增宁都县城北支行、龙南县龙鼎支行、瑞金市壬田支行、于都县长征支行等4家支行。

2017年，江西赣州银座村镇银行坚持“中小企业的伙伴银行”市场定位，致力于为小微企业、“三农”和个体工商户等群体提供“简单、方便、快捷”的优质金融服务。至年底，累计发放各项贷款29.28万笔、金额568.45亿元，惠及10.5万户客户，户均贷款23.93万元。其中，90%以上的贷款投放给农户和小微企业，75%以上的贷款为涉农贷款，90%以上贷款通过免抵押信用担保方式发放。获“全国百强村镇银行”和“全国经营管理优秀村镇银行”，江西赣州银座村镇银行营业部被评为“中国银行业文明规范服务三星级营业网点”。

【特色服务】　推行整村授信，打造普惠金融。自2015年始，推出“星火计划”，推进整村授信工作，开发村居454个村，授信户数23361户，授信金额16亿元，用信14082户。有112个村授信覆盖率25%以上，231个村达到20%以上。通过信贷支持农村种养业的转型升级，发放生态农业贷款3.35亿元，标准化养殖贷款3.6亿元，培育脐橙、烟叶、生猪、红瓜子等70多个种养业客户群，惠及7939户种养业客户。

实行到户服务，打造“便利银行”。借鉴互联网+金融服务模式，推出移动工作站和微信分行，为每位营销人员配备移动智能终端，将金融服务从支行固定窗口延伸到社区、村居及田间地头，为村民朋友提供现场开户、业务签约、产品展示等金融服务，把金融服务送到客户家门口和田间地头。通过微信分行的实施，实现线上线下的融合，大大提高“微小”客户的申贷便利。

践行公益，打造受人尊敬的银行。组建一支近百人的公益志愿者队伍，以技术增值、健康增值、文化增值为主题常态化地开展社区公益活动。邀请农业技术专家为农户提供技术培训，开展防诈骗、识假币、申贷条件、小小银行家等知识下乡，普及金融知识；开展电影进村居、养生讲座、免费义诊、广场舞比赛、全家福摄影、包饺子比赛等，建立感情基础；开展“送温暖、送清凉、免费理发、微孝夕阳、清凉驿站”等系列活动，关爱弱势群体。

【风险管控】　将辖内支行案件防控工作责任明确到人，要求行班子成员到支行蹲点，及时了解情况，解决问题。加强对制度执行的跟踪检查力度，做到每月印发前台业务通报和稽核通报，做好节假日和重大事件的安防检查工作，纠正“以习惯操作代替制度、以信任代替制度、以情面代替制度”的行为。每季度定期开展员工道德风险排查，重点排查信贷与前台条线及各级业务部门主管是否存在违规发放贷款用于非法集资、是否与客户有资金来往、是否存在大额资金交易等异常现象，关注员工异常消费行为，有效防范人员内部风险。

【社会责任】　秉承“服务不收费、服务更到位”的服务承诺，为民众打造“免费银行”，免费项目几乎涵盖所有结算类项目，以及其他一些常用业务，如跨行转账汇款手续费、委托（托收）手续费、汇兑查询手续费、ATM跨行取款转账手续费、网上银行和手机银行跨行汇款手续费等。至年底，“免费银行”政策惠及50万名客户，让利近7000万元。不断创新服务方式，打破“朝九晚五”工作时间惯例，夏季营业时间调整为8：00—19：00时，将对外服务时间延长2个小时，通过多设营业柜台彻底解决客户办理业务排队等候问题。每年向客户发放“致客户公开信”，对所有金融服务均有限时服务承诺，明确窗口服务要求及员工纪律。引导、鼓励员工参与各类公益活动，开展“送金融知识下乡”“微孝夕阳，关爱老人”“清凉驿站”等系列活动。组织员工深入社区和农村开展大量理财知识讲座、金融产品、支付结算和反假币等金融知识宣传活动，打造百姓身边的“社区银行”。

【企业文化】 以“积极、主动、合作、快乐”为企业文化，致力打造一支充满活力，团结奋进的团队。丰富员工业余生活，提升团队凝聚力，举办迎春晚会、行庆趣味羽毛球活动、地球一小时熄灯活动、演讲比赛、“积分圆梦，为爱行动”公益活动、警示教育活动及组织观看电影等，加强员工间的交流，增强企业凝聚力。

（撰稿　赖　慧　审稿　喻　瑜）

【领导名单】

行长：潘再友

副行长：王成明　丁名钦

南康赣商村镇银行

【概况】 2017年，南康赣商村镇银行围绕赣南苏区振兴发展战略，坚持“立足社区乡镇，服务三农小微”的市场定位，深挖金融资源，走差异化、特色化错位发展道路，实现各项业务的稳健快速发展。至年底，全行资产总额26.89亿元，增长10.7%；负债总额24.57亿元，增长10.68%。各项存款余额23.34亿元，增长9.89%；各项贷款余额13.33亿元，增长0.58%。不良贷款率1.76%；资本充足率17.97%，增加3.38个百分点；日均存贷比64.09%，全年实现利润3504.72万元，上缴税1.05亿元，超额完成各项目标任务。案防工作成效显著，保持10年零发案的局面。

【风险防控】 注重风险意识传导，通过案防形势分析会、季度工作总结会及各部门和支行会议、集中学习等方式，及时传达并组织学习各类违规处罚通报文件，确保案防精神及时传达到位，提高该行员工的风险责任意识。不断优化审批流程，规范各项操作管理，完善风险管理制度，确保审批效率的同时，有效降低风险。采取多措并举，抓住重点和关键，通过有效灵活的措施，清收转化风险资产。制定各项案件风险排查方案，深入开展各项案件风险排查活动。定期进行员工行为分析、员工账户流水排查、征信记录排查、外部协助查询排查，加大员工行为管理排查力度。

【特色服务】 坚持深入农村市场，选择到经济活跃但金融服务缺乏的乡镇设立机构，将金融服务送到百姓家门口，践行普惠金融工程“最后一公里”。坚持市场为导向，不断创新业务品种，秉承“重实质不重报表”的原则，采取贷前调查实地建账法，解决南康本土广大中小企业和市民、农户的信贷需求。充分发挥地理位置、服务模式、一级法人机构等优势，瞄准小额贷款需求客户群体，持续加强与南康各大家具协会、家居协会、服装家纺协会、物流协会、小家电协会、商会等行业协会、商圈的沟通与交流，为小微企业打造良好融资平台。

【队伍建设】 壮大前台人员队伍，对柜面条线和后台部门进行优化。新设业务拓展部，下设5个团队，对团队长进行公开竞聘，对客户经理实行双向选择，每个团队配备3—4名客户经理，使整个条线的战斗力得到增强。改革员工薪酬体系，打破目标年薪制，对每项业务具体定价，分条线制定支行行长、客户经理、柜面条线、后台部门等考核方案，降低保底工资，真正做到“多劳多得，少劳少得，不劳不得”，使考核结果更具透明性和公平性，较好地激发员工创造绩效的潜能，调动员工积极性，使员工实现自然淘汰。强化员工培训，邀请专业培训机构和总行小贷中心，开展分条线、多层次的培训课程和外拓训练。

【企业文化】 围绕村镇银行的特点和实际情况，着力打造“奋斗文化”，增强员工的艰苦奋斗精神；营造“家园文化”，增强员工的认同感和归属感；培育“合规文化”，增强员工的合规意识和廉洁意识。开展“青春”朗读会、青年歌手大赛、员工集体生日会、秋日登高比赛、“最美微笑”评比等一系列文体活动，激发团队的青春活力，增强员工的归属感和凝聚力，形成奋斗、家园、合规的企业文化。

（撰稿　严小婷　审稿　陈　荣）

【领导名单】

董事长：谢贵芳

行　长：李启涛

监事长：张小健

副行长：黄玉琴　陈　荣

（本栏编辑　王志辉）

保险业 证券业

保险业监管

【概况】 2017年，赣州保险业监督管理分局根据中国保监会、江西保监局和市委、市政府的统一部署和相关要求，统筹协调，精心组织，做好保险监管相关工作。按照全面从严治党要求和稳中求进工作总基调，围绕服务实体经济、防控金融风险、深化金融改革三项任务，内抓机关建设，外抓市场监管，推动辖内保险业服务赣南苏区振兴发展大局。

【保险监管】 围绕“监管姓监”，赣州市保险业监督管理分局重塑保险监管理念，厘清监管边界。坚定不移强化监管，坚决果断治理乱象，坚决守住不发生系统性风险底线。树立并强化监管权威。从强化风险预防，强化风险排查，强化风险处置3个方面强化管控，守住市场风险底线。从现场检查与非现场检查并重，改进监管方法手段两方面严格监管，整治保险市场乱象。

【服务实体经济】 坚持服务导向，为实体经济保驾护航。督促保险业优化理赔服务，协助企业防灾减损，为实体经济撑起风险保障伞。8月，针对中矿（赣州）国际钴业有限公司发生的火灾爆炸事故，承保公司第一时间响应，向该企业赔付120万元左右，帮助企业恢复生产。助推地方企业走出去。全年出口信保累计承保出口企业221家，承保金额2.77亿美元，分别增长45.4%、85.9%。其中，承保赣州港出口企业14家，承保金额1350万美元，带动出口近1.8亿美元，增长41.4%。保额增幅和对出口企业的覆盖面均列全省各设区市第一。全市钨和稀土、家具、纺织等行业收汇安全进一步保障，实现保单融资4.3亿元，增长18.3%。小微企业实现出口3.19亿美元，增幅20.1%，小微企业承保覆盖率64%，列全省各设区市第一。

【完善民生保障】 全年赣州市贫困人口商业补充医疗保险累计向29.75万人次支付赔款3.5亿元，贫困户自付比例降至5%以下。健全贫困人口商业补充医疗保险机制，协调扩面提标。加强与市卫计委、财政、民政和扶贫办等部门的沟通联系，加大政策支持力度，提高筹资标准，将赣州市贫困人口医疗商业补充保险交费标准由120元/人提高至260元/人，取消起付线，扩大赔付范围。优化承保理赔服务，简化流程。成立联合督查小组，深入贫困户、农医中心、医院、保险公司调研“四道保障线”运行情况，简化理赔材料，用医保结算单代替原始单据，协调在全市各县（市、区）上线一站式结算系统，推动经办部门实现合署办公。

【推动农业保险发展】 2017年，全市农业保险实现保费收入1.66亿元，增长39.7%，高于全省平均增速12.6个百分点。累计提供风险保障234.04亿元，全年累计赔付8435.85万元，增长50.5%。完善中央补贴型农业保险产品。确保辖内承保公司从扩展保险责任、放宽承保条件、合理设置免赔等方面完善中央补贴型农业保险产品，确保水稻保险按今年新政提标降费，顺利完成国家级和省级公益林保险的参保衔接工作，为18个县（市、区）的100.39万公顷公益林提供7529.8万元的风险保障。推动地方特色农业保险。指导推进各县（市、区）“一县一品”特色农业保险，全年有8个县（市、区）成功承保，包括瑞金市、上犹县的油茶，赣县区的甜叶菊，安远县的烟叶，石城县的白莲等，为地方特色农业提供1.8亿元风险保障。

【保险增信】 探索建立政府、商业银行、保险公司多方参与、风险共担的扶贫信贷保证保险，向市政府试点工作方案提出修改建议，建立风险封顶机制，缓释参与各方的风险损失。督促人民财产保险公司按要求开展试点工作。解决金融机构“不愿贷”、贫困农户“贷不起”问题。在定南、于都、会昌等县进行试点，推动信贷资金以贫困户自主发展产业、企业+贫困户、光伏贷、党建+光伏、农村产业合作社投资脱贫等模式投放，为贫困户增加收入。

（撰稿 朱泽源 审稿 李小锋）

【领导名单】

党委书记、局长：李小锋

党委委员、纪委书记、副局长：何剑勇

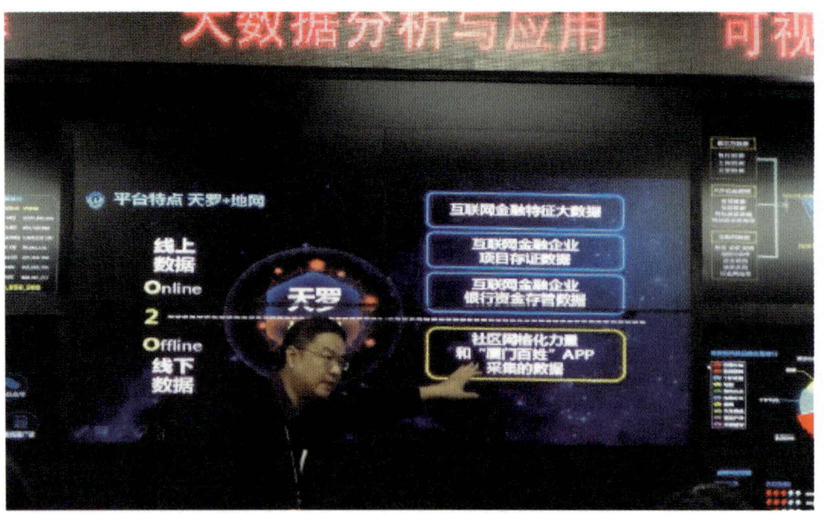

11 月 23 日—24 日，赣州市金融监管部门及有关金融机构，赴厦门市金融风险防控预警平台（美亚柏科公司）、两岸金融中心、金圆集团等考察学习

中国人民财产保险公司

【概况】 2017 年，中国人民财产保险股份有限公司赣州市分公司贯彻落实上级公司的工作部署，按照全面从严治党的新内涵、新要求，坚持“对标市场、创新驱动、服务制胜”新理念，以“跨入‘百亿军团’，打造江西样板”为总目标，以“稳增长、优结构、创价值、防风险”为主基调，着力提升发展能力、盈利能力和服务能力，公司继续保持快速发展的局面，实现保费、利润双丰收。全年实现保费收入 22.48 亿元，增长 53.75%，保费规模位居全省第一。累计提供各类风险保障 1.2 万亿元。综合成本率 92.06%，下降 0.03%。支付赔款 17.63 亿元，增加 3.99 亿元，赔款增长 60.27%，处理案件 21.28 万件。上缴各类税款 1.69 亿元，其中代扣代缴车船税 7887.2 万元。提供就业岗位 3471 个。

【保险险种】 提供的保险服务产品有财产保险、责任保险、人身意外伤害保险、健康保险、农业保险、保证保险 6 大类。主要开办机动车辆交强险、机动车辆保险、电动车第三者强制责任险，企业财产保险、个人抵押物贷款保证保险、货物运输保险、建筑工程保险、家庭财产保险、团体人身意外伤害保险、人身意外伤害保险、老年人乘车意外险、建筑施工人员意外险、驾驶人员意外险、学生安康保险、借款人意外保险、母婴安心保险、计划生育手术安心保险、计划生育爱心保险、团体女性特定疾病保险、大病补充医疗保险、校园方责任保险、乘运人责任保险、安全生产责任保险、电梯责任保险、自然灾害公众责任附加见义勇为责任险、大中专院校实习责任险、政策性能繁母猪保险、育肥猪保险、林木综合保险、奶牛养殖保险、农房保险、水稻、花生保险、林木火灾保险、社会治安综合保险、政策性农房保险、安居房工程险、鲜活货物货运险、随车行李物品保险、出口信用保证保险、“金信保”保证保险、贫困人口疾病医疗商业补充保险、贫困人口农房保险、光伏产业保险等险种。

【经营管理】 坚持“目标导向、聚焦问题、缺口管理、过程监控、一跟到底”的工作方法，狠抓精细管理，不断加强理赔管控，优化承保结构，做好财务管理。牢牢把握成本控制和服务提升两大主题，紧紧盯住重点工作和关键环节，突出过程管控，抓好执行落实。健全和完善一整套公司运行和管理规章制度，包括承保、理赔、财务、会议、事务和绩效考核考评等各个方面，做到制度完善，有章可循。继续开展“猎鹰”行动，吸纳人才，充分发挥个代营销员队伍的作用。持续拓宽农网渠道，加强农村网点建设，抢占农村市场。充分利用政府突出民生工程建设，全力开拓政府、行业系统渠道发展新空间，着力提升保险社会治理现代化水平。进一步完善承保管理和超权限报批程序，从严控制业务源头，进一步调整产品线承保政策，提高风险管理能力。实施费用差异化配置政策，合理配置财务资源，强化财务监控，发挥财务监督职能，取得良好效果。

【保险理赔】 简化手续、优化流程、细化考核，不断压缩理赔周期，提高理赔效率，提升客户满意度，促进业务发展。创新工作流程，推进新技术的应用，开展微信理赔和一站式理赔服务，实施保监会印发的小额理赔服务细则，简化理赔环节，优化通赔流程；创新服务手段，把客户“请进来”开展安全教育和车辆基本保养知识培训活动，推出综合修理厂定期优惠保养活动，推出为优质客户出险代办理赔手续、提供代步车等服务活动。万元以下理赔周期实现 9.46 天达到挑战目标；综合赔付率等指标处于全省领先水平；人伤专项考核有 8 个月排名第一。客户投诉量下降 122 件，下降 22%。

【重大承保】 2 月 28 日，为解决百姓因病致贫、因病返贫，于都县政府在为全县建档立卡贫困人口购买大病商业补充保险的基础上，由财政出资为全县 60 周岁以上户籍人口在人保财险公司购买补充医疗保险。保险服务人口 11.12 万人，开创全国首例 60 周岁以上老年人商业性疾病补充医疗保险。上犹支公司成功续保农村贫困人口疾病医疗商业补充保险项目。4 月 14 日，上犹支公司成功续保全县 2017 年农村贫困人口疾病医疗商业补充保险项目，收取保费 529.49 万元。5 月 27 日，赣州市分公司中标赣州市城镇职工大病保险。人保财险与人保健康组成的联合体确定为赣州市城镇职工大病保险承办服务招标项目的第一名，获赣州市城镇职工大病保险的承办权，年保费收入达 1500 万元。

【重大赔案】 赣州市分公司协助处理中化江西三美化工“1·24”中毒事故。1月24日22时许，位于赣州市兴国县的中化江西三美化工有限公司因新进原材料发烟硫酸在卸入储罐过程中发生中毒事故，造成2人死亡，49人住院治疗，事故人员伤亡损失达到350万元。赣州市分公司积极协助处理相关事宜。赣州市分公司快速应对“8·19”南康家具厂火灾事故。8月19日凌晨3时许，南康区友亿佳家具厂发生火灾，造成存货和厂房等严重受损。赣州市分公司迅速成立“8·19”火灾工作组，积极做好火灾后续保险理赔工作。

【企业文化建设】 加强宣传引导，抓好文化建设，关心员工需求，增强队伍向心力和凝聚力。加强知识管理平台的推广运用，在员工中形成“有疑难、问平台，有经验、献平台”的良好习惯，提升员工综合素质，鼓励员工参加各项活动竞赛。重视员工幸福感工程建设，制定员工幸福感工程承诺，建立爱心团队和爱心基金，积极开展救助受灾客户、资助困难员工、爱心助学、关爱老人、无偿献血等活动。开展各种业务、技能素质培训，提升员工专业水平。强化基层党组织建设，发挥基层党组织先锋作用，深入开展党员“一对一”活动，提高基层员工综合素质，引领公司上下形成良好的文化氛围，推动创先争优活动。

（撰稿 杨东文 上官鸿 审稿 许小民）

【领导名单】

总经理：张美明

副总经理：许小民 冯章军 陈孝珍

中国人寿保险股份有限公司

【概况】 2017年，中国人寿保险股份有限公司赣州分公司坚守“发展第一要务、合规第一责任”的经营理念，坚持科学发展，注重协调发展，立足全面发展，在压缩1亿元趸交保费的基础上，全年实现总保费22.84亿元。其中，新单期交保费4.83亿元，完成比例99.51%；标准保费23870.49万元，完成比例97.58%；10年期保费29785.46万元，完成比例99.01%；短期险保费16383.50万元，完成比例95.85%；保障型产品保费（10年期及以上）14833.99万元，完成比例213.19%。个险渠道新单期交40894.6万元，完成比例102.08%；10年期26779.53万元，完成比例95.27%；标保21516.91万元，完成比例97.95%。系统架构人力9801人；月均三晋率43.07%，月均增员率7%；季均有效人力5792人，完成比例79.5%。主管人数1183人，其中处经理152人，区域总监5人。银保渠道新单期交6521.74万元，完成比例84.79%；10年期2416.46万元，完成比例96.85%；标保2199.09万元，完成比例88.14%。系统架构人力1666人，保险规划师队伍1564人，月均增员率5%，季均有效人力实现251人。团险渠道大短险16386.08万元，完成比例95.85%。其中，个险实现2327.06万元，银保实现231.40万元，团险实现13827.62万元。系统架构人力420人，综合拓展队伍人力36人，完成比例120%。健康险渠道保费收入23543.57万元，完成比例98.1%。累计理赔18533人次，理赔金额9144.42万元。

中国人寿赣州分公司有党委、总经理室成员4人，资深主管2人，市场调研员1人。赣州分公司有职能部门11个，下辖综合县支公司18个、城区专业化支公司5个。全市系统在职职工455人，劳务派遣人员33人。

【业务发展】 求真务实，创新转型，各级班子靠前指挥、全市上下互为联动、一线后台密切配合、销售伙伴奋力拓展，整体稳中有进，转型升级逐步深化，长长期险首年标保、保障型产品和个险标保完成比例全省排名第一；经营绩效指标考核、首年期交保费、10年期及以上首年期交保费、个险新单期交、银保新单期交、银保标保完成比例均在全省前三。个险期交、标保和大短险业务占比20%。个险新单期交快速发展，分别增长33.75%，突破4亿元，续期保费突破11亿元。保费结构不断优化。创费高的期交保费增长幅度大，银保期交保费增长55.94%，十年期保费增长73.1%，标保增长88.88%。短险促长险理念深化，短险业务比重提高，大短险增长56.12%。团险渠道开拓新业务，开发“第一书记”、常驻干部意外伤害保险、村干部意外伤害保险保费和旅游保险等。截至11月数据，在全省比值普遍下降的情况下，规模保费比值上升9个百分点，人力比值上升10个百分点。

5月11日—12日，中国人寿赣州分公司举办全市城乡居民（原新农合）大病保险业务培训班

5月19日，中国人寿上犹县支公司联合有关部门开展“慈善助学”捐赠活动

【客户服务】 改进服务品质，改善服务效率。开展温馨柜面活动。做好送服务到家活动，柜员带好相关资料上门服务，在客户家中为客户办理业务；推广使用新增智能叫号系统。坚持制式化送培训进职场。各单位每月确保2次以上送业管客服知识进职场，将销售人员应知应会的相关客服知识主动送培训进销售职场，有效助推业务发展，提升管理品质。

【风险管控】 风险管控、合规经营，全市系统员工和销售伙伴风险、合规意识显著提高，销售误导等现象得到改善；风险防范管理工作纳入各条线、各部门基础工作，在各条线建立风险管控制度，完善风险管控措施，增加风险排查、自查次数。年初与各营业单位签订党风廉政建设责任书和风险管控责任书，增加各营业单位反洗钱监测子系统领导权限，要求各营业单位领导对可疑数据把关。

【公司环境改良】 赣州市分公司进行43宗装修改良项目，累计投入499.91万元。其中，9个营业单位11宗装修项目投入238.25万元，14个营业单位32宗改良项目投入261.66万元。在建4宗购置、自建项目投入4143.77万元。大范围改善公司辖内营业场所、办公场所、职场环境，巩固品质、专业的公司形象。

（撰稿 王 珺 审稿 黄金平）

【领导名单】
党委书记、总经理：李德荣
党委委员、纪委书记、副总经理：熊春彦（女）
党委委员、副总经理：邬兴强
党委委员、总经理助理：谭云兰（女）

太平洋人寿保险公司

【概况】 2017年，中国太平洋人寿保险股份有限公司赣州中心支公司紧紧围绕“固本清源、转型创新、合规经营、系统推进”的总体经营思路，全面落实转型升级，聚集营销、聚焦期缴，坚持“价值可持续增长”的经营理念，各项工作稳中求进。公司累计完成保费收入10.6亿元，增长31%；总标保18.69亿元，增长20.2%。大个险标保18.39亿元；渠道业务非健险保费2849万元，新保保费3219万元，增长6.04%。内外勤总人力9000余人。

【经营战略】 公司以客户需求为导向，致力于提供全生命周期的专业关注与整体解决方案。通过持续的产品创新和服务创新，满足客户多方面的需求，在售险种覆盖人寿保险、年金保险、健康保险、意外伤害保险等多个领域。在产品策略方面，优先发展保障型、长期储蓄型产品，通过数据分析与客户洞见开发客制化产品；在客户策略方面，致力于完善客户服务体系，创造以“坐享服务、智能导航、便捷透明”为核心要素的全新客户体验，认真履行保险责任，切实保障保险消费者的合法权益，强化诚信建设，实施承保、理赔透明化举措，不断完善95500全国客户服务电话体验和高端客户增值服务；在营运体系建设方面，公司积极探索和实践基于新技术应用的模式创新和流程再造，将智能移动终端、3G无线网络、第三方实时支付、保险智能引擎、微信平台等有效结合，在行业内打造并推出“神行太保”智能移动保险生态系统，推动销售和服务模式转型升级。

【公益活动】 在追求可持续价值增长的同时，自觉履行企业公民的社会责任，致力于各类公益活动。公司开展关爱贫困村民、捐资助学、敬老院慰问等公益活动。“九九”重阳节期间，兴国营销服务部举行敬老爱老物资捐赠活动，为老人整理日常事务及准备舞台节目为老人助兴；在关爱于都县高屋村贫困村民活动中捐款20万元，助力产业扶贫。

【理赔】 年内，受理理赔案件2604件，赔付理赔金额为4319.17万元，其中短期险赔付金额为724.99万元，长期险赔付金额为3594.18万元。充分发挥保险“经济补偿和社服风险管理”职能，真正做到“用心承诺，用爱负责”。

（撰稿 廖来金 审稿 刘晓华）

【领导名单】
总经理：谢水泉
副总经理：李子荣

太平洋财产保险股份有限公司

【概况】 2017年，中国太平洋财产保险股份有限公司赣州中心支公司业务发展和风险管控同步进行，努力提高公司内在价值。全年，实现保费收入3.23亿元，增长-1.97%；年内发生赔案件数34982件，综合赔付率58.21%；车险发生赔案27021件，累计赔款支出14999万元；非车险发生赔案3287件，累计赔款支出2729.77万元。赣州中心支公司下设大余1个县（级）营销服务部，章贡区、赣州经济技术开发区、赣县区、于都、龙南、瑞金、兴国、宁都、南康、信丰、上犹、寻乌、会昌、安远、定南、崇义、石城17个县（市、区）级支公司，筹建全南县支公司，设18家分支机构；内设总经理室、综合管理部、财务部、车险部、非车险部、电网销、交叉（个代团队）、车商团队、法客团队、团车团队等10个部门；公司劳动合同制人员172人；兼业代理80家、个人营销代理327人。

【险种】　公司承保各种财产险、责任保险、短期健康保险和意外伤害保险等80余个险种。业务范围涵盖电力、汽车、机械、化工、电子、水利、桥梁、建筑、公路、航空以及高科技产品等各行业和各领域。年内，公司主要承办的险种有机车险、企财险、家财险、短期人意险（含团体和个人）、建工一切险、货运险、责任险等7大类险种。积极拓展新的险种，加大对政保创新业务、个人类业务的发展。

【理赔】　实行查勘、定损、赔款限时服务，以新技术为牵引，让手机APP理赔系统全面的替代原本的理赔方式，万元以下无人伤案件1小时快赔。开通小额赔款简易赔付绿色通道，为客户提供理赔咨询、索赔提醒、急难救助、急救担保、自选修理厂、提供上门送赔款等客户服务工作；完善工作流程，增加对内外勤人员的考核要求，在人伤案件中极大地增加理赔人员与被保险人及三者的解除机会，提高结案率和理赔速度；建立客户信息平台并进入运行状态，为客户提供续保提醒、赔款告知、节假日问候等服务。全年，车险发生赔案27021件，累计赔款支出14999万元。发生10万元以上的赔案325笔，合计赔付5336.72万元，其中最大一笔赔付113.27万元。

非车险发生赔案3287件，累计赔款支出2729.77万元。发生10万元以上的赔案56笔，合计赔付1574.8万元，其中最大一笔赔付199.66万元。

2017年度车险重大理赔案件

表12　　单位：万元

被保人名称	出险原因	已决赔付款
刘××	与摩托车相撞，造成双方车损及三者多人受伤，且1人受伤致残事故	113.27
黄××	与电动车相撞，造成三者一人经抢救无效死亡事故	111.25
赖××	超车撞三者车及两辆电动车，造成四车受损及三者四人不同程度受伤事故	110.00
龙南县××汽车运输服务有限公司	与摩托车相撞，造成三者1人重伤致残事故	110.00
明　×	与相对方向车辆相撞，造成三者多人受伤事故	83.75
蔡××	与行人相撞，造成三者经抢救无效死亡事故	65.57
廖　×	与2名行人相撞，造成一死一伤事故	62.33
陈××	与摩托车相撞，造成一死一伤事故	62.05
江西省赣县××汽车公司	与摩托车相撞，造成三者1人死亡事故	61.43
唐××	与相对方向摩托车相撞，造成三者1人当场死亡事故	61.00

2017年度非车险重大理赔案件

表13

被保人名称	出险原因	已决赔付款（万元）
江西×××航电枢纽投资开发有限公司	洪水致工程受损	199.66
南康区××包装材料厂	火灾致财产受损	114.84
刘××	检修线路时被电身亡	60.00
汕头市××局	台风致工程受损	57.80
李××	员工吕××在工地上班时意外摔死	49.90
南康区龙华乡××木业	员工孟××上班时突发疾病死亡	49.00

续表 13

被保人名称	出险原因	已决赔付款（万元）
南康 ×× 家具厂	工人刘 ×× 上班时突发疾病死亡	48.13
赣州市 ×× 废品回收有限公司	工人林 ×× 上班时被铁块砸伤脑部死亡	48.06
李 ××	下班回家路上发生交通事故死亡	42.00
赣州市 ×× 局项目办公室	排水沟流量不够导致下雨时水位上涨，周边 3 家家具厂财产受损	39.32

【内控管理】 任期管理，签订“经营目标责任书”“合规经营责任书”“综合治理和安全保卫责任书”，规范负责人的经营行为；完善基层内勤人员的管理，对县（市）级机构的内勤人员统一归集于中支公司管理和考核。开展各岗位的考评、考核，统一考核结果归集和运用。加强财务风险管控，规范银行账户、会计科目、现金、印鉴的管理，加大应收保费清收，实行见费出单后，车险保费实现零应收。推进反洗钱工作。严格业务风险控制，实行核保前置政策，加强风险因素管理，做好防灾防损工作。完善理赔工作流程，提高现场查勘率和回勘现场率，强化和当地公安经侦部门金融合作，防止骗赔事情发生。

【诚信体系建设】 根据江西保监局和太平洋财产保险股份有限公司江西公司的诚信体系建设统一部署和要求，贯彻实施省公司《关于加强营销员代理资格考试管理办法》《关于营销队伍持证率管理考核办法》《营销员信用档案管理办法》《营销员信用考评办法》，严格遵守市行协《车险、非车险自律公约》，组织员工强化业务知识学习。严格财务制度，严禁违规支付代理手续费、佣金和擅自修改条款、调整费率违规开展业务，杜绝假赔案套取资金的行为和设立账外账、“小金库”、截留保费、埋单、违规退费行为，为合规经营奠定坚实的基础。

（撰稿 李泽论 审稿 钟 熙）

【领导名单】
党组书记、总经理：项德葵
副总经理：谢瑞真
总经理助理：李 辉 张水林

平安财产保险公司

【概况】 2017 年，中国平安财产保险股份有限公司赣州中心支公司（以下简称公司）贯彻落实“抓服务、严监管、防风险、促发展”工作方针，坚持“保险业姓保”的发展方向，坚持“专业创造价值”，稳健经营。全年公司保费规模 5.7 亿元，增长 20.9%。

【专业理赔】 公司坚守“以人为本”“客户为中心”理念，凭借扎实的专业技能和领先的科技平台服务客户，践行企业社会责任。在赣州家具厂案件中，公司第一时间成立应急工作小组，安排人员赶赴现场开展查勘救援工作，完成赔付案件 234 笔，赔付 442 万元。

【客户服务】 公司围绕客户需求，创新服务模式。3 月，公司组织各四级机构参与“美好生活，保险保障”的主题宣传活动，在线上线下平台开展保险知识有奖竞猜活动，让客户轻松掌握学习保险知识，做保险行家。在行业首创日间报案 5—10 分钟内开展现场查勘服务，帮助客户实现“0 等待”，大幅缩短车险理赔客户现场等待时间。提供医疗费垫付服务，为客户分忧解难。7 月 19 日，标的车出险，造成一死一伤，事故发生后南康支公司医疗查勘员积极与客户及第三者沟通，解客户资金困难，先行垫付医疗费 1 万元用于第三者住院治疗。

【精准扶贫】 公司启动总公益投入为 100 亿元的“三村建设工程”，面向“村官、村医、村教”的 3 个方向，实施产业扶贫、健康扶贫、教育扶贫。为定南县 19000 名建档立卡贫困人口，提供总计约 1.33 亿元的意外医疗险和意外死亡险保险保障，为当地贫困群众织起“扶贫 + 保险”的防护网，让保险精准扶贫惠及更多贫困群众。

【公益活动】 公司秉承“服务社会、传递关爱”的宗旨，6 月 7 日—8 日高考期间，公司客服部在赣州中学设立助考点，准备防暑降温物品、高考专用文具等应急用品，给考生提供便利；派出爱心送考车，接送 40 余名考生及家长回家，助力考生一路畅行。9 月 30 日至 10 月 7 日“国庆”期间，公司在信丰县高速路口开展国庆护航行动，由理赔人员与客服人员组成专业服务团队为来往车辆提供保险咨询、道路指引、紧急救援、理赔办理等专业全方位服务，解决客户的实际问题，护航期间，服务案件数 100 余件。

（撰稿 苏 颖 审稿 郑立萍）

【领导名单】
总经理：曹开云
副经理：严 云 江新沛 杜 涛

证券市场

【中信建投证券赣州文清路营业部】 2017 年，中信建投证券赣州文清路营业部按照“厚植根基，提质增效”的发展思路，围绕“抓客户、引资产、卖产品”三条主线开展业务工作。围绕代理买卖收入市场份额指标，以金融产品销售为工作重点，以客户为中心，以转型创新为动力，完善财富管理体系，以满足客户全方位、多层次的投融资需求。内设个人金融部、机构金融部、产品部、客户服务部和综合管理部。正式员工31人，证券经纪人42人。全年实现营业收入1754万元，其中手续费净收入1368万元；利差收入384万元；累计实现利润973万元。

市场拓展。抓牢银行渠道建设，和辖区内银行保持密切合作。营业部与建设银行赣州市分行、农商银行、邮政储蓄银行赣州市分行、中信银行赣州市分行等银行开展形式多样的银证合作活动，取得良好的效果。全年营业部新增开户数11129户，开发有效户790户，累计引进资产1.2亿元，托管市值42.62亿元。

双融业务。重心转移到融资融券潜在客户和未激活客户的深度挖掘。筛选出符合开立融资融券账户的客户，开展逐一盯户营销，提供两融基础知识、进阶知识培训，循序渐进培养客户，以提升信用资产和融资融券余额。营业部融资融券客户年初资产转换率较低，有近4亿元资产在客户的普通账户中，对转换率较低的客户逐一回访，向其讲解融资融券账户功能，配合营销活动方案和投顾服务提高客户资产转换率和信用资产，提升双融业务贡献度。全年新增融资融券账户53户，有效激活客户25户，新增信用资产3835万元，全年实现收入854.37万元。融资余额长期稳定在2亿元左右。

业务创新。抽调4名业务骨干充实公司金融队伍，组建机构金融业务拓展团队。机构金融部成员重点拜访赣州市、周边县市商业银行、私募、企业、产品客户，寻求合作契机。深挖机构客户的需求，为机构及企业客户提供理财顾问、市值管理服务，通过信托产品、三板定增、股权投资等多元化投融资项目开发和服务机构客户及高净值个人客户，增加交易型资产的引进，提升代买收入增幅，引进资产。

产品销售。扩充产品部队伍，加大产品的研究、筛选、推广力度和过程化的辅导及后期跟踪。在产品销售流程上，建立售前、售中、售后的标准化销售流程，通过细化流程管理，提高产品销售水平。深耕存量客户，加强日常电话营销，将低周转率客户、空户转化为双鑫、产品客户；加大与银行合作的广度和深度，紧盯并转化银行理财客户，实现产品销售常态化。每月制定产品考核激励方案，配合营销政策支持，提升员工销售意识，实现月月有出单。选择重点销售产品，发动全员进行重点营销。全年营业部销售金融产品标准销量1.44亿元，实现产品创收143.83万元，其中代理买卖收入49.58万元，非代理买卖收入94.25万元。

品牌宣传。与赣州新闻广播电台《股市开盘》栏目、赣州晚报《A股一周精彩点评》及赣州金融网的合作，实现在广播、报纸、微信公众号等媒体中与投资者“天天见面”的宣传效果。加大品牌宣传力度，扩大营业部知名度，为营业部营造良好的品牌宣传环境。

客户服务。成立客户服务部，构建客户服务体系，提高客户服务水平和效益。客户服务工作整体有序。在夯实客户基础的同时，梳理设计客户服务流程，细分客户，全方位地实施差异化服务。重点关注机构客户、高净值客户、高周转客户及两融客户动态，与核心客户建立并保持密切、良好的沟通，及时解客户需求，通过服务提升核心客户满意度、忠诚度，做大营业部客户存量与客户资产规模。

合规和反洗钱。扎实做好合规和反洗钱工作，一切工作合规先行，全年客户服务部配合合规部进行多项业务自查，其中包括开户业务、创业板业务、沪港通业务、新三板等。营业部严格按照公司要求和投资者适当性原则开展业务，不符合条件的业务进行及时整改。在合规工作方面，定期或不定期组织全体员工进行学习，每月至少组织一次合规培训，组织员工参加总公司各类合规培训。开展反洗钱宣传活动和反洗钱知识培训。在营业部大厅设立反洗钱宣传栏，张贴反洗钱宣传画，摆放反洗钱宣传展架，设立反洗钱咨询台，不定期进行反洗钱培训。营业部认真履行证券金融机构反洗钱义务，未接受人民银行专业检查，未接受人民银行反洗钱处罚。

（撰稿　俞承东　审稿　刘嘉瑶）

【国盛证券】　国盛证券有限责任公司成立于2002年12月，2016年4月成为国盛金融控股集团股份有限公司（股票代码：002670）全资子公司，注册资本46.95亿元。总部位于江西南昌，在北京、上海、深圳等重点城市设立业务管理总部，在31个省（直辖市）、自治区设立246家分支机构。国盛证券在赣州市设有3个中心营业部，3个直属营业部，15个二级网点，网点覆盖全市。通过各级网点，国盛证券提供传统的通道服务，向广大投资者推介江信系列基金、国盛固定收益凭证、承揽转介绍政府民生工程信托项目。

赣龙营业部　2017年，赣龙营业部严守“合规”，实现安全合规经营。全体员工签订合规执业承诺书，组织全员参加合规培训，反洗钱培训，投资者教育及适当性管理培训，进行法律法规制度考试，提高合规工作水平。通过完善业务流程，开展定期检查方式，保质保量完成各项工作，全年实现安全合规运营。年内开展反洗钱、打击非法证券、百万网民学民法竞赛、投资者适当性管理等多种宣传教育活动，客户座谈4次，发送短信20万条，客户电话回访通知7768次，制作投资者教育专栏5块，非现场QQ群客户数537人。贯彻落实国家金融法律法规、人民银行政策规定、外汇管理相关规定，维护正常金融秩序，有效预防各种洗钱犯罪，推动营业部反洗钱工作，重视投资者服务工作，按要求建立完善的客户纠纷处理流程，及时处理和解答客户各类问题。加强日常合规工作执行。当天的业务进行稽核，通过证券风险监控管理平台、反洗钱系统，当日的交易情况进行实时监控，预警信息进行及时跟踪、处理。每月、每季、每年都按公司要求进行经纪业务合规自查，通过自查、检查提升合规管理能力。

（撰稿　李孟熙　审稿　曾　玫）

文清路营业部 开展“远离非法证券活动，传递正能量”“加强账户管理，完善反洗钱、反恐怖融资、反逃税监管体系”等宣传活动。积极开展营销活动，开发增量客户，挖掘新的客户资源、积极引进客户资产，注重存量客户的维护。坚持以客户为中心，提供全方位、多角度的服务。对客户进行分类管理，核心客户打包分配给员工维护的同时，注重休眠客户的管理。投顾团队建立客服QQ群，随时为客户答疑解惑，有效活跃营业部的交易氛围；建立股票池，每个交易日提交股票池调入调出品种，并说明理由、操作策略，股票池对投资热点的准确捕捉、荐股准确率及高收益率，得到客户的认可。

践行以卓越服务立业、以改革创新驱动、以控制风险安身、以金融科技图强的经营理念，合规经营。坚持以客户为中心，提供全方位、多角度的服务。始终强调全员的合规意识，力求把合法合规经营贯穿每项业务每一流程，严格把控风险。

以中心业务部为主导，推动二级营业部的建设和发展。发挥中心营业部的业务经验优势，加强业务操作培训；强化合规管理，把合规巡查常态化；依托中心营业部组建的投顾团队提供的每日盘前提示和盘后点评，信息资讯、QQ客服群在线值班制度及群股票池、股市操盘等，提升服务内涵。

主动挖掘市场潜力、寻找合作伙伴，南下广东省、远赴四川省，与私募基金、企业、银行洽谈合作事宜。建立创新业务信息库，完善创新业务信息收集渠道。

（撰稿　彭旭红　审稿　杨松青）

赣州章江南大道营业部 营业部位于赣州章江南大道26号，设有客户服务部、市场营销部、综合运营部及综合金融部等职能部门。主要经营证券经纪、证券投资咨询、与证券交易、证券投资活动有关的财务顾问、证券承销与保荐（仅限项目推介与承揽）、融资融券、证券投资基金销售、代销金融产品等。国盛证券赣州章江南大道营业部以“诚信、担当、包容、共赢”为核心价值观，始终以优质高效的服务，不断满足投资者多方位需求，为中小企业提供证券金融服务，为实现公司的可持续发展，繁荣地方经济做出贡献。

服务地方经济。营业部以服务地方经济为己任，主动联系各类企业，帮助企业进行IPO和引进拟IPO企业落户，为企业做好上市辅导，为企业上市挂牌牵线搭桥。公司场外市场承做的赣州富尔特电子股份有限公司于2017年12月26日通过全国股转系统挂牌批复。

合规经营，严控风险。营业部把合规经营理念渗透到每一个岗位和环节。对业务流程和操作办法进行同步修订，确保员工按合规流程操作。建立重重复核、层层检查、交叉重检、合规把关、负责人督查的监督机制，防止疏漏，避免风险。明确岗位职责，建立分层管理制度，各负其责，各司其职。抓培训，重承诺。坚持做好合规培训，全员签署《合规执业承诺书》，制约不合规行为产生。

夯实经纪业务。明确营业部总体目标，抓住关键性的业务和工作质量指标，细化工作目标和营销任务，根据自身业务发展情况制定整体营销活动方案和考核规定。通过参与市场竞争，开展营销活动，营业部实现新增客户和资产引进的增加，金融产品销售取得实效。

客户服务和维护。营业部制订以咨询服务为基础的分层服务，坚持以客户为中心，通过强化客户服务责任、加强客户维护力度、举办各种业务培训、专题讲座等方式，做好客户服务工作，为他们提供帮助和指导。

投资者教育。年内，开展“落实投资者适当性管理要求，保护投资者合法权益“3·15国际消费者权益日宣传”“投资者保护——明规则、识风险”专项宣传”“防控债券风险，做理性投资人——债券投资者权益保护教育专项活动”“防范非法集资”等为主题的多场次投资者教育活动，受教投资者几千人次；与当地公安和社区干部在银庭等小区共同开展“防范非法证券期货活动宣传教育进社区”的宣传活动；与国盛赣文清、国盛赣龙营业部联合在东园开展反洗钱专题宣传活动。

反洗钱工作。营业部根据人民银行金融管理政策、监管部门的监管要求建立健全营业部内控制度，通过加强培训、内部稽核、考核与激励、签订风险承诺书等执行公司及营业部各项制度，规范经营防范风险。针对高风险业务如开通创业板、融资融券、港股通、个股期权、新三板等业务，建立风险控制制度，对参与的投资者采取适当性管理机制，加强客户身份识别，严格防范洗钱风险。制定反洗钱宣传计划，围绕“加强账户管理，完善反洗钱、反恐怖融资、反逃税监管体系”主题，开展系列宣传活动，发放宣传手册及折页250余份，发送短信4271条。

（撰稿　罗俐菁　审稿　唐茂纯）

（本栏编辑　王志辉）

教　育

教育行政管理

【概况】　2017年，赣州市有各级各类学校（含教学点）7220所，在校生（含在园幼儿）198.30万人，专任教师10.61万人。其中，幼儿园3327所，在园幼儿36.66万人，专任教师1.85万人；小学3332所（含教学点1681个），在校生89.98万人，专任教师4.71万人；初中404所，在校生42.66万人，专任教师2.43万人；普通高中68所，在校生21.03万人，专任教师1.29万人；特教学校17所，在校生2037人，专任教师289人；工读学校1所，在校生350人，专任教师47人；中职学校53所，在校生7.74万人，专任教师2462人；教师进修学校18所，专任教师428人。市属、驻市高校10所（含2所独立学院），在校学生14.36万人，专任教师5958人。

全市教育支出152.28亿元，增长11.3%，占一般公共预算支出的20.3%，生均公共财政预算公用经费、公共财政教育经费支出占比均同比提高。

【教育改革】　争取上级下达赣州市教育经费32亿元，其中项目资金14.9亿元。申报的赣南医学院更名赣南医科大学，新增设置赣南职业技术学院、瑞金职业学院、赣州科技职业学院、赣州旅游职业技术学院等4所学校，全部纳入《江西省“十三五”期间高等学校设置规划》。3月4日，教育部和省政府在北京召开部省共建赣州市教育改革发展试验区第二次联席会议，会议明确全面贯彻落实好教育部、江西省政府《关于共建赣州市教育改革发展试验区的意见》，从2017年对赣州市全面执行西部政策，在资源配置和财政投入上给予倾斜。“加大对部省共建赣州市教育改革发展试验区等重大平台建设的支持力度”写入《江西省教育事业发展“十三五”规划》。扎实推进教育改革试点工作，争取教育部和省教育厅新增批复一批试点示范及给予政策支持。4月，《赣州市“十三五”教育事业发展规划》以市政府名义正式印发。2013年启动编制的《赣州中心城市教育网点布局规划（2013—2030年）》获市政府批复。

【学前教育】　全市新建城区公办幼儿园13所，新增农村学校附属幼儿园63所，支持144所农村小学附属幼儿园办成独立园，支持22所城镇小区配套幼儿园办成公办幼儿园。制定印发《赣州市普惠性民办幼儿园认定及扶持办法》，编制《赣州市实施第三期学前教育行动计划的意见》。在赣县区召开全市学前教育3年行动计划总结表彰暨现场交流会，总结全市一期、二期学前教育3年行动计划实施成效，表彰一批实施学前教育3年行动计划的先进单位、先进工作者和优秀园长、优秀投资人。2017年创评省示范幼儿园3所、市示范幼儿园44所，全市有省级示范幼儿园18所、市级示范幼儿园159所。加强幼儿教师培训。举办全市乡镇公办中心幼儿园园长培训班，培训镇、村公办园园长及普惠性民办园园长400余人；选派178名乡镇公办中心幼儿园园长及骨干教师到省、市示范幼儿园跟岗学习；选派60余名幼教管理者及优秀园长到厦门市考察学习；举办全市幼儿教师专业技能展示活动。

【义务教育】　坚持立德树人，评选表彰第二批红色教育基地30个和苏区好少年100名；兴国县研学旅行开启德育新模式、赣县四中体验式德育活动等2个案例获评全国中小学德育工作优秀案例。加强中小学“心防”工程建设，制定《2017—2020年赣州市中小学心理健康教育工作规划》。开展“三好学生”“优秀干部”等评选活动，共评选表彰2016—2017学年度普通中学“三好”学生3142名，优秀学生干部782名。加强科技教育，开展2017年全市青少年科技创新大赛，全市有1万余名中小学生参赛；组织参加全国、全省第三十二届青少年科技创新大赛，成绩创历史新高，获国家一等奖2项、二等奖4项、三等奖6项、优秀创意奖2项、专项奖1项，获省一等奖18项、二等奖26项、三等奖45项。加强体卫艺教育，成功申报26所全国青少年校园足球特色学校和16所省级青少年校园足球特色学校。开展文明校园创建活动，评选表彰市级文明校园210所，其中35所中小学校被评为第一届江西省文明校园，3所中小学校被评为第一届全国文明校园。加强家庭教育，组织

2017年，兴国县研学旅行开启德育新模式

开展2017年赣州市优秀家长学校、先进家庭教育工作者、好家长推荐评选工作。在全市中小学开展红色、绿色、古色文化教育，古诗文诵读，“我为家乡代言”，红色、绿色和古色文化教育优秀研学旅行活动案例征集等活动。

【高中教育】 组织全市各县（市、区）教育局局长、中学校长400余人进行专题培训，邀请来自高考改革地区试点学校的名师、名校长及相关领域的专家教授来赣州市授课；组织各县（市、区）教育局长、省重点中学校长、县（市、区）教研室主任、市教科所教研员等120余人到浙江省、上海市考察学习先进做法与经验。赣州四中、大余中学、全南中学、宁都中学、会昌中学、信丰二中迎接普通高中省级评估。全市共有76260名考生报名参加高考，比上年增加5595名，增长7.92%；高考成绩600分以上427人（其中文科99人、理科328人），一本上线7689人（其中文科1904人、理科5785人），增长6.17%，占全省一本上线人数的18.7%；二本及以上上线26617人（其中文科9303人、理科17314人），增长1.37%，占全省二本及以上上线人数的21.8%。

【职业教育】 全市春季完成招生1.3万余人，较上年增长近10%，全年完成中职招生数约3.4万人（含技工）。5月14日，市教育局、市人社局联合举行全市“职业教育活动周”启动仪式，19所职业院校（技工学校）参加。经过省教育厅评估认定，新增赣县汽车职业技术学校、全南县高级职业技术学校、赣州华坚科技职业学校、赣州旅游职业学校、于都科技学校等5所学校为省级达标学校，全市有25所中职学校跻身省达标校行列。举办2017年全市职业技能大赛，在赣州农业学校、赣州工业职业中等专业学校（赣州技师学院）、赣州市第一职业技术学校等6个分赛区同步开展，共设学生组及教师组14大类49个项目，全市有34所中等职业学校1000余名选手参赛。新增6校与6所高职院校对接14个专业，全市有24所学校33个专业与15所高职院校建立对接。赣州职教园区建设方面，赣南职业技术学院第一标段（教学楼群和图书馆）6号、7号、8号、9号楼封顶，首批入园的赣州应用技术职业学校、赣州光华职业技术学校、赣州服装职业技术学校3所学校正办理用地手续。

【特殊教育】 加大对特殊教育的投入，进一步改善普通学校随班就读条件，配备相应的教学设备、生活设备和康复设备，全年共投入特教学校资金3156万元（其中中央补助资金436万元、省级专项资金220万元、县级投入2500万元），用于支持兴国县、石城县特教学校购置特教专用设备，县级资金主要用于新址新建学校征地、整地及生活设施、康复仪器设备配套等。加大特教教师培训力度，选派新进教师赴南昌师范专科学校和福建师范大学集中学习培训，组织开展普校承担随班就读教学任务教师技能培训；组织开展全市“特教青年教师优质课竞赛”“特教教学技能展示活动”。提升特教办学特色，开足开齐启智班和启音班规定课程，加强文化教育与职业教育，注重艺体教学，促进学生全面发展，开设刻纸、书法、美术、舞蹈、劳动实践等特色课程。按照“全覆盖、零拒绝”原则，采取进入特教学校、特教班、随班就读、送教上门等多种方式，提高“三类”适龄残疾儿童少年入学率，“三类”残疾儿童入学率92.56%，基本实现残疾儿童少年与正常儿童少年同步接受义务教育的目标。抓好试点改革，国家特教改革试验区信丰县制定《送教上门工作实施方案》《普校开展随班就读工作暂行规定》，为确实不能到校就读的重度残疾儿童少年探索构建合适的送教模式。

【民办教育】 加强社会力量办学管理，继续鼓励社会力量兴办教育，抓好《中华人民共和国民办教育促进法》修改后相关政策的落实。完善民办学校办学制度，严把民办学校设置审批关，清理无证办学的行为。深入贯彻新修订的《中华人民共和国民办教育促进法》，加强社会力量办学管理，组织开展对全市各级各类民办教育机构的年度检查工作，市、县两级按照权限新增批复一批民办学校，开展全市民办教育调研工作。

【招考与就业】 中招报考人数为109833人，其中第一志愿报考普通高中58855人，占报考人数的96.92%；报考普通中专、高职711人，占报考人数的1.17%；报考师范定向的1157人，占报考人数的1.91%。考试总分702分以上427人，624分以上11508人，468分以上52998人，360分以上79870人，分别占报考人数的0.4%、10.9%、50.5%和76.1%。中等学校年内在全市共录取新生85095人（不含本市中职学校招生数），其中中专、高职录取13955人（其中转录生4832人）、普通高中共录取71140人（其中重点高中录取45780人、一般高中录取25360人）。

普通高中学业水平考试。参加信息技术无纸化考试考生64640人；参加生物、政治考试和通用技术考查考生193666人次；组织开展高二年级物理、化学、历史、地理，高三年级语文、数学、英语考试，参加考生共475014人次。

全年有12629名高校毕业生到赣州市教育局就业办报到，其中研究生332人、本科生4874人、专科生7423人；共接收档案2603份，发出档案6451份。驻市高校有硕士毕业生917名，签约702名，签约率为76.55%；有本科毕业生14729名，签约12320名，签约率为83.64%；有专科毕业生10600名，签约9717名，签约率为91.67%。

【教育民生】 制定全市教育扶贫2017年度实施计划，将学生资助及义务教育控辍保学作为重点内容；建立教育扶贫工作挂点联系制度，定期指导督查。开展脱贫攻坚“百日行动”，制定《赣州市教育扶贫“百日行动”实施方案》；以市政府名义召集县（市、区）分管县领导、教育局局长和扶贫办主任召开全市教育扶贫工作专题调度会；开展专题调研，形成关于深入推进教育扶贫的指导意见。完成教育扶贫资金投入12亿元，其中资助补助贫困家庭学生49.7万人次、改扩建村小附属幼儿园68所、改造农村义务教育薄弱学校96所、61.2万名中小学生享受营养改善计划。赣州市教育扶贫工作先后在全省教育工作会和全省教育扶贫工作视频会上作经验介绍，江西卫视专门进行宣传报道。

【队伍建设】 章贡区等13个县（市、区）、赣州四中等市直学校通过全省统一考试招聘教师1589人；赣县区等19个“特岗计划”项目县（市、区）继续实施“特岗计划”，招聘“特岗计划”教师1592人；招收2017年部属免费师范生13人；招收江西师范大学2017届免费师范毕业生48人；落实2014级免费师范生回赣州市实习工作。加强教师培训，开展全市中小学、幼儿园教师基本功、信息技术能力、微课制作能力等教师能力系列竞赛活动，全市有181个代表队543名教师报名参加比赛，共评选出一等奖55名、二等奖110名、三等奖166名、优秀组织奖21个。强化师德师风建设，开展师德师风示范校评选活动，赣州三中等17所学校获评全省第二批中小学师德师风示范学校。开展“我身边的好榜样”师德标兵推选活动，评选表彰赣州市文清路小学徐奕等100名全市师德标兵。信丰县第二中学林英良等3人获评江西省第四届中小学“师德标兵”，上犹县黄埠镇中心小学邱海韵等8人获评江西省第四届中小学“师德先进个人”。开展“教师节”表彰先进活动，评选表彰教育系统先进个人60人，其中授予叶倩妮等20人“优秀班主任”称号、授予王英佐等20人“优秀教师”称号、授予黄巾等10人“优秀校长”称号、授予朱志军等10人“优秀教育工作者”称号。

【督导评估】 8月21日，赣州市政府召开全市县域义务教育均衡发展工作调度会，建立赣州市推进县域义务教育均衡发展“迎国检”工作挂点联系制度。瑞金市、安远县、龙南县、定南县、兴国县、会昌县等6个县（市）获“2017年全国义务教育发展基本均衡县”。龙南县通过国家中小学责任督学挂牌督导创新县评估认定，章贡区获评“江西省中小学责任督学挂牌督导创新县”。迎接省政府关于《教育督导条例》和《江西省教育督导规定》贯彻执行情况专项督查，以及全省2017年春秋2季开学工作专项督查、全省预防青少年学生溺水专项督查、全省“全面改薄”工作专项督查、“全面改薄”项目资金管理使用情况省级督查、全省教育信息化建设专项督导等督查，组织开展全市“全面改薄”工作、春秋季开学等专项督查工作。

【教育保障】 加强教育装备建设，招标采购2016年度特殊教育心理咨询室等设备198.19万元，为民办学校招标采购仪器设备81.31万元。教育信息化基础条件进一步改善，全市86.65%的中小学实现网络“校校通”，74.16%的教室安装“班班通”多媒体设备，90%的教师开通网络学习空间，81%学生开通网络学习空间；做好2016—2017年度“一师一优课”活动培训、晒课、推优报送及网络投票工作，全市1858所学校39593名教师参与，有32467名教师晒课52315节。

【安全管理】 召开学校综治安全工作会议，签订学校安全责任状，健全学校安全形势分析研判机制；建立学校风险防控挂点指导制度，各县（市、区）四套班子领导每人挂点1所学校，指导学校的安全防控工作，各地教育局每名局领导挂点联系1—2所学校，指导学校安全工作。围绕落实“一天一提醒、一周一节课、一月一活动、一学期一演练、一年一测评”安全常规教育，先后开展综治宣传月、中小学安全主题教育日、中小学安全教育骨干教师教学能力展示活动、中小学生安全知识集中教育和网络答题、“6·26”禁毒教育宣传、“5·12”防灾减灾演练等活动。5月3日，市综治办、市教育局召开赣州市预防少年儿童溺水工作视频会议，对预防少年儿童溺水工作进行全面动员部署，印发教育系统防溺水行动方案，组织全市中小学校开展为期200天的预防少年儿童溺水专项行动。做好校园及周边环境整治工作，开展“护校安园行动”“餐饮安全护校行动”“校园周边网吧整治”“校园欺凌专项治理”“安全生产月活动”“危险化学品安全专项整治”等专项行动。做好学校安全隐患排查整治工作，全市共排查各类安全隐患2094处，整改2049处，整改率达97.85%。结合春秋季开学、中共十九大召开期间等节点，开展校车安全隐患排查整治，全市组织119个督查组，排查学校826

所，排查校车767台，排查隐患35起。

（撰稿　何延平　刘旭东　审稿　邓　明　张卫民）

【领导名单】

市委教育工委

书记：邝先元

副书记：余　炜（女，任至12月）

邓　明（12月任）

委员：刘昌明　陈相飞（任至9月）

罗　璘　张卫民　潘元生

仲年萍（女）　郭　强　熊伯彦

教育局

局长：余　炜（女，任至12月）

邓　明（12月任）

副局长：刘昌明　罗　璘　张卫民

总督学：仲年萍（女）

市纪委驻市教育局纪检组组长：

熊伯彦

副调研员：余振柳

谢跃文（任至12月）

宋心义（10月任）

江西理工大学

【概况】　2017年，江西理工大学师生员工奋发有为、勇于开拓，党建与思想政治工作切实加强，学科建设亮点纷呈，创新创业教育成效初显，人才培养工作深入推进，实现办学历史上重大突破，在建设“百年理工”和“幸福、健康、和谐、平安”校园上迈出坚实步伐。获评“全国三下乡先进单位”、全国无偿献血单位促进奖。连续2年受中央电视台邀请录制2018年（第五届）合唱春节联欢晚会。

【党建思政工作】　召开纪念中国共产党成立96周年暨“七一”表彰大会；承办中国国际共运史学会2017年年会；组织学习宣传贯彻中共十九大精神理论研讨会；组织评选师德师风示范学院和师德师风工作先进单位；开展向黄大年、江风益、陈米宋、许立新等校内外典型人物学习活动，评选“最美理工人”邓建文；开展“学先进典型，做‘四有’好教师”教职工演讲比赛。顺利完成新一轮中层干部聘期轮岗、选任工作，轮岗交流中层正职18人、中层副职17人，转岗8人，选任中层正职8名、中层副职19名；选派12名干部到相关政府部门、其他院校挂职锻炼，推荐3批20余人次管理干部或高层次教师从事校地合作挂职工作。抓好“连心、强基、模范”三大工程，培植“党建＋服务区域”品牌，获评全省基层党建工作优秀案例5项、省级党建研究项目5项；全校24个二级党委（总支）、158个党支部换届工作全部完成，推进干部数据库、党员数据库建设；深入推进精准扶贫工作，学校扶贫工作得到省、市、县高度表扬，《江西日报》、江西教育电视台对学校教育扶贫、产业扶贫经验进行专题报道；对新聘全体中层干部、换届后党支部书记和专兼职组织员开展专题培训，加强党员和入党积极分子培训教育，加强干部在线学习平台建设，强化江西干部网络学院培训的日常管理与服务，加强党员干部教育培训。制定《关于加强和改进新形势下思想政治工作的实施意见》等“1+N”文件，获批江西省首批“特色马克思主义学院”建设单位。在主流媒体发表各类新闻近2000篇，教育部“迎接十九大，教育看变化”中央媒体采访团走进学校，引起社会各界强烈反响；健全校媒融合机制，进行校园网主页改版，加强学校官方微信建设，出版《江西理工大学报》23期；获评中国高校校报好新闻二等奖1项、三等奖3项，江西省高校校报好新闻奖一等奖1项、二等奖4项、三等奖1项；“江小理”入选首批江西青年新媒体工作站。

【学科建设】　10月31日，江西省第十二次学位委员会会议投票通过学校申请博士学位授予单位推荐到国家复审，是江西省唯一。1月30日，国务院学位委员会第三十四次会议正式审批通过学校新增为博士学位授予单位，矿业工程、冶金工程新增为博士学位授权点。推进“双一流”建设，3个学科获批江西省一流学科，其中冶金工程为优势学科、矿业工程为培育学科、材料科学与工程为成长学科，共获得学科建设专项经费2.44亿元，获批学科数量和立项建设经费在全省高校中位列第五。首次组织16个一级硕士点学科参加国家第四轮学科评估，7个学科榜上有名，入选数量位列全省高校第四。

【创新创业教育】　成立创新创业学院。获批“全国创新创业典型经验高校50强”，成为全省第二所获此殊荣的高校；获批“江西省大学生创新创业示范基地”。获第三届中国“互联网＋”大学生创新创业大赛银奖1项、铜奖1项，获省赛银奖2项、铜奖2项，创历年最好成绩。获第十五届“挑战杯”江西赛区总决赛优秀组

江西理工大学5名博士研究生顺利完成答辩和毕业，实现学校自主培养博士的新突破

织奖和13个奖项。获批国家级大学生创新创业训练计划项目30项，立项校级大学生创新创业训练计划项目60项。入选江西省大学生创新创业优秀导师1人，入库全国万名优秀创新创业导师2人。

【人才培养】 推进一流本科教育建设，4个专业开展大类招生、大类培养试点，24个本科专业参加江西省本科专业综合评价，获江西省优秀教学成果一等奖1项、二等奖5项。加强研究生培养工作，自主培养的5名博士研究生顺利毕业，实现学校和赣州发展史上零的突破；全年研究生招生1015人，首次突破千人；研究生获全国一等奖6项、二等奖19项、三等奖38项，获省级一等奖7项、二等奖22项、三等奖27项；获批3项省级研究生优质课程建设项目（全省第四），获5项省级研究生教学成果奖（全省第三），获省级优秀硕士学位论文16篇（全省第五）；获国家级优秀硕士学位论文1篇，成为江西省唯一入选学位论文，实现零的突破。本专科招生共7816人，其中一本、二本5689人，三本1873人，专科254人。全一本招生省份达12个，外省新增15个专业进入一本批次招生；省内新增一本招生专业12个，一本招生专业达34个。本科毕业生一次就业率90.15%，位列全省第六；就业实名认证就业单位确认完成率96.66%，位列全省第二。学校平均考研率16.9%，资环学院、冶化学院、材料学院等3个学院考研率均超过30%；涌现出冶金学院9人主席团7人考取硕士研究生，材料学院4个“学霸寝室”16人集体“晋级”研究生等一批先进典型。认真做好学生服务工作，全年为3583人办理生源地助学贷款2595万元，为5652人发放国家奖助学金1850.8万元；新签订社会奖助学金5项，续签社会奖助学金3项，新增捐赠金额469万元。

【人事制度改革】 修订出台《工作绩效评价办法》《绩效工资实施方案》《重要业绩奖励办法》等一系列文件。优化学校机构设置，调整相关部门干部职数和机构职能，实现科级干部从虚职向实职变革。引进国家级人才4名，其中引进中科院“百人计划”A类人选任嗣利和韩修训，柔性引进教育部“长江学者”特聘教授帅词俊、国家杰出科学基金获得者刘兴军，实现国家级人才引进新突破。新增优秀博士100名（含海外留学博士5名），博士教师占比达38.2%；做好优秀人才选拔推荐工作，获批“新世纪百千万人才工程”国家级人选1人、江西省“百千万人才工程”人选3人、“西部之光”访问学者1人、中央博士服务团人才1人。冶化学院徐志峰团队入选“全国高校黄大年式教师团队”。

【基础设施建设】 中西部高校基础能力建设工程项目开工，争取建设经费2000万元。教职工周转房建设稳步推进，完成50%的土方工程、40%的桩基工程及两栋楼的地下工程；优化地下室功能，推进小区生活用电增容工作，产生经济效益7000余万元。新校区建设快速推进，获批6.67万平方米住宅用地。完成基建项目38个，总金额约697万元。全年共获上级资金支持6668万元，其中年度中央财政支持地方高校发展专项资金1868万元、中西部高校基础能力建设工程资金2000万元、新校区建设2000万元政府债券、国家级平台建设和离退休人员专项经费800万元；争取赣州市政府征用黄金校区土地补偿款2947.45万元；向中国农业银行争取资金3800万元用于智慧校园建设。积极推进资源置换，西校区首期2宗土地（10.63万平方米）挂牌出让竞拍成交价为8.71亿元。工程预算审计15项，送审金额80098.07万元，审减6750余万元；启动周转房、新校区、南昌校区综合实验楼建设项目全过程跟踪审计；完成第一批6位中层正职、启动第二批7位中层正职离任经济责任审计。建立全校师生数字健康档案，开展师生健康评估与医疗建议，推进教职工医疗工作改革。改善学生居住条件，学生宿舍安装空调，建设热水系统。获全省综治工作先进单位、创建全国文明城市先进集体。11人获创建全国文明城市工作优秀志愿者。连续第七年被省教育厅评为节能工作先进单位。

【科技工作】 新增科研项目424项，立项经费7600余万元，新增到款经费6100余万元；获批国家级项目63项，其中国家自然科学基金项目54项、国家社科基金项目6项、国家重点研发计划项目（子课题）3项，为历史最高。获江西省自然科学一等奖1项（2016年度）、江西省社会科学优秀成果奖10项，发表SCI、EI检索论文226篇（其中2篇进入ESI1%高倍引用论文），授权国家发明专利111件；吴子平团队8项专利技术顺利转让北京东旭光电股份有限公司，成果转化经费达1650万元。获批组建江西省新材料研究院，联合江铜、江钨、南方稀土集团等成立稀土新材料研究院有限公司，注册资金1亿多元；与赣县区人民政府共建的中国稀金（赣州）新材料研究院挂牌成立，将无偿获得16.67万平方米左右土地及9.1万平方米建筑；获批江西省重点实验室2个，“5511工程”、国家重大科技创新平台培育项目2项，赣州市工程研究中心7个；学校院士工作站入选2017年全国示范院士专家工作站；国家离子型稀土资源高效开发利用工程技术研究中心和离子型稀土资源高效开发及应用省部共建教育部重点实验室通过验收并获优秀，江西省离子型稀土资源高效开发及应用“2011协同创新中心”通过省级评审验收；钨与稀土资源高效利用国家重点实验室列入省部会商优先支持项目。《有色金属科学与工程》复合影响因子位列全国TF冶金类核心期刊第十位，《江西理工大学学报》复合影响因子在全国423种理科综合类学报期刊中位列第103位，均为历史最好。获批《钨科技》（英文）期刊，为江西省首创。

【服务地方和行业工作】 服务赣州市“六大攻坚战”。建立校领导挂点、学院对接的“一院一县”（园区）制度；

牵头组建中国稀金新材料研究院和江西省稀土功能材料研究院，探索国家和省级制造业创新中心创建；服务赣州新能源汽车科技城建设，市校共建的南方新能源汽车工程研究中心研发大楼顺利推进；定点联系、帮扶赣州市相关企业，助推赣州市获批中央经费支持10亿元。参与赣州大数据中心、赣州大数据产业园、云计算中心、大数据人才培养基地、数字经济创新研究院、赣州工业设计中心等6个平台建设工作。服务鹰潭“绿色世界铜都”建设，支持新建省科技协同创新体3家、省级工程技术研究中心2家、博士后创新实践基地2家，国家铜及铜产品监督检验中心正式挂牌；为鹰潭铜企业开发省级新产品5个，成果鉴定5项，立项国家标准1项；建立鹰潭铜产业继续教育培训基地，培训鹰潭市政府管理干部、企业高管、技术骨干、一线工人296人次。加强与国内大中型企业的联系。全年新增合作企业4家、意向合作企业38家，大学科技园新注册企业11家、新入驻企业9家，成立江西理工科技产业有限公司。规范校友会管理，全年接待近4000名校友返校，有区域校友联谊会38个、学院校友联谊会18个；搭建教育基金会工作平台，全年捐赠经费近1300万元，创历史新高。

【国际交流与合作】 启动与巴基斯坦旁遮普大学合作举办的电气工程本科教育学分互认项目。获批国家留学基金委“优秀本科生国际交流项目”，首次争取到国家公派留学基金经费支持。“学分互认双学位”项目4个国际班招生116人，全年共派出各类留学生65名。全年到校注册博士、硕士、本科留学生74人，实现规模化留学生来校学习新突破。

（撰稿　曾　娟　审稿　邓亦林）

【领导名单】

党委书记：罗嗣海
党委副书记、校长：杨　斌
党委副书记：张建中（任至3月）
副校长：钟健生
党委委员、副校长：温和瑞　邱廷省　伍自强　何舜平　李国全　刘祖文
党委委员、纪委书记：龙立福（1月任）
党委委员、副校长：徐盛明（挂职）
党委委员、组织部部长：龚姚腾
党委委员（12月任）、校长办公室主任（任至9月）、宣传部部长（9月任）：徐忠麟
校长助理：何维达（挂职）　帅词俊（11月任，挂职）

赣南师范大学

【概况】 2017年，赣南师范大学认真贯彻落实中共十九大精神，以召开学校更名大学后第一次党代会和教代会为契机，以接受教育部本科教学工作审核评估为抓手，开拓进取，担当实干，推动学校各项工作取得新成绩。获评第一届全国文明校园。

【党建工作】 学校党委认真履行管党治党和办学治校主体责任，把抓好党建作为最大政绩，始终把党的政治建设摆在首位，推进“两学一做”学习教育常态化制度化，组织开展多种形式的宣讲活动，成立习近平新时代中国特色社会主义思想研究中心，设立专项课题进行研究；与教育部社科中心在北京联合主办“习近平新时代中国特色社会主义思想理论研讨会暨《红色文化学刊》办刊座谈会”。召开学校更名大学后第一次党代会和教代会，围绕实现“十三五”规划目标，进一步明确“以争创博士授予单位为总抓手，争创一流、进位赶超”的总体发展思路。开展新一轮处级干部聘（任）用工作，提任正处14名（其中竞争性选拔10名）、副处14名（其中竞争性选拔14名），聘（任）用过程公开透明、规范有序。召开学习宣传贯彻中共十九大精神暨全校党建工作会议，制定实施党建工作责任清单。

【思政工作】 深入学习贯彻全国全省高校思想政治工作会议精神，严格落实意识形态责任制，在全省高校较早出台加强和改进新形势下思想政治工作的实施意见，构建“大思政”格局。被确定为江西省首批“特色马克思主义学院”建设单位。成立红色文化学院，《红色文化学刊》正式创刊发行，红色文化育人的经验做法在省级以上媒体交流。学校领导班子连续6次被省委评为“好班子”。在2017年江西高校思政工作督查评估中位列全省第二。连续5年获“全省综治工作（平安建设）先进单位”“全省高校平安校园示范学校”。

【教育教学】 接受教育部本科教学工作审核评估，专家组评价学校“是我国高等教育以评促建、以评促强的典型甚至典范”“是一所特色鲜明、前景良好的区域性优秀师范大学”。年内，新增本科专业2个，6个本科专业进入省内一本招生，获批教育部产学合作协同育人项目4个，获评国家级“众创空间”1个，获批省级教学成果一等奖2项、二等奖4项。在校学生获“全球华文青年文学奖”冠军、全国师范院校师范生教学技能大赛特等奖等省级以上学科专业竞赛奖，学校代表队获全省大学生党的基本知识电视竞答赛本科组团体一等奖，连续7年应邀参加“五月的鲜花”全国大学生校园文艺会演。大力发展研究生教育，在校研究生规模突破1200人，成功组织首批研究生到美国研修。

【学科科研】 学校被列为省“十三五”新增博士学位授予单位立项建设高校，获批1个省一流学科建设培育型学科，3个学科进入全国第四轮学科评估C类学科行列，11个硕士点列入省拟新增名单，4个学位点通过省学位办抽评，与复旦大学共建的博士后创新实践基地揭牌。国家脐橙工程技术研究中心高分通过科技部现场验收，与美国佛罗里达大学共建“中美柑橘黄龙病联合实验室”，柑橘检测中心通过中国合格评定国家认可委员会认证，江西“海智计划”脐橙研究工作站正式授牌。成立“江西省中国革命历史题材文艺创作研究

中心”和国学研究院。科技园入园孵化企业达到47家，被认定为省级大学科技园。获批35个国家级科研项目，其中国家自然科学基金22项（与去年持平，连续3年20项以上）、国家社科基金12项（重大招标项目1项）、国家艺术基金1项；全年新增科研经费3200余万元。多名教师在《德国应用化学》《美国化学会会志》等国际顶级学术期刊发表论文。

【人才队伍】　围绕“十三五”师资队伍建设规划，以“双一流”建设和申报博士点为抓手，聚焦高层次人才总体“人头”不足、学科领军人才“人头”不足的“两头短板”，完善人才政策，拓宽引才渠道，搭建聚才平台，优化用才环境，推进高层次人才“引育用留”工作。聘用中国工程院院士吴慰祖为学校江西省有机药物化学重点实验室学术委员会主任、院士陈芬儿为学校“双聘院士”和特聘教授，1名教师入选国家“千人计划”项目。与赣州市委联合成立赣南苏区人才发展合作研究院，新增博士教师27名、国务院特殊津贴专家1名、江西省教育系统劳模创新工作室1个。1名教师获评“全国高校思想政治理论课教学标兵”，1名教师获江西省“五一劳动奖章”。

【办学条件】　获批中央财政专项资金1000余万元，争取“银校合作”资金3030万元。启动黄金校区建设调整及扩建规划设计，做好100余项工程的规划设计、施工管理、竣工验收等工作，完成西苑9栋、14栋学生公寓改造、学生公寓洗衣机服务升级等项目，获评“江西省公共机构节能考核优秀单位”“江西省高校后勤工作先进单位”。完成6900余万元采购项目，取得各类国有资产（资源）有偿使用收入近1700万元。完成现教中心新机房整体搬迁，推进校园信息化建设，学校获评“江西省高校信息化工作先进单位”。

【开放办学】　与俄罗斯奔萨国立大学合作举办的教育部音乐学本科教育项目顺利实施。1名教师获“全球孔子学院先进个人”称号，国务院副总理刘延东亲自为其颁奖。“新加坡研究中心”被评为教育部国别和区域研究基地。受国家汉语国际推广领导小组办公室（简称国家汉办）委派，学校组团赴南亚国家成功开展中国文化巡演活动。推进校地、校企合作，相继与蓉江新区、崇义县、瑞金市、石城县、定南县、中国农业银行赣州分行及省山江湖办、省文联等签订多个战略合作协议；成立美丽乡村特色小镇规划设计与发展研究中心，与南康区政府共建工业设计中心，承担全省14个项目、24个村镇的总体策划设计任务，与蓉江新区正式启动合作举办附属学校工作。

（撰稿　刘科荣　审稿　肖笃森）

【领导名单】
党委书记：孙弘安
党委副书记、校长：范小林
党委副书记：胡龙华
党委委员、副校长：曾泽鑫　胡　海
　邱小云　吴剑波
副校长：陈　勃（任至1月）
　陈春生（任至2月）
党委委员、纪委书记：幸跃凌
党委委员、副校长：吴　磊（1月任）
　罗序中（1月任）　郭新春（1月任）

赣南医学院

【概况】　2017年，赣南医学院党委新领导班子牢牢把握党对一切工作的领导，深入推进全面从严治党，着力营造风清气正的政治生态，全面加强党的建设，团结和带领全校师生高举中国特色社会主义伟大旗帜，深入学习宣传贯彻中共十九大精神，全面贯彻党的教育方针，落实立德树人根本任务，不断深化教育教学改革，强力推进学校内涵式发展，学校各项事业发展呈现良好势头。

【党建思政】　开展知识竞赛、演讲比赛、征文比赛、志愿服务系列活动，为迎接中共十九大胜利召开营造浓厚氛围；邀请校外专家到校作专场辅导报告，组建学校宣讲团，深入开展中共十九大精神宣讲；确立“造就德技双馨的良才，办好人民满意的医科大学”的奋斗目标，实施人才强校、质量提升、学科建设、科研创新、校园环境改善“五大工程”。推进“两学一做”教育常态化制度化。完成专题学习4个，推出主题教育5个，开展主题党日活动11个；开展“三联三创”。4个党支部入选全国高校“两学一做”支部风采展示。新发展党员338名，举办各级各类培训班36期，培训学员3823人，组织183名大学生党员参加中共十九大精神网络培训。党建研究项目获省级立项6项，党建工作获全省高校优秀案例奖2项；入选全省高校思想政治工作优秀案例集锦3个。

【教育教学】　按照“一个中心，三个抓手”的总体布局，开展教育教学工作。推进教改“五化”（医德教育具体化、课堂教学互动化、案例教学情景化、言语交流亲情化、教学手段信息化）工作，获省级教学成果一等奖2项、二等奖2项，获各级各类教学竞赛奖项共计34人次；完善校院两级教学督导机制，完成96名教师课堂教学质量评价；完成应用心理学、公共事业管理专业综合评价；获全国临床技能竞赛总决赛二等奖。率先在全省开展“国家医师资格分阶段考试”试点，44名首届研究生顺利毕业，首次招收硕士同等学力人员80余人，执业医师资格考试通过率连续11年高于全国平均水平。学院有来自美国、巴基斯坦等14个国家的在校留学生181人。基础医学、临床医学硕士学术学位授权点顺利通过专项评估，获批本科医学影像学、工业设计和专科口腔医学3个专业，2门研究生优质课程、2门在线开放课程、23项教改课题获省级立项。举办各种非学历医学培训班，进一步规范成人教育管理。开展师德师风教育月和向支月英、黄大年等先进人物学习活动，开展青年教师教学基本功、操作技能等比赛。

【科学研究】 获各级各类科研项目265项（其中国家级项目15项），资助经费共666.8万元，获各级各类科技成果奖12项。发表论文500余篇，其中被SCI、EI、CPCI等三大检索工具收录90余篇，申请专利13项，获授权专利3项。赣南油茶产业开发协同创新中心组建高品质育种、综合分析与检测、精深加工及医药保健品开发等4个平台，建立企业标准7项。筹建中草药研究中心，开展中药资源调查、赣南民间用药搜集整理等工作。筹建干细胞储备研究中心，与北京中关村生物银行、江西熙帝生物科技有限公司签署合作协议。

【学科建设】 获批江西省结石防治工程技术中心；学校第一附属医院获批为江西省博士后创新实践基地（省级博士后工作站），与湖南中医药大学博士后科研流动站签订联合招收博士后研究人员协议，招收中医学、中西医结合博士进站开展工作；医学生物化学与分子生物学、医用药理学2个二级学科通过国家备案，将正式列入2018年研究生招生简章。学院有省2011协同创新中心1个，省博士后创新实践基地（省级博士后工作站）1个，省高校“十二五”重点一级学科2个，省重点实验室1个，省高校重点实验室2个，省工程技术研究中心1个，省高校人文社科重点研究基地1个，省软科学研究基地1个，省医学领先学科1个，省尿路结石现代治疗中心1个。

【人才队伍建设】 修订学校高层次人才引进及考核办法，全年录用和引进各类人才336人。强化教师在职培养，获得博士硕士等学历学位11人，参加访学、研修、进修、培训147人次。向省里争取教授指标，调整专业技术职称评聘条件，加大高水平代表作，高水平课题、论文，高水平科研、教研成果等分值，提高学校职称评审质量。年内，全校获国务院特殊津贴、省百千万人才工程人选、省公派出国留学地方合作项目、国（境）外研修的百千万人才工程人选、“西部之光”访问学者等共10人。

【基础建设】 解决学校及附属医院发展用地、引进人才安置房、新增供电专线、迁移高压杆线、师生出行困难、污水排放难等长期没有解决的突出问题。启动学校新老校区规划修编。启动教职工住宅违章搭建拆除、移坡美化等工作。完成第二教学楼、“西湖”景观工程建设。开展基础教学楼、生活服务楼众创空间等改造工程的报批，推进改善学生住宿条件。升级改造网络系统，提升信息化水平，数字化校园新版系统上线；启动学校整体智慧校园建设。

【招生就业】 生源质量提高，超一本线理工类新生占比24.79%，增长8.31%；本科毕业生初次就业率87.56%，超省平均就业率0.25%；专科毕业生初次就业率89.45%，超省平均就业率0.25%；2017届硕士研究生就业率100%；毕业生考取研究生248人，占本科毕业生总数的13.63%。

【扶困助学】 完成3266名贫困学生的建档工作。发放国家奖助学金986.6万元、国家助学贷款1372万元。发放学校各类奖学金79.95万元。提供勤工助学岗3490人次，发放各类社会团体及爱心人士奖助学金7.55万元。

【国际交流】 全校到国外开展合作与交流39人次；1名学生获匈牙利政府临床医学本硕连读奖学金项目；3名交换生完成林肯纪念大学定期学业返校；4名美国林肯纪念大学医学博士在一附院完成实习；接待美国、日本等国院校来访客人3批；建立林肯纪念大学教师培训和医生培训基地；与林肯纪念大学签订合作协议。

【社会服务】 落实卫生人才免费培养工程、卫生服务水平提升工程、科研项目合作共建工程精准帮扶项目，对口支援会昌县。扶助罗田村党支部提升为小密乡“十佳学习型党支部”，争取500余万元用于16项基础设施建设，为精准帮扶定点村会昌县小密乡罗田村70名病残贫困人员提供免费康复治疗。发放慰问金、拨付专项扶贫资金等共计103.26万元。

（撰稿　张　俊　审稿　刘　潜　赖传景　温金英　王春华）

【领导名单】

党委书记：李恭进（6月任）
党委副书记：陈　新
党委副书记、院长：刘　潜（1月任党委副书记，4月任院长）
副院长：王柏群
党委委员、副院长：刘　民
党委委员、纪委书记：张裕生（任至11月）
党委委员、副院长：陈　亮　黄瑞忠（3月任）　叶军明（3月任）
党委委员、纪委书记：肖树辉（11月任）

江西应用技术职业学院

【概述】 2017年，江西应用职业技术学院围绕建设国家优质高职院校目标，以习近平新时代中国特色社会主义思想为指导，加强党的建设，积极推进教育教学改革，学校各项事业成绩斐然。

新增黄金校区土地16.17万平方米，校园占地面积达84.53万平方米，校舍面积40余万平方米，固定资产总值6.2亿元；拥有11个教学机构；新招学生4067名，全日制在校生达12931人（含365名本科在校生）；现有应用技术型本科试点专业3个，专科专业47个；在职教职工近1000人，专任教师487人，新招入37名，“双师”率达95%。在“2017广州日报高职高专排行榜”中，学校在纳入评价体系的国内1358所高职高专中排第29名，在江西省入榜高职高专中排第二名。获“中国职业教育就业百强”“全省高校平安校园示范学校”“江西省第十四届文明单位”“江西省高校就业工作先进单位”等。

【教育教学改革】　落实《高等职业教育创新发展行动计划（2015—2018）》《职业院校管理水平提升行动计划（2015—2018）》，推进省教育厅核定的13个项目33项建设任务。对接市场新增9个专业，确立省级现代学徒制试点专业3个，入选省级首批精品在线开放课程3门，推进网络通识课学习平台建设。强化教学质量管理，编制并实施《江西应用技术职业学院内部质量保证体系诊断工作实施方案》等多项教学管理制度，建立健全“三点监控、四方评价”教学质量保障与监控体系，提升教学质量。

【人才培养】　全面实施“职业技能达标制”，制定或修订职业技能培养相关制度文件11个，举办第二届“科技创新与职业技能活动月”、第二届“学校学生职业技能大赛”和青年教师“专业实践技能达标”活动。年内，全校学生获省级以上职业技能大赛奖励176项，获奖数量位列全国高职院校第15，全省第一。其中，国家级一等奖16项、二等奖21项、三等奖35项，省级一等奖18项、二等奖30项、三等奖56项。获全国职业院校技能大赛（高职组）团体一等奖2项，二等奖2项、三等奖6项，获全国数学建模竞赛专科组全国一等奖4项、二等奖3项，本科组全国二等奖2项。学校的品牌项目攀岩继续保持全国领先水平，在国内外攀岩系列比赛中获13金、12银、13铜（国家级3金、4银、4铜，省级10金、8银、9铜）。

【教师队伍建设】　实行“2356”计划（2支团队包括教学团队和科研创新团队，3项工程包括“双师化”“硕士化”“博士”工程，5项建设包括师德师风建设、教学业务能力建设、服务能力建设、专业实践能力建设和科研能力建设，6项制度包括导师制、职业能力达标制、企业锻炼或技术轮岗制、教学业务能力竞赛制、教改科研课题立项制、培训进修制）。组织60余名教师参加教学诊断与改进、信息化教学、在线开放课程、教学资源库建设等培训活动,53名青年教师到企事业单位或结合生产项目实施实践锻炼，25名教师参加信息化教学达标。加强科研团队建设，成立“科学技术协会”，立项校级教学团队2个、校级科研团队3个。年内，教师获信息化教学设计国家级二等奖1项，省级一等奖1项，二等奖1项，获江西省第十五批教学成果奖5项。

【校企合作】　牵头成立“江西省国土资源职业教育集团”，与深圳讯方技术股份有限公司共建混合所有制性质的“讯方技术学院”，学校集团化多元化办学取得重大突破。修订《校企合作目标管理考核办法》，强化校企合作制度管理和绩效考核。年内新增校企、校地合作项目27项。与赣州七一五文化创意投资有限公司宋城壹号签订校企合作共建大学生创新创业基地协议；与寻乌县人民政府签订校地合作协议；与东莞市隆盛智能装备有限公司签订校企合作协议。

2017年，江西省攀岩队在江西应用技术职业学院成立

【办学条件】　完善学生资助、特困生援助、学生心理健康服务、毕业生就业服务等工作体系。完成黄金校区高压用电增容工程、学生宿舍空调电路改造、心理咨询室改造等项目，学生宿舍新增空调。黄金校区新增土地16.18万平方米，启动黄金校区过渡房二期建设，审定黄金校区“校园二次规划方案”，启动多媒体教学大楼项目建设。章贡校区完成89户教职工的房产过户工作，开通后勤智能报修系统与服务监督系统。

【招生就业创业】　及时调整招生政策和工作办法。年内面向28个省市区招生4067人。完成2017届3822名毕业生的就业工作，初次就业率为85.35%，名列全省同类院校前列。学生在第三届中国“互联网+”大学生创新创业大赛获国家级铜奖1项，省级银奖1项，铜奖1项；顺利通过省创新创业教育专项督导评估。

【服务经济社会发展】　承办全省攀岩项目选材培训班、江西省矿产资源管理干部业务培训班、2期江西省国土资源管理干部业务培训班、第二期浙江省国土资源系统地矿行政管理干部专业知识培训班、章贡区农村个体建筑工匠培训班。因地制宜开展教育扶贫、科技扶贫、就业扶贫，助力产业扶贫和基础设施建设，完成2017年精准扶贫龙南县杨村镇坳下村工作任务。利用地质园馆开展社区地学科普教育，持续加强校友会工作，成立校友总会，联络校友，促进发展，服务社会。

【平安校园创建】　持续推进人防、物防、技防和心防“四位一体”的安全工作防控体系建设，完善学校安全工作制度与措施；推进校园智慧安防监控工程的升级改造，强化“心防”工程建设服务团队；坚持“三个排查”制度，开展安全教育活动，举办以网贷陷阱、网络诈骗、防范传销等为主题的安全知识讲座，召开“我的平安我做主，校园安全你我他”主题班会，开展“全民国家安全”“大学生征兵入伍”“校园安全生产”“新生安全教育”等系列教育活动，确保校园安全稳定。获“全省高校平安校园示范学校”称号。

（撰稿 曾 洁 审稿 宋东东）

【领导名单】

党委书记：陈庐生（3月任）
党委副书记、院长：李国清
党委副书记、副院长：徐有华
　陈传胜　罗诗文
党委委员、纪委书记：甘宏礼
党委委员、副院长：胡堪东

赣州广播电视大学

【概况】 2017年，赣州广播电视大学围绕“构建终身教育体系、建设学习型社会”办学目标，按照“学历提升的平台、学习培训的基地、社区教育的载体”办学定位，秉持“育人为本、开放办学、服务优先、质量立校”办学理念，坚持“稳定拓展学历教育，探索发展非学历教育”办学路径，内外兼修、开拓创新，培植优势、补齐短板，加快推进电大转型升级，着力办好开放大学，各项工作取得新进展。获第九届赣州市文明单位、2017年度平安赣州建设暨社会管理综合治理目标管理先进单位。2017年全省电大系统、2017年度市级电大办学业务工作考核结果良好。徐青云、陈良炳、黄梦莉分别获评市委教育工委“优秀共产党员”、全省电大优秀教师年度人物、全市教育系统优秀教师。

学校有在职在编人员29人、离退休人员9人，其中教授2人，副教授12人，讲师10人；党员22人（含离退休人员）。设有党政办、教务处、招生处、考务处、继续教育处、总务处、科研处、直属班管理处等8个处室。各级各类在校生8968人，成为赣州市规模最大的以远程教育为平台，以培养、培训在职人员为主要对象的成人高等院校。全市建立20个县（市、区）电大教学点（含3个学习中心），基本形成覆盖全市的远程教育网络。

【对口支援】 2月22日—24日，国家开放大学校长杨志坚一行到赣州市调研，研究实施开放教育精准扶贫、加快赣州市现代远程教育事业发展事宜。4月7日，国家开放大学“长征带”教育精准扶贫工程研讨会暨启动仪式在赣州市举行。赣州市上犹县、瑞金市、南康区被纳入“长征带”教育精准扶贫工程实施县(市、区)。8月7日，“长征带”教育精准扶贫工程招生工作会议在学校召开。“深入实施‘长征带’教育精准扶贫和‘一村一名大学生工程’，培养农村致富带头人”，写进市委、市政府文件《关于纵深推进赣南苏区振兴发展实现与全国同步全面小康的实施意见》。

【学历教育】 先后与现代开放职业培训学校、赣州应用技术职业学校签署联合办学协议。招收开放教育学生3222人，其中本科907人、专科2315人；招收“一村一名大学生工程”学员860人；“长征带”教育精准扶贫工程共招收231人，其中本科124人，专科107人，贫困建档户20人。通过举办讲坛、课堂教学、到“一村一名大学生工程”实践基地开展现场授课等形式，加强教学工作。召开电大转型升级务虚会，专题研究解决发展中的难点节点问题；安排3个调研组分赴有关设区市电大考察学习，制定出台《校本部招生工作方案》《赣州广播电视大学开放教育招生工作奖励办法》《班主任工作流程》《班主任工作指南》。

【非学历教育】 市财政局安排100万元用于全市中小学心理健康骨干教师培训及改善办学条件。对继续教育大楼因建造时间较长、改造中出现的一些纰漏，进行修复完善；为继续教育大楼安装电梯。装备集馆藏与阅读于一体、纸质出版物与电子出版物相结合的多功能阅览室“悦读吧”，实行“市民开放日”，优化教学环境，提升办学内涵。通过印发培训简章、加大宣传力度等措施，做大做强非学历教育。年内，开展社会化培训17期，共计培训1929人。承办全市高中理科、小学科学实验教师培训班和全市中小学幼儿园心理健康骨干教师高级实训班，参加培训教师877名，组织编印《赣州市中小学幼儿园心理健康教育108例》。

【系统建设】 召开全市电大系统建设研讨会。召开全市电大系统“形势在变化，电大怎么办”专题研讨会，就加强赣州市电大系统建设作交流，分享办学经验。举办全市电大系统业务培训会，规范教学流程，加强导学，让学生熟悉开放教育学习流程。举办“国家开放大学学习网”培训会，规范办学环节，巩固办学成果。

【精准扶贫】 学校派出3人组成扶贫工作队驻赣县区五云镇蓬村，开展精准扶贫、乡村文明建设、拆除空心房等工作。创作传播《乡风文明歌》，开展“为童心插上双翼，给山区送去爱心”活动，争取资金42万元改建村小学，争取资金3万元用于村落建设。发展甜叶菊、油茶、蔬菜等特色产业促脱贫，捐赠价值5000多元的宁都黄鸡种苗。“百日行动”组织帮扶干部走访慰问贫困户实现“微心愿”；中秋节走访慰问贫困户。以“一村一名大学生工程”为载体，做好招生工作，抓好教育精准扶贫工程。做好迎接“一村一名大学生工程”评估工作。

【文明单位创建】 面向全市电大人发出“融入百日会战，共创文明城市”倡议书，开展青年志愿者活动，创作传播《文明市民七字歌》，通过张贴公益广告等浓厚创建氛围，协同挂点的章贡区水南镇长征路社区做好有关创建工作。

【服务中心】 服务“六大攻坚战”。制定出台《赣州广播电视大学改作风提效率九条镜鉴和改作风提效率实施方案》。开学初将全学年工作分解落实到每个月，定岗定责定时限，月初张榜公布工作内容和要求，实行“挂图作战”，月底“回头看”，以优良作风促进电大转型升级。

【媒体宣传】 在中央、省、市媒体上共发表新闻报道等30余篇，5篇报道被赣州文明网、文明赣州微信公众号采用。充分利用学校微信公众号等新媒体阵地，提升学校影响力。建设全市电大系统信息员队伍，强化系统合力，做好宣传工作。

（撰稿　赖秀冬　审稿　余妹蓉）

【领导名单】

党委书记、校长：陈相飞（任至12月）

党委委员、副校长：王　强

卢旗英（女）　钟贤才

副处级干部：王　嫩（女）

赣州师范高等专科学校

【概况】 赣州师范高等专科学校占地68.93万平方米，校舍建筑面积22.6万平方米；各类实验室、计算机机房、教室、实训中心齐全，教学科研仪器设备总价值7135万余元；图书馆馆藏纸质图书58.87万册、电子图书11万册；校园网最大带宽1000兆，网络信息点1450个，网络多媒体教室260间；建有小学教育实习基地69个，学前教育实习基地（幼儿园）11个，与广州市、深圳市和浙江省义乌市等地企业联合建立多个毕业生实习就业基地。有教职工513人，其中专任教师393人，占比76.6%。高级职称教师169人（教授34人，副高135人），中级职称教师154人。专任教师中，硕士以上学位127人，占比32.3%。拥有省高校教学名师2人，省高校中青年骨干教师8人，省特级教师2人。

学校有思想政治教育部、中文系、数学系、外语系、教育系、学前教育系、自然科学与计算机系、音乐系、美术系和体育系等10个系部，设置语文教育、数学教育、英语教育、商务英语、学前教育、计算机应用技术、音乐教育、科学教育、美术教育、艺术设计、体育教育、艺术幼师、特殊教育等13个专业。

赣州师范高等专科学校创作的舞蹈《春》获歌舞中国2017年度“最受欢迎十佳节目”

学校坚持社会主义办学方向，全面贯彻党的教育方针，落实立德树人根本任务，以“博学笃志，弘文尚德”为校训，坚持“立足教师教育，服务基础教育”办学理念，围绕“加强内涵建设、提升办学水平”办学主线，紧扣“办学特色和教育质量”办学重点，在深化教育改革、突出办学特色、提升办学水平、强化学校管理等各方面成绩显著。被评为“2017年全省高校平安校园示范学校”“2017年综治目标管理及平安赣州建设先进单位”“赣州市第九届文明单位”，在2017年度全市公共机构节能工作考核中获优秀等级。

【党的建设】 校党委领导班子开展集中学习6次，学校召开全校性主题学习会3次、专题研讨会1次、专题宣讲会3次，各党支部、各部门组织教职员工开展2次以上集中学习，各系面向学生开展形式多样的主题教育活动和宣讲活动等，组织各班召开1次以上主题班会，推动中共十九大精神进校园、进网络、进部门、进支部、进课堂、进班级、进寝室。深入学习贯彻全国全省高校思想政治工作会议精神，在省委教育工委督查组开展的思政工作督查中获优秀等级。强化宣传阵地建设，全年省、市主流媒体报道学校文章17篇，上传校园网站宣传信息500余条。加强党组织建设。召开学校第一届党员大会，顺利完成校党委班子换届选举，全校12个党支部完成支委换届选举。在市委组织部的指导下完成40名科级干部的选拔任用工作，学校内设机构和人员按“三定”方案调整到位。开展党建工作创新案例评选活动，建设12个党员活动室、17个党支部书记办公室。深化“党建+”活动，开展“三联三创”主题教育活动。创新学生党建工作，成立中文系、外语系、自然科学与计算机系3个学生党支部，设立学生党员之家4个、学生党员寝室33个。处理信访件2件，立案5件，给予党纪政纪处分5人，诫勉谈话1人，提醒谈话5人，责成5名中层干部在学校党委会上作出深刻检查。

【教育教学】 推进学校“一流学科专业和一流师资队伍建设”，出台《学校特色专业建设管理办法》，新增小学教育、旅游管理、新闻采编与制作、信息统计与分析、计算机网络技术、软件技术和美术（书法）等7个2018年拟招生专业。制定《学校精品课程建设管理办法》，启动学校精品课程建设工作。加强创新创业教育，在第三届中国“互联网+”大学生创新创业大赛中，共申报项目218个，参赛

855人次。成立教学督导室，聘请6位校内外专家担任教学督导员，对80名教师进行随堂听课。加强实习基地建设，新挂牌实践基地13家。加强教师队伍建设。聘请1名美国籍外教专家，聘任10名小学、幼儿园一线教育专家为学校第一批客座教授，招聘5名硕士研究生任教师。加强教师培训。分批分期组织教师外出学习进修。在第六届全国全民健身操舞大赛中获全国冠军2项、亚军2项、季军2项，一等奖1项。在第四届“梦彩杯”全国青少年书法大赛决赛中，2名学生获青年组最高奖特等金奖（青年组共设2名），16名学生获青年组金奖（青年组共设金奖25名）。在“中国梦·丝路情”全国青少年书法大赛中获一等奖1人、二等奖2人、三等奖2人。在2017年全国大学生英语演讲比赛（江西赛区）中获二等奖2人。

【学术科研】 成立新一届校学术委员会，制定学术委员会章程。新制定或修订6项科研管理制度，组建系（部）层面科研团队19个、学校层面科研团队3个，优化科研管理机制，激发科研创新活力。开展科学研究，全年全校省级课题立项29项，市级课题立项28项，教师公开发表论文134篇，教师编写论著（教材）7部，科研成果获省级奖项1项，艺术作品获国家级奖项4项、省级奖项3项、市级奖项2项。

【学生管理】 以“三创一做”主题教育活动为载体，开展创“文明教室、文明寝室、文明班级”，争做“文明大学生”系列活动，推进文明校园建设。开展“传承雷锋精神，建设文明校园”主题教育活动、“18岁成人礼”活动、“学习五四讲话精神，树立四个正确认识”交流座谈活动和“感恩母校，理想启航”主题教育活动等。加强学生管理。坚持宿管每日检查制度，定期开展寝室安全隐患排查，做到每周一例检，每天一通报，周周有评比。先后出台“1+4”学生管理规定、《学生手机管理规定》《学生晨练、早读、晚自习规定》等10项制度。落实班主任月考核制度和班主任日常值班制度，制定和实施《专职辅导员考核办法》《专职辅导员日常管理规定》等制度，组织开展专职辅导员培训、研讨和经验交流会，举办专职辅导员职业能力大赛。

【招生就业】 2017年新生到校总数3421人，其中在外省份录取人数308名，创历史新高。全市16个县（市、区）报送师范定向生927名，增加199名。连续5年开展赣南采茶戏表演人才定向培养工作，全年招收35名赣南采茶戏定向生。组织开展毕业生教师招考培训讲座和毕业生创业培训。拓宽就业渠道，推行校企合作模式和“学校+”模式，5月和12月分别举办2场大型毕业生“双选会”，与新疆阿克陶县开展就业合作，18名2017届毕业生到新疆阿克陶县从教。2017届毕业生初次就业率为85.54%。

【安全文明校园】 加强日常巡查和节假日值班值守，升级改造门禁系统和安防监控系统，完善校园交通标识标线，修订完善《学校突发事件应急预案》。开展“综治宣传月”“全民国家安全宣传日”“安全生产月”等系列安全教育活动，建设“赣州师专安全信息平台”微信公众号，开设“安全微课”栏目方便学生在线学习安全知识。开展文明单位创建活动，推进校园环境整治和校园绿化保洁工作。开展第五届校园文化节、文明礼仪行、志愿者服务活动、“三下乡”活动等，开展对接白云村等志愿服务、学习好人和网络文明宣传等工作。

【后勤保障】 完成音乐楼排练厅装修、污水处理站改造、校园围墙建设、学术报告厅装修工程等，推进教职工周转房建设。全年完成招标采购项目资金1800余万元。食堂管理，落实《饮食安全日志》制度。加强制度建设，修订财务管理制度等2个，新增财务管理制度4个。配合省审计厅开展离任审计工作。

【数字校园】 完成数字校园第一期项目建设，基础平台与学校官网首页、OA系统、教务系统和财务查询系统实现数据共享；实施数字校园第二期项目建设。推进课堂教学技能实训中心、新建计算机教室、纸质图书采购、数字资源采购、录播教室和语音室设备更新等项目建设。

【精准扶贫】 安排1名校领导主抓脱贫攻坚工作，选派3名党员干部组成扶贫工作队。增加20万元资金用于支持对口帮扶村发展集体经济。全校67名中层以上干部共联系贫困户147户531人。2017年，18户贫困户共74人退出贫困户行列。

（撰稿 江声玉 凌智勇 王照生 审稿 凌发忠）

【领导名单】

党委书记：廖　伟

党委副书记、校长：姜在东

党委委员、纪委书记：赵金霞（女）

党委委员、副校长：凌发忠　陈和生　李方柏　黄　鹏

党委委员、宣传统战部部长：胡克龙

江西环境工程职业学院

【概况】 2017年，江西环境工程职业学院全面落实党和国家的教育方针，围绕年初制定的工作目标，团结带领全校师生员工，砥砺奋进，勇攀高峰，圆满完成各项工作任务，实现学院教育事业的持续健康稳定发展。学校被正式列为教育部“工业机器人应用人才培养中心”建设单位，建设周期3年。在《中国教育报》等各类媒体总计发稿1800余篇次，学院官方微信多次进入全国职业院校微信综合影响力百强榜，文章阅读量名列全国第四。学院获评2016年度公共机构节能工作和综治工作先进单位。

【党建工作】 召开第一次党代会，选举新一届党委领导班子。深入推进“两学一做”学习教育常态化制度化，认真执行“3+X”学习模式，全年组

织党委中心组学习5次，发放理论学习书籍500余册。继续开展党建进寝室、政治辅导员等特色工作，把党建专项工作经费纳入二级财务管理体系，组织大学生骨干培训班学员到井冈山革命根据地接受红色教育。全年发展党员280名。开展党建文化品牌建设，全省高校党建研究课题立项2个，获省直机关“三评一树”优秀学习教育创新案例3个。

【人才培养】 学院被列为国家优质高等职业院校建设立项单位，成为全省10所立项单位之一。启动包括专业教学资源库、大师工作室等创新发展行动计划的部分项目。完成“双创”评估和应用技术型本科人才试点项目评估，完成教育部高职教育“木材设备应用技术”专业标准修订工作。在全国职业院校技能大赛中，获一等奖1项、二等奖3项、三等奖4项；在全国林业职业院校技能大赛中，获二等奖2项，三等奖2项。在全国大学生数学建模比赛中获二等奖1项；在江西省职业院校技能大赛中，学院参加25项赛事获奖21项。承办园林景观设计等4个大项的省级赛事，是全省赛事承办项目最多的院校之一。

【产学研用】 学院牵头的江西林业职业教育集团办学案例入选教育部《全国职业教育集团化办学典型案例汇编（2017）》案例集。修订颁布《江西环境工程职业学院科研岗位管理办法（修订）》等6个科研管理制度。全年申报课题187项，上报105项，立项92项（其中省级课题26项，市级课题66项），江西省人文社科课题立项数排名全省第二。获赣州市科技进步三等奖1项，1名教师参编的《江西鸟类图鉴》获第四届江西林业科技奖二等奖。

【队伍建设】 加强人才引进和培养。引进教师26人，硕士研究生学历以上人员3人，完成正式进编录用手续87人，招聘博士1人。先后选派7人到省直工委党校、省教育工委党校、国家教育行政学院学习，4名科级干部参加省林业厅科级干部培训班，举办科级及以上干部暑假学习班和干事培训班。推进师资队伍建设。1名教师获全国林业教学名师，启动青年骨干教师和专业带头人选聘工作，举办第四届青年教师教学技能大赛，评选出31名优质课堂教师开展暑期集训。

【招生就业】 全年招生3596人，其中林业定向培养137人，与南昌工程学院联办本科招生学生71人。承办2018年全省基层林业专业技术人员定向培养工作会议，积极做好“三定向”工作。7名学生到韩国入读韩国大邱加图立大学，筹备引进美国纽约市立大学项目，扩展对外交流与合作。2017届毕业生初次就业率96%以上，为2018届毕业生提供岗位信息1.3万个。举办全省第三届创业教育公开课赣南苏区专场活动，开展14期SYB培训，1名教师被团省委授予“龚全珍式向上向善好青年”（创业创新类）,2018届全国林科“十佳”毕业生1名，2018届全国林科优秀毕业生3名。

【学工管理】 修订学生工作管理制度5个，学生管理工作有序开展。组织52名学生工作人员到华东交通大学集训，选派团学负责人、辅导员代表共15人次参加省级以上组织的学习培训。在江西省第五届辅导员技能大赛高职组比赛中，获一等奖2个。在2017年江西省高校辅导员工作优秀案例中获二等奖1个。

【校园文化】 承办“全国生态文明新时代的时代精神”研讨会、“全国文化育人与生态文明建设工作委员会学术年会暨第三届绿色高职教育与生态文明建设”论坛。举办博雅文化广场、鲁班文化广场、“环院好声音”“520音乐节”等多元化的学生文体活动。成立青年志愿者服务队9支，开展交通协勤等志愿服务活动。在第十五届挑战杯全国大学生课外学术科技作品竞赛中获江西赛区自然科学类、哲学类三等奖各1项。

【基础建设】 开放性综合实训大楼建设进展顺利。筹备校园道路“白改黑”工程和风雨球场建设项目。赣州市高校首个“一站式”校园综合快递服务中心建成并投入使用。校企合作投资1000万元建设高标准三类混合驾校，开展大客车、大货车驾驶人职业教育项目。学生食堂获评2016年度“洁厨亮灶”省级示范单位。

【社会服务】 做好精准扶贫工作，开展乡村生态旅游和蓝莓种植产业帮扶，赠送30台电脑，完善文化墙、路灯等基础设施。开展全省林业技术培训班2期、林业专项培训班3期，参训人数1000余人。开展职业技能鉴定工作3次，获证人数344人。举办非学历教育培训班5期，参训人数1000余人。开展科普宣传。完成金线莲种苗繁育基地，累计繁育金线莲种苗200万株，开展金线莲栽培技术培训班4次，培训200多人次。组织7名江西省科技特派员到大余县、上犹县、赣县区等林业基层、企业进行林业技术服务。

（撰稿 曾 毅 罗 媛 余 涛 审稿 肖忠优 熊起明 曾东东）

【领导名单】

党委书记：肖忠优

党委副书记、院长：熊起明

党委副书记、纪委书记：宋墩福

党委委员、副院长：曾东东 张孝全 叶超飞 廖忠明

党委委员：吉登星 董新春

调研员：徐 飞 钟建华

江西赣州技师学院

【概况】 2017年，江西赣州技师学院以“创建全国一流技工院校、成功纳入高职序列”为总目标，以内涵建设为主线，以技能型人才培养为根本任务，以党的建设为重要保证，持续构建和强化“政策项目、校企合作”发展动力平台，全面实施质量立校、专业兴校、人才强校、文化铸校“四

大战略”，在学院内涵建设、党组织建设、人才培养、教学改革、学生教育管理、基建后勤保障、招生就业等各项工作中取得丰硕成果。9月，人力资源和社会保障部副部长汤涛一行到学院视察，对学院各项工作给予充分肯定，认为赣州技师学院进入全国技工院校第一方阵行列。学院有在编在册（含合同制）教职工336名，其中县处级干部6人，科级（含副科）干部53人，高级职称44名，高级技师41名，享受国务院特殊津贴人员、全国优秀教师、江西省首席技师、江西省“赣鄱英才555工程”高技能领军人才、江西省优秀中青年专家、江西省高技能人才、江西省技术能手、江西省青年岗位能手、省市五一劳动奖章等各类人员40余人。年内录取新生3487人，在校生9172人。

【党建工作】 召开学院党员大会，选举新一届党委和纪委领导班子。学院党建在线考核全市排名第九。完成7个党支部的换届选举工作，发展正式党员2名，预备党员转正2名，培养发展对象1名，入党积极分子3名，选送4名青年教师参加市直机关工委组织的入党积极分子培训。开展“十九大报告”入校园、进班级等主题活动，弘扬工匠精神以及学院近年来在职业教育中取得的成绩。严格落实中央八项规定，坚持民主集中制，坚持“三重一大”决策制度，做到集体领导，分工负责，开展党风廉政建设自查自纠专项活动，促进学院权力运行公开透明，全面落实从严治党责任。党建带工建、团建工作成绩显著，召开学院三届二次教职工代表大会，审议通过学院绩效工资实施办法。学院被市委评为“第四届文明城市文明单位”；被市直机关工委评为“市直机关党建红旗单位”、节能减排先进单位；被市委法制办评为“法制先进单位”；学院工会被市总工会授予“先进基层工会”；在“洁厨亮灶、治理餐桌污染”市级示范单位考核中，被评为“市级示范单位”；学院图书馆被市图书馆学会评为“2017年总分馆建设先进单位”。

【服务中心工作】 主动策应市委、市政府“主攻工业、三年翻番”及打好“六大攻坚战”的战略决策，立足本地经济建设与社会发展，为本地企业培养生产、管理、服务等一线岗位的技能应用型人才。围绕全市稀土、钨、新能源汽车、电子信息、红色旅游等重点产业集群，加大对现代物流、新能源汽车制造、工业机器人等重点和特色专业技能实训方面的扶持力度，重点建设校内实训设施。在赣州飞天产业园建立可容纳400人规模的实习实训基地，为赣南电商企业提供电商人才。打好扶贫攻坚战，驻村工作队员3人，共帮扶49户贫困户。拨付5万元资助挂点村文化活动中心建设；向市物价局争取8万元物价调节基金，帮助发展村级集体经济。挂点的丹阳村新增烟叶及水稻种植面积6.67公顷，实现增收12.1万元，户均增收1300多元，有22户贫困户通过在基地务工，户平均月收入1390元；落实项目资金1000万元；拆除危旧空心房9600余平方米；安全饮水扩容项目开工实施；8户无房的贫困户落实保障房建设或危房改造，村居环境得到改善。

【技能竞赛】 全年组织师生参加各类各层次技能比赛50多项，参加人数2000多人次，形成“国赛有突破、省赛夺全能、市赛争第一、院赛常态化”基本格局。参加“振兴杯”焙烤行业职业技能竞赛暨第十八届全国焙烤大赛选拔赛获2个团体金奖、个人赛获得“金、银、铜”奖各1项，为学院学生首次在国赛中获奖。学生谢道坚在2017年江西省“振兴杯”新闻出版行业技能竞赛中，获平面设计项目二等奖，教师赖骐被评为“优秀指导老师”；3名学生在2017年中国技能大赛“全国智能制造应用技术技能大赛学生组——切削加工智能制造单元安装与调试项目”中获三等奖；在全国信息技术技能大赛中，学生钟豪在“平面设计项目”上获二等奖。组织开展2017年江西省“振兴杯”赣州技师学院职业技能竞赛暨第五届技能节，超过1200人次的师生参加各项目的预赛，800多人次进入决赛。

【队伍建设】 坚持“人才强校”战略，重点引进高学历、高职称的优秀人才。招入15名全日制研究生，加上原有研究生（含在职研究生）毕业人数18人，合计33名硕士研究生。培养中青年教师，申报副高职称8人，通过6人。2017年有高级职称（高级讲师、高级技师等）96人，国贴专家1人，江西省首席技师6人，全国职业技能竞赛裁判员2人。魏新获“第二届赣州十大工匠”称号。干部队伍建设稳步推进，完成4名科级干部的报备工作，提拔正科6名、副科级12名，轮岗3名，免去正科级职务6名、免去副科级职务1名。注重加强中青年教师业务能力培养，对新入职的23名教师先后进行教学制度及教学基本功培训。实施“通用能力素质课程改革”，选派11名教师到广州工贸技师学院参加相关研修培训。

【学生管理】 全面推行“一日四点”工作制度。实施“学生个人操行百分制考核”，增强学生纪律意识。狠抓学生日常行为养成主题教育，开展“四严禁、两养成”主题教育，即严禁学生打架斗殴、严禁学生下河游泳、严禁学生早恋和严禁学生攀爬围墙，让学生养成不乱扔杂物和主动向师长问好的习惯，促进学院“两个场所文明”建设。加强班主任队伍建设，先后举办“学期班主任业务学习”“规范填写学籍档案”“SCL-90症状自评量表分析交流会”“班主任素质提高”“资助业务培训会”“班级文化建设”等主题培训，帮助班主任提升业务综合能力和工作的规范性、创造性。注重顶岗实习规范化管理。修订和完善学院《顶岗实习管理办法》，制定顶岗实习课程标准。修订《江西赣州技师学院实习学生安全管理规定》《江西赣州技师学院实习学生安全及突发事件应急预案》。推进“心防建设”。组建心理健康教育师资队伍，开展心理健康教育与咨询活动，先后举办“心理健康知识”“学生早恋心理干预”讲座，组织班主任和心理委员开展培训、研讨会和拓展活动等，开展首届心理健康教育月活动，普及和提高广大师生的心理健康知识，培养学生乐观、积极向上的健康心态。

【教研教学】 教学管理科学规范。先后修订和完善《教学事故认定及处理办法》《教研室管理工作办法》《教师工作量计算办法》《教师考核办法》等教学管理制度；通过政府采购，购买教务管理系统软件。优化人才培养模式。成立人才培养方案修订工作小组，利用暑假、节假日深入企业开展调研，做好专业技能人才培养方案的研讨和修订。通用素质课程改革初现成效。制定《通用素质课程改革方案》，抽调6名高学历专兼职教师组成课改小组，通过集中研讨、与其他教研室联合开展教研活动、座谈等方式，完成《自我学习能力训练》课程的课程框架、教学设计、教案编写、课件制作、资源搜索、试课等工作，在现代服务系2017新生班和电子自动化系一体化试点班，开始试行通用职业素质课程。开发“鼓动人心”“驿站传书”“无敌风火轮”等10余项课程项目。提升教学教研改革。报送“出彩论文”26篇，获一等奖1篇、二等奖2篇、三等奖3篇。完成市社科联课题10项（结题），院级课题结题8项，省级课题结题1项，获批省级一般课题1项。申报中国职协2017年度优秀科研成果18项，获二等奖1项、三等奖7项、优秀奖7项。

【文明校园建设】 加强师德师风建设，开展“师德师风”专题培训和“师德师风建设活动”。深入开展文明单位创建活动，顺利通过市文明办的检查、验收。推进平安校园、文明校园、和谐校园建设，建立健全各种工作预案和防范机制，排查和化解学院安全隐患，集中整治校园周边环境。加强法制宣传教育。制定关于全面推进依法治校的规章制度，组织学院广大党员干部教职工参加普法考试，加强领导干部法制教育，开展国家宪法日、国家安全教育日等主题活动。推动校园文化建设。开展“德育体验周”活动，提升德育素养；开展“第二课堂”活动、“德育大讲堂”；编辑整理校史画册、校史简史展板；加强校内广播、黑板报、宣传橱窗建设；发挥网络等新型媒体在校园文化建设中的重要作用。

【基础设施建设】 投资11亿元，占地53.33万平方米的新校区建设是赣州市2017年度重要的40件民生实事项目之一。年内，完成土建总工程量的50%，第一、第二标段进入墙体砌筑和内墙粉刷装修阶段，园林景观工程和第三标段完成招标工作；完成智慧校园建设招标文件，确定招标代理单位；完成农业实训基地建设的调研。争取中央下拨资金1亿元建设的赣州综合型公共实训基地建设项目（全国7个项目之一）封顶。

（编撰 罗 文 审稿 林青春）

【领导名单】

院长：钟昭锋

党委书记：黄国杰

副院长：凌远方 谢尉明

陈健鸣（任至9月）

工会主席：熊晓林

纪检书记：林青春（10月任）

赣南卫生健康职业学院

【概况】 赣南卫生健康职业学院围绕将学院建设成赣粤闽湘区域性、具有一定影响力的卫生健康类应用型技能型高职院校目标，全面加强党的建设，持续深化作风建设，扎实推动教育教学改革，强化内涵建设，促进校院、校企合作，稳步推进基础设施建设，从严管理，学院保持稳中向前发展的良好态势，各项工作取得新成效。

4月，赣州市人民政府办公厅印发《赣南卫生健康职业学院主要职责内设机构和人员编制规定》，同意学院内设11个党政管理机构，包括8个教学机构、2个教辅机构和1个直属机构，全额拨款事业编制282名。学院设有党政办公室、团委、人事处、教务处、学工处等24个部门。

学院有教职工356人，在编人员254人，其中博士研究生2人，硕士研究生99人。有正高职称教师8人、副高职称教师76人，“双师型”教师120人。全国职业教育名师1人，省级优秀教学团队1个，省、市级五一劳动奖章4人，省级“巾帼标兵”1人，赣州市特殊津贴专家和教育专家5人，2名教师在国家、省、市各类学术团体和协会担任重要职务。谢癸亮获“2016寻找赣州最美健康卫士”特别关注奖。

学院开设三年制和五年一贯制护理、助产、药学、医学检验技术、康复治疗技术等5个高职专业，护理、助产、药剂、中医康复保健、医学影像技术、医学影像技术、医学检验技术、口腔修复工艺、中药、康复技术10个三年制普通中专专业，农村医学1个四年制普通中专专业。成人教育开设自学考试护理本科专业，函授护理、医学检验、药学3个本科专业，函授护理、医学检验、药学、医学影像、针灸推拿、医疗美容、口腔医学、临床医学8个大专专业。各级各类全日制学生1.1万人（其中高职生1101人），继续教育学生4500余人，职业培训659人。

【党建工作】 7月12日，市直机关工委批复同意成立中国共产党赣南卫生健康职业学院委员会；10月27日，召开学院党委成立大会，选举产生中共赣南卫生健康职业学院委员会委员和中共赣南卫生健康职业学院纪律检查委员会委员。开展“三联三讲三学三做”活动（“三联”：每位党员联系一个班级、联系一个寝室、联系一名学生。“三讲”：讲国情党史、讲市情校史、讲苏区精神。“三学”：学党章党规、学系列讲话、学业务知识。“三做”：做合格党员、做文明市民、做育人良师）。规范和强化学生党员发展工作，夯实基层组织建设。学院市直机关工委被评为党建工作考评“优秀单位”，市直机关党建“红旗单位”和党建工作网络区“先进召集单位”。坚持把意识形态工作摆在突出位置，意识形态领域保持安全稳定。党风廉政建设工作持续推进，政治生态风清气正。

【办学条件】 新增办学用地4万平方米，总占地面积达到56.67万平方米。总建筑面积约8850平方米的校医院、学生服务中心和大学生创业中心建设工程进展顺利，上级财政专项支持的2000万元实训楼项目开工建设。投入300万元采购现代化护理实训教学设备，投入100万元建设康复实训室改善实训条件。新增纸质图书1.67万册，纸质藏书总量累计达到21.9万册。学生宿舍网络改造完成，中心机房改造工程有序推进，承接蓉江新区社区医疗服务中心工作正式启动。

【教学改革】 启动教学诊改工作，出台《赣南卫生健康职业学院教学改革实施意见》，转变教学理念，优化人才培养方案，强化教师教学业绩考核。13名教师参编人民卫生出版社高职专业教材；陈娟团队获江西省职业院校信息化教学大赛（高职组）三等奖；学生谢媛在全国职业院校技能大赛中职组护理技能赛获三等奖；检验教研室团队获全国第四届医学检验技能大赛团体二等奖，学生刘吮熙获个人一等奖，学生刘丽红获个人三等奖，学生宋迎春获个人优秀奖；应届中职护理、助产专业毕业生在护士执业资格考试中的通过率达75.5%，高于全国平均通过率29.2个百分点。

【教学科研】 “赣南中药资源工程技术研究中心”成功申报市级工程技术研究中心建设单位，成为学院首个产学研平台。完成项目申报86项，增幅48.28%；项目立项64个，增幅106.45%；发表论文115篇，院刊征文52篇。组织学习考察和交流培训活动14批次，邀请11名专家教授举行11场专题讲座。

【招生就业】 高考招生范围由面向江西本省拓宽到面向福建、安徽、湖南等7个省，招收高职生644人、五年一贯制学生130人，录取中职学生2654人，年内共招生3428名。首次组织高职单独招生考试，录取单招新

5月19日，中国人民解放军空军总医院与赣南卫生健康职业学院签订校院合作协议

生196名，超计划录取43名。举办毕业生“双选会”和专场招聘会，提供就业岗位近3000个，通过就业信息网发布招聘信息提供岗位数1500多个，毕业生首次就业率达96%以上。

【产教融合】 学院与赣州市人民医院康复科在康复治疗技术专业联合实施“1.5+1.5”合作办学新模式；与赣州市立医院、信丰县人民医院合作开设护理专业定向班、订单班，开辟学院与县级医院合作培养人才的新模式；与赣州市残疾人联合会、赣州市慧聪儿童康复训练中心合作开展残疾人康复人才培养改革试点；与昌盛大药房有限公司、赣州木吒等一批优质企业合作办学；与深圳金悠然科技有限公司合作创建“口腔医学技术产学研中心”。校企（院）合作开设定向（冠名）、订单班班级17个。

【精准扶贫】 开展资金帮扶，累计投入帮扶资金款物40多万元。开展教育扶贫，捐赠关西学校24块磁性黑板，向2017年考入大学的贫困学生发放教育资助金1200元。开展健康扶贫，联合龙南县第一人民医院开展义诊活动，免费发放各类药品价值近4000元；联合校企合作医院空军总医院，向关西镇卫生院和翰岗村卫生室捐赠心电图机和心电监护仪等医疗设备，价值13万元。开展产业扶贫，帮助26户贫困户申请产业奖补资金7.747万元；帮助贫困户发展养殖业提供销路，为贫困户增收6万元；帮助62户贫困户办理产业扶贫信贷通贷款、个人自主发展产业贷款和入股养殖专业合作社，完成率94%。开展走访慰问，在春节、中秋等传统节日为贫困户送上慰问品和慰问资金，价值2万多元。全年有12户、42人脱贫。

（撰稿　罗俊忠　审稿　蓝晓植）

【领导名单】
校长：林　莉（女，任至9月）
院（校）长、党委副书记：
何春明（9月任）
党委书记：赖卫国（任至9月）
林　莉（女，9月任）
党委副书记：谢晓华（任至9月）
党委委员、副校长：
赖晓琴（女，任至9月）
党委委员、副院（校）长：邓鼎森
廖　瑜（女，工会主席任至9月）
副院（校）长：刘国珍（9月任）
党委委员、工会主席：蓝晓植（9月任）
党委委员、纪委书记：潘建忠

赣州农业学校

【概况】 2017年，赣州农业学校围绕“厚基础、重改革、强管理、兴文化、树品牌”的工作路径，在产教融合、理实一体化教学改革、创新学生管理办法、拓宽学生第二课堂、推动创新创业、完善招生方式等方面进行

改革实践，学校各项事业取得明显成效。学校先后被评为省、市文明单位、市综治先进单位、市公共机构节能先进单位。

学校内设机构16个，科级干部职数38个（其中正科级干部职数19个）。专任教师142名，其中专业教师124人，“双师型”教师83人。专任教师本科以上学历135名，专任教师硕士以上学历39名。

全日制在校生5214人，其中涉农专业1336人。开设畜牧兽医、食品生物工艺、农产品保鲜与加工、果蔬花卉生产技术、现代农艺技术、园林技术、电子技术应用、模具制造技术、机电技术应用、数控技术应用、计算机应用、计算机网络技术、计算机平面设计、会计、服装设计与工艺、文秘与办公自动化、电子商务等17个专业。

【教育教学】　招录新生1722人。其中，400分以上的学生258人，占15.5%；500分以上的学生11人。5个专业共争取升学指标400多个，到校就读的学生近200人。出台《学生上课期间手机管理规定》《学生晨读评比制度》，建立《卫生评比制度》，完善《学生违纪处理条例》《学生操行量化考核办法》，坚持“两会一课”制度、学生干部例会制度。成立宠物、养禽、食品分析、艺术插花、服装、电子等多个课外专业兴趣学习小组。依托自身农业培训平台办好特色培训，2017年各类培训人数累计4259人，其中新型职业农民培训670人，成人教育1320人。加大实践教学投入力度，全年投入455万元用于添置实验实训设备、购买实验实训耗材和校内外实训基地建设，园林、果蔬、农艺等3个专业在大余县鹭溪农场建立校外教学实训基地。投入60万元进行阶梯教室、图书馆、体育教研组办公室及部分教室的整修，所有办公室均安装空调，每个教研室都配备打印机，教职工人手一台教学办公用电脑；投入12万元与中国知网合作，提供免费下载学习研究所需的专业图文资料服务。做好123工程及高水平中职学校申报工作。在全国职业院校技能大赛中职组蔬菜嫁接项目比赛中获全国三等奖1项，学生在全省健美操比赛中获一等奖。技能竞赛国赛获三等奖1个；省二等奖6个、三等奖4个；市一等奖9个、二等奖19个、三等奖29个。石天明获“第九届赣州市十佳大中专生”称号，李绮绮等14名学生获“第九届赣州市优秀大中专生”称号，学生刘轩获赣州市创建全国文明城市“优秀志愿者”称号。

【队伍建设】　加大教师培训力度。全年共派出59名教师外出学习培训，选派20人参加省“双师型”教师培训、39名骨干教师到江苏省、上海市、福建省、广东省等地的高校和企业脱岗培训，全年教师培训经费支出达50万元。刘燕娜、甘贤禾参赛团队在首届全国涉农中职学校信息化教学设计大赛中获一等奖。全年全校发表专业论文29篇、出版专业论著14部。充实专业师资队伍。新招录教职工16名，对新进教师实施“蓝青结对”工程，提升新教师教书育人水平。加强外聘教师管理。制订《外聘人员管理办法》，签订全日制合同的外聘教师34名，非全日制合同外聘教师12名，大幅度提高外聘教师工资待遇，统一购买社保、医保、工伤、生育等社会保险，外聘教师的工资福利支出新增60万元。组织各学科（部）到职教发达地区考察学习。组织全体教师签订《师德师风承诺书》，增强教师依法执教、爱岗敬业意识。

【创新创业】　印发《鼓励与支持创新创业实施方案》，投入12万元装修创新创业基地，投入34万元采购宠物工作室、花卉园艺工作室、服装工作室、电商工作室等设备；食品、平面设计专业创新创业基地投入运行；电子商务专业创新创业淘宝线上（赣南土特产专区）店开始营业；果蔬、牧医专业创新创业基地建设进展顺利。

【校园文化】　开展学生社团活动，安排10万元专项经费用于社团活动，学生社团发展到15个，举办以“绽放青春活力繁荣社团文化”为主题的第一届社团文化风采展。开展校园文化活动，举办以“唱响十九大激扬青春梦”为主题的第八届校园文化艺术节。开展学生体育活动，举办学校第二十二届田径运动会；开展学科篮球赛；组织开展学生阳光体育活动。开展中共十九大精神进课堂活动，举办团日活动16次，唱红歌活动16次，开展思想道德教育7次，开展志愿者活动20次，组织无偿献血4次、献血人数24人次。新建校园宣传展板18块、主干道道路牌6块，更新宣传展板内容42块；发布新闻及宣传稿件100篇，其中校园网80篇、《赣南日报》4篇、市直机关工委网站16篇；编印《校园简报》5期。在赣州电视台乡村直通车栏目播放学校动态新闻

赣州农校校园一角

10次，在江西大江网登载学校办学情况及学校重大活动宣传资料。组织教职工开展趣味运动比赛、“生日祝福”关爱活动、“三八”节主题活动等，组织全体教职工赴大余县参观学习现代观光农业。

【法治校园建设】 以“平安法治校园”建设为主线，加强依法治校工作。发放普法教育读本，组织普法考试，推进国家安全和消防教育进校园，聘请3位常年法律顾问。每月开展1次安全隐患和矛盾纠纷大排查，整改安全隐患6处。全年未出现学生溺水事故和校园欺凌事件。重点做好“心防”工程建设，增设心理个体辅导室和团体辅导室，增添实体宣泄人、心理学挂图，组建心防志愿服务队。开展学生心理健康大普查，建立心理咨询台账。彭慧等7人被评为“全市综治单位先进责任人”。

【行政管理】 制定“十条措施”“十项承诺”，组织“公开承诺”“担当实干”主题活动；做好科室管理目标考核、中层干部考核、支部考核、教师量化考核、班主任考核等常规考核工作5项；完成学生食堂重新招标；完善固定资产跟踪管理工作；水电维修材料实行定点采购招标；协助做好店面租金收缴和重新发包工作；重新装修校医务室，新招校医1名。做好政府采购电子化备案工作，全面实行会计电算化，实现无纸化办公。全年共投入3200余万元用于改善学校办公条件，与去年同期相比增加500多万元。

【校企合作】 校企合作取得突破，新增2家合作单位，组织学生到企业跟岗教学实习，组织牧医、电子、现代农艺等专业的学生到东进牧业、东莞迈思普、大余县鹭溪农场等校企合作企业跟岗实习；安排电子、机械专业的2015级学生到赣州协顺电器公司进行短期的岗前学习锻炼；食品专业学生到海亮校内实训基地进行轮训；服装专业学生开展为期6周的校内生产性实践教学，完成1800套新生军训服制作，争取于都鼎晟服饰有限公司赞助服装面料，用于学生服装工艺课实训教学。

【社会服务】 开展新型农民培训、退役士兵培训、社会培训及“一村一大”成人函授，全年共培训3000余人次。投入16万元用于添置培训设备，编写13种新型农业技术培训教材，派出12名教师参与省科技特派团工作，30人次利用节假日到乡村传授农业知识。教师参与科研工作，主持市级科研课题2个、申报2018年市级科技项目4项。

（撰稿 林 梅 审稿 赖昭忠）

【领导名单】

党委副书记、校长：邹志华

党委书记：赖晓琴（女，9月任）

党委委员、副校长：曾传龙

谢 敏（8月任） 汤晓军

党委委员、工会主席：叶晓明（9月任）

党委委员、纪委书记：赖昭忠（9月任）

赣州中学

【概况】 2017年，赣州中学高考中考连续5年勇创辉煌，学科竞赛凸显特色，教学质量全市领先。教师队伍建设不断加强，教科研工作有新发展，开创德育工作新局面，素质教育硕果累累，安全工作有条不紊，育人条件与环境改善。成功迎接“创建文明城市”国检、省现代教育技术示范校评估，获“国际生态学校”“全市中学教学质量综合评价先进单位”等称号。

【党建工作】 6月26日，市委教育工委批复赣州中学党总支升格为党委。12月11日，召开中国共产党赣州中学委员会成立暨第一次党员大会，选举产生第一届党委委员。扎实推进“两学一做”学习教育活动常态化制度化开展，设立“党员固定活动日”，按“3+X”模式开展“红色诵读”活动等。

【教育教学】 自有高中毕业生以来连续4年被评为全市中学教学质量综合评价先进单位。高考再创新佳绩，600分以上40人，其中理科36人、文科4人。一本上线561人（不含艺体生），其中理科436人、文科125人，一本上线率35.6%；二本以上上线1218人（不含艺体生），其中理科818人、文科400人，二本以上上线率77.3%。张天伦获中心城区理科状元。162人通过2017年北京大学、清华大学等高校自主招生资格审核，入选《2017年全国最强自主招生高中排行榜》，列全省第一。在全面执行“摇号”政策的前提下，中考再创佳绩，总分700分以上34人；姚业伟以744分的高分名列全市前茅。

【“创文”工作】 学校定期召开校长会、校务扩大会、教职工大会和“创文”工作调度会，开展“文明寝室”“文明班级”“文明餐桌”“美德少年”“赣中好人榜”评选等系列活动，弘扬文明之风；每周派出10名以上教师到结对的张家围社区和赣江源社区开展志愿服务活动。在全省文明校园表彰会议上，赣州中学被评为“江西省首届文明校园”。

【队伍建设】 选派教师到北京市、上海市、浙江省等发达省、市参观交流，选派师生到美国参加“微留学”和到香港参加夏令营活动，组织开展继续教育教师远程培训和教师信息技术应用能力提升工程培训。教师汤志斌获全国教育教学信息化大奖赛一等奖，李庆媛获全国中小学实验教学说课比赛金奖，被授予“2017年度全国中小学实验教学能手”称号。戚务伟、谢意参加全省高中优秀教学课例展示活动获一等奖。在2017年“一师一优课、一课一名师”活动中，赣州中学教师获部级优课6人次，获省级优课17人次。

【学科竞赛】 学校入选《2017江西省50强高中之学科竞赛“省一”排行榜》。谭礼舟在中学生物理竞赛中获全国决赛三等奖，5名学生获全国（江西赛区）一等奖（全市仅7

9 月 24 日，赣州中学荣获全国中学生生物学联赛江西赛区团体总分一等奖

人），并取得全省团体一等奖，创造赣州市在该项竞赛中团体最优成绩。在第二十三届全国青少年信息学（计算机）奥林匹克联赛中，王忠涛、黄文翀等 7 名学生获提高组一等奖，谢祥玮、钟骏等 5 名学生获普及组一等奖。罗羿、肖宜松等 11 名学生在中学生生物学联赛中获全国二等奖，学校获团体总分一等奖。黄舒云、管铮获北京大学历史学系举办的首届“燕园杯”全国中学生历史写作大赛特等奖（全国仅 10 名）。黄焕椿、郭龙杰、刘邦彦、王萌、黄亚楠 5 名学生获第十六届全国创新英语大赛一等奖。曾楚雯获第三十二届全国青少年科技创新大赛青少年科技创新成果竞赛项目全国三等奖（全省获奖级别最高）。高二（18）班科技实践活动作品《珍爱生命，保护水源》获一等奖，被评为“十佳优秀科技实践活动”。张楠、邓璇等 5 名学生在高中应用物理竞赛中获全国一等奖，取得团体总分全省第二、全市第一的成绩。钟雨珈、郭帆获第二届“登峰杯”全国中学生学术科技创新大赛一等奖。钟先韬、许梓宸、徐可欣 3 名学生获第十五届全国中学生水科技发明比赛 B 类水资源调查类唯一的特等奖，为全省历史上最好成绩。唐梓涵获第十八届全国中小学电脑制作活动二等奖。

【素质教育】　成功举办合唱节红歌比赛、学生社团文化节、首届诗词大赛、心理情景剧比赛和朗诵名家进校园活动，以及田径运动会、英语文化节、艺术节。6 部学生作品获全国首届微视频展播活动最高奖项“部级精品视频”，学校被中央电教馆授予全省唯一的优秀组织奖；在 2017 年国际环境小记者项目新闻作品大赛国内选拔赛中，获 9 个奖项，学校获优秀组织奖，并被江西省环境保护厅发文通报表扬。初中合唱团获全省第四届校园合唱节一等奖。在江西省首届中学生模拟联合国大赛中，赣州中学代表队 5 人获最佳个人奖，学校获最佳组织奖。在 2017 年江西省高中综合实践活动成果展示中，赣州中学连续 7 年获一等奖。

（撰稿　杨东冬　汪建生　罗超群　审稿　郭　强　陈宗炫　）

【领导名单】
校长：郭　强
党委书记：陈宗炫

赣州市第一中学

【概况】　2017 年，赣州市第一中学落实学校第十二届教代会第三次会议精神，较好地完成年度工作任务和目标，积极推进学校持续健康和谐发展，成绩斐然。

【教育教学】　高考成绩创辉煌。蓝天蒙获中心城区文科状元，朱煜获中心城区理科第二名。一本上线 186 人，一本生源升学率高达 581%；二本上线 614 人，二本生源升学率达 345%。PGA 国际班学生全部考取世界一流大学，升学率继续保持 100%。其中，叶卓扬录取到世界排名第二十位的埃默里大学；张文宣录取到世界排名第四十位的五星大学—新南威尔士大学。

中考成绩创新高。卢婧总分 748 分获赣州市中考状元，朱卓总分 747 分获赣州市中考第二名。720 分以上以上特优生有 9 人，居中心城区第一。700 分以上尖优生有 25 人，居全市前列。中考尖子生培养方面为近 10 年来最好成绩。

【教学教研】　组织教师外出交流学习、参加各种培训达 110 多人次。开展示范课和专题讲座活动 40 多次。教师参加各级优质课、说课、教学设计、课件评比等竞赛活动，获全国奖 62 人次、省级奖 55 人次、市级奖 51 人次。课题立项省级 5 个、市级 5 个、校级 9 个；课题结题省级 7 个、市级 8 个、校级 6 个，课题研究居全市前列。76 篇论文在市级以上刊物发表，获国家级奖 55 篇，获省级奖 51 篇，获市级奖 28 篇。

【学科竞赛】　学生参加各类竞赛活动，其中获国家级奖 857 人次、省级奖 140 人次、市级奖 124 人次。信息技术奥赛取得重大突破，高二年级林海波以全省第三名、高一年级朱卓远以全省第十六名获提高组全国一等奖，初二年级卢安来以全省第六名获普及组全国一等奖。

【素质教育】　体艺竞赛连创佳绩。在江西省 2017 年中学生田径运动会比赛中，初中组田径队获团体总分全省第一名，被评为体育道德风尚奖。15 名运动员（全市共 30 名）代表赣州市参赛，获高中组团体总分第一名。在第十五届市“英东杯”田径运动会中，夺得赣州市团体总分第一名，创历史最佳成绩。

【办学条件】 学校扩建工程进展顺利；完成正气楼、行知楼等维修改造以及诚文化浮雕的设计和制作；完成校园监控系统、阅卷设备、笔记本电脑（更换132台）、打印复印等现代教育设备的更新和完善；改造和美化阅览室，充实大量报刊、图书；完善心理咨询室的建设和装备；配合市“教育云”工程，完善信息化硬件、软件建设；完成智慧校园项目的申报工作和江西省现代教育技术示范校评估的迎检工作。全年共投入近900万元，用于改善办学条件、美化校园环境和完善现代教育技术装备等。

【精神文明建设】 组织全校师生开展一系列“城市文明我文明，携手共建文明城”活动，推动社会主义核心价值观进教材、进课堂、进头脑。加强交通安全教育和禁毒教育，组织学生前往交通安全及禁毒教育中心接受教育。开展学生心理健康调查，推动学校心防工程建设。较好地解决师生车辆的停放管理问题，全面净化校园卫生环境，主动参与“全国文明城市，我参与，我行动，我快乐”赣州共创文明城市志愿服务活动。被评为“创建全国文明城市工作先进集体”。

（撰稿 刘东荣 刘小宝 审稿 刘文蛟）

【领导名单】

校长：刘文蛟

党委书记：王达全

赣州市第三中学

【概况】 2017年，赣州市第三中学中心重点工作有新提升，校风校貌有新转变，办学条件提升细优化，队伍建设凸显新优势，师生幸福指数有新提高，学校党建工作有新特色。学校获评第一届全国文明校园；获评全省第一届文明校园；被评为江西省第二届师德师风示范校。

【党建及工青妇工作】 经市委教育工委批复，学校党总支升格为校党委。11月24日，召开中共赣州市第三中学委员会成立暨第一次党员大会，选举产生第一届党委委员。下设6个基层党支部，共有党员180人。常态化开展“两学一做”主题学习活动，各党支部制定“两学一做”学习教育分专题学习计划，按照“3+X”模式完成4个专题集中学习。利用“党员活动日”时间，组织党员开展“三会一课”等活动，学校党委委员、各党支部书记到各支部上党课次数20余次。开展学习中共十九大报告等师德师风教育活动，教师队伍敬业精神更加突出，团队意识更加浓厚。召开党风廉政建设工作会议和党风廉政建设集中约谈会，修订《赣州三中廉能风险防控标准化作业规程》，将“廉洁从教”纳入学校师德建设，签订《赣州三中师德师风建设承诺书》，严格规范教师从教行为。创新落实走访慰问制度，帮助生活困难党员和老党员解决实际问题，给退休教职工和家庭困难职工送温暖。与会昌县周田中学结成联盟，组织党员教师开展送教下乡、支教到班活动。5月4日，学校政教处团委举办“不忘初心跟党走”纪念建团95周年暨2017年入团宣誓仪式活动。校团委被授予“江西省第三批共青团强基固本示范校”称号，高三（1）班被授予“江西省雷锋班”称号，初二（5）班邹轶轩被评为2016年度全省优秀少先队员，校团委获2016年赣州市先进团委称号。

【教育教学】 全校1212人参加高考，其中一本上线329人，二本以上上线865人，黄小鹏被香港中文大学录取。在第十九届“语文报杯”全国中学生作文大赛中，高三年级陈一翔、罗玥获国家一等奖。在2017年全国数学奥赛中，高三年级李子沐获一等奖；在第十六届全国创新英语大赛中，高二年级谢雨曦获全国一等奖，高一年级余妍芳获全国二等奖，高一年级曾迅获华中赛区一等奖；在2017年全国物理奥赛中，高三年级陈云凌、吴嘉莉、钟浩诚获三等奖；在第三十一届中国化学奥林匹克竞赛中，高三年级许桂鸿、占坚获一等奖；在第三十四届全国信息学奥赛中，高三年级宋沛获获江西省第一名（全国银奖），并提前一年获北京大学2018年自主招生资格；许桂鸿、吕坚等获省一等奖。在第三十二届全国青少年科技创新大赛中，高三年级李彦诚的科技探求项目《城市化进程中养殖业水污染防治对策》获铜牌。

全校408人参加中考，720分以上学生3人，700分以上学生25人。在2017年江西省青少年航空航天模型锦标赛中，初一年级杨子隽共获单人组、双人组、团体组3枚金牌。在2017“中国好学生”英语大赛省级决赛中，初一年级刘锦腾、范明昊、张煜菲获初中组一等奖，

教师共发表论文115篇，市级课

在第34届全国信息学奥赛中，赣州三中高三（2）班宋沛获（左一）获江西省第一名（全国银奖）

题立项 9 个，省级课题立项 5 个，结题课题 3 个。其中，胡洁玲主持的课题“基于电子书包的自主性学习模式应用研究”获全省唯一的一个电子书包项目优秀课题。

【学习交流】　接待华侨中学、惠安教育局、青海大通三中等学校单位来学校学习交流，分别派出 200 余人次到浙江省、上海市等教育发达地区学习、培训，密切与“江西省重点中学十校联盟”之间的合作。与南开大学、上海财经大学等名校建立生源基地学校，与江西理工大学等高校建立实验室共享关系，促进学校尖优生培养提升。

【校风校貌】　围绕立德树人根本任务，以配合创建全国文明城市、创建全国文明校园为目标。创建文明校园事迹在江西电视台等多家媒体宣传报道。加强安全教师队伍建设。开展爱国主义、道德教育系列活动。重视“心防”工程。加强家校联系，构建家校合作平台。

【办学条件】　推进各项工程建设，完成赞贤路校区逸夫楼、金杏楼卫生间改造项目，完成赞贤路校区土地征收事宜，完成青年路校区新建综合教学楼项目招标工作。

【队伍建设】　国赛获一等奖的有化学教师陈起香、高中英语教师董家红等。省赛获一等奖的有数学组明小青、体艺组蔡苡宁、化学组陈起香等。市赛获一等奖的有罗奕奕、黄金梅、吴燕等教师 13 人。创建何强、郑素萍、范才坤等名师工作室。廖德才获江西省第三届学科带头人，明小青、赖丽霞获省骨干教师称号，程玉娟、徐义辉获江西省首届信息化应用骨干教师称号。孙金元、陈华、赵声洪、张晓林等教师获市教育先进工作者、市五一劳动奖章、师德标兵等称号；金学民、邹金平、明小青、申昌峻、刘人春、曾凡伟等教师被评为市“育人先锋”优秀共产党员。

篮球、健步走、乒乓球等运动小组定期开展活动，组织女教工参加全市庆“三八”趣味运动会、江畔健步走、毽球运动等活动。开展送温暖活动。看望走访教职工 11 人次，教职工慰问 16 人次，对教职工及直系亲属病故安抚 15 人次，走访困难职工 25 人次，学校建立困难职工档案库，积极争取上级相关部门的资助项目，为教职工解决困难提供力量支持。全年学校筹措资助款 15 万元左右。

（撰稿　吴　寒　审稿　张晓林）

【领导名单】
校长：潘元生
党委书记：何　强

赣州市第四中学

【概况】　2017 年，赣州市第四中学坚持“文化立校、特色强校、经典治校”的办学思路，始终贯彻“立德树人”的教育理念，充分发挥“校园文化”“师生阅读”“体艺特色”名片的良好效应，在新高考改革的征途中不断取得新的突破。学校先后被评为国防教育特色学校、全省文明校园、全省依法治校先进单位、全国文明城创建先进单位、全市综合治理暨平安赣州建设先进单位、全市文明校园、全市校园文化建设示范学校。

【党建工作】　12 月 28 日，召开升格后中共赣州市第四中学委员会第一届党员大会，选举产生新一届党委班子。建立学校党员信息库。政治、业务学习做到“四有”，即有专人负责、有时间、有记录、有考核，如隔周的教职工大会、每周的党政联席会、行政会、定期召开的党员大会、骨干团队务虚会等。

【学校管理】　推进学校教学管理。举办第三届“游艺杯”学科带头人骨干教师教学竞赛，提高理化生等学科对实验室的使用效率，重点推进跑操、静校、卫生保洁以及住校生宿舍卫生工作，利用周一升旗、图书馆志愿者、学生会自主管理等一系列德育载体，推进学校德育和教学工作。

【办学条件】　筹措资金，对教师办公室进行重新装修，更换办公桌椅，配备台式电脑，改造升级中心机房，购进大量新书，完善体艺教育设施，建设电钢教室、古筝房、健身房，更新学校宣传橱窗，新添运动场文化墙。加大对教师的培训力度，初中政治、语文、地理等学科教师参与部编教材培训，校长、教研组长和部分高中教师参加杭州市等地的新高考教育培训以及国培。组织全体老师参加继续教育培训，推进工资人事改革。新进一批研究生、免费师范生和优秀大学生充实学校教师队伍，强化蓝青结对教师培养。

【教育教学】　体艺培训管理细化，培训效果明显。美术、音乐、舞蹈等专业高考联考通过率提高，进入各专业省联考前 100 名的人数上升，“英东杯”比赛中，合唱节目获市一等奖，校园集体舞获市二等奖。学校教科研省级课题结项 1 个，基础教育课题送审 2 个，电教课题送审 2 个，“十三五”规划课题送审 2 个。课题中期考核良好 2 个。论文发表 18 篇。教师竞赛获部级奖 1 人，省一等奖 1 人，市一等奖 5 人。学生竞赛获国家级三等奖 2 人，省级 10 人，市级 10 人。

【校风学风】　评选与发放“八八”奖学励学金、滋蕙奖学金，开展阅读之光表彰活动，推进教育扶贫。通过家长会、微信群、微信公众号加强学校与家长的沟通，通过学生会、社团等让学生锻炼自己，管理自己，让家、校、生三者形成教育合力。利用校会等进行师德师风教育，推进“六大”教工健身俱乐部作用，开展“三八”节春游，脐橙采摘的秋游等系列的活动，增强教师间的沟通与交流，提升教师幸福指数。邀请厦门大学教授李琦、清华神厨，以及校友作家彭学军回母校讲学，掀起童话热潮。

（撰稿　曾凡茂　审稿　欧阳品林）

（本栏编辑　曹　虹）

科学技术

科学技术管理

【概况】　2017年，全市科技工作认真贯彻落实中共十九大精神，围绕全市“六大攻坚战”决策部署，深入实施创新驱动“1122”工程，激发创新创业活力，增强自主创新能力，推进产业转型升级，创新型赣州建设取得新进展。赣州市科技局被科技部、人力资源和社会保障部评为全国科技管理系统先进集体，并在创建全国文明城市、国家森林城市、科学发展综合考评等工作中获多项市级殊荣。

【创新平台建设】　年内，在赣州高新区新设立中国稀金（赣州）新材料研究院、中国科学院海西研究院赣州稀金产业技术研发中心、质谱科学与仪器国际联合研究中心赣州分中心等科研平台。国家离子型稀土资源高效开发利用工程技术研究中心、国家脐橙工程技术研究中心顺利通过科技部验收评审，章贡经济技术开发区获认定省级高新技术产业园区。新增国家级科技企业孵化器2家、省级科技企业孵化器8家、省级科技企业孵化器培育基地2家、省级大学科技园2个、省级工程技术研究中心4个。至年底，全市拥有国家级创新平台8个、省级创新平台45个、博士后科研工作站5个。

【加大全社会研发投入】　制定出台《赣州市加大全社会研发投入攻坚行动实施方案》，从切实加大财政科技投入、改进财政科技经费支持方式、着力提升有研发活动企业数量、大力发展高新技术企业、推进企业研发平台建设等方面，提出一系列推动全社会研发投入增长的具体措施。加强督查调度，实行每月一调度、每季一督查；强化培训指导，分别邀请省科技厅、省统计局相关处室负责人作专题辅导授课，提高全社会对加大研发投入的共识；开展动态监测试点，市科技局、市统计局、市财政局联合印发《企业研发投入动态信息监测机制试点工作方案》，在章贡区、赣县区、龙南县、全南县、赣州经济技术开发区进行动态信息监测试点，建立研发企业信息共享、入库、数据监测责任制。

【组织实施科技项目】　围绕主导产业和战略性新兴产业发展布局创新链，开展核心关键技术攻关，带动产业转型升级。以企业为主体，全年争取省级以上科技项目139项，资金4800多万元，增长76.3%；组织实施市级科技项目610余项，有效扩大企业研发活动面，提高高新技术产业增加值，加快“两城两谷一带”建设。建立和完善培育库，新增高新技术企业135家，全市高新技术企业总数达276家，提前实现倍增；获认定国家科技型中小企业148家，占全省的1/3。以项目实施培育创新人才，组建省级科技协同创新体2个，赣州诚正稀土新材料唐任远院士工作站、赣州全标生物朱蓓薇院士工作站挂牌，入围国家“千人计划”人选1人、国家科技创新创业领军人才1人、省级杰出青年人才资助计划人选3人。

【专利质量提升】　深入实施知识产权强市战略，全市专利申请量、授权量分别达14706件和5934件，分别增长72.1%、13.8%，居全省第二；发明专利申请量2223件，增长84%，有效发明专利拥有量936件，增长31.1%；万人发明专利拥有量达1.09件，比上年增加0.33件。获批国家知识产权试点城市，赣县区、信丰县获批国家知识产权强县工程试点县（区）。积极申报建设中国（赣州稀土稀有金属）知识产权保护中心，建立健全与经济社会发展相适应的知识产权创造、运用、保护、管理体系，为支撑主导产业创新发展提供知识产权保障。

【科技成果转化】　全市6项科技成果获省科技奖、1项专利获省专利奖，37项成果获市科技奖。成功举办“中国稀金谷科技成果对接会”“降成本优环境促发展科技成果对接会”，与清华大学珠三角研究院、浙江工业大学等高校院所共建技术转移中心，加速科技成果转化和产业化。积极开展“降成本优环境促发展”专项行动，制定《赣州市专家团精准帮扶企业活动工作方案》，组织中科院院士、专家等60余人深入园区企业开展结对帮扶服务，为企业解决技术难题260多项。

【科技精准扶贫】 出台实施方案，积极开展科技特派员扶贫行动，统筹全市科技资源实施精准扶贫，实现科技特派员全市贫困村全覆盖，选派286名科技特派员组建37支创业服务团队，深入贫困村提供技术、人才、资金和管理精准帮扶，组织培训12余万人次，推广新技术116项，辐射带动就业10万余人，获批国家“星创天地”2个。着力帮助驻点村改善基础设施，解决民生问题，落实帮扶资金49万元，兴建百头以上规模养牛基地、水陂5座，开通通组公路3条，硬化入户便道3500多平方米，改造危桥1座，建设60千伏光伏发电站1座、保障房7套、村民文化卫生活动室1栋，为驻点村添置太阳能路灯96座。

（撰稿　李干洲　审稿　李　云）

【领导名单】

局长：蓝　赟

党组书记：谢定强

副局长：李　云、孙　康

调研员：杨远俊、黄　敏

副调研员：曾荣长

赣南科学院

【概况】 赣南科学院（江西省科学院赣南分院）下辖赣州市农业科学研究所、赣州市畜牧研究所、赣州市林业科学研究所（江西省林业科学院赣州分院）、赣州市柑桔科学研究所（江西省脐橙研究所）、赣州市科技情报研究所、赣州市烟草科学研究所（赣州市旱作物科学研究所）、赣州市花卉研究所（江西省甘蔗研究所、赣州市甘蔗研究所）、赣州市水产研究所、赣南树木园、赣州市农机化研究所、中心实验室、科技发展中心等12个科研机构。

2017年，有职工总数1195人，其中在职人员637人，有博士2人、硕士78人，在职正高专业技术人员15人、副高专业技术人员44人，享受国务院特殊津贴专家3人，省政府特殊津贴专家3人、市政府特殊津贴专家4人，省百千万人才工程人选5人，获市青年科技奖9人，西部访问学者1人，江西林业科普人物奖1人。

【科研管理】 2017年，赣南科学院提升科研项目管理水平，创新一系列科研管理举措。结合科研工作实际，制定印发《赣南科学院科研项目资金管理办法（试行）》，明确科研项目资金直接费用和间接费用的管理使用，为规范和加强科研项目资金的管理，激励科研人员积极性，提高项目完成质量和资金使用效益提供政策保障。实施科研项目“负面清单”制度，对产业已经萎缩或科研创新对产业发展支撑较弱的项目不再进行立项和经费支持。建立全院重点科研项目调度制度。围绕“六大攻坚战”工作部署，结合院所科研主要研究方向，部署7大项22子项的重点科研任务。形成全院重点科研工作计划，对国家级、省级重点科研项目和脐橙、油茶、蔬菜、生猪、穿心莲、宁都三黄鸡、杂交水稻、烟叶、油用牡丹等重点课题，加大调度和推进的工作力度。开展项目支出绩效自评工作。完成2016年度市级科技计划（赣南科学院部分）项目支出绩效自评工作。召开全院科研与成果转化流动现场会，提高科研人员做好科研工作和成果转化工作的思想认识，明晰科研工作思路。

【科研项目与经费】 组织实施科研攻关项目213项，在研项目经费累计5137.54万元，其中国家级项目11项、省（部）级55项、市（厅）级147项；新增项目60项，新增到账科研经费1473.02万元。

【科技成果】 通过结题验收13个项目。其中，中央财政林业科技推广示范项目《紫花含笑异砧大砧嫁接技术示范》通过国家林业局验收，《柑橘木虱引诱剂的应用研究》《水稻两用核不育系田丰S-2及其系列组合推广与应用》《优质丰产青皮冬瓜品种选育与利用》等12个项目通过省级结题验收。推广应用的脐橙、油茶、蔬菜、水稻、生猪、花生、水产等科技成果，为产业升级发展提供有力支撑。撰写发表《柑橘木虱与烟草之间的关系研究》等科技论文65篇。

【科技奖励】 获得省（部）级科技奖励3项，市（厅）级科技奖3项。其中，《全小麦饲用改良剂及其猪饲料配方的创制与应用》项目获2016年度江西省农牧渔业改进奖二等奖，《土壤中除草剂残留对烟叶生产的影响与应对措施》项目获2016年度江西省农牧渔业改进奖三等奖、江西省烟草公司科技进步奖三等奖；《赣南脐橙园蓟马防治与推广应用》《宛田红花油茶引种技术研究》《全小麦饲用改良剂及其猪饲料配方的创制与应用》获2016年度赣州市科技进步奖三等奖。

【知识产权工作】 年内，获授权、申请专利5项，获赣州市中国专利费资助3项。其中，申报《种利用冬季油菜江西烟蚜茧蜂越冬保种繁育的方法》《一种甜叶菊废渣发酵饲料及其制备方法》《一种脐橙残次果发酵饲料及其制备方法》等5项专利；《一种适用于家庭自制果汁的高效榨汁机》《一种新型高效杀虫组合物》《家庭式盆栽自动控水装置》获赣州市中国专利费资助。

【科研条件及体系建设】 科研平台及产业体系建设进展较好。科技平台建设进展顺利。国家油茶良种基地建设获批；市畜牧所现代畜牧中试基地建设进展较好；赣南科学院博士后科研工作站引进博士进站工作；“中国（赣州）稀金新材料研究院”顺利挂牌；赣南树木园景区旅游基础设施建设项目取得新进展；市水产所新科研基地建设项目完成竣工验收。产业体系建设有新成效。水稻、脐橙、花生3个国家现代农业产业技术体系综合试验站和国家油茶科学中心赣南试验站，江西省油茶产业综合开发工程研究中心以及蔬菜、水禽、水产、生猪4个省级试验站取得较好成效。

【科技服务】 面向赣州市开展科普宣传、科技下乡服务。年内，赣南科学院利用科技活动周、省科技特派团工程和全市农业送科技下乡活动等契机，利用科技、人才、成果资源优势，围绕脐橙、油茶、生猪、花卉苗木、蔬菜、烟叶、水稻等农业优势产业，组织开展科技宣传、科技服务90余次，开展科技咨询3700人次，培训2600人次，服务龙头企业、合作社、种植大户170余家，服务产业发展、促进科技扶贫工作取得明显成效。

【科技合作与交流】 拓宽科技服务领域，科技合作交流更加频繁。主动服务主攻工业，赣南科学院作为赣州中国稀金谷推进协调小组成员单位，发挥联络协调作用，积极参与推进“中国稀金谷”建设。高端引智有成效。4月10日—14日，承办中科院“赣南苏区院士行”活动，邀请60多位院士和国内顶级专家到赣州开展相关活动，为赣州市稀土、钨、脐橙、杂交水稻、油茶等产业问诊把脉，提供科技支撑；邀请谢华安、谢联辉、邓秀新院士等专家学者在赣州市开展调研并到赣南科学院开展科技交流与合作。“走出去”取经。年内，组织有关科研和管理人员先后到相关省内外科研院校以及上海市、江苏省、山东省寿光市等地学习考察，拓展思路、开阔眼界、取长补短。协同创新能力得到增强，赣南科学院作为“江西省农业科技协同创新联盟”副理事长单位，引导院属科研所发挥科技优势助力地方特色农业产业发展取得较好成效，2017年院属市农科所、市柑桔所由联盟成员单位提升为联盟理事单位。紧跟科技前沿，组织院科研和管理人员参加在深圳举行的“第十九届中国国际高新技术成果交易会”。

（撰稿 曾弘毅 审稿 刘义生）

【领导名单】
党委书记：江树华（女）
党委委员、副院长：刘义生 吴海洋 朱恩华
党委委员：郭小华

农业科学研究

【概况】 2017年，赣州市农业科学研究所以中共十九大精神以及习近平新时代中国特色社会主义思想为指导，以“加大优势科研攻关，服务赣州主导产业，助力六大攻坚战”为中心，各项工作稳步推进，取得较好的成绩。

研究所内设办公室、财务室、科研办公室等10个研究科室和部门。职工总数210人，在职职工102人，退休职工108人，专业技术人员50人（其中高级职称12人，中级职称11人，初级职称27人）。拥有国家水稻产业技术体系赣州综合试验站、国家级（南方稻区）水稻区试工作站、江西省蔬菜产业体系赣南综合试验站，并在海南省三亚市建有南繁育种基地。

【科研项目】 全年实施项目19项，其中国家级3项、省级8项，市级8项。全年发表科技论文5篇。国家级科研项目有：国家水稻产业技术体系赣州综合试验站；全国（南方稻区）水稻新品种区域试验；高效肥水调控关键技术研究。省级科研项目有：聚合水稻种质资源的研究与利用；江西水稻提质增效新品种新技术研究与应用——晚籼优质稻品种选育；赣南高效种植模式集成研究与示范；江西省水稻新品种区域试验；赣南生态区蔬菜新品种、新技术试验示范；废弃物安全还田及肥料化利用技术研究与示范；江西省蔬菜产业技术体系赣南综合试验推广站；优质丰产冬瓜品种选育与利用。市级科研项目：籼型杂交水稻高光A的选育与应用；再生稻研究与利用；优质香型水稻新品种选育及丰产技术研究；太空育种；水稻超高产品种选育技术创新与集成；水稻功能基因创制与利用；赣南脚板薯种质资源的收集与鉴定；茄果类蔬菜砧穗组合的筛选机嫁接技术集成与推广。

【科技成果】 各科研团队项目进展取得显著成效，通过省专家评委认定水稻杂交组合“双兴A”“双九A”2个；筛选出天露99、台蔬五号、GY—大红2等3个耐青枯病番茄品种，舒伯特、基地粉王等2个越冬型番茄品种，长丰6号、长江7号、丰辣长龙、香辣墨王等适宜春夏茬栽培的4个辣椒品种。

【科技服务】 年内，在赣县区、于都县、宁都县、信丰县、崇义县、瑞金市等地开展水稻、蔬菜科技服务工作，“一对一”对接服务30余次，开展专题培训5次，培训500余人次，发放科技资料6000余份。

（撰稿 宋 洁 审稿 肖林长）

【领导名单】
所长：肖林长
书记：刘小全（5月任）

科技情报研究

【概况】 2017年，赣州市科技情报研究所以科学的发展观统揽全局，始终坚持以提高科技信息服务能力为中心，依靠深化改革，科技创新，推动科技服务事业又快又好发展，各项工作稳步推进。

【科技服务】 通过《赣州科技服务平台》和《赣南科学院网》为政府和企业提供产品、技术交易服务和发布科技综合信息。《赣州科技服务平台》是一个综合科技成果转化交易平台，有企业会员780多家，专家240多人，全年发布科技最新动态、科技政策2000余条，搜集上传企业供需、科技成果等信息2400余条。服务效果显著。通过《赣州科技服务平台》构建“一站式”文献信息服务网站，购买并开通知网和万方数据知识资源总库，免费为全市有关领导、部门、机构和企业开放使用，为社会公众提供各类数字资源服务。

【科技调研】 围绕市政府的中心工作，组织人员深入企业，跟有关机构和专家合作，撰写出《对赣州建立“药金谷”的分析研究与建议》《对赣南三黄鸡产业发展中存在的问题分析与对策建议》《对防控赣南脐橙黄龙病的对策研究》《赣州市旅游产业转型升级的对策建议》《对赣州市油茶产业发展对策研究》5篇调研报告，并上报市委、市政府、市人大常委会、市政协和有关部门作为决策参考。省委常委、市委书记李炳军，市委副书记、市长曾文明等分别作出重要批示，并转发到有关政府和部门参阅。

【科技活动】 精心组织，全力协调，参加以“科技强市创新圆梦”为主题的“赣州市2017年科技活动周”活动。制作印刷科技宣传资料1000份，分别在上犹县营前镇和章贡区黄金广场开展特色科普宣传活动，宣传科技创新成果和开放优质科技资源。鼓励社会各界发挥自身特色优势，广泛开展大众创新创业活动和常态化群众性科技活动，满足公众多样化的科技需求。

【项目建设】 继续实施完成2016年立项的延续项目2个，分别是《赣州科技资料与文献信息资源库服务平台建设》《赣州市科技创新文献共享支撑服务平台建设及维护》。有计划、有步骤的申报新的科研项目，预申报《赣州市委市政府中心工作调研》《加强赣州与宁波稀土新材料产业人才战略合作的调研》2个院级项目及《赣州市科技创新文献共享支撑服务平台建设及维护》1个市级项目；申报2018年市级储备项目5个。新建《赣州科技信息服务平台》。平台主要为政府有关部门、科研单位和科技企业发布科技综合信息，实施网上科技成果转化。平台对赣州市时有的大型科技基础设施、自然科技资源、科技数据、文献资源等进行整合、重组和优化，利用科技创新资源实现共享和市场化机制。

【科技入园】 深入推进科技创新“六个一”工程的实施，加大工作力度，推进科技入园深入发展。在科技服务工作中，为园区企业提供各项服务2000余次，导入技术2项，引进人才10余人，培训科技型企业3个，服务企业数达到500余个，联系12家科研机构和200余名专家，为企业增加销售额2300多万元。派出科技人员，组织赣州市各类科技企业，分别参加省科技厅在景德镇市、萍乡市、上饶市组织的“科技成果在线对接会”，会上实现线上技术对接200余次，达成意向50余次；对接会吸引1万余户访客的在线观摩，会上针对园区企业开展服务，精准对接企业需求，协同促进国际、国内高校院所及科研机构、科技企业的科技成果就地转化、落地生根。

【党建工作】 开展“两学一做”学习教育常态化制度化的活动和学习宣传贯彻中共十九大精神。强化责任，抓好落实，加大从源头上预防治理腐败的力度，不断推进党风廉政建设和反腐败工作深入发展。市委第四巡察组6月对赣南科学院开展巡察工作，市情报所高度重视，对发现的问题建立巡察整改工作台账，立行整改，整改落实工作有一定成效，发现的问题整改完成并要求长期坚持，建立长效机制。

（撰稿 王欣婷 审稿 郑德勤）

【领导名单】
所长、党支部书记：郑德勤
副所长：陈 松

林业科学研究

【概况】 赣州市林业科学研究所（以下简称“市林科所”）成立于1959年，地处赣州市章贡区沙石镇的江西峰山国家级森林公园内，是一所集林木、果树、药材、园林花卉的育种、栽培、病虫害防治和规划设计、生态评价以及野生动、植物保护研究于一体的林业应用技术研究与科技推广单位。

2017年，有职工163人（在职80人、退休83人），其中在职科技人员34人（高级职称11人，中级职称17人，硕士及以上研究生10人）。内设党政办公室、计划财务科、科研管理科、资源管理科、经济林研究室、用材林研究室、引种驯化研究室、森林保护研究室、茶叶产业研究室、分析化验室等10个科室。

所辖国有林地635.52公顷，其中国家重点生态公益林208.48公顷；自有育苗圃地3.33公顷，新建育苗大棚1280平方米；建有年产组培苗1000万株的组培中心1座；拥有馆藏野生动、植物标本3万余件的展览馆1座；建有国家级林木（油茶）良种基地123.63公顷，其中采穗圃45.97公顷，种质资源收集区4.37公顷，试验区73.3公顷，收集保存国内油茶良种种质124份，可年产1万千克优质穗条；收集保存大量优良绿化树种，仅桂花收集保存4个品种群20余份种质资源。建所以来，先后主持承担国家、省、市林业科研项目430余项，有63项（次）获国家、省、市级科技成果奖。

【科研攻关】 2017年，实施各级下达各类林业科研项目29项（国家级2项、省级12项含合作项目、市级15项），其中2017年新立项7项、验收项目4项。

【科技平台】 8月30日，国家林业局公布赣州市林业科学研究所油茶良种基地为国家重点林木良种基地。该基地是市林科所继国家油茶科学中心赣南试验站、江西省油茶产业综合开发工程研究中心、赣南油茶产业开发协同创新中心、江西省油茶良种基地、江西省林科院赣州分院、全国科普教育基地等科研创新平台之后的又一高新平台。

【科技产业】 油茶产业。2017年，市林科所出圃数百万株油茶苗，为各县（市、区）以及广东、福建等省内外地区油茶产业基地建设提供充足的良种保障。完善一系列基础设施，先后完成7.14公顷油茶良种专用采穗圃高接换冠升级改造工作，新建450平方米的全光照防雨晒场，完成 1.1 千米的国家级油茶基地道路硬化及相应的供水、监控等系统工程。

绿化苗木产业。截至年底，收集保存枫香、娜塔莉、红叶榉等彩叶树种 5 种，桂花 4 个品种群 20 余份种质，紫花含笑 10 个品种。建有枫香收集区 4 余公顷，桂花收集区 2.67 余公顷，紫花含笑新品种收集区 0.67 公顷。

白僵菌产业。2017 年，市林科所在生产研制无毒无残留的绿色生物防治产品白僵菌粉爆的同时，开展白僵菌的防治应用技术探索与积累，拓展白僵菌的应用空间，做好全市林农病虫害防治。

【科技服务】 深入开展科技下乡。先后派出 13 名中级以上林业专业技术人员参加江西省富民强县科技特派团，在崇义县、龙南县、兴国县、信丰县、定南县、于都县、上犹县、石城县、寻乌县等地开展油茶良种采穗圃抚育管理及专用采穗圃建设、轻基质良种苗木繁育技术、新造林整形修剪、施肥等管理技术、低产林改造技术、稀土矿区尾砂区油茶种植技术等推广和示范工作，提供赣南油茶产业扶贫有效的科技支撑。开展科普活动。发挥全国科普教育基地平台和科普人才优势，开展生态知识讲座，为中心城区各大专院校师生开展教学实习、中小学学生开展生态科普教育、市民提供生态观光与生态休闲活动。在章贡区、上犹县等地举办赣州市 2017 年科技活动周，宣传油茶病虫防控、丰产栽培、低产林改造，穿心莲栽培等内容；利用国家科普基地对江西环境工程职业学院学生开展林业知识普及及教学体验活动。结合赣州市林业科研及生产实际，推广林业实用技术，传递林业科技信息，编纂出版《赣南林业科技》期刊 800 本，发挥期刊服务林业、科学普及的平台和窗口作用。

（撰稿　陈　煦　审稿　王兰英）

【领导名单】
所长：王兰英
书记：郭小华

柑桔科学研究

【概况】 2017 年，赣州市柑桔科学研究所全面贯彻落实中共十九大和中共中央总书记习近平系列重要讲话精神，紧贴赣南柑橘产业发展技术需求实际，将科研工作与市中心工作紧密结合，真抓实干，努力开展科研攻关和科技服务，提高协调创新能力，较好地完成年初计划各项工作。

【科研工作】 年内，市柑桔科学研究所承担或参与科研项目 21 项，其中国家级科研课题 2 项、省级科研课题 9 项、市级科研课题 10 项。围绕着“现代农业产业（柑橘）技术体系综合试验站——赣南脐橙综合试验站”“柑橘黄龙病综合防控技术集成与示范”“柑橘木虱年周期内世代发育与发生规律”等国家级、省级重大项目，开展相关试验研究与技术示范推广等工作。新增科研项目 5 项，分别为“柑橘化肥农药减施技术集成研究与示范”（国家重点研发计划项目）“新型保鲜剂在赣南脐橙中的研究与应用”“赣南脐橙柑橘黑点病发病规率研究”“柑橘园自产畜禽粪便快速堆肥研究与推广”“赣南地区不同果园管理水平对柑橘果实产量及品质的影响”。争取科研经费 145 万元。申报国家地区自然基金 2 项。

赣南脐橙试验站方面，重点开展柑橘木虱生长习性观察和黄龙病防控技术及检测手段等工作；发现高效寄生性天敌（寄生蜂）1 个；新建黄龙病毁灭果园重建示范园 2 个，面积 30.67 公顷；建立柑橘黑点病防治示范园 1 个。引进柑橘新品种 10 个，继续开展柑橘变异材料脱毒保存等工作。新建 1 个脐橙恢复性生产试验园，用于开展柑橘黄龙病疫区栽培模式研究；新增柑橘苗木精准施肥技术项目研究，继续开展柑橘营养施肥套餐项目、柑橘专用肥布点试验研究。完成生防菌对赣南脐橙贮藏效果实验，开展脐橙油胞下陷项目研究、生物防腐保鲜试验等工作；脐橙简易设施栽培技术研究、脐橙采后商品化处理技术研究、黄龙病病菌在柑橘内蔓延及相应防控对策研究等工作继续有序开展。

邓秀新院士在市柑桔所赣南脐橙综合试验站、院士工作站考察柑橘木虱饲养情况

【科研成果】 《赣南脐橙园蓟马发生规律与防治研究》获 2016 年赣州市科学技术进步三等奖。《柑橘木虱引诱剂的应用研究》（省星火计划项目）通过江西省科技厅组织的专家验收。天敌等昆虫资源、植保、农用微生物 3 个数据中心加入国家农业科技创新联盟工作中的农业基础性长期性科技工作。《赣南脐橙产区柑橘黄龙病综合防控技术规程》报送省质监局，进入程序待评审。发表科研论文 6 篇。

【科技合作】 与安远县橙皇果业公司、绿萌科技控股公司等开展科技合作，建立长久合作机制，联合华中农业大学专家团队，共同为江西绿萌科技控股公司提供技术服务，帮助做好新建基地规划、生态建园、品种选择、机械化应用等工作。

【科技服务】 市柑桔科学研究所派出13名中级以上专业技术人员参加江西省富民强县科技特派团，发挥自身技术优势，抓好技术推广和技术示范，开展送科技下乡活动，赴于都县、寻乌县、瑞金市、龙南县等地开展技术培训、技术服务，培训24次，培训果技人员1650人次，发放技术资料1100多份。

（撰稿　张丽艳　审稿　方贻文）

【领导名单】
党总支书记、所长：方贻文

花卉（甘蔗）研究

【概况】 赣州市甘蔗研究所成立于1952年，1999年7月经省编委批准成立江西省甘蔗研究所，2001年3月经赣州市编委批准成立赣州市花卉研究所，2014年5月26日，经赣州市机构编制委员会批准，单位名称调整为赣州市花卉研究所（赣州市甘蔗研究所），仍挂江西省甘蔗研究所牌子，实行一个机构、三块牌子。赣州市花卉研究所地处江西省赣州市南康区龙华赣丰线旁，占地面积17.3公顷，承担赣州市花卉的引进、开发与推广工作，负责全省的甘蔗新品种选育、引种、推广，是江西省唯一的、学科齐全、技术力量雄厚的甘蔗专业研究机构。技术力量较强，科研设施齐全。2017年，设育种、栽培、土肥、植保、生理生化研究室，拥有连栋薄膜温室大棚、自控杂交温室、组织培养室、育苗基地和遮阴大棚等育种、繁殖设施，配套设施完善，有完备的土壤肥料和糖分分析室。全所事业编制数115人，2017年有在职职工62人，退休职工58人。其中，科技人员有29个，拥有高级职称人数4人、中级职称人数4人，拥有硕士学位和学士学位人数分别为7人和11人，享受市政府特殊津贴1人。单位设有行政办公室、财务室、科研室。

【花卉新品种引进与繁育】 花卉苗木列为赣州市农业主导产业。赣州市花卉研究所开展“现代月季在赣南地区的引进及在园林绿化中的应用”“蟹爪兰有性杂交育种及繁育技术研究”“生态种养系统中蚯蚓粪对花卉品质影响研究”“药用植物穿心莲引种栽培技术研究”“乡土花卉桃金娘开发利用研究”“赣南地区油用牡丹引种及栽培技术”等研究，其中“美国紫薇在赣南地区引种及繁育技术研究”和“杜鹃红山茶繁育技术研究”项目，完成全部研究工作。建有花卉苗木种质资源圃，收集各类花卉苗木种质资源100多份，发挥品种选育优势，创新种质资源，提升科技创新水平。开发赣南乡土树种，同时引进一批花卉苗木新品种，种植有桂花、茶花、榕树、樟树、含笑、红花檵木、红叶石楠、菊花、美国红枫、日本红枫、鸡爪槭、白玉兰、紫玉兰、日本樱花、水杉、曼地亚红豆杉、南方红豆杉、栾树、海棠、紫薇、紫荆、冬青、云田彩桂、五色彩桂等。在虎舌红、大岩桐、凤仙、驱蚊香草等花卉组培研究上获得成功，并具备批量生产能力。“十三五”期间，以花卉苗木科研为主，发挥市花卉研究所的品种选育优势，加强对花卉种质资源保存和利用研究，创新种质资源，开发有赣州特色的新品种，做好花卉苗木种质资源搜集与开发利用、品种繁育推广技术研究等，逐步完善“育、繁、推”一体化服务体系，使科研与生产紧密结合，加速科技成果转化，促进花卉产业化发展，提高农民收入。

【甘蔗品种选育】 育成赣蔗系列品种20个（赣蔗1号至20号），其中赣蔗18号、19号、20号通过国家品种鉴定。选育的甘蔗新品种赣蔗07-538（赣蔗20号）于2014—2015年参加第十轮全国甘蔗品种区域试验和生产试验（二新一宿）中，5省区14个区试点各期蔗糖分均列全国所有参试品种第一，于2016年5月通过全国甘蔗品种鉴定委员会鉴定（鉴定编号：国品鉴甘蔗2016007）。

【成果与推广】 江西省甘蔗研究所、赣州市甘蔗研究所与国内科研院所、企业保持密切联系，在省内外建立甘蔗良种繁育基地，为科研成果的推广打下基础。选育的甘蔗良种推广范围遍及广西、广东、湖南、浙江、云南、闽西等蔗区，推广种植面积66.67多万公顷，取得显著的经济、社会效益。十几个品种（系）引入云南国家种质资源圃和海南甘蔗育种场保存。承担国家、省部、地市科研项目100多项。获得国家科委、农业部、江西省科技进步奖、江西省农业科教人员贡献奖、赣州市科技进步奖等50多项奖项。赣南07-538于2017年5月通过国家品种鉴定。《早熟高糖甘蔗新品种赣南02-70的选育与应用》获市科技进步三等奖，推荐材料申报中华农业科技奖，通过江西省初审。发表学术论文5篇。参与市科技周活动，并进行科普宣传。多次开展科技下乡活动，科技特派团成员积极对接科技服务，先后到上犹县、全南县进行实地调研和走访，服务地方花农。

（撰稿　林盛文　审稿　黎　榕）

【领导名单】
所长：刘小平

畜牧研究

【概况】 赣州市畜牧研究所成立于1963年8月，是赣州市直属副县级科研事业单位，主要从事畜禽良种繁育推广，饲料、兽药新产品研制，动物疫病防治技术研究，农产品加工技术研究及畜牧应用技术推广服务工作。所内建有农业部定点动物防疫基础设施中心实验室、江西省实验动物（兔）生产繁育基地、赣南肉用种兔繁育基地、与江西农业大学黄路生院士团队合作建设的地方猪扩繁场、猪粪高值化综合利用技术示范基地、生态鸡养殖示范基地、蚯蚓养殖试验示范基地等；在赣县区建设“赣州市现代畜牧科技园暨赣州市畜牧研究所中试与产业基地”。是江西省农业科研创新联盟成员单位，2015年被确立为江西省现代农业产业技术体系生猪产业赣南山区综合试验站；2016年被列为江西省水禽产业技术体系赣南综合试验站、赣州市市级院士工作站。研究所内设党政办公室、计划财务审计科、畜牧研究室、兽医兽药研究室、动物营养研究室、产业化办公室、农产品加工研究室、社区管理办公室、保卫科等9个科室。有在职职工201人（其中专业技术人员85人，含高级职称10人，中级职称19人），退休职工178人。

【科研工作】 年内，实施科研项目14项，其中省部级项目10项，市级项目4项，主要有江西省现代农业水禽产业技术体系赣南试验站实施体系工作；江西省生猪产业体系赣南山区综合试验站完成年度工作指标；江西省星火计划重点项目“规模猪场高床养殖技术示范”；“脐橙残次果开发猪用发酵饲料技术研究与示范”；“罗霄山区种养结合生猪生态养殖技术集成与示范”；江西省科技计划项目“甜叶菊废渣资源化处理研究与应用”；江西省星火计划项目“樱桃谷鸭健康养殖技术示范与推广”；江西省协同创新项目“畜禽健康生态养殖技术及模式研究”；江西省水土保持攻关项目“中草药在赣南稀土尾砂治理的适应性研究”；江西省农业科技创新联盟项目“利用牛羊粪养殖蚯蚓及蚯蚓液关键技术研究与示范”。市级科研计划项目“赣南番鸭原种场基地建设、种质资源收集及提纯复壮”“宁都三黄鸡与广西三黄鸡肉质风味开发的研究”“赣南红面鸭品种资源调查与生产性能测定分析”；兴国灰鹅的相关研究。

【产业平台建设】 赣县区清溪“赣州市现代畜牧科技园暨赣州市畜牧研究所中试与产业基地”建设卓有成效。年内，在该基地饲养三黄鸡5000只、兴国灰鹅300只、番鸭60只。1号园区放养猪栏繁殖野猪杂交系、放养各品种小猪约200头；2号园区经与赣县区水利局协调，拟修改、新建2座山塘水坝。千坑放养区猪场建设初具成效；山塘水坝试蓄水；100千伏安变压器线路安装完成；猪场道路硬化工程完工，栏舍建设完成；完成园区脐橙园条带开挖工程。“赣州绿科农业专业合作社”“赣州今中油茶有限公司”及“赣州林下养殖有限公司”完成换证及信息公示。

【科技服务与对外交流】 技术服务。由18名高、中级专业技术人员组成的科技特派员队伍，先后到宁都县、信丰县、定南县、会昌县、龙南县、兴国县、南康区、上犹县等挂点县（区）开展技术服务助力精准扶贫。全年开展科技特派团下乡服务工作120余人次，进行技术指导14次，开展水禽试验示范4次。继续做好科技成果推广交流工作。参加送科技下乡服务、“科技活动周”活动3次，发放技术资料600余份，接待科技咨询300余人次。年内发表论文9篇。

（撰稿　黄滟茹　审稿　刘　峥）

【领导名单】
所长：苏　州
党总支书记：李建军

水产研究

【概况】 赣州市水产研究所成立于1973年，为赣南科学院直属正科级差额拨款事业单位。有职工总数72人（其中在职职工34人，退休职工38人）；有专业技术人员17人（其中具有高级职称的2人，中级职称6人，硕士研究生4名）；占地面积15.34公顷。是一个集科研、科普教育、技术培训与示范于一体的水产科研院所。2017年，曾庆祥入选“江西省百千万人才工程”人选。

【科技攻关】 2017年，实施科研项目17个，其中与省农科院、省水产所合作的“草鱼养殖池塘水体调控技术及生态化养殖模式的构建”“鄱阳湖区大刺鳅种质资源保护、苗种繁育与增养殖技术研究”等省部级项目5个；“赣南山区‘稻虾共作’模式研究示范推广”“红鲫养殖与繁殖技术开发”等市厅级和自选项目12个。

【科技成果】 年内，申请专利3项，其中发明专利1项，实用新型专利2项；申报江西省地方标准2项，分别是“西杂鲟苗种培育技术操作规范”和“西杂鲟成鱼养殖技术操作规范”；发表论文6篇，其中核心期刊4篇，省级期刊2篇；通过验收项目1个，2013年度省科技支撑计划项目“西杂鲟苗种培育与人工养殖技术研究”项目通过由省科技厅委托赣州市科技局组织的验收。

【技术服务】 市水产研究所通过江西省科技特派团富民强县工程，协助挂点企业申报并获得2016年度省科技进步三等奖1项，申报2017年度市级技术发明奖1项，申报省市科研项目2项，开展省级星火计划项目验收1项；参加省大宗淡水鱼产业技术体系技术培训2期；完成精准扶贫点技术培训2期，培训学员278人；参加市科技局、赣南科学院、市总工会等单位举办的科技咨询服务活动3次，发放技术资料1200余份，提供咨询700余人次。

【平台建设】 6月8日，新科研基地建设工程完成竣工验收并投入使用；6月29日，农业部水产原良种场建设项目“江西省赣州市斑点叉尾鮰良种场建设”通过市农粮局的验收。

（撰稿　黄雅贞　审稿　曾小荣）

【领导名单】
所长：钟颖良

赣南树木园

【概况】 2017年，赣南树木园以中

赣南树木园实施中央财政推广项目“江西野生金线莲组培快繁体系及栽培技术集成与示范”，科技人员正在栽种金线莲

共十九大精神以及习近平新时代中国特色社会主义思想为指引，以科技创新为核心，以科普旅游为重点，以基础设施建设为依托，狠抓工作推进和落实，促改革谋发展的共识进一步凝聚，人心思进的干事氛围进一步浓厚。赣南树木园设置党政办公室、计划财务科、科研管理科、科普旅游办和资源管理科5个内设机构。有事业编制数52个，在编人员24人，退休人员23人。

【科技创新与林下经济】 紧贴“六大攻坚战”，实施在研项目12项，新增科研项目3项，新增经费55.5万元；申报市科技计划项目3项，完成储备项目5项。引进十几个树种和近水植物，丰富物种和景观的多样性。“宛田红花油茶引种技术研究”项目获赣州市科技进步三等奖。通过合作项目“江西野生金线莲组培快繁体系及栽培技术集成与示范”“乡土花卉桃金娘种质资源收集与开发利用研究”开展林下经济研究，完成金线莲林下仿生栽培20万株；完成铁皮石斛附生栽培1000余丛。

【科普旅游与生态文明】 赣南树木园是全国科普教育基地和市生态文明示范教育基地，全年接待中小学生来园科普教育6000余人次。开展“科技活动周”和“植物哲学漫画展”等特色科普活动，通过科普长廊、标本展厅、科普场馆和微信公众号等窗口平台，展示生态文明建设成果。

【基础设施建设】 由中国建筑设计院承担的赣南树木园景区总体规划设计通过专家评审，133.33公顷（2000亩）研学旅行基地修建性详细规划设计成果编制完成。景区旅游基础设施建设项目一阶段建设任务基本完成。全年完成基础设施建设项目投资600万元，1550米环湖木塑栈道建成使用；二阶段建设项目完成招标程序。桉树岛至杨坑口林区公路建设项目通过验收。积极支持省道S548线建设，配合崇义县、上犹县做好S548线涉赣南树木园的林地征用和房屋征收工作。科普试验设施修缮及职工值班房改造项目完成建筑工程主体封顶。

（撰稿 刘冰钰 审稿 胡小康 熊 炀）

【领导名单】
党支部书记、主任：胡小康

烟草（旱作物）科学研究

【概况】 2017年，赣州市烟草（旱作物）科学研究所全面贯彻落实中共十九大精神，以中共中央总书记习近平系列重要讲话精神为指导，科研工作保持良好发展态势，较好地完成全年各项工作任务。市烟草（旱作物）科学研究所内设办公室、计财科、科研办公室等8个科室。年内有在职职工12人，退休职工3人。在职职工中研究员3人、高级农艺师3人、农艺师3人，博士1人、研究生2人。技术人员涵盖栽培、育种、土肥、植保，有烟草技术团队和花生技术团队2支技术队伍，主要在花生、烟草新品种选育、烟草育苗、土壤肥料与配套栽培、病虫害防控等方面开展技术研究工作。

【科研项目】 全年实施项目17项，其中烟草项目8项，旱作物项目9项。国家级重点项目有：国家花生产业技术体系赣州综合试验站建设，国家大豆、玉米、西甜瓜区域试验和生产试验等；省级重点项目有：高油酸花生种质资源创投与应用、油用型花生新品种选育及配套栽培技术研究等；市级重点项目有：赣南特色烤烟新品种选育、赣州烟草主要病虫害绿色防控技术体系初步构建及应用、虔油1号花生新品种高产高效栽培技术集成与示范等。

【科技成果】 《土壤中除草剂残留对烟叶生产的影响与应对措施》获江西省农业厅农牧渔业技术改进奖三等奖、江西省烟草公司科技进步奖三等奖；选育出的GZ005、GZ001等几个产量和品质优良的烟草新品系进行品比试验；创制一批高产、高油酸花生品系，其中虔油F4、虔油D56、虔油D77综合性状表现优良，进入南方花生联合鉴定试验，提供给南方花生产区、武陵山区开展适应性试验。论文发表继续保持良好态势，年内，科技人员撰写刊发学术论文6篇，申请发明专利1项。

【科技合作】 与江西省农科院合作，参加江西省薯类创新联盟；与江西农业大学合作，开展烟后稻项目研究工作；与黑龙江省农科院合作，进行农业部重大专项“马铃薯双减”项目的联合申报工作；与山东省花生研究所合作，联合开展花生优质种质资源的创新和新品种选育工作；继续与赣州市烟草公司的实行战略合作，共同开展烟叶生产技术研究与攻关以及技术服务。

【科技服务】 积极开展科技服务和技术推广工作。全年在于都县、南康区、泰和县、樟树市、进贤县等地举办各类技术培训20余次，培训人数2000余人次，组织送科技下乡活动2次，发放技术资料2000余份，接受技术咨询200多人次，解决生产中技术问题20多个。

（撰稿 谢丽芳 审稿 申昌优）

【领导名单】

所长：申昌优

有色冶金研究

【概况】 赣州有色冶金研究所（Ganzhou Nonferrous Metallurgy Research Institute）（以下简称“赣研所”）正式成立于1952年，是中国冶金系统最早成立的3个科研院所之一。2017年年底，隶属于江西钨业控股集团有限公司（以下简称“江钨控股集团”）。赣研所是集采矿、选矿、冶金、材料、环保、设备制造、自动化等多个专业，以有色金属、黑色金属和非金属为综合性研究主体，重点研发和推广钨、稀土、钽、铌等有色金属资源采、选、冶、二次资源综合利用、节能环保、自动化新工艺、新技术和新设备以及非煤矿山工程设计、节能评估、安全检测、职业卫生以及有色金属产品分析检测、咨询等服务的综合性科研院所。同时，承担江钨控股集团技术中心和博士后科研工作站运行管理的职责。

2017年，全所在职职工392人（其中博士2人、硕士86人、大学161人），专业技术人员307人（其中教授级高级工程师19人、高级工程师52人、工程师93人）。拥有总资产6.44亿元。全所实现营业收入6.14亿元，增长27.92%；实现利润总额2301万元，增长247.59%；实现工业总产值60478万元，增长25.73%；实现工业增加值11181万元，增长3.5%。

【改革成果】 制度建设。创新内部管理，切实推进制度清查梳理优化工作，制（修）订《外派人员管理办法》《公文格式规范》等5项规章制度，以科学的制度管理企业、管理员工，逐步形成高效、规范的现代企业运营模式。

争取惠企政策。利用赣80条惠企政策降低成本费用96.84万元。其中，全面实施“营改增”政策节税16万元，落实固定资产加速折旧所得税政策节税60万元，特种设备中电梯定期检验检测费按规定标准的90%收取节约0.02万元，降低工商用户电价政策取得优惠3万元，在养老保险和失业保险基数不变，阶段性降低社会保险费的情况下，取得优惠17.82万元。

降本降耗挖内潜。始终坚持开源与节流并重，千方百计降低成本，增加收益。树立“过紧日子”思想，优化支出项目、严控支出标准、严格支出审批，从严控制各项费用性开支。杜绝高能耗用电设备的空转运行，化学试剂等原材料尽可能零库存，使运营成本降到最低。全年可控管理费用降低10%。其中，业务招待费节省5.34万元，降低36.98%。

机关部门精简整合。紧扣集团公司“重组改革、提质增效、和谐稳定”三大攻坚目标，以精兵简政为目的，着力打造一支组织结构合理、运行高效的机关服务团队。9月，启动三项制度改革，按照避免“职能交叉、职能重叠、职能缺失、职能错位”的原则，设置新的机关部门，减幅达33.3%；通过岗位竞聘，机关工作人员减员率26.5%。

打破“铁饭碗”，破除职务“终身制”。坚持“精干高效”和“干部能上能下”的导向，坚持公平、公正和公开的竞争原则，完成所本部全体中层干部、机关工作人员和科研部门辅助管理人员竞聘工作，富余人员分流安置工作顺利落实。改革后，部门正副职人员减少18%，机关一般工作人员减少23%；一批忠诚担当，想干事、愿干事、能干事、干成事的人员走上新的岗位。

社会职能剥离。成立赣研所青年路小区业主委员会。完成生活用水、电分表到户前期勘测、预算工作，与电力公司签订用电改造框架协议。完成青年路社区移交所需办公用房的装修并移交到位。死亡人员和退休人员档案整理移交到位。

历史遗留问题处置。将房产证在3名退休职工名下而实际产权为赣研所的3套房进行产权权属变更。办理青年路3栋房划拨转出让土地证和分户不动产登记证。清理没有签合同的临时工。启动实施“滨江苑”小区的规划验收工作。完成技术中心食堂、车间平面更改的审批和规划验收。对赣研所与南方稀土集团有限公司在章贡区七里镇地块重新进行确权，办理不动产登记证。

【科技创新】 在研科研项目共91项，新增科研项目35项，新增科研经费875万元（合同金额，不含集团公司2016年结转经费）。完成验收或结题项目17项，完成科技成果鉴定或评价5项，承担制（修）订国家标准任务11项，获得授权发明专利4件，获得授权实用新型专利3件，公开发表省部级以上科技论文23篇，获得科技成果奖励16项。2015年进站的2名博士按时出站。赣研所被省人事劳动和社会保障厅批准为博士后创新实践基地，赣州有色冶金研究所有色金属矿冶装备工业设计中心被省工信委认定为2017年度第二批省级设计企业中心，工业（稀土）产品质量控制和技术评价实验室顺利通过国家工业和信息化部组织的复核评审，参与组建的国家离子型稀土工程技术研究中心高分通过科技部组织的验收。

【党建工作】 以学习贯彻中共十九大精神为重点加强职工思想政治工作，切实把省国资委和集团党委关于推进改革发展稳定的各项工作要求和指示落到实处；以严肃党内组织生活为重点加强党支部和党员队伍建设；开展党风廉政宣传教育月活动，组织中层以上干部及关键岗位人员到赣州监狱开展警示教育；班子成员给全体党员上廉政党课2次，开展“红线”教育1次，提醒干部职工注意防范各类风险。开展领导干部亲属及其他特定关系人违规经商、办企业、承揽工程专项治理，节假日前公车封存检查和廉洁自律提醒等专项治理和检查活动。

（撰稿　曾满齐　审稿　管建红）

【领导名单】

所　长：管建红

党委书记：杨新华

纪委书记：潘建忠

副所长：郭小斌　谢世勇

钨与稀土产品质量检验

【概况】　2017年，国家钨与稀土产品质检中心（以下简称“中心”）积极推进产学研用协同创新，在服务区域经济创新驱动转型升级中发挥积极作用。至年底，中心有员工69名。其中，具有本科及以上学历36名；博士1名、硕士18名；具有中级技术职称人员11名，副高级职称人员1名。

【科研成果】　把融入“赣州·中国稀金谷”作为战略重心全面推进，通过强化产业对接，打造创新共同体，加快推进一批科研创新平台的落地实施。与中科院金属研究所共建“稀土掺杂新材料研究实验室”、与东华理工大学共建“质谱科学与仪器国际联合研究中心赣州分中心”、推进赣州高新区新材料检测科研基地与江西省金属新材料质检中心建设。

【服务企业】　作为主要牵头发起单位之一，联合赣州市30多家检验检测机构、高校院所和科技企业，共同组建“赣州市检验检测创新联盟”，通过在大型仪器、检验人才、检测技术等方面实现与企业的共享共用，每年能够为企业在设备投资及外检费用等方面节省大量资金。联合江西理工大学、南方稀土集团、赣州国投等6家单位成立江西泰斯特新材料测试评价有限公司，并以此积极申报国家新材料测试评价平台。

【检测和研发核心竞争力提升】　检测竞争力提升方面，重点推进新材料检测能力的提升，专项资金购置国际上最为先进的射频源辉光放电质谱仪（GDMS）等仪器设备，使中心的检测项目向产业链后端新材料产品进行覆盖和延伸。重点推进环保检测能力的提升，水质检测项目从过去的40多项增加到109项，涵盖所有的水质检测项目。重点推进地质矿样检测能力的提升。2017年，中心在省质监局组织的“产品质量检验机构工作质量分类监管现场考核中”再次获得93.9分的好成绩，并且首次承担国家稀土储备样品检测任务。同时，被包头稀土产品交易所选定为第一批指定产品质检机构。

研发竞争力提升方面，申请国家发改委等平台项目4项，争取项目建设资金700万元。申请国家质检总局科技项目2项、能力提升项目2项，国家认监委科技项目2项，江西省科技厅科技项目1项；通过国家总局科技项目验收2项；申请发明专利1项，获得发明专利授权1项；发表科技核心论文2篇。

【标准制定】　国际标准制定方面，中心继续参与首批国际标准《稀土术语和定义——稀土金属及合金》术语标准的制定工作。国家标准制定方面，《稀土金属及其氧化物化学分析方法砷、汞量的测定》标准通过专家审定，并一致认为达到国际先进水平。

行业标准制定方面，中心与企业合作开展《铥镱镥富集物产品标准》等新的两项行业标准的起草工作。地方标准制定方面，中心积极推动企业发挥标准制定主体作用，与企业合作开展4项省地方标准的起草制定工作。《钇锆陶瓷制围棋》《离子型稀土矿山中和渣稀土总量限额标准》等2项省地方标准完成标准起草、验证和预审等工作。

【市场拓展】　2017年，中心确定以地质勘探检测业务、政府购买服务业务、行业交易平台业务、环境监测业务等为重点突破方向，新承接国储稀土产品抽样检验、工信部稀土核查样品检验、新余仙女湖水质监测、电厂环境监测、广东晨辉稀土地质勘查检验、包头稀土产品交易所样品检测等业务，业务拓展范围成效显著。

【党建工作】　深入推进全面从严治党工作，把推进“两学一做”学习教育常态化、制度化作为全面从严治党的战略性、基础性工程，精心制定学习方案、安排学习内容，筑牢全面从严治党的思想根基。全面加强廉政风险防控，多次召开“廉政风险防控教育恳谈会”，制定出台《2017年落实全面从严治党主体责任分工的意见》，把管党治党要求落实到各项工作的全过程、各方面。

（撰稿　卢　博　审稿　周　峻）

【领导名单】

主任（院长）：李　平

副主任（副院长）：蒋小岗

朱红英（女）

（本栏编辑　徐文菁）

自然观测

气　象

【概况】 2017年，赣州市气象部门深入学习宣传贯彻中共十九大精神，以习近平新时代中国特色社会主义思想为指导，加快推进气象现代化、深化气象改革、加强气象法治建设，落实全面从严治党要求，圆满完成各项目标任务，全市气象事业呈现出良好的发展态势。被江西省气象局评为“目标管理考核优秀”单位。

【气象服务】 防灾减灾气象服务。2017年，全年、汛期（4—6月）降水偏少，分别为1342毫米和564.7毫米，比历年同期少1.5成和1.7成。其间，出现13次强降雨天气和5个台风影响。全市发布决策材料486期、预警信息近50万条；启动Ⅳ级应急响应3次，Ⅲ级应急响应1次（累计应急时间11天）；响应省局、市政府关于台风、暴雨、防汛等方面的应急响应10次（累计应急时间25天）。预报准确及时，服务主动细致，为各级政府提早部署防范、科学指挥调度当好决策参谋，实现人员零伤亡、水库零出险。

为农服务。全市建成7个标准化县（2个国家级、5个省级）和79个标准化乡镇（8个国家级、71个省级）。开展培训19场次，培训人数2865人。推动水稻、柑橘、甜柚、烟叶精细化农业气候区划和脐橙冻害风险区划等多项区划成果投入应用。积极开展智慧农业气象服务，全力推广“江西微农”平台，至年底，用户数达4790人；主动创新实施“设施农业智慧气象服务”项目建设，完成9套设备的安装调试、服务器端平台的开发部署、手机APP的开发运用。赣县区、于都县、大余县、龙南县等县（区）在为农服务中特色鲜明，成效明显。

人影气象服务。围绕森林防火、烟叶防雹、降低空气污染、生态环境保护等需要，积极组织开展地面人工影响天气作业27次；开展为期2个月的飞机人工增雨作业。推动人影标准化作业点建设，赣县区、兴国县、宁都县、信丰县、会昌县气象局的人影标准化作业点基本完成，安远县、南康区加紧建设。2个地面碘化银发生器完成前期基础设施建设。

生态文明气象保障服务。市气象局成为全市生态文明建设领导小组成员单位之一，气象工作被纳入“全市生态文明建设要点”并列入生态文明考核。与市环保部门签订《关于改善中心城区环境空气质量合作协议》，联合开展重污染天气条件会商、生态修复型人工增雨作业等合作。建设完成1个温室气体监测站。上犹县、崇义县分别建设4个负氧离子监测站。上犹县获评“中国天然氧吧”称号。

【气象现代化建设】 政府主导。市政府成立“赣州市气象灾害防御指挥部”并进入实转，年内召开指挥部成员会议2次，印发有关通知2次，组织开展气象灾害防御工作。市政府批复同意设立赣州市突发事件预警信息发布中心（与赣州市人工影响天气办公室合署办公），新增全额拨款事业编制3名，配备科级领导职数2名，配备政府购买服务人员3名。

项目牵引。市、县气象部门以项目建设为牵引，推进赣州市气象现代化建设。在“十二五”期间，飞机人工增雨赣州基地、赣州气象移动应急指挥系统、赣州气象高清影视制作系统、赣州市人工影响天气决策指挥中心、赣州温室气体监测站、区域自动站升级改造等一批重点气象现代化项目得到积极实施。

现代化评估。2017年，赣州市级气象现代化自评分91.91分，较2016年提高7.22分，达到阶段性目标；各县（市、区）局气象现代化评分均有不同程度提高。全力做好气象现代化第三方评估工作。积极推行乡镇政府政务服务事项清单制度工作，全市各单位全部纳入“省编办指导范本”；省局参考目录全部纳入的有8县（市、区）；省局参考目录4项纳入的有7县（市、区）；其余部分纳入。

融合发展。与移动、联通、电信等通信营运企业和电台、电视台等媒体以及政府网站等建立气象预警发布机制，实现重大气象灾害预警信息全网发布。与公安、城管、水利、国土、安监等部门制定信息共享机制，实现城市积涝、重点水库、地质灾害、尾矿库等信息的收集和共享工作。上犹县等12个县（市、区）政府正式印发通知，将直通式气象服务、气象设备保障、气象灾害预警信息传播、人工影响天气等内容纳入政府向社会力量购买服务试点目录。

【气象改革】 防雷减灾体制改革。组建市气象灾害防御技术中心，撤销市雷电灾害防御中心。调整防雷减灾业务布局，职责调整到相应事业单位，强化公益属性。明确市级防雷减灾业务分工。在成立赣州市蓝天防雷工程技术服务有限公司的基础上，各县（市、区）设立分公司，按照国有企业管理方式，自主经营、自负盈亏开展经营业务。做好优化建设工程防雷许可改革衔接工作，各地基本完成与建设部门的行政许可交接。

【气象依法行政】 联合市安监局、市旅发委对全市防雷安全重点单位和旅游景点进行检查。全市开展集中检查40余次，检查500多个单位。其中，对全市25个A级旅游景区进行防雷安全检查，印发《防雷安全行政监督检查整改通知书》6份。

【党的建设】 组织全体干部职工收听收看中共十九大报告，并召开集中学习会，利用宣传栏、墙报、微信群等方式积极组织学习宣传中共十九大精神。通过抓思想教育、抓纪律教育、抓学习交流等方式，推进赣州市气象部门"两学一做"学习教育常态化制度化，提高党员干部的政治理论和思想素质。抓好作风建设。经常以不同的形式，提醒党员领导干部认真执行中央八项规定精神。加强"三公"经费的监管。开展违规公款购买消费高档白酒问题集中排查整治及违规发放津补贴专项检查，发现问题立即纠正。

【精准扶贫】 市气象局定点帮扶崇义县扬眉镇中坑口村，积极做好37户扶贫对象的扶贫工作，想方设法为贫困户排忧解难，以实际行动做好结对帮扶工作。整合市气象局帮扶资金38万元，投资建设全县规模最大80千瓦光伏发电项目，每年可为村集体创收8万余元。

（撰稿 黄 钧 刘翠华 审稿 刘建文）

【领导名单】
党组书记、局长：谢银水
党组成员、副局长：周水明
党组成员、纪检组长：刘建文
党组成员、副局长：张智勇
调研员：陈俊春

水 文

【概况】 2017年，赣州市水文局深入贯彻落实中共十九大和习近平新时代中国特色社会主义思想精神，围绕市委、市政府及全省水利水文总体思路和工作要求，结合实际，立足优势，突出重点，明确目标，努力打造"服务防汛抗旱、服务水资源管理、服务水生态建设"三张名片，统筹有序推进监测、服务、管理、人才、文化"五位一体"建设，奋力打造赣州水文升级版。继续保持全国水利文明单位和江西省文明单位双文明单位称号。

【水文科技】 按照省局水文科技一体化建设思路，加强团队建设、平台建设和队伍建设。打造信息化、水文监测与预报和水环境研究科研团队。雷达测雨、雷达测流、赣州数字水文、无人机测流、山洪危险区预警、洪水预报调度系统、《基于卫星与数值预报产品的赣州地区汛期降雨实时监测与短期预报研究》《寻乌水果业与稀土开发水质效应分析》《山洪灾害调查评价成果在赣南的应用研究》等科研项目取得阶段性成果。

【服务中心工作】 积极承担地方重点工作，在"六大攻坚战"、服务"河长制"和水生态文明建设等工作方面助力献策。开展精准扶贫工作，在定点帮扶村南康区麻双乡里若村开展村庄整治、河道整治、农村道路改造、水利设施建设、村庄亮化美化等工作。该村获评2017年度省级水生态文明村称号。服务"河长制"。制定实施工作方案，编撰《赣州市主要河流基本特征现状手册》。常态化开展水环境大排查，不定期对全市各河流及易超标河段进行随机取样监测，对不达标水功能区和"问题"河流水质污染进行倒查，为消灭劣Ⅴ类水做好技术支撑。推进东江源区水生态监测与保护研究基地建设，构筑南方重要生态屏障。集水文生态监测、学术交流、科普宣传、水文职工培训为一体的东江源区水生态监测与保护研究基地建设有序推进。

多形式、多渠道、全方位推进水文文化建设。在坝上水文站设置赣州水文科谱展厅，摄制《一个水文人的坚守》《东江源——只为青山绿水的梦想》以及峡山水文站、赣州水文巡测中心等系列宣传片，并通过网络和水利科技展广泛传播。汇编身边好人事迹册《素心至简》，出版水文文学作品集《野有蔓草》。

【水文站网与测验】 完善水文站网。通过充实、完善地表水、地下水监测站网布局，实现对辖区水域水量、水质的全面监控。加强重点防洪区、重要城镇、重点流域、山洪易发区、重要水源地、地下水超采漏斗区、省界水体、重要排污口、重要生态用水、重要引水和退水口等无水文站控制地区的补充监测。增加有应用需求的专用站建设和水文巡测站点断面，扩大水文资料收集面。构建水资源监测、水环境监测、山洪灾害监测、旱情监测、地下水监测、应急机动监测"六大"监测体系。完成基本水文（位）站和地下水站2016年度资料整编及2017年度阶段性资料整编，赣州水文基础数据库通过验收。

年内，全市设有45个水文站（其中22个基本水文站），290个水位站（其中4个基本水位站），1042个水、雨情遥测站点（其中165个基本雨量站），99个水环境监测站，15个地下水监测站，97个土壤墒情监测站（其中自动监测站18个），10个蒸发站（其中自动监测站6个）。建成相互协调配套、较为合理、项目齐全的水文站网。水文测验项目有：水位、流量、降雨量、蒸发量、含沙量（悬移质泥沙、泥沙颗粒分析）、水质、水温、岸温等。全市实测流量1386次，站均77次；

单沙1757次，站均195次；输沙168次，站均19次。单颗226次，站均57次；断颗51次，站均13次。

【基础设施建设】 基础设施建设全面推进。中小河流水文监测系统项目建设基本完成，在支撑防汛抗洪中发挥作用。全面完成国家地下水监测工程建设和2015—2017年度基础设施建设。完成水情信息中心维修改造、雨量站更新改造等项目。基本水文站视频监控、非接触雷达表面在线测流系统等加紧施工。强化暴雨山洪预警系统运维管理工作，保障全市水文遥测水雨情信息的准确及时，水文基本设施维护经费得到落实，运维工作进入良性循环轨道。

【防汛测报】 年内，全市平均降雨量为1267毫米，比多年同期均值偏少19%。时间分布上，1—3月平均雨量302毫米，比多年同期均值偏少12%；主汛期4—6月平均雨量609毫米，比多年均值偏少13%；后汛期7—9月平均雨量239毫米，比多年均值偏少38%；10—12月平均雨量117毫米，比多年均值偏少24%。空间分布上，总体呈周边多，中部少的态势，以崇义县1537毫米为最大，南康区1077毫米为最小。

全年共出现14次较大降雨过程，先后有5个台风对赣州市有影响。市水文局共启动防汛水文测报应急响应5次，发出预警短信5万余条，发布水情预报9站20次、水情信息10期、水情月报8期，编写会商材料7次、水文呈阅件2期。

2017年，赣州市降雨总体偏少，但点暴雨频发多发，小流域山洪频发。市水文局加强防汛工作，密切监视雨水情变化，强化预测预报预警，全力做好水情预报服务工作，为各级党政和防汛指挥部门提供决策依据。

【水资源监测】 年内，对全市29个国家重要水功能区、57个省级水功能区和28个省、市、县界河水体共99个断面进行监测评价，定期发布《赣州市水功能区水资源质量月报》。加强城乡饮用水供水水源地水资源质量监测评价，每月定期对赣州市18个县（市、区）21个城市供水水源地和寻乌县6个乡（镇）农村饮水安全工程供水水源地水资源进行监测评价。

根据监测评价结果：水功能区水质达标率为96.6%，国家重要江河湖泊水功能区达标率为100%，省际缓冲区达标率为100%，国家重要饮用水源地水质达标率为100%，赣州市一水厂、赣州市二水厂、赣州市三水厂水质优良率分别为86.1%、80.6%、88.9%。从监测结果分析评价不达标水功能区为桃江龙南—全南—信丰保留区、定南水下历水定南工业用水区、定南水下历水定南保留区。主要超标项目为氨氮。

2017年赣州市主要江河重要水域全年水质状况

表14

水质类别 / 时间	Ⅰ、Ⅱ（%）	Ⅲ（%）	Ⅳ（%）	Ⅴ（%）	超Ⅴ（%）
全年	74.81	20.06	2.32	0.39	2.42
丰水期	78.68	17.64	1.16	0.39	2.13
枯水期	70.93	22.48	3.49	0.39	2.71

注：优良（Ⅰ、Ⅱ）、合格（Ⅲ）、轻度污染（Ⅳ）、重度污染（Ⅴ）、严重污染（超Ⅴ）

【水资源调查】 赣州市多年平均水资源量为336.52亿立方米，人均水资源量约4000立方米，高于全省、全国人均水资源量占有量。2017年，全市水资源量为275.38亿立方米，与上年比较减少53.2%，与多年平均比较减少18.2%，低于常年水平。全市人均水资源量3200立方米。

全市总用水量34.39亿立方米，其中农林果牧渔畜业用水量24.21亿立方米，占全市总用水量的70.4%。工业与建筑业用水量4.90亿立方米，占全市总用水量的14.2%。服务业用水量0.81亿立方米，占全市总用水量的2.4%。居民生活用水量4.15亿立方米，占全市总用水量的12.1%。城镇环境用水量0.32亿立方米，占全市总用水量的0.9%。2017年全市人均用水量398立方米，与上年比较增加5.1%。

年内，根据水资源开发利用现状和产业结构发展布局，做好实时水量监测，积极参与水资源配置、调度、规划的编制及实施，为建立覆盖行政区域的用水总量控制指标体系提供技术支撑。完成全市《2016年度水资源简报》《2016年度水资源公报》《赣州市生活垃圾焚烧发电厂建设项目水资源论证报告书》初稿编制，完成18个县（市、区）水资源公报编制和水资源承载能力评价工作。实现县域水资源公报和县域水资源承载能力全覆盖，县级水资源月报编制试点工作有序推进，不断拓展县域水文技术服务覆盖面。拓展8个县域自然资产负债表编制工作。

【水文特征】 全年实测径流量264.27亿立方米，全市径流年内分配不均衡，汛期（4—9月）实测径流量为177.70亿立方米，占全年径流量的67.2%，非汛期径流量为86.57亿立方米，占全年径流量的32.8%。赣州市河川径流量补给主要是降水，属雨水补给型。

各主要水文站水位特征值

表 15　　单位：米

站名 / 特征值（米）	梅川汾坑站	贡水葫芦阁站	贡水峡山（二）站	平江翰林桥站	桃江信丰站	桃江茶芫站	桃江居龙滩站	贡水赣州站	章水窑下坝站	上犹江田头站	章水坝上站
2017 最高	128.15	139.36	105.10	109.96	144.47	139.98	106.64	95.53	118.42	113.88	98.20
历年最高	134.50	144.44	113.76	115.06	151.16	144.52	112.75	103.29	121.53	120.32	103.83
2017 最低	124.01	136.06	99.39	107.86	141.09	136.72	102.29	91.82	114.47	110.67	96.02
历年最低	124.30	135.09	99.39	107.86	138.24	135.96	102.29	91.44	114.35	110.53	93.82
警戒水位	130.00	140.00	109.00	112.00	147.00	143.00	109.00	99.00	119.00	116.50	99.00

（撰稿　刘伊珞　审稿　华　芳）

【领导名单】

党组书记、局长：刘旗福

党组成员、副局长：温珍玉　吴　健　黄国新　韩　伟

党组成员、副调研员：杨小明

防震减灾

【概况】　2017 年，赣州市防震减灾局以习近平新时代中国特色社会主义思想为指引，全面贯彻落实中共十九大精神，紧紧围绕全市发展大局，坚持以人民为中心，深化转职能、转方式、转作风，提高效率效能，扎实有力推进新时代赣州防震减灾事业现代化建设。

【项目建设】　建成全省第一个地震快速反应与公众服务系统。建成 2 个国标Ⅰ类避难场所（赣州市体育中心、中央生态公园）、1 个国标Ⅱ类避难场所（黄金广场）和 2 个国标Ⅲ类避难场所（八境公园、南门文化广场），工程总占地面积 99.34 万平方米，共建成 9.86 万平方米的棚宿区面积，可应急安置 3.9 万人。1 个 800 平方米的应急指挥中心建设进展顺利。

【提升监测水平】　抓好地震监测台网管理，有 2 个测项获全国地震观测资料评比质量优秀奖，5 个测项获全省优秀奖。坚持应急值守，全年赣州地震数字台网共监测 1.0—3.0 级地震 9 次，其中 1.0—1.9 级地震 7 次，2.0—3.0 级地震 2 次。最大为 2017 年 11 月 6 日寻乌县留车镇 3.0 级。开展全市群测群防网络优化工作，设立 94 处宏观观测点，建立市、县、乡三级灾情速报网，解决宏观信息测报最基层问题。

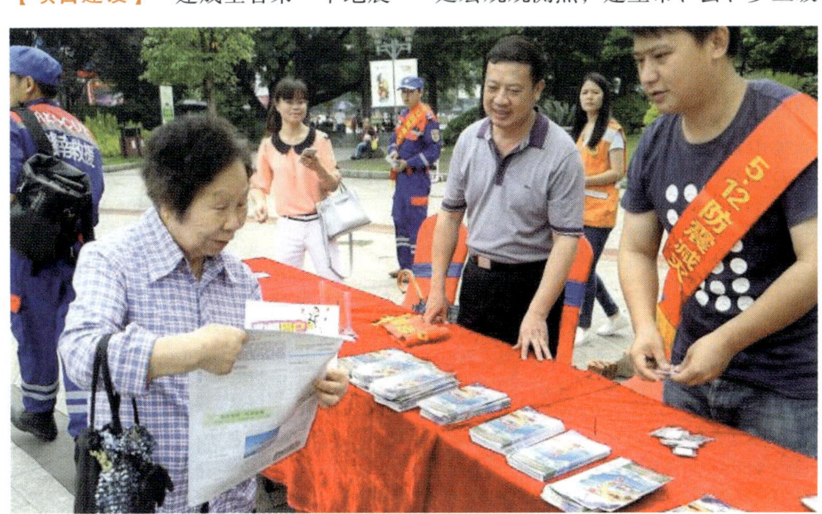

5 月 12 日，以“减轻社区灾害风险，提升基层减灾能力”为主题，市防震减灾局与章贡区政府等单位，在南门文化广场联合举办防震减灾宣传周暨“平安中国”系列公益宣导活动启动仪式

【应急体系完善】　梳理各级各类地震预案，及时调整指挥部成员。更新大型救援设备储备台账，全市社会储备 328 台套大型救援设备。对中心城区 154 块应急避难指示牌逐一排查清理，损坏的及时返厂维修。编印《赣州市防震减灾重点要素图》。11 月 28 日，在寻乌县举行一次由市地震局牵头、周边县参与的不预先告知演练时间与地点、不预先告知事件类型的“双盲”形式市、县联动地震应急演练，检验防震减灾系统快速反应和实战能力。

【推进降成本优环境】　开展地震安全性评价改革专项治理，对涉及事项进行再清理，并将行政审批事项整体移交市行政审批管理局。对标“放管服”改革意见，对政府（部门）规范性、政策性文件进行清理，废止 4 件，拟修改 1 件。建立“两随机一公开”监管制度，开展市中心城区建设工程抗震设防执法检查。全面落实“降成本、优环境”各项政策措施，有效解决赣州美园畜牧、双胞胎饲料关于企业融资、用工、经营等难题，帮助企业降本增效。

【增强防震减灾意识】　以“减轻社区灾害风险，提升基层减灾能力”为主题，开展“平安中国”系列宣导活动，覆盖中心城区 114 个社区（村）。举办全市防震减灾业务培训班。推动

扎实科普示范创建，全市创建2个省级示范社区和9所省级、16所市级、18所县级示范学校。年内，市水文局要求各县（市、区）防震减灾局结合当地文化民俗特色，用群众易于接受易于理解的方式，扎实开展防震减灾科普宣传“六进”活动。

【精准扶贫】 年底，挂点帮扶的兴国县均村乡洋溪村的37户结对帮扶贫困户年均人收入均超过国家最低收入线。多方筹集帮扶资金24万元，协助修建高坑尾通组公路，打造洋溪村龙头产业——洋溪村肉牛养殖基地。扎实推进扶贫攻坚重点项目建设，全村新建1个光伏发电项目，整村架设太阳能路灯135盏，新增4套保障性住房，入户道路项目完成98%，全面完成河堤加固、河道清理，村级水利设施项目完成95%，村民人居环境改善项目完成95%以上，农民广场和便民服务中心基本完工，健身娱乐器材安装到位。12户在读贫困学生家庭“两免一补”全覆盖，寄宿补助等各项政策陆续落实。认真开展“美丽乡村”“乡风文明”“送书下乡”及矛盾纠纷排查化解等各项活动。

（撰稿 胡 萍 审稿 罗志坚 康永生）

【领导名单】

党组书记、局长：邓旺华（任至4月）
袁华英（女，12月任）
党组成员、副局长：
罗志坚（4—11月主持工作）
党组成员、副调研员：康永生
副调研员：胡 萍（女，5月任）

地质调查

【概况】 2017年，赣南地质调查大队以中共十九大精神、习近平新时代中国特色社会主义思想为指导，积极融入国家“一带一路”建设和赣南苏区振兴发展，贯彻落实省局“抓项目、争市场、活机制、强管理、上规模、增效益、办实事、惠民生”工作方针，统一思想、明确目标，全队地勘经济和各项事业实现稳定发展。

【地质找矿】 围绕找矿突破和服务经济社会发展的工作主线，主动对接融入赣南苏区振兴发展，依托院士工作站，发挥技术及区位优势，贯彻落实国家、省、市地质找矿突破战略行动实施方案，精心部署，全年承担实施各类地勘项目37项，提交一批资源量。三部委下达的赣州市稀土资源远景评价项目，按要求全面完成全市稀土资源家底的调查，成果显著。“赣南钻的研发及其技术规程、稀土矿普查”获2016年度局科学技术二等奖，“南岭成矿带于都—赣县矿集区科学钻探选址预研究——科学钻探实施”获2017年度赣州市科学技术进步二等奖。院士工作站在钨矿成岩成矿规律、典型矿床研究、贵多金属矿的找矿预测等方面取得显著成绩，拓展深部找矿空间，为深部资源勘查夯实基础。

【服务地方】 地质调查。积极参与赣南地质灾害应急调查，开展地质灾害基础资料调查研究，完成赣南多个县（市）地质灾害调查与区划、地质灾害防治规划和避让搬迁规划、矿山地质环境恢复治理方案等，为赣南农村危旧土坯房改造以及公路、水利工程建设提供技术服务。在地质环境调查、矿山地质环境动态监测和水工环、农业、城市、旅游等方面，为赣州市的创新快速发展服务。为服务瑞金市经济建设与发展，与瑞金市政府组建瑞金市润泽矿业有限公司，共同勘查开发瑞金市及周边地区的非金属矿产资源（含地热）。

精准扶贫。赣南地质调查大队定点扶贫村为会昌县西江镇钦龙村。年内，与相关部门共同合作，全年共完成18个脱贫攻坚项目，筹措资金530多万元，改善该村基础设施和村容村貌。通过金融扶贫、产业扶贫鼓励贫困户加入合作社，发展烟叶、白莲、脐橙、蔬菜、生猪养殖等种养殖产业，依靠健康扶贫、教育扶贫、社会保障扶贫等有效政策，稳步实现贫困户增收。积极促进队属党支部与挂点村党支部联合共建，为贫困村民学子送去21辆自行车、7套课桌椅、80余个书包、篮球足球等学习文体用品，点亮贫困学子的“微心愿”。

【党建工作】 赣南地质调查大队党委充分发挥政治核心作用，深化党内经常性教育，认真学习贯彻中共十九大和习近平新时代中国特色社会主义思想，扎实推进“两学一做”学习教育常态化、制度化，继续推进“党建+”工作。以党委中心组学习为龙头，通过集中研讨、座谈交流、知识竞赛等多种形式学习中共十九大报告，队领导深入野外项目小队、工地、机台等宣讲中共十九大精神。

（撰稿 张红梅 审稿 李松柏）

【领导名单】

党委书记、队长：陈 武
副队长：李诗斌（正处级） 陈永忠
喻泽琼 卢 昱
工会主席：余南萍
纪委书记：孟文统（任至11月）
刘海波（11月任）
副队长：欧阳海军 张贤杰 杨丽萍
喻泽琼 卢 昱
总工程师：曾载淋

有色地质勘查

【概况】 江西有色地质勘查二队为驻赣州市的省属事业单位，单位下设江西金鹏地质矿业有限公司、江西金鹏房地产开发有限公司、赣州金元物业有限公司、于都耕心堂油茶开发有限公司等。2017年，江西有色地质勘查二队围绕“大地质立局，多产业并举”的发展战略，创新工作方法，规范经营管理，强化资源整合。通过以地质勘查为主业，集房地产开发、高效生态农业开发、风险勘查投资、物业管理为一体的多元化经营手段，锐意进取，较好地完成年初制定的各项目标任务。全年实现货币工作总量57577.30万元，增长95.99%，实现节约与收益1015.88万元，下降1.46%。其中，多种经营收入53570.67万元，增长144.46%；实现利润6542.36万元，增长124.36%。收入利润率12.89%。

【地勘主业】 江西金鹏地质矿业有限公司不断拓展地质延伸产业，积极参与招投标，拓展市场份额。全年参与投标35次，其中中标江西宁都河源—石城海罗岭锡、锂多金属矿整装勘查区矿产调查与找矿预测等9个项目，中标率达25%。内容涉及土地调查、环境治理、钻探、测量等工作领域。完成各类地勘项目。全年完成政府资金地质项目立项4项，测绘工勘建筑施工等“大地质”项目对全队地勘经济营收贡献达38%。完成国土资源部项目、省地勘基金项目、局属项目、赣南钨矿山找矿项目、赣南矿产资源综合利用调查等项目。

【多种经营】 房地产开发。江西金鹏房地产开发有限公司超额完成预期目标。2017年，九江金鹏城销售住宅856套，签约合同金额5.95亿元，回款5.83亿元。完成项目部年度既定3.8亿元销售回款目标。一期房源全部售罄并按期交房，二期房源销售达84%，项目工程建设进展顺利。推进去库存。加大去库存力度，赣州金鹏怡和园项目库存物业除部分车位外基本售罄。

生态农业开发。于都耕心堂推进综合开发经营。抓好“完善山地流转，狠抓苗木抚育、严格把关基建项目”等工作。在油茶林地套种经济作物，取得一定收成。及时跟进市水保局坡面水系、排水沟渠，市林业局油茶林补助项目及精准扶贫项目。围绕高标准建设现代农业企业的目标要求，推进综合开发经营，为油茶林的流转及资金变现打好基础。

【精准扶贫】 安排2组扶贫驻村工作队员分别在扶贫点赣县区吉埠镇社建村和石城县丰山乡上坑村开展帮扶工作。通过不断推进产业扶贫、异地搬迁扶贫、就业扶贫和教育扶贫等措施，帮扶贫困村基础设施落后、贫困户收入偏低等问题得到明显改善。全年2村共有12户50人实现脱贫目标。

（撰稿 刘 蓓 审稿 吴明珠）

【领导名单】
队长：吴明珠（2月任）
党委书记：刘启德
纪委书记：胡兴国（5月任）

核地质勘查

【概况】 2017年，核工业地质局二六四大队全面贯彻落实中共十九大精神，全力抓开局、抓推进、抓落实，以提高发展质量和效益为中心，全面做好稳增长、促改革、强产业、惠民生、防风险的各项工作，经济趋稳向好，队伍和谐稳定，全面完成省局下达的各项目标任务。

【地质矿产业】 地质调查业。成功中标“江西省全南县小叶崇萤石矿详查核实”项目，承接“江西省信丰—井冈山地区1：5万土地质量地球化学调查样品采集”“珠江—西江经济带梧州—肇庆先行试验区1：5万环境地质调查”等多个环境类调查项目；实施“江西省赣县上碗棚瓷石矿详查”等3个省基金项目，“赣南九个县市的第三轮矿产资源规划报告编制”等3个政府公益性项目；完成“江西省宁都县廖坑钨矿核实”等一批商业性项目。

地质环境业。公益类地热勘查项目再创佳绩，其中“安远县黄背地热水可行勘查”项目成果显著，新增“信丰县淹湘地热水可行性勘查”省基金项目；技术服务类项目再创新高，全年新签环境治理勘察设计、地灾危险性评估等技术服务类项目65个；地质灾害治理施工项目再获突破，全年中标岩溶渗水防治、滑（边）坡治理等地质灾害工程治理施工项目12个。

工程测绘业。常规工程测量、精密工程测量和地理信息产业分别承接18个、5个、16个项目，全年项目合同总产值突破亿元大关。成功中标“万年县、信丰县、赣县区、章贡区等地的高标准农田整治”项目，实现产业项目类型多元化。

工程勘察业。抓住振兴赣南苏区的有利契机，稳定推进经营工作，在巩固工民建市场的前提下，开始涉足高铁勘察、岩土设计等领域；全年共承接工民建勘察项目395个，高铁勘察项目3个，岩土设计项目20个，外业见证项目366个。

工程物探业。成功中标承接“宁都县、于都县放射性地质环境调查评价”“赣县区、兴国县放射性地质环境调查评价”等项目，参与“信丰县石古前石灰岩矿区高密度电法岩溶勘查”等6个项目的高密度电法测量、管线测量、放射性测量、电阻率测量业务。

【机械制造业】 以电机减速机齿轮、新能源电动小汽车减速器齿轮和电机轴为主打产品，全年订单充足，销售各类齿轮100余万件，实现节约与收益300多万元。

【特种设备产业】 承接赣州南北大市场、赣州银海之星酒店、赣州市农业银行、惠州大亚湾、于都县林业局、赣州云山饭店6个升降横移立体车库项目，合计车位419个，同比实现大幅度增长；通过引进、消化、吸收、再创新的方式研发垂直升降类、垂直循环类、简易升降类、升降横移类四种智能立体停车库。

【房产租赁业】 继续保持稳定的房屋出租率，按照价格走势调整租赁价格，租金水平和到账率保持平稳。

（撰稿 张 辉 审稿 张世葵）

【领导名单】
党委书记：张世葵
大队长、党委副书记：王启滨
副大队长：温圣奇 杨瑞栋
冯 艳（女） 钟将忠（12月任）
纪委书记、工会主席：刘宗志
总工程师：张桂良

（本栏编辑 徐文菁）

文化　传媒

文化广电新闻出版

【概况】　2017年，赣州市文化广电新闻出版局（以下简称“市文广新局”）按照市委“解放思想、内外兼修、北上南下”和打好“六大攻坚战”的战略部署，深入推进文化体制改革，创建红色文化传承创新区、国家公共文化示范区、国家级客家文化（赣南）生态保护实验区，完善覆盖全市的公共文化设施网络，文艺精品和群众文化品牌活动好戏连台，传承弘扬赣南优秀传统文化，老百姓享受到更多文化实惠。

市文广新局是市人民政府工作部门，挂市版权局牌子。内设办公室、艺术科、社会文化科、文物科、政策法制科（版权科、宣传科）、科技科（市广播电视监测中心、市广播电视安全播出调度中心）、公共服务科、文化市场科（市“扫黄打非”工作办公室）、产业发展科、新闻出版科、人事科、机关党委、纪检组（监察室）等职能科室。下属市文化市场稽查支队、市文物管理局（市博物馆、赣南客家博物馆）、市图书馆、江西省七〇七电视台、市文化馆、赣州美术馆（赣南画院）、赣州八五一台、赣州八五二台、兴国微波站、赣南艺术创作研究所、市通天岩文物管理所、市广播电视人员培训站、赣州市非物质文化遗产研究保护中心、市广播电视节目传输中心、市文化演出服务公司、赣州广播电视服务公司、赣州南方美术学校等17个单位，其中副县级参公事业单位1个，副县级全额拨款事业单位3个，正科级全额拨款事业单位9个，正科级自收自支事业单位4个。市文化广电新闻出版局核定行政编制30名、工勤编制4名；实有在编人员30人，其中行政在编人员26人，工勤在编人员4人。

【公共文化】　年内，在全国率先开展“六个一”［即：一个舞台、一套音响、一个文化活动室、一支文艺队伍、一个宣传长廊（包括读报廊）、一套健身器材，乡镇文化广场面积不少于800平方米，村（社区）不少于600平方米］农村公共文化设施建设试点，得到中共中央宣传部充分肯定，并总结提升为“七个一”（即：1个面积不少于1000平方米的文化活动广场；1间面积不少于100平方米的多功能文化活动室；1个长10米、宽5米、高0.8米的简易戏台；1个宣传栏；1套文化器材，含1套音响和部分乐器；1套应急广播系统，含山洪等灾害预警功能；1套体育设施器材，含1个篮球场、2个乒乓球台、1套全民健身路径器材）百县万村综合文化服务中心示范工程，在全国贫困地区推广实施。第二批158个基层文化单位开展试点单位建设顺利推进。开展公共文化服务“绩效年”活动。抓好《中华人民共和国公共文化服务保障法》的学习宣传贯彻。在全国创新开展“农家书屋＋电商”成为文化惠民升级版，得到党和国家领导人以及省委省政府主要领导的高度称赞，被称为“找到了新时期农村公共文化建设的新路径”。8月23日，省委宣传部在安远县召开全省“农家书屋＋电

9月，由赣州市文广新局承接的2017“春雨工程”江西文化志愿者新疆克州行“江西客家文化”专场演出第四站走进新疆阿克陶

商”现场会，推广“赣州经验”。完善公共文化服务数字化网络化，按方案推进数字文化馆建设，赣州市文化馆初步建立统一信息平台；提升数字图书馆工程，市图书馆建立客家主题图书馆并运行开放。

【艺术创作】 9月，赣南采茶歌舞剧《永远的歌谣》获中共中央宣传部第十四届精神文明建设“五个一工程”奖，被誉为“革命精神的艺术颂歌”。总投资逾1600万元，历时1年3个月，聘请国内一流专家团队，集全市之力精心打造的大型赣南民俗音画《客家儿郎》于5月25日首演，一经亮相便引起社会各界热烈反响。组织《客家儿郎》到深圳参加客家文化节演出活动。举办赣南采茶戏编剧、导演研修班。开展“客家题材”美术创作、“深入生活、扎根人民”主题创作等创作工程。

【文化遗产保护】 全面实施《客家文化（赣南）生态保护实验区总体规划》。成立赣州市“非遗”保护研究中心。完成第四批市级“非遗”代表性传承人申报评审。一批非遗传习所在建设中。举办客家文化（赣南）生态保护区建设与管理培训班；积极开展非遗宣传活动，举办“客家文化（赣南）生态保护实验区成果展”和“我的家园”赣州市非物质文化遗产图片摄影展。至年底，全市有国家级非遗代表性项目10项、省级96项、市级165项、县级556项。

革命旧址旧居和赣南围屋保护利用。6月，赣州市政府出台《赣南客家围屋抢救性维修保护实施方案》，投入近5亿元，用3年时间分批抢修全市113处围屋。赣南等原中央苏区革命遗址群修缮利用工程获国家文物局立项，覆盖赣州市56个革命遗址点，有关革命旧址旧居按文物维修方案要求进行保护修缮。推进全市红色标语保护。推进赣州虎岗“中华儿童新村”旧址及其周边地区保护利用。开展全市文物安全大排查和文物保护工程交叉检查。

实施赣南采茶戏传承与创新工程。赣州市政府出台《赣州市定向培养赣南采茶戏表演专业学生实施办法》；从2017年起，连续5年每年定向培养40名到60名赣南采茶戏的表演人才，让赣南采茶戏人才形成梯队、形成规模；市委宣传部、市文广新局等6部门联合印发《赣州市赣南采茶戏进校园活动工作方案》；举办采茶戏大赛等主题文化品牌活动，创编采茶戏健身操和广场舞，激发全民学、看、演采茶戏的热情。

【文化活动】 文化惠民。举办第二届“文化惠民周”活动，民俗展演、通俗歌曲演唱会、广场舞大赛、京剧票友会等20多项文化活动在城乡轮番上演，精品荟萃，上百万群众在家门口享受“文化盛宴”。坚持文化惠民不设“围墙”，每周举办一场周末惠民演出。群众演戏、演群众戏、让群众看戏，成为赣州市文化惠民的一大特色。至年底，周末剧场惠民演出40余场，观影4万余人。“百姓大舞台·大家一起来”活动开展80余场次演出活动，观众10余万人，展现全市广大人民群众良好的精神风貌与时代风采，并相继开展春节、端午、中秋“我们的节日”15场主题活动，营造赣州市良好的文化和节日氛围。

文艺演出。3月，《永远的歌谣》代表江西省到北京市参加优秀剧目展演周活动，在京城受到好评。6月，先后承办纪念《若干意见》出台实施5周年大型群众综艺晚会，以及赣州市合唱晚会和社区优秀节目展演。

文化交流。9月，代表江西省开展2017“春雨工程”江西文化志愿者新疆克州行活动，被评为文化部文化志愿服务示范活动典型案例。中国铁路文工团、北京开国将军后代合唱团、赖声川话剧《爱朦胧，人朦胧》相继走进赣州。《伍子溪中国画艺术交流展》交流到美国亚洲传统艺术博物馆展出。

美术展览。策划《“深入生活、扎根人民”美术作品展》《江西省第三届漫画展》《“巾帼墨彩”美术作品展》《“文明新风”美术作品展》《“西部放歌”白墨国画作品展》《“颂歌献给党”美术作品展》等近20场形式多样、内容丰富的书画展览。

公益活动。先后开展“聚力振心发展”书画进村入户、“送书画进校园”“特别关爱在行动”等公益活动20余次，累计为基层创作书画作品5500余件。配合精准扶贫为贫困户送去精装框作品200余件和书法家书写的春联1000余幅，策划实施的“百名书画家、万幅好作品”书画进村入户项目获得文化部“优秀公共教育提名项目”。选派书画家深入到各县基层点开展“三区”文化人才帮扶活动，累计开展活动30余次，辅导基层人员300余人次，辅导基层作者获省级

4月28日，由江西省文化厅主办，省群众艺术馆、赣州市群众艺术馆承办的“大地情深”——“群星奖”暨“百姓大舞台”优秀节目全省巡演拉开序幕，首站到赣州市宁都县田埠乡东龙村演出

奖6个。选派20名专业技术人才，在非遗保护、活动策划、舞蹈编导等方面对口支援赣县区、上犹县、于都县、会昌县、寻乌县、南康区和石城县，举行“三区”文化人才支持计划培训班3次。

志愿服务。文化志愿者进养老院、进监区、进校园、下乡演出等实现常态化。年内，对服刑人员培训次数10多次，培训人数800多人，结合春节、中秋节举办文艺演出3场。5月10日，在赣州监狱客家文化广场举行帮教文艺演出；12月，做好社会帮教赣州监狱2017“客乡沁园健康心理”服刑人员心理情景和心理健康操联合汇演的指导与演出工作。

全民阅读。赣州市图书馆全面贯彻落实“读好书”全民阅读活动的工作部署，1月，启动第一届亲子阅读节暨星星点灯全民阅读公益行动，邀请著名儿童文学作家彭学军作《不阅读，会错过什么？》阅读讲座；4月，“互联网+全民阅读”图书馆创意创作大赛启动，“阅读推广进校园”首站走进中山路小学，开展主题为“书香赣州悦读之城”首届全民读书周活动；10月，开展“书香赣州，虔城共读”活动。全年累计开展各类活动280余场。

【文化产业】 全市基本形成文化创意、印刷包装、视听设备制造、玩具生产为主的产业结构，文化产业增加值及对GDP的贡献率不断提升。全市签订重大文化产业项目24个，总投资113.2亿元。年内，全市文化产业主营业务收入257.5亿元，增加值58.3亿元。有入库文化产业法人单位3683家、文化产业“三上”（规模以上工业、限额以上批零业、规模以上服务业）单位149家。“宋城壹号”、赣坊1969、上犹油画创意产业园等成为赣州市文化产业的亮点。

开展招商引资。组织全市10多家文化企业积极参加深圳、厦门文博会、东盟博览会文化周、东亚版权交易会，在大型的文化展会上扩大赣州文化的影响力。组织有关县局和文化企业到厦门开展招商推介活动。重点引进万象国际文化娱乐综合体项目，总投资1.5亿元，至年底，实际进资3371万元。

数字影院建设。至年底，全市建成数字影院46家，银幕208块，全年票房收入1.54亿元，在全省设区市中位居第二。全市影院建设总投资3亿多元，并实现全市18个县（市、区）三厅数字影院全覆盖。

发展影视动漫业。推动筹划拍摄电影《八子参军》，剧本15次修改；支持江西温暖影视传媒有限公司制作拍摄网络大电影《用不同性别来爱你》；扶持江西红创星空文化传播公司开发制作完成动漫绘本《狼王梦》1—6册并正式出版发行18万册，开发制作三维动漫《弟子规》《赣南客家文化》和VR动漫《赣南客家文化》，完成前期部分制作；引进成立江西功夫动漫创客科技有限公司，打造“功夫漫家工场”大型影漫游创业孵化平台。

发展印刷产业。推进赣州印刷包装产业基地建设，支持印刷企业加大设备改造和转型升级，提升印刷质量，扩大印刷业务范围和辐射半径，实现做强做大，被国家新闻出版广电总局评为全国优秀新闻出版产业基地，成为全国新闻出版基地产业联盟发起单位之一。完成绿色印刷、数字印刷的调查统计工作，共188家印刷企业实现绿色印刷。

推进软件正版化工作。开展对各机关单位软件正版化工作检查，完善推进使用正版软件工作长效机制，巩固软件正版化成果。积极协调市财政局在计算机硬件采购中，必须采购正版软件。协调市综治办，将正版软件工作纳入市综治工作考评当中，加大正版化工作力度。2017年省检查组在赣州市检查近百台电脑，基本没有发现盗版现象。

【文化市场监管】 做好出版物市场及网络环境监管工作。坚持网下清查与网上净化相结合，严密封堵销售传播政治性有害出版物及信息的境外网站，严厉查处代售政治性有害出版物的境内网站。加强对网上书店、出版物网络交易平台的监管，惩处违法违规行为。继续加强对网上淫秽色情信息的监测、处置、查办，有效净化网络空间。认真查处非法少儿网络出版物、非法网络报纸及各种网络侵权盗版行为。全年全市依法查处网吧违法违规经营行为行政处罚案件96起，给予行政罚款366500元；

开展多项“扫黄打非”专项行动。上半年，在全市开展“扫黄打非·净网2017”“扫黄打非·秋风2017”“扫黄打非·护苗2017”“扫黄打非·清源2017”和“扫黄打非·剑网2017”等专项行动。全市文广、公安、工商行政管理等部门密切配合，信息资源共享，打击有力。专项行动出动执法检查人员53483人次，检查网吧13286家次、互联网经营单位45家次，删除非法网站记录506条，删除网上低俗信息1432条，对浏览黄色信息的警告35次，关闭非法网站6家，查处“扫黄打非”案件25起，给予行政罚款298000元。公布常年举报电话“12318”，保持“扫黄打非”举报电话在假期全天候有人值守，接报线索能够及时转办、查处。年内受理群众举报135起，依法查处案件15起。

开展打击非法卫星电视广播地面接收设施和境外电视网络接收设备专项整治工作。年内，整治行动出动人员6571人次，整治行动出动车辆1162辆次，先后检查三星级以上宾馆酒店26家次，对8家宾馆提出警告，责令其限期整改；查收非法视听设备10套（件）；依法取缔违法经营单位4家，收缴“小耳朵”16套；查处非法销售点30个，收缴非法接收设施32套，自行拆除非法接收设施624套，强制拆除非法接收设施381套，追究当事人25人，罚款120000余元。

开展校园周边文化经营场所专项整治行动。先后开展校园周边文化经营场所专项整治行动2次。春节开学期间，主动协调与章贡区文化市场综合执法大队及章贡区城管执法局的联动，集中检查45家文化娱乐场所，现场下达整改通知书11份，并要求经营业主当场整改到位。5月下旬至

6月中旬，结合全国高考和创建全国文明城市工作，市支队执法人员组成检查组，加强对赣南师范大学附属中学临红旗大道周边茗香阁、好莱坞、音乐频道等13家KTV的安全生产及文明经营情况的检查。

（撰稿 王晓燕 审稿 姚富桂）

【领导名单】

党组书记、局长：赖俊贤
党组成员、市图书馆馆长：张 伟
党组成员、副局长，市文物管理局（市博物馆、赣南客家博物馆）局长（馆长）：朱小宁（4月任）
副局长：董玉宝（4月任）
党组成员、副局长：姚富桂
党组成员、市纪委驻市文化广电新闻出版局纪检组组长：陈小青
副局长、赣南采茶歌舞剧院院长：蓝 文（女，任至12月，畲族）
党组成员、总编辑：雷 军（7月任，试用期一年）
正处级干部：李作铭
彭 玲（女，4月任）
调研员兼机关党委书记：周丽萍（女，12任）
副处级干部：黄宗清（12月任）
副调研员：刘祖君 汤齐华（女）
副处级干部：刘建中（任至11月）
饶正飞（任至9月）

图书发行

【概况】 江西新华发行集团有限公司赣州市分公司成立于1949年8月，隶属于江西新华发行集团有限公司，下辖17个县（市、区）分公司。赣州市分公司始终坚持“为社会主义服务，为读者服务”的宗旨，秉承“为好书找读者，为读者找好书”的服务理念，始终以不断满足赣州人民精神文化需要，繁荣赣州文化经济为己任，经过60多年的持续发展，成为赣州市一家网点遍布各县市、经营种类齐全、具有重要社会影响力的大型国有文化企业。2017年，全市分公司实现营业收入约7.89亿元。市公司继续保持市级文明单位，获2017年度综治先进单位，被赣州市慈善总会表彰为2007—2017年慈善先进单位。2017年，所辖瑞金市分公司获国家新闻出版广电总局颁发的“全国新华书店系统先进集体”，宁都县分公司经理郑凯获国家新闻出版广电总局颁发的“全国新华书店系统先进个人”。宁都县分公司、瑞金市分公司继续保持省级文明单位，全市系统有11家市级文明单位和2家县级文明单位，10家综治先进单位。

【教材教辅发行】 全市分公司系统高度重视教材征订发放工作，提高服务质量，确保完成“课前到书，人手一册”的政治任务。2017年，市公司本级店教材教辅完成销售5411万元，增长827万元，增长18.05%。其中，免费教材实现销售1389万元，增长152万元，增长12.32%。收费教材实现销售545万元，其中幼儿教材实现销售14万元，义教收费教材教参实现销售126万元，高中教材实现销售406万元。教辅实现销售3478万元，增长662万元，增长23.50%。其中，小学教辅实现销售867万元，初中教辅实现销售824万元，高中教辅实现销售1787万元。

【店外营销】 做好政治读物发行工作。积极联系市委组织部、市委宣传部等相关部门，推荐全市配发《公仆曾健》《中国家规》《全面从严治党面对面》《学思践悟》和《中国共产党江西历史》（第一、二卷）、《习近平的七年知青岁月》等图书及《巡视利剑》专题片，销售码洋计130万元。重点做好中共十九大文件相关读物的征订发行工作，全市销售中共十九大报告95300册，党章119139册，文件汇编16174册，学习辅导17848册，码洋183.14万元。其中，赣州书城销售中共十九大报告21156册、党章84344册、汇编7698册、辅导读本6156册，码洋共计88.62万元。

做好“假期读好书”活动和“护苗”行动。赣州书城组建店外销售小组下乡摆摊设点，服务上门，为城区和农村的学生推荐优秀的少儿读物，销售活动用书码洋30万元。赣州书城发挥协调和指导作用，在连锁总部的支持下，全市分公司系统全年共邀请名家“六小龄童”“最强大脑”、曹文芳等名家21人次，深入62所学校，举办62场“护苗”公益讲座，总计销售图书189万元。其中，著名表演艺术家“六小龄童”走进文清路小学、大公路一小、滨江一小、黄金实验小学等8所小学进行“苦练七十二变，笑对八十一难”公益讲座，签售图书31200册，码洋78万元，创下赣州市“名家进校园”单场签售最高纪录。

【重要活动】 12月13日，“全国书刊发行业协会2017年年会”在赣州市举行，国家新闻出版广电总局印刷发行司司长刘晓凯出席年会，并做“以十九大精神为指引，开创实体书店未来发展新格局”的主题演讲。此次年会由江西新华发行集团有限公司承办，赣州市分公司具体协办。

（撰稿 陈凯城 审稿 曾 辉）

【领导名单】

经理：曾 明
书记：曾 辉
副经理：王景年 刘 晨 王冬来

赣南日报社

【概况】 赣南日报社是中共赣州市委直属正县级事业单位，《赣南日报》是中共赣州市委主办、主管的市委机关报。《赣南日报》创刊于1949年8月17日，国内统一刊号CN36-0047，对开八版，全国发行。赣南日报社主办、主管《赣州晚报》。

2017年，赣南日报社以习近平新时代中国特色社会主义思想统领全局，以中共十九大精神为指针，围绕中心、服务大局，强化新闻宣传、把握正确导向，加快媒体融合，各项工作整体有序推进，稳步开创新闻宣传和报业经济发展的全新局面。赣南日报社主动应对传媒变革新形势，致

力创新求变、摸索跨界经营，积极拓展新市场。2017年，实现总收入8636.12万元，增长0.85%。《赣南日报》平均发行量90427份，《赣州晚报》平均发行量24956份。

赣南日报社内设机构有机关部分：党政办（含机关党委）、人力资源部、计划财务部、技术管理部、经营管理办公室、机关纪委、爱心协会。《赣南日报》部分：要闻编辑部、专刊编辑部、副刊编辑部、经济新闻部、时政新闻部、社会新闻部、民生新闻部、视觉新闻部、理论评论部、创意包装中心、综合办。《赣州晚报》部分：新闻编辑部、经济部、专刊部、综合办。新媒体部分：新媒体编辑部；经营部分：广告中心、印务中心、发行中心、新媒体运营部、赣州市报业文化传媒有限公司、赣州弘雅文化服务有限公司、丫山漂流项目部。

根据赣市编〔2017〕72号文件《关于赣南日报社整合下属事业单位调整内设机构等机构编制事项的通知》，撤销赣南日报社下属副处级事业单位赣州晚报社，将其职能、人员整合并入赣南日报社。

2017年，报社有自收自支事业编制173名，报社总人数282人。其中，在编人员118人、人事代理人员113人、离退休人员51人；有高级职称2人、副高职称25人、中级职称41人、初级职称76人。在编内和人事代理职工中有中共党员126人，其中预备党员2人。

【采访　编辑　新闻安全】　坚守意识形态阵地，把握新闻宣传正确舆论导向，服务全市工作大局。全力以赴做好中共十九大新闻宣传工作。会前营造喜迎中共十九大浓厚氛围。《赣南日报》开设“喜迎十九大”专栏和“砥砺奋进的五年”专栏，充分反映5年来赣州市各地各部门和广大干部群众致力振兴发展，为“打好攻坚战同步奔小康”作出的有益探索和取得的显著成就。会议报道迅速形成规模和声势，掀起学习中共十九大精神的热潮。利用“两微一端”新媒体，及时报道赣州市各地各部门学习宣传贯彻中共十九大精神的动态信息，形成全媒体推进，立体化宣传态势。组织重大活动的报道，传播好党和政府的声音，舆论引导积极有效。

坚持正确舆论导向。赣南日报社各媒体紧紧围绕市委、市政府重大决策部署和中心工作，积极做好全国“两会”、省“两会”、市“两会”以及《若干意见》出台实施5周年、“六大攻坚战”、乡风文明行动、脱贫攻坚、“喜迎十九大”、学习贯彻中共十九大精神等宣传报道工作。积极做好对外宣传工作，树立赣州良好形象，传播赣州好声音。围绕市委、市政府各项中心工作，瞄准赣州发生的大事要事，主动出击，创新报道形式，积极向中央媒体供稿。新媒体传播方式更加创新，发布内容更加优质，舆论引导更具核心。创新传播理念，综合运用音频、视频以及H5动漫等形式，推出多个标杆性、现象级的活动和产品，发挥媒体舆论监督功能，为推进中心工作的开展营造良好氛围。紧抓舆论监督和言论引导工作，牢牢占领社会舆论高地。

推进媒体融合发展。推进全媒体深度融合。围绕建立融媒体目标，加强整合融合，提升报社整体竞争力。先后打通《赣南日报》《赣州晚报》所有采访部室和全社编辑平台，组建报社全媒体采访中心和全媒体编辑中心，实现编发网络和流程再造，大部室采访、大部室编辑的采编发一条龙机制基本形成。新媒体传播力、竞争力明显增强。新媒体各平台用户涨量完成年初确定的指标，新媒体矩阵粉丝突破150万人。《赣南日报》微信、《赣州晚报》微信开通多次发布权限，成为江西地市级唯一一个具备3次发布资格的媒体平台。《撸袖攻坚》《红土蝶变》《VR全景瞰赣州》3件作品入围江西省第二届微作品奖，《赣南日报》微信被省新媒体协会、省报协新媒体分会评为江西省十大传播力微信。

严格执行“三审制”。《赣南日报》《赣州晚报》及新媒体所刊载稿件严格执行三审制，内容真实、准确；稿件选用、版面内容、文字校对等均符合报纸行政管理部门规定的质量标准和要求。为杜绝虚假新闻和其他重大差错发生，确保新闻报道真实、准确、客观、安全，赣南日报社组织采编人员学习《赣南日报社（集团）新闻宣传纪律》《编辑安全工作流程》《晚班“十项查问”会议制度》《编校质量管理规定》《重大新闻差错处置应急预案》等制度，设有专门的质检部门及第一读者岗位，具备完善的阅评报制度，通过内部采编平台，每天进行评报，每周一下发上周评报小结。年内，日报、晚报及新媒体未出现政治性差错。

【对外宣传】　赣南日报社坚持正确舆论导向，围绕市委、市政府各项中心工作，瞄准赣州发生的大事要事，主动出击，创新报道形式，积极向中央媒体供稿。全年在中央“三大报”（《人民日报》《光明日报》《经济日报》）共发稿件400篇，总数在全省设区市中名列第二，跟2016年相比，版面头条数量及头版头条数量有较大突破。其中《人民日报》发稿151篇，头条稿34篇；《经济日报》137篇，头条稿46篇；《光明日报》112篇，头条稿27篇。

【广告　发行　印务】　2017年，赣南日报社经营部门面对严峻形势，致力创新变革，积极拓展经营市场，全年实现总收入8636.12万元，比上年增长0.85%。其中，广告收入2856.77万元、发行收入3704万元、印务收入1108.43万元、跨界收入100万元，其他收入866.92万元。

多项经营。广告主营收入，专题收入蓄势上扬。2017年，实现收入2856.77万元，其中广告收入1275.47万元，专题收入1312.36万元，新媒体收入268.94万元。广告经营多措并举，做到月月有活动，节节有策划，先后推出“赣县樱花节”“龙舟赛”“少儿博览会”“车展”“读者节”等一系列活动，遏制广告经营下滑势头。专题经营收入再创新高。持续开展大型专题宣传策划。先后策划“打好攻坚战阔步奔小康”和《若干意见》出台实施五周年大型专题宣传，分别实现经营创收146万元和400万元。合作性行业周刊稳步运行。工业、卫生计生、公益、交管在线、生态文明先行先试示范区建设、旅游、金融等合作周刊续约，新开设物流周刊，体育周刊顺利签约。与赣州经济技术开发区及兴国县、赣县区、龙南县战略合作继续实施。

跨界经营。出资入股的大余县大龙山漂流开业试运营，市场反应良好；与市中级人民法院开展的网络司法拍卖项目进展顺利；与业内知名健康企业合作，成为浙江步多健生物科技有限公司赣州市级代理。2017年，跨界经营收入100多万元。

印务节能减耗。年内，完成总印张7700万个对开张，其中对外印刷业务488万个对开张。全年印务总值1108.43万元，超过计划8.43万元。改变印务考核体制，实行出报率考核，牵住节能降耗的牛鼻子。单月废报率降低42%，全年节约用纸近100吨，节约成本50多万元。

报刊发行。2017年，《赣南日报》发行量90427份，《赣州晚报》发行量24956份。发行收入3704万元。

【队伍建设】 推进“两学一做”学习教育常态化制度化，将“两学一做”学习教育纳入“三会一课”等基本制度，融入日常，抓在经常。认真落实党委党风廉政建设主体责任。党委书记与班子成员、各部门负责人签订党风廉政建设主体责任书和班子成员签订“一岗双责”责任书。对新任和调整的39名科级干部进行任前廉政谈话，签订廉政责任书。重点对新闻采编、报业经营、经费管理、绩效考核、选人用人、廉政建设等有关规定执行情况进行监督检查。实行单位公开承诺，组织员工作出岗位承诺。建立工作落实情况督办制度，加强对报社各项决策、制度执行情况的督促检查。对1名违反劳动纪律人员进行问责。加强队伍建设。2017年，按规定程序完成39名科级干部任命、调整工作，启动面向社会公开招考16名事业编制专业技术人员，创造干部成长和报社事业可持续发展的良好环境。围绕媒体融合、跨界发展，制定规划，走出去、请进来，多途径培养人才。强化编辑队伍建设和通讯员队伍管理。实施“青蓝计划”，以老带新，加强编辑队伍学习培训。多形式、全方位加强内部业务技能培训。精心组织4期业务技能培训，累计培训员工600余人次。

（撰稿 黄秋明 审稿 张明冠 刘润发）

【领导名单】
党委书记、社长：刘润发
总编辑、党委副书记：钟义勇
党委副书记、集团总经理：王子琨
副总编辑：谢运胜 王晓光 李忠生
副社长：谢万军 张明冠

江西日报社赣州分社

【概况】 江西日报社赣州分社是省内最权威、最有影响力、最有公信力的主流媒体省委机关报《江西日报》派驻赣州的正处级单位。全面负责反映报道赣州市经济、政治、社会、民生、党建等方方面面新闻，充分反映人民心声。

2017年，江西日报社赣州分社围绕中心，服务大局，新闻报道、报刊发行、社站管理、党建工作、党风廉洁建设等各项工作呈现稳中有进、健康发展的良好态势。其中，分社全年发稿350余篇，所有成员超额完成新闻报道任务，在分社记者站中名列前茅。

【新闻报道】 围绕中心，服务大局，结合党中央、省委重点工作，唱响主旋律，把握正确的舆论导向，高质量地完成各项新闻宣传工作，对指定稿、重要题材稿件、突发事件新闻做到没有拖延、没有漏发。2017年是《若干意见》出台实施的第五年，为全面呈现赣南苏区振兴发展令人鼓舞的成就，展示赣南人民心怀感恩之情并奋发有为的精神面貌，分社在重要版面位置发表《雨润红土千山秀——写在赣州实施国务院关于支持赣南等原中央苏区振兴发展的若干意见》等近10篇全市性的新闻稿件。中共十九大召开期间，分社成员深入大余县、信丰县，完成报社交代的一系列反响稿，以及“抓住新机遇加快开放型经济”“让绿水青山永续惠民”“十九大时光”等有关策划任务，用行动践行党报责任与担当。分社经常性深入生活，深入基层，围绕赣南苏区振兴发展的生动实际，聚焦“六大攻坚战”等赣州市重点中心工作，深度报，出精品，有针对性地采写好稿件。其中，采写的《星火燎原势正旺——赣州“两城两谷一带”聚集产业新高地》《你的幸福我用一生去追求——赣州建设全国革命老区扶贫攻坚示范区纪实》等稿件，得到中共赣州市委主要领导的高度认可。

【廉政建设】 扎实开展各项党建工作，注重加强作风建设，领导带头执行《中国共产党廉洁自律准则》《中国共产党纪律处分条例》等各项规定，各成员积极做好岗位风险排查，增强风险防范意识，抵御“四风”苗头，坚决拒收“红包”礼金、土特产和贵重物品，认真落实“一岗双责”。恪守新闻职业道德，关心群众，深受社会各界好评。全年没有发生违纪违法、违反作风建设和道德规范的行为。

（撰稿 唐 燕 审稿 鄢朝晖）

【领导名单】
分社长：鄢朝晖

广播电视

【概况】 根据中共赣州市委办公厅、赣州市人民政府办公厅2014年6月28日印发《关于印发〈赣州广播电视台主要职责内设机构和人员编制规定〉的通知》精神，赣州人民广播电台和赣州电视台合并，成立赣州广播电视台，为市委、市政府直属正处级差额拨款事业单位，2014年8月21

日正式挂牌成立。

赣州广播电视台有在职干部职工309人，其中赣州广播电视台在编122人、赣州市影视制作中心在编16人、台聘154人、部聘8人、临聘7人、派遣2人；退休人员48人。全台有正高职称1人、副高职称20人、中级职称74人；硕士研究生6人、本科学历216人、大学专科学历45人；有江西省“百千万”人才1人、省委宣传部“四个一批”人才3人、赣州市政府特殊津贴专家1人。

赣州广播电视台内设4个电视频道（新闻综合频道、公共频道、科教农业频道、中心城区频道），3个广播频率（新闻综合频率、交通频率、音乐频率），办公室、总编室、人力资源部、计划财务部、技术中心、精品创作中心、广告部、网络发展部（新媒体中心）和机关党委9个部室中心，下属1个正科级事业单位赣州市影视制作中心。

全台4个电视频道全天播出节目74小时25分钟，开设《赣州新闻联播》《赣州午新闻》《630播报》《第一关注》《财经时间》《城乡直通车》《采茶花开》等自办栏目12个。全台3个广播频率全天播出节目57小时，开设《赣州新闻联播》《赣广午新闻》《937最新闻》《阳光热线》《心灵相约》《新闻早知道》《一路顺心》等自办栏目25个。全年开设《在习近平新时代中国特色社会主义思想指引下——新时代新气象新作为》《来自六大攻坚战的报道》《改作风提效率敢担当》等专栏60余个。

【新闻舆论】 主题报道重点突出。围绕市委、市政府中心工作，发挥媒体优势，精心策划组织，唱响主旋律，打好主动仗，完成全国、省、市“两会”，《若干意见》出台实施5周年，打好“六大攻坚战”，创建全国文明城市和国家森林城市，城乡环境和乡风文明整治等重大主题报道。唱响主旋律，打好主动仗。先后开设《来自“六大攻坚战”的报道》《改作风提效率》《争创全国文明城市百日行动》《砥砺奋进的五年》《脱贫攻坚百日行动》《新时代新气象新作为》等新闻专栏60多个，为赣州经济社会发展提供坚强的舆论支持和舆论引导。

创新宣传形式。舆论监督。通过记者深入新闻现场，调查事件真相，督促相关部门对问题的解决，采访播出一大批舆论监督稿件，引起强烈反响，并通过对事件回访，让百姓心里无后顾之忧。爱心公益宣传。7月，FM99.2推出“寻味赣南客家菜，共圆贫困学子大学梦”第二季活动，利用新媒体手段宣传推广，筹集爱心善款10.54万元，于9月开学前和爱心商家一起将爱心捐款送到全市21名优秀贫困学子手中。典型宣传。推出“救人英雄肖福明”系列报道、《赣州工匠》《赣州市十大创业明星》大型策划、《来自六大攻坚战的报道》系列报道等典型宣传。

外宣成绩突破历史。加强与央视、省台的对接沟通，拓宽发稿思路，尝试多条腿走路，在发稿总数上取得突破。高举旗帜，引领导向，持续掀起学习贯彻中共十九大和习近平新时代中国特色社会主义思想的热潮，得到省委宣传部的书面通报表扬。2017年，获江西广播电视台新闻协作奖；在央视发稿名列全省第一，为建台30年来首次；央广发稿获全国地市台“十强”；获市委宣传部主攻大报台先进集体的奖励。

【节目创优】 把导向意识、创新创优意识、精品意识、团队意识、问题意识、新媒体意识贯穿宣传工作始终。年内，先后参加第二十四届江西新闻奖、2016年度江西省广电奖、2016年度全市广播电视奖、第七届赣州新闻奖等26个评选，组织159件作品参评，获省级一等奖5件，二等奖19件，三等奖28件，获奖数量和质量均创历史新高。

【融媒体宣传】 新媒体影响力跻身前列。“630播报”“赣州新闻联播”“时空赣州网”“992”等一大批新媒体平台、APP、微信公众号，影响力提升。特别是“630播报”，粉丝达到10万多，进入全省第一方阵，排名全省第五、全市第一，超过市内的其他微信公众号，成为赣州广播电视台媒体融合的一个标志性事件。

H5宣传效应凸显。2017年，围绕国家、省、市中心工作，制作并推送多个形式新颖、主题突出的H5。其中，创建文明城市主题《大家一起来创文》、贯彻落实中共十九大精神主题《你一直想加入的群，通过了你的申请》H5，参与量都超过10万+，将赣州市的方针政策和会议精神用活泼、新颖、快捷的方式传播到千家万户。

完善APP建设。积极推进“赣州网络台”APP建设，拓宽宣传、传播渠道，抢占移动端市场。年内，除特色服务功能模块外，其他各项模块搭建完成，进入测试阶段，即将推出上线。时空赣州网网站升级改造建设，完善直播功能模块的内码支持，巩固赣州广播电视台新媒体PC平台，为后续更大码流的网络传播做好准备。

【经营活动】 经营活动规范有序。从2017年起，赣州广播电视台各部门所有对外经营活动，必须以“赣州广播电视台”名义签订合同（协议），不得以部门或个人名义私自签订合同（协议）。持续开展职工从事第三方经营活动专项治理活动，对涉及第三方经营的合同（协议）严格把关，凡不符合规定的，拒审拒签。

整体经营形势稳中向好。加强与市直部门、县（市、区）、乡镇的合作，推出“攻坚路上乡镇行”、《魅力乡村》系列、《赣州地名故事》《城乡直通车》《乡镇名片》《童谣节》《少儿春晚》《红色故事讲解大赛》等活动品牌；有针对性地加强产品开发和营销，重点拓展家装建材、金融保险、酒类、旅游等行业广告收入；电广传媒运行态势良好，组建赣州市应急救护咨询服务培训中心，面向全市开展公益性应急救护培训；金牛公司与红孩子电视艺术团完成合并，助推少儿艺术培训产业做大做强。

把好广告播出内容关。积极与市工商行政管理、文广等部门沟通、协调，配合做好广播电视台违法虚假广告的整改和处理。7月20日，省、市文广新局开展广播电视虚假违法广告专项检查整治行动，对广播电台广告的合规合法播出给予较高评价。同时，加强对台各经营责任部门的监管，督促频率、频道做好广告的三级审片制，把好广告内容关。

【技术安全】 安全播出全年零事故。按照国家新闻出版广电总局“高质量、不间断、既经济、又安全”的安全播出总方针，在各阶段重要播出保障期及时组织安全播出和消防安全应急演练，完善安全播出应急预案，台班子成员亲自带班，实行技术、值机人员双岗值机制度，确保重要时期的安全播出，全年没有发生人为安全播出责任事故。

推进项目建设。完成电视高清播控系统项目建设，电视播出信号质量有较大提升；完成新媒体一期项目建设并投入运行，可实现在传统媒体和新媒体的多渠道的移动直播和现场直播、录播等；基本完成700万元中央财政专项资金项目建设；争取高清电视转播车项目资金800万元，进入采购程序。

【2017年度优秀及热播节目】 《赣州新闻联播》（电视）。播出时间为19：35（日播），时长20分钟。《赣州新闻联播》为赣州广播电视台新闻综合频道一档以时政为主的综合性本土品牌新闻栏目，第一时间报道时政要闻、发布权威资讯、服务大众民生，始终围绕中心、服务大局，立足本土新闻，突出新闻现场，加强舆论监督，服务百姓大众。

《630播报》。播出时间：首播：18：00—19：00，重播7：00—8：00、12：20—13：20、22：00—23：00。播出时长：1小时。节目特色：做有温度的新闻，专注新闻现场、爱心公益、深度调查、舆论监督、民生咨询、观众互动。《630播报》栏目是赣州广播电视台一档重点电视民生新闻栏目，该栏目以平实、轻松的语言，独特的视角，再现平民生活，注重展现新闻第一现场，聚集社会大众关注的重大事件。“市民热线”让百姓与栏目零距离，栏目在赣州市民中拥有很高的收视率。

《赣州新闻联播》（广播）。播出时间为18：00，时长30分钟。赣州新闻综合频率《赣州新闻联播》，是一档以时政为主的综合性本土品牌新闻栏目。报道时政要闻、发布权威资讯、服务大众民生。

《阳光热线》。播出时间：10：00—11：00。《阳光热线》是赣州广播电视台新闻综合频率（FM93.7）一档舆论监督类直播节目，节目采用“主持人、听众、职能部门三方通话的模式”，现场接听热线、现场解决问题，较好地解决服务群众“最后一公里”的问题。全年《阳光热线》接到群众来电及短信投诉、咨询、建议、求助2320余条，邀请赣州市城管局等12家单位做客《阳光问政》，提升节目的影响力。听众送来锦旗点赞《阳光热线》节目“倾听百姓心声、帮助百姓办事”。

【工作亮点】 树立“四个意识”，做中共十九大精神宣传的排头兵。宣传贯彻中共十九大精神，是赣州广播电视台2017年的头等大事和首要任务。从年初开始，台党委高度重视，制定印发《关于党的十九大宣传报道方案》。各频道、频率和各部门抽调精兵强将，策划重点选题，先后推出《砥砺奋进的五年》《喜迎十九大身边看变化》《十九大时光》《学习贯彻十九大精神》《十九大精神在基层》《新时代新征程》《新时代苏区干部好作风》《诵读十九大报告》等一系列专栏，围绕“变迁·喜悦”“民生·民心”“小康·信心”等关键字，以消息、特写、综述、专访、评论等多种形式，深入“六大攻坚战”现场，以小切口呈现大主题，小故事反映大变化，小视角折射大时代，全方位、多角度、深层次宣传报道中共十九大精神的学习贯彻落实，展现全市干部群众以习近平新时代中国特色社会主义思想为指引，解放思想、内外兼修，北上南下、奋力打好“六大攻坚战”的好作风、好典型、好做法。“新时代新气象新作为”主题宣传获省委宣传部通报表扬。

主攻大台成绩突出，实现历史性突破。2017年，赣州广播电视台在中央电视发稿数量突破历史、获得全省第一，为建台30多年来首次，在央广获全国地市台“十强”称号，获全省广播电视新闻协作奖表彰。电视方面，在央视发稿总数209篇，位居全省各设区市第一；在江西卫视全年发稿1558篇，在全省各设区市位居第二。广播方面，在中央人民广播电台播发稿件57篇，列全省设区市第二；在江西人民广播电台用稿1599篇，位居全省第二。外宣发稿的覆盖面更宽更广。发稿范围扩大到中央电视台焦点访谈、新闻直播间，江西台社会传真和新闻夜航等栏目。

广播流动直播亮点频现。多次参与全省在赣州市的流动现场活动，广播流动直播工作受到表扬。其中，在赣州市举行的“全省现代农业发展暨产业扶贫现场推进会”，广播直播解说工作得到省委副书记、省长刘奇的点赞；全市“六大攻坚战”流动现场会，广播流动直播主持人白天不少于8小时随车直播，市委、市政府主要领导给予充分肯定和高度评价。

【干部队伍建设】 启动未使用编制上编工作，完成长期聘用职工上编工作。干部职工培训。先后开展“地方广电新闻创新创优的路径与方法”主题讲座、“城市台经营转型实战实务实例”主题培训以及广电总局到江西大余（瑞金）开展“结对子、种文化、服务基层‘三贴近’”活动培训学习，组织科级以上干部参加2017年全省领导干部网上法律知识学习，派员参加全省马克思主义新闻观暨媒体融合发展高级研修班的学习。开展作风、宣传、技术、经营四大比武活动，提升赣州广播电视台新闻宣传的传播力、引导力、影响力和公信力，推动全台各项工作再上新台阶。

【脱贫攻坚】 赣州广播电视台精准扶贫工作队围绕于都县贡江镇白口村和长岭村扶贫工作任务，与村两委相互配合，各方面工作成绩出色。制订《脱贫攻坚“百日行动”实施方案》，巩固帮扶村脱贫攻坚工作成果，帮助帮扶对象解决各类问题50多件；通过帮助组建合作社，每户贫困户年增收2700元左右。通过帮扶工作，驻点村在精准扶贫、农村生活垃圾治理、乡村文明建设、空心房整治、综治维稳及党支部建设等方面取得明显成效。赣州广播电视台精准扶贫工作队干部被评为2016年度全市脱贫攻坚优秀驻村“第一书记”。

（撰稿　丁　忠　审稿　朱家柏　邓海明）

【领导名单】
党委书记、台长：朱家柏
党委副书记、总编辑：许　勇
党委委员、副台长：张凤杨　黎庆琮　邓海明（7月任）

赣州客家新闻网管理中心

【概况】 2017年，赣州客家新闻网管理中心（以下简称“中心”）牢牢掌握网络意识形态工作的主动权，深入学习宣传贯彻中共十九大精神，全面贯彻省委“创新引领、绿色崛起、担当实干、兴赣富民”方针，围绕市委、市政府中心工作，积极开展网上新闻宣传。坚持以新闻宣传为龙头，以网民为中心，以“两微一端”为抓手，以媒体综合矩阵为平台，以技术创新为突破，以融合发展为引擎，全力推进媒体深度融合，强化传播能力建设，大力宣传、推介赣州，凝聚赣州发展力量。网站PC端、移动端、微信传播力进入中央网信办主管的《网络传播》杂志“城市网站传播力榜”前50名。原创评论《千年“福寿沟”见证城市智慧》和专题《长征路上奔小康》分别获得第十九届江西报刊网络新闻奖二等奖、三等奖。在由中国城市新闻网站联盟常务理事会等主办的第三届“绿行中国”公益活动中，获“优秀组织奖”称号。网站的新闻舆论传播力、引导力、影响力、公信力逐步提升。

赣州客家新闻网管理中心是中共赣州市委直属正处级事业单位，2014年6月28日批准成立。客家新闻网是由中共赣州市委主办、经国务院新闻办公室批准的国家一类新闻网站。赣州客家新闻网管理中心内设办公室、编辑部、采访部、新媒体部、技术部、经营部、网络研究室等7个部室，实有工作人员45人。

【新闻宣传】 年内，中心运用PC端、手机版和“赣州发布”微信、微博、客家新闻网微信等平台，开展迎接中共十九大和学习宣传贯彻中共十九大精神系列宣传工作，宣传以习近平为核心的党中央治国理政新理念新思想新实践，宣传“四个全面”战略布局和中共十八大以来中国经济社会发展的辉煌成就，聚焦事关江西省发展全局的重大事项和市委、市政府中心工作，及时推送刊发相关稿件，主动融入全国、全省、全市媒体大合唱，开设“领航新征程学习贯彻党的十九大精神”“十九大时光”“砥砺奋进的五年”“振兴发展攻坚前行”“牢记关心和嘱托打赢脱贫攻坚战”“降成本优环境”“创建森林城市从你我做起”“网络中国节我们的节日”等各类网络专题107个，全年网站PC端刊发各类稿件近5万条，发布各类图片新闻1500个链接，创作推送《廖奶奶的咸鸭蛋》《我为文明城市代言》等各类H5作品20余个，一大批重点热点稿件被全国网络媒体纷纷转载，PC端日均访问量达80万人次，新闻稿件在各平台的阅读量大幅提升。

中心在加强内容发布质量管理的基础上，抓住各阶段工作重点，精心策划主题宣传，细化落实方案，努力找准切入点，准确运用网言网语讲故事、“说”新闻，提升原创新闻的引导力，切实让新闻宣传报道效益最大化。市“两会”期间，在做好常规性报道的同时，重点策划“问计代表委员”系列深度报道，从“六大攻坚战”的小处着手，以小见大深度展示代表委员的箴言良策，打破以往市“两会”为发言而建言、为亮相而报道的老旧传统；积极参与“最后的老红军”口述史素材收集活动，完成20多位老红军及红军家属的采访，制作22期访谈视频；派出骨干记者到长三角采访赣商，挖掘赣商的创业历程、创业成果及创业经验，先后发布9篇原创图文稿件；全面做好赣州市参与深圳“文博会”的宣传报道，从赣州元素、重大项目签约、企业家访谈等方面展示赣州市参与文博会的成果，有5篇原创稿件属市直媒体首发；常态化做好创文宣传，推出《创文创文：千年赣州的文明轨迹》《同心干！唤起市民千百万》《赣州：文明花开红艳艳》等一批重点稿件，宣传各地各部门创建全国文明城市工作举措、进展、成效和先进典型，集中曝光一批不文明行为和脏乱差现象，为创建文明城市工作营造浓厚的舆论氛围，并获评赣州市创建全国文明城市工作先进集体。全年网站刊发各类原创新闻约1800多条。

【原创视频】 把原创视频确立为提升网站传播力、影响力的主攻方向，通过“互联网＋航拍＋直播＋访谈＋新闻”等多种方式，打造特色视频品牌，不断向网络视频领域进军。集中力量对网络直播设备、形式、技术、直播平台等进行反复研究和攻关，实现常态化开展网络直播，完成“兴赣高速通车”“上犹陡水湖捕鱼节”“赣县田村米果”“状元村赏百亩油菜花海”“警犬实战训练”“信丰球狮村品畲族乌饭”“窑烧里千年的秘密”“水上飞人炫技陡水湖”等30多场大型直播活动。其中2017赣州旅博会直播单平台在线观看人数达到5万余人，兴国“四星望月”美食旅游节直播单平台在线观看人数达到10万余人，客网直播的影响力逐步扩大。

独家打造的网红类视频节目《倩你一句话》以活泼、幽默的方式反映社会百态，推出《年味去哪了？》《探访你不曾看过的市两会》等20多期栏目。开设VR频道，完成龟角尾、市政中心、章江大桥、南门口、军门楼、黄金广场、南河浮桥等20多个地点的 VR 全景拍摄。《客网视频》《客网航拍》等视频栏目也不断丰富，实现视频类栏目从无到有、从少到多、从粗糙制作到精细包装的跨越，视频内容建设逐步实现常态化、栏目化、精细化，形成融合图文、音视频的立体报道格局。

【媒体融合】 强化互联网思维，坚持传统网站 PC 端和新兴媒体优势互补、一体发展，打通网站及“两微一端”，实现媒体互联互通，推动网站 PC 端和新兴媒体在内容、渠道、平台、管理方面的深度融合，一手抓融合、一手抓管理，占领信息传播的制高点。克服人员紧张难题，通过招聘充实新媒体采编队伍，有效保证“赣州发布”各平台按时、高质发声。根据本网两个微信的不同定位，实行差异化发布。对网站手机版进行系统升级，优化传播平台。在“今日头条”“一点资讯”“澎湃政务号”等国内重要新闻资讯平台上开通“赣州发布”的账号，实现常态化内容更新，提升新媒体平台的活跃度。

2017 年，“赣州发布”政务微信和“客家新闻网”微信公众号共推送文章 3300 余篇，“赣州发布”政务微博（含新浪微博、人民微博、腾讯微博）推送微博 12000 条，“澎湃政务号”“一点资讯”“今日头条”等平台发布稿件 3600 余条，获 10 万 + 微信文章 9 篇，5 万 + 微信文章 30 余篇。“赣州发布”政务新媒体矩阵集合全市 87 个政务微博、125 个政务微信公众号，传播力指数在全省设区市政务微信公众号排名中名列第一，在全省所有政务微信排行榜中名列前三，并获评“2016 江西十大传播力微信公众号”。

【“中国王阳明网”建设】 全力做好被列入 2017 年全市宣传思想工作要点的“中国王阳明网”建设工作。中心多次召开研讨会、调度会，组织技术骨干参与网站建设，对网站技术架构进行优化，对网站内容进行搜集整理、编辑发布，并全面做好网站运营维护工作。6 月 9 日，中国王阳明网正式上线开通。网站融合图文、音频、视频等多媒体发布技术，建立首页频道、内容管理、搜索功能、全静态页面生成和后台用户管理系统，开设“阳明学说”“视频讲坛”“资讯动态”“图片荟萃”“阳明故事”和“王阳明与赣州”等 6 个版块，全面展示王阳明的相关学术研究、历史资料、理论成果等，对弘扬优秀传统文化，擦亮赣南文化名片，推动王阳明文化的研究和传播具有积极作用和重要意义。

【公益宣传】 立足“使网络公益更好地成为弘扬社会主义核心价值观的重要载体，让公益正能量助推网络空间更清朗”总体目标，整合线上线下公益资源，承担网络公益宣传活动主体责任，开展多种形式的网络公益活动，集中打造一批有重点、感动人、接地气、易传播的网络公益项目，彰显人间真情与美的善行。在网站首页刊登践行社会主义核心价值观、网络文化惠民、生态文明建设、未成年人身心健康、弱势群体救助等主题公益广告贴片，推出《章贡区公益广告传递文明新风》《赣州市成立合众公益协会专注爱心助学》《牛群等中国摄协志愿者在兴国开展公益扶贫活动》《南康首部家具行业励志公益微电影首映》《赣州开展无偿献血关爱地贫患儿公益宣传》等公益稿件近 300 篇。

【网络安全】 成立网络安全应急处置领导小组，建立健全各项网络信息安全管理制度，构筑涵盖技术安全、内容安全、信息安全的网络信息安全防线。严格落实网站主体责任，加强制度建设，从总编辑负责、内容审核、24 小时值班、员工素质培训、信息内容安全技术保障等方面，制定和完善相关配套制度和规定 30 多个。组织新入职职工进行网络安全知识培训。严格落实“三审”制度，对标题、正文、图片、音视频以及跟帖、评论、留言、广告等内容的政治导向、新闻事实、文字编校、技术操作等方面进行认真检查，严格把关。严格落实阅网评网制度，第一时间发现编校差错，及时进行相应处罚。全网新闻稿件差错率较上年同期明显下降，舆论引导力明显增强。

【队伍管理】 推进人才队伍建设。4 月，面向社会公开招聘一批年轻专业人员，其中编内招录 6 人，编外招录 12 人。整合人力资源，打破网站内设机构人员长期混岗的做法，合并原编辑中心的编辑组、专题组、评论组，成立编辑部，将网络技术人员从编辑中心独立出来，成立技术部，中心队伍从混岗制向部室负责制开展员工培训。坚持落实每周业务学习和新员工入职培训制度，实施“蓝青结对”工程和学习经验分享计划，培养一专多能型人才。开展选拔聘任部门负责人工作，选拔 6 名部门正职，1 名部门副职。

【精准扶贫】 挂点帮扶上犹县东山镇石坑村，为村里部分贫困户拨付 2.5 万元房屋维修改造专项资金，为全村 91 户贫困户建立扶贫明细卡，充分利用中心网络宣传优势，为贫困户发起捐赠筹集慰问物资，组织人力物力为石坑小学和村委会道旁桥梁装上护栏，联系小善基金为石坑小学 150 余名贫困学生送上“爱心书包”。2017 年，基本完成上犹县东山镇石坑村的脱贫任务。

（撰稿 肖怡蕙 审稿 钟 耿）

【领导名单】

总监：边 斌

总编辑：曾德军

副总监：傅志群 梁 飞（任至 4 月）

（本栏编辑 徐文菁）

档案　地方志

档案管理

【概况】　2017年，赣州市档案局贯彻全市“打好攻坚战、同步奔小康”的决策部署，以巡察整改为契机，紧扣全省、全市档案工作会议精神和工作部署，真抓实干、开拓进取，推动全市档案工作提质增效，为加快推进赣南苏区振兴发展作出积极贡献。被赣州市委、市政府评为社会治安综合治理目标管理及平安赣州建设先进单位，全市公共机构节能工作考核优秀市直单位；被江西省档案局评为全省2016—2017年度档案宣传通联工作先进单位、全省第四届档案工作者年会优秀组织奖、全省珍贵家庭档案评选活动优秀组织奖。赣州市档案局党支部被市直机关工委评为先进党支部。

【依法治档】　市档案局通过随机抽查方式，对16个市直单位开展为期2天的档案管理工作检查，重点检查到期档案依法进馆工作，赣州市人大常委会教科文卫工委派员参与执法检查工作。通过听取汇报和实地检查等方式，对被检单位的各门类档案收集、整理、归档、保管、利用、移交工作情况进行检查，填写《档案管理工作执法检查现场检查记录》。开展全市档案管理工作执法检查，提升被检单位的档案管理水平，提高到期档案移交进馆的自觉性，推动全市档案规范化管理工作的开展。

【服务中心工作】　持续落实档案工作支持主攻工业、服务企业发展的5条措施。为江西省高速公路投资集团赣州管理中心、江西青峰药业有限公司举办档案业务培训2批次，300人次参加，点对点指导赣州经济技术开发区建设投资有限公司、格特拉克（江西）传动系统有限公司、赣州城投集团档案工作。将江西青峰药业有限公司打造为全市民营企业档案工作示范点。与赣州市扶贫移民办联合转发《关于做好精准扶贫档案工作的意见》，采取统一目标、统一标准、示范引导、整体推进等方法，开展精准扶贫档案工作，为精准识别、精准脱贫、精准退出提供档案依据和档案支撑。主动参与赣州市委、市政府打好新型城镇化攻坚战的部署，选择南康家居小镇、上犹漫生活小镇等为赣州市特色小镇档案工作示范点，探索特色小镇档案工作的归档范围、保管期限、整理方法，指导县（市）档案局收集、整理第一手资料。做好赣州市重点建设项目档案工作。与赣州市发改委联合转发《建设项目电子文件归档和电子档案管理暂行办法》，与赣州市发改委、赣州市重点办联合印发《关于进一步做好全市重点建设项目档案工作的通知》。年内，赣州市开工重点建设项目工程档案登记完成率实现100%。市档案局作为全市农村土地确权工作协调指导小组成员单位，全程参与农地确权成果省级、市级核查验收工作，针对发现的问题，狠抓整改工作，确保土地确权颁证档案管理规范。市档案局继续作为成员单位参与移民安置工程项目验收工作。对会昌县禾坑口水电站工程移民安置档案进行专项验收，实现移民档案工作与移民安置工作同部署、同实施、同检查、同验收。

市档案局按照中央、省、市关于打赢脱贫攻坚战的各项决策部署，帮助驻点村（赣县区江口镇龙舌村）找准致富路子，确定帮扶项目，拓展增收渠道，落实帮扶措施，做到真扶贫、扶真贫。克服经费困难，从办公经费中拨付10万余元用于村“两委”建设、驻村工作队日常工作；全年开展全覆盖集中大走访8次，为34户建档立卡贫困户送上价值万余元的“微心愿”慰问物资；争取赣州市居家养老服务资金3万元，用于龙舌村老年活动中心建设。

【档案资源建设】　赣州市档案局按照年初下发进馆计划，把好进馆档案质量关，推进档案资源体系建设。全年接收15个全宗的档案进馆，共计1860卷、49243件（专业档案3种，573卷），图纸77张，资料385册，实物档案8件，年增长率7.11%。做到人防、物防、技防相结合，严格落实档案库房“八防”措施，抓细落小，常抓不懈，确保档案实体和档案信息安全，实现零事故目标。全年接待查档1178人次、查借阅档案2448卷，复制、拍摄档案16121页。编纂20余万字的《赣州市档案馆指南》，赠阅给市直驻市各全宗单位，规范全宗编制。

【档案信息化建设】　2017年，赣

州市数字档案馆建设进展顺利，档案集成管理系统验收并上线运行，完成430万画幅档案扫描和60万条目录著录，馆藏重点纸质档案数字化（第一期）项目进入收尾阶段，为实现数字档案资源的统筹管理和档案自助查阅利用奠定基础。启动在线接收赣州市直数字化统一办公平台产生的电子文件工作。

赣州市档案局通过专题调研指导，结合档案行政执法检查和档案工作规范化管理评估等方式，抓点带面，加大对县（市、区）档案局“两馆”建设指导、督促力度，并协调解决具体问题。指导各县（市、区）数字档案馆、重点档案保护与开发等项目资金申报工作。2015年纸质档案数字化项目县中，信丰县档案局完成馆藏新中国成立后所有档案数字化，约501万画幅档案扫描和71万条目录著录。2016年项目县中，石城县档案局完成约164万画幅档案扫描和44万条目录著录，约占馆藏档案的25%；上犹县档案局完成约237万画幅档案扫描和42万条目录著录，约占总工程量的65%。2017年项目县中，章贡区、寻乌县档案局开工运作，大余县、会昌县档案筹备项目招标工作。

【档案规范化建设】 市档案局以举办档案业务知识培训、深入实地现场指导、接洽档案员跟班学习及接待答复来访来电咨询等方式，对30余个赣州市直单位及企业开展档案业务指导。举办赣州市《归档文件整理规范》（DB 36/T 380-2016）宣贯培训会，有93个赣州市直单位116名档案员参加；派出业务骨干为赣州市财政局机关各科室培训档案管理人员50人次。完成赣州市物价局、赣州市经济技术开发区公安消防大队、康大高速公路有限公司等17个单位档案工作规范化管理晋级达标工作。

【档案宣传】 年内，全市档案部门干部职工在报纸杂志上发表各类消息、通讯、业务论文等各类文章545篇，其中《中国档案报》、中国档案信息网、中国档案网、赣档信息、《江西档案》、江西档案信息、《赣南日报》等媒体采用稿件290篇。加强信息网站建设，落实专人负责网站内容更新和网络维护，至年底，上传赣州市档案局网站信息545条，上传赣州市政府政务信息公开平台545条，上传江西省档案局网站信息190条。

根据江西省档案局统一部署，在全市范围内开展“岁月记忆社会缩影——我的家庭档案”征集活动。经过甄选，赣州市档案局向江西省档案局推荐29户家庭档案，均为极具特色的老照片、字画、日记、书信、手稿、证件、票据等，浓缩普通百姓衣食住行的时代痕迹，见证赣州市经济社会发展的沧桑巨变。在江西省档案学会专家评选出的18户“全省珍贵家庭档案”中，有6户来自赣州市，其中获一等奖1户、二等奖1户、三等奖4户，赣州市获奖数占江西省1/3，名列江西省第一。赣州市档案局在门户网站开展家庭档案网上展览，吸引不少网民点击观看。

【基础设施建设】 市级档案馆建设。年内，赣州市市级财政安排专项支出50万元用于赣州市档案馆新馆前期工作经费；赣州市档案馆新馆列入《赣州市“十三五”时期文化发展改革规划纲要》——“文化改善提升工程”。年内完成项目可研报告编制、概念方案设计等工作。

县（市、区）档案局建设。市档案局加大对县(市、区)档案局“新馆”建设指导、督促力度，并协调解决具体问题。全年向上争取县级档案馆建馆资金479万元，省级公共文化(档案)专项资金128万元，加强全市、县级档案馆基础设施建设。至年底，已建新馆并投入使用的有上犹、信丰、寻乌、石城、章贡区、大余、龙南、崇义共8个县（区）；新馆主体工程竣工并进行装修的有兴国、会昌、定南、上犹（二期工程）共4个县；建设中的有全南、瑞金、安远3个县（市）；筹备开工前期工作的有于都、赣县、宁都共3个县（区）。

【馆藏档案】 2017年年底，全市市、县两级19家各级国家综合档案馆馆藏档案、资料2254686卷（册、件）。其中，赣州市档案馆馆藏档案有171个全宗，档案124701卷（件），资料23817册。

（撰稿 肖赣军 杨盼云 审稿 李 坚）

【领导名单】
党组书记、局长：谢芳桂（任至12月）
党组成员、副局长：李 坚（4月任）
肖 红（女，4月任）
副调研员：黄学森
段晓峰（5月任，任至12月）

地方志工作

【概况】 2017年，赣州市地方志办公室全面贯彻落实中共十九大和习近平新时代中国特色社会主义思想，深入实施国务院《地方志工作条例》和《全国地方志事业发展规划纲要（2015—2020年）》以及《江西省实施〈地方志工作条例〉办法》，认真落实“一纳入、八到位”的要求，坚持依法修志、依法治志，提前完成“两全目标”（到2020年，全面完成第二轮修志规划任务，实现省、市、县三级综合年鉴全覆盖），认真开展名村名镇志编纂、地方史编写、信息化建设、理论建设、方志馆建设、旧志整理等及地方志资源开发利用等各项工作，实现全市地方志事业转型升级。赣州市地方志办公室获江西省第二届年鉴质量评比组织奖，《赣州年鉴（2015）》获中国出版协会2015—2016年度年鉴编校质量检查评比一等奖，《石城年鉴（2016）》《南康年鉴（2016）》获江西省第二届年鉴质量评比县级年鉴一等奖，《章贡年鉴（2015）》《安远年鉴（2016）》《崇义年鉴（2016）》获江西省第二届年鉴质量评比县级年鉴二等奖，《信丰年鉴（2015）》《会昌年鉴（2016）》获江西省第二届年鉴质量评比县级年鉴三等奖。《石城年鉴（2016）》《南康年鉴（2016）》获中国地方志指导小组、中国地方志学会全国地方志优秀成果提名年鉴。积极为全省地方志理论研讨会推荐理论文章24篇，为全省之最。

【赣州市二轮志书编纂工作全面完成】 完成“中国志书精品工程”《赣州市志（1986—2000）》的评审任务。6月上旬，中国地方志指导小组办公室召开“中国志书精品工程”《赣州市志（1986—2000）》复审会，组织专家对“中国志书精品工程”《赣州市志（1986—2000）》进行复审，与会领导和专家一致同意《赣州市志（1986—2000）》通过复审。11月6日，由中国地方志指导小组办公室组织的“中国志书精品工程”《赣州市志（1986—2000）》终审会在北京市召开。经专家匿名评审，《赣州市志（1986—2000）》原则上通过精品评审，修改后，进入公示程序。《赣州市志（1986—2000）》是江西省设区市唯一一部推荐申报“中国志书精品工程”的志书。江西省委常委、赣州市委书记李炳军亲自为该书作序。《赣州市志（1986—2000）》精品志书稿共400多万字，有图片123张、表格390张。

全面完成全市第二轮县（市）志书编纂任务。赣州市第二轮县（市）志有编修任务的17个县（市）（章贡区除外），至2017年年底，17个县（市）全部完成二轮志书编纂任务。

做好第三轮志书编纂准备工作。各县（市、区）高度重视第三轮志书编纂工作，部分县启动第三轮志书编修工作。寻乌县拟定第三轮《寻乌县志（2001—2020）》编纂方案报县委、县政府批准后实施，石城县编纂出版《石城大事记（2001—2015）》，为编修第三轮《石城县志》做准备。

【年鉴编纂出版实现一年一鉴全覆盖】 《赣州年鉴（2017）》编纂。1月，市政府办公厅印发《关于认真做好〈赣州年鉴〉2017卷编纂工作的通知》。市地方志办根据市政府办文件精神，于2月初着手布置《赣州年鉴》2017卷的编辑工作。全体编辑人员总结以往经验，创新编纂方法，拓宽编纂领域，实现年鉴编纂方法和收录内容的创新。《赣州年鉴（2017）》的编辑工作实行“三级负责制”，即编辑人员对副主编负责，副主编对主编负责，主编对编委会负责。职责明确，分工合理，增强全体编纂人员的责任心和紧迫感。每位编辑对供稿单位进行认真指导，对各单位稿件分类编辑，严格把关，并在规定的时间内完成工作任务；副主编在编辑的基础上进行审改，把好关口；最后由主编对全书的体例结构、政治要求、文字内容、技术规范等进行把关，实行主编终审制。12月初，《赣州年鉴（2017）》由国家图书馆出版社正式出版。全书设40个类目，283个分目，1714个条目，约120万字，客观记述赣州市2016年度在“打好攻坚战，同步奔小康”进程中的新变化、新进展、新成效。充分发挥年鉴存史、资政、育人功能，为国内外各界人士了解、研究、投资赣州提供服务。

县（市、区）年鉴编纂出版实现一年一鉴。各县（市、区）主动作为，创新工作方法，积极争取政府支持，实现一年一鉴年鉴编纂工作，做到当年编纂、当年出版。至2017年年底，18个县（市、区）综合年鉴实现一年一鉴全覆盖。各县（市、区）努力创造条件，实现年鉴由内部出版转向公开出版。章贡区、南康区、大余县、崇义县、信丰县、寻乌县、石城县年鉴实现公开出版。

【《赣州市2016年度大事记》编辑出版】 年初，确定专人负责收集赣州市2016年度大事记资料。3月，开始编纂。7月，完成出版发行。《赣州市2016年度大事记》全面客观记述赣州市2016年度在“打好攻坚战，同步奔小康”进程中的大事、要事、新事。全书约22万字。

【地情书编纂】 《赣南客家》编纂出版。《赣南客家》全面客观记述赣南“客家摇篮”悠久历史与变迁，南迁至赣南的客家人逐步形成地域族群特色的客家文化、客家姓氏、客家宗族、客家民居、客家方言等。为各级领导、国内外各界人士了解、研究赣南客家提供服务。

《赣州简史》初稿编纂。市地方志办开拓创新，锐意进取，完成《赣州简史》初稿编纂任务，填补赣州历史空白。《赣州简史》全面系统整理赣州历史、展现赣州历史全貌与辉煌。

专业（部门）志和乡（镇）志等地情书的编纂。市、县（市、区）地方志办在编纂县（市）续志的同时，创新思路，拓展领域，编写出一批专业（部门）志和乡（镇）志等地情书。年内，出版的专业（部门）志和乡（镇）志有《赣州监狱志》《龙南县森林公安志》《信丰县公安志（1987—2013）》《兴国鼎龙乡志》《于都医

9月18日，赣州市地方志办公室主任陈昌保、副主任徐井生到中国地方志指导小组办公室汇报工作

9月11日—14日，省地方志办、省法制办督查组到赣州市督查市县两级地方志工作

保志》《于都农粮志》《会昌县教育志》《赣县金融志》《赣县组织志》《赣县工会志》《石城统计志》《全南县大事记》《南康大事记（2011—2016）》《瑞金市大事记（2016）》《名人与赣南》《石城大事记（2001—2015）》《石城民俗日志》《丹霞赣南》《崇义要览》《石城籍长征干部》《赣县古代地情文化》《印象·于都》丛书等。至年底，全市累计出版专业（部门）志、乡（镇）志500多部。

整理旧志。年内，整理出版清康熙二十三年（1684年）版《赣县志》、清康熙四十九年（1710年）版《南康县志》、清同治版《瑞金县志》、民国版《瑞金县志稿》、清乾隆版《会昌县志》、《赣县乡土志》等旧志，至年底，县（市、区）累计整理旧志91部。

【《东龙村志》评审】 11月2日，中国名村志文化工程丛书——《东龙村志》评审会在宁都县召开。会上，与会专家学者对《东龙村志》进行评审，在充分肯定志稿的同时，对志稿在篇目设计、类目标题、内容归类、语音文字等方面提出修改完善的意见和建议，《东龙村志》通过专家评审。赣州市宁都县田埠乡东龙村被省地方志办推荐代表全省参加“中国名村志文化工程”，是全省唯一一个。

【《江西年鉴》《江西省志》有关内容的编纂】 《江西年鉴（2017）·赣州市》分目的撰写。根据《江西年鉴》编辑委员会文件精神，安排专人及时征集资料撰写赣州条目等13个特色条目，并按文件要求的时间节点按时交稿。指导、督促18个县（市、区）和赣州经济技术开发区如期完成《江西年鉴》编辑部下达的组稿任务。

《江西省志·市县概况》的修改完善任务。至11月，完成《江西省志·赣州市概况》的文字和图片修改完善任务，督促18个县（市、区）地方志办及赣州经济技术开发区党政办完成并上报《江西省志·县（市、区）概况》以及5幅图片，市、县概况约30万字。

【地方志资源开发利用】 年内，为市委、市政府相关领导提供《赣州基础市情》；为全国文明城市创建考评组提供赣州文明城市建设历史依据；为市委、市政府完善“赣南苏区振兴发展主题展览”提供其他部门没有的资料20多份。为市委、市政府领导提供赣州市志概况、赣州历史名人和赣南历史名人故事专题资料及相关志鉴书籍。

建设赣州市方志馆，为市民了解赣州历史服务。热情接待上门查阅地情资料人员，为省内外高等院校、科研机构和市有关部门（单位）及社会各界人士350余人提供资料查询服务。

全力做好《赣州年鉴》和《赣州市度大事记》在全国范围的宣传推介工作，让全国了解赣州、知晓赣州。发挥地方志资源和地方志工作者的作用，积极向国家历史类核心期刊《中国地方志》《中国地方志通讯》《江西地方志》《江西省地方志工作动态》《赣南日报》和赣州市政府网、赣州人民广播电台等媒体宣传赣州市地方志成果及动态，刊发稿件89篇。其中，向《中国地方志》投稿1篇，向《江西地方志工作动态》投稿22篇，介绍赣南历史与人文等地情，引起社会反响和关注。

【地方志工作指导】 派员参加指导《赣州市纪检志》《赣州监狱志》《赣州市烟草专卖志》第二轮部门志编纂工作，对市纪委、赣州监狱、市烟草专卖局等3个单位的撰稿人员进行专题培训。培训实效性强，受到与会者的好评。对《宁都县志》的编纂工作进行指导。指导18个县（市、区）及部分市直单位的年鉴编纂工作。

【精准扶贫】 市地方志办克服任务重、人员少、经费紧的困难，与市军供站组成联合工作队参加由市委统一组织的精准扶贫工作，选派专人专职常驻于都县合和村挂点，组织全办干部联系挂点村贫困户19户。筹措3万元直接拨付挂点村。市地方志办扶贫工作多次受市、县领导的肯定。

（撰稿 徐文菁 审稿 陈昌保）

【领导名单】

党组书记、主任、
江西省地方志学会副会长：陈昌保
党组成员、副主任：廖伟东 徐井生
副调研员：朱 俊

（本栏编辑 徐文菁）

卫生　计生　体育

卫生与计划生育

【概况】　2017年，赣州市卫生和计划生育委员会坚持抓好“健康赣州”建设，团结带领全市卫生计生系统干部职工，解放思想、攻坚克难，人民群众健康水平显著提高，全市卫生计生事业发展呈现良好态势。年内，全市孕产妇死亡率7.95/10万，下降2.18/10万，婴儿死亡率3.67‰，下降0.4‰，5岁以下儿童死亡率5.59‰，下降0.93‰。全国社会心理服务疏导和危机干预工作座谈会、全省卫生计生信息化工作会议、全省医养结合工作会、全省健康扶贫现场会等在赣州市召开。在全省率先开展“全国优秀健康促进与教育示范基地”建设，崇义县县城、龙南县关西镇、宁都县小布镇被全国爱卫会命名为国家卫生县城（乡镇）。

【卫生计生服务能力】　对口支援工作。实施城市三级医院对口帮扶贫困县县级医院，组织城市三级医院与于都县等11个贫困县县级医院对口帮扶。争取北京大学人民医院、上海华山医院、北京朝阳医院、广州中山大学第一附属医院、上海儿童医院、中日友好医院等医院的帮扶支持。

医养结合工作。在“公建民营”“PPP融资”“医院转养”“智慧居家”“两院相融”“生态医养”等层面精准发力，推进医养结合。全市有医养结合机构53家，床位10923张（医疗4033张、养老6890张），入住老人3467人（护理1413人、养老2054人）；全市在建医养结合机构41家，拟建医养结合机构12家；61家二级以上医院设立老年科。建成城乡老年人日间医养结合照料点922个，覆盖率得到提升，占全市3827个村（居）的24%，“老有所养、病有所医”服务效果明显，“善孝苏区•康养赣南”医养结合服务品牌初步形成。

医疗卫生项目建设。加强争资争项，全年争取中央预算内卫生投资项目26个，总投资6.77亿元。市人民医院新院6个诊疗中心全面启用。市儿童医院项目完成一期主体建筑。市妇幼保健院新院建设被列为市政府重点工程建设项目、40件民生实事之一，年底开工建设。市委、市政府决定整体迁建市中医院至蓉江新区。

计划生育基层指导。落实生育登记服务制度，建立生育登记信息通报机制，对工作落后地区进行“点名”并限期整改。组织开展元旦春节计划生育服务活动，增强服务意识，推动基层计划生育工作开展。

中医药事业。推荐五龙客家风情园申报国家中医药健康旅游示范基地，推荐龙南县虔心小镇“中药谷”项目、赣州润成林业发展有限公司、大余明悦山庄申报国家中医药健康旅游示范项目。在青峰药谷区域规划设立100公顷的铜锣谷大健康（中医药）产业园，将中草药种植和健康旅游有机结合。培养打造一批中草药种植基地。抓好中医药人才培养工作，申报中医特色专科建设项目19个，选送113名医务人员赴上级医院进修学习，选送卫生计生人员参加各级学术交流会和短期培训1336人次。

【公共卫生服务】　卫生应急工作。调整疾病应急救助相关制度，简化手续，并对救助对象72小时之外的救治费用核报由30%调整至50%。1—6月，全市16家医疗机构提交申请救助患者69人次（含2016年四季度复审1人次），经审核通过人数58人次，拨付救助资金371296元。

重大疾病预防控制。开展预防接种星级门诊创建工作，推进预防接种门诊标准化、信息化建设。全市有预防接种门诊332家，其中五星级门诊12家、四星级门诊16家、三星级门诊239家。全年完成艾滋病抗体确证检测450人次、CD4+T淋巴细胞检测491人次、艾滋病病毒载量免费检测315人次；完成门诊抗病毒治疗前体检300人次，抗病毒治疗后体检1200人次；205名符合条件的救治对象享受救治服务；完成1598名随访对象的随访管理服务。开展艾滋病宣传教育进学校活动，5月，在赣州卫生学校举办大型艾滋病防治知识讲座。9月，在全市大中专院校开展艾滋病防治宣传月活动。成功处置3例登革热本土疫情。

严重精神障碍患者管理。开展精神科门诊诊疗服务，落实免费救治门诊取药政策，将严重精神障碍患者纳入门诊统筹，不设起付线。全市有17家精神障碍患者收治机构，其中公立医院4家，执业的民营精神病医院8家，年内新设置还未执业民营精神病医院3家。另有5家综合性医院设置精神科。截至10月31日，全市累计筛查，并录入国家重性精神疾病基本数据收集分析系统的严重精神障碍患者37011人，报告患病率达4.14‰；全年累计免费救治贫困家庭重性精神病患者28211人次，其中住院救治3876人次，门诊救治24335人次。

爱国卫生运动和健康教育。开展纪念爱国卫生运动65周年暨第29个爱国卫生月主题宣传活动。

【医德医风建设】 推进医疗卫生行风建设，严肃查处过度检查、过度治疗、开大处方、收受“红包”等损害群众利益的突出问题和药品购销、基础设施建设、大额资金开支等环节的违纪违法行为。继承和完善医德医风体系，完善健全各项规章制度，塑造医务人员良好形象，做到知患所虑、解患所愁，让病人满意、社会满意。

（撰稿 严华博 审稿 严华博）

【领导名单】

党组书记、主任：廖 伟（任至5月）
刘春文（8月任）
党组成员、副主任：杨 铮
刘群英（女） 李小才 刘远飞
薛 斌 梁铁民（任至8月）
党组成员、纪检组长：全 春（2月任）
聂瑞和（任至2月）
党组成员、副主任：郑保平
爱国卫生运动委员会副主任：
戴艳春（女）
计生协会常务副会长：刘欣君（9月任）
正处级干部：谢会荣
副调研员：张春玲（女）
方惠清（女） 谢 瑛（女）
邱伟民 曹洪敏（任至4月）
计生协会副调研员：邱林英（女）
副处级纪检员：刘宗信

赣州市人民医院

【概况】 2017年，赣州市人民医院以习近平新时代中国特色社会主义思想为指引，全面落实全国、全省卫生与健康大会精神，树立“以病人为中心”理念，融入赣州经济社会发展大局，策应城市公立医院综合改革进程，持续提升医疗服务能力和水平。全年医院总收入15.08亿元，增长11.86%；门急诊量107.41万人次，位居全市第一、全省第三，增长14.39%；出院8.04万人次，增长16.58%；住院手术3.44万台次，增长11.19%。获评“全国创建‘平安医院’活动表现突出集体”，在全国百姓放心示范医院动态管理第六周期评价活动中，取得排名全国前列的优异成绩。

【一院两区】 8月20日，全面启用南院，实现“一院两区”统一管理、南北联动、互为补充、错位发展战略构想，在北院推行“院领导值周制”，统筹推进各项工作，设立主要职能科室集中办公区，确保两个院区“同质化、一体化”运营。临床、医技科室按照部分科室全部设置在南院、部分科室全部保留在北院、部分科室拆分为南北两院两个独立科室、部分科室实行“一科两区”的“四种模式”，完成重组布局。在两个院区新增全科医学科、运动医学科、肝胆外科、胃肠外科、甲乳外科、男性医学科、血管外科等符合医学主流发展方向的专业学科，在全省率先设置介入、心理病房。

赣州市人民医院新院一角

【医改工作】 成立医改领导小组，制定实施方案和工作预案，取消药品加成，全面执行调整后服务项目价格。组建以赣州市人民医院为龙头，包括宁都县人民医院、信丰县人民医院等10家县级医院在内的“医联体”，促进分级诊疗和提升基层医院服务能力。医改后，平均住院日降至9.1天，减少0.1天；药占比降至29.12%，门诊均次费用和住院均次费用低于地市级医院平均水平。

【医疗工作】 严格执行医疗核心制度，在全省DRGs绩效分析排名中，取得综合医疗服务能力全省第三，CMI值第四，DRG组数第二，疑难病例治疗能力第三的成绩，低风险死亡率、时间指数、费用指数、分组数、药占比、耗占比等核心指标保持在全省前列。

医疗技术。对22个专业108个病种实施临床路径管理，按临床路径管理的病例数28264例，占出院人数的35.17%。15个科室45个手术病种开展日间手术，全年开展1638例，增长56.9%。全年开展三、四级手术10230台，增长17.35%；辅助生殖医学技术通过新一轮校验；自主开展颅内血管搭桥技术和颅底内镜颅腔肿瘤切除等国际先进技术；成功开展高危剖宫产术的血液回收技术，高难度、复杂的腹腔镜肾部分切除术；神经内科脑动脉取栓联合导管抽栓术治疗急性脑梗死达到国内先进水平；消化内科经内镜下粘膜剥离术（ESD）治疗早期食管癌和早期胃癌手术填补市内空白。

医疗纠纷处置。全年发生纠纷47起，处理终结28起，未发生一起越级上访事件，无重大医疗纠纷及恶性伤医事件发生。

技能培训。进行“三基三严”考核培训工作，全年对135名新进临床医技人员进行集中培训和考核；举办全院卫生应急竞赛、全院临床（医疗）实践技能大比武2项赛事；组织参加全市卫生应急、母婴安全竞赛和全省临床技能大比武并获得优异成绩。

【护理管理】 业务培训。开展新入职护士、机动护士、专科护士、护理骨干培训，强化“三基”训练及职业习惯养成，提升专业服务能力和急危重症护理水平。选派51名护理管理人员外出学习，提升护理管理科学化水平；选派84名护理骨干外出进修或参加专科护士培训，有45名护士获得涵盖13个专科的国家级或省级专科护士培训合格证。

护理服务。推行责任制整体护理，开展全护理岗位、全程优质护理服务，常态运行“医护一体化”工作模式，提供个性化整体医疗服务；2017年度护理部获“全国改善医疗服务优质服务岗”称号，“精益管理下的优质护理服务”案例获全省推进优质护理服务“十佳案例”。

【科室建设】 完善“一院两区”科室质量与安全管理组织体系，科室质量管理符合度达97%，“大质管”质量保证检查评价得分率提升至93.53%；构建精益管理体系，遴选医务部、护理部、神经外科等10个科室试点运行精益管理模式，建立可视化战略部署系统，首台手术准点开台率提升至76.3%，手术衔接台耗时缩短至48分钟；成立质量管理工具推广应用工作委员会，重点推广5S管理、课题达成型QCC的应用，普通员工参与质量改进项目比例达72.2%，各科室5S管理达标率提高至70.49%，全年实施质量改进项目242项，麻醉科品管圈组“SAC圈”参加第五届全国医院品管圈大赛获“课题研究型品管圈三等奖”；强化病理、院感等7个医疗质量控制中心的建设和管理，超声科以最高分通过赣州市超声专业质量控制中心评估；病理科乳腺癌、胃癌HER2基因状态FISH检测及肺癌ALK基因状态FISH检测，均取得国家卫计委病理质控中心合格证书，为江西省唯一全部专项达标单位。

【就医体验】 智慧服务。全面实现扫码支付功能，就诊流程高效快捷；完善大型检查自动预约系统，CT、磁共振和彩超可自动预约检查时间；加强自助机的使用、监督、维护管理，自助预约率突破35%。

随访工作。启动门诊患者随访工作，每月随访分析通报患者满意度、科室意见率、各种问题明细、典型案例、整改建议、临床科室随访情况。

志愿服务。建立“天使”志愿者组织，明确服务流程和服务范围，医院志愿者服务工作走上规范化、制度化的轨道。

【科研科教】 中标国家自然基金课题3项，省部级课题6项，取得医院国家自然基金课题“零”的突破；全年申报45项省科技厅项目，中标市科技局项目159项，省卫计委项目49项，发表论文490篇，其中SCI和核心期刊论文40篇；神经外科科技影响力排名全省第三；派出13人赴国外研修，林菁、陈迎获评中国医药教育协会先进个人称号；完成全科医师培训基地教学设备的购置和安装工作，培训人次5000余人；举办各级各类继续教育学习班及学术会议20余次；申报2018年国家级、省级继续教育项目22项；在全省率先出台内科大查房制度并严格落实，在神经内科、心血管内科等科室试点推行教学查房。

【人才队伍】 全年引进博士5人，硕士88人，人才队伍进一步壮大。组织8批次本科以下学历医护人员招聘考试，录用护理人员288人，技师65人。罗骏获第五届“江西省卫生计生突出贡献中青年专家”称号，护理部主任邱红获评“2017年全国优秀护理部主任”称号；肖莉、郭水华分别获“2017年全省优秀护理工作者”和“全省优秀护士”称号；许辰阳获评“赣州最美健康卫士”。

【民生工程】 精准扶贫。拨付40万元帮扶经费，支持挂点贫困村基础设施改造、产业发展，拨付30万元专项经费支持定南县天九镇油田村和洋田村重建河桥、修复水堤等民生项目建设。

健康扶贫。实行城乡贫困人口出院“一站式”结算，按5%的床位数设置扶贫病床，收治城乡贫困户患者9169人次，承担目录外费用87万元，免收贫困人口住院押金8064万元。

重大疾病免费救治。开展“光明·微笑”工程、儿童“两病”（白血病、先天性心脏病）、妇女“两癌”（宫颈癌、乳腺癌）、免费血透等免费救治工程，救助“光明·微笑”患者105人次，儿童“两病”患者77人，妇女“两癌”出院患者87人，免费血透110人6718次。

【协作交流】 完成“赣州市远程医学中心”建设。在赣州市人民医院南院设立急救站，提供快速、优质急救服务。与北京医院、浙医二院、台州医院及广东、广西等多家三级医院加深联系，成为首批神经系统疾病专科联盟成员单位。全年组织28批次医务人员到基层医院帮扶，派出41名医务人员开展对口支援，开展学术讲座752次，教学查房1600次，疑难病例讨论372次，手术指导360次。举办赣州市首届院长论坛，邀请国内知名医院管理专家、赣州及周边地区基层医院院长，解读医改政策，分享发展经验。

【文化建设】 开展“美丽的南院我的家”活动，优化医院环境。开展以“安全生产”为主题的征文活动和“迎医改新政策，树医院新形象”系列活动，组织开展“健身操”“广场舞”

和拔河比赛，举办第七届职工运动会，通过医护宣誓、“名篇佳作”诵读等一系列活动，树立医院新形象。

（撰稿 段德正 彭龙飞 审稿 赖卫国）

【领导名单】
党委书记：刘文杰
党委副书记、院长：赖卫国（9月任）
党委副书记：蒋国庆
副院长：曾康华（女）
党委委员、副院长：聂宇波 李广生 杨明福
副院长：刘建生
党委委员、副院长：罗 骏
党委委员、纪委书记：谭南生
党委委员、工会主席：陈友佳
副处级干部：揭怀亮 张攀才
党委委员、院长助理：吉 灵 王祥贵
党委委员：蒋秋华

赣南医学院第一附属医院

【概况】 2017年，赣南医学院第一附属医院坚持以习近平新时代中国特色社会主义思想为指导，认真学习贯彻落实中共十九大精神，按照国家、省卫生计生工作会议部署和学院更名大学要求，以推进健康中国、健康江西和健康赣州建设为主线，以提升卫生服务能力为抓手，强化医院内涵建设，抢抓医院发展机遇，医疗、管理、服务得到提升。全面启用黄金院区，全年门急诊量103.6万人次；出院患者8.3万人次，平均住院日10.2天，药品比例（不含中药饮片）36.9%，各类手术2.8万台次。

【“一院两区”建设】 黄金院区医疗综合大楼完成建筑验收，12月15日起全面实施黄金院区搬迁工作，开放病床1000张，实行“一体化管理，同品质发展”的一院两区管理模式，专设定时定点往返两院区的穿梭巴士，实现两个院区行政管理、医疗管理、保障体系一体化。注重特色、发挥优势，黄金院区突出泌尿外科群、肿瘤学科群等学科优势。

【人才队伍建设】 引进、培养人才。设立高端人才及学科平台负责（带头）人工作室，举办博士餐叙活动，建立健全高层次人才引进办法，提高高层次人才待遇，培养医学拔尖创新人才、学术技术带头人和创新团队。全年引进230余人，其中博士和硕士70人。

强化培训。选送卫生专业技术人员到北京市、上海市、广州市、武汉市等地进修培训91人次；选派到英国、美国等国家参加国际会议和交流学习8人次；选派6名教师参与学校留学生师资库教师培训、6名教师到华中科技大学参加赣南医学院中青年骨干教师高级研修班。

【内涵建设】 医疗质量。建立院科二级质量与安全“管理指标体系”“统计指标体系”和院科二级质量管理数据库，引进并调试基于DRGS的绩效考核系统。医院临床路径病种数82个，单病种11个；入径率50%以上，完成率70%以上。

医疗技术管理。严格资质准入，对医务人员手术、诊疗技术权限实现动态调整更新。加强技术准入，全年审批院内新技术项目8项，生殖医学科夫精人工授精（AIH）技术准入通过省卫生计生委验收。在国内首报一例接受经阴道混合NOTES肾切除术术后成功受孕并再生育的病例，初步构建有中国特色的泌尿外科NOTES技术体系。开设肌肉骨骼疼痛康复门诊，成为江西省唯一一个针对肌肉骨骼疼痛的物理治疗专科门诊。

公立医院改革。全面落实新医改政策，完成取消药品加成（除中药饮片外）和医疗服务价格项目调整工作；降低药品和耗材费用，降低大型医用设备检查治疗价格，推进医联体工作，牵头共建“赣南医学院第一附属医院医疗联合体”。

应急处置。完成“三美化工光气中毒事件”“南康区突发重大火灾事件”等突发公共卫生事件的救治工作。举办赣州市医疗急救中心空地立体化医疗救援服务启动仪式，成为赣州市120急救直升机唯一固定起降点、空中医疗救援基地。

信息化建设。开通移动互联网就诊平台，实现微信预约就诊、在线缴费、查看报告、每日清单等功能；推行PACS系统，推行企业微信，实现掌上附院。推进黄金院区建筑智能化项目，实现两个院区信息互联互通、存储设备同城异地冗灾。开通赣州市居民健康卡服务，实现与江西省健康平台、赣州市健康平台的互联互通。

【科研、学科建设】 高端学科。临床医学学科获批江西省“一流学科（培育）”。推进中华医学会全国县级医院人才培养计划泌尿外科腹腔镜培训基地建设，牵头成立江西省研究型医院学会泌尿外科学分会，推进药物临床试验（GCP）机构建设工作。完成院级第三批重点学科验收和第四批重点学科遴选工作。

科研管理。建立市级赣南医学院孙颖浩院士工作站。与北京博奥晶典生物技术有限公司开展精准医学战略合作，筹建赣南医学院程京院士工作站和国家级基因检测技术应用示范中心。江西省结石防治工程技术研究中心、江西省泌尿系统疾病临床医学研究中心正式挂牌。成功申报国家自然科学基金资助项目6项，省自然科学基金项目5项（重点项目2项），省科技厅社会发展支撑计划课题2项，省教育厅科研课题21项，省卫生计生委一般课题31项、中医药课题3项。发表学术论文200余篇，其中核心期刊40余篇。获赣州市科学技术进步奖3项，邹晓峰获赣州市首届“十大科技创新人物”。邹晓峰、张国玺教授作为唯一受邀的泌尿外科专家团队参编国际著名出版社Humana Press出版的国际专著《NOTES and Endoluminal Surgery》。举办医院首届学术周活动暨学术报告竞赛活动，并首次引入网络直播。

【教学、学生管理】 教学管理。开

展本科教学工作审核评估准备工作。增设医学影像学本科专业，获省级教改课题4项。全年承担各专业各层次课程164门18614学时。承担各年级各层次见习带教任务5560学时，接收见习生3191人、实习生750人，其中美国林肯纪念大学医学博士4人、国际教育学院留学生3人。注重教学方法，获第八届全国高等医学院校大学生临床技能竞赛全国总决赛和华东赛区二等奖，获单项奖三个。口腔医学本科学生在全国口腔医学生操作技能邀请赛上获团体三等奖，个人一等奖1名、二等奖1名和三等奖2名。

研究生管理。首届硕士研究生毕业就业率100%。全年临床医学专业招收58名研究生，其中学术型研究生28名、专业型研究生30名。

学生培养。开展培育践行社会主义核心价值观活动，以“一手册三队伍”［编印《学习·服务·成长——党员（入党积极分子）成长手册》、成立“学生支部联合会”党建工作队伍、组建“家庭医生小助手”志愿服务队伍、选聘“学生成长导生团”朋辈引领队伍］学生工作特色为抓手，家校合作持续推进，学生工作水平稳步提升。全年本、专科生就业率分别为全校第二名、第一名。

继续教育。2017年举办国家级继续医学教育项目26项、省级继续医学教育项目24项、赣州市继续医学教育项目34项、单位级继续医学教育项目62项。

【民生工程】 开展“走遍中国前列县(腺)”第五期大型公益行动赣州(大余)站活动、中华医学会“千人计划”健康扶贫工程系列公益活动。促进交流协作，安排高年资、业务能力强的导师对8家医院16名骨干医师进行“一对一”培训。参加全省服务百姓健康行动义诊周活动，组织安排市、县（区）义诊22次，派出下乡对口支援医师48人。

【党建工作】 “两学一做”学习教育。重点学习党章党规和习近平总书记系列重要讲话及中共十九大报告，落实“三会一课”等组织生活制度，抓严抓实党员干部学习教育。推进党建信息化建设，建立“三级”（党委、党总支、党支部）微信工作群，2017年，微党课《学习红色卫生发展 传承苏区革命精神》获教育部特色作品奖。

党员发展。年内吸收中共预备党员80人，确定入党积极分子127人。深入开展学习先进典型活动。

党风廉政建设。细化年度党风廉政建设和反腐败工作任务，层层签订党风廉政建设目标责任状。狠抓巡视整改，贯彻落实省委深入推进巡视整改政治责任精神，落实巡视整改任务。强化重点环节领域全程监督，对行政物资、医用耗材、设备、药品采购及工程招标、干部选拔任用、大额资金使用等反腐重点领域和关键环节加强监督。

精准扶贫。开展“四进四联”（进农村、进社区、进基层单位、进网络，联系基层群众、联系基层干部、联系服务对象、联系广大网民）“党员义诊”“党员志愿者”活动以及“走基层、解难题、办实事、惠民生”等活动，全年提供帮扶资金近100万元，其中职工捐款13万元。帮助驻点贫困村解决基础设施改造问题，开展教育扶贫、金融扶贫、产业扶贫、健康扶贫。

作风建设。树立“机关为临床服务，全院为病人服务”理念，杜绝“门难进、脸难看、事难办”现象。再造工作流程，简化办事程序，各部门推出办事指南。实行微信打卡考勤，及时掌握机关工作人员遵守劳动纪律情况。

【文化建设】 “创建文明城市”工作。参与创建全国文明城市工作，落实院领导和职能科室挂点负责制和定岗责任制，建立责任到人的工作责任制和督查机制，成立创文工作督查组，组建应急志愿者队伍，医院获市卫生计生委“创文工作优秀组织奖”。

综治工作。构建群防群治的综治工作网络。落实省、市卫生计生委有关安全生产、消防安全综合治理等工作要求，扎实开展安全生产大检查和消防演练及消防技能竞赛，有效落实安全生产主体责任。

（撰稿 吴先群 审稿 叶军明 邹晓峰）

【领导名单】

党委书记：叶军明
党委委员、副院长：
邹晓峰（主持行政全面工作）
党委副书记：李良东
党委委员、副院长：叶 军
副院长：危小军
党委委员、纪委书记：曾祥贵
党委委员、副院长：钟秋明 徐小军
党委委员、第一临床医学院学生党总支书记：彭 磊

赣州市妇幼保健院

【概况】 2017年，赣州市妇幼保健院围绕城市公立医院改革，深入学习贯彻中共十九大精神，以公立医院改革及等级医院评审为工作抓手，加强医疗质量管理，规范医疗行为，完善服务措施，坚持科学发展，全方位加强医院内涵建设，不断提高医疗质量，持续改善服务态度，优化就医环境，妇幼保健服务能力得到提升。

【业务情况】 年内，医院服务门诊人次720825人次，增长12.4%；住院人次29181人次，增长6.6%；分娩人数7564人次，增长6.6%；手术台次为5636台，增长16.7%；床位使用率为96.7%，增长6.6%。平均住院天数6.59天，医院业务总收入为3.73亿元。辅助生殖服务门诊人次达到55277人次，完成新鲜周期885个，解冻周期586个。

【设施设备】 对化验室、检验科、采血室、儿科住院部、输液楼哺乳间改造升级，优化布局；实施停车场通道亮化、值班室门口道路硬化及住院部后部停车棚改造工程，为群众就医提供方便；计生服务大楼装修工程完成60%；新院建设加快进度。

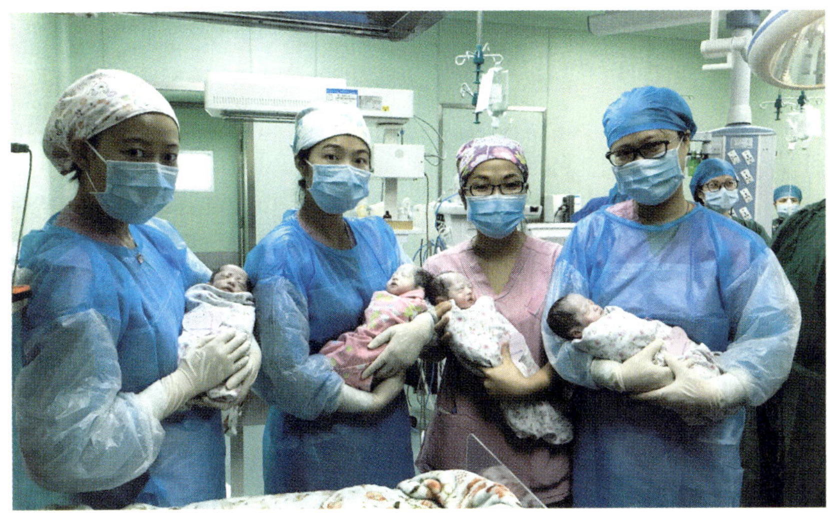

8月11日，21岁的张梦婷在赣州市妇幼保健院顺利剖宫产下4个女孩。自然受孕的四胞胎发生率为72.9万分之一，非常罕见

【内涵建设】 等级医院评审工作实现常态化和全覆盖；落实全院综合质量目标管理考核、总查房、总值班、不良事件报告等医疗质量核心制度，医疗纠纷明显减少；搭建完成医疗质量与安全管理组织框架，实施医疗质量与安全检查情况每月通报制度，开展临床科室行政大查房，促进医疗质量持续改善；持续加强信息化建设，完成HIS专网、电子病历质控、电子门诊病历、电子申请单、移动护理、床旁管理系统、病人腕带管理、不良事件报告、固定资产及耗材精细化追溯管理等建设，提供更优更便捷的就医体验。

【学科建设】 完成第三代试管婴儿技术(胚胎植入前的遗传学检测〈PGD〉技术)人员培训和技术储备工作，生殖大楼进行装修。应用产科无创镇痛分娩等各项新助产技术，提升“家化”服务、母乳喂养指导和心理咨询指导等服务质量。

新生儿出生缺陷筛查能力建设。开展唐氏综合征筛查、无创产前筛查、地贫筛查和地贫基因等检测服务，将预防出生缺陷关口前移；加强新生儿疾病筛查中心工作，全年共完成新生儿疾病筛查121635例（全市新筛率达95.8%）；推广新生儿串联质谱筛查技术，提高出生人口素质。

儿童医疗保健。开展碳13呼气检测幽门螺杆菌检测、小儿肠镜诊疗、小儿胃镜下治疗出血等儿童消化疾病诊治技术。成立儿童眼视光中心、儿童自闭症鉴定中心、赣州市儿童听力筛查中心、儿童康复中心。

【党建工作】 落实全面从严治党责任，开展“两学一做”学习教育活动，组织“党员先锋创绩”活动、“抓党建促脱贫攻坚”主题党日活动、在职党员“志愿者服务”活动等，增强党员先进意识；党风廉政建设扎实推进，签订党风廉政建设责任状，开展廉政约谈，建立廉政档案；开展“一准则、一条例”专题学习月、第六届“廉政文化月”活动和道德讲堂等医德医风教育活动。

（撰稿 夏 兰 审稿 丁 乐 张金兰）

【领导名单】

院长：廖 敏（任至9月）

丁 乐（9月任）

党总支书记：丁 乐（任至8月）

张金兰（9月任）

赣州市第三人民医院

【概况】 2017年，赣州市第三人民医院把市委巡察、大型医院巡查、三甲医院复评与推动医院健康快速发展紧密结合，查找不足并认真整改，推进医院全面发展，增强全院职工的服务意识、质量意识、创新意识。强化医院文化建设，突出精神专科特色，提高医疗质量，深化优质服务，确保医疗安全，大力改善医院就医环境，增加业务用房，更新医疗设备，以创建和谐医院为重点，规范化管理医院各项工作，较好地完成各项工作任务。年内，医院门诊128032人次，增长13.09%；住院9968人次，降低6.84%；出院患者平均住院44.89日，降低0.24%；门诊均次费用362.78元，降低5.64%；住院均次费用10068.27元，降低11.12%；业务收入14723.63万元，降低13.02%。

【医院管理】 配合巡察工作。3月8日至4月8日，配合市委第三巡察组开展巡察工作，对党的建设、行业建设等方面存在的12个问题基本整改到位。完成大型医院巡查。6月，赣州市大型医院巡查第五巡查组开展巡查工作。从反腐倡廉建设、医院管理、医疗质量安全、干部人事、教学科研、财务运营、后勤保障等方面对赣州市第三人民医院指出问题并提出整改意见及建议。医院从决策机制、制度执行、流程管理、工作落实等各个层面，扎实抓好重点领域、关键环节、关键部门的整改和落实，实施整改“销号制”，提升医疗服务整体水平。初步完成三甲医院现场评审。全院上下明确迎评工作思路，做到三甲条款与日常工作紧密结合，全面提升医院三甲服务水平，初步完成三甲医院现场评审工作。

【学术科研】 与江西中医药大学人文学院共同建立实践教学基地，落实江西省赣州卫生学校、赣南师范大学、武汉大学等院校的见习、实习工作。加强学术科研管理，巩固和提高学术科研水平。全年选派参加各类短期培训和学术会议306人次，选派管理和业务骨干外出培训21人次。提倡各类专业技术人员开展课题研究与申报，鼓励在工作实践中提出新课题、

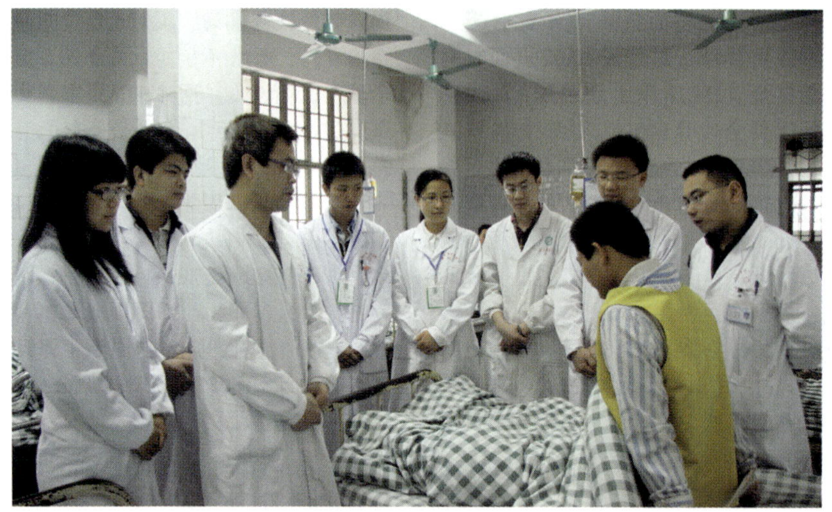

赣州市第三人民医院对基层精防人员进行培训带教

新主张。全年在专业期刊发表论文90篇，其中省级期刊发表44篇，国家级期刊发表42篇，核心期刊发表4篇。全年有江西省卫生计生委立项课题2项，市卫生计生委立项课题1项，市科技局立项课题20项，市级成果验收10项。

【“医联体”建设】 6月，成立赣州市精神病防治专科联盟，探索专科联盟内各成员单位间分工协作的新机制，逐步建立覆盖赣州市各类精神障碍分级诊疗体系。拓展专业领域。与江西省人民医院成立骨科医联体，成为江西省首批宫颈癌防治工程定点医院，成功获批赣南医学院非直属附属老年医院。

【民生工程】 改进项目收费。严格管理所有检查项目，规范收费和治疗流程，杜绝因监管不力出现的责任问题。开展药品“二次招标”，让利患者药品费用525.13万元，基本实现“药品品种最全、价格最低、用药环境最好”的药品管理目标。

开展利民惠民活动。全年收治免费救治病人23937人次，收治肇事肇祸病人和民政救助病人759人次，接送病人273人次，为1326名老人进行免费健康体检。继续开展免费心理热线服务，提供心理咨询服务810余人次。

开展“健康扶贫”。门诊及住院均落实“三免四减半”政策，全年减免10250人次、20901元；享受先诊疗后付费6129人次，减免金额1225.8万元。在每个临床病区均设置5张扶贫病床，将符合“四道保障线”的病人安排在扶贫病床，按要求享受相应的减免及报账政策。全年收治“四道保障线”住院患者2041人次，报销2205万余元，医院减免75909.35元，报账比例达97%。

【文化建设】 廉洁文化建设。运用“四种形态”强化执纪监督，对违反工作纪律、履职不力的党员和干部职工，采取提醒谈话、诫勉谈话、党纪政纪处分等责任追究措施。年内提醒谈话64人次，诫勉谈话28人次。全院医务人员拒收、主动清退“红包”45人次、10646元。

精神文明建设。举办第五届职工运动会。更新3处门诊所有宣传图片，增设基础设施，加大院内环境卫生整治，提升窗口人员整体服务质量，增派志愿者到挂点社区开展服务，改变全院精神风貌，提高文明程度。

（撰稿　田洪铎　审稿　王魁元）

【领导名单】

院长：张晓云（任至9月）

陈怡文（9月任）

党总支书记：钟裕民

赣州市第五人民医院

【概况】 2017年，赣州市第五人民医院投身公立医院改革，围绕“一个核心”（提升应对突发公共卫生事件医疗救治能力），推进“一个目标、两个重点、三个提高、四个加强、五型医院创建”（打造赣粤闽湘区域具有核心竞争力的品牌专科型综合医院为目标；以肝病、肺病为重点，提高科学管理水平、医疗服务水平、医德医风水平；加强内涵建设、人才队伍建设、学科建设、医院文化建设；创建学习型、人文型、创新型、生态型、质量型医院）发展战略，以创建“三甲”医院为抓手，以医疗质量为核心，以提升服务为基础，实现医教研、人才培养和医疗服务的新跨越，顺利通过三级甲等专科医院评审，全面落实公立医院综合改革部署，全速提升医疗服务能力，全盘推开医院精细管理，全面从严做好医院党建和精准扶贫工作，各项工作迈上新台阶。

【学科建设】 优势学科。重症肝病、肝脏肿瘤介入治疗、胃镜介入治疗三项拳头技术优势凸显，初步成为全市肝病疑难危急重症的诊治基地和培养基地。结核学科加入全国结核病医院联盟，牵头组建赣州市结核病专科医联体，国家中盖项目电子药盒管理项目顺利落户。

传统学科。呼吸科在慢性肺病康复治疗及全程管理、肺部肿瘤的介入微创治疗、肺癌综合治疗等方面积累丰富的临床经验。对外科系统资源进行整合，获批中国肺癌防治联盟赣州肺结节诊疗分中心，开展首例肝癌病人的术中微波消融治疗、胸外同期双侧肺部手术和腹腔镜手术熟练运用等高难度手术。

重症医学。在救治重症传染病、大咯血、多脏器功能衰竭等患者的医疗救治工作中发挥重要作用，成功完成H7N9、H3N2等突发公共卫生事件医疗救治，救援多起重大车祸。

第五人民医院三级甲等医院揭牌

前沿技术。4月份，医院被定为乙肝母婴零传播项目医院后，妇产科累计实施母婴阻断技术100余例。儿外科手术的开展填补儿外手术的空白。影像介入科引进开展肝癌、肺癌、消化道出血、咯血的介入治疗。

【城市公立医院综合改革】 全面推进公立医院综合改革工作。9月1日起取消药品加成，医院信息系统切换平稳过渡，实行“二票制”及“双信封”药品采购，降低大型检查费用，调整部分医疗服务价格。

【医教研发展】 完善高层次人才引进机制。引进各类人员39人，其中医疗团队1个，高层次人才4人。有硕博研究生13名，中高级职称人员占全院总人数21%。

开展新医疗技术。引进肝癌射频治疗、PTCD、胆道架置入、TIPS、下腔静脉支架置入、经皮穿刺门静脉栓塞术等国内前沿的肝病治疗技术，开展改良腰池引流、脑脊液改良抗酸染色、脑脊液置换等10余项肺病诊疗新技术，新开展转铁蛋白等血液检验5项。

医研结合。年内，申请国家自然基金项目1项、省自然基金项目1项，申报2017年赣州市指导性科技计划项目23项，完成立项19项、结题8项。首次获批并举办国家级继续医学教育项目“赣南结核病精准医疗进展学习班”。全年发表论文16篇，其中在国家级期刊发表论文11篇，省级期刊发表论文5篇，参加学术交流114人次，学术地位与影响力明显增强。

【创新服务】 创新开展“家化”服务，即以病人为中心，把礼仪、沟通等人文精神融入医疗活动全过程，通过改善就医环境、建立一站式服务中心服务流程、提供方便快捷的出院办理流程、优化医技科室服务流程、完善急诊患者就诊流程、优化临床服务中心工作流程、落实职业礼仪规范、出院延续照护等措施，为患者提供家庭化医疗服务。印发《赣州市第五人民医院家化服务实施方案》，落实责任制整体护理，建立“护士床边包干制”、机动护士库，护士分层级管理实现能级对应，开展“医护一体化”，促进医护团队合作，推广“317护”在线护理宣教平台，提高宣教工作效率，开展6S管理（整理Seiri、整顿Seiton、清洁Seiketsu、规范Standard、素养Shitsuke、安全Safety）、志愿理发等工作，改善工作环境，保障护理安全。医院通过中国医院协会第五周期的考核，被评为全国百姓放心示范医院。

【党群工作】 开展“两学一做”专题教育。培育先进典型，营造积极向上、干事创业氛围，做到“真学真懂真信真用，把合格的标尺立起来，把做人做事的底线划出来，把党员的先锋形象树起来”。配合市委巡察和大型公立医院巡查。落实市委巡察和大型医院巡查要求，锁定问题清单，在党的建设、行风建设、班子建设、医疗管理、经济运行等方面切实整改，市委巡察44项整改任务和大型公立医院巡查20项整改任务全部整改销号。

【精准扶贫】 落实精准扶贫政策，全年为扶贫点增资25万元发展养殖产业。扶贫帮扶干部对帮扶对象每月不少于2次实地走访或电话联系，帮助申报产业发展补助36人次。设立“暖医基金”，为困难患者提供“第五道保障线”，帮助解决部分患者自费部分的费用。对建档立卡贫困户实行“五个优先”（优先挂号、优先诊疗、优先入院、优先安排扶贫病房、优先结算）和零押金住院。对贫困、大病、慢性病患者在医院住院实行先诊疗后付费，落实“三免四减半”政策，为1559人次减免49.3万元。设立“一站式”综合服务窗口，解决大病、慢性病群众的就医问题。开展“义诊直通车”健康扶贫系列公益活动，动态跟进扶贫点群众健康信息，及时提供健康咨询、就医引导和医疗救助。

（撰稿 何 苹 审稿 包月妃）

【领导名单】

院长：刘春文（任至7月）

李 凌（7月任）

党总支书记：李 凌（任至9月）

刘 辉（9月任）

赣州市肿瘤医院

【概况】 2017年，赣州市肿瘤医院全面贯彻中共十九大精神，围绕医院改革与发展两大主题，落实公立医院综合改革各项改革措施，开展医院“管理措施落实提升年”活动，紧紧扣住抓党建、抓治理、抓创新、抓质量、抓风控、抓科教、抓转变、抓队伍、抓发展“九个抓手”主线，推动医院全面、协调、可持续发展。12月，医院牵头组建赣州市肿瘤防治专科联盟并为理事长单位，是赣南及周边地区唯一一所集医疗、教学、科研、预防为一体的临床研究型三级甲等肿瘤专科医院。

【基础设施】 拥有最先进的IGRT直线加速器、核磁共振、核通模拟定位机、GE全数字化多用途可变角ECT、全数字化乳腺钼靶机、西门子SIEMENS Artis One血管造影机等高精尖设备，拥有100万元以上的设备19台（套），10万元上的设备95台（套）。医院开展肿瘤防治设备达全省一流。

【专科特色】 肿瘤放疗科、乳腺肿瘤科为省医学学科省市共建计划项目；肿瘤内科获“江西省首批癌痛规范化治疗示范病房”称号；建成核医学科核素治疗病房、静脉用药配置中心。形成以外科手术、放射治疗、内科治疗、微创治疗、介入治疗、干细胞移植治疗、中西医结合治疗等为特色的肿瘤综合治疗体系。

【学科建设】 实施省市共建学科计划。督促乳腺肿瘤科按计划进度完成建设要求，做好放疗科共建计划验收工作。完成院级学科建设考核验收，头颈外科为医院AAA级重点学科，胸外科为医院AA级重点学科。开展单病种首席专家工作，对单病种首席专家进行考核，张相民、叶永强、吴伟3名单病种首席专家通过2017年度考核。放疗三科副主任医师李金伟入选江西省“百人远航工程”；年内新增中国抗癌协会青年理事会理事1名、国家级医学专业委员会委员8名、省级医学专业委员会常务委员3名、省级医学专业委员会委员11名。

【科研成果】 年内在省级以上期刊发表论文102篇，其中SCI期刊1篇、核心期刊论文5篇、国家级期刊论文29篇、省级期刊论文67篇；5人参与编写临床医学工具书；江西省卫生计生委课题立项2项，赣州市科技局指导性计划课题立项11项。组织结题省卫计委课题4项，市卫计委新技术验收1项，市科技局指令性课题2项，市科技局指导性课题7项，市卫计委课题3项。

【技能培养】 开展肿瘤规范化诊疗培训工作，组织专家组对全院临床医师进行肿瘤规范化诊疗培训。医院代表队在全市技能大比武活动中获得三等奖3项；在赣南医学院2016年度附属医院实习生技能竞赛中获团体二等奖；在首届赣南医学院附属医院临床教师教学基本功竞赛中获二等奖1项。开展省级继续医学教育专题讲座12项、市级继续教育项目13项、院级学术活动12次；协助中国癌症基金会等举办“万名医生肿瘤学公益培训项目（赣州站）暨江西省肿瘤规范化诊疗培训班”。

赣州市肿瘤防治专科联盟成立

【肿瘤防治】 4月15日—21日，在第二十三届全国肿瘤防治宣传周期间，开展“免挂号费”“肿瘤筛查费用减半活动”“两癌”（宫颈癌、乳腺癌）免费筛查活动，举办乳腺肿瘤健康讲座和首届抗癌明星座谈会。在市中心城区南门文化广场开展肿瘤防治义诊活动，在瑞金市开展肿瘤防治知识巡讲活动等一系列公益活动，发放宣传资料1000余份，接待咨询、科普讲座、检查群众860余人，减免费用11万余元。

【民生工程】 年内完成妇女“两癌”免费手术治疗22例，治疗总费用35.5万元；大型设备减免3898人次65万元；新型农村合作医疗贫困户患者减免130人次2974元；“三免四减半”减免费用19037.5元；落实健康扶贫“四道医疗保障线”，为“四道医疗保障线”患者3813人次减免15.5万元；实施贫困人口单病种控费和重大疾病专项救治工作。

【创建三级甲等肿瘤专科医院】 12月25日，顺利通过省卫计委专家评审，被授予江西省第三周期医院评审三级甲等医院。

【组建肿瘤防治专科联盟】 参与“医联体”建设工作，先后加入全国肿瘤专科联盟、泛中南地区肿瘤专科联盟、南昌大学第二附属医院医联体、江西省肿瘤防治专科联盟、江西省乳腺专科联盟。牵头组建赣州市肿瘤防治专科联盟，召开赣州市肿瘤防治专科联盟成立大会，对专科联盟成员单位进行授牌，并与37家成员单位签约联盟协议，让肿瘤优质医疗资源下沉，提升联盟成员医院肿瘤诊疗水平。

【精准扶贫】 夯实精准扶贫工作基础，坚持上门入户做好精准扶贫政策宣讲，筹集资金20万元，用于信丰县大桥镇中塅村基础建设，并按要求做到“健康扶贫、品牌扶贫、项目扶贫”相结合。

（撰稿 刘联斌 谢淑坚 审稿 李韶今）

【领导名单】

党委书记：钟金平（女）

党委副书记、院长：李韶今

赣州市中医院

【概况】 2017年，赣州市中医院设有10个医技科室，有国医堂及30个中医特色专病门诊。有在职干部职工392人，其中高级专业技术人员38人、中级专业技术人员90人，硕士33人、博士1人，省名中医1人、市名中医6人，享受市政府特殊津贴1人，全国老中医药专家学术经验继承工作指导老师1人。拥有国家级重点专科2个，省级重点专科7个，市级重点专科6个，其中骨伤科为国家级重点专科，肛肠科为国家中医药管理局重点培育专科，针灸康复科为国家中医药管理局国家中医重点专科协作组成员单位，治未病科、肾病科、脾胃病科为省级临床重点专科，制剂室为江西省中药制剂基地。

【基础设施建设】 新院建设。新院重新选址，拟用地面积53970.9平方米，建设标准为三级甲等中医院，设计床位990张，总建筑面积12.3万平方米，总投资估算约为8.12亿元。新院建设项目方案设计调研及新院建设项目可行性研究报告的编制进展顺利。

便民设施。铺设地标导向图，每个病区安装自助缴费查询机；住院部采取空气能热水器供水，解决热水供应问题；完成层流手术室工程；院内新建电动车充电桩，便民节能。

【中医药工作】 深化对口支援。加强与北京中医医院、广东省中医院沟通，选派10人到北京市、广州市进修，学习先进医疗理论和实践技能知识水平，提升诊疗能力和医疗水平。

加强协作结对。加强与安远县人民医院糖尿病分级诊疗协作；构建中医医联体，深化与5家基层医院协作，开展学科建设、人才培养、医疗护理、新技术新项目推广的合作，建立上下转诊通道，提升整体中医药服务能力。

治未病服务。发起健康虔城大型中医药文化与养生科普活动，组建近40人的巡讲团和青年志愿服务队到社区、企业、学校、单位、乡镇开展现场健康咨询活动；开展中医传统疗法活动体验活动，推广小儿捏脊、中药敷贴、耳穴埋豆、开天门、拔罐、穴位按摩等中医传统特色疗法。连续9年开展“三伏天灸”等活动。

中医特色诊疗。积极创新，引进先进技术项目，开展小儿推拿、中药化腐清创术、循经拍打、火龙灸、固肾操等技术项目。探索研制中药保健枕，拍摄药枕文化宣传片，累计制作、赠送、售出各类香囊近3000个。全院住院病人中医特色项目使用率达100%，全院实施中医护理技术操作项目25种，全院进入中医临床路径管理的患者971人次，入径率为75.74%，住院病人中医治疗率达92.89%。

【精准扶贫】 落实贫困户“四道医疗保障线”，设置20张扶贫病床，报销比例达96.08%；严格监督药品和耗材使用，严格控制医疗费用不合理增长；8个专业24个病种开展临床路径；推进单病种控费、大病救治；尿毒症患者免费救治957人次。

驻点帮扶。落实20万元帮扶资金打造“一村一品”产业，在精准扶贫帮扶村（宁都县蔡江乡双溪村）建立中草药种植基地，成立水半夏种植专业合作社。全年提供10万元资金用于基础设施建设，硬化公路、修建3个错车道，拆除空心房约6500平方米，为10户贫困户申请贷款67万元。

【精神文明】 积极投入社会志愿服务活动，组建创建文明城市志愿服务队，开展文明劝导活动。开展免费义诊送健康活动，参与“共建文明城市健康义诊进社区”公益活动，开展“精准扶贫寻医问药”义诊救助活动，以及与兴国、瑞金、石城等县（市）中医院的“服务百姓助力扶贫健康行动”联合义诊活动，弘扬中医药文化，服务群众健康。

【人才队伍】 年内招聘编制外专业技术人才26人；修订完善医院中层干部竞聘上岗方案和医院部门干部轮岗交流制度；2017年度卫生高级专业技术资格申报5名；组织实施申报11个省级中医药科研课题，市科技局课题申报立项11项。

（撰稿 彭水花 审稿 赖婧超）

【领导名单】

党总支副书记、院长：刘少华

赣州市立医院

【概况】 2017年，赣州市立医院不断深化改革，狠抓医疗质量，靠大联强，稳步推进学科建设、医院管理、学科建设、人才队伍建设等各项工作。全年医院总收入3.08亿元，增长21.91%；门急诊量26.51万人次，增长2.91%；出院2.16万人次，增长15.87%；患者满意度96.07%。全省二级及以上医院“患者总体满意度”和“门诊患者总体满意度”均排名第三。全省三级综合性医院DRGs排名中，CMI值第三季度排名第十。

【医院建设】 5月，顺利通过江西省“三甲”第三周期评审工作，获得省卫计委授予的“三级甲等综合性医院”称号，成为全省唯一一家县区级三甲医院，实现医院质量管理、队伍建设和学科建设新突破。

【医共体建设】 9月，牵头成立“赣州市立医院医疗共同体”，成员单位共享赣州市立医院技术、设备设施等医疗资源，成立章贡区医学检验中心、影像中心、心电中心和消毒供应中心，提供便捷优质医疗服务。

【信息化建设】 完成赣州市智慧医疗云平台的对接，实现区、镇、村三级卫生健康信息化信息共享。完成区域医疗信息平台框架搭建，建立以市立医院为依托的区域医学影像远程诊断中心。

【民生工程】 做好“光明微笑、先天性心脉脏病、困难尿毒症、重性精神病”免费救治工作；实施“预防艾滋病、梅毒、乙肝母婴传播免费筛查”项目；实施免费“唐氏筛查”；承担章贡区失能老人鉴定；落实“健康扶贫”政策和章贡区“三免四减半”政策；开通“绿色通道”，实行“先诊疗、后付费”政策。年内，预防艾滋病、梅毒、乙肝母婴传播免费筛查853人次；尿毒症免费血透7543人次；免费“唐氏筛查”1285例；失能老人鉴定5800多例；服务扶贫对象1233人次，“三免四减半”人群1344人次，减免271773.6元。

【学科建设】 耳鼻喉科引进学科带头人主任医师张小安，风湿免疫科引进钟显新专家团队，烧伤科与南昌大学一附院签署合作协议，专家定期到院指导、讲学、手术等。与复旦大学附属华山医院、上海交通大学附属仁济医院、北京中日友好医院等16家国内知名医院19个专科建立协作关系，借力发展。

继续教育。举办继续教育培训班国家级3个、省级3个、市级1个，市级讲座22次。年内发表论文13篇，其中在国家级期刊发表8篇、省级期刊发表5篇。

【党建工作】 选优配强党务干部，强化党建经费保障，规范场所阵地建设，推动党建工作格局标准化。激发党务干部的工作热情，建立顺畅党建工作网络，消除党建工作盲区，党建工作走上制度化、规范化。

（撰稿　胡宏凯　审稿　苏子林）

【领导名单】

党委副书记、院长：邓　辉

党委书记：苏子林

赣州市疾病预防控制中心

【概况】 2017年，赣州市疾病预防控制中心深入学习贯彻中共十九大精神，以习近平新时代中国特色社会主义思想为指导，全面贯彻落实全市卫生计生工作会议、全市疾控和卫生应急工作会议精神，以发展为主题，以创新为动力，以能力建设为主线，以作风建设为抓手，围绕全市卫生工作、疾控和卫生应急工作目标任务，解放思想，开拓进取，扎实工作，各项工作成效显著。

市疾控中心于2004年成立，是市卫计委下属副处级全额拨款公益性公共卫生事业单位，核编102人。2017年，有正式职工84人，专业技术人员比例高达86%。有办公楼1栋，面积6671平方米；附属楼1栋，面积3300多平方米；拥有气质联用仪、气相色谱仪等检验检测仪器设备360多台（套），二级生物安全实验室5个。

【急性传染病防控】 1月11日至3月22日，6起人感染H7N9禽流感疫情出现，市疾病预防控制中心迅速开展疫情调查，落实防控措施，6起疫情均得到有效的处置。9月22日，市疾病预防控制中心指导并会同章贡区疾控中心、赣州经济技术开发区疾控中心成功处置江西省首起本地感染登革热疫情。通过快速反应处置、落实防控措施，该疫情得到有效控制，10月27日该事件结案。

【重大传染病防控】 启动赣州市结核病分级诊疗和综合服务模式试点工作。5月，赣州市电子药盒CRT项目7个项目县（市、区）全部通过中盖项目国家项目办专家组验收，进入正式运行阶段。7月12日—14日，国家卫计委疾控局副局长王斌一行莅临赣州督导结核病分级诊疗及综合防治模式试点工作。

艾滋病防控。通过建立艾滋病宣传主题公园、开展宣传折页制作大赛、拍摄宣传微电影、利用“爱国卫生日”“2017赣县樱花节”“2017赣州章江龙舟赛”“党员活动日”“重阳节”等重点节日宣传，广泛开展防治艾滋病宣传。赣州市获2017年江西省“世界艾滋病日”宣传活动先进地区称号。

【地方病慢性病防控】 高分通过江西省卫生计生委组织的消除疟疾考评。组织全市寄生虫病防治技术竞赛，选拔4名选手组成赣州代表队代表江西省参加全国寄生虫病防治技术竞赛，获团体二等奖和个人理论竞赛第一名。指导于都县获第四批国家慢性病综合防控示范区称号，成为赣州首个获得国家慢性病综合防控示范区称号的县。

【卫生应急】 调整应急队伍，完善应急队伍装备，采购卫生应急标准物资，新添置应急指挥、现场检测和消杀车各1台。7月28日—29日，市疾病预防控制中心承办2017年全市卫生应急技能竞赛中的突发急性传染病防控竞赛项目，来自全市各县（市、区）及市直各医疗卫生单位29支代表队144名选手参加竞赛。9月2日—4日，在江西省卫生应急技能竞赛中，赣州代表队获突发急性传染病防控团体一等奖，突发中毒处置团体三等奖和主题演讲比赛二等奖。11月15日—30日，市疾病预防控制中心第五次开展活禽市场人感染禽流感外环境应急监测工作。强化疫情监测和处置，2017年度有效预警19次，成功处置突发公共卫生事件8起。

【卫生服务能力建设】 添置气相色谱仪、全自动固相萃取系统、全自动微生物鉴定及药敏系统、脉冲场凝胶电泳等4台食品安全风险监测检测设备，提高卫生服务检验检测能力。实验室改扩建、食品安全风险监测等中央投资项目全面实施。年内，市疾病预防控制中心2项省卫生计生委课题成功结题。申报2018年省卫生计生委课题2项。申报2017年赣州市指导性科技计划项目5项，申报成功1项。《寨卡病毒检测试剂盒对赣州市输入性寨卡病毒感染病例标本核酸的检测验证》等论文在核心期刊发表。以共同第一作者与国家疾控合作发表SCI收录文章2篇。

【免疫规划管理】 实施江西省扩大国家免疫规划项目，为全市343个预防接种门诊集中配置的电脑和打印机全部到位，有效解决部分电脑打印机老化、不能满足预防接种信息化工作需要的问题。11月15日，如期保质保量完成2017年疑似预防接种异常反应监测处置相关情况专题调查任务。

【保障性任务】 完成重大接待卫生保障任务。完成中共十九大、赣州市纪念《若干意见》出台实施5周年纪念活动、市“两会”等3次重大接待期间饮用水应急保障任务。认真抓好饮用水、公共场所等方面监测工作，做到监测布点合理、样品数量足额，覆盖面100%。严格落实农村饮用水监测、食品安全风险监测、食源性疾病监测等工作，截至11月17日，监测上报食源性疾病病例1972例、任务完成率119.52%，报告食源性疾病事件20起。坚持上门服务，为25家企业及餐饮单位853人开展上门体检服务，完成7个单位建设项目职业病危害放射防护评价。认真开展重点职业病监测项目与放射卫生监测项目工作，创建职业卫生网络直报工作系统化机制，建立重大职业中毒事件预测预警机制。

【作风建设】 开展“两学一做”学习教育常态化制度化活动，开设网站专栏、建立微信学习群，请专家作专题辅导，组织赴宁都现场学习教育，开展集中学习18次，学习讨论8次，专题党课6次。3月8日至4月8日，接受市委第四巡察组巡察，抓好巡察反馈意见的整改落实工作，巡察组反馈的4个方面28个问题中，完成整改25个，获得97.65%的群众满意率。组织开展专项资金使用管理、临聘人员招聘管理、违规发放津补贴、医疗卫生行风“九不准”（不准将医疗卫生人员个人收入与药品和医学检查收入挂钩、不准开单提成、不准违规收费、不准违规接受社会捐赠资助、不准参与推销活动和违规发布医疗广告、不准为商业目的统方、不准违规私自采购使用医药产品、不准收受回扣、不准收受患者“红包”）、物资采购、工作纪律等6项专项治理活动。对相关人员开展约谈，约谈41名员工55人次。修订完善《考勤管理制度》，使用考勤机考勤，中心工作纪律、作风得到明显改善。切实抓作风提效率，开展“先锋创绩”活动。

【服务中心工作】 成立创建文明城市迎检应急工作队，全员参与，开展文明城市创建工作。抓好联系帮扶村会昌县站塘乡南坑村的精准扶贫帮扶工作，强化精准扶贫工作队力量，全面推进整村脱贫工作，扶贫攻坚取得明显成效，31个项目全部完成。“六一”儿童节捐赠65个书包给贫困小学生，“七一”前对南坑村的6名老党员和困难党员进行走访慰问。中共十九大召开后，迅速组织帮扶干部到南坑村开展中共十九大精神宣讲。

（撰稿 赖妍彦 审稿 杜 刚）

【领导名单】
主任：杨健平
党支部书记：温江鸿

赣州市中心血站

【概况】 赣州市中心血站位于章贡区兴国路51号，业务大楼占地面积5600平方米，建筑面积近1.8万平方米，肩负全市无偿献血招募、血液采集与制备、辖区内医疗机构的临床用血供应、临床输血业务技术指导培训、输血新技术研究、血液管理相关业务培训、技术指导、质量控制与评价等任务。同时还承担输血新知识新技术在临床的推广应用，让患者享有更安全有效的输血治疗，同时还开展疑难血型鉴定及交叉配血、新生儿溶血检查等相关服务项目，为医院和患者在疑难输血方面提供有力的技术支撑。市中心血站与市临床检验中心实行两块牌子一套人马。2017年5月，市医学检验质量控制中心成立，挂靠市临床检验中心。

赣州市中心血站建立于1995年，经过22年的发展，建立起2个献血点、7个献血屋、9辆献血车全覆盖各县（市、区）、212乡镇的献血服务网络。主要仪器设备有采血车、送血车、大型冷冻离心机、血细胞分离机、全自动酶免分析仪、全自动加样系统、全自动细胞分析仪、全自动血液成分细胞分离机、储血冷库、生物安全柜、血浆速冻机及血液管理信息网络系统等，还配备先进发电机组、温控报警系统和摄像监控系统等后勤保障设施。

根据《中共赣州市卫生计生委党组关于市中心血站内设机构设置的通知》精神，市中心血站对内设机构进行重新设置，制定《2017年赣州市中心血站中层干部竞聘上岗工作方案》《赣州市中心血站全员竞聘工作方案》，经市卫生计生委批准，市中心血站于1月22日完成中层干部竞聘，2月28日完成全员竞聘工作。根据业务发展对站内机构设置进行调整，由原有11科室增设为14科室。年内，新进职工12名。至年底，有职工152人（编制内职工55人，编制外97人），其中专业技术人员109人，高级职称4人、中级职称15人，拥有硕士研究生学历1人、大学本科学历75人。

【采供血服务能力】 年内，全市共58265人次参加无偿献血，增长0.2%。其中捐献全血52931人次，捐献血小板5334人次，共计全血量18.3吨，血小板9253个治疗量；制备去白悬浮红细胞93995.5个单位，成分分离率99.88%；临床供血总量23吨，增长2.5%，血小板供应量增长17.9%。急救送中转血库血612趟，取血1177趟，市内急救送血4995趟。1734名献血者及家属报销血液成本费，实现用血直报绿色通道，医院用血直报占总报销比例82.38%。2月，对各县（市、区）用血单位进行2016年度无偿献血暨血液管理工作考评。6月，召开全市血液管理工作推进会。6—8月对各县（市、区）医疗机构进行输血技术准入复核工作。举办题为“产科输血治疗策略”的市级医学继续教育培训，来自市中心城区部分相关医疗单位的医护人员及市中心血站工作人员

110 人参加培训。

【血液质量管理】 年内，对 65 批次的检验试剂和 137 批次的原辅材料进行质量抽样检测，抽检结果均合格；通过对血液产品质量抽检及采供血过程工艺卫生监测 2286 项次、关键仪器设备监测 1619 次，监测结果均合格；全年对各业务科室、采血点巡查 328 次，全年制作《质量简报》12 期，7—8 月对全站质量体系进行修改后换版，11 月 8 日—9 日，对现行版本的质量管理体系文件进行内部审核，对体系进行全面的检查和梳理，保证采供血环节“人、机、料、法、环”的质量控制及持续改进。

【科教培训】 年内立项课题：熊烜俊主持的“全自动血袋穿刺技术应用”。结题课题：赖建秀主持的“HTLV 在赣南献血人群中筛查可行性调查与研究”、熊惠连主持的“冷上清行亚甲蓝光化学病毒灭活时滤器堵塞处理对策的研究”。对 14 名转岗人员进行转岗后技能考核评估；确保每位上岗人员的职业素质和专业技能满足岗位要求。开展 21 次全站培训，培训 3213 人次，考试 3 次，平均通过率 100%；安排职工参加外出培训学习 45 次；组织全站专业技术人员继续教育公需科目培训 1 次，均考核合格；组织市级继续医学教育专题讲座 3 次。

【临床检验工作】 2017 年，完成 155 家基层医疗机构室间质量评价、统计及回报工作，并召开 2017 年度全市检验医学质量管理工作会议，使赣州市基层医疗机构临床检验水平得到提升。

【血液检测】 年内，完成血液标本检测 58178 份；发现 RH 阴性标本 132 例，血型不符 12 例，HIV 阳性确认 4 例；完成 6000 余份标本 HTLV 项目的监测检测工作，全年未发生一例影响输血安全的血液检测差错事故。2017 年度实验室检测结果报告准确率达到 100%。年内，实验室参加卫生临床检验中心、省临床检验中心及省 CDC 组织的 7 次采供血系统传染病指标、血型及核酸检测盲样标本的外部质量评价活动，均符合国家规定标准，实验室检测能力符合国家要求，满足血液检测质量的要求。

【无偿献血宣传】 市中心血站加大无偿献血整体宣传策划和组合资源，打造赣州无偿献血品牌和特色宣传阵地，借助血站开放日活动、无偿献血知识讲座、入户宣讲，对不同群体作针对性科普无偿献血及血液生理知识宣传；创新宣传载体，借助公益宣传片、微视频、音频拓宽宣传渠道；利用媒体、配合新闻策划、营造无偿献血的公益舆论。紧抓赣州市“全国文明城市”创建契机，推动无偿献血的公益氛围。依托《赣南献血》报刊、新媒体渠道、短信平台发布信息，营造宣传氛围；开展各类主题献血活动，深化无偿献血公益氛围；落实无偿献血辖区负责制，各县（市、区）无偿献血活动及宣传逐步常态化，无偿献血政府主导、部门支持、社会参与氛围逐步显现。

推出首个无偿献血品牌化宣传活动。赣州市“青春不留白・高校无偿献血红色行动计划”于 11 月 3 日启动，促进无偿献血活动进校园，提升大学生群体对无偿献血的参与度；筹划制作无偿献血题材的党建微视频《用热血点亮生命》，依托赣南革命老区的红色精神传承，以民警、学生党员、血站人 3 位不同身份的主人公与无偿献血的故事做主线铺开，展现新时代党员积极参与无偿献血作引领的积极向上氛围；推出赣州市首部无偿献血公益宣传片，以血液的颜色——红色为出发点，从媒体人、人民公安、热心志愿者、大学生、医务人员五类群体中选取新闻主播王丹、无偿献血形象大使叶军蓉、大学生杨俊生、志愿者黄海辉、护士长蔡云霞共同为无偿献血代言，5 名“代言人”用不同的身份诠释无偿献血中对于血液里这一抹“红色”的 5 种定义：使命、温暖、爱心、青春、希望，借此呼吁更多的人参与无偿献血事业，为生命助力。

（撰稿　吴　艳　审稿　熊烜俊　赖建秀　江　帆）

【领导名单】

站长：熊烜俊

体　育

【概况】 2017 年，全市体育工作系统围绕“解放思想、内外兼修、北上南下”实践路径，市体育局结合职能突出抓好“六大攻坚战”，圆满完成各项工作任务。市体育局内设办公室、群众体育科、竞技体育科、体育经济科（另设有机关党总支），行政编制 12 人。所属事业单位 4 个，核定事业编制 68 人，其中赣州市体育总会编制 4 人、赣州体育中心编制 15 人、

8 月 7 日，2017 年赣州市“健身每一天，喜迎十九大”主题活动启动仪式在赣州市举行

赣州市少儿体校编制46人、赣州市老年体协编制3人。

【群众体育与竞技体育】　出台实施市、县两级全民健身计划。年内，全市12个单位获2013—2016年度全国群众体育先进单位称号，8人获2013—2016年度全国群众体育先进个人称号。全市主办、承办、举办、参加市级以上有影响的各类全民健身赛事活动300多场，直接参与人数12万余人次。市本级新增体育社会组织7个，参加、举办市级以上体育类培训班近30次，培训人数1400余人。参加、举办、承办市级以上青少年赛事共168项，参赛运动员8800余人，新注册运动员758名。在全国第十三届运动会上，赣州市有19名运动员取得决赛资格，获2块金牌、3块银牌，其中市体校潘旭华获攀岩随机赛道金牌、赣南师范大学彭建华获田径跑游两项1万米金牌，创历史水平。推动竞技项目进校园。市体校与赣州文钦教育集团达成合作办学意向。

【体育产业】　推进南康乒乓球省级训练基地等一批“一县一品”体育项目建设，全省体育系统“一县一品”工作现场推进会在南康区召开。大余丫山运动休闲特色小镇入选全国运动休闲特色小镇试点项目。南康区体育公园、兴国县体育公园等多个项目引入社会资本运营。支持企业承办2017中国大余山地马拉松赛、2017中国·上犹路亚黄金联赛等多项高级赛事。首个以民营方式建设的章江足球主题公园投入使用。全市超额完成7.71亿元的体育彩票销售任务。赣州体育中心接待健身群众45万人次。

11月11日，“2017年赣粤闽湘四省九市暨环中央苏区山地自行车邀请赛”在赣州市章贡区沙河镇罗坑体育小镇举行

【体育基础设施建设】　编报项目4类1204项，获上级补助项目207个。龙南县等4个体育中心场馆项目启动建设，提升改造的市本级红旗大道田径场正式对外开放，市老年人活动中心项目纳入市政府2018年拆迁计划，红旗大道游泳池改造列入新华文化综合体工程。

【振兴发展对口支援】　争取国家体育总局支持，打造全国“运动休闲城市”，崇义县建设国家级“体育特色小镇”，争取获批在赣州建设攀岩国家队及后备人才训练基地。争取国家体育总局到赣州支持指导工作30多批次。安排举办2017年全国夏季游泳锦标赛暨全运会预选赛等7项大型赛事活动。

【服务“六大攻坚战”】　开展精准扶贫工作，年内争取项目支持和筹措帮扶资金193.45万元，为精准扶贫挂点村瑞金市九堡镇密溪村承诺的10件好事全部兑现。打好现代服务业攻坚战，列入市级重点调度的体育类攻坚项目8个全部开工。在北京举办2017年赣州运动休闲项目推介暨新闻发布会，推介重点招商项目6类43个，现场签约5个。开展全民健身服务企业、单位活动，帮助青峰药业有限公司等企业组织开展全民健身活动及裁判员培训，组织市武术协会等进驻赣州监狱开展体育健身活动，建立青峰药业、赣州监狱等单位（企业）“赣州市全民健身活动辅导站”。

（撰稿　胡循锋　审稿　李诒芸）

【领导名单】

党组书记、局长：
　袁华英（女，任至12月）
　李诒芸（女，12月任）
党组成员、副局长：涂毅敏　黄　群　钟　涛　温为辅
副调研员：吕继湖　潘志超

（本栏编辑　徐井生）

民政　扶贫　移民

民　政

【概况】　2017年，赣州市民政系统坚持以习近平新时代中国特色社会主义思想为指导，围绕市委、市政府“打好攻坚战，同步奔小康”决策部署，统筹推进民政各项工作，圆满完成各项目标任务。赣州市民政局被评为2017年度全省民政工作综合评估和信访维稳工作优秀单位，绿色殡葬建设工作获创新奖，综合评估得分全省第二。赣州市获批全国第二批居家和社区养老服务改革试点、国家康复辅助器具产业综合创新试点、全国殡葬综合改革试点，是全国唯一获得三项试点的设区市。

【社会救助】　民生保障。全市全年支出城市低保资金2.86亿元，农村低保金11.53亿元，农村特困人员救助供养资金1.65亿元；医疗救助65.73万人次，支出1.64亿元；临时救助3.6万人次，支出4100万元。为全市4.9万名农村重点低保对象增发1个月低保金963万元。

兜底保障。全市城市、农村低保平均保障标准分别提高至每人每月530元、305元，月人均补差水平分别提高至350元、225元。农村特困人员集中供养、分散供养标准分别提高至每人每年5100元、3840元。20世纪60年代精简退职老弱残职工救济标准，城市、农村分别提高至每人每月385元、345元。

两项制度衔接。做好农村低保制度、扶贫开发制度衔接工作，建立农村低保对象与建档立卡贫困人口同步调整机制、定期比对与信息共享机制，全市纳入建档立卡的农村低保对象364474人，占低保总人数的87.11%，高于全国、全省平均水平。

【减灾救灾】　2017年，赣县区、瑞金市等14个县（市、区）39.41万人受灾，农作物受灾面积28687公顷，直接经济损失2.23亿元。灾害发生后，民政部门迅速行动，紧急转移安置灾民1185人，争取上级救灾资金8650万元，有效保障灾民的基本生活。支持引导社会力量参与救灾。成立赣南救援大队、兴国县曙光救援队等20余个公益救援组织，志愿者1600余人，参与湖南郴州洪涝救灾救援等活动。民政部《信息参考》全文转发赣州市经验做法。

【社会福利和慈善事业】　养老服务体系。统筹安排资金4.45亿元，支持养老服务体系建设。全市新（改、扩）建“三院”（敬老院、光荣院、福利院）项目60个，农村老年人颐养之家20个。编制《赣州市养老服务业招商手册》，开展养老产业招商。全市有养老机构360家，床位5.58万张，每千名老年人拥有养老床位40张，高于全省平均水平。

医养结合。整合利用养老资源和医疗资源，打造兴国田庄上养老中心等示范性医养结合机构。全市医养结合机构56家，纳入医保定点范围37家，医养结合总床位1.37万张。

养老院建设。全市319家养老院纳入服务质量信息系统，推广养老院“三清四有五达标”模式，152家养老院配备微型消防站，285家安装烟感报警器，提升养老院服务质量。

慈善事业。全年销售福彩6.03亿元，完成省民政厅下达任务的123.51%，总销量列全省第二，中福在线、即开票销量增幅全省第一。推荐崇义章源钨业有限公司等6个企业（个人）获第一届赣鄱慈善奖。

【服务国防和军队建设】　优抚政策落实。全市享受国家抚恤和生活补助对象7.9万人，全年发放抚恤补助资金4.2亿元。春节、“八一”期间，走访慰问所有优抚对象，发放慰问金3950万元。完成赣州市革命烈士纪念馆改造提升工程，市委、市政府在纪念馆举行“烈士纪念日”纪念活动。

安置工作。岗位安置与货币安置相结合，完成年度退役士兵安置任务。全年接收退役士兵2710人，其中货币安置2518人，岗位安置192人。另妥善安置随军家属29名。免费职业教育和技能培训退役士兵1679名。完成全市退役士兵的数据采集。

“双拥”创建。争取到海军司令部同意在南海方向命名一艘“赣州舰”。打造南芳律师事务所法律拥军等“双拥”工作典型。在全省纪念建军90周年庆祝大会和东部战区拥军支前军地协调小组联席会议上，赣州市就“双拥”工作作典型发言。

军供军休工作。完成过往部队军供保障任务，《中国民政》专门刊登赣州市军供保障经验做法，赣州军供站被民政部、军委后勤保障部评为“全国重点军供站”。认真做好军休干部的接收安置，确保军休干部政治待遇、生活待遇落到实处。

【社会组织管理】 完成市属64个行业协会商会与行政机关脱钩工作。开展社会组织年检，对23个市属社会组织予以撤销登记。开展市属民办非企业单位等级评估，评选出AAA级以上民办非企业单位21个。年内全市依法登记的社会组织4041个，其中市属社会组织454个。

社工队伍。出台《赣州市社会工作人才工程实施计划（试行）》。争取民政部社会工作“三区计划”和“牵手计划”。广州市5个AAAAA级社工机构与上犹县等5个贫困县社工机构及福利机构成功牵手，签订帮扶协议。全年培训社会工作者220人次，全市社工从业人员7745人、持证社工师265人，分别比上年增长21%和20%。

【基层政权和社区建设】 基层民主建设。全市3465个行政村开展村务不公开、公开不到位或不规范问题专项整治活动。推进城乡社区民主协商工作，全市打造3000多个民主协商制度化、规范化和程序化的城乡社区。开展民主法治示范村创建活动，19个村（社区）被评为“全省民主法治示范村（社区）”。

社区建设。出台《赣州市农村社区建设试点规范（试行）》，259个村启动农村社区建设试点，打造9个全省农村社区建设试点示范社区和16个城市标准化社区，创建全省“绿色社区美丽家园”社区30个，2个社区被命名为全国农村幸福社区建设示范单位。

【社会事务管理】 殡葬改革。全面开展“三沿六区”（公路、铁路沿线两侧、河流主干道两侧，城镇规划区、风景名胜区、文物保护区、自然保护区、饮用水源保护区、农田保护区）乱埋乱葬专项整治，投入资金4.2亿元，开工建设公益性公墓（骨灰堂）505座，完工228座，迁坟5.43万座。绿色殡葬建设在全省科学发展综合考评中列全省第一，火化率达83%。

行政区划调整。龙南县撤县设市获省政府同意，顺利通过民政部组织的专家评审，并转报国务院审批。做好章贡区与赣州经济技术开发区部分村事权调整事项。

流浪乞讨救助。全年救助流浪乞讨人员1.04万人次，支出流浪精神病人救治医疗（临时安置）费1250.42万元，发挥救助管理工作救“小众”稳“大众”功能作用。

边界管理。全面完成赣粤线联合检查，完成设区市间3条县界界线和市内10条县界界线联检工作，启动新一轮乡级界线联检。开展平安边界创建，确保边界地区社会稳定。

3月29日，民政部部长黄树贤（右三）在赣州市调研

农村留守儿童关爱保护。开展农村留守儿童“合力监护、相伴成长”关爱保护专项行动，全市20.4万名农村留守儿童得到关爱帮扶。全年市财政安排资金100万元，启动5个留守儿童亲情家园示范点的扶持工作。

（撰稿 罗香星 曾 杰 审稿 史方现）

【领导名单】
党组书记、局长：黄丽红（女）
党组成员、副局长：史方现 邱小林 丁 毅 杨爱群 陈玉川
党组成员、市纪委驻市民政局纪检组组长：杨文洪
党组成员：康仁禄（4月任）
副调研员：衡京南 陈佛招（女）

扶贫和移民

【概况】 2017年，全市认真落实中央“六个精准”（扶贫对象精准、项目安排精准、资金使用精准、措施到户精准、因村派人精准、脱贫成效精准）“五个一批”（发展生产脱贫一批、易地扶贫搬迁脱贫一批、生态补偿脱贫一批、发展教育脱贫一批、社会保障兜底一批）和省委“核心是精准，关键在落实，确保可持续”要求，以脱贫攻坚统揽经济社会发展全局，扎实推进2016年脱贫攻坚问题整改，开展脱贫攻坚“百日行动”，全面落实精准扶贫、精准脱贫各项政策措施，脱贫攻坚工作成效显著。2017年，全市17.8万贫困人口脱贫、270个贫困村达标退出，全市贫困发生率下降到4.31%；农村居民人均可支配收入提高到9717元，增长11.3%。

【安居扶贫】 全年建设农村保障房8710套。实施易地扶贫搬迁工程，确保“搬得出、稳得住、能致富”，年内全市29605人搬迁入住，其中建档立卡人口18401人，同步搬迁人口11204人。聚焦后续扶持工作，在安

置点附近综合实施农业产业、乡村旅游业、光伏产业等产业配套。

【健康扶贫】 完善健康扶贫“四道医疗保障线”（“城乡居民基本医疗保险”“大病保险”“贫困人口疾病医疗补充保险”“医疗救助”）政策，实行市域内贫困患者住院“先诊疗后付费”和“一卡通”即时结算制度。全年为全市37.5万人次城乡贫困人口补偿医疗费用14.95亿元，贫困户自付率下降到10%以内。全市设置扶贫病床1.3万余张，门诊和住院实施“三免四减半”19.72万人次，减免医疗费用469.26万元。

【教育扶贫】 完成秋季学期19万余名建档立卡贫困学生信息比对和档案完善工作。落实资助政策，建立落实建档立卡贫困户家庭受教育子女资助政策教育局长、校长负责制，实现贫困户子女助学补助全覆盖。全年发放学生资助资金2.25亿元，资助补助贫困家庭学生22.6万人次。

【兜底保障】 开展兜底保障扶贫专项整治，推进“两项制度”（农村低保制度、扶贫开发制度）有效衔接，提高低保规范化管理水平。全市农村低保对象17万户41.84万人，纳入建档立卡的农村低保户13.85万户36.45万人，“两项制度”衔接率87.11%。

【深度贫困攻坚】 积极支持167个深度贫困村和贫困人口脱贫。支持深度贫困村基础设施建设，优先安排建设和资源资产收益扶贫项目。落实深度贫困群体低保或五保全覆盖。政府购买公益性岗位向深度贫困群体倾斜。

【产业扶贫】 因地制宜发展蔬菜、脐橙、油茶、乡村旅游、农村电商、光伏产业等特色产业，引领贫困对象参与产业扶贫。全市农业产业项目覆盖17.68万户67.51万贫困人口。推进电商扶贫，全年全市销售贫困村合作社（贫困户）产品金额1.98亿元，列全省第一。推动光伏扶贫，纳入国家第一批光伏扶贫实施范围的15个县（市、区）全部完成建设任务，建成并网项目总装机429.46兆瓦，占全省建成总装机的45.7%，受益贫困户6万户20万人。5月，农业部、国务院扶贫办在瑞金市召开全国产业扶贫片区现场会。

【就业扶贫】 扩大就业扶贫车间规模，引导贫困劳动力就近就地就业。全市4家企业被评为“全国就业扶贫基地”，18个就业扶贫示范园认定为省级示范园、126个就业扶贫示范点认定为省级示范点。扶贫车间做法成为全国范例，11月，全国就业扶贫经验交流现场会在赣州市召开。

【整村推进】 以贫困村为单位，将各类产业发展项目、基础设施项目和公共服务项目捆绑打包，整村推进、同步实施。全市完成整村推进项目投资60.4亿元，实施项目1.9万余个，270个贫困村有序退出。

【精神扶贫】 注重移风易俗，教育引导贫困户按照“五净一规范”（卧室净、院内净、厨房净、厕所净、个人卫生净和院内摆放整洁规范）要求搞好家庭环境卫生，养成良好生活习惯，形成积极向上精神风貌。开展“我的脱贫故事”主题巡回宣讲，讲身边人，说身边事，坚定干部群众打赢脱贫攻坚战的信心和决心。

【社会扶贫】 以中国社会扶贫网为依托，凝聚社会扶贫合力，全市贫困户注册数增加9.99万户、爱心人士注册数增加50.1万人，建立中国社会扶贫网+产业、旅游、文化等“1+10”对接的多方联动机制。11月，在瑞金市召开“百企帮百村”精准扶贫“百日行动”现场推进会，全市638家帮扶企业实施项目1325个，投入总金额约4.20亿元，惠及776个村、80114名贫困群众。9月，全国“万企帮万村”精准扶贫行动片区座谈会在赣州召开。

（撰稿 刘 洋 审稿 赖外来）

【领导名单】
党组书记、主任：黄建平（任至9月）
罗瑞华（9月任）
党组成员、副主任：钟小春 龚升炬
正处级干部：罗开莲（任至11月）
副调研员：欧阳叶兵（任至4月）

国土资源部赣南老区扶贫开发工作

【概况】 2017年1月9日，国土资源部赣南老区扶贫开发中心在赣州市国土资源局正式挂牌成立，从国土、矿管、赣南地调大队抽调精干力量到扶贫中心工作。赣南老区扶贫中心作为国土资源部派出专职负责赣南老区

6月27日，国土资源部支持赣南脱贫攻坚暨定点扶贫30周年座谈会在赣州市召开

扶贫开发工作的单位，承担贯彻落实国土资源部脱贫攻坚决策部署、执行落实国土资源部扶贫开发领导小组的工作计划和安排等职能。

【政策争取】　积极推动市政府召开向国土资源部争取国土政策助推精准扶贫座谈会。先后争取国土资源部关于脱贫攻坚用地保障、增减挂钩、地质灾害综合防治、地质勘查等方面共16条支持政策，争取省国土厅出台《关于贯彻落实国土资源部办公厅2017年支持定点扶贫县脱贫攻坚和赣州经济社会发展意见的通知》。

【规划编制】　开展《国土资源部“十三五”定点扶贫规划》制定工作，组织召开座谈会，开展定点扶贫县（市、区）实地调研，广泛听取意见。坚持定点扶贫与国土资源改革同步，改革措施在定点扶贫县先行先试，推进“订单式”政策扶贫。该规划报国土资源部审批。

【精准扶贫】　实施“一区三点”（五云镇夏潭村、上丹村、大岭村）精准扶贫项目。加强项目协调、指导、监督、检查，对2015年、2016年精准扶贫项目进行竣工验收，调整2016年“一区三点”精准扶贫项目部分资金用途。赣县区五云镇夏潭村幼儿园项目主体工程和夏潭村风背水渠工程项目完成施工。

【督查迎检】　做好国土资源部定点扶贫县脱贫攻坚督查配合工作。督查组对国土资源部定点扶贫的赣县区、兴国县、于都县、宁都县4个县（区）脱贫攻坚情况进行随机抽查，抽查8个乡（镇）、16个村，走访贫困户、脱贫户各16户，一对一访谈县、乡、村干部40余人，收集相关资料1000余份，形成督查报告提交部扶贫开发领导小组。做好驻国土资源部纪检组定点扶贫迎检工作。提前预检，实地查看项目实施情况，检查扶贫项目的招投标和资金使用情况，准备扶贫制度、扶贫规划及扶贫资金划拨等相关材料，得到驻国土资源部纪检组充分肯定。

（撰稿　刘传民　审稿　罗洪林）

【领导名单】
主任：黄　敏
常务副主任：谢新生
副主任：罗洪林

老龄工作

【概况】　2017年，赣州市老龄办围绕中心，服务大局，抓基层、抓重点、抓落实，圆满完成全年目标任务。创新举措、整合资源，抓好基层老年协会规范化建设，认真做好老年人意外伤害保险工作，宣传调研工作取得新进展，敬老助老活动广泛开展。市老龄办获2017年度全省老龄工作综合评估先进单位。

【基层工作】　基层老年协会规范化建设。加强贫困村老年协会建设，继续联合市委老干部局、市民政局、市体育局、市老年体协，在全市758个贫困村中建设100个老年协会示范点。抓好骨干培训，举办基层老年协会骨干培训班，提高基层老龄干部和老年协会骨干业务水平。强化管理，落实登记备案制度。全市有近200个老年协会进行社团法人登记注册，1000多个基层老年协会在县（市、区）老龄办备案。

【维权优待】　足额发放高龄补贴，全年发放高龄补贴资金1.62亿元，惠及16万多名80周岁以上老人，发放率达到100%。做好老年人意外伤害保险工作。开展老年意外险宣传，发放宣传资料，开展宣传和公益敬老活动；举办意外伤害保险知识培训班，全面做好摸底调查、1元钱保费收取和保险通知单发放等工作，全市收取老年人意外伤害保险1元保费41.54万元，派发保险通知单60多万份；协助开展理赔工作，全年累计赔案372件，赔付277.8万元。

【宣传调研】　加强老龄工作宣传报道，主动联系、积极配合新闻媒体，广泛深入报道全市涉老工作，集中报道“敬老月”期间敬老助老活动，《赣南日报》《赣州晚报》开设专题专刊。年内，在《中国老年报》、《江西老龄工作》、全国老龄门户网和江西老龄网站等老龄媒体刊稿50余篇，其中在省部级以上报纸杂志刊稿7篇。开展老龄政策理论调研，评出优秀调研文章2篇报省老龄办。

【敬老活动】　开展第三届“敬老文明号”创建活动，培养赣州祥瑞老年公馆等典型。与赣南日报社等单位联合开展泰康养老杯“敬老爱老助老”微视频创作大赛。开展“孝亲敬老——我们在行动”主题活动，通过发放倡议书、开展助老为老志愿等活动，营造敬老爱老社会氛围。开展“敬老月”活动，动员各级党政机关、企事业单位、社会组织以及其他社会力量，开展形式多样的敬老爱老助老活动；联合市老年体协举办赣州市老年体育创新项目展示活动；联合市妇联举办“最美夕阳红、重阳饺子宴”活动，邀请20多组家庭祖孙三代共同参与。

（撰稿　严　涛　审稿　郭崇来）

【领导名单】
主任：黄雪梅（女，任至4月）
　康仁禄（5月任）
副处级干部：黄雪梅（女，4月任）

（本栏编辑　徐井生）

县（市、区）概况

章贡区

【简况】 章贡区辖5个镇和4个街道办事处，57个行政村，57个街道社区居委会和18个镇辖居委会。国土面积375.52平方千米。耕地面积0.35万公顷，有林面积2.12万公顷，森林覆盖率60.82%。年末户籍总户数15.47万户，总人口50.33万人，其中城镇人口46.30万人，人口自然增长率6.81‰。2017年，章贡区实现地区生产总值387.65亿元，增长10.2%。其中，第一产业增加值4.96亿元，增长3.2%；第二产业增加值130.39亿元，增长7%；第三产业增加值252.31亿元，增长12.2%。财政总收入40.5亿元，增长15.1%，税收占财政总收入的85%；公共财政预算收入21.67亿元，下降0.7%；公共财政预算支出40.02亿元，增长6.2%。工业总产值379.23亿元，增长22.2%。规模以上工业增加值增长9.5%；500万元以上固定资产投资414.15亿元，增长14.1%；实际利用外资1.3亿美元，增长10%；出口总额5.79亿美元，增长11.9%。主要工业产品有单一稀土金属602.56万千克、印制电路板102.81万平方米、中成药1323.21吨、发电机组（发电设备）18.11万千瓦。农业总产值8.17亿元，增长0.6%。主要农产品有粮食产量2.77万吨、油料产量617吨、水果产量1793吨、肉类产量3217吨、水产品1898吨。社会消费品零售总额285.54亿元，增长13.1%。城镇居民人均可支配收入3.49万元，增长9.3%。农村居民人均可支配收入1.43万元，增长11.3%。金融机构人民币存款余额2038.65亿元，增长21.34%；贷款余额1675.37亿元，增长25.23%。基本养老保险参保职工人数10.64万人，增长1.2%，城乡基本医疗保险参保人数40.73万人。

【产业发展】 实施“六大攻坚战”项目98个，完成投资182.63亿元，完成年度计划的134.93%。工业量质并举，全年新增规模以上工业企业30家，新增步莱铽、华劲纸品、逸豪优美科、国金黄金等主营业务收入过10亿元企业4家。生物医药产业列为全省重点产业集群，“青峰药谷”纳入“中国制造2025”试点示范，引进修正药业通药集采、普元药业等医药项目16个，青峰药业获第二届井冈质量奖提名奖。章贡经济技术开发区成功获批省级高新技术园区。服务业提速增效，实现服务业增加值252.31亿元，占GDP比重达65.09%；新增规模以上服务业企业26家，占全市总量的25%。龙川极地海洋世界、方特复兴之路等文旅项目全面启动，杉杉奥特莱斯签约落地；郁孤台历史文化街区评为全省首批“商业旅游文化融合发展示范区”，赣坊1969、宋城壹号被列为省工业旅游区。旅游总收入和总人数分别增长42%、24.8%；获全市旅游产业发展先进县（市、区）称号。总部经济区、并购基金园入驻企业371家，实现税收3.89亿元。华教教育成为全市首家香港主板上市企业。赣州红土地物流公司升级为AAAA级物流企业。现代农业加快发展，沙石龙埠高标准农田建设顺利开工，新（扩）建3.34公顷以上蔬菜基地98.92公顷。火燃村入选全国一村一品示范村镇。沙石镇现代农业示范园评为省、市级现代农业示范园，花田小镇成功创建省4A级乡村旅游景点，仙峰谷、花溪间、杨仙岭生态农业创业园等一批产业项目逐渐成形，“半小时”休闲圈加速形成。

【改革创新】 重点改革深入推进，全区140项政务事项实现一窗办理，办结时限平均缩短40%。国资重组改革不断深化，建投集团资产规模突破200亿元。深入推进降成本、优环境专项行动，为企业减负36.89亿元；5个“信贷通”累计放款16.57亿元，继续保持全省前列。科技创新再上台阶。新增省级“5511”工程项目4个，列全省第一；新增省级科技孵化器2个，实现零的突破；净增高新技术企业15户，总数42户。青峰药业、经纬科技公司获国家“两化”融合管理体系贯标试点，金环磁选和虔东稀土公司获批省级重点培育实验室。全年专利申请量5218件，列全省第一；专利授权量807件，列全省第四。虔东稀土集团被认定为国家知识产权优势企业。双创平台活力迸发。赣州科睿特软件股份有限公司被评为2017年度国家中小企业公共服务示范平台，章贡区软件产业孵化园被评为省级服务外包示范园。宋城壹号文创园孵化企业112家。全年新登记各类市场主体1.5万户，增长11.8%。赣发、深联等8家企业的8个产品获2017年江西省名牌产品。

【对外开放】 招商引资效果显著，全年举办专题招商推介会6次，引进项目36个，总投资258亿元，增长28.7%。其中，世界或全国500强企业3家。交流合作力度空前。与佛山市禅城区、厦门市思明区签订友好城市战略合作协议。加强与中科院、北京理工大学、江西中医药大学及本地高校合作。对口支援步伐加大。争取中央预算内和省基建项目30个，增长172.7%。获国家、省级试点示范事项各6项。举办“振兴发展大讲堂”11期，邀请17位国家部委挂职干部授课。“授渔计划、青年之声”精准扶贫助学行动资助贫困学生600名。

【城乡环境】 深入开展“城乡环境整治年”活动。拆除两违建筑3808处计34万平方米，彻底整治中联商城、龙都商城、贸易广场、323国道和105国道沿线脏乱差和违章乱象。完成征地433.6公顷，拆迁房屋5951户计67万平方米，攻克西桥路、虔东大道、和谐大道等一批征地拆迁遗留问题。城市老旧小区改造完成115个，948条背街小巷提升改造全面启动。示范点拆违拆旧、拆墙透绿和拆墙透气工作进展顺利，打通老城区“断头路”12条，红环路、大公路、站东大道等立面改造全面完成。文明城市常态化管理加强，为100多条主干道配备“路长”，并延伸实施“巷长”“楼栋长”制，推行数字城管。完成102个新农村建设点，实施农村“空心房”整治10.28万平方米，“三沿六区”建筑立面整治基本完成，农村生活垃圾处置通过省级验收。福寿沟博物馆、中华儿童新村、叶剑英南进指挥部旧址、魏家大院保护修缮工程进展顺利，杨仙岭人文生态公园、飞龙岛公园开园运营。生态文明扎实推进。山水林田湖生态修复项目全面开工；低质低效林改造完成443.2公顷；实施水土保持治理7.8平方千米。强力推进中心城区大气污染防治工作，创新并推行工地扬尘在线自动监测喷淋系统，淘汰10蒸吨以下燃煤锅炉47台，督促978家餐饮企业安装油烟净化装置。在全市率先打造智慧河长综合管控平台；关停禁养区内生猪养殖户654户；完成狮子塘等黑臭水体治理5处、土壤修复项目2个。全年立案查处破坏生态环境行为128起。

【民生事业】 全年民生支出34亿元，增长23.5%，占财政总支出的85%。统筹整合资金2.34亿元用于精准扶贫，完成年度1519名贫困人口、9个市级贫困村退出工作。启动农村集体经济发展3年计划，消灭“空壳村”。完成农村公路升级改造72千米、农村危房改造129户。实施校建重大项目建设13个，新增学位2520个；顺利通过全国县域义务教育均衡发展省级复查。城市公立医院综合改革全面启动，组建区级医共体，家庭医生签约服务达20多万人。区福利院、水西敬老院扩建工程全面完成，新建社区居家养老服务中心7个。新增停车位1.5万个，新（改、扩）建农贸市场6个，新增蔬菜便利店22家，建成开放小游园、小广场9个。完成返迁安置房分配4903套。举办四省九市山地自行车邀请赛、全国大学生游泳锦标赛、全国夏季游泳锦标赛等重大赛事，获评全国群众体育先进单位。新增城镇就业8182人，城乡居民基本医疗保险参保率达98.7%。社会治理共享云平台不断完善，信访维稳、安全生产和食品药品安全状况稳中向好，公共安全感满意度测评跻身全省前10名。

【执政建设】 学习贯彻中共十九大精神，推进“两学一做”学习教育常态化、制度化。严格落实党风廉政建设责任制，坚决贯彻中央八项规定精神，不断强化监察和审计工作。认真办理人大代表建议85件、政协委员提案105件，办结率、满意和基本满意率均达100%。出台加快作风建设6条新举措，深入推进“改作风、提效率”活动，问责168人次，政府系统行政效能得到提升。完善政府决策机制，聘请政府法律顾问和经济顾问，举办专题法律讲座、政府常务会学习法律法规15次，依法行政水平得到提高。

（撰稿　温林波　审稿　马远旗）

【领导名单】

中共赣州市章贡区委员会

书记：刘文华（任至12月）
　胡雪梅（女，12月任）
副书记：连天浪　赖纯平（任至12月）
　付海东（挂职）
常委：杨忠万　李志坚　谢庚福
　许　伟（女）　王子康　张小东
　郑成功　黄正财（任至7月）
　樊小骥

区人大常委会

主任：刘铭忠
副主任：邱启发　何建清　孙光明
　钟晓伟　何景炎　刘俊平

区人民政府

区长：连天浪
副区长：付海东（挂职）
　许　伟（女，8月任）
　樊小骥（挂职）　陈应庭
　陈昌立（任至3月）　雷　鸣（3月任）
　张家斌　易新维　肖　立（女）
　陈　利（挂职）
　李银保（9月任，挂职）

区政协

主席：廖小波
副主席：吴金华　陈　钊
　陈昌立（4月任）
　雷　鸣（任至4月）　郭才斌
　何　玲（女）　刘艳琼（女）

区人民法院院长：曾祥全
区人民检察院检察长：方立春

赣县区

【概况】 赣县区辖12镇、7乡。总面积2993.09平方千米。耕地2.15万公顷，林地23.16万公顷，新增公园绿地面积29.7公顷，达386.02公顷，绿地率达35.06%。年末总人口65.45万人，其中乡村人口52.35万人，城镇人口13.1万人。2017年，赣县区围绕“稀金谷一年大突破、城乡面貌一年大变样、脱贫攻坚一年大提升”的目标，同心聚力、提速升级、创新创业、实干兴区，各项工作取得可喜成绩。完成地区生产总值167.7亿元，增长9.2%；财政总收入22.04亿元，增长7.78%；一般公共预算收入15.34亿元，增长9.45%；规模以上工业增加值增长9.5%；固定资产投资187.28亿元，增长13.5%；实际利用外资1.09亿美元，增长10%；出口总额2.85亿美元，增长3.3%；社会消费品零售总额36.91亿元，增长12.8%；城镇、农村居民人均可支配收入分别为2.67万元和9542元，分别增长9.45%和11.1%。主要经济指标达到或超额完成年初目标任务，总量增幅继续保持全市第一方阵。获国家森林城市创建“先进县（市区）”。中国稀金谷成功列入“中国制造2025”、全国“十三五”稀土行业以及有色金属工业发展规划。成功获批新材料（稀有金属）国家新型工业化产业示范基地、江西省战略型新兴产业集聚区、首批江西省军民融合有色金属新材料产业基地，梅林古镇商贸区获批全省服务业集聚区。江口果蔬小镇获批第二批省级特色小镇。成功迎接全省现代农业发展暨产业扶贫流动现场会，蔬菜产业发展模式、科技含量得到与会各级领导的高度评价；铭宸蔬菜搭上“一带一路”快车，实现江西蔬菜走出国门、走向世界的历史性突破。全区75项206个“六大攻坚战”项目全部开工，竣工项目127个，超额完成年度投资200亿元。

【“稀金谷”建设推进】 投入50多亿元的“五路两桥”等市政基础设施顺利推进，新建标准厂房31.5万平方米。稀金谷茅店和储潭平台完成新增工业平台1306.67万公顷，拆房3293栋。举办稀金谷专题推介活动24场，成功签约寒锐钴业、嘉圆磁电等21个首位产业项目，总投资133.16亿元；成立项目落地办公室，实行“保姆式”代办制度，推进粤磁稀土、珐玛珈等17个亿元以上项目竣工投产或建设；江钨合金成功申报认定中国驰名商标。金融服务加强，设立3亿元“百福工业贷”，5个信贷通融资贷款19.08亿元。新增规模工业企业22家，总量115家。创新能力增强，先后与江西理工大学等科研院所开展产学研合作，中国稀金（赣州）新材料研究院开工在建。引进唐任远、朱蓓薇、张发饶等院士和国家“千人计划”专家相继设立工作站。国家高新区整体实力明显增强，全国综合排名前移9位。

【城乡建设】 投入32亿元，完成3605户棚户区改造；实施杨仙大道等“五横三纵”8条主干道升级改造；推进光彩大市场、胡屋巷等193条背街小巷改造；采用PPP模式推进城区道路环境卫生保洁，整治占道经营，绿化美化城区出入口、社区公园、亲水绿道等城市节点，夜景亮化“三桥一园”。打通梅林大街西延、章贡路南延、兴农路南延等6条城区断头路，疏通双龙大道、银河大道等7处问题，整治光彩大市场等一批历史顽症。整治城乡环境，推进河长制工作，开展流域综合治理，调整完善畜禽养殖三区规划，关停拆除禁养区养殖场所406家，实现河畅、水清、岸绿、景美；完成低质低效林改造4066.67公顷；推进整治“三个沿线、三个沿片”106个行政村299个新农村建设点，通过省、市农村生活垃圾专项治理考核验收，完成土地综合整治项目验收980公顷，新增耕地97.13公顷；完成农村“空心房”整治153万余平方米；拆除46万平方米违法违章建筑，实现“零增长、减存量”。成立302个红白理事会，整治“三沿六区”坟墓1333穴，加快大田、储潭区级公墓区和15个乡镇公墓区建设。

【现代服务业】 投入23.87亿元，推进梅林古镇商贸旅游等28个现代服务业项目。新增20家规模以上商贸服务企业，完成服务业增加值49.6亿元，服务业占GDP比重29.6%。金融机构各项存款余额248.65亿元，增长16.2%；各项贷款余额183.94亿元，增长24.6%。全域旅游初显成效，推进五云—夏浒公路等旅游基础设施建设，大田路虎小镇等项目落地建设。新兴服务业逐步成长，培育科技创新、模式创新等生产性服务业，引进检验检测、工业设计、法律服务等入驻赣州高新区。总部经济加快发展，引进清大东方、鼎和财险、冠灵医药等项目。

【社会事业】 全年民生支出38.78亿元，占财政总支出的85.8%。投入2.1亿元，新增教育学位6100个，大班额问题得到有效缓解。实现“四道保障线”“一站式”刷卡结算，合计补偿2.69万人次、1.21亿元，自付比率仅为3.8%，解决贫困群众看病难、看病贵问题。低保、优抚、特困供养标准稳步提高，惠及4万人，兜底保障特困群众。820套农村保障房全部竣工入住，易地搬迁安置6227人，新建、续建国省道、县乡道和城际道路116.1千米，完成村道窄路面改造121.4千米，公路通车总里程达2070.2千米，高压治理货运车辆超限超载，提高公路周边环境质量，群众出行安全畅通。白鹭35千伏输变电工程等项目建成投运，新建或改造10千伏及以下低压线路902.8千米，改善农村供电质量。城乡面貌大为改观，城乡居民收入、机关事业单位工作人员津补贴与中心城区同步增加，撤县设区的红利逐步释放。投入8.2亿元，新改扩建校舍11万平方米，新建体育场12万平方米，思源实验学校、茅店二小、王母渡二小等相继建成并投入使用。中医院一期项目主体完工，推进公立医院综合改革，破除以药补医机制，推进分级诊疗、家庭医生签约服务、医共体建设。开展全民健身运动。城乡居民养老保险参保人数28.01万人，新增城镇就业6386人，新增转移农村劳动力9396人。开展信访积案化解与信访案件评查倒查。开展严打“黄赌毒”、打击盗窃“四车”“赣剑”等系列专项行动，集中整治一批突出治安问题，保持社会治安持续稳定。严格落实安全生产责任制，安全生产基础得到夯实，安全生产形势平稳。

【政府效能】 “放管服”改革深化，推行“双随机一公开”，在全市率先建成“多规合一”建设项目并联审批平台，打造“行政审批中介服务超市”，入驻中介机构133家，实施“一窗式”审批改革，推行“互联网+政务服务”，梳理公布“最多一次办结”事项297项，建成智慧大厅和手机APP等政务服务平台。深化简政放权，保留行政审批项目205项，累计精简率达66.2%。自觉接受人大、政协和社会各界监督，办理人大建议89件、政协提案159件，办结率达100%。坚持履行“一岗双责”，落实党风廉政建设责任制，抓好中央、省、市的各项重大决策部署落实，认真学习宣传贯彻中共十九大精神，巩固扩大“两学一做”学习教育成果，坚决纠正“四风”突出问题。坚持依法行政，建立健全法治政府考核评价机制，推进行政执法公示制度、执法全过程记录制度、重大执法决定法制审核制度和行政执法与刑事司法衔接试点等工作。

（撰稿 朱祥福 审稿 朱祥福）

【领导名单】

中共赣州市赣县区委员会

书记：胡晓平

副书记：张景霖 皮仄郑（挂职）

杨永刚（挂职） 罗红梅（女）

常委：周光仁 丁振胜 肖年生

廖新宇 肖承椿 陈铁球

孙 权（挂职） 冯健全 廖 伟

副处级干部：葛传生

区人大常委会

主任：刘吉龙

副主任：吴丽娟（女） 卢和兴

陈火生 曾克峰 杨 英（女）

谢志坚

正处级干部：吴黎明 肖征琦

钟 敏

调研员：温生平 熊秋建

副处级干部：曾跃纲

区人民政府

区长：张景霖

副区长：皮仄郑（挂职）

杨永刚（挂职） 肖承椿

孙 权（挂职） 廖肇洲

谢 琨（挂职） 汤荣福 钟晓斌

朱隆泽 谭晓芳（女）

区政协

主席：罗宗祺

副主席：谭新境 钟国华 潘振华

张 军 徐平华 潘清生

正处级干部：黄 辉

区人民法院院长：董 健

区人民检察院检察长：陈京东

南康区

【概况】 南康区是中国甜柚之乡，辖6镇、12乡、2个街道办事处。行政区域面积1722.35平方千米（凤岗镇、三江乡和唐江、太窝9个村10万人119平方千米，于2016年划归赣州经济技术开发区管理），其中城区面积34.8平方千米。耕地面积3.33万公顷、有林面积9.29万公顷、森林覆盖率62.46%、城区覆盖绿化率42.23%。总人口76.61万人，其中非农业人口24.41万人，农业人口52.2万人，人口自然增长率7‰。有汉、畲等民族。2017年，南康区实现生产总值（GDP）214.27亿元，增长9.6%。其中，第一产业增加值25.06亿元，增长4.5%；第二产业增加值109.79亿元，增长8.9%；第三产业增加值79.42亿元，增长12.2%。完成财政总收入29.33亿元，增长13.6%；完成地方一般公共财政预算收入19.24亿元，增长2.2%；地方财政支出58.79亿元，增支10.66亿元，增长22.2%。工业总产值981亿元，增长16.5%。实现规模以上工业增加值77.61亿元，增长9.3%；完成固定资产投资196.7亿元，增长14.6%。主要工业产品产值有家具749.5亿元、矿产品146.6亿元、服装33.7亿元、电子31.7亿元。外贸出口20974万美元。实际利用外商投资16978万美元、省外投资51.89亿元。农业总产值39.02亿元，削减3.4%。粮食产量21.05万吨、生猪出栏75.79万头、油料作物产量1.39万吨、蔬菜产量25.27万吨、瓜果产量1.14万吨、茶叶产量21吨。实现社会消费品零售总额47.3亿元，增长12.2%；电商交易额达178.1亿元，增长62.3%，其中家具电商159.8亿元。二氧化硫排放总量1828吨，削减率1.5%，城市污水处理总量1095万吨。实现城镇居民人均可支配收入28034元，增长9.0%。农村居民人均可支配收入10165元，增长10.9%。金融机构存款余额461亿元，增长18.76%；贷款余额337亿元，增长21.95%。城镇新增就业6212人，城乡居民养老保险参保3337.61万人，城乡居民基本医疗保险实际参保人数69.87万人。全年脱贫2.2万人、8个贫困村脱贫。

【南康家具】 根据国家工商总局商标局发布的商标公告，“南康家具NANKANGFURNITURENC”商标获得认定通过。“南康家具”成为全国首个以地名命名的县级工业集体商标。2017年，南康家具拥有中国驰名商标5个，江西省著名商标101个，江西名牌43个，品牌占有量在全省名列前茅。南康家具产业集群总产值达1300亿元，增加27.45%，其中主营业务收入1260亿元，增长24.75%；工业增加值332亿元，增长30.2%。围绕用活用好“南康家具”集体商标，南康区制定“南康家具”集体商标的使用细则，采取“南康家具+企业商标”“母子”商标的方式，提升南康家具的品牌影响力和美誉度，把“南康家具”培育成赣州市继“赣南脐橙”之后又一张全国著名的地理名片。

【现代家居城】 推动家具首位产业集群发展、创新发展，让“游击队”变成强大的“正规军”，高质量建设现代家居城。拆除1000多家“低小散污”家具企业。深化供给侧结构性改革，加速淘汰落后产能，拆除“低小散污”家具企业1200余家，面积338万平方米。推动1000多家家具企业入规。持续推动“升企入规”，有1008家符合条件的企业申请入规，新增省级审核认定280家，总量达到368户，位列全省县级排名第一。建设1000万平方米标准厂房。2017年建成220万平方米、在建300万平方米，双双翻倍，总量突破600万平方米，新增数量占全市一半。

【现代农业攻坚战】 围绕打造赣州中心城区重要菜篮子基地目标，全力打好现代农业攻坚战，找准定位和切入点，大力发展现代都市型农业。加快转变农业发展方式，以土地的适度集中推进农业适度规模经营，推进高标准农田建设933.33万公顷。“增减挂”批复立项300公顷，居全省前列。从山东寿光引进蔬菜种植技术和人才，重点打造赣州市设施蔬菜“两中心一基地”，成为全市首个集品种筛选、技术集成、实训推广等功能为一体的现代化基地。

【一年改变面貌】 针对城区“脏乱差堵”问题，开展“一年改变面貌”工作，从市民反映最突出、最迫切的问题入手，以参与创建全国文明城市为契机，全年拆除“两违”建房、铁皮厂棚和农村空心房800万平方米，投入8亿元，完成25条道路总计约110万平方米的“白改黑”；对城区房屋楼顶启动大规模的“平改坡”整治；对拆出来的地块实行“土改绿”，改造提升6个城区公园，加快改造提升背街小巷，“一年改变面貌”目标基本实现。新建成10个小游园、4大景观廊道，构建10—15分钟教育圈、文化圈、健身圈，极大提升城市品质，跃升迈入全国文明城市行列。

【港口建设】 以港口建设为新引擎，打造双向开放新高地，坚持问题导向，抢抓苏区振兴和“一带一路”历史机遇，建成全国首个进境木材国检监管区，并在此基础上建成全国第8个对外开放内陆口岸和首个内陆口岸国检监管区——赣州港，架起联通世界的新通道新平台，利用国际国内“两个市场、两种资源”，做到“买自全球，卖向全球”。立足于推动赣州打造“一带一路”重要节点城市、国际货物集散地和省域副中心城市，把赣州港作为促进苏区振兴发展的最核心资源，加快完善冷链、监管仓等配套设施，全面提升港口能级，积极对接融入“一带一路”，赣州港逐步发展成为综合型一类口岸。赣州港开通16条内贸和铁海联运班列、12条中欧（亚）班列，连通深圳、厦门、成都、西安等“一带一路”节点城市，成为经略中亚5国、通达欧洲腹地的起点港口之一，是全国首个通过新亚欧大陆桥对接国际贸易的内陆口岸，实现木材、煤炭、家具、粮谷、服装、蔬菜、电子信息产品等品种运营，基本实现“多口岸直通、多品种运营、多方式联运”。通过赣州港，南康企业从世界50多个国家和地区进口木材，把家具销往全球100多个国家和地区。全力引爆“港口经济”。依托赣州港优化布局临港产业，加强与沿海沿边口岸的港务合作、产业合作，对接厦门、广州、满洲里、阿拉山口等口岸，成为盐田港、厦门港、广州港的腹地港，开启“老区＋特区”、赣粤、赣闽合作新模式，进一步缩短与珠三角、海西经济区的时空差距。推进产港城联动发展。推进赣州港与赣州综合保税区、“两城两谷一带”等产业项目的横向联系，实现产港城联动发展。

【产业转型】 按照“众创业、个升企、企入规、规转股、扶上市、育龙头、聚集群”的发展路径，在全省率先大规模实施“升企入规”，推动家具产业由中低端迈向中高端，家具企业由“游击队”变成现代化的“正规军”。采取政府统建模式，大力推进标准厂房建设，引导家具企业入规入园入标准厂房，实现产业用地合法化、设备智能化、生产标准化、管理规范化、排放达标化、质量品牌化，实现产业带动城市、城市促进产业的“双促双提”。主动策应“中国制造2025”，突出“互联网＋”“标准化＋”，建设一批可推广、可复制“消防、环保、安全”的智能工厂、标准车间，联动提升产业标准、质量和品牌，改变家具这一传统产业的生产模式，推动家居产品向智能化、定制化、生态化、品牌化转型。赣州港“一带一路”多式联运工程被评定为全国第二批多式联运示范工程；京东、德邦、顺丰等国内一流的物流企业纷纷入驻；与顺丰联合申报物流无人机示范运行区的空域申请，获得正式批复。

【村级集体经济】 2017年，南康区村级集体经济收入总量实现一年“翻一番”，收入从2016年的不足5万元增长到11.9万元，全面消灭无集体经济收入村。南康区引导各村立足本地资源、挖掘自身潜力、突出地域特色，走多元发展之路，全区242个村都找到适合自身发展村级集体经济的路径。有13个村利用征地拆迁过程中预留的土地兴建酒店、厂房，实现村级集体经济年收入30万元以上。13个家具集聚区所涉的21个村，将建成的标准厂房无偿划拨给集聚区所在村，通过获取厂房租金促增收，每个村村级集体经济年收入20万元以上。在52个“十二五”和“十三五”贫困村分别安装50至100千瓦村级光伏电站。通过项目反哺促增收，将土地增减挂和旱改水项目的国家补助资金返还给项目所在地的村集体；利用土地流转促增收，通过托收、托管、代流转等方式，帮助农民开展耕地、山地的流转，通过收取一定服务费的形式创收；开发资源促增收，有21个旅游资源村通过资源入股、基础设施折价入股、兴办农家乐等方式实现增收，有32个村通过盘活闲置资产实现增收。还通过异地置业促增收。30个地处偏远、交通落后的村，利用相关部门的扶持资金和社会捐助资金，在圩镇、城区置办店铺、仓储等物业用于出租实现增收。

（撰稿　倪贵清　审稿　倪贵清）

【领导名单】

中共赣州市南康区委员会

书记：徐　兵

副书记：何善锦　赵鹏高（挂职）
刘文彦（任至12月）

常委：黄　琨　陈钰滢（女）
赖彦辰　李千东　张　东
钟春莲（女）　茅俊杰（挂职）
陈　刚（挂职）　李咪珍（女，挂职）
李松柏　李赣兴　李春平

区人大常委会

主任：彭秀生

副主任：吴　健　黄绍莲（女）
　赖剑鸣　张祥明　蓝希高
正处级干部：韩水生　谢业雄
副处级干部：施明生（任至6月）
　林豪煜

区人民政府

区长：何善锦
副区长：陈钰滢（女）　茅俊杰（挂职）
　陈　刚（挂职）　李咪珍（女，挂职）
　郭声宏　李成胜　徐丽清（女）
　王　俊　钟定岩
正处级干部：董世倬
副调研员：张立相　方长华　刘瑞金
副处级干部：叶伦汉

区政协

主席：严国雄
副主席：谢　康　刘小玉（女）
　倪　静（女）　曹世明　刘乘波
　蓝希华
副处级干部：李　旭（任至1月）
　吴明能

区人民法院院长：黄亚珍
区人民检察院检察长：吴永河

信丰县

【简况】　信丰县辖3个乡、13个镇、1个工业园区管理委员会。总面积2866.04平方千米。耕地面积4.36万公顷，森林覆盖71.3%。总人口77.54万人。2017年，全县地区生产总值188.29亿元，增长9.9%。其中，第一产业增加值31.54亿元，增长5.1%；第二产业增加值75.11亿元，增长7.4%；第三产业增加值81.64亿元，增长14.3%。财政总收入18.33亿元，增长11.9%。公共财政收入11.81亿元，增长3.3%。500万元以上固定资产投资182.36亿元，增长12.5%。实际利用外资10834万美元，增长10.1%。出口总额2.31亿美元，增长94.5%，增速列赣州市首位。社会消费品零售总额49.1亿元，增长10.5%。规模以上工业增加值增长8.8%。主要工业产品有服装484.40万件，水泥299.9万吨，饮料酒（白酒）4.1万千升，饲料134.8万吨。农业总产值50.83亿元。主要农副产品有烤烟2538吨，脐橙10.59万吨，蔬菜55.91万吨，生猪出栏79.24万头。粮食总产量27.03万吨。农村居民人均可支配收入1.19万元，增长10.24%；城镇居民可支配收入2.81万元，增长9.32%；金融机构期末存款余额285.03亿元，增长15%；金融机构期末贷款余额170.03亿元，增长19.4%。在赣州市“六大攻坚战”流动现场会评比中获第三名。年内，信丰县被列为首批国家现代农业脐橙产业园创建县、首批国家畜牧业绿色发展示范县，获批国家级出口食品农产品（脐橙）质量安全示范区，被评为中国绿色发展优秀城市，被列为省级产城融合示范区，被授予“江西省森林城市”称号，连续3年被评为全省“专利十强县”，赣南脐橙小镇列入全省首批特色小镇创建名单，香山地质公园获省级地质公园建设资格，金盆山林场获评“中国最美林场”称号。

【工业经济】　年内，规模以上（当年主营业务收入2000万元以上）工业企业总数达97家，实现规模以上主营业务收入201亿元，增长14%。总投资100亿元的合力泰项目半年内完成固投10亿元，实现当年引进当年投产，被誉为全市主攻工业的典范。合力泰的引领效应初步显现，吸引20多家关联企业紧跟入驻，园区电子信息产业投产企业达74家，完成主营业务收入65亿元。工业企业效益明显提升，园区实现纳税5.28亿元，增长20.7%。纳税超千万元企业数量实现翻番，总数达12家。工业投入持续增长，500万元以上工业固定资产投资88.95亿元，17个项目实现竣工投产，33个项目开工建设。精准扶企，为121家企业解决190多个问题，助企减负9.13亿元，净增规模以上企业18家，新增高新技术企业10家，朝阳聚声泰郭桥生成为全市唯一的第三批国家“万人计划”人才。产城融合（指产业与城市融合发展）示范区建设快速推进，新增1000公顷工业、商住用地，超前5年总和。园区基础设施投入达6.5亿元，超前3年总和，西区打通产业大道和合力泰路，东区完成16条道路改造工程，园区道路交通网络不断完善。通过稳妥处置“僵尸企业”（指停产、半停产、连年亏损、资不抵债，主要靠政府补贴和银行续贷维持经营的企业），盘活园区闲置土地43公顷。

【现代农业】　实现增加值32.28亿元，增长5.19%。实施35个农业重点项目，完成投资14.4亿元。中国赣南脐橙产业园项目完成投资2亿元，建成“一馆、一站、一室、三棚”（脐橙文化博物馆、脐橙产业博士后工作站、1000平方米网室、3个玻璃温室大棚）和20公顷标准化脐橙示范基地；山东寿光蔬菜产业集团七彩庄园项目，建成150座江南型越冬日光损新品种展示区正式对外开放。脐橙产业转型发展升级走在全市前列，建成防控示范区100个和标准果园110个，全年新开发果园面积2400公顷，灾毁果园恢复面积1220公顷。蔬菜产业不断壮大，新建3个千公顷蔬菜基地，全年新增蔬菜种植面积284公顷，总面积达1.63万公顷。安西稻虾、大阿水半夏、古陂兰花、虎山灵芝等新型高效农业快速发展，烟叶、油茶等区域特色产业稳步发展。培育新型农业经营主体，培育专业合作社566家、家庭农场498家。

【现代服务业】　谷山—同年寨森林公园项目翻开信丰旅游发展新篇章，信丰阁建筑群基础工程以及景区内车行道、游步道、连接线绿道、2个入口广场基本完工；乡村旅游服务水平不断提升，新建旅游公厕34座，希元休闲农庄创评为全县首个省AAA级乡村旅游点，成功举办正平球狮“三月三”乌饭节等多项大型乡村旅游节庆活动。建成9个乡镇电子商务综合服务中心和200个村级电子商务服务站，电商交易额达25.5亿元，增长27.5%。新增货运物流企业4家，总数达110家，广渠物流、双佳物流分别评为国家3A、2A物流企业。金融对县域经济发展贡献加大，金融机构期末存款余额288.77亿元，增加38.84亿元；贷款余额174.04亿元，增加28.8亿元；存贷比60.3%，提高2.2个百分点。

【城乡建设】 城区面积31.8平方千米，城区人口31.7万人，城镇化率55.6%。105国道绕城改建项目顺利实施，拓展城市框架近20平方千米。投入49.1亿元实施城市基础设施项目24个，是2016年的3.4倍，水东磨下农贸市场、6个垃圾中转站、45.4千米城区污水管网改造、水东片区2条主干道改造提升工程、7个停车场等项目完成，闲置10多年的水东汽车站投入使用，城市功能明显完善。创新实施城市网格化管理，将城区划分为35个网格，整治一批城市顽疾，城市环境更加整洁有序。拆除影响恶劣的“两违”（城市违法用地和违法建设行为）建筑502宗12.6万平方米，“两违”行为得到有效遏制。投入8267万元完成17个中心村和363个一般自然村点整治建设，建设安西田垅、正平球狮、新田坪地山等主题鲜明特色村庄。完成县域高速沿线建筑立面整治，改造各类房屋1287栋28.92万平方米。村庄整治效果明显，拆除农村“空心房”7.28万栋463.29万平方米，投入4066万元推行农村生活垃圾治理服务外包，新建14个乡镇垃圾中转站，农村生活垃圾治理初步实现全覆盖。扎实推进乡风文明行动，西牛镇曾屋村入选第七批“全国民主法治示范村”。生态文明建设深入推进。开展中央环保督察反馈问题整改工作，虎山交头坑废弃稀土治理项目顺利通过市级验收。持续开展畜禽养殖污染治理，关停拆除禁养区内165家养猪场，完成限养区和可养区内375家养猪场配套设施建设。环境空气自动监测站实现与省市联网运行。工业园区污水处理厂投入运行。首次向桃江河大规模增殖放流500万尾鱼苗；综合治理水土流失面积30平方千米；完成低质低效林改造4193.33公顷。铁石口镇江背村等3个村获“省级生态村”称号，正平镇中坝村等29个村被评为“市级生态村”。

【基础设施】 “五纵四横二枢纽”（五纵：京九铁路、赣深客专、大广高速、大广高速复线、105国道。四横：寻全高速、信雄高速、357国道、317省道。二枢纽：城南、城北交通枢纽）交通网络格局初步形成。信雄高速公路纳入全省高速公路网；赣深高铁项目信丰段完成征迁工作量的30%，小江境内牛头湾隧道顺利贯通；大广高速信丰北互通、105国道西牛至石井、铁石口高速连接线、坪石至安西、西牛至正平等道路建成通车，105国道绕城改建工程完成垫层铺设，城北交通枢纽初步成形。完成4座农村公路危桥改造、实施村道路面拓宽建设项目73个188.36千米；崇仙至小江、正平至崇仙、小河至龙州、安西至虎山等县乡公路项目建设加快推进。“小康用电示范县”创建成效明显。神华信丰电厂具备项目核准条件；农网改造工程顺利实施，崇仙35千伏输变电新建和白石110千伏输变电扩建工程建成投运，大塘220千伏输变电项目获省发改委核准。提前1年完成14个省定贫困村“动力电”（即三相电）工程。水利、通信基础设施更加完善。整治山塘23座，改造农村水陂10座、灌溉泵站11处、灌溉渠道22.43千米；完成3个农村饮水安全巩固提升工程，新解决6700余人安全饮水问题；投入942万元完成3个河流治理项目，农田水利项目县建设全面完工。投资1亿元新建通信铁塔101座、基站335个，全县行政村4G通信网络和宽带网络覆盖率均达100%。

【民生事业】 民生支出32.99亿元，占公共财政预算支出的74.8%。脱贫攻坚成效明显。全年实现6790人脱贫、2个省级贫困村退出摘帽。统筹涉农资金5.02亿元，大力推进“十大扶贫工程”（产业扶贫工程、金融扶贫工程、安居扶贫工程、教育扶贫工程、就业扶贫工程、保障扶贫工程、健康扶贫工程、村庄整治扶贫工程、电商扶贫工程、农村信息化扶贫工程）。发放“产业扶贫信贷通”4.26亿元，带动5240户贫困户实现户均增收2000多元。建成25个贫困村分布式光伏扶贫电站，有2755户贫困户8013人受益。建成“就业扶贫车间”209家，帮助1418个贫困人口实现家门口就业。打造易地搬迁集中安置点12个，安置2657名贫困人口。为7746名贫困家庭学生发放困难补助807.48万元。建成健康扶贫“四道医疗保障线”（城乡居民基本医疗保险、大病保险、贫困人口疾病医疗补充保险、医疗救助）一站式同步结算平台，贫困户住院个人负担降至2.77%。社会民生事业持续改善。60件民生实事全面完成。投资2亿元推进城区校建项目14个，建成信丰思源实验学校，信丰一中开工建设；投资1.5亿元完成农村薄弱学校改造项目46个，顺利通过省级义务教育基本均衡发展跟踪督查及“全面改薄”专项督导；教育教学质量稳步提升，二本以上上线人数达1692人，增长6.82%，高于全市4个百分点，全市高考理科状元在信丰县；在全市率先设立“奖教助学”基金，募集资金2690多万元。信丰县社会福利中心和残疾人康复中心投入试运营。开工新建古陂、小河2所区域性示范敬老院。建成村卫生计生服务室86所。城乡低保对象和特困对象的供养及医疗救助全面提标，累计发放社会救助金1.22亿元。城南花园公租房小区项目建成，城北教育园公租房小区开工建设，古陂、大塘埠等8个乡镇644套公租房建成入住。南山体育场主体工程基本完工，完成村级农民体育健身工程15个。县群星合唱团获第十四届中国合唱节银奖，信丰本土小戏《玉带桥》获“中华颂·长丰杯”第八届全国小戏小品曲艺大展银奖。

【金盆山省级自然保护区】 信丰县金盆山省级自然保护区于1月被批准设立后，为有效保护珍稀野生动物，在区内设立16部野生动物红外相机监测点。科研人员利用监测点对保护区内鬣羚、白鹇、豹猫、猛禽等国家重点保护动物种群进行全面监测调查，记录种群、数量、活动地点等信息，并做好归档管理。

先后拍摄到国家二级保护动物鬣羚13只、白鹇68只，以及数量众多的黄腹鼬、豹猫、果子狸、鼬獾、食蟹獴、黄麂、野猪等其他野生动物。与历史资料对比研究发现，相比保护区设立前，各种动物种群规模有较大增长；比较之前历次科考，2017年监测调查新发现红脚隼、黄嘴角鸮、黄腹鼬、绿翅金鸠4个物种。其中红脚隼、黄嘴角鸮被列入国家Ⅱ级重点保护动物，黄腹鼬被列入《世界自然保护联盟》（IUCN）2008年濒危物种红色名录。

【第三期“赣州好人”发布仪式在信丰举行】 2017年10月25日，赣州市道德模范与身边好人现场交流活动暨2017年第三期“赣州好人”发布仪式在信丰县举行，35人获“赣州好人”称号。本期“赣州好人”包括助人为乐、见义勇为、诚实守信、敬业奉献、孝老爱亲5个类别，30个事迹35人上榜。其中，古稀老人刘桂生18年如一日照顾九旬叔叔，危难之处显身手、热心助人献真情的信丰县橙乡应急救援队，把机会留给别人、把责任扛在肩上的党员干部刘俊德等信丰2人1群体分获孝老爱亲类、助人为乐类、敬业奉献类“赣州好人”称号。

（撰稿　罗才胜　审稿　卢冠南）

【领导名单】

中共信丰县委员会

县委书记：刘　勇

副书记：黄　蕙（女）　袁　炎

县委常委：时彦民（挂职）　夏　兴（挂职）　叶金华　孙　晖　沈宝春　刘章宏　黄一新　李海华（挂职）　杨北钦　钟雪姣（女）　黄　强

县人大常委会

主任：邹长东

副主任：曾　勇　曾志忠　沈君兰（女）　康诗平　殷志敏　宋裕华

县人民政府

县长：黄　蕙（女）

副县长：时彦民（挂职）　夏　兴（挂职）　叶金华　李海华（挂职）　胡　烈　朱新梅　赖根生　邝冬明　黄　刚

县政协

主席：何文庆

副主席：王晓升　肖承洪　王兴亿　王孚明　林　蓉（女）

县人民法院院长：莫　然

县人民检察院检察长：王小荣

大余县

【简况】 大余县辖8个镇、3个乡、105个村（居）。土地总面积1343.67平方千米，其中耕地面积1.3万公顷。森林覆盖率73.3%，新增城镇绿地面积10.2万平方米。全县总人口31.12万人，其中城镇人口14.9万人，增长4.7%。人口出生率12.74‰，自然增长率7.1‰，计划生育率92.22%；少数民族有畲族、壮族、苗族等，人口以畲族居多，有池江镇九水、青龙镇元龙、黄龙镇黄龙、内良乡李洞4个畲族民族行政村。2017年，实现地区总产值112.88亿元，增长9%。其中，第一产业13.33亿元，增长5.6%；第二产业54.68亿元，增长7.7%；第三产业44.87亿元，增长11.7%。三次产业结构由2016年的12.8∶48.5∶38.7调整为11.8∶48.4∶39.8。全县财政总收入12.41亿元，增长12.6%；财政支出25.46亿元，增长6.5%。全社会固定资产投资122.89亿元，增长0.13%。其中，500万元以上固定资产投资113.53亿元，增长13%。实际利用外资1.1亿美元，增长10%。进出口总额0.49亿美元，增长9.97%。其中，出口总额0.47亿美元，增长10.61%。全年农林牧渔总产值21.12亿元，增长5.1%。粮食总产量9.2万吨。粮食单产5535千克/公顷，增长0.5%。社会消费品零售额30.76亿元，增长11.2%。全年接待旅游观光人数400.79万人次，增长33.4%。旅游综合收入24.72亿元，增长32.3%。金融机构存款余额110.38亿元，增长12.6%；人均储蓄存款2.73亿元，增长14.6%；金融机构贷款77.36亿元，增长21%。城镇居民人均可支配收入2.61亿元，增长9%；农村居民人均可支配收入1.07万元，增长10.3%。新登记注册企业423家，增长17.8%；个体工商户1600户，增长10.2%；城镇新增就业3086人，新增转移农村劳动力4330人。全年减贫4635人，8个贫困村达到退出标准。全县村级扶贫车间83家，贫困户公益性岗位就业224户。建成产业扶贫基地116个，开发生态补偿岗位200个。

【纪念南方红军三年游击战争胜利暨新四军组建80周年理论研讨会】 9月26日—27日，由中共中央党史研究室第一研究部、中国人民解放军军事科学院军队政治工作研究院、中共江西省委党史研究室、中共赣州市委共同主办，以“坚定执着跟党走　依靠群众求胜利”为主题的“纪念南方红军三年游击战争胜利暨新四军组建80周年理论研讨会”在大余县召开。中共省委常委、市委书记李炳军，军事科学院副院长曲爱国出席并致辞。市委常委、宣传部部长胡雪梅主持研讨会，大余县委书记曹爱珍在研讨会开幕式上致辞。曲爱国、胡雪梅为梅岭三章纪念馆揭幕。研讨会上，陈毅元帅之子陈小鲁代表革命元勋后代发言，军史专家、中国人民革命军事博物馆研究员姜廷玉作报告。项英之女项苏云、粟裕之女粟慧宁、张云逸之孙张晓龙等革命元勋后代代表，党史军史有关专家学者，中国新四军研究会和有关省市新四军研究会代表，入选论文作者代表等参加研讨会。其间，还召开学术交流会，并收到中国人民解放军首席军史专家刘庭华，国防大学教授、博士董志铭，中共中央党史研究室李蓉，等等60多名专家学者的50多篇入会论文。与会人员还参加梅岭三章纪念馆开馆暨“中国梦铁军魂”书画展活动，参观南方红军三年游击战争纪念馆建设现场，观看专场文艺演出。

【梅岭三章纪念馆】 梅岭三章纪念馆位于大余县南安镇建设村，原为南方红军三年游击战争期间中共中央分局、中央政府办事处所在地，是赣粤边游击区的中心区域。1936年，作为江西革命根据地主要领导人之一的陈毅在梅山斋坑被围时，写下气壮山河的绝笔诗《梅岭三章》。大余人民为保护珍贵的革命旧址和文物，建馆加以纪念。梅岭三章纪念馆是梅山红色旅游区内的景点之一。纪念馆自2016年7月开始建设，2017年9月开馆。纪念馆主体建筑面积2900多平方米，陈展面积1300多平方米。馆内设有陈毅元帅诗词专题展厅、中国梦·铁军魂书画展厅、多功能影像厅等。其中，陈毅元帅诗词专题展厅由序厅、“创业艰难百战多”“大庾岭上暮天低”“弥天烽火举红旗”“团结抗日下山来”5个部分组成，并以雕像、大型场景、图片、书籍等各类文物陈列。真实再现游击战争的光辉历史，弘扬坚定信念、百折不挠、艰苦奋斗的革命精神。梅岭三章纪念馆2017年吸纳游客5万余人，成为接受红色教育、传承红色文化的重要教育基地。梅山红色旅游区是大余县打造“高品位文化旅游”旅游景区的重点工程之一，占地约5.6万平方米，建筑面积约6000平方米，总投资1.3亿元。除纪念馆外还有元帅诗廊、梅山精神纪念园、陈毅隐蔽处景点、赣粤边特委纪念馆、梅山区委纪念馆等。

【牡丹亭文化园】 牡丹亭文化园位于大余县县城东南部，是为传承和弘扬明代大戏曲家汤显祖浪漫主义杰作《牡丹亭》而建。文化园占地面积约8.13公顷，建筑面积约13000平方米，主要建筑包括南安府衙，牡丹亭后花园十景，展览馆、婚庆堂、剧院、道源书院等。项目总投资约1.04亿元，于2016年3月开工建设，2017年12月中旬竣工。文化园立足立于“一亭一梦世间情，一剧一城文化魂”的定位，高度地还原作品中的十景，游客行走园内，恍若穿越时空，走进杜丽娘和柳梦梅魂牵梦萦之地。园内还设置以爱情文化为主题的广场，广场中央安放着东方爱神杜丽娘雕像。广场左侧还新建有婚庆堂、展览馆、剧院等建筑。文化园将面向全国举办各类大型婚庆活动，力争将牡丹亭文化园打造成一个面向世界的文化遗产公园、爱情主题公园和休闲娱乐公园。牡丹亭文化园北临章江河，东连东山岭，与魁星塔交相辉映，成为大余闪亮的城市地标。情不到牡丹亭不真，爱不到牡丹亭不纯，牡丹亭文化园既是展现牡丹亭文化的平台，也是广大市民陶冶情操、休闲娱乐、旅游观光的好去处，更成为坚贞纯美爱情的传承圣地。

【“乡风文明”样板】 大余县坚持把除陋习、树新风作为事关脱贫攻坚和全面小康的民心工程，深入持久地推进“双美”家园建设，打造乡风文明“大余样板”。8月26日，全省农村精神文明建设经验交流暨移风易俗工作推进会在大余县召开。2017年，全县所有村（居）打造“一村一品”文化长廊，发放倡议书及各类宣传单18.75万份，绘制公益广告1.2万平方米，建设社会主义核心价值观主题景观110余处、灯箱800余处。推行党员带头讲政治、干部带头作表率、能人富人带头树正气、风水先生带头守法纪等乡风文明建设“十带头”活动。在全县集中开展向陋习宣战、树文明乡风“五大行动”。大力倡导厚养薄葬，革除千年丧葬陋习，倡导文明丧葬礼仪。不设道场，不乱搭灵棚，不抬棺游街，不吹打鸣炮，不堵塞交通，不影响他人正常生产、生活。推进绿色生态安葬，推行全民遗体火化制度，实行公墓集体安葬，杜绝骨灰装棺再葬。到年底，全县集中处置棺木1.6万余副，规划建设农村公益性墓地20多处。倡导健康祭祀，实行文明安全祭祀方式，不准在墓地、殡仪馆及林区等焚烧纸钱，燃放烟花爆竹等。全县各村（居）成立红白理事会，负责指导监督红白事宜。

【对口支援精准发力】 对口支援精准发力，扶持项目“落地开花”。国家安全生产监督管理总局将大余县列入全国非煤矿重点监管县，为大余县争取无主尾矿库隐患治理、非煤矿山安全生产预防应急、关闭金属非金属小矿山等重大项目，大力支持大余县第二批关闭小矿山项目和西华山国家矿山公园的申报、立项和建设工作。国家新闻出版广电总局在全县各乡镇和中小学捐建韬奋书屋，重点支持大余创建全民阅读示范县；建设“打黄扫非”网络、编制《大余县文化产业发展规划》，总局播音主持实践锻炼基地在大余县揭牌成立；邀请影视团队来到大余县采风创作，中央电视台陆续播出《美丽乡村过大年走进丫山》、大余旅游宣传片等节目，提升大余县在全国的知名度。《国务院关于支持赣南等原中央苏区振兴发展的若干意见》政策叠加效应成为大余振兴发展的澎湃动力。5年来，大余县积极落实西部大开发政策，减免企业所得税4000多万元。全县争取上级补助资金60多亿元，争取第六批小农水重点建设县建设、资源枯竭城市第二轮转移支付县、废弃稀土矿山地质环境恢复治理等一批重大项目。

【丫山钨业】 丫山钨业年产6万吨碳酸锂项目是大余县500亿级有色金属新材料产业集群项目之一，由广州天赐高新材料股份有限公司和江西云锂股份有限公司合资兴建，项目位于大余县新华工业园，占地8.2公顷，总投资18.2亿元，主要建设碳酸锂生产线及配套设施，新建工业4.0智能仓储中心，智能中控室、产品展示中心、浸出、沉锂车间等13栋车间，总建筑面积5万平方米，购置MVR高效蒸发系统、高压辊磨机等大型生产设备248台（套）。采取锂辉石用天然气焙烧，再经过酸化、浸出、分离后产生碳酸锂的技术，项目一期达产达标后可年产碳酸锂3万吨。与其他项目相比，碳酸锂项目建设速度快。项目从洽谈、签约、开工到投产不到1年时间，建设期仅用6个多月，是大余县近年来落地最快、建设周期最短、投资强度最大的项目。科技含量高，采用目前国际最先进的锂辉石提锂技术，应用多项具有自主知识产权的设备和技术，在简化流程的同时极大地提高锂金属回收率。所采用的MVR高效蒸发系统，可实现废水零排放；智能仓储中心采用的RGV自动入库、输出线自动出库、空托盘自动叠盘、入库智能化系统，达到工业4.0水平，实现产品下线、入库、出库的无人化操作。投资效益好，项目达产达标后，可实现年产值100亿元左右，税收8亿元左右，是大余县近年来引进的年产值、人均产值、土地公顷产值及年税收最高的项目。

（撰稿　李君安　刘艺冰　审稿　刘福山）

【领导名单】

中共大余县委员会

书记：曹爱珍（女）

副书记：钟旭辉　邓增顺

常委：包礼斌　廖　军　聂为民　温岩松　赖定铭（任至12月）　黄　刚（挂职）　刘裕裕（女）　何选明

县人大常委会

主任：李细妹（女）

副主任：刘晓明　周红英（女）　陈贤俊　朱晓明　谢　海

县人民政府

县长：钟旭辉

副县长：温岩松　黄　刚　彭民生　侯　霄（挂职）　邓芳琴（挂职，女）　陈伟生　罗少贵　吴晓慧（女）　邹隆春

县政协

主席：邓金健

副主席：赵海远　廖君侦　周凤来　刘传福　李　武　曾　毅（女）

县人民法院院长：陈剑平

县人民检察院检察长：钟福英（女）

上犹县

【简　况】　上犹县辖6镇、8乡，总面积1543.87平方千米。耕地面积8666.7公顷，森林面积1.2万公顷，森林覆盖率81.4%。总人口32.43万人，其中非农业人口4.84万人，人口自然增长率5‰。2017年，全县地区生产总值65.5亿元，增长9.1%；规模以上工业增加值增长9.2%；完成固定资产投资60.43亿元，增长13.3%；完成社会消费品零售总额18.38亿元，增长13.3%；实现财政总收入9.52亿元，增长14%；实际利用外资7505万美元，增长10.07%；完成进出口总额1.58亿美元、出口总额1.21亿元，分别增长48.2%和66.22%；城镇、农村居民人均可支配收入2.23万元、0.85万元。全年实现工业主营业务收入86亿元，增长20%；完成工业固定资产投资30.6亿元，增长41.2%；工业纳税2.6亿元，增长66%。发放产业扶贫贷款3.39亿元、产业奖补到户资金3257.6万元。发放各类教育扶贫资金1076.6万元，1.3万多名学生受益。整合涉农资金2.92亿元、融资2.14亿元用于扶贫攻坚，561户特困户住进政府统建的农村保障房，全年减贫9633人，全县贫困发生率由2016年底的8.25%下降至4.86%。实现民生类支出21.03亿元，发放城乡低保金4452.39万元，“五保”供养金749万元，医疗救助金558万元。上犹县获“中国天然氧吧”“全国体育先进县”“全省生态扶贫试点县”“省级森林城市”等称号。

【赣南树木园获评“江西十佳旅游摄影外景地”】　赣南树木园建于1976年，占地面积579.47公顷，三面环水，由12个半岛组成，位于陡水湖中心湖区西北侧，是全国科普教育基地、江西省青少年科技示范教育基地，是一所集引种、科研、教学和学术交流于一体的天然树种园。园内引进有美国、缅甸、墨西哥、日本以及欧洲诸国的许多珍贵品种，试种1700种木本植物，收集有1万多份蜡叶标本，藏有1380多号树种，52种珍稀濒危保护植物，如秃杉、观光木、红豆杉等，被称为“江南植物基因库”，中国南方树种向北移植的中转站。漫步在园中林道间，可呼吸到饱含负氧离子的清新空气。晚秋时节，群山被红叶点缀，湖水被红叶染炫，迂回曲折的林荫小道被红叶铺上厚厚的红毯。通红的红枫，纯绿的湖水，在阳光的照耀下五颜六色、姹紫嫣红、美轮美奂，是休闲旅游、摄影人的天堂。4月，由江西省旅游协会、中国江西网、江西手机报在全省联合开展的“寻找江西十佳旅游摄影外景地”主题宣传活动结束。经过组织推荐、参评申报、公众评议、专家评定等程序，评选出上犹县陡水镇赣南树木园等10个景区景点为“江西十佳旅游摄影外景地”。

【园村生态清洁小流域治理】　全面完成主要污染物减排目标，22个断面水质达标率100%，空气环境质量优良率达97.09%。中央环保督察5个共性问题整改任务全面完成。强化农业面源污染治理，设立农业用地土壤详查点位90个。水质自动监测站启动建设，空气质量实现全省联网实时监测。完成中稍河、梅水河等生态河道治理14.5千米。山水林田湖生态保护和修复、陡水湖良好湖泊治理等生态工程项目扎实推进，生态扶贫试验区建设完成方案编制。落实生态公益林补偿面积3.67万公顷，完成造林绿化2366.67公顷，改造低质低效林1866.67公顷，综合治理水土流失近40平方千米。

【全省首批美丽示范县建设试点县】　围绕“一轴三区”城市发展框架，建新城、改老城，城市新坐标——文峰新区基本建成，城市建成区面积突破12.5平方千米，年末城镇化率达到52.5%。西亭城市综合体项目全面完成近20万平方米征迁。8万平方米专业市场建设加快实施。城市防洪工程、城北污水管网、城区市政道路等一批工程基本完工，水南大道西延等城区“断头路”全面打通，新建排水排污管网41千米。建成亲水公园、滨江公园等休闲公园5个，新增城市公共绿地6.9万平方米。实施新农村建设点193个。持续开展城乡环境整治，拆除“两违”建筑、“铁皮烂棚”9.1万平方米，拆除危旧空心房、废弃杂房152.6万平方米，整治农户庭院1.2万户、沟渠91.6千米，对城区及周

上犹县“互联网 + 私人订制”茶园

边公路沿线1000多栋民房实施立面改造。累计投入7600万元升级改造农村环卫设施，启动13座乡镇垃圾中转压缩站建设，购置垃圾清运车辆149台，农村生活垃圾专项治理提前两年通过省级考核验收。

【获评全省旅游工作先进县】 新引进众和康养基地、爱琴岛旅游开发等现代服务业项目8个，总投资19.6亿元。以打造陡水漫生活小镇为核心，城西旅游产业带建设扎实推进，布局实施南湖国际垂钓基地等13个项目。列入市调度的8个现代服务业攻坚项目全部开工，四季花海旅游带花溪谷等项目顺利投入运营。新建燕子岩、鸟鸣涧、鹰盘山、盘古仙等5个省级地质公园。赏石文化城生态停车场、碧水湾生态停车场、陡水湖旅游码头等旅游配套设施基本完成，改造旅游公厕18座，新型观光体验森林小火车投入试运行。成功举办美食博览会、路亚水上嘉年华、第二届渔文化旅游节、第八届环鄱阳湖国际自行车赛等近20个节庆活动，“梦里水乡·美丽上犹”越叫越响。全年接待游客283.93万人次，实现旅游综合收入18.83亿元，分别增长41.95%和45.69%。

【中国名茶之乡】 上犹县的茶叶主要集中在五指峰、梅岭、犹石嶂以及陡水湖库区，属于罗霄山脉中段丘陵区，其独特的气候和地理条件，使产出的茶叶具有“香高、味醇、色翠、汤绿、形美”等独特风味，堪为茶中珍品。早在明朝的时候，五指峰出产的“上洞茶”和平富乡出产的“上寨茶”就被列为贡品。上犹绿茶源于良好的生态环境，境内山清水秀、风光旖旎，全县森林覆盖率达81.4%，是全国平均水平的4倍；空气质量始终保持在优等。林区空气负离子浓度含量高达每立方厘米19万个单位，山地以第四纪红壤为主，兼有少量紫色土和山地黄壤，红壤具有土层深厚，土质偏酸，有机质含量较低的特点，是茶叶种植的最适宜栽培区和“高山云雾出好茶”的绝佳胜地。上犹县大力发展茶产业，全县茶园面积6740公顷，茶叶总产量达到2060吨，形成剑绿、毛尖、红茶、白茶、黄金芽等多个品种，先后被评为“中国名茶之乡”“全国十大生态产茶县”“全国重点产茶县”“全省产茶十强县”，茶叶成为上犹一大“名片”。上犹县大多数茶园开启“私人订制”模式，客户订制的春茶可直接送达。

（撰稿 谢东才 审稿 曾德忠）

【领导名单】

中共上犹县委委员会

书记：赖晓岚（女）

副书记：余业伟 黄文发 余有根

常委：林 星 李过春 何善祥 陈济才 刘鸿懿 邓晓光 董显明 刘晓龙 杨 进

县人大常委会

主任：蓝 青

副主任：曾祥荣 吴 哲 徐能旭 张志兴 何继胜 罗桂明 蓝超才

县人民政府

县长：余业伟

副县长：何善祥 余有根（挂职） 邓晓光（挂职） 杨 进（挂职） 刘道军 赖爱民 钟劾华（女） 卢杜林 李高华（女） 李茂进

县政协

主席：钟恢森

副主席：田克广 刘显尧 黄建华 陈世千 邹华声 王丽玉（女） 黄 新

县人民法院院长：张文洲（女）

县人民检察院检察长：温 斌

崇义县

【简况】 崇义县土地总面积2206.27平方千米，人口21.6万人，辖16个乡（镇）、124个行政村、3个居委会。2017年，崇义县坚持走生态县域经济发展道路，按照“发展项目化、产业生态化、建设景区化、服务信息化”战略，实施全域旅游发展路径。全年实现生产总值81.45亿元，增长9.3%；财政总收入11.98亿元，公共财政预算收入8.03亿元，分别增长12%和-0.4%；规模以上工业总产值57.42亿元；固定资产投资51.74亿元，增长14%；社会消费品零售总额16.94亿元，增长10.6%；城镇居民人均可支配收入2.50万元，增长8.9%；农村居民人均可支配收入9390元，增长10.3%；完成民生支出18.14亿元，增长3.3%，占公共财政支出的81.8%。

【产业发展】 工业转型全面提速。章源钨业钨锡矿深部延伸技改项目、章源智能制造及源升锡业锡精深加工项目竣工投产，源德硅矿精深加工项目进展顺利。引进总投资38亿元的9家医药电子企业，4家企业投产，锂电科技产业园初步成型。投入4.2亿元完善关田工业园区污水处理厂、供水、供电、路网基础设施建设，建成

16万平方米标准厂房。全年实现规模以上工业增加值增长9.2%，主营业务收入74亿元，增长35.68%，新增规模以上企业9家。

特色产业规模不断壮大。新增刺葡萄种植面积233.33公顷，扬眉葫芦洞333.33公顷南酸枣示范基地建成，龙勾达翔现代农业133.33公顷高标准蔬菜基地一期投产，义安20公顷高标准无土盆栽蔬菜基地启动建设。获评首批国家有机食品生产基地建设示范县，全国休闲农业和乡村旅游示范县，全国高效节水示范县，崇义客家梯田获批第十七批国家水利风景区并入选全球重要农业文化遗产。

全域旅游纵深推进。签约引进项目26个（其中亿元以上项目18个），总投资153.22亿元。全年旅游接待人数226.8万人，增长21.5%；综合收入14.36亿元，增长24.5%。高标准编制完成全域旅游规划，成为全市首个通过专家评审的县级全域旅游规划。阳明山兰溪谷2.5千米游步道完成改造，环湖及至作家村游步道升级改造加紧推进；上堡梯田环圩公路、景区移民安置点等项目全面启动，创AAAA景区步伐加快。深化“旅游+”产业融合，“阳明国际养生养老中心”有序推进，成功举办“崇义·阳明湖路亚黄金联赛”等活动；以“一山一湖一园一馆一院一碑”“六个一”为架构的阳明文化综合体基本成型，阳明展览馆、阳明书院、知行公园、平茶寮碑主题公园等竣工开放，成功承办第十八届中国明史学会年会暨首届阳明文化国际论坛，举办首届阳明文化旅游节系列活动，“阳明之城、王学圣地”品牌全面打响。

【城乡建设】 高标准打造“宜居宜业宜游、生态环境一流、林竹花色并茂、文明开放包容”新型旅游县城。全年房地产开发完成投资4.6亿元，增长22.5%，商品房施工面积46.1万平方米，增长11.8%。完成月亮湾和塔下片区棚户区改造，累计拆除县城规划区房屋1380栋（间），征收土地306.67公顷。全面完成阳岭大道综合改造、振兴大道景观提升、城市亮化、文昌公园新建等项目，打造旅游城市风景廊道，获批全国首批国家级森林城市创建县，被正式命名为国家卫生县城。推进城区供水改扩建、污水处理厂改扩建、农贸市场等基础设施建设。刺葡萄小镇成功申报市级特色小镇，两杰葡萄沟主干道、房屋改造全面铺开，过埠客家水镇枫琴岛建设有序推进。投入4.6亿元完成乡镇主干道路沿线房屋立面和坡顶改造，拆除空心房118.4万平方米，整治竹木加工厂和砖厂45家，县城至铅厂、县城至上堡2条示范带打造成形。巩固农村垃圾治理全覆盖成果，获评全国首批农村生活垃圾分类和资源化利用示范县、全省农村清洁工程先进县。

完成山上更新造林1866.67公顷，森林抚育7466.67公顷，竹林抚育6666.67公顷，低质低效林改造1233.33公顷。全县空气质量指数优良天数占比达94%。完成长河坝水库饮用水源地规范化建设，新建10个乡镇污水处理设施，依法拆除畜禽养殖场700家。关田下关砷渣处理、原砒霜生产场地土壤修复工程基本完成，小江底泥清淤、过埠大江流域山水林田湖生态保护修复等项目有序推进。上堡乡赤水村等9个行政村被列为全国乡村旅游扶贫重点村，上堡乡水南村被评为全国生态文化村，铅厂镇义安村等5个行政村被评为全市生态秀美乡村，义安村、水南村、拔萃村被列入中国第一批绿色村庄，君子谷野生水果世界列入全省生态文明示范基地，阳明山国家森林公园获评最美“中国森林养生基地”、首批省级森林体验基地。

投资20.8亿元、总里程103千米国省道改扩建工程，国道G220金坑至过埠、省道S548完成路基建设，国道G220过埠—县城段一级公路成功获批，将填补无一级公路空白，县道过埠—上堡、莲塘—茶滩公路建成通车，建设乡村公路55.4千米。稳步推进农田水利基本建设、中小河流治理、千公顷以上圩堤应急整治等项目建设，解决3200人农村不安全饮水问题。加快推进电网改造升级建设，新建（改造）城乡电网120.4千米。

【脱贫攻坚】 发放“产业扶贫信贷通”1.05亿元、产业奖补资金1300万元，重点发展刺葡萄、南酸枣、蔬菜、油茶、毛竹、养蜂、脐橙等7大农业扶贫产业。电商学院竣工办学，电子商务企业增至170家，带动就业8200人。推动“互联网+特色产业”创业培训，支持电商、农家乐等创业项目，扶持就业扶贫车间、开发公益性岗位；落实健康扶贫“四道保障线”“三个一批”，全面实行“先诊疗后付费”和“一站式”结算，贫困人口住院自付比低于5%、慢病签约服务率100%；新建易地搬迁安置点6个，安置贫困人口516人，建设保障房409套；为贫困学生发放各类

崇义阳明广场

补助资金661万元；整合财政涉农资金2.09亿元，用于“七改三网”基础设施建设和农村环境综合整治，每个贫困村安排资金500万元以上，完成改路170.8千米、改厕1200户、改沟110千米、改水2183户、改房1600余栋、改塘72口，拆除空心房等120万余平方米，清理陈年垃圾3.86万吨，新增绿地面积2.15万平方米，各村点实现生产用电、电视有线、互联网络“三通”。2017年，有838户、2804人脱贫，2个省级贫困村退出。

（撰稿　黄流香　审稿　林席常）

【领导名单】

中共崇义县委员会

书记：许　斌

副书记：邱　凌　王明良（挂职）　张　涛（挂职）　赖木生（任至12月）　潘全城（12月任）

常委：曾　雷　曾　帅　何　琳　边建忠　党生维　王　豪　刘春香（女）

县人大常委会

主　任：郭　兰（女）

副主任：汤名东　刘立伟　郭远君　刘向民　陆芳锋（女）　肖鸿斌

县人民政府

县长：邱　凌

副县长：王明良（挂职）　张　涛（挂职）　张祥兰（挂职）　黄　硕　吴忠浩　黄小波　朱志勇　张小兰（女）

县政协

主席：陈金发

副主席：黄义华（女）　黄名兰（女）　刘文泽　罗福生　刘事明

副调研员：肖青云

县人民法院院长：李舒文

县人民检察院检察长：曾　涛

安远县

【简况】　安远县辖10乡、8镇，151个行政村、16个居委会。总面积2374.59平方千米，其中城区面积10.37平方千米；耕地面积1.08万公顷，森林面积20.05万公顷，森林覆盖率84.25%，城区绿化率41.1%。全县总人口40.43万人。2017年，全县实现地区生产总值66.78亿元，增长9.1%；规模以上工业增加值增长8.6%；固定资产投资41.7亿元，增长14.2%；社会消费品零售总额20.07亿元，增长10.8%。城镇居民人均可支配收入23111元，增长8.7%；农村居民人均可支配收入9227元，增长10.2%。本级财源不断壮大，财政总收入8.09亿元，增长11.9%；支出结构不断优化，完成公共财政预算支出28.34亿元，增长11.6%。金融存贷保持平稳，全县金融机构各项存款余额为128.46亿元，增长21%；贷款余额为80.61亿元，增长31.2%；存贷比为62.8%。安远县先后获评全国、全省首批“四好农村路”示范县，中国果业扶贫突出贡献奖，全省社会救助工作先进县，全省安全生产工作先进县，全省耕地保护先进县等荣誉。县供销社获评全国供销合作社系统先进集体，东生围成功创建国家AAAA级旅游景区，安远三鲜粉入选首届“中国地域十大名小吃”。

【产业升级】　城北工业园一期120公顷土地平整项目全面完工，路网、水电、通信等基础设施更加完善，园区被认定为省级科技孵化器。10万平方米标准厂房交付使用，20万平方米标准厂房建设进展顺利。工业用电量企稳回升，全年达5557.9万千瓦时，增长6.1%。首位产业发展初显成效，引进嘉源华、杉美等一批电子信息企业，园区电子信息企业达17家。大力开展中小企业的成长帮扶，解决企业融资、用工等难题，年度新增规划以上企业10家。成功举办江西安远（东莞）招商推介会、“安商回归恳谈会”等招商推介活动，全年引进项目25个，签约资金62.14亿元，分别增长108.3%和292.7%。荣晖电子线路板项目，成为安远县近年来首个签约总投资15亿元以上的工业项目。南佳盛电子、金橙电子等项目实现当年签约、当年投产。启动实施6个乡镇高标准农田建设项目，全县粮食产量实现“十四连丰”。扎实开展柑橘黄龙病防控，完成市级下达的脐橙标准化生态示范园建设任务，有序推进病毁果园转产，猕猴桃、百香果、鹰嘴桃等水果种植渐成规模，果品结构更加优化。稳步发展烟叶产业，收购烟叶5.82万担，总产值7449万元，均价位列全省第三。大力发展蔬菜产业，凤山有机蔬菜产业园、三百山现代农业蔬菜博览园、孔田镇大棚蔬菜种植基地建设稳步推进，新（扩）建集中连片50公顷以上规模蔬菜基地19个182.6公顷。三百山景区总规获国务院批复通过，创AAAAA工作全面启动。加快推进东风湖码头、梅屋游客集散中心、过桥垄游客服务中心、旅游公路、电瓶车道等项目建设，三百山景区基础设施不断完善。东生围景区主体设施建设基本完成，景观质量明显提升。车头镇官溪村成功创评省AAA级乡村旅游点。全县实现旅游综合收入21.9亿元，增长160.7%。中通、顺丰快递全市农产品分拨中心签约落户，全县物流快递公司达25家。“农家书屋＋电商”打通农特产品进城、工业产品下乡的“最后一公里”，经验做法在全省推广。全县累计发展网店1800多家，电商年度网上销售额达15亿元。房地产市场平稳健康发展，销售商品住房3226套，增长116.4%。九江银行、农业发展银行在安远县设立分支机构，筹建中国银行安远支行，金融服务体系更加完善。

【城乡环境】　投资1.6亿元、占地25.33公顷的书香公园基本建成。拥军路、城西路、城南大道一期、和谐路二期等重要路网改建完工。县城区铺设污水管网13.25千米，超额完成市级下达指标任务。龙泉路改造、横二路排水渠工程、横四西路改造等项目有序推进。启动西街坝特色商业街建设，美食城、步行街等重要区域的改造。县城规划区棚改工作，35天时间完成621户土地房屋征收任务。深入开展“两违”整治和“三城同创”工作，拆除违法建筑9.5万平方米，完成东江源大道520余户房顶专项整治，拆除城区1500余户乱搭乱建铁皮棚，农贸市场、夜宵市场更加规范有序。投入5.4亿元实施贫困村整村推进和非贫困村村庄整治，打造419个新农村建设点。农村生活垃圾治理工作在全市率先通过省级评估验收。拆除危旧“空心房”207.5万平方米、乡村乱搭乱建铁皮棚46.8万平方米。梅屋村、虎岗村、龙头村获评“全市生态秀美乡村”。生态环境治理成效明显。落实中央环保督察反馈问题整改工作，关停全县禁养区内的畜禽养殖场，完成简易生活垃圾填埋场整改工作，治理废弃矿山面积累计达3.44平方千米。启动南片5个乡镇生活污水处理设施建设，出境断面水质、集中式饮用水源地水质，达标率均为100%。大力实施生态保护修复工程，山水林田湖项目全面开工建设，完成低质低效林改造3546.67公顷，生态环境更加秀美。

【百姓生活】 全年民生支出25亿元，增长13.2%，占一般公共预算支出的88.2%。多方筹措资金12亿元用于精准扶贫，实现1.45万贫困人口精准脱贫，60个贫困村顺利退出，贫困发生率降至3.15%。大力实施产业扶贫，发放产业直补2765.5万元、产业扶贫贷款4亿元，产业覆盖面达97%，完成村级光伏电站安装71个，户用光伏电站安装1916户。易地扶贫搬迁入住7252人，危房原址改建竣工852户，新建保障房80套。健康扶贫“四道保障线（城乡居民基本医疗保险、大病保险、疾病医疗商业补充保险和民政医疗救助）”更加稳固，贫困人口住院费用自负比例降至10%以下。所有贫困村建有村级便民服务中心、公有产权卫生室。资助各学段贫困学生3.30万人次，发放资助金2995.7万元。加快推进城乡教育一体化进程，义务教育均衡发展工作通过国家和省督导组的评估验收。中、高考成绩继续保持全市领先，二本以上院校录取率达53.7%，学前教育、职业教育、继续教育进一步加强。城镇新增就业2628人，城镇登记失业率控制在4.15%，新增转移农村劳动力5766人。农村低保新增扩面564户2120人，城镇兜底保障1.90万人，实施医疗救助1.92万人次，农村“五保”集中供养率达80%。深入实施采茶戏振兴计划，创编大型采茶戏歌舞剧《杜鹃哩咯红》。创新社会治理，信访秩序好转，信访事项办结率、满意率位居全市前列。全年实现“六个不发生（不发生严重危害国家安全和政治稳定的问题、不发生严重危害社会和谐稳定的重大群体性事件、不发生严重危害社会治安的恶性刑事案件、不发生严重危害公共安全的重大安全事故、不发生暴力恐怖事件和个人极端事件、不发生赴京非正常上访）”目标，刑事发案率下降33.7%，公众安全感指数测评居全省前列。市场综合检验检测中心建成并投入使用，食品安全监测能力增强，安全生产工作保持良好态势。

【改作风提效率】 全面推进“放管服（简政放权、放管结合、优化服务）”“六单一网”（权力清单、责任清单、负面清单、行政事业性收费清单、前置审批清单、中介服务清单及网上审批系统）改革，县本级行政审批事项精简至89项，行政审批实现大幅“瘦身提速”。探索建立“互联网+政务”“互联网+税务”等服务模式，全面实施“五证合一、一照一码”（全面实施工商营业执照、组织机构代码证、税务登记证“三证合一”登记制度改革的基础上，再整合社会保险登记证和统计登记证）等改革，有序推进“双随机、一公开”（随机抽取检查对象，随机选派执法人员，及时公布查处结果）工作。创新开展生态环境综合执法体制改革，在全省率先组建生态执法局。推进农业农村改革，基本完成农村土地确权登记颁证工作，确权成果质量位列全市前茅，全面完成农村集体资产股份权能改革试点任务。

【全省“四好农村路”交通建设县】 11月8日，全省“四好（建好、管好、护好、运营好）农村路”交通扶贫现场会在安远县召开，会议总结和介绍全省“四好农村路”交通扶贫工作的成绩和经验，研究部署"四好农村路"交通扶贫的各项工作。安远县统筹谋划、高位推动，把农村公路建设纳入各级政府年度目标考核内容，健全专业监管和群众监管“两个体系”，完成县级交通工程质量监督站建设，形成“政府监管、工程监理、企业自检”三级质量保障体系，并严格执行农村公路建设“七公开”制度，确保工程质量。2013年以来，交通建设总投入达140多亿元，是过去30年总和的近20倍。尤其是采取以政府投资为主、多渠道筹资为辅、社会资金参与的模式，筹集相当于去年全县财政总收入1.5倍的资金11.5亿元，用于“四好农村路”建设。全县构建寻

11月8日，全省“四好农村路”交通扶贫现场会在安远县召开

全、宁定高速组成的“十字形”高速网，新增国道167.8千米，改造提升出境公路8条，新建和改造国、省、县、乡、村道1275千米。获评为全国、全省首批“四好农村路”示范县。

【赣南脐橙网络博览会暨农特产品展销会】 11月20日，2017年赣南脐橙网络博览会暨农特产品展销会在安远县赣南脐橙交易中心启动。本次活动由赣州市政府主办，安远县承办，以“世界橙乡·客家赣州”为主题，旨在通过线上线下互动，推行脐橙全网营销；推介农特产品，传播美食文化，宣传赣州旅游；用全新的营销模式，将“世界橙乡·客家赣州”全方位、广角度推向世界，全力推动赣南苏区振兴发展。节会期间，相继举办天猫、聚划算、京东商城等多渠道网上销售赣南脐橙活动，赣南脐橙线上销售展示及线下30个主要城市展销推介品鉴活动，“脐橙采摘季，欢乐赣州行”2017年赣南脐橙采摘旅游季活动，赣南客家（安远）美食展示，赣南农特产品展示展销等系列活动，为赣州国际脐橙节举办以来活动最为丰富的一次，涵盖农业、旅游、电商、美食文化等多个领域。

【全国林业贴息贷款管理和林业资金稽查工作会暨小额贴息贷款现场会】 12月5日—6日，全国林业贴息贷款管理和林业资金稽查工作会暨小额贴息贷款现场会在安远县召开。会议深入学习贯彻落实中共十九大精神，总结近年来林业贴息贷款管理、林业资金稽查工作经验，分析形式，交流情况，部署工作，推动林业贴息贷款和林业资金稽查工作更上新台阶。安远县出台《安远县林业贷款中央财政贴息资金管理实施细则》《安远县林业贴息资金发放管理办法》，采取“3+1”（乡镇林管站、财政所、金融部门、贴息户）的组织模式，确保贴息资金发放阳光操作。累计发放林业贷款贴息资金7226.9万元，受益林农林企达3万户次。推动并深化全县集体林权制度配套改革，促进林农增收和地方经济发展，尤其是推进当地林业精准扶贫工作，充分体现“绿水青山就是金山银山”的理念。这一改革管理模式被列入《中国林业年鉴（2011）》，并成为在全国示范推广的“安远经验”。

【安远三鲜粉入选“中国地域十大名小吃”】 12月7日，首届“中国地域十大名小吃”在福建省沙县举行，安远三鲜粉成功入选为首届“中国地域十大名小吃”。安远三鲜粉是赣南著名特色小吃，历史悠久、风味独特、美味可口、绿色营养，深受广大消费者的喜爱，成为赣南客家人餐饮主流之一，2010年就被评为江西省“最具特色有名小吃”。为更好地推进安远小吃品牌有序发展，县委、县政府专门成立小吃办，管理规范安远小吃，制定实施奖励补助、贴息贷款扶持、支持企业创立自主品牌等一系列扶持政策。并依托一年一度的“安远美食旅游文化节”，针对性地在部分城市召开小吃推介会等方式，广泛宣传推介安远小吃。按照“一乡一城”的思路，引导各乡镇创业者抱团进驻一个城市，共同经营“安远三鲜粉”。全县重点扶持1000家小吃店进驻42个县市，着力培育一批安远小吃餐饮连锁企业，推动安远小吃向企业化、品牌化、规范化发展。

（撰稿　叶春泉　审稿　钟朝阳）

【领导名单】

中共安远县委员会

书记：严水石

副书记：肖斐杰　吕俊山（挂职）
罗洪波（挂职）
赵　培（挂职，任至5月）
张珊珍（女，挂职，5月任）
何清平（女）

常委：方　飞　宁　群
王泽明（瑶族）　李小龙　黄正发
邱　坚　施志福　陈国庆

县人大常委会

主任：曹志坚

副主任：肖　旺　唐日全　李荣奇
欧阳绍进　刘旺清　唐伟霖

县人民政府

县长：肖斐杰

副县长：陈国庆　吕俊山（挂职）
罗洪波（挂职）
赵　培（挂职，任至5月）
张珊珍（女、5月任）　刘　飞
叶日山　陈建伟　钟思全
钟　琳（女）

县政协

主席：刘惠宗

副主席：廖家玲（女）　钟全华
叶　强　凌素英（女）　刘京海
林象森

县人民法院院长：汪　清

县人民检察院检察长：叶成霖

龙南县

【简况】 龙南县辖9个镇、5个乡、2个管委会和1个林场，总人口33.5万人。全县面积1641平方千米，耕地面积1.24万公顷。2017年，全县实现生产总值148亿元，增长9.5%。完成财政总收入19.2亿元，增长14.6%。其中，一般公共预算收入13.4亿元，增长7.2%，增幅列全市第一。完成固定资产投资总额172.7亿元，增长15.1%。规模以上工业增加值增长9.3%。限额以上消费品零售总额33.9亿元，增长9%。城乡居民可支配收入分别达到2.76万元、1.07万元，分别增长9.8%和12.1%。银行业金融机构实现存款余额162.2亿元、贷款余额116.6亿元，分别增长18.8%、27.6%。

【优势产业】 工业方面，全年签约项目54个，签约总金额479.9亿元，是2016年的2.3倍，其中10亿元以上项目20个。签约电子信息产业类项目23个，签约金额263.2亿元。赣州电子信息产业科技城初具规模，落户企业达78家，形成从覆铜板、线路板、电子元器件到智能终端产品的产业链条。深化“降成本优环境”专项行动，为企业减负4.3亿元，兑现工业发展奖励资金7070万元。新认定高新技术企业9家，总数达21家。

12月8日，龙南首届旅游文化节招商推介会签约仪式举行

新增规模以上工业企业17家，总数达102家。现代服务业方面，全年累计接待海内外游客331万人次，增长26.3%，实现旅游综合收入25.2亿元，增长25.3%，旅游产业步入“快车道”。建成73个乡村电商服务站点，全县实现电商交易额22.6亿元。净增规模以上服务业企业25家、限额以上商贸流通企业11家。现代农业方面，全年流转土地3166.67公顷，新发展农民合作社和家庭农场125家。新建50公顷以上蔬菜基地27个。

【环境整治】 开展城乡环境综合整治“攻坚月”行动，拆除农村“空心房”110.9万平方米，关停拆除禁养区养猪场311家，拆除乱搭乱建铁皮棚9.8万平方米。推进移风易俗，完成坟墓搬迁1614穴，建设农村公益性公墓23座。投入4664万元开展农村生活垃圾专项治理，建成13座压缩式垃圾中转站。建设新农村建设点180个，整合3.7亿元资金，启动105国道沿线、龙小线、龙关线3条美丽乡村示范带建设。深入推进“三城同创”，城区实现“网格化”管理全覆盖。推进中央环保督察反馈的问题整改，投入9000万元关停玉石仙岩区域23家石材开采、加工企业，县城周边粉尘污染问题得到有效解决。全面停止稀土开采，治理废弃稀土矿山。龙南空气质量优良率高于全省平均值，城镇饮用水水源地水质常年保持在Ⅱ类以上。

【民生工程】 全年民生类支出达到26.3亿元，占公共预算支出的83.7%。其中，投入扶贫领域2.2亿元。全面落实教育扶贫政策，发放各类助学金1206万元，惠及贫困学生1.34万人次。实施易地扶贫搬迁2280人，建成农村保障房500套。2280名贫困群众、3个省级贫困村脱贫摘帽。实施43个校建项目，第二公立幼儿园、龙师附小龙陂分校建成开学，龙南二中、三中改扩建工程完成。县文化馆、图书馆新馆落成并免费向市民开放。实施“智慧龙南”建设，首批公共区域免费Wi-Fi热点顺利开通。实施全民参保登记，实现社会保障全覆盖。

【争先创新】 全市“六大攻坚战”流动现场会集中评分名列第二。承办全省乡村旅游、全市农村“空心房”整治、柑橘黄龙病防控等市级以上会议6次，在省市有关工作会议上作典型发言12次。主攻工业和招商引资的经验做法在全市推广。在全省79个县（市）新型城镇化发展质量总体评价中位列第三、全市排名第一。代表全省接受国家发改委易地扶贫搬迁工作专项稽查，并得到高度评价。社区矫正工作被司法部树立为远程联网监控系统建设标杆。关西镇成功创建国家卫生乡镇。龙南经开区被列入省级产城融合示范区试点。龙南保税物流中心（B型）通过国家验收。连续4年获全省科学发展综合考评先进县，连续9届获评全省开放型经济发展综合奖。

【“三南快线”建设】 2017年，“三南快线”（龙南、全南、定南快速线路）开工建设。连接龙南、全南、定南3县的重要交通基础设施项目，全线总长约138千米，按一级公路双向四车道标准设计。

【棚改征迁】 致力建设赣深高铁沿线“工业强、旅游旺、城市美、百姓富”明珠县，投入24亿元，实施高铁新区核心区、程屋片区棚改征迁。征收房屋3358户76.8万平方米，征地341.47公顷。

【龙南首届旅游文化节】 收回南武当山、龙秀温泉、栗园围经营权，收储渔仔潭围、沙坝围。引进绿天泉、天沐温泉等旅游项目。南武当山入选国家级风景名胜区，虔心小镇成功创建国家AAAA级旅游景区、国家水土保持科技示范园、全省AAAAA级乡村旅游点。12月8日—9日，以“‘围’美龙南，‘客’迎天下”为主题的龙南首届旅游文化节成功举办，关西围屋群景区、南武当山、虔心小镇、正桂美丽乡村、悦龙湾水上乐园、客家红文创园等6大重点景区、10余个精彩系列活动，给八方宾朋带来耳目一新的享受，一举打响“世界围屋之都”旅游品牌。

（撰稿　龙南县政府办公室　审稿　徐柏胜）

【领导名单】

中共龙南县委员会

书记：缪兰英（女）

副书记：邱建军　刘文杰（任至8月）

常委：林建杭（挂职）　廖耀军　赖道德　谢建林　吴　昊　刘建华　何　敏　曹　鑫（挂职，女）　何中育（挂职）　滕宗超　李森彪（任至12月）

县人大常委会

主任：曾明健

副主任：钟辉阳　刘榕生　陈春华
　叶雪平　陈宝权　余美华（女）

县人民政府

县长：邱建军

副县长：李森彪　林建杭（挂职）
　曹　鑫（挂职，女）　何中育（挂职）
　叶　为（女）　刘日辉　林　峰
　王育军　王　冰

县政协

主席：王慧君

副主席：谢恒兴　钟　万
　王惠敏（女）　刘建荣　廖承房
　曾学文

县人民法院院长：廖　迪

县人民检察院检察长：邓荣平

全南县

【简况】　全南县辖6镇、3乡、2公司、1林场，总面积1535平方千米，其中城区面积8.8平方千米。耕地面积1.06万公顷，林地面积12.57万公顷，森林覆盖率82.87%。总人口19.73万人，出生人口3776人。2017年，实施项目89个，开工83个，开工率93.26%，项目总投资299.25亿元，年内完成投资81.08亿元，完成投资额是上年度的2倍。10万千瓦天润天排山风能发电场、瑞隆科技公司等34个项目竣工。全年实现地区生产总值67.09亿元，增长8.2%。其中，第一产业增加值9.63亿元，增长4.3%；第二产业增加值33.84亿元，增长8.1%；第三产业增加值23.62亿元，增长10.0%。三次产业结构由15.2∶50.2∶34.6调整为14.4∶50.4∶35.2。财政总收入9.55亿元，增长6%。其中，公共财政预算收入6.45亿元，增长-5.3%；公共财政预算支出24.09亿元，增长23%。规模以上工业总产值86.44亿元，规模以上工业增加值增长8.6%；500万元以上固定资产投资45.69亿元，增长12.6%。全社会用电量31718.4万千瓦时，增长-13.2%，其中工业用电量18992.21万千瓦时，增长-19.3%；规模以上企业工业用电量12091.86万千瓦时，增长-32.4%。完成外贸出口14274万美元，增长7.1%；实际利用内资38.91亿元，增长10.8%；实际利用外资7234万美元，增长10%。完成社会消费品零售总额18.25亿元，增长11.4%。城镇居民人均可支配收入24629元，增长8.83%；农村居民人均可支配收入7802元，增长14.08%。城镇居民年末储蓄存款50.52亿元，各项贷款余额48.44亿元。民生支出19.35亿元，占公共财政预算支出80.3%。就业支出597万元，城镇新增就业1972人，新增转移农村劳动力2612人。民生工程参保率100%，城乡居民基本医疗保险参保率96.38%，社会保险基金征缴总量2.5亿元。全县公众安全感和公安满意度获全省第二、全市第一。获评全国地质灾害防治高标准“十有县”、全国第三批结合新型城镇化开展支持农民工等人员返乡创业试点县。

【主攻工业】　紧盯工业三年翻番目标，实施开放引领战略，安排招商招工经费1050万元，承接产业转移，引进一批经济效益好、技术含量高、税收质量高的企业，先后在广东省等地举办招商引资推介会6场，全年新签约项目31个，签约资金142.85亿元。特色工业耐力、华鼎、行之成等10家总投资21亿元的电子信息企业集群落户全南，不锈钢产业基地制管项目、松岩冶金材料厂2期工程建成投产；大健康科技产业园、铸造产业园加快推进；安排征拆资金2.5亿元给“三南一体化”全南产业园完成土地、房屋征收；工业园区获准调区扩区，面积增长1.6倍，增挂龙南国家级经济技术开发区全南园区牌子，新平整工业园地200公顷，清理闲置厂房12.2万平方米，标准厂房第一期9.14万平方米全面完成，第二期、第三期加快建设；支持工业平台建设，投入资金6800万元建设工业污水处理厂和工业园路网管网；设立2.5亿元重大工业项目投资引导资金引导产业发展，为35家企业提供过桥资金2.63亿元，为企业减少融资成本235万元；投入企业增效增产资金156万元，支持规模以上企业发展。深入推进“五个信贷通”，全年发放信贷资金5.9亿元；深化“降成本、优环境”专项行动，全面落实“三去一降一补”政策，为企业减负1.41亿元。新增规模以上企业6家、高新技术企业2家，规模以上工业总产值86.44亿元，规模以上工业增加值增长8.6%。全南县超亚科技有限公司获评国家知识产权优势企业。

【脱贫攻坚】　脱贫攻坚十大工程累计投入资金18.85亿元，实现产业扶贫100%覆盖，投资完成率全市排名第一。产业扶贫全年完成投资9.59亿元，发展新型农业经营主体241家，建成蔬菜、灵芝等产业扶贫基地109个，蔬菜种植面积5600公顷；分别给龙头企业江禾田园综合体、厚朴公司、现代牧业1000万元产业扶贫专项贷款，带动贫困户3850户发展蔬菜、灵芝、油茶、生猪、家禽等区域特色产业；推广电商扶贫、光伏扶贫、旅游扶贫等产业扶贫新模式，建立县级电子商务运营中心1个、乡村电子商务服务网点57个，辐射带动2585户贫困户参与产业发展；通过“一降一奖二贴”政策，为5520户次贫困户发放产业奖补资金864.66万元，为4142户贫困户发放贴息贷款2.8亿元；拓宽就业扶贫，累计帮扶贫困人口就业创业3880人，通过“蔬菜贷”“油菜贷”等为贫困户发放产业扶贫贷款5亿元；实施“8＋2”教育扶贫工程，完成投资4739万元，贫困学生资助政策实现全覆盖；出资1907万元为21472名贫困人口构建贫困人口城乡居民医疗保险、大病保险、商业补充保险和民政医疗救助“四道保障线”，贫困人口基本医疗保险参保率100%，实现先诊后付费“一站式”同步结算就医报账服务，个人自费医疗费用比例控制在10%以内；推进易地扶贫搬迁安置点建设10个，建成建档立卡贫困人口安置房636套，搬迁入住1637人，分别完成任务数的84.02%、56.58%；实施省级贫困村整村推进项目8个，完成贫困村整村推进项目173个；争取国家开发银行贷款9.5亿元用于农村基础设施和水利工程建设，全县25户以上自然村进村道路硬化率100%，所有贫困户喝上安全饮用水。实现田心村退出省级贫困村，脱贫2264人，贫困发生率降至3.82%。

【新型城镇化】 新型城镇化进程加快，城镇化率达45.7%。实施总规划、新区控制性规划及城市设计专项规划，初步完成农村全域规划编制；新型城镇化十大重点项目全面开工，总投资24.5亿元，竣工4个，累计完成投资10.85亿元，完成投资率114.28%；加强住房建设管理，拆除“两违”建筑面积14.2万平方米，“两违”建筑增量为零；争取资金16.8亿元实施棚户区及城中村改造，棚户区及城中村居民100%签订拆迁协议、100%提前搬迁交房，拆迁面积14.6万平方米，棚户区改造安置236套；实施县城主要街道立面改造提升工程，完成立面改造27.1万平方米，补植增绿70余万平方米，增设临时停车场6个；深入开展“三城联创”“城乡环境整治年”活动，整合资金3亿多元投入整治项目，拆除农村“空心房”139.7万平方米、“两违”建筑面积1343平方米，新（改、扩）建省级以下公路108.8千米，改造危桥10座；县内大广高速公路出口连接线拓宽及绿化、梅子山公园改造、县城主要街道“白改黑”、老车站农贸市场、城区污水管网、绕城公路地下管网、工业污水处理厂及配套管网等项目全面完工，污水收集率稳定在87%以上，进水浓度COD稳定在每升135毫克；解放桥改造、若湖塘等基础设施建设项目加快推进；投资3199万元引进北控水务集团，实行城乡环境卫生一体化市场化运作；秋湖废弃稀土矿治理、畜禽养殖污染整治、山水林田湖草生态保护修复试点、“清河”行动等工作取得实效，全县地表水环境质量达标率100%（去除输入性超标断面影响），集中式饮用水源水质达标率100%，空气质量优良率94.4%，城乡环境卫生得到彻底改善；推进特色小镇建设，开发南迳镇温泉、芳香花木等特色产业，建设古韵梅园、花满楼温泉度假小区、碧桂园温泉酒店、芳香大道、温泉大道、游客集散中心等项目，完成投资约3亿元；高标准打造“五条主要通道”（大广高速公路口至木金坑、树垇至虎头陂、虎头陂至马古塘、老车站至黄埠、黄埠至狮子寨通道），串联带动260个新农村建设点建设；龙源坝雅溪村成功入选中国第四批传统村落和国家美丽宜居村庄名录，龙源坝上窖村和大吉山大岳村入选省级传统村落，南迳芳香小镇成功列入国家级特色小镇名单，全县省级以上生态乡镇比例77.8%、市级以上生态村比例93%，被评为省级生态县、省级生态文明县、江西省森林城市。

全南不锈钢产业基地

【现代农业】 品质农业发展壮大。总投资7.5亿元，集现代农业、观光旅游、新农村建设为一体的江禾田园综合体初具规模，带动全县蔬菜种植面积扩大至7867公顷，3.33公顷以上蔬菜基地26个。推动生猪产业规范化、清洁化发展，推进现代牧业公司3个环保绿色供港生猪养殖小区建设，全县生猪出栏30.5万头。完成低质低效林改造980公顷，油菜改造提升733.33公顷。推进546.67公顷高标准基本农田建设项目。全市现代农业攻坚现场会在全南县召开，林下经济发展工作在全省作经验交流。获批全省农村第一、二、三产业融合试点示范县。

【现代服务业】 打造全域旅游。组建旅游公司，设立1000万元旅游发展专项资金，出台《全南县鼓励旅游业投资若干政策》；高标准编制全域旅游总体规划和10个景区景点专项规划。投入5800万元建设4条旅游公路。高车乡村公园、雅溪围屋古村落改造和精品民宿融合发展，黄埠教育小镇（乡村振兴点）年底初显成效。推进天龙山等县城核心景区及11个乡村旅游示范点建设，全年接待旅游人数、总收入分别增长26.4%、31.2%。县创新创业（电商）园开园运营，入驻企业53家，全年园区营业额达3亿元以上；中国网库集团在全南县设立全国灵芝单品网上交易平台，4月上线运营，至年底，网上入驻企业有1300多家，累积线上线下交易额2500余万元，平台流量增长到20多万，全县林下野生灵芝种植面积扩大到533.33公顷，产值1.9亿元；在全区率先推出“蔬菜贷”金融产品试点，成为全市第六个同时拥有赣州银行、九江银行、江西银行3家城市商业银行的县（市、区），全县银行机构9家。推动“医养结合”试点，兴办县老年公寓服务中心护理院、大吉山矿区医院老年康复中心，综合福利院康复大楼主体完工。

【基础设施建设】 推进交通设施建设三年行动计划，实施3条国省道、4条通景区公路、“三南快线”全南段、南迳至大吉山路面大中修、金龙镇木金村至增坊道路拓宽工程等项目建设，S549南迳竹山下段路面改造竣工通车，新建改建农村公路80千米、改造危桥10座；装机10万千瓦、总投资8.77亿元的天排山风电场全面建成发电，投资8.8亿元的大唐国际全南乌梅山电场获核准并开工建设；完成第二批中心村农村电网改造项目90项，中低压改造项目140项；完成14个农村饮用水安全巩固提升和备用水源保护工程；大吉镇、中寨乡圩镇防洪工程竣工。

【全南江禾田园综合体项目建设】 全南江禾田园综合体位于城厢镇镇仔村，引进山东寿光客商投资5亿元。项目包括6.67公顷冷链物流区、66.67公顷科技核心区、666.67公顷联产联销区和1333.33公顷辐射带动区4个部分。项目从2016年9月开工至2017年年底投入资金2.94亿元，初步建成53.33公顷高标准钢架连体大棚、8公顷智能温控大棚和106.67公顷露天种植区。全县发展乡镇联产联销和辐射带动蔬菜播种面积1120公顷、建成钢架连体蔬菜大棚112公顷；引导贫困户100户，整合“产业扶贫信贷通”资金1000万元，入股全南江禾田园农业发展有限公司。采取“龙头+合作联社+合作社+农户”的方式，通过统一育苗、统一标准、统一管理、统一品牌、统一销售，分户种植“五统一分”模式，解决全县2000公顷蔬菜种植户的资金、技术、市场难题，并带动农户1万户、贫困户2300户增收致富。打造新型农村社区，规划新建以蔬菜为主题，集客家小院、农村电商、生活体验于一体的蔬菜小区；按照“修旧如旧”的方式，对旧宅进行修缮和改造，打造具有乡土气息的客家民宿；采用AOBR（即“厌氧+好氧+砂滤”）综合生物处理模式，对整个综合体污水进行生态无害化处理。

（撰稿 江裕来 审稿 缪以春）

【领导名单】

中共全南县委员会

书记：余钟华

副书记：温扬汉 温江涛

常委：韩相云 肖 兰（女） 王加卿（女） 刘文秋 黄 健 谢房才 罗红辉 程 柏（挂职） 姜成森（挂职）

县人大常委会

主任：曹东春

副主任：李建华 钟元亨 赖槐海 谌 平

县人民政府

县长：温扬汉

副县长：韩相云 程 柏（挂职） 姜成森（挂职） 刘震民 钟思勇 龚红卫 刘婷婷（女） 张 毅

县政协

主席：马石旺

副主席：肖运发 曾春平 曾国平 李素贞（女） 贺利民 黄忠明

副县级干部：刘福彬

县人民法院院长：廖永华

县人民检察院检察长：段文冬

定南县

【简况】 定南县辖7个镇，119个行政村、16个居委会。总面积1321.13平方千米。耕地面积76.1平方千米，有林面积10.55万公顷，森林覆盖率80.9%。2017年年末，总人口22.19万人，其中城镇人口5.64万人。2017年，实现生产总值77.47亿元，增长9.6%。其中，第一产业10.32亿元，增长4.3%；第二产业34.91亿元，增长7.8%；第三产业32.24亿元，增长13.4%。规模以上工业增加值增长8.5%；500万元以上项目固定资产投资70.98亿元，增长13.2%。财政总收入11.44亿元，增长3.0%。社会消费品零售总额17.13亿元，增长11.8%。实际利用外资8006万美元，增长10%；外贸出口6010万美元，增长6.7%。城镇居民人均可支配收入26693元，增长8.8%；农村居民人均可支配收入8806元，增长14.1%。城乡居民年末储蓄余额48.07亿元，万元GDP能耗下降4.84%。

【项目建设】 建设全球首个以“智能助残、智慧养老”为主题的智能助残科技城项目，助推赣州市获批国家康复辅助器具产业综合创新试点示范城市。北上争取项目资金18.75亿元，增长50%。其中，非普惠制资金8.37亿元。“六大攻坚战”完成投资89.64亿元，开工项目111个，开工率100%；竣工项目81个，竣工率73%。洋前坝水库成为全省“十三五”期间率先立项并具备开工条件的大中型水库项目。引进项目52个，其中5亿元以上项目17个。万佳诚双孢菇项目竣工投产，龙塘龟谷、九鼎牧业（二期）、联多利生物饲料等项目加快推进。

【产业发展】 供给侧结构性改革持续推进，全面落实“降成本、优环境”各项政策措施，为企业减负2.87亿元。投入3.5亿元完善园区基础设施，新建标准厂房22万平方米。新增国家高新技术企业3家，新增规模工业企业13家。“两城两园”工业格局初步形成，智能助残科技城引进全产业链项目6个；中国（定南）模具城签约落户企业2家；民定丰纺织产业园入驻企业13家，累计实现产值5.5亿元；砺剑军民融合产业园昊天龙邦项目开工建设。新增标准化生态果园5个，新增钢架大棚蔬菜94公顷，新造油茶林493.33公顷。出台旅游业发展扶持奖励办法。桃花源景区一期工程竣工，九曲度假村旅游设施进一步完善。明旺公司获评省级服务业龙头企业。成功举办2次大型徒步活动。组建金融服务中心和民间融资登记服务中心。发放各类“信贷通”8.1亿元，为129家企业发放还贷周转金3.98亿元。在全省率先实施油茶林经营权证制度，发放“油茶贷”1.2亿元。引入国家开发银行“四台一会”贷款模式，为7家企业发放专项贷款2860万元。引进现代物流综合体、国际汽车城等物流项目6个，总投资22.8亿

定南县九曲度假村

元。公路港入驻企业32家，县内零担货运完成规范化、信息化改造。公路口岸作业区全年办理出口业务4850万美元，增长13.5%。容汇广场一站式购物中心投入运营。

【城乡建设】 启动新一轮城市总体规划修编和高铁新区规划设计，完成中心城区近期规划。东江湿地公园、神仙岭公园建成开放。杨梅火车站广场完成改造并投入使用。完成城区道路“白改黑”13.2千米，硬化背街小巷2.3万平方米，新建文化墙5千米，新增城区公厕4个。拆除“两违”建筑12.72万平方米，拆除农村“空心房”71.67万平方米，完成出入县主要通道和高速公路沿线民房立面改造41万平方米。“三城同创”深入开展，全面实行网格化管理，引入第三方参与环卫作业，公共环境卫生质量提升。赣深高铁定南段开工建设，G535、G238定南段启动实施，县城恩荣至天九镇新时代大道全面竣工，水西至金鸡三级公路项目进展顺利。完成村组公路改造91.3千米。新建中小河流治理重点县综合整治及水系连通试点项目4个。农村生活垃圾治理通过省级验收，“两站一中心”基本建成。天九镇农村环境综合整治项目基本完工。

【生态建设】 全面禁止阔叶林、天然林商业性砍伐，改造低质低效林2100公顷。加强水资源保护和管理，礼亨水库水质达到Ⅱ类标准，九曲河出境断面水质稳定在Ⅲ类标准。新增城区污水管网29.2千米。小黄坝垃圾填埋场改造基本完成。工业园区污水处理厂投入运行，岿美山污水处理厂、龙塘新村污水处理站全面竣工。在全市率先开展生猪养殖污染整治，全面关停禁养区养猪场，拆除栏舍20.1万平方米。正合农科园、病死畜禽无害化处理中心等项目启动建设。发展绿色清洁能源，村级光伏电站25个、户用光伏电站1000户建成发电。

【民生及社会事业】 完成民生支出20.79亿元，增长17%，占公共财政预算支出的87.6%。大力实施脱贫攻坚十大工程。贫困人口实现脱贫2082名，全县贫困发生率下降至4%。抓好产业扶贫，发放“产业扶贫信贷通”2.05亿元、创业担保贴息贷款1.2亿元，为贫困户2802户发放产业扶贫资金1216万元。就业扶贫示范点13个和鹅公镇就业扶贫示范园获省人力资源和社会保障厅授牌，易地扶贫搬迁集中安置点7个全面竣工，贫困家庭170户迁入新居。完成“四道医疗保障线”“一卡通”即时结算平台建设，贫困户住院报销比例达95.8%。发放教育扶贫资金1984.7万元，资助家庭经济困难学生7962人次。启用定南中学、定南六小新校区建设，创办定南实验学校，划拨1.33公顷棚改净地用于三中、五小扩大校区。成功举办第四届全民运动会和首届残疾人运动会。在全省率先普及推广校园足球项目，启动足球训练基地建设，标准化改造学校足球场7个。新增省级科普示范基地2个。太公八角围、黄砂口老围和下桥围完成抢救性修缮。投入1137万元完善乡镇卫生院基础设施和诊疗设备，安定医院、岿美山新卫生院建成使用，车步、龙头新卫生院主体工程基本完工。文体中心开放运营，残疾人综合服务中心投入使用。城镇新增就业1816人，城镇登记失业率3.38%。天九供销社服务大楼开工建设。修通南福路、城东公办幼儿园至井坑口、定南六小至南华路等3条城市微循环路。立体智能停车楼、火车站休闲广场建成使用，城区农贸市场基本竣工。完成棚户区改造458户、农村危房改造802户。

【美丽乡村——黄砂口建成开放】客家名村黄砂口位于定南县老城镇东北部，紧邻赣粤高速老城出口和赣深高铁定南站。全村总面积16.09平方千米，人口1637人。以“一溪三轴连四区，多点汇文湖”的布局，打造集“改善环境、培植产业、丰富文化、记住乡愁”为一体的定南美丽乡村。“一溪”指的是贯穿黄砂口的1条小溪，“三轴”指的是黄砂口的3条道路，“四区”指的是蓝莓产业观光旅游区、乡村体验区、果蔬采摘区、休闲区（文昌公园）。“多点汇文湖”多点指的是魁星阁、文友居（民宿）、村史馆等景观点，文湖指的是文昌湖。7月成功入选赣州市第一批特色小镇创建名单。至年底，黄砂口美丽乡村建设一期工程基本完工，文昌公园、文昌湖、村史馆、民宿、游客服务中心广场等主要景点建成开放，吸引一大批周边县市及粤港地区的乡村旅游爱好者。

【举办全民运动会】 12月2日，举行定南县第四届全民运动会开幕式。运动会开设广场舞、田径、篮球、排球、足球、乒乓球、羽毛球、中国象棋、游泳等大项目19个，小项赛事98个，有系统组代表团12个、镇街组代表团8个、青少年组代表团20个和老年组代表团47个等共87个代表团参加，参赛人数5000余人。12月17日，定南县第四届全民运动会胜利闭幕。

（撰稿　赖春梅　审稿　胡东汉）

【领导名单】

中共定南县委员会

书记：赖正文

副书记：吴建平　温学延

常委：颜叙平　陈文新　叶富安　杨　健（女）　何春林　倪朝兵（任至11月）　朱　颢（挂职）　李敢峰（挂职）　罗高波

县人大常委会

主任：曾小良

副主任：李愈强　刁少勇　周平滔　李柳琴（女）　郭迪艳

县人民政府

县长：吴建平

副县长：陈文新　朱　颢（挂职）　李敢峰（挂职）　魏更新　程　刚（挂职）　杨祥文　邹芬芬（女）　赖晓强　李小勇

县政协

主席：袁　建

副主席：杨逢春　胡东胤

县人民法院院长：谢万安

县人民检察院检察长：廖信明

兴国县

【简况】　兴国县辖25个乡镇、1个经济开发区，304个行政村，总面积3215平方千米，是全国著名的红军县、烈士县、将军县、苏区模范县。2017年，实现生产总值158.42亿元，增长9.1%；财政总收入17.01亿元，增长13.1%；税收占财政总收入比重87.9%，全市排名第一；500万元以上固定资产投资131.79亿元，增长14.3%；实现社会消费品零售总额43.34亿元，增长12.6%；城乡居民人均可支配收入分别达26044元、9729元，分别增长9.1%、10.63%。

【项目建设】　开工建设重点项目106个，完成投资151.56亿元，占年度计划133.2%。启动总投资14.9亿元的交通提升和民生工程2个PPP项目。兴赣高速建成通车，昌赣客专、兴泉铁路加速推进，兴赣高速北延、瑞兴于快速交通走廊开工建设，“四纵四横”综合交通网络初步形成。全面实施11个国省道和一批农村公路改造项目，完成自然村通水泥路753千米，危桥改造107座，启动建设公交充电运营站。开工建设全省最大总投资29亿元的大水山、莲花山和云峰嶂3个风电项目。电网改造升级规模全市第一，完成投资1.32亿元，建成110千伏高兴输变电、35千伏良村输变电工程，解决3500余户低电压问题。园区功能显著增强，基本完成赣闽产业园一期333.33公顷“三通一平”，建成标准厂房22.28万平方米，启动实施133.33公顷综合物流园一期工程。经济开发区增挂瑞金经济技术开发区兴国园区牌子，同等享受国家级经济开发区政策支持。

【产业发展】　全年举办招商推介会12场，接待来兴国考察企业500多批次。为企业减负4.2亿元，新增规模以上工业企业20家，规模以上工业增加值增长8.6%。完成工业固定资产投资56.51亿元、增长23.1%。突出抓好蔬菜、脐橙、油茶、烟叶、肉牛、灰鹅、红鲤鱼等特色产业，全年实现农业增加值31.32亿元。建成规模化设施蔬菜389.6公顷，完成全市下达任务的272%，列全市第二。脐橙种植面积6840公顷，产量6.2万吨，创历史新高，获2017年中国果业扶贫突出贡献奖。完成油茶新造、低改、抚育4853.33公顷。新建肉牛养殖场112家。新建年出笼万只以上灰鹅基地10个。烟叶种植1186.67公顷，收购4.22万担，实现税收1145.7万元。乡村旅游蓬勃发展，建成杰村含田、埠头田庄上、龙口睦埠、高兴高多等乡村旅游示范点。丹霞地质公园获得省级地质公园建设资格。电商交易额15.2亿元，增长56%。金融业不断壮大，引进金融机构5家。房地产市场持续健康发展，全年商品住房销量增长25.77%。

【城乡建设】　城镇人口42.18万人，城镇化率49.8%。初步划定生态红线1054.1平方千米，占国土总面积的32.79%。改造低质低效林5826.67公顷，推进崩岗治理点2000多个。水土流失综合治理面积87.5平方千米，塘背水保科技示范园获评国家级水保科技示范园区。严格落实“河长制”，全面完成中小河流治理任务，出境水断面水质达到Ⅱ类以上标准，长冈水库水源在线检测系统启用，饮用水源区水质控制达标率100%。推进长冈、长龙灌区改造工程，长冈水库国家水源Ⅰ级保护区规范管理，洋池口水库项目通过国家烟草专卖局预审，实施农村饮水巩固提升工程65处。投入6426万元治理农村生活垃圾，垃圾无害化处理达90%。改造农村危旧土坯房2285户，整治拆除“空心房”415.3万平方米，配套增减挂钩项目80公顷。推进新农村建设点588个。梅窖镇三僚村、兴莲乡官田村成功申报“全国第一批绿色村庄”。大力实施城市“双修”，被评为全市最美县城。投资5.5亿元实施城区主干道改造和美化亮化工程，迎宾大道、模范大道改造全面完成。完成棚户区改造1893户、建筑面积26.1万平方米，实现“两年任务一年完成”。开展城区小街小巷整治，新建改建农贸市场3个，投资7500万元的城市垃圾处理场竣工并投入使用。城区环卫作业实现市场化运作，城市保洁机械化、专业化水平全面提升。投入1.5亿元完成潋江国家湿地公园的改造提升，新建桐溪公园、朱华塔公园和11个小游园小广场，新增城市环江绿道20千米、公园绿地180万平方米，被评为省级森林城市。

【民生事业】　集中力量办好民生实事40件，民生支出38.69亿元，占公共预算支出86.9%。全年投入各类扶贫资金10.74亿元，实施扶贫项目4483个，脱贫人口10142人，退出贫困村34个，贫困发生率由6.9%降至

兴国县实施城市“双修”被评为全市最美县城

5.5%，代表全省顺利通过国家巡查。细化量化“两不愁、三保障”指标24项，逐户逐项过筛评审，提高扶贫精准度。“四道医疗保障线”惠及广大贫困群众，贫困户自付比降至4.08%。建立“资金池”和“项目池”、开通项目建设“绿色通道”、健康扶贫提升工程、村“两委”领办产业基地等一批经验做法在全省借鉴推广。易地搬迁扶贫投入3亿元，安置1005户5047人，完成率100%。建成“五个一”基地、扶贫车间451个。探索开启风光电资源开发反哺精准扶贫的工作思路，光伏扶贫电站在全市率先实现贫困村全覆盖。教育事业投入12.62亿元，优先加强最边远薄弱学校建设做法得到教育部肯定，义务教育均衡发展通过国家督导评估。研学旅行试点工作经验在全国推广，获评第二批国家级农村职业教育和成人教育示范县。深化医药卫生体制改革，推进人民医院迁扩建、中医院医技综合大楼、妇保院住院综合大楼项目，医疗卫生公共服务能力加强。全省设施一流投资3.9亿元的县级体育中心投入使用。举办首届“四星望月”旅游美食节暨第九届兴国山歌艺术节，原创山歌剧《老镜子》获省玉茗花戏剧节优秀剧目奖。“五险合一”和全民参保工作进入正轨。社会办医和医养结合模式发展迅速，田庄上养老中心、民政项目园纳入全国第二批公办养老机构改革试点。超额完成就业指标，被国家10部委列入全国结合新型城镇化开展支持农民工等人员返乡创业试点地区。

【社会治理】 解决群众合理诉求，信访事项办结率98%、化解率90%。社会治安信息化、智能化水平全面提升，“天网”工程改造升级，全国一级刑事科学技术室和城市智能交通指挥系统建成使用。刑事发案率连年下降，社会治安秩序持续好转，全年未发生较大以上安全事故。县公安局获评“全国优秀公安局”。食品药品、特种设备安全监管扎实有效，群众安全得到保障。加大超限超载车辆整治力度，超限超载率稳定控制在1%以内。淘汰黄标车及老旧车239辆，城区空气优良率89.4%。加强水政执法、林政稽查和环保检查，中央环保督察组反馈问题全面整改。消化批而未用土地127.33公顷，批而未用率下降12%。开展文明城市创建和乡风文明行动。推进控违拆违、烟花爆竹禁燃、“三沿六区”乱埋乱葬问题整治。

【政府建设】 推进“放管服”改革，行政审批事项精简219项、精减率41%。推行“一窗式”行政审批、并联审批和中介服务超市，办结时限平均缩减至5个工作日以内。推行“互联网+政务服务”“多证合一、一照一码”登记和“容缺后补”制度，整合规范公共资源交易平台，“12345”政府热线开通运行。推进法治政府建设，健全重大行政决策合法性审查机制。全面推行“双随机、一公开”监管。自觉接受人大和政协监督，建议和提案办结率、满意率100%。严格执行中央八项规定精神，“三公”经费持续下降。政府投资预算控制加强，民生领域项目和重点工程的监管力度加大，行政监察和审计监督实现全覆盖。加大行政监察查处力度，全年共对45名领导干部进行问责。

（撰稿 钟 欣 审稿 李 文）

【领导名单】

中共兴国县委员会

书记：赖晓军

副书记：陈 黎（女）

罗瑞华（任至9月）

赖木生（12月任） 杨 昆（挂职）

常委：王喜龙 李新维 曾令峰

蓝贤林（畲族） 杨志正

胡诣升（挂职） 廖柏华（挂职）

王正颐（挂职） 李明海 邹焕铁

李 敏 杨其信

县人大常委会

主任：陈文俊

副主任：夏唐耀 吴晓文（女）

刘玉林 范景元 吕 敏 江 华

正处级干部：练继祥

副处级干部：黄 青 黄小光

邓习群（任至9月）

邓新华（任至8月）

县人民政府

县长：陈 黎

副县长：邹焕铁 杨 昆（挂职）

胡诣升（挂职） 廖柏华（挂职）

王正颐（挂职）

桑 健（挂职，任至11月）

张聪华（挂职） 李亮生 曾军威

邓冬猛 曹 东 谢燕九

县政协

主席：魏国寿

副主席：叶 方 谢庆兰（女）

王丽娟（女） 庄 敏（女）

雷从华（女，畲族）

正处级干部：郭修昌 钟贺雄

副处级干部：刘素华（女）

县人民法院院长：兰业福

县人民检察院检察长：王井平

宁都县

【简况】 宁都县辖12乡、12镇。总面积4053.16平方千米，其中县城建成区面积23.2平方千米。总人口86.6万人，其中城镇人口37.34万人。2017年，北上争取资金39.5亿元。实现地区生产总值163.2亿元，增长9.8%；财政总收入12.03亿元，增长15.4%；一般公共预算收入7.7亿元；固定资产投资90.9亿元，增长14.5%；社会消费品零售总额46.5亿元，增长13%。城镇、农村居民人均可支配收入分别为22691元、9559元，增长9.2%、12%。多项经济指标增速位居全市前列。“六大攻坚战”在全市流动现场会评比中位次大幅前移，实现年初确定目标。全年净增规模以上工业企业20家，总数100家。实现主营业务收入129亿元，增长20.8%；增加值32.5亿元，增长9.8%。500万元以上固定资产投资37.3亿元，增长28.6%。工业用电量8650万千瓦时，增长37.5%。

【脱贫攻坚】 精准脱贫成效显著。代表全省接受国家脱贫攻坚成效和建档立卡动态调整省际交叉考核检查，全年脱贫2535户、10710人，退出贫困村7个。层层压实扶贫责任，设立县级“指挥部”、乡镇工作站、村级工作室，形成县乡村三级联动机制。强化定点结对帮扶责任，按照“9765”要求选派干部6148名开展结对帮扶，实现贫困户结对帮扶全覆盖。坚持问题导向，开展脱贫攻坚“百日行动”，突出抓好精准识别、精准帮扶、精准退出等基础工作，提升精准脱贫针对性有效性。以绣花功夫实施“十大扶贫工程”。发放产业扶贫信贷通贷款10.3亿元，建成一批扶贫产业基地，基本实现产业扶贫全覆盖，107个贫困村村级光伏扶贫电站并网发电。36个移民集中安置点全部开工，完成易地扶贫搬迁2043人，改建、维修危房1638户，建成农村保障房711套。筹集资金7.9亿元，实施整村推进项目4185个。兜底扶贫扎实有力，农村低保与扶贫开发制度有效衔接。建成就业扶贫车间39个。全面实施贫困人口“四道医疗保障线”政策，实现“先诊疗、后付费”和“一卡通”即时结算，住院治疗平均自付比例5.5%。发放各类助学金6000多万元，惠及贫困学生36000多人次。

【全国农田水利设施产权制度改革】 11月27日—30日，省、市二级水利、财政、发展改革等部门代表和有关专家组成的验收组对宁都县农田水利设施产权制度改革和创新运行管护机制国家试点开展省级验收。专家考核组查看宁都县的农田水利设施产权制度改革和创新运行管护机制试点现场；听取宁都县试点改革工作情况汇报；查阅试点改革相关资料。验收组形成一致意见：宁都县对照实施方案批复的改革内容，全部完成，目标实现，同意通过验收。

【小布获评全国特色小镇】 小布镇位于宁都县西北部，境内驻有县属企业国营小布垦殖场，镇基础设施齐全，环境优美、资源丰富、市场繁荣，素有“宁都小香港”之称，是远近闻名的“茶叶之乡”。7月14日，全国爱国卫生运动委员会公布《全国爱卫会关于命名2014—2016周期国家卫生县城（乡镇）的决定》。小布镇被正式命名为“国家卫生乡镇”。此次公布的名单中，江西省共有5个市的9个县城（乡镇）上榜。省旅游景区质量等级评定委员会评定小布镇景区为2017年国家AAAA级旅游景区。

【中央苏区反“围剿”战争纪念馆被列为全国爱国主义教育示范基地】 4月1日，宁都县中央苏区反“围剿”战争纪念馆被中共中央宣传部命名为全国爱国主义教育示范基地。宁都县中央苏区反“围剿”战争纪念馆占地面积16公顷，建筑面积5855平方米，馆内陈列展览面积3450平方米，展线长860米，是全国唯一反映中央苏区五次反“围剿”战争的军事纪念馆。

【基础设施建设】 8月20日，向莆铁路公司兴泉铁路宁都指挥部揭牌，标志着宁都县结束没有铁路的历史。兴泉铁路为国家一级铁路，在宁都境内全长61.2千米，途经赖村镇、青塘镇、竹笮乡、长胜镇、固厚乡、固村镇，设车站6个，计划2021年年底前建成通车。南丰—宁都—瑞金城际铁路启动实施，宁都通用机场建设项目顺利签约。

【宁都技工学校被列为国家级高技能人才培训基地】 9月10日，国家级高技能人才培训基地宁都技工学校新校落成开学。学校规划占地面积22.1公顷，总投资7亿元，开设7个学制教育专业和10个短期就业技能培训专业，建成后可容纳学生5000人以上。

【“翠田香米”被评为首批“中国好粮油”产品】 宁都县实行工农链接，设立专项产业化资金扶持粮食加工业，围绕水稻、甜玉米优势品种，培育增强光阳谷物、丰泽米业等一大批加工龙头企业，带动粮食品种化生产和规模化基地建设。宁都县江西丰泽米业有限公司生产的翠田香米入选2017年“中国好粮油”企业产品名录。江西丰泽米业有限公司翠田牌大米通过ISO 9001、ISO 18000质量国际体系认证，此前获江西省“放心粮油”和中国“放心米”、中国绿色食品称号及江西省著名商标。

（撰稿 刘红彦 曾爱明 审稿 邱新民）

【领导名单】

中共宁都县委员会

副书记：刘定辉 刘云波（挂职）

常委：张小川 黄先栋（挂职）
郭闽军 谢志斌 廖东根 李少刚
黄菊兰（女） 饶秋平 陈德慧
谈宇德（挂职） 张人富

县人大常委会

主任：余路晓

副主任：杨跃辉 李绮春（女）
黄 娟（女） 杨 斌 揭晓鸿
刘晓宝

县人民政府
县长：刘定辉
副县长：黄菊兰（女） 刘云波（挂职）
黄先栋（挂职） 谈宇德（挂职）
张爱荣 王华聪 段万平（挂职）
黄勇鹏 张活生 黄继革
县政协
主席：黄海印
副主席：谢帆云 温 琳 杨南生
舒地发 李松茂 肖荣华（女）

县人民法院院长：肖 峻
县人民检察院检察长：晏利民

于都县

【简况】 于都县辖9镇、14乡，357个行政村。总面积2892.32平方千米，其中城区面积27.89平方千米。总人口111.34万人，其中城市人口24.12万人。人口自然增长率为9.78‰。2017年，全县地区生产总值211.15亿元，增长9.7%。其中，第一产业28.05亿元，增长4.6%；第二产业102.01亿元，增长8.5%；第三产业81.09亿元，增长13.2%。财政总收入19.3亿元，增幅14.2%；一般公共预算收入13亿元。规模以上工业总产值310.34亿元，增长20.6%；规模以上工业增加值增长8.8%。外贸进出口总额1.54亿美元，增长13.4%。500万元以上固定资产投资194.77亿元，增长15.4%。实际利用外资1.04万美元，增长10%；出口总额1.37亿美元，增长14.1%。主要工业产品及产量：铜精矿1860吨、钨精矿6662.52吨、乳制品9590.16吨、纸制品1.88万吨、水泥205.71万吨。农业总产值43.16亿元，增长4.7%；粮食总产量25.89万吨，增长0.25%。主要农产品及产量：稻谷24.61万吨、花生1.25万吨、油菜籽2487吨、蔬菜21.11万吨、瓜果0.83万吨。社会消费品零售总额55.27亿元，增长12.4%。工业用电量3.68亿千瓦时。城镇居民人均可支配收入26513元，增长9.3%；农村居民人均可支配收入9793元，增长11.3%。金融机构存款余额327.53亿元，比年初增长19.38%；贷款余额175.53亿元，比年初增长24.71%。

【产业发展】 工业产业集群发展。出台“服装十条”等专项扶持政策，建成102万平方米装配式钢结构标准厂房，实现一批纺织服装企业“拎机入驻”；引进纺织服装类企业62户、国内外品牌165个，总投资10亿元的电商领军企业——广州汇美智能制造项目落地于都县；于都纺织服装先后在深圳时装周、上海博览会和澳大利亚参展；纺织服装产业集群被认定为省级重点工业产业集群，规模以上企业达53户，全行业产值超300亿元。完善“一园三区”基础设施，宝矿路、珍珠路等1批园区道路建成通车。企业一站式服务中心建成运行，“降成本、优环境”专项行动深入开展，帮助企业解决问题206个，办结事项357件，为企业发放“财园信贷通”“小微信贷通”“创业信贷通”贷款8.63亿元。天键电声等一大批企业增资扩股，以泰电子、烈日之光、海瑞密封等7家企业被认定为高新技术企业。净增规模以上工业企业28户，总户数达111户，规模以上工业增加值增长8.8%。

现代农业集约发展。投资2.3亿元，启动高标准农田建设4866.67公顷。粮食种植面积和总产量稳步提升。全县新增设施蔬菜800公顷，增幅居全市第一。扩种脐橙680公顷、油茶1400公顷，高产油茶种植面积达17466.67公顷，列全市第一。新增市级以上农业龙头企业6家，新增农民合作社325家、家庭农场49家。

现代服务业快速发展。第三产业对经济增长贡献率提高到50.1%。盘古山矿山公园成功申报国家矿山公园，马脑寨景区等一批旅游项目开工建设。老年养老示范基地和残疾人托养中心基本建成，电子商务产业链不断延伸，新增家政服务等新兴业态企业70家、拍卖公司6家。

【城乡建设】 城市建设加快推进。启动绿地系统及城市公共交通等18个专项规划编制工作。完成古田中路、乐都路等13条道路“白改黑”，打通金汇路等一批断头路；启动红军大道、长征大道等4条示范街建设和城区亮化美化工程；“3+X”棚户区改造完成27.6万平方米；贡江医院扩建和出水坞农贸市场、西郊农贸市场等一批民生项目投入使用。贡江新区建设加快推进，振兴大道、于都大道、盘古大道全线通车，思源大道、川江路等主次干道启动建设。体育中心、贡江南岸路堤景观工程（二期）等项目基本完工，“三合一”、贡江新区搬迁安置统建房、“四馆一中心”等项目有序推进。

基础设施不断完善。于都东连接线工程有序推进，兴泉铁路建设进展顺利，瑞兴于快速交通走廊项目开工建设。推进县道升级改造11条、农村公路危桥改造14座，重建通村公路257.8千米，拓宽乡村道185.2千米。江西省天然气管网二期（于都段）支线工程、九丰能源、鑫盛石油等项目开工建设。推进农村饮水安全巩固提升工程67个。110千伏银坑变电站等一批电力工程全面完工，完成农村低电压改造1.69万户。

城乡环境持续改善。拆除违章棚亭11.74万平方米、违章建筑6.38万平方米。整治农村空心房776万平方米。打造梓山潭头、银坑坪脑等美丽示范中心村示范点15个，创建美丽示范农户庭院1399户。

【项目建设】 实施重点项目193个，竣工项目106个，完成投资361.3亿元，完成年度计划的164%。北上争资43.3亿元，列全市第一；争取建设用地指标278公顷。南下招商项目102个，签约资金达176.59亿元，是上年的4.1倍。其中，签约落户总部经济项目23个（含拟IPO上市企业5家）；完成出口总额1.37亿美元，增长14.2%。伊妮斯服饰、华强杭萧钢构、梓山万亩富硒蔬菜产业园等项目实现当年签约、当年投产。

【社会事业】 全年实现2281户10587人脱贫，7个贫困村退出。投入资金8亿元实施整村推进，完成通组路建设235千米、通户路建设105.6万平方米、改水3.2万户、改厕3.12万户。339个行政村组建“一村一品”农民合作社，共吸纳3.46万户贫困户入股。发放产业扶贫信贷通8.55亿元。易地移民扶贫搬迁集中安置工程（二期）进展顺利，956套农村保障房基本完工。发展就业扶贫车间41个，帮助5214名贫困劳动力实现稳定就业。6.01万人次享受贫困学生资助政策。“四道保障线”更加牢固，贫困群众住院补偿比例达90%以上，有效防止因病致贫、因病返贫现象。投入兜底保障资金1.88亿元，农村低保对象51358人，五保对象2895人实现应保尽保。贫困村基本实现广播电视“户户通”。完成民生支出51亿元，全面完成民生实事50件。保障性住房完成主体工程1681套，农村危房完成改造2900户。城镇新增就业5216人。城乡居民基本养老保险基本实现全覆盖。城市低保、农村低保标准分别提高到每人每月530元、305元。县财政出资1009.7万元，为全县60周岁以上户籍在册人口购买疾病医疗商业补充保险。为贫困群众免费开展孕妇无创产前基因检测、孕妇地中海贫血基因检测、新生儿遗传性耳聋基因检测等惠民检查项目，对学龄前儿童、中小学生和50岁以上的城乡居民免费开展眼病普查，完成免费白内障手术2011例。新增教师380人。与浙江大学教育培训中心、省教学教材研究室加强“三方合作”，外派教师到江浙名校跟岗学习。301所“一校一策”中小学改扩建工程稳步推进，城西中小学、城北中小学、于都八中等项目开工建设，站前小学、思源实验学校投入使用，增加学位5040个。长征源小学被评为首届全国文明校园。高考二本以上上线人数稳居全市第一。完成14个乡镇卫生院标准化建设和166个村卫生计生服务室建设。深化与深圳华大基因合作。全面二孩政策有序实施。69个贫困村综合文化服务中心示范工程建设基本完成。送戏下乡262场，长征源合唱团巡演30余场。于都县第一部文化类丛书《印象·于都》出版发行。

【生态环境】 启动中心城区“四尘三烟三气”专项整治。全面落实“河长制”，严格水资源“三条红线”管理，关停禁养区内畜禽养殖场134家，完成9条小流域水土流失综合治理。整合资金2.77亿元，重点实施水污染防治、土壤污染防治及山水林田湖草等一批生态修复工程项目。继续实施封山育林战略，投入资金8000余万元改造低质低效林5486.67公顷。获评省级生态乡镇9个，获评省级生态村16个。

【改革创新】 出台《关于推进瑞（金）兴（国）于（都）经济振兴试验区建设的若干政策的意见》。“一区五园”挂牌运行，承接市级经济社会管理权限293项。争取并实施改革试点示范事项22项，其中国家级8项、省级12项、市级2项。加大简政放权力度，取消、调整、暂停实施行政审批事项138项，取消合并、减少办理环节公共服务事项150项，整体压缩办理时限均达40%以上。启动“最多一次办结”改革，行政服务中心大厅“一窗式”受理政务服务事项14.5万件，办结率达100%。在全市首创移动审批新模式。中介超市正式运行。乡镇政府权责清单制度建设有序推进，公共服务事项接受社会公开监督2358项。公立医院较好实现“三医联动”。新增个体工商户3468户、私营企业990户。自然资源资产负债表编制试点工作启动实施。

【承办四国男篮精英赛】 7月21日—23日，“2017年四国男篮精英赛”在于都县举行。澳大利亚阿得雷德36人俱乐部队、美国SMAA明生队、中国CBA江苏肯帝亚队、立陶宛BC维尔纽斯珍珠俱乐部队分别获得第一、第二、第三和第四名。

【于都梾木油获批国家地理标志保护产品】 11月25日，国家质检总局发布2017年第98号公告，正式批准于都梾木油为国家地理标志保护产品。梾木油是于都县特有的传统食用油，油中富含月桂酸、肉豆蔻酸等，适宜人体吸收。

【举办江西省龙舟公开赛】 5月29日，“2017年江西省龙舟公开赛（于都站）”在于都县贡江河域举行。本次公开赛共有来自南昌、宜春、赣州等地的9支队伍参加比赛。比赛分为500米与200米直道单程竞速赛。

（撰稿　丁良跃　审稿　丁良跃）

【领导名单】

中共于都县委员会

书记：蓝　捷（畲族）

副书记：陈阳山

高世文（7月任，挂职）

刘　勇（挂职）　吴　虹

常委：梁敏辉　刘春林　李仲涛

郭佩群　黄红民　刘秋天　何新平

袁艳宏　冯靖哲　李　红　李翔林

李云飞

县人大常委会

主任：黄小龙

副主任：张晓荣　谢久智

邓小兰（女）　邓晓斌　朱寿福

县人民政府

县长：陈阳山

副县长：刘秋天　刘　勇（挂职）

冯靖哲　李　红　李翔林

蔡兰芳（女）　廖旭东　幸　伟（女）

陈运明　管　宏

县政协

主席：肖惜才

副主席：段绍银　王呈长　刘立新

蓝淑娟（女、畲族）　蓝地寿（畲族）

袁尚贵

县人民法院院长：伍振海

县人民检察院检察长：曹胜民

瑞金市

【简况】 瑞金市位于赣州市东部，辖10乡、7镇，240个村（居）委会。总面积2441平方千米，其中城市建成区面积29.3平方千米。耕地面积 2.86 万公顷，有林面积 18.71 万公顷，森林覆盖率 75.6%，城市绿化率 41.75%。总人口 70.42 万人，其中非农人口 16.89 万人，人口自然增长率 8.74‰。年内实现地区生产总值 149.16 亿元，增长 9.3%。其中，第一产业 22.81 亿元，增长 11%。财政收入 20.56 亿元，增长 17.4%；人均财政收入 2920 元，税收占财政收入的 85.9%。财政支出 50.02 亿元，增长 15.5%。工业总产值 42.3 亿元，增长 9.4%。外贸出口 3.13 亿元，增长 18.2%。固定资产投资总额 90.09 亿元，增长 12.4%。实际利用外资 7472 亿美元，增长 10%。省外投资 50.2 亿元，增长 11.3%。主要工业产品及产量：烤鳗 4064 吨、九华痔疮栓 2020 万粒、发制品 53.9 万条（套）、电力电缆 66395 千米、水泥 346 万吨；农业总产值 37 亿元，增长 4.3%。粮食总产量 20 万吨，主要农产品及产量：水稻 18.58 万吨、脐橙 124 万吨、烟叶 4.27 万担、白莲 1638 吨、蔬菜 26 万吨。GDP 能耗达标，城市污水处理率 85%。城镇居民人均可支配财产收入 27597 元，增加 9.1%；农村居民人均收入 10301 元，增长 11.8%。城乡居民年储蓄余额 169.7 亿元，增长 16.6%。城镇新增就业 5521 人，新增转移农村劳动力 8024 人。城乡居民养老保险参保 30.46 万人，参保率 43.25%；城乡居民基本医疗保险参保 66.64 万人，参保率 94.65%。社会保险基金征缴总量 4.9 亿元。新增各类保障性住房 1776 套（其中农村 1410 套、城市 366 套），棚改区改造安置房 1394 套。

工业主营收入 196.7 亿元，工业增值税增长 132%，增速位列赣州市第一，净增规模以上企业 15 家，新增产值 10 亿元以上企业 3 家，电线电缆产业总量突破百亿，战略新兴产业比重超过 40%；农业生产稳中调优，新增大棚蔬菜 97.3 公顷，脐橙 530 余公顷，高产油茶 1.1 万余公顷，认证农产品“三品一标”13 个，“瑞金荸荠”地理标志商标成功注册，“瑞金咸鸭蛋”地理标志产品通过技术审查，瑞金市获批国家有机产品认证示范创建区、国家油茶种植标准化示范区、江西省现代服务业集聚区。开展特色小镇创建和环境整治，沙洲坝镇入选全省第二批特色小镇创建名单，叶坪乡朱坊村、大胜村被评为全国改善农村人居环境示范村。

统筹实施各领域改革，推出 7 大类 121 项改革措施，公布执行乡镇政府权责清单，建立“五证合一”登记模式。建成区域性食品药品检验检测中心，标准化实验室通过省级认证。发展新能源技术，入选中国新能源最具投资潜力百强县（市）。成功创建省级森林城市，绵江湿地公园列为国家湿地公园试点，泽覃乡、叶坪乡黄沙村被列为省级生态乡村。财政投入民生资金 42.8 亿元，完成市本级民生实事 22 件，城镇就业、居民消费水平总体保持平稳。城乡居民基本养老保险基本实现全覆盖，城乡居民医保全面并轨，城乡低保补助水平稳步提高，新改扩建校舍 17.8 万平方米，26 所乡镇公办幼儿园全部开园，义务教育均衡发展通过国家评估认定。升级改造乡镇卫生院 11 个，公立医院药占比降至 35% 以下，新改扩建光荣院、敬老院 11 所，建成城市保障性住房 366 套。

【脱贫攻坚】　落实责任。围绕脱贫摘帽目标，坚持把脱贫攻坚作为第一民生工程，压实脱贫攻坚责任，对照脱贫退出指标体系，建立干部责任清单和任务清单，形成分包干、一包到底，对照脱贫责任体系，打造革命老区脱贫攻坚示范区和可供复制的脱贫样板。坚持每月召开脱贫攻坚领导小组会和流动现场会 1 次，每月对各乡镇产业扶贫、新农村建设、空心房整治、乡村环境整治、乡风文明行动等工作进行现场观摩并考核评比，排名后 3 位的乡镇党委书记、挂点单位负责人在会上作表态发言。建立常态化督查、约谈机制，对巡视、巡察、督查发现的问题建立台账，实行跟踪督办，限期整改。突出重点，解决深度贫困人口脱贫，把深度贫困乡村作为年内脱贫攻坚重点，推动资金、项目、政策和干部力量更多向边远山区等深度贫困乡村倾斜，新增 22 个市直单位挂点帮扶 22 个山区困难村，重点帮助解决道路等基础设施，在资金、技术、市场开拓等方面提供支持，帮助深度贫困乡村因地制宜发展蜂蜜、灵芝、山羊、毛竹、笋干等林地经济。出台《关于建立村干部脱贫攻坚工作专项考核激励机制的实施方案》，以乡风文明行动为抓手，开展“扶志、扶智、扶德、扶勤”教育，引导村民自发组建理事会，主动开展移风易俗新农村建设。在市级层面组织脱贫致富先进典型成立脱贫攻坚宣讲团，激发群众特别是贫困群众脱贫致富内在动力。创建瑞金市 96333 精准扶贫信息服务平台，设立精准扶贫服务热线，建立“即时受理、限时办理”运行机制，推行常驻干部“五天四夜”工作法，通过“乡间夜谈”“三下乡”等方式，加强政策宣传，密切干群关系，扩大政策覆盖面和知晓度。推进精准识别“回头看”，多轮次对贫困户再识别、再检查，邀请南昌大学暑期实践团 118 名师生对贫困户重点进行全面检查。对照脱贫标准，细化贫困户脱贫要求，突出抓好改房、改路、改水、改厕、环境整治的“四改一整治”，确保贫困户有门窗、有家具、有家电、有产业，贫困户满意等“四有一满意”。

强化措施。年内，瑞金市投入财政资金 20 亿元，统筹各类资金 40 余亿元，实施扶贫项目 3000 余个。以选准一个产业、推选一个龙头、建立一套利益联结机制、扶持一笔资金、培育一套服务体系的“五个一”模式，开展产业扶贫。巩固发展蔬菜、脐橙、白莲等“三大产业”，发展烟叶、白莲、蛋鸭、养猪、养牛、养蜂等特色产业，鼓励引导贫困户发展产业，或通过土地、资金入股的方式链接到产业链，推进产业扶贫 100% 全覆盖。配套出台蔬菜、脐橙、烟叶、油茶等 7 类产业发展奖扶政策，推出产业扶贫信贷通、油茶贷等多种金融产品。年内，新种植蔬菜 3466.7 公顷，脐橙 800 公顷，高产油茶林 1267 公顷，发放产业扶贫信贷通 3713 笔 2.9 亿元，引进山东寿光、中兴农业现代农业园区和江苏惠龙易通国际物流服务有限公司“互联网＋物流＋精准扶贫”项目。投入5.5亿元建成8万千瓦光伏扶贫电站，并顺利并网发电，49个贫困村按每村50千瓦的装机容量建设屋顶光伏电站。全市有扶贫龙头企业（合作社）63个，带动贫困户9833人。通过“春潮行动”“雨露计划”等教育培训和劳务派遣，发放就业扶贫车间补助的方式，抓实就业扶贫。年内，全市有扶贫车间66家，创建省、市级创业扶贫示范基地10家，2064名贫困群众经过培训取得就业合格证书，550余名贫困群众在经济技术开发区、产业基地实现就业。通过政府购买社会服务方式，设置农村垃圾保洁员、生态护林员、农家书屋管理等公益性岗位，帮助1689名建档立卡贫困户在家门口就业。对丧失劳动能力的贫困户，全面落实低保应保尽保，加快扶贫与保障机构制度有效衔接，全市低保人口与贫困户人口重合率达88.1%，保障标准从每人每月270元增到每人每月305元。落实教育扶贫各项政策，发放助学资金2754万元，为9588名全国学生发放助学资金684万元，确保没有学生因贫失学、因贫辍学。推行健康扶贫“四保障一提升”，在全市公立重点医院机构推行“先诊疗后付费”模式，实行“一站式”报销结算，扩大特殊慢性疾病病种报账范围，提高门诊及慢性病报销比例，贫困人口医疗费用平均报销比例96.7%。落实易地搬迁扶贫政策，建设移民集中安置点28个，帮助1442户、5000人“挪穷窝”，开展保障房建设，新建、改建农村保障房1440套。

社会扶贫。省级重点扶贫单位4个、赣州市帮扶单位33个和瑞金市直帮扶单位151个，直接投入帮扶资金9462.9万元，其中产业开发投入2889.85万元。开展“百企帮百村”精准扶贫行动，124家企业与49个贫困村精准对接，累计启动项目103个，引导帮助贫困户就业1492人，完成各类捐赠6719万元，在全省率先推出社会扶贫网试点工作，2381人次捐款5.22万元。升级改建谢坊至拔英、瑞林至下坝、黄柏至瑞金市3条县道，修建乡村组道路222千米，硬化入户便道124万平方米，完成改水1.55万户，改电1.72万户，改厕1.37万户，建成村级卫生计生服务室205个，综合文化活动中心49个，电网、广电网、互联网全面覆盖，城乡一体化供水率达85.6%。当年完成减贫8498户、30835人，其中产业扶贫减贫4619户、18562人，就业扶贫减贫1037户、4144人，易地搬迁减贫594户、1859人，教育扶贫减贫284户、1136人，保障扶贫减贫1964户、5134人。

【新农村建设】 配合脱贫攻坚，先后出台《瑞金市2017年度新农村建设工作方案》《瑞金市全面推进新农村建设工作实施方案》，提出新农村建设市不漏乡、乡不漏组、组不漏户、户不漏项的目标要求，打破传统的以村点为单位组织实施相关项目原则，在推进各村组“七改三网”基础设施的基础上，突出在资金、项目安排方面给予49个“十三五”贫困村倾斜。出台《瑞金市2017年贫困村整村推进项目实施方案》，重点推进全市49个“十三五”贫困村的交通、饮水、住房、用电、道路、环境建设、公共服务设施等项目实施。相继出台《瑞金市新农村建设项目资金奖扶管理暂行办法》《瑞金市新农村建设相关文件政策说明》《关于新农村建设有关政策的补充通知》。各村组继续完善村民理事会制度，各乡镇根据实际成立乡贤促进会，在乡村二级的组织领导下，组织群众实施“七改三网”等基础设施。年内，先后投入各类资金13.48亿元，其中整合涉农资金2.2亿元，争取上级财政2017年及提前下达后3年新农村建设扶持资金2.7亿元，争取国家开发银行贷款5亿元，撬动民间投资3.58亿元。实施精品示范，打造叶坪—黄沙—日东贡潭、叶坪禾仓—壬田中潭、武阳—谢坊—拔英、黄柏—大柏地及宾黄等5条精品产业示范带及大柏地杨古、拔英邱坑、泽覃永红等具有乡愁记忆的精品示范点。开展美丽乡村建设试点，黄柏乡鲍坊村、龙湖村，叶坪乡朱坊村、田坞村、合龙村、山岐村、大胜村、日东乡贡潭村等8个村试点顺利推进。至年底，全市完成房屋立面装修1420万平方米，平改坡175万平方米，新修“三格式”户厕1.4万户，改水、通组路全面完成，硬化入户便道125千米，改塘76口，治理排水沟148千米，新植绿化树2万余株，电网、广电网络全覆盖。点线面连接格式基本形成，3000个村组整治全面到位。

【瑞兴于交通走廊瑞金快速干道获批建设】 11月，瑞兴于交通走廊瑞金快速干道获批建设。瑞兴于快速走廊项目总投资约58.2亿元，跨越瑞金、兴国、宁都、于都4县（市），全长157.7千米，起点瑞金市云石山乡梅岗村，途经瑞金市叶坪乡、瑞金机场、黄柏乡、瑞林镇，宁都县对坊乡，于都县银坑镇、宽田乡、车溪乡、岭背镇，兴国县社富乡、杰村乡、埠头乡、兴国高铁西站。瑞金快速干道（含瑞金机构连接线）起点位于叶坪乡禾仓村与G206线相交（K1872+420处），终点在黄柏乡上塅村，与G319线相交（K404+630处），与瑞金北互通高速出入连接线相接，全长11.05千米，公路等级为Ⅰ级，设计速度每小时80千米，路基宽60米，路面线构造类型采用混凝土路面。

【瑞金获省移动新媒体综合传播力10强县】 在江西省新媒体协会、江西师范大学传媒学院、江西手机报联合主办的“有‘融’乃大——2017年度江西省移动新媒体综合传播力”颁奖典礼上，瑞金市获评综合传播力10强县。瑞金市纳入全省移动新媒体传播指数统计平台主要包括瑞金发布微信公众号、瑞金发布官方微博、江西手机报客户端瑞金分端、江西手机报瑞金版（彩信）4个平台。4月起，瑞金市新媒体活跃指数每月保持在全省县（市、区）排行榜前列。

【田坞村被评为全国“一村一品”产业示范村】 田坞村位于瑞金市叶坪乡西部，总面积3.32平方千米，其中耕地138.7公顷，人口761户3365人。田坞村是瑞金市无公害蔬菜基地的主产地，为农业部认定的无公害农产品产地，全村种植蔬菜118.7公顷。该村创新“园区景区化、农旅文一体化”，“一、二、三产业”融合发展的现代农业发展理念，探索高效农业、绿色有机农业、智慧农业、品牌农业融合发展的新路径，推进高产、高效、标准化、智能化产业发展模式，打造集设施蔬菜种植、新品种试验示范、集约化育苗、技术研发与旅游观光等为一体的农业综合开发试验示范区，建成全省最大的智能大棚，棚内配备风机降温系统、内外遮阳系统、顶部自然通风系统、光合作用补光系统、计算机自动控制系统等多个智能控制系统，规划数十个蔬菜品种功能种植区和新奇特品种种植区。2017年，被评为全国“一村一品”产业示范村。

【沙洲坝镇洁源村被评为全国文明村】 洁源村位于瑞金市西北部近郊，距城区8千米。全村总面积6.2平方千米，总人口712户2654人。2017年洁源村成立创建全国文明村镇领导小组，围绕生态保持—经济发展—乡风文明—社会和谐发展模式，把环境整治和推进乡风成效结合起来，宣传文明创建知识及有关传统孝德文化，在全村中小学中开展“五大文明”教育和创建文明村庄各种知识宣传教育，打造瑞金市孝心示范村，建成教育文化宣传墙及相关壁画，组织孝德文化宣传队，以快板小品等形式宣传、营造孝德文化环境氛围，评选出洁源村第一届孝德模范12名。围绕新农村建设规划，加快生态环境基础设施建设，累计完成土坯房改造296户，村庄垃圾收集处理覆盖全村，完成村内河道清淤2千米，沙九公路路面拓宽硬化3千米，建成自来水厂1座，铺设自来水总管9000米，栽植新树2.9万棵，主要道路和河道两边宜绿化地段100%实现绿化。注重经济文明建设，组建党员支援服务队、“五老”普法服务队、就业服务队等5个服务团队，开展“一对一”“多对一”服务。按照“服务集成、资源共享”理念，推进“三室一广场”（农民培训室、综合文化服务室、卫生保健室，农民文化广场）社会服务中心建设项目。邀请市文广新局送文化下乡，组织电影放映，组建洁源腰鼓队，丰富群众业余文化生活；利用村委会公开栏开展法律知识、科普知识和道德教育宣传；开展“文明家庭”“和谐家庭”评选活动，推进农村社会公德、职业道德、家庭美德教育，树立移风易俗、文明道德新风尚，被评为全国文明村。

【全国产业扶贫现场会在瑞金市召开】 5月17日，全国产业扶贫（江西赣州）现场观摩会在瑞金市召开，137人参加会议。农业部副部长陈晓华，国务院扶贫办副主任洪天云出席会议并讲话。江西省人民政府副省长吴晓军致辞。会上，江西省赣州市、陕西省延安市、甘肃省定西市相关负责人分别介绍赣南脐橙、洛川苹果、定西马铃薯特色优质产业带动脱贫范例。会议期间，与会人员参观江西省产业扶贫展，观摩瑞金市黄柏乡坳背岗万亩脐橙基地、壬田镇廖奶奶咸鸭蛋合作社、叶坪乡大胜村脐橙产业扶贫基地、叶坪乡田坞片区蔬菜产业园等产业扶贫现场。

【领导名单】

中共瑞金市委员会

书记：许　锐

副书记：赖联春　曾　平

常委：钟振林（任至9月）

胡立安（任至9月）　陈晓斌

曾宪柏　潘少平　伍春华（女）

杨北林　罗　猛（挂职）

何　宏（挂职）

市人大常委会

主任：李学通

副主任：朱建军　朱　敏

章　芸（女）　李　光　赖　林

刘剑平

正处级干部：刘瑞红　刘运富

副处级干部：彭小平　杨建华

市人民政府

市长：赖联春　罗　猛（挂职）

何　宏（挂职）　钟　铮　罗俊腾

宋平荣　许晓龙　谢江溪

苏爱龙（挂职）

调研员：曹瑞荣（任至12月）

市政协

主席：彭　强

副主席：钟天雨　陈家祥　陈上海

温家振　陈殷鸿　刘瑞林

副调研员：刘美春

副处级干部：陈小石

邱俭云（任至12月）

市人民法院院长：温金来

市人民检察院检察长：葛振瑞

瑞金中央革命根据地历史博物馆

馆长：周景春

党支部书记：赖　军

会昌县

【简况】 会昌县辖6镇、13乡，268个村（居）委会，3121个村民小组。总面积2709.91平方千米，其中城区面积14.2平方千米，城镇化率44.91%。耕地面积2.18万公顷，有林地面积20.5万公顷，森林覆盖率80.86%。2017年年末，全县总户数143623户，总人口526756人，其中乡村人口418167人，城镇人口108589人，人口自然增长率8.92‰。全年实现地区生产总值104.18亿元，增长9.7%。其中，第一产业增加值19.34亿元，增长5.1%；第二产业增加值41.04亿元，增长9.3%；第三产业增加值43.8亿元，增长12.2%。财政总收入13.16亿元，增长8.6%；人均财政收入2882元。实现税收8.77亿元，税收占财政总收入的比重为66.6%。一般公共预算收入9.29亿元，增长4.2%。财政总支出33.61亿元，增长14.6%。外贸出口8355万美元，实际利用外资6337万美元。500万元以上固定资产投资61.25亿元，增长15.8%。城市污水处理率90.15%。城镇居民人均可支配收入25230元，增长9.14%；农村居民人均可支配收入9612元，增长10.3%。城乡居民年末储蓄存款余额103.35亿元，增长12.64%。

【工业经济】 全县规模以上工业企业实现工业总产值138.75亿元，增长

2.5%。工业增加值增长9.8%。实现主营业务收入137.08亿元，增长1.8%。其中，规模以上工业新兴产业主营业务收入39.64亿元，增长16.2%。工业固定资产投资31亿元，税收4.28亿元，分别增长47.4%和18.7%。工业用电量3.65亿千瓦时，增速62%，居全市第一。首位产业集群初步形成，新上氟盐化工项目17个，其中石磊氟化工甲烷氯化物、九二盐业5万吨多功能用盐等7个项目竣工投产。九二氟盐化工基地、台商创业基地基础设施不断完善，建成标准厂房9.45万平方米，台商创业基地二期日处理3000吨污水处理厂开工建设，台商东区日处理500吨污水处理厂和九二基地污水处理厂竣工运行。完成燕子窝工业园30家企业退城进园。华达昌“直条米粉搓散装置”、九洲种业“杂交早籼协优洲156选育与推广”分别获市科技进步二等奖和三等奖，会昌米粉获首张米粉类国家生态原产地产品保护证书，会昌县获评国家级出口米粉质量安全示范区，获质量管理体系认证证书企业4家，获有机产品认证企业2家。在江西联合股权交易中心挂牌23家企业，华达昌米粉生产流水线申报国家标准通过国家标准委专家评审，申创国家级出口米粉质量安全示范区通过省级评审。会昌县被列为江西省省级循环经济示范县。

【农业经济】　全年，实现农业总产值30.09亿元，增长11%。粮食种植30145公顷，总产17.06万吨，增长1%。蔬菜总面积1.12万公顷，新增680公顷。其中，钢架大棚192公顷，百亩以上蔬菜基地28个。建设稻（莲）虾共生共作面积66.67公顷。建设农业规模化、高效化标准农田1286.67公顷，重点打造周田秧排、下营、庄口大排现代农业园区。果园面积18742公顷，增长1.8%。其中，柑橘总面积1.2万公顷，总产量17.46万吨，增长31.1%。开发脐橙（橘柚）1000公顷，建成市级脐橙标准化生态示范园6个，黄龙病防控取得成效。全年种植烟叶1793.33公顷，收购7.11万担，产值9659万元。新植高产油茶333.33公顷，完成低改油茶333.33公顷。建设标准化茶园23.33余公顷。改造低产毛竹林333.33公顷，林下产品采集加工基地8000公顷。对707台农机机具补贴资金144.75万元，受益农户692户。生猪出栏38.15万头，增长2.7%。家禽出笼566.11万只，水产品产量17581吨。省、市级农业产业化龙头企业20家，新增市级6家。新增无公害农产品6个、发明专利3项。石壁坑饮用水源地得到保护，禁养区内畜禽养殖场全面关停拆除。全面推行“河长制”管理，开工建设山水林田湖草生态保护修复项目2个，完成水土流失综合治理32.81平方千米。实施低质低效林改造2313.33公顷，被评为全市2016—2017年度低质低效林改造工作先进县。高排乡团龙村被评为省级生态村，文武坝镇古坊村、筠门岭镇羊角村和洞头乡畲族村被评为全市生态秀美乡村。湘江源自然保护区列为全省第一批示范保护区建设。

【第三产业】　实现社会消费品零售总额32.05亿元，增长11.9%。其中，限额以上消费品零售额4.28亿元，增长23.2%。汉仙岩风景区晋升为国家级风景名胜区，汉仙盐浴温泉度假区一期建成运营，成功举办“2017江西·会昌民俗文化旅游节”。金融机构各项存款余额148.24亿元，贷款89.83亿元，存贷比提高到60.6%。商贸平台逐步完善，阳光国际汽车建材城、农产品交易中心投入运营，农村电商服务站点增加到335个，会昌县京东会昌馆被共青团中央授予“青年创业孵化中心”称号。全年商品房销售面积52.9万平方米，增长29.84%，商品住宅去化周期降至合理区间。

【重点项目】　重点项目开工167个，竣工84个。组建氟盐化工等产业招商队10支，先后成立深圳、惠州等外埠商会，实施“会商回归”工程，全年签约引进项目47个，总投资127亿元。争取上级各类补助资金21.79亿元，争取用地指标379.73公顷。石磊氟化工、小山电子科技、亚泰钨业等大项目列入全市亿元以上重点调度工业项目10个建成投产。县人民医院整体搬迁项目有序推进，完成乡镇卫生院改（扩）建7个，建成公有产权卫生计生服务室92所。体育中心健身运动场和小坝社区公共体育场竣工使用。实施通乡公路升级改造154.9千米，通村公路升级改造116.9千米。完成会杉线路面改造工程，会昌至永隆公路升级改造工程竣工通车。农网新建（改造）10千伏安线路63.55千米，配套建设改造低压线路487.29千米。湘水系统治理工程、新建石陂水库等重大项目纳入中央投资计划并优先实施。

【城乡建设】　县城建成区面积扩大到14.2平方千米。和君教育小镇征地拆迁完成。实施乡镇圩镇整治项目211个。完成“整洁美丽、和谐宜居”新农村点建设322个，打造重点村19个。建成中心城区污水管网10.99千米，启动乡镇生活污水处理建设项目29个。对全县5条重要交通沿线村点进行建筑立面整治。开展“两违”整治行动，拆除“两违”建筑14.2万平方米，农村“空心房”整治拆除建筑253.7万平方米，整治工作位列全市第一。城西南农贸市场、水东农贸市场升级改造主体完工，城市棚户区改造完成343户。完成城区供水管网改造12.28千米，新铺设供水管网384.16千米。

【民生事业】　完成惠民实事66件。民生工程投入28.84亿元，增长15.42%，占财政一般公共预算支出85.81%。义务教育学校标准化建设完成109所，会昌县义务教育均衡发展通过国家评估认定。高考二本以上上线人数万人比例33.24，提升5.9个万分点，从上年全市第十一位上升到第七位。实行县级公立医院药品零差率销售（中药饮片除外），各公立医院实行降低药品虚高价格采购“两票制”。建立重大疾病商业补充保险制度。县人民医院整体搬迁PPP项目稳步推进。免费救治儿童先心病、儿童白血病、农村妇女乳腺癌和宫颈癌等重大疾病1400余例。社会保障提质扩面，城乡低保救助、五保供养、村居干部补助等政策提标提补工作完成。实施农村敬老院升级改造项目18个。城乡低保常补对象比例20.9%，户均保障人口2.42人，整户保障比例达61.8%以上。救助“救急难”临时救助对象1000余人次，发放救助资金130余万元，下拨冬春灾民生活救助（春节慰问）金331.9万元，发放御寒衣被2500余件（床）。城乡居民医疗保险整合到位，“三个目录”内发生的住院、门诊特殊慢性病的医药费实行“二次补偿”。城镇登记失业率控制在4.3%以内。城乡新增各类就业人员9017人，零就业家庭就业率100%。完成19个乡镇900名残疾人康复评估建档工作，发放辅助器具300余台套，发放“两项补贴”400余万元，三类残疾儿童少年入学率95.5%。建成小坝社区公共体育场（小坝足球场）和体育中心健身运动场，完成村级农民体育健身工程项目9个。会昌县被文化部确定为全省唯一非遗保护传承观察点，作品《好一朵山茶花》获2017年第三十一届中国田汉戏剧奖。建成“农家书屋+电商”服务点28个，小密村农家书屋获“全国示范农家书屋”称号，洞头乡畲族文化社区获全国综合减灾示范社区。

【脱贫攻坚】 全年脱贫1.4万人，贫困村退出6个，243个行政村、19494户、87287人贫困人口实现“两不愁、三保障”，贫困发生率降至3.97%以下。对贫困户发展油茶、毛竹、脐橙、养殖等农业产业给予资金奖补并实行产业保险制度。帮扶贫困人口稳定就业3163人，技能培训3398人。建成村级光伏电站243个并实现并网发电。发放“产业扶贫信贷通”贷款2.67亿元。推广旅游扶贫“企业+农户”“合作社+农户”利益联结模式，结对帮扶150户。新建移民集中安置点17个，完成易地搬迁4000人，建成农村保障房1154套，解决4364户居住土坯房或无房农户的住房安全保障问题。县财政出资4898.4万元，为所有城乡贫困人口购买基本医疗保险和疾病商业补充保险，筑牢“四道保障线”，贫困人口住院报付比例90%以上。设置扶贫病床（病房）117张，推进贫困人口就医“三免四减半”政策，减免费用36.58万元。将符合条件的贫困人口全部纳入低保范围，农村低保对象中精准扶贫户达86%。建立从幼儿园到大学全覆盖的贫困学生资助体系，惠及贫困师生36942人次，因贫失学辍学问题得到解决。全面实施82个未退出贫困村和155个非贫困村整村推进项目3502个，政府性投资7.34亿元，竣工项目2024个。

【京东会昌馆获“青年电商创业孵化中心”称号】 会昌县于2016年11月与京东集团签订战略合作协议和电商进农村精准扶贫协议，在电商产业扶贫、用工扶贫、创业扶贫、金融扶贫等领域进行合作。同年，在京东开设会昌馆。会昌县依靠京东大平台优势，将大米、橘柚、会昌米粉、酱干、酸枣糕等20多个当地农特产品上架京东超市直接销售，全年销售额130多万元。京东集团在会昌县分别设立京东物流、京东帮家电，解决贫困劳动力、退伍军人就业问题，为推动会昌县电商产品销售和电商扶贫发挥积极作用。京东会昌馆被共青团中央授予第一批“青年电商创业孵化中心”。

【《好一朵山茶花》获中国田汉戏剧奖】 会昌县采茶歌舞剧院采茶戏《好一朵山茶花》获2017年第三十一届中国田汉戏剧奖作品创作三等奖，江西仅2个作品获奖。《好一朵山茶花》是红色革命历史题材采茶戏，故事取材于老区会昌有名的天门嶂战斗，根据当地老百姓为救护受伤红军干部而不惜牺牲生命的真实事件创作而成，反映会昌老区人民为革命作出的巨大贡献。

【教育均衡发展通过国家验收】 12月8日，会昌县教育均衡发展通过国务院批准验收。该县将义务教育均衡发展纳入“十三五”规划，2014—2016年，县财政分别投入5.74亿元、5.79亿元和6.66亿元，落实小学600元、初中800元、特殊教育6000元的生均公用经费标准，严格执行不足100人的农村小学及教学点按100人核拨公用经费。新、改（扩）建校舍面积18.4万平方米，总投资3.27亿元。其中，新建学校8所，改（扩）建学校229所。出台《进一步做好进城务工人员随迁子女接受义务教育工作意见》等文件，依法确保适龄儿童就近入学。实行县域内优质普通高中招生指标分配制度，优质普通高中招生名额的70%均衡分配到县域内初中且比例逐年提高。制定《会昌县特殊教育提升（2014—2016年）实施方案》，全县“三类”残疾儿童入学率99.94%。加大贫困生补助力度，先后资助义务教育阶段学生4.1万人次，对11549名建档立卡贫困生实施精准帮扶，实现贫困生全覆盖。对贫困家庭子女实行寄宿生资助，按每生每年800元标准发放贫困助学金。

【会昌县获评全省生态文明示范县】 2017年，会昌县获评全省第三批生态文明示范县。会昌县地处江西省东南部，国土面积2709.91平方千米，境内森林植被丰茂，水系发达。年内，县委、县政府落实国家、省、市生态文明试验区建设总体要求，着力打好污染防治攻坚战，完成人工造林953.33公顷，森林抚育8533.33公顷，封山育林400公顷，森林覆盖率80.86%，全县空气环境质量全年保持在Ⅱ级以上，城区饮用水水质常年保持Ⅰ类标准，全县地表水环境质量常年保持Ⅲ类标准以上，全面完成省、市下达主要污染物减排任务。城区、工业园区污水处理设施建成投入使用，乡（镇）污水处理设施建设全面推进，城乡环卫一体化实现全覆盖。

【汉仙岩旅游区晋升为国家级风景名胜区】 汉仙岩风景名胜区位于江西省赣州市会昌县筠门岭镇，地处闽、粤、赣三省交界处，距县城50千米，206国道和济广高速擦境而过。汉仙岩景区资源独特，集自然景源与人文景源于一体。景区内景点众多，其中汉仙湖是国家水利风景区，由湘水积流而成，沿途有8千米“十里画廊”，极具长江三峡之雄关，漓江山水之佳景；盘古山位于汉仙湖水路中段，山顶的宋代眉林寺远近闻名；羊角古堡是保存完整、规模宏大的明代军民共戎的乡村军事城堡，是反映赣南客家与少数民族共居发展、文化交融的古村，全国罕见。年内，会昌汉仙岩旅游区经国务院批准，晋升为国家级风景名胜区。

【生态环境综合执法“会昌样板”】 3月6日，会昌县成立生态环境综合执法大队（全省仅3个县），与县森林公安局共同构建生态环境综合执法联合体。该大队主要行使森林采伐、水污染防治、河道管理、渔业保护、畜禽养殖、污染环境、水土保持、矿产资源开采（含稀土开采日常监管）、土地管理、殡葬改革执法及其他破坏生态环境资源的违法犯罪行为的查处权力，解决生态执法领域条状管理、职能重叠、多头执法、衔接不力问题。年内，大队共出动执法车辆620台（次），出动执法人员2860人次，执法巡航1930千米，依法查处各类破坏生态环境违法违规案件86起，移送公安行政拘留5人，切实加强国土空间生态环境保护，推进生态文明先行示范县建设。会昌县生态环境综合执法模式引起省委、省政府领导的极大关注，省政府调研组对会昌县生态环境综合执法做法给予充分肯定。

【全省农村建房规划管理试点县】 5月12日，会昌县被省住房和城乡建设厅列为全省农村建房规划管理试点县（全省7个县之一）。年内，该县坚持“创新、协调、绿色、开放、共享”发展理念，研究把握新形势下农村建房规划管理工作特点和政策要求，制定工作方案，把村庄规划编制、规划审批监管、特色农房推广、违规建房治理等贯穿于试点工作全过程，重点落实乡镇主体责任和强化村民自治管理，有效治理农村建房无乡村规划或规划脱离实际、乡村建设规划许可证发放率低、建房批后监管无力和乱搭乱建、超高超大违法违规建房等乱象。当年，实现全县乡村建设规划许可证发放“全覆盖”，农村新建房屋超高超大建设“零增长”。

【会昌山国家森林公园通过评审】 11月，会昌山国家森林公园全票通过国家专家评审。会昌山森林公园由会昌山、洞头、清溪3个独立片区组成。规划面积3423.87公顷，森林面积3073.38公顷，森林覆盖率89.8%。其中，会昌山片区规划面积830.34公顷，洞头片区规划面积2149.15公顷，清溪片区规划面积444.38公顷。洞头片区是畲族自治乡，传承着畲族坚毅的生态保护理念，公园大量的原生植被得以保存，形成分布集中、数量庞大、物种丰富、树龄古老的古树群。清溪片区保存有常绿阔叶林景观300公顷，其中宋屋场18公顷树径粗大的钩栗林，是公园古树群分布最集中的区域。

【石磊氟材料有限公司被认定为高新技术企业】 12月，江西石磊氟材料有限公司被科技部认定为高新技术企业。公司系会昌县石磊集团旗下子公司，占地面积88380平方米，总投资1.5亿元，员工135人。公司聘请博士石世昆担任首席科学家，在北京设立含氟新材料研究院，研发投入数千万元，涵盖锂电新能源、氟化稀土、高端光学材料、汽车轻量化等领域10余种含氟新材料的研发，并取得丰硕成果，申请的“六氟钛酸锂的合成方法及用途”等5项发明专利，均获国家知识产权局授权。其中，六氟钛酸锂产品的研究、开发、生产工艺技术处世界前沿，公司成为全球数家掌握六氟钛酸锂生产工艺企业之一。

（撰稿　曾礼国　审稿　王常青）

【领导名单】

中共会昌县委员会

书记：蔡小卫

副书记：余学明　霍　伟（挂职）　李国生

常委：刘　清（挂职）　姜　涛（挂职）　陈　珉　黄建煌　何国杰　尧金娣（女）　朱钦军　吴惠平　胡敦祥　徐诗荣

县人大常委会

主任：郭贤富

副主任：唐晓敏　肖鹏程　李跃龙　宋流民　李义荣　华水石

县人民政府

县长：余学明

副县长：霍　伟（挂职）　刘　清（挂职）　姜　涛（挂职）　陈　珉　朱鑫华　邱春凡　周文孝　蒋小英（女）　邹时敏

县政协

主席：刘为民

副主席：钟永忠　吴光周　卢邦宁　周小毛　李启安　刘俊英（女）

县人民法院院长：徐　俊（女）

县人民检察院检察长：谢　灯（女）

会昌汉仙岩景区

寻乌县

【简况】　寻乌县辖7镇、8乡，173个村民委员会（其中少数民族村2个）、11个居民委员会。2017年年末，全县有9539户、330601人，其中女性156931人，非农业人口66695人。人口出生率为20.73‰，人口自然增长率为4.48‰。人口密度为每平方千米141人。境内居民以汉族为主，少数民族20个，少数民族人口3898人。其中，畲族人口占少数民族人口的95%以上，主要分布在澄江镇的汶口村、北亭村和桂竹帽镇的龙归村。全县财政总收入8亿元，增收11408万元，增长16.6%。地方财政收入4.88亿元，增收600万元，增长1.2%。财政总支出26.1亿元，增支2.08亿元，增长8.7%。全县社会消费品零售总额21.72亿元，增加2.25亿元，增长12%。全县在岗职工年人均工资61941元，增加4038元，增长7%；农村居民人均可支配收入9424元，增长11.6%，人均增加980元。城乡居民年末储蓄余额64.4亿元，增加10.49亿元，增长19.5%。全县实现地区生产总值70.81亿元，增长9.3%。其中，第一产业21.21亿元，第二产业21.29亿元，第三产业28.31亿元，分别增长5.2%、9.2%、12.1%。规模以上工业总产值57.37亿元，增长18.1%。农林牧渔业总产值39.61亿元，增长5.1%。主要工农业产品产量为水泥315727吨、发电量2395.67亿瓦小时。粮食总产量120586吨，水果总产量328543吨，生猪出栏23.1万头，禽蛋产量14466吨、蔬菜类及食用菌62606吨。

【脱贫攻坚】　全年退出贫困村55个，减少贫困人口13879人。全面开展精准识别“回头看”，新增贫困户2518户10022人，清退错评农户3195户12484人。推动扶贫政策应享尽享，累计发放“产业扶贫信贷通”贷款3.6亿元，发放产业奖补资金1266万元，资助建档立卡贫困学生10529人次，发放“四道医疗保障线”资金1.1亿元，贫困户住院自付比例降至5%左右。太湖新村顺利交房，改造危房3179户3044栋，农村保障房投入使用238套，新建移民进城进园安置房1749套。184个村级光伏扶贫电站全部并网发电。对照贫困村退出新8大指标体系，筹集资金6.82亿元，下达村级项目2427个，村庄基础设施和公共服务设施改善。实施文化扶贫，激发贫困群众内生动力。

【工业发展势头强劲】　坚持“主攻工业、三年翻番”目标不动摇。完成规模以上工业增加值13.24亿元，增长10.2%；主营业务收入57亿元，增长18.1%；外贸出口5400万美元，增长9.17%；实际利用外资2441万美元，增长10%；工业固定资产投资20亿元，增长25%，提前一年实现翻番目标。全年新增规上企业22家，总数59家。推进“一园三区”（寻乌工业园，石排工业园区、黄坳民营创业园区、杨梅园区）建设，完成园区投入6亿元，新建标准厂房67.7万平方米，石排园区新增工业用地62.13公顷，杨梅园区新征土地200公顷。深入开展“降成本、优环境”活动，全年为企业减负3.23亿元，解决企业诉求120条。

【农业经济】　累计新增蔬菜、猕猴桃、甜柿、蓝莓、百香果等特色产业种植面积4000公顷。推进东江源田园综合体建设，引进企业12家。新建沟域经济示范点57个。新增蔬菜面积416.47公顷，其中搭建钢架大棚129.33公顷，超额完成市级下达的建设任务。持续抓好柑橘黄龙病防控，清理病树270余万株。新建柑橘标准示范园26个，出圃柑橘无毒苗木320万株，寻乌县获批国家级出口食品农产品（脐橙、蜜橘）质量安全示范区。开工建设高标准农田766.67公顷。农村土地承包经营权确权登记颁证工作顺利通过省级验收，全年流转土地1333.33公顷。

【城乡建设】　完成9个城镇专项规划编制和13个乡镇、131个村规划编制，实现乡村规划编制全覆盖。拆除“两违”建筑13万平方米，拆除屋顶违章搭建7.48万平方米，拆除主要出口路两侧大型果品仓储库35栋7.5万平方米。完成棚户区改造1499套，拆除面积28.64万平方米，拆除率98.5%。新建停车场4个、小游园5个，高标准实施一批城市亮化工程、绿化工程、人行道改道、节点路段景观提升工程。扎实推进新农村建设“七改三网”（改路、改水、改厕、改房、改沟、改塘、改环境，建设电力、广电、电信网络）、“8+4”（建设公共服务平台、卫生室、便民超市、农家书屋、文体活动场所、垃圾处理设施、污水处理设施、公厕，建设小学、幼儿园、金融服务网点、公交站）项目建设，拆除“空心房”173.9万平方米，完成民房立面改造4551栋138万平方米，完成改水1764户、改厕1559户、改沟95千米。

【第三产业】　与光大证券、国盛证券签订结对帮扶合作协议，引进拟上市挂牌企业12家。为113家企业发放还贷周转金2.4亿元，发放“五个信贷通”11.9亿元。电商产业园及163个村级电商服务站投入运营，全年电商交易总额超10亿元。综合物流园投入运行，红土地物流被中国物流与采购联合会授予“4A级物流企业”称号。东江源温泉养生小镇、青龙岩景区开工建设，石崆寨景区被评为全省AAA级乡村旅游点。培育市级众创空间2家，全年新增企业973家，新增注册资本37.5亿元，新增个体工商户1446户，新增从业人员17283人。

【生态发展】　完成森林抚育1166.67公顷、低质低效林改造993.33公顷，寻乌县被评为全市“2016—2017年度低质低效林改造工作先进县”。森林防火工作连续3年获全市一等奖。成功争创省级生态文明示范县。8个中央环保督察反馈问题基本整改到位。石排工业园区污水处理厂开工建设，新建城镇污水管网56千米，5个乡（镇）污水处理站投入使用。全年新治理废弃稀土矿山3.1平方千米，治理水土流失面积20平方千米。打造"河长制"升级版，率先在全省创建县级APP寻河通，国控、省控10个水功能区监测断面达标率100%。东江流域上下游横向生态补偿项目、山水林田湖草项目进展顺利，斗晏库区水质从9月开始由Ⅲ类向Ⅱ类转变。开展扬尘治理、秸秆焚烧整治，淘汰黄标车313辆。查处生态涉刑案件8起，依法关闭非法排污企业9家，关停畜禽养殖场47家。

【社会事业】 完成省市90件民生实事。筹集资金4亿多元启动义务教育均衡发展"迎国检"，对农村义务教育学校157所实施营养改善计划。总投资2.3亿元的职业教育基地开工建设。高考再创佳绩，全县一本上线189人，二本以上上线1008人。开发公益性岗位1031个，发放创业担保贷款7817万元。新（改）建低压线路182.4千米，治理低压用户7410户。机关事业单位养老保险基本完成。建成"农家书屋+电商"服务站点119个，大型赣南采茶戏《寻路》成功公演，电视剧《毛泽东寻乌调查》顺利开拍。寻乌县被评为全国信访工作"三无"县。

【政府建设】 持续深化"放管服"改革，行政审批事项精简率达7%，取消和调整县本级行政权力事项62项，公布"最多一次办结"事项74项。法治政府建设不断加强，实现"双随机、一公开"监管工作全覆盖，行政执法3项制度改革试点全面完成。寻乌县国土局被评为"全国国土资源行政复议应诉成绩突出单位"。自觉接受人大法律监督和政协民主监督，建议、提案办结率、满意率达100%。

【领导名单】

中共寻乌县委员会

书记：柯岩松

副书记：杨永飞　吴祖平（挂职）　李德伟

常委：罗承彩　皮红杰　钟小刚　温　琦（挂职，任至3月）　侯守国（挂职）　谢清泉　张翠梅（女）　严志林　廖芳珍（女，任至12月）　李建华　赵　岩（挂职，3月任）　李茂进（12月任）

县人大常委会

主任：黄志高

副主任：钟名亮　何小萍（女）　赖剑锋　钟运梅（女）　王　平　陈　敏

县人民政府

县长：杨永飞

副县长：严志林　吴祖平（挂职）　温　琦（挂职，任至5月）　侯守国（挂职）　赵　岩（挂职，5月任）　汪上红　雷　鸣　梅旭军　王双喜　王晓东　辜青青（6月任）

县政协

主席：刘琼招

副主席：黎海锋　邝　羽　陈文华　许　伟　钟　杰

副调研员：刘元春（任至7月）

县人民法院院长：吕纲翔

县人民检察院检察长：孔小毛

石城县

【简况】 石城县辖5乡、5镇，22个居委会、131个村委会，1881个村民小组，县政府驻地琴江镇。辖区总面积1581.53平方千米，其中城区面积10平方千米。耕地面积2.26万公顷，有林面积1.15万公顷，森林覆盖率75.68%。全县总人口32.27万人，其中非农业人口67854人。实现地区生产总值52.85亿元，增长10%。第一产业增加值13.67亿元，增长4.8%；第二产业增加值15.45亿元，增长9%；第三产业增加值23.73亿元，增长14.2%。全县财政收入7.9亿元，增收1.11亿元，增幅16.3%，人均2762元。税收占财政收入的85.1%，公共财政收入4.92亿元，下降1.2%；地方财政支出21.51亿元，增长10.7%。工业增加值10.97亿元，增长8.7%；建筑业实现增加值4.48亿元，增长9.7%；规模以上工业增加值增长9.6%。外贸出口3582万美元，增长8.1%。500万元以上固定资产投资35.96亿元，增长17.2%。实际利用外资2602万美元，农业总产值22.21亿元，按可比价计增长4.78%。粮食总产量11.72万吨，花生产量2919吨，烟叶总产量7.58万担，白莲总产量5130吨。城镇居民人均可支配收入22951元，增长14%；农村居民人均纯收入8435元，增长14.6%。全县金融系统存款余额118.6亿元，增长10.9%。在岗职工人均工资61444元，增长14.6%。城镇新增就业人口2185人，新增转移农村劳动力6788人。城乡居民基本医疗保险参保率96.26%。新增农村保障房392套，改造农村危房319户，完成棚户区改造1300户。

【石城县推进"四个示范区"建设】 建设"国家全域旅游示范区"。城南游客集散中心、九寨峡谷温泉、大畲花海温泉等项目加快建设，花园大桥、景区大道建设完工，花乐园对外开放，睦富森林温泉小镇项目启动实施，赣州至石城旅游直通车正式运行，成功举办第五届旅游文化节系列活动。全年接待游客438.76万人次，实现旅游综合收入20.87亿元，分别增长31.29%、38.4%。建设"赣闽粤长产业合作示范区"。新增工业园区面积70公顷，总面积340公顷，新建标准厂房26万平方米，瑞金国家经济技术开发区石城园区正式挂牌。现代鞋服首位产业加速集聚，全年产值达35亿元，增长40%。全县工业固定资产投资完成20.27亿元，增长41.3%；规模以上工业企业主营业务收入40.2亿元，增长61.1%；实现工业增值税1.67亿元，增长157.5%；工业税收1.91亿元，增长146%。建设"国家精准扶贫创新示范区"。实施贫困村整村推进项目673个，完成投资2.9亿元。建立以烟、莲、旅和特色种养为主的"3+X"产业扶贫模式。协鑫光伏、村级光伏项目顺利并网发电，光伏扶贫受益面实现行政村全覆盖。建成标准化扶贫车间24个，

石城县通天寨景区

3060名贫困户实现就业，县委书记鲍峰庭应邀在国务院扶贫办就创业致富带头人培育作专题讲座。资助贫困户家庭学生和困难儿童7882名。179户贫困户年前乔迁铜锣湾安置点，373户摇号确定房源。通过设立“四道保障线”，贫困户住院治疗自付费用控制在10%以内。全年1702户、6982人脱贫，贫困村退出2个，贫困发生率降至6.5%。建设“江西省生态文明先行示范区”。落实山水林田湖草生态修复保护工程，改造低质低效林1246.67公顷，天然林保护18366.67公顷，森林覆盖率提高0.58个百分点，达75.68%。完成水土流失综合治理20平方千米。关停拆除禁养区养殖场（户）141家、7.7万平方米。城区新建污水配套管网8千米，城区污水收集处理率86%，完成村级污水处理设施建设26个，首个乡镇、村级污水处理设施分别建成并投入运营。大小河流47条、河道713千米全面实施“河长制”，县城水源地和主要河流断面水质达标率100%。空气优良率达98.07%，位列全省第五，连续4年入选“中国深呼吸小城100佳”。

【石城县纳入瑞兴于经济振兴试验区】 赣州市出台《关于加快推进瑞兴于经济振兴试验区建设的工作方案》，明确将石城县纳入瑞兴于经济振兴试验区政策辐射范围，并从“赣南苏区振兴发展产业投资基金”中单列100亿元产业投资基金用于重点支持试验区产业发展、公共服务体系建设及跨区域重大项目建设。根据方案，规划建设石城鞋服产业园、石城硅产业基地和氟化工产业基地，推进石城火车站等重大基础设施建设。支持试验区内建设民办教育健康发展示范创新区，推进石城职业技能培训中心建设。

【首次实现“三项综合考评”大满贯】 2017年，石城县获全省科学发展综合考评、全市科学发展综合考评、全市科学发展和扶贫开发综合考评先进县，首次实现三项综合考评“大满贯”。全市“六大攻坚战”流动现场会综合评分位列全市第八，创历史最好成绩。

【赣州市首届旅游产业发展大会在石城县召开】 10月11日，全市旅游产业发展大会在石城县召开。省委常委、市委书记李炳军，省旅发委主任欧阳泉华出席并讲话。市委副书记、市长曾文明主持。与会人员考察石城县旅游（城市）展览馆、花海温泉、旅游文化街群、森林温泉小镇、长乐大数据农旅一体化示范园等项目，现场感受石城县旅游产业发展的蓬勃态势。

【石城县成功创建江西省森林城市】 出台《石城县城市园林绿化管理办法》等一批管理制度。县城规划区森林覆盖率、规划区村庄绿化覆盖率、建成区绿地率、人均公园绿地面积、公共休闲绿地数量等均达到省级森林城市标准。规划区内建有国家级赣江源湿地公园，李腊石、西华山省级森林公园。在全县范围内开展通道绿化、林业产业、生态旅游、花卉苗木、林下经济等产业建设。全县高速公路、国省道可绿化地段绿化率、江河主要干渠可绿化地段绿化率100%。全县断面水质稳定在Ⅱ类标准以上，县城空气质量保持在Ⅱ级以上，空气负离子平均浓度达到每立方米700个。12月26日，省绿化委员会授予石城县“江西省森林城市”称号。

【琴江廊桥建成通车】 12月31日，琴江廊桥建成通车。廊桥东长约151米，宽约72米，分车行道和廊房两部分。车行道宽28米，其中车行道路宽22米，含双向4车道和2条非机动车道，两侧人行道分别宽3米；廊房位于车行道两侧，总占地约6644平方米，总建筑面积约1.25万平方米，含公共通道、观景平台、商铺等。

（供稿 吴洁琼 审稿 刘善泳）

【领导名单】

中共石城县委员会

书记：鲍峰庭

副书记：尹　忠　伍小华　胡振毅　杨小妹（女）

常委：宋怡萍（女）　刘群楷　刘晓方　黄晓明　刘晓阳　丁胜早　赖松林　唐祎泾

县人大常委会

主任：刘晓波

副主任：陈小荣　魏标根　许　俊　廖水明　黄建伟　魏运科　许扬波

县人民政府

县长：尹　忠

副县长：刘晓方　伍小华　胡振毅　刘荣平　廖丽萍（女）　陈全焘　李正鹏　杜隆郁　张伟智

县政协

主席：黄运群

副主席：谭超美（女）　何小英（女）　黄景长　段求明　赖继红　董外院

县人民法院院长：陈文春

县人民检察院检察长：赖长润

（本栏编辑　王志辉　曹　虹）

人物 荣誉录

全国五一劳动奖章获得者

罗焕佣 男，42岁，高中学历，现任赣州市市政工程管理处路灯管理所维修队队长。罗焕佣负责的维修队担负着市中心城区2万余盏路灯的日常巡查、维修和管理工作；中心城区新改建路灯建设以及汛期防汛电机抢险照明的安装、维修工作。2015年，他放弃节假日，完成安装小街小巷路灯2187盏，占路灯安装量的25%，为历年来之最；维修中心城区5012余盏路灯，铺设线路531米，维修路灯控制柜47台；处理市民来电来访路灯设施故障200余起。在他的努力下，赣州市中心城区路灯设施完好率达到97%以上，亮灯率达到98%以上，“亮灯率”位居全省前列。罗焕佣2004年获市劳动竞赛委授予的“明星职工”，客属第十九届恳亲大会、中国（赣州）客家文化节组织服务工作先进个人。2016年，获江西省五一劳动奖章称号。2017年，罗焕佣获全国五一劳动奖章荣誉称号。

江西五一劳动奖章获得者

（以姓氏笔画为序）

王新陆 男，46岁，中共党员，初中学历，江西漂塘钨业有限公司大龙山钨矿风钻机工。王新陆发挥共产党员吃苦耐劳、勇于拼搏、甘于奉献的精神，工作中带头做到“多干一分钟、多打一个孔”，以做班组成员的贴心人、带头人、算账人、传话人和吃亏人为出发点和落脚点，团结带领班组成员努力做好安全生产和成本节约工作，成绩斐然。2016年，王新陆个人出勤率为100%；完成采矿计划的150.3%，成本节幅达33.2%；所在班组未发生任何设备和轻伤以上事故，实现安全生产。曾获公司劳动模范、优秀共产党员称号。2017年，王新陆获江西省五一劳动奖章荣誉称号。

文华辉 男，中共党员，大学学历，现任国网江西省电力公司会昌县供电分公司副经理。文华辉恪尽职守，为保证员工安全，铁面无私；为保障春晚的观看，连续9年的除夕夜，他均在电力应急抢修中心指挥部度过，年夜饭就是一碗泡面；为保障客户用电，24小时手机待机，不分白天黑夜。他身先士卒在电力抢修现场，20多年坚守在电力一线上，为赣南经济发展奉献着青春和热血。2003年、2004年连续两年获得江西省电力公司“优秀农村电工”称号，2007年获江西省电力公司“优秀服务之星”称号，2013年获赣州市五一劳动奖章。2017年，获江西省五一劳动奖章荣誉称号。

兰晓敏 男，49岁，中共党员，大学学历，现任赣县区总工会常务副主席；中国共产党赣州市第三次、第五次代表大会代表。兰晓敏爱岗敬业、无私奉献、忘我工作。他团结带领工会干部扎实工作，取得骄人佳绩，赣县区总工会连续4年被赣县区委、赣县区政府年终绩效考核评为优秀，连续5年被赣州市总工会年终目标考核评为综合先进单位；2013年、2016年全省工会工作流动现场会在赣县区召开；2013年赣县（区）职工服务中心被全国总工会评为法律援助维权服务示范单位，2014年赣县（区）总工会女职工委员会获全国五一巾帼标兵岗称号，2012—2015年职工互助保障工作连续4年被省总工会评为先进单位。兰晓敏2000—2015年多次评为全县优秀共产党员、优秀党务工作者；2001—2007年多次被省人大常委会办公厅评为人大宣传先进个人。2017年，获江西省五一劳动奖章荣誉称号。

江道富 男，48岁，大专毕业，中共党员，现任广州环净美环保科技有限公司信丰分公司经理。2012年1月，被推荐为信丰县政协委员；2015年被选为信丰县商会常务副会长。2007年，江道富毅然从广州回到信丰创办广州环净美环保科技有限公司信丰分公司，承担县城的环境卫生作业，包括马路保洁、公厕管理、垃圾收运处置工作。他投资230多万元购买压缩垃圾车，每年清运处置2760吨生活垃圾，道路清扫面积210多万平方米。江道富2012年2月获评赣州市工人创业先锋；5月获赣州市五一劳动奖章称号。2017年，获江西省五一劳动奖章荣誉称号。

杨东冬 男，48岁，研究生学历，中共党员，现任赣州中学副校长。杨东冬担任现职以来，精细规范，推动学校发展上台阶。在他的带领下，学校党政办工作务实高效，总务后勤工作满意度高，学校获“全国绿化模范单位”等称号；2014届高考一本、二本上线率遥居全市第一、全省第三，2名学生录取北京大学、清华大学。他长期坚守教学一线，每一环节从不懈怠。他在知名刊物上发表10余篇论文，主持2项省课题，开发校本课程“寻访红色足迹”。杨东冬2015年9月，被赣州市人民政府评为“优秀教育工作者”。2017年，获江西省五一劳动奖章荣誉称号。

张利平 男，37岁，中共党员，大学学历，中南大学材料学本科、北京工业大学粉末冶金硕士毕业，现任赣州海盛硬质合金有限公司副总经理。张利平曾从事硬质合金生产制造和磁性材料的生产制造，在粉末冶金行业有较丰富的经验。2013年9月加盟海盛硬质合金有限公司，从事生产技术管理工作，伴随海盛合金从建厂、设备安装调试、人员培训、技术协助到产品正常生产等过程，带领生产团队完成年度生产经营目标，对工作认真负责，任劳任怨，能为公司利益舍弃个人利益。3年内从技术员、生产技术部长、总经理助理晋升到副总经理，并获优秀管理干部称号，为公司的发展壮大贡献自己的力量。2017年，获江西省五一劳动奖章荣誉称号。

欧阳品林 男，40岁，大学学历，中共党员，现任赣州四中工会主席。欧阳品林自2000年8月调入赣州四中工作以来，无论在哪个岗位，他都尽职尽责，忘我工作，为推动学校事业的发展作出巨大贡献。特别是从事学校艺术管理工作11年来，他不断更新艺术特色办学理念，改善艺术特色办学条件，努力提高艺术特色办学水平，开拓创新，努力进取，赣州四中成为赣州艺术教育的一面旗帜。学校每年体艺二本录取人数从最初的20余人发展到现在的每年200余人。学校先后被评为赣州市体艺特色高中示范校、赣州市五一劳动奖状、江西省艺术教育先进单位、江西省优秀体校、全国体育教育先进单位、全国校园足球特色学校。欧阳品林2013年4月，获赣州市五一劳动奖章；2015年9月，被赣州市人民政府评为赣州市优秀教育工作者。2017年，获江西省五一劳动奖章荣誉称号。

卓　霖 男，52岁，中共党员，大学学历，现任安远县地方税务局党组书记、局长。卓霖参加工作35年来，工作中兢兢业业，勇挑重担，情系振兴发展，活用税收政策培植地方经济财源，推进服务升级，树立至诚至善的纳税服务品牌，推进精准扶贫，因人因地施策实现结对帮扶全覆盖。安远县地税局先后获省级巾帼文明单位、省工人先锋号、全市地税系统先进单位、社会管理综合治理先进单位、驻县单位贡献奖第一名等多项荣誉。卓霖2012年，获评全国纳税人满意度调查先进个人。2015年，获评全市地税系统优秀领导干部。2015年、2016年，获评全市地税系统优秀公务员。2017年，获江西省五一劳动奖章荣誉称号。

唐春山 男，48岁，大学学历。现任青峰医药集团有限公司董事长、总裁。唐春山带领青峰医药集团由一家不起眼的小厂成长为一家集药品研发、生产、销售于一体的大型医药企业集团，下辖10余家全资子公司和2家控股公司，有员工2000余人。2016年，实现销售收入43亿元，上缴税收6.8亿元，连续4年位列全国医药工业百强，先后获得国家技术创新示范企业、全国模范职工之家等称号。唐春山热心教育和社会公益事业，集团2013—2015年捐助慈善事业1000多万元，获赣州市红十字人道金质奖章。2017年，唐春山获江西省五一劳动奖章荣誉称号。

黄　海 男，37岁，中共党员，大专学历，格特拉克（江西）传动系统有限公司赣州经济技术开发区分公司装配车间装配五组领班。黄海系装配五组B5A装配线的领班，该班组成立于2008年1月，2017年有人员86人，是一支年轻、高素质、凝聚力强的装配队伍。黄海带领班组通过管理创新、技术创新、质量生产创新，创造一流的业绩，班组曾获全国、省、市“工人先锋号”称号。2016年，公司以“项目推进年”为主题，黄海团结班组人员积极配合VXT75、MX65新装配线的调试、试生产及2017年的量产工作，协同项目组人员确认和购买合适的工装和量检具，为2017年的装配线初验收和调试做好前期准备工作。2016年，班组装配B5A变速器总成18.16万台套，总成装配一次送检合格率达98.97%以上；完成技术创新44项，黄海个人完成技术创新7项（其中一等奖3项），为公司创造经济效益20余万元。黄海2013年被评为“江西省青年岗位能手”“江西省杰出青年岗位能手”称号。2017年，获江西省五一劳动奖章荣誉称号。

黄培峰 男，33岁，大专学历，赣州市德普特科技有限公司职工。黄培峰在公司负责电子触摸屏的开发和研究，所参与研发的产品获得多项专利。其中，电容式触摸屏及其制造方法和电摸阻式触摸屏及制造等获发明专利，并获电容式触摸屏的面板玻璃、电阻式触摸屏及电子设备、电容式触摸屏、指纹识别触控屏等13个实用新型专利，同时获得ISO 9001：2008、TS 16949：2009、ISO 14001：2004、IEC 17025：2005等内审资格证书。2017年，黄培峰获江西省五一劳动奖章荣誉称号。

廖小青 男，高中学历，现任江西康华食品有限公司生产部长。廖小青工作尽心尽职，带领团队不断创新，提高生产效率，保证产品质量，降低损耗，为企业的发展奠定基础，取得良好的社会效益和经济效益。2010年度被评为宁都县工业园区“十佳职工”；2016年被选举为宁都县十八届人大代表；2017年，廖小青获江西省五一劳动奖章荣誉称号。

全国住房城乡建设系统劳动模范

韩高峰 男，1976年4月出生，江西赣县人，毕业于清华大学建筑与土木工程专业，硕士学位，九三学社社员，现任赣州市城乡规划设计研究院院长，九三学社赣州市委会兼职副主委。教授级高级工程师、国家注册一级建筑师、国家注册城市规划师，第十二届全国青联委员、九三学社中央青年工作委员会委员、赣州市青年联合会科学技术界工作委员会主任。

韩高峰在城市规划和建筑领域从事设计研究工作近20年，主持完成各类规划和建筑设计项目200余项、科研课题10余项，获全国性奖项4项、省级奖32项、市级奖9项，出版论著5本，在核心期刊发表论文6篇，为赣南苏区振兴、省域副中心城市建设和“六大攻坚战”作出积极贡献。2017年，韩高峰获人力资源社会保障部和住房城乡建设部联合授予的“全国住房城乡建设系统劳动模范”荣誉称号。

全国集体林权制度改革先进个人

刘立波 男，现任赣州市林业局副调研员。刘立波从事林业工作25年以来，主持或参与各类森林资源调查、长珠防林、退耕还林、种苗等20多项国家重点工程项目，尤其是在集体林权制度改革工作期间，敢为人先，主动作为，勇于开拓创新，善于攻坚克难，圆满完成主体改革任务，集体山林到户率达80%，赣州市被列为全国集体林业综合改革试验示范区，全市林地流转、发展新型经营主体、培育林权流转市场等方面的试点试验，得到上级部门的高度重视和充分肯定。他始终保持严谨细致、求真务实的工作作风，工作中精益求精，任劳任怨，乐于奉献，克服自身和家庭的困难，坚持在林改一线奋力拼搏，深受广大干部群众的一致好评。2017年7月，刘立波获人力资源社会保障部、国家林业局联合表彰为“全国集体林权制度改革先进个人”。

逝世老红军

吴清昌 1916年4月出生在江西省会昌县清溪乡密坑村的一个贫农家庭，青年时期就投身革命工作。1933年4月参加中国工农红军，1934年3月加入中国共产党，经历了土地革命战争、二万五千里长征、抗日战争、解放战争，战斗中多次负伤和立功受奖。吴清昌参加革命后，在部队历任通讯员、班长、排长、营长、师教导大队大队长、广西桂林市公安局分局长。中华人民共和国成立后，1951年转入地方工作，历任原赣州市兵役局局长、赣南航运局局长。1960年退休，1983年1月改为离休，享受副厅级政治、生活待遇，2009年9月经中组部批准享受副省（部）长级医疗待遇，2011年6月经中组部批准按省（部）长级标准报销医疗费用。

在土地革命战争时期，吴清昌参加少共国际师，接受了第五次反“围剿”的残酷洗礼；二万五千里长征中，身为红一军团前卫团战士的他，浴血奋战，英勇顽强；抗日战争中，他在中央军委警卫班随卫过中央领导人，在晋西北前线与日伪军作战，在抗日军政大学、中央党校学习，在延安火热的革命熔炉里锻造；解放战争时期，他参加过辽沈战役、平津战役、衡宝战役，从东北平原转战到华北平原，跨过滔滔长江，在隆隆的炮声中迎来新中国的诞生，见证中国革命的一次又一次胜利。革命战争年代，吴清昌不怕牺牲、不畏艰险，出生入死，多次负伤，多次从死亡线拉回来后，继续坚持战斗，体现一名共产党员坚定的革命意志和艰苦奋斗、不屈不挠的革命精神，展现对党无限忠诚的崇高风范。在中华人民共和国成立后国家建设期间，吴清昌历经多个领导岗位，无论在哪个工作岗位，都能勤奋工作，任劳任怨，为人诚恳，平易近人，严于律己，宽以待人，始终保持着共产党员的优良本色；在离休之后，吴清昌继续发扬光荣革命传统，积极关心支持地方经济社会建设；发挥自身政治优势，在关心下一代健康成长中做了大量工作；大力弘扬苏区精神、长征精神，多次接受中央、省有关媒体访谈，宣传和提升赣南老区在全国、全省的影响力，在争取中央出台对赣南等原中央苏区支持政策中发挥积极作用；多年来，他不顾年老体弱，经常到机关学校、县（市、区）进行革命传统教育，教育后人弘扬伟大苏区精神、珍惜来之不易的幸福生活，体现一位共产党员、老红军、革命者的高度责任感和优秀政治品德。

吴清昌因病医治无效，于2017年10月28日在赣州逝世，享年102岁。

中国好人榜（2017年）

罗开福 男，1951年8月出生，江西省赣州市大余县吉村镇沙村村人，高中学历，1984年加入中国共产党，曾任沙村村党支部书记，现任村委会会计。罗开福自1979年始就在村里任职，履职时间长达38周年。从年轻时刚开始参加工作到年过花甲的老干部，对待工作，罗开福一直都是热情饱满、干劲十足。每天早上7时多出发，晚上8时多回家，早出晚归，到处走家穿巷、上组入户，从1979年至2016年，38年来从未间断，这已然成为一种习惯。沙村村近700户人家，每一户他都了如指掌。自其在村任职以来，工作上共获上级表彰多达70余次。1984年为县第十届人大代表，1987年为县第十一届人大代表，1989年被评为县“两个文明建设先进工作者”，1996年度被省委组织部评为“优秀支部书记”，2008年被评为赣州市“农业普查先进个人”，1992年度、2001年度、2012年度和2013年度被县委组织部评为优秀共产党员。2017年1月入选“中国好人榜”（敬业奉献类）。

李春梅 女，1968年2月出生，江西省赣州市全南县人。2005年，李春梅的丈夫外出务工时发生意外不幸去世，年仅37岁的李春梅担负起一家老小的生活重任。她二十几年如一日的照顾患病婆婆，待婆婆如自己的母亲，每日端茶喂饭，陪老人聊天，全心全意照顾好老人的生活起居。李春梅以孝道为荣，以奉献为荣，用自己的实际行动践行着为人媳，为人母的高贵品质，在平凡的生活中演绎着点点滴滴的亲情故事。2017年2月入选“中国好人榜”（孝老爱亲类）。

王必盛 男，1941年2月出生，会昌县总工会退休干部。2016年获评“会昌好人”“最美会昌人”。王必盛20年照顾瘫痪妻子，在当地传为佳话。20年，他照顾生活不能自理的妻子；20年，他手写记录妻子病情的8本自制病历。如今，夫妻俩都已步入古稀之年，但依然恩爱如昨。“老王是重情重义大丈夫！”邻居们如是评价。2017年3月入选“中国好人榜”（孝老爱亲类）。

王贤楷 男，汉族，1976年9月出生，江西省赣州市崇义县人，中共党员，现任江西新世野农业有限公司董事长。王贤楷2009年回乡创业，在这片面临撂荒的土地上重新寻找机会。经过近10年的努力，王贤楷在有机农业方面闯出一番天地，使得这个小山城的“土山货”远销海内外。而接触过王贤楷的人都知道，这些年在经营中，他将诚信融入血液之中，让诚信血液流淌在经营之中。在这一理念的指导下，公司业绩连年翻番，他本人获得“身边的好人”等数十项荣誉。2017年4月入选“中国好人榜”（诚实守信类）。

丁克浪 男，汉族，赣州市章贡区社会福利院院长。20年前，丁克浪来到福利院这个特殊的大家庭成为一名特殊的大家长。20年间，他使福利院从低矮的平房变成整洁有序的花园，他为100多位老人养老到终，他帮800多位孤残儿童找到新家庭，而他自己也从青年步入中年，从全省最年轻的院长成为最老的院长。2017年5月入选“中国好人榜”(敬业奉献类)。

王世洋 男，江西省赣州市人，现居住在赣州经济技术开发区蟠龙镇田心村。王世洋1987从赣州卫校毕业后，抱着悬壶济世的理想，回到老家给村民看病，在蟠龙镇田心村的村部开办一家诊所。2014年，王世洋的妻子刘翼卿不幸被摩托车撞成脑死亡。为照顾好妻子，王世洋把诊所从村部搬到自己的家里，一边帮村民看病，一边照顾妻子；连续30年没有节假日为村民看病。2017年6月入选“中国好人榜”（敬业奉献类）。

陈 龙 男，1995年出生，江西省石城县丰山乡大琴村人，南方医科大学生物医学工程学院2013级电了信息工程专业本科生。3月22日晚，南方医科大学2013级学生刘某携带长刀闯入陈龙宿舍，欲杀害室友徐某。陈龙挺身阻止，夺去长刀，极力保护徐某，却不料被刘某怀里拔出的匕首刺中心脏，生命永远定格在22岁的青春年华。陈龙被广州市南方医科大学授予“见义勇为先进个人”称号，南方医科大学上万名师生为他开追悼会。2017年7月入选“中国好人榜”（见义勇为类）。

赖德祥 男，67岁，江西省赣州市定南县历市镇井坑村人。赖德祥17年如一日悉心照顾瘫痪妻子黄树兰。2000年12月的一天，一辆江铃皮卡翻车时砸中黄树兰，造成她一级重度伤残，终身高位截瘫，生活完全无法自理。妻子出院后，赖德祥每天的生活就是给妻子更换屎尿布、按摩洗刷、喂水喂饭、下地干活……就这样，日复一日，年复一年，赖德祥对爱妻精心呵护、不离不弃。17年，黄树兰5次病危，6次手术，赖德祥用他的爱将妻子的生命从死神中拽回。他撑起整个家庭的重担，承受着常人难以想象的艰辛、痛苦和压力，始终毫无怨言。赖德祥用自己的真实行动，演绎着“你若不离，我便不弃，相守是最长情的告白”这个爱情主题。2017年7月入选“中国好人榜”(孝老爱亲类)。

钟浩初 男，信丰二中退休教师。钟浩初大学毕业时主动放弃留校的良机，申请到最艰苦的地方去，后调信丰二中任教，曾在县剧团工作过多年。他不仅在本职工作上兢兢业业，还在家境非常困难的情况下，忍着家人的不理解与旁人的冷嘲热讽，执着地从事工具书的编撰工作，从1970年开始，耗费40多年心血，完成一部百万字的《中国诗韵新编》编纂工作。2017年8月入选“中国好人榜”（敬业奉献类）。

毛秋红 女，广东增城人，生活在赣州市赣县湖江镇新富村。赣县湖江镇新富村范立新老人是不幸的，中风住院后无人照料；但是他又是幸福的，侄媳毛秋红一家伸温暖之手，让他的生活有了依靠。毛秋红既要照顾患病的叔叔和年迈体弱多病的公公婆婆，又要安排好孩子的生活。毛秋红，一名外来媳妇，用行动和爱谱写一曲孝亲敬老的赞歌。2017年8月入选“中国好人榜”（孝老爱亲类）。

龚隆寿 男，1958年出生，赣州市安远县三百山镇虎岗村村民，1979年5月退伍返乡后当上护林员，一当就是37年。37年的巡山护林生涯，他像爱护孩子一样看护着三百山上的一草一木，跟青山绿树结下深厚感情。2017年9月入选“中国好人榜”（敬业奉献类）。

周建荣 男，35岁，江西省赣州市兴国县江背镇华坪村人。2017年8月8日晚，载着周建荣等一行13人(含司机）的中巴车在九寨沟遭遇7.0级地震，被落石砸中翻滚坠入路边十余米高的山涧，受伤的周建荣竭尽全力救出3个小孩，可他的妻子却没有救出。2017年9月入选“中国好人榜”（见义勇为类）。

谢旭辉 男，江西省赣州市于都县人。谢旭辉在最困难的时候，得到好心人的鼎力相助；走出困境之后，谢旭辉一直热心于慈善公益事业，并带领身边人一起做公益。近年来，他给困难户送棉被、捐资建校、修桥补路……每年拿出几万元来做公益事业。在他的倡议带领下，成立以“孝老爱亲、敦亲睦邻”为主题的乡风文明示范点——塘溪社区，为塘内、塘外两个村的300多位老人提供休闲娱乐的场所。2017年10月入选“中国好人榜”（助人为乐类）。

曾发娣　女，1967年9月出生，江西省瑞金市日东乡炉坑村人。曾发娣2011年与丈夫外出创业，2013年丈夫突遭车祸瘫痪在床。这场车祸使原本幸福的家庭陷入困境，曾发娣从此挑起家庭重担，不仅要照顾瘫痪的丈夫，还要照看年迈的婆婆，六年如一日无怨无悔。2017年10月入选“中国好人榜”（孝老爱亲类）。

陈忠欧　男，1962年1月出生，现任江西省赣州市寻乌县果业协会会长、寻乌县长利果业发展有限公司总经理、江西省现代农业协会常务副会长。陈忠欧下岗不失志，承包荒山走上种植脐橙创业路。在创业路上，以“诚实守信”作为立身处事的基本原则，以“诚”种橙保品质、守信经营拓市场、信守承诺助果农，取得创业路上的辉煌成就，赢得社会各界的好口碑，成为广大群众心目中诚实守信典范。2017年11月入选“中国好人榜”（诚实守信类）。

温伦飞　男，1984年出生，中共党员，大专学历，小学高级教师，2005年参加工作，现任教于赣州市南康区唐江镇唐西片学田小学。2010年4月，正在上课的温伦飞突然晕厥，经检查确诊为白血病。他住院治疗半年后，立即返回学校，纵使时常化疗，疼痛难忍，温伦飞也不曾缺席一堂课。他说，他要用剩余的时光奉献给山里的孩子，用最后的生命兑现最初的承诺。2017年11月入选“中国好人榜”（敬业奉献类）。

田莲娣　女，1980年6月出生，上犹县供电公司驻水岩乡金盆村精准扶贫干部。田莲娣爱岗敬业，不辞辛劳，时时处处把贫困户当亲人、把贫困户的事当成自己的事，踏踏实实工作，抱病坚持在扶贫一线，用心用情为贫困群众办实事、解难题，深得贫困群众的一致好评。“作为扶贫干部，我们要不辱使命，勤勤恳恳工作，实实在在做事，让贫困村尽快出列，让贫困群众尽快脱贫。”这是田莲娣嘴边经常挂着的一句话。2017年11月5日，上犹县委书记赖晓岚作出批示，号召全县干部学习田莲娣舍小家顾大家，带着真情为贫困群众办实事、办好事，赤诚为民、无私奉献的精神。2017年12月入选“中国好人榜”（敬业奉献类）。

张翠华　女，江西省赣州市宁都县小布镇人。张翠华的前夫严冬冬10年前去世，为“代夫行孝”照顾年迈的公婆，她带着聋哑的公公和年迈的婆婆改嫁，前夫的爸妈成为她唯一的“嫁妆”，她的事迹感动乡邻、感动整个宁都，被大家称为“世上最美儿媳”。2017年12月入选“中国好人榜”（孝老爱亲类）。

2017年度获正高级专业技术职务资格人员

姓　名	工作单位	资格名称	姓　名	工作单位	资格名称
王晓军	江西理工大学	教授	徐房添	赣南医学院	教授
刘连生	江西理工大学	教授	肖　海	赣南医学院	教授
任嗣利	江西理工大学	教授	郑保平	赣南医学院	教授
温树杰	江西理工大学	教授	刘子由	赣南医学院	教授
杨少华	江西理工大学	教授	丁　梅	赣南医学院	教授
李金辉	江西理工大学	教授	肖日海	赣南医学院	教授
吴子平	江西理工大学	教授	王建忠	赣南医学院	教授
梁彤祥	江西理工大学	教授	谢斌辉	赣南医学院	教授
伍建军	江西理工大学	教授	王　辉	赣南医学院	教授
邝先验	江西理工大学	教授	刘南海	赣南医学院	教授
杨火根	江西理工大学	教授	徐小军	赣南医学院	教授
王允艳	江西理工大学	教授	钟冬秀	赣南医学院	教授
马胜灿	江西理工大学	教授	罗志方	赣南医学院	教授
薛锦春	江西理工大学	教授	王祥财	赣南医学院	教授
黄志红	江西理工大学	编审	罗开源	赣南医学院	教授
温春香	赣南师范大学	教授	谢志军	赣南医学院	教授
赖小明	赣南师范大学	教授	朱卫卫	赣南医学院	正高级会计师
刘汉明	赣南师范大学	教授	刘子由	赣南医学院	主任医师
钟地长	赣南师范大学	教授	洪世华	赣南医学院	主任医师
李亿保	赣南师范大学	教授	王钇力	赣南医学院	主任医师
程东旺	赣南师范大学	教授	易　坚	赣南医学院	主任医师
熊国荣	赣南师范大学	教授	胡　蓉	赣南医学院	主任技师
赖闻玲	赣南师范大学	教授	李　珍	赣南医学院	主任护师
陈澜祯	赣南医学院	教授	冷玲丽	赣南医学院	主任护师
董明华	赣南医学院	教授	彭冬生	江西环境工程职业学院	教授
程齐来	赣南医学院	教授	张建荣	江西应用职业技术学院	教授
钟继润	赣南医学院	教授	李　建	赣州市教学研究室	中小学正高级教师
刘仰斌	赣南医学院	教授	刘玉玲	赣州市南康区第一小学	中小学正高级教师
邱　伟	赣南医学院	教授	詹晓渊	赣州市第三中学	中小学正高级教师
李　娟	赣南医学院	教授	邱文华	南康中学	中小学正高级教师
刘　瑶	赣南医学院	教授	温珍玉	南康中学	中小学正高级教师
陈　丽	赣南医学院	教授	连仕超	赣州市高等学校招生考试委员会办公室	中小学正高级教师

姓　名	工作单位	资格名称
郭荣莲	赣县中学	中小学正高级教师
陈应山	瑞金市第一中学	中小学正高级教师
孙丽英	于都县城关小学	中小学正高级教师
杨元俊	宁都县第三中学	中小学正高级教师
邓思庆	赣州中学	中小学正高级教师
黎声福	崇义中学	中小学正高级教师
刘文蛟	赣州市第一中学	中小学正高级教师
徐雪梅	兴国中学	中小学正高级教师
邓素珍	宁都中学	中小学正高级教师
张晓玲	赣州市章贡中学	中小学正高级教师
谢忠民	赣州市章贡区教学研究室	中小学正高级教师
刘　鑫	会昌县教研室	中小学正高级教师
钟祥活	安远县龙布中学	中小学正高级教师
张运发	瑞金市第三中学	中小学正高级教师
李金伟	赣州市肿瘤医院	主任医师
蔡联明	赣州市肿瘤医院	主任医师
张群贵	赣州市肿瘤医院	主任中医师
李红超	崇义章源钨业股份有限公司	教授级高级工程师
刘润发	赣南日报社	高级记者
李坊辉	大京九工程管理有限公司	教授级高级工程师
严　峰	赣州市林业调查规划研究院	教授级高级工程师
邱新华	宁都县林业技术推广站	教授级高级工程师
田云生	赣州市人民医院	主任医师
徐泽华	赣州市人民医院	主任医师
吴海武	赣州市人民医院	主任医师
冯开明	赣州市人民医院	主任医师
刘建生	赣州市人民医院	主任医师
黄贤梅	赣州市妇幼保健计划生育服务中心	主任医师
谢秀东	赣州市第三人民医院	主任医师
钟　华	赣州市第三人民医院	主任医师
唐鹏钧	赣州启明星眼科医院	主任医师
张付生	赣州启明星眼科医院	主任医师
钟玮平	赣州市立医院	主任医师
傅艳玲	赣州市立医院	主任医师
周逸宁	赣州市立医院	主任医师
陈　雯	赣州市立医院	主任护师
康纪福	信丰县人民医院	主任医师
黄家福	信丰县人民医院	主任医师
孙铁文	信丰县人民医院	主任医师
肖金花	信丰县人民医院	主任护师
施春兰	信丰县人民医院	主任护师
吴仁华	大余县人民医院	主任医师
蔡志诚	定南中山医院	主任医师
吴景夫	宁都县人民医院	主任医师
刘建诚	于都县人民医院	主任医师
邓瑜琼	兴国县人民医院	主任医师
刘贵长	兴国县人民医院	主任医师
钟建荣	兴国县人民医院	主任医师
郭德明	兴国县人民医院	主任医师
温添生	石城县中医院	主任中医师
朱惠东	瑞金市人民医院	主任医师
邹全林	瑞金市人民医院	主任医师
华小林	瑞金市人民医院	主任医师
杨红生	瑞金市人民医院	主任医师
谢世华	瑞金市中医院	主任医师
邹荣瑞	瑞金市中医院	主任中医师
钟翠华	瑞金市中医院	主任中医师
谢宝恩	赣州市南康区第一人民医院	主任医师
肖承年	赣州市南康区第一人民医院	主任医师
罗雪芹	赣州市南康区第一人民医院	主任医师
洪　忠	赣州市南康区第一人民医院	主任医师
钟惠德	赣州市南康区第一人民医院	主任医师
钟军平	赣州师范高等专科学校	高校教授
邓鼎森	赣州卫生学校	中专教授级讲师

2017年获省部级以上表彰的先进集体

单位名称	荣誉称号	颁奖部门
赣州市	第五届全国文明城市	中央文明委
赣州市	2013至2016年全国社会治安综合治理优秀市	中央综治委
赣州市	第四届社会治安综合治理“长安杯”	中央综治委
赣州市	国家森林城市称号	国家林业局
赣州市委宣传部赣南采茶歌舞剧《永远的歌谣》	“五个一工程”奖	中宣部
赣州市企业离休干部管理中心	第二届全国敬老文明号	全国老龄委
章贡区关心下一代工作委员会	全国青少年普法教育先进单位	中国关工委、司法部、中央综治办
上犹县关心下一代工作委员会	全国未成年人思想道德建设先进集体	中央文明委
赣州市委台湾事务办公室	“两刊”工作先进单位	中央台办
赣州市公安局刑科所	全国公安机关改革创新大赛优秀奖	公安部
赣州市公安局经侦支队	2016年打击整治假币违法犯罪专项行动成绩突出集体	公安部、中国人民银行
赣州市公安局经侦支队	全国知识产权执法工作成绩突出集体	国家知识产权局、公安部
赣州市公安局交警支队	第五届全国文明单位	中央文明委
江西理工大学	全国创新创业典型经验高校	教育部
江西理工大学	大学生KAB创业教育基地	中华全国青年联合会、国际劳工组织
江西理工大学区域特色有色金属高效利用及资源循环教师团队	全国高校黄大年式教师团队	教育部
赣州市人民检察院	全国检察机关文明接待室	最高人民检察院
章贡区人民检察院	全国检察机关文明接待室	最高人民检察院
寻乌县人民检察院	全国检察机关文明接待室	最高人民检察院
大余县人民检察院	全国检察机关文明接待室	最高人民检察院
会昌县人民检察院	全国检察机关文明接待室	最高人民检察院
南康区人民检察院	全国检察机关文明接待示范窗口	最高人民检察院
南康区人民检察院	全国“基层民事行政检察工作推进年”专项活动先进基层院	最高人民检察院
赣州市妇女联合会	全国维护妇女儿童权益先进集体	全国妇联
大余县新城镇中学团总支	全国“五四红旗团委(团支部)”	共青团中央
石城县	全省科学发展综合考评先进县	省委、省政府
石城县琴江水利风景区	国家水利风景区	水利部
石城县大畲村	全国第四批美丽宜居村庄	住房和城乡建设部
会昌县西江镇调解委员会	全国模范人民调解委员会	司法部
章贡区法律援助中心	全国维护妇女儿童权益先进集体	全国妇联
赣州市司法局	全国人民调解宣传工作先进集体	中华全国人民调解员协会

单位名称	荣誉称号	颁奖部门
南康区司法局	全国人民调解宣传工作先进集体	中华全国人民调解员协会
章贡区司法局	全国人民调解宣传工作先进集体	中华全国人民调解员协会
会昌县司法局	全国人民调解宣传工作先进集体	中华全国人民调解员协会
赣县区司法局	全国人民调解宣传工作先进集体	中华全国人民调解员协会
信丰县司法局	全国人民调解宣传工作先进集体	中华全国人民调解员协会
于都县司法局	全国人民调解宣传工作先进集体	中华全国人民调解员协会
兴国县公安局	全国优秀公安局	公安部
兴国县妇女联合会	全国维护妇女儿童权益先进集体	全国妇联
兴国县民政局	全国农村幸福社区建设示范单位	民政部
兴国县卫生和计划生育委员会	2017 年度全省计划生育工作先进县	省政府
赣州市委维稳办	全国综治工作先进集体	中央综治委
赣州市军供站	全国重点军供站	民政部、中央军委后勤保障部
赣州市第五人民医院	全国优质服务示范医院	国家卫计委
赣州市第五人民医院	全国百姓放心示范医院	中国医院协会
赣州市第五人民医院	2017 年改善医疗服务示范医院	国家卫生计生委联合《健康报》社
赣州市人民医院患者服务中心	全国改善医疗服务“推进预约服务”示范科室	国家卫计委
赣州市少儿体校	2017 年全国体育事业突出贡献奖先进集体	国家体育总局
赣州市卫生和计划生育委员会	2017 年度全省计划生育工作先进设区市	省政府
崇义章源钨业股份有限公司	赣鄱慈善奖·最具爱心捐赠企业（单位）	省政府
国网赣州供电公司	第五届全国文明单位	中央文明委
赣州市工商行政管理局	第五届全国文明单位	中央文明委
赣州市国土资源部	2016 年度市县政府耕地保护责任目标考核结果为优秀的设区市	省政府
赣州市国土资源部	2017 年度全省国土资源执法监察目标考核成绩列全省第三名	省政府
赣州市林业调查规划研究院	全国防沙治沙先进集体	人力资源和社会保障部、全国绿化委员会、国家林业局
赣州银行	江西省服务业龙头企业	省政府
赣州市	2016 年度全省开放型经济综合先进	省委、省政府
章贡区	2016 年度全省利用外资先进县（市、区）	省委、省政府
赣州经济技术开发区	2016 年度全省开放平台先进单位	省委、省政府
龙南经济技术开发区	2016 年度全省开放平台先进单位	省委、省政府
龙南县	2016 年度全省开放型经济综合先进	省委、省政府
于都县	2016 年度全省开放型经济综合先进	省委、省政府
赣县区	2016 年度全省外贸出口先进县（市、区）	省委、省政府
南康区	2016 年度全省外贸出口先进县（市、区）	省委、省政府
赣州市汇森家具（龙南）有限公司	外贸出口先进企业	省委、省政府

单位名称	荣誉称号	颁奖部门
勤业工业（龙南）有限公司	外贸出口先进企业	省委、省政府
谱赛科（江西）生物技术有限公司	外贸出口先进企业	省委、省政府
赣州汇明木业有限公司	外贸出口先进企业	省委、省政府
南昌海关驻龙南办事处	第五届全国文明单位	中央文明委
赣县区人民法院	全国优秀法院	最高人民法院
赣县区防汛办	2016 年全省抗洪抢险先进集体	省委、省政府
崇义县	国家卫生县城（乡镇）	全国爱国卫生运动委员会
赣州市文化广电新闻出版局	2016 年度基层广播影视统计工作先进集体	国家新闻出版广电总局
赣州市文化广电新闻出版局	农家书屋全面建设十周年先进集体	国家新闻出版广电总局
赣州市数字地震台网	监测质量优秀奖	中国地震局
赣州市防震减灾局	2017 年第六届平安中国防灾宣导系统公益活动优秀组织奖	中国地震局、中国科协
赣州市城乡规划局	全国住房城乡建设系统先进集体	人力资源和社会保障部、住房和城乡建设部
信丰县个私协会	全国个私协会系统先进单位	国家工商行政管理总局、中国个体劳动者协会
赣州市人民医院	2016 年改善医疗服务示范医院	国家卫计委
赣州市人民医院护理部	2016 年改善医疗服务优质服务岗	国家卫计委
赣州市	2013—2015 年度全省加快工业发展加速工业崛起年度贡献奖	省政府
章贡区	2013—2015 年度全省加快工业发展加速工业崛起年度贡献奖	省政府
信丰县	2013—2015 年度全省加快工业发展加速工业崛起年度贡献奖	省政府
全南县	2013—2015 年度全省加快工业发展加速工业崛起年度贡献奖	省政府
于都县	2013—2015 年度全省加快工业发展加速工业崛起年度贡献奖	省政府
定南县	2013—2015 年度全省加快工业发展加速工业崛起年度贡献奖	省政府
会昌县	2013—2015 年度全省加快工业发展加速工业崛起年度贡献奖	省政府
龙南县	2013—2015 年度全省加快工业发展加速工业崛起年度贡献奖	省政府
大余县	2013—2015 年度全省加快工业发展加速工业崛起年度贡献奖	省政府
兴国县	2013—2015 年度全省加快工业发展加速工业崛起年度贡献奖	省政府
章贡经济开发区	2013—2015 年度全省加快工业发展加速工业崛起“园区发展”专项奖、工业园区六大指标综合先进单位	省政府
江西青峰药业有限公司	2013—2015 年度全省加快工业发展加速工业崛起“优强企业”专项奖	省政府
赣州江钨新型合金材料有限公司	2013—2015 年度全省加快工业发展加速工业崛起“优强企业”专项奖	省政府
江西耀升股份有限公司	2013—2015 年度全省加快工业发展加速工业崛起“优强企业”专项奖	省政府
赣州经济技术开发区	2013—2015 年度全省加快工业发展加速工业崛起“三年强攻”专项奖	省政府
章贡区劳动就业服务管理局创业贷款担保中心	全国“巾帼文明岗”	全国妇联
赣州银行石城支行营业部	全国“巾帼文明岗”	全国妇联
赣县区地方税务局纳税服务分局办税服务厅	全国“巾帼文明岗”	全国妇联
赣州勤业工业（龙南）有限公司装配二车间	全国“巾帼文明岗”	全国妇联

单位名称	荣誉称号	颁奖部门
安远县妇幼保健计划生育服务中心	全国“巾帼文明岗”	全国妇联
瑞金市叶坪乡合龙脐橙专业合作社	全国“巾帼建功先进集体”	全国妇联
龙南县扶贫和移民办公室	全国“巾帼建功先进集体”	全国妇联
赣州市公安局章贡分局南外派出所	全国优秀公安基层单位	公安部
江西省公安消防总队赣州市支队瑞金市大队	全国优秀公安基层单位	公安部
大余县南安镇	第五届全国文明村镇	中央文明委
寻乌县南桥镇南龙村	第五届全国文明村镇	中央文明委
寻乌县南桥镇古坑村	第五届全国文明村镇	中央文明委
瑞金市沙洲坝镇洁源村	第五届全国文明村镇	中央文明委
于都县罗坳镇大桥村	第五届全国文明村镇	中央文明委
宁都县田埠乡东龙村	第五届全国文明村镇	中央文明委
宁都县赖村镇围足村	第五届全国文明村镇	中央文明委
中共赣州市纪律检查委员会（监察局）	第五届全国文明单位	中央文明委
赣州市章贡区市场和质量监督管理局	第五届全国文明单位	中央文明委
崇义县地方税务局	第五届全国文明单位	中央文明委
江西省机场集团公司赣州机场分公司	第五届全国文明单位	中央文明委
瑞金市公安局交通管理大队	第五届全国文明单位	中央文明委
赣南师范大学	第一届全国文明校园	中央文明委
赣州市第三中学	第一届全国文明校园	中央文明委
赣州市文清路小学	第一届全国文明校园	中央文明委
于都县长征源小学	第一届全国文明校园	中央文明委

2017年获省部级以上表彰的先进个人

姓　名	工作单位	荣誉称号	颁奖部门
曾　琳	民进赣州市委会	民进全国机关工作先进个人	民进中央
谢　红	民进赣州市委会	全国维护妇女儿童权益先进个人	全国妇联
赵　奎	江西理工大学	“新世纪百千万人才工程”国家级人选	人力资源和社会保障部
范玉奇	江西理工大学	第三届中国“互联网+”大学生创新创业大赛银奖	教育部、中国网络安全与信息化办公室、国家发改委、工信部、人力资源和社会保障部等
刘开喜	江西理工大学	第三届中国“互联网+”大学生创新创业大赛银奖	教育部、中国网络安全与信息化办公室、国家发改委、工信部、人力资源和社会保障部等
李　聪	江西理工大学	第三届中国“互联网+”大学生创新创业大赛银奖	教育部、中国网络安全与信息化办公室、国家发改委、工信部、人力资源和社会保障部等
朱奕松	江西理工大学	第三届中国“互联网+”大学生创新创业大赛银奖	教育部、中国网络安全与信息化办公室、国家发改委、工信部、人力资源和社会保障部等
张　骞	江西理工大学	第三届中国“互联网+”大学生创新创业大赛银奖	教育部、中国网络安全与信息化办公室、国家发改委、工信部、人力资源和社会保障部等
余长林	江西理工大学	江西省自然科学一等奖	省政府
杨　凯	江西理工大学	江西省自然科学一等奖	省政府
李明周	江西理工大学	江西省科技进步一等奖	省政府
钟志华	赣州市经济技术开发区检察院	全国检察机关反贪优秀侦查员	最高人民检察院
魏美春	赣南师范大学	全国无偿献血促进奖特别奖	国家卫计委、中国红十字会总会、中央军委后勤保障部卫生部
易香珊	于都县公证处	新时代最美法律服务人	司法部
王小明	上犹县东山镇人民调解委员会	全国模范人民调解员	司法部
陈勇平	赣州市经济技术开发区潭东镇人民调解委员会	全国模范人民调解员	司法部
郭三才	信丰县虎山乡人民调解委员会	全国模范人民调解员	司法部
曾虎林	宁都县医疗纠纷人民调解委员会	全国模范人民调解员	司法部
曾清美	赣州市少儿体校	2013—2016年度全国群众体育工作先进个人	国家体育总局
李　孟	赣州市卫生计生委	2016—2017年度流行季H7N9防控工作先进个人	国家卫计委
朱艳萍	兴国县人民医院	改善住院流程示范个人	国家卫计委
王贤莲	崇义章源钨业股份有限公司	全国巾帼建功标兵	全国妇联
胡文生	赣州市水利局	2016年全省抗洪抢险先进个人	省委、省政府
周益红	赣州市工商局	2016—2017年度全国消协组织先进个人	中国消费者协会
张　毅	赣州市国土资源局	永久基本农田划定工作表现突出个人	国土资源部、农业部
胡皆林	赣州市国土资源局	2014—2016年度全省依法行政先进个人	省政府
梅　岚	赣州市国税局	2014—2016年度全省依法行政先进个人	省政府
董显祥	赣州市文化广电新闻出版局	“扫黄打非”工作先进个人	省政府
张清雅	赣州市邮政管理局	全国邮政机要通信工作先进个人	国家邮政局
吉庆忠	崇义县吉祥轮胎销售中心	全国先进个体工商户	国家工商行政管理总局、中国个体劳动者协会
邹长顺	会昌县五端生态养殖场	全国先进个体工商户	国家工商行政管理总局、中国个体劳动者协会

姓　名	工作单位	荣誉称号	颁奖部门
黄先远	崇义县个私协办公室	全国个私协会系统先进工作者	国家工商行政管理总局、中国个体劳动者协会
刘旭华	于都县个私协办公室	全国个私协会系统先进工作者	国家工商行政管理总局、中国个体劳动者协会
徐志峰	江西理工大学	2016 年享受国务院特殊津贴	国务院
赵　奎	江西理工大学	2016 年享受国务院特殊津贴	国务院
钟八莲	赣南师范大学	2016 年享受国务院特殊津贴	国务院
张国玺	赣南医学院第一附属医院	2016 年享受国务院特殊津贴	国务院
杨小玲	江西青峰药业有限公司	2016 年享受国务院特殊津贴	国务院
龚　斌	虔东稀土集团股份有限公司	2016 年享受国务院特殊津贴	国务院
廖秀英	瑞金市壬田镇凤岗村	全国三八红旗手	全国妇联
王贤莲	崇义章源钨业股份有限公司淘锡坑钨矿	全国“巾帼建功标兵”	全国妇联
钟凤娣	宁都县东韶乡初级中学	全国“巾帼建功标兵”	全国妇联
谢毅文	赣州市公安局刑警支队	全国优秀人民警察	公安部
张冬生	赣州市公安局交警支队直属大队四中队	全国优秀人民警察	公安部
陈邦群	崇义县公安局关田派出所	全国优秀人民警察	公安部
郭　娟	于都县公安局贡江派出所	全国优秀人民警察	公安部
刘典福家庭	赣州市	最美家庭	全国妇联
谢勤英家庭	赣州市	最美家庭	全国妇联
李玲玲家庭	赣州市	最美家庭	全国妇联
黄兰花家庭	赣州市	最美家庭	全国妇联
王必盛	会昌县总工会	第六届全国道德模范	中央文明委
陈　龙	南方医科大学学生	第六届全国道德模范提名奖获得者	中央文明委

（本栏编辑　徐文菁　王志辉）

附　录

赣州市城市管理条例（全文）

（赣州市获得立法权后，立的第一部实体法）

第一章　总则

第一条　为了规范城市管理，提高城市公共服务水平，优化城市环境，根据有关法律、法规的规定，结合本市实际，制定本条例。

第二条　本市实行城市化管理区域内的城市管理活动，适用本条例。

实行城市化管理区域的具体范围，由县级以上人民政府确定并向社会公布。

第三条　本条例所称城市管理，是指对城市规划建设、市政公用设施、市容环境卫生、园林绿化、污染防治等公共事务和秩序实施管理、服务的活动。

第四条　城市管理应当遵循以人为本、服务为先，政府主导、公众参与，依法管理、社会监督的原则。

第五条　本市城市管理由市人民政府统一领导，实行属地管理，建立以县级人民政府为主，乡（镇）人民政府、街道办事处为基础，部门联动、权责统一的管理体制。

县级以上人民政府城市管理委员会，负责对城市管理工作的组织指导、监督检查和考核奖惩，统筹协调解决城市管理工作中的重大问题。

市、县（市、区）、乡（镇、街道）、社区应当划分网格单元，对城市管理事项实行网格化管理。

第六条　县级以上人民政府应当引导、支持社会力量和社会资本参与城市管理，推动市政公用设施建设和维护、园林绿化养护、环境卫生等城市管理社会化和公共服务市场化。

公民、法人和其他组织依法享有参与城市管理的权利，履行城市管理的义务，对违反城市管理的行为有权劝阻、举报。

第七条　城市管理部门应当依法公开职责范围、执法依据、执法程序、监督方式以及其他有关行政执法信息，接受社会监督。

对城市管理部门及其工作人员的违法或者不当行为，公民、法人或者其他组织有权依法提出申诉、控告或者检举。

第八条　各级人民政府及有关部门应当开展城市文明宣传教育，弘扬社会公德，提升公民文明素质和城市文明程度。

第二章　管理职责

第九条　县级以上人民政府负责本行政区域内的城市管理工作，应当建立城市管理协调机制，将城市管理工作纳入国民经济和社会发展规划，制定城市管理工作目标，运用信息技术提升城市管理水平。

具有行政管理职能的市人民政府派出机构在所管辖区域内承担县级人民政府城市管理职责。

乡（镇）人民政府、街道办事处依照职责负责本行政区域内城市管理的具体工作。

村（居）民委员会应当协助开展城市管理工作。

第十条　县级以上人民政府城市管理主管部门负责本行政区域内的城市市政公用设施、市容环境卫生、园林绿化等方面的管理工作，依法集中行使城市管理领域行政处罚权。

第十一条 县级以上人民政府发展改革、工信、公安、财政、国土资源、城乡规划、城乡建设、交通运输、水利、商务、文化、环境保护、市场监管、房管等部门，应当在各自职责范围内，共同做好城市管理的相关工作。

第十二条 供水、供电、供气、邮政、通信、广播电视、公共交通等单位，应当在各自经营服务范围内提供公共服务，保障各项设备设施的安全使用和正常运行，配合做好城市管理工作。

第三章 管理规定

第十三条 县级以上人民政府有关管理部门应当根据城市总体规划，组织编制综合交通、环境卫生、户外广告、景观亮化、绿地系统、地下综合管廊、停车场所等专项规划，经依法批准后公布实施。但是，法律、法规规定不得公开的内容除外。

城市新区开发、旧城改造应当按照国家有关规定和城市规划要求，优先安排市政公用设施的建设。

第十四条 新建、改建、扩建建筑物、构筑物的，应当符合下列要求：

（一）符合城市规划，并依法取得建设工程规划许可证；

（二）临街建筑物及其防护设施保持整齐美观，风格、造型、色调相协调；

（三）外观保持整洁完好，出现结构损坏、墙面剥离的，及时修缮、维护。

县级以上人民政府应当按照城市管理工作目标，依法实施临街建筑物、构筑物的综合改造。

第十五条 任何单位和个人不得擅自对建筑物、构筑物实施下列行为：

（一）改变、破坏外立面或者在外墙面新开门窗，改变原有门窗位置、大小和形状；

（二）在屋顶、楼道、架空层、地下室等部位及住宅小区其他共用部位搭建建筑物、构筑物或者其他设施；

（三）下挖建筑物、构筑物底层或者周边地面；

（四）拆除或者变动建筑主体和承重结构。

安装防盗网、护栏等防护设施，应当符合国家、省规定的城市容貌标准，不得超出墙体安装。

第十六条 建设工程施工应当遵守下列规定：

（一）工程开工前，工（场）地周边应当按照国家、省规定的城市容貌标准设置实体围挡，并按照国家规定设置公益广告。

（二）工（场）地出入口和场内主要道路应当硬化。

（三）工（场）地出口应当配备车辆冲洗设施以及配套的排水、泥浆沉淀设施，并对所有出场的运输车辆进行冲洗。

（四）裸露的场地、集中堆放的泥土砂石以及施工过程中产生扬尘的场所，应当采取防尘降尘措施。

（五）施工过程中产生的建筑垃圾（含余土）应当按照审批规定放置，采取安全措施。建筑垃圾应当交由经核准的单位处置，不得擅自处置。

（六）施工工期在六个月以上或者工程规模中型以上的，工（场）地车辆出入口应当安装视频监控装置，并接入数字化城市管理平台。

（七）工程车辆应当依法办理相关证照、悬挂车牌，保持车身清洁，严格遵守道路交通安全管理规定。

（八）工程竣工后应当及时清理和平整场地，修复因施工损坏的周边市政公用设施、绿地等。

建筑垃圾储运消纳场地应当遵守前款第二项至四项的管理规定。

第十七条 在尚未开工建设的土地或者其他空地上，不得有擅自倾倒、堆放建筑垃圾（含余土）等行为。

第十八条 城市道路、桥梁应当符合下列要求：

（一）路面平整，附属设施完好、整洁；

（二）交通信号灯、标志、标线、护栏、隔离墩、技术监控设备等的设置，符合国家标准和道路交通安全的相关规定。

第十九条 任何单位和个人不得有下列影响城市道路、桥梁安全或者通行的行为：

（一）损坏或者擅自占用、挖掘城市道路、桥梁；

（二）损坏或者擅自拆除、移动城市道路、桥梁附属设施；

（三）在城市道路范围内擅自设置道闸、路桩、地锁、隔离墩等；

（四）在桥梁施工控制范围内擅自实施河道

疏浚、建筑打桩、地下管道铺设等危及城市桥梁安全的行为；

（五）其他影响城市道路、桥梁安全或者通行的行为。

第二十条 经批准占用、挖掘城市道路的，应当遵守下列规定：

（一）按照批准的位置、面积、期限占用或者挖掘；

（二）施工现场设置明显的安全警示标志和防护设施；

（三）占用城市道路期满或者挖掘城市道路后，及时清理现场或者恢复原状。

第二十一条 城市道路及其附属设施竣工验收合格后，建设单位应当在三个月内办理移交手续。未办理移交的，城市道路及其附属设施的管养维护责任由建设单位承担。

第二十二条 管线建设和管理应当符合下列要求：

（一）新建、改建、扩建市政公用设施，根据城市规划同步下地铺设管线，并按照隐蔽方式设置管线附属设施。

（二）现有架空线缆、杆架和控制箱柜等应当根据规划逐步下地铺设或者采取隐蔽措施。

（三）管线设置应当规范，标志清晰、明显。

（四）有关部门在审批涉及管线安全管理的工程建设项目时应当征询产权人的意见。

（五）产权人应当对管线进行日常巡查和维护，发现损坏的立即修复、更换；无法立即修复、更换的，可以适当延长期限。

城市建设施工应当保证各类管线及其附属设施的安全。

第二十三条 城市功能照明和景观亮化应当符合城市规划、城市照明设施技术标准和节能环保要求，防止光污染和过度照明。

未经城市管理主管部门同意，不得在景观亮化中使用强力探照灯和大功率泛光灯等灯具。

景观亮化设施由产权人或者政府确定的单位负责管理和维护。

第二十四条 城市新建区域实行雨污分流，污水管网、雨水管网不得混接。已建成的雨污合流排水管网应当根据规划逐步分流改造。

县级以上人民政府及其有关部门应当加强城市排水和污水集中处理设施的建设、监督和管理，运营单位应当保证设施正常运行。

第二十五条 城市管理主管部门应当加强城市道路及周边区域的日常管理巡查。发现路面、配套设施出现损坏或者影响市容环境卫生等问题，及时处理或者立即通知有关单位处理。

产权人或者维护管理单位应当加强对道路、桥梁的附属设施巡查、管理和维护。发现有丢失、损坏、移位等情形，应当立即采取设置安全警示标志、护栏等临时防护措施，并在二十四小时内补装、更换或者正位。

第二十六条 禁止下列影响市容环境卫生的行为：

（一）随地吐痰、便溺，乱扔果皮、纸屑、烟头、碎玻璃、塑料瓶、易拉罐、包装袋等废弃物；

（二）从建筑物、构筑物向外抛撒物品；

（三）对饲养的宠物排出的粪便不及时清理；

（四）在城市主要街道临街建筑的阳台或者窗外堆放、吊挂影响市容的物品；

（五）将垃圾及其他废弃物放置到垃圾收集设施以外的场所；

（六）随意倾倒生活、餐厨污水；

（七）擅自占用公共场地堆放物料；

（八）其他影响市容环境卫生的行为。

第二十七条 城市建筑物、构筑物外立面应当保持干净整洁。遇重大庆典或者举办国际性、全国性大型活动，由县级以上人民政府组织对建筑物、构筑物外立面进行清洗或者涂装。

古代和重要近现代建筑物、构筑物的清洗、涂装，按照文物和历史建筑物保护的有关规定进行。

第二十八条 户外广告的设置应当安全牢固、整洁美观、内容合法，不违背公序良俗，符合户外广告设置专项规划和国家、省规定的城市容貌标准。

违法设置的户外广告设施，无法确定其所有人和管理人的，城市管理主管部门应当在公共媒体发布公告，督促所有权人或者管理人改正。公告期不得少于六十日。公告期满，未改正的，由城市管理主管部门依法处理。

第二十九条 设置店招牌匾应当符合国家、省规定的城市容貌标准和有关技术规范。产权人、经营者或者使用者应当加强对店招牌匾的日常维护，对破损、脱色、字体残缺等影响城市容貌或者存在安全隐患的，自发现之日起十日内予以维修、更新。

第三十条　禁止在城市道路上散发广告宣传品，擅自悬挂商业广告。

禁止擅自在楼道、电梯、公交站台、公厕等城市建筑物、构筑物以及杆件、树木上张贴、刻画、书写小广告。

第三十一条　临街门店的经营者或者产权人应当保持门前干净整洁，协助维护市容秩序，爱护花草树木和市政公用设施，未经批准不得占道经营。

城市管理主管部门按照方便群众、合理布局的原则，划定临时设摊经营区域和时段，经本级人民政府批准后向社会公布。

临时摊点经营者应当在规定的临时设摊经营区域和时段内设摊经营，及时清理经营产生的垃圾，保持地面清洁。

第三十二条　城市建筑退让红线公共服务区域范围内的市政公用设施、环境卫生、园林绿化的日常管理维护和市容秩序由城市管理主管部门负责。

第三十三条　承运垃圾、砂石、灰浆、散装水泥、预拌商品混凝土等散装、流体物品，应当使用符合规定的运输车辆，采取密闭、包扎、覆盖等措施。

第三十四条　从事建筑垃圾处置的单位，应当依法向城市管理主管部门申请办理城市建筑垃圾处置核准手续。

承运建筑垃圾的运输车辆应当安装车载定位装置并保持正常使用，按照规定的运输路线、时段，将建筑垃圾运往指定的处置场所。

第三十五条　养犬应当遵守下列规定：

（一）按照犬类管理有关规定，依法办理养犬登记证，并对所养犬只进行免疫接种。

（二）加强对犬只的约束，采取束犬链、戴嘴罩等措施，避免犬只伤人和夜间扰民。携犬外出时，应当避让行人。

（三）禁止携犬乘坐公共交通工具或者进入商场、学校。

（四）不得在人员密集的公共场所遛犬。

第三十六条　禁止下列产生噪声污染的行为：

（一）歌舞、游艺、健身等文体、娱乐场所在经营中产生的边界噪声超过国家规定的环境噪声排放标准；

（二）使用高音喇叭或者其他发出高噪声的方法招揽顾客或者进行商业宣传；

（三）在公园、广场、街道、居民区等场所使用音响器材等设备，超出国家声环境质量标准，影响周边居民生活环境；

（四）在人口集中区域从事切割、敲打、锤击等产生高噪声污染的生产、加工作业；

（五）每日12时至14时、20时至次日8时期间在居民区等噪声敏感建筑物集中区域进行产生噪声的建筑施工作业以及室内装修活动，但是抢修、抢险作业或者特殊需要经依法批准的除外。

高考、中考等重大社会活动期间，县级以上人民政府可以对噪声控制采取临时性管制措施。

第三十七条　城区餐饮服务业经营者应当使用天然气、液化石油气、电等清洁能源，安装油烟、废气净化等设施并保持正常使用，防止影响周边环境。

第三十八条　禁止在城区焚烧垃圾以及沥青、油毡、橡胶、塑料、皮革等其他产生有毒有害烟尘和恶臭气体的物质。

第三十九条　在允许燃放的区域和时段燃放烟花爆竹，应当遵守有关法律、法规的规定，保障周边人员、建筑、物品的安全并及时清理燃放废弃物。

限制或者禁止燃放烟花爆竹的区域、时段和种类由县级以上人民政府根据当地实际确定，并向社会公布。

第四十条　新建住宅楼、办公楼等建筑物，应当在外立面预留空调器等电器室外机位。

没有预留空调器等电器室外机位的建筑物，安装空调器等电器室外机时，其安装架底部距地面的距离应当高于2.5米。

空调器等电器室外机不得安装在建筑物内部的过道、楼梯、出口等公共通道上。

第四十一条　城市绿化设计、建设、管理、养护应当符合国家规定的有关规范。

鼓励和推广庭院小区绿化、立体绿化和园林绿化认种认养。

第四十二条　禁止在城市园林绿地实施下列行为：

（一）采摘花果、攀折树枝；

（二）未经批准砍伐、挖掘树木；

（三）攀爬、污损园林雕塑等景观设施；

（四）种菜、取土、焚烧；

（五）行驶、停放车辆；

（六）其他损坏城市园林设施和公共绿地的行为。

第四十三条　城市公园应当保持干净整洁、设施完备、管理规范，不得有下列行为：

（一）清洗车辆、衣服等物品；

（二）放养、放生家禽家畜；

（三）擅自种植、采挖植物；

（四）在禁止区域游泳、垂钓、采砂、取土等；

（五）猎捕鸟兽或者以毒杀、电杀等灭绝性方式捕捞鱼类及其他野生动物；

（六）投放对生态环境可能产生不良影响的物种；

（七）其他影响生态、环境卫生和安全的行为。

第四十四条　在河道、渠道和湖泊管理范围内，不得有下列行为：

（一）违规取土，搭建妨碍行洪的建筑物、构筑物，倾倒垃圾、渣土；

（二）丢弃动物尸体；

（三）种养蔬菜等植物；

（四）从事烧烤、水上餐饮等未经批准的经营活动。

城市江河饮用水取水口上游一千米至下游一百米的水域及其两侧纵深各一百米的陆域范围内，不得从事畜禽养殖、网箱养殖、放牧、旅游、游泳、垂钓、排放污水、停靠机动船舶以及其他可能污染饮用水水体的活动。

第四十五条　县级以上人民政府应当根据城市发展的需要配套建设城市公共停车场所，建立城市公共停车信息系统，并向社会实时公布停车信息。

新建、改建、扩建的办公楼、宾馆酒店、农贸市场、大中型商场、住宅小区等项目，应当配套建设停车场所。批准建成或者投入使用的停车场所不得擅自停止使用或者改作他用。

鼓励社会资本投资建设停车场所，鼓励机关企事业单位向社会开放停车场所。

第四十六条　在不影响行人、车辆通行的情况下，城市管理主管部门可以会同公安机关交通管理部门、城乡规划部门施划临时停车泊位。在建筑退让红线公共服务区域范围内施划的，应当取得产权人或者业主委员会的同意。

其他任何单位和个人不得擅自在城市道路、建筑退让红线公共服务区域范围内设置临时停车泊位。不得擅自占用、损毁、撤除临时停车泊位及其附属设施，或者在临时停车泊位内设置停车障碍。

已施划的临时停车泊位影响交通的，公安机关交通管理部门提出意见后，城市管理主管部门应当在五个工作日内铲除临时停车泊位标线、撤除相关附属设施。

第四十七条　停放在临时停车泊位的车辆不得影响市容环境或者长期占用临时停车泊位。

第四章　行政执法

第四十八条　县级以上人民政府城市管理主管部门依法集中行使下列行政处罚权：

（一）住房城乡建设领域法律、法规、规章规定的全部行政处罚权；

（二）环境保护管理方面社会生活噪声污染、建筑施工噪声污染、建筑施工扬尘污染、餐饮服务业油烟污染、露天烧烤污染、城市焚烧沥青塑料垃圾等烟尘和恶臭污染、露天焚烧秸秆落叶等烟尘污染、燃放烟花爆竹污染等的行政处罚权；

（三）工商管理方面户外公共场所无照经营、违规设置户外广告的行政处罚权；

（四）交通管理方面侵占城市道路、违法停放车辆等的行政处罚权；

（五）水务管理方面向城市河道倾倒废弃物和垃圾，以及违规取土、城市河道违法建筑物拆除等的行政处罚权；

（六）食品药品监管方面户外公共场所食品销售和餐饮摊点无证经营，以及违法回收贩卖药品等的行政处罚权；

（七）其他依法确定由城市管理主管部门或者经省级人民政府批准集中行使的行政处罚权。

城市管理主管部门可以依法实施与前款规定的行政处罚权有关的行政强制措施。

由城市管理主管部门集中行使的行政处罚权，原执法单位不得再行使，但是应当按照职责分工依法履行相应的监管职责，并对城市管理主管部门的执法活动予以配合。

第四十九条　城市管理执法由管理事项或者违法行为发生地的城市管理主管部门管辖。跨区域或者重大、复杂的违法案件，由市城市管理主管部门查处。

对管辖权发生争议的，报请共同的上一级城市管理主管部门指定管辖。

第五十条　城市管理主管部门应当建立和完善执法巡查机制，及时发现、制止和查处城市管理违法行为。

第五十一条　城市管理部门发现违法行为无权处理的，应当在五个工作日内将案件和涉案材料、物品等一并移送有权处理的部门。受移送部门无正当理由不得拒绝，并自作出处理决定之日起五个工作日内通报移送部门。

城市管理部门发现违法行为涉嫌犯罪的，应当依法移送司法机关处理。

第五十二条　城市管理部门之间应当建立健全信息互联共享机制。在行政执法过程中，需要向相关部门和单位查询、复印档案等有关资料的，相关部门和单位应当予以配合。

第五十三条　城市管理行政执法人员应当经培训考试合格取得行政执法资格后，方可从事行政执法工作。

城市管理行政执法协管人员配合行政执法人员从事宣传教育、巡查、信息收集、违法行为劝阻等辅助性事务，不得从事行政许可、行政处罚、行政强制等具体行政执法工作。

第五十四条　城市管理行政执法时，执法人员不得少于两人，按照规定着装、佩戴标志，遵守执法程序，主动出示行政执法证件，并通过文字、音像等方式记录执法全过程，做到公平、公正、文明执法。

城市管理主管部门在作出行政处罚决定之前，应当告知当事人作出行政处罚决定的事实、理由及依据，并告知当事人依法享有的权利。

第五十五条　县级以上人民政府应当为城市管理主管部门设立必要的办公场所，将城市管理所需经费列入本级财政预算。

城市管理主管部门应当按照规定配置执法执勤用车以及调查取证设备、通信设备等装备，推进城市管理标准化建设。

第五十六条　县级以上人民政府应当建立数字化城市管理平台，综合运用物联网、云计算、大数据等现代信息技术，与其他相关领域公共数据信息互联互通、开放共享，构建智慧城市。

第五章　法律责任

第五十七条　违反本条例规定的行为，法律、法规已作出处罚规定的，适用其规定。

第五十八条　县级以上人民政府城市管理部门及其工作人员违反本条例规定，有下列情形之一的，由县级以上人民政府责令限期改正，并对直接负责的主管人员和其他直接责任人员依法给予处分；构成犯罪的，依法追究刑事责任：

（一）无法定依据或者违反法定程序执法的；

（二）将罚款、没收的违法所得或者非法财物、查封或者扣押的财物截留、私分或者变相私分的；

（三）利用职务上的便利，索要、收受当事人财物的；

（四）要求当事人承担非法定义务的；

（五）发现违法行为或者接到对违法行为的举报、投诉后不予处理的；

（六）应当移送的案件未按时移送的；

（七）继续行使已交由城市管理主管部门集中行使的行政处罚权的；

（八）其他滥用职权、玩忽职守、徇私舞弊的行为。

第五十九条　违反本条例第十四条第一款第一项规定的，由城市管理主管部门责令停止建设；尚可采取改正措施消除对规划实施的影响的，限期改正，处建设工程造价百分之五以上百分之十以下罚款；无法采取改正措施消除影响的，限期拆除，不能拆除的，没收实物或者违法收入，可以并处建设工程造价百分之十以下罚款。不停止建设或者逾期不拆除的，县级以上人民政府可以责令有关部门采取查封施工现场、强制拆除等措施。

第六十条　违反本条例第十五条第一款第一项、第三项和第四项规定的，按照本条例第五十九条的规定处理。

违反本条例第十五条第一款第二项规定的，由城市管理主管部门责令限期拆除，可以并处建设工程造价一倍以下罚款；逾期不拆除的，县级以上人民政府可以责令有关部门采取查封施工现场、强制拆除等措施。

违反本条例第十五条第二款规定的，由城市管理主管部门责令限期改正或者拆除；逾期未改正或者未拆除的，处二百元以下罚款。

违反前款规定，逾期未改正或者未拆除的，依法强制拆除。

第六十一条　违反本条例第十六条第一款第一项至四项规定，未按照规定设置实体围挡、出入口未进行硬化、对出场车辆未进行冲洗、对裸露场地未采取覆盖等防尘降尘措施的，由城市管理主管部门责令限期改正，处一万元以上十万元以下罚款；拒不改正的，责令停工整治。

违反本条例第十六条第一款第五项规定，将建筑垃圾交给未经核准的单位处置或者擅自处置建筑垃圾的，由城市管理主管部门责令限期改正，并处一万元以上十万元以下罚款。

违反本条例第十六条第一款第六项规定，未安装视频监控装置的，由城市管理主管部门责令限期安装；逾期未安装的，处五千元罚款。

违反本条例第十六条第一款第八项规定的，由城市管理主管部门责令限期改正；拒不改正的，处一千元以上五千元以下罚款。造成损失的，应当依法承担赔偿责任。

第六十二条　违反本条例第十七条规定的，由城市管理主管部门责令限期改正，并对单位处五千元以上五万元以下罚款，对个人处二百元以下罚款。

第六十三条　违反本条例第十九条、第二十条规定的，由城市管理主管部门责令限期改正，可以处二千元以上二万元以下罚款；造成损失的，应当依法承担赔偿责任。

第六十四条　违反本条例第二十五条第二款规定，未采取临时防护措施的，由城市管理主管部门责令改正；未在规定时限内补装、更换或者正位的，处二千元以上二万元以下罚款。

第六十五条　违反本条例第二十六条第一项至六项、第八项规定的，由城市管理主管部门责令其改正并采取补救措施，可以并处警告或者二十元以上一百元以下罚款。

违反本条例第二十六条第七项规定的，由城市管理主管部门责令其停止违法行为，限期清理、拆除或者采取其他补救措施，可以并处一千元以下罚款，但对个人非经营性行为的罚款不超过二百元。

第六十六条　违反本条例第二十八条第一款规定，户外广告设置不符合规划和城市容貌标准的，由城市管理主管部门责令限期改正或者拆除；逾期未改正或者未拆除的，处二百元以上三千元以下罚款。

违反前款规定，逾期未改正或者未拆除的，依法强制拆除。

第六十七条　违反本条例第三十条第一款规定，在城市道路上散发广告宣传品的，由城市管理主管部门责令改正，可以并处警告、五十元以上二百元以下罚款。

违反本条例第三十条第一款规定擅自悬挂商业广告的或者第二款规定的，由城市管理主管部门责令限期清除，可以并处二百元以上一千元以下罚款。

第六十八条　违反本条例第三十一条第一款规定，未经批准占道经营的，由城市管理主管部门给予警告、责令改正；拒不改正的，处一千元以下罚款。

违反本条例第三十一条第三款规定，未在规定区域和时段经营的，由城市管理主管部门责令停止违法行为；拒不停止的，可以暂扣其经营工具，处一百元以上五百元以下罚款。经营者在规定区域和时段经营，未按规定清扫、保洁的，处五十元罚款。

第六十九条　违反本条例第三十三条规定，未采取密闭、包扎、覆盖等措施的，由城市管理主管部门责令改正，处二千元以上二万元以下罚款；拒不改正的，车辆不得上道路行驶。造成泄露、遗撒的，责令清理，并处二千元以上五千元以下罚款。

第七十条　违反本条例第三十四条第一款规定的，由城市管理主管部门处五千元以上三万元以下罚款。

违反本条例第三十四条第二款规定，运输车辆未正常使用车载定位装置的，由城市管理主管部门处二百元罚款；未按照规定的路线、时段密闭运输的，由城市管理主管部门处五百元以上一千元以下罚款。

第七十一条　违反本条例第三十五条第一项规定的，由公安机关予以批评教育，责令限期改正。

违反本条例第三十五条第二项规定，饲养的犬只夜间扰民的，由公安机关处警告；警告后不改正的，处二百元以上五百元以下罚款。

违反本条例第三十五条第二项规定未采取束犬链、戴嘴罩等措施，以及第三项、第四项规定的，由公安机关或者城市管理主管部门予以制止和批评教育，公安机关可以处二十元以上一百元以下罚款。

第七十二条　违反本条例第三十六条第一款第一项至四项规定的，由政府有关部门责令改正，拒不改正的，处二百元以上五百元以下罚款。

违反本条例第三十六条第一款第五项规定，进行产生环境噪声污染的建筑施工作业的，由城市管理主管部门责令限期改正，处五千元以上二万元以下罚款；进行产生噪声污染的室内装修活动的，由政府有关部门责令改正，拒不改正的，处二百元以上五百元以下罚款。

第七十三条　违反本条例第三十七条规定，未使用清洁能源的，由城市管理主管部门责令限期改正，处三千元以上三万元以下罚款；未安装油烟净化设施、不正常使用油烟净化设施或者未采取其他油烟净化措施的，由城市管理主管部门责令改正，处五千元以上五万元以下罚款。拒不改正的，责令停业整治。

第七十四条　违反本条例第三十八条规定的，由城市管理主管部门责令改正，对单位处一万元以上十万元以下罚款，对个人处五百元以上二千元以下罚款。

第七十五条　违反本条例第三十九条规定，在禁止燃放烟花爆竹的时段、区域燃放烟花爆竹，或者以危害公共安全和人身、财产安全的方式燃放烟花爆竹的，由公安机关责令停止燃放，并处一百元以上五百元以下罚款；构成违反治安管理行为的，依法给予治安管理处罚。

未及时清理燃放废弃物的，由城市管理主管部门责令清理；拒不清理的，处五十元以上二百元以下罚款。城市管理主管部门代为清理的，清理费用由违法者承担。

第七十六条　违反本条例第四十二条第一项、第三项至六项规定的，由城市管理主管部门责令停止侵害，恢复原状，赔偿损失，可以处一百元以下罚款；违反第二项规定的，由城市管理主管部门责令停止侵害，赔偿损失，可以并处赔偿额两倍以下罚款。

第七十七条　违反本条例第四十三条第一项至三项规定的，由城市管理主管部门责令停止违法行为，可以处二百元以下罚款。

第七十八条　违反本条例第四十四条第一款第一项规定的，由城市管理主管部门责令停止违法行为，排除妨碍或者采取其他补救措施，可以处一千元以上五万元以下罚款；违反第一款第二项至四项规定的，由城市管理主管部门给予警告，责令其停止违法行为，排除妨碍或者采取其他补救措施，可以处五百元以上一万元以下罚款。

违反本条例第四十四条第二款规定，从事养殖、放牧、垂钓或者排放污水等可能污染饮用水水体活动的，由环境保护主管部门责令停止违法行为，处二万元以上十万元以下罚款。个人从事游泳、垂钓等活动的，由环境保护主管部门责令停止违法行为，可以处五百元以下罚款。

第七十九条　违反本条例第四十六条第二款规定的，由城市管理主管部门责令限期改正，逾期未改正的，处五百元以上一千元以下罚款。

第八十条　违反本条例第四十七条规定，停放在临时停车泊位影响市容市貌超过七日的车辆，由城市管理主管部门责令车辆所有人或者使用人限期三日内驶离；逾期未驶离危害交通安全的，由城市管理主管部门将车辆移至其他场所，并告知车辆所有人或者使用人申领，处二百元以上五百元以下罚款。

第六章　附则

第八十一条　本条例自 2018 年 3 月 1 日起施行。

赣州市2017年国民经济和社会发展统计公报

赣州市统计局

2017年，全市上下深入学习贯彻党的十九大精神，特别是习近平总书记对赣南苏区振兴发展的重要指示精神，全面贯彻省委"创新引领、绿色崛起、担当实干、兴赣富民"工作方针，坚持解放思想、内外兼修、北上南下，突出打好"六大攻坚战"，经济运行稳中有进、稳中提质、稳中向好、好于预期，经济社会各项事业取得积极成效，赣南苏区振兴发展迈出坚实步伐。

一、综合

初步核算，全年地区生产总值（GDP）2524.01亿元，比上年增长9.5%。其中，第一产业增加值345.22亿元，增长4.8%；第二产业增加值1066.65亿元，增长8.5%；第三产业增加值1112.14亿元，增长12.3%。三次产业结构由2016年的15.2 ∶ 41.6 ∶ 43.2调整至2017年的13.7 ∶ 42.2 ∶ 44.1。全年人均地区生产总值29308元，比上年增长8.9%。非公有制经济实现增加值1522.62亿元，增长9.7%，占GDP比重为60.3%。

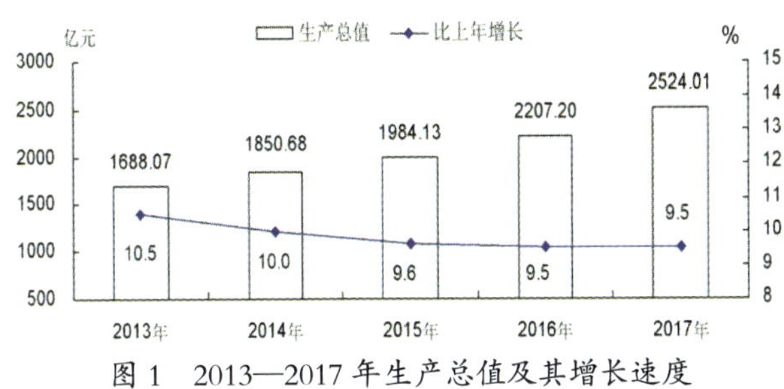

图1 2013—2017年生产总值及其增长速度

全年居民消费价格比上年上涨2.1%，其中食品烟酒价格上涨0.6%。商品零售价格上涨1.5%。工业生产者购进价格上涨5.7%，其中有色金属材料及电线类上涨15.3%，黑色金属及材料类上涨4.8%，建筑材料及非金属类上涨1.1%，木材及纸浆类上涨0.3%。工业生产者出厂价格上涨7.7%，其中冶金工业上涨16.2%，煤炭及炼焦工业上涨15.8%，纺织工业下降1.8%，皮革工业下降0.8%。

2017年居民消费价格比上年涨跌幅度

表16

指 标	比上年涨跌（%）	指 标	比上年涨跌（%）
居民消费价格	2.1	生活用品及服务	0.9
食品烟酒	0.6	交通和通信	1.8
衣着	-0.2	教育文化和娱乐	5.3
居住	1.4	医疗保健	6.5

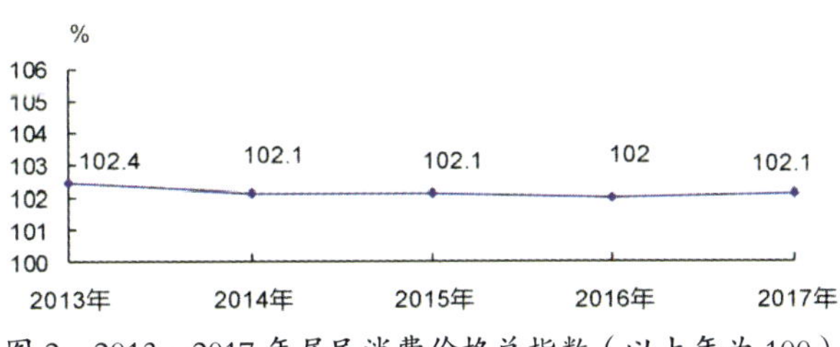

图2 2013—2017年居民消费价格总指数（以上年为100）

全年财政总收入408.32亿元，比上年增长11.5%。其中，一般公共预算收入245.36亿元，增长0.9%。财政总收入占GDP的比重达16.2%，下降0.4个百分点。全年各项税收收入329.88亿元，增长14.5%。一般公共预算支出776.44亿元，增长14.7%。其中，民生类支出648.19亿元，增长17.3%，占一般公共预算支出的比重达83.5%，比上年提高1.9个百分点。

2017年税收及其增长速度

表17

	指标值（亿元）	比上年增长（%）
税收合计	329.88	14.5
第一产业	5.52	-39.3
第二产业	147.66	13.9
#工业	117.85	21.7
第三产业	176.69	18.3

图 3 2013—2017 年全市财政收入

二、农业

全年粮食种植面积 515267 公顷，比上年增加 1946.67 公顷；烤烟面积 10126.67 公顷，减少 1660 公顷；蔬菜及食用菌类 124886.67 公顷，增加 4593.33 公顷；花生面积 34053.33 公顷，增加 673.33 公顷。茶园面积 13873.33 公顷，增加 366.67 公顷。果园面积 160133.33 公顷，减少 5073.33 公顷。其中，脐橙面积 102886.67 公顷，减少 346.67 公顷。

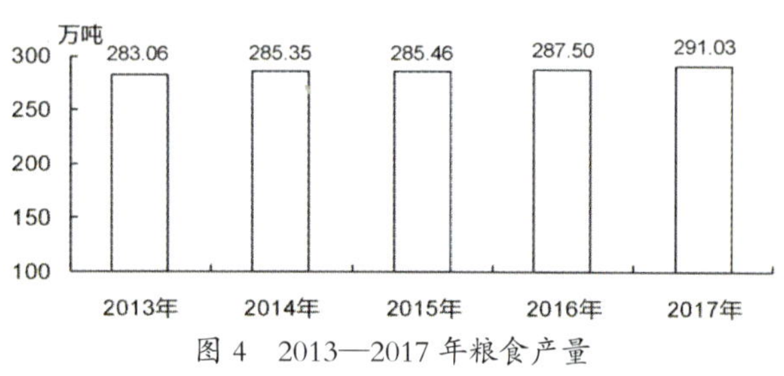

图 4 2013—2017 年粮食产量

全年粮食产量 291.03 万吨，比上年增长 1.2%。蔬菜及食用菌类产量 328.93 万吨，增长 9.8%。瓜果产量 23.68 万吨，增长 1.3%。水果产量 158.10 万吨，增长 10.7%。其中脐橙产量 123.57 万吨，增长 14.5%。

图 5 2013—2017 年脐橙产量

2017 年主要农产品产量及其增长速度

表 18

产品名称	单位	产量	比上年增长(%)
粮食	万吨	291.03	1.2
#早稻	万吨	110.64	-0.5
二晚	万吨	133.51	-0.1
油料	万吨	10.39	1.8
#花生	万吨	9.60	2.4
烤烟	万吨	2.08	-5.3
蔬菜及食用菌	万吨	328.93	9.8
西瓜	万吨	21.43	6.3
莲子	吨	16454.00	49.4
茶叶	吨	5143.00	5.9
水果	万吨	158.10	10.7
#脐橙	万吨	123.57	14.5

全年肉类总产量 72.81 万吨，比上年增长 2.4%。生猪年末存栏 353.51 万头，增长 1.9%。其中，能繁殖母猪存栏 35.51 万头，增长 2.5%。生猪出栏 624.59 万头，增长 2.1%。全年水产品产量 32.72 万吨，增长 4.7%。

图 6 2013—2017 年生猪出栏头数

2017 年主要畜牧、水产品产量及其增长速度

表 19

产品名称	单位	产量	比上年增长(%)
肉类总产量	万吨	72.81	2.4
#猪肉	万吨	52.04	2.4
牛肉	万吨	4.05	4.7
禽肉	万吨	16.22	1.4
牛奶	万吨	3.88	-8.1
禽蛋	万吨	7.31	8.8
出栏肉猪	万头	624.59	2.1
家禽出笼	万只	12147.24	1.1
水产品产量	万吨	32.72	4.7

全市完成人工造林 25953.33 公顷，完成封山育林 20753.33 公顷，完成市级低质低效林改造 45486.67 公顷，完成森林抚育项目 30553.33 公顷。全市已建成大型水库 5 座，中型水库 44 座，小型

水库1000座。年末机械总动力309.55万千瓦，比上年末增4.0%。

三、工业与建筑业

全年全部工业增加值897.48亿元，比上年增长8.9%，规模以上工业增加值增长9.1%。在规模以上工业企业中，轻工业增加值增长16.0%，重工业增加值增长4.5%。分企业类型看，集体企业增加值下降17.2%，股份制企业增加值增长12.4%，私营企业增加值增长9.1%，外商及中国港澳台商投资企业增加值增长3.7%。

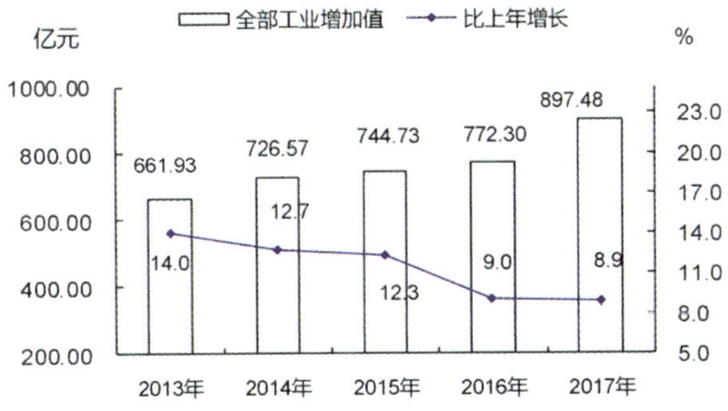

图7　2013—2017年全部工业增加值及其增长速度

全年规模以上工业中，农副食品加工业增加值比上年增长14.1%，烟草制品业增长14.6%，纺织业增长55.7%，家具制造业增长28.4%，造纸和纸制品业增长15.8%，印刷和记录媒介复制业增长28.1%，文教、工美、体育和娱乐用品制造业增长16.7%，电气机械和器材制造业增长15.9%，计算机、通信和其他电子设备制造业增长20.4%，废弃资源综合利用业增长103.4%，电力、热力生产和供应业增长43.6%，水的生产和供应业增长18.5%。

2017年规模以上工业主要产品产量及其增长速度

表20

产品名称	单位	产量	比上年增长（%）
原煤	万吨	4.41	-85.2
发电量	亿千瓦时	76.51	16.7
#火电	亿千瓦时	44.25	15.8
水电	亿千瓦时	24.44	0.6
钢材	万吨	30.50	-73.4
饲料	万吨	397.71	60.2

续表20

产品名称	单位	产量	比上年增长（%）
饮料酒	千升	68705.00	0.5
服装	万件	28930.00	38.7
人造板	万立方米	190.34	-9.7
家具	万件	2566.32	42.2
机制纸及纸板	万吨	23.29	120.5
水泥	万吨	1906.85	12.7
灯具及照明装置	万套（台，个）	443.06	-7.2
十种有色金属	吨	22682.00	-15.4
电力电缆	千米	205749.00	2.2
矿山专用设备	吨	12751.00	-5.6
发电机组（发电设备）	万千瓦	18.11	-2.2
自来水生产量	万立方米	51232.00	31.1

全年规模以上工业企业实现主营业务收入3670.27亿元，增长2.6%；利润总额239.02亿元，增长20.5%。

全市具有资质等级的总承包和专业承包建筑企业完成产值361.29亿元，比上年增长18.3%。

四、固定资产投资

全年固定资产投资2510.48亿元，增长13.8%。其中，工业投资1043.02亿元，增长29.0%。分产业投资看：第一产业投资56.05亿元，比上年增长43.6%；第二产业投资1042.22亿元，增长28.9%；第三产业投资1412.21亿元，增长4.0%。分企业类型看：国有企业投资797.00亿元，增长26.4%；有限责任公司投资843.31亿元，下降0.7%；股份有限公司投资25.90亿元，下降41.6%；私营企业投资722.28亿元，增长25.0%；中国港澳台商企业投资43.25亿元，下降12.5%；外商投资20.04亿元，下降21.6%；个体经营投资1.35亿元，下降59.6%。

2017年分行业固定资产投资及其增长速度

表21

行　业	投资额（亿元）	比上年增长（%）
总计	2510.48	13.8
农林牧渔业	64.30	28.5
#农、林、牧、渔服务业	8.25	-25.0

续表 21

行　业	投资额（亿元）	比上年增长(%)
采矿业	28.95	91.8
#有色金属矿采选业	19.97	152.6
制造业	872.34	26.9
#农副食品加工业	32.52	18.8
纺织服装和服饰业	50.11	63.2
家具制造业	63.38	105.4
化学原料及化学制品制造业	37.18	30.6
非金属矿制品业	47.89	-1.9
有色金属冶炼及压延加工业	85.56	-10.7
电气机械及器材制造业	94.81	17.9
计算机、通信及其他电子设备制造业	166.32	65.0
电力、热力、燃气及水的生产和供应业	141.72	33.7
#电力、热力的生产和供应业	83.58	37.2
水的生产和供应业	54.69	34.6
批发和零售业	64.85	15.2
交通运输、仓储和邮政业	162.12	-24.2
住宿和餐饮业	6.52	50.4
信息传输、软件和信息技术服务业	2.58	-36.9
金融业	5.83	-42.3
房地产业	464.69	-8.4
租赁和商务服务业	14.46	-6.4
科学研究和技术服务业	6.71	-28.4
水利、环境和公共设施管理业	536.84	25.0
居民服务、修理和其他服务业	6.82	81.0
教育	52.95	41.3
卫生和社会工作	40.64	58.8
文化、体育和娱乐业	30.02	125.8
公共管理、社会保障和社会组织	8.14	-49.4

全年房地产开发投资309.16亿元，比上年增长6.2%。房地产房屋施工面积3150.54万平方米，增长9.4%；房地产房屋竣工面积169.82万平方米，下降27.0%；商品房销售面积1045.50万平方米，增长25.1%；商品房待售面积150.75万平方米，下降6.5%。商品房销售额649.16亿元，增长43.5%。

五、国内贸易

全年社会消费品零售总额887.05亿元，增长12.3%。按经营地统计，城市消费品零售额744.09亿元，增长12.8%；乡村消费品零售额142.96亿元，增长9.7%。

在限额以上批发零售业零售额中，粮油、食品类增长17.2%，饮料类增长22.0%，烟酒类增长7.3%，服装、鞋帽、针纺织品类增长20.9%，化妆品类增长14.1%，金银珠宝类增长39.4%，日用品类增长15.0%，五金、电料类增长16.8%，体育、娱乐用品类增长33.0%，书报杂志类增长31.5%，电子出版物及音像制品类增长2.2%，家用电器和音像器材类增长17.3%，中西药品类增长5.5%，文化办公用品类增长41.6%，家具类增长19.4%，通讯器材类增长31.4%，石油及制品类增长16.9%，建筑及装潢材料类增长29.1%，机电产品及设备类下降5.9%，汽车类增长14.6%，其他类商品增长33.3%。

图8　2013—2017年社会消费品零售总额

六、对外经济

全年货物进出口总额47.35亿美元，比上年增长15.0%。其中，货物出口39.66亿美元，增长16.7%；货物进口7.69亿美元，下降6.6%。主要出口产品有：机电产品出口13.3亿美元，增长6.3%；家具产品出口5.7亿美元，增长36.9%；纺织服装出口4.4亿美元，增长11.4%；文化产品出口3.0亿美元，增长28.9%；鞋类出口1.9亿美元，增长29.9%；农产品出口1.7亿美元，增长8.5%。

2017年对主要国家和地区货物进出口额及其增长速度

表22

国家和地区	出口额（亿美元）	比上年增长（%）	进口额（亿美元）	比上年增长（%）
美国	11.5	22.7	0.3	158.1
欧盟	5.6	53.8	0.6	54.5

续表 22

国家和地区	出口额（亿美元）	比上年增长（%）	进口额（亿美元）	比上年增长（%）
东盟	4.8	18.5	1.4	89.7
刚果（金）	0.2	113.1	2.8	114.3
马来西亚	1.4	5.4	1.1	99.6
日本	1.9	14.7	0.4	36.9
韩国	1.5	8.1	0.2	13.6
英国	1.3	62.5	0.0	3.1
德国	1.1	26.6	0.2	-3.1

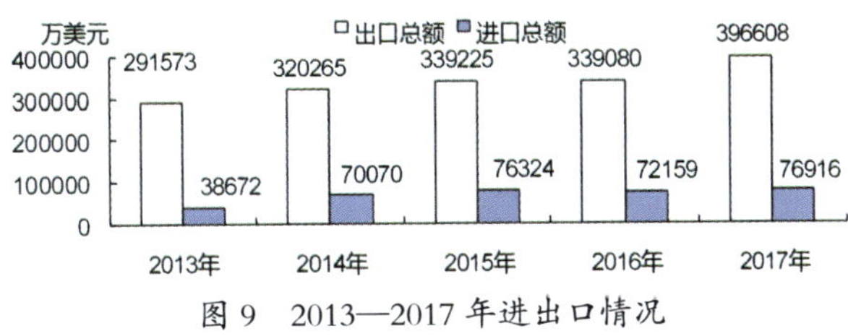

图 9 2013—2017 年进出口情况

全年实际使用外资 16.67 亿美元，增长 10.0%；实际利用省外项目资金 754.86 亿元，增长 11.5%。

七、交通、邮电和旅游

全年交通运输、仓储及邮政业增加值 108.26 亿元，比上年增长 5.2%。

全市公路通车里程 31392.33 千米。其中，高速公路（赣州境内）通车里程 1441.26 千米。2017 年全年公路货物运输量 10485 万吨，比上年增长 12.7%；货物运输周转量 246.85 亿吨千米，增长 9.1%；旅客运输量 8658 万人，比上年下降 1.6%；旅客运输周转量 59.08 亿人千米，下降 1.8%。机场旅客吞吐量 127.98 万人，增长 18.2%；过站旅客吞吐量 17.94 万人，下降 1.8%；运输起降 1.03 万架，增长 6.8%；铁路货物运输量 425.40 万吨，比上年增长 109.4%；旅客运输量 1817.50 万人次，比上年增长 10.7%。

年末全市民用汽车保有量 79.86 万辆，比上年末增长 20.4%。年末私人汽车保有量 74.91 万辆，比上年增长 21.0%。

2017 年公路运输量及周转量

表 23

指　标	单位	指标值	比上年增长（%）
货物运输量	万吨	10485.00	12.7
旅客运输量	万人	8658.00	-1.6
货物运输周转量	亿吨千米	246.85	9.1
旅客运输周转量	亿人千米	59.08	-1.8

全年完成电信业务收入 47.92 亿元。年末全市固定及移动电话用户总数 819.20 万户，其中移动电话用户 721 万户，固定电话用户 98.20 万户。移动电话普及率上升至 84 部 / 百人。固定互联网宽带接入用户 153.01 万户，比上年增加 27.80 万户。互联网上网人数 752.13 万人，增加 143.58 万人，其中手机上网人数 599.12 万人，增加 115.78 万人。

全年邮政行业业务总量 17.96 亿元，比上年增长 25.8%；邮政行业业务收入 15.28 亿元，增长 26.0%。邮政业全年完成邮政函件业务 384.58 万件，包裹业务 4.21 万件，快递业务量 5376.89 万件；快递业务收入 6.58 亿元。

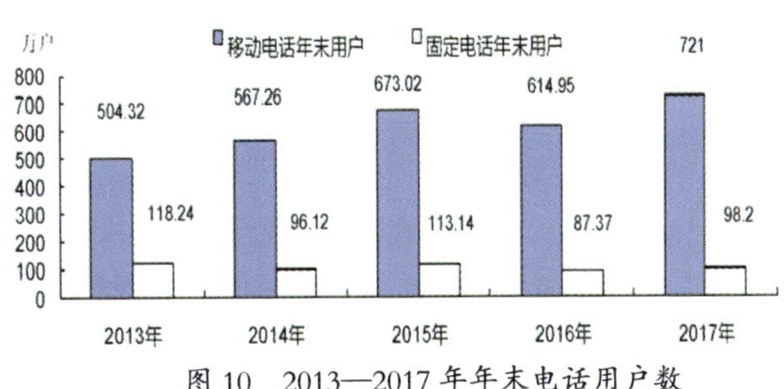

图 10 2013—2017 年年末电话用户数

2017 年全年，全市共接待旅游总人数 8306.85 万人次，比上年增长 23.2%，旅游总收入 794.94 亿元人民币，增长 35.0%。其中，共接待入境旅游者 41.40 万人次，增长 30.8%；旅游外汇收入 13983.14 万美元，增长 35.9%；接待国内游客 8265.45 万人次，增长 23.2%；国内旅游收入 785.65 亿元人民币，增长 35.0%。

八、金融和保险

年末金融机构人民币各项存款余额 4753.57 亿元，比年初增加 611.73 亿元。其中，住户存款 2733.46 亿元，增加 391.16 亿元。各项贷款余额 3415.98 亿元，比年初增加 573.80 亿元。其中，短期贷款 1106.83 亿元，增加 57.87 亿元；中长期贷款2211.98亿元，增加534.04亿元。存贷比71.9%，提高3.3个百分点。

图11 2013—2017年住户存款余额及其增长速度

全年保险公司保费收入124.47亿元。其中，财产险公司保费收入35.87亿元，人寿险公司保费收入88.60亿元。

九、教育和科学技术

2017年全年研究生教育招生1370人，在校研究生3666人，毕业生910人。普通高等教育招生2.88万人，在校学生9.90万人，毕业生2.67万人。各类中等职业教育（包括中等专业和中等职业学校）招生2.51万人，在校学生7.74万人，毕业生2.12万人。普通高中招生7.27万人，在校学生21.03万人，毕业生6.21万人。普通初中招生15.11万人，在校学生42.66万人，毕业生13.03万人。普通小学招生13.99万人，在校学生89.98万人，毕业生15万人。特殊教育招生1548人，在校生6679人，毕业生951人。学前教育在园幼儿36.66万人。九年义务教育巩固率为99.14%，高中阶段毛入学率为90.67%。

获省级科技成果奖8项。专利申请14706项，授权专利5934项；PCT专利申请受理量为6件。截至年底，有效发明专利936件，每万人口有效发明专利拥有量1.09件。全年共签订技术合同221项，技术合同成交金额5.93亿元，比上年增长39.0%。

2017年专利申请、授权和有效专利情况

表24

指　标	专利数（件）
专利申请数	—
#境内专利申请	14706
发明专利申请	2223
#境内发明专利	2223
专利授权数	—
#专利授权	5934
发明专利授权	265
年末有效发明专利	936

十、文化、卫生和体育

电视人口覆盖率99.4%。广播人口覆盖率98.5%。

全市有文化馆20个，组织文艺活动3719次；乡镇文化站283个，组织文艺活动1324次；专业艺术表演团体19个，演出场次3692次；公共图书馆20个，有藏书400.61万册，图书流通806.5万册次；博物馆20个，文物藏品4.87万件（套），参观人数401万人次。

年末全市共有卫生机构8846个。其中，医院85个，社区卫生服务中心（站）33个，卫生院323个，村卫生室7288个，诊所、卫生所、医务室1014个，疾病预防控制中心20个，专科疾病防治院（所、站）27个，妇幼保健院（所、站）19个。卫生技术人员4.17万人，其中执业医师和执业（助理）医师1.40万人，注册护士1.87万人。卫生机构床位4.52万张。

图12 2013—2017年卫生机构床位与技术人员情况

全市共组织有影响的各类群众健身活动320次，参与人数15万人；市级青少年俱乐部18个，市级体育社会组织63个（其中市级协会45个，市级俱乐部18个）；等级裁判员发展人数1044个，等级运动员发展人数130个；公共体育场地（市本级管理使用）9个，其中田径场3个，体育馆1个，全民健身广场1个，游泳馆（池）2个。全市有少儿体育学校18个，在校学生1981人，专职教练员73人。

十一、人口、人民生活与社会保障

年末全市户籍总人口为974.25万人，比上年末增加 3.47 万人。

2017 年人口主要构成情况

表 25

指 标	年末数（万人）	比重（%）
全市总人口	974.25	100.0
#男	505.52	51.9
女	468.73	48.1
#18 岁以下	263.75	27.1
18—34 岁	233.15	23.9
35—59 岁	341.44	35.0
60 岁及以上	135.92	14.0

全年农村居民人均可支配收入 9717 元，比上年增长 11.3%；城镇居民人均可支配收入 29567 元，增长 9.2%。农村居民人均消费支出 8214 元，增长 10.8%；城镇居民人均消费支出 18547 元，增长 9.7%。农村居民家庭恩格尔系数为 36.1%，城镇居民家庭恩格尔系数为 33.6%。

2013—2017 年城乡居民生活改善情况

表 26

指 标	单位	2013 年	2014 年	2015 年	2016 年	2017 年
农村居民人均可支配收入	元	6224.0	6946.0	7786.0	8729.0	9717.0
城镇居民人均可支配收入	元	20797.0	22935.0	25001.0	27086.0	29567.0
农村居民家庭恩格尔系数	%	38.1	38.6	38.1	37.5	36.1
城镇居民家庭恩格尔系数	%	36.2	35.1	34.5	34.3	33.6

全年社会保险基金筹集总额 196.32 亿元，增加 74.67 亿元。参加城镇基本养老保险人数 119.12 万人，比上年末增加 4.42 万人；参加城乡居民社会养老保险人数 414.19 万人，增加 3.69 万人。参加基本医疗保险人数为 930.80 万人（含新农合参保人数）。参加失业保险人数为 37 万人。参加工伤保险人数为 54.4 万人。参加生育保险人数为 37.26 万人，增加 2.88 万人。6.45 万城镇居民和 42.02 万农村居民得到政府最低生活保障。全市有综合福利院、敬老院和光荣院共 360 个（其中综合福利院 20 个、敬老院 281 个、光荣院 59 个），民办养老服务机构 44 个。

十二、资源、环境和安全生产

全市有森林公园 30 个，面积为 14.80 万公顷。其中，国家森林公园 10 个，面积为 12.08 万公顷；省级森林公园 20 个，面积 2.72 万公顷。

全市有自然保护区 51 处，总面积 23.69 万公顷，占全市国土面积的 6.0%；其中国家级自然保护区 3 处，面积 4.66 万公顷；省级 5.75 万公顷；市县级 13.28 万公顷。全市森林覆盖率 76.2%。

空气质量稳定在国家二级标准，主要河流断面水质达标率保持在 93.5% 以上。全市有空气自动监测站 39 个，环境监测站 18 个（含市监测站），污水处理厂 26 座（其中生活污水处理厂 2 座、工业污水处理厂 24 座）。

开展了安全生产大检查行动，全市全年各类生产安全事故 438 起，死亡 191 人，比上年分别上升 5.8% 和 9.1%。工矿商贸企业就业人员 10 万人生产安全事故死亡人数 1.26 人，比上年下降 3.82%；道路交通事故万车死亡人数 1.47 人，比上年下降 0.7%；煤矿死亡 4 人，与上年持平。

注：

1.2013 年年报开始，根据《国民经济行业分类》（GB/T4754-2011），第一产业剔除了农林牧渔业中的农林牧渔服务业，第二产业剔除工业中的开采辅助活动和金属制品、机械和设备修理业，这三个行业大类划入第三产业范围。

2. 部分数据因四舍五入的原因，存在着与分项合计不等的情况。

3. 生产总值（GDP）、各产业增加值绝对数按现价计算，增长速度按可比价计算。

4. 房地产业投资除房地产开发投资外，还包括建设单位自建住房以及物业管理、中介服务和其他房地产投资。

5.2013 年国家实施城乡住户调查一体化改革，收入、支出口径均有所变化。农村居民人均纯收入调整为农村居民人均可支配收入，城乡居民恩格尔系数也相应调整。

6. 城镇基本医疗保险人数包括参保职工和参保退休人员。城镇居民基本医疗保险的参保对象是指不属于城镇职工基本医疗保险覆盖范围的城镇非从业人员。

（本栏编辑 徐文菁 赖 芳）

索 引

说 明

一、索引采用主题分析法编制，大部分选用关键词。

二、索引按标引词汉语拼音字母顺序排列。

三、由类目、分目提取的索引采用黑体字，条目采用宋体字。标引词后面的数字表示内容所在页码，数字后的 a、b、c 分别表示页码从左至右的第一、二、三栏。标引词后第二个页码起，表示该索引同一主题参见内容所在位置。

四、为便于读者检索，在赣州市的企事业单位和在赣州发生的事件名称前的“赣州”二字，除非产生歧义，均省略。特载、专辑、专记、大事记及人物等内容未作索引。

条目索引

A

B

C

D

E

F

G

H

M

N

P

Q

R

S

T

W

X

Y

Z